Herbert Zeman (Hg.)
**Bio-bibliografisches Lexikon
der Literatur Österreichs**

Gedruckt mit großzügiger Unterstützung des Landes Niederösterreich.

KULTUR NIEDERÖSTERREICH

Die Editionsarbeit des achtbändigen *Bio-bibliografischen Lexikons der Literatur Österreichs* wird ermöglicht und gestützt durch die außerordentlich großzügige Förderung des Landes Niederösterreich, durch die großzügige Unterstützung der Länder Oberösterreich, Steiermark, Tirol, Vorarlberg, Burgenland, Kärnten, Salzburg und Wien, durch die Österreichischen Kulturforen im Ausland sowie durch die Raiffeisen-Landesbank Steiermark und die Österreichische Nationalbank.

Herbert Zeman (Hg.)

Bio-bibliografisches Lexikon der Literatur Österreichs

Band 2: Bi – C

rombach verlag

Bibliografische Information d. Deutschen Nationalbibliothek
Die Deutsche Nationalbibliothek verzeichnet diese Publikation in der Deutschen Nationalbibliografie; detaillierte bibliografische Daten sind im Internet über http://dnb.d-nb.de abrufbar.

© 2017. Rombach Verlag KG, Freiburg i. Br./Berlin/Wien
1. Auflage. Alle Rechte vorbehalten
Umschlag: Bärbel Engler, Rombach Verlag KG, Freiburg i.Br./Berlin
Lektorat: Dr. Wolfgang Delseit
Satz: TIESLED Satz & Service, Köln
Herstellung: Rombach Druck- und Verlagshaus GmbH & Co. KG, Freiburg im Breisgau
Printed in Germany
ISBN 978-3-7930-9874-4

INHALT

Vorwort VII

Einleitung IX

Siglen und Abkürzungen

  1. Allgemeine Siglen und Abkürzungen XVII
  2. Siglen und abgekürzte Literatur
     (Lexika, Handbücher, Zeitschriften) XXV
  3. Verfasserinnen und Verfasser der Artikel
     dieses Bandes XXIX

Artikel Bi – C 1

Vorwort

Der zweite Band des *Bio-bibliografischen Lexikons der Literatur Österreichs* erscheint der Planung entsprechend. Die Bewältigung der großen Anzahl von Artikeln, die der Buchstabe B beanspruchte, war das arbeitstechnische Hauptproblem der ersten beiden Bände. Der Buchstabe B versammelt – nach dem Buchstaben S – die weitaus meisten Artikel. Mit dem Erscheinen des vorliegenden zweiten Bandes ist diese Aufgabe abgeschlossen. Aber selbst die unter dem Buchstaben C zusammengestellten Artikel erforderten mehr Arbeitsaufwand als man gemeinhin vermuten möchte. Eine entscheidende Ausweitung des Artikelstandes brachten beispielsweise die Forschungsergebnisse von Dr. Robert Hinterndorfer: Er konnte zahlreiche Autoren des 15. und 16. Jahrhunderts, die man wenig oder gar nicht mehr kannte, der Vergessenheit entreißen. Die Latinisierung der Familiennamen in diesem Zeitalter des Humanismus begründete dann den unerwarteten Zuwachs von Stichworten unter dem Buchstaben C. Diese Artikel sind allesamt aus den Quellen gearbeitet und vervollständigen das Bild der Literaturgeschichte Österreichs auf diesem Gebiet bedeutend. Hier steht noch manches neuartige Ergebnis für die folgenden Bände zu erwarten. Schließlich darf daran erinnert werden, dass eine Reihe namhafter Autoren eine intensive Arbeitszuwendung erforderten: z. B. Elias Canetti, Ignaz Franz Castelli, Paul Celan, Conrad Celtis, Jan Amos Comenius, Johannes Cuspinian, Franz Theodor Csokor und viele andere mehr.

Wieder verdankt man die Fortführung des Werkes den öffentlichen und privaten Subventionsgebern und Förderern: dem Bundesministerium für Wissenschaft und Forschung in Wien, den Kulturressorts der österreichischen Bundesländer, vorab Ober- und Niederösterreichs. Entscheidende Hilfen der Weiterentwicklung und Drucklegung des Werkes gewährten die Albert-Ludwig-Universität Freiburg i. Br. und der Rombach Verlag in Freiburg i. Br.

In vielerlei Bezügen hat der Herausgeber zu danken: der Wiener redaktionellen Betreuung durch Christiane Arnbom, Ursula Natschläger und Dr. Tomas Kubelik sowie jener in Freiburg durch Dr. Friederike Wursthorn und Theresa Peter vom Rombach Verlag.

Unermüdlich war mein Freund Univ.-Prof. Dr. Günter Schnitzler in vielfältiger Hinsicht zur Fortführung des Werkes tätig.

Wien, am 31. März 2017   Herbert Zeman

Einleitung

Das vorliegende biobibliografische Lexikon der Literatur Österreichs erfasst – in seiner Art erstmalig – die gesamte Literatur Österreichs (einschließlich der Kinder- und Jugendliteratur). Es ist ein Grundlagenwerk für alle literaturwissenschaftliche Auseinandersetzung und für alle informativen Interessen. Es erschließt die Literatur Österreichs von den Anfängen im Mittelalter bis zur Gegenwart. Das Werk trägt den historischen Gegebenheiten eines grenzüberschreitenden Kulturaustausches Rechnung und berücksichtigt deshalb unter der begründeten Annahme kultureller Kontinuitäten seit dem Mittelalter die deutschsprachige (auch mittel- und neulateinische) Literatur der seinerzeitigen babenbergischen und habsburgischen Provinzen, dazu gehören u.a. die betreffenden böhmischen – mit Ausnahme Schlesiens –, ungarischen, siebenbürgischen, südslawischen und oberitalienischen Gebiete. Zugleich wird jedoch Österreich in seinen heutigen Grenzen als historische Zielgröße im Auge behalten, sodass auch spät in den Länderverband eingetretene Territorien wie Vorarlberg, Salzb. oder das Burgenland von Anfang an in die Dokumentation einbeschlossen sind. Für das Mittelalter wurde der Betrachtungsrahmen entsprechend den historischen Gegebenheiten über das heutige Österreich hinaus nur um die angrenzenden südlichen Gebiete Görz und Aquileja erweitert; diese gehörten unmittelbar zum Einflussbereich der vor 1526 an Habsburg gefallenen Gebiete.

Da die gesamte Literaturentwicklung in Österreich erarbeitet und zum Teil Neuland erschlossen werden sollte, war es notwendig, das Arbeitsgebiet selbst zu definieren: Aufgenommen wurden jene Autoren, deren Geburtsort jenen Territorien zugehörte, die im oben beschriebenen Sinn zum historischen Österreich zuzurechnen sind, ferner jene deutsch- und fremdsprachigen Autoren, die vorübergehend oder ab einem gewissen Alter ständig in Österreich lebten und das literarische Österreich beeinflussten (z.B. Conrad Celtis, Wolfgang Schmeltzl, Prokopius von Templin, Abraham a Sancta Clara, Emanuel Schikaneder, Pietro Metastasio, Lorenzo da Ponte, Giuseppe Carpani, Friedrich Hebbel, Heinrich Laube, Jean Amery, Max Brod). Die lexikografische Erfassung bezieht sich ferner auf Gebiete, die bisher in lexikalischen Publikationen nicht berührt wurden: aufgenommen wurden anonym erschienene Werke (z.B. Sterzinger Spiele, Raaber Liederbuch) bzw. kompilatorische Werke mehrerer Autoren, Sammelhandschriften (z.B. Ambraser Heldenbuch), literarische Vereinigungen bzw. Dichterzirkel (z.B. Sodalitas litteraria Danubiana, Ister-Nymphen-Gesellschaft, Ludlamshöhle, Soupiritium), Kabaretts (Wiener Werkel, Der liebe Augustin), literarische Institutionen in möglichst breiter Auswahl nach ihren Repräsentanten (Verleger, Buchhändler, Leihbibliotheken, Bibliothekare, Buchdrucker) und schließlich Almanache, Taschenbücher und Zeitschriften, die von einem oder mehreren Herausgebern oder von einer Vereinigung gestaltet wurden (z.B. Journal für Freimaurer). Auch Gebiete, über die die Forschung erst in der jüngsten Vergangenheit bedeutende Aufschlüsse geboten hat, wie die Exilliteratur oder der jüdische Beitrag zur deutschsprachigen Literatur Österreichs, wurden bearbeitet.

Autoren im Sinn des Lexikons sind Belletristen, Chronisten, Dichter, Erbauungsschriftsteller, Essayisten, Prediger, Sprachmeister und Übersetzer; in der Regel jedoch nicht Staatsmänner, Journalisten der Tagespresse und (Literatur-)Wissenschaftler des 19. und 20. Jahrhunderts.

Das vorliegende Lexikon verzeichnet rund 8.000 Artikel, die zu folgenden Abteilungen, gruppiert werden können:

1. Autorenartikel: Dichter und Schriftsteller im oben bezeichneten Sinn, Buchdrucker, Buchhändler und Verleger
2. Sachartikel: anonyme Werke, Almanache (Taschenbücher), Dichterkreise, Schriftstellervereinigungen, Kabaretts, Leihbibliotheken, Verlage, Zeitschriften (Jahrbücher)

Die lexikografische Erfassung erstreckt sich in den einzelnen Bereichen von den Anfängen im Mittelalter bis zur Gegenwart (Stichjahr 2005). Aus diesem Anspruch wird klar, dass das Lexikon über weite Strecken hin nur aufgrund von direkten Quellen entwickelt werden konnte und daher jeder Artikel so weit wie möglich auf Einzelforschungen der Mitarbeiter beruht. Forschungsergebnisse sind bis zum jeweiligen Redaktionsschluss berücksichtigt; jeder Artikel umfasst einen auf den Bildungsgang, die literarischen Kontakte des Autors und das literarische Leben um ihn abgestellten biografischen, ferner einen ergografischen, das Werk stil- und gattungsgeschichtlich charakterisierenden Abschnitt; diese literarhistorischen Kennzeichnungen mit ihren zahlreichen Querverweisen sind die eigentliche Grundlage einer über weite Strecken neuen oder modifizierten Sichtweise auf die Entwicklung der Literatur Österreichs; daran schließt sich – wenn zweckdienlich – ein kurzer Hinweis auf die Forschungslage an; Auszeichnungen, Ehrungen und literarische Gesellschaften, die dem Andenken eines Schriftstellers gewidmet sind, werden am Ende des biografischen Absatzes angegeben. Die Artikel werden jeweils abgeschlossen durch ein nach Gattungen gegliedertes (z.B. geistliche und weltliche Lyrik, heroisches und komisches Epos, Roman, Novelle, Drama, Tragödie, Lustspiel, Komödie, Lehrgedicht, Erbauungsliteratur, Andachtsbücher, Zeitschriften, Almanache), nach Möglichkeit (zumindest innerhalb der Gattungen) chronologisches Werkverzeichnis mit dem vorangehenden Vermerk WERKE. Neuausgaben einzelner Werke werden gleich im Anschluss an die Nennung der Erstausgabe angeführt, Sammel- und Gesamtausgaben bzw. kritische Ausgaben stehen jeweils am Schluss der Werkbibliografie, selbständige Veröffentlichungen der behandelten Autoren werden nach Möglichkeit vollständig verzeichnet, ebenso wird die Mitverfasserschaft und Mitherausgebertätigkeit angeführt; danach folgt ein die wichtigste Forschungsliteratur angebendes (chronologisches) Verzeichnis mit dem vorangehenden Vermerk LITERATUR. Lexikonartikel werden dort und nur dann genannt, wenn sie grundlegende Informationen bieten.

Die österreichische Literaturentwicklung musste in ihrer historischen und räumlichen Dimensionierung – zumindest in Ansätzen – im Gesamtzusammenhang erarbeitet werden. Viele Bereiche der österreichischen Literatur sind bislang kaum oder gar nicht wissenschaftlich bearbeitet worden bzw. finden erst gegenwärtig das Interesse der Forschung, wie z.B.: die politische Dichtung der Zwischenkriegszeit, das österreichische Verlags- und Druckerwesen, die Haupt- und Staatsaktionen des Alt-Wiener Theaters, die Theaterautoren, deren Werke im ausgehenden 19. und frühen 20. Jahrhundert den Alltagsbetrieb der Theater speisten, die neulateinische und die italienische Dichtung des 16., 17. und 18. Jahrhunderts, die literarischen Zeitschriften der Zwischenkriegszeit und nach dem 2. Weltkrieg, die Almanache und Taschenbücher des 19. und frühen 20. Jahrhunderts, die Gelegenheitsdichtungen vom 16. bis zum frühen 20. Jahrhundert und vieles andere mehr. Auf diesen Gebieten musste für das Lexikon sogar Grundlagenforschung betrieben werden.

Da das vorliegende Lexikon nicht nur tradierte Forschungsergebnisse zusammenfasst, sondern auch auf direkter Forschung beruht, stößt es vielfach in wissenschaftliches Neuland vor, erfasst dieses datenmäßig und gibt erste Charakteristiken, regt jedoch andererseits zu weiterer literaturwissenschaftlicher Forschung an. Da sich das Lexikon als Forschungslexikon versteht, hat es in diesem Sinne keinen eigentlichen Vorgänger, wenngleich man schon in den 1950er- und 60er-Jahren versuchte, wenigstens die wichtigsten österreichischen Autoren durch eine Auswahl biografischer und bibliografischer Daten zu erfassen. Aber dieses damals nützlich gewesene vergleichsweise kleine Lexikon von Hans Giebisch und Gustav Gugitz ist heute überholt, bietet keine Sachartikel, keine Werkcharakteristiken, keine literarhistorischen Zuordnungen und erfasst die für die österreichische Kultur so wichtig gewordenen Autoren der letzten 40 Jahre naturgemäß noch nicht. Es liegt überdies noch vor der sprunghaften Expansion der österreichischen Literaturforschung der letzten Jahrzehnte.

Aus der Komplexität des Forschungsgegenstands und der für ein Lexikon völlig neuartigen Methodik ergaben sich besondere regionale wie epochenspezifische Problemstellungen: Die Präsenz der italienischen Literatur in den österreichischen Ländern hat namentlich durch die an den habsburgischen Hof gezogenen Literaten von Enea Silvio Piccolomini bis zu den Hofdichtern des 18. Jahrhunderts eine lange Tradition. Dabei muss das ambivalente und schwankende Verhältnis italienischer Autoren zu Österreich bedacht werden, das sich als besonderes Naheverhältnis bis hin zum Bekenntnis des Aufklärers Pietro Verri, ein Österreicher zu sein (»in generali noi Austriaci siamo poco amati«), steigern, anderseits als Abneigung im Zeitalter des Risorgimento bis zum Hass führen konnte. Die in das Lexikon aufgenommenen Artikel italienischsprachiger Autoren bzw. Literaten-Kreise werden als Teil der *res publica Austriaca* begriffen, in ihrem Wirken auf die österreichisch-habsburgischen Territorien und in Zusammenhang mit einem etwaigen »Österreich-« oder »Habsburg-Bewusstsein« charakterisiert.

Die italienische Literaturgeschichtsschreibung hat im Zuge starker Nationalisierung seit der Einigung Italiens den »österreichischen« Aspekt ihres Schrifttums vernachlässigt. Mit Bezug auf das Wirken von Einzelpersönlichkeiten werden neuerdings immer mehr bilaterale österreichisch-italienische Verbindungen ans Licht gebracht, die aus ihrer Zeit zu verstehen und zu beurteilen sind (vgl. die italienischen Hofdichter des 17. und 18. Jahrhunderts, wie etwa Apostolo Zeno oder Pietro Metastasio). Wie weit sie für das Schrifttum fruchtbar geworden sind, soll durch die Präsenz einiger bedeutender und mancher weniger bedeutender Namen in diesem Lexikon angedeutet werden. Ein Anspruch auf lückenlose Vollständigkeit wird nicht erhoben.

Nach der Einigung Italiens blieb bis zum Ende des Ersten Weltkrieges der Raum Trient/Triest unter österreichischer Verwaltung. Italienischsprachige Autoren dieser Zuständigkeit standen jedoch beim Zusammenbruch des Vielvölkerstaates Österreich bereits außerhalb dessen Wirkungsbereichs. Sie werden in unserem Zusammenhang nicht mehr berücksichtigt, wohl aber das deutschsprachige Schrifttum Südtirols: Außer Frage stand die Aufnahme der bis zum Ende des Ersten Weltkrieges in den Grenzen des alten Tirol geborenen Autoren (von Oswald von Wolkenstein bis Veronika Rubatscher). Berücksichtigt wurden aber auch später geborene Südtiroler Autoren, da die meisten von ihnen sprachlich bzw. der Erlebniswelt nach bis heute auf Österreich bzw. Tirol orientiert geblieben sind (z.B. Norbert Kaser), woran die österreichische Südtirolpolitik seit dem für die Autonomie Südtirols grundlegenden Pariser Abkommen von 1946 wesentlichen Anteil hat.

Das Habsburgerreich hat im Laufe seiner territorialen Expansion auch eine Reihe von slawisch besiedelten Gebieten in seinen Herrschaftsbereich einbezogen. Seit 1526 waren die Länder der Krone Böhmens (Böhmen, Mähren und Schlesien) ein Teil des Reichs. Von Johannes Matthesius und Nikolaus Hermann bis Franz Kafka, Rainer Maria Rilke, Franz Werfel und Johannes Urzidil reicht das Spektrum. Im Zuge der Türkenkriege und der stufenweise Zurückdrängung der Türken auf dem Balkan wurden Slowenien (Krain), Kroatien (später auch Dalmatien), Slawonien und zuletzt 1878 Bosnien und die Herzegovina hinzugewonnen (z.B. Alexander Roda Roda). Durch die polnischen Teilungen (die letzte erfolgte 1795) fiel ein großer Teil Polens (Galizien) mit den Zentren Krakau und Lemberg, die beide einen hohen polnischen und einen geringeren ukrainischen Bevölkerungsanteil aufwiesen, an Österreich. Für diese Länder und insbesondere für das emanzipierte Judentum kann Karl Emil Franzos als Beispiel genannt werden.

Auch Ungarn – die Länder der Stephanskrone – gehörte seit 1526 zum habsburgischen Territorium; seine deutschsprachige Literatur wurde in ihren vielfältigen Beziehungen zu den österreichischen Ländern in repräsentativen Zeugen berücksichtigt (z.B. Johann Graf Mailáth, Ignaz Schnitzer). Die heutige Slowakei war als Teil Ungarns ebenfalls seit 1526 habsburgisch. Zwar wurde sie bis 1783/84 von Preßburg, später von Ofen aus verwaltet, blieb aber kulturell stark mit den böhmischen Ländern verbunden. Kulturell waren die Karpatendeutschen der Slowakei seit der Reformation nach Deutschland (Wittenberg, Halle, Jena, Leipzig, Greifswald, Göttingen) ausgerichtet. Die traditionelle starke Bindung des habsburgtreuen deutschsprachigen Bürgertums, das sich in nationaler und religiöser Hinsicht preisgegeben sah, wurde durch die Gegenreformation geschwächt. Das Verbot des Besuches deutscher Universitäten (Karlsbader Beschlüsse 1819) schnitt die Karpatendeutschen vom geistigen Zusammenhang mit Deutschland ab, ohne sie kulturell enger an Österreich binden zu können, da die ihnen zur Verfügung stehenden Universitäten zu Wien und Pest sie eher im kosmopolitischen Sinn beeinflußten und für die im 19. Jahrhundert einsetzende Magyarisierung empfänglich machten. Trotzdem ergeben sich in Antagonismus und Übereinstimmung eine Fülle literarischer Beziehungen zu den österreichischen Kernländern. Eine weit wirkende literarische Persönlichkeit wie Johann Georg Rumy ist dafür ein Beispiel.

Seit dem ausgehenden 17. Jahrhundert waren die heute zu Rumänien gehörigen Territorien des Banats (seit 1718) und Siebenbürgens (seit 1683) habsburgisch. Sie waren – nicht zuletzt durch die Besiedlungspolitik der Habsburger – deutsch besiedelt. Im Banat, vor allem jedoch in Siebenbürgen, entfaltete sich ein blühendes literarisches Leben, das besonders von der protestantischen Kultur Siebenbürgens geprägt war. Von Johannes Honterus über den *Ungarischen oder Dazianischen Simplizissimus*, der auf das Grenzland mit Ungarn und den dazianischen Raum weist, bis zu Moritz Amster, dessen Zeitgenossen im 19. Jahrhundert und Hans Diplich im 20. Jahrhundert reicht die Palette. Autoren dieser Regionen werden, sofern sie in deutscher Sprache schrieben, in diesem Lexikon berücksichtigt. Es kann jedoch nicht auf Autoren slawischer und ungarischer Sprache dieser Länder eingegangen werden, obwohl bei den meisten von ihnen das Problem der

Zugehörigkeit zum österreichischen Kulturbereich sich in irgendeiner Form stellt. Hier muss auf die Literaturgeschichtsschreibung der entsprechenden Länder verwiesen werden.

Das vorliegende Werk wendet sich – wie schon angedeutet – an einen weiten Kreis von Lesern, an Menschen, die sich beruflich oder aus dem Interesse des Liebhabers mit Literatur beschäftigen. Dem Literaturwissenschaftler und dem Lehrer an den höheren und hohen Schulen sollte damit ein verlässliches, wissenschaftlich objektives und aktuelles Nachschlagewerk an die Hand gegeben werden. Allen anderen beruflich oder privat an der österreichischen Literatur interessierten Menschen, wie z.B. Buchhändlern, Verlegern, Regisseuren, Dramaturgen, Bibliothekaren und Archivaren, Kulturhistorikern etc., sollte es ein verlässlicher Führer durch die österreichische Literaturlandschaft sein. So enthalten die Artikel nicht nur biografische Abrisse bestimmter Personen, sondern sie bieten darüber hinaus eine möglichst ausführliche Einordnung in literatur- und geistesgeschichtliche Zusammenhänge bis hin zur exemplarischen Besprechung einzelner Werke, sodass auch für den wissenschaftlich weniger gebildeten Benützer, Rang und Bedeutung eines Autors oder einer literarischen Institution nachvollziehbar werden. Dieser Zugang unterscheidet das vorliegende Lexikon von anderen Nachschlagewerken. Das Lexikon folgt weitgehend einem monografischen Inhalts- und Stilprinzip. Es geht in vielen Fällen über die Wiedergabe knapper Informationen hinaus und versucht eine Verknüpfung zwischen Leben und Werk auf der einen sowie der kulturgeschichtlichen Entwicklung auf der anderen Seite herzustellen. In seiner Gesamtheit trägt es so zu einer neuen Sichtweise auf die österreichische Literaturentwicklung bei. Die Länge und Ausführlichkeit der meisten Artikel ist somit ein intendiertes Merkmal des vorliegenden Nachschlagewerks. Der Herausgeber ließ dort, wo der Artikelverfasser aus persönlicher Nähe zu seinem Gegenstand weiter ausholte als üblich und durch akribische Detailforschung eine Fülle von schwer recherchierbarem Material gesammelt hatte, solche auch sprachlich mitunter eigenwilligen Erweiterungen gelten, eingedenk der Tatsache, dass gerade derartige Abschnitte etwa im alten Wurzbach oder in den früheren Auflagen des Kosch noch heute der Forschung hochwillkommen sind. Zur weiterführenden Information sind alle Namen und Begriffe des Textes, zu denen es eigene Lexikonartikel gibt, in Kapitälchen gesetzt. Diese Querverweise sowie ein im Anhang befindliches klassifiziertes Verzeichnis aller Lexikonartikel sollen dem Benützer die rasche Aneignung einer Wissensbasis zu praktisch jedem Gebiet der österreichischen Literatur ermöglichen.

Das Lexikon beruht auf der Zusammenarbeit vieler international angesehener Spezialisten. Es dient weder ideologischen Einseitigkeiten noch persönl. Rechthaberei: Weitestgehende Objektivierung wurde zu erreichen gesucht und dürfte auch gerade durch die Vielfalt der engagierten

Forscherindividualitäten gewährleistet sein. Jeder Artikel ist mit dem vollen Verfassernamen gezeichnet Autoren und Redaktion haben versucht durch ständige, mehrfache Überprüfungen der Stichwörter und Manuskripte Irrtümer so weit wie möglich auszuschließen und aus der kontinuierlichen wissenschaftlichen Arbeit selbst wieder Innovationen für die Forschung zu gewinnen. Für alle Hinweise auf Irrtümer und Lücken sowie für alle Ergänzungen sind Herausgeber und Mitarbeiter dankbar.

Siglen und Abkürzungen

1. Allgemeine Siglen und Abkürzungen

Wörter auf -isch, -lich usw. werden nach der gängigen Form abgekürzt: z.B. »polit.«, »kirchl.«; die Abkürzungen gelten in allen Formen, Fällen und Flexionen.

Abh.	Abhandlung
Akad.	Akademie
akad.	akademisch
allg.	allgemein
AT	Altes Testament
Auff.	Aufführung
Aufl.	Auflage
Aufs.	Aufsatz/Aufsätze
Ausg.	Ausgabe
Ausw.	Auswahl
Bd., Bde., Bdn.	Band, Bände, Bänden
bes.	besonders
Beitr.	Beitrag, Beiträge
bgld.	burgenländisch
Bibl.	Bibliothek
Bibliogr.	Bibliografie
bibliogr.	bibliografisch
Biogr.	Biografie
biogr.	biografisch
Bl.	Blatt, Blätter
Bsp.	Beispiel
bzw.	beziehungsweise
ca.	zirka
Cod.	Codex
Cod. Vind.	Codex Vindobonensis (Hs. d. ÖNB in Wien)
d.Ä.	der/die Ältere
d.J.	der/die Jüngere

ders.	derselbe
dies.	dieselbe
dgl.	dergleichen
d.h.	das heißt
d.	der, die, das, des etc.
d.i.	das ist
Diss.	Dissertation
div.	diverse
DLM	Deutsches Literaturarchiv, Marbach a.N.
Dr.	Doktor/in (mit d. üblichen Anhängen jur., med., phil., …)
Dt.	Deutsche/r
EA	Erstaufführung
ebd.	ebenda
ed.	edited
editor.	editorisch
ehem.	ehemalig
eigentl.	eigentlich
Einl.	Einleitung
Erg.	Ergänzung
erg.	ergänzt
erw.	erweitert
Erz.	Erzählung
ev.	evangelisch
f./ff.	folgende (Singular u. Plural)
Forts.	Fortsetzung
Frh.	Freiherr/in
Fs.	Festschrift
G.	Gedicht
geb.	geboren
gedr.	gedruckt
geistl.	geistlich
gegr.	gegründet
geogr.	geografisch
Geogr.	Geografie
Ges.	Gesammelte

gesell.	gesellschaftlich
Gesell.	Gesellschaft
gesch.	geschichtlich
Gesch.	Geschichte
gest.	gestorben
Ggs.	Gegensatz, Gegensätze
Habil.	Habilitation
H.	Heft
hg.	herausgegeben
Hg.	Herausgeber/in
hl.	heilig
Hl.	Heilige/r
hs.	handschriftlich
Hs.	Handschrift
Hzgt.	Herzogtum
i.J.	im Jahre
i.S.	im Sinne
illustr.	illustriert
inkl.	inklusive
insb.	insbesondere
Inst.	Institut
Jb.	Jahrbuch, Jahrbücher
Jg.	Jahrgang, Jahrgänge
Jh.	Jahrhundert
K.	Komödie
kaiserl.	kaiserlich
Kat.	Katalog
kath.	katholisch
klass.	klassisch
kgl.	königlich
krit.	kritisch
KZ	Konzentrationslager
Lex.	Lexikon, Lexika
Libr.	Libretto, Libretti

lit.	literarisch
Lit.	Literatur
lyr.	lyrisch
Lyr.	Lyrik
M.	Märchen
ma.	mittelalterlich
MA	Mittelalter
mdl.	mündlich
mhd.	mittelhochdeutsch
Mitgl.	Mitglied
Mitt.	Mitteilung
Mme	Madame
M.	Monsieur
Mlle.	Mademoiselle
Ms.	Manuskript
mschr.	maschinenschriftlich
Monate	Jan. Januar, Jänner
	Feb. Februar
	Apr. April
	Aug. August
	Sept. September
	Okt. Oktober
	Nov. November
	Dez. Dezember
N.	Novelle
NA	Neuausgabe
Nachl.	Nachlass, Nachlässe
ND	Nachdruck
Nat.	Nation
nat.	national
NS	Nationalsozialismus
nsoz.	nationalsozialistisch
NT	Neues Testament
Neudr.	Neudruck
N.F.	Neue Folge
nö.	niederösterreichisch

o.	oder
o.J.	ohne Jahr
o.O.	ohne Ort
oö.	oberösterreichisch
ÖNB	Österreichische Nationalbibliothek Wien
orient.	orientalisch
öst.	österreichisch
päd.	Pädagogisch.
Päd.	Pädagoge
P.E.N.	P.E.N.-Club
philol.	philologisch
Philol.	Philologie
phil.	philosophisch
Phil.	Philosophie
phil.-hist. Kl.	philosophisch-historische Klasse
polit.	politisch
Prof.	Professor/in
protest.	protestantisch
Ps.	Pseudonym
R.	Roman
red.	redigiert
Red.	Redakteur/in
rel.	religiös
Rez.	Rez.
romant.	romantisch
s.	siehe
S.	Seitte
salzb.	salzburgisch
Schr.	Schrift
schr.	schriftlich
Slg.	Sammlung
s.o.	siehe oben
sog.	sogenannt
Sonderdr.	Sonderdruck
sprachl.	sprachlich
s.u.	siehe unten

städt.	städtisch
stud.	studiert
Stud.	Studium
Suppl.	Supplement
Tb.	Taschenbuch, Taschenbücher
Tgb.	Tagebuch, Tagebücher
theol.	theologisch
Theol.	Theologie
Tl.	Teil
Tr.	Tragödie
T/tsd.	T/tausend
u.	und
u.a.	1. unter anderem
	2. und andere
UA	Uraufführung
u.a.m.	und andere mehr
u.d.T.	unter dem Titel
Univ.	Universität
unveröff.	unveröffentlicht
urspr.	ursprünglich
usw.	und so weiter
u.v.m.	und vieles mehr
übers.	übersetzt
Übers.	Übersetzer/in
v.	von/vom
v.a.	vor allem
vbg.	vorarlbergisch
Verf.	Verfasser/in
verb.	verbessert
verh.	verheiratet
verw.	verwitwet
vgl.	vergleiche
verm.	vermehrt
veröff.	veröffentlicht
Veröff.	Veröffentlichung
versch.	verschieden

Verz.	Verzeichnis
Vjs.	Vierteljahr(es)schrift
weltl.	weltlich
wirtschaftl.	wirtschaftlich
wiss.	wissenschaftlich
Wiss.	Wissenschaft
WK	Weltkrieg
Wr.	Wiener
z.B.	zum Beispiel
zeitgenöss.	zeitgenössisch
z.Tl.	zum Teil
zit.	zitiert
Zs.	Zeitschrift
Ztg.	Zeitung
zus.	zusammen
zw.	zwischen

---

ahd.	althochdeutsch
alem.	alemannisch
balt.	baltisch
bair.	bairisch
brit.	britisch
byzant.	byzantinisch
dt.	deutsch
engl.	englisch
europ.	europäisch
frz.	französisch
germ.	germanisch
griech.	griechisch
hebr.	hebräisch
holl.	holländisch
ital.	italienisch
jüd.	jüdisch
lat.	lateinisch
lett.	lettisch

mähr.	mährisch
nhd.	neuhochdeutsch
niederl.	niederländisch
norweg.	norwegisch
poln.	polnisch
portug.	portugiesisch
röm.	römisch
roman.	romanisch
rumän.	rumänisch
russ.	russisch
slaw.	slawisch
slowak.	slowakisch
slowen.	slowenisch
span.	spanisch
tschech.	tschechisch
ung.	ungarisch

Bgld.	Burgenland
Bln.	Berlin
Dtm.	Dortmund
Dtld.	Deutschland
Ddf.	Düsseldorf
Ffm.	Frankfurt am Main
FfO.	Frankfurt an der Oder
Hbg.	Hamburg
Innsbr.	Innsbruck
Ktn.	Kärnten
Lzg.	Leipzig
Mchn.	München
Nbg.	Nürnberg
NÖ	Niederösterreich
OÖ	Oberösterreich
Öst.	Österreich
Salzb.	Salzb.
Stgt.	Stuttgart
Stmk.	Steiermark
Vbg.	Vorarlberg

2. Siglen und abgekürzte Literatur
(Lexika, Handbücher, Zeitschriften)

ADB Allgemeine Deutsche Biographie, hg. v. der Historischen Kommission bei der Bayerischen Akademie der Wissenschaften, 56 Bde., Leipzig 1875–1912 (ND 1967ff.).

BLOÖ Martha Khil, Biographisches Lexikon von Oberösterreich, hg. v. Inst. für Landeskunde von Oberösterreich, 9 Bde., Linz 1955–1968.

Bauer 1 Anton Bauer: 150 Jahre Theater an der Wien, Zürich/Leipzig/Wien 1952.

Bauer 2 ders.: Das Theater in der Josefstadt zu Wien, Wien 1957.

Baur/Gradwohl-Schlacher Uwe Baur/Karin Gradwohl-Schlacher: Literatur in Österreich 1938–1945. Handbuch eines literarischen Systems, 3 Bde., Wien/Köln/Weimar. Bd. 1: Steiermark 2008; Bd. 2: Kärnten 2011; Bd. 3: Oberösterreich 2014.

Blumesberger Susanne Blumesberger: Handbuch der österreichischen Kinder- und Jugendbuchautorinnen. Bd. 1–2, Wien/Köln/Weimar 2014.

Brümmer Lexikon der deutschen Dichter und Prosaisten vom Beginn des 19. Jahrhunderts bis zur Gegenwart, 8 Bde., Leipzig ^{6}1913 (ND 1975).

Czeike Felix Czeike: Historisches Lexikon Wien, 6 Bde., Wien 1992–2004.

de Boor Helmut de Boor: Geschichte der deutschen Literatur von den Anfängen bis zur Gegenwart, begründet v. Helmut de Boor u. Richard Newald. Bd. 1: Helmut de Boor: Die deutsche Literatur von Karl dem Großen bis zum Beginn der höfischen Dichtung, 770–1170, München ^{9}1979, bearb. v. Herbert Kolb; Bd. 2: ders.: Die höfische Literatur. Vorbereitung, Blüte, Ausklang, 1179–1250, München ^{11}1991, bearb. v. Ursula Hennig; Bd. 3/1: ders.: Die deutsche Literatur im späten Mittelalter, München ^{5}1997, neubearb. v. Johannes Janota. Alle übrigen Bände werden ausführlich zitiert.

DSL Deutsches Schriftstellerlexikon 1830–1880 (=Goedekes Grundriß zur Geschichte der deutschen Dichtung – Fortführung), bearbeitet v. Herbert Jacob, Berlin 1995ff.

DTM Deutsche Texte des Mittelalters, Berlin (seit 1904).

DVjs	Deutsche Vierteljahresschrift für Literaturwissenschaft und Geistesgeschichte, Stuttgart (seit 1923).
Ehrismann	Gustav Ehrismann: Geschichte der deutschen Literatur bis zum Ausgang des Mittelalters, München 1918ff. (Bd. 1: Die althochdeutsche Literatur, ²1932; Bd. 2/1: Die mittelhochdeutsche Literatur. Frühmittelhochdeutsche Zeit, 1922; Bd. 2/2/1: Blütezeit, 1927; Bd. 2/2/2: Schlussband, 1935).
Eisenberg 1, 2, 4	Ludwig Eisenberg: Das geistige Wien. Künstler- und Schriftsteller-Lexikon. Bd. 1: Belletristisch-künstlerischer Theil, Wien 1893; Bd. 2: Medizinisch-naturwissenschaftlicher Theil, Wien 1892; Bd. 4: Supplement, Wien 2015.
Fleischmann	Krista Fleischmann, Das steirische Berufstheater im 18. Jahrhundert, Wien 1974 (Theatergeschichte Österreichs, Bd. V: Steiermark, Heft 1).
Flotzinger	Österreichisches Musiklexikon, hg. v. Rudolf Flotzinger, Bd. 1 (A–F), Wien 2002.
Giebisch/Gugitz	Hans Giebisch/Gustav Gugitz: Bio-Bibliographisches Literaturlexikon Österreichs von den Anfängen bis zur Gegenwart, Wien 1964.
Goedeke	Karl Goedeke: Grundriss zur Geschichte der deutschen Dichtung. Aus den Quellen, 2. bzw. 3., ganz neu bearb. Aufl., 18 Bde., Dresden 1884–1998.
GRM	Germanisch-romanische Monatszeitschrift, Heidelberg (seit 1909)
Hadamowsky	Franz Hadamowsky: Theatergeschichte von den Anfängen bis zum Ende des Ersten Weltkriegs, Wien/München 1988 (Geschichte der Stadt Wien, Bd. III).
HÖAJH	Handbuch österreichischer Autorinnen und Autoren jüdischer Herkunft 18. bis 20. Jahrhundert, hg. v. der Österreichischen Nationalbibliothek, bearb. v. Susanne Blumesberger u.a., 3 Bde., München 2002.
Jb. Goethe-Ges	Jahrbuch der Österreichischen Goethe-Gesellschaft (ehemals Chronik des Wiener Goethe-Vereins, Wien 1886ff.), Wien 1960ff.
Jb. Grill	Jahrbuch der Grillparzer-Gesellschaft, Wien 1891ff., N.F. 1941ff., 3. F. 1953ff.

Jöcher	Christian Gottlieb Jöcher: Allgemeines Gelehrten-Lexikon, Leipzig 1733, 4 Bde., Leipzig 1750ff., 7 Bde., Leipzig 1784ff.
Knapp	Fritz Peter Knapp: Die Literatur des Früh- und Hochmittelalters in den Bistümern Passau, Salzburg, Brixen und Trient von den Anfängen bis zum Jahre 1273, Graz 1994; Bd. 2/1: Fritz Peter Knapp: Die Literatur des Spätmittelalters in den Ländern Österreich, Steiermark, Kärnten, Salzburg und Tirol von 1273 bis 1439, Graz 1999.
Kosch 1	Wilhelm Kosch: Deutsches Literatur-Lexikon. Biographisches und bibliographisches Handbuch, 2., vollst. neu bearb. u. stark erw. Aufl., 4 Bde., Bern 1949–1958.
Kosch 2	Deutsches Literatur-Lexikon. Das 20. Jahrhundert. Biographisches-bibliographisches Handbuch, begr. v. Wilhelm Kosch, hg. v. Carl Ludwig Lang. Bd. Iff. Bern/ München, K.G. Saur 2000ff. (zuletzt XXIV/2015).
Kosel	Hermann Clemens Kosel: Österreichisches Künstler- u. Schriftstellerlexikon, Bd. 1: Biographien d. Wiener Künstler u. Schriftsteller, redigiert v. Paul Gustav Rheinhardt, Wien 1902.
Krackowitzer	Ferdinand Krackowitzer/Franz Berger: Biographisches Lexikon des Landes Österreich ob der Enns. Gelehrte Schriftsteller und Künstler Oberösterreichs seit 1800, Passau 1931.
Killy	Killy. Literaturlexikon. Autoren und Werke des deutschsprachigen Kulturraumes. 2., vollst. überarb. Aufl., hg. v. Wilhelm Kühlmann in Verb. m. Achim Aurnhammer u.a. Bd. 1–13, Berlin/New York 2008–2012.
Kürschner	Kürschners Deutscher Literatur-Kalender, Berlin 1887ff.
LDJA	Lexikon deutsch-jüdischer Autoren. Red. Leitung: Renate Heuer. Unter Mitarb. v. Andrea Boelke u.a. Bd. 1–21, München/London/New York/Paris, später (ab Bd. 17/2009) Berlin 1992–2013 (= Archiv Bibliographia Judaica).
MAL	Modern Austrian Literature. Journal of the International Arthur Schnitzler Research Society, Riverside 1967ff.
MGH	Monumenta Germaniae Historica. Hannover u.a. 1826ff.
MIÖG	Mitteilungen des Instituts für österreichische Geschichtsforschung, Wien ab 1880.

Nagl/Zeidler/Castle	
	Deutsch-österreichische Literaturgeschichte, hg. v. Johann Willibald Nagl, Jakob Zeidler u. Eduard Castle, 4 Bde., Wien 1891-1937.
NDB	Neue Deutsche Biographie, hg. v. der Historischen Kommission bei der Bayerischen Akademie der Wissenschaften, Berlin 1953ff.
Nachlässe	Murray G. Hall/Gerhard Renner: Handbuch der Nachlässe und Sammlungen österreichischer Autoren, 2., neu bearb. und erw. Aufl., Wien 1995.
Nachlässe W.	Gerhard Renner: Die Nachlässe in der Wiener Stadt- und Landesbibliothek, Wien 1993.
NÖB	Neue Österreichische Biographie ab 1815 (Große Österreicher), begr. v. Anton Bettelheim u.a., Wien 1923ff.
ÖBL	Österreichisches biographisches Lexikon, 1915-1950, hg. v. d. Österreichischen Akademie der Wissenschaften, Graz/Köln 1957ff.
Reallexikon	Reallexikon der deutschen Literaturgeschichte, hg. v. Paul Merker u. Wolfgang Stammler, 4 Bde., Berlin 1925-1931, 2. Aufl. hg. v. Werner Kohlschmidt u. Wolfgang Mohr, Berlin 1958ff.
Rommel	Otto Rommel: Die Alt-Wiener Volkskomödie. Ihre Geschichte vom barocken Welt-Theater bis zum Tode Nestroys, Wien 1952.
Sturm	Heribert Sturm/Ferdinand Seibt/Hans Lemberg: Biographisches Lexikon zur Geschichte der böhmischen Länder, 3 Bde. (A-Sch), München 1979ff.
Trausch/Schuller/Hienz	
	Schriftsteller-Lexikon der Siebenbürger Deutschen v. Joseph Trausch, Friedrich Schuller u. Hermann A. Hienz, 4 Bde., 1868-1902 (ND Wien 1983)
VL	Die deutsche Literatur des Mittelalters, Verfasserlexikon, Berlin ²1978ff.
Volksoper	Die Volksoper - das Wiener Musiktheater, Wien 1998.
Wurzbach	Constant von Wurzbach: Biographisches Lexikon des Kaiserthums Oesterreich, 60 Bde., Wien 1856-1891.
Zeman 1	Die österreichische Literatur. Eine Dokumentation ihrer literarhistorischen Entwicklung, hg. v. Herbert Zeman, 4 (bzw. 7) Bde., Graz 1979-1989.

Zeman 2	Literaturgeschichte Österreichs von den Anfängen im Mittelalter bis zur Gegenwart, hg. v. Herbert Zeman unter Mitwirk. v. Leopold Auer u.a., Freiburg i. Br. ²2014.
Zeman 3	Geschichte der Literatur in Österreich von den Anfängen bis zur Gegenwart, hg. v. Herbert Zeman, Graz 1994ff., Bd. 1: Fritz Peter Knapp: Die Literatur des Früh- und Hochmittelalters in den Bistümern Passau, Salzburg, Brixen und Trient von den Anfängen bis zum Jahre 1273, Graz 1994; Bd. 2/1: Fritz Peter Knapp: Die Literatur des Spätmittelalters in den Ländern Österreich, Steiermark, Kärnten, Salzburg und Tirol von 1273 bis 1439, Graz 1999; Bd. 7: Ernst Fischer, Wolfgang Kraus, Joseph P. Strelka, Herbert Zeman, Walter Zettl: Das 20. Jahrhundert, Graz 1999.
ZfdA	Zeitschrift für deutsches Altertum und deutsche Literatur, seit 1841 bzw. Wiesbaden seit 1967.
ZfdPh	Zeitschrift für deutsche Philologie, seit 1868 bzw. Berlin seit 1968.

3. Verfasserinnen und Verfasser der Artikel dieses Bandes

Martin Adel
Marie-Theres Arnbom
Dieter Breuer
Karin Dalla Torre
Christoph Fackelmann
Ernst Fischer
Peter Frank
Johannes Frimmel
Wilhelm Haefs
Maria Hörwarthner (†)
Friedrich Jenaczek (†)
Friedrich Keller (†)
Walter Koschmal
Claudia Kreutel
Tomas Kubelik
Helmut W. Lang
Sylvia E. Mayer-Koukolik
Eva Münz

Sonja Arnold
Werner M. Bauer (†)
Beatrix Cárdenas-Tarrillo
Irene Elschwiger
Georges Felten
Cornelia Fischer
Ruthilde Frischenschlager
Anton Gallmetzer
Robert Hinterndorfer
Maria Hornung (†)
Erika Kanduth
Fritz Peter Knapp
Karl Koweindl (†)
Wynfrid Kriegleder
Harro H. Kühnelt (†)
Sylvia Leskowa
Dietz-Rüdiger Moser (†)
Wolfgang Neuber

Walter Obermaier
Hermann Reichert
Michael Ritter
Siegfried Schneiders
Waltraut Schwarz
Hartmuth Steinecke
Helena Teufel
Erich Trunz (†)
Georg Wacks
Friederike Wursthorn
Manfred Zips

Norbert Oellers
Gerhard Riedmann (†)
Helmut Salfinger
Herbert Schrittesser
Ernst Seibert
Winfried Stelzer
Helmut Teufel
Jean-Marie Valentin
Paul Wimmer (†)
Herbert Zeman

Redaktionelle Betreuung

Christiane Arnbom
Ursula Natschläger

Tomas Kubelik
Herbert Zeman

Gesamtredaktion

Tomas Kubelik
Theresa Peter

Günter Schnitzler
Herbert Zeman

Bi

Biberich, Gustav (auch: Gustav **Biberich-Kovacs** → Giebisch/Gugitz; 22.1.1875 Troppau/Öst.-Schlesien – 29.9.1942 Wien), Sohn eines gutsituierten bürgerlichen Prokuristen, besuchte in seiner Heimatstadt d. Gymnasium, ging 1895 nach Wien, wo er Klass. u. Dt. Philol. stud. Ab 1902 war er als Gymnasiallehrer für Dt., Gesch., Geogr. u. Mathematik zunächst in Brüx u. dann in Mährisch-Ostrau tätig, wo er – unter problematischen materiellen Bedingungen – bis 1906 lebte. B. kehrte hierauf nach Wien zurück u. verdiente sich seinen Lebensunterhalt als Privatlehrer. Nebenbei trat er als Literat an d. Öff.: Ungleich bedeutender als seine frühen lyr. Versuche (Beitr. für d. *Musenalmanach d. Hochschueler Wiens*, 1900) ist sein bei S. Fischer verlegter Wr. Gesell.r. *Auf d. Spirale* (1910), mit d. er ein an SCHNITZLER-Figuren erinnerndes ernsthaftes Psychogramm eines haltlosen Jus-Studenten vorlegte. B. erweist sich hier als überzeugender Romancier d. Wr. Jahrhundertwende, d. seine phil.-ästhetische Ausbildung unaufdringlich einzubringen weiß. *Auf d. Spirale* (d. Lebens) ist jedoch sein einziger bekannter R. geblieben.

WERKE: Lyr.beitr.: Im *Musenalmanach d. Hochschueler Wiens*, Bln./Lzg. 1900, 82-87. Roman: *Auf d. Spirale. Aus einem ungeschriebenen Zyklus*, Bln. 1910.

LITERATUR: Brümmer, Bd. 8.

Sylvia Leskowa

Biberich-Kovacs, Gustav → **Biberich**, Gustav

Bibliothek slavischer Poesien in deutscher Übertragung. Redaktion Joseph Wenzig, Prag 1875 – d. Buch diente d. Zweck, d. ung. Poesie d. dt. Lesepublikum nahezubringen. Ursprünglich waren in loser Folge mehrere H. geplant, d. diesen Gedanken immer wieder aufnehmen sollten, wie d. Hg. in seinem Vorwort betont. Es sollten slaw. Sagen, M., Gesch. u. Sprichwörter, d. Poesien u. d. Lit. aus d. allerneuesten Zeit in zwanglosen Heften thematisiert werden. Es liegt jedoch nur d. erste H. vor, in d. slaw. Volkslieder, u. zwar aus Mähren, d. Slowakei, Dalmatien, Russland u. Bulgarien behandelt werden. Es sind d. ewigen zeitlosen Fragen, um d. es hier geht, alle Lieder wurden v. JOSEPH WENZIG ausgew. u. wohl auch v. ihm übers. Die weiteren ursprünglich geplanten H. sind wohl nicht erschienen; jedenfalls liegen sie nicht auf. Es fehlten wohl d. Voraussetzungen.

LITERATUR: M. Kaiser/W. Michler: D. lit. Feld u. d. Terrain d. Politik, Sonderdr. Tübingen 2002.

Eva Münz

Biblia pauperum (Armenbibel), moderne wiss. Bezeichnung für eine d. bedeutendsten Formen d. typologischen Schrifttums im Spätma. In dieser Zeit wurde d. Ausdruck B. p. im Gegensatz zum heutigen Sprachgebrauch für versch. nicht typologisch angelegte Kurzfassungen biblischer Stoffe verwendet. Als Name d. heute damit gemeinten, ursprünglich namenlosen o. anders bezeichneten Werke findet sich B. p. erst in einer bilderlosen Münchner Hs. v. 1398 sowie als Nachtrag v. Ende d. 15. Jh. in einer Wolfenbütteler Hs. aus d. Zeit um 1360. Sowohl d. Bezeichnung wie d. ursprüngliche Funktion d. B. p. sind bis heute umstritten: Nicht zuletzt d. prächtige Ausstattung mancher Hss. macht es unwahrscheinlich, dass diese Bücher für arme Kleriker u. Scholaren bestimmt waren, denen d. Mittel fehlten, sich eine vollständige Bibel anzuschaffen. Aufgrund d. Verbindung d. Bilder mit Texten u. d. anspruchsvollen theol.

Konzeption können d. ursprünglichen Adressaten freilich auch keine Analphabeten gewesen sein. Hypothetisch bleibt auch d. Annahme einer Entstehung d. B. p. als Instrument zur Bekämpfung d. *pauperes Christi*, d. Waldenser u. Katharer durch d. *veri pauperes*, d. Bettelmönche. Angesichts d. im frühen 14. Jh. einsetzenden Überlieferung wird d. Urfassung d. B. p. bereits um d. Mitte d. 13. Jh. v. einem bayerischen o. öst. Benediktiner o. Augustiner-Chorherrn geschaffen worden sein. Einige d. Hs., in denen d. ursprüngliche Konzeption am besten bewahrt ist, stammen aus OÖ u. NÖ: d. St. Florianer Codex III, 207 v. ca. 1310, d. Fragmente eines weiteren, etwa zur gleichen Zeit entstandenen, jetzt in Paris liegenden St. Florianer Codex u. d. 1330/31 wahrscheinl. in Klosterneuburg geschaffene Cod. Vind. 1187. Auch im späteren 14. Jh. ist d. öst. Überlieferung v. besonderem Gewicht. Im 15. u. frühen 16. Jh. dringt dieser Werktyp vereinzelt über d. dt. Sprachraum hinaus in d. Niederlande sowie nach Italien u. Frankreich vor. Ca. 80, ganz o. teilweise erhaltene Hs. sowie Blockbücher u. Typendrucke lassen d. Beliebtheit d. B. p. bis in d. Frühe Neuzeit erkennen. Die d. Urfassung am nächsten stehenden B. p.-Hs. umfassen neun Bl., v. denen d. erste auf d. Vorderseite leer blieb. Auf d. übrigen 17 Seiten finden sich jeweils zwei typologische Bildgruppen in vertikaler Anordnung, sodass d. Benützer stets vier (nur auf d. letzten Seite zwei) d. insgesamt 34 Bildgruppen vor Augen hatte. Jede dieser Bildgruppen zeigt in d. Mitte eine neutestamentliche Szene (Antitypus), d. v. vier Prophetenbildern u. zwei alttestamentlichen Szenen (Typen) umrahmt wird. Prophetensprüche, gereimte Tituli zu d. szenischen Darstellungen u. Lektionen in Prosa erläutern d. allegorischen Sinn d. auf d. Basis d. exegetischen Lit. gestalteten Bildgruppen, wobei Bild u. Text v. vornherein als Einheit konzipiert waren. Im Laufe d. Überlieferung wird d. typologische Charakter d. zahlensymbolischen christologischen Programms (v. d. Inkarnation bis zur Gründung d. Kirche) durch Hinzufügung weiterer Bildgruppen u. Veränderungen in deren Anordnung allerdings immer stärker aufgelöst. Noch vor d. Mitte d. 14. Jh. entstanden, wohl nicht in Öst., heute noch in 24 Hs. erhaltene B. p.-Fassungen mit lat.-dt. u. – teils beträchtlich erw. – dt. Texten. Weder d. prosaischen Lektionstexte noch d. versifizierten Überschriften zu d. Typen erheben lit. Ansprüche. Aufgrund d. Dominanz d. Bildprogramms gegenüber d. Texten liegt d. Bedeutung d. Werkes v.a. auf d. Gebiet d. bildenden Kunst, auf d. es eine beträchtliche Wirkung ausgeübt hat.

WERKE: Eine Gesamtedition d. Texte fehlt. Einzelne Fassungen sind in d. Faksimile-Ausg. transkribiert (z.B. St. Florian, Cod. III, 207, hg. v. A. Camesina/G. Heider, Wien 1863 u. Cod. Vind. 1198, hg. v. F. Unterkirchner/G. Schmidt, Wien/Graz/Köln 1962. Die Fassung A d. dt. erzählenden Typs ist bei H. Cornell, B. p., Stockholm 1925, 317-356 nach Graz, Steiermärk. Landesarchiv, Hs. 3, abgedr.

LITERATUR: H. Cornell: B. p., Stockholm 1925; G. Schmidt: D. Armenbibeln d. XIV. Jh., Graz/Köln 1959; G. Schmidt/A. Weckwerth: B. p., in: LCI I, 1968, 293-298; M. Berve: D. Armenbibel. Herkunft – Gestalt – Typologie, Beuron 1969; K.-A. Wirth: B. p., in: 2VL I, 1978, 843-852; G. Plotzek-Wederhake/G. Bernt: B. p., in: LM II, 1983, 109f.; H. Mettke: Zur Lokalisierung d. Konstanzer u. d. Weimarer B. P. u. zum Lzg. Fragment., in: Studien zum Frühnhd. E. Skála zum 60. Geburtstag am 20. Nov. 1988, hg. v. P. Wiesinger (= GAG 476),

Göppingen 1988, 151-160; H. Mettke: Zum Verhältnis d. ältesten dt. B. p.-Hs., in: Arbeiten zum Frühnhd. G. Kettmann zum 65. Geburtstag, hg. v. R. Bentzinger/N.R. Wolf. Würzburg 1993, 74-86 (= Würzburger Beitr. zur dt. Philologie 11); Kat. d. dt.-sprachigen illustrierten Hs. d. MA, begonnen v. H. Frühmorgen-Voss, fortgef. v. N.H. Ott/U. Bodemann, II, Mchn. 1996, 249-327; F.P. Knapp: D. Lit. d. Spätma. I, Graz 1999, 79-82, 465-467; R. Suntrup: Typologische Heilsgeschichts-Konzepte in ma. geistlicher Lit., in: Germanist. Mediävistik, hg. v. V. Honemann/T. Tomasek, Münster 1999, 277-308, insbes. 301ff. (= Münsteraner Einführungen, Germanistik 4).

Fritz Peter Knapp/Leopold Hellmuth

Biblioteca Italiana (1816 – 1859), d. Mailänder Monatszs., wurde nach d. Niederlage Napoleons auf Betreiben d. öst. Behörden ins Leben gerufen, um d. Restauration kulturell, polit. u. wohl auch propagandistisch zu fördern. Die Initiative ging auf Feldmarschall Graf Heinrich Joseph v. Bellegarde zurück, d. als Gouverneur d. Lombardei (1815/16) gegenüber d. ital. Geist eine liberale Haltung einnahm u. gemeinsam mit d. Grafen Fickelmont ein allen Interessenten entsprechendes Kulturorgan anregte. Nach Bellegarde ergriff sein Nachfolger, Graf Saurau, d. Gelegenheit, um auch durch d. Wahl d. Mitarb. »d. Sache Öst.« zu dienen u. im Sinne Metternichs Vermittlungsaktionen zw. Öst. u. d. Lombardei zu realisieren. UGO FOSCOLO, d. zunächst für d. Hg. d. Zs. vorgesehen war, lehnte ab, um sich nicht polit. zu kompromittieren. VINCENZO MONTI erklärte sich zur Mitarb. bereit, strebte aber seinerseits nicht d. Direktion an. Er schlug vor, GIUSEPPE ACERBI, einen Freund Öst., mit d. Leitung d. B. zu betrauen. Die Zs., schon 1815 in d. Wege geleitet, erschien ein Jahr später u.d.T. *Biblioteca Italiana ossia Giornale di Letteratura Scienze ad Arti compilato da una società di letterati* beim Verleger Antonio Fortunato Stella. Die Ausrichtung zeigte sich damit offenkundig aufklärerisch, aber auch wenn d. Zs. nicht offiziell als öst. Organ erschien, waren d. Restaurationsbestrebungen stark vertreten. ACERBI stand v. Anfang an in Beziehung zu einem öst. Funktionär, d. Grafen Sardagna, d. Kontrollfunktion einnahm. Viel versprechend war d. Start, denn zu d. ersten Mitarb. zählten außer MONTI noch Pietro Giordani, Ippolito Pindemonte u. Angelo Mai, d. noch weitgehend d. klassizist. Tradition vertraten, während Pietro Borsieri, Ludovico di Breme u. SILVIO PELLICO d. B. neue Impulse vermittelten, d. zur Verbreitung d. Romantik in Italien führte. Zu d. ersten bedeutenden Beitr. zählt Mme. de Staëls Abhandlung *Sulla maniera e Utilità delle traduzioni*, d. zur scharfen Polemik zw. traditionellen u. progressiven Kräften führte. Der »romant.« Vorstoß, d. Aufforderung an d. Italiener, sich auch d. europ. Lit. d. Nordens zuzuwenden, bewahrte d. B. zunächst vor einer zu starken Politisierung, u. auch d. ersten Mitarb. gewährleisteten d. vordringliche Propagierung lit. u. kultureller Interessen. Die zunehmenden Auseinandersetzungen, d. einzelne Mitarb. zum Rückzug veranlassten, waren meist persönl. Natur.

Öst. profitierte v. d. Publ. nicht im erwarteten Maß, wie es auch eine Subventionierung rechtfertigte, d. Leserzahl nahm ständig ab, umso mehr, da d. ursprüngliche Linie romant. Neuerungen bald aufgegeben wurde u. d. neue Mitarb. d. Trientiners Paride Zajotti d. öst.-freundlichen reaktionären Geist unterstützte. Auch d. B. unterlag d. Zensur, d. zu strengen Beschränkungen führte. V. d. früheren Beiträgern verharrte nur d. Sprachwissenschafter u. Klassizist Giovanni Gherardini (Übers. v. A.W. SCHLEGELS *Vorlesungen über dramatische Kunst u. Litteratur*), d. auch d. Schrifttum d. Aufklärung noch Bewunderung zollte. Die Zs. verlor angesichts d. polit. Entwicklung zunehmend an propagandist. Interesse u. wurde zuletzt, bereits v. Mitgl. d. k.k. Lombardischen Instituts, 1841 in d. *Giornale dell'I.A. Istituto Lombardo* übergeleitet, in dessen Bereich sie bis 1859 bestehen blieb.

LITERATUR: A. Luzio: La B. e il governo austriaco, Rivista storica del Risorgimento, 1, 7-8; ders.: Giuseppe Acerbi e la B., Studi e bozzetti di storia letteraria a politica, Mailand 1910; G.P. Clerici: Pietro Giordani, Giuseppe Acerbi e la B., Rivista d'Italia, Juni 1908; G. Bustico: G. Scalvini e la B., Giornali e giornalisti del Risorgimento, Mailand 1924; G. Izzi: B., in: Dizionario della letteratura italiana, ed. v. V. Branca, 1973; A. Galante Garrone: I giornali della Restaurazione 1815-47, in: A. Galante Garrone – F. Della Peruta, La Stampa italiana del Risorgimento, Bari 1979, 17-37.

Erika Kanduth

Bichler, Alois (3.2.1875 Wien – ?), Sohn v. Wr. Bürgern, trat nach Abschluss d. Schule (Matura?) 1892 in d. Staatsdienst ein. 1896/97 leistete B. seine Militärpflicht bei d. Tiroler Kaiserjägern u. erhielt 1899 d. Patent eines Leutnants d. Reserve. Noch vor d. 1. WK erreichte B. d. Stellung eines k.k. Ober-Rechnungsführers im Wr. Postsparkassenamt. Dann scheint er als Autor verstummt zu sein.

WERKE: Novellistisches Skizzenbuch: *Was mir so grad einfiel*, Wien 1906.

LITERATUR: Brümmer, Bd. 1.

Redaktion

Bicksel, Konrad → **Celtis**, Conrad(us) Protucius

Biczó, Alexander Edler v. (auch: Alexander **Biczó de Gulach**, Alexander **Bizo**; 10.2.1868 Wien – 18.4.1935 ebd.) stammte aus einer alten ung. Adelsfamilie. B. wurde in Bezirk Wien-Landstraße geb., bildete sich nach Absolvierung v. Bürger- u. Handelsschule autodidaktisch weiter u. widmete sich – obgleich für einen kaufmännischen Beruf bestimmt – d. Journalistik. So wurde er Red. u. Mitarb. einiger Fachbl. (z.B. d. *Tischler-Ztg.*, 1890ff.) sowie Feuilletonist. Darüber hinaus versuchte er sich als Verf. v. Wr. Liedern u. (musik-)dramat. Werken, wobei er für d. unterhaltsame Libr. *Die schöne Müllerin* d. 1. Preis bei einem Wettbewerb d. Triestiner Musik-Lyzeums erhielt (1908). Sein dramat. Talent stellte er zuvor auch mit d. routinierten Posse *Der Redakteur* (1893), in d. er provinzlerische Stupidität humorvoll entlarvt, unter Beweis. B., Mitgl. d. DEUTSCH-ÖSTERREICHISCHEN SCHRIFTSTELLERGENOSSENSCHAFT, lebte in seiner Heimatstadt u. unternahm einige große Reisen (1910 z.B. über Sibirien nach Japan). Sein bekanntestes Werk, d. 20 feuilletonist. Skizzen umfassende Bd. *Von d. heitern Seite* (1908) stellt denn auch unfreiwillig heitere Reiseerlebnisse in d. Mittelpunkt (u.a. *In Slovakien*, *Reisegefährten*). Ironische Betrachtungen ges. Un-Sitten (*Der Jour, Die Zebras. Modegedanken eines Unsachverständigen*) sowie im Plauderton gehaltene heimatl. Impressionen (*Regatta. Ein Nachmittag am Wasser*) zeigen B. erneut als gewandt-humorvollen Feuilletonisten d. frühen 20. Jh., d. sich wie PAULA BARONIN BÜLOW-WENDHAUSEN ausschließlich d. Genre d. Unterhaltungslit. verschrieb. (Tl.-)Nachl. in d. Hs.Slg. d. Wr. Stadt- u. Landesbibl.

WERKE (Ausw.): Drama: *Der Redakteur*, Posse mit Gesang in 3 Akten, Wien 1893. Libr.: *Der Abt v. Georgenberg*, Oper in 3 Akten, o.O. o.J. (Wr. Stadt- u. Landesbibl.) Prosaskizzen: *Von d. heiteren Seite*, Wien 1908, 2. Folge Wien 1918. Zs.: *Tischler-Ztg. Zentral-Organ zur Wahrung d. gewerblichen u. sozialen Interessen d. Tischler Oest.-Ungarns*, Wien 1890ff. (verantwortl. Redakteur); *Das Posthorn. Organ d. Expedienten, Packmeister* [...], Wien 1894; *Der Wehrmann*, Wien 1914-19.

LITERATUR: Brümmer, Bd. 1; H.K. Kosel: Öst. Künstler- u. Schriftstellerlex., Bd. 1: Biogr. d. Wr. Künstler u. Schriftsteller, redigiert v. P.G. Rheinhardt, Wien 1902, 236; Degeners wer ist's?, Bln. 1935, 120; Nagl/Zeidler/Castle, Bd. 4.

Sylvia Leskowa

Biebl, Rudolf Walter (28.4.1903 Hüblern/Böhmen – 1.4.1998 Passau) lebte nach d. Vertreibung in Mchn. Er übte einen kaufmännischen Beruf aus, arb. dann als Finanzbeamter, bevor er 1963 in d. Ruhestand trat. Als Mitgl. d. Sudetendt. Landsmannschaft widmete er sich d. Vereinsarb. u. versuchte durch G., meist in heimatl. Mundart, seine heimatlosen Leidensgenossen zu ermuntern u. in d. Fremde zu trösten. So gab er 1978 d. Büchlein *Mei Liab zu d. Hoamat. Allerlei aus d. Böhmerwald* im Selbstverlag heraus, d. heimatbezogene G. enthält d. Sehnsucht, Heimatverbundenheit u. Kindheits-Erinnerungen. Die Kritiker bemängelten, dass d. »letzte Schliff« fehle u. B. Mundart oft mit Umgangssprache mische, auch d. Reime ließen häufig zu wünschen übrig. Doch wird er seinen Landsleuten in vielem wohl aus d. Herzen gesprochen haben.

WERKE: *Mei Liab zu d. Hoamat. Allerlei aus d. Böhmerwald*, Selbstverlag 1978, z.Tl. ins Tschech. übers.; auch in: A. Riedl: Die Mundartdichtung aus d. Böhmerwald, Wien 1981; auch Veröff. in Schriften d. Heimatvertriebenen, wie Böhmerwalder Jb. 1990, 39.

LITERATUR: Kosch, Nachtrag II.

Eva Münz

Biedenfeld, Ferdinand Leopold Karl Frh. v. (5.5.1788 Karlsruhe – 8.3.1862 ebd.) ist hier nur aus zwei Gründen zu erwähnen: einerseits weil er – ab Mai 1818 in Wien – um 1820 unter d. Grafen Ferdinand Palffy für d. Theater a.d. Wien als Übers. u. Bearbeiter v. Opernlibr. hervortrat, u. anderseits in öst. Publikationsorganen veröff. bzw. selbst als Hg. tätig war. B., d. als Kind seinen rechten Arm bei einem Unfall verlor, hatte in Freiburg i.Br. u. Heidelberg studiert u. führte ab 1814 ein unstetes Wanderleben. Am Theater a.d. Wien wurden seit 1819 – während seines Wr. Aufenthalts u. noch weit darüber hinaus – viele Theaterstücke, Eigenes sowie Bearb. für d. Sprech- u. d. Musiktheater aufgeführt: darunter sind Rossinis *Othello* u. *La Cenerentola*, *Die Zigeunerin* v. *Derncleucht*, Melodrama in 3 Aufzügen mit Chören, Gefechten, Tanz usw. (nach *La Sorcière* aus Walter Scotts R. *Guy Mannering*) u. d. Musik v. Franz Roser, *Die Einsiedelei im Walde*, o.: *Der unsichtbare Zeuge* (Drama in 3 Aufzügen nach *La Chapelle de Bois* v. Pixérécourt), *Die eiserne Jungfrau* (eine Volkssage in 4 Aufzügen mit Gesängen, Chören, Tänzen, Gefechten usw. nach *Le temple de la mort* v. Cuvélier u. Leopold, aufgeführt als »großes Melodram« mit d. Musik v. Friedrich A. Kanne) u. *Ugolino o. d. Hungerthurm* (aufgeführt als Melodram mit Musik v. Joseph Ritter v. Seyfried). Übrigens verfasste B. auch ein Lustspiel in 3 Akten nach Melesville *Die beiden Peter, o. d. Bürgermeister v. Saardam*, an d. später Lortzings Oper *Zar u. Zimmermann* anschloss. In Brünn brachte B. bei JOSEPH GEORG TRASSLER zwei Bde. *Mohnbl. Eine Slg. anspruchsloser Erz.* (1820/21) heraus. Als typischer biedermeierlicher Vielschreiber fügte er sich gut in d. wienerische lit. Szenarium um 1820 ein, wenngleich er auch seine Wertschätzung d. jüngeren romant. Dichtung gegenüber nicht verleugnete: Als er mit CHRISTOPH KUFFNER 1820/21 bei TRASSLER in Brünn d. Tb. FEIERSTUNDEN hg., nahm er Dichtungen v. Clemens Brentano u. E.T.A. Hoffmann auf. Ab 1824 leitete er d. Berliner Königstädtische Theater u. ging dann über Magdeburg u. Lzg. nach Weimar.

WERKE: s.o.

LITERATUR: Goedeke, Bd. 10; A. Bauer: 150 Jahre Theater a.d. Wien, Zürich/Lzg./Wien 1952, 303, 308, 311f., 315-317; Kosch, Bd. 1.

Herbert Zeman

Biedermann, Felix → **Dörmann**, Felix

Biedermann, Johann Baptist (25.9.1844 Schruns/Vbg. – 20.10.1923 Bludenz/Vbg.). Nach einem Jus-Stud. u. d. Erlangung d. Doktorats übernahm B. 1872 d. Gasthaus seines Vaters »Zur Traube« in Schruns u. war als Vieh- u. Holzhändler tätig. Er eignete sich dabei eine genaue Kenntnis d. Vbg. Volkstums, bes. d. Montafontals an. 1897 erschien sein G.bd. *Nüt für uguat*, in d. sich d. künstl. Niederschlag altüberlieferter Volkspoesie in Liedern u. »Gsätzli«, einer alem. Art d. bayer. Schnadahüpfels, ausweist.

WERKE: Gedichte in Vbg. Mundart: *Nüt für uguat*, Bludenz 1897.

LITERATUR: A. Schwarz: D. Mundartdichtung in Vbg., Wien 1981, 21.

Maria Hornung

Bielen, Otto Carl Stephan (7.1.1900 Wien – ?) ließ sich später in Köln nieder, verfasste v.a. in d. 1930er-Jahren mehrere Volksstücke sowie Lustspiele, deren Komik in d. Aneinanderreihung harmlos-heiterer Situationen besteht.

WERKE: Volksstücke: *Kleines Bezirksgericht*, Wien 1936; *Kleines Genie*, Wien 1939. Komödien: *Es dreht sich um Herrn Rabenvogl*, Wien 1937; *Ich bin kein Casanova*, Wien 1938; *Alles was wir lieben*, Wien 1938; *Lotterie*, Wien 1940; *Romanze im Schloß*, Wien 1950.

Wynfrid Kriegleder

Bienenstein, Karl (1.11.1869 Wieselburg/NÖ – 1.2.1927 Bruck a.d. Mur/Stmk.) verbrachte eine frohe, jedoch durch Armut geprägte Kindheit. Er erhielt durch d. Vermittlung d. Pfarrers einen Freiplatz im Internat d. Lehrerbildungsanstalt in St. Pölten, wo er 1888 d. Reifeprüfung ablegte, war dann – nachdem er eine Lehrerstelle in Wien abgelehnt hatte – als provisorischer Unterlehrer in d. Volksschule d. Gebirgsortes Reinsberg beschäftigt, danach in St. Leonhard aus Forst. In dieser Zeit entstanden bereits erste G. u. lit.krit. Essays. 1890 wurde B. Mitarb. v. KARL EMIL FRANZOS' Halbmonatsschr. DEUTSCHE DICHTUNG. Seine Arbeit über d. Kunstmäzen Graf Schack brachte ihm d. durch dessen Hilfe beförderte Drucklegung seines ersten Lyr.bd. *Aus tiefstem Herzen* (1893) ein. 1892 absolvierte er d. Bürgerschullehrerprüfung u. heiratete kurz danach eine Wieselburger Lehrerin. 1904 ließ er sich mit seiner Familie in Marburg a.d. Drau nieder, wo er es bis zum Schulrat u. Direktor einer Bürgerschule brachte. Während dieser schaffensreichsten Zeit setzte sich B. auch vehement als Wanderredner für d. dt.-nat. gesinnten Schulverein »Südmark« ein. 1919 wurde er nicht zuletzt auf Grund dieser Tätigkeit aus seiner Funktion als Lehrer u. Direktor entlassen u. aus Marburg (Maribor) ausgewiesen. Er ging nach Bruck a.d. Mur, wo er erneut als Bürgerschullehrer arb. – Durch seine Rezensenten- u. Essayistentätigkeit für rund 20 Ztg., u.a. d. *Literarischen Echo*, d. *Ostdt. Rundschau* u. PETER ROSEGGERS *Heimgarten*, kam B., ein erklärter Anhänger d. (Heimat-)Kunsttheorie v. Fritz Lienhard u. Gegner d. konsequenten Naturalismus u. Symbolismus, mit vielen Schriftstellern in Kontakt (z.b. mit FERDINAND V. SAAR, Detlev v. Liliencron, MARIE EUGENIE DELLE GRAZIE). B. war ein vielseitiger Autor, d. sich im lyr. u. dramat. Genre ebenso versuchte wie auf epischem (u. auch jugendschriftstellerischem) Gebiet: Seine lit. Laufbahn begann er als Lyriker in d. 90er-Jahren. Zunächst publizierte er seine lyr. Texte in Zs. (u.a. in Michael Georg Conrads *Gesellschaft* u. im *Kyffhäuser*), dann legte er drei Lyr.bde. vor (*Aus tiefstem Herzen*, 1893; *G.*, 1895; *Aus Traum u. Sehnsucht*, 1906), d. nicht nur v. seiner großen Verbundenheit mit d. Natur, sondern auch v. seiner Verehrung für Eichendorff (z.Tl. sogar gleich lautende Titel) zeugen. Während in d. beiden ersten Bdn. v.a. volksliedhafte Landschafts- u. Liebeslyr. dominiert, steht in *Aus Traum u. Sehnsucht* (1906) eine problematisierende Auseinandersetzung mit d. Todesthematik im Zentrum. – Zu sozialpolit. Fragen d. Gegenwart nahm B. als Dramatiker Stellung: Im ernsten, Michael Georg Conrad gewidmeten Volksstück *Die Heimatscholle* (1900) schilderte B. in unverkennbarer Anlehnung an Wilhelm Polenz' R. *Der Büttnerbauer* (1895) d. unausweichlichen Untergang einer alten Bauernfamilie. Zu einem human-versöhnlichen Ende führte B. dann eine gleichfalls im bäuerlichen Milieu spielende Familienfehde in seinem nächsten, nur hs. überlieferten Volksstück, d. mit d. Landespreis v. NÖ für 1911 ausgezeichneten Stück *Ein Gerechter*, d. während eines Wr. Gastspiels d. Exl-Bühne im Johann-Strauß-Theater im Juni 1910 zur UA gelangte. – Als Prosaist trat B. gleichsam im Sinne seines päd. Berufs auch mit jugendschriftstellerischen Werken hervor (Volksbuchbearb.: *Till Eulenspiegel*, [1921] u. *Münchhausens Reisen u. Abenteuer*, [1921]; Gesch. Erz.: *Vor 100 Jahren*, [1908]; moralisierende M. u. Erz.: *Unter d. Märchentanne*, [1906]; *Waldgesch.*, [1910]). Als Vorstufen seiner eigentl. Domäne, d. R.genre, gelten d. vier Humorsken-Slg. aus d. ländl. Milieu (z.B. *Die drei Getreuen*, 1912; *Draxlhofers kritischer Tag*, 1919), in denen B. heitere Charakterporträts zeichnet, u. d. Erz., d. er zunächst in Zs. zum Abdruck brachte, bevor sie in einigen Sammelbdn. erschienen (d. gelungenste ist d. um menschl. Leidenschaften u. ihre Folgen konzipierte Bd. *Feindschaften*, 1896). Als Romancier setzte B. in d. 20er-Jahren d. zuvor bereits im Drama eingeschlagene Auseinandersetzung mit aktuellen Problemen fort: So behandelt er d. Thema wirtschaftlicher Neuerungsprozesse z.B. in *Die Eisenherrn* (1923) u. in *Der wiedererstandene Acker* (1925). Mit d. Grenzlandthematik, seinem wichtigsten Anliegen, befasste sich B. unter d. Vorzeichen einer konsequenten dt.-nat. Gesinnung in *Gärender Wein* (1919) u. im Nachl. werk *Verlorene Heimat* (1942). Dieser R., sein stilist. bestes Prosawerk, schildert d. Nationalitätenhass, d. nach d. Zusammenbruch d. Monarchie im Marburger Gebiet offen ausbrach, nicht zuletzt aus d. – notgedrungen einseitigen – Sicht seiner persönl. Erfahrungen. B., in stilist. Hinsicht z.Tl. an RUDOLF HANS BARTSCH erinnernd u. wie dieser ein Repräsentant d. Heimatkunstbewegung v. allerdings nur noch vehementerer Art, war ein überaus produktiver, mittelmäßiger Belletrist d. 1920er-Jahre, d. seine polit. Einstellung in seinen R. nie verleugnete

u. sich in künstlerischer Hinsicht gerade u. durch diese propagandist. Ausrichtung beträchtlich im Wege stand.

WERKE (Ausw.): Lyr.: *Aus tiefstem Herzen*, Dresden 1893; *Gedichte*, Zürich 1895; *Aus Traum u. Sehnsucht*, Lzg. 1906. Dramen: *Die Heimatscholle*, Volksstück in 4 Aufzügen, Linz 1900; *Ein Gerechter*, Volksstück in 1 Vorspiel u. 3 Akten, UA Wien 1910. Jugendbücher: Bearbeitungen: *Münchhausens Reisen u. Abenteuer*, Wien 1921; *Till Eulenspiegel*, Wien 1921, 1922, 1928, 1938; gesch. Erz.: *Vor 100 Jahren*, Graz 1908; gesch. R.: *Deutsches Blut*, Lzg. 1913; moralisierende Erz.: *Waldgesch.*, Wien 1910. Märchen: *Unter d. Märchentanne*, Reutlingen 1906, 1932; *Unter d. Karfunkelsonne*, Lzg. 1918. Humoresken: *Drei Humoresken*, Lzg. 1910; *Die drei Getreuen*, Reutlingen 1912; *Das Hasenglöckerl*, Lzg. 1914; *Draxlhofers kritischer Tag*, Reutlingen 1919. Erz.: *Feindschaften*, Zürich 1896; *Wenn d. Berge wandern*, Bln. 1908, 1925; *Wildwuchs*, 7 Erz., Bln. 1909. Romane: *Die Leute v. Hochstein. R. aus d. öst. Gebirge*, Reutlingen 1907 (Prosafassung v. *Die Heimatscholle*); *Im Schiffsmeisterhaus*, Lzg. 1914; *Gärender Wein*, Lzg. 1919; *Der schwarze Stein*, Innsbr. 1919; *Die Worte d. Erlösung*, Lzg. 1921; *Die Eisenherrn*, Reutlingen 1923; *Heimat*, Lzg. 1923; *Der Admiral d. Donau*, Reutlingen 1924; *Die beiden Eichholz*, Reutlingen 1924; *Der wiedererstandene Acker*, Reutlingen 1925; *Der Fuchsbergerhof*, Reutlingen 1927; *Verlorene Heimat. Eine Gesch. v. dt. Art u. dt. Hoffen*, Graz 1942 (Veröff. aus d. Nachl.). Hg.: *Die Dialektdichtung d. dt.-öst. Alpen*, Wien 1901.

LITERATUR: Nagl/Zeidler/Castle, Bd. 4; R. Peroutka: Karl B. Leben u. dichterisches Schaffen, Diss. phil., Wien 1942, mschr.

Sylvia Leskowa

Bihan, Angelika (Ps. A. **Jäger**, 24.11. 1827 [nach anderen Angaben auch 1837 o. 1838] Seibersdorf/NÖ – 11.12.1913 Wien), Tochter eines Notars, übersiedelte nach d. Tod ihres Vaters nach Wien, wo sie im 4. Gemeindebezirk lebte u. als Musiklehrerin tätig war. – B. versuchte sich bereits in frühester Jugend als Prosaschriftstellerin (kleinere M. u. Erz.) u. trat dann 1880 erstmals mit d. N. *Die beiden Freunde* an d. Öff. Ihre belletrist. Arbeiten (u.a. eine Beethoven-N. über eine Liebesbeziehung d. Komponisten) erschienen ausschließlich in öst. u. dt. Zs., Ztg. u. Kalendern. Für d. *Grazer Tagespost* schrieb sie auch Feuilletons zum Thema Musik, Malerei u. bildende Kunst.

WERKE: Prosa: keine eigenständigen Buchausg., nur Beitr. in öst. u. dt. Periodika.

LITERATUR: Lex. dt. Frauen d. Feder. Eine Zusammenstellung d. seit d. Jahre 1840 ersch. Werke weiblicher Autoren, nebst Biogr. d. lebenden u. einem Verz. d. Ps., hg. v. S. Pataky, Bln. 1898, Bd. 1, 67f.

Sylvia Leskowa

Bilgeri, Reinhold Maria (* 26.3.1950 Hohenems), stud. an d. Univ. Innsbr. Geografie, Germanistik, Psychol. u. Phil. Nach Abschluss d. Stud. (Mag. phil.) wirkte er als AHS-Lehrer in Feldkirch. Daneben trat er als Rockmusiker (ab 1964) auf u. begann parallel dazu Hörspiele, Drehbücher, Kabarettprogramme für d. ORF sowie Prosa zu schreiben. Gemeinsam mit MICHAEL KÖHLMEIER schrieb er Lieder in Vbg. Mundart u.a. (*Oho Vorarlberg*) u. hatte damit 1973 einen ersten großen Erfolg. B. wurde 1974 mit einem Drehbuchpreis für d. Film *Gaudeamus igitur* v. ORF ausgezeichnet. In d. Erz. *Herrn Rudolfs Geranien* lieferte d. Autor eine Kriminalsatire. Seit 1981 lebt er freischaffend zeitweise in Wien, zuletzt wieder in Vbg. B. ist Mitgl. d. Vereins d. Vbg. Autoren. Mittelpunkt seines schriftstellerischen Schaffens bilden d. zahlreichen Songtexte. Eine Auseinandersetzung mit d. zumeist englischsprachigen Songtexten müsste v. d. Anglistik geleistet werden. Seine Texte in dt. Sprache machen d. kleineren Tl. seines bisherigen Schaffens aus.

WERKE: Liedtexte in engl. Sprache (kleine Ausw.): *Video-Life, In the Night, Nothing but a Heartache,* m. R. Ponger; Schallplatte: *O wie lacht, Lieder,* Bregenz 1975, m. M. Köhlmeier; Prosa: *Herrn Rudolfs Geranien,* Erz., in: *Neue Texte aus Vorarlberg Prosa 1,* hg. v. Franz-Michael-Felder-Verein, Bregenz 1978; Kabarettprogramm: *Im Westen nix Neues,* ORF; Drehbücher: *Gaudeamus igitur,* 1974; *Flora's Secret,* 2003.

Ruthilde Frischenschlager

Bilgeri, Riccarda (* 17.7.1929 Schnepfau/Bregenzerwald) wuchs als Waisenkind bei Zieheltern auf. Ihre Kindheit u. Jugend erlebte sie in d. Jahren d. NS, dessen Auswirkungen sie in ihren Werken immer wieder thematisiert. Nach Abschluss d. Pflichtschule begann sie, ihren Lebensunterhalt in d. Alten- u. Krankenpflege zu verdienen, erwarb hierin ein Diplom u. ging 1989 in Pension. B. lebt in Bludenz. Seit ihrem 18. Lebensjahr schreibt B. Kurzprosa, Hörspiele, Theaterstücke u. G., in welchen es immer wieder um d. Beschreibung d. Situation sozial schwacher Menschen geht. Diese Texte wurden in Anthologien (u.a. NEUE TEXTE AUS VORARLBERG, Lyrik, Bregenz 1979), Kat. d. Vbg. Autorenverbandes *Frauenzimmer* (Bregenz 1984), 33. *Kindheit im Nach‹Krieg,* hg. v. Ulrike Längle, Hard 1988, u. in *Scheiterhaufen,* hg. v. Anatolja Mayer, Wien 1984, im *Almanach 1989,* Liechtenstein 1989, *Literarisches Forum Oberschwaben* sowie in Zs. (z.B. *Bodenseehefte, Kultur*) veröff. Als Hg. d. 5. Kat. d. Vbg. Autorenverbandes FREMDSEIN IN D. HEIMAT, trat B. 1990 an d. Öff. Sie verfasste ein Hörspiel *Der Schriftsteller* u. ein Bühnenstück für d. Jugend *Das Kreuz mit d. Liebe.* 1990 erschien ihr erster selbständiger Prosabd. *Kinderlandverschickung.* Darin beschreibt sie in Anlehnung an eigene Kindheitserfahrungen d. Gesch. eines Kindes in d. 30er- u. 40er-Jahren d. 20. Jh. B. bedient sich einer stark expressiven Sprache, d. durch Dialektausdrücke zusätzlich Farbe erhielt. 1988: 2. Preis beim Max-v.-d.-Grün-Wettbewerb d. Stadt Linz für Lit. d. Arbeitswelt. 1993: Stipendium für Lit. d. Landes Vbg.

WERKE: Lyr.: *G.* in: Neue Texte aus Vbg., Lyr., Bregenz 1979. Prosa: *Sonnenheilstätte,* in: Vbg. Volkskalender, Dornbirn 1979, 89-91; in: Vbg. Lesebogen, 20, Dornbirn 1987, 13f.; *Ich darf mich d. Xaver nicht widersetzen,* in: *Scheiterhaufen,* hg. v. Anatolja Mayer, Wien 1984, 81-85; *Räumlichkeiten,* in: *Frauenzimmer,* Anthologie hg. v. Vbg. Autorenverband, Bregenz 1984, 7; *Amtswege,* in: Bodensee-H. 8, 1985, 20f.; *Frauenalltag. Bestandsaufnahme,* in: Kultur. Zs. für Kultur u. Gesell., 1. Jg. 1986, Nr. 5/6, 38-41; *Bergbauernidylle,* in: Kultur s.o., 3. Jg. 1988, Nr. 6, 28-33; *Tante Rosas Widerstand* (Ausschnitt), in: *Kindheit im Nach‹Krieg,* hg. v. Ulrike Längle, Hard 1988, 9-21; *Ein Text ist ein Text ist ein Text?,* in: Kultur s.o., 5. Jg. 1990, Nr. 10, 30f.; *Kinderlandverschickung,* Bregenz 1990; *Habedieehre. Basedoof & Cod./Grenz-Fälle,* mit Zeichnungen u. Abb., Bludenz 1995; *Frauen macht Staat,* in: »Frauen macht Staat«, Anthologie, Bregenz 1994; *Mein ist d. Weisheit, sprach d. Herr!,* in: Mit Katzenzungen. Anthologie, hg. v. Sylvia Treudl, Wien 1998. Hörspiel: *Der Schriftsteller,* Bühnenstück: *Das Kreuz mit d. Liebe,* UA 1990 am Theater aus Saumarkt in Liechtenstein. Hg.: 5. Kat. d. Vbg. Autorenverbandes; *Fremdsein in d. Heimat*, Hard 1990.

Ruthilde Frischenschlager

Biller, Karl (18.8.1865 Baden b. Wien – 26.5.1919 ebd.) besuchte ab 1879 d. Wr. Neustädter Lehrerbildungsanstalt u. war dann in Wien u. in d. Provinz in versch. kaufmännischen Berufen tätig. 1898 trat er in d. Dienst d. Wr. Lokalbahnen, wo er d. Funktion eines Hauptkassiers inne hatte. – Der in Baden b. Wien lebende Beamte versuchte sich nebenbei als Dramatiker: V. seinen (wenigen) Werken ist d. umfangreichere, durchaus ernst zu nehmende Stück *Fortuna* (1910) – ein Künstlerdrama, d. zeittypisch im hist. gezeichneten Ambiente d. ital. Hochrenaissance angesiedelt ist – am bedeutendsten. B. erweist sich hier v.a. mit d. Darstellung d. Vater-Sohn-Konfliktes als ein auf d. Höhe d. Zeit befindlicher (jedoch unbekannt gebliebener) Dramatiker d. Jahrhundertwende.

WERKE (Ausw.): Dramen: *Fortuna*, Drama in 5 Aufzügen, Wien 1910 (einziger Text, d. an Wiens großen Bibl. nachweisbar ist); weitere Dramen s. W. Kosch: Deutsches Theater-Lex., Biogr. u. bibliogr. Hdb., Bd. 1, Klagenfurt/Wien 1953, 146: *Vor d. Krisis*, Einakter, 1911; *Werkmeister Urban*, Volksstück, 1911; *Die blaue Laterne*, Komödie, 1913.

LITERATUR: Brümmer, Bd. 8.

Sylvia Leskowa

Billinger, Richard (20.7.1890 St. Marienkirchen bei Schärding/Innviertel – 7.6.1965 Niederpöcking am Starnberger See), drittes Kind eines Krämers u. Landwirts, erhielt – zum Priester bestimmt – d. Ausbildung am Linzer »Collegium Petrinum« 1901-04, dann bis 1910 am Gymnasium in Ried. Der Innsbr. Student siedelte nach einem Semester mit d. Entschluss, Athlet zu werden, nach Kiel über, setzte dort jedoch d. Stud. d. Phil. u. Germanistik fort, d. er 1912-14 in Wien zu Ende führte. Als freier Schriftsteller u. Landwirt lebte d. v. Kriegsdienst Befreite in seinem Heimatort, hielt sich nach Kriegsende häufig in Wien auf, wo ihn d. Hoftischler Bernhard Ludwig unterstützte; 1922 entdeckte d. Tänzerin Grete Wiesenthal sein Talent u. MAX MELL wie auch HUGO V. HOFMANNSTHAL förderten ihn seither; d. Mitarb. an d. »Innviertler Künstlergilde« ist durch d. Druck d. 1924 in diesem Freundeskreis vorgelesenen Spiels *Reise nach Ursprung* in deren Jb. v. 1929 bezeugt. 1924 brachten B. erste G.bde. ihm d. Lit.preis d. Stadt Wien. Trotz d. Misserfolgs seines v. HOFMANNSTHAL angeregten *Perchtenspiels*, d. d. Innsbr. Exl-Bühne mit Grete Wiesenthal in d. Hauptrolle (Regie: Eduard Köck) am 26.7.19278 zur Eröffnung d. Salzb. Festspiele aufgeführt hatte, ließ sich B. 1928-31 in Salzb. nieder; inzwischen sicherten ihm d. UA v. *Rosse* am 19.4.1931 im Münchner Residenztheater u. v. *Rauhnacht* am 10.10. 1931 dort in d. Kammerspielen d. Anerkennung als Dramatiker. 1932 verlieh ihm Erich Ziegel für *Rauhnacht* d. halben Kleistpreis, u. Jürgen Fehling inszenierte d. Stück am Bln. Staatstheater, während *Rosse* dort als Abschiedsinszenierung Leopold Jessners erfolgreich war; zum 5.12.1933 konnte eine UA – d. K. *Stille Gäste* – nach Lzg. vergeben werden. Seit 1931 lebte B. in Mchn.-Schwabing. Nach d. NS-»Machtergreifung« wurde er sechs Wochen inhaftiert, auf Intervention v. Käthe Dorsch u. Baldur v. Schirach, d. B. als »völlig unpolitischen Menschen« (Bortenschlager) kannte, aber freigelassen. Er siedelte 1934 in d. Villa d. Witwe Samuel Fischers in Bln.-Grunewald um, 1941 nach Niederpöcking am Starnberger See. Trotz mancher Misshelligkeiten – wie d. Verbots v. Ottmar Gersters Opernfassung d. *Hexe v. Passau* in diesem Jahr – brach d. Erfolg, wie ihn Verfilmungen, Vertonungen o. d. abermals v. Fehling inszenierte UA v. *Der Gigant* (21.10.1937) belegen, während d. Vorkriegszeit nicht ab. Er verlagerte in d. Kriegsjahren seinen Schwerpunkt jedoch wieder nach Öst. u. in d. süddt. Raum; *Am hohen Meer* fand bei d., erneut v. Fehling betreuten UA am Bln. Staatstheater (17.2.1929) wohl beim Publikum, nicht aber bei d. Kritik Beifall, während sich d. Neufassung *Gabriele Dambrone* am 22.2.1941 im Wr. Burgtheater durchsetzte; 1941 erhielt B. d. Raimund-Preis d. Stadt Wien; aus Mchn. wurde d. *Spiel v. Erasmus Grasser* in Auftrag gegeben; 1943 erkannte ihm d. Stadt Mchn. ihren Lit. preis zu u. für d. Salzb. Festspiele entstand d. Werner Krauß gewidmete *Paracelsus*. Auch d. nach Kriegsende entstandenen Dramen wurden an d. großen Bühnen im Süden d. dt. Sprachgebiets uraufgeführt, gingen jedoch selten ins Repertoire ein; in Öst. erschien zwar v. 1955-60 eine Gesamtausg. seines Werkes, u. B. wurde 1960 in d. Bayerische Akad. d. Schönen Künste aufgenommen, erhielt auch v. d. Öst. Akad. d. Wiss. 1962 d. Grillparzer-Preis, doch d. d. Ton angebende Lit.kritik nahm ihn kaum mehr zur Kenntnis. In d. Abfolge v. Lyr., Drama u. Epik entfaltete sich B. Werk. – Formen u. Motivbestand seiner Lyr. sind eng begrenzt: Berufs- u. Standeslieder stehen neben Balladen, Legenden, Sprüchen u. rel. Hymnik. Zudem wird d. Verwurzelung im traditionell begriffenen bäuerlichen Volksgut (vgl. d. Breughel-G. in *Sichel am Himmel*) durch d. Formprinzip d. Reihung u. d. rhythmischen Anklänge an d. geistliche Lied bekräftigt. Doch bezeugen auch d. »vanitas«-Motivik u. d. Wortschatz v. Barockmystik u. Pietismus (»Sonnenherzen«, »Jammermund«, Sterbeschnee«) eher eine »Barockisierung d. Expressionismus« (Bode), u. d. Artistik im Volkston wird gerade durch Entgleisungen ins Unfreiwillig-Komische offenbar. Die zeitgenöss. Einsicht, B. sei »ein Bauernsohn, d. viel moderne Lyrik gelesen hat«, zumal Friedrich Schnack, Dauthendey u. TRAKL (Lissauer), rechtfertigt seine Zuordnung zum »süddt. Nachexpressionismus« ebenso, wie d. Publikation d. ersten Bd. v. G. in jenem Verlag Haybach, d. auch d. frühen Werke v. DODERER u. GÜTERSLOH betreute. Diese Verschmelzung v. Avantgarde u. d. v. BAHR propagierten europ.-modernen Tradition d. Heimatkunst konnte im Nachkriegsöst. d. Verlagerung d. geistigen Gewichte v. d. Hauptstadt auf d. einzelnen Bundesländer fördern. Der Ambivalenz v. B. Werk entspricht seine Stilisierung als Dichter d. Innviertler Bauerntums durch d. Wr. Literaturkreise. An d. v. d. Laienspielbewegung wiederbelebte volkstümliche Dramaturgie halten sich seine ersten beiden Stücke, d. *Spiel v. Knecht* mit d. Moritatenhandlung d. Giftmords aus Liebe u. d. stärker d. Neubarock verpflichtete *Perchtenspiel* (vgl. Reinemer). Die aus d. Melusinenmotiv entwickelte Handlung um d. landflüchtigen Heimkehrer Peter u. d.»schöne Perchtin« endet, wie HOFMANNSTHALS *Jedermann*, d. B. ersetzen sollte, mit d. Einbruch d. Gnade in eine d. Tod verfallene Natur; »es geht nicht so sehr um d. Scholle d. Bauern, als um d. Seele d. Bauerntums, d. christliche« (H.S. WALDECK), u. d. Psychologisierung d. Dämonischen als Projektion aus d. Seele d. Hauptfigur verrät d. Einfluss expressionist. Bewusstseinsdramaturgie. V. d. öst. Volkstümlichkeitsbewegung wandte sich B. nach d. Salzb. Misserfolg ab u. erreichte in Dtld. d. lit. Durchbruch mit d. Milieustück *Rauhnacht*. Die äußere Mannigfaltigkeit v. B. Werk resultiert aus d. Kombination eines schmalen Stoff- u. Motivinventars, in d. sich d. Monotonie bäuerlichen Lebens abbildet, mit versch. Gestaltungsschemata u. wechselnden Wertungsperspektiven. Das Gestaltungsspektrum misst d. im Werk Gerhart Hauptmanns dokumentierten Entwicklungsmöglichkeiten d. Naturalismus aus. Damals war auch d. Typus bildungsfreier, triebhaft handelnder Menschen in d. ältere Dorfgesch. eingeführt worden, u. d. primitivist. Tendenzen d. Expressionismus hatten ihn, getreu d. Reflexionsverweigerung d. Moderne (Nietzsche) u. ihrem Hang zur Archaik (Benn) akzeptiert u. d. scheinbar realist. Personal v. Bauer, Hirt u. Knecht v.a. für d. Lyr. d. Nachexpressionismus vorgegeben. Häufig tragen B. Figuren Typennamen; im R. *Die Asche d. Fegefeuers* sind d. zentralen Motive versammelt: d. Moritatenstoff v. unerkannt heimgekehrten Sohn, d. im Elternhaus erschlagen u. ausgeraubt wird; d. erfundene rel. Brauch d. Johannistrunks d. Liebe, d. – eine Variation d. Tristan-Motivs – als Gifttrank kredenzt wird; d. Mordwollust in d. Rauhnacht, kurz: d. Verwandlung d. Rel. ins Numinose u. d. Motivik d. »bösen Dorfes« (H.S. Waldeck), wie sie seit TRAKLS G. (*Im Dorf, Die Bauern*) in d. süddt. Variante d. Heimatkunst üblich ist. So kreist d. nur scheinbar autobiogr., in d. nachexpressionist. naiven Perspektive d. Kindes erzählte R. um d. Thema d. (geistlichen) Berufung. Weil d. Innviertler Bauernwelt noch d. Heidentum verfallen, aber schon zum Christentum gerufen ist, tragen d. Räume u. Dinge einen bösen wie einen guten spirituellen Sinn: Noch ist in d. unerlösten Welt d. Wahns d. Inn ein »zauberhöriges Gewässer« u. kein »süßes Herzgestränge d. Gottes Jesu«, sind d. »Spiegel« nur »gläserne Türlein in ein Nichts«. Vollends d. Hülle eigen wird, wer sich v. Natur-Schönen, wie es stets d. »Windsbraut«/ »Melusinen«-Frauen verkörpern, verlocken lässt; sein »schöner« Vetter gemahnt d. faszinierte »Heiligbüblein« an d. heidnischen Gott Dionysos, dessen »Johanniswein« jedoch v. höllischen Trieben verkehrt u. vergiftet. ist, während Christus »in d. Kelter« d. echten »Wein d. Liebe« spendet. Die Wandlung zum Christus vollzieht am echten Künstler sein Werk, d. sinnlich u. fromm u. mehr als »schön« ist; es lässt ihn, frei v. »Häßlichen, Unvollkommenen d. Leibes« wirkl. d. »Urbild« d. Geliebten finden, »wie aus seinem Herzen geschöpft«. Mit dieser Exempelerz. um d. Bildschnitzer Michael Pacher wird d. Krankheitskrise in d. Entwicklung d. zum Priester bestimmten Kindes ausgelöst; nach ihrer Überwindung hat sich d. Zustand »Fegefeuer« im Ort »Gefängnis« konzentriert – beides Chiffren d. unerlösten Welt auch bei d. bayerischen »Provinzschriftstellern« Oskar Maria Graf u. Marieluise Fleißer; zumindest zeichenhaft ereignet sich dort d. Wunder, u. so war auch d. Krankheit, wie sonst d. Krüppel, Irren u. Verwachsenen, ein »verlängerter Finger Gottes«. Nach d. Erscheinung d. himmlischen in d. konkurrierenden irdischen Formen v. Heimat, im Bauerntum u. in d. Kunst, fragen d. Werke B.: »Aus d. Gebet wuchs d. Gedicht, als gottentflohene Form d. Wortgebildes«, u. d. Erlösung wird zweifelhaft, d. Figuren sind Flüchtlinge u. Heimkehrer, »problematische Naturen«.

Im Milieu eines v. KUBINS Bühnenbildern zu *Rauhnacht* kongenial evozierten »bösen Dorfes« öffnet sich kein Heilsraum. Das Stück setzt d. Linie v. Strindbergs *Fräulein Julie* zu SCHÖNHERRS *Weibsteufel* fort; in d. expressionist. Stilpose d. Ungerührtheit vor d. Entsetzlichen wird d. Kontrafaktur d. Erlösungsdramas dargeboten. In d. Rauhnacht vor

Heiligabend liest »d. Böse d. Messe«, werden d. Dinge zu Botschaften d. Hölle, gerät d. gescheiterte Missionar Simon Kreuzhalter – trotz d. Namens ein Anti-Christus – »in Raserei« d. »Unzucht« u. ersticht d. sich ihm willig hingebende Kreszenz; nach diesem makabren Liebesopfer hetzen d. Rauhnacht-Dämonen d. »Götzenpriester« in d. Inn (s.o.). Auf d. d. Wachstum (»Krezenz«) tötende Heidennacht folgt, in d. für B. Dualismus bezeichnenden Wende, d. bäuerliche Weihnacht; Verheißung d. Gnade beschließt in d. 1. Fassung d. Stück, in d. 2. gar eine Postfiguration d. Weihnachtsgeschehens. – Die Milieustücke *Rosse* u. *Der Gigant* scheinen einen Heimatkunst-Topos zu illustrieren: »Die Stadt frißt, was aus d. Dorf lauft«; doch wenn d. Sendboten d. neuen Zeit oberflächlich u. bigott sind, so stehen d. »altgläubigen« Heiden ebenfalls außer d. Heilszeit: Der Rossknecht, d. Selbstmord begeht, als seine Pferde d. Traktor weichen müssen, wird Opfer d. dämonischen Kreatur, wie sie auf B. Bildvorlage »Der Pferdeknecht u. d. Hexe« v. Hans Baldung Grien dargestellt ist; d. Moloch Prag entspricht d. auf d. Land konservierte »Gigant« u. d. Sumpf dort – Anuschka, als einzige d. Liebe fähig, wird aus beiden Räumen d. Unzucht hinausgedrängt. – Die Zurechnung zur »Blut u. Boden«-Lit. ist kaum d. Stück selbst anzulasten, hatte doch selbst Veit Harlans Verfilmung (*Die goldene Stadt*) mit d. dt. Namen Pucher statt Dub u. d. Landnahme durch Austrocknen d. »Sumpfes« noch Anstoß bei Parteistellen erregt. Dennoch nimmt B., soweit es einen kontinuierlichen Übergang aus d. Bereich d. Heimatkunst in d. polit. Raum d. Faschismus gibt, an ihm teil; in d. Ganghofer-Nachfolge d. Romans *Lehen aus Gottes Hand* wird d. (kitschige) Idealisierung d. Bäuerlichen aufdringlich, während es in d. Gesell.

komödie *Lob d. Landes* ironisch heißt: »Das zur Scholle zurück, ist jetzt so eine moderne Idee.« Ähnlich präsentiert sich diese Problematik in d. Konfiguration v. *Stille Gäste* u. d. *Fuchsfalle*. In *Gabriele Dambrone* findet sich d. Mensch vollends im Unschuldsstand, d. als Gegenbild zur »Windsbraut« gezeichnete Mädchen endlich eine Heimat in d. Kunst durch d. Verzicht auf Sinnlichkeit. In d. leibverfallenen Bauernwelt d. *Giganten* in d. *Hexe v. Passau* wird d. Mensch hingegen zum Opfer. Dennoch wird in diesem im hist. Bilderbogen (im Kolorit Hauptmanns *Florian Geyer* verpflichtet, s.o.) d. heidnische Welt d. Abhängigkeit überwunden durch d. christliche d. Auserwähltheit, u. wie d. »Spiel im Spiel« d. Leiden d. Bauern d. Marter Christi transparent macht, mündet d. Stück in d. Märtyrermodell d. bekehrten Verfolgers: Der Obrist d. Passauer Bischofs stellt sich an d. Spitze d. Bauernaufstandes. Das Spiel – als Mimus im Sinn d. Theaterwiss. (H. Reich), 1903 – »ist d. Leben d. Menschen notwendig«, u. so feiern d. Totentänze, B. Antwort auf d. Kriegsschrecken, zunächst, im *Spiel v. Erasmus Grasser* u. d. ebenfalls d. altdt. Modell (s.o.) variierenden Komödie *Der Galgenvogel* d. Triumph d. Theaters über d. Tod. Paracelsus, d. zu SCHNITZLERS tiefenpsychol. inspirierten Künstlerfiguration ebenso Distanz hält wie zu KOLBENHEYERS heroisch-faustischem Dt., wird v. »Natur-Heiland« im Stich gelassen, erliegt d. Sinnlich-Schönen u. damit d. Tod, obgleich d. ans Salzb. *Perchtenspiel* anknüpfende Thema d. Mutterliebe hier d. Opfermotiv u. eine transzendente Hoffnung andeutet.

Die Chance d. Erlösung rückt ins thematische Zentrum d. Nachkriegsdramen, einmal in einer Dramaturgie d. Mythischen, welche im *Zentaur* (1948) d. Faszination v. »Ross«, d. Tier Wotans u.

Sinnbild d. ungehemmten Triebe, nicht verleugnet, dann im zeitgesch. Modell *Das Haus* (1949), wo sich d. Amerikaner wie sonst d. Städter gebärden, d. bedrohliche Russe freilich in d. Hausgemeinschaft d. Europäer integriert wird. Nur noch d. vergebliche Tapferkeit d. Einzelnen verteidigen *Ein Tag wie alle* (im Bauern-) u. *Der Plumpsack* (im altdt. Milieu); d. drei Einakter *Menschen nennen es Schicksal* (1955) resümieren: Der erste handelt v. d. (mythischen) Fixierung auf d. Vergangenheit, d. zweite v. ihrer Überwindung, d. dritte v. Ausbruch in eine bessere Zukunft, d. sich jedoch d. vereinzelten Außenseiter nur in d. Bohème öffnet. – Nach diesem Punkt weitester Entfernung v. Volkstümlichkeitsideal seiner Kunst präsentieren sich B. weitere Stücke lediglich als ein Panoptikum früherer Möglichkeiten; *Die Donauballade* ist, mit gleichem zentralen Symbolort, eine Reprise v. *Das Haus*: Eine Mischung v. Kolportageelementen – Spionage, Menschenhandel, Mord, Ehebruch – u. Vision, d. d. Ost-West-Konflikt in d. Mechanismus v. Schuld u. Sühne übers.; d. *Bauernpassion* (1960) ähnelt d. *Hexe v. Passau*; *Wie in antiker Zeit* (1964) nimmt d. *Zentaur* zurück u. schwelgt, an Zuckmayers *Fröhlichen Weinberg* erinnernd, in einer Sinnlichkeit, d. in d. *Tiroler Ballade* (1964) dann wieder dämonisch im Mord aus Liebe triumphiert. Solch hastige u. sprunghafte Produktivität muss als eine Reaktion auf d. trotz offizieller Ehrungen empfindlichen Resonanzverlust d. Dramatikers verstanden werden.

WERKE: *Über d. Äcker. Gedichte*, Bln. 1923; *Das Perchtenspiel*, Lzg. 1928; *Gedichte*, 1929; *Rosse. Rauhnacht. Zwei Dramen*, 1931; *Sichel am Himmel*, G., 1931, alle Lzg.; *Die Asche d. Fegefeuers*, Mchn. 1931; *Zwei Spiele. Spiel v. Knecht. Reise nach Ursprung*, 1932; *Der Pfeil im Wappen*, G., 1933; *Lob d. Landes*, K., 1933, alle Mchn.; *Das Schutzengelhaus*, R., Bln. 1934; *Stille Gäste*, K., 1934; *Lehen aus Gottes Haus*, R., 1935; *Nachtwache. Lieder u. Gedichte*, 1935; *Die Hexe v. Passau*, Bln. 1935, Libr. 1941; *Der Gigant*, Schauspiel, Bln. 1937; *Das verschenkte Leben*, R., 1937; *Am hohen Meer*, Schauspiel, 1939; *Drei Dramen. Gabriele Dambrone. Melusine. Die Fuchsfalle*, Wien 1942; *Holder Morgen. Lieder u. Gedichte*, 1943; *Paracelsus. Ein Salzburger Festspiel*, 1943; *Das Spiel v. Erasmus Grasser*, 1943, alle Wien; Einl. zu: A. Kubin, Schemen, Freiburg i.Br. 1944; *Lobgesang Gedichte*, Linz 1953; *Das Augsburger Jahrtausendspiel*, Augsburg 1955; *Donauballade*, Mchn. 1960; *Ges. Werke*, 12 Bde., hg. v. Heinz Gerstinger, Linz 1956-65; *Würfelspiel*, hg. v. Viktor Suchy, Graz 1960; *Ges. Werke*, hg. v. Wilhelm Bortenschlager, Wels 1979ff. (Kleine Prosa, Hörspiele).

Zwei (Tl.-)Nachl. im ADALBERT- STIFTER-Inst., Linz/OÖ u. in Privatbesitz v. Paula Hanreich-Ludwig, Münzwardeingasse 2, 1060 Wien.

LITERATUR: H. v. Hofmannsthal: Wr. Brief [V] (an »The Dial«, 1924), in: Reden u. Aufs. II, Ffm. 1979, 317ff.; H.S. Waldeck: D. Perchtenspiel, in: D. neue Reiche 10, 1927/28, 970ff.; C. Zuckmayer: Zu R.B. »Perchtenspiel«, in: Vossische Ztg., 1.8.1928; E. Lissauer: R.B. G., in: D. Lit. 31, 1928/29, 632ff.; R. Henz: Über R.B., in: Orplid 5, 1928; P. Alverdes: G. v. R.B., in: Kunstwart 42, 1929; H. Langenbucher: R.B., D. neue Lit. 33, 1932, 200ff.; J. Dünninger: Lob d. Landes?, in: Dt. Volkstum 1933; A. Mulot: D. Bauerntum in d. dt. Dichtung unserer Zeit, Stgt. 1937, 21ff.; E. Reinemer: Form u. Stil in d. Werken R.B. (unter Ausschluss d. Epik), Diss. phil., Wien 1940, mschr.; H. Gerstinger: R.B. als Dramatiker, Diss. phil. Wien 1947, mschr.; G.F. Hering: D. Ruf zur Leidenschaft, Köln 1959, 159ff.; D. Bode: Georg Britting, Stgt. 1962, 46ff.; K.M. Grimme: D. Fall B. u. seine Aspekte, in: Wort in d. Zeit 5, 1959, H. 10; V. Suchy: Bauer, Hirt u. Knecht, in: Marginalien zur poetischen Welt, Fs. R. Mühlher, hg. v. A. Eder u.a., Bln. 1971, 427-480; W. Bortenschlager: Theaterspiegel IV, Wels 1972, gek. in: Kreativlex., Wien 1976, 75ff.; ders.: D. dramat. Nachlaß R.B. im Adalbert-Stifter-Inst., in: Vierteljahresschr. d. Adalbert-Stifter-Inst. 26, 1977, 122ff.; ders.: Innviertler »Moritatenlit.« u. R.B., in: ebd., 28, 1979, 123ff.; Th. Sapper: Alle Glocken dieser Erde, Wien 1974, 132ff.; R.B. Gedenkschrift zum 10. Todestag, hg. v. S. Großschopf, Linz 1975; Zeman 2, 694f.

Walter Schmitz

Billmann ist ein nicht näher bekannter Autor, d. in CASTELLIS Almanach Selam (auf d. Jahr 1813) ein Epigramm »Vater u. Sohn« veröff.

Redaktion

Bimmel, Johannes (17.5.1564 Friedberg/Bayern – 25.1.1638 Kremsmünster, OÖ), Abt des Benediktinerstiftes Lambach (OÖ) 1600-1634, legte ein *Stammbuch* an, das Einträge aus den Jahren 1604 bis 1624 enthält, hinterließ hs. Aufzeichnungen über die Bauernaufstände des Jahres 1626, erstellte lat. Lamentationen des Propheten Jeremias im gregorianischen Choral u. publizierte lat. Lebensbeschreibungen der Heiligen Adalbero, Altmann u. Gebhard.

WERKE: *Lamentationes Jeremiae prophetae cum cantu chorali*, datiert 1607, Ms., Stiftsarchiv Lambach, Cml IV; *Stammbuch* mit 21 Wappenmalereien v. Abraham Herz, 1604-1624, Ms., Stiftsarchiv Lambach, Ccl 707; *Aufzeichnungen über die Bauernaufstände des Jahres 1626*, Stiftsarchiv Lambach, Hs 403; *Vitae et miracula SS. Adalberonis: Episcopi Herbipolensis: Fundatoris Monasterii Lambacensis. Altmanni: Episcopi Pataviensis: Fundatoris Monasterii S. Nicolai extra muros Pataviae, & Gotwicensis in Austria superiori. Gebhardi: Archiepiscopi Salisburg.‹ensis›: Fundatoris Monasterii Admontensis in Styria, & Episcopatus Gurcensis in Carinthia. Omnia ex vetustis codd. mss.* (= codicibus manu scriptis) *bibliothecae Lambacensis erutae*, Augsburg 1619.

LITERATUR: Ausstellungskat.: Im Fluß – am Fluß. 950 Jahre Benediktinerstift Lambach, Lambach 2006.

Robert Hinterndorfer

Binder, Ernst M. (* 5.1.1953 Feldbach/Stmk.) lebt seit 1973 als freier Schriftsteller, zeitweise als Stipendiat d. Landes Stmk. u. als freier Mitarb. d. ORF-Studio Stmk. (bis 1992). Er schreibt Prosa u. Lyr. Seine Schriften publizierte er bisher in lit. Zs.: zuerst in d. MANUSKRIPTEN d. FORUM STADTPARK, Graz, d. Erz. *Wendepunkt* u. in LITERATUR U. KRITIK aus d. G.zyklus *Da Dschuang* (1975) sowie d. Text *Tod einer Mutter* (1980). In d. Puchberger Anthologie II (Schriftenreihe d. *Literarischen Cafés*) erschienen 1979 Skizzen aus d. Erzählzyklus *Fragmente*. B. Texte kreisen vorwiegend um ein ambivalentes lit. Ich. Sprachlich formal ein Anhänger v. durchgehender Kleinschreibung u. Interpunktionslosigkeit, sucht er eine einheitliche Symbolik u. d. Variation d. Erzählstils. B. beschreibt d. Umwelt präzise in Assoziationsschüben u. kritisiert zugleich bestehende Gesell. formen. 1987 übernahm er gemeinsam mit CHRISTIAN PÖLZL d. Theaterreferat beim FORUM STADTPARK in Graz, baute d. »forum stadtpark theater« auf u. leistet seither internat. anerkannte Theaterarb. B. stellt zeitgenöss. Autoren in d. Mittelpunkt seiner Arb. u. nimmt d. künstlerischen Intentionen seiner Autoren sehr ernst. Auf diese Weise arb. er bisher mit PETER HANDKE, FRANZ WEINZETTL, GERT JONKE, ELFRIEDE JELINEK, FRANZOBEL u.a. zusammen. B.

wurde 2003 mit d. Bühnenkunstpreis d. Landes OÖ ausgezeichnet.

WERKE: Prosa: *Wendepunkt*, Erz., in: manuskripte, hg. v. forum stadtpark, Graz; einzelne Skizzen aus *Fragmente*, in: Puchberger Anthologie II, Lit. Café, hg. v. W. Bortenschlager, Wels 1979. Zahlreiche Rundfunkfeatures. Lyrik: *Da Dschuang*, G.zyklus. Drei G. daraus in: Lit. u. Kritik, hg. v. J. Ebner/R. Henz, Salzb. 1975, H. 94; *Tod d. Mutter*, Prosag., in: Lit. u. Kritik, hg. v. J. Ebner/R. Henz/K. Klinger, Salzb. 1980 (H. 146/147).

LITERATUR: W. Bortenschlager, in: Puchberger Anthologie II, Lit. Café, Wels 1979.

Ruthilde Frischenschlager

Binder, Georg Paul (22.7.1784 Schässburg/Siebenbürgen – 12.6.1867 Birthälm/Siebenbürgen) wuchs in einem protest. Pfarrhaus auf, erhielt eine sehr gute private Erziehung, stud. 1802/03 an d. Univ. Klausenburg (u.a. Mathematik u. Physik), legte im März 1804 d. Consistorial-Prüfung am Schässburger Gymnasium als Abiturient ab u. stud. 1804-07 an d. Univ. Tübingen ev. Theologie. Nach Abschluss d. Studien (Dr. theol.), d. auch d. Phil. u. Philol. galten, wurde B. ab 1808/09 Gymnasiallehrer u. schließlich Rektor in Schässburg. 1831 übernahm B. d. Pfarre in Schaas, 1840 jene in Keisel. Am 5.9.1843 wurde B. v. d. Birthälmer Gemeinde zu ihrem Pfarrer u. am 28.9.1843 zu deren Superintendenten u. damit zum Bischof gewählt, als d. er – wie zuvor als Lehrer – eine bedeutende Wirksamkeit entfaltete. B. ausgezeichnetes rhetorisches Talent macht ihn auch lit.hist. interessant: Neben seinen *Zwei Reden, gehalten in d. Kronstädter evangelischen Cathedralkirche* (1845) ist es B. Autobiogr. (1849), d. ihn als einen aufgeklärten Geist mit souveräner Beherrschung sprachkünstlerischer Mittel zeigen. B., d. letzte Bischof d. ev. Landeskirche A.B. mit Sitz in Birthälm war auch Adressat v. Gelegenheitsg., d. sich v.a. in zwei Druckschriften überliefert haben: *Festgruß Sr. Hochwürden d. Herrn Bischof d. ev. Kirche G.P. B. zum 50jährigen Jubiläum seines Eintrittes in d. Dienst d. Schule u. Kirche, verehrungsvoll dargebracht v. d. Lehrer-Collegium d. Schäßburger Gymnasiums* [...], d. 25. Juni 1858, Hermannstadt 1858 (darin ein dt. G. v. GEORG DANIEL TEUTSCH, d. Nachfolger B. im Bischofsamt, ein lat. G. v. FRIEDRICH MÜLLER, später ebenfalls Bischof in d. Nachfolge v. TEUTSCH u. ein griech. G. v. JOSEPH HALTRICH), u. *Die Feier d. 50jährigen Dienst-Jubliläums Sr. Hochwürden d. Herrn Superintendenten* [...] *G.P. B. am ev. Gymnasium in Schäßburg*, Schässburg 1858 (darin d. drei oben genannten G. mit dt.-metrischer Übers. d. Lat. u. Griech., ferner d. Festrede v. G.D. TEUTSCH u. ein G. JOSEPH HALTRICHS »d. Gastmahl bei Kriton«).

WERKE: Reden bzw. Vorträge: *Zwei Reden, gehalten in d. Kronstädter ev. Cathedralkirche v. Sr. Hochwürden d. Herrn G.P. B., Superintendenten d. A. C. B. in Siebenbürgen, während dessen Anwesenheit in Kronstadt im Jahre 1845*, [...] hg. v. Kronstädter Gewerbeverein, Kronstadt 1845; *Zwei Vorträge zur feierlichen Eröffnung d. ersten u. zweiten Verslg. d. ev. Landeskirche A.B. in Siebenbürgen, gehalten in Hermannstadt am 12. April 1861 u. am 17. September 1862* [...], Hermannstadt 1862 (Druck u. Verlag Samuel Filtsch). Autobiogr.: *Lebensbeschreibung* (1849), in: Siebenbürgischer Volks-Kalender, Neue Folge, 7. Jg., Hermannstadt 1858 (neu hg. im Archiv d. Vereins für Siebenbürgische Landeskunde, N.F., Jg. 15, 1-44).

LITERATUR: Trausch/Schuller/Hienz, Bd. 1; Lex. d. Siebenbürger Sachsen, Innsbr. 1993.

Herbert Zeman

Binder, Heinrich (1827 Stockerau/ NÖ – 12.1.1901 New York) war – noch Student – Sympathisant d. Märzrevolution in Wien, flüchtete 1849 in d. Schweiz, später nach Italien u. Frankreich u. ging 1852 in d. USA, wo er als Jounalist tätig war. Als Red. arb. er in Albany/New York an d. *Freien Bl.n*, war 1855-61 Redaktionsmitgl. d. *Illinois-Staatsztg.*, wurde danach Mitred. d. *Westlichen Post* in St. Louis, 1867 Red. d. *St. Louis Abendztg*. In St. Louis begründete er 1869 mit Joseph Keppler d. illustr. Wochenschrift *Die Vehme*. Danach wurde er Red. d. *Detroiter Abendpost* u. ging 1888 als Chefred. d. *Puck* nach New York.

Der engagierte »48er« wurde ein aufklärungsbewusster Journalist, d. seine dt.-sprachigen Leser hüben u. drüben d. Atlantischen Ozeans fand. Als Autor v. G. u. Erz., d. z.Tl. aus einem erfahrungsreichen Leben geschöpft sind, gab er sich humvorvoll u. weltweise.

WERKE: Lyr.: *Liederklänge aus vier Jahrzehnten*, o.O. 1896; *Aus meinem stillen Garten*, Neue Verse o.O. 1912; (Erz.) Prosa: *Junge, Junge, kannst du lügen. Seemanns-Humoresken*, o.O. 1910, ²1912; *Zwischen Bremen u. Helgoland*, Erz., o.O. 1912.

LITERATUR: Brümmer, Bd. 1 u. 8; Dt. Schriftsteller-Lex., 1830-80 (Goedekes Grundriss, Fortführung), 1, 432.

Herbert Zeman

Binder, Johann Christan → **Rautenstrauch**, Johann

Binder, Johann Friedrich, Frh. v. Krieglstein (? 1708 Wetzlar – 20.8.1782 Wien) wurde nach Beendigung d. Jus.-Stud. als Legationssekretär nach Rom gesandt. 1736 bahnte sich seine freundschaftliche Beziehung zu Graf Wenzel Kaunitz an, d. er als Privatsekretär auf Gesandtschaftsreisen begleitete. Sein Nahverhältnis zu Kaunitz, d. ihm höchste Wertschätzung entgegenbrachte, sollte auch seine weitere Berufslaufbahn bestimmen: Seit 1753 war er als Referent d. Staatskanzlei tätig, wo ihm sein Gönner d. Leitung d. auswärtigen Angelegenheiten übertrug. 1762 zum Staatsrat ernannt, machte er sich auch um d. Einrichtung d. Haus-, Hof- u. Staatsarchivs sowie um d. 1754 gegr. Orientalische Akad. verdient. Für diese betreute er d. Neuausg. d. *Lexicon arabico-persico-turcicum* d. Franziscus a Mesgnien Meninski (1780), d. ihm ein bes. Anliegen war. Im Zusammenhang mit d. wachsenden Beliebtheit rationalist. u. empfindsamer Aufklärungslit. in Öst. u. angespornt durch d. kultur- u. staatspolit. Reformbestrebungen Josephs II. war eine Gilde schriftstellernder Staatsbeamter – v.a. Juristen – entstanden, welche sich in ihrer Freizeit im Sinne d. neuen Daseinsverständnisses als Autoren versuchten. Einer v. ihnen war B., dessen ziemlich ungekonnt anmutende lit. Produkte in seiner Zeit sicher einige Beachtung fanden. In seinen satirischen G. *Die wandernden Genies o. wunderbare Fata eines Schauspielers, Dichters u. Musikkompositeurs* (1782) sowie *Der wunderliche Selbstmord, eine Folge d. Schwärmerei* (1782) geißelt er d. Gepflogenheiten u. Auswüchse d. herkömmlichen Kunstbetriebs, d. Sprachmanier d. Alt-Wr.-Volksk. bzw. d. manierierte Gefühlsdarstellung in d. »sentimentalen« Lit. Das Operntextbuch *Bellerofon* (1785), eine Bearb. d. griech. Sage in zärtlich-anmutigem Stil, folgt d. Vorbild namhafter zeitgenöss. Librettisten, während er in d. postum hg. *Philosophischen Schriften* (1783) seine rel. Weltanschauung darlegte: Die aufklärerische Vernunftlehre bildet d. Fundament für d. Gottesbeweis.

Sicherlich ist d. weitgehende Ignoranz v. Seiten d. Lit.forschung durch d. mangelnde Darstellungskraft d. öst. Beamtenschriftsteller mitbegründet.

WERKE: Gedichte (einschließlich Satiren): *Die wandernden Genies o. wunderbare Fata eines Schauspielers, Dichters u. Musikkompositeurs*, 1782; *Das patriachalische Leben*, 1782; *Der wunderliche Selbstmord, eine Folge d. Schwärmerei*, 1782; *Kleine Gedichte*, 1783. Opernlibr.: *Bellerofon*, 1785. Sonstige Schriften: *Abhandlung über d. Vorzüge d. durchlauchtigsten Erzhauses Öst. bey Reichsbelehnungen*, 1780; *Hinterlassene philosophische Schriften*, hg. v. Veith v. Schittlersberg, 1783 (sämtlich erschienen in Wien).

LITERATUR: Wurzbach, Bd. 1; Goedeke, Bd. 5; ADB 2; NDB 2; Nagl/Zeidler/Castle, Bd. 2; Giebisch/Gugitz.

Herbert Zeman

Binder, Josef Wilhelm (auch: Josef W.B., 23.2.1915 Linz/ Donau – ?), promovierter Theologe u. kath. Priester, lebte in seiner Heimatstadt, wo er Konsistorialrat u. Fachinspektor für d. Religionsunterricht an berufsbildenden Schulen war. – B., Mitgl. d. kath. Schriftsteller-Vereinigung »Winfried«, erhielt 1947 d. Förderungspreis d. Landes OÖ. Neben fachwiss.-päd. Arbeiten verfasste er lyr. u. erzählende Texte (u.a. M.). Seine Spezialität waren jedoch v.a. Jugendbücher (z.B. *Von Berglerbuben u. Lederhosen*, 1954: Abenteuer zweier aufgeweckter Landbuben) u. päd.-kath. Jugendschriften (meist in d. »Schriftenreihe für junge werktätige Menschen« veröff., teilweise in mehreren Aufl.: z.B. u.d.T. *Tanz, Kino, Lippenstift u. Liebe*, 1948, [10]1962; *Wie beichte ich?*, 1951, [5]1962).

WERKE (Ausw.): Märchen: *Das Rosenfräulein u. andere neue Märchen*, Wien 1948; *Binders Märchen*, Linz 1949 (bald eingestellte M.reihe). Jugendbücher: *Von Berglerbuben u. Lederhosen*, Wien 1954, [2]1956; *Wie d. Orgelpfeifen. Das Buch einer Familie*, Mödling b. Wien 1955. Päd., rel. Jugendschriften: *Tanz, Kino, Lippenstift u. Liebe*, Linz 1948, [5]1955, [7]1958, [8]1959, [9]1961, Wien/Linz/Passau [10]1962; *Das Tor. Gespräche über Religion mit jungen arbeitenden Menschen*, Linz 1948; *Die wunderbare Straße. Der Weg unseres Denkens zu Gott*, Linz 1949; *Im unzugänglichen Lichte. Der dreieinige Gott*, Linz 1951; *Wie beichte ich?*, Linz 1951, [2]1955; [4]1959, Linz/Wien/Passau [5]1962; *»Startbereit?«*, Linz 1952; *Viermal Liebe (Eros. Sexus. Amor. Caritas)*, Linz 1956, [2]1959, [3]1961, Wien/Linz/Passau [4]1963; *Ich will heiraten*, Linz 1956, [2]1958, [3]1961 (= Forts. v. *Viermal Liebe*).

LITERATUR: L. Binder: Lex. d. Jugendschriftsteller in dt. Sprache, in: D. Barke, Lehrer-Jb. 1968, hg. v. öst. Buchklub d. Jugend, 129-346, hier 144.

Sylvia Leskowa

Binder, Sidonie (* 23.11.1946 Kirchfidisch/Bgld.) stud. nach d. Schulbesuch Gesch. u. Geografie, nach erfolgreichem Abschluss (Diss. über Carl Josef Batthyany) arb. sie seit 1971 als AHS-Lehrerin in Wien, hat jedoch d. Kontakt mit d. heimatl. Bgld. nie verloren. Seit 1970 veröff. sie Lyr. u. Kurzprosa in Anthologien u. Zs. wie DICHTUNG AUS D. BURGENLAND, »Kreise«, »Reihen«, PROTOKOLLE u.a., gestaltet ORF-Sendungen mit u. hält Lesungen ihrer Arbeiten. 1980 erschien ihr erster Bd. mit Lyr. u. kurzen Texten *Bis auf Widerruf*. Aus d. Themenwahl erkennt man d. Interesse d. Autorin am Menschen u. Beziehungen zur Umwelt – beides aus konstruktiver u. destruktiver Sicht, wobei man d. Eindruck eines gemäßigten Optimismus erhält. Die Sprache ist »voll inwendigem Leben«, aber zuweilen schlägt d. Intellekt auf Kosten d. Poesie durch – wie in d. Hommage an INGEBORG BACHMANN in *Widerruf*: »Grenzenlose Ewigkeit – begrenzte Zeit« Es folgte d. G.-Bd. *Dämonenjagd* (Baden b. Wien 1992), hier wird d. Fragestellung nach Freiheit u. Begrenzung, Anpassung

o. Nichtanpassung, Flucht u. Grenzüberschreitung ins Blickfeld gerückt. Es sind existenzielle Texte, d. d. leidvollen Erfahrungen u. bitteren Erkenntnisse einer sensiblen Frau in einer materiell orientierten Umwelt spiegeln. Die G. sind in freien Rhythmen gehalten u. regen d. nachvollziehenden u. weiterführenden Gedankengang d. Lesers an. 1984 erhielt B. d. Förderungspreis für Lit. d. Bgld.-Stiftung, 1989 d. d. Landes Bgld.

WERKE: Lyr., Kurzprosa: *Bis auf Widerruf*, Eisenstadt 1980; *Dämonenjagd*, Baden b. Wien 1992. Hörspiel: *Der Ausritt* (ORF Regional 1989). Beitr. (Ausw.): *Fliehkraft*, in: Literatur 81. Ein Burgenland-Lesebuch, hg. v. G. Unger, Eisenstadt 1981; *Aufgelöste Gedanken-Sedimente*, in: 21 Autoren nehmen Stellung, hg. v. d. Kulturabteilung d. bgld. Landesregierung, Eisenstadt 1979.

LITERATUR: Kosch, Das 20. Jh., 1; Öst. Kath. Lex. 1, 38.

Eva Münz

Binder-Krieglstein, Johann Friedrich, Frh. v. → **Binder**, Johann Friedrich, Frh. v. Krieglstein

Binder-Zisch, Auguste (verh. Müller, 14.4.1914 Wien – ?), wuchs in Aigen bei Groß-Gerungs auf, wo sich enge Bindungen ans Waldviertel anbahnten. 1946 entstand ihr erstes G. in Waldviertler Mundart, 1947 ihr *Festspiel zur Glockenweihe*. Als Büroangestellte u. Hausfrau blieb sie bis 1955 gänzlich d. Waldviertel verhaftet. Nach einer zweiten Heirat u. Übersiedlung nach Wien entstanden jedoch auch zahlreiche G. in Wr. Mundart. B. ist v.a. als Vortragende bekannt geworden, deren weibliche Einfühlsamkeit in kleinen Erz. sowie auch in mundartlichen Nachdichtungen bekannter schriftdt. Werke (z.B. Chamisso »Das Riesenspielzeug«) gut aufgenommen wurde. Der größte Tl. ihres Schaffens ist noch unveröff.

WERKE: Mundartliche Lyr.: *Der Regnbogn*, G. in Waldviertler Mundart, Wien 1915. Festspiel: *Festspiel zur Glockenweihe*, 1974 (= Dichtung aus NÖ 3).

LITERATUR: M. Hornung, in: Merker-Stammler, Reallex. ²II, 490f.; W. Sohm: D. Mundartdichtung in NÖ, Wien 1980, 52f.; F.J. Thalhammer: Mundartdichtung in NÖ, St. Pölten 1980, 25.

Maria Hornung

Binz, Johann Georg (21.4.1748 Gündlingen i.Br./Dtld. – 15.3.1824 Wien) war Antiquar, Buchhändler u. -drucker, Verleger, Leihbuchhändler in Wien u. Linz. B., wie ihn Gräffer in seinen *Wr. Memoiren* schildert, war eine d. farbigsten Gestalten d. Wr. Buchhandelsszene. Er stud. an d. Univ. Freiburg i.Br. u. Wien, heiratete d. Witwe d. Wr. Buchhändlers Johann Oll, wodurch er d. Buchhandelsprivileg erwarb. V. 1779 an betrieb er einen Antiquariatsbuchhandel (erloschen 1828). Er kaufte d. durch d. Säkularisation angefallenen Bestände v. Klöstern, ein Handel, d. ihn zum wohlhabenden Mann machte. Er galt v.a. als Kenner d. theolog., alchemist. u. kabbalist. Lit. (2 Kataloge, 1788, 1791, sind bekannt). 1793 kaufte er d. Akad. Kunst- u. Buchhandlung in Linz, d. Friedrich Emanuel Eurich v. 1795 an für ihn führte, bis er sie 1801 selbst übernahm. Über d. Buchdrucker (Befugnis 1782-90, wieder aufgenommen 1817-24) u. Verleger ist noch wenig bekannt. Er soll Flugbl. d. Wr. Bänkelsänger gedruckt haben. Bei ihm erschien u.a. 1786-87 GEUSAUS *Nützlicher Zeitvertreib*, 1794 G. Uhlichs *Gesch. d. ersten Türkenbelagerung*, 1795 d. 2. Aufl. v. JOSEF RICHTERS R. *Die Frau Lisel*, 1798 eine Nachaufl. d. *Zauberflöten*-Libr., GIESECKES *Wiedner Theater* u. mit d. *Travestierten Hamlet* eine d. Parodien d. Wr. Volkstheaters, 1805/06 Kaiserers *Ztg. aus d. Vorwelt,* 1808 d. *Neueste Beschreibung d. Kais. Kön. Haupt- u. Residenzstadt Wien,* u. 1820, wohl als ND, d. Zs. *Der Einsiedler.* B. eröffnete 1789 eine vornehmlich wiss.-enzyklopädische Leihbibliothek auch mit fremdsprachigen Beständen (bestand bis zum Verbot 1799, u. dann wieder v. 1812-15[?]). Es war eines d. bedeutendsten Unternehmen in Wien. Wie angesehen B. bei seinen Wr. Kollegen war, ist dadurch bezeugt, dass er v. Gremium d. Buchhändler in Wien zwei Mal zum Obervorsteher (1811-13, 1819-21) u. 1817-19 zum Untervorsteher gewählt wurde.

LITERATUR: C. Junker: Korporation d. Wr. Buch-, Kunst- u. Musikalienhändler 1807-1907, Wien [1907]; Fr. Gräffer: Kleine Wr. Memoiren u. Wr. Dosenstücke, Mchn. 1918, 1. Bd., 152ff. u.ö.; A. d.J. Durstmüller: 500 J. Druck in Öst. Wien 1982, 1. Bd., 231, 254; A. Martino: D. dt. Leihbibl., Wiesbaden 1990.

Peter R. Frank

Binzer, August Daniel Frh. v. (Ps. A. T. **Beer**, 30.5.1793 Kiel – 20.3.1868 Neisse/Schlesien), Sohn d. dänischen Generalmajors Johann Ludwig Jakob v. B. Das väterliche Haus bildete d. Mittelpunkt eines wiss. u. künstl. angeregten Kreises. B. stud. ab 1818 Rechtswiss. in Kiel u. Jena u. nahm 1817 am Wartburgfest teil. Er war Mitgl. d. Burschenschaft u. begann, für diese Lieder zu dichten. Nach d. Ermordung Kotzebues 1819 setzte d. Verfolgung d. liberal denkenden Burschenschafter u. damit auch B. ein; aufgrund seines polit. Engagements blieb B. Zeit seines Lebens eine berufliche Karriere versagt. Promotion 1820. Er heiratete 1822 EMILIE V. GERSCHAU (s. BINZER, EMILIE V.) u. versuchte sich auf wiss. u. journalist. Gebiet zu betätigen, ohne je-

doch eine gesicherte Stelle zu erreichen. Er lebte in Glücksburg, Flensburg, ab 1831 in Neumühlen bei Altona – dort leitete er ein Erziehungsinstitut –, 1834 redigierte er in Lzg. d. *Ztg. für d. elegante Welt,* 1835 leitete er d. Redaktion d. *Allg. Organs für Handel u. Gewerbe* in Köln. 1843-68 wurde er Mitarb. d. *Allg. Ztg.* in Augsburg. Seine letzten Lebensjahre verbrachte B. in Öst., 1845-49 in Wien, 1849-68 in Linz u. in Altaussee; sein Haus wurde zum Mittelpunkt lit. u. künstlerischer Kreise. Bekannt wurde B. in seiner Studentenzeit mit d. zwei Burschenschaftsliedern *Wir hatten gebauet ein stattliches Haus* (1816) u. *Stoßt an. Jena soll leben* (1817). Neben seinen versch. wiss. u. journalist. Tätigkeiten gab er 1836 gemeinsam mit seiner Frau unter d. Ps. A.T. **Beer** drei Bde. *Erz. u. N.* in Lzg. bei Focke u. zwei Bde. *Erz.* bei Cotta in Stgt. heraus, ein Aufenthalt in Italien regte ihn zur Darstellung *Venedig im Jahre 1844* an. In d. Wr. Bibl. sind seine Werke nicht greifbar.

WERKE: *Erz. u. N.*, 3 Bde., Lzg. 1836; *Erz.*, 2 Bde., Stgt./Tübingen 1836; *Venedig im Jahre 1844*, Pest/Lzg. 1845.

LITERATUR: ADB, Bd. 2; Giebisch/Gugitz; Goedeke, Bd. 8; T. Zacharasiewicz: Nachsommer d. Biedermeier. E. v. B. Eine Freundin Adalbert Stifters, Schriftenreihe d. Adalbert Stifter-Inst. d. Landes OÖ, Folge 33, Linz 1983.

Cornelia Fritsch

Binzer, Emilie Freifrau v. (geb. V. GERSCHAU, Ps. Ernst **Ritter** u. gemeinsam mit ihrem Gatten A.T. **Beer**, Gattin d. AUGUST DANIEL FRH. V. B., 6.4.1801 Bln. – 9.2.1891 Mchn.), Enkelin d. letzten Herzogs v. Kurland, Tochter d. preußischen Offiziers u. späteren russ. Generalkonsuls in Kopenhagen Peter v. Gerschau, Ziehtochter d. Herzogin v. Sagan. B. wuchs bei ihrer kinderlosen Tante Wilhelmine v. Sagan auf; d. glänzenden Verbindungen zu d. höchsten Adelskreisen ermöglichten ein reges ges. u. polit. Leben. B. erhielt eine sehr sorgfältige Erziehung – mitbestimmt v. d. Herzogin Dorothea v. Kurland – im künstlerischen Bereich, in d. Konversation, in d. Diplomatie; sehr früh machte sie Bekanntschaft mit wichtigen Persönlichkeiten: Wertvolle Eindrücke u. eine Erweiterung d. intellektuellen Ausbildung erhielt sie auf d. zahlreichen Reisen mit ihrer Tante (Wien, Paris, Mailand, Karlsbad, Kunstreise durch Italien). Die bedeutendsten lit. u. geistigen Anregungen erfuhr B. am »Musenhof« d. Herzogin v. Kurland in Löbichau: In d. Sommern 1819-21 versammelte hier d. adelige Familie d. wichtigsten Vertreter d. Kunst u. d. Politik; Toleranz u. Offenheit für gegensätzliche Geisteshaltungen führten zu einem geistigen, kulturellen u. polit. Austausch in einem gesamteurop. Sinn. Konversation, Dichtung, Theater, Musik u. Phil. wurden v. d. zahlreichen Besuchern gepflegt, zu ihnen gehörten u.a.: THEODOR KÖRNER, Christian Gottfried Körner, FRIEDRICH SCHINK, Christoph August Tiedge (v. ihm erhielt B. lit. Unterricht), Ludwig Tieck, Graf ANTON V. PROKESCH-OSTEN, Ludwig u. Anselm v. Feuerbach, Karl August Böttiger, Friedrich Arnold Brockhaus, einen Höhepunkt bildete d. Besuch Jean Pauls 1819. Die geistigen Strömungen d. Aufklärung, d. Empfindsamkeit, d. Rokoko, d. Klassik u. d. Romantik trafen hier aufeinander. 1821 lernte B. in Löbichau AUGUST DANIEL V. BINZER kennen. Nach d. Heirat 1821 begann ein unruhiges Wanderleben (Glücksburg, Flensburg 1822-27, Kiel 1827-31, Altona 1831-34). B. lernte d. bürgerlich-polit., wiss. Kreise kennen; in Lzg. (1834) gründete d. Ehepaar einen lit. Zirkel um Felix Mendelssohn Bartholdy, Berthold Auerbach u. Otto Jahr; 1835-43 lebte d. Familie in Köln (1838 Italienreise), in B. künstlerischem Salon verkehrten d. Dichter d. Freiheitsbewegung u. d. rheinischen Dichterkreises – Gottfried Kinkel, Emanuel Geibel, F. Freiligrath, Karl Simrock, JOSEPH CHRISTIAN FRH. V. ZEDLITZ, u.a. Eine große Italienreise 1838/39 vermittelte B. wichtige Bildungseindrücke u. zahlreiche Bekanntschaften (u.a. Rossini, Liszt). 1843-45 war d. Ehepaar in Augsburg, 1844/45 auch in Venedig, 1845-49 in Wien, hier vertiefte sich d. Freundschaft mit ZEDLITZ, u. es kam zur persönl. Bekanntschaft mit GRILLPARZER, STIFTER u. Eichendorff. 1849-70 war Linz d. Wohnsitz d. Familie, d. Sommermonate wurden in Altaussee verbracht. B. gelang es, einen bedeutenden lit. u. geistigen Salon aufzubauen, zu d. regelmäßigen Besuchern zählten: ZEDLITZ, FRIEDRICH HALM, HERMANN V. GILM, HEINRICH LAUBE, G.E. Kolb, Moritz v. Schwind, FRIEDRICH V. SCHWARZENBERG, Sophie Schröder, d. Familien Starhemberg, Fürstenberg u. Auersperg. Eine bes. enge Freundschaft verband B. mit STIFTER: Neben d. wertvollen lit. Austausch bestand eine persönl. Anteilnahme. 1861 folgte B. einer Einladung Erzherzog Maximilians nach Miramar; sie war ihm lit. Beraterin u. Förderin. 1868 starb AUGUST DANIEL V. B., 1871 übersiedelte B. nach Mchn. zu ihren Kindern. 1846 erschienen zwei Bde. v. B., *Mohnkörner*, d. v. d. zeitgenöss. Kritik sehr positiv aufgenommen wurden. Auch ihre weiteren erzählerischen Werke – *Erz.*, 1850, *Charactere*, 1855 – u. Erinnerungen hatten Erfolg. STIFTER, Eichendorff u. Storm lobten ihre Arbeiten. Das autobiogr. u. biogr. hist. Material ist d. wesentliche, strukturbildende Element ihrer Werke, im Gegensatz zu d. traditionellen Salonton d. adeligen Kreise verwendete sie d. mittlere Stilebene u.

d. Tonfall d. Realisten mit volkstümlichen Anklängen – hier war sicher d. Einfluss d. Kreise um ihren Mann maßgeblich, Humor u. leise Ironie geben d. Erz. einen liebenswürdigen, versöhnlichen Charakter. Sie vertrat einen gemäßigten Sozialismus, behandelte soziale Fragen, Standesprobleme u. d. Bildungsproblematik beim Volk u. bei d. Adeligen; meist bemühte sie sich um eine harmonische Lösung, zeichnete d. Idealbild d. Herrschenden, d. um d. Wohl d. Volkes bemüht ist; neben ges.polit. Themen behandelte sie immer wieder d. Künstlerproblematik u. d. zwischenmenschl. Beziehungen, d. Verbindung v. sinnlicher Liebe u. Seelenfreundschaft war für sie d. Ideal d. Ehe. Persönliche Erlebnisse, humorvolle Gesell.kizzen, Anekdoten u. eine Charakteristik d. geistigen Zirkels in Löbichau bringt d. Erinnerungsbuch *Drei Sommer in Löbichau*, 1877, es ist ein wertvolles kulturelles Dokument für d. rege, vielseitige künstlerisch-geistige Leben d. Adels im 19. Jh. Die drei Dramen *Die Gauklerin*, 1846, *Caroline Neuber*, 1846, u. *Ruth*, 1858, wurden am Burgtheater uraufgeführt, aufgrund d. konventionellen Gestaltung durchschnittlicher Inhalte u. d. stilist. Schwächen stehen sie aber hinter d. erzählerischen Werken zurück. Die lit. Bedeutung B. liegt im ungeheuer vielfältigen geistigen Austausch, d. sie mit d. bedeutendsten Dichtern, Gelehrten u. Politikern ihrer Epoche pflegte, in ihren Erz. u. N. verarb. sie diese verschiedenartigen, geistig anregenden Kontakte u. d. spezifischen Schicksale ihrer Freunde u. Verwandten. Ihr Werk ist ein wichtiges Zeugnis für d. ges. u. geistige Position d. intellektuellen, künstlerisch ambitionierten adeligen Frau im 19. Jh. u. für d. wesentliche Bedeutung d. künstlerischen Salons in adeligen u. in bürgerlichen Kreisen.

WERKE: Erzählprosa: A.T. Beer, *Erz.*, 2 Bde., Stgt./Tübingen 1836; A.T. Beer, *Erz. u. N.*, 3 Bde., Lzg. 1836 – beides mit ihrem Gatten A. D. v. B., s. dort; Ernst Ritter, *Mohnkörner*, Ges. Erz., 2 Bde., Pest/Lzg. 1846; *Erz.*, Pest/Lzg. 1850; *Charactere*, Erz., Prag/Lzg. 1855; *Erinnerungen an Grillparzer*, 1872, in: Grillparzers Gespräche u. d. Charakteristiken seiner Persönlichkeit durch d. Zeitgenossen, hg. v. A. Sauer, Wien 1904 (= Schriften d. Lit. Vereins in Wien 1), 230-242; *Drei Sommer in Löbichau. 1819-21*, Stgt. 1877. Dramatisches: Ernst Ritter, *Die Gauklerin*, Dr. in 5 Aufzügen, bearb. nach H. Königs R.»Williams Dichten u. Trachten«, o.O. [um 1846], Auff. Wien, Hofburgtheater 16.10.1846; Ernst Ritter: *Caroline Neuber. Ein Lebensbild aus d. vorigen Jh.*, Wien [1846], Auff. Wien, Hofburgtheater 29.12.1946; Ernst Ritter: *Ruth, d. Aehrenleserin. Biblische Idylle in 5 Bildern*, ungedr., Auff. Wien, Hofburgtheater 8.11.1858; Beitr. in versch. Ztg. u. Zs. (Brief-)Nachl. in d. Hs.-Slg. d. Wr. Stadt- u. Landesbibl.

LITERATUR: T. Zacharasiewicz: Nachsommer d. Biedermeier. Emilie v. B. Eine Freundin Adalbert Stifters (= Schriftenreihe d. Adalbert-Stifter-Instituts d. Landes OÖ 33), Linz 1983; DSL, Bd. 1.

Cornelia Fritsch

Birken, Sigmund v. (25.4.1626 Wildstein bei Eger/Böhmen – 12.6.1681 Nbg.), infolge d. rel.-polit. Konflikte emigrierte sein Vater, d. protest. Pfarrer Daniel Betulius (1582-1642), mit seiner Familie 1629 nach Nbg., wo er 1632 Diakon wurde; zwei seiner Söhne (Christian u. Johann Salomon) ergriffen ebenfalls d. Pfarrberuf. Nach d. Tod d. Vaters begann B. 1643 an d. Univ. Jena ein Stud. (Jura, Phil., Theol.), v. wo er 1644 nach Nbg. zurückkehrte. Dort wurde er 1644/45 in d. v. Georg Philipp Harsdörffer (1607-

56) – in Zusammenhang mit d. v. ihnen verfassten *Pegnesischen Schäferg.* (1644) – gegründete Dichterges. d. *Pegnitz-Schaefer* aufgenommen (Gesell.name: »Floridan«) u. publ., zus. mit Klaj, d. *Fortsetzung d. Pegnitz-Schaeferey* (1645); d. hier v. B. erstmals erprobten bukolischen Formen blieben in d. Folge eines d. zentralen Lit. Modell in seinem Werk. 1645 folgte d. Aufnahme in d. *Deutschgesinnete Genossenschaft* Philipp v. Zesens (1619-89) (Gesell.name: »d. Riechende«). Auf Empfehlung Justus Georg Schottels (selbst Mitgl. d. Pegnitz-Schäfer) war B. 1645/46 in Wolfenbüttel als Erzieher d. Prinzen Anton Ulrich (1633-1714) u. Ferdinand Albrecht v. Braunschweig tätig; mit Anton Ulrich stellte sich später eine lit. Zusammenarbeit ein. V. seinem weiteren Aufenthalt in Norddtld. (zeitweilig als Erzieher auf Schloss Dannenberg) kehrte er 1648 nach Nbg. zurück, wo er 1649-51 d. Auftrag übernahm, für d. in Nbg. tagende schwedisch-öst. geleitete Friedenskommission Friedensfeierlichkeiten zu organisieren, zu denen er mehrere eigene lit. Beitr. lieferte (u.a. 1650 Auff. seines *Teutschen KriegsAb- u. FriedensEinzugs*, 1651 Auff. seiner *Margenis*-Anagramm für »Germanis« u. Anspielung auf Barclays lat. Staatsr. *Argenis* (1621), womit zugleich seine (zeitlich begrenzte) Dramenproduktion begann. Nach seiner eigenen Aussage wurde in Nbg. 1652 auch sein lat. (1679 in seiner Poetik v. ihm selbst ins Dt. übers.) *SchauSpiel Psyche* mit d. Zwischenspiel *Bivium Herculis* aufgeführt. 1656 folgte d. Schauspiel *Androfilo* zus. mit d. Nachspiel *Silvia*, eine d. wenigen aus d. 17. Jh. bekannten dt. Bearb. eines lat. Jesuitendramas durch einen Protestanten (dt. Prosabearb. d. bei d. Westfälischen Friedensverhandlungen aufgeführten Versdramas *Tragico-Comoedia Parabylosa Androphilus* v. Jacob Masen, d. er, da Masens Drama erst 1657 im 3. Bd. seiner *Palaestra Eloquentiae Ligata* erschien, wohl nach einer Hs. vornahm), zugleich ein Beleg für d. kulturelle Vermittlerrolle d. Lit.zentrums Nbg. zw. protest. u. kath. wie auch zw. dt. u. fremdsprachiger (lat., roman.) Lit., wie sie sich auch in einer Reihe weiterer Übers. B. u. anderer Nbg. manifestierte. 1652-55 war B. als Erzieher in d. Nbg. Patrizierfamilie Rieter tätig. 1655 wurde er v. Kaiser Ferdinand III. in d. erblichen Adelsstand erhoben u. zum Kaiserlichen Pfalzgrafen ernannt, womit d. Recht zur Dichterkrönung verbunden war; er nannte sich seitdem »v. B.«. 1657 setzte mit d. *Ostlaendischen Lorbeerhayn* an d. Adresse d. Habsburger d. Serie d. polit.-hist. Schriften ein, d. d. absolutist.-höfischen Repräsentation versch. Dynastien dienten u. z.Tl. Auftragsarbeiten darstellten, mehrfach Bearb. nach vorgegebenen Vorlagen. 1658 wurde er auch in d. im Gegensatz zu d. Pegnitz-Schäfern v. Adel dominierte *Fruchtbringende Gesellschaft* aufgenommen (Gesell.name: »d. Erwachsene«). Im gleichen Jahr schloss er seine erste Ehe mit Margareta Magdalena Göring (1610-70), d. wie auch seine zweite Frau (ab 1673), Clara Catharina Bosch (1614-79), bedeutend älter als B. war. 1658-60 hielt er sich in Bayreuth auf, mit dessen Hof auch nach d. Rückkehr nach Nbg. in Kontakt blieb; zur Hochzeit d. Markgrafen wurden 1662 zwei v. B. für d. Anlass gedichtete Dramen, d. Singspiel [...] *Sophia* u. d. *Ballet d. Natur* in Bayreuth aufgeführt u. gedr. Ab 1662 (bis zu seinem Tod) übernahm er d. seit Harsdörffers Tod unbesetzte Leitung d. Pegnitzschäfer; es gelang ihm in d. Folge, d. kaum noch existente Gesell. erneut zu beleben (Anwerbung v. insgesamt 58 Mitgl.). In d. 60er-Jahren war B. nicht nur als Hofhistoriograf d. Hauses Habsburg tätig (*Spiegel d. Ehren*, 1668), sondern huldigte auch d. Höfen in Bayreuth (*Brandenburgischer Ulysses*, 1669), u. Braunschweig (*Guelfis*, 1669), später auch Kursachsens (*Saechsi-*

scher Helden-Saal, 1676). Im Rahmen seiner Kontakte zu Anton Ulrich v. Braunschweig überarb. B. vor d. Drucklegung sprachlich-stilist. dessen R. *Aramena* (1669-73), zu d. er auch eine romantheoretisch wichtige Vorrede, zudem d. *Schaeferspiel v. Jacob* [...] *u. Rahel* (Bd. V, 1673) anonym beisteuerte, u. *Octavia* (1677-79; Formen d. lit. Kooperation – d. Beitrags zum Werk anderer u. d. Gemeinschaftsarb. – waren auch sonst für d. Nbg. Dichterkreis seit d. *Pegnesischen Schäferg.* nicht untypisch (vgl. auch B. u. anderer Schäferdichtung *Pegnesis*, 1673 u. 1679), o. d. v. B. zu Daniel Wülfers *Fatum* 1666 beigesteuerten Embleme u. sie deutenden Dichtungen). Unter seinen letzten größeren Werken ist d. Poetik (*Teutsche Rede-bind u. Dicht-Kunst*, 1679), neben Harsdörffers *Poetischem Trichter* (1648-53), d. zweite bedeutende Poetik d. Nbg., hervorzuheben, d., als eine d. ersten Poetiken (wie auch schon d. dt. Poetik/Rhetorik *Thesaurus Oratorius Novus* Daniel Richters, Nbg. 1660), auch d. Gattung »Roman« behandelt. Eine Klassifikation v. B. umfänglichen u. durch große Formenvielfalt charakterisiertem Œuvre nach Texttypen o. auch nach d. Gattungen d. barocken o. B. eigener Poetik ist schwierig, da er stark zu nicht antik-klassisch vorgegebenen Formen u. zu vielfältigen Kombinationen tradierter Klassen neigte: zum lit. Experiment. So erscheint d. Bukolik bei ihm nicht nur als d. durch Opitz' *Hercinie* (1630) eingeführte u. v. Klaj u. Harsdörffer fortgesetzte (1644) neue Gattungsform d. Prosaekloge mit Lyr.einlagen, d. er v. d. *Fortsetzung d. Pegnitz= schäferey* bis zum *Norischen Parnaß* (1679 in d. Poetik) immer wieder praktizierte u. in d. er (wie schon Klaj u. Harsdörffer) d. Nbg. Umgebung mit bemerkenswertem Detailrealismus abbildet. Bukolik ist bei B. darüber hinaus ein lit. Modell, d. in d. versch. Verwendungskontexten (z.B. Hochzeitsfeier wie Totenklage) u. Gattungsformen (z.B. auch Drama) jeweils neu angewendet werden kann. So entstand aus Anlass d. Todes d. ersten Frau B. eine rel. Erbauungsschrift mit Liedeinlagen (*Todes-Gedanken u. Todten-Andenken*, 1670), d. zugleich eine Trauer-Prosaekloge beigegeben wurde (*Floridans Lieb= u. Lob= Andenken*), in d. wiederum eine zweite Trauer-Prosaekloge eingebettet war. Das Modell einer schäferlichen Liebesgesch. diente im Drama d. parabolischen Darstellung sowohl d. Dreißigjährigen Krieges u. d. Friedensschlusses (*Margenis*) als auch d. Heilsgesch. (*Psyche*). B. Œuvre ist in noch höherem Ausmaß als d. anderer prominenter Barockautoren auf soziale, polit., rel. Anlässe u. Gebrauchskontexte bezogen: v. Hochzeits- u. Trauerdichtungen über Festspiele u. andere Formen absolutist. Huldigung u. Repräsentation bis zu rel. Erbauungslit. Eine funktionale Klassifikation seines Werkes scheint sich daher eher anzubieten als eine – ihr gegenüber sekundäre – nach strukturellen Typen. Diese starke Bindung d. Textproduktion an d. soziale Praxis ist nur ein Aspekt d. engen Verbindung v. Lit. u. Leben, d. sich auch in d. vielfältigen biogr. Informationen in seiner Bukolik, im sehr umfänglichen Briefwechsel u. in d. autobiogr. Schriften (lat. Autobiogr. d. Jahre 1626-56; Tgb. d. Jahre 1660-79, ohne d. Jahre 1662/63, 1670, 1674) manifestiert. Zumindest theoretisch wird auch d. Autobiogr.-Alltägliche unter einen rel. Aspekt gestellt (Eingangsmotto d. Diariums: »Te consule, dic tibi, quis sis«). Die Tgb. stellen, im Vergleich etwa zum gleichzeitig einsetzenden »Diary« d. Großstädters Samuel Pepys in London, sehr deutlich d. spezifischen u. engen Lebensrahmen eines dt. Barockautors dar, d. v. d. Ansätzen moderner Mentalität noch weit entfernt ist. B. hielt seinen Alltag mit ähnlicher Gründlichkeit im Tgb.

fest: seinen privaten Umgang, seinen Alkoholkonsum, seine Freizeitgestaltung, sein Eheleben, seine Gottesdienstbesuche, seine Lektüre, seine Träume, seine Einnahmen u. Ausgaben u. – bes. wichtig – seine Zusammenarb. mit Anton Ulrich als dessen Korrektor u. d. eindrucksvollen Umfang d. geschriebenen u. erhaltenen Briefe an/v. versch. Korrespondenten. Neben Briefwechsel u. Autobiogr., d. Gruppe d. Prosaeklogen u. d. Erbauungslit. heben sich d. hist.-polit. Huldigungs- u. Repräsentationsschriften trotz aller Verschiedenheit ihrer Formen als weitere einheitliche Gruppe ab; ihr kann auch d. eher geogr. Schrift *Der Donau-Strand* (1664) zugeschlagen werden. Charakterist. für diese Schriften ist d. konsequente, oft gewaltsame Integration d. einzelnen hist.-dynast. Geschehens o. Faktums in eine übergreifende Weltordnung, v. d. es Sinn u. Zusammenhang erhält, ob nun etwa d. sächsische Herrscherhaus mittels etymologischer Sprachspekulation bis auf d. alttestamentarische Gesch. zurückgeführt o. d. harmlose Bildungsreise eines Thronfolgers im paradigmatischen Kontext d. menschl. Lebensreise interpretiert wird. Eine gut unterscheidbare Textgruppe stellen auch B. Dramen dar, d., wie auch d. sonstige Nbg. Barockdramatik (z.B. Klaj u. Harsdörffer), vorwiegend mit nicht-aristotelischen Dramenformen experimentieren. Ihrem Verwendungskontext nach handelt es sich primär um Gelegenheitsarbeiten, d. aber d. jeweiligen Anlass auf Themen u. Werte hin transzendieren, d. im Barock höchste Dignität haben. Sie können sich d. Verses wie auch d. Prosa bedienen; in höfischen Kontexten experimentierte B. auch mit d. Formen d. Singspiels u. d. Balletts, was ihm d. frühere Schüler Anton Ulrich in Wolfenbüttel nachtun wird. Der Art d. Bedeutungsstruktur nach dominieren d. allegorisch personifizierenden (z.B. *KriegsAb*= u. *FriedensEinzug, Ballet d. Natur*) u. d. parabolischen Formen (*Margenis, Psyche, Androfilo*); abgebildet werden Interpretationen d. gesamten neueren polit. wie d. Heilsgesch. Während d. Typus d. allegorischen Friedensspiele u. sonstiger Festspiele schon durch Rist (1630, 1647, 1753) u. Schottel (1648) eingeführt u. gleichzeitig auch v. anderen Autoren praktiziert wurde, scheint B. im parabolischen Drama, v. Bidermanns *Cosmarchia* u. Harsdörffers *Seelewig* abgesehen, kaum Vorläufer gehabt zu haben; gleichzeitig wurde d. Typ v. Jakob Masen (*Androphilus, Telesbius*) u. später auch v. Anton Ulrich (*Selimena, Amelinde*) praktiziert. Diese wichtigen Formen nichtaristotelischer Dramatik, zu denen B. Bedeutendes beigetragen hat, scheinen noch kaum d. Interesse d. Forschung gefunden zu haben. Auch B. Werk ist durch d. Merkmale charakterisiert, d. d. – immer noch unterschätzten – Nbg. Barockdichtung, deren bedeutendster Repräsentant B. neben Klaj u. Harsdörffer war, ihr unverwechselbares Gepräge gegeben zu haben u. sie bei annähernd gleichen Bildungshintergründen u. Wertmaßstäben v. anderen regionalen Lit.zentren d. Zeit abheben: eine artist. Virtuosität im Metrischen u. Sprachlichen. Dies gilt auch für B. Prosa. Bemerkenswert ist seine erstaunliche Vielfalt d. lit. Typen bei ausgeprägter Neigung zum lit. Experiment, insbes. mit d. nichtklassischen, modernen Formen, schließlich d. ausgeprägte Christlichkeit d. Lit. konzeption. Sie manifestiert sich bei B. nicht nur im hohen Anteil an rel. Gebrauchs- u. Erbauungslit. in versch. Gattungen, sondern auch in d. Bereitschaft, dargestellte Naturelemente auf eine spirituelle Ebene d. Zeichenhaftigkeit hin zu interpretieren o. antike Mythologie einer Allegorese zu unterziehen (*De*

Lauro Programma, 1669, in Poetik 1679), wenngleich seine Poetik, im Gegensatz zu anderen Barockkonzeptionen, sogar d. Verwendung mythischer Figuren als allegorische Personifikation tabuisiert, wogegen er selbst verstoßen hat (z.B. antike Gottheiten in d. *Margenis* u. im *KriegsAb*= u. *FriedensEinzug*). In seiner rel. Lyr. (*XII Dutzet Kurzer Tagseufzer*, 1652) werden selbst »niederste« Alltagsverrichtungen zumindest postulativ rel. durchdrungen; d. Art ihres Vollzugs wird zum zeichenhaften Akt. Dementsprechend bediente er sich auch in seinen Dramen allegorischer o. parabolischer Formen, in denen d. als sichtbar dargestellte Welt als Zeichenzusammenhang für nichtsichtbare Realitäten fungiert – einer seiner emblematischen Beitr. zu Wülfers *Fatum* stellte denn auch d. »Theatrum mundi«-Topos vor.

WERKE (Ausw.): Bukolik (zus. mit Klaj): *Fortsetzung d. Pegnitz-Schaefery*, Nbg. 1645, Nachdr. hg. v. K. Garber, Dt. Neudr. Bd. 8, Tübingen 1666; *Pegnesische Gespraechspiel-Gesellschafft v. Nymfen u. Hirten*, Nbg. 1665; m Anderen: *Pegnesis: o. d. Pegnitz Blumengenoß=Schaefere FeldGedichte*. 2 Bde., Nbg. 1673/79; *Der Norische Parnaß u. Irdische Himmelgarten*, Nbg. 1677, Wiederabdr. in Poetik 1679 unter d. Titel *Der Norische Foebus*. Rel. Lit. aus versch. Gattungen: *Geistlicher Weihrauchkörner Oder Andachtslieder I. Dutzet. Samt einer Zugabe XII Dutzet Kurzer Tagseufzer*, Nbg. 1652; *Todes-Gedanken u. Todten-Andenken: vorstellend eine Taegliche Sterbbereitschaft*, Nbg. 1670; *Floridans Lieb= u. Lob=andenken seiner Seelig=entseelten Margaris im Pegnitz-Gefilde*, Nbg. 1670; *Heiliger Sonntags-Handel u. Kirchen-Wandel*, Nbg. 1681. Polit.-hist. Fest-u. Huldigungsschriften u. Verwandtes: *Ostlaendischer Lorbeerhayn / Ein Ehreng. / V. d. Hoechstloebl. Erzhaus Oesterreich*, Nbg. 1657; *Mausoleum d. Hungarischen Koenige*, o.O. 1662; *Der Donau=Strand mit allen seinen Ein- u. Zufluessen*, Nbg. 1664; *Spiegel d. Ehren d. Hoechstloeblichen Kayser- u. Koeniglichen Erzhauses Osterreich*, Nbg. 1668; *Guelfis o. Nidersaechsischer Lorbeerhayn*, Nbg. 1669; *Hochfuerstlicher Brandenburgischer Vlysses*, Bayreuth 1669; *Chur= u. Fuerstlicher Saechssischer Helden=Saal*, Nbg. 1677. Übers. Jacob Balde: *Die truckene Trunckenheit*, Nbg. 1658, Nachdr. v. K. Pörnbach, Mchn. 1967; Johann Amos Comenius: *Orbis sensualium pictus* [...]: *Die sichtbare Welt*, Nbg. 1658, Reprint: Dtm. 1978. Tagebuch: *Diarium* (1660-79), bearb. u. hg. v. J. Kröll: Die Tagebücher d. Sigmund v. B., Quellen u. Darstellungen zur fränkischen Kunstgesch., Bd. 5, 6, Würzburg 1971, 1974; NA v. H. Laufhütte in Vorbereitung. Poetik: *Teutsche Rede-bind u. Dichtkunst*, Nbg. 1679, Reprint: Hildesheim 1973. Dramen: *Teutscher KriegsAb= u. FriedensEinzug*, Nbg. 1650; *Neues Schauspiell Betitelt Androfilo o. d. Wunderliebe* [...] *Nebenst eines Nachspiell Betitelt Silvia o. d. Wunderthaetige Schoenheit*, Wolfenbüttel 1656; *Singspiel betitelt Sophia*, Nbg. 1662; *Ballet d. Natur*, Nbg. 1662; *Margenis o. Das vergnuegte, bekriegte u. wieder befriedigte Teutschland*, Nbg. 1679; Schauspiel *Psyche*, in: Poetik 1679.

LITERATUR: J. Tittmann: D. Nürnberger Dichterschule. Harsdörffer, Klaj, B., Göttingen 1847, Nachdr. Wiesbaden 1965; F. Spehr: B., S. v., in: ADB, Bd. 2; W. Hausenstein: D. Nürnberger Poet S. v. B. in seinen hist. Schriften (= Mitt. d. Vereins für Gesch. d. Stadt Nbg. 18), 1908; B.L. Spahr: The archives of the Pegneischer Blumenorden: a survey and reference guide, Berkeley 1960; K. Garber: Nachwort zu G.Ph. Harsdörffer / S. v. B. / J. Klaj: Pegnesisches Schäferg. 1644-45, Tübingen 1966; R. Mai: Bibliogr. zum Werk S. v. B., in: Schiller-Jb. 13, 1969, 577-640; W. Buhl: Fränkische Klassiker, Nbg. 1971; J. Kröll: S. v. B., dargestellt aus seinen Tb., in: Jb. für Fränkische Landesforschung 32 (1972), 111-150; Th. Verweyen: Daphnes Metamorphosen. Zur Problematik d. Tradition ma. Denkformen im 17. Jh. am Beispiel d. Programms Poeticum S. v. B., in: W. Rasch u.a. (Hg.): Rezeption u. Produktion zw. 1570 u. 1730, Bern/Mchn. 1972, 319-379; E. Mannack: Realist. u. metaphorische Darstellung im »Pegneischen Schäferg.«, in: Schillerjb. 17, 1973, 154-165; K. Garber: D. Locus Amoenus u. d. Locus Terribilis. Bild u. Funktion d. Natur in d. dt. Schäfer- u. Landlebendichtung d. 17. Jh., Köln/Wien 1974; F. Martini: D. Tod Heros. Suetonius, Anton Ulrich v. Braunschweig, S. v. B. o.: Hist. Bericht, erzählerische Fiktion u. Stil d. früher Aufklärung, Stgt. 1974; C. Wiedemann: Heroisch – Schäferlich – Geistlich. Zu einem möglichen Systemzusammenhang barocker Rollenhaltung, in: W. Vosskamp (Hg.): Schäferdichtung, Hbg. 1977, 96-122; D. Jöns: Lit. u. Stadtkultur in Nbg. im 17. Jh., in: M. Bircher/F. v. Ingen (Hg.): Sprachges., Sozietäten, Dichtergruppen, Hbg. 1978, 217-221; K. Garber: S. v. B.: Städtischer Ordenspräsident u. höfischer Dichter. Hist. soziologischer Umriß seiner Gestalt. Analyse seines Nachl. u. Prolegomenon zur Edition seines Werkes, in: M. Bircher/F. v. Ingen (Hg.): Sprachges., Sozietäten, Dichtergruppen, Hbg. 1978, 223-254; ders.: Private lit. Gebrauchsformen im 17. Jh.: Autobiographica u. Korrespondenz S. v. B., in: H.-H. Krummacher (Hg.): Briefe dt. Barockautoren, Hbg. 1978, 107-138; ders.: D. Nachlaß S. v. B., in: WBN 6 (1979), 266-267; D. Jöns: S. v. B. Zum Phänomen einer lit. Existenz zw. Hof u. Stadt, in: H. Brunner (Hg.): Lit. in d. Stadt. Bedingungen u. Bsp. städtischer Lit. d. 15.-17. Jh., Göppingen 1982; H.-H. Krummacher: D. Tb. d. S. v. B., in: ZfdA 112 (1983), 125-147; J.-M. Valentin: B. et Boccace: La comédie de »Silvia«, in: M. Bircher/J.-U. Fechner/G. Hillen (Hg.): Barocker Lustspiegel, Amsterdam 1984 (= Chloe 3), 115-138; Zeman 2, 282f.

Michael Titzmann

Birkenbühl, Karl → **Grasberger**, Hans

Birkenstock, Johann Melchior Edler v. (11.5.1738 Heiligenstadt im Eichsfeld/Sachsen – 30.10.1809 Wien), Sohn d. 1745 geadelten kaiserl. Generalfiskus Johann Konrad B., wurde 1768 in d. Wr. Staatskanzlei angestellt, nachdem er in Erfurt u. Göttingen sein Stud. absolviert u. anschließend mehrere Gesandtschaftsreisen unternommen hatte. Seit 1771 Mitgl. d. Studienhof- u. Zensurhofkommission, entwarf er nach d. Vorbild dt. Univ., d. er im Auftrag Maria Theresias bereiste, einen Reformplan zur Erneuerung d. öst. Hochschulwesens. Seine Verdienste blieben jedoch nicht nur auf d. Zensur- u. Bildungssektor beschränkt, er befasste sich darüber hinaus mit d. zeitgenöss. Buchdruckergewerbe u. erwarb – nicht zuletzt aufgrund seiner Fachkenntnisse auf d. Gebiet d. Malerei u. Kupferstechkunst – eine einflussreiche Position an d. Wr. Akad. d. bildenden Künste. B. war Berater Josephs II., wurde 1792 Mitarb. d. Zentralreferats d. Vereinigten Hofkanzlei u. 1795 Mitgl. d. neuen Studien-Revisions-Kommission, d. auch sein Schwager JOSEPH V. SONNENFELS angehörte. Unter Leopold II. wurde ihm d. Leitung d. gesamten Schul-, Studien- u. Stiftungswesens übertragen (Ruhestand 1803). B. war Mitgl. d. Freimaurerloge »Zur wahren Eintracht« u. gehörte nach deren Auflösung (1785) d. Loge »Zur Wahrheit« an. B. baute eine überaus wertvolle Bibl. auf, außerdem eine kaum überblickbare Slg. v. (antiken) Kunstgegenständen, v. deren Bedeutung Bettine Brentano (verh. v. Armin) in einem Brief an Goethe (15.5.1810) berichtete. Bettine war d. Schwägerin v. B. Tochter Johanna Antonia, d. mit Franz Brentano, d. Stiefbruder Bettines u. deren Bruder Clemens – d. Dichter – verheiratet war. Kurz nach B. Tod lernte Bettine dessen gastfreundliches Haus auf d. Erdbergstraße in Wien kennen (heute Landstraße 98), in d. viele Persönlichkeiten d. kulturellen Lebens verkehrten u. traf dort – wie sie Goethe berichtete – auch mit Ludwig van Beethoven zusammen.

Meisterhafte Formulierungskunst u. stilvolle Gestaltung zeichnen seine in lat. Sprache (teilweise im Lapidarstil) verfassten Preis- u. Gedenkschriften aus Sie sind einerseits Zeugen für d. Fortleben d. in d. öst. Lit. tief verwurzelten älteren humanist. Tradition, anderseits werden d. damals aktuellen kultur- u. staatspolit. Ideen d. Aufklärung sowie d. Vorbild d. neuen lat.sprachigen Klassizismus wirksam. Das Lob Friedrichs II. u. seines Regierungsstils spiegelt d. aufklärerische Geisteshaltung bzw. deren Popularisierung in Öst. am deutlichsten wider. Aus d. engen Beziehung d. Verf. zur Tradition d. lat. Sprache in Ungarn entstand d. in elegischen Distichen abgefasste Hymnus auf d. Ungarn u. d. ung. Nation: *Ad Hungaros Hungarus* (1794). Wie HORMAYR u.a. ein Anhänger d. »Hungarus«-Kults, trat er für d. Integration d. ung. Königreichs in d. Monarchie bzw. für d. Zentralisierung d. Verwaltung ein. Gleichzeitig sollte d. Nationalcharakter d. Landes bewahrt bleiben.

WERKE: Inschrift: *Bildsäule Joseph II. mit allegorischen Vorstellungen in halb erhobener Arbeit verfertigt u. aufgestellt in d. k.k. Porzellanfabrik in Wien*, 1789; Preis- u. Gedenkschriften: *Denkschrift auf Friedrich II., König v. Preußen*, o.J.; *Düs manibus Friderici II.*, o.J.; *Ad Hungaros Hungarus*, 1796; *Der Ungar an d. Ungarn im Jahre 1796. Aus d. lat. G.: »Ad Hungaros Hungarus«* übers., 1796; *Versuch einer Übers. d. in Wien unlängst in lat. Sprache erschienenen Denkschrift auf d. Erzherzogs Alexander Leopolds Palatins v. Hungarn Königliche Hoheit*, 1796; *Aeternae memoriae Leopoldi Archiducis Austriae, Hungariae Palatini* etc., 1795; *Chronographia Imperatori dicata*, 1805; *Monumentum aeternae memoriae Mariae Christinae archiducis Austriae a conjuge Alberto Saxone*, 1813, m. Kupferstichen v. Agricola.

LITERATUR: Wurzbach, Bd. 1; Gräffer-Czikann, Oest. Nat. Enzyklopädie, Bd. 1, 301f.; ADB 2; NDB 2; Goedecke, Bd. 6 u. 7; H. Pemmer: Bedeutende u. interessante Bewohner d. Erdbergstraße, in: Wr. Gesch. Bl., Jg. 21, Wien 1966, 37; K. Pleyer: Goethe u. d. Wr. Kunstsammler Hofrat B., in Wr. Gesch. Bl., Jg. 8, Wien 1953, 35ff.; M. Csáky: D. Präsenz d. ung. Lit. in Wien um 1800, in: D. öst. Lit. Ihr Profil an d. Wende v. 18. z. 19. Jh. (1750-1830), in: Zeman 1; Czeike, Bd. 1.

Herbert Zeman

Birnbaum, Nathan (Ps. **Acher**, Mathias, 16.5.1864 Wien – 2.4.1937 Scheveningen/Niederlande) stammte aus einer öst.-jüd. Familie, d. sich im letzten Drittel d. 19. Jh. in Wien niedergelassen hatte. Nach d. Stud. d. Rechtswiss. an d. Univ. Wien 1882-86 u. seiner Promotion 1888 widmete er sich d. nat.-jüd. geprägten Journalismus. Als Mitgl. d. jüd. Studenten-Vereinigung Kadimah ab 1884 gründete er 1890 d. erste zionist. Ztg. *Selbst-Emanzipation*, deren Schriftleitung er übernahm. Er war es auch, d. d. Begriff »Zionismus« zuerst gebrauchte. 1896-99 war er Redakteur d. Bln. Monatsschrift *Zion*. Zurückgekehrt nach Wien, arb. er mit aller Kraft in d. zionist. Bewegung, war auch eine Zeitlang Generalsekretär d. zionist. Weltkongresses – doch wurde er zum Gegner v. THEODOR HERZL, da er nicht wie dieser einen jüd. Nat.staat gründen wollte. Sein Ziel war, wie er in seinem Werk *Ausgewählte Schriften zur jüd. Frage* (2 Bde., Wien 1910) darlegte, eine Rückbesinnung auf d. überlieferten Werte d. Judentums, basierend auf d. Religiosität d. Ostjuden. B. war ein Fanatiker in diesem Bestreben; er wollte d. Juden in d. Diaspora sammeln, d. sich wieder in Ghettos zurückziehen u. auch durch ihre Tracht u. d. jiddische Umgangssprache ihren alten Glauben bekennen u. sich v. d. liberal-westl. Umgebung unterscheiden sollten. In diesem Sinne richtete er Aufrufe an d. »Frommen Israels«, d. auserwählte Volk in d. Monatsschrift *Gottes Volk* (Wien/Bln. 1918); sie sollten nicht d. Glauben an d. Kommen d. Messias verlieren u. d. alten Traditionen u. Riten weiter pflegen. Hier erzählt er auch v. seiner Wandlung v. westl. geprägten Intellektuellen zum gläubigen Juden mit einer glühenden, fast mythischen Sprache. – Unermüdlich publizierte B. seine Vorstellungen, z.B. in d. v. ihm mitgegr. u. mitredigierten Wochenbl. *Neue Ztg.* 1911-14 war er Mitarb. d. in Bln. erscheinenden Monatsschrift *Die Freistatt*; 1914 wurde er Direktor d. neu gegr. Jüd. Kriegsarchivs in Wien. 1921-1933 arb. er wieder als Journalist u. Schriftsteller in Bln., 1930-33 war er Gründer u. Mitarb. d. Zs. *Der Aufstieg*. Im März 1933 emigrierte er mit seiner Gattin in d. Niederlande, wo er u.a. d. Ztg. *Der Ruf* hg. – Wenn man seine v. schwärmerischen, v. ideellen Illusionen u. d. Glauben an d. Zukunft d. orthodoxen Judentums erfüllten Schriften liest, ist kaum zu glauben, dass B. am Ende seines Lebens Atheist geworden sein soll. V. seinen drei begabten Söhnen trat sein jüngster Sohn, Uriel B., als Kunstmaler u. Dichter hervor.

Da B. lit. Œuvre v. hochfliegenden Gedanken getragen, stilist. überhöht ein Werk missionierender Rhetorik ist, gehört es auch in d. Zusammenhang schöngeistiger Lit. u. beansprucht seinen Platz im vorliegenden Hdb.

Werke (Ausw.): Schriften: *Die natürliche Wiedergeburt d. jüd. Volkes in seinem Lande als Mittel einer Lösung d. Judenfrage*, Wien 1893; *Ausgewählte Schriften zur jüd. Frage*, 2 Bde., 1910; *Den Ostjuden ihr Recht!*, Wien 1915; *Gottes Volk*, Wien/Bln. 1918; *Vor d. Wandersturm*, 1919; *Vom Freigeist zum Gläubigen*, 1919; *Um d. Ewigkeit*, Bln. 1920; *Vom Sinne d. Judentums*, 1925; *Im Dienste d. Verheißung*, Ffm. 1927; *Rufe* (7 Aufs.), Antwerpen 1936; *Et La'asot (Zeit zum Handeln)*, ausgew. jiddische Schriften, ebd. 1938; Beitr. in Fs. u. Ztg. wie *Der Weg*, *Ost u. West*. Gründer, Hg., Red. u. Mitarbeiter: *Selbst-Emanzipation*, Wien 1890-93; *Zion*, Bln. 1896-98; *Neue Ztg.*, Wien 1907; *Dos Folk* u. *Voxn-Blat*, Czernowitz 1908-11; *Die Freistatt*, Bln. 1911-14; *Der Aufstieg*, Bln. 1930-33; *Der Ruf*, Den Haag/Scheveningen 1934-37. Übers.: *Dreibuch*, Jüd. Gesch. v. Sch. Gorelik, L. Perez, Sch. Al Alejchem, Vorbemerkung v. M. Brod, Bln. 1916.

Literatur (Ausw.): Lit.Bl. zur jüd. Volksstimme, 8.6. u. 4.8.1910; L. Hermann: N.B. Sein Werk u. seine Wandlung, 1914; Neue Freie Presse, 9.4.1914; R. Böhm: D. zionist. Bewegung 1920/21; Vom Sinn d. Judentums. Ein Sammelwerk zu Ehren N. B., hg. v. M. Landau/A.E. Kaplan, 1925; Iubileium-bjjx cjm zexcikstn gyburts-tug fjn dr. Nuus Biirnboim, 1925; N. B. (M. Acher), Sein Wirken u. seine Wandlung, in: D. jüd. Weg, 1937; J. Fraenkl: M.A. Fight fort the »Crown of Zion«, in: Jewish Social Studies, 1954; S. Birnbaum: N. B., in: Men of the Spirit, hg. v. L. Jung, 1964; The Jewish Forum, 1961; M. Kühntopf-Gentz: N. B., Diss. phil., Tübingen 1990; Kosch, Bd. 1; ÖLB 1; Metzler-Lex. Jüd. Philosophen, hg. v.

A.B. Kilcher/O. Fraisse, Stgt./Weimar 2003.

Eva Münz

Birnbaum, Uriel (13.11.1894 Wien – 9.12.1956 Amersfoort/Holland), Sohn d. jüd. rel. Denkers u. Schriftsteller NATHAN BIRNBAUM, wuchs in Wien u. Czernowitz auf u. entwickelte seit früher Jugend seine bildnerischen u. lit. Talente. Als 15-Jähriger vollendete er d. Erstfassung d. Versepos *Sternenschiff*, d. später als *Lebenswerk* überschrieben wurde, aber Fragment blieb. 1911-14 lebte er in Bln., nahm als Soldat am 1. WK teil, schied 1915 als Schwerinvalide aus. Ab 1919 lebte B. als Grafiker, Maler u. Schriftsteller in Wien, wo im selben Jahr d. Essay *Gläubige Kunst* erschien. B. Malerei u. Dichtung erwuchs aus d. expressionist. Aufbruchserlebnis d. Zeit nach d. 1. WK. 1921 folgte sein erster G.bd. *In Gottes Krieg*. In gebundener Rede (Sonette) setzte er sich mit d. Krieg auseinander. Dafür erhielt er 1923 d. »Österreichischen Bauernfeldpreis«. Seine G. u. Essays erschienen u.a. in d. Zs. *Die Aktion* (seit 1915/16), *Das junge Dtld.*, *Der Friede, Die neue Schaubühne*. In d. Folge kamen auch mehrere Bildbde. heraus. In seinem künstlerischen Schaffen fällt d. frühe Hinwendung zu biblischen Themen auf. 1924 u. 1926 erschienen Bildbde., d. mit eigenen Texten eingeleitet u. unterlegt wurden: *Der Kaiser u. d. Architekt*; *Moses*; *Allerlei Absonderliche Tiere*. 1928 veröff. B. eine *Moses*-Monografie. Im Essay *Volk zwischen Nationen* setzte er sich in einer Zeit d. Intoleranz u. d. Hasses mit Fragen d. Judentums auseinander. Dieser Beitr. war für d. Sammelwerk *Der Jud ist schuld...!* verfasst, wurde aber zurückgewiesen. Obwohl B. seine künstlerische Auseinandersetzung mit d. Umwelt trotz Schwierigkeiten u. Emigration (1939 nach Holland; 1943-45 lebte er dort im Untergrund) nie aufgegeben hat, dauerte es 25 Jahre, bis eine weitere Publikation in Amsterdam erscheinen konnte: *Eine Ausw. Gedichte*. Der Autor verstarb noch vor d. Erscheinen d. Ausw.bd. In seiner Lyr. erweist er sich als besonderes Formentalent. Darin liegt zugleich B. Stärke u. Schwäche: Dem spielerischen Umgang mit vielfältigsten Strophenformen entspricht oft nicht d. Gehalt eines G. B. hatte während d. Krieges begonnen, einen größeren R. zu schreiben: *Habsburgische Utopie*. Die davon bereits vorhanden gewesenen Kapitel sind verloren gegangen. 1957 erschien in Amsterdam mit seinen 36 Exlibris eine Selbstbiogr. B., hg. u. eingel. v. A. Horodisch, zehn Jahre später d. G.bd. *Die ersten Menschen*. B. Schriftstellerfreund Friedrich Weinreb gab 1969 in Zürich d. fantast. N. *Die Errettung d. Welt* heraus u. 1976 *Die verschlossene Kassette. Die Legende v. gutherzigen Engel*. Für d. bisher letzterschienene Ausg. v. Essays zeichnet Christian Schneider verantwortlich (*Von d. Seltsamkeit d. Dinge*, Mchn. 1981). Der aus einem v. Dichter auf vier Bde. angelegte Zyklus ausgewählter Essays ist in d. 30er-Jahren verfasst worden. Sie weisen – z.B. über Dante o. JOSEPH ROTH – oft v. einem äußeren Anlass ausgehend stets auf Wesentliches hin. Alle interessanten Details, alles Schöne o. Tragische »wird durchlässig zum Kernpunkt, v. d. her es lebt«.

WERKE: Lyr.: *In Gottes Krieg*, Sonette, m. 22 Zeichnungen d. Verf., Wien 1921; *Allerlei Absonderlich Tiere*, 40 farbige Bilderbogen m. Versen, Wien 1926; *Eine Ausw. G.*, m. 24 Zeichnungen d. Dichters, Amsterdam 1957; *Die ersten Menschen. Biblische Sonette*, Wassenaar 1967. Einzelne G. auch in Anthologien (s.u. *Dein Herz ist deine Heimat*, hg. v. Rudolf Felmayer; *Hirnwelten funkeln. Lit. d. Expressionismus in Wien*, hg. v. Ernst Fischer/Wilhelm Haefs). Prosa:

Gläubige Kunst, Essay, Wien 1919; *Der Kaiser u. d. Architekt*, 50 farbige Tafeln u. ein einleitendes M., Wien 1924; *Moses. Eine Monographie*, Mchn. 1928; *Volk zwischen Nationen*, Essay (Selbstverlag), Wien 1932; *Die Exlibris d. Uriel B. 36 Exlibris u. eine Selbstbiogr.*, hg. u. eingel. v. A. Horodisch, Amsterdam 1957; *Die Errettung d. Welt. Phantastische N.*, m. einem Vorwort v. Friedrich Weinreb, Zürich 1969; *Die verschlossene Kassette. Die Legende v. gutherzigen Engel*, m. einem Vorwort v. Friedrich Weinreb, Zürich 1976; *Von d. Seltsamkeit d. Dinge* (Teilslg.), Essays, hg. u. eingel. v. Christian Schneider, Mchn. 1981. – Textlose Bildbde. wurden hier nicht berücksichtigt.
Zwei (Tl.-)Nachl. in d. Hs.-Slg. d. ÖNB u. in d. Dokumentationsstelle für neuere öst. Lit.; einzelnes im DLM u. im Privatbesitz v. Mirjam B., Gerard Doustraat 36, NL 3817 RS Amersfoort, Holland (Inhaberin d. Rechte).

LITERATUR: R. Henkl: U. B. Ein Versuch; Wien 1919; A. Graf Polzer Hoditz: U. B. Dichter, Maler, Deuter, Wien 1936; R. Felmayer (Hg.): Dein Herz ist deine Heimat, Wien 1955; E. Fischer/W. Haefs (Hg.): Hirnwelten funkeln. Lit. d. Expressionismus in Wien, Salzb. 1988, Werkliste (publ. Liste) in: V. d. Seltsamkeit d. Dinge, hg. u. eingel. v. C. Schneider, Mchn. 1981.

Ruthilde Frischenschlager

Birnstingl, Hans (17.9.1897 Graz – ?), schriftstellernder Beamter, d. in d. 20er-Jahren als Prosaist hervortrat: Bekannt sind lediglich d. Erzählbd. *Der silberne Mondkreis* (1925) sowie d. R. *Denn es will Abend werden* (1925).

WERKE: (nicht im Bestand v. Wiens großen Bibl.) E r z .: *Der silberne Mondkreis*, Graz 1925. R o m a n: *Denn es will Abend werden*, Graz 1925.

LITERATUR: Giebisch/Gugitz.

Sylvia Leskowa

Biró, Lajos → **Biró**, Ludwig

Biró, Ludwig (auch: **B.**, Lajos 22.8.1880 Wien – 1950 ?), ein bis zu seiner Emigration in Wien lebender dt.-ung. Literat, d. sich d. unterhaltenden dramat. u. erzählenden Genre verschrieben hatte (dt.-sprachige u. ung. Publ.): B. – er emigrierte 1928 in d. USA – zeigte hierbei viel Geschick u. Routine u. erlangte v.a. mit seinen oft auch in Koproduktion geschriebenen Bühnenwerken Erfolg (u.a.: 1913 EA d. amüsanten Besserungsstückes *Der letzte Kuß* im Budapester Lustspieltheater). Als psychologisierender Prosaist überzeugt er nicht nur mit prägnanten feuilletonist. Arbeiten (z.B. *Kartenspiel. Aus d. Tagebuch eines Journalisten*, Neue Freie Presse – Beitr. v. 1913), sondern auch mit erzähltechnisch gelungenen N. u. R., in denen er in erster Linie zwischenmenschl. Beziehungen vor d. ges. Hintergrund d. (Klein-)Stadtlebens d. öst.-ung. Monarchie beleuchtet (»Kleinstadtgesch.« *Die Lebensretterin* u. d. »Gesch. eines guten Ehemannes« *Julchen*, 1912). Nennenswert sind auch seine ernsthaften belletrist. R. *Don Juans drei Nächte* (1918, Studie eines alternden Künstlers) u. *Hotel Stadt Lemberg* (1917, ung. Widerstand gegen russ. Besatzung), d. in Ullsteins »Slg. zeitgenöss. Romane« erschienen. – In d. 20er- u. 30er-Jahren trat B. auch als Drehbuchautor v. bekannteren engl. u. amerik. Filmen hervor (bes. erfolgreich: d. hist. Ausstattungsfilm *The private Life of Henry VIII* mit Charles Laughton in d. Titelrolle, 1932, gemeinsam mit Arthur Wimperis verfasst; umstritten ist B. Autorschaft für d. Emil-Jannings-Film *Sein letzter Befehl* v. 1928).

WERKE (Ausw.): Bühnenwerke: *Die Raubritter*, K. in 3 Akten, Bln. 1912. (Ung.) Bühnenstücke: *Hotel*

Imperial, Schauspiel in 4 Akten, Budapest 1917; *Masken*, Schauspiel in 4 Aufzügen, Wien 1922. Filmdrehbücher: *Adolf Zukor u. Jesse L. Lasky zeigen Emil Jannings in »Sein letzter Befehl«*, Regie: Josef v. Sternberg, Ms v. B., o.O. um 1925; *The private Life of Henry VIII*, directed by Alexander Korda, London 1935, m. Arthur Wimperis; *Miles Malleson: The Chief of Bagdad*, Bearb. m. Arthur Wimperis, o.O. 1939. Erz., Novellen: *Die Lebensretterin. Eine Kleinstadtgesch. - Julchen. Die Gesch. eines guten Ehemannes*, Wien 1912; *Kartenspiel. Aus d. Tagebuch eines Journalisten*, in: Neue Freie Presse v. 23.3.1913 (Morgenbl.), 127-129; *Flirt u. andere N.*, Wien 1913 (Übers. ins Dt.); *Lilla*, Budapest 1917 (Ung.). Romane: *Siegerin Weib*, Wien 1913; *Hotel Stadt Lemberg*, Bln. 1917 (Übers. ins Dt.) 272.-281. Tsd., Bln. 1927; *Don Juans drei Nächte*, Bln. 1918 (Übers. ins Dt.); *Das Haus Molitor*, Bln./Wien 1919, Bln. 1927; *Die Juden v. Bazin*, Wien 1921 (Ung.), Bln. [4]1921 (Übers. ins Dt.); *Die Serpolette*, Bln. 1921.

LITERATUR: Neue Freie Presse v. 2.12.1913, Morgenbl., 13 (EA-Kritik v. *Der letzte Kuß*); Dramenlex. Ein Wegweiser zu etwa 10 000 urheberrechtlich geschützten Bühnenwerken d. Jahre 1945-57, begr. v. F.E. Schulz, neu hg. v. W. Allgayer, Köln/Bln. 1958, 98, 173, 180, 264, 439, 458; Reclams Filmführer. V.D. Krusche unter Mitarb. v. J. Labenski, Lizenzausg. d. 5. Aufl. v. 1982, Ditzingen 1985, 301, 429f.; P. Herz: Gestern war ein schöner Tag. Liebeserklärung eines Librettisten an d. Vergangenheit, Wien 1985, 42.

Sylvia Leskowa

Birti(-**Lavarone**), Helene (Ps. Helene **Lahr**, 9.1.1894 Wien - 23.3.1958 ebd.), Tochter d. Oberbaurates Adolf Obermayer u. Nichte d. schriftstellernden Frauenrechtlerin ROSA MAYREDER, wuchs in v. ihr oft als bedrückend empfundener großbürgerlicher Wohlhabenheit auf (Sommeraufenthalte in Bad Ischl) u. ging nicht zuletzt aus diesem Grund eine frühe Ehe mit d. Kavallerieoffizier Franz B. ein (1914). Den 1. WK verbrachte sie in Ostfrontnähe, in Polen, Rumänien u. Ungarn. Ab 1918 lebte sie 27 Jahre zurückgezogen in d. Biedermeiervilla ihres Mannes in Baden b. Wien. Das Ende d. 2. WK stellte auch in ihrem v. Krankheit geprägten persönl. Lebensweg eine Zäsur dar: Sie verließ ihren Mann u. kehrte nach Wien zurück, wo sie nicht nur als Lektorin u. Übers. arb., sondern sich auch ungeachtet ihrer fortschreitenden Krebserkrankung intensiver als Schriftstellerin betätigte. Neben Feuilletons u. Essays verfasste sie vor allem Lyr. 1953 erhielt sie für d. aus d. Zyklus *Steirischer Bilderbogen* stammende Arbeitswelt-G. »Das Talkbergwerk« d. Lyr. preis d. *Wr. Ztg.* B., Mitgl. d. Öst. Schriftstellerverbandes, war u.a. mit ERNST LISSAUER u. OSKAR JAN TAUSCHINSKI befreundet u. gehörte d. Literatenkreis um ALMA JOHANNA KÖNIG an. Der Großteil ihrer erhaltenen Arbeiten stammt aus d. letzten 15 Lebensjahren. Ihr Œuvre umfasst lediglich 3 Bde., zumal sie ihrer Übers.tätigkeit mehr Zeit einräumte, d. aus einer in d. Kriegszeit zur Ablenkung unternommenen Beschäftigung resultierte. B. übertrug u.a. Texte v. Stanislaw Jerzy Lec (nach Rohübers.) u. amerik. Lyr. Als ihre bekannteste Übers.arbeit gilt d. G.anthologie *Polnische Lyrik* (1953), in d. sie hauptsächlich Nachdichtungen zeitgenöss. poln. Literaten vorlegte. – Einen Überblick über d. Entwicklung ihrer eigenschöpferischen Arbeiten gibt d. v. OSKAR JAN TAUSCHINSKI eingeleitete Nachl.bd. *Der Seitenblick* (1969): Er zeigt B. zunächst als jugendlich-krit. Beobachterin ihrer Umwelt (spöttischironische Schulmädchen-G. v. 1908-12:

Fallobst). Der oft ernüchternde Blick für d. Wesentliche kehrt denn auch in ihren späteren, v.a. zum Thema problematische Partnerschaft konzipierten G. wieder (»Der Seitenblick«). V. ihrer Beobachtungsgabe, aber starken Neigung zu exaltierten Wortspielereien zeugen weiters ihre kurzen Prosaskizzen (*Strand-Photos*). Überzeugendere Prosa liefert sie hingegen in ihrem ersten Bd. *Die wirkl. Eulen* (1955), in d. sie ihre Erinnerungen an eine behütete u. doch nicht glückliche Kindheit in märchenhaften Gesch. verarb. (*Der Ring d. Herrn Prochnik*). Melancholisches steht letztlich ebenso in ihrem lyr. *Skeptischen Tagebuch* (1963) im Vordergrund (»Monologe«, »Spital«, Zyklus *Ehegedanken*), wobei sie dort am überzeugendsten ist, wo sie sprachlich einfach u. prägnant bleibt (z.B. »Notturno« aus d. Zyklus *Die Geliebte*).

B. war eine z.Tl. recht eigenwillige Wr. Lyrikerin d. 1940er- u. 50er-Jahre, d. aufgrund ihrer selbstkrit.-ironischen Mentalität nie unter ihrem geringen Bekanntheitsgrad litt (vgl. u.a. d. treffende »Selbstporträt« aus d. *Skeptischen Tagebuch*: »Nie noch kam meine Arbeit ans Ziel, [...] Ein Zu-wenig u. ein Zu-viel, / ungelöst wohnen sie/ nebeneinander in mir.«).

WERKE: Lyr. u. Prosa: *Die wirkl. Eulen*, Gesch., Wien 1955; *Skeptisches Tagebuch*, G., Wien/Mchn. 1963; *Der Seitenblick. G., Skizzen u. Essays. Ein lit. Nachl.*, eingel. v. Oskar Jan Tauschinski, Wien 1969. Nachdichtungen, Übers: *Stanislaw Jerzy Lec: Über Brücken schreitend*, G., Ausw. aus d. lyr. Gesamtwerk, Wien 1950; *Polnische Lyrik. Nachdichtungen*, Wien 1953; *Günther Wytrzens: Adam Mickiewicz (d. große Dichter d. poln. Nation). 1798-1855*, Nachdichtungen v. Helene Lahr, Wien 1955.

LITERATUR: Biogr. Anmerkung zu Skeptisches Tgb., Wien/Mchn. 1963, 81; O.J. Tauschinski: Einleitung zu Helene Lahr: Der Seitenblick. Ein lit. Nachl., Wien 1969, 7-17.

Sylvia Leskowa

Bisanz, Hans (* 5.6.1929 Lemberg), Sohn eines Bankdirektors, lebte 1937/38 in Warschau u. verbrachte d. Kriegsjahre vorwiegend in Krakau. Seine Eltern übersiedelten später nach Wien, wo B. an d. Musikakad. Geigenunterricht erhielt u. später an d. Univ. Kunstgesch. sowie Archäol. stud. Mit Gelegenheitsarbeiten verdiente er d. Lebensunterhalt. 1960 Promotion zum Dr. phil. (Kunstgesch.) u. seit 1961 Angestellter d. Hist. Museums d. Stadt Wien, wo er 1994 in Pension ging.

B. erste G. entstanden 1963. Zu d. sehr persönl. Versen angeregt wurde d. Dichter in Momenten d. Auseinandersetzung mit europ. Kulturgesch. (antiker Mythos, jüd.-christl. Rel.) sowie mit einzelnen großen Künstlerpersönlichkeiten (z.B. van Gogh, Richard Gerstl). Formal passte sich B. in seinen offenen G.formen ohne Interpunktion teilweise d. Experimenten d. 60er-Jahre an. In Ausw. wurden d. G. 1964 im Rundfunk vorgestellt. 1966 erschienen sie u.d.T. *Himmelbett d. Windes* als Bd. 135/136 in d. Reihe NEUE DICHTUNG AUS ÖST., hg. v. RUDOLF FELMAYER – Dieser G.bd. blieb bis zuletzt d. einzige Dichtung v. B. Als Sachbuchautor tritt er seit vielen Jahren mit d. Ausstellungskat. d. Hist. Museums d. Stadt Wien an d. Öff.

WERKE: Lyr.: *Himmelbett d. Windes*, G., Wien 1966, in: Neue Dichtung aus Öst., Bd. 135/136, hg. v. Rudolf Felmayer.

Ruthilde Frischenschlager

Bischof, Josef (publizierte unter Josef **E.B.**, * 27.7.1912 Wien – ?), Dr. jur., war in seiner Heimatstadt, wo er – als Wirklicher Hofrat i.R. – im 19. Gemeindebezirk lebte, als Finanzrat im Staatsdienst tätig. Nebenbei trat er in d. 50er-Jahren mit einigen jugendschriftstellerischen Werken, d. alle im Wr. Herder-Verlag erschienen, an d. Öff.: *Donaupiraten* (1952), *Fahrt ins Abenteuer* (1953) u. *Abenteuer in Amerika* (1958) ist eine Fortsetzungsserie v. modernen Abenteuerr. mit Reiseberichtcharakter, in denen jeweils d. aufregenden Erlebnisse v. befreundeten Wr. Lausbuben im Mittelpunkt stehen. An erwachsene(re) Leser richtet sich B. Ignatius v. Loyola-R. *Der Soldat Gottes* (1955), in d. er mit Enthusiasmus d. Leben d. Ordensgründers d. Jesuiten (einer keineswegs ungewöhnlichen lit. Figur) nachzeichnet.

WERKE: Jugendbücher: *Donaupiraten*, Wien 1952; *Fahrt ins Abenteuer*, Wien 1953; *Abenteuer in Amerika*, Wien 1958. Roman: *Der Soldat Gottes. R. um Ignatius v. Loyola*, Wien 1955.

LITERATUR: L. Binder: Lex. d. Jugendschriftsteller in dt. Sprache, in: Die Barke, Lehrer-Jb. 1968, hg. v. Öst. Buchklub d. Jugend, 129-346, hier 144.

Sylvia Leskowa

Bischoff, Augustin (etwa 1570-1573 Pößneck, Sachsen-Meiningen – 1630 ebd.), 24 Jahre lang evang. Pfarrer v. Gallneukirchen (OÖ), 1624 mit seiner Frau Agnes, der Tochter des NIKOLAUS HASLMAYR aus Eferding, u. den Kindern aus Öst. vertrieben. Er ging zunächst nach Regensburg u. fand aber schon 1625 über Empfehlung des Kaspar v. Starhemberg einen neuen Wirkungsbereich als Pfarrer in seiner Heimatstadt Pößneck. B. ist der Autor einer Leichenpredigt für Reichard v. Starhemberg († 1615).

WERK: *Christliche Sermon bey Erhebung der gottseel. Leiche des Weyl. Tit. Hn. Reicharden Herren v. Stahrenberg, welcher den 8. Febr. 1613. zu Wien im Herrn entschlafen, und den 30. April in der Pfarrkirchen zu Hellmonsöd zu seinem Begräbnis gebracht worden. Gehalten im Schloss Wildberg*, Nürnberg 1615.

LITERATUR: B. Raupach: Presbyterologia Austriaca, Hbg. 1741, 10; J. Schwerdling: Gesch. des [...] Hauses Starhemberg, Linz 1830, 216; R. Jauernig: D. geistl. Beziehungen zw. dem alten Öst. u. Thüringen. In: Jb. d. Ges. für d. Gesch. des Protestantismus [in ...] Öst., 49. Jg., Wien-Lzg. 1928, 117-165, hier 142f.

Robert Hinterndorfer

Bischoff, Johannes (um 1400), Verf. eines dt.-sprachigen Kompendiums v. Predigten über d. Evangelien d. Jahres (Wintertl., Fastenpredigten, Sommertl.). B. hat d. Zyklus wohl zunächst lat. verfasst u. dann ins Dt. übertragen (vgl. Roth). Zu Beginn d. Vorrede nennt sich d. Franziskaner (Minorit u. Hofprediger): »Ich prüder Hanns Pyschoff, Minnerprüder Orden, ze d. zeiten prediger ze Wienn dez durichleychtigen hochgeporin fürsten vnd herren Wilhalm, Herczog in Osterreich etc.« Nachdem hier nur Herzog Wilhelm (1395-1406) erwähnt wird, aber nicht Albrecht IV. (verstorben 1404), ist d. Werk wohl zw. 1404-06 entstanden. Ob B. mit einem in d. Akten d. Wr. Artistenfakultät erwähnten Johannes Episcopi identifiziert werden darf, ist strittig (vgl. Uiblein 528, Register). Nachdem längere Zeit hauptsächlich d. Vorrede d. Interesse d. Forschung fand, wird nun auch d. Gesamtepos erschlossen. Breiter als d. übrigen Tle. sind d. Fastenpredigten überliefert (vgl. Roth sowie d. Marburger Hs.census; ferner Bln., Mgf 1150). Wie einige weitere Werke aus d. »Wr. Schule« (ULRICH V. POTTENSTEIN, SIMON

v. Ruckersberg) verdanken auch B. dt. Predigten ihre Entstehung d. Anregung u. wohl auch Förderung Reinprechts II. v. Waltsee. Ihn nennt B. in d. Vorrede als ersten Grund für d. Abfassung seines »puchs«. Fromme Laien u. Priester sind d. Adressaten, denen Hilfen u. Muster gegeben werden sollen. In einer Hs. ist d. Predigten daher auch ein alphabetisches Register beigefügt. Nicht nur darin ist B. d. katechetischen Opus d. Ulrich v. Pottenstein ähnlich. Beide verteidigen (wie auch Simon v. Ruckersberg) d. Übers.tätigkeit für d. Laien. Wenn d. Priester schlecht sind, müssen fromme Laien selbst Bücher haben, um ihr Seelenheil zu finden, argumentiert B. in d. Vorrede. Deren letzter Tl. behandelt d. Frage, wie sich ein frommer Priester bei seiner Predigt verhalten soll (was aber keine *Ars praedicandi* im eigentl. Sinn ist). Dabei wird auf d. Notwendigkeit d. Stud. hingewiesen. Mit diesen Intentionen ordnet sich B. Werk d. pastoralen Bemühungen dt.-sprachiger (Übers.-) Lit. d. »Wr. Schule« zu, d. im Konnex v. Univ., Hof u. Klöstern entstand. Insbes. bestehen Parallelen zu Ulrich v. Pottenstein u. d. dt. Predigten d. Nikolaus v. Dinkelsbühl-Redaktors (in einer Geraser Hs. sind Predigten B. in d. Korpus d. Nikolaus v. Dinkelsbühl-Redaktors eingearb.).

Werke: Außer d. Vorrede sind nur Textproben ediert; Clark; u. Jeske/Ladisch-Grube; Roth.

Literatur: J.M. Clark: J. B. Prologue, in: The Historical Review 47 (1932) 454-461; ders.: J.B., in: London Mediaeval Studies 1, 1937/38, 305-331; P. Uiblein (Hg.): Acta facultatis artium universitatis Vindobonensis 1385-1416 (= Publikationen d. Inst. f. öst. Gesch.forschung 6/2), Graz/Wien/Köln 1968, 528, Register; K. Morvay/D. Grube: Bibliogr. d. dt. Predigt d. MA, Mchn. 1974, 166-168, T 162; H. Jeske/D. Ladisch-Grube: B. J., in: VL ²I, 1978, 876-878; Th. Hohmann: Heinrichs v. Langenstein »Unterscheidung d. Geister« lat. u. dt., Mchn. 1977, 270f.; ders.: »D. recht gelerten maister«. Bemerkungen zur Übers.lit. d. Wr. Schule d. Spätma., in: Zeman 1, Tl. 1; C. Roth: »Wie not ist, daz d. frummen layen selber pücher habent«. Zum Predigtzyklus d. J.B. aus Wien (Anfang 15. Jh.), in: ZfdA 130 (2001), 19-57; ders.: Gottes Mund sind d. Prediger. Regesten zum dt. Quadragesimale d.J. B. u. Einordnung eines »neuen« Textzeugen, in: F. Löser/R.G. Päsler (Hg.): Vom vielfachen Schriftsinn im MA, Fs. f. D. Schmidtke, Hbg. 2005, 393-440.

Thomas Hohmann

Bisinger, Gerald (* 8.6.1936 Wien) verlebte d. Großteil seiner Kindheit u. d. ersten Jugendjahre im oö. Mühlviertel, maturierte 1954 in Wien u. stud. an d. Univ. Wien Psychol. u. Romanistik (Ital.). Zeitweise war er neben d. Stud. erwerbstätig. Er unternahm ausgedehnte Reisen nach Italien, Dtld., Skandinavien. Als Student u. junger Autor nahm er wiederholt an d. Öst. Jugendkulturwoche in Tirol teil u. trat mit seinen Texten bei öff. Lesungen in Wien, Mchn. u. Zagreb auf. Im Herbst 1959 erhielt er bereits ein Arbeitsstipendium d. Bundesministeriums für Unterricht. 1961 folgte ein Förderungsbeitr. aus d. »Wr. Kunstfonds« d. Zentralsparkasse d. Gemeinde Wien. 1962 übernahm B. d. Lyr. redaktion d. Wr. Kulturzs. Neue Wege, u. 1963 erschien ein erster eigener kleiner Bd. mit Prosadichtungen *Zikaden u. Genever*. B. versuchte darin d. Beschreibung eines Lebensgefühls, d. zw. erlebter Wirklichkeit u. Tagträumen angesiedelt ist. Gleich d. M., kennzeichnet eine stilist. Vereinfachung o. Verknappung diese Kurzprosa. Frühere lit. Texte hatte B. in versch. öst. Zs. (WORT IN D. ZEIT, NEUE WEGE, ERÖFFNUNGEN, MANUSKRIPTE) sowie in Anthologien (STILLERE HEIMAT 1957, 1962 u. *Streit-Zeit-Schrift*, Ffm.) veröff. Für seine lit. Tätigkeit erhielt er 1964 einen Förderungspreis aus d. Theodor-Körner-Stiftungsfonds zur Förderung v. Wiss. u. Kunst u. im selben Jahr ein Bln.-Aufenthaltsstipendium v. Kulturkreis im Bundesverband d. dt. Industrie. Ab diesem Zeitpunkt lebte B. bis 1986 abwechselnd in Bln. u. Wien. In Bln. war er v. 1964 an Mitarb. d. »Literarischen Colloquiums«. In dieser Zeit nahm er sich als Hg. d. Werke H.C. ARTMANNS an. Es erschienen 1966: HANS CARL ARTMANN (H.C.A.), *Ein lilienweißer Brief aus Lincolnshire. Gedichte aus 21 Jahren* u. andere Schriften v. u. zu ARTMANN. Im Jahr 1968 kamen in Bln. B. Prosabd. *Ein Drachenteufel & hinterhältig* sowie *7 Gedichte zum Vorlesen* heraus. B. wurde 1970 Mithg. v. *Das literarische Profil v. Rom*, m. Walter Höllerer, u. übers. zahlreiche Interviews mit ital. Autoren für d. Zs. Schon früher hatte er sich als lit. Übers. aus d. Ital. (Werke v. Goffredo Parise, 1967, v. Alfredo Giuliani, Elio Pagliarani, Aldo Palazzeschi u.a.) einen Namen gemacht. B. übertrug auch eigene G. in d. ital. Sprache. So erschien z.B. 1971 in Turin eine zweisprachige Ausg. d. *7 neuen Gedichte*. 1974 wurde er Mitgl. im Redaktionskomitee d. internat. Lyr. zs. »Tamtam« (Sant'Ilario d'Enza/Reggio Emilia). Die öst. Lit.zs. LITERATUR U. KRITIK verfolgte v. 1968 an sein Schaffen u. stellte wiederholt neue Texte B. vor (Nr. 32/1969, Nr. 38/1969, Nr. 44/1970, Nr. 63/1972, Nr. 72/1973). 1973 nahm er an d. Gründungsverslg. d. GRAZER AUTORENVERSLG. teil. In d. folgenden Jahren erschien seine *Poema ex Ponto* (1977, II/1978, III/1982) sowie d. zweisprachige Bd. *Fragmente zum Ich* (1977). 1980-86 redigierte er »Literatur im technischen Zeitalter«, Suppl. d. Zs. *Sprache im technischen Zeitalter* (Bln.). In diesen Jahren publ. er d. Bde. *Gedichte auf Leben u. Tod* (1982), u. *Ein Stück Natur* (1983). 1986 gab B. seinen Berliner Wohnsitz auf u. wurde in Wien Mitarb. d. ORF (Radiolit.). Seither erschien 1987 in Graz seine Trilogie *Am frühen Lebensabend* (*Gedichte auf Leben u. Tod. So schreitet d. Erkenntnis fort. In Friedhofsnähe*) Virtuos umschreibt er in d. einzelnen »Strophen« (Abschnitten) äußerlich banale Begebenheiten u. nimmt sie zum Anlass, vermittels Assoziation d. Leben u. seine persönl. Lebensweise zu hinterfragen. 1988 kam *Das Gedicht v. Genfer See, Le poème du lac Léman* heraus. Der bisher letzte veröff. G.bd. erschien 1989 u.d.T. *Mein Ort bleibt nur d. Gedicht*. B. begibt sich darin sprachlich auf d. Suche nach seinen Wurzeln, stellte sich nach d. Rückkehr aus Bln. d. Frage nach d. persönl. Heimat. Er findet sie nur in Sprache u. Form, im G.

WERKE: Lyr.: *7 Gedichte zum Vorlesen*, Bln. 1968, zweisprachige Ausg. (dt./ital.), Turin 1971; *5 kurze Gedichte für Kenner*, 1968; *7 neue Gedichte* (zweisprachig: dt./ital.); *Poema ex Ponto. Poetische Nachrichten aus d. östlichen Latinität*, 1977; *Poema ex Ponto II u. andere Gedichte*, m. Grafiken v. Eva Maria Geisler, Bln. Kreuzberg 1978; *Poema ex Ponto III*, illustr. v. Eva Maria Geisler, Bln.-Kreuzberg 1982; *Gedichte auf Leben u. Tod*, Basel 1982; *Am frühen Lebensabend*, Trilogie: *Gedichte auf Leben u. Tod. So schreitet d. Erkenntnis fort. In Friedhofsnähe*, Graz 1987; *Das Gedicht v. Genfer See* (zweisprachig: dt./frz.), illustr. v. Eva Maria Geisler, Bln. 1988; *Mein Ort bleibt nur d. Gedicht*, Wien 1989. Prosa: *Zikaden u. Genever*, Prosadichtungen, Wien 1963; *Ein Stück Natur* (mit Abb.), Bln.-Kreuzberg 1983; *Ein Drachenteufel u. hinterhältig*, 1968; *Fragmente zum Ich* (zweisprachig: dt./ital.), 1977; *Über H.C. Artmann*, Essay,

Ffm. 1972. Hg.: *H.C. Artmann. Ein lilienweißer Brief aus Lincolnshire. Gedichte aus 21 Jahren*, hg. u. mit einem Vorwort versehen, Ffm. 1966. Mithg.: *Der Landgraf zu Camprodon*, gemeinsam mit P.O. Chotjewitz (Fs. für H.C. Artmann), Wangen 1967; *Das literarische Profil v. Rom*, m. Walter Höllerer, 1970. Übers.: Goffredo Parise: *Die Amerikaner in Vicenza*, Erz., 1967; Lyr. v. Alfredo Giuliani, Elio Pagliarani, Aldo Palzzeschi. Interviews mit ital. Autoren, in: *Das literarische Profil v. Rom*, 1970; Eugenio Carmi/Umberto Eco: *Die drei Kosmonauten*, Kinderbuch 1971; Edoardo Sanguineti: *Reisebilder*, 32 G., 1972; Nanni Balestrini: *weitschweifige tänze verbal. 5 Balladen*, 1978. Anthologie: *Für Gerald Bisinger – Rosenbl. auf Rauhreif*, mit Fotos v. Gerald B., Mchn. 1986.

LITERATUR: P. Weiermair: Kolloquium Poesie 68. Innsbr. 1968, Bibliogr. 78: Werke v. Gerald B.; Kürschner.

Ruthilde Frischenschlager

Bisthow, Ludwig → **Bowitsch**, Ludwig

Biterolf u. Dietleib ist eine mhd. Verserz. aus d. Kreis d. Dietrichepik, in d. 2. Hälfte d. 13. Jh. v. einem unbekannten Dichter aus Öst., genauer wahrscheinl. aus d. Stmk., verfasst. Auf sie deutet d. Umstand, dass B. u. D. zuletzt v. Etzel *Stîrelant* (bzw. *Stîremark* = d. Traungau?) »für eigen« halten, u. d. Epiker bei dieser Gelegenheit einen v. persönl. Anteilnahme zeugenden Lobpreis dieses Landes einflicht (V. 13303-13331). Dazu stimmen Sprache u. zeitgesch.-polit. Tendenz d. Dichtung. Man verglich d. äußerst lebensnah geschilderte Heerfahrt König Etzels – an d. auch B. teilnahm – gegen d. Stadt *Gamali* im Preußenland (V. 1388-1708) mit d. beiden Preußenzügen, d. Ottokar II. v. Böhmen in d. Jahren 1254/55 u. 1267/68 durchführte. Die neuere Forschung vermutet darüber hinaus eine zeitgenöss. Parallele zw. B. u. d. Böhmenkönig, d. 1261 Herr d. gesamten damaligen Stmk. wurde (J. Williams). Das in »höfischen« Reimpaaren abgefasste Werk ist nur im AMBRASER HELDENBUCH Kaiser Maximilians (166rb–195^{vc}) überliefert, was auf eine geringe Verbreitung d. Epos schließen lässt.

Die in 16 *âventiuren* untergliederte Erz. zerfällt in zwei ungleich lange Hauptabschnitte. Im ersten u. kürzeren Tl. wird berichtet, wie B. heimlich aus seinem span. Königreich aufbricht, um in d. Dienst Etzels, d. weithin berühmten Herrschers d. *Hiunen*, zu treten. Lange lebt d. Held unerkannt, aber wegen seiner Tapferkeit hoch geschätzt, am hunnischen Hof. Als D. herangewachsen ist, beschließt er, d. in d. Ferne weilenden Vater zu suchen. Er kommt an d. Rhein, wo er gegen Hagen, Gernot u. Gunther erfolgreich kämpft u. gelangt schließlich zu Etzel. Im folgenden Polenkrieg kommt es im Schlachtgetümmel versehentlich zu einem glücklich endenden Zweikampf zw. Vater u. Sohn, d. zur großen Erkennungsszene führt (V. 1-4332). – Der weitaus umfangreichere zweite Abschnitt (bis V. 13510) behandelt d. großen Vergeltungszug D. gegen d. Wormser Könige mit Hilfe v. Etzels Helden u. Dietrich v. Bern, d. zum Kampf gegen Siegfried ausersehen wird. In drei Phasen entfaltet sich d. »Prachtgemälde ritterlicher Erscheinung u. Leistung in endlosen, blutigen, doch fast nie tödlichen Einzelkämpfen wie im wogenden Gefecht d. Massen« (de Boor) als »Heldenrevue ohne personelle Höhepunkte« (Curschmann). Im Grunde enden d. vor d. Augen d. Damen geführten Auseinandersetzungen unentschieden, beschlossen mit Worten d. Lobes u. d. Anerkennung über d. ritterliche Leistung d. Gegners. Das Epos gliedert sich somit deutlich in zwei ganz unterschiedliche Erzählkomplexe, d. sehr oberflächlich durch d. Motiv d. (eher unbegründeten) Rache miteinander verknüpft sind. Der erste Abschnitt wird wohl v. einer niederdt. lit. allerdings nicht eindeutig fassbaren Sage v. D. Jugend getragen, d. außer im B. u. D. nur noch in d. *Thidrekssaga* (um 1250 v. einem Norweger verfasst) begegnet (Thetleif d. Däne, d. Sohn Biterulfs); d. Verbindung D. mit d. Stmk. findet sich allerdings auch anderswo in d. mhd. Dietrichepik (LAURIN). Das zugrunde liegende Motiv dieses Tl., d. Auszug eines ruhmbegierigen Jünglings in d. Welt bzw. an d. Hof eines berühmten Königs, erhielt v.a. durch d. Übernahme d. höfischen Schemas d. Vatersuche in d. Art d. mhd. *Wigalois* Wirnts v. Grafenberg (Anfang d. 13. Jh.) im vorliegenden Epos eine neue Pointierung. – Deutlicher tritt hingegen d. heldenepische Grundlage im zweiten Abschnitt hervor, dessen Hauptthema, d. Kräftemessen d. Gefolgsleute Etzels sowie Dietrichs u. seiner Helden mit d. Burgunden ja auch im *Nibelungenlied* sowie – mit Gegenüberstellung v. Dietrich u. Siegfried – in d. Dichtungen v. *Rosengarten zu Worms* behandelt wird, u. auch d. Thidrekssaga weiß – in einem anderen Zusammenhang – v. Kampf zw. Thidrek u. Sigurd. Möglicherweise liegt d. Kern d. Erz. v. Kampf zw. d. hunnisch-gotischen Helden mit Dietrich u. d. burgundisch-rheinischen mit Siegfried eine ältere Dichtung zugrunde.

Der Verf. d. B. u. D. war zweifellos ein ausgezeichneter Kenner d. Heldendichtung seiner Zeit. Sein Hauptanliegen scheint darin bestanden zu haben, einen ursprünglich heroischen Stoff in einen ritterlich-höfischen umzuformen (de Boor), eine »Dichtung über Heldendichtung« zu schaffen, konzipiert aus rationalist.-ironischer Distanz (Curschmann). Dem Vergleich mit d. Nibelungenlied kann d. vorliegende Werk nicht standhalten. Seine Helden kennen keine seelischen Konflikte, ja kaum seelische Regungen; fast alles wird v. außen mit d. Blick auf d. ges. Regel gesehen, ist Geschehnis u. Zustandsschilderung innerhalb d. höfischen Konvention. Dennoch bleibt d. Versuch d. Autors bemerkenswert, an d. Stelle d. tragischen Entzweiung d. Ausgleich u. d. Versöhnung zu setzen.

LITERATUR: B. u. D., hg. v. O. Janicke, in: Dt. Heldenbuch, Bd. 1, Bln. 1866, Nachdr. 1963, 1-197; B. u. D., hg. v. A. Schnyder, in: Sprache u. Dichtung, Bd. 31, Bern/Stgt. 1980; J. Lunzer: D. Entstehungszeit d. B., in: Euphorion, 16, Ergänzungsh., 1923, 8-34; J. Lunzer: Humor im B., in: ZfdA. 63, 1926, 25-43; J. Lunzer: Stmk. in d. dt. Heldensage, in: SB d. Akad. d. Wiss. zu Wien, 1927, Bd. 204, 1. Abh.; H. de Boor: Gesch. d. dt. Lit. III 1, 173-177; W. Hoffmann: Mhd. Heldendichtung (= Grundlagen d. Germanistik 14=, Bln. 1974, 178-183; M. Curschmann: B. u. D., in: VL ²I, 1978, 879-883; J. Williams: Etzel – auf d. Spuren d. dt. Ordensritter? B. u. D. 1388-1627, in: ZfdA. 110, 1981, 28-34I; A. Daiber: Bekannte Helden in neuen Gewändern? Intertextuelles Erzählen im »Biterolf u. Dietleib« sowie am Beispiel Keies u. Gawaind im »Lanzelet«, »Wigalois« u. d. »Crone«, Ffm./Wien 1999; M. Mecklenburg: Parodie u. Pathos: Heldensagenrezeption i.d. hist. Dietrichepik (= Forschungen z. Gesch. d. älteren dt. Lit. 27), Mchn. 2002.

Manfred Zips

Bitschnau, Heinz (* 9.7.1942 Schruns im Montafon/Vbg.), Sohn eines Zugführers; er besuchte zunächst in Schruns Volks- u. Hauptschule, um sich dann an d. Handelsakad. für d. Beruf eines Kaufmannes auszubilden. Seine Zugehörigkeit zur jungen Generation d. Mundartdichter d. Gegenwart drückt sich in d. Themenwahl wie im Versmaß (Kurzzeilen nach Art d. zweifüßigen Adonier) aus Die sozialen Probleme unserer Zeit, Kritik an d. Zerstörung d. natürlichen Lebenswelt gehören neben feiner Naturbeobachtung zu d. bevorzugten Themen. Bes. hervorzuheben ist d. absolute Mundartechtheit. Jedweder Einfluss v. Umgangssprache entfällt.

WERKE: Mundartlyr.: *Muntafunder Wart u. Wärtli. Montafoner Wort u. Wörtchen*, Wels 1975.

LITERATUR: J. Hauer: Lebendiges Wort, Jubiläumsbd., Wels 1976, 20f.; A. Schwarz: d. Mundartdichtung in Vbg., Wien 1981, 71f.

Maria Hornung

Bitter, Edith v. (Ps. **Heralth**, Edith, 15.2.1892 Wien – 1945?), lebte in Wien-Wieden; Unterhaltungsschriftstellerin, d. v.a. in d. 30er- u. 40er-Jahren d. 20. Jh. mit etlichen überaus anspruchslos-kolportagehaften Prosaarbeiten hervortrat: Ihr bevorzugtes Genre war d. Kriminalerz. (*Der Tod im Glase*, 1923: 7 »Abenteuer« eines auf Sherlock Holmes' Spuren wandelnden Amateurdetektivs) u. d. Liebeskurzr. (*Die Heimkehr seiner Frau*, 1940; *Warum Katrin …?*, 1941). Der Großteil dieser Arbeiten erschien lediglich in Heftchenreihen (z.B. in: »Der Sonntags-Roman aus Wien«, in d. z.B. KARL HANS STROBL als namhafter Autor vertreten ist).

WERKE (Ausw.): Erz.: *Der Tod im Glase. Abenteuer eines Amateurdetektivs*, Wien/Lzg. 1923. Romane: *Frauen, über d. man spricht*, Wien 1923; *Allein in weiter Welt*, Wien/Lzg. 1936; *Eine v. Zirkus*, Wien/Lzg. 1936; *Im Schönheitssalon*, Wien/Lzg. 1936; *Begegnung in Schönbrunn*, Wien 1940; *Die Heimkehr seiner Frau*, Wien 1940; *Ein ungeküßter Mund*, Wien 1940; *Warum Katrin …?*, Wien 1941; *Mord an Mona*, Wien 1948. Spiele: *Das Theater d. Kleinen. Spiele für d. Jugend*, Wien 1928.

LITERATUR: Giebisch/Gugitz.

Sylvia Leskowa

Bittermann → **Samstag**, Ignaz Malachias

Bittner, Anton (30.7.1819 Melk – 7.6.1880 Wien/Brünnlfeld) begann seine Theaterlaufbahn als Statist am Theater i.d. Josefstadt, spielte in Döbling, Mödling u. Komorn u. trat an größeren Bühnen Norddtld. auf. 1850 kehrte er nach Wien zurück u. wirkte als Schauspieler am Theater a.d. Wien u. am Carltheater. Etwa Mitte d. 50er-Jahre begann B., wie zahlreiche seiner Schauspielerkollegen, auch schriftstellerisch für d. Wr. Vorstadtbühnen zu arb. Ab 1876 befand sich B., an einer Gehirnerkrankung leidend, bis zu seinem Tod in d. Irrenanstalt Brünnlfeld b. Wien.

B. recht umfangreiches lit. Werk besteht zum Großtl. aus Possen; sein hist. Ort liegt, beeinflusst v. FRIEDRICH KAISER, zw. JOHANN NESTROY u. LUDWIG ANZENGRUBER, d.h. B. verfasste lokale Possen, deren krit. Realismus zum Volksstück tendierte. Neben LUDWIG FLERX, MORIZ ENGLÄNDER (Ps. MORLÄNDER), KARL GUIGNO u.a. sorgte er für publikumswirksame Einakter, d. d. beliebte zeitgenöss. Genre d. Lebensbilds bald überflügelten.

WERKE (Ausw.): Possen: *Alles auf Kredit o. Die Schnackerl-Noblesse*, aufgef. 1856; *Die (Original) Naturgrille*, aufgef. 1858; *Eulenspiegel als Schnipfer*, Wien [1860]; *Die Milch d. Eselin*, Wien 1861, ²1881; *Die falsche Artot*, aufgef. 1862; *Domestikenstreiche*, Wien 1862; *Nur keine Protektion*, Wien

1862; *Der dreizehnte Mantel*, Wien 1862; *Eine gebildete Köchin*, Wien 1865, ²1876; *Eine leichte Person*, Wien 1863, ²1865; *Techtl-Mechtl*, 1866. Schwank: *Möbelfatalitäten*, Wien 1860, ²1880. Lustspiel: *Die beiden Sekretäre*, Wien 1866; Komische Szenen: *Von Wien nach London. Tostl*, Wien 1865.

LITERATUR: Brümmer, Bd. 1; Nagl/Zeidler/Castle, Bd. 3 u. 4; A. Graf: A.B. Ein Melker Dichter u. Schauspieler, in: Melker Kulturbriefe 1956, Nr. 23; J. Hein: D. Wr. Volkstheater, Darmstadt 1978.

Wolfgang Neuber

Bittner, Eduard (15.7.1852 Mako/ Ungarn – 19.12.1934 Salzb.) stud. an d. Wr. Univ. 1873-77 Jus u. nahm bereits in dieser Zeit eine kaufmännische Ausbildung in Angriff, d. er mit einer Lehramtsprüfung an d. Wr. Handelshochschule abschloss. B. war zunächst als Fachlehrer, dann als Bankbeamter in Wien u. Prag tätig, ab 1889 unterrichtete er an d. Wr. Handelsakad., nebenbei arb. er auch als Industrieller. – B. (er lebte in Wien-Gaudenzdorf) verfasste nicht nur ökonomische u. sozialpolit. Schriften (z.B. *Der Einfluß d. Capitals auf Gesittung u. Wohlfahrt*, 1878) sowie kaufmännische Lehrbücher, sondern auch G. u. Prosatexte für Zs. Seine bekannteste u. zugleich einzige selbständige lit. Publikation ist d. ›vaterländischem‹ Patriotismus gewidmete Lyr.bd. *Treuherz* (1878).

WERKE (Ausw.): Lyr.: *Treuherz. Ein Kaiserlied*, Wien 1878. Sozialpolit. Schriften: *Der Einfluß d. Capitals auf Gesittung u. Wohlfahrt*, Wien 1878; *Die politischen Parteien u. d. Ende d. Coalition*, Wien 1895.

LITERATUR: Eisenberg, Bd. 1; Brümmer, Bd. 1; H.K. Kosel: Öst. Künstler- u. Schriftstellerlex., Bd. 1: Biogr. d. Wr. Künstler u. Schriftsteller, redigiert v. P.G. Rheinhardt, Wien 1902, 238.

Sylvia Leskowa

Bittner, Julius (Ps. Roderich-Julius **Benedix**, Julius **Rosen**, 9.4.1874 Wien – 9.1.1939 ebd.), verheiratet mit Emilie, einer Konzertsängerin, entstammte d. Wr. Bürgertum, dessen Bildungsstreben im 19. u. frühen 20. Jh. auch u. bes. d. Musik umfasste. Der Vater Ludwig B. war Jurist (Richter, Hofrat), d. Mutter Marie, geb. Kindlinger, stammte aus einer oö. Lehrerfamilie. Der Bruder Ludwig B. wurde Historiker u. später Leiter d. Haus-, Hof- u. Staatsarchivs bzw. (1941) d. »Reichsarchivs Wien« (Selbstmord 2./3.4.1945). Die Eltern waren musikalisch; B. sang als Knabe im Kinderchor v. Raabs, wo einer seiner Onkel Lehrer war, erhielt auch Klavier-, später Violin- u. Cellounterricht. Nach d. Abschluss d. Jus-Stud. (Dr. jur.) u. d. Stud. d. Musiktheorie bei d. nach einer Bl.n-Krankheit erblindeten Komponisten u. Organisten Josef Labor (1842-1924), d. selbst Schüler d. berühmten Kompositionslehrers Simon Sechter war, u. zu seinen Schülern wiederum u.a. Arnold Schönberg u. Paul Wittgenstein zählte. B. schlug d. Richterlaufbahn ein (bis 1920) u. war dann bis 1924 im Justizministerium in Wien (Oberlandesgerichtsrat, Hofrat) aktiv. 1925 wurde er – als Komponist längst bekannt – Mitgl. d. Dt. Akad. d. Künste in Bln. Kurze Zeit leitete er auch zus. mit RICHARD BATKA, LUDWIG HEVESI u. RICHARD SPECHT d. Wr. Musikztg. *Der Merker*; hier deutete sich B. musikkrit. u. musiktheoretisches Interesse u. Können sowie sein lit. Talent an.

1918 erhielt B. d. Raimund-Preis; 1925 d. Kunstpreis d. Stadt Wien; 1930 wurde er Ehrenmitgl. d. Wr. Schubert-Bundes; in selben Jahr erhielt B. d. Angebot Kemal Paschas, d. Stelle eines Musikdirektors in Ankara anzunehmen, was B. v.a. aus gesundheitlichen Gründen ablehnen musste.

Frühzeitig zeigten sich zunächst d. musikal., dann d. lit. Begabung B. Als Gymnasiast mit 15 Jahren begann er Harmonielehre zu studieren, u. er komponierte viel; noch vor d. Matura begann er zu schreiben: ein Drama *Circe* für eine erfolgreiche Schüler-Auff., G., usw. B. wuchs in einer Zeit d. Widersprüche auf: Einem extremen Individualismus standen bereits kollektivist. Bemühungen gegenüber, d. Kulturkampf, d. Nationalismen d. Habsburgermonarchie, d. Propagierung d. Wirklichkeit (bürgerlicher Realismus) in d. Kunst u. zugleich d. hist. Rückerinnerung überlieferter Kunstperioden o. d. (esoterische bzw. elitäre) Abwendung v. allem Realismus durch Jugendstil u. Dekadenz. Bei alldem schritt d. Verlust d. Werte unaufhaltsam voran, eine stets wachsende Orientierungslosigkeit steuerte auf d. 1. WK zu, d. Naturwiss. u. d. Psychol. lehrten, d. Sinneswahrnehmungen nicht zu vertrauen; so lösten sich d. gegenständlichen Konturen für d. Maler, d. Ordnungssystem d. Töne für d. Musiker auf. Sich d. Neuen zu öffnen o. am Althergebrachten festzuhalten, wurde ein künstlerischer Existenzkampf – auch für B. Er hatte d. ungebundene studentische Burschenleben genossen, entwickelte – wie damals im öst. Bürgertum, selbst in jüd.- o. slawisch-emanzipierten Kreisen nicht unüblich – eine dt.-nat. Haltung, erfüllt v. bodenständigem Wr.tum. Der Dirigent Bruno Walter, d. einige Opern B. urspr. durch Vermittlung Gustav Mahlers zur EA brachte (*Die rote Gred*, 1908; *Der Musikant*, 1910; *Der Bergsee*, 1911) zeichnet in seinem Memoirenbuch *Thema u. Variationen* (1961) ein lebensvolles Bild d. Komponisten, dessen mit anmutiger Leichtigkeit geschriebene Feuilletons in d. *Neuen Freien Presse* u. dessen Schauspiel *Der liebe Augustin* er bes. schätzte: »Ein großer, schwerer, blonder Urwiener mit rötlichem Gesicht, lauter Stimme u. dröhnendem Lachen, gescheit u. humorvoll, dessen tiefe Frömmigkeit half, ein entsetzlich schmerzvolles körperliches Leiden u. d. Amputation beider Beine zu überstehen u. heiter u. geduldig bis ans Ende zu bleiben. Ihm half d. Liebe u. Aufopferung seiner kraftvollen, edlen Frau […]« (ebd., 200).

Die gleichermaßen gute Beherrschung d. künstlerisch gestalteten Wort- u. Tonsprache führten B. dazu – nach d. Vorbild Richard Wagners –, d. Textbücher seiner musikdramat. Werke selbst zu schreiben. Was ihm fehlte (gegenüber Wagner), war eine künstlerisch d. Handlungen tragende, durchgängige Weltanschauung. So behalf er sich mit christlichen Elementen, realist. Menschendarstellungen u. ges. Konflikten – nicht selten im hist.-historisierenden Ambiente – u. einem deutlichen Hang zu märchen-, legenden- o. sagenhaften Handlungswendungen, d. einen künstlerisch tragfähigen Mythos ersetzen sollten. Das dt. Singspiel *Das höllisch Gold* (1916) etwa vereint beinahe alle diese Gestaltungszüge. Es spielt »irgendwann einmal« u. »irgendwo« u. gestaltet in altertümelndem Dt. eine Handlung, in d. d. Gute im christlich-rel. Sinn siegt u. d. Böse buchstäblich d. Teufel anheim fällt. B. zeigt d. Arme-Leut'-Milieu in realist. Sinn. »Der Mann« u. »d. Frau« sollen – wie sich bald herausstellt – v. skrupellosen jüd. Wucherer v. Haus vertrieben werden, doch dessen heiligmäßiger Sohn Ephraim, d. »d. Frau« immer vor d. Spott d. Leute in Schutz genommen hat, rettet sie durch d. Rückgabe d. v. Vater erwucherten »höllischen« Goldes. Als d. sich durch Ephraim betrogen glaubende, eifersüchtige Gatte »d. Frau« ermorden will, rettet ein Rosenwunder d.

Unschuldige, deren Gebet zu Maria vor d. permanent auf d. Bühne stehenden Statue d. Mater dolorosa erhört wird. Bei allem guten Willen zu überzeugender Handlungsführung ergibt sich hier eine Häufung v. Klischees u. unglaublichen Wundern. Da erscheint d. leibhaftige Teufel, findet in einem hexenartig – samt schwarzer Katze! – auftretenden Weib sein bösartiges Opfer, während d. dürre Dornbusch hinter d. Mater dolorosa »mit einem Male zu grünen u. sich mit Blüten zu überdecken« beginnt; mit einem Donnerschlag u. »ungeheurer Finsternis« wird d. Wunder eingeleitet, dann senkt sich helles Licht auf d. Gnadenbild. Mit rührender Naivität gestaltet B. ganz unzeitgemäß d. Unvereinbare: Das realist. Arme-Leute-Schicksal wie es in Öst. v. LUDWIG ANZENGRUBER bis zu KARL SCHÖNHERR auf d. Bühne gebracht wurde, dazu noch zeittypisch d. jüd. Menschen als Ausbeuter einer- u. als sühnenden Helfer anderseits. Zu diesen typisierten Gestalten treten noch d. Typen schlechthin hinzu: d. bösartige Alte u. d. Teufel. Klischeebildung u. Typenhaftigkeit ergeben ein Schwarz-Weiß-Spiel um Böses u. Gutes, d. auf realist. u. daher unglaubwürdige Weise gelöst wird. Im Einzelnen eindrucksvoll, im Ganzen d. Zeitgeschmack auf beinahe primitive Art verpflichtet, ist d. Einakter unbefriedigend u. blieb daher ohne Nachwirkung; er teilt d. Schicksal sämtlicher anderer Opern B.; B. Werk – u. hier interessieren in erster Linie d. Textbücher – entstand aus einem weltanschaul. Vakuum u. widersprüchlichen künstlerischen Strömungen; es steht nicht auf d. geistigen u. künstlerischen Höhe d. Zeit. Was B. anstrebte, nämlich eine volkstümlich-bürgerliche Kunstvollendung auf d. Gebiet d. Oper, erreichte bis zu einem gewissen Grad nur WILHELM KIENZL mit d. Opern *Der Evangelimann* (1895) u. im Abstand dazu *Der Kuhreigen* (1911). Eine stil- u. motivgesch. Untersuchung zum lit Werk B. fehlt.

WERKE (Ausw.): Lustspiele: *Zwischenträger*, Bln. 1864; *Der geheimnisvolle Brief*, Bln. 1865; *Fromme Wünsche*, Bln. 1870; *Die unsterbliche Kanzlei*, Posse, Wien 1918. Gedichte: *Die Epigramme*, Bln. 1866; *Flohmarkt d. Lebens*, G., Wien 1866. Musikdramat. Werke bzw. deren Textbücher: *Der Musikant*, Oper, Mainz 1909; *Der Abenteurer*, Oper, Bln. 1913; *Der Bergsee*, Bln. 1911; *Das höllisch Gold*, dt. Singspiel, Lzg. 1916; *Der liebe Augustin*, Schauspiel, Wien 1917; *Die rote Gred*, Oper (o.J.); *Die Kohlmayerin*, Oper, Wien 1920; *Das Rosengärtlein. Legende*, Wien 1922; *Mondnacht*, Oper, Wien/Lzg. 1928; *La Sonnambula*, Schauspiel mit Musik, Wien 1924; *Das Veilchen*, Oper, Wien 1934; *Walzer aus Wien*, Singspiel, Wien 1930. Erz.: *Die Einberufung d. Peter Zehentner*, in Öst. Rundschau, Wien, Okt. 1914; Aufs., Kritiken, G. u. Erz. in Ztg. u. Zs.
Der hs. Nachl. B. befindet sich in d. Hs.-Slg. d. Wr. Stadt- u. Landesbibl.

LITERATUR: R. Specht: J. B. Eine Studie, Mchn. 1921; Die Musik in Gesch. u. Gegenwart, hg. v. F. Blume, Bd. 1, Kassel/Basel 1949, 1868f., Tb.-Ausg. Mchn. 1989; B. Walter: Thema u. Variationen, Ffm. 1961, 199f.; H. Ulrich: J. B., Wien 1968; Czeike, Bd. 1; Zeman 2.

Herbert Zeman

Bittner, Julius (17.7.1913 Neulengbach/NÖ – 22.2.1998 Amstetten), viertes u. letztes Kind eines gelernten Bäckers u. Zuckerbäckers, d. d. großväterliche Kolonialwarenhandlung bis zur Schließung in d. 30er-Jahren recht u. schlecht fortführte, u. einer ausgebildeten Kindergärtnerin, d. durch d. Betreuung einer Putzereiübernahmestelle notdürftig zum ärmlichen Haushalt beitrug.

Auf Empfehlung seiner Volks- u. Bürgerschullehrer wurde B. in d. Bundes-Lehrerbildungsanstalt (Wien III.) aufgenommen. Nach d. Reifeprüfung (28.6.1933) war B. drei Jahre lang unbezahlter Probelehrer u. legte am 14.4.1937 d. Lehrbefähigungsprüfung für Volksschulen ab. Er wurde fix besoldeter Lehrer in Amstetten (NÖ), legte auch d. Lehramtsprüfung für Sonderschulen (27.11.1963) ab u. war damit d. Hauptschullehrern (früher Bürgerschullehrer) gehaltsmäßig gleichgestellt. Ab 1.8.1939 war B. zum Dienst bei d. dt. Wehrmacht eingezogen; am 26.11.1947 kehrte er aus russ. Kriegsgefangenschaft zurück. Als Frontsoldat hatte B. am 28.12.1940 seine Berufskollegin Margarete Dolenz (aus Brunn aus Gebirge, NÖ) geheiratet. Er leitete die Volksschule Biberach (Bez. Amstetten), übersiedelte in d. Schulbezirk Baden b. Wien u. wohnte damals in Gumpoldskirchen. Nach einer schweren Erkrankung (1963) wurde B. am 30.6.1968 aus Gesundheitsgründen in d. vorzeitigen Ruhestand versetzt. Nach d. Tod seiner ersten Frau (6.3.1975 mit 65 Jahren) heiratete B. am 16.12.1975 d. Lehrerin Ernfriede Mayr u. übersiedelte am 26.8.1979 nach Amstetten, wo er d. seinerzeit begonnene Tätigkeit für d. kulturelle (ehrenamtliche Leitung d. Volksbücherei Gumpoldskirchen, journalist. Lokalberichterstattung, textliche Gestaltung lokaler Feste) u. rel. Leben (textliche Gestaltung kirchlicher Feiern, versch. Funktionen im röm.-kath. Alltag) fortsetzte bzw. neu begann: Er gab d. bis dahin entstandenen G. heraus – vier G.bde. erschienen in d. 80er-Jahren –, v. denen B. eine ganze Reihe vertonte. B. unterrichtete an d. Volkshochschule in Amstetten (Psych. u. Phil.) u. arb. wieder an d. Aktivitäten d. kath. Kirche mit. Eingebunden in d. geistigen Bewegungen d. nö. Lehrerschaft, d. Volkshochschulen u. Pfarren, interessierte sich B. für d. Mundartdichtung – er war befreundet mit d. Mundartdichter LOIS SCHIFERL u. nahm an Arbeitstagungen für Mundartdichtung NÖ wie z.B. d. Kirchbacher Dorftagen teil – u. schrieb bes. gern liedhafte Texte im Volkston für Alt u. Jung. Nicht eigentl. eine echte dichterische Begabung, vermochte er doch sprachkünstlerisch-metrisch Tröstliches, Besinnliches u. Heiteres seinem Lesepublikum zu bieten. B. essayist. Lokalberichterstattung erschien in d. *Viertelsbl.n im Mostviertel* (1949/50 u. fallweise ab 1980) u. in d. *Viertelsbl.n im Viertel unter d. Wienerwald* (1951-79). Erzählende u. topograf. Arbeiten veröff. er in d. Zs. *Junges Öst.* – z.B. *Anekdoten aus d. Südbahngegend* (ebd., H. 6, 1958 u. H. 7, 1959). B. rel. Engagement mündete lit. in eine *Deutsche Chormesse* (Musik v. J.W. Ziegler, d. seinerzeitigen Chorleiter d. »Gumpoldskirchner Spatzen«, Graz 1966), in d. Text zum »Deutschordenslied« (Musik v. J.W. Ziegler, Wien 1975) u. in zehn Betrachtungen *Gedanken zur heutigen Glaubenssituation* (zehn H., Selbstverlag, Amstetten 1981-83). Im Selbstverlag erschienen auch B. vier G.bde.: *Hilfe ich bin verliebt*, 1983; *Schüler-Lehrer-Schulrat, wie reimt sich d. zusamm?*, 1983; *So zwitschern d. Jungen. Gedichte für kleine u. große Kinder*, 1984; *Unter Tränen lächeln*, 1986. Eine Darstellung d. lit. Lebens d. Sphäre eines J. B., d.h. d. lokalen lit. Erscheinungsformen in NÖ vor u. nach d. 2. WK steht noch aus. Über B. existiert keine nennenswerte LITERATUR; zur Bibliogr. seiner WERKE: vgl. d. Zusammenstellung im Artikel selbst.

Herbert Zeman

Bittner, Karl Gustav (29.2.1896 Bärn/Mähren – 15.12.1963 Wien), Sohn eines Mediziners u. Physikers, besuchte nach einer Gymnasialausbildung d. Univ. in Prag, Wien u. Innsbr., Promotion zum Dr. jur., 1921-24 als Anwalt tätig. Hierauf wirkte er als Hg. v. versch. Zs.unternehmungen, in d. frühen 30er-Jahren arb. er vorübergehend im norddt. Celle als Red. Nach einer polit. Tätigkeit in Öst. (1935-38) war er Polizeibeamter (1945-47), lebte dann als Journalist (u.a. ständiger Mitarb. bei ausländischen Periodika) u. freier Autor in Wien. B., Mitgl. d. ÖSTERREICHISCHEN SCHRIFTSTELLERVERBANDES u. Ehrenmitgl. d. Gesell. öst. Kulturfreunde, engagierte sich im Rahmen d. »Öst.-Instituts« als Kulturpolitiker. Sein schriftstellerisches Schaffen umfasst denn auch etliche kulturpolit. Schriften (z.B. *Magie, Mutter aller Kultur*, 1930), d. seine Vorliebe für Metaphysik u. Parapsychol. deutlich erkennen lassen (z.B. *Die übersinnliche Welt*, 1947; weiters Mitarb. bei *Mächte d. Schicksals*, einer »Enzyklopädie anthropologischer Wiss., okkulter Lehren u. magischer Künste«, 1953): Merklich davon beeinflusst sind seine belletrist. R., d. dadurch eine individuellere Note erhalten: Mit *Der Herr d. Gifte* (1946) u. *Der Meister d. tausend Masken* legitimiert sich B. zudem als routinierter Kriminalschriftsteller.

WERKE (Ausw.): Erz.: *Das Auge d. Anubis u. andere seltsame Gesch.*, Villach 1948. Romane: *Der Herr d. Gifte*, Wien 1946, ²1948; *Der Meister d. tausend Masken*, Kriminalr., Wien 1950. Kulturphil. u. parapsychol. Schriften: *Magie, Mutter aller Kultur*, Mchn./Planegg 1930; *Sternenweisheit u. Mythos. Die erkenntnistheoretischen Grundlagen d. Astrologie*, Mchn. 1932; *Die übersinnliche Welt. Geheimlehre u. Mysterienweisheit in d. geistigen Gestalt unserer Zeit*, Villach 1947. Kulturgesch. Schriften: *Schubert u. Beethoven*, Neustrelitz 1928; *Das Öst.-Institut u. sein Kampf gegen d. Kulturkrise*, Wien [1950]. Mitarbeit: *Mächte d. Schicksals. Enzyklopädie an-* *thropologischer Wissenschaften, okkulter Lehren u. magischer Künste*, Wien 1953.

LITERATUR: Giebisch/Gugitz; Who's who in Austria. 6th Ed., Montreal 1967, 60.

Sylvia Leskowa

Bizo, Alexander → **Biczo**, Alexander Edler v.

Blaas, Erika B. (Ps. **Rockford**, Erika B., 10.9.1917 Kirchdorf a.d. Krems, OÖ – ?), Tochter v. ERNA B., verbrachte ihre Kindheit vorwiegend in OÖ, kam als Jugendliche nach Salzb., wo sie an d. Lehrerbildungsanstalt maturierte. Sie stud. an d. Univ. Prag, Graz, Innsbr. Germanistik, Anglistik u. Kunstgesch. Noch während ihrer Studienzeit veröff. B. 1946 ein M.: *Der Wolf mit d. drei goldenen Schlüsseln*. Dr. phil. Innsbr. 1949 mit d. Diss. *Salzb. Antlitz in d. Dichtung d. 19. u. 20. Jh.*, ergänzte ihre Ausbildung am Mozarteum in Salzb. Anschließend wurde B. Kulturreferentin d. *Salzb. Ztg.* Mehrere G. v. B. erschienen 1954 in Anthologien u. Lesebüchern. Ein Fulbright-Stipendium ermöglichte ihr ein postgraduales Stud. an d. Univ. Wisconsin/USA. 1964-65 stud. sie an d. Univ. in Heidelberg. Nach Salzb. zurückgekehrt, nahm sie eine Lehrtätigkeit an, d. B. 1965-71 an amerik. Univ. Colleges weiter führte. 1966 erschien ein Essay in d. Zs. FORUM. Seit 1972 lebte sie größtenteils in Salzb. Ihr lit. Schaffen umfasst Lyr., Kurzgesch., M., Hörspiele, Essays sowie Übers. Auch als Hg. d. *Dorfbuches v. Natters* – es handelt v. d. Maler Leo B. – trat sie hervor. 1987 erschien in Salzb. d. Lyr.bd. *Wie Rohr im Ried*. Darin begegnet man Sprachbildern, d. Symbole einer »inneren Malerei« sind. Ihre Sprache, musikalisch, dicht, evoziert ein poetisches Gefühlsdenken. Gebundene Formen stehen neben freien Rhythmen. Die Grundstimmung ihrer Weltsicht ist melancholisch, vorwiegend negativ; bevorzugtes Thema ist d. Beziehung Mensch u. Natur im jahreszeitlichen Wandel. B. war Mitgl. v.: Öst. Autorenverband Wien, Translaters' Association, Kulturgemeinschaft »Der Kreis«, TURMBUND Innsbr.

WERKE: Lyr.: *Wie Rohr im Ried*, G., Salzb. 1987. Märchen: *Der Wolf mit d. drei goldenen Schlüsseln*, Graz/Wien 1946. Erz.: *Strandgut*; *Tidal Waves*, Salzb. 2002. Hg.: *Das Dorfbuch vin Natters*, 1979. Mitverf. v.: *Salzb. v. A – Z*, 1954 (auch engl.: *All About Salzb.*). Hörspiele: *In d. Straßen v. New York*; *Eine Reise durch Amerika*.

LITERATUR: C.H. Watzinger: Lit. u. Kunst im Raum Kirchdorf, in: Stadt Kirchdorf an d. Krems, Festgabe 1976; Who is who in Austria 1987/88; Kürschner 2002/03.

Ruthilde Frischenschlager

Blaas, Erna (19.2.1895 Kirchdorf an d. Krems/OÖ – 8.9.1990 Salzb.) maturierte 1914 an d. staatlichen Lehrerbildungsanstalt in Linz u. heiratete, nach einjähriger Ausübung ihres Berufes, 1915 Dr. med. u. phil. Erich B. Drei Kinder darunter ERIKA B., entsprangen dieser Ehe. B. widmete sich als Schriftstellerin anfangs volkskundl. Themen, d. sie in d. *Braunauer Heimatkunde* veröff. (z.B. *Eiris sazun idisi. Ein Beitr. zur Psychologie d. volkstümlichen Zaubers*, 1922, o. *Das alte dt. Reimgebet*, 1923). Nach d. frühen Tod ihres Gatten übersiedelte B. 1927 mit d. Kindern nach Salzb. u. wandte sich d. eigentl. lit. Schaffen zu. Sie war v.a. Lyrikerin. Bereits 1929 erschien ihr erster G.bd. *Das Leben u. d. Tod*: »In magisch heller Wiederschau begegnet d. Dichterin in diesen Versen d. verstorbenen Gatten« (A. Schmidt: Dichter u. Dichtung Öst., 2. Bd., 113). Nach einer rund zehnjährigen Pause folgten in d. 40er-Jahren drei weitere Lyr.bde.: *Die Liebenden*, 1942; *Rühmung u. Klage* u. *Die Balladen d. Rauhnacht*, 1944. Diese Lyr. zeichnet sich bereits durch hohe Kunstfertigkeit aus Geistig ist B. sowohl kath.-vaterländisch als auch dt.nat. orientiert. Im 2. WK verlor B. ihren ältesten Sohn. – Es dauerte wieder zehn Jahre, bis 1955 ein weiterer Bd. Lyr. folgen konnte: *Abendliche Flöte*. Diese G. sind v. einer melancholischen Grundstimmung getragen, thematisch wird Rückschau auf Herkunft u. Heimat gehalten. In 15 Sonetten besingt sie d. *Garten Mirabell* d. Stadt Salzb. (1960). Darin verbindet sie d. Beschreibung schöner Architektur u. Gartenlandschaft mit Bildern d. Verfalls u. Todes. Inhalt u. Stimmung dieser G. sind v. GEORG TRAKLS Lyr. beeinflusst. Der 1961 publ. Lyr.bd. *Durch Bild u. Zeichen* weist thematisch in eine neue Richtung. Es geht darin um menschl. Erfahrungen d. Göttlichen in versch. Kulturen. B. letzter Bd. Lyr. *Schattenlicht*, erschien 1961 in Wien. Neben zahlreichen G. schrieb B. auch Prosa u. Essays, d. in versch. Ztg., Zs., Jb. u. Anthologien Aufnahme fanden. 1978 wurden ihre Schriften, ausgewählt u. ergänzt, u.d.T. *Verwandlungen* neu veröff. 1982 gab sie ein Buch über d. Dichter HANS V. HAMMERSTEIN heraus. B. wurde für ihr Schaffen vielfach ausgezeichnet: Georg-Trakl-Preis für Lyr. 1957; Verleihung d. Titels »Professor« 1965; Adalbert Stifter-Preis für Lit. 1969; Wappenring d. Stadt Salzb. u. Ehrenbecher d. Landes Salzb. 1970; Goldene Ehrennadel d. Marktgemeinde Kirchdorf a.d. Krems; Ehrenmitgliedschaft v.: Innviertler Künstlergilde u. »Autorenkreis« oö. Schriftsteller.

B. G. sind zeittypisch geprägt: Sie erwachsen aus dt.-nat., romantisierende mythische Wurzeln v. Daseinsvorstellungen suchenden Überzeugungen u. sind fest an strenge traditionelle Gestaltungsformen gebunden. B. Lyr. ist in diesem Sinne bürgerliche lit. Kunstübung d. mittleren 20. Jh., geschult an

d. Sprache TRAKLS u. RILKES, d. Stil u. d. Wahl d. Gestaltungsformen auch WEINHEBER nahe (vgl. d. Sonette v. B. u. ihren Bd. *Rühmung u. Klage*).

WERKE: Lyr.: *Das Leben u. d. Tod*, G., Mchn. 1930; *Die Liebenden*, G., Hbg. 1942; *Rühmung u. Klage*, Neue G., Wien 1944; *Die Balladen d. Rauhnacht*, M., Sagen, Legenden u. Begebenheiten, Bln./Wien/Lzg. 1944; *Abendliche Flöte*, G., Linz 1955; *Das Lieder d. Mutter*, Klosterneuburg/Salzb. 1956; *Der Garten Mirabell*, m. Illustrationen v. Ernst v. Dombrowski, Salzb. 1960, 1987; *Durch Bild u. Zeichen*, G., Wien 1961; *Schattenlicht*, Neue G., Wien 1969. Prosa: *Verwandlungen*. Erz. u. Berichte (Teilslg.), Ried i. Innkreis/OÖ 1978; *Traum d. Welt. Der Dichter Hans v. Hammerstein. Leben u. Werk*, Salzb. 1982. Beiträge für: Oö. Dichtung. G., 1927; *Das Lied v. d. Mutter*, G., 1931; Anthologie oö. Lyr., 1931; *Herz zum Hafen*, G., 1932; J. Pfandler (Hg.): Vom Expressionismus zur neuen dt. Klassik. Dt. Lyr. aus Öst., in: Lyr. d. Gegenwart, Wien 1935/36; F.K. Ginzkey (Hg.): Gesänge zur Ostmark, Lzg. 1938; P. Strelka/E. Schönwiese: Das zeitlose Wort. Anthologie öst. Lyr. v. P. Altenberg bis zur Gegenwart, Graz/Wien 1964; Wie weise muß man sein, um immer gut zu sein. Anthologie öst. Frauenlyr. d. Gegenwart, Steyr 1972; Erdachtes, Geschautes. Prosa-Anthologie öst. Frauen, Steyr 1975; Sprachbilder, Prosa u. Lyr. oö. Schriftsteller, 1985. ORF-Sendungen: Erz., G., Interviews.

LITERATUR: S. Dobretsberger: Stimmen am Strom, Graz/Wien/Mchn. 1951, 137; R. Teichl (Hg.): Österreicher d. Gegenwart, Wien 1951; A. Fischer-Colbrie: Zeitgenöss. Schriftsteller in OÖ, Linz 1957; A. Schmid: Wege u. Wandlungen moderner Dichter, Salzb./Stgt. ²1959, 472, ³1968, 676; ders.: Dichter u. Dichtung Öst. im 19. u. 20. Jh., 2 Bde., Salzb. 1964, 2. Bd., 113f.; F. Mayröcker: V. d. Stillen im Lande, Wien 1968, 11; Kürschner 1988; G. Kerschbaumer, K. Müller: Zur gefälschten Biogr. d. E. B., in: Salzb. Fenster Nr. 5, 1990, 13; Killy, Bd. 2.

Ruthilde Frischenschlager

Blaas, Josef (Ps. S. **Buchbinder**, * 25.6.1940 Schwaz), Erzieher, lebt seit 1957 in Vomperbach. Er wandte sich nach einer technischen Ausbildung 1968 d. künstlerischen Fotografie (»Fotografik«) zu u. thematisierte dabei v.a. in d. Natur vorkommende Mikrostrukturen. Neben einigen erfolgreichen Ausstellungen (u.a. in Schwaz sowie in Innsbr. – 1973 zus. m. F. Unterrainer) legte B. seit 1971 auch lit. Texte vor u. hielt zahlreiche Lesungen u.a. im TURMBUND ab, dessen Mitgl. er ist. B. schreibt neben Kurzprosa u. Hörspielen vornehmlich Lyr., bei d. er häufig zw. Langzeilentechnik u. einzelnen wie hingeworfenen Wortelementen im Stile d. konkreten Poesie schwankt. B. steht d. spirituellen Poesie (KUPRIAN) nahe. Lit. Beitr. sind in regionalen Lit.zs. (bes. DAS FENSTER) veröff. B. publizierte bisher fünf G.bde., u.a. im Rahmen d. »Kleinen Reihe« d. TURMBUNDes; er verstummte jedoch seit 1979 als Autor.

WERKE: Lyr.: *Kettenschlüssel*, G., Darmstadt 1973; *Lyrik*, Innsbr. 1974; *Tyroloide Lyrik*, G., Innsbr. 1976; *Verlorene Sandworte*, G., Darmstadt 1978; *Wehende Bilder*, G., Innsbr. 1979.

LITERATUR: W. Bortenschlager: Gesch. d. spirituellen Poesie, Entstehung, Aspekte, Tendenzen, Dichter, Dichtung – eine Bestandsaufnahme, o.J. (= Schrifttum d. Gegenwart 14), 57f.; P. Wimmer: Wegweiser durch d. Lit. Tirols seit 1945, Darmstadt 1978 (= Brennpunkte 15), 92.

Beatrix Cárdenas-Tarrillo

Blaeulich, Max (Ps., bürgerl. Name unbekannt, * 1952 Aiglhof bei Salzb.) betätigte sich nach Absolvierung einer Kaufmannslehre als Kaufmann, holte ein Stud. d. Germanistik u. Kunstgesch. in Wrocław (Breslau) nach u. arb. während d. 80er-Jahre als Antiquar, dann als bildender Künstler, Verleger u. Publizist in Salzb. B. war u. ist Mitarb. versch. lit. Zs. wie LITERATUR U. KRITIK, Hg. d. *Zerrismus-Publikationen* u. d. Edition *Traumreiter, kostbarkeiten europäischer avantgardistischer literatur* im WIESER Verlag, mit eigenen Titeln u.a. z.B. v. RENÉ ALTMANN, CARL ARMANDOLA, H.C. ARTMANN, HERTA KRÄFTNER. Der Ausstieg aus d. bürgerlichen Existenz bezeichnet bei B. d. Beginn d. künstlerischen Tätigkeit, deren konzeptioneller Hintergrund v. Begriff d. »poetischen Akts« H.C. ARTMANNS, d. selbst in d. 70er- u. 80er-Jahren im Salzburgischen lebte, geprägt ist. B. lit. Arbeiten – eigene Dichtungen wie Herausgegebenes d. Buchreihe *Traumreiter* – gestalten Wirklichkeit u. Erfindung zu einer eigenen lit. Welt. B. gilt als »unterschätzter Außenseiter« (Rez. Südd. Ztg. 2003). Neben seiner Tätigkeit als Essayist u. Kritiker ist sein Œuvre weit gespannt – v. R. über Lyr. zum Dramolett. Bes. erfolgreich war er mit seinen letzten R. *Die Knopffabrik* (Klagenfurt 2002) u. *Kilimandscharo zweimeteracht* (Salzb. 2005). Im ersten Werk, d. sich aus zwei Handlungssträngen bildet, diese wieder eingeklammert in d. Paragrafen d. öst. Konkursordnung, geht es um d. Druck d. Ökonomie, d. realen Sachverhalts einerseits u. d. einer Sekte, d. rel. Anspruchs andererseits, auf d. Protagonisten. Die Sprache ist manieriert, sie gerät, wie d. Handlung, ins Absurde, Groteske, sich auflösend anlässl. menschl. Ruins u. seelischer Beschädigungen. Im R. *Kilimandscharo zweimeteracht* wird d. Bild einer Menschen verachtenden, zutiefst dekadenten Gesell. gezeigt, d. arrogante koloniale Elitedenken d. weißen »Forscher« im Afrika kurz vor d. 1. WK. Die surreale Aussageweise dient B. dazu, d. Trügerische d. rational u. sinnlich erfahrbaren Welt u. darüber hinaus d. Anheimgegebensein aller Existenz an Verfall, Tod u. Auflösung aufzuzeigen. Das tut er v. d. frühen Erz. *Viktor* (1992) über *Der umgekippte Sessel* (1993) – mit d. in d. Wachau angesiedelten unterirdischen »Reich d. Sessel« – d. *Bukarester Gesch.* (1994), einer surrealherben Abrechnung mit d. Gegebenheiten hinter d. seinerzeitigen Eisernen Vorhang, bis hin zu d. Dramoletten, dramat. Kleinformen, d. d. Bühne mit (Ab-) Sonderlingen bevölkern: *Trauerkabinen* (1998), *Zahn d. Zeit* (1999) u. *Lachschule Gebrüder Laschensky* (2000). Diese Stücke wie d. R. *Die Knopffabrik* u. *Kilimandscharo zweimeteracht* sind groteske Satiren auf d. Pervertiertheiten d. Lebens, einigermaßen gut lesbar gemacht durch Wortwitz u. absurde Komik, in weiterem Sinn lit.-hist. artverwandt H.C. ARTMANN u. v.a. THOMAS BERNHARD.

WERKE (Ausw.): Texte, Prosa: *Rede über Aiglhof*, Salzb. 1992; *Viktor*, Erz., Klagenfurt 1992; *Der umgekippte Sessel*, ebd. 1993; *Bukarester Gesch.*, ebd. 1994; *Arbeitsamt. Eine Ernüchterung*, ebd. 1994; *Abendessen mit kleinen Dialogen u. einem Kleiderständer zum Aufhängen*, Kurzprosa, Salzb. 1994; *Ottensheimer Überfuhr*, Prosa, Ottensheim 2000; *Bluesteift*, Salzb. 2000; *Kursk.*, ebd. 2002; *...d. grösste Scheusal, d. mir je untergekommen ist. Ein Gespräch. Karl Ignaz Hennetmair über Thomas Bernhard*, ebd. 2002. Romane: *Die Knopffabrik*, Klagenfurt 2002; *Kilimandscharo zweimeteracht*, Salzb. 2005. Dramolett: *Trauerkabinen*, Klagenfurt 1999; *Zahn d. Zeit. Ein Herrenstück. Träumen u. niemanden verschonen*, m. S. Schulte, Salzb. 1999; *Lachschule Gebrüder Laschensky*, ebd. 2000;

Dolly, ebd. 2001. Hg. d. Reihe *Traumreiter*, Klagenfurt 1999. Beitr.: in: Lit. u. Kritik, Salzb. 1991, 1993, 2005; Salzb. Zs. für Lit., ebd. 1996, 2002.

LITERATUR: E. Fischer: D. öst. Lit. im letzten Drittel d. 20. Jh., in: Zeman, 3, Bd. 7; Lex. d. dt.-sprachigen Gegenwartslit., Mchn. 2003.

Eva Münz/Herbert Zeman

Blaha, Paul (17.4.1925 Maribor/Marburg – 1.10.2002 Wien) stammte aus einer altöst. Familie – d. Großvater war k.u.k. Berufsoffizier, d. Vater Österreicher, d. Mutter Slowenin; in d. Familie wurde dt. gesprochen u. großöst. empfunden. Er selbst verlebte seine Jugend teils bei d. Großmutter, teils in Internaten in Marburg – auch hier fühlte man sich d. öst. Kulturkreis zugehörig. B. besuchte d. Realgymnasium in Marburg; nach Schulabschluss 1939 zur dt. Wehrmacht eingezogen, wurde er 1944 in d. Kämpfen an d. Ostfront schwer verwundet, es folgten Lazarettzeit u. Kriegsgefangenschaft. 1946 nahm B. seinen Wohnsitz in Linz, arb. dort als Journalist u. freier Schriftsteller; schrieb Essays, Kurzgesch., N., u. ein frühes Theaterstück *Brüder im Tode* (UA 1953 in Linz); er veröff. Beitr. in Anthologien wie *Stille Heimat, Stimmen d. Gegenwart* u.a., war auch Mitbegründer d. Linzer Kellertheaters. 1954 ging er nach Wien, wo er als Kulturpublizist u. Theaterkritiker für Ztg. wie *Bildtelegraph, Express, Die Furche, Basler Nachrichten, Sonntagsjournal Zürich* o. RIAS Bln. arbeitete; er schrieb auch für d. ORF. Ab 1961 übernahm er für 20 Jahre d. Stellung d. Ressortchefs u. Theaterkritikers bei d. Ztg. *Kurier*, was ihm einen großen Bekanntheitsgrad einbrachte, u. wo er starken Einfluss auf d. Kulturleben d. Stadt gewann. Er war auch Mitgl. d. Jury d. Berliner Theatertreffens. 1969 verlegte er seinen Wohnsitz ins Bgld. – Eine Zäsur seiner Laufbahn war 1979 d. Übernahme d. Leitung d. Volkstheaters Wien, eine Stellung, d. er bis 1987 ausfüllte. In seinen Spielplänen dominierte d. Zeitstück mit gegenwartsbezogener Gesell.kritik. Es gab viele UA öst. Autoren; so förderte er u.a. FELIX MITTERER, PETER TURRINI. Auch EA v. Stücken d. Autoren GERHARD ROTH, FRANZ BUCHRIESER U. FRITZ HOCHWÄLDER fallen in seine Direktionszeit. Diese Richtung fand nicht immer Verständnis in d. Öff., u. er musste sich manche Anfeindung gefallen lassen. B. war Mitgl. d. P.E.N., d. Presseclubs CONCORDIA, bis 1990 Präsident d. Sozialist. Gesell. für Kulturpolitik u. Sprecher d. Künstler-Vereinigung »Plattform Kultur«. – Nach seiner Pensionierung wandte er sich wieder d. Schreiben zu – jetzt waren es zeitkrit. Werke, in denen B. seine Weltansicht ausdrückte. In seinem ersten R. *Schöne neue Welt* (Mchn. 1991) schließt B. an Orwell u. Huxley (*Brave new World*) an: Es ist ein Zukunftsr. mit starkem Gegenwartsbezug; er erfindet eine Zukunft, um sich mit d. Gegenwart auseinanderzusetzen. Sowohl Sozialdemokratie als auch d. Kapital agieren in d. Horrorvision d. totalen Freiheit, einer Freiheit, d. es d. Menschen nicht gestattet, ihre Unfreiheit zu begreifen. In dieser spannenden u. auf hohem Niveau erzählten, erschreckenden Zukunftsvision spart B. nicht mit Seitenhieben auf d. Wr. Kulturbetrieb, d. er genau kannte. Es ist kein Science-fiction-R.; alles, was darin vorkommt, ist heute schon vorhanden, hier aber komprimiert u. hochgerechnet; d. Menschheit lebt unter d. Tyrannis d. Elektronik. Hilfe brächte nur ein neuer Humanismus, d. d. Egoismus entgegentreten könnte. Das Werk war ein großer Erfolg; d. Kritik reagierte überaus positiv; d. *Frankfurter Rundschau* wählte es zum »Buch d. Monats«. – Es folgte d. R. *Die Hinterbliebenen* (Innsbr. 1994) – eine öst., vielmehr Wr. Zeitgesch. aus d. Sicht eines Sozialdemokraten, d. seine Illusionen verloren hat. Vor d. Hintergrund einer Welt ohne Ideale u. Ideologien rechnet B. hier mit d. zu Ende gegangenen Ära Kreisky (öst. Bundeskanzler v. 1970-83) ab; er schildert d. ehemalige Faszination, d. Enttäuschung u. d. ges. Stimmlage in Handlungen u. Gesprächen. Er rezensiert u. zerzaust diese Vergangenheit, auch d. Wr. Lit.zene, u. fällt unbarmherzige, durch Belege erhärtete Urteile – doch ist es kein Schlüsselr., obwohl d. zeitgenöss. Beteiligten sich wiedererkennen sollten. Auch seine folgende Arbeit, d. N. *Das Eingemachte* (Wien 1997) zeigt d. homo sapiens mit seinen Abgründen. – B. kulturelles Wirken wurde v. allen Parteien anerkannt u. nach seinem Ableben öff. gewürdigt. Schon zu Lebzeiten erhielt er Anerkennung, so 1954 d. Theodor-Körner-Förderungspreis für Lit., 1978 d. Karl-Renner-Preis für Publizistik, 1982 wurde ihm d. Titel »Professor« verliehen, 1985 d. Goldene Ehrenzeichen für Verdienste um d. Land Wien, 1987 d. Große Ehrenzeichen d. Landes Bgld. u. 1998 d. Würdigungspreis für Lit. d. Landes Bgld.

WERKE: Romane: *Schöne freie Welt*, Mchn. 1991; *Die Hinterbliebenen*, Innsbr. 1994; *Recherche*, Innsbr. 1996. Novelle: *Das Eingemachte*, III. A. Frohner, Wien 1996. Theaterstücke: *Brüder im Tod*, Linz 1953. Beitr. (Ausw.) in: *Stillere Heimat*, Lit. Jb., Wien 1954, 1955; *Literatur 81. Ein Burgenland-Lesebuch*, Eisenstadt 1981; H.W. Schuch/K. Siblewski: *Peter Turrini*, Ffm. 1991; D. Axmann (Hg.): *Gesicht d. Widerstandes. 33 Autoren aus d. Burgenland*, Wien 1992; U. Schulenburg (Hg.): *Lebensbilder eines Humanisten. Ein F.Th. Csokor-Buch*, Wien/Mchn. 1992; G. Unger (Hg.): *Der dritte Konjunktiv. Gesch. aus d. Burgenland*, Innsbr. 1999; *Die Österreichische Literatur 1991. Ein Pressespiegel*, Sonder-Nr. 29, Wien 1992; *Die Presse*, Nr. 22/23, Spectrum, Wien, Juli 1995; *Die Österreichische Literatur*, Beitr. 1995, Nr. 45; 1997, Nr. 50; J. Schramm u.a. (Hg.): *György Sebestyén*, Graz/Wien/Köln 2000.

LITERATUR: G. Schlögl: D. Theaterkritiker P. B. als Direktor d. Wr. Volkstheaters 1979-87, 4 Bde., Wien 1994/95; Kürschner; aeiou – Öst. Lex. bm:bwk, internet; G. Ruiss: Nachruf internet.

Eva Münz

Blanck, Johann, auch **Blancus** → **Planck**, Johann

Blangy-Lebzeltern, Seraphine Freiin v. (Ps. A.M. **Zeltern**, 20.1.1842 Brünn/Mähren – 19.6.1912 Klagenfurt), bei Krumpendorf aus Wörthersee beheimatet gewesene Schriftstellerin, d. neben ihrem einzigen Prosabd. (*N. u. Erz.*, 1891) v.a. mit Übers. v. frz. u. ital. N. u. Bühnenstücken bekannt wurde. In d. frühen 90er-Jahren d. 19. Jh. hielt sie sich in Trient auf.

WERKE: (nicht im Bestand v. Wiens großen Bibl.) Prosa: *N. u. Erz.*, [?] 1891.

LITERATUR: Brümmer, Bd. 1 u. 8; Giebisch/Gugitz.

Sylvia Leskowa

Blankowski, Alois (Ps. A. **Blank**, Lebensdaten unbekannt) war Schauspieler u. Dramatiker im Ensemble Alois Pokornys am Theater a.d. Wien u. am Leopoldstädter Theater neben ALOIS BERLA, JULIUS FINDEISEN, THEODOR FLAMM u.a.; Kapellmeister d. Ensembles war Franz v. Suppé. Mit seinem dramat. Werk steht B. zw. Posse (JOHANN NESTROY) u. Lebensbildern (KAISER) einerseits sowie d. Volksstück (LUDWIG ANZENGRUBER) andererseits, d. bei B. ebenfalls im bäuerlichen Milieu angesiedelt sein kann (*Der Bauernstudent, Der Dickschädel*, Wien 1857) u. sich bereits in einer hist. relativ frühen Phase prononciert als vornaturalist. Mundartdichtung ausweist (*Der Moarhof entern Bergen*, Wien 1857).

WERKE (Ausw.): Possen: *Ein alter Tarokspieler* [sic!] *o. Linz, Wien u. Gumpoldskirchen; Die falsche Hursky; Wr. G'schichten; Stadtmamsell u. Bäuerin, Ländliche Posse mit Gesang*, nach einer frz. Grundidee für d. öst. Bühnen bearb. Zauberspiel: *Die Weingeister*, nach 1850. Dramen: *Der Dickschädel. Ländliches Charakterbild*, Wien 1857; *Der Moarhof entern Bergen*, Wien 1857; *Der Bauernstudent; Die Kartenaufschlägerin v. d. Siebenbrünnerwiese. Genrebild aus d. Volksleben*, o.O. o.J.; *Die Verwahrlosten. Genrebild aus d. Volksleben*, Wien 1860; *Ein flotter Onkel*, Schwank, aufgeführt ca. 1867.

LITERATUR: Nagl/Zeidler/Castle, Bd. 2 u. 3.

Wolfgang Neuber

Blannbekin, Agnes (2. Hälfte d. 13. Jh. vermutl. Plambach bei St. Pölten/NÖ – 10.5.1315 Wien) stammte wahrscheinl. aus einer Bauernfamilie u. zeigte schon als siebenjähriges Kind starke Neigung zum geistlichen Leben. In d. 90er-Jahren d. 13. Jh. war sie bereits Franziskanerin in Wien. Ihre Offenbarungen u. Visionen, denen sie v.a. während d. Messe u. während d. stillen Gebetes ausgesetzt war, zeichnete ein Wr. Minorit v. Hl. Kreuz-Konvent, vermutlich ihr Beichtvater, in lat. Sprache auf: *Vita et Revelationes* (Druck v. B. Pez, Wien 1731 nach d. Abschrift einer nicht mehr vorhandenen Hs.). Die *Revelationes* lassen in ihren 235 Kapiteln nicht nur immer wieder d. Ablauf d. Kirchenjahres erkennen, sondern auch ein beträchtliches Maß an theol. Gelehrsamkeit, d. allerdings auf Kosten d. Redaktors gerechnet werden muss (d. Vorstellung am Schluss d. pezschen Edition »hoc qui scribebat Ermenricus nomen habet« muss nicht unbedingt d. Beichtvater d. B. meinen). Die *Revelationes* enthalten weder d. Hinführung zu bestimmten Arten d. Kontemplation, noch gipfeln sie in einer »unio mystica« mit Gott, sondern berichten v. ekstatischen Zuständen, in denen Transzendentes sinnlich wahrnehmbar wird (süßer Geschmack beim Küssen d. Altäre, Christus als Tiermensch: Lamm mit menschl. Antlitz) u. d. in bedenklicher Nähe magischer u. dämonologischer Bereiche angesiedelt sind. Dies u. d. eindeutig sexuelle Charakter einiger *Revelationes* bedingten d. Konfiskation d. pezschen Druckes durch d. Jesuiten. Der Zusammenhang mit d. mystischen Denk- u. Schrifttraditionen d. MA sowie mit d. erotischen Metaphorik d. weltlichen Lit., deren sich d. *Revelationes* bedienen, bedürfte einer Klärung. Leider steht d. relativ schlechte Überlieferungssituation d. gültigen Ausgabe entgegen.

ÜBERLIEFERUNG u. AUSGABEN: *Ven. Agnetis Blannbekin quae sub Rudolpho Habspurgico et Alberto Austriacis impp. Wiennae floruit Vita et Revelationes, eiusdem Virg. Confessiones* [...] ed. P. Bernardus PEZ. *Benedictinus et Bibliothecarius Mellicensis. Viennae MDCCXXXI*; beruht auf d. Abschrift einer verschollenen Neresheimer Hs. aus d. 14. Jh. durch d. Kartäuser Leopold Wydemann aus Gaming. Ebenfalls verschollen ist d. Straßburger Hs., aus d. Joseph Görres eine Pfingstvision d. B. in altertümelndes Dt. übertrug: Christliche Mystik, Bd. II, Regensburg 1837, ²1879, 242-245. Rupprichs Vermutung, dass d. Straßburger Hs. mhd. abgefasst war, beruht wahrscheinl. auf d. missverständlichen Angabe v. Görres, er gebe d. Textprobe »in d. naiven Sprache« d. Originals wieder. Bis jetzt einzige erhaltene Hs. ist cod. 384 d. Stiftsbibl. Zwettl, fol. 29^r-76^r (Ende in Kap. 189 bei Pez, in cod. 384 keine Kapiteleinteilung!), d. aus d.

Besitz d. Wr. Geistlichen Otto Guemhertle († 1349) stammt. Auszüge aus Pez auch bei J. Chmel, Kleinere hist. Mitt. Nr. 3, Wien 1849 (= SB d. Öst. Akad. d. Wiss., phil. hist. Kl. 2), 46-100.

LITERATUR: J. v. Görres: Christliche Mystik II, Regensburg 1837, ²1879, 242-245; O. Planizza: A.B., eine öst. Schwärmerin aus d. 13. Jh., nach d. Quellen, Zürich 1898; H. Rupprich: D. Wr. Schrifttum d. ausgehenden MA, Wien 1954 (= SB d. Öst. Akad. d. Wiss., phil. hist. Kl., 228/5), 40-45; Zeman 2.

Werner M. Bauer

Blasi → **Ableitner**, Augustin

Blasl, Franz Xaver (29.11.1880 Losenstein/OÖ – 27.7.1971 Linz), Bauern- u. Gastwirtssohn, stud. nach d. Besuch d. Gymnasiums in Linz u. Ried i. Innkreis in Linz Theol. u. wurde zum Priester geweiht. Nach längerem Wirken als Kooperator in versch. Pfarren wurde er Dom- u. Chorvikar in Linz u. schließlich langjähriger Pfarrer v. St. Georgen im Attergau. B. Tätigkeit als Mundartdichter setzte erst spät (1956) ein, kam aber dann in rasch aufeinander folgenden Bdn. in voller Reife zum Tragen. Charakterist. ist für seine sechs G.bde., dass jeder v. ihnen einem bestimmten Themenkreis zugeordnet ist. Minuziöse Beobachtungen v. Tier u. Mensch sind genauso Gegenstand seiner Dichtung wie d. Schönheit seines Heimatlandes OÖ. Im Bd. *Rund ums Kripperl* werden d. Feste d. Weihnachtskreises v. Kathrein bis Lichtmess beschrieben u. volkskundl. gedeutet. Hier wie im letzten Bd., *Vorn Hoamgang*, d. d. 90-Jährige auf d. Krankenbett in Empfang nahm, kommt seine priesterliche Sendung am stärksten zur Geltung. Die mundartliche Sprachform ist rein, d. Schreibung meist geprägt durch d. Richtlinien seines Editors Johannes Hauer (Reihe *Lebendiges Wort*). B. kann als ein später geistiger Nachfahre STELZHAMERS mit sehr persönl. Prägung angesehen werden. B. u. sein Werk wurden noch nicht wiss. untersucht.

WERKE: Mundartliche Lyr.: *Unsere kloan liabm Viecherl im Jahrlauf*, Graz 1956; *D'Liab*, Graz 1956; *Mein Hoamat OberÖst.*, Wels 1959; *In Hof u. Roan*, Wels 1961; *Rund ums Kripperl*, Wels 1963; *Hoamgang*, Wels 1970.

(Tl.-)Nachl. im STELZHAMERBUND, Linz, OÖ.

LITERATUR: J. Hauer: D. Mundartdichtung in OÖ, 91f.; Jubiläumsbd. »Lebendiges Wort«, hg. v. J. Hauer, Wels 1976, 22f.; U. Patzelt: D. oö. Mundartdichter d. 20. Jh., Diss. Wien 1967, 175f., mschr.

Maria Hornung

Blasovic, Franz, Ferenz → **Blazovich**, Augustin

Blassnig, Oswald (* 27.8.1948 Lienz/Osttirol) war Volks- u. Hauptschullehrer in Matrei u. Lienz sowie Volksschuldirektor in Lienz. Er arb. zudem als Taxilenker, Zahlkellner u. Musiklehrer. B. ist Mitglied d. 1988 begr. Autorengruppe Lienzer Wandztg. Er veröff. drei Bücher sowie mehrere Beitr. in Anthologien. Größere Bekanntheit erreichte er mit seiner Textslg. *Zusammenläuten. Textsaat*, d. Essays, Briefe, Kurzgesch. u. Dialoge vereint u. mit d. er 2009 zur Frankfurter Buchmesse eingeladen wurde. B. erhielt 2000 d. Christoph-Zanon-Literaturpreis d. Lienzer Wandztg. zum Thema »Die Berge reichen bis zum Himmel«.

WERKE (Ausw.): B ü c h e r : *Ignaz d. Landstreicher. Eine Traumwahrheit*, Wien/Thaur 1982; *Wie ein stiller Löwe*, Wien/Thaur 1997, *Zusammenläuten. Textsaat*, Ffm. 2009; Beitr. in Zs. u. Anthologien: *Selbst betroffen*, in: Thurntaler 6, 1982, 58-60; *Heiteres Beruferaten*, in: Thurntaler 8, 1983, 47; *Führung. In einer Wasserbank*, in: zwölf mal zwölf, hg. v. U. Ladstädter, Innsbr. 1998, 13-16; *schilauf, alpin (m; -s; öst. für: Wirtschaftszweig)*, in: Brachland. Eine Osttirol Anthologie. Highlights aus zwölf Jahren Lienzer Wandztg., hg. v. U. Ladstädter, Innsbr. 2000, 127-134; *Gefährlicher Leichtsinn*, in: Da u. dort, hg. v. U. Ladstädter, Innsbr./Wien 2006, 3-18; *Vis-à-vis u. Mailand*, in: Da u. dort, hg. v. Uwe Ladstädter, Innsbr./Wien 2006, 110-123.

LITERATUR (Ausw.): O. B., in: Schattenkämpfe. Literatur in Osttirol, hg. v. J. Holzner/S. Unterweger, Innsbr./Wien/ Bozen 2006.

Kathrin Göb

Bl. d. Erinnerung an d. Burggrafenamt. Zum Besten d. Militär-Kurhauses in Meran, Meran 1880. Dieser schmale Bd., d. nicht d. Namen d. Hg. trägt, aber v. IGNAZ VINZENZ V. ZINGERLE u. Hans v. Vintler hg. wurde, enthält nur wenige G., d. alle d. Südtiroler Landschaft thematisieren. Als Autoren scheinen CHRISTIAN SCHNELLER, JOHANN GABRIEL SEIDL, JOH. NEPOMUK VOGL, BEDA WEBER u. IGNAZ ZINGERLE, d. am meisten vertreten ist, auf. Aber auch dt. Autoren, so Felix Dahn u. ein anonymer Münchner Dichter sind vorhanden, so d. dt. Sprachgrenze berücksichtigend. Als Motto steht am Beginn: *Das hier ist Laurins Garten! / Wahr sprichst du, Hildebrand. / Bei Gott! Es ist ein Eden, / So schön ist Thal u. Land!*

LITERATUR: M. Kaiser/W. Michler: D. lit. Feld u. d. Terrain d. Politik, Sonderdr. Tübingen 2002.

Eva Münz

Blattl, Christian (10.2.1805 am Bauernhof zu Rain in Fieberbrunn – 20.12.1865 bei St. Johann i.T.), Sohn d. gleichnamigen Tiroler Freiheitshelden v. 1809, verh. mit Barbara Lacknen. Der Bauerndichter B. zeichnete zahlreiches Volksliedgut auf u. durch Gesang tradiert wurde. B. schuf auch eigene Texte; d. originalen Hs. gelten allerdings als verloren. Der Volksliedforscher J. Pommer übernahm d. biedermeierliche Liedgut in d. Jahren 1908-10 v. B. Nachkommen (zehn Kinder) u. konnte dadurch ein Stück regionaler Kulturgesch. bewahren.

LITERATUR: J. Pommer: B.-Lieder, nach Wort u. Weise verfasst v. d. Tiroler Bauerndichter C. B., Saalfelden 1910; E. Rettenwander: Bed. Fieberbrunner Persönlichkeiten, in: Gesch. einer Tiroler Marktgemeinde, Fieberbrunn 1979, 447–462; L. Schmidt: Volksgesang u. Volkslied, Proben u. Probleme, Bln. 1970, 238–274.

Beatrix Cárdenas-Tarrillo

Blattl, Josef, ist Kameramann u. Filmemacher. B., v. Beruf Schlossermeister u. Metallbau-Konstrukteur, begann in d. 1990er-Jahren zunächst Amateurvideos zu filmen. Bekannt wurde er v.a. durch seine Dokumentationen über d. Öst. Bergrettungsdienst. Seit 2008 produziert er Präsentationsfilme für d. öst. Bergrettung u. wurde international bekannt. Es folgte d. Filmproduktion *Lawine – such!* über d. öst. Suchhundeteams d. Bergrettung d. 2009 auf BR alpha in d. Reihe *Videowelten – Filmautoren u. ihre Werke* ausgestrahlt wurde.

WERKE: (Ausw.): Imagefilm *Öst. Bergrettungsdienst*, 2008; *D. Sandler*, 2008; *Eine Begegnung*, 2008; *Einer Spur nachgehen*, 2008; *Lawine – Such!*, 2009; *Buon Camino*, 2010.

Kathrin Göb

Blau, Athanasius → **Kienreich**, Franz Xaver

Blau, Josef (12.8.1872 Neuern/Böhmen – 22.10.1960 Straubing/Bayern) wirkte in seiner Heimat als Lehrer u.

verband dies mit einer intensiven volks- u. heimatkundl. Betätigung. B., Mitgl. d. Schutzverbandes Dt. Schriftsteller, lebte nach seiner im 74. Lebensjahr zwangsläufig unternommenen Flucht aus Neuern bei Verwandten im bayerischen Straubing. Neben unzähligen, seiner böhmischen Heimat gewidmeten volkskundl. u. kulturgesch. Schriften (z.b. *Von Räubern, Wildschützen u. anderen Waldbrüdern*, 1928: ansprechende Skizzen über böhmerwäldische Berufssparten) u. d. gemeinsam mit Emil Lehmann hg. Monatsbl.n für »heimatl. Volksbildungswesen« (*Heimatbildung*, 1919-38) verfasste er auch einfach poetische Texte. B. (er rief in Neuern ein Freilichttheater, d. sog. Waldtheater ins Leben, in d. u.a. Schillers *Räuber* zur Auff. gelangten) zeichnet sich hierbei durch Vielseitigkeit aus: So schrieb er nicht nur *Ein süddt.Weihnachtsspiel* (1921) u. Hörspiele, sondern auch heimatl. Sagen, Erz. u. einen R. (*Die goldene Säule*, 1958). Darüber hinaus übers. d. zu verhaltener Schlichtheit tendierende dt.-böhmische Erzähler u. Volkskundler, d. sich mit seinem rel. Drama als Weggefährte MAX MELLS erweist, aus d. Tschech. (z.B. Jindřich Šimon Baars R. *Johann Cimbura*, 1941).

WERKE (Ausw.): Spiel: *Ein süddt. Weihnachtsspiel*, mit Einleitung (Vortrag) u. 19 alten Krippenliedern, Lzg./Prag/Wien 1921. Kulturgesch. Skizzen: *Waldleute. Arbeitergestalten aus d. Böhmerwald*, Reichenberg 1922 (für Jugendliche konzipiert); *Von Räubern, Wildschützen u. anderen Waldbrüdern*, Oberplan 1928; *Bilder aus d. Volksleben d. Deutschen in Böhmen*, Wien 1929, m. Alfred Lehnert. Heimat- u. volkskundl. Schriften: *Neuern heute u. vor Zeiten. Bilder aus d. Vergangenheit u. Gegenwart unserer Heimatstadt*, Neuern 1912; *Böhmerwälder Hausindustrie u. Volkskunst*, 2 Bde., Reichenberg 1917/18, Grafenau 1993 (Reprint); *Heimatbüchlein für d.*

Böhmerwald, Prag 1921; *Aus Hans Watzliks Land. Zum 50. Geburtstag d. Dichters*, Lzg. 1929; *Deutsche Bauernhäuser aus d. Böhmerwalde*, Plan 1938; *Die Glasmacher im Böhmer- u. Bayerwald*, 2 Tle., Kallmünz/Regensburg 1954-56, Grafenau 1983/84 (Reprint). Päd. Schriften zur Heimatkunde: *Der Lehrer als Heimatforscher. Eine Anleitung zu heimatkundl. Arbeit*, Prag 1915; *ABC d. Heimatkunde*, Wien 1921. Hg.: *Heimatbildung*, Monatsbl. für heimatl. Volksbildungswesen, Reichenberg 1919-38 (m. Emil Lehmann).

LITERATUR: W. Formann: Sudetendt. Dichtung heute, Mchn. 1961, 114; A. Schulte: J. B. zum Gedächtnis, in: Öst. Zs. für Volkskunde, Wien 1961, Bd. 64, 39ff.

Sylvia Leskowa

Blauhut, Robert (22.5.1911 Korneuburg/NÖ – 10.4.1978 Bregenz) stud. Germanistik an d. Univ. Wien, schloss sein Stud. als Dr. phil. ab. Er verfasste schon in jungen Jahren Lyr., d. er 1932 u.d.T. *Melodien in Versen* gesammelt hg. B. unterrichtete an versch. öst. höheren Schulen dt. Sprache u. Lit. u. lebte seit d. 1950er-Jahren in Vbg., wo er an d. Handelsakad. in Bregenz neben Dt. auch kaufmännischen Schriftverkehr unterrichtete. Ab 1966 wurde er Dozent für moderne Lit. an d. Volkshochschule Zürich u. leitete »Literarische Werkstätten« in Zürich, Bregenz, St. Arbogast, Meersburg u. Friedrichshafen. 1960 erschien v. ihm d. Beschreibung einer *Nordlandreise* u. 1966 d. Studie zur Österreichischen Novellistik d. 20. Jahrhunderts. B. war Mithg. (m. OTTO BREICHA u. JOSEF W. JANKER) d. 1973 in Dornbirn erscheinenden *Zeitwörter*. In seinen 1977 publ. *Sprachminiaturen über Vorarlberg* setzte er sich mit seinem Lebensraum auseinander. Im folgenden Jahr kam in Genf sein Erzählbd. *Ich spucke nicht auf*

Delacroix heraus. In d. Titel gebenden Erz. geht es um d. Rolle d. Künstlers in seiner Zeit sowie um d. Spannungsfeld zw. d. romant. Lebensgefühl d. Bewunderung alter Meister (Christine) u. d. als unzulänglich empfundenen Fähigkeit, im eigenen Schaffen d. teilweise »blutige Jahrhundert« zu beschreiben (Brandier). Leitmotivisch zieht sich d. Bild v. »Stärkeren, d. im Schwächeren aufgeht« durch d. Erz. – Zahlreiche lit. Essays in Zs. u. Ztg. sowie im Öst. Rundfunk runden sein Schaffen ab.

WERKE: Lyr.: *Melodien in Versen*, Korneuburg 1932. Prosa: *Nordlandreise*, Bregenz 1960; *Sprachminiaturen über Vorarlberg*, Bregenz 1977; *Ich spucke nicht auf Delacroix*, Erz., Genf 1978. Mithg. v. »Zeitwörter«, Dornbirn 1973.
Nachl. im FRANZ-MICHAEL-FELDER-Archiv u. im Vbg. Lit.archiv, Bregenz.

Ruthilde Frischenschlager

Blazovich, Augustin (Ordensname, eigentl. Franz/Ferenc; auch **Blazovits**, **Blasovic**, 29.1.1921 Frankenau/Bgld. – 10.5.2004 Wien)) wollte sich als dreisprachiger Bauernsohn nie für eine »Zugehörigkeit« entscheiden – so ist er ein Burgenländer kroatischer Muttersprache u. ung. Benediktiner. Er besuchte d. Volksschule u. 1932-40 d. Gymnasium in Köszeg (Güns). Schon in d. Schulzeit, als zwölfjähriger Gymnasiast u. Zögling d. Knaben-Erziehungsanstalt Kelcz-Adelffy, in d. er jedes Jahr als Vorzugsschüler prämiert wurde, bat er um Aufnahme in d. ung. Benediktiner-Kongregation. 1940 erfüllte sich sein Wunsch,. u. er wurde in d. Ordensgemeinschaft Pannonhalma (Martinsberg) in Ungarn aufgenommen, wo er d. Ordensnamen Augustin annahm u. 1942 d. einfache Profess ablegte. Daneben stud. er Theol. u. Phil. an d. Univ. Budapest u. bereitete sich dort für d. Rigorosen vor. 1945 legte B. d. feierlichen Ordensgelübde ab u. wurde ein Jahr darauf zum Priester geweiht. Nach d. 1947 bestandenen Lehramtsexamen in Mathematik u. Physik unterrichtete er am v. d. Benediktinern neu errichteten Gymnasium in Csepel. Aber schon 1948 wurde diese Anstalt v. d. ung. Regierung verstaatlicht, u. d. Ordensleute mussten d. Stadt verlassen. Zuerst arb. B. als Religionslehrer in Sopron (Ödenburg), 1949 flüchtete er über d. Grenze nach Öst. Hier konnte er weiter stud., schrieb seine Diplomarb. in Soziologie, seine theol. Diss. u. wirkte während dieser Zeit auf Veranlassung v. Kardinal Innitzer noch als Seelsorger für d. bgld. Kroaten in Wien. In späteren Jahren wurde er Präfekt u. Vizedirektor d. bgld. Priesterseminars in Wien, wo er noch heute wohnt u. arb. Er war 1956-78 Chefred. d. kroatischen Kirchenztg. *Glasnik*; bis 1973 Vorsteher d. Ung. Benediktiner in Westeuropa, ab 1981 Auslandsökonom u. ab 1988 Superior d. ung. Benediktiner in Öst. B. wurde bald eine Vaterfigur d. bgld. Kroaten u. d. Leitbild einer Generation v. Schriftstellern dieser sprachlichen Minderheit: Er übers. Teile d. Bibel ins Kroatische, schrieb unzählige Gesch. u. gab dadurch d. klassischen »Kalendergesch.« eine neue Dimension. Wichtiger noch waren d. v. ihm verfassten geistlichen Bühnenstücke in kroatischer u. dt. Sprache – er schuf d. Grundlagen für ein neues, weltanschaul. gebundenes u. rel. Drama als Vollender d. barocken Traditionen u. gleichzeitig als zukunftweisender Pionier dieses Genres. So im *Bischof wider Willen/Biškup protiv volje*; ein eher sprödes Drama um d. hl. Martinus. B. hält sich nicht an d. *Legenda Aurea* o. d. Bericht d. Sulpicius – er schildert d. Seelenleben d. bgld. Landespatrons. In Gesprächen zw. geistlichen u. weltlichen Anhängern u. Gegnern d. Hl. entsteht vor d. politischen Hintergrund v. dessen Lebenszeit ein Charakterbild d. hl. Martin, d. d. Zuschauer fesselt u. zur Auseinandersetzung mit d. Thema anregt. – In vielen Anthologien findet man Beitr. v. B. in Prosa u. Lyr., in Kroatisch, Ung. u. Dt. Hauptanliegen war ihm d. Erhaltung d. kroatischen Sprache, überhaupt d. kroatischen Kultur im Bgld. Er wollte d. bgld.-kroatische Volksgruppe aufrütteln, sie in ihrem Existenzkampf unterstützen, da er sie im Pessimismus versinken sah; nach d. Vorbild d. Dichters Mate Miloradic versuchte er, d. bgld.-kroatische Sprache d. d. Mutterlandes näherzubringen. In seinem Vorwort zum G.-Bd. *Vigilija / Nachtwache* (1961) schreibt er, seine G. wollten Brücken bauen zur modernen Lit. u. zur kroatischen Schriftsprache. Neben vielen anderen Ehrungen – so einer Fs. zu seinem 80. Geburtstag 2001 – erhielt B. 1981 d. Kulturpreis d. Landes Bgld. u. d. Goldene Ehrenzeichen für Verdienste um d. Republik Öst., 1989 d. Große Goldene Ehrenzeichen d. Landes Bgld., 1991 wurde ihm v. Bundespräsidenten d. Ehrentitel »Professor« verliehen.

WERKE: Rel. Schriften (Ausw.): *Soziologie d. Mönchtums u. d. Benediktinerregel*, Wien 1954; *Psalmi / Psalmenübersetzungen*, Wien 1981; *Knjiga mudrosti / Buch d. Weisheit*, Wien 1992; *Ča Svidonstvo za vjeru / Glaubenszeugnis*, Mattersburg 1996; *Na putu u bolji život / Unterwegs zu einem besseren Leben*, Mattersburg 2001; *Otvorite zviranjke / Sakramente*, Mattersburg 2003; Lyr.: *Vigilija / Nachtwache*, Eigenverlag 1961; *Sveci u crikvenom ljetu*, G., Bd. 1, Wien 1966, Bd. 2, Wien 1970, Bd. 3, Eisenstadt 1974, Bd. 4, Eisenstadt 1980; *Rosa i dim / Tau u. Rauch*, Eisenstadt 1977; *Si licem prema narodu / Mit d. Antlitz zum Volk*, Eisenstadt 1983; *Turnule / Schlehdornen*, Wien 1991; ein dreisprachiger G.bd. u.d.T. *Dreiklang* ist in Vorbereitung. Romane, Erz.: *Od Vulke u. Velebit / Von d. Wulka in d. Velebit*, N., Mattersburg 1967; *Slike i sudbine*, Erz., Eisenstadt 1991; *Gavran i šćipavac / Rabe u. Skorpion*, hist. R. in Fortsetzungen, Kroat. Kirchenztg. Eisenstadt 1962-65; *Kade ću najti dom?*, Fortsetzungsr. ebd.1985-86; *Čsénja / Sehnsucht*, Mattersburg 2001. Dramat. WERKE: *Tri drame / drei Dramen / Hiža Draskovic*, 1955, *Noe*, Mysterienspiel 1960, *Koliko smo, to smo*, Komödie 1959, alle Wien/Eisenstadt 1983; weitere nicht gedr. (hektografiert), aber alle aufgeführt: *Jutro, napodne, navečer / Morgens, mittags, abends*, 1969; *Vratarica nebesca / Himmelspförtnerin*, 1970; *Gospodin španj / Der Bürgermeister*, 1974; *Ribar ljudi / Menschenfischer*, 1975; *Popareni Zaruynak / Der gefoppte Bräutigam*; *Skrbitelji sirot / Der Vormund*, 1981; *Biškup protiv volje / Bischof wider Willen*, 1985. Beitr. (Ausw.) in: *Novi glas*, Nr. 2, 1970, *K analizi naroda / Zur Analyse d. Volkes*; *Literatur 81. Ein Burgenland-Lesebuch*, hg. v. G. Unger, Eisenstadt 1981; *Ptici i Slavonji / Hawks and Nightingales*, hg. v. P. Tyran, Wien 1983; *Öst. Lyrik u. kein Wort Deutsch. Zeitgenöss. Dichtung d. Minoritäten*, hg. v. G. Nitsche, Innsbr. 1990; *Gesicht d. Widerspruchs. 33 Autoren aus d. Burgenland*, hg. v. D Axmann, Wien 1992; *Neue Wortmühle*, Lit.-Bl. aus d. Burgenland, H. 1-4, Eisenstadt 1996.

LITERATUR: P.P. Wipplinger: Minderheitenlit., 1996, internet 2001; ders.: ebd., D. linguopoetische Wechselbeziehung zw. Miloradi u. B.; A. Čzenar: D. lit. Werk A.B., Dipl. Arb. Wien 1995; I. Lukezić: Proza. Bibl. d. Burgenlandkroatischen Studien, Oberwart 1997; Lit. haus Mattersburg (Hg.): Schriftbilder. Portraits u. Texte aus d. Bgld., Weitra [2000]; Dr. N. Bencsics: D. Lit. d. Bgld.kroaten im 20. Jh./Kniji ževnost gradišćanskik Hrvata, Zagreb 2000; Fs. zum 81. Geburtstag v. P.A.B., Wien 2001.

Eva Münz

Blazovits, Franz/Ferenz → **Blazovich**, Augustin

Blechner, Heinrich (Ps. **Intimus**, 25.12.1845 Wien – 9.12.1901 ebd.), jüd. Herkunft, besuchte in seiner Heimatstadt d. Wiedner Realschule, 1869-75 als Lederwarenfabrikant tätig. Ab 1876 trat er mit lit. Arbeiten an d. Öff.: Aus d. Anfangszeit seines (nicht sehr umfangreichen) belletrist. Schaffens stammt d. »Wr. N.« *Robert Starkwill* (1878), in d. er d. Untergang eines jungen Börsenspekulanten in d. Mittelpunkt einer ausladenden Handlung stellt. Als liberaler Romancier in d. Nachfolge d. »Volksr.« EDUARD BREIERS u. THEODOR SCHEIBES u. als Vertreter d. Schule GUIDO LISTS zeigt sich B. mit seinem Vormärz-R. *Der Sohn d. Staatskanzlers* (1878), d. erneut v.a. seine Begabung für eine lebendige Darstellung v. Massenszenen erkennen lässt (Revolutionsschilderungen – Börsenkrachstudien in *Robert Starkwill*). B., infolge v. – realen – Börsenspekulationen in finanzielle Not geraten, gab 1883 mit seinem letzten Vermögen d. WR. REVUE heraus (lit. ausgerichtete Monatsschrift: u.a. Übers. v. I. Turgenjew u. B. Björnson, Fortsetzungsr. d. Hg. B. – *Ein Achtundvierziger* – Buchrezensionen, aber auch viele Berichte aus Politik u. Wirtschaft). Weiters sah er sich genötigt, für Tageszeitg. für ein Zeilenhonorar zu schreiben. Er war u.a. auch Mitarb. d. PESTER LLOYD u. d. Berliner *Gegenwart*. Für d. *Wr. Sonn- u. Montagsztg.* verfasste er 1892 d. gegen Georg Ritter v. Schönerer gerichteten Schlüsselr. *Schmul-Leeb-Kohn* (Aufdeckung d. jüd. Herkunft v. Schönerers Gattin). Sein Erscheinen beförderte denn auch d. im *Neuen Wr. Tagbl.* 1893 erfolgenden Abdruck v. B. hist. R. *Die Grafen Thurnheim*. – B., in d. späten 80er- u. frühen 90er-Jahren zudem Hg. v. kaufmännisch-industriellen Fachbl.n (z.B. d. *Spirituosen-Ztg.*, 1889-92), war kurz vor seinem Tod noch als Bauunternehmer tätig. B. gilt als handwerklich versierter, aber letztlich in Anspruchslosigkeit verbleibender Belletrist, d. d. tendenziösen Zeitr. zu seiner Domäne erwählt hat. (Tl.- Nachl. in d. Hs. Slg. d. Wr. Stadt- u. Landesbibl.)

WERKE (Ausw.): Novellen: *Wr. N.*, Wien 1878. Romane: *Der Sohn d. Staatskanzlers*, hist. R., 2 Bde., Wien 1878; *Schmul-Leeb-Kohn. Ein zeitgesch. Culturbild v. Intimus*, Wien 1892. Hg.: *Wr. Revue*, Wien 1883; *Allg. Zs. für Spiritus- u. Pressehefe-Industrie, Cognac-, Liqueur- u. Essig-Fabrication*, Wien 1889-92; *Spirituosen-Ztg. Organ für Erzeugung u. Handel aller geistigen Getränke*, Wien 1889-92.

LITERATUR: Brümmer, Bd. 1; Nagl/Zeidler/Castle, Bd. 3 u. 4; Giebisch/Gugitz.

Sylvia Leskowa

Blei, Franz (Ps. Amadé **de la Houette, Franziskus Amadeus M.A., Medardus**, Dr. Peregrinus **Steinhövel**, 18.1.1871 Wien – 10.7.1942 Westbury, Long Island, N.Y.), viertes Kind d. Bauernsohnes Karl B. Der Vater stammte aus d. öst. Schlesien, war urspr. Schuster u. bildete sich autodidaktisch zum erfolgreichen Baumeister aus. Das Gymnasium besuchte B. zunächst in d. Benediktinerabtei zu Melk, später in Wien. Bereits in d. oberen Klassen pflegte er Verbindungen mit sozialdemokratischen Kreisen: Auf Empfehlung Bebels stellte er sich Viktor Adler als Mitarb. zur Verfügung. 1887 trat er aus d. kath. Kirche aus 1888 stud. er in Zürich u. Genf; 1893 Promotion bei Prof. Avenarius (Diss. über Abbé Galiani) u. Ehe mit d. Medizinstudentin Maria Lehmann; 1899 Übersiedlung in d. USA (Philadelphia); 1900 Rückkehr nach Europa; 1901 Wohnsitz in Mchn.; Maria übte ihren Beruf als Zahnärztin aus; B. wurde als Hg. versch. Zs. (*Der Amethyst*,

1906; *Opale*, 1907; *Hyperion*, 1908/09; d. kath. *Summa* u. zus. mit ALBERT PARIS V. GÜTERLOH *Die Rettung*, 1918/19) ein echter homme de lettres. Nach 1914 leistete er Kriegsdienst in d. öst. Armee u. erlitt einen Herzinfarkt. 1919 kam es zum Wiedereintritt in d. kath. Kirche, gleichzeitig bekannte sich B. zum Kommunismus (*Es lebe d. Kommunismus u. d. heilige kath. Kirche*). B. u. ALBERT PARIS V. GÜTERSLOH wurden Freunde. In Mchn.-Schwabing wurde B. Haus, d. sich in diesen Jahren als Bohémien gab, zum Treffpunkt d. kulturellen Welt. 1933, obwohl rassemäßig nicht gefährdet, floh er nach Mallorca, ohne Familie; dann Flucht zur Tochter nach Wien; 1938 Zuflucht bei Rudolf Borchardt in Lucca; 1939 Flucht nach Frankreich, wo er unterstützt wurde v. Abbé Pommeray u. André Gide; ab 1941 Aufenthalt in New York. Dort hatte B. enge Verbindungen zu HERMANN BROCH, ALBERT EHRENSTEIN u. BERTHOLD VIERTEL.

B. war zunächst u. v.a. ein Lit.kenner, d. imstande war, d. Qualität einer geistigen Leistung sofort zu erkennen, nicht nur in d. Gegenwart, auch in d. Vergangenheit, u. dort galt seine Liebe d. Rokoko. Er entdeckte wertvolle Lit. neu, d. er in vier Bdn. d. *Deutschen Literatur-Pasquille* hg. Er übers. zeitgenöss. frz. u. engl. Autoren (Claudel, Gide, Whitman, Wilde), aber auch antike unbekannte Autoren. Wie Voltaire pflegte er seinen Autorennamen zu wechseln (s.o.) u. täuschte d. lit. Welt. mit angeblich apokryphen Schriften v. Voss u. Schlegel. Was aber war er wirkl.? Ein Essayist? Das war eine fragwürdige Kunst geworden, da d. Normen, an denen d. Essayist sich orientieren muss, nicht mehr existierten. Ein Novellist? Dazu fehlte ihm d. Kraft d. künstlerischer Intuition. Ein hist. Schriftsteller? Dazu fehlte ihm d. Ehrfurcht vor d., was man Wiss. nennt. Ein Sozialkritiker? Dazu fehlte ihm d. Einspurigkeit d. unduldsamen Programmatikers. Er war im Grunde alles zus., Dichter, Kritiker, Essayist, Übers. u. Spielbuchschreiber, ein Seismograf d. Zeitsituation u. sicher eine Schlüsselfigur im lit. Leben um 1910/20/30. Aus d. Kulturhistoriker B. wurde d. Kulturkritiker, d. heute ein wichtiger Tl. d. Kulturgesch. Öst. im 20. Jh. geworden ist. Als Vertreter einer Ideologie d. Ideologielosigkeit (*Die Mechanik d. Wahrheiten*) wurde er eine Art primum movens für d. Ästhetik seines Freundes, d. Malers u. Dichters ALBERT PARIS V. GÜTERSLOH u. dessen begabtestem Schüler HEIMITO V. DODERER. Er selbst wusste, dass er, indem er seinen Freunden (GÜTERSLOH, ROBERT MUSIL, BROCH u. DODERER) einen großen Tl. seiner Energien zukommen ließ, ihnen d. Weg wies. GÜTERSLOH bezeichnete d. Amt d. Freundes als »Kommissariat« u. dessen Stellung als »herakleischen Posten«.

GÜTERSLOH hat d. v. DODERER angeregten *Schriften in Ausw.*, wie keiner es sonst könnte, besorgt u. mit einem d. Freund entsprechenden Nachwort versehen. In dieser Ausw. repräsentiert sich B. in seiner ganzen Vielfalt: Autobiograf. in *Erz. einer Jugend* u. *Mchn.* Unter d. *Historischen Bildnissen* sei d. Essay über *Die hl. Teresa* herausgehoben, d. ein lebendiges Bild gibt u. ein Modell dafür, was für B. »heilig« u. »begnadet« heißt. In d. *Zeitgenössischen Bildnissen* zeichnet er Porträts v. Künstlern, Kritikern u. Staatsmännern, d. er selber in irgendeiner Form persönl. kennen gelernt hatte (u.a. Lenin, Rathenau, Beardsley, RAINER M. RILKE, KARL KRAUS, FRANZ KAFKA, ROBERT MUSIL). Die Erz. *Nadine* ist d. zeittypische Gesch. einer Prostituierten, d. sich allen hingibt, d. Reichen, d. armen Künstlern, am Schluss wahllos d. Soldaten, d. sie töten; auch sie ist begnadet. Am berühmtesten ist wohl d. *Große Bestiarium* geworden.

Hier wird seine Neigung zum essayist. Porträt zu skurrilen Chiffren verkürzt: »Die Kafka ist eine sehr selten gesehene prachtvolle mondblaue Maus, d. kein Fleisch frisst [...]«. Den Lit.betrieb entlarvte er auf böse u. amüsante Weise in d. *Briefen an einen strebsamen jungen Mann.* Was B. über sich selbst zu sagen hatte, ist im Essay *Prinz Hippolyt* (1903) enthalten: »Er schaltete nichts aus d. Welt aus, da alles zum Ganzen gehört u. kein Platz anderswo als wieder nur in d. Welt ist, d. aus ihr Geschaltete hinzutun. Der Prinz war nichts speziell u. nie auf einer Seite: er war alles u. mit u. in allem. Mit Zögern, vielleicht auch mit Skrupeln, sicher aber im Gefühl größter Verantwortung ging er suchend seinen Weg nach Einheit, d. nicht in Streit noch Behauptung zu finden ist.«

B. galt während d. Münchner Jahre als »Chamäleon d. Literatur« (Kasimir Edschmid). Als Mitarb. d. Insel Verlags, d. Hyperion Verlags u. als Hg. bibliophiler Kunst- bzw. Lit.zs. (*Der Amethyst*, Wien 1906; *Opale*, Lzg. 1907; *Hyperion* zus. mit Carl Sternheim, Mchn. 1908-10; *Der Zwiebelfisch*, Mchn. 1909ff.) stand er im Mittelpunkt d. lit. Lebens, d. er damals noch wenig bekannte Autoren zuführte, u.a. Robert Walser. Kein geschlossener Nachl.; Einzelnes aus d. Nachl. (v.a. Briefe) u.a. im International Literatuur Bureau, Hilvessum; im DLM; in d. Hs. Abteilung u. Lit.Archiv d. Dt. Staatsbibl. Bln., im Leo Baeck-Institute, New York; in d. Hs.-Slg. d. ÖNB; d. Bibl. v. B. ist in d. Biblioteca National, Lissabon.

WERKE (Ausw.): Bühnenstücke: *Die rechtschaffene Frau*, Bln. 1893; *Thea*, K., Bln. 1895; *Die Sehnsucht*, K., Bln. 1900; *Logik d. Herzens*, Bln. 1916. Erz.: *Lust d. Kreatur*, Bln. 1931 (enthält u.a. *Nadine*). Roman: *Das Gymnasium d. Wollust*, Lzg. 1922. Autobiograf.: *Erz. eines Lebens*, Lzg. 1930. Prosa, Essays, Satiren: *Prinz Hippolyt u. andere Essays*, Lzg. 1903; *Novalis*, Bln. 1904; *Die galante Zeit u. ihr Ende*, Bln. 1904; *Von amoureusen Frauen*, Bln. 1906; *Das Lesebuch d. Marquise. Ein Rokokobuch*, Bln. 1908; *Landfahrer u. Abenteurer*, Mchn. 1913; *Menschl. Betrachtungen zur Politik*, Mchn. 1916 (enthält u.a. *Die Mechanik d. Wahrheiten*); *Bestiarium Literaricum*, Mchn. 1920, erw. u.d.Tit. *Das große Bestiarium d. modernen Literatur*, Bln. 1924, Mchn. 1963; *Der bestrafte Wollüstling. Eine Arabeske*, Wien 1921; *Leben u. Traum d. Frauen*, Mchn. 1921; *Der Knabe Ganymed*, Bln. 1923; *Das Kuriosenkabinett d. Literatur*, Hannover 1924; *Die Frivolitäten d. Herrn v. Disenberg*, Bln. 1925; *Glanz u. Elend berühmter Frauen*, Bln. 1927; *Das Erotische*, 1927, Privatdruck o.O.; *Ungewöhnliche Menschen u. Schicksale*, Bln. 1929; *Männer u. Masken*, Bln. 1930; *Talleyrand*, Bln. 1932; *Zeitgenössische Bildnisse*, Amsterdam 1940. Hg.: *In memoriam Oscar Wilde*, Lzg. 1904; *Deutsche Literaturpasquille*, 4 Bde., Lzg. 1907; *Hyperion-Almanach*, Mchn. 1909-1911; *Die Sitten d. Rokoko*, Mchn. 1921; *Der Geist d. Rokoko*, Mchn. 1923 (= *Geist u. Sitten d. Rokoko*, neu hg. v. Heinz Puknus, Mchn. 1966); *J.W. Goethe*, Werke in 10 Bdn., Potsdam 1924; *Baudelaire*, Ausgew. Werke in 3 Bdn., Mchn. 1925. Zs.-Hg.: *Der Amethys. Bl. für seltsame Lit. u. Kunst*, Oedenburg 1906; *Opale*, Mchn. 1907; *Hyperion*, Mchn. 1908f., m. Carl Sternheim; *Der Zwiebelfisch*, Zs. für Buchwesen u. Typographie, Mchn. 1909f.; *Summa*, Vjs., Hellerau 1917f.; *Die Rettung*, Wien 1918f., m. Albert Paris v. Gütersloh. Übers.: Paul Claudel: *Mittagswende*, Mchn. 1908; André Gide: *Der schlecht gefesselte Prometheus*, Mchn. 1909; Walt Whitman: *Hymnen für d. Erde*, Lzg. 1914; Oscar Wilde: *Die romant. Renaissance*, mit kleinen Schriften u. 1 Epilog übertragen u. mit einem Vorwort v. B., Ffm. 1974. Werkausg.: *Vermischte Schriften*, 6 Bde., Mchn.

1911/12, Bd. 1: *Erdachte Gesch.*, Bd. 2 : *Gott d. Frauen*, Bd. 3: *Das Rokoko*, Bd. 4: *Das schwere Herz*, Bd. 5: *Das dienende Werk*, Bd. 6: *Der Dichter u. d. Leben*; *Schriften in Ausw.*, Mchn. 1960, mit einer Bibliogr. v. K. u. I. Strobl, 678-683; *Zwischen Orpheus u. Don Juan*, eingeleitet u. ausgew. v. E. Schönwiese, Graz/Wien 1965.

LITERATUR: A.P. v. Gütersloh: D. Rede über B. o. d. Schriftsteller in d. Katholizität, Hellerau 1922; D. Steffen: Franz B. (1871-1942) als Literat u. Kritiker d. Zeit, Diss. phil., Göttingen 1966; K. Hopf: Über Franz B., in: Lit. u. Kritik 5 (1970), H. 41, 55-59; Dt. Essays. Prosa aus zwei Jh., Bd. 5, hg. v. L. Rohner, Mchn. 1972, 264; H. Graf-Blauhut: Sprache: Traum u. Wirklichkeit, Wien 1983, 99ff.; F. B., Mittler d. Literaturen, hg. v. D. Harth, Hbg. 1997; H. Mitterbauer: D. Netzwerke d. F. B., Tübingen/Basel 2003; Zeman 2.

Heidrun Graf-Blauhut

Bletschacher, Richard (* 23.10.1936 Füssen aus Lech/Bayern) maturierte an d. Oberrealschule in Hohenschwangau u. stud. Musik u. Theaterwiss. in Mchn., Heidelberg, Paris u. Wien, wo er 1959 zum Dr. phil. promoviert wurde (Diss. *Die Einflüsse d. Existenzphilosophie auf d. frz. Dramatik d. Gegenwart*). Während seiner Studienzeit in Dtld. gründete er ein Studententheater u. erarb. hierfür Inszenierungen. Im letzten Studienjahr in Wien verpflichtete sich B. als Regievolontär an d. Theater i.d. Josefstadt. Ab Herbst 1959 wurde er an d. Wr. Staatsoper engagiert u. arb. als Assistent v. Günther Rennert, Herbert v. Karajan sowie Wieland Wagner. Ab 1965 führte B. wiederholt Musiktheater-Regie in Wien: an d. Staatsoper u. Volksoper, am Theater a.d. Wien u. im Redoutensaal. Werner war er Mitarb. beim ORF u. Lehrbeauftragter am Reinhardt-Seminar u. an d. Musikuniv. Wien (Opernklasse). Auch im Ausland machte er sich als Regisseur einen Namen. Als Chefdramaturg an d. Wr. Staatsoper ging er in Pension (1996). Die meisten seiner lit. Arbeiten entstanden in Drosendorf (Waldviertel), wo B. d. Sommermonate zu verbringen pflegte. Er schrieb G., Prosa, Kinder- u. Jugendbücher, Bühnenwerke, darunter mehrere Opernlibr. Seine Texte sind ges. krit., einfach in d. Form, mitunter witzig, auch absurd. B. erstes Opernlibr., *Die Ameise*, basiert z.B. auf einem amerikanischen Witz. B. Kinderbücher zeigen eine überbordende Fantasie. B. Umgang mit Sprache ist spielerisch, manchmal surreal, d. Grundhaltung antiautoritär. Auch in d. G. steht d. Experiment u. d. Sprachspiel im Vordergrund, d. Grundstimmung d. Lyr. ist aber Ernst u. Trauer. – Übers. aus d. Engl., Frz., Span. sowie Ital. – bes. wichtig d. dt. Übertragungen d. Da Ponte-Libr. für Mozart-Opern – u. Bühnenbearbeit., Beitr. für Anthologien, Lit.zs. u. für d. ORF komplettieren sein lit. Schaffen. – B. ist Mitgl. d. P.E.N., d. öst. Dramatikervereinigung u. d. IG Autoren. Ausgezeichnet wurde er 1956 mit einem Förderungsstipendium d. öst. Ministeriums für Unterricht u. Kunst sowie mit d. Preis d. Gesell. d. Freunde Artur Kutschers (für d. Übers. v. Shakespeare-Sonetten) u. gewann d. 1. Preis d. Schauspielwettbewerbs d. »Theaters im Keller« in Graz 1993. B. trägt d. v. öst. Bundespräsidenten verliehenen Titel »Professor«.

WERKE: BühnenWERKE: *Der Zaungast d. Lebens*, 1960; *Idis, ein tödliches Spiel*, Schauspiel, 1960; *Die Ameise*, Oper, Musik v. P. Ronnefeld, UA an d. Dt. Oper aus Rhein, am 20.10.1961; *Urban Schratt o. d. Pflaumenbaumblüten*, Schauspiel 1961, Neufassung Wien 1978; *Kyrillo Ypsilon*, Schauspiel 1964, dass. u.d.T. *Der Einzelgänger*, Wien 1979; *Die Freunde*,

Schauspiel, Wien 1965; *Die Elefanten d. Pyrrhos*, Schauspiel 1966, Neufassung Wien 1980; *Die Seidenraupen. Eine byzantinische Legende für Musik*, in einem Vorspiel, sieben Bildern u. einem Nachspiel, Musik v. I. Eröd, London 1968, UA am 20.5.1968 Wien; *Die Vertreibung aus d. Paradies*, Melodram v. R.B. u. H.K. Gruber; *Der Lange Weg zur großen Mauer*, Schauspiel für Musik in zehn Bildern, frei nach einem alten chines. M., Musik v. K. Schwertsik, 1973; *Die Seidenraupen u. andere Theaterstücke für Musik*, Wien 1973, in d. Reihe: Öst. Dramatiker d. Gegenwart, Bd. 19. Darin enthalten: *Die Ameise*, s.o.; *Die Seidenraupen*, s.o. *Gomorra, Ein musikalisches Spektakel in einem Vorspiel, sechs Bildern u. einem Nachspiel*, Musik v. H.K. Gruber; *Der lange Weg zur großen Mauer*, s.o. *Nachtausgabe*, Oper v. Peter Ronnefeld, Libr. v. R.B., Wien 1987; *Das Karpfengericht. Rüpelspiel für eine Laientruppe*, Schloss Rosendorf/NÖ 1988; *Der Landsknecht aus Ktn.*, Operneinakter mit Musik v. Franz Thürauer, Ossiach 1992; *Füssener Totentanz*, Operneinakter mit Musik v. I. Eröd, Ossiach 1992; *Ulrichslegende*, Operneinakter mit Musik v. K. Schwertsik, Ossiach 1992; *An d. Grenze*, Graz 1993; *Gesualdo*, Musik v. A. Schnittke, Wien 1995, UA Wr. Staatsoper; *Der Grasel*, Schauspiel mit Musik v. K. Schwertsik, St. Pölten 1995; *Johannes Stein o. Der Rock d. Kaisers*, mit Musik v. E. Urbanner, Wien 1996; *Wein u. Wasser*, m. Musik v. F. Hürauer, St. Pölten 1998; *So weiß wie Schnee, so rot wie Blut*, Kinderoper mit Musik v. E.L. Leitner, Gmunden 1999; *Die Verirrungen d. schönen Mahan*, Lyr. Drama in einem Vorspiel, vier Bildern u. einem Nachspiel, Musik v. F. Burt. Kinder- u. Jugendlit.: *Milchzahnlieder*, Kinderg., Wien 1970; *Krokodilslieder*, Lieder, G., Wortspielereien, Ravensburg 1973; *Die sieben Probleme d. Frau Woprschalek*, Erz., Ravensburg 1973; *Tamerlan. Tyrann v. Samarkand u. Babylon, seine bescheidenen Anfänge, seine ungeheure Karriere u. sein schlimmes Ende fast wahrheitsgetreu berichtet*, satirischer R., Weinheim/Basel 1973, ²1986; *Der Mond liegt auf d. Fensterbrett. Ein Hausbuch für groß u. klein*, Wien 1982; *Zirkus Malfatti. Zirkuslieder*, St. Pölten 2003. Prosa: *Die Lauten- u. Geigenmacher d. Füssener Landes*, Hofheim 1978; *Der Grasel. Chronik eines Räuberlebens*, Wien 1981; *Flugversuche*, Erz., Wien 1982; *Mozart u. da Ponte. Der Musiker u. sein Librettist: d. Gesch. eines hist. Glücksfalls*, Salzb. 2004. Lyr.: *Lebenszeichen*, G. aus d. Jahren 1960-69, Wien/Mchn. 1970; Einige G. aus dieser Slg. sind abgedr. in d. »Wr. Kunstheften« 6/1970; *Augenblicke*, G. aus d. Jahren 1955-76, Wien 1976; Liedtexte für K. Schwertsik u. H.K. Gruber. Übers.: H. Purcell, N. Tate: *Dido u. Aeneas*, Oper, 1961; L. Candoni: *Siegfried in Stalingrad*, Schauspiel, 1965; S. Magana: *Das Zeichen d. Tierkreises*, Schauspiel, 1966; P. Marivaux: *Das Spiel um Liebe u. Zufall*, Schauspiel, 1968; Kaiser Leopold I./F. Sbarra: *Die Trauer d. Weltalls* (= Reihe: sacra Rappresentazione, 1971); A. Draghi/N. Minato: *Das Leben im Tode* (= Reihe: sacra Rappresentazione, 1978); J.J. Fux/P. Pariati: *Der Schwur d. Herodes* (= Reihe: sacra Rappresentazione 1979A). Banchieri: *Festino*, Madrigalspiel, 1980; Kaiser Leopold I./P. Monesio: *Der verlorene Sohn* (= Reihe: sacra Rappresentazione, 1982); F. Cavalli/G.F. Busenello: *Apollo u. Daphne*, Oper, 1982; W.A. Mozart/L. da Ponte: *Cosi fan tutte*, Opera buffa, Wien 1993; W.A. Mozart/L. da Ponte: *Die Hochzeit d. Figaro*, Opera buffa, Wien 1994. Bearbeitung: G. Büchner: *Leonce u. Lena*, Opernlibr. Hg.: *sacra Rappresentazione. Geistl. Musikdrama am Wr. Kaiserhof*, Wien 1985; *Die Stimmen d. Lorbeers*, Operntexte d. 17. Jh., Wien 1990.

LITERATUR: H.F. Prokop: Öst. Lit.-Hdb., Wien 1974; Kürschner.

Ruthilde Frischenschlager

Bleyer, Hans (Ps. **Bleyer-Härtel**, 13.10. 1880 Wien – vermutlich um 1945 Wien), Dr. jur., Dramatiker, Erzähler, d. in einfacher Sprache, ohne zeitgemäße künstlerische Gestaltung d. Grundprobleme d. Menschen behandelt: Liebe, Tod, d. Frage nach d. göttlichen Gnade u. d. Grenzen d. menschl. Leistung. Im Erzählbd. *Auf meinem Wege ersonnen* (1925) schildert er d. Schönheit u. Gewalt d. Natur, d. Gefahren, d. d. Menschen durch d. Überschätzung d. eigenen Vermögens in d. übermächtigen Bergwelt entstehen – d. Versuchung Gottes führt zum Tod zweier Extremalpinisten –, u. d. vernichtende, d. friedliche Leben zerstörende, sinnliche Kraft d. Natur – d. Anblick d. idealen, traumhaften Landschaft verführt d. Liebenden zur Aufhebung d. sittlichen u. ges. Zwänge. In d. Slg. überwiegen schwermütige, tragische Erz. über verratene Liebe, über Sühne u. Opfertod, vereinzelt stehen heiter-besinnliche Gesch. in Wr. Mundart, in denen B. d. Verhältnis d. Menschen zur Natur u. zu Gott auf humorvolle Weise betrachtet. Die demütige Ergebenheit in Gott, d. Ringen nach Erkenntnis, um d. göttlichen Lehre zu dienen, zeigt B. in d. N. *Gutenbergs Schöpfertraum* (1930); d. gläubige Vertrauen auf d. göttliche Gnade wird belohnt: In einer Vision erfährt d. Erkenntnis Suchende zuletzt d. entscheidende Geheimnis d. Buchdruckerei; mit d. neuen Möglichkeit d. Vervielfältigung geht Gutenbergs Traum, allen Menschen d. Bibel zu geben, in Erfüllung. Auf dramat. Gebiet verfasste B. Festspiele (*Niklas Salm, Volksnot*, 1930), in denen er d. Heldentum, d. Treue u. d. mutigen Kampf für d. Vaterland u. d. Freiheit verherrlicht. B. Werke können zur gehobenen Unterhaltungslit. gezählt werden, sie schließen an d. tradit ionelle, realist.-empfindsame, mit romant. Elementen behaftete Dichtung an, d. seit d. Mitte d. 19. Jh. tradiert wurde. B. behandelt aktuelle, zeitbezogene Themen (geistige Krise d. Gesell., Orientierungslosigkeit durch Verlust d. rel. u. phil. Totalität, WK), ebenso nimmt er in formaler Hinsicht keine Anregungen d. versch. lit. Strömungen (Impressionismus, Expressionismus, Symbolismus usw.) seiner Gegenwart auf; d. zeitlosen Themen (Liebe, Treue, Tod, Glaube) werden in einer einfachen, allg. verbindlichen Erzählweise dargestellt.

WERKE: Erz.: *Chut, d. Lichte*, Wien 1922; *Auf meinem Wege ersonnen*, Wien 1922; *Gutenbergs Schöpfertraum*, Mainz 1930. Drama: *Klein-Öst. Julnacht*, Wien 1922; *Totilas Tod*, Wien 1923; *Niklas Salm*, Wien 1930; *Volksnot*, Wien 1930; *Noreja*, Wien 1932.

LITERATUR: Giebisch/Gugitz.

Cornelia Fritsch

Bleyer-Härtel, Hans → **Bleyer**, Hans

Blima, Wenzel (? – 8.4.1833 Linz) wirkte als ständischer Beamter in Linz, verfasste einige, offenbar aus öffentlichen Anlässen entstandene, an d. großen Bibl. nicht nachzuweisende Bühnenwerke.

WERKE: *Der gestrige Tag o. Margareth, d. ist ein herzallerliebster Mann, unser neuer Kaiser Franz*, Opernlibr., 1793; *Das Land ob d. Enns*, 1795; *Der getreue Untertan*, o.J.

Wynfrid Kriegleder

Blittersdorf(f), Philipp Frh. v. (Ps. René **van Rhyn**, 16.11.1869 Ffm. – 5.11.1944 Bad Ischl/OÖ) stammte aus einer alten niederrheinischen Adelsfamilie, Sohn eines Legationsrates u. durch seine Großmutter mit Clemens u. Bettine Brentano (Arnim) verwandt (Großneffe). Er absolvierte in Öst. eine Gymnasialausbildung, stud. dann in Wien zwei

Jahre Jus u. ergriff d. Offizierslaufbahn. B. heiratete 1899 d. Tochter d. Gräfin Therese Thürheim, lebte lange Zeit in Linz, seit 1908 auf d. oö. Schloss Schwertberg, zuletzt in Bad Ischl. Der k.k. Kämmerer u. Gardemajor i.R. war Mitgl. d. oö. Schriftsteller-Verbandes. – Seine schriftstellerische Domäne sind (lokal)gesch. sowie genealogische Publ. Zudem verfasste er (heimatkundl.) Erz. u. Prosaskizzen, d. zunächst in Zs. abgedr. wurden, bevor sie 1901 in d. Feuilletonslg. *Staub* erschienen. B. bedeutendste Leistung ist jedoch d. Hg. u. Übers. eines frz. geschriebenen Memoirenwerkes, in d. ein facettenreiches Bild d. öst. Adelsges. d. ausgehenden 18. u. frühen 19. Jh. aus weiblicher Sicht entworfen wird: B. veröff. Gräfin Lulu Thürheims *Erinnerungen aus Öst. großer Welt* zuerst in Auszügen in d. *Österreichischen Rundschau.* Das vierbändige Memoirenwerk, bereits v. d. Autorin im Hinblick auf eine postume Publikation redigiert, erschien dann mit umfangreichen (genealogischen) Anmerkungen in d. bekannten Reihe »Denkwürdigkeiten aus Altösterreich«.

WERKE (Ausw.): P r o s a : (nicht im Bestand v. Wiens großen Bibl.) *Staub*, o.O. 1901, Neuausg. o.O. 1904. G e s c h . - g e n e a l o g i s c h e S c h r i f t e n : *Kurzer Abriß d. Gesch. d. Herren u. Reichsfreiherren v. B.*, Wien 1897; *Oberösterreichische Männergestalten*, Linz 1926; *1810-1935, 125 Jahre Gesch. d. Firma Wenzl Hoffelner in Linz*, Linz 1935. Hg.: *Gräfin Lulu Thürheim: Mein Leben. Erinnerungen aus Öst. großer Welt. 1788-1852*, 4 Bde., Mchn. 1913-14, ²1923.

LITERATUR: Brümmer, Bd. 1; Degeners wer ist's?, Bln. 1935; Nagl/Zeidler/Castle, Bd. 3 u. 4.

Sylvia Leskowa

Blobner, Josef (Ps. B. **Lobner,** 23.9.1878 Tachau/Böhmen – 7.10.1903 ebd.), Sohn eines Lehrers, erhielt seine erste Schulausbildung in seinem Heimatort u. besuchte ab 1893-97 d. dt. Lehrerbildungsanstalt in Prag. Hierauf kam er zunächst als Unterlehrer in d. bei Tachau gelegene Haid. 1899 wurde er – nicht zuletzt auf Grund seiner dt.-nat. Gesinnung – nach Alt-Zedlisch versetzt, wo er als Supplent an d. Volksschule tätig war. Nach seiner in Prag abgelegten Schlussprüfung war B. ab Sept. 1900 Lehrer in Brand bei Tachau. – Der jung verstorbene Päd. versuchte sich nebenbei auch auf schriftstellerischem Gebiet: Bekannt sind lediglich seine aus d. letzten Lebensjahren stammenden Lyr.bde. *Dur u. Moll* (1900) u. *Aus d. Walde* (1902).

WERKE: (nicht im Bestand v. Wiens großen Bibl.) Lyr.: *Dur u. Moll,* 1900; *Aus d. Walde,* 1902.

LITERATUR: Brümmer, Bd. 1.

Sylvia Leskowa

Bloch, Albert (2.8.1882 St. Louis, Missouri – 9.12.1961 Lawrence, Kansas), zweites v. fünf Kindern. Der Vater, jüd.-böhmischer Herkunft, war 1869 aus Protivin b. Prag in d. USA ausgewandert; d. Mutter entstammte d. dt.-jüd. Bürgertum.
1890-1900 stud. B. an d. St. Louis School of Fine Arts. Nach Engagements als freiberuflicher Zeichner war B. v. 1905-08 als Karikaturist für d. v. W.M. Reedy in St. Louis hg. Kunst-, Literatur- u. Politmagazin *The Mirror* tätig. Auf Reedys Betreiben hin fuhr er Ende 1908 mit Frau u. Kind nach Europa. Die Familie ließ sich im Münchner Künstlerviertel Schwabing nieder; dort ab 1911 Kontakt mit W. Kandinsky u. F. Marc. Auf d. *1. Ausstellung d. Redaktion Der Blaue Reiter* war B. mit sechs Gemälden vertreten. Seine Bilder – meist Stadtlandschaften, Porträts u. Pierrots, Figuren aus d. Zirkus u. d. Commedia dell'Arte,

aber auch religiöse Themen – hingen in zahlreichen anderen wichtigen Avantgarde-Ausstellungen, v.a. denjenigen d. *Sturm*-Galerie v. Herwarth Walden. Der finanzielle Erfolg jedoch blieb aus; insb. deshalb kehrte B. 1921 endgültig in d. USA zurück.
Nach kurzer Anstellung an d. Chicago Academy of Fine Arts wurde er 1923 zum Prof. am Department of Drawing and Painting d. University of Kansas in Lawrence berufen u. zum Head of the Department ernannt, wo er bis zu seiner Pensionierung 1947 lehrte. Mit Beginn seiner akad. Laufbahn zog er sich nahezu völlig aus d. Kunstbetrieb zurück; sein Malstil, d. nach d. 1. WK vorübergehend sozialkritischere Züge angenommen hatte, wurde zusehends traditionalist.: Kahle Landschaften u. verhüllte Gestalten dominierten fortan gespenstische Szenerien. Der Kulturpessimismus v. K. Kraus übte seit 1914 einen immer größeren Einfluss auf B. Schaffen aus, 1924-30 wurden 12 seiner Leserbriefe in d. *Fackel* abgedruckt.
1930 erschienen in einem Bostoner Verlag 89 v. B. ausgewählte u. erstmals ins Engl. übertragene G. v. K. Kraus; 1947 folgte eine Anthologie, *Ventures in Verse*, mit weiteren Kraus-Übers. u. eigener Lyrik. Zu Lebzeiten unveröff. hingegen blieben sein *Ishmael's Breviary* – eine bereits in Mchn. begonnene Slg. v. Aphorismen, Erinnerungen u. künstlerischen Betrachtungen – sowie Lyrikübers. v. Goethe, Mörike, Lasker-Schüler u. Trakl; postum wurden v. Letzteren lediglich d. Trakl-Übertragungen publiziert. V. d. Briefwechseln liegt nur d. mit d. langjährigen Gefährtin K. Kraus', S. Nádherný v. Borutin, komplett vor. Umfängliche Auszüge aus d. Korrespondenz mit Personen aus d. Umkreis d. *Blauen Reiters* sind im Münchner Ausstellungskatalog v. 1997 abgedruckt.

WERKE: Lyrik: *Ventures in Verse*, New York 1947. Übers.: *K. Kraus: Poems. Authorized English Translation from the German*, Boston 1930; *German Poetry in War and Peace. A Dual Language Anthology. Poems by Karl Kraus and Georg Trakl with Translations, Paintings and Drawings by A.B.*, hg. v. F. Baron, Lawrence, Kansas 1995. Nachl. im Forschungsinst. Brenner-Archiv, Innsbr. u. im Max Kade Center for German-American Studies (Univ. of Kansas).

LITERATUR: J. Zohn: Krausiana: K. Kraus in English Translation, in: Modern Austrian Literature 3, 1970, 25-30; E. Wimmer: Zur Rezeption v. K. Kraus: D. Briefwechsel aus d. Nachlaß A.B. – M. Lazarus – S. Nádherný, in: Mitt. aus d. Brenner-Archiv 3, 1984, 35-53; L. Lensing: K. Kraus im engl. Sprachraum, in: K. Kraus 1874-1936. Ausstellung d. Bundesministeriums für Auswärtige Angelegenheiten, hg. v. H. Lunzer, Wien 1986, 14-17; E. Wimmer: A.B. u. K. Kraus: G., in: Mitt. aus d. Brenner-Archiv 9, 1990, 48-54; F. Baron: A.B. Bedeutung für d. Germanistik, in: D. in d. alten Haus d. Sprache wohnen. Beiträge zum Sprachdenken in d. Lit. gesch. H. Arntzen z. 60. Geburtstag, hg. v. E. Czucka, Münster 1992, 423-429; Ph. Fehl: Eine Begegnung mit A.B., in: Kontinuität, Identität, Fs. f. W. Skreiner, hg. v. G. Pochat/Chr. Steinle/P. Weibel, Wien 1992, 227-240; J. Richardson: A.B.: An Annotated Bibliography, in: Yearbook of German American Studies 31, 1996, 167-204; H. Adams/A. Hoberg (Hg.): A.B. Ein amerik. Blauer Reiter. Anlässl. d. Ausstellung i. d. Städt. Galerie im Lenbachhaus Mchn., v. 16. April bis 29. Juni 1997, Mchn./New York 1997; H. Arntzen: K. Kraus-Portraits v. A.B., in: Mitt. aus d. Brenner-Archiv 16, 1997, 129-134; H. Arntzen/F. Baron/D. Cateforis (Hg.): A.B. Artistic and Literary Perspectives, Mchn. 1997; E. Lorenz (Hg.): »Sei Ich ihr, sei mein Bote«. D. Briefwechsel zw. S. Nádherný u. A.B., Mchn. 2002 (= Ph.D. Diss., Kansas 1998); W. Mohr: A.B.: Caricaturist, Social Critic and Translator of K. Kraus, Riverside, California 2003 (= Ph.D. Diss., Kansas 1995).

Georges Felten

Blodig v. Sternfeld, Joseph (11.11.1763 Wien – 18.7.1824 ebd.), trat nach d. Besuch d. Löwenburgischen Konvikts u. d. Theresianums in d. Staatsdienst, starb als Hofsekretär. B. lit. Tätigkeit beschränkte sich auf einige wenige, am Beginn d. josephinischen Ära verfasste Jugendwerke: Neben Oden in d. Nachahmung d. Hochstillyr. d. M.C. DENIS (zwei davon wurden in d. WIENERISCHEN MUSENALMANACH AUF D. JAHR 1782 aufgenommen) dürfte B. auch d. 1781 anon. erschienene Broschüre *Abhandlung über d. Eyd, welchen d. Bischöfe d. Pabste abzulegen verhalten werden*, verfasst haben, d. in durchaus gemäßigter Form in d. josephinische Kirchendiskussion zugunsten d. kaiserl. Reformprogramms eingreift.

WERKE: *Die Thräne Josephs am 26. d. Brachmondes*, Wien 1779; *Als Laudon Feldmarschall war, sagen d. Soldaten*, Wien 1779; *Abhandlung über d. Eyd, welchen d. Bischöfe d. Pabste abzulegen verhalten werden*, Wien 1781; *Frohe Aussichten in d. Herrscherzeit Josephs II.*, Wien 1781.

LITERATUR: Goedeke, Bd. 4/1.

Wynfrid Kriegleder

Blokesch, Georg H. (29.12.1907 Jägerndorf – 12.8.2004 Wien), stud. in Tübingen u. Wien Germanistik u. Kunstgesch., war im württembergischen Aalen als Verlagsleiter tätig u. lebte dann in Wien. – Neben belletrist. R. (z.B. *Hélène*, 1946) übers. er u.a. Marie v. Thurn u. Taxis-Hohenlohes *Erinnerungen* an ihren Schützling u. Gast auf Schloss Duino RAINER MARIA RILKE (a. d. Frz., 1932 als erster Bd. d. v. ihm hg. Reihe »Schriften d. Corona«, ³1937).

WERKE (Ausw.): Roman: *Hélène. Tagebuch einer Sehnsucht*, Salzb. 1946. Hg.: *Schriften d. Corona*, dt. Ausg. Mchn./Bln./Zürich 1933; *Heimat u. Arbeit*, Aalen/Stgt. 1964 (Buchreihe, mit anderen Hg.). Übers.: *Fürstin Marie v. Thurn u. Taxis Hohenlohe: Erinnerungen an Rainer Maria Rilke*, dt. Ausg. besorgt v. B., Mchn./Bln./Zürich 1932, ²1933, ³1937; Ffm. 1966; *Fürstin Marie v. Thurn u. Taxis-Hohenlohe: Jugenderinnerungen (1865-1875)*, aus d. Nachl. ausgew. u. ins Dt. übertragen v. B., Wien 1936.

LITERATUR: Giebisch/Gugitz.

Sylvia Leskowa

Blotius, Hugo (eigentl. Hugo **Fleermanns-de Bloot,** auch **Blotz, Plocius,** 1534 De Lier b. Delft/Holland – 28.1.1608 Wien). Der Vater d. gebürtigen Holländers hieß zwar Fleermann, doch d. Sohn wählte d. Namen seiner Mutter, B. (de Bloot). Erst mit 22 Jahren wurde B. einer höheren Bildung zugeführt. Er stud. ab 1558 in Leuwen, 1560 in Toledo, 1561-63/64 wieder in Leuwen u. anschließend bis Mitte 1567 in Orléans. An d. Univ. Orléans wurde er zum Prokurator d. dt. Nat. gewählt, erwarb dort wohl d. Doktorat beider Rechte u. begab sich ab Aug. 1567 zu weiteren Studien nach Basel. Im Okt. 1569 folgte er einer Berufung nach Straßburg, wo er 1569/70 für kurze Zeit an d. Akad. d. Lehrkanzel für Ethik inne hatte. Schon am 15.2.1570 reichte er seinen Abschied ein, weil er sich vertraglich verpflichtet hatte, d. jungen fränkischen Edelmann Ludwig v. Hutten auf einer Studienreise nach Italien als Privatpraeceptor zu begleiten. Dort hielt er sich vorwiegend in Padua auf u. unternahm v. dort aus Reisen zu

Zielen innerhalb Italiens. 1571 besuchte B. Wien, wo er – ausgestattet mit einem Empfehlungsschreiben d. jüngeren Aldus Manutius – d. kaiserl. Leibarzt JOHANNES CRATO V. CRAFTHEIM kennen lernte. Der ung. Kanzler, Bischof Johannes Listhius, vertraute ihm seinen Sohn an, d. zu juridischen Studien nach Italien reisen wollte. 1572 wurde B. außerdem Praeceptor d. Johann Wilhelm Schwendi, eines Sohnes d. kaiserl. Feldhauptmannes Lazarus v. Schwendi. Nach Ablauf seiner zweijährigen Verpflichtung erging an ihn 1575 d. Einladung, als Nachfolger d. Valentin Erythraeus d. Professur für Rhetorik an d. Straßburger Akad. zu übernehmen. Daraus wurde jedoch nichts, denn in d. Zwischenzeit hatte sich d. vorerst auf Privatunterricht angewiesene B. verpflichtet, d. kaiserl. Bibl. in Wien unentgeltlich zu ordnen u. sich so als künftiger Hofbibliothekar zu empfehlen. Außerdem wollte er sich um d. Rhetoriklehrstuhl an d. Univ. Wien bewerben. Durch Vermittlung v. CRATO, Ruprecht v. Stotzingen u. Johann v. Trautson erwirkte B. noch im selben Jahr seine Ernennung zum kaiserl. Bibliothekar. 1576 wurde er zum Prof. d. Rhetorik an d. Univ. Wien ernannt u. zum Prokurator d. rheinischen Nat. an d. Artistenfakultät gewählt. In diese Zeit fällt auch seine Erhebung in d. Adelsstand. 1577 begann zw. B. u. d. späteren Linzer Konrektor, d. Dichter GEORG CALAMINUS, ein reger Briefwechsel, aus d. sich später eine aufrichtige persönl. Freundschaft entwickelte. 1578 heiratete B. Barbara, geb. Eberstorfer, d. Witwe d. Bausuperintendenten Thomas Siebenbürger; seine erste Gattin starb noch im selben Jahr u. hinterließ ihm ein beträchtliches Vermögen. Am 30.5.1580 heiratete B. im Wr. Stephansdom d. 20-jährige Ursula Ungelter, Tochter d. Christoph Ungelter v. Teissenhausen, d. Taxators d. Reichshofkanzlei. Aus Anlass dieser Eheschließung konvertierte B. vielleicht nominell zum Katholizismus, doch war er wegen seines protest. Hintergrundes – man nannte ihn einen Calvinisten – weiterhin mannigfachen Intrigen ausgesetzt. Infolge einiger Buchverluste setzte d. Kaiser eine Untersuchungskommission ein, d. sich mit d. Amtsführung B. befasste. 1594 wurde mit Reichard Strein ein Kurator bestellt, d. B. Tätigkeit zu überwachen hatte. Diese für B. kränkende Bevormundung währte bis zu Streins Tod 1600; danach durfte B. d. Bibl. wieder selbständig verwalten. 1602 wurde d. alten u. müden B. ein Gehilfe beigegeben, d. v. B. geschätzte Holländer Mag. Sebastian Tengnagel. Dieser rückte in d. Amt d. Hofbibliothekars nach, als B. starb; außerdem war er v. B. zum Erben bestimmt worden; er heiratete 1610 B. Witwe.

B. war einer d. ersten polyhist. gebildeten großen Bibliothekare im öst. Raum. Abgesehen v. seiner Bedeutung als Bibliothekar u. Experte für antike u. internat. Maße u. Gewichte war B. auf lit. Gebiet ein wichtiger Vermittler d. Leuwener Rhetoriktradition. Träger dieser Tradition war d. Collegium Buslidianum, eine jener geistigen Fusionsstätten Europas, in denen Humanismus u. Reformation zusammenströmten. Die gediegene Grundausbildung in d. klass. Sprachen, d. B. dort genoss, zeigt sich im glänzenden, an Cicero geschulten Stil seiner Reden ebenso wie in seinen Briefen u. sonstigen rhetorischen Schriften, d. sich sämtlich in d. Wr. Nationalbibl. befinden. B. europaweite Beziehungen spiegeln sich im Briefwechsel mit vielen maßgeblichen Gelehrten u. Dichtern seiner Zeit. Als Lyriker pflegte er nicht nur alle geläufigen Gattungen d. neulat. Tradition, sondern auch d. makkaronische Poesie. V. bedeutendem Quellenwert sind unter d. Kat. u. Berichten v. seiner Hand d. Inventarverzeichnisse

d. kaiserl. Bibl., d. später [P.] MICHAEL COSMAS DENIS [SJ] für seine großen bibliograf. Werke benützte, d. Zusammenstellung d. gängigen magischen u. alchimist. Werke seiner Zeit sowie d. erste Bibliogr. d. Türkenlit., d. neben lat. auch d. dt. u. ital. Werke über diesen Gegenstand verzeichnet. Ein Porträt v. B. ist bei Gerstinger (s. Lit.verz.), Tafel VIII, abgebildet.

WERKE (Ausw.):: Über 50 Hs., davon überwiegend Bibl.verz. u. Bibliogr.n in d. Hs. Slg. d. ÖNB. Lyr.: Beitrag zu: *Epithalamia Nuptiis auspicatißimis nobilis viri. Domini Martini Kesleri [...] virginis Anastasiae [...] Domini Davidis Lerchenfelderi [...] relictae filiae sponsae* [...], Wien 1599; *Elegiae duae maccaronicae* [...], (Hs., Cvp. 9490). Dramen: *Commaedia Susannae*, Basel 1567 – Prosaskizze zu einer Komödie *Bibliotheca* (Hs., Cvp. 7958, fol. 78r-80r). Prosa: Reisebeschreibung: *Hodoeporicum Hugonis Blotii earum rerum, quae in Italia vidit et observavit, summam continens* (1571, Hs., Cvp 9490); Reden u. rhetorische Schriften: *Oratio paraenetica Louanii habita ad juuentutem, an recto parentes liberos suos Louanium moribus studiisque informandos mittant?* u. *Oratiuncula de Elephante, nuper in has regiones invecto, et de horologiis Louaniensibus*, Antwerpen 1564; *Oratio in laudem eloquentiae* (1575, Hs.); *III Orationes votivae* (1576/77, Hs., Cvp. s.n. 362); *Pro bibliotheca Caesarea ad Imperatorem Maximilianum II.* (Hs.); *De magnis ornamentis et commodis nullo aut parvo S.C.M^{tis} sumptu augustae ipsius bibliothecae adhibendes* [...] *consilium* (1579, Hs.); *Oratio in Hutterianos homicidas* (1582, Hs., Cvp. 9038, fol. 8r-26v; Konzept: Cvp. s.n. 2582, fol. 75r-178v). Briefe: *Epistolae et epistolarum schemata* (Hs., Cvp. s.n. 369); *Commercium epistolicum* (Hs., Cvp. 93). Bibl. Kat.: *Catalogus bibliothecae Rumpfianae* (1583; Hs., Cvp. 15286); *Catalogus Bibliothecae Johannis Sambuci* (Hs.); *Catalogus librorum magicorum et chemicorum* (1596; Hs., Cvp. 5580, fol. 48r-52v); *Indices Bibliothecae Caes. Pal. Vindob.* [...], 5 Bde. (Bd. 2 fehlt: Hs., Cvp. 13542-13545); *Catalogus librorum et orationum de Turcis et contra Turcas qui in bibliotheca Caes. Vind. asservantur* (Hs., Cvp. 12582, 3-5). Wiss. Prosaschriften: *Commentarium de moneta et re nummaria antiqua* (Hs.); *De Romanorum et Graecorum mensuris ac ponderibus* (Hs., Cvp. 9140); *Commentarium de ponderibus et mensuris variarum gentium* (Hs.); *Collectanea vitri Blotiani et tabula de mensuris Romanis ad Viennenses accommodatis* (Hs., Cvp. 9403); *Adversaria et excerpta ad antiquitates et exaequationes ponderum et mensurarum ab H. Blotio exarata* 8 HS., Cvp. 10714); *Historia conventus Imperatoris Maximiliani I. et trium regum, Hungariae, Bohemiae atque Poloniae celebrati Vindobonae* (Hs.); *Miscellanea rerum Polonicarum* (Hs.). Materialslg. zu *Epistolarum hebdomas* (Musterbriefslg.), zu einer *Bibliotheca generis humani Europaea* u. zu einem *Musaeum Blotianum* (Porträts berühmter Persönlichkeiten mit Lebensbeschreibungen o. Epigrammen).

LITERATUR: ADB 2.727; NDB 23.316; J.J. Locher: Speculum academicum Viennense, Bd. 2, Wien 1774, 107-114; F. Mosel: Gesch. d. kaiserl. königl. Hofbibl. zu Wien, Wien 1835, 35-44; J. v. Aschbach: Gesch. d. Wr. Univ., Bd. III, Wien 1888, 360-375; O. Smital: Miszellen zur Gesch. d. Wr. Palatina. Fs. d. Nat.bibl. in Wien, Wien 1926, 771-794; J. v. Ernuszt: D. ung. Beziehungen d. H.B., in: Jb. d. Graf Klebelsberg Kuno Inst. f. Ung. Gesch.forschung in Wien X, Budapest 1943; H. Menhardt: H.B. (1533-1608), in: Senftenegger Monatsbl. für Genealogie u. Heraldik, 1. Bd., H. 5, Senftenegg 1951, 129-136; dazu Anhang v. H. v. Bourcy, w.o., 136-142; L. Brummel: H.B. in Straßburg, in: Buch u. Welt, Fs. für Gustav Hofmann, Wiesbaden 1965, 211ff.; G. Leitner: H.B. u. d.

Straßburger Freundeskreis, Diss. phil., Wien 1968, mschr.; H. Gerstinger: D. Briefe d. Johannes Sambucus (Zsamboky) 1554-84, Wien 1968 (= Sitzungsberichte d. Öst. Akad. d. Wiss., Phil.-hist. Klasse 255), 21; F. Unterkircher: H.B., in: Museion, N.F., Zweite Reihe, Bd. 3: Gesch. d. öst. Nat.bibl., 1. Teil, Wien 1968, 81-124; R. Poschenrieder: D. Lehrpersonen d. Artistenfakultät d. Univ. Wien im Zeitraum v. ca. 1545-1622, Diss. med., Erlangen/Nbg. 1972, 154-157.

Robert Hinterndorfer

Bloéb, Harry (* 22.9.1931 Zirl b. Innsbr.), arb. als Pharmaberater, schreibt G. u. R., d. geprägt sind v. Thema d. Liebe u. einer sie stets begleitenden Wehmut. Während diese v.a. in d. G. durch d. fortwährenden Bezug auf d. Vergänglichkeit gegenwärtig wird, offenbart sie sich in d. Erzählwerken in d. Sehnsucht d. Protagonisten nach Glück, nach Liebesglück, d. verschlungen bleibt mit Lebensglück. Die unbeständige Suche nach Glück mit u. in einem Gegenüber wird gleichsam zur Suche nach sich selbst, d. d. Gefahr d. Selbstverlustes bereithält.

WERKE: Lyr.: *Gestern wünsch' ich mir....*, Innsbr. 1987; R.: *Den Rest such im Himmel*, Innsbr. 1998; *Die Sandtreppe*, Innsbr. 1998.

Friederike Wursthorn

Blotz, Hugo → **Blotius**, Hugo

Blum, Adolph → **Gleich**, Josef Alois

Blum, Heinrich (17.2.1874 Brünn – ?) war ein in seiner Heimatstadt lebender, wohl jüd. Literat, d. zu Beginn d. 20. Jh. mit einfachen ironischen Scherzg. an d. Öffentlichkeit trat, in denen er nicht nur spezifisch jüd. Verhaltensweisen karikierte (z.B. *Geschäftliche Vorsicht, Eine billige Quelle* aus d. *Grimassen aus Judengassen*, 1920), sondern auch prinzipielle menschl. Schwächen mit oft beißender Ironie entlarvte (z.B. zum Thema Ehebruch: *Ideenverbindung, Protest*). B. erweist sich damit als Pendant d. allerdings ungleich bekannteren u. erfolgreicheren Satirikers FRITZ LÖHNER (d.i. »Beda«).

WERKE: Humoristica: *Salomon Breier's Werdegang. Humorist. Lebensbild*, Brünn ²1907; *Mucki Stein, d. Bräutigam. Humoristische Studie aus d. modernen Ghetto*, Wien (1911); *Grimassen aus Judengassen. Scherzg.*, Wien 1920.

LITERATUR: Giebisch/Gugitz.

Sylvia Leskowa

Blum, Robert (10.11.1807 Köln – 9.11. 1848 Wien) stammte aus ärmlichen Verhältnissen, daher wurde d. begabten Kind eine höhere Bildung versagt. Der Vater, ein Böttcher, theol. gebildet, versuchte d. Jungen selbst zu unterrichten, nach einem kurzen Besuch d. Kölner Jesuitengymnasiums musste B. 1820 eine Handwerkslehre beginnen; in d. Lehr- u. Wanderjahre fielen seine ersten schriftstellerischen Versuche; bis 1830 führte er ein detailliertes *Reisejournal*. 1827 wurde B. Mitarb. eines Laternenfabrikanten u. kam nach Mchn.; Theater u. Museen erweiterten seine Bildung; 1829 ging B. nach Bln.; er hörte Vorlesungen an d. Univ., wurde mit d. bürgerlich-liberalen Gedankengut konfrontiert u. arbeitete an SAPHIRS *Schnellpost* mit. 1830 erhielt er eine Anstellung als Theaterdiener in Köln, d. Bibl. d. Theaters förderte seine lit. Neigung, er schrieb für versch. Zs.; d. entscheidenden Einflüsse erhielt er in Lzg., als Theatersekretär lernte B. zahlreiche Schriftsteller kennen, für Albert Lortzing schrieb er d. Textbuch zur Oper *Die Schatzkammer d. Ynka*; er begeisterte sich für d. liberalen u. revolutionären Ideen. »Jungen Dtld.«: B. schrieb polit. engagierte G. u. Aufs., v.a. für d.

Ztg. für d. elegante Welt (hg. v. HEINRICH LAUBE, dann F.C. Kühne). Im Drama *Die Befreiung v. Candia* (1838) schildert B. d. griech. Freiheitskampf u. übt indirekte Kritik an d. dt. Zuständen, d. nat. u. liberale Bewegung in Dtld. u. d. Befreiung d. poln. Volkes sind d. Themen seiner schriftstellerischen Arb. Ab 1838 arb. er mit d. Schriftstellern Karl Herloßsohn u. Hermann Marggraf an einem *Allg. Theaterlexikon*, in d. er für d. nat. Mission d. Theaters eintrat. Zur Stärkung d. demokratischen, nat. Kampfes gründete B. eine polit. Schriftstellervereinigung u. bemühte sich um d. Organisation d. Oppositionellen in ganz Dtld., d. publizist. Organ d. Gruppe war d. Zs. *Sächsische Vaterlandsbl.* (hg. v. J.H. Günther, d. Schwager B.). B. entwickelte in seinen polit. Bestrebungen einen immer stärkeren Radikalismus: 1848 beteiligte er sich aktiv an d. Revolution, nach Misserfolgen in Dtld. kämpfte er bei d. Okt. revolution in Wien mit, wohin er eigentl. als Delegierter d. Frankfurter Vorparlaments u. d. Nationalverslg. entsandt worden war, wurde v. kaiserl. Truppen verhaftet u. standrechtlich erschossen. B. lit. Werke stehen im Dienst seiner polit. Bestrebungen, seine G. erschienen nur in Zs., v. seinen dramat. Arb. wurde nur d. erwähnte Drama gedr., 1880 erschien eine Ausw. seiner polit. Schriften, in späterer Zeit wurde B. als Revolutionsheld u. Freiheitskämpfer gewürdigt.

WERKE: Dramen: *Die Befreiung v. Candia*, Schauspiel, Lzg. 1836; *Allg. Theaterlexikon*, m. K. Herloßsohn/H. Marggraf, 7 Bde., Lzg. 1839-42; *Ausgewählte Reden u. Schriften*, Lzg. 1880; versch. Beitr. in öst. bzw. Wr. Zs. wie »Der Oesterreichische Zuschauer« u. »Die Biene«. Zwei (Tl.-)Nachl. in d. Hs.abteilung Preußischer Kulturbesitz, Staatsbibl. Bln. u. im Bundesarchiv, Abteilungen Potsdam.

LITERATUR: W. Liebknecht: R.B. u. seine Zeit, Nbg. 1896; S. Schmidt: R.B., Weimar 1971.

Cornelia Fritsch

Blum, Robert (17.4.1881 Wien – 3.7.1952 Paris) absolvierte eine Realschulausbildung, war in seiner Heimatstadt als Journalist u. Kulturkritiker tätig (u.a. beim *Neuen Wr. Tagbl.*, *Neuen 8-Uhr-Bl.*, d. *Sonn- u. Montagsztg.* u. *Öst. Theaterztg.*) u. schrieb auch für ausländische Journale (u.a. für d. Pariser *La Rampe*). Weiters wirkte er als Direktor d. v. ihm begr. »Modernen Theaters«. In d. 30er-Jahren lebte er in Bln., später in Paris, wo er als Generalsekretär d. ausländischen Sektion d. »Société Universelle du Théâtre« fungierte. Der Theaterfachmann, Mitgl. zahlreicher dt.-sprachiger Schriftstellervereine (z.B. d. DEUTSCH-ÖSTERREICHISCHEN SCHRIFTSTELLERGENOSSENSCHAFT, d. Schutzverbandes Dt. Schriftsteller u. Bundes Dt. Übers.), trat auch selbst recht erfolgreich als routinierter Bühnenschriftsteller hervor: Sein Hauptinteresse galt hierbei v.a. d. unterhaltenden (musikdramat.) Genre. So verfasste er z.B. mit ALFRED GRÜNWALD d. Libr. für d. Robert-Stolz-Operetten-Posse *Das Sperrsechserl* (1920). Für RALPH BENATZKY lieferte er d. bekannteren Lustspieltext *Meine Schwester u. ich* (EA Wien 1930, eine mittelmäßige Verwechslungskomödie um eine kapriziöse junge Dame, d. sich als ihre Schuhe verkaufende Schwester ausgibt, um ihren Freund zur Heirat zu bewegen). Seine eigentl. lit. Domäne waren aber seine unzähligen bearb. Übers. v. zeitgenöss. frz. K. u. Salonstücken (bes. v. Louis Verneuil, Paul Armont u. Marcel Gerbidon).

WERKE (Ausw.): Musikalische Bühnenstücke: *Das Sperrsechserl*, Operetten-Posse in 4 Bildern, Musik v. Robert

Stolz, Wien 1920, m. Alfred Grünwald; als Hörspiel im Februar 1969 im Studio Wien gesendet; *Meine Schwester u. ich*, mus. Lustspiel, Musik v. Ralph Benatzky, o.O. [1929], mschr. Exemplar in d. Wr. Stadt- u. Landesbibl., ohne Gesangstexte; *Die Prinzessin auf d. Leiter*, Operette in 2 Akten, Musik v. Ralph Benatzky, Wien 1934; *Adèle de Foix*, hist. Drama in 4 Akten, Musik v. Carl Gottlieb Reissiger, o.O. o.J.; *Der Damenfriseur*, musikal. Lustspiel in 1 Vorspiel, 2 Akten u. 1 Nachspiel, o.O. o.J.; *Im Paradeisgartl. Eine Altwr. Liebesidylle*, Musik v. Richard Heller, o.O. o.J., mschr. Exemplar in d. Wr. Stadt- u. Landesbibl. Bühnenbearbeitungen: *Schäferstündchen*, in 3 Akten v. Bourdet, Bln. 1892; *Hoffnung*, 5 Akte v. Henry Bernstein, o.O. um 1925; *Ich betrüge Dich nur aus Liebe. Ein Stück mit Musik*, v. Ralph Erwin nach Louis Verneuil, Gesangstexte v. Fritz Rotter, Bln. 1929; *Unsere Stunde hat geschlagen*, Lustspiel in 3 Akten v. Pierre Chaine, Paris/Zürich/Wien o.J. Übers.: Paul Armont/Marcel Gerbidon: *Die Schule d. Koketten*, K. in 3 Akten, Bln.-Wilmersdorf 1922. Hg.: *Patriotisches Extrabl. d. Bühnenkünstler*, Wien 1914-16.
(Tl.-)Nachl. im Öst. Theatermuseum.

LITERATUR: H.K. Kosel: Öst. Künstler- u. Schriftstellerlex., Bd. 1, Biogr. d. Wr. Künstler u. Schriftsteller, redigiert v. P.G. Rheinhardt, Wien 1902, 239; Kürschner 46. Jg.; Giebisch/Gugitz; Fle Zi Wi Csá & Cod. D. Wr. Operette, 91. Sonderausstellung d. Hist. Museums d. Stadt Wien 1984/85, Ausstellungskat., 37, 86.

Sylvia Leskowa

Blumauer, Aloys (22.12.1755 Steyr – 16.3.1798 Wien), siebtes v. acht Kindern eines Eisenwarenerzeugers, besuchte 1767-72 d. Jesuitengymnasium in Steyr, wo er als ausgezeichneter Schüler auf sich aufmerksam machte. Nach Ende d. Schulzeit kam B. 1772 nach Wien u. trat als Novize in d. Jesuitenorden ein. In d. kurzen Zeit bis zur Aufhebung d. Jesuitenordens 1773 lernte er u.a. K.L. Reinhold, L.L. HASCHKA, J.F. RATSCHKY u. M. DENIS kennen u. eignete sich breite Lektürekenntnisse an, wie d. hs. *Adversarien aus meiner Lektüre* bezeugen. B. ging dann zur Univ. als »Civis« d. Phil. Fak. Seinen Lebensunterhalt verdiente er sich wahrscheinl. als Hofmeister (d. Vermutung, B. habe sich als Polizeispitzel verdingt, ist nicht belegbar). 1775-77 verkehrte B. im Haus d. Hofrats F. S. V. GREINER, in d. er – vermittelt durch HASCHKA – d. Bekanntschaft JOSEF V. SONNENFELS' machte, d. ihn zur Abfassung d. empfindsamen Dramas *Erwine v. Steinheim* animierte. 1780 wurde B. außerordentlicher Mitarb. d. Hofbibl., ab 1781 gab er, zunächst gemeinsam mit RATSCHKY, dann allein, d. WR.(ISCHEN) MUSENALMANACH heraus u. redigierte zwei Jahre lang d. Realztg., d. führende aufklärerische Ztg. Wiens. Nachdem d. formale Voraussetzung mit d. »Majorennitätserklärung« erfüllt war, erhielt B. am 19.4.1782 v. Präsidenten d. Studienhofkommission GOTTFRIED VAN SWIETEN d. Ernennungsdekret zum k.k. Bücherzensor. Im Herbst wurde er – er stud. zu dieser Zeit noch an d. Wr. Univ. Naturrecht – in d. v. I. v. BORN u. J. V. SONNENFELS geführte Freimaurerloge »Zur wahren Eintracht« aufgenommen, für d. er 1784-86 d. Redaktion d. *Journals für Freymaurer* übernahm; eine Mitgliedschaft B. bei d. Illuminaten ist, wie auch bei d. anderen führenden Freimaurern d. Loge »Zur wahren Eintracht«, wahrscheinl., aber nicht gesichert. Zwei längere Reisen 1784 u. 1785 führten B. nach Klagenfurt in d. Kreis d. aufklärungsfreundlichen Erzherzogin Maria Anna u. d. bedeutendsten Aufklärungsliteraten

Ktn., A. v. EDLING sowie nach Salzb. In eine schwere persönl. Krise geriet B., als er Ende 1785 zunächst lebensgefährlich an d. Wassersucht erkrankte u. ihn seine Freundin Maria v. Born, d. Tochter I. v. BORNS, verließ. B. schloss im Dez. 1786 einen Sozietätsvertrag mit seinem Verleger RUDOLF GRÄFFER, u. reiste 1787, ein Höhepunkt seiner lit. Karriere, u.a. nach Bln. u. Weimar, wo er v. Wieland u. Bertuch freundschaftlich empfangen wurde. Im Anschluss an d. Reise wurde B. überdies zum Mitgl. d. kurpfälzischen dt. Gesell. in Mannheim ernannt. Ab 1791 betätigte sich d. Sammler B. auch als Antiquar, d. *Annonces hebdomadaires d. livres rares et prétieuses* hg. 1792 kaufte er d. Buchhandlung GRÄFFER & COMP., für d. er Mitte 1793 d. Konzession erhielt. Nach d. polit. Umschwung nach d. Tod Leopolds II. wurde auch B. aus d. Zensurbehörde mit Pension entlassen, Mitte 1794 geriet er in d. Sog d. Jakobinerverfolgungen, da er in d. konspirativen Wohnung d. Familie J. Hackel verkehrt hatte. Mitte 1795 wurde er noch einmal v. d. Polizei verhört, d. ihm nichts nachweisen konnte u. ihn fortan unbehelligt ließ. 1797 musste B., d. mehr u. mehr materielle Schwierigkeiten hatte, einen Tl. seiner Bücherslg. versteigern; als er starb, hinterließ er einen Schuldenberg v. 107 000 fl.

B. ist Öst. führender Lyriker d. ›josephinischen‹ Periode 1781-90. Seine Lyr. ist reine Gelegenheitsdichtung u. bewusst populär. Es dominieren satirische G. auf Zeitereignisse u. zeitgenöss. lit. Modeströmungen wie d. Sturm u. Drang, antiklerikale G., panegyrische Texte auf d. führenden Herrscherpersönlichkeiten d. öst. Aufklärung, Maria Theresia u. Joseph II., Episteln als typischem Ausdruck spätaufklärerischen, im Gegensatz zur Empfindsamkeit u. zum Sturm u. Drang, auch polit. motivierten Freundschaftskult, funktional vorgegebene Freimaurerg., schließlich – als ein besonderer Schwerpunkt B. – d. sog. Komischen Apotheosen (= Encomia), in d. Tradition v. Erasmus v. Rotterdam bis L.S. Mercier (Scherzg. auf d. Teufel, d. Ochsen, d. Schwein etc.). In zahlreichen weiteren, Alltagsereignisse in witziger Manier behandelnden G. erweist sich B. als abhängig v. d. satirischen G. v. G.A. Bürger u. beeinflusst v. Wielands ironischem Duktus d. ›Verserz.‹, bes. aber geprägt v. antiken Satiremuster d. Horaz. Dennoch bildet sich in d. G. B. ein eigener Stil heraus, in d. sich spracherfinderischer Witz mit sozialkrit. Aggressivität, Leichtigkeit, Natürlichkeit u. scheinbare Naivität mit drastischer Komik verbinden. Dabei vernachlässigte B., etwa im Gegensatz zum weit ambitionierteren ALXINGER, Versifiktion u. Komposition, er strebte nie eine ideelle, durch d. Darstellungsweise gewährleistete Einheit an, sondern begnügte sich mit aufeinander folgenden, aufgereihten witzigen Einfällen (d. beständig variiert werden), analog d. Strukturprinzip d. spätaufklärerischen Episodenr. Entsprechend leistete B. denn auch weniger in seinen Gelegenheitsg. Bedeutendes – hier überragt er d. Masse d. josephinischen Poetae minores nur wenig –, vielmehr schuf er im Genre d. Travestie sein Hauptwerk, mit d. er in d. Lit.gesch. einging. In siebenjähriger Arbeit entstand d. in vier Büchern unterteilte, Fragment gebliebene travestierte *Aeneis* nach Vergil, inspiriert v. d. 1771 veröff. Fassung v. J.B. Michaelis *Leben u. Thaten d. theuren Helden Aeneas*. Formal gefasst in eingängige siebenzeilige Strophen mit (zumeist) jeweils vier vierhebigen u. drei dreihebigen Jamben, zielte B. Umgestaltung d. Vorlage auf eine Illustration u. Apologie d. Kirchenreform Josephs II. ab. Die virgilische Apologie d. imperialen Kaisers Augustus wird in

d. Gegenwart transformiert u. inhaltlich umgedeutet in eine scharfe Kritik am Vatikan u. am weltlichen Herrschaftsanspruch d. kath. Kirche – in inhaltlicher Parallelisierung zur zeitgenöss. Wirklichkeit (nicht zuletzt bezogen auf d. Wien-Besuch Pius VI., 1782). Der Stoff wird enthistorisiert u. zugleich durch d. sprachlich derbe u. komisch-drastische Einfärbung entpathetisiert. Die zentralen u. rekurrenten Gestaltungsmittel sind d. inhaltliche Überraschungseffekt (auch in d. satirischen G. B. strukturelles Merkmal), Sexualkomik, wie sie in d. recht prüden dt. Aufklärung ansonsten selten anzutreffen ist, Wortspiele u. kontrastive Reime (wie »Held – Fersengeld«), starke alltagssprachliche Elemente, Pseudoarchaismen u. Anachronismen, Kalauer u. Zeugmata, schließlich eingebaute Stilparodien (etwa auf Goethe). Mit diesem erfrischenden, lockeren Stil, d. d. poetologischen Konventionen d. dt. Aufklärungsdichtung souverän ignorierte u. sich mehr v. engl. u. frz. Mustern wie Popes *Rape of the Lock*, Voltaires *La Pucelle* o. v. d. satirischen Dichtungen Paul Scarrones inspirieren ließ, erzielte B. einen überragenden zeitgenöss. Erfolg, für d. zahlreiche reguläre Aufl. wie unrechtmäßige ND u. eine Reihe v. Nachahmungen, Fortsetzungen u. ›Gegenparodien‹, schließlich auch Übers. u. Adaptionen, sogar in slaw. Sprachen, zeugen. Die Wirkung v. B. Travestie reichte weit ins 19. Jh. hinein; d. Ignoranz d. Romantiker u. Goethes vernichtendes Verdikt v. 1820, d. B.che *Travestie* sei ein Werk d. »Plattheit« wie auch Jean Pauls, mehr um Gerechtigkeit bemühtes, krit. Urteil in d. *Vorschule d. Ästhetik*, worin B. treffend gemeinsam mit Scarron als »gemeine Lach-Seelen« charakterisiert wird, deren »poetisch-moralische Blöße« kein Witz zudecken könne, waren Ausnahmestimmen, d. d. Erfolg B.

nicht aufhalten konnten. B. *Travestie* gehört unstreitig ebenso zum Besten, was d. Lit. d. Josephinismus insgesamt hervorgebracht hat, wie seine *Beobachtungen über Öst. Aufklärung u. Literatur* (urspr. treffenderer Titel: *Beobachtungen über d. öst. Schriftstellerwesen seit d. erweiterten Preßfreyheit*) zum theoretisch Fundiertesten zählt, was über d. Lit. d. Josephinismus, speziell über d. Bedeutung d. Broschürenlit., geschrieben worden ist. Zutreffend analysierte B. d. (buch-)ökonomische Lage nach Einsetzen d. Broschürenflut, er kritisierte d. Übersättigung d. Marktes u. d. zu hohe Schriftstellerzahl nach d. Liberalisierung d. Zensur sowie d. schwache Niveau einer großen Zahl v. Broschürenveröff. Er erkannte zugleich d. große Bedeutung d. Predigerkritiken für d. Entwicklung d. öst. Aufklärungsprosa mit d. sprachkrit. Absetzung v. d. barocken Bildlichkeit.

B. war d. einflussreichste öst. Aufklärungsliterat d. 80er-Jahre. Er zeitigte Wirkungen in d. gesamten öst. Monarchie, aber auch im mittleren u. nördlichen Dtld, d. jedoch nicht einheitlich positiv waren; denn Differenzen mit d. kath. Aufklärern im Süden d. Reiches, zentriert in Salzb. u. Mchn., d. B. frivolen Witz u. seine rel. Indifferenzen ablehnten, sind nicht zu übersehen. Anderseits fand er auch Anerkennung in d. Aufklärungsmetropole Bln. – dort trat er als Rezensent für Nicolais *Allg. dt. Bibliothek* in Erscheinung – u. bei Weimarer Aufklärern wie J.F. Bertuch u. G.M. Kraus, im Kalender *Pandora o. Kalender d. Luxus u. d. Moden für d. Jahr 1788* publizierte er als Vorspruch sein G. *Die Göttin Mode vor Gericht*. Angesichts d. Beziehungen B. zu d. nördlichen Aufklärern musste es umso eigentümlicher erscheinen, dass selbst B. nach d. Bekanntwerden d. Wien betreffenden Tle. v. Nicolais Reisebeschreibung mit d. Berliner Aufklärer brach u. – aus purem lokalpatriotischem Stolz heraus – eine schwache, inadäquate Polemik entgegensetzte. Damit offenbarte B., dass er, eine Schwäche fast aller josephinischen Aufklärungsliteraten, zu grundlegenden theoretisch-krit. Reflexionen auch über polit. Strukturen u. Reformen kaum fähig war, dass auch er sich allzu schnell mit d. bloßen status quo d. ›erweiterten Preßfreiheit‹ identifizierte u. zufrieden gab u. Aufklärung nicht als einen mühsamen, sich stets v. neuem selbst in Frage stellenden u. krit. reflektierenden Prozess verstand. Darüber kann auch sein späteres Auftreten im Umkreis d. d. polit. Restauration bekämpfenden Wr. Jakobiner nicht hinwegtäuschen.

Im Metier d. Verlegers trat B. als Teilhaber 1789 in d. Buchhandlung v. RUDOLF GRÄFFER ein, damals eine d. bedeutendsten Buchhandlungen Wiens. 1793 übernahm er d. Firma, führte sie aber so glücklos, dass sie 1797, zum Schaden GRÄFFERS, in Konkurs ging. Lang u. Zeidler verzeichneten bereits 1786 eine Zs. *Wochenschrift zum Bester d. Armen* bei B. (u. WAPPLER), v. d. allerdings bisher kein Exemplar aufgefunden wurde. Bei GRÄFFER u. dann im eigenen Geschäft scheint er sich vornehmlich d. Buchhandel u. v.a. d. Antiquariat u. d. damit verbundenen bibliogr. Arbeiten zugewandt zu haben (wobei er d. letzteren, nach FRANZ GRÄFFER, zuweilen sogar über seine poetischen stellte). 1790-97 gab er eine Reihe v. kundig annotierten Kat. heraus, 1797 dann einen *Catalogue raisonnée d. libres rares et prétieux*, 2 parts, u. 1798 einen *Catalogue d. libres rares et difficiles à trouver qui sont vendre chez B. libraire à Vienne*, 3 vols. (unvollständig in d. Wr. Stadt- u. Landesbibl.). Vom Verleger B. haben wir vorerst nur in Umrissen Kenntnis, Wernigg verzeichnet wenige Titel unter B. Impressum (s. GRÄFFER & Cod.). B. verlegte immerhin d. Kupferstichkat. v. Adam v. Bartsch (Kat. d. Slg. d. Fürsten de Ligne, 1794; Waterlo, G. Reni, 1795; Rembrandt, 1797) sowie d. Freimaurers u. Alchimisten M(ax) J(oseph) F(rh.) v. L(inden) *Hs. für Freunde geheimer Wissenschaften* (1 Bd. MNE., 1794), neben einigen Kleinschriften. In seinen *Beobachtungen* (1782) wirft B. auch manches Streiflicht auf d. Situation d. Buchhandels in Wien. In einem G. *Die Buchdruckerkunst bey Gelegenheit einer v. d. Herrn Kurzbeck u. Mannsfeld in Wien neu errichteten Schriftgießerey* (1787) huldigt er d. aufklärerischen Impetus d. Kunst Gutenbergs. Die schöne Form hätten ihr dann freilich Aldus, Didot, Bodoni u.a. gegeben, in Dtld. sei sie durch d. Nachdr. besudelt worden. B. gehörte übrigens zu d. Autoren, dessen Werke auch in Dtld. am meisten u. hemmungslos nachgedr. wurden.

WERKE: Lyr.: (Einzeldrucke, wenn nicht anders angegeben, sämtlich anonym) *An d. selige Kaiserinn*, Wien 1780; *Beytrag zu d. Leicheng. auf d. Tod Marien Theresiens*, Wien 1780; *Lob- U. Ehreng. auf d. sämmtlichen neuen schreibseligen Wienerautoren*, Wien 1781; *Bey Eröffnung d. Tafel* ?, o.O. o.J.; *Zwey Oden wider U. für Klopstock*, Wien/Prag 1781; *Gegenerklärung an d. Barden Torquart Rößler*, Wien 1781/82; *Auf unsere Schwestern. Ausgebracht in d.* ? *Zur Wahren Eintracht im Orient v. Wien am St. Johannesfeste 5782 v. A.B.* ˣˣˣ *r*, Wien 1782; *Prophetischer Prolog an d. Publikum auf d. Ankunft Pius d. VI. in Wien*, Wien 1782; *Epilog auf d. Abreise Pius VI. v. Wien d. 22. April 1782*, Wien 1782; *Gegenstück zur Antiphone auf d. Ode an d. Kaiser v. Klopstock (Von Johann Auer)*, o.O. 1782; *Vier Oden an d. Affäre wegen d. Ode Klopstocks an d. Kaiser, v. d. Verfasser d. Antiphone herausgegeben*, o.O. 1782; *Der Bock u. d. Ziege. Keine Fabel. Seinem Freunde P.P P. Pelliceus gewidmet v. Obermayer*, Wien 1783; *Gedichte u. Lieder verfasst v. d. Brüdern d. Loge zur Wahren*

*Eintracht im O. v. W.*ˣˣˣ, Wien 1783; *Prolog zu Herrn Nikolais neuester Reisebeschreibung v. Obermayer*, Wien 1783, erschien auch unter d. Titel: *Entstehungsgesch. d. Nicolaischen Reisebeschreibung. Sehr drollicht zu lesen*, Wien/Bamberg 1783; *Prozeß zwischen Herrn Friedrich Nikolai, Buchhändler in Bln., an einem, dann denen 797 Pränumeranten, d. auf besagten Herrn Nikolai neuesten Reisebeschreibung ihr bares Geld vorhinein bezahlten, andern Theils, welcher zu Wien im Realztg.- Comtoire v. Rechtswegen verführet wird. Allen Buchhändlern, d. auf so eine Art reich werden wollen, zum schrecklichsten Beyspiel theilweis herausgegeben. Erster Theil*, (Lzg. Michaelismesse), 1783, *Zweyter Theil* (Lzg. Ostermesse), 1784; *Mettenlied am St. Johannesfeste zu singen*, o.O. o.J.; *Tafellied*, o.O. o.J.; *Die Wr. Büchelschreiber nach d. Leben geschildert v. einem Wr.*, Wien 1784; *Glaubensbekenntniß eines nach Wahrheit Ringenden*, Wien 1785, 1786; *Die Buchdruckerkunst bey Gelegenheit einer v. Herrn Kurzbeck u. Mannsfeld in Wien neu errichteten Schriftgießerei*, Wien 1786; *Joseph d. Zweyte, Beschützer d. Freymaurerordens*, Wien 1786; *Klagen eines Ingenieurs über d. Verfall d. Reitze seiner Frau*, o.O. 1786; *Wunderbare Historia einer durch 30 Jahre unverwesen gebliebenen alten Jungfrauschaft. In saubere Reime gebracht durch Magistrum Jocosum Hilarium*, o.O. 1786; *Denkmal auf Maximilian Stoll, seinen Freunden gewidmet. Verfaßt v. Pezzl, hg. v. Blumauer*, Wien 1788; *Die Göttin Mode vor Gericht. Anstatt eines Prologs zum Kalender d. Luxus u. d. Moden aufs Jahr 1788, v. B...*, in: *Pandora o. Kalender d. Luxus u. d. Moden für d. Jahr 1788*, Weimar/Lzg. 1788; *Das Lied v. Belgrad 1789*, Wien 1789; *Bittschrift d. verwittweten Erzherzoginn Austria an ihren neuen Gebieter Leopold II.*, Wien 1790; *Der Alchimist*, Wien um 1790; *Der evangelische Bauernjunge in d. kath. Kirche*, o.O. o.J. Slg.: *Gedichte*, Wien/ Prag 1782, 2., rev. Aufl. Wien 1784; *Gedichte Erster/Zweyter Theil*, Wien 1787; *Freymaurerg.*, Wien 1786, auch Ffm./Lzg. 1786; *Gedichte Erster/Zweyter Theil*, Ffm./Lzg. 1796; *Gedichte Erster bis vierter Theil*, Lzg. 1801/02; *Gedichte*, Königsberg 1819; *Einige Gedichte v. Blumauer begleitet mit Melodien v. einem Liederfreund*, Mchn. o.J. Travestie: *Die Abenteuer d. frommen Helden Aeneas, o.: d. zweyte Buch v. Virgil's Aeneis. Erstes Buch. Travestirt*, Wien 1782; *Virgil's Aeneis travestirt v. Blumauer*, 3 Bde., Wien 1784-88, zahlreiche Nachdr., u.a. Ffm./Lzg. 1788, Ffm. 1793, Lzg. 1800; weitere Ausg.: Lzg. 1803, Mchn. 1827, Schwäbisch Hall 1844, Lzg. 1872, Stgt. o.J. (= DNL 141). Drama: *Erwine v. Steinheim. Ein Trauerspiel in fünf Aufzügen. Aufgeführt im k.k. Nationaltheater*, Wien 1780, 1781, Köln/ Lzg. 1790. Prosa: *Beobachtungen über Öst. Aufklärung u. Litteratur*, Wien 1782. Hg.: *Wr.(ischer) Musenalmanach auf d. Jahr 1781-92*, m. J.F. Ratschky; *Wr. Musenalmanach auf d. Jahr 1793 u. 1794*; *Realztg. o. Beiträge u. Anzeigen v. gelehrten u. Kunstsachen*, Wien 1782-84; *Journal für Freymaurer. Als Manuskript gedruckt für Brüder u. Meister d. Ordens*, Wien 1784-87. Bücher- u. Antiquariatskat.: *Annonces hebdomadaires d. livres rares et prétieuses, qui se trouvent chez A. Blumauer à Vienne 1791-97* (= *Catalogus librorum exquisitissimorum amnium facultatum, temporum et linguarum, cujus plagulas ab anno MDCCXCI usque annum MDCCXCVII additis notis literariis librorumque pretiis separatim edidit); Aloysius Blumauer, Antiquarius et Bibliopola Viennensis. Collegit et Indice manuscriptu instruxit Franc. Josch. MDCCCIV); Nouveau Catalogue Raisonné d. Livres rares et prétieux qui se trouvent chez A. Blumauer, libraire à Vienne en Autriche à Vienne*, 1797. Werkausg.: *Sämmtliche Werke*, 8 Bde., Lzg. 1801-03, 1806, hg. v. K.L.M. Müller; *Sämmtliche Werke*, 7 Bde., Königsberg 1803-12, mit Kupfern v. Chodowiecki; *Sämmtliche Werke*, 9 Bde., Wien 1809 (vollständigste Ausg.!); *Sämmtliche Werke*, hg. u. durch Anm. erläutert v. H. Kistenfeger, 3 Bde., Mchn. ³1830; *Ges. Werke*, 5 Bde., Stgt. 1840/41. (Tl.-)Nachl. in d. Hs.-Slg. d. ÖNB u. Einzelnes aus d. Nachl. in d. Hs.-Slg. d. ÖNB.

LITERATUR: A. Schlossar: D. Wr. Musen-Almanache im achtzehnten Jh. (1777-96). Ein Beitr. zur Gesch. d. geistigen Lebens in Öst., in: A. Sch.: Oest. Cultur- u. Lit.bilder mit besonderer Berücksichtigung d. Stmk., Wien 1879, 3-64; R. Keil: Wr. Freunde 1784-1808. Beitr. zur Jugendgesch. d. dt.-öst. Lit., Wien 1883; P. v. Hofmann-Wellenhof: A.B. Lit.hist. Skizze aus d. Zeitalter d. Aufklärung, Wien 1885; R.M. Werner (Hg.): Aus d. Josephinischen Wien. Geblers u. Nicolais Briefwechsel während d. Jahre 1771-86, Bln. 1888; G. Wilhelm (Hg.): Briefe d. Dichters Johann Baptist v. Alxinger, Wien 1858 (= Sitzungsberichte d. kaiserl. Akad. d. Wiss. in Wien, Phil.-hist. Classe CXL); O. Rommel: D. Wr. Musenalmanach, Lzg./Wien 1906 (= Euphorion 13, Erg.h. 6); G. Gugitz: A.B., in: Jb. d. Grillparzer-Gesell. XVIII, 1908, 27-135; L. Schmidt: B. u. d. Volkslied, in: GRM 28, 1940, 87-100; ders.: Ein unbekanntes Mundartg. B., in: GRM 29, 1941, 147ff.; O. Rommel: D. Alt-Wr. Volksk. Ihre Gesch. v. barocken Welt-Theater bis zum Tode Nestroys, Wien 1952; L. Franc: D. Wr. Realztg. ein Beitr. zur Publizistik d. theresianisch-josefinischen Epoche, Diss. phil., Wien 1952; G. Junaschek: D. publizist. Tätigkeit d. Freimaurer zur Zeit Josef II. in Wien, Diss. phil., Wien 1965; P. Wagenhofer: D. Stilmittel in A.B. Travestie d. Aeneis, Diss. phil., Wien 1968; I. Lübbe: D. ostslavischen Aeneistravestien. In ihrem Verhältnis zueinander u. zur westeurop. Tradition, Diss. phil., Mchn. 1971; P.P. Bernhard: Jesuits and Jacobins. Enlightenment and Enlightened Despotism in Austria, Urbana/Chicago/London 1971; A. Körner: D. Wr. Jakobiner, Stgt. 1972; E. Rosenstrauch-Königsberg: A.B. – Jesuit, Freimaurer, Jakobiner, in: Jb. d. Inst. für Dt. Gesch. 2, 1973, 145-171; B. Becker-Cantarino: A.B. and the Literature of Austrian Enlightenment, Bern/Ffm. 1973; E. Rosenstrauch-Königsberg: Freimaurerei im josephinischen Wien. A.B. Weg v. Jesuiten zum Jakobiner, Wien/Stgt. 1975; L. Bodi: Tauwetter in Wien. Zur Prosa d. öst. Aufklärung 1781-95, Ffm. 1977; E. Rosenstrauch-Königsberg: Stützen d. Gesell.? B. u. Grillparzer – beamtete Dichter, in: Jb. d. Grillparzer-Gesell. 13, 1978, 85-100; H. Zeman: D. öst. Lit. im Umbruch 1780-90, in: Öst. zur Zeit Kaiser Joseph II. Mitregent Kaiserin Maria Theresias, Kaiser u. Landfürst, Katalog d. NÖ Landesmusems, N.F., Nr. 95, Wien 1980, 245-257; Zeman 2, 360ff.

Wilhelm Haefs

Blumauer, Karl → **Hadatsch**, Franz Josef

Blümelhuber, Michel bzw. Michael (Ps. **Schriften eines Deutschen**, 23.9.1865 Unterhimmel-Christkindl bei Steyr/OÖ – 20.1.1936 Steyr/OÖ) stammte aus einer alten Steyrer Messerschmiedfamilie, Sohn eines Säbelfabrik-Vorarb., erkrankte als Kind an Typhus u. laborierte infolgedessen v. seinem 8. bis 27. Lebensjahr an einer Kiefersperre (schließlich erfolgreiche Operation durch Theodor Billroth). B. absolvierte d. Steyrer Bürgerschule u. besuchte ab 1880 d. Fachschule u. Versuchsanstalt für Eisen- u. Stahlbearb., wo er – d. Familientradition folgend – d. Messerschmiedhandwerk erlernte. Nach einer vorübergehenden Hilfslehrertätigkeit an d. Fachschule machte sich B. 1885 selbständig u. richtete in seinem Heimatort eine eigene Messerschmiedwerkstätte ein, wobei er durch seinen musisch aufgeschlossenen Mäzen, d. gräflichen Schlossherrn (v. Lamberg) v. Steyr, auf einen adeligen Kundenstamm rechnen konnte. B. gilt als bedeutender Erneuerer d. Tradition d. Stahlschnittkunst (viele kunsthandwerkliche Geräte: Papierscheren, Jagdmesser, Schmuck, aber z.B. auch »Stahlkreuz v. Kalksburg«, 1911; »Linzer Domschlüssel«, 1924; »Reliquienkreuz für St. Stephan«, 1927). Ausstellungen in Paris (1900), Wien (1901) u. London (1902) begründeten seinen internat. Ruf. B., v. Auslandsberufungen Abstand nehmend, setzte in Steyr d. Eröffnung eines Meisterateliers für Stahlschnitt durch, als dessen Leiter er fungierte. Das Erlebnis d. 1. WK bewegte ihn in seinen Stahlarbeiten immer stärker zu einer symbolhaften Darstellungsweise im Sinne d. Weltfriedens (Aufsehen erregte seine Stahlplastik »Menschheitszukunft«, Ausstellung 1922/23 im Wr. Künstlerhaus). B., eine zu Lebzeiten anerkannte Persönlichkeit (sog. B.-Gemeinde in Steyr, d. sogar eine Initiative ins Leben rief, um ihn für d. Friedensnobelpreis vorzuschlagen), war Träger d. Öst. Staatspreises für bildende Kunst (1921). Weiters war er Ehrenmitgl. d. Künstlervereinigung »Albrecht-Dürer-Bund« u. Mitgl. d. Dt. Schriftsteller-Verbandes. B. verfasste Fachschriften sowie lyr. u. epische Arb. Diese entstanden – v. einigen lyr. Versuchen vor d. Jahrhundertwende abgesehen – ausschließlich nach Kriegsbeginn: B. erste lit. Arbeit resultiert aus d. Eindruck d. 1. WK u. d. Erlebnis eines Frontbesuchs: *Weltenwende* (1916; in 2. Aufl. mit seiner eigenen Werkinterpretation, d. *Bekenntnissen eines Briefwechsels*, 1918) ist ein groß angelegtes, in freier Form gestaltetes Epos. In d. gedanklichen Zukunftsschau plädierte B. wie in seinen bildnerischen Arbeiten vehement für d. Weltfrieden, scheiterte aber in d. sprachlich-formalen Umsetzung. Das bombastische u. weitgehend völlig unzugängliche Werk fordert somit ungewollt zum Vergleich mit einem Plastiktorso heraus. B. betonte selbst immer wieder d. Zusammenhang zw. seiner stahlbildnerischen u. lit. Kunst: Er vertrat d. Ansicht, dass »meine Stahlentwürfe Dichtungen u. meine Dichtungen Hammerschläge sind u. sein müssen« (Brief an d. Germanisten Moriz Enzinger 1927; weiters *Bekenntnisse*, 67: »Als einmal d. Esse für dieses Werk prasselte, d. Funken u. Flammenfetzen für d. ›Weltenwende‹ hoch aufflogen, da scherte ich mich um keine hergebrachte Form mehr«). Größere formale Gewandtheit zeigen hingegen seine d. »Manen Ernst Moritz Arndts, Eichendorffs, Friedrich Rückerts u. Theodor Körners« gewidmeten plakativ-ekstatischen »Aufgesänge aus dt. Not« u. »dt. Weihelieder« (*Walhall in Brand*, 1921). B. bleibt hier ebenso wie in *Jung Faust an d. Menschheit* seinen in *Weltenwende* – unzureichend – artikulierten hoch fliegenden Ideen treu, wobei nun aber eine starke Tendenz zur Dt.tümelei hinzutrat. B. Vorhaben, mit seinen (z.Tl. expressionist. erscheinenden) lit. Werken seine anerkannte bildnerische Kunst hinreichend zu erklären, gelang nicht. Die Ereignisse d. 2. WK provozierten postum darüber hinaus ungewollt zu einer polit. Missdeutung d. Arbeiten d. einzelgängerischen Schriftstellers.

WERKE: Epos: *Weltenwende*, Wien 1916, 2., inhaltlich erw. Aufl. mit d. Untertitel: »Stimmungen, Visionen u. Wirklichkeit. Meine Eindrücke aus d. Weltkrieg« u. d. Geleitbd. *Bekenntnisse eines Briefwechsels zum Entstehen seines Werkes*, hg. v. Freunden u. Verehrern Meister B. in Steyr, Wien/Warnsdorf/Lzg. 1918. Lyr.: *Walhall in Brand. Aufgesänge aus dt. Not u. neue dt. Weihelieder*, Wien 1921; *Jung Faust an d. Menschheit. Neue Freiheitslieder u. Sinng.. Schriften eines Deutschen*, Wien 1932 (enthält neben Lyr. d. »Dramatische Dreibild« *Jung Faust* u. d. Prosatext *Der Feuerstern*).

Kein Nachl., aber Einzelnes daraus im Museum, Steyr, OÖ.

Helmut Salfinger

Blumen aus Krain. Für d. Jahr 1781. Laybach, gedruckt mit egerschen Schriften ist – obwohl d. Titel dieses vortäuscht – kein Musenalmanach, sondern eine G.slg. v. ANTON TH. LINHART (11.12.1756 Rademannsdorf – 14.7.1795 Laibach/Ljubljana), d. sich für d. Täuschung d. Leser im Vorbericht entschuldigt. LINHART legt mit d. schmalen Bd. eine Mischung v. G. u. kurzer Prosa vor, d. nicht mehr als lit. Versuche eines d. Dt. als Kunstsprache übenden, v. d. lit. Rückständigkeit d. öst. Länder im späteren 18. Jh. Betroffenen bezeichnet werden können. Daher übt sich d. Autor vornehmlich in Übers. aus d. Oden d. Horaz, aus Guarini u. verdeutscht auch ein Singspiel *Das öde Eiland* v. P. METASTASIO. Auffällig sind Übers. aus d. Süd-Slawischen (z.B. »Das Turnier zwischen Ritter Lamberg u. Pegam. Nach d. uralten Slavischen« u. »Die Menschenliebe Josephs II. Eine freye Uibersetzung aus d. Slavischen«), d. d. Autor, d. sich selbst mit Dichtungen in slowen. Sprache versuchte, offenbar ein Herzensanliegen im Sinne kultureller Vermittlung waren. LINHARTS Dichtungen sind Früchte poetischer Nebenstunden: In Laibach hatte er Jus studiert, wurde dann bei d. bischöfl. Kanzlei angestellt, wurde Protokollist beim Kreisamt u. war zuletzt Kreis-Schulkommissär u. landschaftlicher Sekretär. Er ist einer jener altöst. Beamtendichter d. 18. Jh., d. in d. Provinz d. Anschluss an d. in Mode gekommene Dichtung – Wien war hier d. Vorbild – suchten. Typisch hierfür sind nicht nur LINHARTS G., sondern auch sein bürgerliches Trauerspiel *Miss Jenny Lowe* (1780) u. seine Übers. v. JOSEPH RICHTERS Lustspiel *Die Feldmühle* ins Slowen. (1790).

WERKE: Gelegenheitsg. u. G.: *An d. Höchwürdigsten [...] Herrn Carl [...] Fürsten u. Bischof zu Laybach aus d. gräflichen Hause v. Herberstein etc. bey d. Antritte d. Laybacherischen Bisthumes gesungene Ode*, Laybach 1773; *An Joseph nach d. Tode Marien Theresiens im Winter*, Laybach 1780; *Blumen aus Krain* (s.o.). Dramatisches: *Miss Jenny Lowe*, Trauerspiel in fünf Aufzügen, Augsburg 1780; *Die Feldmühle* (s.o.) – slowen., Laybach 1790. Geschichtsschreibung: *Versuch einer Gesch., v. Krain u. d. übrigen südlichen Slaven Oesterreichs*, Laybach 1788-91.

LITERATUR: Goedeke, Bd. 6; Y.-G. Mix: D. dt. Musen-Almanache d. 18. Jh., Mchn. 1987.

Herbert Zeman

Blumen u. Knospen, *gesammelt zur Würze trüber Stunden*, Wien 1824. Dieses nur im genannten Jahr erschienene schmale Büchlein wurde in Druck u. Verlag v. Anton Mausberger hg., d. sich hier nicht nur als Sammler d. Texte, sondern auch als bescheidener Literat einbrachte. Durch seinen Beruf mit lit. Kreisen in Berührung gekommen – er verlegte auch Werke v. EDUARD V. BAUERNFELD – wollte er sich wohl auch selbst als Dichter bewähren; ein Großteil d. Beitr. dieses Almanachs stammt v. ihm. Neben G. d. Hg. (*Das lieblose Lottchen, An meine Gläubiger*) findet man Beitr. v. Karl Philipp Lohbauer (er ist auch in d. *Blüthen u. Früchten* v. Joseph Wiesmayr in Salzb. vertreten), HILARION (EDUARD V. BADENFELD), E. SILESIUS, (ders.), v. d. ein langes Epos *Die Witwe zu Nain* stammt, Romano u.v.a. An Prosa gibt es eine Kriminalgesch. *Die Todtenhand* v. Ernst v. Houwald u. eine anonyme Arbeit *Das Neujahrsgeschenk. Aus d. Tagebüchern d. armen Pfarr-Vikars v. Wiltshire*. Alles in allem sind d. *Blumen u. Knospen* ein liebenswürdiges, biedermeierlich gestalteter Bd., d. sich ohne bes. Merkmale in d. lange

Reihe d. zeitgenöss. Almanache u. Tb. einfügen lässt.

LITERATUR: Goedeke, Bd. 8.

Eva Münz

Blumen, Blümchen u. Blätter Stat eines Prager Musenalmanachs, Zusamgelesen (!) v. Johan Dionis John, Prag u. Wien, in d. SCHÖNFELDschen Handlung 1787. Zus. mit M. TEKUSCHS PRESSBURGER MUSEN-ALMANACH AUF D. JAHR 1785 stellt Johns Slg. einen d. ersten Versuche dar, auch in d. mehrsprachigen Ländern d. k.k. Monarchie ein dt.-sprachiges Musenalmanachsunternehmen zu etablieren. Angesichts d. besonderen Probleme, d. mit einem derartigen Vorhaben verbunden sein konnten (vgl. MUSEN-ALMANACH. 1788; BLUMEN AUS KRAIN. FÜR D. JAHR 1781; MUSEN-ALMANACH V. U. FÜR UNGARN AUF D. JAHR 1808), muss d. Bd. als lit.hist. interessante Slg. angesehen werden. Unter d. 66 Beitr. v. elf namentlich u. drei mit Chiffre zeichnenden Autoren dominiert spöttische, bisweilen satirische Kritik im Geist d. josephinischen Reformbewegung. Zentrales Thema sind – auch sechs Jahre nach d. rücksichtslosen Kampagne gegen d. Grafen Philipp Franz v. Kolowrat-Krakowski – d. Klosteraufhebungen in Böhmen. In Johns G. kommt ein aufklärerischer Radikalismus zum Vorschein, d. d. Verf. als Anhänger d. in Prag einflussreichen Freimaurers I. V. BORN u. d. J. V. EYBEL ausweist, einer Richtung, d. – gesell.reformerisch u. zugleich wiss. orientiert – in d. ersten Hälfte d. 80er-Jahre in Prag in Konkurrenz mit d. maßvoll reformerischen Linie v. K.H. V. SEIBT stand. Allein vier Beitr. Johns verurteilen z.Tl. im sarkast. Ton d. Spottg. (»Trauerlied auf d. Hinscheiden d. Mönche«), d. Klosterdasein als unnatürliche u. unvernünftige Existenzform (»Die Nonne«, »Die Exnonne«, »Der Kapuziner u. d. Franziskaner«).

Eher untypisch für d. poetischen Bemühungen in vergleichbaren Provinzialalmanachen dürfte d. Versuch d. Hg. u. eines mit d. Chiffre F.-D. zeichnenden Beiträgers sein, sich v. populären norddt. Vorbildern wie G.A. Bürger u. L. Chr. H. Hölty abzugrenzen, indem man d. empfindsamen Modeton, beliebte Themen o. bekannte G. dieser Autoren ironisiert o. parodiert (»Der Mond«, »Gram an Liebchen«, »Ein Gegenstük zu H. Bürgers Lust an Liebchen«, »Grabschrift eines empfindsamen Mädchens«). Literarästhetisch vermag d. Hg. diesen ehrgeizigen Anspruch jedoch – wie ein zeitgenöss. Rezensent in d. 241. Nr. d. Jenaer *Allg. Literatur-Ztg.* 1787 hervorhebt – nicht einzulösen. Dennoch wäre es verfehlt, Johns Prager Almanach ausschließlich an d. hohen Maßstäben d. nord- u. mitteldt. Lit.kritik messen zu sollen. Aufgrund seiner satirischen, dezidiert aufklärerischen u. gelegentlich auch antiklerikalen Töne kommt d. Bd. ein durchaus eigener Stellenwert im Kontext d. josephinisch inspirierten dt.-sprachigen Lit. Böhmens zu.

LITERATUR: Goedeke, Bd. 4/1; Y.-G. Mix. d. dt. Musen-Almanach d. 18. Jh., Mchn. 1987.

York-Gothart Mix

Blumenjahr in Bild u. Lied, Das. Eine Blütenlese neuer dt. Lyr., hg. v. ROBERT HAMERLING, FfO. [1882], ist eine G.-Slg., d. fast nur Werke dt. Autoren enthält. Es ist nach Monaten gegliedert, beginnend mit Jan., *d. Buch d. Leides*, endend mit Dez., *d. Buch d. Betrachtung*. Im Vorwort meint d. Hg., dieses Buch wolle »ein am Wege gepflückter Strauss, nicht ein vollendetes Herbarium d. Guten u. Besten« sein, so schränkt er im Vorhinein d. ERWARTUNGEN ein. Jeder Monat trägt ein sanft koloriertes Blumenbild mit einem Vers, so beginnt d. Jan. mit »Wie unter

Schnee u. Eis / Des Mooses zarte Triebe, / So grünt im Herzen leis / Erinnerung fort d. Liebe.« Auch einige Bilder d. Autoren sind vorhanden. An öst. Dichtern sind vertreten CAJETAN CERRI, WILHELM CONSTANT, LUDWIG FOGLAR, ANASTASIUS GRÜN, HERMANN V. GILM, JOHANN FRH. V. EICHENDORFF, FRIEDRICH HALM, d. Hg. ROBERT HAMERLING, NIKOLAUS LENAU, ADOLF PICHLER u. JOHANN NEPOMUK VOGL. An dt. Autoren seien hier Friedrich v. Bodenstedt, Felix Dahn, Franz Frh. v. Dingelstedt, Georg Herwegh, August Hoffmann v. Fallersleben, Emanuel Geibel, Annette v. Droste-Hülshoff, Heinrich Heine, Paul Heyse, Ferdinand Freiligrath, Hermann Lingg, Eduard Mörike, August Graf v. Platen, Friedrich Rückert, Joseph Victor v. Scheffel, Theodor Storm u. Ludwig Uhland sowie mehrere Unbekannte erwähnt. – Diese Slg. macht deutlich, dass d. Grenzen d. dt. Sprachraumes weit über d. öst. Monarchie hinaus reichten u. d. öst. Dichter sich auf gleicher Ebene mit denen in Dtld. befanden.

LITERATUR: M. Kaiser/W. Michler: D. lit. Feld u. d. Terrain d. Politik, Sonderdr. Tübingen 2002.

Eva Münz

Blumenlese d. Musen. Wien bey FRANZ JACOB KAISERER 1790. Insgesamt enthält d. 220 S. starke, v. JOHANN KARL V. LACKNER u. CAJETAN TSCHINK hg. Bd. über 80 Beitr. v. 26 namentlich u. einigen mit Chiffre zeichnenden Autoren. Die Tatsache, dass etwa d. Hälfte d. genannten Autoren d. Beiträgerkreis d. WR.(ISCHEN) MUSENALMANACHS zuzurechnen ist, lässt darauf schließen, dass d. Hg. ihre Blumenlese als Konkurrenzunternehmen zu d. seit 1777 bestehenden, auch überregional verbreiteten Wr. Slg. geplant haben u. auch verstanden wissen wollten. Angesichts d. stilist. u. inhaltl. Dürftigkeit

d. meisten Beitr. hatte d. Unternehmen jedoch wenig Erfolg u. wurde vermutlich nach d. ersten Jg. wieder aufgegeben. Literarästhetisch dokumentiert d. kleine Bd. d. starke Orientierung d. zeitgenöss. Wr. Autorengeneration an populären norddt. Almanachpoeten wie G.A. Bürger, M. Claudius, F.L. Stolberg u. J.H. Voß. V.a. d. Hg. – v. denen etwa ein Viertel aller Beitr. stammt – erweisen sich in ihren Poemen als unkritische Anhänger d. volkstümliche Poesieauffassung G.A. Bürgers. Ebenso wie d. parodist. Versuche v. LACKNERS »Minnelied. In theuern Zeiten zu singen« u. »An Bacchus« müssen auch d. poetischen Bemühungen TSCHINKS (»Ritter Spieß. Eine Romanze«) als thematisch u. formal anspruchslose Nachahmungen angesehen werden. Ähnliches gilt für d. Beitr. d. übrigen – zumeist unbedeutenden – Autoren. Die offenkundige Profillosigkeit d. Slg. macht deutlich, warum d. Unternehmen beim Publikum keinen Anklang fand u. auch d. ambitiösen Ansprüche d. Hg. nicht erfüllen konnte.

LITERATUR: Goedeke, Bd. 4/1; Bd. 6; O. Rommel: D. Wr. Musenalmanach. Eine lit.hist. Untersuchung, Lzg./Wien 1906 (= Euphorion 13, Ergänzungsh. 6), 152f.; Y.-G. Mix: D. dt. Musen-Almanach d. 18. Jh., Mchn. 1987.

York-Gothart Mix

Blumenlese, Neueste deutsche. Für Freunde d. Wahren, Guten u. Schönen (Wien, in d. Camesinaischen Buchhdlg, gedr. bei JOSEPH VINCENZ DEGEN 1803). Entgegen d. Titel handelt es sich bei dieser Slg. durch d. überproportional hohen Anteil an ND nicht um d. herkömmlichen Typus d. poetischen Blütenlese im Sinne d. WR.(ISCHEN) MUSENALMANACHS, sondern um eine Übergangsform zu Anfang d. 19. Jh. immer populärer werdenden Lyrikanthologie. Unter d. 86 namentlich gekennzeichneten Beitr. finden sich nahezu ausschließlich Texte v. Autoren, d. – abgesehen v. J.G. Herder u. J.H. Voß – d. breiten Gruppe d. sog. Poetae minores angehören u. allenfalls noch durch ihre Veröff. in zeitgenöss. Musenalmanachen bekannt sind. Während d. ältere öst. Dichtergeneration mit vier Texten v. J.B. ALXINGER, A. BLUMAUER, K. MASTALIER u. J. RICHTER nur schwach repräsentiert ist, wird selbst d. weniger bedeutenden Beiträgern norddt. Musenalmanache (W.G. Becker, E. v. Berlepsch, F. Bouterwek, J.F. Schink, J.D. Falk, K.F. Pockels u.a.) bemerkenswert breiter Raum zugestanden. Übernahmen aus lit. Tb., Zs. (wie etwa C.F. Voigts *Sehnsucht nach d. Landleben*) u. d. NEUEN WR. MUSENALMANACH AUF D. JAHR 1798 unterstreichen d. gesamtdt. Ausrichtung u. erweitern d. 315 S. starke Slg. ebenso wie einige mit Abbreviaturen gekennzeichnete Texte. Dieser auffällige Rückgriff auf längst Veröff. (ein Tl. d. Beitr. J.G. Herders wurde bereits 1787 in d. dritten Slg. d. *Zerstreuten Bl.* publiziert) verdeutlicht, dass bei d. Textausw. mehr Wert auf eine erkennbare inhaltliche Kohärenz gelegt wurde als auf d. Kriterium lit.ästhetischer Modernität. Thematisch dominiert unter d. über 100 Einzelbeitr. d. Idealisierung bürgerlicher Tugenden im aufklärerisch-didaktischen Ton. Neben d. vielfach u. unterschiedlich literarisierten Lob d. Tugend, Weisheit u. Mäßigung (J.H. Voß, Eulogius Schneider, S. Mereau, K.H. Heidenreich, J.G. v. Salis-Seewis u.a.) enthält d. kleine Bd. auch geistliche Lieder, Freundschaftspoesie u. Naturlyr. wie E. v. Berlepschs sentimentales G. »Bey einer Wasserfahrt«, d. in seiner frühen Fassung ebenfalls schon 1787 publiziert wurde. Ein längerer Nachdr. aus d. *Deutschen Monathsschrift* 1799 mit d. Titel »Das Umsuchen. Eine Weihnachts-Idylle« beschließt als Beitr. zum Jahresende d. Ausw. Die betont gesamtdt. Konzeption d. B. kann als charakterist. Ausdruck d. v. H. Zeman skizzierten Hinwendung d. öst. Lesepublikums zum übrigen dt. Sprachraum in d. Zeit nach 1800 gewertet werden.

LITERATUR: Goedeke, Bd. 6; H. Zeman: D. öst. Lyr. d. ausgehenden 18. u. d. frühen 19. Jh. – eine stil- u. gattungsgesch. Charakteristik, in: D. öst. Lit. Ihr Profil im 19. Jh. (1830-80), hg. v. H. Zeman, Graz 1982, 518f.

York-Gothart Mix

Blumenreich, Franziska → **Kapff-Essenther**, Franziska

Blumenthal, Hermann (28.10.1880 Bolechow/Galizien – 1942 ?), v. jüd. Herkunft, absolvierte in seinem Heimatort eine jüd. Volksschule, kam mit elf Jahren nach Lemberg, wo er für zwei Jahre eine Mittelschule besuchte, u. wurde hierauf Lehrling in einem großen Wr. Handelshaus. Während seiner siebenjährigen Berufstätigkeit war B. bestrebt, sich als Autodidakt weiterzubilden. Ab 1901 trat er schließlich als Literat hervor. 1907 lebte er in Bln., wo er eine Dramaturgenstelle am Figaro-Theater inne hatte, später nahm er seinen Wohnsitz wieder in Wien. B. blieb als Prosaist v.a. d. heimatl. ostjüd. Kulturkreis verbunden: aus d. Frühzeit seines nicht überaus umfangreichen lit. Schaffens stammt d. stark autobiogr. gefärbte Entwicklungsr.-Trilogie *Der Weg d. Jugend* (1905), *Knabenalter* (1908) u. *Jünglingsjahre* (1909), in d. er d. für einen Heranwachsenden triste Atmosphäre eines galizischen Ghettos u. d. Leben d. Wr. Galizianer beleuchtet. Bescheidenen Erfindergeist u. Gewinnsucht stellt B. in d. R. *Der Weg zum Reichtum* (1913) einander gegenüber, d. Lebensgesch. eines ruthenischen Räuberhauptmannes zeichnet er in *Der Herr d. Karpathen* (1915) nach. Mit d. Chassidismus befasst er sich vor MARTIN BUBER in d. einfachen, aber nicht spannungslosen Kurzr. *Gilgul* (1923; dann unter d. Titel *Das zweite Leben*, 1925), in d. er d. Schicksal eines ›Seelenwanderers‹ lose mit d. d. Chassidismus-Begründers Baal Schem Tov verbindet. Stilist. u. formale Einfachheit bestimmt auch seine autobiogr. Kriegserz. (*Galizien, d. Wall im Osten*, 1915), mit denen er v.a. eindringliche Stimmungsbilder v. Leid d. Zivilbevölkerung liefert (*Die Schlacht bei Lemberg*), wobei er sich v. d. weitverbreiteten pathetischen Kriegsglorifizierung distanziert (*Das Unheimliche*). Slg. v. ostjüd. Anekdoten, Sprichwörtern u. Ghettoimpressionen (z.Tl. gemeinsam mit Arthur Landsberger) runden d. Œuvre d. an seine namhaften Vorgänger LEOPOLD V. SACHER MASOCH u. KARL EMIL FRANZOS nicht herankommenden galizischen Erzählers ab.

WERKE (Ausw.): Romane: Trilogie – 1. *Der Weg d. Jugend*, Bln. 1905, 2. *Knabenalter*, Bln. 1908, 3. *Jünglingsjahre*, Köln/Lzg. 1910; *Der Weg zum Reichtum*, R., Bln. 1913; *Der Herr d. Karpathen*, Mchn./Bln. 1915, Mchn. ²1917; *Gilgul. Ein R. aus dieser u. jener Welt*, Wien/Bln. 1923, u.d.T. *Das zweite Leben*, Bln./Wien/Lzg. (1925). Kriegserz.: *Galizien, d. Wall im Osten*, Mchn. 1915. Anekdoten: *Die besten jüd. Anekdoten, Perlen d. Humors*, Wien 1924.

LITERATUR: Brümmer, Bd. 1 u. 8; A. Salzer: Illustr. Gesch. d. Dt. Lit. v. d. ältesten Zeiten bis zur Gegenwart, 2., neu bearb. Aufl., Bd. 4: Vom neuen Sturm u. Drang bis zur Gegenwart, Regensburg 1931, 1739; Nagl/Zeidler/Castle, Bd. 4; (folgender Lit.hinweis ist unzutreffend; er bezieht sich auf d. 1903 geb. dt. Bibl. wissenschaftler gleichen Namens: Dt. Lit.-Lex. Biogr.-bibliogr. Hdb., begr. v. W. Kosch, 3., völlig neu bearb. Aufl., Bd. 1, hg. v. B. Berger/H. Rupp, Bern/Mchn. 1968, Sp. 609); Zeman 2, Bd. 7.

Sylvia Leskowa

Blümlinger, Matthias → **Blüminger**, Floridus

Blümlinger, Floridus (eigentl. Matthias B., 1.11.1862 Wilhelming bei Utzenaich/OÖ – 26.12.1901 Reichersberg/OÖ), Sohn eines Zimmermanns u. landwirtschaftlichen Maschinenherstellers, besuchte d. Volksschule in St. Lambrechten u. – infolge seiner offenkundigen Begabung – d. k.k. Staatsgymnasium in Linz, d. er mit ausgezeichnetem Erfolg absolvierte (1875-83). Im Aug. 1883 begann er sein Noviziat im Augustinerchorherrenstift Reichersberg am Inn (Ordensnamen: Floridus). 1884-88 widmete er sich im Stift St. Florian theol. Studien. Aus dieser Zeit stammen seine ersten lit. Versuche (Gelegenheitsg., Humorvolles aus d. Ordensleben in d. v. ihm begr. u. geleiteten Klerikatsztg.). Nach seiner Priesterweihe (1888) fungierte er als Kooperator in St. Lambrechten. Seit 1890 lebte er wieder im Stift Reichersberg, wo er zunächst Novizenmeister, dann Rent- u. Kellermeister u. seit August 1900 schließlich Stiftsdechant war. Nebenbei engagierte er sich nicht nur in d. Reichersberger Raiffeisenkasse, sondern auch im örtlichen Kath. Leseverein (auch Mitarb. d. *Volksbibliothekars*, d. Organs für kath. Lese- u. Büchervereine). – In seinen einfachen u. humorvollen Volkserz. u. Skizzen verwertet er meist Erlebnisse u. Begegnungen mit seinen Zeitgenossen. Sie erschienen seit d. späten 80er-Jahren vorerst zum Großtl. im *Linzer Volksbl.*, in d. *Innviertler Ztg.* u. in Kalendern. 1897 veröff. er seinen einzigen recht erfolgreichen Erzählbd. *Guckkastenbilder*, in d. er sich als unaufdringlich-liebenswerter christlicher Moralist erweist. Der Bd. brachte ihm positive Presseurteile u. d. Lob NORBERT HANRIEDERS ein. Ungeachtet dessen beschränkte sich B. lit. Bedeutung auf OÖ.

WERKE: Prosa: *Guckkastenbilder*, Linz a.d. Donau 1897, ³1922, ⁴1922.

LITERATUR: Brümmer, Bd. 1; B.O. Černik: D. Schriftsteller d. noch bestehenden Augustiner-Chorherrenstifte Öst. v. 1600 bis auf d. heutigen Tag, Wien 1905, 190, 202ff.; Nagl/Zeidler/Castle, Bd. 4.

Sylvia Leskowa

Blüthen u. Früchte. Zur Aufmunterung u. Veredlung jugendlicher Talente, hg. v. Joseph Wiesmayr, Präfekt d. lodronisch-rupertinischen Erziehungsstiftes in Salzb., nennt sich ein 1797 in Salzb. hg. Almanach, d. man im besten Sinne einen d. Aufklärung nennen kann. In seinem Vorwort betonte d. Hg., man solle d. Titel nie aus d. Augen verlieren, da viele Beitr. solche jugendlicher Kräfte seien – ihn selbst eingeschlossen, da auch seine Beiträge eigene Jugendarb. wären. Er habe an sämtlichen Artikeln auch einiges verändert, geschliffen u. verbessert. Viele seiner eigenen Prosa-Beitr. seien Nachdichtungen o. Übers. aus d. Engl. Die v. ihm seinerzeit verfassten *Fragen mit Gründen u. Gegengründen* halte er für päd. wertvoll. – Der Bd. beginnt mit einer Slg. v. G. *Poetische Aufs.* – als Autoren scheinen neben d. Hg. vor allem Karl Lohbauer (Beitr. v. ihm finden sich auch in d. Almanach *Blumen u. Knospen*, Wien 1824), M.J. Baader, Josef Kirchdorfer, Anton Bergh u. mehrere Ps. wie W. Schr***r, J.C.L. Pfl. (Pflaum), O. H-r, Fr. P-l-r (Fritz Pichler?) etc. u. Ungenannte auf. Der Ton dieser oft umfangreichen G. ist elegisch bis heiter, zuweilen auch leicht erotisch (*Lob d. Negerinn* v. Josef Knechtl, *Das scheue Nönnchen* v. Anton Bergh). Oft hört man gelinde Gesell.kritik u. moralische Ansprüche heraus. Leider fehlen in diesem Bd., d. zu d. Raritäten gehört u. nur noch in einem Exemplar vorhanden ist, d. angekündigten Notenbeilagen, nämlich Vertonungen einiger dieser G. durch d. Bruder Joseph Haydns, Johann Michael Haydn, d. zu dieser Zeit in Salzb. Hof- u. Dom-Organist war, A.J. Emmert u. Ph. Schmelz. Diese Beilagen sind herausgerissen u. lassen sich wohl nicht mehr rekonstruieren. – Der folgende Prosatl. – *Prosaische Aufs.* – beginnt mit *Allegorischen Erz.*: *Glück u. Unglück*; *Arbeitsamkeit*; *Liebe u. Ehe*; es folgen Fabeln, Scharaden u. Rätsel. Hauptl. dieser Texte sind aber d. *Fragen mit Gründen u. Gegengründen*. Hier werden grundsätzliche Themen zur Diskussion gestellt, d. jeweils reziproken Antworten folgt keine Lösung – jeder sollte sich auf Grund d. gegebenen Argumente seine eigene Meinung bilden. Hier sind d. essenziellen Probleme d. Zeit in spielerischer Form angesprochen, v. zwischenmenschl. Kommunikation über Bildungsfragen zu solchen d. Ökonomie. Für d. geistl. Fürsterzbistum Salzb. klingt es recht fortschrittlich. – Der zweite Bd. v. 1798 ist gleich gegliedert, u. es scheinen auch dieselben Verf. auf – d. Hg. betont, dass er mehr G. v. K. Lohbauer aufgenommen habe, d. Rechtfertigung hierfür liege in d. Werken selbst. Für d. Aphorismen sowie d. prosaischen Aufs. bekenne er sich selbst als Verf. – Die poetischen Beitr. stammen v. d. schon bekannten Autoren wie C.A. Baader, Anton Bergh, Conrad, Georg Emmrich, F.J.E. Koch, L. Pflaum u.a. In diesem Bd. sind d. Notenbeispiele erhalten, es handelt sich um v. A.J. Emmert vertonte G. v. J.A. Stoll, *Maylied*, *Der Mond*, *An Doris*, u. *Der Zufriedene* v. L. Pflaum u. *Die frohen Zecher* v. ***, Musik Benedikt Hacker. – Unter d. z.Tl. sehr langen u. ausführlichen G. fällt eines v. O. H-r auf, *An d. Hahn*, d.

ein Gegenstück zu einem v. ALOYS BLUMAUER verfassten Text bilden soll. In diesen launigen u. ironischen Versen bleibt auch ein kleiner Seitenhieb auf d. Residenzstadt Wien nicht aus, d. sich wohl für »Klein-Paris« halte. In d. prosaischen Aufs. folgen nach einem M. *Der Ritt aus d. Stadt* v. Neumann (es handelt sich um d. alte Erz. v. Vater u. Sohn, d. mit d. Esel unterwegs sind), d. neu u. originell gesehen wird, Aphorismen v. Hg. u. wieder *Fragen mit Gründen u. Gegengründen* zur Beantwortung: »Soll man d. Volk aufklären? Ist d. Theater ein eben so unschädlicher als angenehmer Zeitvertreib? Soll man d. Menschen durch Belohnungen zur Tugend aufmuntern? Kann man bei d. Menschen v. Liebe zur Musik auf ein gutes Herz schließen?« Auch hier erfolgen keine Antworten – d. aufgeklärte Bürger am Ende d. 18. Jh. ist gehalten, sich seine Meinung selbst zu bilden.

LITERATUR: Goedeke, Bd. 7.

Eva Münz

Blüthen d. Liebe u. Freundschaft; d. Tb. erschien 1826-35 in Wien beim Verlag Pfautsch, d. auch schon Werke v. JOHANN GABRIEL SEIDL u. ADOLPH RITTER V. TSCHABUSCHNIGG verlegt hatte. Leider ist dieser frühe Almanach fast vollkommen verschollen, lediglich ein Exemplar d. Jahres 1835, d. 10. u. letzten Jg. d. Edition, wird noch als Rarum in d. Bibl. aufbewahrt. Der kleine Bd. ist liebevoll mit einem Titelkupfer als Illustration zu einer Erz. u. kolorierten Modebildern ausgestattet. Dann folgt ein Kalendarium, ebenfalls mit passenden Kupferstichen versehen, d. zu d. folgenden Texten passen. Die Tabellen für d. Zeit- u. Festrechnung, d. Geburtstagen d. kaiserl. Familie, d. Terminen d. Eilwagen etc. weichen nicht v. d. üblichen Schemata ab. Der aus kurzen Erz. u. G. bestehende, nach biedermeierlichem Geschmack thematisch gewählte belletrist. Text-Teil weist als Autoren auf: Daniel Tomichich, Philipp v. Körber, JOSEF FRANZ EMIL TRIMMEL, JOHANN NEPOMUK VOGL, Carlopago (Carl Ziegler) u. FRANZ FITZINGER. – Das so reizend ausgestattete Büchlein unterscheidet sich inhaltlich kaum v. d. unzähligen zu dieser Zeit erschienenen Tb. mit d. gleichen Anspruch.

LITERATUR: Goedeke, Bd. 8.

Eva Münz

Blüthen d. Musen für d. Jahr 1816 v. Jh. Hel. Dem schönen Geschlechte gewidmet, erschien in Wien, bei Josef Riedl, »bürgerlichem Buchbinder im Schottenhof«. JOHANN HEHLS Bd.chen enthält außer d. üblichen Zeitrechnungstabellen u. d. Kalendarium in d. 56 S. umfassenden Lit.teil mehr als 50 Beitr., d. wahrscheinl. alle v. Hg. selbst stammen. Bemerkenswert ist angesichts d. literarästhetischen Belanglosigkeit d. Texte allenfalls d. aufwändige Ausstattung d. 10 x 6 cm großen roten Ganzlederbd., d. mit aufgeklebten Vignetten auf d. Deckeln, reicher Goldprägung, Goldschnitt u. einem Lederschuber mit goldgeprägter Randornamentik versehen ist. Neben d. Frontispiz in antikisierender Manier enthält d. Kalender sechs weitere Stiche, d. H. Poeme, ganz d. Erwartungen eines breiten Publikums gemäß, stilloseklektizistisch illustrieren. Wie d. Poeme *Zueignung, Die Wohlthätigkeit, o. Lob d. adeligen Frauen=Vereines in Wien* u. *Das Symbol, am Nahmensfeste d. Frau Gräfinn v. Dietrichstein, Vorsteherin d. edeln Frauen=Vereines* verdeutlichen, wandte sich d. Hg. mit diesem Bd.chen hauptsächlich an weibliche Leser adeliger u. begüterter Kreise. Inhaltlich lässt sich H. Slg. als Quodlibet dilettantischer Reimbemühungen (Gelegenheitsg.) charakterisieren, d. thematisch kaum über d. beschränkten

Horizont trivialer Vergangenheitsverklärung (*Die gute alte Zeit*) o. stereotype Lobpreisung v. Wein, Musik u. Liebe (*An d. Wein, Lob d. Musik, Der Minnesänger, Lob d. Treue*) hinausgehen. Naive Sorglosigkeit u. Indifferenz gegenüber d. polit.-sozialen Veränderungen d. Zeit spricht auch aus d. zahlreichen Scherz- u. Rätselg., deren matter Witz sich bestenfalls aus altbekannten Palindromen u. Akrosticha ableitet u. d., wie einige anspruchslose Figureng., d. traditionelle Epigramm als Raum füllenden Lückenbüßer weitgehend verdrängt haben. Angesichts seiner literarästhetischen Dürftigkeit ist H. Publikation jener Kategorie v. Kalendern u. Almanachen zuzurechnen, d. bereits v. d. zeitgenöss. Lit.kritik als ephemer angesehen wurde.

LITERATUR: Y.-G. Mix: D. dt. Musen-Almanach d. 18. Jh., Mchn. 1987.

York-Gothart Mix

Blüthen Kränzchen o. Almanach d. Scherzes u. d. Laune, für d. Jahr 1810 erschien in Wien bei d. Buchbinder Joseph Schwarzbach in d. Naglergasse u. zeichnet sich durch bes. schöne, kolorierte Kupferstiche aus Dem üblichen »Calendarium« folgt eine Fülle anonym hg. G. zumeist heiteren o. besinnlichen Charakters mit Vertrauen in eine durch aufgeklärte Tugenden geregelte Welt, d. Zufriedenheit zu gewähren vermag: z.B. *An d. Natur* fasst d. Natur als gute Mutter auf; *Auf d. Vermählung eines Freundes* spricht v. Ende d. Lebensschwärmerei u. endet mit d. Bekenntnis »Zufriedenheit in d. Genuße, / ein ruhig Lager, echter Wein, / Des Hauses Friede, gute Muße, / Schließt unser Beyder Glück nun ein.« Diese zeittypische spätaufklärerische Haltung, d. ein biedermeierliches Lebensideal entwickelt, weist auf d. gleichzeitige Alt-Wr. Volkskomödie u. d. Ideale bes. d. Stücke v. F. RAIMUND. Den G. folgen in ähnlichem Sinn Scharaden, ein einaktiges Lustspiel *Die Unähnlichsten aber d. Besten* u. schließlich *Lieder*.

LITERATUR: H. Zeman: D. öst. Lyr. d. ausgehenden 18. u. 19. Jh. im Spiegel zeitgenöss. Almanache – eine stil- u. gattungsgesch. Charakteristik, in Kalender? Ey, wie viel Kalender! Lit. Almanache zw. Rokoko u. Klassizismus, Ausstellungskat., Herzog August Bibl. Wolfenbüttel, Wolfenbüttel 1986, 184-208.

Herbert Zeman

Bob → **Austerlitz** Robert

Bob, Franz Joseph (31.10.1733 Dauching/Vorderöst. – 19.2.1802 Freiburg i.Br.) stud. Phil. in Solothurn u. Theol. in Freiburg i.Br.; 1756 kam er nach Wien, wo er d. Stud. d. Rechte abschloss (1760). Seit 1762 war er hier als Stadtgerichtsschreiber tätig, später als Konzipist beim Magistrat. B. pflegte Umgang mit d. führenden Wr. Gelehrten, darunter SONNENFELS, u. wurde Mitgl. d. v. diesem gemeinsam mit RIEGGER 1761 gegr. *Wr. Deutschen Gesellschaft*, deren Konzept einer an Gottsched orientierten Lit. er in seinen eigenen poetischen Werken vertrat. Damit war er als Freimaurer, deren Wirken unter Franz Stephan v. Lothringens Regierung d. lit. u. geistigen Anschluss an Preußen u. Sachsen zu gewinnen suchte, Mitbegründer einer maurerischen lit. Kultur, d. sich zwanzig Jahre später zu voller Blüte zu entwickeln begann. 1767 erhielt B. d. Ruf als Prof. d. Rhetorik an d. Univ. Freiburg i.Br., ab 1775 wirkte er dort als Prof. d. Polizei- u. Kameralwiss.; 1776 wurde B. Rektor d. Univ. Freiburg. Zunächst als poetischer Schriftsteller wirkend, war B. Gottsched verpflichtet, trat in späteren Jahren aber nur noch als Prosaist hervor. Seine Oden sind patriotisch-legitimist. Charakters, wie d. d. an d. »Aufklärung v. oben« beteiligten Bürgertum d. Zeit entsprach; d. Erz. *Sidney u. Silly o. Die*

Wohltätigkeit u. Dankbarkeit hat moralisch lehrhafte Tendenz entsprechend d. Aufklärung. Neben zahlreichen sprachwiss., ästhetischen u. kameralist. Arbeiten verfasste B. Artikel u. Abhandlungen für d. WELT, d. ÖSTERREICHISCHEN PATRIOTEN u. d. WIENERISCHE DIARIUM.

WERKE: Oden (Gelegenheitsg.): *Ode auf d. in diesem 1757. Jahre v. d. österreichischen Waffen erfochtenen Siege*, 1757; *Daun, d. Retter*, 1758. Erz.: *Sidney u. Silly o. d. Wohltätigkeit u. Dankbarkeit*, 1764. Theaterschrift: *Glückwunsch an d. Herrn Verfasser d. Lustspieles »Die bürgerliche Dame«* (i.e. Philipp Hafner), 1764. Sprachwiss. u. Rhetorik: *Anleitung zur dt. Rechtschreibung*, Wien 1768; *Die nothwendigsten Gründsätze d. dt. Sprachkunst*, Freiburg i.Br. 1771; *Erste Anfangsgründe d. dt. Sprache, mit einem orthographischen Wörterbuche*, Freiburg i.Br. 1780. Ästhetisches: *Antrittsrede v. d. Vorurtheile wider d. Neuerung in d. Wissenschaften*, Freiburg i.Br. 1768, 1779; *V. d. Kunstrichtern*, o.O. o.J.; *Von d., was d. Menschen Humor nennen. Phil. Betrachtungen*, Freiburg i.Br. 1769; *Neue philosophische Betrachtungen v. d., was d. Menschen Humor nennen*, 2 Bde., Freiburg i.Br. 1779. Kameralistisches: *Von d. Systeme d. Polizeywissenschaft*, Freiburg i.Br. 1779; *Sendschreiben an Erich Serrati, über seine Frage: Warum soll ich ein Freimaurer werden?*, Im Orient (i.e. Freiburg i.Br.) 1786.

LITERATUR: De Luca: D. gelehrte Öst., 1, Bd. 1, St., 34; Meusel: D. gelehrte Dtld., Bd. 1, 141; 2. Nachtrag, ebd., 1787, 26; Kayser: Bücher-Lex., Bd. 1, Lzg. 1834, 296; Gervinus: Gesch. d. dt. Dichtung, Bd. 4, Lzg. 1853, 352; Wurzbach, Bd. 2; Chr.H. Schmids Chronologie d. dt. Theaters, 1902, 48, 199, 284; L. Abafi: Gesch. d. Freimaurerei in Öst., Bd. 5, 1899, 24, 35.

Wolfgang Neuber

Bobek, Agnes Elisabeth (Ps. **Agnes Elisabeth**; 4.11.1871 Marburg/Drau – um 1936 Innsbr.). Genaue Lebensdaten sind unbekannt. B. lebte vermutlich seit 1930 als Hausfrau in Innsbr. Sie verfasste Lyr. v.a. zu d. Themenbereichen Heimat, Natur u. griechische Mythologie. Teilweise sind Anklänge an Eichendorff u. LENAU in ihrem Werk spürbar.

WERKE: Lyr.: *Lieder, d. kein Mund noch sang...*, Wien 1928; *Die Harfe im Winde*, Lieder, Wien 1930; *Fabeln u. Tiergesch.*, Innsbr. 1931; *Das Bergwerk*, G., Graz 1934.

Beatrix Cárdenas-Tarrillo

Bocek, Lamberth Eduard (* 20.5.1921 Klosterneuburg/NÖ), infolge eines Unfalls gelähmt, lebt als Heimarb. in Klosterneuburg u. versucht sich im Genre d. Kurzprosa u. Lyr. Sein bekanntestes Werk ist d. 1954 im Europ. Verlag erschienene Lyr.bd. *Der Ring d. Liebe*. Die darin enthaltenen pathetischen Liebesg., d. mit unangebrachten Vergleichen u. Bildern oft d. nicht angestrebten gegenteiligen Effekt unfreiwilliger Komik hervorrufen (u.a. *Der Garten d. Liebe, Ode d. Brautnacht*) stehen durchaus gelungenen einfachen Naturg. gegenüber (z.B. *Herbstdeutung*). Am überzeugendsten ist er mit seinen formal u. sprachlich gleichfalls unkompliziert gestalteten weltanschaul. G., in denen er sich mit seinem persönl. Schicksal auseinandersetzt.

WERKE: Lyr.: *Der Ring d. Liebe*, Wien 1954.

LITERATUR: Giebisch/Gugitz.

Sylvia Leskowa

Bochskandl, Marcella (Ps. Marcella **d'Arle**; 30.5.1906 Rom – ?) geb. d'Arle, Tochter eines Italieners u. einer Dt., verbrachte ihre Kindheit in Rom, kam später nach Wien u. versuchte sich schon in jungen Jahren auf schriftstellerischem Gebiet (Hörspiel für Radio Wien, v. ihrer Mutter ins Dt. übers.) sowie als Weltreisende (elfmonatige Maturareise durch d. Orient). B., Mitgl. d. öst. Schriftstellerverbandes, lebte im 7. Wr. Gemeindebezirk u. im ital. Amalfi. Sie war eine überaus vielseitige Literatin (Dramen, Prosa, Essays, Jugendbücher, Hörspiele, Filmdrehbücher, Übers. aus d. Ital.: Goldoni, Span., Frz. u. Engl.). Ihre vielen abenteuerlichen Reiseerlebnisse (v.a. aus d. arabischen Kulturkreis, hier Gast an etlichen Fürstenhöfen) verwertete sie nicht nur in journalist. Hinsicht (Zs.artikel, Rundfunksendungen), sondern auch in einigen ihrer lit. Arbeiten: *Die Herrin d. Sahara* (1976), ein ernsthafter belletrist. Frauenr., schildert d. Lebensweg einer willensstarken Beduinin, d. gleichsam wider Willen zur emanzipatorischen Wegbereiterin wird. Spannung u. Anschaulichkeit bestimmen auch B. umfangreiche Reiseberichte (*Frau unter fremden Frauen*, 1955: Fahrt auf einem ital. Frachtdampfer v. Argentinien nach Indien als einziger weiblicher Passagier, Erinnerungen an unkomplizierte Begegnungen mit Frauen unterschiedlichster Herkunft u. Nationalität; *Ich war in Mekka*, 1958: Mekka-Besuch v. 1954 als erste Christin unter lebensgefährlichen Umständen). Obgleich d. ansprechenden Reiseschilderungen Sachbuchcharakter aufweisen, sind sie in erster Linie beredtes Zeugnis ihres betont individualist. Wagemuts, sich mit Fremdländischem nicht nur oberflächlich auseinanderzusetzen. Dem gegenüber fallen ihre anderen Arbeiten z.Tl. deutlich ab (z.B. d. Frauen- bzw. Mutterschaftsr. v. herkömmlich pathetischer Machart: *Eva, Mutter d. Welt*, 1941, Neuausg. 1947, u. d. Raoul Aslan gewidmete ernsthafte Zweipersonenstück *Zwei in einer Flamme*, 1946, d. dramaturgisch kaum zu überzeugen vermag).

WERKE (Ausw.): Dramen: *Mutter Erde*, Schauspiel in 3 Akten, Wien um 1940 (mschr.); *Die Sonne im Abgrund*, Wien 1945, mschr.; *Zwei in einer Flamme*, Schauspiel in 3 Akten, Wien 1946, mschr. Romane: *Lange Fahrt*, Bln./Wien/Lzg. 1939; *Eva, Mutter d. Welt. Ein Buch v. Glück d. Frauen*, Bln. 1941, ²1943, Neuausg. Wien 1947; *Auswanderer*, Wien 1947; *Reise ins Licht*, Wien 1947; *Dunkle Kräfte*, Wien 1948; *Die Herrin d. Sahara*, Wien 1976; *Die Herzogin v. Amalfi*, Wien 1979. Jugendbücher: *Kadischa. Aus d. Leben eines Beduinenmädchens*, Wien 1960, Neuausg. mit d. Untertitel »Das Mädchen aus d. Sahara«, Wien 1976; *Drei Mädchen in Salerno*, Wien/Heidelberg 1962; *Der Betteljunge v. Tanger*, Wien 1977; *Zelte in d. roten Wüste*, Neuausg. Zürich/Köln 1976. Reisebücher: *Frau unter fremden Frauen*, Wien 1955; *Ich war in Mekka. Unter Fremdenlegionären, Haschisch-Schmugglern u. Pilgern*, Wien/Stgt./Zürich 1958, Wien 1959 (= Ausg. für d. »Büchergilde Gutenberg«).

LITERATUR: Lex. d. Frau in 2 Bdn., Bd. 1, Zürich 1953, Sp. 736; Dramenlex. Ein Wegweiser zu etwa 10 000 urheberrechtl. geschützten Bühnenwerken d. Jahre 1945-57, begr. v. F.E. Schulz, neu hg. v. W. Allgayer, Köln/Bln. 1958, 186, 238, 445, 466; Kürschner.

Sylvia Leskowa

Bock, Ida → **Bock-Stieber**, Ida

Bock, Theodor Ferdinand (bis 1910 auch Ps. Ferdinand **Stieber**; 27.12.1859 Prag – 10.4.1937 Wien [lt. Todesanzeige in d. *Neuen Freien Presse* v. 14.4.1937, Morgenbl., 17; in biograf. Nachschlagewerken hingegen stets mit 14.4. angegeben]) stammte aus einer alten protest. freiherrlichen Familie, war zuerst im Buchhandel tätig, ging dann zur Bühne (mit Friedrich Mitterwurzer befreundet) u. wurde Staatsbeamter in Wien.

B. trat seit d. späten 70er-Jahren mit lit. Versuchen an d. Öff. u. wurde v. PAUL V. SCHÖNTHAN u. JAKOB JULIUS DAVID gefördert. Neben Feuilletons für Ztg. redigierte er d. v. ihm begr. *Österreichische Familien-Korrespondenz.* 1910 übersiedelte er einige Jahr nach Dtld., wo er in Bonn u. Bln. als Lektor d. Albert Ahn Verlags wirkte. Wieder in Wien, fungierte d. seit 1902 mit d. Unterhaltungsschriftstellerin IDA B.(-STIEBER) verheiratete Literat in d. 20er-Jahren als Generaldirektor d. Wr. Lit. Anstalt. Er war Mitgl. d. Wr. Presse-Organisation sowie d. DEUTSCH-ÖSTERREICHISCHEN SCHRIFTSTELLERGENOSSENSCHAFT. Zuletzt lebte er im 3. Wr. Gemeindebezirk; sein Grab befindet sich auf d. Hietzinger Friedhof. B. übers. aus d. Norweg. u. Russ. u. verfasste v.a. anspruchsvollere Dramen u. N., d. d. belletrist. Arbeiten seiner Gattin IDA in d. Schatten stellen: Mit d. in einer »Landstadt« angesiedelten Stück *Bitt' für mich!* (1906, Exemplar d. Univ. Wien mit hs. Widmung für FRITZ TELMANN) lieferte er ein durchschnittliches Familiendrama v. gemäßigter naturalist. Prüfung u. war damit auf d. Höhe d. Zeit (repräsentiert u.a. durch FERDINAND BRONNER, JULIUS GANS V. LUDASSY). Größere stilist. Gewandtheit zeigen jedoch seine (heimatl.) N., d. meist präzise psychologisierende Charakterstudien v. Außenseitern sind (z.B. d. d. Wr. Journalisten Eduard Bacher gewidmete N.bd. *Auferstehung zum Tode*, 1909). Glaubensfragen (Konversion) u. jugendliche Gefühlsverwirrungen behandelte B. in d. spannenden, einem R. gleichkommenden N. *Das ewige Irren* (1910). Mit d. einfühlsam geschriebenen »Gesch. eines stillen Menschen« *Das Alderhaus* (1910 in ›seinem‹ Verlag v. Albert Ahn erschienen) setzte B. d. Darstellung pubertärer Nöte in R.form fort.

WERKE (Ausw.): Drama: *Bitt' für mich!*, 3 Akte, Bln. 1906. Novellen: *Waworina,*
N., Wien 1900, auch im späteren N.bd. *Auferstehung zum Tode*, Lzg./Wien 1909, abgedr.; *Ein paar aus d. großen Gewimmel,* N., Bln. 1907; *Auferstehung zum Tode*, N., Lzg./Wien 1909; *Das ewige Irren*, N., Lzg./ Wien 1910. Roman: *Das Alderhaus. Die Gesch. eines stillen Menschen,* Köln 1910.

LITERATUR: Brümmer, Bd. 7 (unter »Ferdinand Stieber«); Neue Freie Presse v. 14.4.1937, Morgenbl., 17.

Sylvia Leskowa

Bock-Stieber, Ida (auch: Ida **Bock,** Ida **Stieber**; Ps. **Paracelsus,** Inge **Troll**; 5.9.1872 [nach anderer Angabe 1873 o. 1875] Wien – 12.8.1840 ebd.) war seit 1902 mit d. Schauspieler u. Literaten THEODOR FERDINAND B. verheiratet, d. sich bis 1910 F. STIEBER nannte. B. – Mitgl. d. DEUTSCH-ÖSTERREICHISCHEN SCHRIFTSTELLERGENOSSENSCHAFT – lebte 1911-13 vorübergehend in Bln. In ihrer Heimatstadt war sie als Redakteurin d. Ullstein Verlages u. d. *Neuen Freien Presse* tätig, schrieb aber auch ständig für andere große Tagesztg. u. trat darüber hinaus mit eigenständigen frauenspezifischen Publikationen an d. Öff.: Neben Sachbüchern (Kochbücher) verfasste sie in d. ersten drei Jahrzehnten d. 20. Jh. etliche belletrist. Frauenr. v. unerheblicher lit. Bedeutung. In *Die Bernhardmädeln,* 1903 in d. Reihe »Neue gediegene Unterhaltungslektüre v. Frauen für Frauen« neben Werken solch unterschiedlicher Autorinnen wie ELSA ASENIJEFF u. ROSA MAYREDER, Isolde Kurz u. Amalie Skram erschienen, schildert B. d. ereignisreichen Lebensweg einer jungen Wienerin, d. sich d. Familientradition einer Theaterlaufbahn nicht ohne Schwierigkeiten entzieht. Im Fortsetzungsbd. *Der Heimweg* (1904) führte B. d. ›Frauenschicksal‹ erwartungsgemäß zu einem glücklichen Ausgang. Desgleichen im harmlosen, aber nicht unroutiniert erzählten R. *Schuld?*, d. 1920 in d. mit MO-RIZ BRÉES Künstlerr. *Glorienschein* eröff. Wr. belletrist. Reihe »Philipps Bücherei« erschien (vermeintliche Schuld eines jungen Mädchens am folgenschweren Unfall eines Konzertsängers).

WERKE (Ausw.): Romane: *Die Bernhardmädeln*, Lzg. 1903; *Der Heimweg*, Wien 1904 (Forts. v. *Die Bernhardmädeln*); *Schuld?*, Wien 1920; *Das Licht in d. Finsternis*, Bln. 1934; *Das Glück d. Eve Warnstedt*, Prag/Lzg. um 1935; *Kannst du vergessen*, Prag 1935; *Der Schleier d. Venus*, Prag/Lzg. um 1935. Frauenspezifische Sachbücher: *Die Kochkiste. Selbstanfertigung, Behandlung, Rezepte*, Wien/Lzg. 1918; *Gut u. einfach kochen*, Innsbr./Wien/Mchn. 1932; *Wie bewirte ich meine Gäste? Ein gastronomischer Knigge für d. Gegenwartshausfrau*, Graz 1933, m. Mela Weisz.

LITERATUR: Brümmer, Bd. 7 (unter »Ida Stieber«).

Sylvia Leskowa

Bodanzky, Robert (Ps. **Danton**, 20.3.1879 Wien – 2.11.1923 Bln.), Librettist, Bruder d. Dirigenten Arthur Bodanzky. B. stammte aus einer Wr. Kaufmannsfamilie, war v. seinem Vater zu eben diesem Beruf ausersehen, wandte sich aber früh d. Theater zu. Nach einer nicht sehr erfolgreichen Karriere als Schauspieler begann B., sich für seine Rollen selbst Einlagen zu schreiben. Sein Humor gefiel d. Publikum, u. d. Schreiben wurde immer mehr zu seinem Lebensinhalt. Der 1. WK machte B. zu einem glühenden Antimilitaristen, d. sich weigerte, patriotische Operettenlibr. zu verfassen u. so in finanzielle Schwierigkeiten geriet. Doch blieb er seinem Pazifismus u. seinem starken sozialen Empfinden auch in d. Jahren d. Ersten Republik treu, in denen er neben Libr. auch unter d. Ps. Danton polit. Essays schrieb u. hg. (*Revolutionäre Dichtungen u. politische Essays*, Wien 1925).

Er war Mitbegr. d. Zs. *Erkenntnis u. Befreiung*, in d. er vehement gegen Unfreiheit u. Militarismus Stellung bezog. B. besaß eine bedeutende Kunstslg. 1922 ging er nach Bln. in d. Hoffnung auf bessere Verdienstmöglichkeiten, doch konnte er auf Grund d. immer schwieriger werdenden wirtschaftlichen Situation nicht mehr Fuß fassen. B. starb an d. Folgen v. Diabetes in Bln.

B. war beliebter Mitarb. großer Operettenkomponisten, so v. Oscar Straus (*Eine Ballnacht, Die Dorfmusikanten, Rund um d. Liebe*), Leo Ascher (*Was Mädchen träumen*), Leo Fall (*Die schöne Risette*), Edmund Eysler (*Das Zirkuskind*), FRANZ LEHÁR (*Endlich allein, Eva, Zigeunerliebe, Der Graf v. Luxemburg*) u. Robert Stolz (*Das Glücksmädel, Der Tanz ins Glück*). Viele seine Werke schuf B. in Zusammenarb. m. anderen Schriftstellern, so oftmals mit FRITZ GRÜNBAUM bei *Phryne*, Burleske Operette für d. Eröffnung d. HÖLLE 1906, Musik Edmund Eysler; *Die fidelen Eremiten*, Operette für d. HÖLLE 1907, Musik Heinrich Berté; *Mitislav, d. Moderne*, Operette für d. Hölle 1907, Musik FRANZ LEHÁR; *Peter u. Paul reisen ins Schlaraffenland*, Kinderoperette 1906, Musik FRANZ LEHÁR; *Max u. Moritz reisen ins Schlaraffenland*, Zauberm. in einem Vorspiel u. 5 Bildern, Musik FRANZ LEHÁR, *Der Studio v. Salamanca* (Operette 1911), *Leute v. Stand*, Singspiel 1913, Musik Leo Fall.

WERKE: Libr.: *Mitislaw d. Moderne*, 1 Akt, m. Fritz Grünbaum, Musik v. Franz Lehár, Wien 1907; *Amor im Panoptikum. Musikalisches Puppenspiel in 1 Akt*, Musik v. Bela Lasky, 1907, als Singspiel 1915; *Liebeswalzer*, 3 Akte, m. Fritz Grünbaum, Musik v. C.M. Ziehrer, Wien 1908; *Die kleine Baroneß*, 1 Akt, Musik v. F. Albini, Wien 1909; *Baron Trenck*, 3 Akte, m. A.M. Willner, Musik v. Felix Albini, 1909; *Der Graf v. Luxemburg*, 3 Akte, m. A.M. Willner, Musik v. Franz Lehár,

1909; *Zigeunerliebe*, 3 Akte, m. A.M. Willner, Musik v. Franz Lehár, Wien 1910; *Das Glücksmädel*, 3 Akte, m. F. Thelen, Musik v. Robert Stolz, Wien 1910; *Die schöne Risette*, 3 Akte, m. A.M. Willner, Musik v. Leo Fall, Wien 1910; *Das Zirkuskind*, 2 Akte, m. F. Thelen, Musik v. E. Eysler, Wien 1911; *Eva*, 3 Akte, m. A.M. Willner, Musik v. Franz Lehár, Wien 1911; *Casimirs Himmelfahrt*, 3 Akte, m. A.M. Willner, Musik v. B. Granichstaedten, Wien 1911; *Prinzeß Gretl*, 3 Akte, m. A.M. Willner, Musik v. H. Reihardt, Wien 1913; *Leute v. Stand*, Singspiel, 1 Akt, m. Fritz Grünbaum, Musik v. Leo Fall, Wien 1913; *Endlich allein*, 3 Akte, m. A.M. Willner, Musik v. Franz Lehár, Wien 1914; *Rund um d. Liebe*, 3 Akte, m. F. Thelen, Musik v. Oscar Straus, Wien 1914; *Der Befehl d. Kaiserin*, 3 Akte, m. L. Jacobson, Musik v. Bruno Granichstaedten, Wien 1915; *Wenn zwei sich lieben*, 3 Akte, gemeinsam m. A.M. Willner, Musik v. E. Eysler, Wien 1915; *Warum geht's denn jetzt?*, 3 Akte, m. L. Jacobson, Musik v. E. Eysler, Wien 1916; *Hanni geht tanzen*, Singspiel, 2 Akte, Musik v. E. Eysler, Wien 1916; *Nachtfalter*, Singspiel, 3 Akte, m. L. Jacobson, Musik v. Oscar Straus, Wien 1917; *Walzerliebe*, Singspiel, 2 Akte, m. B. Granichstaedten, Musik v. B. Granichstaedten, Wien 1918; *Die Fahrt ins Glück*, Singspiel, 2 Akte, m. Franz Arnold/Ernst Bach, Musik v. Jean Gilbert, Wien 1918; *Eine Ballnacht*, 3 Akte, m. L. Jacobson, Musik v. Oscar Straus, Wien 1918; *Der Liebesteufel*, 3 Akte, m. L. Jacobson, Musik v. J. Bistron, Wien 1919; *Dorfmusikanten*, 3 Akte, m. L. Jacobson, Musik v. Oscar Straus, Wien 1919; *Yuschi tanzt*, 3 Akte, m. L. Jacobson, Musik v. R. Benatzky, Wien 1920; *Die Tanzgräfin*, 3 Akte, m. L. Jacobson, Musik v. Robert Stolz, Wien 1921; *Indische Nächte*, Operette, 3 Akte, m. B. Hardt-Warden, Musik v. Bruno Granichstaedten, Wien 1922; *Die Liebe geht um. Ein Scherzspiel mit Musik*, 3 Akte, m. B. Hardt-Warden, Musik v. Robert Stolz, Bln. 1922; *Marietta*, 3 Akte, m. B. Hardt-Warden/Willi Kollo, Musik v. Walter Kollo, Bln. 1923; *Der Tanz ins Glück*, 3 Akte, m. B. Hardt-Warden/ Willi Kollo, Musik v. (Robert Stolz?) Walter Kollo, Wien 1921. Übers.: *Ein Herbstmanöver*, 3 Akte v. K. v. Bakonyi, übers. v. B., Musik v. E. Kálmán, Wien 1909; *Der kleine König*, 3 Akte v. K. v. Bakonyi/F. Martos, übers. v. B., Musik v. E. Kálmán, Wien 1912; *Sybill*, 3 Akte, v. M. Brod/Fr. Martos, übers. v. B., Musik v. V. Jakobi, Wien 1919; *Liebesrausch*, 3 Akte v. Emmerich Földes, übers. v. B., Musik v. A. Buttykay, Wien 1920; *Der Pusztakavalier*, Operette, 3 Akte, v. Karl v. Bakonyi, übers. Texte d. Gesänge v. B., Musik v. Albert Szitmay, Wien 1920. Werke unter d. Ps. Danton: *Revolutionäre Dichtungen u. politische Essays*, Wien 1925; *Wenn d. Glorienschein verbleicht*, Wien 1919. Andere WERKE: Vorträge u. Chansons aus d. Repertoire d. Cabarets »Die Hölle«, Wien 1907.

LITERATUR: Czeike, Bd. 1; Bauer, Opern 129 (Reg.); Zohn, Sohn dt. Sprache; RK Kultur 30.10.1973; Auctionskat. Kende, 23. bis 25. Oktober 1924, Nachl. d. Schriftstellers R.B. (Wien 1924).

Marie-Theres Arnbom

Bodeck, Hermann → **Bodek**, Hermann

Bodek, Hermann (auch **Harry** B., seit d. Emigration durchweg Herman **Bodeck**; 3.7.1893 Bln. – 12.3.1966 Paris), Sohn d. freisinnigen Journalisten Arnold B., vormals jüd. Theologe u. Historiker, Prediger u. Sekretär d. jüd. Gemeindebundes in Lzg., u. d. aus Öst. gebürtigen Malva Reitler. Lyriker, Übers., Essayist. Nach d. frühen Tod d. Vaters 1895 verbrachte er Kindheit u. Jugend in d. Heimat d. Mutter: Volksschule u. Gymnasium in Wien, 1908-10, 1911/12 Klosterschule in Krumau a.d. Moldau. Schon früh begann sich B. für Werk u. Persönlichkeit Stefan Georges zu begeistern – diese Affinität bestimmte sein ganzes weiteres Leben. Erste Zeugnisse dafür waren d. im Selbstverlag erschienene Slg. v. Jugendg., *Die Geburt d. Seele* (1910), gewidmet »Stefan George / größtem deutschem Dichter / Erwecker u. Erretter«, sowie erste briefliche Versuche d. Kontaktaufnahme mit d. Verehrten (1911; s. Norton 2002, 420). Auch d. Gespräch mit HUGO V. HOFMANNSTHAL im Winter 1911 steht im Zeichen Georges. Im Herbst 1912 begann B. ein Stud. d. Klass. Philol. in Bln.; über mehr als ein Jahrzehnt führte er ein v. häufigen Ortswechseln geprägtes Schüler- u. Künstlerleben in d. näheren o. weiteren Umgebung Georges u. seines Kreises: In Bln. Beginn d. Freundschaft mit Friedrich Wolters (bis 1918), Umgang u.a. mit Berthold Vallentin u. Paul Thiersch, erste flüchtige Begegnung mit George; 1913 in Göttingen u. Wien (einzelne G. B. erregten Georges Aufmerksamkeit, mit Blick auf sein G. *Meer-Wunder* erhielt B. im George-Kreis d. Namen »Muschel-Dichter«; mit Norbert v. Hellingrath im Herbst 1913 im Wr. Wald, im Juli am Neckar. Im Herbst 1914 an d. Univ. Straßburg übersiedelt, wurde B. bei Kriegsbeginn eingezogen, 1916 krankheitshalber beurlaubt. Die Genesungszeit verbrachte er im Schwarzwald. Im Frühjahr 1917 nahm er seine Studien in Freiburg i.Br. wieder auf. Hier begann er mit d. Abfassung d. »Götter-G.«, d. er als sein Reifewerk betrachtete: In Gestalten d. griech. Mythologie werden Freunde u. verehrte Persönlichkeiten aus d. Einflussbereich Georges besungen, meist in Form v. mit Initialen bezeichneten Widmungsg. nach d. Vorbild d. v. George selbst entwickelten Kreispoesie (*Das Jahr d. Seele*, 1897, »Überschriften u. Widmungen«). B. Lyr. ist reich an Beziehungen zum Werk Georges u. zu dessen lit. Kanon, sie folgt d. Leitgestalt d. »Meisters« auch in ihrer v.a. d. Reim u. d. roman. Formenhorizont verpflichteten Formbewusstheit nach. Sie ist primär Ausdruck einer quasi-rel. Erhöhung d. Kunst u. richtet sich gegenständlich auf d. Kunst selbst, d. Künstler, dessen Selbstfindung u. Charakterbildung im Spannungsfeld eines leidenschaftlichen freundschaftlichen Gefühlsaustausches u. d. erzieherischen Kraft d. messianisch verehrten Ausnahmeerscheinung. In Todtmoos legte B. George G. vor, in Freiburg fand eine Begegnung mit George (u. Friedrich Gundolf) statt (Aug. 1918?). Beginn d. Bekanntschaft mit Anna Thormaehlen u. Freundschaft mit Robert Boehringer, d. bis zu B. Tod anhielt u. somit wohl d. intensivste persönl. Verbindung zum George-Kreis bildete. In Boehringer, d. späteren Erben u. Nachl.verwalter Georges, sah B. d. Inbild d. treuen, d. gesamten Persönlichkeit d. »Meisters« verpflichteten Jüngerschaft. V. Herbst 1918 bis zu ihrem Tod am 1.1.1920 begleitete B. liebend d. als »Hestia« in seinen G. verklärte Caroline Margarethe Vanoli. Die Arbeit d. Doktoranden befasste sich mit d. Eleusinischen Mysterien. 1920-26 fanden mehrere Begegnungen mit George sowie ein Besuch bei Karl Wolfskehl statt, ehe im Juli u. Herbst 1926 in letzten Begegnungen in Mchn. u. Würzburg d. endgültige Entfernung aus d. Gefolgschaft Georges erfolgte: Verantwortlich war eine innere Krise B., d. ihn – wohl im Zusammenhang mit d. Urteil d. »Meisters« – d. relative Unzulänglichkeit d. eigenen dichterischen Bemühungen erkennen ließ; vgl. d. an George gerichteten G. *Dem Lenker!, Meister u. Engel* (»Robert Boehringer gewidmet als d. Vorbild d. Treue«) u. *An Uranos*, alle 1926. Im selben Jahr kehrte

89

B. nach Wien zurück, 1929-33 entstanden d. letzten »Götter-G.«, d. G.schaffen trat allmählich fast völlig in d. Hintergrund, jedoch demonstrieren d. nach d. Krise entstandenen G. d. anhaltende geistige u. persönl. Hinwendung zu d. durch George geprägten dt. Erneuerungsbewegung (Widmungen u.a. an Heinrich Friedemann, Albrecht v. Blumenthal, Max Kommerell). In deren Zeichen entfaltete B. in Wien eine intensive Anregungs- u. Vermittlungstätigkeit, welche ihn auch in eine zeitweilig sehr enge Verbindung mit JOSEF WEINHEBER, d. jungen FRIEDRICH SACHER u. dessen späterer Gemahlin M.CHR. BENTIVOGLIO führte: Um 1930 war er häufiger u. regelmäßiger Gast bei JOSEF WEINHEBER zu lit. Gesprächen, es kam aber spätestens ab 1934 zu einer deutlichen, teils polemisch geführten Entfremdung, da WEINHEBER d. relativierende Urteil über seine Lyr., d. aus B. unbedingter George-Begeisterung entsprang, ebenso wie diese selbst nicht akzeptieren konnte. Der Vermittlung d. schöpferischen Landschaft Georges in Wien diente insbes. ein über vier Semester angelegter Vortragszyklus, d. B. im »Wr. Turngau« hielt (1935-37), worin er d. gesamte Leben u. Schaffen Georges im Kontext d. mannigfaltigen persönl. Beziehungen affirmativ interpretierend nachzeichnete. Neben nur wenigen eigenen G. (Liebesg. an d. aus Bozen gebürtige Lyrikerin MARIA DITHA SANTIFALLER, G. an Renata v. Scheliha, BENTIVOGLIO u. Aribo v. Ortenburg) begann B. sich immer ausschließlicher d. Übers. zuzuwenden. Aus d. Auseinandersetzung mit d. hellenischen Antike entstanden zunächst Homer-Übertragungen (verloren), ehe eine erste Frankreichreise 1936 (Besuch bei Albert Mockel) d. Blick auf d. Lyr. im engeren u. weiteren Bereich d. frz. Symbolismus lenkte. Dies wurde, darin wieder d. geistigen u. persönl. Beziehungen Georges folgend u. namentlich durch dessen eigene Übers.bemühungen geleitet, d. bestimmende Inhalt v. B. künftigem Schriftstellerleben. Anfang 1939 wegen seiner jüd. Abstammung trotz stark dt.-bewusster Haltung zur Emigration gezwungen, wandte er sich nach Frankreich u. entfaltete bald auch dort sein tätiges Vermittlerwirken, namentlich zu Gunsten d. in Frankreich noch weitgehend unbekannten georgeschen Spätwerks (im Juni Vortrag über George vor Germanistikstudenten an d. Sorbonne). An d. polit. Organisations- u. Agitationsbestrebungen d. Exilanten nahm er bewusst nicht teil. In Paris begab er sich auf d. Spuren Mallarmés u. fertigte u.a. Abschriften d. an diesen gerichteten Briefe Georges aus d. Nachl. an (s. Boehringer 1967, 201-206); Umgang mit Mockel, Albert Saint-Paul, André Fontainas etc. Mit Kriegsausbruch wurde B. in ein Sammellager für dt. Staatsangehörige verbracht, nach d. Waffenstillstand konnte er nach Limoges in d. unbesetzte Zone ausweichen, am 15.9.1941 heiratete er Astra Inés Imbert, d. er im Febr. 1935 in Mondsee zum ersten Mal begegnet war. Die Zeit d. Besetzung Restfrankreichs durch d. dt. Armee musste B. mit Hilfe seiner Frau u. frz. Freunde in Verstecken verbringen, nach d. Befreiung Frankreichs durch d. Alliierten kehrte er nach Paris zurück, wo er als Homme de Lettres lebte u. als Dt.lehrer an Privatschulen unterrichtete. Das sich v. da an erst völlig entfaltende übersetzerische Schaffen B. widmete sich jenen »Dichtern d. frz. Sprachbereichs, d. vor George u. vor HOFMANNSTHAL am sichtbarsten d. neue Vergeistigung d. Wirklichkeit vertreten u. d. in Frankreich selbst damals so gut wie verschollen waren« (Gspann, 85); fast durchweg waren d. jeweiligen Beziehungen zu Leben u. Werk

Georges Ausschlag gebend für d. Zuwendung. Versdichtung u. lyr. Prosa d. »Vorläufer«, d. Haupt- u. d. Spätprotagonisten d. frz.-sprachigen Symbolismus: Marceline Desbordes-Valmore (*Traumgesicht einer Schmerzensnacht*, als Ts. vervielfältigt 1958), Aloysius Betrand (*Gaspard de la nuit*, entstanden 1948-58, gedr. 1958), Gérard de Nerval (*Sylvie. Erinnerungen an d. Valois*, um 1950), Maurice de Guérin (u.a. *Die Bacchantin, Der Kentaur*, begonnen um 1940, Teilveröff. 1949); Baudelaire, Villiers de l'Isle-Adam, Mallarmé, Verlaine, Rimbaud; Charles van Lerberghe (Probe aus *Evas Gesang* in d. *Freundesgabe* für Boehringer, 1957), Saint-Paul, Henri de Régnier, Renée Vivien, ferner Schriftstellerinnen wie Marie de la Morvonnais, Adrienne, Cydalises u. Mlle d'Aubelleyne. B. Übers. zeichneten sich, ähnlich seinen Originalg., durch eine gewählte, bildreiche Sprache aus, sie wurden – meist »Umdichtung« genannt – v. einem bis in zahlreiche Eigenwilligkeiten d. Wort- u. Satzbildung reichenden Impuls d. Stilisierung geprägt, d. sie d. Original stets bis zu einem gewissen Grad entfremdete, während er sie d. eigenen, geistesgesch. genau verorteten Kunstideal u. d. damit verknüpften konservativ-revolutionären Wirkungsanspruch annäherte. 1948-51 hielt B. Vorträge über d. frz. Symbolisten an Instituts Français in Dtld. sowie an d. Univ. v. Mayence, Tübingen, Freiburg i.Br. u. Mchn.; 1956 sprach er am Institut Français in Wien, 1958 am Institut Autrichien in Paris. Seit 1960 hinderte ihn Krankheit zusehends am Schaffen. Eine bereits weitgehend fertig konzipierte Sammelausg. seiner Übers., *Französische Symbolisten in dt. Sprache* (mit einer biogr. Skizze v. Lucien Gspann), blieb unveröff., auf Publikationen aus seinem lyr. Originalwerk dürfte B. später zu Gunsten d. Zirkulation im Kreis Gleichgesinnter gezielt verzichtet haben. Über seine Mitarb. an dt., öst. u. schweizer. Journalen 1948-60 fehlen gegenwärtig noch genaue bibliograf. Forschungen, über Publikationen aus d. Zeit gibt es keine Angaben.

WERKE Lyr.: *Die Geburt d. Seele* [Erster Tl.], Wien 1910 (als Harry B., Selbstverlag). Übers.: *Sinnbildliche Dichtung Frankreichs*, Einl. u. Übers., Lahr 1949 (= Das Goldene Tor, Jg. 4, H. 6); R. Boehringer: *Zum Briefwechsel zwischen George u. Hofmannsthal* [1940], in: Etudes Germaniques, Jg. VI, Lyon 1951, 41-46, Übers. ins Frz. nebst einer Anzeige; *Charles van Lerberghe (1861-1907)*, in: R. Boehringer. Eine Freundesgabe, Tübingen 1957, 49-51, Vorw. u. Umdichtung; A. Betrand: *Gaspard de la Nuit*, Salzb./Klosterneuburg 1958 (= Stifterbibl., Dichtung 66/67), Umdichtung mit Einl. u. Anm.; M. Desbordes-Valmore: *Traumgesicht einer Schmerzensnacht*, mschr., 1958, ÖNB, Druckschriftenslg. 1,102.047-B, Einl. u. Umdichtung.
Ein Tl.nachl. befindet sich an d. ÖNB (Cod. Vind. Ser.n. 20.243-20.266).

LITERATUR: L. Gspann: Lebenszüge, in: H.B. Frz. Symbolisten in dt. Sprache, undatiert Ms., Cod. Vind. Ser.n. 20.265; R. Boehringer: Mein Bild v. St. George, 2., erg. Aufl., Ddf./Mchn. 1967; Lex. dt.-jüd. Autoren, Bd. 3, Mchn. etc. 1995, 249f. (Arnold B.); G. Mattenklott/M. Philipp/J.H. Schoeps (Hg.): »Verkannte Brüder«? St. George u. d. dt.-jüd. Bürgertum zw. Jahrhundertwende u. Emigration, Hildesheim etc. 2001 (= Haskala 22); R.E. Norton: Secret Germany. St. George and his circle, Ithaca/London 2002; Chr. Fackelmann: D. Sprachkunst J. Weinhebers u. ihre Leser. Annäherungen an d. Werkgestalt in wirkungsgesch. Perspektive, Diss. phil., Wien 2004, 272ff.

Christoph Fackelmann

Bodener, Curt (eigentl. Kurt **Mayer**; 1906 – 1981, genauere Angaben nicht bekannt) lebte in NÖ u. war ein nachgeborener Verwandter v. HEIMITO V. DODERER. In seinem 1965 erschienenen Buch *Das Rendezvous d. Doggen u. andere Erz.* lernt man einen brillanten Erzähler kennen, d. in manchen Passagen an FRITZ V. HERZMANOVSKY-ORLANDO erinnert. Die sechs Erz. haben scheinbar nur d. Ich-Erzähler gemeinsam. Die G. spielen in versch. Gegenden, u. hinter d. handelnden Personen stehen jeweils, mehr o. weniger verfremdet, Vorfahren bzw. Verwandte d. Autors. Auch d. Dichter-Onkel HEIMITO V. DODERER tritt in d. E. *Im Zeichen d. Flügelhorns* auf. B. zeichnete versch. Facetten einer großbürgerlichen Familie in d. Zeit zw. 1914 u. d. Beginn d. 2. WK. Es ist stilist. Absicht d. Autors, alles u. jeden zu karikieren, zu ironisieren bzw. zu persiflieren. Er beherrschte d. Kunst d. Fabulierens u. Formulierens virtuos.

WERKE: Prosa: *Das Rendezvous d. Doggen u. andere Erz.*, Wien/Hannover/Bern 1965.

Ruthilde Frischenschlager

Bodenreuth, Friedrich → **Jaksch**, Friedrich

Bodini, Gianni (* 1948 Laas i. Vinschgau), Autor, Fotograf, Berg- u. Landschaftsführer. Seit Jahrzehnten dokumentiert d. Südtiroler ital. Muttersprache in Erzähl- u. Bildwerken d. Gesch. u. Kultur Tirols u. d. Welt d. Alpen, bes. d. d. Südtiroler Region Vinschgau. B. ist Mithg. d. Südtiroler Kulturzs. ARUNDA u. wirkt als Botschafter in d. internat. Umwelt- u. Kulturorganisation »Pro Vita Alpina«.

WERKE: *Elemente. Eine photographische Anthologie/Elementi. Una Antologia Fotografica*, Schlanders 1982; *Die Arche*, Texte v. Sebastian Marseiler, Siegfried de Rachewiltz, Hans Wielander, Schlanders 1987; *Essen u. Trinken in Südtirol*, Bozen 1992; *Menschen in d. Alpen Arbeit & Brot*, m. Hans Haid, Rosenheim 1992; *Südtirol für Bergwanderer II. Texelgruppe, Pfelderer u. Ridnauner Berge*, m. Ewald Lassnig, Mchn. 1993; *Waalwege. Entlang d. Lebensadern d. Vinschgauer Bergbauern*, Mchn. 1993; *Dem Norden entgegen. Europa-Fernwanderweg. Auf d. E5 v. Verona nach Meran*, Mchn. 1994; *Märchen aus d. Churburg. Ein Buch für Kinder u. Erwachsene*, Lana 1994; *Die Alpen: nach Gebrauch wegwerfen*, Innsbr. 1996; *Ferienland Vinschgau, Landeck, Unterengadin. Magisches Rätisches Dreieck*, m. Jürg Baeder, Chasper Baumann, Ludwig Thoma, Freiburg i.Br. 1999; *Pässe, Übergänge, Hospize: Südtirol am Schnittpunkt d. Alpentransversalen in Gesch. u. Gegenwart*, Lana 1999; *Reitia. Archäologie. Forschung. Projekte. Spurensuche*, Innsbr. 1999; *Karl Spitaler, Architektur erzählt*, m. Karl Spitaler, Toni Bernhart, Innsbr. 2001; *Steine. 4000 Jahre Megalithkultur in Europa / Sassi. 4000 anni di cultura megalitica in Europa*, Innsbr. 2002; *Vogt Gaudenz v. Matsch*, Lana 2004; *Waalwege in Südtirol. Bildwanderführer durch eine untergehende Kultur*, Lana 2006; *Marco Tirelli*, Lana 2008.

Friederike Wursthorn

Bodmershof, Imma (v.) (10.8.1895 Graz – 31.8.1982 Gföhl, Waldviertel/NÖ), aufgewachsen im Waldviertel, Tochter d. Phil. CHRISTIAN V. EHRENFELS, d. Entdecker d. Gestaltqualitäten, erhielt eine individuelle Ausbildung (nur eine Klasse Volksschule) durch Eltern, Lehrer, Freunde u. freies Hören v. Vorlesungen an d. Univ. Prag u. Mchn. (v.a. Phil. u. Kunstgesch.). B. stand d. Kreis um Stefan George nahe, verlobte sich 1913 mit d. Hölderlin-Forscher Norbert v. Hellingrath (gefallen 1916); seit 1925 war sie verheiratet mit Dr. Wilhelm (v.) Bodmershof († 1970) u. lebte seit dieser Zeit auf ihrem Gut Rastbach bei Gföhl (Waldviertel).

Seit 1950 Mitgl. d. öst. P.E.N.; Großer Öst. Staatspreis 1958; Ehrenkreuz für Kunst u. Wiss. 1. Kl. 1969; Preis d. Stadt Wien 1969. B. war v.a. Prosaistin, aber auch Lyrikerin. Ihre Prosa spiegelt d. biogr. Grundspannung zw. Heimaterlebnis u. Welterfahrung: Schauplätze sind entweder d. Waldviertel, wie im R. *Die Rosse d. Urban Roithner*, o. traditionsreiche europ. Landschaften (Sizilien, Flandern, Baskenland). Eine ausgeprägt individuelle Haltung zeigt sich in d. Freiheit v. lit. Richtungen u. Tendenzen. Die Bedeutung d. Autorin liegt in d. künstlerischen Gestaltung einer spezifisch öst. Denktradition: in d. Transponierung d. phil. Anschauungen ihres Vaters in d. dichterische Praxis. Hinter d. vordergründigen Handlungsmuster wird – bes. in d. R. – eine archetypische Bildlichkeit mythologischer Vorstellungen erkennbar, d. als genaue Transkription d. ehrenfelsschen Gestalttheorie anzusprechen ist: V. tragender Bedeutung ist d. Polaritätsgedanke, d. sich im Grundmotiv d. Störung u. Wiederherstellung d. Ordnung niederschlägt.

WERKE: Romane: *Der zweite Sommer*, Bln. 1937; *Die Stadt in Flandern*, Bln. 1939, sprachl. überarb. Fassung u.d.T. *Das verlorene Meer*, Wien 1952; *Die Rosse d. Urban Roithner*, Innsbr. 1950; *Sieben Handvoll Salz*, Gütersloh 1958; *Cäsar Trübswasser. Das erste Kapitel eines unvollendeten Romans*, in: Hoffnung u. Erfüllung. Eine Anthologie öst. Gegenwartsdichtung, eingel. u. ausgew. v. V. Suchy, Graz/Wien 1960 (= Stiasny-Bücherei 75), 32-42; auch in: Wort in d. Zeit, 2. Jg., H. 6, Wien 1956, 27-33; *Die Bartabnahme*, Wien 1966. Erz.: *Solange es Tag ist* [4 Erz.], Innsbr. 1953. Skizze: *Mohn u. Granit v. Waldviertel*, St. Pölten 1976. Lyr.: *Haiku*, Wien 1962; *Sonnenuhr. Haiku*, Salzb./Bad Goisern, 1970; *Im fremden Garten. 99 Haiku*, Zürich 1980. Der Nachl. v. B. liegt seit Nov. 1982 im DLM (vgl. Jb. d. Dt. Schillergesell. 28, 1984, 510ff.); d. Briefe N. v. Hellingraths an B. werden in d. Württembergischen Landesbibl. Stgt. verwahrt.

LITERATUR: R. Lennartz: Dt. Schriftsteller d. Gegenwart, 11., erw. Aufl., Stgt. 1978, 86f.; I. Aichinger: Beides zus. nur ist d. Ganze, in: Öst. in Gesch. u. Lit., 10. Jg., H. 7, Wien 1966, 358-379; I. Cella (geb. Aichinger): D. Zwang zur Entscheidung vor d. Chaos, in: Modern Austrian Literature, 12. Bd., Nr. 3/4, Univ. of Calif. at Riverside 1979, 97-111; Zeman 3, Bd. 7.

Ingrid Cella

Boecher, Martin, aus Linz (OÖ) stammend, Medizinstudent in Wittenberg u. Basel, veröff. med. Fachlit., die er seinem Mäzen Hans Jörger, den obderennsischen Ständen bzw. deren Sekretär Philipp Bubius widmete.

WERKE: *De differentiis morborum disputatio prima*, Wittenberg 1605; *De differentiis morborum disputatio altera*, Wittenberg 1605; *Theses de morbo Hungarico*, Basel 1606.

Robert Hinterndorfer

Böck, Franz Xaver (16.5.1906 Klosterneuburg/NÖ – ?), Angestellter, lebte in Wien-Ottakring u. Klosterneuburg u. versuchte sich in d. späten 20er-Jahren als Lyriker: Wie seine Zeitgenossen BERNHARDA ALMA u. VIKTOR AUFRICHT zählt er hierbei zur großen Gruppe d. bescheidenen Mittelmaß-Talente. Später ist er z.B. mit d. schlichten, aber ausdrucksstarken G. »Einsamer Abend« in d. umfangreichen u. repräsentativen NÖ-Anthologie GELIEBTES LAND (1955) vertreten. Bekannt ist auch seine im Eigenverlag erschienene monograf. Skizze über Adelbert v. Chamisso (1932 als erster u. einziger Bd. d. Reihe »Deutsche Dichter d. Vergangenheit«).

WERKE: Lyr.: *Gedichte*, Klosterneuburg o.J.; Beitr. in d. Anthologie *Geliebtes Land. NÖ im Spiegel d. neueren Schrifttums*, hg. v. Kulturreferat d. nö. Landesregierung, Wien 1955, 180. Monografische Skizze: *Chamisso*, Klosterneuburg 1932.

LITERATUR: Nagl/Zeidler/Castle, Bd. 4; Giebisch/Gugitz.

Sylvia Leskowa

Boeck, Johann(es) A.(dolf) (Ps. Fritz **Böhm**; * 15.6.1917 Wien – ?) verbrachte seine Kindheit u. Jugend überwiegend in Rumänien u. Jugoslawien, maturierte am Josephinum Wien, war während d. 2. WK Mitgl. einer ideologisch-rel. Widerstandsgruppe, geriet dadurch in KZ-Haft. Nach d. Krieg war B., d. viele Europareisen (v.a. in d. mediterranen Raum) unternahm, als Journalist tätig. Seit 1947 verfasste er lit. Prosatexte. Bekannt wurde d. seit 1960 in Wien lebende Autor jedoch in erster Linie durch seine hier aufgeführten Dramen. B., Mitgl. d. P.E.N., ist Träger vieler Kultur- u. Lit. preise (Förderungsbeitr. d. v. d. Zentralsparkasse d. Gemeinde Wien gegr. »Wr. Kunstfonds« 1962, 1970; Förderungspreis d. Stadt Wien 1963; Preis d. Grillparzer-Forums Forchtenstein 1966; Preis d. Theodor-Körner-Stiftung 1967). 1960 erschien sein um primäre existenzielle Fragen konzipierter anspruchsvoller R. *Eines Mächtigen Wild*, in d. er anhand einer Gemeinschaft v. Schiffbrüchigen, d. auf einer kleinen griech. Insel nach ihren eigenen, v. Gewalt u. Leidenschaft dominierten patriarchalischen Gesetzen leben, Grenzsituationen menschl. Zusammenlebens eindringlich vor Augen führt. Der R., in einem flüssigen u. im positiven Sinne trockenen Erzählstil verfasst, zeigt B. v.a. als überzeugenden Berichterstatter brisant-dramat. Ereignisse mit Symbolwert. Dies kommt weiters in seinen dokumentarisch-symbolhaften D., in denen er sich aus bereits zeitlicher Distanz mit d. Kriegsvergangenheit auseinandersetzt, zum Tragen: *Das Nest* (UA Wr. Volkstheater 1962) ist in diesem Sinne nicht nur eine nüchterne Dokumentation d. grauenhaften KZ-Alltages, sondern auch eine Darstellung d. unaufhebbaren individuellen Konflikts zw. Politik u. Familie. In *Jeanne 44 o. Die Niederlage u. d. Sieg d. Jungfrau v. Orléans am 6. Juni 1944*, seinem 2. bekannten Stück (UA Wr. Akad. theater 1966), behandelt B. eine ähnliche Problematik, indem er d. pazifist. eingestellte Französin Jeanne zur scheiternden Widerstandskämpferin werden lässt. B. weitere Dramen blieben unaufgeführt (auch d. mit d. Preis d. Grillparzer-Forums bedachte, nach einem Grillparzer-Fragment geschriebene Schauspiel *Mario u. Sulla*, 1966). Der durch seine d. Vergangenheit bewältigenden u. gesell.krit. Stücken bekannte Autor trat überdies mit Hör- u. Fernsehspielen u. mit Übers. v. bulgarischen u. flämischen D. sowie als Kulturessayist hervor.

WERKE (Ausw.): Roman: *Eines Mächtigen Wild*, Wien 1960, Wien/Salzb./ Bern 1969, Lizenzausg. für d. Buchgemeinschaft Donauland. Dramen: *Das Nest*, Tr. in 3 Akten, UA Volkstheater Wien 1962, abgedr. in: *Dichtung aus Öst.*, Bd. *Drama*, hg. v. H. Kindermann/M. Dietrich. Gesamtredaktion: E. Schmitz-Mayr-Harting, Wien/Mchn. 1966, 1095-1128; *Jeanne 44 o. Die Niederlage u. d. Sieg d. Jungfrau v. Orléans am 6. Juni 1944*, UA Akad.theater Wien 1966; *Mario u. Sulla*, Schauspiel in 5 Bildern, Wien 1966, auch als Hörspiel bearbeitet, gesendet im Mai 1969, Studio Bgld. Brevier: *Die Nasse Weyd o. Angler- u. Fischereibrevier*, Wien/Bln. 1972.

LITERATUR: Kunst in unserer Zeit. Musik. Lit. Darstellende Kunst. Bildende Kunst. Bericht über d. Tätigkeit

d. Wr. Kunstfonds, Wien 1964, 40; Dichtung aus Öst., Bd. Drama, hg. v. H. Kindermann/M. Dietrich, Gesamtredaktion E. Schmitz-Mayr-Harting, Wien/Mchn. 1966, 92, 1202.; D. zeitgenöss. Lit. Öst., hg. v. H. Spiel, Zürich/Mchn. 1976 (= Kindlers Lit.gesch. d. Gegenwart), 577f., 482 u. 706.

Sylvia Leskowa

Böcking, Wilhelm ist ein nicht näher bekannter, im HYLLOS mit reflexiven G. (*Sehnsucht nach Heimath*, 1820, *Sonett an Madame Renner*, 1820, *Leben u. Tod*, 1821) u. im KRANZ mit einer Erz. (*Der Rosenhügel*, 1821) vertretener bürgerlich-moralisierender Beiträger.

Herbert Zeman

Boeckn, Placidus (13.7.1690 Mchn. – 23.9.1752 Salzb.), Sohn d. Johann Caspar B., Advocat zu Mchn., später Stadt-Syndicus zu Salzb., u. d. Anna Maria geb. Mézger aus Nbg. Die Eltern hatten neun Söhne, d. sämtlich in d. Ordensstand, z.Tl. in St. Peter/Salzb., z.Tl. in Admont, z.Tl. in Ettal u.a. traten. B. stud. d. Humaniora zu Salzb., wurde in St. Peter am 10.6.1705 zus. mit seinem Bruder Wolfgang eingekleidet; d. Profess erfolgte am 18.7.1706, d. Primiz am 24.9.1713 u. d. Promotion zum Dr. jur. im Nov. 1716. Der hoch gebildete Benediktiner war zunächst Bibliothekar (1715), Sekretär d. Abtes (1716), ging als Vertreter d. Stiftes nach Rom (1718-20), war 1720-29 Prof. d. Kirchenrechtes an d. Salzb. Univ., zudem Procancellarius 1729-41, dann Prof. d. Exegese 1733-41 u. v. April bis Oktober 1741, Stiftspfarrer in Dornbach b. Wien. V. dort ließ er sich – v. Wirtschaftsbetrieb überfordert – schnell abberufen, blieb als Prof. em. in Maria Plain bei Salzb., wo er als Subprior bzw. Superior v. 23.3.1743 bis 20.1.1752 wirkte. Mit Anzeichen v. Herzwassersucht kehrte er nach St. Peter zurück u. starb bald darauf. Der aus Bayern stammende Salzb. Benediktiner interessiert in diesem Zusammenhang nicht wegen seiner zahlreichen v.a. kirchenrechtlich-wiss. Traktate, d. lat. Reden – etwa jener, d. gesammelt als Ansprachen an d. neu promovierten Doktoren d. Univ. Salzb. u.d.T. *Orationes academicae (triginta una) in doctorum creatione* 1745 erschienen, o. d. polemischen Schriften, z.B. *Wohlverdiente Bestrafung d. Calumnianten Sinceri Pistophili, d. d. Buss u. Fastenpredigt Leopoldi Antonii Ertzbischoffen zu Salzb. mit lästerlichen Anmerkungen nachzudrucken sich freventlichst unternommen hat* (1736; d. Predigt d. Erzbischofs Leopold v. Firmian war am 1. Fastensonntag 1734 gehalten worden), d. fast ausschließlich beim Salzb. Drucker-Verleger JOHANN JOSEPH MAYR erschienen, sondern wegen seiner Predigten u. Erbauungsschriften, mit denen er – bes. im marianischen Sinn – weit in d. öst. Länder hinein wirkte bzw. d. auch aus d. öst. Ländern nach Maria Plain pilgernden Wallfahrer anzog. B. war nicht nur ein grundgelehrter Prediger, d. mit rhetorischer Souveränität vorging, sondern er fand bes. d. Ton einfacher herzlicher Frömmigkeit. Die Schlichtheit d. Stils konnte sich auch mit gütigem Humor verbinden. Die geistige Haltung B. entsprang d. für d. Glauben gesicherten Zeit kurz nach 1700: Die Türkengefahr war überwunden, d. Staatskirchentum im neu geordneten Feudalabsolutismus fest verankert u. d. gemeineurop. Aufklärung begann sich erst – auf d. Lande kaum merkbar – störend auszuwirken. Man konnte noch ungetrübt d. tausendjährigen Geburtstag d. Klosters Mondsee begehen u. voll ungebrochener Gläubigkeit seine Seele d. Fürsprache Marias anvertrauen.

Eine stilgesch. Ortung dieses Predigers im Rahmen d. süddt.-öst. geistlichen Redekunst fehlt ebenso wie eine grundsätzliche Bestandsaufnahme benediktinischer dt. Predigten in d. öst. Ländern.

WERKE: (Ausw. aus d. dt.-sprachigen Veröff.) Predigten: *Predigt bei Uebertragung d. Gnadenbildes Maria-Trost zu Plain v. Oratorium auf d. Hochaltar d. Kirche am 8. September 1732 über d. Text: Surge Domine in requiem tuam, tu et arca sanctificationis tua* (Ps. 131), gedr. in d. Fs. *Uebersetzte Archen d. Bundes*, hg. v. P. Gregor Horner, Salzb. 1732; *Die aus Würde d. Sohnes erkannte Würdigkeit d. Mutter, u. d. aus d. Würde d. Mutter erkannte Würdigkeit d. Sohnes an d. hohen Feste d. unbefleckten Empfängniss d. seeligsten Jungfrau u. Mutter Gottes Maria u. zugleich begangner Solemnität d. zweyten hl. Ordens-Profession, so d. Herr Placidus zu St. Peter in Salzb. Ord. S. Bened. Abbt öffentlich abgeleget, durch eine Predigt d. 9. Dec. 1737 vorgestellet*, Salzb. 1737; *Beweissthum, dass es nicht nur gut u. nutzbar, sondern auch nothwendig u. anbefohlen seye d. Heiligen Gottes in d. Himmel, bevorab d. seeligste Mutter Gottes zu verehren u. anzuruffen. In einer Anrede zu d. [...] marianischen Sodalität d. hochfürstl. Salzburgischen Benediktiner Universität in d. nach alljährigem Gebrauch zu d. wunderthätigen Mariä Bildnuss [...] in d. Plain nächst Salzb. [...] angestellten solennen Procession*, Salzb. 1740 (darin auch d. dazugehörige Predigt); *Regnum millenarium cum Christo, d. ist tausenjähriges Reich u. Regierung mit Christo [...] d. uralten Weltberühmten Benediktiner-Closters Monnsee [...] d. 5. Octobris* [1748] *[...] in einer Predigt vorgestellt [...]*. Erbauungs- u. Festschrift: *Die mit d. göttlichen Kinde auf Erden gekrönte Himmels-Königin Maria als d. wunderthätig u. weitberühmten Gnaden-Bild zu Maria Trost am Plain [...] am 4. Juli 1751* [v. Erzbischof u. Landesfürsten Andreas Jacob v. Dietrichstein] *zwey kostbare Cronen aufgesetzet worden*, Salzb. 1751.

LITERATUR: P.P. Lindner: Professbuch d. Benediktiner-Abtei St. Peter in Salzb. (1419-1856), Salzb. 1906, 101-108.

Herbert Zeman

Boeheim, Carl v. → **Franzel**, Emil

Böhlau-Verlag, wurde 1853 v. Hermann Böhlau gegr., d. d. seit 1624 bestehende Weimarer Hofbuchdruckerei übernahm. 1947 v. Inhaber, d. Grazer Univ. Prof. Karl Rauch (1880-1953) in Graz (heute Wien) mit dt. Schwesterverlag (seit 1957 in Köln) neugegr. Bedeutende Editionsleistungen d. Weimarer B. waren d. hist.-krit. Ausg. d. Schriften M. Luthers u. d. Sophien-Ausg. d. Werke Goethes. Heute verlegt B. ein umfangreiches Verlagsprogramm mit Schwerpunkt Geistes- u. Kulturwiss. in Öst. u. ist daher v. großer Bedeutung für d. lit. Leben d. Landes. Zs. u.a. *Maske u. Kothurn* (Theaterwiss.), *Savigny-Zs.* (Rechtswiss.), *Mitt. d. Institutes für österreichische Geschichtsforschung*. Lit. wiss. Reihen *Literatur in d. Gesch. – Gesch. in d. Literatur u. Literatur u. Leben*, u. Texte (u.a. *Tagebücher, Skizzen, Notizhefte* v. HERMANN BAHR, lit. Texte v. MARLENE STREERUWITZ, GOTTFRIED W. STIX u.a.).

LITERATUR: K. Marwinski: V. d. Hofbuchdruckerei z. Verlag Böhlau, Weimar 1974. Lex. d. gesamten Buchwesens 1987, Bd. 1; Verlagsführer Öst., Wien 2001.

Johannes Frimmel

Böhm, Anton (Ps. A[nton] W[ilhem] B.; 25.4.1895 Budweis/Böhmen – 17.11.1965 Münster/Westfalen), Dr. jur., lebte als stellvertretender Landesbank-Generaldirektor a.D. im westfälischen Münster u. gehörte d. Dichterkreis d. »Deutschen Kulturwerkes Europäischen Geistes«, einer 1950 gegr. konservativen Münchner Gesell. an.

Seine wenigen lit. Arbeiten (Lyr., Prosa) stammen ausschließlich aus einer späten Schaffensphase d. 50er- u. 60er-Jahre. Das bekannteste Werk d. auch mit Hörspielen hervorgetretenen Bankfachmanns ist d. seiner böhmischen Heimat gewidmete G.bd. *Prag* (1963).

WERKE (Ausw.): Lyr.: *Prag. Bilder in Versen*, Anhang für Nicht-Prager mit hist. Daten, Ffm. 1963. Roman: *Wege in Wirrnis*, Ddf. 1961. Weitere WERKE: s. Giebisch/Gugitz (diese sind an Wiens großen Bibl. u. im Dt. Bücherverz. jeweils nicht nachweisbar).

LITERATUR: Giebisch/Gugitz.

Sylvia Leskowa

Böhm, Franz (26.8.1857 Meran – ?) erhielt seine gymnasiale Schulbildung im Geburtsort. 1877 trat er als Freiwilliger d. damaligen Kaiserregiment bei; seit 1880 arb. er als Kontrollor bei d. Meraner Sparkasse, später als Beamter d. Etschwerke. Weitere Daten aus seinem Leben sind unbekannt; A. MAYR veröff. B. G. »Goldröslein« im TIROLER DICHTERBUCH (1888).

Beatrix Cárdenas-Tarrillo

Böhm, Fritz → **Boeck**, Johann A.

Böhm, Joseph Karl [Carl] (?1808 Wien – ?1872 ebd.) ist heute nur mehr wegen seiner Plagiatskontroverse mit NESTROY bekannt, d. er vorwarf, für d. Posse *Freiheit in Krähwinkel* sein Original-Charaktergemälde *Eine Petition d. Bürger einer kleinen Provinzstadt* als Grundidee benützt zu haben. Die Abfolge d. Auseinandersetzung war folgende: B. hatte sein Stück bei CARL CARL, d. Direktor d. Theaters i.d. Leopoldstadt eingereicht, aber zunächst eine Ablehnung erhalten. NESTROYS Posse *Freiheit in Krähwinkel* kam jedoch am 1.7.1848 unter d. Direktion CARL CARLS am Theater i.d. Leopoldstadt mit ziemlichem Erfolg (30 Vorstellungen im Juli) heraus. Daraufhin beklagte B. in einem offenen Brief an CARL in d. Zs. *Der Demokrat* (11.7.1848), dass sein Stück d. nestroyschen als Ideenbringer gedient habe. Anstelle CARLS ließ NESTROY eine Entgegnung am 13. Juli mit d. Vorbehalt, d. gesetzlichen Weg zu beschreiten, in BÄUERLES THEATER-ZTG. erscheinen. Als B. Stück am 12. Juli am Theater a.d. Wien mit d. Musik v. Franz v. Suppé herauskam u. nach zwei Vorstellungen als Misserfolg abgesetzt wurde, war d. NESTROY Beruhigung u. Beweis genug, dass beide Stücke nichts miteinander im angesprochenen Sinn gemein hatten. NESTROY setzte mit einem rhetorisch brillant formulierten »Ganz offenen Brief« am 14. Juli wieder in d. THEATERZTG. (s.o.) nach u. behielt damit d. letzte Wort. Im Übrigen war B. ein nicht unbeliebter Autor d. Alt-Wr. Volkstheaters um 1850. An d. Jahreswende 1847/48 hatte B. »Originales Lebensbild mit Gesang« *Eine (Die) seltene Freundschaft o. Christ u. Jude* (Musik v. Adolf Müller sen.) einen ziemlichen Erfolg am Theater a.d. Wien; dort war als Kapellmeister auch Gustav A. Lortzing beschäftigt, d. zu B. Faschingsschwank mit Gesang *Vier Wochen in Ischl o. d. Geldausleiher in tausend Ängsten* d. Musik lieferte. Es war d. Zeit, als Franz Pokorny v. d. Leitung d. Theaters i.d. Josefstadt zum Besitzer d. Theaters a.d. Wien (seit 1845) avanciert war. B. teilte nun seine Schreiblust für zwei Theater, nämlich für jenes auf d. Wieden (a.d. Wien) u. jenes i.d. Josefstadt. Um 1850 vermochte B. immer wieder Stücke in d. Josefstadt zu lancieren: 1849 u.d.T. *Christ u. Jude* wurde ein älteres Stück (s.o.) hierher übernommen, dann kamen 1850 *Bauer, Bürgermeister, Gutsherr* (Volksstück mit Gesang), 1851 *Eine arme Schneiderfamilie* (Traumgemälde mit Gesang) – erschienen als Bd. 4 im »Wr. Theater-Repertoir« – u. *Der falsche*

Prophet, eine parodierende Zauberposse heraus; im selben Jahr setzte B. d. Auff. d. »Zauberschwanks« mit Gesang u. Tanz durch. 1853 führte man B. Zauberposse mit Gesang *Der Ring d. Eremiten o. Schuster u. Drechsler* auf u. im selben Jahr in d. zum Theater gehörenden Hernalser Sommertheater d. »große dialogische Zauberparodie mit Gesang« *Harlekin in d. Blumenwelt*. Nun kam d. ganz große Erfolg eines inhaltlich seichten Stückes, d. d. umjubelten Auftritte d. span. Tänzerin Pepita de Oliva parodierte: Es war d. Schwank mit Gesang u. Tanz *Sennora Pepita, mein Name ist Maier* (1854). Einen letzten großen Publikumserfolg feierte B. mit seiner Bearb. v. Hugo Müllers (urspr. für Bln.) geschriebenem Volksstück *Von Stufe zu Stufe*, d. nach Beginn d. Direktion v. HEINRICH BÖRNSTEIN u. KARL BUKOVICS Furore machte, en suite 121, insgesamt aber 160 Auff. erreichte. Bis dahin hatte sich B. v.a. für d. Josefstädter Theater u. d. ihm zeitweilig angeschlossene, 1856 neu erbaute Thaliatheater als Hausautor gut gehalten u. eine ganze Reihe v. Stücken geliefert, d. ihn als wichtigen Vorstadttheaterautor auswiesen: z.B. *Zwei Bürgermeister o. Eine Sitzung auf d. Zöpfelsheimer Rathaus* (Posse mit Gesang u. Tanz, 1854), *Ein moderner Faust* (Zauberposse mit Gesang, 1855), *Der Gesellenstand* (Original-Charakterbild mit Gesang, 1856), *'s Vermögen ist da* (Posse mit Gesang u. Tanz, 1856), *Der Wirth v. Hetzendorf* (Scherz-Spiel aus d. Wr. Leben, 1856), *Aus d. Wienerleben* (Posse mit Gesang u. Tanz, 1856 – Eröffnungsstück d. Thaliatheaters), *Eine Million* (Original Zauberposse mit Gesang u. Tanz, 1857), *Der falsche Lohengrin u. d. böse Zauberin* (parodist. Schwank mit Gesang u. Tänzen, Musik: Eduard Stolz, 1858) usw. Bes. gern arb. B. mit Anton Storch, d. Hauskomponisten d. Theaters i.d. Josefstadt zus. Wenn kein anderer Name bei d. hier aufgeführten Werktiteln angegeben ist, stammt d. Musik v. Storch. B. ist in d. Lit.- u. d. Theaterwiss. sowohl biogr. als auch ergografisch verschollen. Eine Arbeit über B. im Zusammenhang mit Komik, Satire u. Parodie auf d. Wr. Volkstheater um 1850 wäre wünschenswert.

WERKE: Bühnenwerke (s. auch o.): *Eine arme Schneiderfamilie. Traumgemälde mit Gesang, Tanz u. Tableaux in 3 Abteilungen*, Wien 1853, Wr. Theater-Repertoir 4; *Andreas Hofer, d. Sandwirt*, Volksstück m. Gesang u. Tanz in 2 Akten u. 1 Vorspiel, Wien 1859; *Nur zwei Gläschen*, Schwank in 1 Akt, Wien 1877, Wr. Theater-Repertoir 331; *Das Eckhaus in d. Vorstadt. Lebensbild mit Gesang* in 3 Akten, Wien o.J.; *Intoleranz o. Graf u. Pfarrer*, Wien o.J.

LITERATUR: F. Kaiser: Unter fünfzehn Theater-Direktoren, Wien 1870, 240f.; F. Hadamowsky: D. Theater in d. Wr. Leopoldstadt 1781-1860, Wien 1934 (= Kat. d. Theaterslg. d. Nationalbibl. in Wien 3), 165 u. 270; A. Bauer: 150 Jahre Theater a.d. Wien, Zürich/Lzg./Wien 1952, 368ff.; ders.: D. Theater i.d. Josefstadt zu Wien, Wien/Mchn. 1957, 107f., 111, 222ff., 225., 228, 235 u. *47; J. Nestroy: Briefe, hg. v. W. Obermaier, Wien/Mchn. 1977, 78-81.

Herbert Zeman

Böhm, Otto (Ps. Otto **Boehn**; 22.6.1879 Troppau/Öst.-Schlesien – 18.12.1935 Wien), Sohn eines Kaufmannes, absolvierte in Wien eine techn. Ausbildung (Techn. Hochschule; Maschinen-, Bau- u. Ingenieurs-Schule), erwarb d. Ingenieurdiplom, war dann im Staatsbahndienst u. ein Jahrzehnt im Wr. Patentamt tätig. B., Baurat h.c., war techn. Mitgl. d. Bauoberleitung d. Wr. Dianabades u. erster Direktor einer Metallwerkegesell. Später fungierte er als Konsulent in d. Industriebranche. – B., Mitgl. d. öst.

Ingenieurs- u. Architektenvereins, lebte im 2. Wr. Gemeindebezirk. Neben fachspezifischen, techn.-ökonom. Essays (Mitarb. bei Zs.) verfasste er auch einige wenige durchschnittliche lit. Arbeiten, d. unter seinem Ps. erschienen: Im ernsthaften, dramaturgisch aber nur wenig überzeugenden Schauspiel *Der neue Motor* (1923) behandelt er d. – beruflich nahe liegende – Problematik eines idealist. Technikers, d. sich nach d. Verkauf seiner Erfindung ernüchtert aus d. Industriellenmilieu in d. Wiss.betrieb zurückzieht. B. Berufswelt stellt – mit all ihren Problemen – auch einen Schwerpunkt in seinem umfangreichen u. traditionsverbundenen Bd. *Gedichte* dar (1926, Abt. »Schaffen«: z.B. *Das Erdöl, Eisenbahnfahrt, An d. Arbeit*). Er weist einen philosophierenden Grundzug auf. Gelungener erscheinen B. *Unartige Sonette* (1926), in denen er zu d. vielfältigsten (Zeit-)Themen scherzhaft-krit. Stellung bezieht. An d. beißende Ironie u. gewandte Treffsicherheit d. zeitgenöss. Kabarettisten, z.B. eines Fritz Löhner o. Julius Bauer kommt B. allerdings nicht heran.

WERKE: Lyr.: *Gedichte*, Zürich/Lzg./Wien (1926); *Unartige Sonette*, Zürich/Lzg./Wien 1926. Drama: *Der neue Motor*, Schauspiel in 3 Aufzügen, Wien/Lzg. 1923. Schrift: *Wege zur Freimaurerei. Gedanken über d. geistig-sittliche Entwicklung d. Menschtums*, Bln. 1922.

LITERATUR: Degeners wer ist's? Bln. 1935, 149; Giebisch/Gugitz.

Sylvia Leskowa

Böhm, Wilibald (auch Willibald B.; Ps. **Sirius**, **Hagen**, Ernst **Seltsam**; 29.10.1875 Wodnian/Böhmen – 19.12.1956 Aletshausen/Bayern) absolvierte d. dt. Lehrerbildungsanstalt in Budweis, wirkte ab 1894 als Lehrer im böhmischen Piberschlag bei Gratzen, ab 1897 in Hodowitz u. dann in Budweis, wo er 1899 auch Redaktionsmitgl. d. *Volksboten* wurde. Seine päd. Laufbahn führte ihn 1901 in d. bei Budweis gelegene Lodus; 1905 kehrte er nach Budweis zurück. Der Oberlehrer i.R. lebte zuletzt in Höritz u. Obergessertshausen. B. – er übernahm 1927 für einige Zeit d. künstlerische Leitung d. Höritzer Festspiele, d. auch als »böhmisches Oberammergau« bezeichnet werden – war ein überaus vielseitiger Autor (Lyr., Dramen, Hörspiele, Erz., Kritiken volks- u. heimatkundl. sowie päd. Schriften). Bekannt wurde er jedoch v.a. mit seinen einfachen heimatl. Erz. u. Gesch., d. ihn als »Böhmerwaldschriftsteller« auszeichnen. Darüber hinaus ist seine Puppenspielbearb. d. Fauststoffes (in d. Kasper[l] als d. d. Teufel überlistende Diener Faust fungiert – *Doktor Faustus* (v. 1922) u. sein kenntnis- bzw. datenreicher bio-bibliogr. Abriss *Die Böhmerwaldschriftsteller d. Gegenwart* (1904, urspr. als Vortrag in d. Budweiser »Freien Lesehalle« gehalten) hervorzuheben.

WERKE (Ausw.): Puppenspiel: *Dr. Faustus. Ein romant. Zauberspiel in 3 Aufzügen. Nach einem alten Volksbuche frei bearb.*, Prag/Wien/Lzg. 1922. Erz.: *Sie schreiben?! Bilder für's Volk*, Budweis 1897; *Aus d. Böhmerwald. Erz. für's Volk*, Budweis 1898; *Aus freien Stunden. Schlichte Gesch. eines Dorflehrers*, Budweis 1901; *Sagen aus Budweis u. Umgebung*, Prachatitz o.J. Lokalgesch. Studie: *Die Stadt Budweis. Eine Orts- u. Volkskunde*, Budweis 1904, m. Emerich Zdiarsky. Bio-Bibliogr. Abriss: *Die Böhmerwaldschriftsteller d. Gegenwart*, Budweis 1904.

LITERATUR: Brümmer, Bd. 1; Nagl/Zeidler/Castle, Bd. 4; Giebisch/Gugitz; F. Mayröcker: V. d. Stillen im Lande. Pflichtschullehrer als Dichter, Schriftsteller u. Komponisten, Wien 1968, 12.

Sylvia Leskowa

Böhmerwald, Der war eine in Prachatitz 1899 v. J. Pohl hg. Monatsschrift, geleitet v. d. auch schriftstellerisch sehr aktiven Lehrer JOHANN PETER, Hg. u. Verleger war Karl Pohl in Prachatitz. Das Bl., d. bis 1907 während d. größten Nationalitätenkonflikte erschien, hatte d. ausdrückliche Intention d. lit. u. nat. Gleichstellung d. »Mark zwischen Bayern u. Böhmen« mit anderen dt. Gauen; d. Schwarzwald z.B. sei in diesem Sinn bekannt, aber nicht d. Böhmerwald. Diese Landschaft solle nicht im Hintergrund stehen, sondern als eines d. schönsten Gebiete ein Sammelpunkt sein für Männer, d. »dt. denken u. dt. bleiben«. Diese aus d. Zeit her abzuleitende nat. Haltung zieht sich durch d. Erscheinungsjahre d. Bl. Das Jahr 1900 begann z.B. mit einem flammenden Appell, einem G. »an d. Schwelle d. Jahrhunderts«, *Deutsche, seid einig!*, u. wurde fortges. mit Aufs., Lyr., Erz. u. Sagen aus d. Heimat, wie überhaupt volkskundl. u. d. Heimat verbundene Themen bevorzugt wurden, oft auch in d. Mundart d. beliebten Kalendergesch. vergleichbar. Doch es erschien auch ein Artikel *Das Weib im Böhmerwalde*, in d. d. Autorin Maria Bayerl nicht nur Volkskundliches beschreibt, sondern zu d. neuzeitlichen Problemen d. Frau Stellung nimmt. Unter d. im engeren Sinn lit. einzuordnende Autoren findet man immer wieder WILLIBALD BÖHM u. JOSEF BRUNNER sowie d. Red. JOHANN PETER. Das nat. Element wurde v. DR. MICHAEL URBAN vertreten, d. wiederholt zur Einigkeit d. dt.-sprachigen Volksgruppe aufrief. Weiters findet man d. Namen Auctumnus (Heinrich Herbst?), JOSEF BLAU, H. GERAS, FRANZ HEROLD, PAUL MESSNER, IGNAZ OBERPARLEITNER, d. auch ein eigener Artikel gewidmet ist, ANTON SCHACHERL, DR. MAXIMILIAN SCHMIDT, JOSEF SCHRAMEK, ZEPHYRIN ZETTL u.a.

In einem Artikel *Der Böhmerwald in Literatur u. Kunst* v. Alois John werden als wertvollste Dichter d. Heimat ADALBERT STIFTER, JOSEF RANK u. JOHANN PETER genannt. Letzterer bemühte sich, außer für d. lokalen Themen auch Interesse für Dichtung jenseits d. Grenzen zu wecken, so brachte er Artikel über MICHAEL DENIS, Heinrich Heine, d. 100. Todestag Friedrich Gottlieb Klopstocks, Friedrich Logau u. JOHANN NEPOMUK VOGL. Dem »Schillerjahr« 1905 wurde breiter Raum gegeben, es wurde über Schillerfeiern berichtet, ein fiktiver Brief d. Gefeierten aus d. Parnass veröff. u. d. gesamte *Glocke* abgedr. – Das Journal verstand sich nach Aussage d. Red. als schöngeistige, dt. Schrift, d. alle Schriftsteller d. Monarchie aufforderte, daran mitzuarbeiten. Dieser Ruf wurde wohl nicht gehört – 1907, mit d. 9. Jg., schloss d. Bl. mit d. lakonischen Mitt., dass es »a. Mangel an Interesse« eingestellt würde. Bei d. Breite d. Gebotenen fehlte wohl d. geeignete Leserkreis, d. sowohl d. anspruchlosen wie auch d. anspruchvollen Beitr. goutierte.

LITERATUR: E. Eisenmeier: Böhmerwald-Bibliogr., Veröff. bis 1900, Mchn. 1977; H. Jensen: D. Z. d. dt. Sprachgebietes v. 1871-1900, Stgt. 1977; H. Sagl/L. Lang: Verz. öst. Ztg. 1800-1945, Wien 1993, 37.

Eva Münz

Boehn, Otto → **Böhm**, Otto

Boer, Lukas → **Boogers**, Lukas

Boesch, Wolfgang (* 26.9.1939 Wien), Sohn d. Gutsbesitzers Dipl.-Ing. Dr. Adolf B. (1898-1983) u. d. späteren Kammersängerin Ruthilde B. (* 1918 – †2012); er wuchs mit seinem Bruder Christian (Dr. phil. u. Kammersänger) in einem musikal. Haushalt auf, wobei er sich v.a. d. Cellospiel zuwandte. B.

legte 1957 d. Reifeprüfung am humanist. Gymnasium d. Piaristen (1080 Wien) ab, stud. Jus (Dr. jur. 1962), war 1962-75 in d. Privatwirtschaft tätig (zuletzt als Prokurist d. Großbetriebes ÖSPAG – Lilienporzellan u. Austrovit Sanitärporzellan), heiratete 1963 u. hatte mit seiner Frau Claudia Clara drei Söhne. B. lit. Schicksal erfüllte sich 1977-89. Zwar hatte er sich seit seiner Gymnasialzeit als Gelegenheitsdichter versucht. Auch späterhin schrieb er G., d. – aus d. Erfahrungen d. Alltagslebens geschöpft – versch. Themen präsentieren, jedoch überwiegend heiter-besinnlichen Charakters sind (*Gedichte*, Wien 1967). Der Hauptanstoß zu lit. Tätigkeit kam aus d. Lebensumständen: Die Entlassung aus d. Firma ÖSPAG (1975), d. in ausländische Hände überging, nötigte B. zur freiberuflichen Arb. als selbständiger Wirtschaftsjournalist. Seit 1977 gelang es B., sich mit Aufträgen v.a. beim öst. u. dt. Rundfunk bzw. Fernsehen (ORF, Bavaria, ZDF) als freier Schriftsteller zu etablieren. Er wurde ein echter Medienautor, d. für d. TV-Bedarf K., Kleinkunstprodukte (Sketches, Chansons – oft parodist. Charakters) u. v.a. 1980/81 eine sechsteilige Fernsehserie *Froschperspektiven*, im Stil d. Biedermeierposse d. Iffllandring-Träger Josef Meinrad auf d. Leib geschrieben, verfasste. Es war bes. d. Theaterverlag THOMAS SESSLER, d. sich d. Spiellit. B. annahm, sie herausbrachte u. verbreitete. Ähnlich arb. B. als humorist. Erzähler v. seinem Erstlingsr. *Nicht einmal Klavier* (Wien 1981), d. heitere Aspekte d. Wr. Hausmusikszene enthielt, bis zum ebenfalls auf autobiogr. Erfahrungen mit d. Musiktheater zurückgreifenden R. *Keine Nacht dir zu lang* (Wien 1992): B. schrieb für d. Lesebedarf eines gern d. Alltagsleben in heiteren Spiegelungen nacherlebenden Publikums. Mit d. Jugend-R.-Erstling *Hilfe, wir gründen eine Familie* (Wien 1986) erweiterte B. sein schriftstellerisches Spektrum: Bis 1989 erschienen weitere vier Jugendr., gefolgt v. zwei Nachzüglern 1991 u. 1996, aber im Grunde markieren d. späten 80er-Jahre d. beginnenden Rückzug aus d. lit. Leben. Obwohl sich d. Themenkreis seines »kulinarischen« lit. Angebots mit fortschreitenden Jahren nach d. Bedarfslage erweiterte (Zeitgesch., Psychokrimi, Gesell.kritik), blieb B. seinem Vorsatz treu, d. »zahlreichen Leseratten« abwechslungsreiche, leicht verdauliche Kost zu liefern. B. hatte für sein Talent eine Bedarfsnische gefunden; er beschloss d. 2. u. begann d. 3. Jahrtausend als Privatmann, d. sich anderen Dingen zuwandte, aber d. Kunst, v.a. d. Musik weiterhin verbunden blieb u. bleibt. B. lebt in Wien.

PREISE: Dramatikerstipendium d. Bundesministeriums für Unterricht u. Kunst (1983); Buchpreis d. öst. Unterrichtsministers für d. zeitgesch. K. *Der Buckel* (1989).

WERKE: (Ausw., s. auch o.) Fernsehspiele: *Rücksichtslos dankbar*, K., ORF 1978; *Solo mit Herrnbegleitung*, K., ORF 1980; *Die Explosion*, Ratekrimi, ORF 1984. Dramen: *Der Fluch d. Schimpansen*, Wien 1980; *Wenn Ihr nicht werdet wie d. Schildkröten*, Wien 1981; *Brave Kinder. Tragisches Lustspiel*, Wien 1982; *Kein Mann im engeren Sinne*, K., Wien 1981; *Signale v. drüben*, Einakter, Bern 1983; *Die Teuren*, Problemstück, Wien 1984; *Rollentausch*, Problemstück, Wien 1985; *Die Lustpyramide. Böse K.*, Wien 1993; *Vermittler verboten*, Wien 1994, *Die Brunnenfrau. Mus. Weltbühnenspiel*, Musik v. Herbert Prikopa, Wien 1995. Romane u. Erzählit.: *Umsteigen in Liliput*, Wien 1983; *Flegeljahre einer Muse*, Wien 1985; *Die Störung*, Stgt. 1988; *Walzer d. Irrungen*, Stgt. 1990; *Das Riesenspiel*, Innsbr. 1995. Erz.: *Die Schande d. Schmerzes,* Funkerz. ORF 1986; *Der Autonarr,* Wien 1995; *Kuckucksglück,* Wien 1989; *Das waren noch Helden,* Wien 1994; *Adams ewige Pechsträhne,* Wien 1996. Jugendr.: *Hilfe, ein Vater zuviel,* Wien 1986; *Hilfe, meine Schwester dreht durch,* Wien 1987; *Meine Mutter schwindelt besser,* Wien 1987; *Gegen Steffi ist kein Kraut gewachsen,* Wien 1988; *Wunder sind Vatersache,* Wien 1989; *Zum Kuckuck mit d. Esel,* Wien 1989; *Zehn Käfige für Omas Vogel,* Wien 1991; *Der Fernsehonkel,* Wien 1996.

Herbert Zeman

Bogen, Der, ist d. Almanach aus d. Heimat-Verlag Fritz Rechfelden; versammelt Lyr. u. Prosatexte mehrerer Autoren, deren einige d. Tiroler Raum zuzuordnen sind (etwa W. HAMMELRATH, H. SÜNDERMANN, H. BURGERT, I. FUCHS-NORDHOFF, V. ZATLOUKAL, F. PRENN, A. KALTENBACH, F. MILTNER u. P. THUN-HOHENSTEIN). Ab 1938 erschienen in diesem Verlag einige Bde. zu öst.-spezifischen Themen unter Mitwirkung d. oben genannten Autoren. Mit d. vorliegenden Almanach aus d. Jahr 1947 liegt eine Auslese v. ausgew. u. zum Lesebuch vereinigten Textauszügen aus d. vorhergegangenen Publikationen vor.

WERK: *Der Bogen. Ein Almanach,* 1937-47, Heimat-Verlag Firtz Rechfelden, Salzb./Brixlegg/Innsbr. 1947.

Beatrix Cárdenas-Tarrillo

Bogensberger, Gustav (Ps. Gustav **Gurkbach**; 2.2.1838 Straßburg im Gurktal/Ktn. – 19.6.1861 Villach/Ktn.) erhielt d. ersten Unterricht in seinem Heimatort u. besuchte 1850-58 d. Gymnasium in Klagenfurt. Hierauf unternahm er mit seinem väterlichen Freund u. Gönner, d. Benediktiner Engelbert Paßler, eine Reise durch Dtld. u. d. Schweiz. Im Herbst d. selben Jahres begann er an d. Univ. Graz ein Jusstud., widmete sich aber nebenbei weiterhin seinen schöngeistigen Interessen u. war in einen Freundeskreis v. Künstlern, Studenten u. Beamten integriert. Im Frühjahr 1861 kehrte er aufgrund seiner wieder akut werdenden Lungenkrankheit nach Straßburg zurück. Seiner Bitte um einen kurzen Nekrolog (»wie ich ihn als Kärntnerischer Dichter verdiene«) kommt d. postume Ausg. seiner G. (*Jugend-Weisen,* 1885) entgegen, d. v. d. HAMERLING-Freund FRITZ PICHLER hg. wurde (Vorwort): B. – er begann seine lit. Laufbahn bereits 1857 in d. *Carinthia* u. publ. weiters in Zs. u. Almanachen – erwies sich als fraglos talentierter, v. Hölty, LENAU u. Eichendorff beeinflusster jugendlicher Lyriker. Neben wehmütigen u. volksliedhaften Liebesg. (*Liebessehnsucht; Liebchen, komm zum stillen Haine!*), Reiseimpressionen (*Auf d. Rigi*) u. aggressiveren vaterländischen G. (*Aphorismen aus 1859*) verfasste er v.a. heimatl. Naturstimmungsbilder, d. durch ihre formale Einfachheit u. ihren aufrichtig-naiven Ton überzeugen (*Gosau-See, An d. Grenze, Der Wald, mein Freund*). Sie stellten seine eigentl. lit. Domäne dar. Seine Todesahnungen artikulierte B. auf ungewöhnlich verhaltene Weise lediglich in einigen Herbstg. (*Im November*).

WERKE: *Jugend-Weisen,* Aus d. Nachl., Graz 1885.

LITERATUR: [Vorwort] zu G. B.: Jugend-Weisen. Aus d. Nachl., Graz 1885, III-XI; Brümmer, Bd. 1; Nagl/Zeidler/Castle, Bd. 3; E. Nußbaumer: Geistiges Ktn. Lit.- u. Geistesgesch. d. Landes, Klagenfurt 1956, 348, 382; ÖBL, Bd. 1.

Sylvia Leskowa

Bogner, Antonia Anna Amalia (Antonie, 6.10.1833 Absam/Hall i.T. – 31.3.1893 Wien) kam bereits in ihrer Kindheit anlässl. d. zweiten Eheschließung ihrer Mutter nach Wien. 1864

übernahm sie für kurze Zeit d. Redaktion d. Frauenzs. *Iris.* 1871 eröff. sie ein Fotoatelier u. wurde auch als Fotoretuscheurin bekannt. 1872 gründete sie d. erste Wr. Mädchenschule für Malerei u. fotograf. Retusche. 1873 u. 1875 veranstaltete B. Fotoausstellungen in Wien. Als Autorin versuchte sich B. schon in d. Jugend; ihre Veröff. beschränken sich jedoch weitgehend auf Erz., Dramen u. G. in damals prominenten Wr. Zs. (etwa *An d. schönen Blauen Donau, Die Elegante Welt* u. *Elternztg.*). B. thematisierte in ihrem lit. Werk meist d. nordtirolische Umfeld; d. ins Lokalkolorit gestellten Figuren weisen Züge dialektaler Sprachfärbung auf.
Im Almanach TIROLER DICHTERBUCH (hg. v. A. MAYR, 1888) findet sich ein G. v. B. Das Tiroler Landesmuseum Ferdinandeum verwahrt neben einzelnen Werkabdrucken einen hs. Lebenslauf sowie d. Partezettel B.

WERKE: Erz.: *Rosl. Eine tirolische Gesch. aus d. Volderthale,* Wien 1886; *Die Geisterstimme. Eine heitere Waldgesch. aus Tirol,* Wien 1886; *Baba kay. Eine Donausage,* Wien 1888; *Die Klosterfrau. Eine Dorfgesch.,* Wien 1890; *Die Schwurgenossinnen. Almnovelle,* Wien 1893; *Die Kinder d. Sees. Lebensbild aus Tirol,* Wien 1893. Drama: *Judas Ischariot,* Wien 1892.

Beatrix Cárdenas-Tarrillo/Eva Münz

Bohaček, Hans (25.7.1914 Wien – 1.3.1999 Waidhofen a.d. Ybbs) lebte seit 1919 in Haag, NÖ, besuchte dort d. Volks- u. Bürgerschule u. erlernte d. Schneiderhandwerk. Nach Wanderjahren (Tirol, Bayern) eröff. B. in Waidhofen a.d. Ybbs als selbständiger Schneidermeister eine Werkstatt, d. er nach d. Rückkehr aus russ. Kriegsgefangenschaft 1948 rund zwanzig Jahre lang betrieb. Dann wechselte er 1970–80 als Edelstahlprüfer zur VEW, Böhlerwerk.

V.a. d. neue Arbeitsstätte bewegte sein lit. Talent, d. immer schon d. Arbeitswelt zumindest ebenso gegolten hatte wie d. Umgang mit d. Natur. Manche d. G. B. sind an Anlässe gebunden, wobei d. Gelegenheit d. hochsprachliche Gestaltung o. d. Mundart anbot. B. G. zielen auf d. Lob d. Arbeit u. haben – wie es bes. d. Aufbauzeit nach d. 2. WK nahe legte – neben d. Vertrauen auf d. menschl. Leistung auch d. Walten einer guten Schöpferkraft in d. Natur zum Thema. Neben d. G. verfasste B. auch Erz. u. Legenden; d. meiste davon ist unveröff.

LITERATUR: Öst. Wiege, Amstetten/Waidhofen a.d. Ybbs 1988, 351f., 234.

Herbert Zeman

Bohemia für gebildete Böhmen v. einem Böhmen → Bohemia

Bohemia o. Unterhaltungsbl. für gebildete Stände → Bohemia

Bohemia – diese bis 1938 erschienene Zs. entwickelte sich als Beibl. d. PRAGER ZTG. mit d. Titel **Unterhaltungsbl.,** d. als Publikationsorgan eigens für d. Prof. für Ästhetik (seit 1826) ANTON MÜLLER geschaffen worden war. MÜLLER hatte in d. 20er- u. 30er-Jahren d. Stellung eines Mentors in aestheticis für d. gebildeten Prager Bürger inne. Das erste H. erschien am 1. Jänner 1828. 1828 u. 1829 kamen d. UNTERHALTUNGSBL. jeden vierten Tag heraus; ihr Inhalt wurde bei steigender Beliebtheit – erweitert, u. mit Beginn d. Jahres 1830 erschien d. Bl. drei Mal in d. Woche, erhielt nun d. Titel BOHEMIA O. UNTERHALTUNGSBL. FÜR GEBILDETE STÄNDE u. übersiedelte in d. Verlag HAASE, d. durch mehrere Generationen d. Familie HAASE – v. Stammvater GOTTLIEB über dessen Söhne LUDWIG u. ANDREAS sowie GOTTFRIED u. DR. RUDOLF – zum führenden Verleger-Drucker Prags avancierte.

Damals erinnerte man sich, dass es schon 1812 eine BOHEMIA FÜR GEBILDETE BÖHMEN V. EINEM BÖHMEN (erschienen beim Prager Verleger K.W. ENDERS) gegeben hatte, d. aber mit d. Veröff. d. ersten H. wieder eingestellt worden war. Hg. dieses Bl. war d. auch v. Beitr. zur Zs. ISIS bekannte ALOIS UHLE (1781 Prag ? – 1849 Lemberg ?) 1807 Prof. d. Gesch. in Neuhaus, 1816 Prof. d. Humanitätsklassen in Pisek u. 1825 Direktor d. dt. Realschule in Lemberg, d. bes. an d. Entwicklung d. dt. Sprache interessiert, zunächst ein Gegner d. Tschech. war, dann aber selbst in dieser Sprache dichtete. Aufsehen u. d. Ablehnung Jan Kollárs erregte UHLES Abhandlung »Sprachen in Böhmen« (B., 1812, 17-46), d. gegen d. Tschech. gerichtet war. Neben einigen (anonymen) satirischen Epigrammen bringt dieses H. d. B. UHLES recht leidenschaftliche, wohl gegen d. dt. Romantik gerichtete satirische Abhandlung »Uiber d. Unsittlichkeit unserer Dichter«. Das unreif geführte Bl. war wohl a priori zum Scheitern verurteilt.

Die meisten damals begr. schöngeistigen Bl. Prags kamen über zwei bis drei Jge. nicht hinaus. Statt heimischer Ware las man in Prags Kaffeehäusern dt. Journale wie *Cotta's Morgenbl.* o. öst. Magazine wie BÄUERLES THEATERZTG., d. SAMMLER O. d. WANDERER. Nun aber hatte man d. B. mit ANTON MÜLLER, d. ebenso wie sein Bl. d. bes. Förderung d. damaligen Oberstburggrafen Karl Graf Chotek genoss. Seit 1831 war d. B. ein selbständiges Magazin, d. nach MÜLLERS Tod v. DR. RUDOLF HAASE redaktionell geleitet wurde; unterstützt wurde HAASE v. Theaterkritiker Bernhard Gutt (11.2.1812 – 25.3.1849), d. man eine d. einsichtsvollsten u. brillantesten Kritiken über JOHANN NESTROY anlässl. v. dessen Prager Gastspiel v. 1844 verdankt (s. B., Jg. 1844, Nr. 85), u. v. bedeutenden Journalisten Franz Klutschak (11.2.1814 – 21.7.1886), d. 1836 in d. Mitarbeiterstab d. B. eingetreten war, 1845 deren Redaktion übernahm u. bis zu seinem Tod leitete. Bis 1848 erschien d. B. drei Mal wöchentlich u. war ein rein belletrist. Organ; ab 1. April 1848 erschien sie tägl. u. erhielt – angesichts d. polit. Vorgänge – einen polit. Akzent u. wurde ab Ende Juni 1852 zu einem polit. Bl. umgestaltet, als d. es d. führende Organ d. dt. Bewegung in Böhmen wurde. Der Journalist Josef Walter (15.8.1821 – 10.9.1888, Selbstmord in d. Elbe) leitete d. Redaktion bis zu seinem Tod; an ihn schloss d. Dichter u. Humorist JOSEF WILLOMITZER (17.4.1849 – 3.10.1900) an, u. d. Red. Gustav Werner, Josef Stern, Hermann Katz u. Dr. Richard Schubert führten d. hoch angesehene Zs. ins 20. Jh.

Die B. unterschied sich v. allem Anfang an kaum v. d. üblichen Unterhaltungsbl. d. ersten Hälfte d. 19. Jh. Betrachtet man einige für d. Entwicklung d. Bl. wichtige Jge., so ergibt sich folgendes Bild: Auf d. Bl. d. ersten Jg. (1828) etwa fehlt jeweils d. Datum, d. Beitr. sind oft aus anderen Journalen übernommen, u. meist ist d. Name d. Autors nicht vermerkt. Der Inhalt ist bunt gemischt, auf d. jeweils 4 S. findet man einen Querschnitt durch d. interessierenden Themen: Essays, Nachrichten aus d. Gesell.leben, auch aus d. Adelshäusern Europas, Rez. d. Theaterauff., einen Fahrplan d. Elbschifffahrt; JOSEPH SCHÖN führt neben anderen Artikeln hist. u. geogr. Art eine Kolumne *Kleinigkeiten*, in d. allerlei lokale Neuigkeiten zu erfahren sind. Auch aus d. Gerichtssaal wird berichtet, ebenso über bes. Naturerscheinungen u. d. geheimnisvolle Auftauchen Kaspar Hausers. V. Ludwig Robert erschien über zwei S. d. Artikel *Der dt. Dichter, eine wahre Romance*, u. zum 12. Februar häuften sich

d. Jubelhymnen zum 60. Geburtstag (12.2.1828) Franz I. – MOSES J. LANDAU, Amtsvorsteher d. Prager Israelitengesell., schrieb ebenso eine solche wie d. Zisterzienser Ordenspriester d. Stiftes Osseg u. Schuldirektor Prof. ANTON DITTRICH. Sämtliche Artikel erreichten kaum durchschnittliches Niveau – einzig ein Beitr. v. MORITZ GOTTLIEB SAPHIR *Leiden durch Dilettantismus* überragt d. Durchschnitt. Es gibt einige Sonette v. MANFRED, anonyme Frühlings-G. u. einige N. in Forts.: *Die drei Rosen* v. JOHANN RITTER V. RITTERSBERG, *Halloran, d. Tabulettkrämer*, v. Bärmann, u. v. IGNAZ FRANZ CASTELLI stammt *Der große Rittmeister u. d. kleine Minchen. Eine Erz. aus d. Leben.* – Am Ende d. Texte findet man noch d. damals so beliebten Scharaden u. komplizierte Rätsel-G. – Das Bl. wurde seinem selbst gewählten Auftrag, ein breit gefächertes Lesepublikum zu unterhalten, gerecht. Ein weiterer Querschnitt durch d. Jge.: Zwei Jahre später (1830) führte d. Journal d. Titel BOHEMIA O. UNTERHALTUNGSBL. FÜR GEBILDETE STÄNDE kam nach wie vor bei HAASE heraus u. unterschied sich kaum v. d. ersten Ausg. Es gab wiederum d. *Kleinigkeiten* v. JOSEPH SCHÖN, darunter viele zweisprachige Volkslieder, eine humorist. Erz. v. J. RITTER V. RITTERSBERG, Essays u. Skizzen v. ANTON MÜLLER, eine Kolumne *Prager Novitäten u. Antiquitäten*, Theaterberichte u. einen R. in Forts. *Die Schauspieler* (anonym). JOHANN JOSEPH POLT brachte *Erinnerungen aus d. Vorzeit u. Gegenwart* u. WILHELM WEHLI einige G. u. d. Scharaden. – 1846, im 19. Jg., erschien d. Bl. nur mehr u.d.T. B., Druck u. Verlag wie bisher GOTTLIEB HAASE u. Söhne, redigiert wurde es v. Bernhard Gutt u. Franz Klutschak. Es erschien drei Mal wöchentlich, Sonntag, Dienstag u. Freitag, jeweils im Umfang v. einem halben Bogen. Das Unterhaltungsbl. wandelte sich zur Tagesztg., d. Interessensgebiete umfassten: Handel u. Verkehr, Dramatisches, Lit., Naturhistorie, Medizin, Kunst u. Leben in Böhmen, Theaterberichte, Lokales, Mosaik, bestehend aus Anekdoten u. kleinen Gesch.; Erz., N. u. Humoresken – unter d. zuletzt genannten befanden sich viele Übers. aus d. Frz. Lit. Interesse verdienen Artikel wie *Schillers Persönlichkeit*, ferner d. Nachrichten, dass Eötvös an einem neuen R. arbeite, d. Gesundheitszustand v. NIKOLAUS LENAU unverändert u. IDA PFEIFFER nach Brasilien abgereist sei; es wurden Spekulationen über d. Herkunft v. George Sand angestellt, man sprach über Goethes Enkel u. Charles Dickens – alle Artikel erschienen anonym. Die neue Redaktion hatte Erfolg, d. Zs. kam jetzt vier Mal wöchentlich. – 1848, im 21. Jg., erschienen auch polit. u. sozial orientierte Aufs., aber man findet nach wie vor Erz. u. N., Lokales, Theaterberichte, (nicht nur aus Prag), R. in Forts., wie *Eine Gattin*, ed. v. Julius, G. v. J. Wenzig. Im März kam, wie bei allen Ztg. u. Zs. d. Zeit, d. große Zäsur, hier mit d. Überschrift: *Theilweise schon ohne Zensur!* Klutschak erließ einen Aufruf an alle »Literatoren«, dt. u. tschech., sich zusammenzuschließen, um gemeinsam zu arbeiten. LUDWIG AUGUST FRANKLS G. *Die Universität!* erschien auch hier, u. am 18.3. wurde in einer Extra-Beilage d. neue geplante Verfassung zweisprachig veröff. In d. nächsten Ausg. folgten Berichte aus Wien, aus d. Reichstag, man bat, Augenzeugenberichte einzusenden, d. auch abgedr. wurden usw. Aber schon im Mai gab man sich nicht mehr so revolutionär, u. im Okt. resignierte man bei einem *Gang durch Wien* u. fügte sich ins Unvermeidbare – rechtzeitig, sodass Klutschak d. B. weiterhin leiten durfte. Allerdings hatte er in d. Jahren 1848/49 ein separates

Constitutionsbl. gegr., d. mit d. Restitution eingestellt wurde. 1860 erschien d. Bl. tägl. u. hat sich vollkommen zur polit. Tagesztg. gewandelt. Der unterhaltende Tl. wurde in einer Beilage, d. *Abendbl.*, untergebracht, d. neben lokalen u. aktuellen Berichten auch Essays, Glossen, Skizzen etc. enthielt; G. wurden nicht mehr aufgenommen. Nach engl. Vorbild bot man d. Leser auch einen Forts.-R., d. sich über Monate hinzog, an: *Iduna* v. Karl v. Holtei. Es gab *Reiseabentheuer* v. Kleroth, Hansgirg erzählte *Marie, eine Wundergesch.*, man beschäftigte sich ausführlich mit UFFO HORN in mehreren Forts. Daneben findet man d. bekannten Sektionen: Mosaik, polit. Tageschronik, Theaterberichte, Prager Bagatellen, Lokal- u. Provinzialberichte. Auch aus d. Gerichtssaal wurde ausführlich berichtet. Der Inseratentl. wurde immer umfangreicher. In d. späteren Jahrzehnten d. zweiten Jg.hälfte stand d. B. vielen lit. Beiträgern aus Dtld. offen, diese spielten sogar um 1860-70 u. 1880 d. führende Rolle; daneben standen v.a. polit. Berichte – etwa über d. dt.-frz. Krieg (1870) – o. kulturelle Aktualitäten – beispielsweise eine Gegenüberstellung v. Darwin u. Goethe als Naturforscher (1880). Solche Berichte u. kulturelle Erörterungen dominierten d. Bl. auf Kosten d. schönen Lit., zumal d. polit. Tagesfragen – bes. d Nationalitätenkonflikte – immer brisanter wurden. Im 73. Jg., d. Jahr 1900, erschien d. Ztg. bzw. Zs. zwei Mal tägl. als Morgen- u. Abendbl. Jetzt war d. Hauptthema im umfangreichen polit. Tl. d. Krieg in Südafrika. Daneben gab es d. üblichen Titel wie: Mosaik, Land- u. Provinzialchronik, Telegramme an d. B., Theaterberichte, Nachrichten aus d. Gesell., Beförderungen; doch wurde d. Unterhaltung wieder mehr Raum gegeben. Bes. im *Abendbl.* erschienen mehr Erz., N., Essays u. Betrachtungen, d. Forts.-R. war z.B. durch d. Werk *Die Schatten* v. KARL EMIL FRANZOS vertreten. Auch Rez. u. Lit.-Kritik findet man häufiger. Im Feuilleton gab es Briefe aus Wien, Bln. u. Mchn., PETER ROSEGGERS *Heimgarten* wurde besprochen, FRIEDRICH ADLER brachte *Moderne Lyrik*. 1914, im 87. Jg. haben d. Tagesnachrichten weiter zugenommen, d. Rubriken Außen- u. Kommunalpolitik, Mosaik, Volkswirtschaft mit d. Börseberichten, Theater u. Kunst, jetzt auch Sport- u. Filmberichte u. viele Annoncen. Als Beilagen findet man wöchentlich solche über Reisen u. Touristik, eine Frauen- u. Jugendseite, eine »Technische« u. eine »Industrielle« Rundschau. Viele feuilletonist. Beitr. waren bunt gestreut, um d. sachlichen Inhalt aufzulockern. Man berichtete z.B. v. d. Südpolexpedition Scotts. Der Forts.-R. *Die vier Ehen d. Matthias Merenus* stammte v. KARL HANS STROBL. HUGO BETTAUER brachte d. N. *Die Patroness* u. *Nach d. Bällen*; es erschien ein Aufruf PETER ROSEGGERS zur Gründung eines Lehrer-Erholungsheimes. Dann zog d. Attentat v. Sarajewo u. d. beginnende Krieg alle Aufmerksamkeit auf sich. Neben veröff. Feldpostbriefen findet man Verlustlisten, Spendenaufrufe u. viele weiße Flecken: Artikel, d. d. Zensur zum Opfer gefallen waren. – 1918 lautete d. Titel d. Bl. DEUTSCHE ZTG. BOHEMIA. Es gab eine Morgen- u. eine Abendausg. auf schlechtem Papier. Zu Jahresbeginn erfolgte ein Rückblick auf *90 Jahre Bohemia* v. Josef Stern: d. Ztg. sei v. drei Männern geprägt worden, Franz Klutschak, Josef Walter u. JOSEF WILLOMITZER. Sie habe stets d. polit., nat. u. kulturellen Anspruch d. Dt. vertreten u. sich v. einem Unterhaltungsbl. zum führenden polit.-Periodikum entwickelt. Auch jetzt noch gab es einen Forts.-R. *Der Banknotenfälscher* v. PETER RIEDL, Rez. z.B. über Werke v. FRIEDRICH JAKSCH u. LEO PERUTZ wurden veröff., d.

Erz. *Freiheit* u. ein Artikel befasste sich mit d. Wr. Roten Garden, einer Gründung d. Kaffeehausliteraten: nämlich – wie es abfällig heißt – d. Journalisten EGON ERWIN KISCH, d. Herrn WERFEL, d. auch Literat sei, u. d. Herrn KIEHTREIBER, d. sich PARIS V. GÜTERSLOH nenne. Das Jahr endete mit d. Misere d. verlorenen Krieges. – 1925 erfolgten Druck u. Verlag durch d. »Deutsche Ztg.-A.G.«, d. Redaktion hatte Gustav Werner. Das Bl. erschien jetzt in sehr großem Format; man wandte sich betont d. lokalen Ereignissen zu. Das Feuilleton war stark vertreten – Modeberichte aus Paris, d. Fasching in Wien, Kriminalfälle, Winke für d. Hausfrau u.ä. An R. findet man *Der König ohne Land, Die tolle Herzogin*, beide v. ERNST KLEIN, *Der kleine Viardot* v. PAUL FRANK, *Die große Sängerin* v. HANS LIEBSTÖCKL. – 1928, im 101. Jg., setzte sich dieser Trend in d. DEUTSCHEN ZTG. BOHEMIA fort. Das Bl. unter d. Red. v. Gustav Bauer hatte manchmal einen Umfang v. bis zu 36 S. Es gab jetzt mehr Beitr. zur Unterhaltung, mehrere wöchentliche Samstags-Beilagen, wie Reise-Ztg., Auto-Ztg., Jugend-Ztg., Mode- u. Frauen-Ztg., eine Sport- u. eine Film-Ztg. etc. In d. Unterhaltungs- u. Lit.-Beilage wurden neben d. Forts.-R. Skizzen, N., Feuilleton u. Rez. gebracht. So *Die Silvesterbowle* v. Hans Heinz Ewers, *Neue Jugend* v. ROBERT HOHLBAUM; eine Rez. über d. Werk *Der wilde Eisengrein* v. HANS WATZLIK u. solche über Arb. v. ALFRED POLGAR, Anton Schnack u. JOHANNES URZIDIL. Es gab ferner Aufs. v. Autoren wie Thomas Mann, Hermann Hesse, Heinz Steguweit u. Hans Bethge, u. es wurde d. Todestages v. RAINER MARIA RILKE gedacht. Zum 70. Geburtstag v. Selma Lagerlöf gratulierten Ricarda Huch, Annette Kolb, ERWIN GUIDO KOLBENHEYER, Heinrich u. Thomas Mann, HANS WATZLIK u. FRIEDRICH ADLER. – 1938 war d. DEUTSCHE ZTG. BOHEMIA geprägt v. d. drohenden Geschehnissen in Mitteleuropa. An Lit. wurde geboten: ein aus d. Engl. übers. Forts.-R., ein Bericht über d. ADALBERT STIFTER-Feier in Oberplan, eine Glosse, bestehend aus einem fiktiven Brief v. JOHANN NEPOMUK NESTROY an MORITZ GOTTLIEB SAPHIR; es wurden Briefe v. HUGO V. HOFMANNSTHAL u. RAINER MARIA RILKE veröff., u. es erschienen Beitr. v. FRANZ KARL GINZKEY u. JOSEPH ROTH. Im März 1938, als Öst. v. dt. Truppen bis zum Brenner besetzt war (Titelzeile 13.3.) schloss d. Ztg. nach über 100-jährigem Bestehen ohne jeden Kommentar. Alles in allem war u. blieb d. B. d. Organ d. polit. gemäßigt-fortschrittlchen bürgerlichen Mittelstandes. Sie bezeugte d. geistigen Interessen u. d. rege geistige Leben d. dt.-böhm. Bevölkerung.

LITERATUR: Generalkat. d. laufend periodischen Druckschriften; Bibliogr. d. Zs. d. dt. Sprachgebiets bis 1900, 1, 349, 2, 273; A.G. Przedak: Gesch. d. dt. Zs.wesens in Böhmen, Heidelberg 1904; Goedeke, Bd. 7; Nagl/Zeidler/Castle, Bd. 3 u. 4.

Eva Münz/Herbert Zeman

Bohemicus → **Bayer**, Georg Oswald

Bohl, O. Ernst → **Hornbostel**, August Gottlieb

Bohn, Heinrich v. (Ps. Tom **Timm**; * 30.5.1911 Jägerndorf/Schlesien – ?), Sohn eines Offiziers, promovierte nach einer Gymnasialausbildung an d. Wr. Univ. zum Dr. jur. (1936) u. war hier als Journalist u. Red. tätig (u.a. auch Pressereferent im Bundesminist. für Handel, Gewerbe u. Industrie). B., Mitgl. d. Presseclubs CONCORDIA, war jedoch nicht nur Beiträger zahlreicher in- u. ausländischer Periodika, sondern auch Verf. v. Prosatexten u. Übers. aus d. Engl. (z.B. Graham Greene, Georgette Heyer) u. Amerik: Neben einigen (pseudonym publ.) anspruchsloseren Kriminalr. aus d. 40er-Jahren (z.B. *Geigen, Geiseln u. Gift,* um 1947) schrieb er v.a. durchschnittliche belletrist. R., d. sich immerhin durch eine weitgehend ernsthafte Problematisierung u. durch Spannungsmomente auszeichnen. ›Schicksalshafte‹ zwischenmenschl. Beziehungen u. menschl. Leidenschaften stehen immer wieder im Mittelpunkt, so auch in B. ausuferndem 560-S.-R. erstling *Aufruhr an d. Grenzen* (1938) u. in seinen erzähltechnisch überzeugenderen, weil griffigeren Erz. u. N. (*Kamerad Mensch*, 1939; *Strom d. Lebens*, 1944). Sie zeigen allerdings eine starke Tendenz zu Gefühlsüberschwang u. Plakativität (z.B. *Die Heimkehr* aus d. Sammelbd. *Kamerad Mensch*: Ein tot geglaubter Bauer kehrt unerkannt aus Sibirien heim u. wird zum Mörder, um d. Leben seiner Familie nicht zu erschüttern). – Eine d. erfolgreichsten Übers. d. Wr. Belletristen ist d. Tatsachenr. *Northward Ho* d. Kanadiers Allan Roy Evans (u.d.T. *Wind über weißen Wegen*, 1954, Buchgemeinschaftsausg. 1966).

WERKE (Ausw.): Novellen: *Waldbrand. Die N. einer Leidenschaft*, Wien 1940; *Brennende Insel. Eine Begebenheit aus d. Jahre 1928*, Wien 1943. Erz.: *Kamerad Mensch*, Wien/Lzg. 1939, Wien 1942 (Feldpostausg.); *Strom d. Lebens*, Wien 1944; *Sensationsnacht in Bukarest*, Salzb. 1947. Romane: *Aufruhr an d. Grenzen*, Wien/Lzg. 1938, NA 1943; *Seltsamer September*, Wien 1947; *Geigen, Geiseln u. Gift*, Kriminalr., Salzb. um 1947; *Will Kortens erster Fall*, Salzb. 1948; *Der Engel vor d. Liebe*, Wien 1949; *Mord im W 13 13*, Kriminalr., Linz 1949. Übers.: Allan Roy Evans: *Northward Ho* u.d.T. *Wind über weißen Wegen. Ein Tatsachen-R.*, Wien 1954, Hbg./Wien 1956, Wien/St. Pölten 1956, Hbg./Wien 1959, 1964, Klagenfurt 1966 (= Buchgemeinschaftsausg.);

Graham Greene: *In Search of a Character* u.d.T. *Afrikanisches Tagebuch*, Hbg./Wien 1962; Georgette Heyer: *Pistols for two* u.d.T. *Zärtliches Duell*, R., Wien/Hbg. 1975, m. Ilse Winger.

LITERATUR: Who's who in Austria, 6th Ed., Montreal 1967, 69.

Sylvia Leskowa

Bohrmann, Heinrich (Ps. Julius **Riegen**, Heinrich **B.-Riegen**, dieser Verf.name bezeichnet d. Arbeitsgemeinschaft H.B. mit Julius Nigri v. San Albino, 28.5.1838 Saarbrücken – 8.10.1909 Wien) erhielt seine Schulausbildung in Wien, wurde 1862 Beamter bei d. k.k. Südbahn, wo er bis 1867 in d. Buchhaltung tätig war, u. ging hierauf beruflich nach Paris (bis 1871). B. war mit FRANZ GRILLPARZER bekannt, d. sein Interesse für d. Theater förderte u. ihn zu Vorlesungsbesuchen an d. Wr. Univ. animierte. Ein erster erfolgreicher dramat. Versuch bestärkte B. in seiner weiteren schriftst. Betätigung. Unter d. Direktion HEINRICH LAUBES war er bis 1874 Generalsekretär d. Wr. Stadttheaters, übernahm 1875 für einige Monate d. Leitung d. Komischen Oper, d. späteren Wr. Ringtheaters, u. bis 1880 jene d. Pressburger Theaters. 1884 kehrte er schließlich als Beamter zur Südbahn zurück. 1893-99 redigierte er d. *Wr. Almanach*, 1900-07 d. lit. Beibl. d. *Wr. Mode*.

B. blieb d. dramat. Genre auch nach seinen ersten dichterischen Versuchen treu. Sein relativ umfangreiches Schaffen entstand zum größtem Tl. in Zusammenarb. mit Julius Nigri v. San Albino (1849-16.10.1895 Weidlingen, nach Brümmer, Bd. 1) u. weist d. unterschiedlichsten Gattungsformen auf, d. v. Schauspiel u. Charakterbild bis zum Lustspiel u. Libr. reichen. Auf diesem Gebiet verfasste er zunächst mit RICHARD GENÉE d. auf Unterhaltung abzielende Textbuch zur Johann Strauß-Operette *Das Spitzentuch d. Königin* (Auff. Wien 1880), dann u.a. d. ernsthaftere Opernlibr. *Iduna* (1884), d. auf beliebten inhaltlichen Versatzstücken aufgebaut ist (Gräfin führt ein Doppelleben als Wirtin Iduna, ihr vorerst nicht standesgemäßer Bräutigam wird ihr durch Aufklärung seiner tatsächlichen Herkunft ebenbürtig), u. d. musikdramat. Bearbeitung v. J.W. v. Goethes *Hermann u. Dorothea* (1896, Musik v. J.P. Gotthard). B. dramat. Werk lässt zwei Tendenzen erkennen: 1. Hist. verbürgte, staatspolit. o. künstl. Persönlichkeiten wurden als Mittelpunkt konfliktreicher Handlungen erwählt. Die um Friedrich II., d. Streitbaren, konzipierte Tr. *Der letzte Babenberger* (1867) zeigt B. als Epigonen GRILLPARZERS. Ihm ist d. Schauspiel *Ein Sohn seiner Zeit* (1870) gewidmet, in d. d. Dichter Beaumarchais in einem Aufsehen erregenden Prozess entgegen aller Erwartungen letztlich d. Sieg über Ungerechtigkeit u. Korruption davonträgt. Dieses hist. Künstlerdrama hebt sich v. d. in d. zweiten Hälfte d. 19. Jh. nahezu unüberschaubaren Flut v. Lit.werken dieser Gattung wohltuend ab. Die Künstlerproblematik ist zwar ebenfalls in d. Hintergrund gedrängt, d. Charakterzeichnung d. Titelgestalt u. d. weiteren Figurenpersonals kann jedoch ebenso wie d. auf Effekthascherei u. Rührseligkeit verzichtende Handlungsgeschehen überzeugen. Mit d. vieraktigen Schauspiel *Beethoven* (1901) erweist sich B. hingegen wiederum völlig d. Tradition d. Genres verpflichtet. Er führt ein ›gängiges‹ Lebensbild d. Komponisten vor Augen, wobei er auf folgende inhaltliche Elemente zurückgreift: auf Beethovens Liebeskonflikt mit Julia Guicciardi, seine familiären u. gesundheitlichen Schwierigkeiten sowie auf d. ihm als Künstler zuteil werdenden Zurücksetzungen u. Anerkennungen. Zudem schrieb B. Konversations- u. Problemstücke, d. Ehe- u. Liebeskonflikte beinhalten u. d. Thema d. Lebenslüge u. Schuldverstrickung behandeln. Das Charakterbild *Lady Esther* (1880, EA in Breslau) lässt sich kurzerhand als routiniert gestaltete Dreiecksgesch. mit glücklichem Ausgang bezeichnen. In *Dämon Gold* (1889), ein zu Sentimentalität u. schematisierender Charakterzeichnung neigendes Stück, tritt d. Aspekt verhängnisvollen Dranges nach unbegrenztem Reichtum hinzu. Die freie Bearb. *Der lustige Ritter* (1899), nach einem Stück d. v.a. für seine ›eheproblematischen‹ Dramen bekannten ital. Autors Marco Praga (1862-1921) verfasst, entspricht somit auch völlig jener zweiten Werktendenz. Mit d. Lustspiel *Mißtrauen* (1901) versuchte B., partnerschaftliche Konflikte dramat. unterhaltsam aufzubereiten, was ihm allerdings nur bedingt gelang.

WERKE (Ausw.): Opern- u. Operettenlibr.: *Editha*, romant.-lyr. Oper in 3 Akten, Musik v. J.P. Gotthard, Wien 1877; *Das Spitzentuch d. Königin*, Operette in 3 Akten, Musik v. Johann Strauß, Auff. Wien 1880, Wien o.J. (Arien u. Gesänge), Lzg. o.J., Textbuch, m. R. Genée; *Der Chevalier v. St. Marco*, komische Operette in 3 Akten, Musik v. J. Bayer, UA Wien 1882, New York o.J., m. J. Riegen; *Iduna*, Oper in 3 Akten, Musik v. J.P. Gotthard, Wien 1884, 1890; *Herrmann u. Dorothea*, Oper in 1 Akt nach Goethe, Musik v. J.P. Gotthard, Wien 1896. Dramen: *Der letzte Babenberger*, hist. Tragödie in 4 Aufzügen, Wien 1867, ²1874 u. in: H.B.-R.: *Dramatische Werke*, Wien 1901, Bd. 1, 3-112; *Ein Sohn seiner Zeit*, Schauspiel in 5 Aufzügen, Wien 1870; *Verlor'ne Ehre*, Charakterbild in 3 Akten (Grundidee nach Enrico Montecorboli), Pressburg 1876, Lzg. o.J., neue

Bearb. in 4 Aufzügen o.O. 1895; *Onkel, Nichte u. Bär*, Posse in 3 Akten nach d. Frz., Pressburg 1877; *Kompromisse*, K. in 5 Akten, Lzg. 1878; *Bellerophon*, Lustspiel in 1 Aufzug, Lzg. 1878; *Lady Esther*, Charakterbild in 5 Aufzügen, Lzg. um 1880; *Ein Traum*, Märchendichtung in 4 Bildern, Wien um 1880, m. Graf Marcus Bombelles; *Dämon Gold*, Charakter- u. Sittenbild in 1 Vorspiel u. 4 Akten, Wien 1889; *Von zarter Hand*, Lustspiel in 1 Akt, Wien 1897; *Die Blinde*, Schauspiel in 1 Akt, Wien 1898; *Ein Uriasbrief*, Lustspiel in 1 Akt, Wien 1899; *Der lustige Ritter*, Schauspiel in 4 Akten, frei nach Marco Pragas »Alleluja«, Wien 1899; *Mißtrauen*, Lustspiel in 3 Akten, in: *Dramatische Werke*, Wien 1901, Bd. 1, 115-248; *Beethoven*, Schauspiel in 4 Akten, in: ebd., 251-384; *Radetzky*, hist. Schauspiel, Wien [1902]. Werkausgabe: *Dramatische Werke*, Wien 1901, 1 Bd. (mehr wahrscheinl. nicht erschienen, enthält: *Der letzte Babenberger, Mißtrauen* u. *Beethoven*).

LITERATUR: Brümmer, Bd. 1; Nagl/Zeidler/Castle, Bd. 3 u. 4.

Sylvia Leskowa

Bohrmann, Marianne (geb. Kohatschek, 2.8.1849 Bystritz/Mähren – 11.11.1916 Wien) genoss eine sorgfältige Erziehung durch ihren Vater u. unternahm später viele Reisen, auf denen sie ihre besondere Begabung für Sprachen in d. Praxis umsetzen konnte. Sie war in Russland zwölf Jahre lang als Erzieherin tätig, ein Aufenthalt, d. sie lit. nachdrücklich zu verwerten wusste (ethnograf. Skizzen: *In d. Steppe*, 1893, u. Essays in Periodika). Zuvor publ. sie bereits Lyr. u. Prosa in belletrist. Zs. B. lebte ab 1885 in Wien u. heiratete 1889 d. Dramatiker HEINRICH B. Die v.a. mit ihren russ. Kulturbilder reüssierende Prosaistin verfasste auch belletrist. R. (*Die Priorin*, 1908 in »Pohls allg. Volksbücherei dt.-öst. Schriftsteller« erschienen) u. Dramen, d. d. routinierten Bühnenstücken ihres Gatten kaum nachstehen: In d. gemeinsam mit Gottfrieda Kunetizky verfassten gesell.krit. Lustspiel *Ballast o. Ein kritischer Tag* (1903) thematisierte B. z.B. d. aktuelle Frage individueller bzw. speziell weiblicher Selbstverwirklichung, d. in einer bürgerlichen Baumeisterfamilie zum – lediglich vorübergehenden – Chaos führt, zumal d. alten Ordnungen bestehen bleiben.

B. ist wie ihr Gatte eine in Durchschnittlichkeit verbleibende Literatin d. ausgehenden 19. Jh.

WERKE (Ausw.): Skizzen, Novellen: *In d. Steppe. Kulturbilder aus Russland*, Dresden 1893; *Mährische N.*, Bln.-Wilmersdorf o.J. Romane: *Die Priorin*, R. in 2 Bdn., Dresden o.J., Prachatitz 1908; *Die Kolonisten*, Stgt. 1906; *Der Untersuchungsrichter*, Bln. o.J.; *Ave Maria. R. aus d. Gesell.*, Teschen o.J. Drama: *Ballast o. Ein kritischer Tag*, Lustspiel in 3 Akten, o.O. o.J., mschr. Wr. Stadt- u. Landesbibl., mit amtl. Vermerk zur Auff.freigabe v. 1903, m. Gottfrieda Kunetizky.

LITERATUR: Lex. dt. Frauen d. Feder, hg. v. S. Pataky, Bln. 1898, Bd. 1, 86f.; Brümmer, Bd. 1 u. 8; H.K. Kosel: Öst. Künstler- u. Schriftstellerlex., Bd. 1: Biogr. d. Wr. Künstler u. Schriftsteller, red. v. P.G. Rheinhardt, Wien 1902, 243; Nagl/Zeidler/Castle, Bd. 4; ÖBL, Bd. 1.

Sylvia Leskowa

Bohrmann-Riegen, Heinrich → **Bohrmann**, Heinrich

Boiger, Karl (Ps. Karl **Hellebronn**; 21.10.1872 Werschetz/Banat – ?), Sohn d. Werscherzer Volksschuldirektors, besuchte d. Volks- u. Bürgerschule seines Heimatortes, absolvierte 1889 d. Handelsschule in Szegedin, leistete 1890/91 sein Freiwilligenjahr in d. Armee ab

u. begann eine militärische Laufbahn, d. er jedoch bald aus gesundheitlichen Gründen aufgeben musste. B. war hierauf als Privatbeamter tätig (ab 1894). 1900 legte er in Weißkirchen eine Prüfung über d. 8. Gymnasialklasse ab u. wurde anschließend ao. Hörer d. Phil. Fak. d. Budapester Univ. Ab 1901 arb. er als Beamter in d. Rechnungsabteilung d. Bosnischen Landesregierung, wo er d. Funktion eines Rechnungsrates innehatte (1918). 1919 ging er in Pension u. kehrte als Privatbeamter nach Werschetz zurück. B. versuchte sich bereits seit seinem 17. Lebensjahr als Lyriker. 1894 erschienen seine ersten Werke, d. er vorerst noch anonym veröff. Unter d. Ps. Karl Hellebronn verfasste d. auch als Komponist hervortretende Lyriker Skizzen im Plauderton. Sein einziges bekanntes Werk ist ein schmaler G.bd., d. 1925 in d. »Banater Bücherei« erschien u. einen Überblick über sein durchschnittliches Oeuvre gibt (v. 1890 bis in d. frühen 20er-Jahre): Er erweist sich damit v.a. als später LENAU- u. Heine-Epigone (*Vergebene Hoffnung – Diebesschicksale*), d. über eine lokale Bedeutung nicht hinaus gelangte.

WERKE: Lyr.: *Gedichte*, Werschetz 1925.

LITERATUR: Kurzbiogr. in: B., K.: G., Werschetz 1925, 3f.; Giebisch/Gugitz; K.K. Klein: Lit. Gesch. d. Dt.tums im Ausland, Lzg. 1939, Hildesheim/New York ²1979, jeweils 409.

Sylvia Leskowa

Bolek, A.J., ein nicht näher bekannter, 1842-70 zu Hartfeld bei Grodek amtierender ev. Pfarrer, d. im Sinne d. Völkerverständigung zw. Dt.-Österreichern u. Polen drei Werke v. Adam Mickiewicz ins Dt. übertrug: d. beiden Balladen »Ballade« aus *Konrad Wallenrod* u. »Farys« u. d. ursprünglich litauische Sage *Grazyna*, erschienen bei KARL PROCHASKA in Teschen (1860). B. Übertragung ist deshalb recht missglückt, weil er weder d. dt. Stil noch d. dt. Metrik genügend beherrschte. Die beiden Balladen verdeutschte zur selben Zeit ALOIS SEBERA wesentlich geschickter.

LITERATUR: Nagl/Zeidler/Castle, Bd. 3.

Herbert Zeman

Bolla, Johann Baptist (15.1.1745 Wien – 8.5.1802 ebd.) übte zunächst d. v. seinem Vater erlernten Beruf eines Stuckateurs am Wr. Hof aus Doch seine Begeisterung für d. Lit. u. Kunst d. klass. Altertums führte ihn nach Rom, wo er einige Jahre hindurch intensive Studien betrieb. Nach seiner Heimkehr nach Wien war er zunächst genötigt, sich seinem erlernten Handwerk zu widmen, bis er 1777 zum Prof. d. griech. Sprache u. zum Kustos d. Univ.bibl. Wien avancierte. Seine umfassenden Kenntnisse auf d. Gebiet d. klass. Antike – zumal d. griech. Kulturdenkmäler – legte d. Altertumsforscher u. Schriftsteller B. in mehreren Abhandlungen hist.-beschreibenden Charakters nieder: Die Gesch. d. Hellenen sowie d. Kunstschätze d. antiken Griechenland u. Rom waren Gegenstand seiner wiss. Betrachtungen. Wie auch sonst tritt bes. in d. *Rede v. d. Schönheit u. d. Nutzen d. griechischen Literatur* (1777) d. Erbe Winckelmanns deutlich hervor, dessen idealisierende Auffassung d. griech. Überlieferung d. Verf. übernahm u. damit d. kunstästhetischen Sicht d. klass. Altertums in Öst. einen neuen Akzent verlieh. Beginnend mit Liedern d. anakreontischen Richtung (1773) war B. Lyr. in altgriech. u. lat. Sprache (*Jambi Graeci*, 1796; *Epicuri hortus*, 1798) d. Ergebnis seiner intensiven Beschäftigung mit d. Blütezeit d. antiken Lit., deren Vorbild einerseits auf d. Grundlage d. humanist. Tradition Alt-Öst. fortlebte, anderseits Hand in Hand mit d. Rezeption d. europ. Aufklärungsbewegung in

d. Donaumonarchie im Sinne d. neuen Geistigkeit Weg bereitend wirkte.

WERKE: Lyr.: *Lieder*, Wien 1773; *Lieder nach Anakreon*, Lzg. 1775; *Die Josefsaue o. d. Mayenfest im Prater*, Wien 1781 (s. auch Veith v. Schittersberg); *Ein griechisches Gedicht auf Madame Viganor*, Wien 1793; *Jambi Graeci*, Wien 1796; *Epicuri hortus*, Wien 1798; *Homonoeticon. Occasione Pacis V. Id. Febr. 1801 recuperatae*, Wien 1801. Literarästhetische Schrift: *Rede v. d. Schönheit u. d. Nutzen d. griechischen Literatur*, Wien 1777. Kunsthist. (bzw. hist.) Schriften: *Griechische Altertümer*, Lzg. 1775; *Beschreibung d. griechischen Statuen zu Rom: in Briefen*, Wien 1782; *Gesch. v. Griechenland, hauptsächlich d. Zeitraum v. d. 283. bis zur 294. Olimpias enthaltend*, Wien 1783.

LITERATUR: I. de Luca: D. gelehrte Öst. 1, Wien 1776, 38ff.; H.W. v. Behrisch: D. Wr. Autoren. Ein Beytrag zum gelehrten Dtld., Wien 1784, 38f.; Wurzbach, Bd. 1; Nagl/Zeidler/Castle.

Maria Hörwarthner

Bolza, Eugenie (Ps. **B.A.**, **Dr. B.**, **Natalie**; 26.12.1816 Wien – 2.4.1891 ebd.), Tochter d. Bankdirektors Popp Richter v. Böhmstetten, heiratete d. Ministerialrat u. Philol. Johann Baptist B. u. betätigte sich ausschließlich als Lyrikerin: Neben pseudonym erschienenen Revolutionsg. v. 1848 (u.a. *Barricaden-Hymne für's Volk, Der neue Frühling*) verfasste sie in erster Linie viele in d. Romantik-Nachfolge stehende G. sowie einfühlsame Übers. zeitgenöss. ital. u. engl. Lyriker. – Als ihr lit. Nachl. gilt d. (umfangreichere) einzige Bd. *Gedichte* (1853), d. B. Gatte seiner Schwiegermutter, »d. treuen Bildnerin ihres [E. B.] frommen Gemüths«, widmete. Der Bd. umfasst 32 eigenständige, überaus zugängliche u. unkomplizierte G. in ausgewogen-ruhiger Sprachgebung, in denen B. Naturimpressionen immer wieder zu Stimmungsbildern d. lyr. Ichs werden lässt. Eine v. wehmutsvoller Hoffnung geprägte Lebensbetrachtung (*Die Ferne, Am Ufer*) steht ebenso im Mittelpunkt wie d. Sehnsucht nach d. »wahren Heimat« d. Jenseits (*Trübe Stunde*) u. d. Ruhepol d. Nacht (*Die Nacht*). Überzeugender ist B. hingegen mit ihren Liebesg. (*In einer stürmischen Nacht, Wünsche*) u. familiären Widmungsg. (*Meiner theuern Mutter*), v. denen d. aus d. Stmk. an ihren Bruder Constantin liebevoll gerichteten *Briefe* v. KAJETAN CERRIS Freundschaftsepistel *Hermine* inspiriert sind. Wie BERTHA ARNDTS griff auch d. Gattin d. ital. Philol. CERRIS Hinweis auf d. ital. Lit. auf u. übers. u.a. G. v. Francesco dall'Ongaro (1808-73; *An d. Hoffnung, Die wahre Heimat*). Den Abschluss ihrer Lyr.slg. bilden einige Übertragungen aus d. Engl. (u.a. G. d. irischen Nationaldichters u. Byron-Freundes Thomas Moore – 1779-1852 – *Sonnenuntergang, Gebet*).

WERKE: Lyr.: *Gedichte*, Wien 1853.

LITERATUR: Wurzbach, Bd. 2 (unter d. Stichwort »Joh. Bap. B.«); J.A. Frh. v. Helfert: D. Wr. Parnaß im Jahre 1848, Hildesheim 1977 (= Reprograf. Druck d. Ausg. Wien 1882), Nr. 54, 435, 771, 845, 1134, 1488, 1904, 2004; Brümmer, Bd. 1; Nagl/Zeidler/Castle, Bd. 3; ÖBL, Bd. 1.

Sylvia Leskowa

Bombe, Die war d. provokante Name einer polit.-satirischen Wr. Zs., d. im Verlag v. C. ANGERER erschien. Der in Ungarn geb. Schriftsteller, Journalist u. Lustspielverf. JOSEPH BRAUN gründete sie 1871 unter d. programmatischen Namen *Bismarck*, doch wegen d. vorauszusehenden Schwierigkeiten änderte er ihn auf D. B. BRAUN war Eigentümer u. Hg.; verantwortlicher Red. war Karl Flo(c)h. Die reich mit Karikaturen ausgestattete Ztg. erschien jeden Sonntag. Der dt.-frz. Krieg hatte wohl d. Anstoß zur Gründung gegeben; dt.-nat. liberale Tendenzen prägten d. Bl. Sein Inhalt waren Glossen u. satirische Beitr. Geschrieben wurde über d. anfallenden Tagesereignisse, unterzeichnet meist mit Initialen o. Ps. Die jeweiligen öst. Regierungsmitgl. wurden schonungslos angegriffen, meist waren d. Artikel mit spöttischen Karikaturen versehen. Mit großer Stilsicherheit wurden für d. sat. Zweck G. v. Heine u. Mörike parodiert. Niemand wurde geschont. Einzig FRANZ GRILLPARZER wurde einmal lobend erwähnt, mit Hinweis auf dessen nat. Haltung. Die Tendenz d. Bl. war krass antisemitisch u. auch offen gegen d. Tschechen gerichtet. Die Zs. muss großen Erfolg gehabt haben, da schon nach d. ersten Nummern d. Aufl. verdoppelt wurde. Bes. populär waren d. *Ringstraßenlieder*, d. Wr. Interna in gefälligen Reimen behandeln u. ständig wiederkehren. Bekannt waren auch d. stehenden Figuren d. Bl.: d. Gesänge »Schartenmeyers« (Moritaten u. Ähnliches), »General Schlepp v. Schleppsägel«, »Schani Wurzelfellner« u. d. Notizen »Henry Pimperls, d. viel gereisten Mimen, d. sich mit lobenden Ztg. ausschnitten aus d. Städten Graz, Temesvar, Znaim, Groß Becskerek u. Budweis ausweisen kann«. Die Illustrationen nahmen im Laufe d. Jahre einen stetig wachsenden Anteil d. Bl. ein u. wurden immer erotischer – nach d. Maßstäben d. Zeit. JOSEPH BRAUN schien d. Lust am polit. Journalismus verloren zu haben; 1881 verkaufte er d. Zs., d. bis 1923 existierte, aber dann mit Lit. nichts mehr zu tun hatte, um mit d. Erlös ein neues Bl. zu gründen, d. WR. KARIKATUREN, d. als reines Witzbl. geführt wurden.

LITERATUR: Nagl/Zeidler/Castle, Bd. 3.

Eva Münz

Bon → **Bönisch**, Hermann Friedrich

Bona, Hans (Ps. Hans **v. d. Mattig**, 12.1.1883 Korneuburg/NÖ – ?), Dr. jur., ergriff d. Richterlaufbahn u. lebte schließlich als pensionierter Oberlandesgerichtsrat in Linz. Nebenbei versuchte er sich als Lyriker: Bekannt sind lediglich d. aus späterer Zeit stammenden G.bde. *Erlebtes u. Erträumtes in Liedern* (1938) u. *Splitter u. Späne* (1949). B. – er war sich d. harmlos-unbedeutenden Charakters seines Schaffens durchaus bewusst (s. d. beiden »Zueigungsg.« zu seinen umfangreichen Lyr.bd.) – erweist sich als traditionsverbundener Nebenstundenliterat d. 30er- u. 40er-Jahre. Er wusste zu d. unterschiedlichsten Themen »in gereimten Worten« Stellung zu nehmen (u.a.: Natur, Liebes- u. Künstlerlg. sowie Autobiogr. u. Humoristisches). Aus d. herkömmlichen Rahmen d. Themenspektrums fällt d. versifizierte »Kleine Verslehre«, eine Abteilung aus d. *Splitter*[n] *u. Späne*[n].

WERKE: Lyr.: *Erlebtes u. Erträumtes in Liedern*, G., Wien/Lzg. 1938; *Splitter u. Späne*, G., Wien [1949].

LITERATUR: Giebisch/Gugitz.

Sylvia Leskowa

Bonatti, Hugo (* 1.4.1933 Innsbr.), seit 1956 in Kitzbühel ansässig, veröff. erste Lyr.-, Prosa- u. Dramenwerke Mitte d. 70er-Jahre (*Stil-Blüten*, 1974; *Ein Schauspiel v. Tod d. Seelenmenschen*, 1974; *Irrlichter* 1972), für d. er mehrere regionale Lit. preise erhielt. B. frühe Texte, G. wie Kurzgesch., sind meist wortgewaltige Sprachexperimente, d. entweder Werbeklischees satirisch aufzeigen (*Stil-Blüten*) o. d. d. Technik-Kosmos ausgelieferten Menschen thematisieren u. Wirkung erzielen durch Neologismen, Wortballungen u. aneinander gereihte Assoziationen (*Centuricus o. d. Constellationen*, 1974). Die schon in d. Kurzgesch.slg. *Das Danaergeschenk* (1978) favorisierte

Thematik d. sich mit seinem subjektiven Schreibprozess quälenden Schriftstellers findet im Prosawerk B. immer wieder Gestaltungsraum, bes. im späteren R. *St. Helena* (1998). Die als B. Heimatort Kitzbühel topografisch identifizierbare Insel St. Helena wird zur Utopie einer v. menschl. Oberflächlichkeit u. intellektueller Simplizität gekennzeichneten Zivilisation, d. d. Gewinn bringenden »Event« jegliche moralischen u. ethischen Werte opfert u. d. Kunst dafür missbraucht. Als Symbol für d. ausgebeuteten Künstler fungiert durch d. gesamten Text hindurch d. fiktive »M. H.«, identifizierbar als d. in Amstetten geborene, B. gut bekannte Organistin u. Komponistin Maria Hofer, d. B. sein dreigegliedertes Buch widmete. Zweiter u. dritter Tl. bestehen v.a. in ausgedehnten, an d. Durchhaltevermögen d. Lesers appellierende Reflexionen über einen fiktiven Prozess, in d. d. Protagonist Wilhelm aufgrund d. unschwer anzustellenden Enthüllbarkeit v. Personen u. Zusammenhängen verwickelt wird. B. integriert immer wieder Lit.zitate in d. Text (KAFKA, Goethe) u. lässt seinen Protagonisten fiktive Briefe an mehrere Personen, u.a. an seinen Freund Schenagl (d. B. realiter befreundete H. SCHINAGL), schreiben. B. Nähe zur Musik (Klavier) zeigt sich hier ebenso wie auch in einigen durchaus mit sprachlicher Kunstfertigkeit ausgearb. Kurzgesch. (*Der Akkord*, 1978; *Der Pianist*, 1984), d. in *Quodlibet. Erfolgstexte* (1997) bei Edition Mosaic verlegt wurden. Die Sprache B. erfährt bes. in d. Kurzprosa (z.B. in *Der Mordversuch*, 1974) beschwörende Intensität durch d. generell, v.a. in d. R. d. späten 90er-Jahre beliebte Technik B., vielfältige Assoziationen u. sprachlichen Wahrnehmungsfetzen einzuweben. Sehr häufig vertauscht B., v.a. in d. Kurzepik, real erfahrbare Situationen mit expressi onist. u. surrealist. Traumwelten, d. sich meist in überraschender Weise über d. Ausgangskonstellation stülpen. Hier ist unverkennbar eine starke Hinwendung zu KAFKA gegeben, d. B. in seinem Werk häufig u. bewusst zitiert. Die Nähe zu Nietzsches Übermenschen in *Der Nihilist* (1997) ist nicht nachzuweisen, liegt aber interpretatorisch nahe: B. stellt in diesem Text zwei völlig konträre Figuren einander gegenüber u. lässt d. für ihn positive, rel., durchaus d. kath. Leidensthematik verpflichtete Gestalt d. Ikarus über d. zerstörende Weltanschauung d. sich über seine Mitmenschen erhebenden Nihilisten siegen. Hier, aber auch in vielen Kurzgesch. (etwa: *Der Steinbruch*, enthalten in: *Signale aus d. Raum*, 1997) wird B. christliche Religiosität evident, d. häufig d. Aufgehen d. Individuums im göttlichen Universum thematisiert u. B. damit in d. Umkreis d. »Spirituellen Poesie« (KUPRIAN) rückt. Einige v. B. Schriften finden sich zudem in d. Medien d. TURMBUNDS veröff. (»Turm-Reihe«, »Kleine Reihe«, Bläschke-Verlag); immer wieder hielt B. Lesungen in diesem Kreis. Es ist auffallend, dass B. neuere R. journalist. kaum berücksichtigt u. lit. wiss. bisher nicht bearb. wurden. B. verfasste für bekannte regionale Ztg. (*Tiroler Tagesztg., Kitzbühler Anzeiger* etc.) Beitr. zu Kunst u. Kultur, eine *Messe für Sprechchor u. Stimmen* (UA in Neustift 1980) sowie Radiosendungen u. Fernsehspiele.

WERKE: Lyr.: *Stil-Blüten, Slogan-Gedichte*, Innsbr. 1974; *Tirol – Quadratur einer Landschaft*, Innsbr. 1980; *Thema mit Variationen*, Innsbr. 1991. Dramen: *Ein Schauspiel v. Tod d. Seelenmenschen*, 1974; *Der gekreuzigte Antichrist. Eine Passion*, UA Innsbr. 1977; *Leb wohl, Judas*, Kitzbühel 1978. Prosa: (Erz., R.) *Irrlichter. Prosa d. Zeit*, Wien 1972; *Centuricus o. d. Constellationen*, Mchn. 1974; *Das Danaergeschenk*, Darmstadt 1978; *Politik, sagte er*, Skizzen u. Essays,

Thaur/Wien 1979; *Das Tal d. Hässlichen*, St. Michael 1984; *Quodlibet, Erfolgstexte*, Dublin/New York/Wien 1997; *Signale aus d. Raum*, Kurzprosa, Dublin/New York/Wien 1997; *Der Nihilist (Ein Ikarus). Psychographischer R.*, Dublin/New York/Wien 1997; *St. Helena (Die Periöken), Eine Chronik*, Dublin/New York/Wien 1998.

LITERATUR: I. Herceg: D. lit. Techniken H.B., Dipl.-Arb., Innsbr. 1974.

Beatrix Cárdenas-Tarrillo

Bonche → **Bönisch**, Hermann Friedrich

Bondy, Fritz (Ps. N.O. **Scarpi**, 18.4.1888 Prag – 24.5.1980 Zürich) stammte aus einer altöst. jüd. Familie in Prag. Sein Vater war Veit Salomon B., d. Mutter Charlotte Brüll. Er besuchte d. Gymnasium am Graben, brach sein Lit.- u. Gesch.stud. ab, arb. vier Jahre lang in einer Bank. 1911 ging er zum Theater. B. war Volontär an d. Wr. Hofoper u. in Bln. Sein Lehrmeister war Max Reinhardt. Es folgte B. Theaterglanzzeit als Dramaturg u. Regisseur am Dt. Theater in Prag, als Bühnenautor in Bln. u. als Regisseur am Thalia-Theater in Hbg. Am 1.7.1915 ging er in d. Schweiz, arbeitete aber noch fürs Theater, wurde später Schweizer Staatsbürger, wohnte abwechselnd in Lugano, Paris, Ungarn u. Jugoslawien u. war seit 1941 in Zürich ansässig. 1963 Preis d. Kantons Zürich; Preise d. Stadt Zürich; Schillerpreis; Preis d. Schweizer Schriftstellervereins. Seine lit. Tätigkeit war äußerst vielseitig. Er war als meisterhafter u. eleganter Übers. bekannt. Aus d. Engl. u. Frz. übers. er über 200 Bücher. B. war ein welterfahrener, unerhört emsiger Feuilletonist, bei d. stets Weisheit mit Humor gepaart war. »Was diesen prächtigen Oldtimer zu einer d. originellsten lit. Erscheinungen unserer Zeit macht, ist d. Meisterschaft, mit d. er d. sog. ›kleine Form‹ beherrscht – ein Urprager, noch gespeist u. getränkt v. saftigen Humor jener unwiederbringlichen entschwundenen dt.-jüd.-slaw. Kultursymbiose, d. es nur in Prag gegeben hat.« (FRIEDRICH TORBERG). Berühmt wurde er v.a. durch seine Anekdotenslg., aus deren Vielzahl nur d. Titel *Alle Achtung beiseite, Handbuch d. Lächelns, Gestohlen bei* u. *Die Herren v. Do-Re-Mi*, alle im Verlag Werner Classen in Zürich erschienen, genannt seien. B. Anekdotenkartei ist d. umfangreichste d. dt. Sprachraums. Er verfasste auch R., Erz. u. N. Dem Theater blieb er durch seine Theateranekdoten u. seine Opernkommentare im Schweizer Radio verbunden. Seine liebenswerten Beitr., d. sich mit d. Prag d. Jahrhundertwende befassten, wie *Liebes altes Prag* o. *Der junge Herr v. anno dazumal*, trugen viel an lit. Verlebendigung dessen bei, was v. alten Prag u. dessen altöst. Kultur überlebte.

WERKE: Romane: *Die schönste Frau*, Bln. 1926; *Sprung v. d. Bühne*, Lzg.1925, 1927; *Von einem Tag zum anderen*, o.O. 1926, 1928. Prosa WERKE: *Dani. Gesch. v. einem Flüchtlingskind*, Wädenswill 1943, 1962; *Eine*, Zürich 1943, 1950; *Die Hosen d. Malers Apelles*, Anekdoten, Zürich 1943; *Anekdotenslg.*, Wädenswill/Zürich 1943; *Handbuch d. Lächelns u. Skizzen*, Wädenswill 1945, in: Heitere Bücher, Bd. 4; *Nicht Trommeln noch Trompeten. Anekdoten, Bonmots u. einiges darüber*, St. Gallen 1948, 1956; *Wiedersehen mit Dani. Gesch. über ein Flüchtlingskind*, Zürich 1946 u. 1948; *Darohne. V. Sprache u. Sprechern, Setzern u. Übersetzern*, Zürich 1949; *Alle Achtung beiseite*, Anekdoten, Zürich 1950; *1001 Anekdoten*, Zürich 1950; *Don Juans Familie. Gesch. u. Amouresken*, Zürich 1951, erw. Rorschach ^{2}1976; *Lady Hamilton. Ein Frauenschicksal aus d. Weltgesch.*, Zürich 1951; *Die Herren v. Do-Re-Mi*, Musikeranekdoten, Zürich 1952; *Im Land d. langen Schatten*, 1953; *Da lacht d. Buchhändler*, Anekdoten, Zürich/Stgt. 1954; *Französi-*

sche Liebesgesch., Zürich 1954; Guten Appetit. Ein Menu v. 24 Gängen, Anekdoten u. leichter Prosa, Zürich, Stgt. 1954; Handbuch d. Lächelns. Mehr als 1000 Anekdoten, Scherze Bonmots, Zürich 1954; Nichts für ungut. V. Vollbärten, Gastmählern, Spielbanken, Sommeranzügen, Gastbetten u. anderen reizvollen Problemen, Zürich/Stgt. 1955, 1956; Wer zuerst lacht, Anekdoten, Zürich 1955; Gestohlen bei..., Anekdoten, Zürich 1956; Theater ist immer schön. V. Talma u. Caruso, v. Cleopatra u. Helena, v. Bühnenglanz u. Kulissenstaub, Zürich/Stgt. 1957, 1973; Die Gans u. d. Fuchs, Zürich 1957; Ein Röllchen Ewigkeit u. anderes Vergängliche, Skizzen, Zürich 1958; Hummer am Nachmittag, Skizzen, Zürich 1960; Anekdoten-Cocktail, Zürich 1960; Alle Achtung beiseite, Anekdoten, Zürich 1961; Übersetzen für Anfänger. Plauderei über ein heikles Metier, Zürich 1962; Das Sandkorn u. andere Erz. aus Nordafrika, Zürich 1962; Dani. Kindergesch. für Erwachsene, Zürich 1962; Anekdoten am Spieß. Ein neues Handbuch d. guten Laune mit Anekdoten, Witzen, Bonmots u. anderen Ein- u. Ausfällen, Zürich/Stgt. 1963; Ungestraft unter Palmen. Theatererlebnisse u. Erinnerungen v. gestern, v. heute, aber mehr v. gestern, Zürich/Stgt. 1964; Gepflückt v. Anekdotenstrauch, Zürich 1965; Venus zum täglichen Gebrauch u. andere Enttäuschungen, Zürich/Stgt. 1966; Da gabs eine Jungfrau in Olten. Nebelspaltenleser schreiben Limericks, ausgew. u. eingel. v. N.O. S., Rorschach 1967; Der Anekdotenfänger. Anekdoten, Witze, Bonmots, Zürich/Stgt. 1967; Konzert in Ess-Dur, Skizzen u. Anekdoten, Zürich/Stgt. 1968; Geburtstagspost für N.O. Scarpi, Zürich 1958; Liebes, altes Prag. Rückblicke eines gar nicht zornigen alten Mannes, Zürich/Stgt. 1968; Rund um d. Anekdote. Variationen über ein beliebtes Thema, Zürich/Stgt. 1969; Schule d. Lächelns. Abermals Anekdoten u.a. Späße, Zürich/Stgt. 1969; Fabeln. Nicht v. La Fontaine, sondern v. dessen Schüler, Zürich/Stgt. 1970; Doktoren über dir. Ärzteanekdoten, Zürich/Stgt. 1970, [2]1971, [3]1981; Aus einem nicht geführten Tagebuch, Zürich/Stgt. 1971, 1992; Die Mänätscher, m. Hans Moser, Anekdoten u. Zeichnungen, Rorschach 1971; Wer noch Caruso gehört hat. Erinnerungen eines alten Theatermannes, Basel 1971 (= Gute Schriften, 1971); Es lebe d. Oper. V. Durchgefallenem u. Erfolgreichem, Mchn. 1972; Candiani. Erz. aus d. ital. Renaissance, Mchn. 1972; Ehecocktail. Anekdoten rund um d. Ehe, Mchn. 1973; Theater ist immer so schön, Zürich/Stgt. 1973; Sprachliches, Allzusprachliches, Zürich 1974, 1992; Da lächelt Merkur. Skizzen, Anekdoten, Witze u. Bonmots rund um d. Kommerz, Mchn. 1974; Reiseführer in d. Himmel. Anekdoten v. Päpsten bis zu Ketzern, o.O. 1975; Schüttelreime, Zürich/Stgt. 1976; N.O. Scarpi erzählt, Feuilletons u. Skizzen, o.O. 1977; Der beseelte Karpfen. 99 meist heitere Gesch., Mchn. 1980, 1984, 1989; Der junge Herr v. anno dazumal, Erz., Essays, Feuilletons, Mchn. 1981, 1989; Anekdotenkarussell. Ein kunterbunter Zeitvertreib., o.O. o.J. Übers. aus d. Amerik.: Sch. Asch: East River, R., Zürich 1947, 1955; H. Basso: Ball d. leichten Infanterie, R., Zürich 1960, Dtm. 1961; P.S. Buck: Der Weg ins Licht, R., Konstanz/Stgt. 1956, Zürich 1959; Frau im Zorn, R., Zürich 1954, Lizenzausg. Olten/Stgt./Salzb. 1957, Zürich 1959, 1961; E. Caldwell: Der Wanderprediger, R., Zürich 1954, 1962; Licht in d. Dämmerung, R., Zürich 1958; U. Curtiss: Stimme aus d. Dunkel, R., Bern/Stgt. 1955; E. Gilbreth Carey: Eine aus d. Dutzend heiratet, R., Konstanz/Stgt. 1957 u. 1960; H. Ruesch: Im Land d. langen Schatten, R., m. W. Georgi, Hbg. 1951, [2]1953, Ffm. [3]1960; Die Sonne in d. Augen, R., Zürich 1954; W. Saroyan: Die ganze Welt u. d. Himmel selbst, Erz., Ffm./Hbg. 1959; J. Sedges (Ps. P.S. Buck): Die große Liebe, R., Zürich 1951, 1956 u. 1964; U. Sinclair: Weit ist d. Tor, R., Bern 1947 u. 1948; Agent d. Präsidenten, R., Bern 1948; Teu-

felsernte, R., Bern 1949; *Schicksal im Osten*, R., Bern 1950; *Im Auftrag d. Präsidenten*, R., Bern 1951; *Die 11. Stunde*, R., Bern 1952; *Lanny Budd kehrt zurück*, R., Bern 1953; *O Schäfer sprich*, R., Bern 1953; K. Singer: *Die größten Spioninnen d. Welt*, Bern 1954, 1966; H. Swiggett: *Eine Kassette mit Briefen*, R., Bern/Stgt. 1958, 1962 u. 1963; M. Thompson: *U. nicht als ein Fremder*, R., Konstanz/Stgt. 1955 u. 1958, Zürich 1956; A. Sligh Turnbull: *Des Lebens Pilgerfahrt*, R., Zürich 1954, 1955, 1963; *Wandel d. Jahre*, R., Zürich/Stgt. 1959; I. Stone: *Die Liebe ist ewig*, R., Bern/Stgt. 1955; V. Wilkins: *Land ohne Zeit*, R., Aalen 1957; F. Winwar: *Ein Leben d. Herzens. George Sand u. ihre Zeit*, R., Bern 1947; *Franz Liszt u. d. Kameliendame*, R., Zürich 1956. Aus d. Engl.: J. Aldridge: *An d. Himmel geschrieben*, R., Zürich 1944; *Der Seeadler*, R., m. Victor Brauchli, Zürich 1944, 1945 u. 1959; *Von vielen Männern*, R., Zürich 1946; *Gold u. Sand*, Erz., m. Walter Georgi, Zürich 1961; *Der letzte Zoll*, R., Bln. 1962; F.L. Allen: *Pierpont Morgan*, Biogr., m. Gustav Mersu, Bern 1950; E. Anthony: *Elisabeth 1. v. England*, R., Zürich 1963; H.E. Bates: *Das Scharlachschwert*, R., Zürich/Köln 1952, Ffm. 1960; J.T. Caldwell: *Diese Seite d. Unschuld*, R., Zürich 1947; *Der Unschuld andere Seite*, R., Stgt. 1956, 1957, 1959, 1963, ²1965; W. Churchill: *Der 2. Weltkrieg*, 6 Bde., Bern 1948, 1954; R. Clair: *Die Prinzessin v. China*, R., Zürich 1954 u. 1956; Th.B. Costain: *Die schwarze Rose*, R., Genf 1946, Heidelberg ²1950, 1957; *Goldmacher u. Kurtisane*, R., Bern 1948, Zürich 1955; *Sohn v. hundert Königen*, R., Zürich 1951; N. Coward: *Palmen, Pomp u. Paukenschlag*, R., Tübingen 1961, 1963, Reinbek 1964, 1965; A. Crone: *Bridie Stehen*, R., Zürich 1950; *Irrwege d. Herzens*, R., Zürich 1952; Ch. Dickens: *Die Gesch. eines Handelsreisenden*, Bern 1954; Ll.C. Douglas: *Weiße Banner*, Zürich 1948; Daphne du Maurier: *Des Königs General*, R., Zürich 1947, 1950, 1956, 1957 u. 1958, Mchn. 1960 u. 1986; *Die Parasiten*, R., Zürich 1950 u. 1957, Bern/Stgt. 1951; *Ich möchte nicht noch einmal jung sein*, R., Baden-Baden/Stgt. 1951, Zürich 1960; *Meine Cousine Rachel*, R., Zürich 1952, 1955, 1957 u. 1960; *Mary Anne*, R., Zürich/Stgt. 1954, Ffm. 1959; *Der Sündenbock*, R., Zürich/Stgt. 1957, Mchn. 1959, 1963, 1965 u. 1966; *Ganymed*, N., *Die dämonische Welt d. Branwell Brontë*, R., Zürich/Stgt.1959, 1961; *Das goldene Schloß*, R., Zürich/Stgt. 1961; *Das Alibi*, R., Ffm. 1962; *Die Glasbläser*, R., Zürich/Stgt. 1963, Mchn. 1965; *Mein Cornwall. Schönheit u. Geheimnis*, Ffm. 1997; *Romantisches Cornwall*, Zürich/Stgt. 1968; *Der Mann mit meinem Gesicht*, R., Bern 1989; *Ein Kelch aus Kristall*, R., Ffm. o.J.; S. Duncan: *Mein Mann u. ich. V. d. schwierigen Kunst, eine gute Ehe zu führen*, Zürich/Stgt. 1961 u. 1965; J. Erskine: *Odysseus ganz privat*, R., Zürich 1959; J. Fischer: *So sind d. Russen*, Zürich/Stgt. 1948; D. Gombrich: *Till Eulenspiegels lustige Streiche*, Zürich 1949; E. Goudge: *Pilgerherberge*, R., Zürich 1949; *Der grüne Delphin*, Genf 1950, 1956 1964 u. 1965, Freiburg i.Br. 1966; *Weiße Schwingen*, R., Zürich 1953. T. Hanlin: *Einmal im Leben. Die Gesch. einer jungen Liebe*, R., Zürich 1948, Darmstadt 1952; *Das Gestern kehrt wieder*, R., Zürich 1951; *Wunder in Cardenrigg*, R., m. Fritz Levi, Zürich 1952; R. Harling: *Der große Schatten*, R., Bern/Stgt./Wien 1957; X. Herbert: *Capricornia*, R., Zürich 1950 u. 1954; A.T. Hobart: *Das Pfauenrad*, Pinkafeld 1956, Mchn. 1962; W. Honegger-Lavater: *Die Grille u. d. Ameise*, R., Basel/Stgt. 1962; M. Hyde: *Was Männer an Frauen nicht lieben. Vom richtigen Umgang m. d. starken Geschlecht*, Zürich/Stgt. 1957; J. Kerr: *Bis nach Haus ich wieder komm*, R., Bern/Stgt. 1959; R. Llewellyn: *So grün war mein Tal*, R., Zürich 1950,

1952; R. MacKie: *Der Hund*, R., Zürich 1956; W.S. Maugham: *Auf Messers Schneide*, R., Zürich 1946, 1947, 1953, 1957, Bln. 1958, 1960, Mchn. 1964, 1973; *Catalina*, R., Zürich 1949, H. Mead: *Marys Land*, R., Zürich/Stgt. 1959, Mchn. 1965; T. Mende: *Indien vor d. Sturm*, R., Hbg. 1955, 1960; G. Mikes: *...über alles*, R., Zürich 1953, 1960; *Nieder mit Allen!*, R., Zürich 1954; *A propos Ferien*, R., Zürich 1955; *Italien für Anfänger*, Zürich 1957, 1963; *Milch u. Honig*, R., Zürich 1958; *Die Schweiz für Anfänger*, Zürich 1961; *Frankreich für Anfänger*, Zürich 1963; *Allons enfants...*, R., Zürich 1955; J. Mortimer: *Der Mann aus d. Bootshaus*, R., Zürich/Stgt. 1957; J. Normann: *Pater Juniper u. d. General*, R., m. Gustav Mersu, Zürich 1960; G. Orwell: *Farm d. Tiere. Eine Fabel*, Zürich 1946, Ffm. 1958; *Republik d. Tiere*, Erz., Wien 1951; R. Pape: *Kühnheit – ich rufe dich!*, R., m. Gustav Mersu, Zürich ²1955; J. Pinckney: *Das Hochzeitsdiner*, o.O. 1952; Ph.J. Pretorius: *Mann im Dschungel*, Autobiogr., Zürich 1951; M. Renault: *Der König muß sterben*, R., Ffm. 1959, 1962; *Der Stier aus d. Meer*, R., Mchn. 1997; C. Richter: *Die Stadt*, R., Zürich 1952; H. Roth: *Der Fall Content*, R., Mchn. 1961; H. Ruesch: *Die Sonne in d. Augen*, R., Bln. 1959, Mchn. 1964; R.L. Stevenson: *Die Schatzinsel*, R., m. Harriet L. Klaiber, Zürich 1953, 1955, Neuenburg 1953, Einsiedeln/Zürich/Köln ²1964, Ffm./Zürich/Wien ³1969; *Die Schatzinsel – Die Entführung*, R., Lausanne 1969; F. Swinnerton: *Doktor Sumner in Thorphill*, R., Zürich/Stgt. 1958, Zürich ²1963; B. Tarkington: *Die stolzen Ambersons*, R., Zürich 1945; M. Twain: *Schöne Gesch. 28 ausgewählte humoristische Skizzen u. Erz.*, Zürich 1960; *Adams Tagebuch. 28 Skizzen u. Erz.*, Zürich 1966; *Meistererz.*, Zürich 1997; J. Wain: *Jeremy u. d. Jazz*, R., Zürich/Stgt. 1964; H. Walpole: *Isabel u. d. Lehrer Perrin*, R., Zürich 1954; M. Webb: *Sieben für ein Geheimnis*, R., Zürich 1948; *Der goldene Pfeil*, R., Zürich 1951; *Heim zur Erde*, R., Zürich 1955, 1956; *Über d. Hügel u. in d. Ferne*, R.-fragment u. 10 Erz., Zürich/Stgt. 1956; *Die Liebe d. Prudence Sam*, R., Zürich 1958; James Dillon White: *Genevieve. Ein fröhlicher R. v. jungen Ehen u. alten Autos*, Zürich 1957; O. Wilde: *Das Gespenst v. Canterville*, R., Zürich 1957; K. Winsor: *Amber*, R., Zürich 1946, 1950, 1954, 1964, 1965, Mchn. 2004. Aus d. Frz.: T. Bernard: *Klage einer Gattin*, R., Zürich 1966; F. Carpolino-Tusoli: *Maurice Utrillo*, Zürich 1958; A. Daudet/Guy de Maupassant: *Wenn Mars regiert. Gesch. aus d. Kriege*, in: Gute Schriften, Nr. 225, Basel 1945; M. Flavin: *Reise ins Dunkel*, R., Zürich 1945; E. de Greef: *Der Richter Maury*, R., Hbg. 1959; J. Arthur de Gobineau: *Asiatische N.*, Zürich 1962; A. Guex: *Ewige Höhen*, Zürich 1958; H. Guex-Rolle: *Rhône*, Zürich 1956; *Korsika*, Zürich/Stgt. 1957; *Der Rhein*, Zürich/Stgt. 1959; Marrijane Hayes: *Bon Voyage*, Ffm. 1958, 1959, 1960, 1962; P. Houdyer: *Die Gefangenen d. drei Ringe*, R., Stgt. 1960; A. Jakovsky: *Die naive Malerei in Frankreich*, Zürich 1957; J. de La Fontaine: *Hundert Fabeln*, Zürich 1997; A. de Lamartine: *Graziella*, R., Zürich 1997; G. Lenôtre: *Historie u. Histörchen. Diskretes u. Indiskretes aus Frankreichs Vergangenheit*, Zürich/Stgt. 1958; J.Ph. Marquand: *Dottie u. d. General*, R., Zürich 1955; *Ergebenst Ihr Willis Wayde*, Zürich 1960; Guy de Maupassant: *N. aus d. dt.-franz. Krieg*, Zürich 1944; *50 N. aus Frankreich*, Zürich 1963, Mchn. 1993, 2002; *Weitere 50 N.*, Zürich 1967, ³1995; T. Mende: *Indien vor d. Sturm*, Ffm. 1955; Ph. Monnier: *Das Buch v. Blaise. 40 heiter-nachdenkliche Gesch.*, Zürich 1944, in: Kreis Schweizer Verleger, Bd. 10; A. Picot: *Nur einer wird leben*, R., Reinbek 1963; J. Proal: *Camargue, Land d. Pferde u. wilden Tiere*, m. Colomb de Daunant, Zürich/Stgt. 1956, ²1967; E. Robles: *Es nennt sich Morgenröte*, R., Ffm. 1955; *Den Tod vor Augen, 3. Nov. 1958*, R., Ffm. 1958; *Die Messer*, R., Mchn. 1968; A. Salmon: *Amadeo Modigliani. Sein Leben u. Schaffen. Seine Briefe u. G.*, Zürich 1960; M. Sandoz: *Das Haus ohne Fenster*, Erz., Zürich 1948; J. Savant: *Napoleon wie er wirkl. war*, Bern 1955; V. Serge: *Die große Ernüchterung*, Hbg. 1950; M. Steen: *Goldküste im Zwielicht*, R., Mchn. 1950, 1958; *Die Frau auf d. Rücksitz*, R., Zürich/Stgt. 1960; *Stiere v. Parral*, R., Mchn. 1960; E. Sue: *Die Geheimnisse v. Paris*, R., Wädenswill/Zürich 1944, ²1960; H. Vallotton: *Mensch u. Tier in Afrika*, Bd. 1: *Begegnungen mit Schwarzen*, Bd. 2: *Begegnungen mit wilden Tieren*, Zürich 1947, 1948; A. de Vigny: *Cinq-Mars o. Eine Verschwörung unter Ludwig XIII.*, R., Zürich 1969; Villiers de l'Isle-Adam: *Erz.*, Zürich 1970; Hg.: *Heitere Bücher*, Bd. 1-4, Bd. 4; N.O. Scarpi: *Die Hosen d. Malers Apelles*, Wädenswill 1945; D. Ben-Gûryôn: *Volk u. Staat Israel*, 1960.

LITERATUR: Gesamtverzeichnis d. dt.-sprachigen Schrifttums 1911-65, 150 Bde., Mchn. 1976, 17, 12; Giebisch/Gugitz; Hdb. öst. Autorinnen u. Autoren jüd. Herkunft v. 18. bis 20. Jh., Bd. 1; R. Heuer: Biografia Judaica 1, Mchn. 1979-92; Kürschner; Kürschners Nekrolog, 1971-98; M. Meier: Fritz, François u. Luc Bondy. Clan d. Dramas u. d. Lettern 1998; Schweizer Lex. in 6 Bdn., Bd. 5, Zürich/Stgt.; R.M. Wlasche: Biographia Judaica Bohemiae, Dtm. 1995; Prager Nachrichten, hg. v. Maria Hemmerle, Vaterstetten 1950-94, 1980, 3, 49

Sylvia E. Mayer-Koukolik

Bondy, Josef Adolf (23.6.1876 Prag – ?), stud. an d. Prager u. Berliner Univ. Phil. u. Germanistik (u.a. Schüler v. Erich Schmidt), Promotion zum Dr. phil., danach journalist. Laufbahn: 1901-04 Red. bei d. *Bohemia*, 1904-07 Berliner Korrespondent d. *Neuen Freien Presse*, 1907-09 fungierte er als Mithg. d. Berliner Halbmonatsschrift *Neue Revue*, 1909/10 als polit. Ressortleiter bei *Nord u. Süd*, Feuilletonred. u. stellvertretender Chefred. bei d. *National-Ztg.* tätig (1910-13), später (1913-20) Chefred. d. Kulturressorts beim *Berliner Dienst* u. als Theaterkritiker bei d. *National-Ztg.* (8-Uhr-Abendbl.), deren Chefred. er wurde. In d. 20er- u. frühen 30er-Jahren war B. Red. d. *Berliner Börsen-Couriers* (polit. Ressort) sowie Korrespondent d. *Neuen Wr. Tagbl.* B., Mitgl. d. Schutzverbandes Dt. Schriftsteller u. d. Berliner Presse-Vereins, lebte in Bln. u. verbrachte d. Sommer jeweils im Schwarzwald. – Der Journalist versuchte sich auch als Lyriker (nur Veröff. in Anthologien, z.B. in d. v. Hans Benzmann um 1903 hg. Anthologie *Moderne Deutsche Lyr.*), erreichte aber mit seinen polemisch-wortgewandten Berliner Theaterkritiken ungleich größere Bedeutung. Mit ihnen war er auch in d. v. ihm seit 1907 mithg. »Halbmonatsschrift für d. öffentliche Leben« *Neue Revue* vertreten, d. gegen Pessimismus u. lethargische Weltuntergangsstimmung in allen Bereichen auftrat u. sich u.a. für »alles Ursprüngliche u. Eigenartige in d. Kunst« engagierte sowie »gegen d. Gecken u. Epigonen in Literatur u. Kunst« polemisierte (programmatische Erklärung 1. Jg. [1907], 1. Novemberh., 2f.). In B. Monatsschrift (Leitung d. Musikressorts: RICHARD BATKA, Leitung d. Wr. Redaktion: PAUL KNEPLER) finden sich auch bekanntere öst. Beitr. (u.a. RICHARD BATKA, EGON FRIEDELL).

WERKE (Ausw.): Lyr.: Beitr. in d. Anthologie *Moderne Deutsche Lyrik. Mit einer lit.gesch. Einl. u. biogr. Notizen*, hg. v. Hans Benzmann, Lzg. [um 1903], 122-125, u.a. *Prag, Der Vater, Heimkehr.* Hg.: *Neue Revue,* Halbmonatsschrift für d. öff. Leben, hg. mit Fritz Wolff, Bln. 1907-09, enthält u.a. folgende Berliner Theaterkritiken B.: *Unser Theater,* in: 1.Jg., 1907, 1. Novemberh., 74-76; *Drei Theaterabende.* 1. *Der Aufruhr d. Kulissen.* »*Was ihr wollt*«. 2. *Der ewig Unzulängliche.* »*Die Getreuen*«. 3. *Ein neues Theater.* »*Frau Warrens Gewerbe*«, in: 1.Jg. 1907, 1. Dezemberh., 221-224; *Ein Calderon-Experiment* (»*Der Arzt seiner Ehre*« *im Deutschen Theater*), in: 1.Jg., 1908, 1. Januarh., 372-375; *Kaiser Karls Geisel. Erste Aufführung* [eines Legendenspiels v. Gerhart Hauptmann] *im Berliner Lessingtheater,* in: 1.Jg., 1908, 1. Februarh., 518-521.

LITERATUR: Moderne Dt. Lyrik. Mit einer lit.gesch. Einleitung u. biogr. Notizen, hg. v. H. Benzmann, Lzg. [um 1903], 57, 578; Degeners wer ist's?, Bln. 1935, 162.

Sylvia Leskowa

Bondy, S.A. → **Bondy**, Siegmund Alfred

Bondy, Siegmund Alfred (Ps. S.A. **Bondy**, 10.12.1870 Ledetsch/Böhmen – 6.8.1957 Wien) war zuletzt Beamter an d. Univ. Wien (Regierungsrat) u. gab einen Bd. Rätseldichtungen *Kalaf-Ati* (Wien 1946) heraus, ein *Reimlexikon* erschien ebd. im Jahr 1954 unter seinem Namen.

LITERATUR: Giebisch/Gugitz.

Herbert Zeman

Boneck, Eleonore → **Brückner**, Eleonore

Bonelli, Benedict (26.12.1704 Cavalese b. Trient – 28.10.1783 ?), aus einer adligen Familie stammend, trat er 1721 unter d. Namen Benedictus v. Cavalese d. Franziskanerorden bei, in d. er im Laufe seines Lebens versch. Ehrenfunktionen einnahm. B. stud. Theol. u. Phil. in d. Klosterschule S. Bernardino u. wurde 1728 zum Priester geweiht. In seiner Provinz war B. v.a. für seine Seelsorge u. Predigten bekannt. In Ordensangelegenheiten unternahm er Reisen nach Rom, Innsbr., Mailand u. Murcia in Spanien u. beteiligte sich an d. Disputen um d. Wirksamkeit kirchlicher Gnadenmittel. B. war Mitglied gelehrter Gesellschaften in Trient u. Innsbr. u. führte einen regen Schriftverkehr mit zahlreichen Gelehrten d. Zeit. Als Kirchenhistoriker verfasste er kirchenrechtliche u. geschichtliche Schriften sowie Diatriben.

WERKE: (Ausw.): *Vivo esemplare di vera penitenza,* Trient 1729; *Epitome, qua theoria praxisque exhibetur sanioris morum doctrinae,* Trient 1737; *Dissertazione apologelica sul Martirio del beato Simone da Trento,* Trient 1747; *Animadversioni critiche sopra il notturno congresso delle lammie, discorso del P. Gaar sulla strega di Erbipoli, ragguaglio sulla strega di Salisburgo,* Venedig 1751; *Vindiciae Romani Martyrologii XIII Augusti sancti Cassiani Foro-Corneliensis martyris; IV. februarii sanctorum brixionensium episcoporum Ingenuini et Albuini memoriam recolentis,* Verona 1751; *Tre Lettere Apologetiche all'Autore della Storia letteraria d'Italia,* Venedig 1753; *Ratiocinio critico-teologico sull'Apologia del Congresso notturno delle lammie,* Venedig 1754; *Tre lettere d'un giornalista oltramontano in difesa delle Vindiciae Martyrologii,* Rom 1754; *Dissertazione intorno alla santità e martyrio del B. Adalperto o Alberto, vescovo di Trento,* o.O 1755; *Pratica divota delle sacre Stazioni della Via Crucis, ricavata dalla sacra Scrittura, la quale potrà anche servire per privata meditazione nelle proprie case,* Trient 1758; *Notizie intorno al vescovo Adelperto;* Trient 1760.

LITERATUR: Wurzbach, Bd. 2, 46; Joseph Eberle, Die Kirche d. hl. Vigilius u. ihre Hirten, in: Kurze Gesch. d. Bisthums u. d. Bischöfe v. Trient, Botzen 1825, 203-210; Anonym, Cenni interno alla vita ed agli scritti del padre Benedetto Bonelli da Cavalese, Trient 1861 [darin ausführliches u. kommentiertes Werkverz., auch d. unveröff. Schriften]; Giammaria Mazzuchelli, Gli scrittori d'Italia, Vol. II, Parte III, 1587-1592; Nouvelle Biogr. Générale, hg. v. Ferdinand Hoefer, Paris 1852ff., Bd. 6, 562.

Friederike Wursthorn

Bönisch, Hermann Friedrich (Ps. **Bon, Bonche, Bonotra, Bonteya, Boyenga, F. Hermann**, 10.11.1896 Wien – 21.5.1978 St. Pölten/NÖ), Sohn eines Ingenieurs d. Wr. Stadtbauamtes u. späteren Oberbaurates im 18. Wr. Gemeindebezirk. Seine Gymnasialausbildung konnte er infolge d. Einberufungsbefehls nicht mehr abschließen. 1916 geriet er bei Brody in russ. Kriegsgefangenschaft, d. ihn zunächst nach Sibirien führte. Später wurde er durch Zufall Feldwebel (dann sogar Abteilungskommandant) im Schutzkorps d. ostchines. Eisenbahn in d. Mandschurei. 1920 kehrte er nach einer abenteuerlicher Flucht, d. ihn an Bord eines russ. Hilfskreuzers u.a. nach Japan, Singapore, Kalkutta, Aden, Suez u. Port Said führte, nach Europa zurück. Durch d. Kriegsgefangenschaft gleichsam unfreiwillig zum reisenden Abenteurer geworden, begab sich B. nach seiner Heimkehr auf eine zweijährige Südamerikafahrt, v. d. er über Aufenthalte in d. Südsee, Neuguinea, Java u. Sumatra nach Wien heimkehrte. Hier lebte er in Altlengbach (bis zur Autobahnbauabsiedlung v. 1939), dann in Eichgraben.

Seine abenteuerlichen Gefangenschafts- u. Reiseerlebnisse verwertete B. mit großem erzählerischen Geschick für viele Publ.: 1931 schrieb er seine erste Kurzgesch. für eine Ztg. u. wurde in weiterer Folge Mitarb. v. etlichen in- u. ausländischen Ztg. u. Zs. (insgesamt weit über 1000 Essays u. Kurzgesch., Veröff. u.a. im *Neuen Wr. Journal* u. d. *Illustrierten Wochenschau*; weiters Urania- u. Rundfunkvorträge). Zudem verfasste er seit d. 30er-Jahren viele umfangreiche Erlebnisberichte u. belletrist. Abenteuerr. (auch Jugendbücher), d. überaus spannend u. anschaul. konzipiert sind: Seine Erlebnisse im Kampf gegen d. mandschurischen Eisenbahnräuber schildert z.B. d. Bd. *Es reiten d. Chungusen...* (1939), d. mit *Narbengesicht* (1948) fortgesetzt wurde. Seine zum Zeitpunkt d. russ. Revolution unternommene Flucht aus d. Gefangenschaft zeichnete B. in *Das Tor in d. Freiheit* nach (1940 u. ²1942; »kein Lesestoff für zartbesaitete Naturen«, Vorw. 7). Seine flott u. milieukundig geschriebenen Reiser. (z.B. Singapore-R. *Sampan Ahoi!*, 1946; Südamerika-R. *Abenteuer in Patagonien*, 1951) brachten d. Globetrotter, d. bereits in seiner Jugend an Reisen u. fremden Ländern interessiert war, sogar d. Attribut ›öst. Jack London‹ ein. Mit seinen nö. Humoresken (*Ins Heiratn gehn*, 1953) konnte er an d. Erfolg seiner Reiseschriften nicht anschließen. Weiters versuchte er sich als Kriminalschriftsteller u. Hörspielautor.

WERKE (Ausw.): Mundart-Humoresken: *Ins Heiratn gehn. Heitere Mundartgesch. aus d. oberen Wr.wald*, Wien 1953. Erlebnisberichte: *Es reiten d. Chungusen ... Kämpfe mit mandschurischen Bahnräubern*, Bln./Wien/Lzg. 1939, Bln. 1942; *Das Tor in d. Freiheit. Die Gesch. meiner Flucht*, Bln. 1940, Bln./Wien/Lzg. 1942; *Das Kloster d. gelben Wölfe. Erlebnisse in d. Mongolensteppe*, Linz/Wien 1947; *Narbengesicht. Erlebnisse mit mandschurischen Räubern*, Linz/Wien/Pittsburgh 1948. Romane: *Sampan Ahoi!*, Linz/Pittsburgh/Wien 1946; *Abenteuer in Patagonien*, Wien/Salzb. 1951. Jugendbücher: *Die Abenteuer d. Marco Polo*, Wien 1953, ²1956 u. ³1966; *El Rojo. Die Gesch. eines Wildpferdes in Patagonien*, Wien 1955 u. ²1956; *Der Schwarze*

Panther v. Melikong, Wien 1957; *Die Orang-Utanfamilie v. Gunung-Tondok*, Wien 1961.

LITERATUR: A. Öllerer: Hermann F. B., Neulengbach 1952 (= Kennst du d. Heimat? Neulengbach u. Umgebung. Heimatkundl. Schriftenreihe für Schule u. Haus 6), enthält: Gespräch mit Hermann F.B. v. Anton Öllerer, 2ff. sowie eine kleine Werkausw.; Rez. v. »Ins Heiratn gehn«, in: D. Warte. Bl. für Forschung, Kunst u. Wiss. (= Beilage zur öst. Furche v. 12.6.1954), 4; Wer ist wer? D. Dt. Who's who. XII. Ausg. v. Degeners wer ist's?, hg. v. Walter Habel, Bln.-Grunewald, 1955, 105; Giebisch/Gugitz.

Sylvia Leskowa

Bonotra → **Bönisch**, Hermann Friedrich

Bonstingl, Sigmund → **Bainstingl**, Sigmund

Bonté, Hugo (13.3.1873 Purkersdorf bei Wien/NÖ – ?), Sohn eines k.k. Jägeroffiziers, besuchte d. Gymnasium in Wien, stud. an d. Wr. Univ. Phil. u. wechselte 1894 mit d. Übernahme d. Redaktion *Der Kyffhäuser. Deutschnationale Rundschau* (Mchn./Salzb. 1884-94), einem Wochenbl., zur lit.-journalist. Laufbahn. Damit ortete er sich zugleich lit., denn d. *Kyffhäuser* war auf d. Bewahrung bürgerlicher Traditionen bedacht. Seit 1898 lebte B. in Salzb. als Red. d. *Salzburger Tagbl.* Ab 1900 war B. Red. einer neuen, in Wr. Neustadt bei Blumerich herausgekommenen Zs. *Die Ostmark. Monatsschrift für NÖ.* (1900-15, ab Jg. 13 u.d.T. *Die Chronik*), d. schon ab d. 10. H. d. 1. Jg. d. Titel wechselte u. als *Das literarische Dt.-Öst.* mit einer Beilage *Mitt. d. deutschösterreichischen Schriftsteller* als Organ d. DEUTSCHÖSTERREICHISCHEN SCHRIFTSTELLERGENOSSENSCHAFT fungierte. Später (1903) ging B. nach Leitmeritz, wo er mit Ernst Lohwag, d. damaligen Vorsitzenden d. DEUTSCHÖSTERREICHISCHEN SCHRIFTSTELLERGENOSSENSCHAFT d. *Deutsch-böhmischen Volksanzeiger. Unabhängige dt.-völkische Arbeiterztg. für d. politischen Bezirke Böhmisch-Leipa, Dauba u. Deutsch-Gabel* v. 1906-15 hg.

B. veröff. eine Slg. v. G. *Weben u. Streben* (1893), einen G.bd. *Dem Kanzler* (1895) u. einen Bd. Erz. *Studentengesch. u. andere* (1906). Diese Veröff. sind in Wr. Bibl. nicht greifbar, wohl aber lernt man seine Art d. Schreibens aus d. v. ihm hg. Anthologie *Deutsche Lyrik. Ein Sammelbuch zeitgenöss. Dichtung* (Wien 1895) kennen. B. dort veröff. G. – »Für mich ist kein Glück in d. Welt« u. »Anita« – sind v. leiser Resignation überschattet, aber noch immer v. romantisierenden Naturstimmungen verklärt. Die übrige Ausw. entspricht d. weltanschaul. Position B.: Neben traditionellen Liebes- u. Naturg. etwa v. EUGEN V. AICHELBURG, Rudolf Baumbach, HUGO GREINZ, BRUNO PETZOLD, FRANZ KEIM o. SCHACK V. IGAR (d.i. ELFRIEDE JAKSCH) finden sich auch betont dt.-nat. G., z.Tl. mit ausgeprägter antisemitischer Tendenz, bes. v. ERICH FELS (d.i. AURELIOS POLZER). Auch in d. v. ihm selbst hg. Monatsschrift *Die Ostmark* veröff. B. einige G., d. d. schon erwähnten gleichen.

Eine weitere Erstellung d. Lebensweges u. einer etwaiger Werkentwicklung B. muss man d. Detailforschung überlassen.

WERKE: s.o.

LITERATUR: Brümmer, Bd. 1 u. 8.

Herbert Zeman

Bonteya → **Bönisch**, Hermann Friedrich

Boogers (= **Boer**), Lukas (20.4.1751 Uffenheim/Bayern – 19.1.1835 Wien) absolvierte zunächst in Würzburg d. Stud. d. med. Chirurgie u. kam als Stipendiat nach Wien, wo er 1780 d. Magisterium d. Geburtshilfe erlangte. Gefördert v.

Joseph II., unternahm er 1785-88 eine Studienreise, d. ihn u.a. nach Frankreich, England u. in d. Niederlande führte. Seit 1789 leitete er eine geburtshilfliche Abteilung in Wien. Gleichzeitig fungierte er als Leibchirug am Wr. Hof u. erhielt 1817 d. Lehramt für theoretische Geburtshilfe an d. Wr. Univ. Ein Protagonist im Fach d. Geburtshilfe, in d. er mehrere maßgebliche Schriften verfasste, war B. im Fortschrittsglauben d. josephinischen Zeitalters verankert u. betätigte sich in seiner Freizeit – einer damals üblichen Tendenz entsprechend – als Theaterkritiker u. Literat. In seinem 1773 in Wien aufgeführten Lustspiel *Die Post, o. Die Frau als Kurier* erscheint d. Vorbild d. dramat. Prinzipien d. lit. Aufklärung bzw. d. »sächsischen Komödie« transparent. Auch als Hg. d. Zs. *Der dramatische Antikritikus* (1775) nahm er wie viele seiner Wr. Zeitgenossen d. lit.krit. Position d. Rationalismus d. Epoche ein.

WERKE: (sämtliche erschienen in Wien) Lustspiele: *Die Post, o. Die Frau als Kurier*, 1773; *Die zwey Waisen*, 1778. Zs.: *Der dramatische Antikritikus*, 1775.

LITERATUR: Wurzbach, Bd. 2; ADB, Bd. 3; NDB, Bd. 2; Giebisch/Gugitz.

Maria Hörwarthner

Bopfingen, Johann v. (urk. 1356 – 1376 in Tirol belegt) stammte aus d. württembergisch-fränkischen Raum u. gehörte vermutlich d. adelig-patrizischen Geschlecht derer v. Bopfingen aus d. gleichnamigen Reichsstadt an u. nicht wie vielfach angenommen einem bürgerlichen Geschlecht aus Nördlingen. B. stud. 1343 an d. Univ. Bologna u. folgte schließlich seinen Brüdern Heinrich u. Ulrich nach Tirol. Dort ist er an versch. Orten urkundl. nachweisbar: 1356-62 als Pfarrer v. Fügen im Zillertal, 1362 u. 1372 als Prokurator seines Bruders Heinrich, 1365-73 als Pfarrer v. Villanders bei Klausen, 1376 als Pfarrer v. Schenna bei Meran, 1373 als Domherr v. Brixen, 1376 als Domherr v. Trient. 1380 gilt er bereits als verstorben. Gesichert überliefert sind allein in d. Sterzinger Miszellaneen-Hs. auf Bl. 6ᵛ unter d. am oberen Seitenrand eingetragenen Namen *mgr Jo bopfingn* zwei dreistrophige Liebeslieder (ohne Melodien) im höfischen Ton (4 *abab* u. kurze Kornreimzeile): *An sehen dich d. geit mir mut* u. *Ich wisset nye waſs liebe waſs*.

AUSGABEN: Faksimile: D. Sterzinger Miszellaneen-Hs. in Abb, hg. v. Eugen Thurnher/Manfred Zimmermann, Göppingen 1979, 6ᵛ; Abdrucke: Ignaz Vinzenz Zingerle, Bericht über d. Sterzinger Miscellaneen-Hs., in: WSB 54, 1866, 293-340, 294f.; Thomas Cramer, D. kleineren Liederdichter d. 14. u. 15. Jh., Bd. 2, Mchn. 1979, 83-86, 497-499; Manfred Zimmermann, Die Sterzinger Miszellaneen-Hs, Innsbr. 1980, 77f.

LITERATUR (Ausw.): Oswald v. Zingerle: Johann v. Bopfingen, ein unbekannter Dichter d. 14. Jh., in: Euphorion 17, 1910, 469-473; Anton Dörrer: Johann v. Bopfingen, in: D. dt. Lit. d. MA, Verfasserlex., hg. v. Wolfgang Stammler, Bd. 2, Bln./Lzg. 1936, 585-587; Herta Noack: D. »Mönch v. Salzb«, Diss., Breslau 1941, zu J. v. B.: 87-89; Eugen Thurnher: Wort u. Wesen in Südtirol. D. dt. Dichtung Südtirols im MA, Innsbr. 1947, 116-120; Hans Rupprich: D. dt. Lit. v. späten MA bis zum Barock, 1. Teil: D. ausgehende MA, Humanismus u. Renaissance, 1370-1520 (= Gesch. d. dt. Lit., hg. v. Helmut de Boor u. Richard Newald, 4/1), Mchn. 1970, 169; Horst Brunner: D. dt. Liebeslied um 1400, in: Ges. Vorträge d. 600-Jahrfeier Oswalds v. Wolkenstein, Seis aus Schlern 1977, hg. v. Hans-Dieter Mück/Ulrich Müller, Göppingen 1978, 105-146, zu J. v. B.:

127f.; Kosch, Bd. 8, 601; Hans-Herbert S. Räkel: Sterzinger Lieder, in: Beitr. zur Gesch. d. dt. Sprache u. Lit. 104, 1982, 431-457, zu J. v. B.: 434f.; Franz Viktor Spechtler: Johann v. Bopfingen, d. Sterzinger Miszellaneenhs. u. d. Lyrik d. 14. Jh., in: Lit. u. Bildende Kunst im Tiroler MA, hg. v. Egon Kühebacher, Innsbr. 1982, 141-156; ders.: Johann v. Bopfingen, in: D. dt. Lit. d. MA. Verfasserlex., hg. v. Kurt Ruh u.a., Bd. 4, Bln./ New York 1983, 543f.

Friederike Wursthorn

Borger, Otto (27.2.1904 Schruns/Vbg. – 23.12.1994 ebd.). Nach sechs Jahren Volksschule u. d. Untergymnasium d. Anstalt Stella Matutina in Feldkirch besuchte d. Unternehmersohn d. Handelsakad. in Innsbr. u. in Calw bei Stgt. Später trat er in d. Lodenfabrik seines Vaters ein, d. er gemeinsam mit seinem Bruder übernahm. B. gilt als einer d. bedeutendsten Mundartdichter Vbg. Ihm lag d. Bergheimat seines Landes am Herzen. Feinsinniger Humor u. tiefe Lebensweisheiten halten einander d. Waage.
Eine wiss. Bearbeitung wäre wünschenswert.

WERKE: Mundartlyr.: *Muntafuner Zwörn*, Feldkirch 1953; *Nochzügler*, im Selbstverlag 1975; *Funkalied*, in: Montafoner Heimatbuch, hg. v. Dr. Zurkirchen, Bregenz 1974.

LITERATUR: J. Hauer: Am Quell d. Muttersprache, Graz 1955, 545; A. Schwarz: D. Mundartdichtung in Vbg., Wien 1981, 42f.

Maria Hornung

Borimann, Karl (29.10.1869 Poppitz/ Mähren – 15.9.1932) war als Lehrer im nö. Platt tätig. – Neben d. Mithg. eines Lesebuchs für d. Volksschule (*Meine Heimat*, 1914 bzw. *Mein Heimatland*, 1915), in d. er auch selbst mit kleinen heimatkundl. Beitr. vertreten ist, versuchte sich B. zudem als Prosaist: Mit seinem im Selbstverlag erschienenen Kurzr. *Anna Römer* (1902) – d. z.Tl. in Briefform konzipierten Ich-Erz. eines don-juanesken Kanzleiangestellten, d. d. Tochter eines Gasthofbesitzers vergeblich umwirbt – gelangte B. jedoch über belletrist. Mittelmaß kaum hinaus.

WERKE: Erz.: *Erlogenes u. Erlebtes. Realistische Skizzen*, Dresden um 1900. Roman: *Anna Römer, d. R. eines Verschmähten*, Platt 1902. Hg. gemeinsam m. Josef Kraft/ Franz Peer: *Meine Heimat. Franz Mairs Deutsches Lesebuch für österreichische allg. Volksschulen*, Ausg. für fünfklassige Volksschulen, in denen jede Klasse einem Schuljahr entspricht, 3. Tle., 3. Klasse, Wien 1914, u. 4. Tle., 4. Klasse, Wien 1915 (u.d.T. *Mein Heimatland*).

LITERATUR: Giebisch/Gugitz.

Sylvia Leskowa

Born, Ignaz Edler v. (26.12.1742 Kapnik/ Siebenbürgen – 24.7.1791 Wien), Sohn d. Artillerieoffiziers u. Stadthauptmanns v. Karlsburg Ludwig v. B., besuchte d. Elementarschule in Hermannstadt u. seit 1755 d. Gymnasium in Wien, 1759 trat er in d. Jesuitenorden ein, verließ ihn jedoch 16 Monate später. In Prag absolvierte er mit einer Disputation *De finibus iuris naturae* d. Stud. d. Rechte, anschließend unternahm er eine ausgedehnte Reise nach Dtld., in d. Niederlande u. nach Frankreich. Nach seiner Rückkehr nach Prag widmete er sich naturwiss. Studien, insb. d. Mineralogie u. Bergwerkskunde. 1765 heiratete er Magdalena v. Montag. 1769/70 war er bei d. Bergwerksbehörde in Schemnitz (Westungarn) tätig, seit 1770 war er Beisitzer im Münz- u. Bergmeisteramt in Prag. Als er, entgegen einem Erlass, d. bergtechn. Veröff. verbot, eine v. Nikolaus Poda verfasste Schrift

Beschreibung d. bei d. Bergbau zu Schemnitz in Niederungarn errichteten Maschinen (Prag 1771) hg., erhielt er einen Hofverweis; als Aufklärer ein Verfechter d. freien Wissensaustausches, verlangte B. daraufhin seine Entlassung aus d. Dienst, d. ihm gegen ein persönl. Publikationsverbot im Bereich d. Montanistik gewährt wurde. Er zog sich auf sein Gut Alt-Zedlitz bei Tachau in Südböhmen zurück u. widmete sich mineralogischen, geologischen u. paläontologischen Studien: 1772-75 erschien d. systematische Beschreibung seines eigenen Mineralienkabinetts (*Lythophylacium Bornianum*), 1774 veröff. er seine auf einer 1770 unternommenen Studienreise gewonnenen Beobachtungen als *Briefe über Mineralogische Gegenstände*, eine zur Umgehung d. Druckverbots vorgetäuschte Korrespondenz, ediert v. vorgeblichen Adressaten Johann Jacob Ferber. Durch einen auf dieser Reise in einem Bergwerk erlittenen Unfall zog sich B. eine schwere Knochenerkrankung zu, d. ihn, seit 1779 verstärkt durch eine Überdosis Medikamente, bis an sein Lebensende behinderte. Dennoch entfaltete B. in diesen Jahren eine umfassende Tätigkeit, zum einen im Rahmen d. Reorganisation d. Freimaurerloge »Zu d. drei gekrönten Säulen in Prag«, zum anderen bei d. (wohl 1774 erfolgten) Konstituierung einer »Privatgesellschaft zur Aufnahme d. Mathematik, d. vaterländischen Gesch. u. d. Naturgesch.«, deren Wirken sich in sechs, v. B. hg. *Abhandlungen* (Prag 1775-84) dokumentiert u. d. 1784 in d. »Königliche Böhmische Gesellschaft d. Wissenschaften« übergeleitet wurde.

B., dessen Ruf als Naturforscher sich schnell über ganz Europa verbreitete (er wurde Mitgl. d. Akad. u. gelehrten Gesell. in Stockholm, Siena, Padua, Vicenza, London, Halle a.d. Saale, Petersburg, Lund, Burghausen, Mchn., Göttingen, Toulouse, Uppsala, Turin u. Bln.), folgte 1776 eine Berufung durch Kaiserin Maria Theresia nach Wien; mit d. Beschreibung u. Ordnung d. kaiserl. Naturalienkabinetts beauftragt, erarb. er einen *Index rerum naturalium Musei Caes. Vindob.* (1778), ein Abbildungswerk v. herausragender wiss. Bedeutung, u. wurde 1779 zum Wirkl. Hofrat bei d. Hofkammer im Münz- u. Bergwesen ernannt. Daneben war er, wie bereits in Prag, bestrebt, einen Kreis v. Gleichgesinnten, an Wiss. u. Aufklärung Interessierten um sich zu sammeln. Der Verwirklichung dieses Ziels rückte er näher durch d. Beitritt zur Freimaurerloge »Zur wahren Eintracht«, d. er am 19.11.1781 als Geselle inkorporiert u. in d. er am 9.3.17182 zum Meister v. Stuhl gewählt wurde. Unterstützt v. J. V. SONNENFELS, d. B. seit seinem ersten Wr. Aufenthalt freundschaftlich verbunden war, erfolgte unter seiner Leitung ein rascher Ausbau d. Loge zu einem Elitezirkel mit wiss. Tendenz, gefördert v.a. durch d. v. B. vorgeschlagene Abhaltung v. »Übungslogen«, mit denen ihm in mancher Hinsicht d. Funktion einer (in Wien damals noch nicht bestehenden) Akad. d. Wiss. zuwuchs. V. dieser Funktion zeugen auch d. in 7 H., 1783-88 in Fortsetzung d. Prager *Abhandlungen* erschienenen *Physikalischen Arbeiten d. einträchtigen Freunde in Wien*. Als Dokument d. josefinischen Freimaurerkultur v. überragender Bedeutung ist d. 1783-86 vierteljährlich erschienene, v. A. BLUMAUER redigierte *Journal für Freymaurer*. Unter B. Beitr. zu diesem – als Ms. gedr. u. daher zensurfreien – Journal sind hervorzuheben v.a. d. Aufs. *Ueber d. Mysterien d. Aegyptier* (1784), eine wichtige Quelle für W.A. Mozarts u. E. SCHIKANEDERS *Zauberflöte* (B., dem zu Ehren Mozart seine Kantate *Die Maurerfreude* komponierte, gilt als »Urbild d. Sarastro«) sowie seine Vorträge *Ueber d.*

125

Ursprung d. Tafellogen (1784), *Ueber d. Mysterien d. Inder* (1784), über d. *Gesch. einiger merkwürdiger Verfolgungen d. Maurerey in d. neueren Zeiten* (1785) u. *Ueber d. maurerische Schönheit* (1786). – Die zahlreichen im *Journal* abgedr. G. lassen erkennen, dass d. Loge in jenen Jahren auch zu einem Zentrum d. lit. Lebens in Wien geworden war: Neben BLUMAUER u. SONNENFELS gehörten ihr u.a. J.B. ALXINGER, G. Leon, M.J. Prandstetter, J. RATSCHKY u. J. v. Retzer an. Als Geselligkeitspoesie lit. hist. bedeutsam ist d. aus d. Loge hervorgegangene Slg. v. Freimaurerliedern: *Musicalische Unterhaltungen d. Einträchtigen Freunde in Wien* (1783), *Gedichte u. Lieder verfasst v. d. Brüdern d. Loge zur Wahren Eintracht im O. v. W.**** (1783), *Lieder zum Gebrauch d. Loge Zur wahren Eintracht in W.* ([1783]) u. *Gedichte u. Lieder verfasst v. d. Bdrn d. Loge Zur Wahren Eintracht im Orient v. Wien* (1784).

Infolge d. Ernennung B. 1784 zum Großsekretär d. Großen Landesloge v. Öst. gewann d. öst. Freimaurerei größere Unabhängigkeit. Am 11.12.1785 erging d. Freimaurerpatent Josephs II., durch d. d. Logen unter Staatsaufsicht gestellt werden sollten: Die Absichten d. d. Freimaurerei anfangs positiv gegenüberstehenden Kaisers sind im Zusammenhang zu sehen zum einen mit d. Aufdeckung d. Illuminatenordens in Bayern (d. auch in Wien, namentlich in d. »Wahren Eintracht«, Fuß gefasst hatte; B. selbst war mit ziemlicher Sicherheit Illuminat u. hat auf d. Illuminatenverfolgung in Bayern mit öff. Austritt aus d. Münchner Akad. d. Wiss. reagiert); d. Patent stellte andererseits einen – v. B. wohl gebilligten u. unterstützten – Versuch Joseph II. dar, aus absolutist. Grundsätzen heraus d. Freimaurerei politisch zu instrumentalisieren. Das Patent führte zum schnellen Niedergang d. öst. Freimaurerei, v. d. sich auch B. zurückzog. In d. Zwischenzeit hatte B. seine naturkundl. Forschungen fortgesetzt u. eine verbesserte Amalgamationsmethode entwickelt, d. er – diesmal mit Unterstützung Joseph II. – 1786 in d. Schrift *Ueber d. Anquicken d. gold- u. silberhältigen Erze* bekannt machte. Im Zuge d. sofortigen Einführung dieser weitaus billigeren u. für d. Bergarbeiter weniger gesundheitsschädlichen Methode in d. öst. Landen erhielt B. zehn Jahre lang ein Drittel d. dadurch eingesparten Summen. 1786 fand auf Betreiben B. auch ein Treffen v. Metallurgen in Glashütte zur Begutachtung d. Amalgamierungsverfahrens statt, d. als erste internat. wiss. Konferenz betrachtet wird; es hatte d. Gründung einer »Societät für Bergbaukunde« zur Folge, deren publizist. Organ *Bergbaukunde* B. 1789/90 zus. mit d. Berghauptmann Fr. W. v. Trebra hg. B. hat sich aber nicht nur als Naturforscher, als Montanist u. Mineraloge, als Wiss.organisator u. Freimaurer hervorragende Verdienste erworben, er hat sich darüber hinaus als Satiriker auch in d. Lit.historie d. josefinischen Aufklärung einen Platz gesichert. Einen ersten lit. Versuch im satirisch-parodist. Genre stellt d., freilich nur als Stilübung zu wertende Prosaerz. *Die Staatsperüke* dar, d. B. für Freunde schrieb u. d. ohne sein Wissen 1773 anonym erschien. – Aufsehen erregte B. dann 1783 mit einer zunächst in lat. Sprache unter d. Ps. **Joannes Physiophilus** als *Specimen Monachologiae* u. noch im gleichen Jahr in dt. Sprache unter d. sprechenden Namen eines **P. Ignaz Lojola Kuttenpeitscher** als *Neueste Naturgesch. d. Mönchthums* erschienene Satire, in d. d. Mönchsorden gemäß d. linnéschen System d. Arten nach Aussehen, Verhalten, Kleidung, Ess- Trinkgewohnheiten etc. klassifiziert wurden. Die satirische Wirkung ergab sich dabei aus d. scheinwiss., »objektivierenden« Verfahren, d. noch durch drei Kupfertafeln im Stil d. naturkundl. Darstellungen d. Zeit (u. zugleich in ironisierender Anspielung auf d. Abb. zu Lavaters »Physiognomik«) unterstützt wurde. Unter d. zahllosen antiklerikalen Veröff. d. josefinischen Ära ragt B. *Monachologie*, zu d. N. Poda mit Sicherheit Material geliefert hat u. an d. wohl auch BLUMAUER beteiligt war, schon aufgrund d. rückhaltlosen Schärfe, mit d. sie d. Mönchswesen d. Spott u. d. Lächerlichkeit preisgab, heraus u. hatte denn auch heftige Proteste v.a. d. Wr. Kardinals Migazzi hervorgerufen, d. jedoch ohne durchschlagenden Erfolg blieb: B. konnte sich d. Schutzes v. Joseph II. sicher sein, dessen Kirchenpolitik auf diese Weise publizist. Unterstützung erfuhr. Die lat. Version blieb v. d. Zensur verschont, u. als Antwort auf Migazzi konnten 1784 sogar noch *Joannis Physiophili Opuscula* erscheinen, d. neben d. lat. Text d. Monachologie noch d. Anklage- u. eine Verteidigungsschrift »Physiophili« sowie eine »anatomia monachi« enthält. Die dt. Ausg. wurde 1786 verboten, nachdem bereits mehrere Drucke in Umlauf waren; außerdem waren Übers. ins Engl., Frz. u. Ital. erschienen, d. Wirkungsgesch. d. Monachologie reicht weit ins 19. Jh. hinein.

WERKE: Naturwiss. Schriften: *Lithophylacium Bornianum sive index fossilium quae collegit, in classes et ordines digessit Ign.d.B.*, 2 Bde., Prag 1772-75; *Briefe über Mineralogische Gegenstände, aus seiner Reise durch d. Temeswarer Bannat, Siebenbürgen, Ober= u. Nieder=Hungarn an d. Herausgeber derselben, Johann Jacob Ferber […] geschrieben*, Ffm./Lzg. 1774; *Index Rerum Naturalium Musei Caesarei Vindobonensis. Pars I^{ma} Testacea. Verzeichniß d. natürlichen Seltenheiten d. k.k. Naturalien Cabinets zu Wien. Erster Theil Schalthiere*, Wien 1778, Neuausg. u.d.T. *Testacea Musei Caesarei Vindobonensis, quae jussu Mariae Theresiae Augustae disposuit et descripsit Ign.a,B.*, Wien 1780; *Ueber d. Anquicken d. gold= u. silberhältigen Erze, Rohsteine, Schwarzkupfer u. Hüttenspeise*, Wien 1786; *Catalogue méthodique et raisonnée de la collection d. Fossiles de Mlle Eléonore de Raab. Terres et Pierres. Tome premier*, Wien 1790; *Schreiben d. Herrn Ignatz v. Born […] an Herrn Franz Grafen v. Kinsky. Ueber einen ausgebrannten Vulkan bey d. Stadt Eger in Böhmen*, Prag 1773; (Hg.) *Abhandlungen einer Privatgesellschaft in Böhmen zur Aufnahme d. vaterländischen Gesch. u. d. Naturgesch.*, 6 Bde., Prag 1775-84; (Hg.) *Physikalische Arbeiten d. Einträchtigen Freunde in Wien*, hg. v. ***. 7 Tle., Wien 1783-88. Freimaurerschriften: *Freymaurerregeln nach d. Französischen d. Conventschlusses zu Wilhelmsbad. Den Brüdern gewidmet v. B***, [Wien] 5785 = 1785). Satiren: *Die Staatsperüke. Eine Erzehlung*, Wien 1773; *Die Staatsperüke. Eine Satyre*, Amberg 1774; *Joannis Physiophili Specimen Monachologiae methodo Linnaeana tabulis tribus aeneis illustratum, cum adnexis thesibus e pansophia P.P.P. Fast […], Augustae Vindelicorum*, 1783, dt.: *Neueste Naturgesch. d. Mönchthums, beschrieben im Geiste d. Linnäischen Slg. u. mit drei Kupfertafeln erkläret v. O. Ignaz Lojola Kuttenpeitscher aus d. ehemaligen Gesellschaft Jesu. Nebst einigen erbaulichen Sätzen aus d. Theologie u. d. Recht d. Natur d. scholenen Zeloten Oberteutschlands, Fast, Polchlin, Jost, Kreutner, Gruber, Weissenbach, Sambuga u. Konsorten, In Oesterreich auf Kosten d. Exmönche im Jahre d. Lichts 1783*, u.ö.

LITERATUR: de Luca I, 1 St., 40-46; Schlichteagroll's Nekrolog 1791, Bd. 2, 219-240 u. 249; Öst. Plutarch 9, 158-164; Wurzbach, Bd. 2; A. Deutsch: I. v. B., in: D. Freimaurer-Museum 6, 1931, 149-218, separat u.d.T.: I. v. B. 1742-91, Zeulenroda o.J.; E. Zellweker: D. Urbild d. Sarastro. I. v. B., Wien 1953; P.M. Hofer: I. v. B. Leben – Leistung – Wertung, Diss. phil., Wien 1956; H. Stanescu: I. v. B., in: Öst. in Gesch. u. Lit. 14, 1970, 369-371; J. Beran (Hg.): Dopisy

Ignácy Borna a J. Chr. Schreberum, in: Fontes scientiarum in Bohemia florentium historiam illustrantes 1, Praha 1971; J. Haubelt: Studie o Ignáce Bornov(r)i, in: Acta Universitatis Carlinae Philosophica et Historica 39, Prag 1971; E. Rosenstrauch-Königsberg: Freimaurerei im josephinischen Wien. Aloys Blumauers Weg v. Jesuiten zum Jakobiner, Wien/Stgt. 1975; M. Teich: B. Amalgamation Process and the International Meallurgic Gathering at Skleno in 1786, in: Annals of Science 32, 1975, 305-340; J. Vávra: Osvicenska éra v cesko-ruských vedeckých stycich. I.B., Ceska spolecnast nank o Petrohradská akad. red v letech. 1774-91, Prag 1975; M. Teich: I. v. B. als Organisator wiss. Bestrebungen in d. Habsburger Monarchie, in: Wiss.politik in Mittel- u. Osteuropa, hg. v. E. Amburger/M. Ciésla/L. Sziklay, Bln. 1976, 195-205; E. Rosenstrauch-Königsberg: Ausstrahlungen d. ›Journals für Freimaurer‹, in: Beförderer d. Aufklärung in Mittel- u. Osteuropa, hg. v. E.H. Balázs/L. Hammermayer/H. Wagner/J. Wojtowicz, Bln. 1979, 103-117; dies.: Eine freimaurerische Akad. d. Wiss. in Wien, in: Revolution u. Demokratie in Gesch. u. Lit. Fs. f. W. Grab, hg. v. J.H. Schoeps/I. Geiss, Duisburg 1979, 151-170; J. Vávra: I. v. B. als führende Persönlichkeit d. Aufklärungsepoche in Böhmen, in: Beförderer d. Aufklärung in Mittel- u. Osteuropa, hg. v. E.H. Balázs u.a., Bln. 1979, 141-146.

Ernst Fischer/Wilhelm Haefs

Börnstein, (Georg Christian) Heinrich (Ps. Walter v. **Berge**, Le Chevalier de **Steinsberg**, H. **Germamer**, 4.11.1805 Hbg. – 10.9.1892 Wien), Sohn eines Kaufmanns, kam 1813 mit seinen Eltern nach Öst. In Lemberg absolvierte er d. Gymnasium (1815-20), trat 1821 als Kadett in d. Infanterieregiment Nugent (bis 1825) ein u. ging 1826 als Theatersekretär unter Direktor CARL CARL ans Theater a.d. Wien. In dieser Funktion hatte er angesichts v. CARLS Doppeldirektion d. Theater i.d. Josefstadt so gut wie selbständig zu führen. 1828 wandte sich B. an FERDINAND RAIMUND, um sich für ein Engagement am Theater i.d. Leopoldstadt zu bewerben. Obwohl ihm RAIMUND riet, unter d. tyrannischen Regiment d. Direktors Rudolf Steinkeller nicht ans Leopoldstädter Theater zu gehen, kam es am 3.9.1828 zu einem Gastspiel. B. spielte d. Ajaxerle in RAIMUNDS *Mädchen aus d. Feenwelt*. Im Brief v. 29.10.1828 bestätigte ihm RAIMUND entschiedenes Talent, lehnte jedoch ein weiterführendes Engagement mit d. Hinweis auf d. volle Besetzung aller Stellen ab. Der Brief war adressiert an H.B. »Sekretair u. Schauspieler d. kön. stadt. Theaters zu Lemberg in Ö. Pohlen«. Zu diesem Zeitpunkt hatte B. bereits begonnen, selbst Theaterstücke zu schreiben u. zu bearbeiten. 1828/29 war B. als Schauspieler in Lemberg, heiratete unter abenteuerlichen Umständen d. noch nicht einmal 15-jährige Balletttänzerin Maria Demini aus Lemberg (glückliche, über fünf Jahrzehnte dauernde Ehe), u. führte noch 1829 Regie an d. (dt.) Theatern in Ofen, Temešvár u. Laibach, 1830-38 führte er d. Regie d. Ständischen Theaters in Linz (OÖ), wo er u.a. – mit NESTROY in direktem Kontakt stehend – dessen beide Possen *Die beiden Nachtwandler* (29.6.1836) u. *Der Treulose* (18.7.1836) aufführte, wobei er selbst d. Nestroy-Rollen (Strick u. Falsch) spielte; v. Linz ging B. 1839 als Schauspieler u. Regisseur nach Agram (Zagreb), gastierte 1840 zwischendurch in Triest, begeisterte aber in Agram d. kroatische Publikum – neben d. dt. – dermaßen, dass man ihn bat, eine kroatische Nationalbühne zu schaffen. B. stellte sich tatsächlich dieser Aufgabe (erste kroatische Theatervorstellung: 10.6.1840). Ab diesem Datum ließ B. dt. mit kroatischen Auff. abwechseln. Zu diesem Zeitpunkt (3.7.1840) übernahm er auch v. EDUARD BREIER d. Redaktion d. Zs. Croatia, d. er schon 1841 an A.F. DRAXLER weitergab, denn 1842 ging d. offenbar Abenteuerlustige nach Paris, wo er als Regisseur bei d. ital. Oper am Théâtre Ventadour arbeitete. Dort hielt es ihn nicht lange: 1849 nützte er seine journalist. Begabung u. Erfahrung, wanderte nach St. Louis aus, erwarb u. redigierte dort d. *Anzeiger d. Westens*, leitete dort auch vorübergehend (1859) d. dt. Theater u. nahm am amerik. Bürgerkrieg (1861-65) – ähnlich wie CHARLES SEALSFIELD – teil; ebenso wie dieser kehrte er nach d. Friedenschluss nach Dtld. zurück u. war 1865/66 Generalkonsul d. Vereinigten Staaten in Bremen. Es zog B. bald wieder nach Öst. zurück: 1869 wollte er in Wien ein »Fremden- u. Commissions-Bureau« gründen; da bot sich d. Gelegenheit, d. abgewirtschaftete Theater i.d. Josefstadt zu pachten. B., d. erfahrene Journalist u. Theatermann, erlag d. Verlockung, pachtete zus. mit d. Sänger u. Schauspieler KARL BUKOVICS (V. KISS-ALACSAKA) d. Theater u. brachte es mit Hilfe d. Erfolgs einiger Zugstücke wieder zu Ansehen u. wirtschaftlichem Erfolg: v.a. Hugo Müllers, v. JOSEPH KARL BÖHM bearb. Volksstück *Von Stufe zu Stufe* erlebte 110 Auff. en suite, danach noch weitere 51 u. begründete d. Fortune d. Pächter. Es wurden bald sehr beliebte Kindervorstellungen an Sonntagnachmittagen eingeführt, ferner lieferte KARL COSTA d. sofort einschlagenden Stücke *Die Frau nach d. Mode* u. *Wir Demokraten*. In seiner Autobiogr. *Fünfundsiebzig Jahre in d. Alten u. Neuen Welt. Memoiren eines Unbedeutenden* (2 Bde., Lzg. 1881, 413ff.) erwähnte B. noch andere denkwürdige Auff. – etwa d. Gastspiel d. Operngesell. d. gerade abgebrannten Brünner Theaters o. d. »reizenden lebenden Bilder« d. Akrobaten-Gesell. Rappo – u. auch sein eigenes künstl. Engagement. Für Carl Millöcker verfasste er d. Libr. d. Operette *Der Regiments-Tambour* nach d. gleichnamigen frz. Vaudeville, d. er in dt. Version am 2.12.1846 am St. Georg-Theater in Hbg. herausgebracht hatte, zur Wiedereröff. am 15.10.1869 schrieb er d. Schauspiel *Comptoir u. Ballett*, d. dazugehörigen Prolog sprach er selbst. Es muss erwähnt werden, dass sowohl B. als auch BUKOVICS in d. Jahren ihrer Direktion d. Spielplan ihres Theaters mit einigen selbst verfassten Stücken bereicherten. Während B. auf einen nicht unbeträchtlichen Fundus früher geschriebener Schauspiele zurückgreifen konnte, wurden d. kreativen Kräfte in BUKOVICS zum ersten Mal geweckt. B. Stücke (mit Ausnahme d. oben angeführten) in chronologischer Reihenfolge ihrer Auff.: 4.4. *Festspiel zur 100. en suite Aufführung d. Volksstücks »Von Stufe zu Stufe«*; 3.6. *Betrogene Betrüger*; 7.10. *Aus d. Arbeiter-Leben*, Volksstück gemeinsam mit JOSEPH KARL BÖHM (sämtliche 1870). Nach d. gut bestandenen theatralischen Abenteuer nahm B. seine journalist. Tätigkeit auf u. schrieb mit großem Elan für öst., dt. u. amerik. Bl. In Wien war er zu einer bekannten u. beliebten Persönlichkeit geworden, dessen goldene (1879) u. diamantene (1889) Hochzeit unter großer öff. Anteilnahme stattfand.

Das umfangreiche schriftstellerische Werk B. entwickelte sich aus d. Tagesbedarf als Gelegenheitsschrift, journalist. Schrifttum – B. war mehrfacher Ztg.- u. Zs.-Hg. – o. als Theaterdichtung (Sprechstück, Libr.), bes. als Übers. u. Bearb. frz. Stücke. Eine monograf. Darstellung v. Leben u. Werk B. wäre wünschenswert.

WERKE (Ausw.): Gelegenheitsschriften: *Worte d. Weihe am Tage d. 4ten Novembers 1825* [B. 20. Geburtstag] *als d. Nahmenstage Seiner Exzellenz, d. Herrn Landes-Commandirenden v. Galizien, Johann Carl Grafen Henneguin v. Fresnel et Curel, k.k. General d. Cavallerie* [...] *k.k. wirklicher geheimer Rath* [...] *in tiefster Ehrfurcht gewidmet*, Lemberg 1825; *Kurzgefaßte Gesch. d. Luftschiff-Fahrt nebst einer gedrängten Biogr. d. Aeroniste Dlle. Elisa Garnerin u. Beschreibung des, bey ihrer 29. Luftfahrt in Wien, gebrauchten Ballons, Fallschirms u. d. sonstigen Apparate*, Wien 1826; Redakteur d. *Erinnerungen an merkwürdige Gegenstände u. Begebenheiten*, Bd. 6 u. 7, Wien/Prag 1826/27; *Am Grabe d. Kapellmeisters Franz Roser*, Ofen, am 13ten Aug. 1830; *Friedrich Schillers Leben, d. Character seiner Schriften u. seines Strebens. Zum hundertjähr. Geburtstage unseres Dichters, 10. Nov. 1859. Vorgetr. bei d. Schillerfeier in Saint Louis, Missouri*, St. Louis 1859; *Prolog zur Eröffnungsvorstellung d. Direktion H.B. u. Carl v. Bukovics* (s.o.); über 60 Beitr. bzw. Abdrucke steuerte B. in Ztg., Zs. u. Almanachen bei, v. denen er einige selbst hg. – z.B. *Croatia, Zs. für vaterländisches Interesse, Wissen, Kunst, Literatur u. Mode* (Monatsschrift, s.o.); *Gasthofs-Ztg., für Gastwirthe u. ihre Gäste. Bl. für Leben, u. leben lassen, für Comfort, materielles Wohl, heitere Unterhaltung, geselliges Vergnügen, Bad- u. Reiselust*, Jg. 4, Nr. 1-104, Mannheim, 1. Nov. 1841/42; *Vorwärts! Pariser Signale aus Kunst, Wissenschaft, Theater, Musik u. geselligem Leben*, Nr. 53ff., 2.1.-28.12.1844; *Anzeiger d. Westens*, St. Louis, bis Mai 1851 m. W. Geripp, 8.3.1850 – 13.2.1863. Dramatisches: I. Ungedrucktes: *Sanelza o. d. unglückliche Ähnlichkeit*, Schauspiel, Auff. 25.2.1826, Lemberg; *Monsieur Asurs sauberer Fluch*, Parodie mit einem Prolog u. Gesang, Musik v. Joseph Franz Gläser, Auff. 27.10.1827, Wien, Theater i.d. Josefstadt; *Die Mädchen v. Siklos o. König Sigismund's Traum*, Schauspiel, Musik v. Franz Roser, Auff. Juli 1830, Ofen; Jean François Alfred Bayard/Emile Vanderburch: *Der Straßenjunge v. Paris*, Schauspiel nach d. Frz., Auff. 15.4.1837, Agram; *Der Wetterableiter*, Posse, Auff. 21.10.1839, Agram; *Bilder aus Croatien*, Auff. 18.1.1840, Agram; Alexandre Dumas: *Die unsichtbare Beschützerin* [...], nach d. Frz., Auff. 23.11.1843, Wr. Hofburgtheater; Félix Auguste Duvert/Augin Théodore de Lauzanne de Varoussel: *Was eine Frau einmal will*, o.: *Der Friedrichsdor*, Vaudeville [...] nach d. Frz., Musik v. Franz v. Suppé, Auff. 23.11.1847, Wien, Theater a.d. Wien, als Lustspiel 1857 in d. »Hausbibliothek d. Anzeiger d. Westens«, Nr. 4, in St. Louis gedr.; Eugène Scribe: *Eine Frau, d. sich zum Fenster hinausstürzt*, Lustspiel, Auff. 7.11.1849, Wien, Theater i.d. Josefstadt. II. Drucke: Alexandre Dumas: *Die Fräulein v. St. Cyr*, Lustspiel [...] nach d. Frz., Lzg. 1843, Auff. 2.2.1844, Stgt.; *Francisca o.: Das Kriegsgericht*, Schauspiel [...], nach d. Frz., Lzg. 1843; François Ancelot: *Hermance o.: Ein Jahr zu spät*, Lustspiel [...], nach d. Frz., Lzg. 1843; *Hohe Brücke u. tiefer Graben, o.: Ein Stockwerk zu tief*, Posse [...], nach d. frz. Vaudeville »Rue de la lune«, Lzg., um 1843, Auff. 28.5.1843, Hbg., Tivoli-Theater; *Plönnikes Abentheuer in Spanien*, Lustspiel [...], frei bearb. nach Théophile Gautier, Musik v. Max Maretzek, Lzg. 1843; *Die Tochter Figaro's o. Weiberlist u. Weibermacht*, Lustspiel [...], nach d. Frz., Lzg., um 1843, Auff. 23.4.1863 Bln., Victoria-Theater; Jules de Premaraz: *Vater Hiob*, Drama [...] aus d. Frz., Lzg. 1843; Jean François Bayard/Augustin Jules de Vailly: *Der Ehemann auf d. Lande*, Lustspiel [...], nach d. Frz., Lzg. 1844; *Betrogene Betrüger*, Original-Lustspiel, Wien 1871 (= Wr. Theater-Repertoir 249); Auff.: Erstfassung St. Louis 1853; 3.6.1870 Wien, Theater i.d. Josefstadt; Eugène

Scribe: *Mein Mann geht aus*, Lustspiel, frei bearb., Hbg. 1856, Das Theater d. Auslandes, Nr. 66; H. Germaner (Ps.): *Bei einem Glase Wein!*, Lustspiel [...], nach Bretzner, Bremen 1864; H. Germaner (Ps.): *Eine stumme Frau*, Original-Lustspiel, Bremen 1864. Libr. Ungedr.: *Die Höllenbraut o. Der Siegt d. Eintracht gegen d. Zwietracht*, romant. Oper, Musik Wilhelm Reuling, Auff.: Okt. 1832 Ofen/Pest, Juni 1833 Linz/OÖ Ständ. Theater, u.d. Titel *Roger o. d. Feuerbraut*. II. Drucke: m. Karl Gollmick: *Des Teufels Antheil*, komische Oper [...], nach d. Frz. d. Eugène Scribe, Musik v. Daniel François Esprit Auber, Mainz 1843. (Erzähl)Prosa: *Die Geheimnisse v. St. Louis*, Cassel 1851, Altona ²1868, ³1881, engl. Ausg.: *The mysteries of St. Louis, or The Jesuits on the prairie de Noyers. A western tale in four parts, complete in one vol.*, St. Louis, Anzeiger d. Westens 1852; *Italien in d. Jahren 1868 u. 1869*, 2 Bde., Bln. 1870; *Fünfundsiebzig Jahre in d. Alten u. Neuen Welt. Memoiren eines Unbedeutenden*, 2 Bde., Lzg. 1881 u. ²1884.

LITERATUR: Brümmer, Bd. 1; Nagl/Zeidler/Castle, Bd. 2; F. Hadamowsky: D. Theater i.d. Wr. Leopoldstadt, Wien 1934 (= Kat. d. Theaterslg. d. NB in Wien III), 117, 231 u. 282; F. Raimund: Briefe, Wien 1926 (= Sämtliche Werke, hist.-krit. Säkularausg., hg. v. F. Brukner/E. Castle, 4), 366f. u. 558; A. Bauer: D. Theater i.d. Josefstadt zu Wien, Wien/Mchn. 1957, 54, 58, 117-123; ders.: Opern u. Operetten in Wien, Graz/Köln 1955, 4204; F. Hadamowsky: D. Wr. Hoftheater, Tl. 2: D. Wr. Hofoper (Staatsoper), 1811-74, Wien 1975, 441; Czeike, Bd. 1, Giebisch/Gugitz; J. Nestroy: Briefe, hg. v. W. Obermaier, Wien 1977, 6, 7; F. Hadamowsky, Wr. Theatergesch., Wien/Mchn. 1988, 634; Dt. Schriftsteller-Lex., 1830-80, Bln. 1995 (= Goedekes Grundriß d. Gesch. d. dt. Dichtung, Fortführung 1, bearb. v. Herbert Jacob), 551-558.

Herbert Zeman

Börnstein, Karl Hugo Amber → **Bernstein**, Karl Hugo Amber

Bors v. Borsod, August Baron (auch Frh. August **Bors v. Borsod**, August Baron **Borsod**, August Baron v. **Bors**, August **Bors**, August **Borsod**; Ps. **Borsod**, Paul **Sziglávy**, 9.12.1851 Wien – 3.4.1894 ebd.), ein routinierter Wr. Unterhaltungsschriftsteller d. 70er- u. 80er-Jahre d. 19. Jh. Neben novellist. Arbeiten für Zs. verfasste er einige heitere Bühnenwerke, d. sich durch schwungvolle Dramaturgie u. Esprit auszeichnen (u.a. *Senior u. Junior*: amouröse Abenteuerposse, 1888). Weiters konzipierte er einige umfangreichere, handwerklich gut gemachte u. d. Genre d. Kolportagelit. nahe stehende ›Gesellschaftsr.‹, in denen er d. destruktive u. genussorientierte Weltanschauung u. Lebensweise d. sog. guten Gesell. d. Adels u. Großbürgertums unverblümt skizzierte (z.B. in *Henriette*, d. Lebensgesch. einer modernen Sirene, 1889, u. in *Fatum*, einer Milieustudie aus d. Wr. Lebewelt, 1890). Seine in spannend-pikante Intrigengesch. verpackte freimütige Kritik brachte ihm denn auch Schwierigkeiten mit d. Zensur ein (Verbot v. *Fata Morgana*, Skandalöses aus d. öst.-ung. Revolutionszeit, 1870; *Fatum*, 1890).

WERKE: Dramen: *Bengalo Bengalin*, Posse in 1 Akt, Wien [1888]; *Senior u. Junior*, Posse m. Gesang in 4 Akten, Wien [1888]; *Zwischen zwei Frauen. Dramatisches Sittenbild in 4 Acten*, Wien [1888]; *Der Zwillingsbruder*, Posse in 4 Akten, Wien 1888. Romane: *Fata Morgana. Federzeichnungen*, Wien 1870, ²1876; *Die Töchter d. Fürsten*, 3 Bde., Wien 1876; *Eine Tigerhöhle*, 3 Bde., Budapest 1878; *Henriette. Nebelbilder aus d. vornehmen Gesellschaft*,

131

Wien 1889; *Fatum. Nebelbilder aus d. nervösen Zeitalter*, Wien 1890; *Revolver. Roman aus d. Gegenwart*, Wien 1890, ²1890.

LITERATUR: Eisenberg, Bd. 1; Brümmer, Bd. 1; Giebisch/Gugitz (hier: »Bors de Borsod, August Baron«).

Sylvia Leskowa

Borsod → **Bors v. Borsod**, August Baron

Böse Frau, Die, nur im AMBRASSER HELDENBUCH u.d.T. *Das puech v. d. ubeln weibe* überliefertes komisch-lehrhaftes G. (in 820 vierhebigen Reimpaarversen), verfasst vermutlich bald nach 1250 in Nordtirol, vielleicht v. Dichter d. *Weinschwelg*. In einem Monolog wechseln allg. Aussagen über d. Ehestand mit Erlebnisberichten d. erzählenden Ich, d. jene positive o. negative exemplifizieren. Diese hier so drastisch ausgemalte Ehe steht v. Anfang an unter einem schlechten Stern. Schon d. brauchtumsmäßig festgelegte Frühstück u. d. Morgentrank nach d. Hochzeitsnacht werden als allegorische Zeichen für d. folgenden Kampf d. Geschlechter gedeutet. Die Ehefrau ist d. Urbild d. Widerspruchs u. d. Herrschsucht, sie malträtiert ihren Gatten nicht nur seelisch, sondern v.a. auch körperlich, ist sie doch überaus stark u. mutig, mutiger noch als König Rothers Riese Aspiran (V. 156). Ab Vers 257 schildert d. Ich-Erzähler aus d. Menge d. ehelichen Gefechte sechs bes. schlimme Fälle höchster Bedrängnis, d. alles Vergleichbare aus d. Heldensage – d. Kämpfe Dietrichs v. Bern, Witeges, Meister Hildebrands u. Dietleibs (mit d. Meerweib) werden genannt – in d. Schatten stellt. Aus d. letzten, als Achtergewicht breit ausgestalteten, Zweikampf wird d. arme Kerl nur durch d. Eingreifen dreier Männer aus d. Verwandtschaft gerettet (V. 764ff.). Mit Wassergüssen aus d. Betäubung wiedererweckt, sitzt er am Ende mäuschenstill in einer Ecke, da jedes Wort d. Megäre wieder reizen könnte. – Der köstliche Witz d. G. entsteht aus d. meisterhaften persiflierenden Inversion typischer Handlungs- u. Redeelemente anderer epischer Gattungen u. d. ständig sich überbietenden o. umkehrenden Vergleich mit berühmten Exempelfiguren eben dieser Lit. Das beginnt mit d. Entfremdung d. Allegorese aus d. Legende u. d. Aufzählung v. Leiden d. Märtyrer, setzt sich fort in d. negativen Kontrast berühmter Liebespaare (Walther u. Hildegund, Pyramus u. Thisbe, Enite, Aeneas u. Dido, Tristan u. Ysolde, Gahmuret u. Belakane) u. findet seinen Höhepunkt im liebevollen Ausmalen d. ärmlichen Verhältnisse eines Bauernhauses, wo d. gar nicht höfisch-ritterlichen Bewohner einander mit diversem Hausrat in zwar ungleichem, aber nichtsdestoweniger ins Heroische gesteigertem Zweikampf tiefe Wunden beibringen. Nur ein höfisch-ritterliches Publikum konnte d. lit. Anspielungen verstehen u. würdigen. Aber mit d. materiellen Verhältnissen so manchen kleinen Ritters stand es wohl damals in d. Realität nicht viel besser als hier geschildert. Solch einem Armen liegt d. höfische Minne recht fern, da er sich ums tägl. Brot sorgen musste, d. Reichen aber auch nicht näher, da er d. Wein vorzog – so lautet d. Diagnose unseres Dichters für seine Zeit (V. 391ff.). Ob damit realist. Satire intendiert ist, lässt sich ebenso wenig sicher behaupten wie, dass d. Autor wirkl. für d. kirchliche Ehescheidung eingetreten sei. Jedenfalls bringt er dafür d. gewichtige Argument, eine solch miserable Ehe verleite beide Partner notgedrungen zu Todsünden, u. stellt im Kontrast dazu d. wahre Ehe in Liebe u. Eintracht moralisch noch über d. Lebensweise eines Eremiten. Hier hätte d. Forschung im Anschluss an J. Suchomski nochmals einzusetzen (v.a. im Vergleich mit d. Ehelehre d. STRICKERS). Bisher hat sie ihr Hauptaugenmerk auf d. an d. Klassik u. NEIDHART geschulten Stil, auf d. Quellen u. Zitate u. auf d. Komik erzeugende Umkehrverfahren d. Dichters gerichtet, d. man mit Begriffen wie Parodie, Pastiche o. Satire zu erfassen suchte.

WERKE: *Das buoch v. d. übeln wibe*, hg. v. E.A. Ebbinghaus, Tübingen ²1968 (= Altdt. Textbibl. 46).

LITERATUR: K. Hufeland: D. dt. Schwankdichtungen d. Spät-MA, Bern 1966, 75-79; K.H. Schirmer: Stil- u. Motivuntersuchungen zur mhd. Versn., Tübingen 1969 (= Hermaea, N.F. 26), bes. 280-291; J. Carles: La sagesse dans la farce: le récit de la Mérchante Femme, in: Mélanges pour Jean Fourquet, Mchn./Paris 1969, 43-58; J. Suchomosky: Delectatio u. Utilitas, Bern/ Mchn. 1975 (= Bibl. Germanica 18), 187-189; H.F. Rosenfeld: D. b. F. in: VL I, ²1978, 964-966.

Fritz Peter Knapp

Bosek, Karl (Ps. Karl **Bosek-Kienast**, 20.8.1895 Wien – ?) war in seiner Heimatstadt als Hauptschullehrer tätig. – B., zunächst Mitgl. d. »Reichsbundes Deutscher Mundartdichter Öst.«, dann u.a. auch d. »Katholisch-österreichischen Schriftsteller-Vereinigung Winfried« u. d. »Mundartfreunde Öst.«, verfasste viele Essays, in denen er sich mit großem Engagement für (bereits verstorbene sowie zeitgenöss.) Heimat- u. Mundartdichter einsetzte. Seine bes. Aufmerksamkeit galt hierbei v.a. JOSEF MISSON (Aufs. u.a. in d. *Kremser Ztg.*, d. *Waldviertler Heimatbl.* u. d. *Wr. Ztg.*) u. OTTOKAR KERNSTOCK, wodurch er sich einen fixen Platz in d. diesbezüglichen Forschungslit. erwerben konnte. Als seine bekanntesten Schriften gelten *Die Festenburg im Kernstockgau* (1931) u. *Heimatkünder* (1956): *Die Festenburg im Kernstockgau* ist ein kleiner Kulturführer d. steirischen Heimat d. Dichters KERN-STOCK, dessen Lyr. B. in Auszügen zur Veranschaulichung d. Landschaft heranzieht. (Aufschlussreich im Sinne einer Vorbildfunktion erscheint eine persönl. Widmung B. für d. betriebsamen Kulturschriftsteller u. -politiker MAX V. MILLENKOVICH [Exemplar in d. Wr. Stadtbibl.]). Acht emotional konzipierte lit. Betrachtungen enthält B. Aufs.slg. *Heimatkünder* (u.a. Beitr. über JOSEPH MISSON, FRIEDRICH AUGUST KIENAST, FRITZ STÜBER-GUNTHER). Alles in allem ist B. mit seinem essayist. Werk ein engagierter Heimatschriftsteller.

WERKE (Ausw.): lit.-kulturgesch. Essays: *Die Festenburg im Kernstockgau* (*Oststmk.*), Wien 1931; *Heimatkünder*, Ges. Aufs., Wien 1956.

LITERATUR: Nagl/Zeidler/Castle, Bd. 3 u. 4; F. Mayröcker: V. d. Stillen im Lande. Pflichtschullehrer als Dichter, Schriftsteller u. Komponisten, Wien 1968, 12.

Sylvia Leskowa

Bosek-Kienast, Karl → **Bosek**, Karl

Bosin, **Rita** (24.2.1948 Innsbr. – 15.6.1987 Seefeld), stud. Sozial- u. Wirtschaftswiss. in Innsbr., Promotion 1974. Seit 1971 war sie beruflich in d. Wirtschaft tätig u. übte zugleich eine Lehrtätigkeit an einer berufsbildenden Schule in Innsbr. aus B. verfasste Prosa, hier v.a. Reiseerz., u. Lyrik, d. sich vornehmlich mit Empfindungen wie Liebe u. Glück, Einsamkeit u. Verlust u. zwischenmenschl. Beziehungen befasst.

WERKE: *Aufzeichnungen*, Innsbr. 1980; *Gedanken*, Innsbr. 1985.

Friederike Wursthorn

Boskowitz, Ladislaus v. (um d. Mitte d. 14. Jh. in Mähren – 1522 auf einer Reise v. Trübau nach Znaim/Mähren), Neffe d. humanist. gebildeten, d. Geist d. Renaissance u. d. Humanismus in Mähren fördernden Bischofs v. Olmütz Prothasius Czernohorsky v. B. Er stud. 1472 in Wien u. ging v. dort nach Italien (Ferrara, 1475); in Ferrara, wo B. Jura stud., traf er wahrscheinl. BOHUSLAV LOBKOWITZ v. HASSENSTEIN; auf dieser ausgedehnten Bildungsreise bis Salerno lernte B. d. griech. u. ital. Gelehrten seiner Zeit kennen, d. ihm d. antike Dichtung – bes. Homer, Pindar, Hesiod, Tibull, Vergil u. Ovid – nahebrachten. Er bereiste d. Niederlande, hielt sich längere Zeit in Würzburg, Regensburg u. Nbg. auf, wo er offensichtlich als dt. Dichter in Erscheinung trat. V. seinen lit. Werken scheint sich nur Weniges erhalten zu haben: ein traditionelles Dialog-Lied zw. Mutter u. Tochter über d. Lieben (hs. erhalten im Kodex XV d. Kirchenbibl. bei St. Jacob in Brünn) u. Bruchstücke einer vollständigen biblischen Gesch. in dt. Reimen, d. fünfzig Gesänge umfasste. Während B. Bruder Jaroslav mit König Matthias Corvinus, d. ihn 1485 hinrichten ließ, in arge Kontroversen geriet, war d. Verbindung d. Ladislaus zu diesem bedeutenden Monarchen glücklich. Matthias dürfte wohl d. Mehrung d. Vermögens v. B. gefördert haben, sodass dieser d. ansehnlichen Landbesitz Moravská Třebova 1486 v. Jan Heralt v. Kunštát erwerben konnte. Die Zeitgenossen rühmten d. v. B. aufgebaute Bibl. (vgl. DENIS, *Wiens Buchdruckergeschicht*, Wien 1782, 323). B. entsagte d. geistlichen Stand, nachdem er Domherr im Olmützer u. Brünner Kapitel, Propst am Brünner Capitel u. Propst v. Vesprém in Ungarn durch Ernennung durch König Matthias Corvinus geworden war, vermählte sich 1493 mit Magdalena v. Dube u. zog sich nach Trübau, wo er sich ein Schloss baute, zurück.

B. ist d. Lit.gesch. so gut wie unbekannt. Eine Darstellung seines Wirkens u. Schaffens im Geist d. Humanismus ist ein Desiderat; Voraussetzung dafür wäre eine detaillierte Lokalforschung.

WERKE: s.o.

LITERATUR: Nagl/Zeidler/Castle, Bd. 1, 469f.; A. Truhlar: Rukovĕt k písemnictví humanistickému, zvláště básnickému, Bd. 1, Praze 1908, 144.

Herbert Zeman

Bossert, Rolf (16.12.1952 Reschitza/ Rumänien – 17.2.1986 Ffm.) entstammte einer dt.-sprachigen Familie aus d. Banater Bergland u. wuchs im rumän. Sozialismus d. Nachkriegszeit auf. Nach d. Matura stud. er Germanistik u. Anglistik. 1975-79 arb. er als Dt.-Lehrer, ab 1980/81 im Bukarester »Kulturhaus Friedrich Schiller«, sowie als Lektor in diversen Verlagen. Gleichzeitig war er Mitarb. an versch. lit. Zs., übers. rumän. Lit. in dt.-sprachigen Bl. u. verfasste sprachkrit. Aufs. Er war ein bekannter, gewürdigter Lyriker u. Jugendbuchautor – 1979 erhielt er d. Lyr.-Preis d. Verbandes d. kommunist. Jugend Rumäniens, 1980 d. Kinderbuchpreis »Ileana Cosinzeana«, 1982 d. Übers.-Preis d. rumän. Schriftstellerverbandes u. 1983 d. ADAM MÜLLER-GUTTENBRUNN-Lit.-Preis. B. trat mit einer Reihe v. erfolgreichen Übers. aus d. Rumän. hervor: Viktor Efitimju *Märchen* (m. Illustrationen v. Marcela Cordescu), Bukarest 1980; Gellu Naum *Der Pinguin Apollodor*, Bukarest 1982; Mircea Zâciu *Ion Agârbiceanu*, Bukarest 1983. B. gehörte zu d. dt.-rumän. Schriftstellerkreis »Aktionsgruppe Banat«, d. es sich neben lit. Ambitionen zum Ziel gesetzt hatte, d. Menschen aufzurütteln u. sie zu selbständigem Denken zu ermutigen. Naturgemäß kam diese Gruppierung, mit ihr B., in Konflikt mit d. rumän. Regime. 1984 stellte er für sich u. seine Familie einen Antrag auf Ausreiseerlaubnis – nachdem man zuvor versucht hatte, ihn durch Berufs- u. Publikationsverbot sowie körperliche Angriffe mundtot zu machen. 1985 wurde ihm d. Ausreise gestattet; im Dez. dieses Jahres ließ er sich in Ffm. nieder, um sich nur zwei Monate später aus d. Fenster d. Asylheims, in d. er mit seiner Familie lebte, zu stürzen – ein Freitod, d. bis heute nicht geklärt ist u. berechtigte Zweifel aufwirft. – Neben seinen in Rumänien veröff. Werken wurden auch einige postum publiziert, wie d. Bd. *Ich steh auf d. Treppen d. Winds* (Ffm. 2006). B. war ein engagierter Autor, d. d. Missstände seines Heimatlandes, d. er ein »Krankenland« nannte, mit Witz, bitterer Ironie u. doch spielerisch-treffsicherem Stil angriff. Freunde u. Gesinnungsgenossen B. halten d. Erbe d. Dichters durch Lesungen u. Neuausg. d. Werke lebendig.

WERKE: Lyrik: *siebensachen*, G., Bukarest 1979; *Neuntöter*, Klausenburg 1984; *Auf d. Milchstraße wieder kein Licht*, Bln. 1986; *Befristete Landschaft*, ebd. 1993; *Ich steh auf d. Treppen d. Winds*, Ffm. 2006. Prosa: *Im Dickicht d. Sprache*, Bukarest 2002. Jugendbücher: *Mi u. Mo u. Balthasar*, m. Illustrationen v. H. Unipan, Bukarest 1980; *Der Zirkus*, m. Illustrationen v. L.M. Petrutiu, Bukarest 1982.

LITERATUR: W. Solms (Hg.): Nachruf auf d. rumän.-dt. Lit., Marburg 1990; E. Wichner: D. Land am Nebentisch, Lzg. 1993; A. Schau: Leben ohne Grund. Konstruktive kulturelle Identität, W. Söllner, R.B. u. H. Müller, Reinbek 2003; D. Schuster: D. Banater Autorengruppe […], Hartung-Gosse 2004; Lex. d. dt.-sprachigen Gegenwartslit., Mchn. 2003.

Eva Münz

Bossi-Fedrigotti, Anton Graf v. Ochsenfeld (Ps. Toni **Herbstenburger**, 6.8.1901 Innsbr./Wilten – 9.12.1990 Pfaffe) entstammte einem alten Geschlecht aus d. ehemaligen Welschtirol (Stammsitz in Rovereto). 1717 wurden d. B.-F. in d. Grafenstand erhoben u. erhielten d. Prädikat »v. Ochsenfeld«. Aufgewachsen auf d. elterlichen Schloss Herbstenburg bei Toblach (Südtirol), erhielt B. seine Gymnasialausbildung in Feldkirch u. wandte sich dann d. Stud. d. Landwirtschaft zu. Nach Abtrennung Südtirols v. Öst. leistete er als ital. Staatsbürger Militärdienst u. wurde Leutnant d. Reserve. 1920 verließ er d. Südtiroler Heimat, kam über Innsbr. nach Norddtld., dann nach Wien, schließlich nach Bln., wo er 1932 d. dt. Staatsbürgerschaft erhielt; 1939-45 leistete er Kriegsdienst an versch. Kriegsschauplätzen u. geriet zuerst in amerik., dann in frz. Kriegsgefangenschaft. Nach 1947 widmete er sich ganz d. journalist. u. schriftstellerischen Tätigkeit, d. ihn über d. Stationen Bln., Rom, Mchn., Innsbr. immer wieder nach Südtirol führte, bis er sich 1970 in Bayern niederließ.

B. hatte seine schriftstellerischen Anlagen v. d. Mutter ITHA MARIA Gräfin v. B.-F. geerbt. Er entnahm Stoffe u. Motive für seine kriegsgesch. Arbeiten, aber auch für seine R. u. Erz. aus d. Erlebnissen während u. nach d. beiden WK. Dabei galt seine Aufmerksamkeit in bes. Weise zum einen d. Schicksal d. Habsburger Monarchie u. d. öst. sowie d. ital. Adel, zum anderen d. Tiroler Bauern, deren Leidensweg er bereits als 14-jähriger aus unmittelbarer Nähe zur Dolomitenfront am Beginn d. 1. WK beobachten konnte. In seinen R. u. Erz. holt B. meist weit aus, schenkt auch d. Details viel Aufmerksamkeit u. bringt gute Milieuschilderungen, d. in etwa an d. großen dt. Erzähler d. vorigen Jh. erinnern. Die jugendliche Frische in d. Erzählweise, d. er bis ins Alter beibehielt, sprach auch viele junge Leser an, für d. er mehr als zwei Dutzend Erz. schrieb. Auch in d.

Werken mit gesch. Einschlag, worin er sich auf reiches Quellenmaterial berufen konnte, ist seine Fabulierlust unverkennbar, sodass seine Werke auch heute noch gern gelesen werden, bes. v. Lesern, d. ausführliche Darstellungen lieben u. d. zeitbedingten Akzent in einigen seiner frühen Werke hist. einzuordnen verstehen. Eine Gesamtdarstellung u. Würdigung seines Werkes liegt noch nicht vor.

WERKE (Ausw.): R. u. Erz. (z.Tl. Jugendbücher): *Standschütze Bruggler*, o.O. 1934 (verfilmt); *Andreas Hofer, Sandwirt v. Passeier*, o.O. 1935, Göttingen 1959, neu bearb. u.d.T. *Ade, mein Land Tirol. Andreas Hofer, Kampf u. Schicksal*, Mchn. 1987; *Tirol bleibt Tirol*, o.O. 1935; *Das Vermächtnis d. letzten Tage*, o.O. 1937; *Die weiße Wand*, o.O. 1937; *Wir kommen, Kameraden*, Bln. 1938, 1940; *Öst. Blutweg*, o.O. 1939, Bozen 1964; *Die alte Fahne*, 1940; *Vormarschtage*, o.O. 1941; *Die beiden Teral*, o.O. [1951]; *Befehl zum Verrat*, o.O. 1960; *Das Mädchen Sandra*, o.O. 1964; *Triumphzug d. Zarin*, o.O. [1967]; *Bleib im Sattel, Gundi*, Göttingen 1971; *Die goldgestickte Kokarde*, o.O. 1973; *Kaiserjäger – Ruhm u. Ende*, Mchn. 1986; *Hanni ist ein Naturtalent*, Göttingen 1981; *Heimkehr in d. Untergang*, o.O. 1981; *Jahr d. Hoffnung*, Graz 1984; *Dolomitensaga*, Mchn. 1986. Landeskundl. Schriften: *Pustertal – Volk u. Land um Rienz u. Ahr*, Bozen 1964; *Vintschgau – Volk u. Land am Ursprung d. Etsch*, Bozen 1964. Zahlr. Artikel d. Autors mit vorwiegend volks- u. landeskundl. sowie hist. Inhalt erschienen in versch. Zs. u. Ztg.

LITERATUR: E. Thurnher: Dichtung in Südtirol: A. Gr. B.-F. 1966, 83f.; A. Gr. B.-F. 65 Jahre, in: Tiroler Nachrichten 1966, Nr. 180; D. Tiroler Schriftsteller D. Gr. B.-F., in: Tiroler Tagesztg. 1966, Nr. 180; F. Heuberger: Ein Dank an A. Gr. B.-F., in: Zillertaler Heimatstimmen 1967, Nr. 26; H. Kramer: A. Gr. B.-F.: D. goldgestickte Kokarde, in: D. Schlern 48, 1974, 601f.; A. Gr. B.-F. wird 80 Jahre alt, in: Tiroler Tagesztg. 1981, Nr. 180; Tiroler Portrait: A. Gr. B.-F., in: Tiroler Almanach 1981, 256; Kosch, Bd. 1.

Anton Gallmetzer

Bossi-Fedrigotti, Itha Maria Gräfin (Ps. Itha v. **Goldegg** u. I. v. **Gartscheid**, 26.2.1864 Bozen/Südtirol – 27.10.1951 Solbad Hall i. Tirol), Tochter d. Großgrundbesitzers H. v. u. zu Goldegg-Bossi-Fedrigotti auf Schloss Prackenstein bei Bozen. Sie unternahm viele Reisen u. lebte zuletzt in Innsbr. u. Bln. bei ihrem ebenfalls lit. tätigen Sohn ANTON GRAF V. B.-F. V. OCHSENFELD. B.-F. übers. d. Schriften René Bazins, trat aber v.a. mit eigenen Erz. an d. Öff. In ihrem Werk, d. d. kath. Belletristik zuzuordnen ist, gibt B.-F. ein genaues u. eher pessimist. Lebens- u. Gesell.bild d. zeitgenöss. öst. Aristokratie. Die Erörterung v. Fragen d. christlichen Moral steht im Vordergrund, zugunsten rel. u. moralischer Überlegungen wird d. Handlung zurückgestellt wie auch eine psychologische Vertiefung d. Personen fehlt.

WERKE: Romane: *Aus Trotz*, Dresden 1895; *Das Märchen v. Glück. Roman aus d. österreichischen Gesellschaft*, 2 Bde., Köln 1897. Novelle: *Was ist d. Liebe?*, Köln 1899.

LITERATUR: W. Kreiten, SJ: Recensionen. D. M. v. Glück. R. aus d. öst. Gesell. v. I. v. G., in: Stimmen aus Maria Laach; Kath. Bl., Bd. 53, Freiburg i.Br: 1897, 559-563; K. Muth (Ps. Veremundus): Steht d. kath. Belletristik auf d. Höhe d. Zeit? Eine literarische Gewissensfrage v. Veremundus, Mainz 1898.

Irene Etwischger

Bothe aus Mähren, Der, o. neuer mährisch= u. schles. Staats- u. Landmannskalender auf d. Jahr n. Christi Geburt, ist nur mehr in zwei Exemplaren aus d. Jahr 1793 erhalten, obwohl er 1790-95 beim Verlag Joseph Georg Traßler in Brünn herauskam. Einerseits übernimmt er die alte Kalendertradition, andererseits versucht er, aufklärend zu wirken. Der Kalender wurde hg. v. Franz Joseph Franzky, d. auf diesem Gebiet wohl bewandert war. So hatte er schon 1786-92 in Wien ein Journal *Toleranz-Bothe* hg., weiter plante er einen nichtverwirklichten Almanach *Mährische Musen* für 1798. Dieser *Bothe aus Mähren* beginnt mit einem ausführl. Kalendarium für d. ganze Jahr, einschließlich Sonnen- u. Mondfinsternissen u. geht über in eine Lektion astronomischer Art, gefolgt v. d. Auflistungen d. Geburtstage d. Angehörigen d. Erzhauses Öst., einer Erklärung d. jüd. Kalenders u. d. Taxordnungen für d. Post. U.d.T. »Einleitung in versch. nützliche u. angenehme Kenntnisse« folgen didaktische Beitr., wie eine Forts. d. wohl in früheren Jahren begonnenen Gesch. d. Landes Schlesien, Beitr. zur auswärtigen Länder- u. Völkerkunde, eine *Mährische Litterärgesch.*, d. sich aber nur mit d. Wirken eines verstorbenen Pfarrers v. Pawlowitze beschäftigt, um überzuleiten zu Naturlehre u. -gesch. Der Hg. beschäftigt sich mit d. Aberglauben; so verurteilt er heftig d. Glauben an d. Wilde Jagd u. an Wechselbälge. Nach zwei G., d. d. Psalmen Nr. 23 u. 33 behandeln, verabschiedet sich d. Hg. sehr herzlich v. seinen Lesern, d. er hofft, im kommenden Jahr wieder begrüßen zu dürfen. Dann schließt d. eher unterhaltende Tl. mit Anekdoten u. versch. Lebenshilfen an, d. allerdings an d. aufgeklärten Haltung d. Hg. bezüglich d. Aberglaubens zweifeln lassen, so wird neben d. Entfernen v. Flecken auch ein Mittel gegen Nasenbluten genannt: man solle eine durchstochene u. in d. Sonne gedörrte Kröte in d. Hand nehmen, d. ziehe d. Blut an sich. Auch wird zu einem Mittel geraten, »zu machen, dass einem geschminkten Frauenzimmer d. Angesicht verschändet werde«. Das Ende bilden ein Verzeichnis aller regierenden Monarchen u. eine Liste d. fälligen Jahrmärkte. In d. Jahren zuvor u. danach dürfte sich d. B. aus M. nicht wesentlich v. d. d. Jahres 1793 unterschieden haben, was wohl d. Erwartungshaltung d. Lesepublikums entsprochen haben dürfte.

LITERATUR: H. Köhring: Bibliogr. d. Almanache, Kalender u. Tb. für d. Zeit v. 1750-1860, Hbg. 1929; Goedeke, Bd. 7.

Eva Münz

Botschaft, Die. Neue G. aus Öst. ist eine Lyr.anthologie »gesammelt u. eingel.« v. EMIL ALPHONS RHEINHARDT. Sie erschien 1920 in Wien, Prag u. Lzg. im Verlag EDUARD STRACHE. Diese Slg. neuer Lyr. aus Öst. weist sich aus als fordernde u. bekennende Stimme einer neuen Dichtergeneration mit d. schlimmen Erfahrungen d. 1. WK. Die Autoren sind, mit Ausnahme v. FRANZ BLEI, durchwegs in d. 80er- u. 90er-Jahren d. 19. Jh. geb. u. gehören überwiegend d. lit. Strömung d. Expressionismus an. Die Ausw. erfolgte weniger nach formalen als nach inhaltlichen Kriterien. Diese Dichter treten auf »für d. Stimmlosen, d. leiden u. suchen«. Sie sind, wie alle, im Grunde verzweifelt, weisen aber darauf hin, dass Hass kein Weg ist u. Wissen keine Erlösung. Sie erkennen Rettung nur im »Gutsein«, in d. »Liebe« u. im »reinen Schauen«. Sie empfinden sich alle als Menschen einer Zeitwende u. möchten einer »vergifteten Einsamkeit« entfliehen in eine Zukunft v. »Gemeinschaft« u. »Menschlichkeit«. Die darin enthaltenen Autoren sind: ERNST ANGEL, PAUL BAUDISCH, FRANZ BLEI, FELIX BRAUN, MAX BROD, FRITZ BRÜGEL, ERHARD BUSCHBECK, THEODOR

Däubler, Walther Eidlitz, Heinrich Fischer, Hans Flesch, Oskar Maurus Fontana, Rudolf Fuchs, Felix Grafe, Joseph Gregor, Alfred Grünewald, Albert Paris Gütersloh, Paul Heller, Rolf Henkl, Elisabeth Janstein, Paul Kornfeld, Georg Kulka, Max Mell, E.A. Rheinhardt, L. W. Rochowanski, Theodor Tagger, Andreas Thom, Georg Trakl, Johannes Urzidil, Ernst Weiss, Franz Werfel, Martina Wied, Stefan Zweig.

Literatur: Hirnwelten funkeln, Lit. d. Expressionismus in Wien, hg. v. E. Fischer/W. Haefs, Salzb. 1988, bes. 12f., 391ff.; K. Amann/A.A. Wallas: Expressionismus in Öst., Wien 1994 (= Lit. i.d. Gesch. – Gesch. i.d. Lit. 30).

Ruthilde Frischenschlager

Botzheimer, Georg, evang. Pfarrer in Grieskirchen/OÖ, hielt im Oktober 1598 eine Leichenpredigt für den oberennsischen Adeligen Sigmund v. Polheim, die im selben Jahr mit Beitr. v. Christoph Donauer u. Johannes Linckius im Druck erschien.

Werk: *Christliche Leichpredigt. Gehalten bey der Hochadelichen Leich vnd Begrebnuß weyland deß [...] Herrn Sigmunden/ Herrn zu Polhaimb/ auff Partz/ vnd Herrn zu Stainhauß* [....], Regensburg o.J. [1598].

Literatur: Karl Mayr, Österreicher in d. Stolberg-Stolbergischen Leichenpredigtenslg. In: Jb. d. Ges. für d. Gesch. des Protestantismus in Öst., 77. Jg., 31-101.

Robert Hinterndorfer

Bourgeois, Franz (1737 Großglogau – 16.5.1789 Wien) war Offizier in Prag, erlangte mit einem Projekt über »Militär-Knaben-Erziehungshäuser« 1783 d. Aufmerksamkeit Joseph II. Als Literat trat B. lediglich mit einer Preisrede auf d. verstorbene Kaiserin Maria Theresia hervor, in d. er bes. d. aufklärerischen Reformen pries, sowie mit zwei Theaterstücken. Das 1782 veröff. Lustspiel *Die Gerechtigkeit, o. kann ein Richter allen Versuchungen widerstehen?* verbindet bei einem nicht ungeschickten Aufbau Elemente d. rührenden Lustspiels mit d. Personal d. traditionellen Typenk. zugunsten einer eindeutig bürgerl.-aufklärerischen Moral.

Werke: *Rede v. d. militarischen Tugenden Marien Theresiens*, Prag 1781; *Die belohnte Rechtschaffenheit*, Schauspiel, Prag 1782; *Die Gerechtigkeit, o. kann ein Richter allen Versuchungen widerstehen*, Wien/Prag 1782.

Literatur: Goedeke, Bd. 5; Giebisch/Gugitz.

Wynfrid Kriegleder

Bowitsch, Ludwig (Ps. Ludwig **Bisthow**; 24.8.1818 Wien-Döbling – 22.9.1881 St. Veit/Wien) stud. d. Rechte an d. Univ. Wien ohne Abschluss aus Gründen familiärer Schwierigkeiten u. trat wie sein Vater in d. k.k. Kanzleidienst ein (1839 Eintritt in d. Hofkammer, 1842 Praktikant ebd., 1850 Registraturleiter d. Gendarmerieinspektion). Kurz vor seiner Pensionierung wurde er zum Kaiserl. Rat ernannt. Er war einer d. für d. öst. Lit. d. 19. Jh. typischen Beamtendichter u. wurde – begünstigt durch d. aufblühende Verlags- bzw. Publikationswesen – einer d. vielen Vielschreiber seiner Zeit. Etwa ab 1836 betätigte er sich als Beiträger zu versch. lit. Zs. (z.B. *Der Wanderer*, *Der Sammler*), Almanachen u. Tb., baute Kontakte zu Schriftstellerkollegen wie C. Cerri, Alexander Gigl u. J.N. Vogl auf u. hatte an diversen, mitunter periodischen, Sammelpublikationen Anteil bzw. trat selbst als (Mit-)Hg. auf.

B. betätigte sich als Lyriker u. Erzähler,

wobei ihn bes. M. u. Sagen, d. er sammelte u. nacherzählte, interessierten. Sein biedermeierliches Seinsverständnis lässt d. Neigung zu genrebildartigen Lebensbildern hervortreten u. führte ihn zu volkstümlichen Bereichen d. Lit. Anspruchslos-volkstümlich gestaltete er seine kurzstrophigen G., d. – oft weltschmerzlich getönt – häufig um d. Leid d. Liebe kreisen u. wehmütig Sehnsüchte anklingen lassen. B. Trinkliedslg. *Beim Wein* (1857) ist wohl v. Bruder im Geiste Joseph Victor v. Scheffel inspiriert. Angeregt v. d. lit. Mode, M. u. Sagen zu sammeln u. Balladen zu dichten, versuchte sich B. auch auf diesen Gebieten: Er sammelte Volksm. u. Sagen (*Volksmährchen u. Sagen aus d. Vorzeit Mährens*, 1860; *Rübezahl*, 1868; *Marien-Sagen*, 1858), Volkslieder (*Volkslieder*, 1861) u. vereinigte in d. mit ALEXANDER GIGL hg. zweibändigen *Österreichischen Balladenbuch* (1856/57) nicht weniger als 300 Autoren; diese meist »hist.« Balladen gehen weit über öst. Motivik hinaus u. führen d. Leser beinahe d. ganze abendländische Gesch. v. Homer bis Napoleon vor Augen. Der orientalisierenden Mode, d. mit J. V. HAMMER-PURGSTALL in Schwung gekommen war, setzte B. mit einer Slg. orientalischer Verserz. fort. Der staatstreue Beamte B. wirkte dichterisch auch im Vertrauen auf d. kath. Staatskirche: Diese Linie begann bei B. mit d. rel.-phil. Dichtung *Servet* (1849), setzte sich fort mit d. *Legenden* (1858) u. d. *Marien-Sagen* im selben Jahr, führte zu d. *Kinder-Liedern* »für fromme Kinder« (1859) u. zum Erbauungsbuch *Das fromme Kind* (1865). B. war kein origineller Geist u. Gestalter, seine Bedeutung liegt im Zusammenfassen, Nacherzählen u. Sammeln v. Vorgegebenem, mit d. er d. lesehungrige bürgerliche Publikum seiner Zeit versorgte.

WERKE: Lyr.: (einschließl. Romanzen u. Slg.): *Poetische Versuche*, Wien 1839, 2. Aufl. u.d.T. *Gedichte*, Wien 1846; *Nordlichter*, Wien 1841; *Romanzen*, Wien 1844, ²1851; *Blumen-Romanzen*, Neutitschein 1855; Hg.: *Rosenbl. Lyr. Album*, Neutitschein 1855; *Beim Wein!*, Trinklieder, Neutitschein, 1857; *Kinderlieder. Ein Festgeschenk für fromme Kinder*, Neutitschein 1859; Hg.: *Jäger-Lieder*, Neutitschein 1860, ²1866; *Volkslieder*, Wien 1861; *Heroiden. Ein Romanzenbuch*, Wien 1864, ²1869, 3., verm. Aufl. Neutitschein 1881; Hg.: *Vollständiges Liederbuch. Eine Slg. d. beliebtesten Lieder u. Gesänge für Handwerker, Krieger u. Turner*, Neutitschein 1865; *Liederbuch*, Wien 1866. Gelegenheitslit.: Hg.: *Album d. befreiten Oesterreichs. Verherrlichung d. Märztage d. Jahres 1848 in Poesie u. Prosa*, Wien 1848; *Den braven Studenten*, Zeitg., Wien 1848; *Germania-Italia*, Wien 1848; Hg. m. Cajetan Cerri: *Phönix. Politische Lieder u. Zeitstimmen aus Oesterreich*, 2 H., Wien 1848; *Zur Erinnerung an d. feierliche Einweihung d. Fahne für d. National-Garde d. Bezirkes Landstraße*, Wien 1848; Hg.: *Nach d. Fluth. Dichter-Album*, m. Beitr. v. Bauernfeld. B. u.a., Wien 1862. Erzählende Lit. (einschließl. Balladen u. Slg.): *Lebensbilder u. N.*, Wien 1848; *Epheuranken- Ein Cyclus neuer Balladen, Romanzen u. Sagen*, Wien 1854; *Romantische Dichtungen*, Wien 1854: Hg. m. Alexander Gigl: *Österreichisches Balladenbuch*, 2 Bde., Wien 1856/57; *Legenden*, Wien 1858, ²1866; *Marien-Sagen*, Neutitschein 1858; *Sindbad. Orientalische Dichtungen*, Wien 1860, Lzg. ²1871; *Ulrad u. Margret*, Märchen, Wien 1864; *Vom Donaustrande, Mährlein u. Sagen*, Wien 1867, ²1877; *Rübezahl. Mährlein für Klein u. Groß*, Wien 1868, ²1877; *Bilder u. Noveletten*, Wien 1872; *Naturbilder*, Neutitschein [1872], ²1878. Sachbücher u. Ähnliches: Hg.: *Habsburgs-Chronik. Mit besonderer Rücksicht auf d. vaterländische Jugend, herausgegeben v. d. hohen k.k. Statthalterei als Prämienbuch empfohlen*, Wien 1858, 2. Titelausg. ebd.

1862, 2., verm. Aufl. ebd. 1880; Hg.: *Der Wandersmann. Ein Volksbuch*, Jg. 1-4, Wien 1861-65. Erbauungsbuch: *Das fromme Kind. Ein Cyclus v. Morgen-, Mittag-, Abend-, Schul- u. anderen Gebeten*, Neutitschein 1865. 40 Beitr. in versch. Zs., Almanachen, Tb. u. Sammelbdn. Teilnachl. in d. Wr. Stadt- u. Landesbibl., Hs.Slg.

LITERATUR: Brümmer, Bd. 1; Nagl/Zeidler/Castle, Bd. 3; Giebisch/Gugitz; Dt. Schriftsteller-Lex., 1830-80, 1, 586-591.

Herbert Zeman

Boyenga → **Bönisch**, Hermann Friedrich

Boyer v. Berghof, Emerich Rudolf (auch: Em[m]erich **Boyer-Berghof**; Ps. E. **Berghof**, 13.1.1890 Wien – 26.7.1950 ebd.), Großneffe d. Wr. Landschaftsmalers Josef Selleny, war seit 1910 Red. d. *Österreichischen Illustrierten Ztg.* (Ressort Aktuelles) u. seit 1913 Chefred. d. *Österreichischen Illustrierten Rundschau* sowie Korrespondent d. *Dresdner Salonbl.*, dann als Regisseur tätig. Der auch als Vortragskünstler wirkende Journalist fungierte später als Wr. Pressereferent d. nsoz. orientierten, für Volksbildungsbelange zuständigen Organisation »Kraft durch Freude«. Der vielseitige Schriftsteller (Bühnenstücke, Hörspiele, Erz., polit. u. kulturgesch. Darstellungen, Übers. aus d. Frz. u. Ital., Filme) war nicht nur Mitgl. d. Allg. Schriftsteller-Vereins u. Schutzverbandes Dt. Schriftsteller, sondern auch Ausschussrat d. DEUTSCH-ÖSTERREICHISCHEN SCHRIFTSTELLERGENOSSENSCHAFT u. Generalsekretär d. Verbandes öst. Schriftsteller u. Journalisten. Weiters engagierte er sich im Volkswirtsch. Verein. – In seinen in Durchschnittlichkeit verbleibenden lit. Arbeiten widmete sich B. oft (lokalen) kulturgesch. Themen. V. seinen Bühnenwerken ist sein früher Einakter *Yolande Desiderata* (1918, Auff. auf d. sog. Grillparzerbühne in Troppau) bekannter. Er behandelt d. Konflikt v. »patriotischer Verpflichtung« zur Spionage u. zuwider laufender persönl. Herzensneigung u. blendet auch mit einer szenischen Verwandlung in d. Zeit d. Frz. Revolution zurück. Die Vorliebe für »längst entschwundene Zeiten« kennzeichnet auch seinen Prosabd. *Die Poesie d. alten Schlosses* (1914), d. in einem ausladend-geschwätzigen Erzählstil gehalten ist.

WERKE (Ausw.): Bühnenstücke: *Yolande Desiderata. Ein Spiel in 1 Akte*, Wien/Troppau/Dresden 1918. Erz.: *Die Poesie d. alten Schlosses u. andere kleine Erz.*, Wien 1914. Bearb.: Alexandre Dumas (Vater): *Das Souper mit d. Tode u. andere Gespenstergesch.*, Hannover 1921, Wien-Hadersdorf [1945]. Polit. Schriften: *Der Weltkrieg u. seine Ursachen*, Wien [1947]; *Wie Poincaré durch d. Sueskanalschwindel Präsident wurde*, Hannover 1916; *An d. Gewissen Europas! Der Böhmerwald u. was er Europa zu sagen hat!*, Wien 1919. Kulturgesch. Schriften: *Der Weg in d. Welt. Ein neuer Führer durch Italien in Heftform*, H. 1: *Venedig*, Wien 1933; *Der Pfarrer v. Kirchfeld*, Volksstück v. Ludwig Anzengruber, Wien o.J.

LITERATUR: [Vorwort] zu: E. B.: Yolande Desiderata. Ein Spiel in 1 Akte, Wien/Troppau/Dresden 1918, 5-7; Degeners wer ist's? VIII. Ausg., Lzg. 1922, 162f., Bln. 1935, 175; Kürschner.

Sylvia Leskowa

Boyer-Berghof, Em[m]erich → **Boyer v. Berghof**, Emerich Rudolf

Boy-Linden, Elmar (eigentl. **Betz**, Josef, 12.8.1906 Reutte – 9.12.1986 Innsbr.) arb. als Notar in Innsbr. Weitere Lebensdaten sind unbekannt. B. veröff. einen R. (*Schloss Kimberley*, 1980) in d. TURMBUND-Reihe, welcher sprachlich wie inhaltlich – es handelt sich um eine Mischung zw. Liebesgesch. u. Detektivr. – allerdings kaum nennenswert ist. Spätere Publikationen sind nicht nachweisbar.

WERKE: Roman: *Schloss Kimberley*, St. Michael 1980.

Beatrix Cárdenas-Tarrillo

Bozner Chronik. Während d. 2. Drittels d. 14. Jh. vermutl. in Bozen entstanden, aber erst in Abschriften d. 16. Jh. überliefert, bieten d. annalenartigen, aber nicht streng chronologisch geordneten dt. Notizen, eine d. ganz wenigen erzählenden Tiroler Gesch.quellen d. MA, unterschiedliche Nachrichten eher lokalen Bozner Zuschnitts für d. Zeit v. 1018-1366; Naturereignisse u. Katastrophen wie Heuschreckeneinfälle u. Erdbeben werden sehr anschau. geschildert. Eine überarb. u. bis 1548 fortgeführte Redaktion d. Aufzeichnung fand unter d. Namen »Tiroler Chronik« weite hs. Verbreitung.

LITERATUR: O. Redlich: Tirolische Gesch.quellen d. MA, in: Fs. d. Akad. Historiker-Klugs in Innsbr., Innsbr. 1903, 7f.; K. Ausserer: D. »Bozner Chronik« u. ihre Nachrichten zur Gesch. d. Stadt Bozen, in: D. Schlern, Bd. 3, 1922, 386-393, mit Teilausg. 386-398 u. Einzelnachweisen gedr. Stellen; L. Santifaller: Vom Schrift- u. Schreibwesen unserer Heimat im Altertum u. im MA, in: D. Schlern, Bd. 13, 1932, 178-191; J. Riedmann: B. Chr. in: VL ²I.

Winfried Stelzer

Bracharz, Kurt (* 28.9.1947 Bregenz) lebt u. arb. daselbst viele Jahre als Berufsschullehrer. Er schrieb bereits als Jugendlicher u. publiziert seit 1966 in versch. Medien. Er ist Mitarb. d. ORF u. machte ausgedehnte Reisen. B. redigierte d. v. Vorarlberger Autorenverband hg. *1. Katalog zur Vorarlberger Literatur* (Dornbirn 1984): Seine eigenen Beitr. weisen ihn als experimentierfreudig mit Hang zum Fragmentarischen aus Manche seiner Schriften gehören in d. Bereich d. Science fiction, o. er wählt d. Weg d. Absurden wie in *Esaus Sehnsucht*. Hier rechnet er mit d. Phil. im Allg. u. mit Ernst Jünger im Besonderen ab. Das Motto d. Erz. lautet nach Salvador Dali: »Die Kiefer sind unsere besten Erkenntniswerkzeuge«. Dann folgen Gedankensplitter »rund ums Essen« vermischt mit d. Beschreibung anderer geistiger o. phys. Erlebnisse – ein Sammelsurium. Der erste Kriminalr., *Pappkameraden*, kam 1986 heraus. Die drei darin beschriebenen Detektive entsprechen keinesfalls bekannten Klischees, »eine Lesbe, ein Infantiler u. ein Narziß«, u. sie erledigen ihre Aufgabe mit völlig unkonventionellen Methoden. B. schafft es, auch im Kriminalr. d. Gesell. zu kritisieren u. Menschen differenziert darzustellen. Im 1993 erschien d. Kriminalr. *Die grüne Stunde*, darin geht es um einen Menschen, d. im religiösen Wahn zum Mörder wird. B. zeichnet in grellen Bildern u. kurzen Sätzen, in oft zynischen u. vulgären Dialogen harte Szenen voller Aggressivität in versch. Milieus. Der Kriminalbeamte geht zwar professionell an seine Aufgabe heran, d. Leser lernt aber in ihm einen Menschen mit vielen persönl. Schwächen kennen. Als Vorbilder für B. Kriminalr. kann man u.a. d. Amerikaner Charles Willeford o. James Ellroy erkennen. – Zahlreiche Einzelbeitr. erschienen auch in Anthologien u. Zs., u.a. MANUSKRIPTE, STERZ, LITFASS, FREIBORD. B. arb. auch als Übers. – 1980 erhielt B. d. Öst. Staatsstipendium für Lit. u. 1991 d. »Deutschen Krimi-Preis« (3. Platz) für *Höllenengel*.

WERKE: Prosa: *Esaus Sehnsucht: Ein gastrosophisches Tagebuch*, Essays, Wien/Bln. 1984; *Grassoden*, Bregenz 1984 (= Zeitwörter 7); *Pappkameraden*, Kriminalr., Zürich 1986; *Wortfilme*, Texte 1977-87, Hard 1987; *Ein Abend-Essen zu Fuß. Notizen*

zu Lichtenberg, Zürich 1987; *Höllenengel*, Wien-Thriller, Wien 1990; *Die Trüffelreise*, Zürich 1990; *Die grüne Stunde*, Kriminalr., Wien 1993; *Die Käsemacher Öst.*, gemeinsam mit R. Sedlaczek, Wien 1993; *Cowboy Joe*, Kriminalr., Wien 1994; Kinderbuch: *Wie d. Maulwurf beinahe in d. Lotterie gewann*, Zürich 1981, NA Zürich 2003. Übers.: Latimer: *Salomons Weinberg*, R. 1991; ders.: *Mord bei Vollmond*, R., 1993; M. u. E. Morton: *Kakao, Praline Trüffel & Cod.*, 1995; R. Rucker: *Hohlwelt*, 1997; O.E. Butler: *Die Parabel v. Sämann*, R., 1999. Texte: *Beiseite gesprochen, Diebsgut, Als Halbschuhtourist, Das Gewinsel, Wortfilme*, Texte 1977-87, Hard 1987; 100 Texte erschienen in Buchform u.d.T. *Znort*, Bregenz 2004.
Diverse Ms. liegen im FRANZ MICHAEL FELDER-Archiv in Bregenz.

LITERATUR: E. Haldimann: Schockeffekte. D. grüne Stunde, – ein Kriminalr. v. K. B., in: Neue Zürcher Ztg., Zürich, FA, 6.11.1993; Kosch, Bd. 3; Kürschner 2002/03.

Ruthilde Frischenschlager

Brachfeld, Siegfried (17.4.1917 Bln. – 22.6.1978 Budapest), Sohn eines Deutschen u. einer Ungarin. In Bln. geb., fühlte er sich als ung. Deutscher o. dt. Ungar. Nach Absolvierung d. Gymnasiums arb. B. als Ztg.austräger, Laufbursche u. Straßenverkäufer. Eine unglückliche Liebesbeziehung schlug erste Wunden – d. Vater seiner Freundin zeigte ihn bei d. nsoz. Behörden wegen d. »Verunglimpfung eines Hitlerbildes« an, u. B. wurde als »Schutzhäftling« im Konzentrationslager Dachau interniert. Durch eine Intervention d. ung. Reichsverwesers Horthy wurden er u. seine Eltern 1940 nach Ungarn abgeschoben – so wurde er ung. Staatsbürger u. begann, d. ung. Sprache zu erlernen. Dadurch konnte er während seiner Militärdienstzeit im Krieg als Dolmetscher arb. 1945 in Ostpreußen in Gefangenschaft geraten, kehrte er erst 1949 nach Budapest zurück. Hier arb. er zuerst in einer Buchhandlung, dann im dt. Studio bei Radio Budapest. 1956 wurde ihm d. Berichterstattung über d. ung. Aufstand beim Rundfunk d. DDR in Bln. übertragen. Während dieser Zeit entdeckte er seine Begabung als Conférencier u. Kabarettist. Wieder in Ungarn, begann er Germanistik u. Theaterwiss. zu stud.; er schloss sein Stud. 1970 in West-Bln. Summa cum laude ab. Sein Diss.thema war d. Gesch. d. Literatur in d. Budapester Ztg. PESTER LLOYD. - B. war zwischenzeitlich durch seine Rundfunk- u. Fernsehsendungen, d. sowohl Kulturprogramme als auch selbst verfasste Satiren enthalteten, bekannt geworden. In letzteren nahm er menschl. Schwächen, typisch ung. Verhaltensweisen o. d. Behörden kritisch unter d. Lupe. Ab 1971 hatte B. auch eine ständige satirische Kolumne in d. BUDAPESTER RUNDSCHAU. Diese Texte wurden meist v. ostdt. Verlagen publiziert – heute sind diese Bde. alle vergriffen. Posthum hat d. PESTER LLOYD einen kleinen Sammelbd. mit einigen satirischen Kurzgesch. u.d.T. *Warum ist d. Krone schief?* herausgebracht, wahrlich geistreiche Glossen. Die Themen sind weit gespannt; v. ung. Heimweh, d. heimatl. Küche, d. Schwierigkeiten d. Sprache o. eben d. schiefen Kreuz auf d. Krone wird heiter, oft bissig, aber nie bösartig erzählt. B. betrachtete d. Welt mit d. scharfen Augen d. freundlichen Ironikers, nicht mit Zynismus. Dennoch verfiel er immer öfter in Schwermut u. Depressionen, d. in Verfolgungswahn endeten. Auf d. Höhe seines Erfolges wählte B. d. Freitod.

WERKE: (Ausw.): *Deutsche Literatur im Pester Lloyd. Budapester Beiträge z. Germ. Schriftenreihe d. Lehrstuhles f. dt. Sprache u. Literatur d. Lorand-Eötvös- Univ.*, Budapest

1971; *Mitten am Rande – ein bisschen Ungarn*, Budapest 1978; *Warum ist d. Krone schief?*, *Ungarn-Glossen*, Budapest 2003; Ztg.kolumnen, in d. DDR als Einzelschriften erschienen, wie *Diese Ungarn; Also nein, diese Ungarn*, Bln. 1974, u.a. Weiters Texte für Rundfunk- u. Fernsehsendungen, Kabarett- u. Kulturveranstaltungen.

LITERATUR: Nachruf v. D. Kerestúry als Vorwort, in: Warum ist d. Krone schief?, Budapest 2003.

Eva Münz

Brachmann, Herbert (7.8.1918 Tulln – 20.6.1973 ebd.) wuchs als schwer körperbehindertes Kind eines Lehrerehepaares auf u. wurde bis zum 8. Lebensjahr auf d. großelterlichen Bauernhof in Zwentendorf erzogen, wo er mit d. ländl. Milieu u. d. Dialekt d. Tullnerfeldes vertraut wurde. B. erhielt Privatunterricht u. blieb zeitlebens an d. Rollstuhl gefesselt. Schon d. erste G.bd. (1950) machte deutlich, dass d. Mundartdichtung für B. echte Berufung war. Das Thema ist d. kleine Welt, d. ihn umgab. Jedes einzelne G. wurde sorgfältig durchkomponiert. Im Laufe v. weiteren fünf G.Bdn. machte B. einen Wandel v. Schriftsprachen-naher zu fonetisch beeinflusster Schreibung durch. Die Entwicklung einer einheitlichen, gut lesbaren Schreibung wurde durch einen Briefwechsel mit KARL BACHER gefördert. Mundartechtheit war d. Dichter ein unveräußerlicher Wert. Es wäre an d. Zeit, dass sich d. Forschung mit B. befasste.

WERKE: Mundartliche Lyr.: *Mei Hoamat*, G. in nö. Mundart, Wien 1950 (= Bunte Edelsteine 2); *Der Jahresring*, Wien 1951; *A kloane Wölt*, Wien 1953; *s' vierte Sträußerl*, Wien 1954; *Mein Schotztrucha*, Wien 1959; *Mittn in Arnt*, Wien 1962.

LITERATUR: M. Hornung: Merker-Stammler, Reallexikon, ²II, 490; W. Sohm: D. Mundartdichtung in NÖ, Wien 1980, 138ff.; F.J. Thalhammer: Mundartdichtung in NÖ, St. Pölten 1980, 23, 25.

Maria Hornung

Brahm, Moritz v. (1.10.1744 Ehrenbreitstein bei Koblenz – 14.2.1822 Wien) führte ein wechselvolles Leben: Er war zunächst Adjunkt in Königgrätz, 1770 Sekretär d. Wr. Nat.theaters, nach Aufenthalten in Stockholm u. Görz wurde er Polizeidirektor in Innsbr., später Hofbuchhalter. – B. verfasste in d. 70er-Jahren mehrere, auf frz. u. engl. Vorlagen basierende Dramen, d. am Burgtheater reüssierten u. allesamt d. Genre d. rührenden Lustspiels zuzurechnen sind. V. einer ähnlichen, tränenreich-empfindsamen Stilhaltung ist auch d. kurze Briefr. *Die schwedische Heloise* [...] getragen.

WERKE: *Nachricht über d. Gründung d. Wr. Nationaltheaters*, Wien 1770; *Der Deserteur*, Lustspiel nach Sédaine, Wien 1770; *Der Sklavenhändler v. Smyrna*, Lustspiel nach Chamfort, Wien 1770; *Emilie o. d. glückliche Reue*, Wien 1770; *Der ungegründete Verdacht*, Wien 1771; *Der Schubkarren d. Essighändlers*, Lustspiel nach Mercier, Wien 1775; *Die Stimme d. Natur o. d. schöne Lüge*, Lustspiel nach Armand, Wien 1775; *Der Diener als Nebenbuhler seines Herrn*, Lustspiel nach Lesage, Wien 1775; *Verwirrung über Verwirrung*, Lustspiel nach Calderon, Mchn. 1775; *Die schwedische Heloise, o. Briefe an xxx aus einer Schwedischen Hs.* Bln./Lzg. 1776.

LITERATUR: Goedeke, Bd. 5.

Wynfrid Kriegleder

Brainin, Frederick → **Brainin** Fritz

Brainin, Fritz (auch **Frederick B.**, 22.8.1913 Wien – 3.5.1992 New York),

Sohn eines aus einer litauischen Familie stammenden Bildhauers (Schüler Hanaks); d. Mutter stammte aus Mähren, wo B. zeitweise bei Verwandten aufwuchs. Der Vater kehrte aus d. 1. WK als Invalide zurück u. war fortan im Heeresministerium angestellt. Als Gymnasiast schloss sich B. d. »Roten Falken« u. d. »Gruppe d. Jungen« (= jugendl. Lit. schaffende) an. Dieser Gruppe gehörten u.a. HERMAN HAKEL u. FRITZ HOCHWÄLDER an. Freundschaftlich verbunden war er m. FRIEDRICH GLÜCKSELIG (Ps. FRIEDRICH BERGAMMER). Nach d. Matura stud. B. Phil. an d. Univ. Wien. Seine ersten G., d. einen deutlichen Einfluss THEODOR KRAMERS erkennen lassen, erschienen 1929 u.d.T. *Alltag*. 1932 brach er d. Stud. ab, arb. für d. Kabarett u. als Wien-Korrespondent einer amerik. Agentur. Weitere G. erschienen 1929-33 vereinzelt in d. *Arbeiter-Ztg.*, 1933 auch in d. *Bunten Welt*. Es handelt sich dabei um kämpferische polit. Ztg. 1934 erschien ein weiterer Bd. G., *Die eherne Lyra*, in Wien u. Lzg. Darin manifestiert sich d. schwindende Hoffnung d. mit d. Kommunismus sympathisierenden Autors, d. NS Paroli bieten zu können. Die Gebrochenheit d. Perspektive wird durch ein Aufbrechen d. gängigen Lied- u. Strophenformen deutlich gemacht. B. versuchte sich auch in neuen lit. Ausdrucksweisen u. schrieb 1935 d. Hörspiel *Arkadischer Frühling*. 1936, wurde ihm d. Öst. Lit.preis d. »Julius- Reich-Stiftung« zuerkannt. Am 1.7.1938 ging B. ins Exil. Er reiste über Italien in d. USA. Fortan schrieb er vorwiegend in engl. Sprache für amerik. Nachrichtenagenturen u. arb. als Übers. (z.B. v. THEODOR KRAMER). In Amerika nannte er sich FREDERICK B. 1943 ging B. zur US-Armee, wurde u.a. in dt. u. öst. Kriegsgefangenenlagern eingesetzt u. erkrankte 1945 schwer. Seine lit. Arbeit umkreiste fortan auch d. Thema Kriegsgefangene. 1947 verfasste er ein weiteres Hörspiel mit d. Titel *Ballade v. Untergang d. Stadt*. 1977 erschienen erstmals nach d. Krieg zwei G. B. in einer öst. Zs. (LITERATUR U. KRITIK, Nr. 112, 1977). 1984 gab Kurt Faecher in Wien alle *Gedichte* B. heraus, d. in d. *Arbeiter-Ztg.*, in d. *Bunten Welt* u., in d. »Austro-American Tribune« u. in versch. Anthologien d. Zwischenkriegszeit (z.B. *Wille u. Werte*, Wien 1933; *Jugend*, Wien 1933; *Österreichische Lyrik d. Gegenwart*, Wien 1934; *Österreichisch-Deutsche Lyrik*, Wien 1935) verstreut erschienen waren. Im Nov. 1988 besuchte B. nach 50 Jahren Abwesenheit seine Geburtsstadt Wien (Würdigung in d. *Neuen Arbeiter-Ztg.* v. 22.11.1988). 1990 erschien in Wien sein letzter G.bd. *Das siebte Wien*.

WERKE: Lyr.: *Alltag*, Wien 1929; *Die eherne Lyra*, Wien/Lzg. 1934; *Österreichische Kriegsgefangenenlager* 1945 u. *Deutsche Kriegsgefangenenlager*, Nebraska 1945, in: Literatur u. Kritik Nr. 112, 1977; *Gedichte*, in: Arbeiter-Ztg., 1929-33, »Bunte Woche« 1933 u. »Austro-American Tribune«, New York 1943, hg. v. Kurt Faecher, Wien 1984; *Das siebte Wien*, G., mit einem Nachw. v. Jörg Thimecke, Wien 1990. Hörspiele: *Arkadischer Frühling*, 1935; *Ballade v. Untergang d. Stadt*, 1947. Beiträge in: *Wr. Magazin*, Red. E. Schönwiese, 7. Jg., Nr. 1-12; *Wille u. Werte*, Wien 1933; *Jugend*, Wien 1933; *Österreichische Lyrik d. Gegenwart*, Wien 1934; *Österreichisch-Deutsche Lyrik*, Wien 1935; *Mut*, o.O. 1934; *Gedichte d. Vereinten Nationen*, o.O. 1943; *Bekenntnis zu Österreich*, Graz 1945; *Dein Herz ist deine Heimat*, hg. v. R. Felmayr/O. Kokoschka, Wien 1955; *10 Takte Weltmusik*, Lyr. dt.-sprachiger Autoren im Ausland, Lyr.-Anthologien P.E.N., Gerlingen 1988; M. Grossberg: *Amerika im austro-amerikanischen Gedicht 1938-78*, Wien 1978; dies.: *Das polit. Gedicht d. austro-amerik. Exilautoren*

d. *Schicksalsjahres 1938*, New York 1982, 1985, 1993; F. B., *Österreichische Dichter in d. neuen Welt*, Wien 2003, 42-82.

LITERATUR: Kosch, Bd. 3; Kürschner 1967; Lex. jüd. Autoren 3.378; A Bio-Bibl. Lex. of German-American Writers, 1620-1970; Ach, Sie schreiben dt.? F. B., Biogr. d. dt.-sprachigen Schriftsteller d. Auslands-P.E.N., 1986; Würdigung, in: Neue Arbeiter-Ztg., 22.11.1988; Nachruf, in: Die Presse, 8.5.1992; D. Zeit gibt Bilder. Schriftsteller, d. Öst. zur Heimat hatten, Wien 1992; P.P. Wiplinger: Sprache u. Exil. D. öst. Lyriker F. B., in: Pannonia 21, Eisenstadt 1993; Dt.-sprachige Exil-Lit. seit 1993, Bd. 3, Tl. 2, Bern/Mchn. 2001; J.P. Stielka: D. öst. Exillit. seit 1938, in: Zeman 3, Bd. 7.

Ruthilde Frischenschlager

Braitenberg, Carl v. (6.2.1892 Meran – 19.1.1984 Bozen), Sohn eines Arztes, 1911-14 Jus-Stud. an d. Univ. Wien, Promotion 1918 in Innsbr. Im I. Weltkrieg war B. als öst. Oberleutnant in Galizien u. im Trentino stationiert. 1921-28 hatte er d. Stelle d. Sekretärs d. Südtiroler Handelskammer in Bozen inne, wurde jedoch im Rahmen d. Italianisierung seines Posten enthoben. Ab 1929 arb. B. bei d. Bozener Sparkasse, zuerst als Rechtskonsulent, ab 1931 als Vizegeneraldirektor, 1945-53 als Präsident. Daneben war er 1948-58 Vertreter d. Südtiroler Volkspartei im Senat d. ital. Parlaments u. in d. folgenden Jahren Mitgl. d. Europ. Parlaments in Straßburg. 1961 wurde er zum Großoffizier d. Verdienstordens d. Republik Italien ernannt. 1959-69 war B. Präsident d. Landesfremdenverkehrsamtes Bozen. In seinem 1972 niedergeschriebenen u. 1990 postum veröff., als Bild d. Zeit geltenden Werk *Unter schwarzbrauner Diktatur* beschreibt B. vorwiegend d. Auswirkungen d. Nazi-Regimes auf Arbeitsleben u. gesell. Stellung u. rückt damit zugleich v. d. Ankündigung d. Untertitels – *Erinnerungen eines Familienvaters* – ab.

WERKE: *300 Jahre Schießstand in d. Oberbozner »Sommerfrisch«*, Bozen 1968; *Unter schwarzbrauner Diktatur. Erinnerungen eines Familienvaters*, Schlanders 1990 (postum); mit Leo Andergassen *Die Schützenscheiben v. Oberbozen. Symbole eines ritterlichen Exercitiums*, Stgt. 1994 (postum); versch. Beiträge zur Landes- u. Regionalgesch. Tirols in d. Zs. *Der Schlern*.

LITERATUR: Lex. Lit. in Tirol, Forschungsinst. Brenner-Archiv, Innsbr.; Ingrid Keim, Dominante Verfahrensweisen Südtiroler Schriftsteller u. Schriftstellerinnen im Zeitraum v. 1945 bis 1970, Dipl.arb., Innsbr. 2002, 262; Brigitte Foppa, Schreiben über Bleiben o. Gehen. D. Option in d. Südtiroler Lit. 1945-2000, Trient 2003, 293-295 [dort weitere Nennungen s. Namenregister].

Friederike Wursthorn

Brammer, Julius (9.3.1877 Brod/Mähren – 18.4.1943 Juan-Les-Plus, Frankreich), Sohn eines Kaufmanns, war Schauspieler u. Dramaturg in Wien u. verfasste viele durchschnittliche Libr. d. ›Silbernen‹ Operettenära sowie einige unterhaltende Bühnenstücke (z.B. *Beim Zahnarzt*, Schwank, 1908), wobei er nur selten als alleiniger Autor hervortrat. Er arb. fast ausschließlich mit ALFRED GRÜNWALD zus., mit d. er bes. mit Textbüchern zur Musik v. Edmund Eysler große Erfolge erzielen konnte. Eines d. gelungensten Resultate dieser Arbeitsgemeinschaft ist *Die gold'ne Meisterin* (EA 1927 im Theater a.d. Wien), eine Bearb. d. Stückes *Die goldene Eva* v. d. im unterhaltenden Genre heute noch bekannten Autorenteam FRANZ V. SCHÖNTHAN/GUSTAV KADELBURG. Diese Operette erlebte nicht nur im Theater a.d. Wien, sondern auch im Wr. Bürgertheater v. OSKAR FRONZ, d. sich etlicher Eysler-Werke annahm (z.B.

1913 UA v. B. u. GRÜNWALDS *Lachendem Ehemann* mit d. zum Wr. Schlagerlied avancierten »Fein, fein schmeckt uns d. Wein«), einen Serienerfolg. Nach 1945 wurde *Die gold'ne Meisterin* immer wieder im Raimundtheater zur Auff. gebracht, so auch bezeichnenderweise anlässl. d. 100. Geburtstags v. Eysler (1974). Mit d. Libr. zu Emmerich Kálmáns *Gräfin Mariza* (1924) wirkt B. im Verein mit GRÜNWALD bis auf d. heutigen Tag.

WERKE (Ausw.): Libr. (wenn nicht anders vermerkt, alle m. Alfred Grünwald): *Vindobona, du herrliche Stadt!*, Operetten-Burleske in 1 Vorspiel u. 2 Akten, Musik v. L. Ascher, Wien 1910, Text d. Gesänge; *Hoheit tanzt Walzer*, Operette in 3 Akten, Musik v. L. Ascher mit Benützung Alt-Wr. Motive, Lzg./Wien 1912, Text d. Gesänge, u.a. d. volkstümliche Wr.lied *Das Lercherl v. Hernals*, Wien 1919, Neubearb. u.d.T. *Hochzeitswalzer*, Operette in 9 Bildern, Wien/Zürich 1937, 1938; *Der lachende Ehemann*, Operette in 3 Akten, Musik v. E. Eysler, Lzg./Wien 1913, Regie- u. Soufflierbuch, m. A. Grünwald/E. Spero; *Die ideale Gattin*, Operette in 3 Akten, Musik v. F. Lehár, Wien 1913, Textbuch d. Gesänge; *Die schöne Schwedin*, Operette in 3 Akten, Musik v. R. Winterberg, Lzg./Wien 1915; *Die Rose v. Stambul*, Operette in 3 Akten, Musik v. L. Fall, Wien 1916, Lzg./Wien 1919, Zürich 1958 (= Textbücher u. Musiklit. 155); *Bruder Leichtsinn*, Operette in 1 Vorspiel u. 2 Akten, Musik v. L. Ascher, Wien 1918, Regie- u. Soufflierbuch; *Dichterliebe* (*Heinrich Heine*), Singspiel in 3 Akten, Musik v. F. Mendelssohn Bartholdy. Für d. Bühne bearb. v. E. Stern, Wien/Lzg. 1919, 1920; *Der letzte Walzer*, Operette in 3 Akten, Musik v. O. Straus, Bln. 1920, Regiebuch, Wien/Bln. 1921, Text d. Gesänge; *Die Tango-Königin*, Operette in 3 Akten, Musik v. F. Lehár, Lzg./Wien 1921; *Gräfin Mariza*, Operette in 3 Akten, Musik v. E. Kálmán, Lzg./Wien 1924, Text d. Gesänge; *Die gold'ne Meisterin*, Operette in 3 Akten, Musik v. E. Eysler, Lzg./Wien 1927; *Die Herzogin v. Chicago*, Operette in 2 Abteilungen, Musik v. E. Kálmán, Lzg./Wien 1928, Regie- u. Soufflierbuch; *Der Bauerngeneral*, Operette in 3 Akten, Musik v. O. Straus, Lzg./Wien 1931, Regie- u. Soufflierbuch; m. G. Beer; *Donauliebchen*, Operette in 3 Akten, 4 Bildern, Musik v. E. Eysler, Wien/Lzg. 1932, Regie- u. Soufflierbuch; m. E. Marboth. Schwänke (alle m. A. Grünwald): *Beim Zahnarzt*, Wien 1908; *Cousin Pampoulette*, Wien 1908; *Maison Risolette*, Wien 1910.

LITERATUR: Kosch 3., völlig neu bearb. Aufl., Bd. 1; Ausstellungskat. Fle Zi Wi Csá & Co., D. Wr. Operette, Wien 1984/85 (= Hist. Museum d. Stadt).

Sylvia Leskowa

Brand, Karl → **Müller**, Karl

Brandauer, Karoline (16.3.1925 Adnet/Salzb. – 15.3.1989, ebd.) lebte seit d. ersten Lebensjahr (Adoption) im salzb. Oberndorf, wo sie später als Gemeindesekretärin arb. (seit 1985 im Ruhestand). Sie war seit früher Jugend lit. tätig. Ihre ersten G. – meist Gelegenheitslyr. – wurden in Ztg., Zs. u. Anthologien veröff., z.B. *Stimmen d. Gegenwart*, hg. v. HANS WEIGEL, Wien 1954; *Die ganze Welt in meines Herzens Enge* (Salzb. 1955); *Wie weise muß man sein um immer gut zu sein*, öst. Frauenlyr. d. Gegenwart, Steyr 1972; *Erdachtes, Geschautes*, Prosa-Anthologie öst. Frauen, Steyr 1975; *Funkenflug*, Salzb. Lyr.-Anthologie, Steyr 1975, u. *Lyrik aus Salzb.*, Salzb. 1986. 1957 wurde B. d. GEORG-TRAKL-Preis zuerkannt. Der erste G.bd. B. erschien 1969 u.d.T. *Vor einem Haselzweig* in Wien. Die darin enthaltenen G. sind vorwiegend in freien Rhythmen geschrieben u. zeichnen sich durch eine klare Bildsprache u. einfache

Form aus Ihre Grundstimmung ist lebensbejahend. Im Jahreskreis d. Natur beschreiben sie Empfindungen eines rel. Menschen. B. war Mitgl. d. Salzb. Schriftstellervereinigung »Podium 70«. In d. Publikumsreihe dieser Vereinigung, *Lyrische Streifen*, ist d. Nr. 41 (*Später Schnee*) d. Lyrikerin B. gewidmet.

WERKE: Lyr.: *Vor d. Haselzweig*, G., Wien 1969, dass., ausgew. u. erg., Wr. Neustadt, 1984; *Später Schnee*, G., in: Lyrische Streifen, Podium 70, Folge 41, Salzb. 1979.

LITERATUR: A. Schmidt: Dichtung u. Dichter Öst., 2. Bd., 103.

Ruthilde Frischenschlager

Brandecker, Walter Gerhard (Ps. H. **Schweizer**, * 5.4.1919 Wels/OÖ – ?), ein oö. Romancier (*Nichte aus Afrika*, 1948), d. aber in erster Linie mit einer Publ. über d. dt.-öst. Raketentechniker d. 20er-Jahre Max Valier bekannt wurde (*Ein Leben für eine Idee*, 1961).

WERKE (Ausw.): Roman: *Nichte aus Afrika*, o.O. 1948 (nicht im Bestand v. Wiens großen Bibl., auch im Dt. Bücherverzeichnis nicht nachweisbar). Schrift: *Ein Leben für eine Idee. Der Raketenpionier Max Valier*, Stgt. 1961.

LITERATUR: Giebisch/Gugitz.

Sylvia Leskowa

Brandhuber, Georg (18.1.1923 Haag/NÖ – 31.3.2004 Bad Ischl/OÖ), Sohn eines Bundesbahnbediensteten, wurde nach Abschluss d. Pflichtschule (Volks- u. Hauptschule) zum Bau- u. Maschinenschlosser sowie zum Kraftfahrzeugmechaniker ausgebildet. Obwohl d. 2. WK in B. Leben eine d. Schreiben zunächst nicht förderliche Zäsur markierte, hinterließ er doch bedeutende Eindrücke ferner Länder (Wehrdienst seit 1941, engl. Kriegsgefangenschaft, Rückkehr aus Ägypten in d. Heimat 1947). Wieder in Haag, legte B. d. Meisterprüfung ab u. fand – nach d. Fortführung u. d. Ausbau d. Gewerbebetriebs seiner Schwiegermutter – Anerkennung: B. war durch viele Jahre Bezirks- u. Landesinnungsmeister u. übernahm auch führende Funktionen in lokalen Vereinen. B. G. – zumeist aus Anlass v. Festen als Gelegenheitsarb. verfasst – u. Kurzgesch. wurden v. Autor gern bei lokalen Veranstaltungen, wie z.B. »Heimat Mostviertel« zum Besten gegeben, sind jedoch nur zu geringem Tl. erschienen, sodass d. jüngste Anthologie, d. B. gedenkt, »Öst. Wiege« (1988) d. Autor zwar erwähnt, aber keine Textprobe bringt. B. Texte bekennen sich zu Land u. Leuten d. engeren Heimat.

LITERATUR: Öst. Wiege – Der Amstettner Raum, Amstetten/Waidhofen a.d. Ybbs 1988, 352.

Herbert Zeman

Brandis, Franz Adam Graf v. (18.7.1639 Fahlburg b. Lana/Tirol – 7.9.1695 Tisens), Sohn d. Tiroler Landadeligen Benno v. B., d. v. Kaiser Ferdinand II. 1654 in d. Reichsgrafenstand erhoben wurde. Er war Gerichtsherr zu Mayenburg u. Tisens u. Frh. zu Lanaberg u. Forst, bekleidete in d. Tiroler Landschaft d. Amt d. Erbsilberkämmerers u. wurde 1682 zum Geheimen Rat ernannt. Verheiratet seit 1659 (mit d. bayerischen Adeligen Maria Katharina v. Acham), wohnte er zu Campill, wo er auch unternehmerisch tätig war (Kupferdrahtfabrik). Auch lit. vertrat B. bei aller Treue zum habsburgischen Landesherrn d. in Tirol bes. ausgeprägte alte ständische Ordnungsdenken. 1674 veröff. er als »niderträchtige Erzehlung«, d.h. allg.verständlich im genus humile, einen Abriss d. Gesch. d. Erzhauses Öst. v. sagenhaften Frankenkönig Pharamundus bis auf Kaiser Leopold I., mit vier genealogischen

Tafeln, d. in einem ausführlichen alphabetischen Register erläutert werden, u. einem Register d. benutzten Quellen; er widmete d. Werk d. Kaiserin: *Fruchtbringender Oesterreichischer Lorbeer=Zweig.* Die lat. Fassung, d. 1678 in gleicher Ausstattung u.d.T. *Fama Austriaca* erschien, ist bis zur Geburt d. Thronfolgers Joseph I. fortgeführt u. diesem dediziert. Als Gegenstück zu diesem prohabsburgischen Gesch.buch ist sein Abriss d. tirolischen Gesch. konzipiert, d. ebenfalls 1678 erschien u. Kaiser Leopold I. gewidmet ist: *Deß Tirolischen Adlers Immergrünendes Ehren-Kräntzel.* Der erste Tl. behandelt nach einer kurzen Landbeschreibung annalist. d. zehn »Herrschungen« Tirols v. Noe u. Tuisco bis zum Erzhaus Öst., unter Beifügung bedeutenderer Dokumente u. einem Schlussg. in Alexandrinern, d. zweite Tl. informiert über d. fürstlichen Stifte Trient u. Brixen, über d. Gnadenbilder u. Wallfahrten sowie, in kurzen Einzeldarstellungen, über d. tirolischen Landstände. B. stützte sich dabei lt. Vorrede auf d. ihm hs. vorliegenden Forschungen d. Tiroler Historiker Matthias Burglehner u. Andreas Zibockius. Doch wendete er sich nicht nur an d. Gelehrten, sondern wie alle Autoren im ständischen Bereich an »jedermann«; ein ansprechendes Titelkupfer, eine ausklappbare Landkarte Tirols, vier Wappentafeln d. Tiroler Stände u. Städte, dazu zahlr. meist gnomische Verseinlagen sorgen für d. nötige Lust bei d. Belehrung. Alle Titelkupfer tragen d. Vermerk »Auctor delineavit«. Wie eine Generation zuvor Guarinonius hatte auch B. eine fromme Lebensbeschreibung aus d. Ital. übers.: *Streitbare Waffen* [...] *d. seligen Bruders Paschalis v. Baylon* (1976). Nicht zum Druck gelangte sein opernlibr.artiges Schauspiel *Alidarci und Selindae khönigelischer Lustgarten volkhummener zufriedenheit, Mit teitschen Reimen bepflanzet.* Das Stück ist zwar v. d. Handlung her d. Typus d. Tragicomoedia zuzuordnen u. im modernen Alexandrinervers abgefasst, verweist aber in seiner Unförmigkeit (Vorspiel, acht Handlungen, Nachspiel) auf d. freieren Formtraditionen d. 16. Jh. Auch d. verbindet ihn mit d. Autoren im ständischen Bereich. Am angemessensten aber dürfte B. im Rahmen einer Untersuchung d. Kultur d. Landadels (»adeliges Landleben«) zu würdigen sein.

Werke: Historiografie: *Fruchtbringend Oesterreichische Lorbeer=Zweig / Das ist / Aller=Kürzeste Erzehlung Der Denckwürdigsten Begebenheiten so sich mit d. Hoch=Löblichsten Königlich=Franck=Haabspurg=Oesterreichischen ERZ=Hauß* [...] *ereignet,* Augsburg 1674, ²1675; *Fama Austriaca ad Cvnas Serenissimi principis Leopoldi Caesaris augustissimi Regii Filii advolans sive rerum Austriacarum brevis narratio,* Bozen 1678; *Deß Tirolischen Adlers Immergrünendes Ehren=Kräntzel / Oder Zusammen gezogene Erz. jeniger Schriftwürdigisten Gesch. / So Sich in d. Zehn nacheinander gefolgten Herrschungen d. Fürstlichen Graffschafft Tirol v. Noe an/ bis auff jetzige Zeit zugetragen,* Bozen 1678. Übers.: *Streitbare Waffen u. darmit erhaltener Ehren=Preiß d. seligen Bruders Paschalis v. Baylon,* Bozen 1676. Schauspiel: *Alidarci u. Selindae khönigelischer Lustgarten volkhummener zufriedenheit, Mit teitschen Reimen bepflanzet,* o.J., Hs. Ferdinandeum Innsbr. Dipl. 1041.

Literatur: ADB, Bd. 3; Nagl/Zeidler/Castle, Bd. 1.

Dieter Breuer

Brandis, Jacob Andrä v. (1569 Wr. Neustadt/NÖ – 1629 Fahlburg bei Lana/Tirol?), Gesinnungsgenosse u. Freund d. Tiroler Historiker Marx Sittich v. Wolkenstein u. Matthias Burgklechner, entfernte sich mit d. zwei Bdn. seiner *Caniculares* v. d. Polyhistorie seiner

Tiroler Vorbilder. Am Werk, dessen zweiter Tl. d. Gesch. d. Landeshauptleute v. Tirol enthält u. d. urspr. bis 1607 hätte reichen sollen, arb. d. Autor bis 1623, als er zu kränkeln begann. Seine Hs. wurde bis 1642 fortgesetzt; erst im 19. Jh. erschien sie im Druck. Der urspr. Titel *Caniculares* (Hundstage) ist im Sinn v. »Studien zur Zeit d. Hitzeferien« zu verstehen. B. klammerte d. herkömmliche, topografisch orientierte Landesbeschreibung aus seiner Darstellung aus, fasste d. Frühgesch. möglichst kurz u. beschränkte sich auf selbständig erarb., urkundl. fundierte Nachrichten über d. polit. u. ständische Gesch. Tirols. Da B. aus einer d. bekanntesten Tiroler Adelsfamilien stammte, standen ihm alle Archive offen. Sein Stil ist d. einer ernsten, nüchternen Persönlichkeit; vergleicht man sein Werk mit d. BURGKLECHNERS, so wirkt d. letztere in d. Darstellung freier, lebendiger u. einheitlicher.

B., dessen Vater Johann Heinrich als Mundschenk, Kämmerer u. Rat am Hof Kaiser Maximilians II. 1573 zum Freiherrn erhoben war, übersiedelte 1576 mit d. elterlichen Familie nach Tirol. Rudolf II. ernannte B. zum kaiserl. Geheimrat; 1603 wurde er Regierungsrat u. Kämmerer d. Regenten v. Tirol, Erzherzog Maximilian III. Nachdem er sich wegen Kränklichkeit 1606 auf d. Funktion eines Oberstthofmeisters d. Erzherzogin Anna zurückgezogen hatte, wurde er 1610 Landeshauptmann an d. Etsch, ließ sich aber 1628 dieser Stellung wieder entheben. Schon 1624 war d. Kaiser seinem Wunsch um Entlassung aus d. Funktion eines Geheimrates nachgekommen. Seit 1645 bekleidete B. d. Ehrenamt eines Erbland-Silberkämmerers v. Tirol.

WERKE: *Caniculares*, 2 Bde., Ms., Druckausg.: Gesch. d. Landeshauptleute v. Tirol, Innsbr. 1850. J. Hirn (Maximilian, Bd. 1, 445, Anm. 1) erwähnt ein hs. *Tagebuch* über d. Brautfahrt d. Anna Katharina v. Rovereto bis Innsbr.

LITERATUR: ADB 3; NDB 2; J. Egger: D. älteren Gesch.schreiber […] Tirols. Programm d. Oberrealschule Innsbr. 1867, 43-53; J. Hirn: Erzherzog Maximilian d. Deutschmeister, Bd. 1, Innsbr. 1915, Nachdr. Bozen 1981, 443-446; R. Palme: Frühe Neuzeit, in: J. Fontana u.a.: Gesch. d. Landes Tirol, Bd. 2, Bozen/Innsbr./Wien ²1998, 218f.; Th. Winkelbauer: Ständefreiheit u. Fürstenmacht, Wien 2003 (= H. Wolfram (Hg.), Öst. Gesch. 1522-1699), Bd. 1, 235.

Robert Hinterndorfer

Brandl, Ernst (18.5.1919 Schwaz – 11.6.1997 Innsbr.) entstammte einer kinderreichen Familie. Sein Vater war Sägewerksbesitzer in Schwaz. B. hatte nach d. Matura am Paulinum in Schwaz (1938) als Kriegsversehrter 1946-51 an d. Univ. Innsbr. stud. Seit 1949 arb. er für ein bekanntes Tiroler Unternehmen, wo er ab 1966 für Forschung u. Entwicklung im Bereich d. Biochemie verantwortlich war. In diesem Jahr gelang ihm zus. mit H. Margreiter d. Entdeckung d. oral anwendbaren Penicillins. B. verfasste zahlreiche Beitr. für internat. wiss. Zs. u. war u.a. Mithg. d. Fachzs. *The Journal of Antibiotics*. Er habilitierte sich 1972 an d. TU Wien u. erhielt 1978 d. Ruf an d. Univ. Innsbr. Seit 1983 befand sich B. im Ruhestand. Er hielt zahlreiche Vorträge zur Umweltthematik u. rief d. »Ernst-u.-Rosa-Brandl-Stiftung« ins Leben. B. wurde mit unzähligen Ehrungen ausgezeichnet; u.a. erhielt er 1959 d. Ehrenzeichen d. Landes Tirol u. 1973 d. Große Ehrenzeichen d. Republik Öst. Seit seiner Pensionierung konnte sich B. geisteswiss. Neigungen widmen: Er inskribierte Kunstgesch. u. widmete sich d.

Verfassen v. Lyr. u. Kurzprosa. In seinen Texten sprach d. Autor d. Umweltproblematik eindringlich an u. zeigte d. Grenzen d. Wiss. vorausblickend auf, bes. in *Visionen*, 1992; er setzte sich aber auch mit d. seelischen Befinden d. Menschen auseinander (*Das andere Ufer*, 1993) o. lieferte einprägsame sprachliche Naturbilder, d. zum großen Teil Eindrücken auf seinen zahlreichen Auslandsreisen zu verdanken sind (*Im Schatten d. Kastanie*, 1994). B. schrieb eine klare, poetische Sprache, d. d. umfassende Weltwissen d. Autors spiegelt. Alle drei Publ. sind mit Illustrationen v. M. Schwarz versehen.

WERKE: Lyr.: *Visionen, Gedanken zur Umwelt*, G. u. Kurzprosa, Innsbr./Wien 1992; *Das andere Ufer. Gedanken zur Innenwelt*, G. u. Kurzprosa, Innsbr./Wien 1993; *Im Schatten d. Kastanie. Gedanken zum Leben*, G., Innsbr./Wien 1994.

Beatrix Cárdenas-Tarrillo

Brandl, Franz (14.4.1875 Wien – 15.3.1953 ebd.), Sohn eines aus d. Oststmk. gebürtigen Portiers d. öst. Außenministeriums, absolvierte d. Gymnasium in d. Wr. Wasagasse u. stud. ab 1894 Jus an d. Wr. Univ., nebenbei vier Jahre Privatsekretär d. für d. Berichterstattung über Ungarn zuständigen königl. Rates Rosen im ministeriellen Pressebüro. 1898 begann er als Konzeptspraktikant d. Wr. Polizeidirektion seine erfolgreiche Beamtenlaufbahn. 1898-1914 versah B. seinen Dienst in d. Wr. Bezirkspolizeikommissariaten Neubau, Hernals (1902-06), Döbling u. Innere Stadt (1908-14). Zu seinen Hauptaufgaben gehörte u.a. d. Beobachtung polit. Versammlungen. 1914 wurde er in d. Polizeidirektion zur Staatspolizei berufen; seinem Chef Schober treu ergeben, fungiert er v. 1930-33 als Polizeipräsident Wiens. Nach seiner Entlassung aus d. Staatsdienst spielte er vor d. Einmarsch Hitlers eine nicht unwesentliche Rolle als Illegaler. 1945 wurde er wegen Hochverrats zu einer zweijährigen Haftstrafe verurteilt. Seit d. späteren 1930er-Jahren trat B. mit einigen schriftstellerischen Werken an d. Öff.: Neben seinen Memoiren (*Kaiser, Politiker u. Menschen*, 1936: polit., bis in d. Monarchie zurückreichende Ereignisse aus individueller u. oft teilnehmender Sicht gesehen) u. d. 500-seitigen anschaul. kulturgesch. Darstellung *Staatsprozesse* (1936, u.a. über Sokrates-, Savonarola- u. Hormayr-Prozess) verfasste er ausschließlich (polit. neutrale) Prosawerke: Im gelungenen Erzählbd. *Wr. Symphonie* (1937) verwertet er seine heimatl. kriminalist. Erlebnisse für eine einfühlsam u. erzähltechnisch traditionell konzipierte Darstellung v. Individualschicksalen (z.B. *Der einsame Geiger, Industriellenball. Eine sehr moralische Gesch., Wurstelprater. Gesch. d. Illusionisten Florian, Der Burggarten*). Überzeugend sind auch seine umfangreichen hist. R. – seine eigentl. Domäne –, d. d. Genre anspruchsvollerer Belletristik zuzuordnen sind. Sein Hauptinteresse galt hierbei d. öst. Gesch. (760-seitiger Familienr. »a. d. letzten Jahrzehnten d. Donaumonarchie«, 1859-1918, *Ein Reich zerbricht*, 1952; Gegenreformationsr. *Das gebrochene Wort*, 1954). B. erweist sich hier als überaus routinierter u. geschichtl. beschlagener Belletrist, d. an d. ungleich populäreren EGON CÄSAR CONTI CORTI u.v.a. Genrespezialisten d. 1930er- u. 40er-Jahre mühelos herankommt.

WERKE: Erz.: *Wr. Symphonie. Komponiert v. einem Kriminalisten*, Mauer b. Wien/Lzg. 1937. Romane: *Ein Reich zerbricht. R. einer Familie aus d. letzten Jahrzehnten d. Donaumonarchie*, Wien 1952, 10.-22. Tsd. Wien um 1952 (= Buchgemeinschaftsausg.); *Die Villa d. Tiberius*, Wien 1953; *Das gebrochene Wort*, Wien 1954, 1956 (= Buchgemeinschaftsausg.); *Tiberius auf Capri*, Wien 1955 (= Buchgemeinschaftsausg.). Gesch. Darstellung: *Staatsprozesse. Zwei Jahrtausende Gericht im Dienste d. Macht*, Lzg./Wien [1936], 4.-15. Tsd. Wien 1953. Memoiren: *Kaiser, Politiker u. Menschen. Erinnerungen eines Wr. Polizeipräsidenten*, Lzg./ Wien 1936.

LITERATUR: Giebisch/Gugitz.

Sylvia Leskowa

Brandsch, Karl (8.3.1886 Hermannstadt/Siebenbürgen – 14.5.1950 Kronstadt/Siebenbürgen), Dr. jur., veröff. seine G. schon früh in versch. Anthologien u. Zs. Seine Stimmungs- u. Naturlyr. Heimatliche Erlebnisbilder erschienen gesammelt kurz vor seinem Tod.

WERK Lyr.: *Am Waldesrand da bin ich oft gelegen*, Brasov [d.i. Kronstadt] [1947].

LITERATUR: P. Motzan: D. rumäniendt. Lyr. nach 1944, Problemaufriss u. hist. Überblick, Cluj/Napoca 1980.

Herbert Zeman

Brandsch, Simon Gottlieb (17.10.1773 Bußd bei Mediasch – 10.7.1852 Mediasch/Siebenbürgen), stammte aus einer alten ev. Pastorenfamilie v. d. einige lit. begabt waren, er wurde nach d. Tod d. Vaters, d. als Verf. geistl. Arien bekannt war, v. d. Mutter erzogen. B. besuchte d. Gymnasien in Mediasch u. Hermannstadt (1796 Matura in Mediasch) u. stud. Theol. an d. Univ. Jena. Die weiteren berufl. Stationen waren: 1804 Hilfslehrer am Gymnasium v. Mediasch, 1811/12 Rektor ebd., 1813 Pfarrer in Tobsdorf, danach (1820) in Waldhütten, 1830 Stadtpfarrer v. Mediasch. B. hatte viele Interessen, trat 1843 d. heimatl. Verein zur Förderung d. Naturwiss. bei u. war auch Mitbegr. d. Landeskundevereins.

B. schlagfertige Art, sein beweglicher Geist u. Witz blieben bei seinen Landsleuten weit über seinen Tod hinaus in Erinnerung. Einer seiner Schüler war d. Schriftsteller ALEXANDER BRECHT V. BRECHTENBERG. Im Nachl. B. fanden sich diverse Ms., d. ungedr. blieben u. d. Gelehrsamkeit ihres Autors verraten (*Gesch. d. Siebenbürger Sachsen für d. sächsische Volk; Versuche einer Grundlage d. Tonkunst nach d. Prinzipien d. Transcentalen Idealismus; Gesch. d. Griechen; De Jesu Nazareno, vere Christo et penatorum piaculo* usw.). Dort hatten sich – eingegangen ins Familienarchiv – hs. viele seiner zumeist in sächsischer Mundart verfassten Gelegenheitsg. erhalten. Ob diese Hs. noch erhalten sind, ist unbekannt.

Lit.gesch. fassbar wurde B. erst, als man einige anonym erschienene Gelegenheitsg. in siebenbürgischer Mundart als sein geistiges Eigentum nachwies. Das bekannteste, »Die sächsische Bürgermiliz«, ein 1809 erschienenes satirisch-humorist. 15-strophiges G., d. mit »etwas erzwungener Lustigkeit ironisch d. mutmaßlichen Heldentaten d. Mediascher Bürgermiliz [Strophe 1-3] u. d. Entsetzen, welches sie d. frz. Marschällen Vandamme u. Lannes […] einjagen durften [Strophe 4-6], dann d. d. Siegern zu Gebote stehenden Herrlichkeiten v. Paris [Strophe 7-15]« (s. Arnold u. Wagner, 385) zeigt, wofür B. in seiner unmittelbaren Heimat in u. um Mediasch bekannt u. geschätzt war: als humorist. Gelegenheitsdichter. Nach seinem Tod war seine Verfasserschaft manchen noch geläufig, später aber vergaß man ihn. Als R.F. Arnold u. K. Wagner »Die sächsische Bürgermiliz« in d. Sammelwerk »Achtzehnhundertneun d. politische Lyrik d. Kriegsjahres« aufnahmen, kannten sie d. Autor d. G. noch nicht. Erst d. Veröff. v. Friedrich Teutsch, Heinz Brandsch, Rudolf Hörler u.a. machten B. wieder bekannt, sodass ihn Karl Kurt Klein (1939) bereits literarhist. orten konnte. B., d. seinen Hang zu Satire u. Spott aus aufgeklärter Tradition bezog, wuchs hinein in d. biedermeierl.-heimatl. Ambiente, d. er seinen Mundartg. verlieh.

WERKE: Gelegenheitsg.: *Die sächsische Bürgermiliz* [1809], Neudr. in: J.K. Schuller, Gedichte in Siebenbürgisch-Sächsischer Mundart, gesammelt u. erläutert, Hermannstadt 1840, u. in: Achtzehnhundertneun. Die politische Lyr. d. Kriegsjahres, hg. v. R.F. Arnold/K. Wagner, Wien 1909 (= Schriften d. Lit. Vereins in Wien XI), 158f. u. 385. Predigt: Eine beliebte Predigt v. B. aus d. Jahr 1850 wurde in d. Kirchlichen Bl.n, Mediasch 11.4.1913 veröffentl.

LITERATUR: F. Teutsch: Gesch. d. Siebenbürger Sachsen für d. sächsische Volk, Bd. 3, Hermannstadt 1910, 44; H. Bransch: Vom Stamme d. Brandschen. Ein Familien-Buch. Als Ms. gedruckt [Reps] 1913, 9-21; A. Schreiner: D. Mundart G.S. B. Ein Beitr. zur Gesch. Mediascher Mundart, Hermannstadt 1928; K.K. Klein: Lit.gesch. d. Dt.tums im Ausland, Lzg. 1939, 245; Goedeke, Bd. XV.

Herbert Zeman

Brandstätter, Heinrich Conrad (14.12.1772 bei Braunschweig – 2.2.1844 Salzb.), wirkte als Bergwerkkassier, d.h. Montanist u. Landesbeamter, in Salzb. V. seinem Leben ist weiter nichts bekannt, doch liegen noch einige seiner Werke vor, d. ihn als begabten Lyriker zeigen. Der Bd. *Der Begleiter auf d. Mönchsberge zu Salzb. für d. Freunde d. Natur* (Salzb. 1818) spricht in seiner Vorrede davon, noch im vergangenen Jh. LORENZ HÜBNER 1799 eine poetische Beschreibung *Abschied v. Mönchsberge* verfasst habe. Doch seien Jahre vergangen, auch sei es ihm nicht nach Abschied zumute, außerdem sei d. Werk HÜBNERS längst vergriffen – so wage er es Ähnliches zu unternehmen. Das Buch ist in einzelne Kapitel gegliedert, wie *Das Siegmundsthor, Panorama d. Stadt, Der Gang v. Mönchsberg über d. Abhang d. Schoßberges zum Nonnberg* u. schließt mit d. Versen *An d. Natur. Fremdling', du stehst in Mitten d. Stadt, u. staunest d. Berg an, / Dessen Felsengewände, benagt v. Zahne d. Vorzeit* [...]. B. führt durch d. Gegend, wobei er genaue topograf. Kenntnisse erkennen lässt, auch d. Personen gedenkt er, d. einstens d. Stätten geprägt haben. Viele Fußnoten erklären d. Fremden d. Eigenheiten d. Landschaft, wie z.B. [...] *Es klang vielleicht schon längst in deinem Ohr, / Das alte Schmähwort, scheltend diese Gauen, / Daß Salzb.'s Bürger außer ihrem Tor / In ihren Tälern nichts als Pfützen schauen* [...] – u. als Fußnote (Nr. 88) ist vermerkt, dass in alten Urkunden verzeichnet stehe: *Salzburgum paludum regio*. Er verwendet also auch gereimte Verse neben Distichen u.a. Formen, d. ihn als formvollendeten Poeten zeigen, wie es zu jener Zeit v. jedem gebildeten Beamten erwartet wurde. – V. seinen weiteren Werken war wohl d. bekannteste *Die Mitbewohner* [Kosch: *Urbewohner*] *d. Erde. Epos in 6 Gesängen* (Salzb. 1818); doch ist es heute verschollen u. nicht mehr greifbar.

WERKE: Epische Lyr.: *Die Mitbewohner* [*Urbewohner?*] *d. Erde, Epos in 6 sechs Gesängen*, Salzb. 1818; *Der dreyßigste April zu Salzb. im Jahre 1818*, ebd. 1818; *Der Begleiter auf d. Mönchsberge zu Salzb. für d. Freunde d. Natur*, ebd. 1818; *Der Fürstenbrunnen u. d. Marmorsteinbruch am Untersberge bei Salzb.*, ebd. 1821.

LITERATUR: F.A. v. Braune: H.C. B., in: Salzb. Amts- u. Intelligenzbl., 1844, 313; Giebisch/Gugitz; Kosch, Bd. 1.

Eva Münz

Brandstetter, Alois (* 5.12.1938 Aichmühl bei Pichl/OÖ), lebt in Klagenfurt. Die ländl.-provinzielle, in Brauch u. Glaubensübung fest gefügte Herkunft aus d. Hausruck-Hügelland u. ihre für

d. hochsensiblen Knaben Halt gebend-hegende, häufiger aber verschreckende u. traumatische Einwirkung waren u. sind für B. Prosadichtung entscheidende Schreibimpulse u. zeitweise dominante, immer wieder aufgesuchte Themen. Der Vater Martin B. (1896-1977, aus Tumeltsham/Innviertel stammend) gehörte als Besitzer einer Mühle mit Schwarzbäckerei, Sägewerk u. eigener Stromerzeugung zweifellos zu d. Notabeln d. Dorfes. In B. autobiogr. Erz. erscheint er als unwirsch u. verschlossen, unfähig, Gefühle zu zeigen, v. striktem, kirchlich fundiertem Konservatismus (was ihn in Widerspruch setzte zur Ideologie d. Nazi-Jahre). Der ebenso arbeitsamen wie frommen Mutter (Anna, geb. Berger, 1896-1971 aus Oberham-Krenglbach) fühlte sich B. näher, ohne auch hier zärtlich-verständnisvolle Anerkennung zu finden. Als Jüngster neben sechs Geschwistern wurde d. zartere, eigenwillige Kind auf sich selbst, seine Ängste (vor d. Tieren u. d. eigenen Körper, d. Gewitter, d. Männlichkeitsritualen d. Dorfjugend, d. anderen Geschlecht, Furcht vor Versagen) u. seine Phobien (Platzangst ebenso als Klaustro- wie als Agoraphobie, Scheu vor Menschenmassen, Gesell.zwängen, vor Bergen u. Tunneln) zurückgeworfen. Auf Empfehlung d. Pichler Pfarrers, d. seine ungewöhnliche Intelligenz, seine rasche Auffassungsgabe u. sein Wissensdrang nicht verborgen blieben, wurde B. nach fünf Volksschuljahren im Heimatdorf 1949 in d. geistliche Knabenseminar Collegium Petrinum in Linz-Urfahr geschickt. Seine Relegation nach zwei Jahren aus dieser auch als Ort einer religiösen Erwählung akzeptierten klösterlich-strengen Eliteschule (d. sich freilich heute dieses über d. Schranken hinaus denkenden Zöglings stolz erinnert) wegen pubertärer Unbotmäßigkeit wurde v. d. Zwölf- jährigen (traumatisch nachwirkend) u. im sozialen Umfeld als Moment eines nicht nur intellektuellen Scheiterns empfunden, sodass d. ohne Anstrengung bis zur Matura 1957 (mit Auszeichnung u. Festtagszylinder) verbrachte Restschulzeit am Bundesgymnasium Wels nie als gleichwertig akzeptiert werden konnte. Nach d. Karl-May-Phase las d. Schüler bevorzugt K.H. WAGGERL (später Enttäuschung bei persönl. Kennenlernen). Reaktion auf d. Nichtaufnahme d. Maturierten in d. Wr. Kunstakad. war, dass B. sein phasenweise reiches bildkünstlerisches Schaffen (v.a. Landschafts- u. Porträtmalerei, Genreszenen) als reines Privatvergnügen vor d. Öff. verborgen hielt (eine größere Ausstellung anlässl. d. 60. Geburtstags sagte er kurzfristig ab). V. Winter 1957/58 bis zum Sommer 1961 stud. B. Germanistik u. Gesch. an d. Univ. Wien. In nur acht Semestern gelangte er (d. Vater schien dies d. äußerstenfalls vertretbare ›unproduktive‹ Zeit) zum Abschluss seiner Diss. legte er am 8.2.1962 die Rigorosen; er promovierte bei d. renommierten aus Ktn. stammenden Dialektologen u. Ortsnamensforscher Eberhard Kranzmayer (nach d. d. Straße benannt ist, an d. heute B. Grundstück grenzt; eine ambivalente Würdigung gibt sein jüngster R. *Ein Vandale ist kein Hunne*, 2007) mit einer präzis beobachtenden u. bereits viele Motive u. Wortbestände seiner späteren Dichtung reflektierenden Studie *Laut- u. bedeutungskundl. Untersuchungen an d. Mundart v. Pichl bei Wels*. Kranzmayers Empfehlung gegenüber d. Sprachgeschichtler u. Mediävisten Hans Eggers verschaffte d. erst 23-Jährigen eine Assistentenanstellung am Germanist. Inst. d. jungen (unter frz. Verwaltung gegr.) Univ. d. Saarlandes in Saarbrücken u. d. Verpflichtung, mit Seminaren d. Gotischen u. Ahd. zu beginnen. Mehr noch als d. Großstadt Wien wurde d. gegenüber seiner Sozialisation so fremde, säkularisiert-nüchterne, mehrheitlich protest. Welt als ebenso verschreckendes wie produktiv-herausforderndes Kulturschock-Erlebnis verarb. (später auch lit. verfremdet im Bild d. gegenüber d. Erwartungen seines elegant-urbanen Prof. scheiternden Habilitanden in *Die Burg*). Der schon im Wr. Stud., bei häufigen Besuchen d. Avantgarde-Theaters, in Verbindung zu d. für eine sprachexperimentelle Erneuerung d. Dichtung im dt. Sprachraum Richtung weisenden Autoren im Umkreis d. WR. GRUPPE Getretene (persönliche Kontakte namentlich zu H.C. ARTMANN u. FRIEDRICH ACHLEITNER, Auseinandersetzung mit THOMAS BERNHARDS Wortkaskaden) etablierte sich lit. in Saarbrücken im Einflussfeld d. universitären 68er Unruhen u. Erneuerungsdebatten. Gemeinsam mit d. befreundeten Philosophen Rudolf Malter begr. er d. *Saarbrücker Beiträge zur Ästhetik* (1966), Freundschaft auch mit Ludwig Harig u. Arnfrid Astel, entscheidende Förderung aber durch GERHARD FRITSCH. Die ersten Publ. v. (neben programmatisch-sprachkrit. Aufs.) scharf satirisch sprachspielender Kurzprosa, in d. öst. Monatsschrift LITERATUR U. KRITIK u. als Privatdr. in d. Pforzheimer Harlekin-Presse präsentieren ihn als »jungen Wilden« (emblematisch d. in d. Lit.kritik lange verwendete Pressefoto v. Brigitte Friedrich mit schwarzem Rauschebart). Nach d. Habilitation 1970 (*Prosaauflösung. Studien zur Rezeption d. höfischen Epik im frühneuhochdt. Prosar.*) 1971 zum Prof. ernannt, nahm B. 1971/72 eine Lehrstuhlvertretung in Salzb wahr, d. ihn in fördernden Kontakt zum RESIDENZ-Verlag u. überhaupt wieder zum öst. Lit.betrieb um d. Salzburger »Leselampe« brachte (Verbindungen namentl. zum Verleger Wolfgang Schaffler, anregende Kontakte z.B. zu PETER ROSEI, JUTTA/JULIAN SCHUTTING, BARBARA FRISCHMUTH). Bedeutsam wurden ihm wiederholte Teilnahmen an d. »Rauriser Literaturtagen«, auch durch d. Umgang mit hoch geschätzten Autor-Kollegen (Günther Eich u. ILSE AICHINGER, Uwe Johnson, Adolf Muschg, PETER HANDKE). Bei RESIDENZ folgten seit 1971 schlagartig d. durchweg raschen Erfolg findenden frühen Erz. u. d. erste Schwadronade-Rolle-R. *Zu Lasten d. Briefträger*, bis heute d. größte Breitenerfolg. Lizenzausg., v.a. als dtv-Tb., brachten d. Durchsetzung auch auf d. dt. Markt. Dem RESIDENZ Verlag u. dessen spezifisch öst. Moderne-Programm hielt B. bis zur Auflösung bzw. Totalreorganisation d. Treue. Programmatisch für eine neue krit. lit. Konzeption v. »Heimat« im dt. Sprachraum wurde seine Anthologie *Daheim ist daheim* 1973. 1974 erfolgte aus d. wieder aufgenommenen Saarbrücker Dozentur heraus d. Berufung zum Ordinarius für Dt. Philol. (Mediävistik u. Linguistik) an d. Univ. Klagenfurt. Emeritierung im Sept. 2007. B. gesamtes bisheriges lit. Werk (er verwendet gern d. Metapher d. »Nebenerwerbslandwirtschaft«) wurde d. ruhelosen Freistunden (meist frühest morgendliche Nachtarb.) u. neben d. Vollberuf in weitgehender (gar nicht unwillkommener) gesell. Selbstisolierung abgerungen. 1977 Heirat mit Suchra B., geb. Selmann (* 1950), Dipl.-Päd., zwei Söhne, Andreas (* 1979) u. Markus (* 1983). Mitgl. d. P.E.N. Öst., zeitweilig Vorsitzender d. Landesgruppe Ktn. FRANZ INNERHOFER u. JOSEPH WINKLER haben B. als ihren bes. am Beginn Mut machenden Förderer u. Mentor bezeichnet. – Zahlreiche Lit.preise, darunter 1973 Förderungspreis OÖ, 1975 Förderungspreis Ktn., 1980 Kulturpreis OÖ, 1983 Rauriser Bürgerpreis, 1984 Wilhelm-Raabe-Preis d. Stadt Braunschweig, 1991 Kulturpreis

Ktn., 2000 Öst. Ehrenkreuz für Wiss. u. Kunst 1. Kl., 1994 Heinrich-Gleißner-Preis, 2005 ADALBERT-STIFTER-Preis. Zum 60. Geburtstag 1998 Ehrenbürgerschaft d. Heimatgemeinde Pichl/Wels. B. gesamtes Prosawerk (es gibt nur sehr wenige »konkrete« G. u. gar keine Dramen) gründet in d. Skepsis gegenüber traditionellen fiktionalen Erzählabläufen u. tendiert (darin Erbteil d. Wr. Schule u. ihres Erschreckens über d. Sündenfall d. Sprache vorrangig im »Dritten Reich«, d. im bewusstlosen Weiterverwenden ererbter Formeln nicht überwunden sei) zu einem auf Sprachbewusstheit u. diätetische Verantwortung d. Wortwahl (»sprachkritische Wachsamkeit«) gerichteten Sprach-Erkenntnisspiel. Tragende Stilmittel sind Iteration u. Zitatcollage, Amphibolie u. Kontrastierung, Paronomasie u. gegensinnig komisches Wörtlichnehmen. Die dünne Fiktionsschicht dient fast durchgängig nur dazu, d. tragenden (im Regelfall allein zu Wort kommenden) Rollenredner u. d. sein Monologisieren motivierende Situation zu legitimieren. Der Anhauch d. Fiktiven aber stiftet jedes Mal »eine neue Gesch.« – ein Versuch, »sozusagen d. alte narrative u. epische Unschuld wiederzuerlangen, es ist wie ein Suchen nach d. Rückweg ins epische Paradies«. *Bilder, Vorbilder, Nachbilder*, in: Klaus Amann/Fabjan Hafner (Hg.): Freund u. Feind, Wien 2006, 24. Die Kurzprosa hat B. programmatisch als stilisiert-konzentriertes Sprach-Probehandeln bestimmt, näher d. lyr. als d. epischen Gestus (»gedichtmäßig genau gearb. artefakter Text«). Die Begriffe »Roman« u. selbst »Erz.« für d. umfassenderen Prosaarbeiten hat er durchweg relativiert: insofern es eine äußere »Handlung« allenfalls in Ansätzen gibt, ist d. »Inhalt« d. wortgewaltig-monomanische Selbstrechtfertigungs-, Klage- o. Anklagerede d. jeweiligen Sprechinstanz, eine echauffierte, oft satirisch überspitzte »Schwadronade«, d. sich in assoziativen Kreiselbewegungen über alle denkbaren Schiefheiten o. Missstände erhebt. Insofern – ausgeweitet u. vertieft noch im weltgesch.-lit. Allusionsspiel – im Sinne v. Christian Wolffs Metaphysik über »Gott u. d. Welt« reflektiert wird, ist trotz d. Handlungsarmut jener Grad an Welthaltigkeit erreicht, d. d. »bürgerl. Epopöe« eines R. ausmacht. Spannungselement wird statt d. (fast nie zu konkretem Ende führenden) Inhalts d. Serien- u. Wiederkehrstruktur d. (ebenso wenig zu Lösungen gelangenden) Assoziationsketten beredeter Zustände u. Sachverhalte. Die Ich-Sprecher bzw. Redeinstanzen – v. d. künstlichen Naivität einer erregten Kinder- bis zum Spiel durchschauenden Relativismus d. Greisenperspektive – geben d. jeweiligen Text nicht nur seine spezifische Metaphorik, sondern auch d. versch. Interessen u. prismatischen Einstellungen seiner Weltbesichtigung. In d. R. sind diese Sprecher solch unterschiedlicher Figuren zugeordnet wie d. querulantischen Beklager d. moralischen Verfalls im Postdienst – d. er jedoch d. Verlorengehen bestellter Pornosendungen verübelt – (*Zu Lasten d. Briefträger*), d. in aller Unfähigkeit stets besserwisserischen u. sich übergangen fühlenden Kriminalinspektor (*Die Abtei*), d. zum alten Eisen geworfenen Müllereischul-Präzeptor (*Die Mühle*), d. chaotisch-widerborstigen, beruflich wie in d. Ehe scheiternden Saboteur in d. Denkmalschutz-Behörde (*Altenehrung*), d. unter d. Vorwand kaum erfüllter Familienpflichten seine Habilitation verfehlenden Universitätsassistenten (*Die Burg*), d. widerwilligen Vorbereiter einer konsequent ins Wasser fallenden Grillgasterei (*So wahr ich Feuerbach heiße*), d. als Schlüsselbewahrer einer mit Fresken geschmückten Kirche nach Möglichkeit Besichtigungswillige – schon gar Fachleute – überhaupt fern haltenden Dorfgastwirt (*Hier kocht d. Wirt*), d. v. Prominentenfahrer zum sozialverantwortlichen Notarzt Einsatzchauffeur konvertierten Berufsaussteiger (*Groß in Fahrt*) o. d. v. allem Unangepassten faszinierten gutbürgerlichen Grafitti-Bewunderer (*Ein Hunne ist kein Vandale*). Relativ stärker fiktionalisiert sind d. (trotz kalkulierter Anachronismen) konsequent historisierten Sujets, d. d. klösterlichen Maler u. Kupferstecher Koloman Fellner anlässl. eines Napoleon-Besuchs in d. Mund gelegte Reflexion um ein mögliches Recht o. gar d. moralische Pflicht zum Widerstand, ja Tyrannenmord (*Vom Manne aus Aicha*) o. (d. Struktur gebende Zentralmotiv aus *Über d. grünen Klee d. Kindheit* aufnehmend) d. väterlichen Ermahnung d. Abts an d. *Meier-Helmbrecht*-Verf. WERNER D. GÄRTNER wegen seines um d. Kunst willen vernachlässigten Klostergartens (*Der geborene Gärtner*). Alle diese quer zu ihrer Zeit u. zu deren Erfolgsrezepten stehenden »Wortführer d. artikulierten Klage u. Anklage« haben in je unterschiedlichen Annäherungen (dabei chronologisch zunehmend) an d. Lebenserfahrungen ihres Verfassers teil, seinem Lektüre-, Gesell.- u. sogar Berufswissen (etwa d. Liebe zu etymologischer Wortdurchleuchtung), seinen idealisch wertkonservativ u. kirchlich bestimmten Grundhaltungen, einem immer wieder durchbrechendem anarcho-fundamentalist. Aufbegehren gegen Zeitgeist u. modisch wechselnden common sense –, wenn nicht gar d. Erzähler bis hin zur lebensgesch. Identifikation an seinen Autor heranrückt wie in d. »autobiograf.« Erz. o. Essays aus d. ländl. Herkunftssphäre o. ich-identifikatorischen Monologen wie *Vom HörenSagen*, *Almträume*, *Schönschreiben* u. *Die Zärtlichkeit d. Eisenkeils*. Auch wenn d. Autor selbstironisch vermerkt, er habe als »handlungsunfähiger Dichter« eigentl. »immer nur Erlebnisaufsätze« geschrieben: sprachliches Probehandeln (mit d. lit.programmatischen Impetus, »in jedem Fall d. Äußerste [zu] leisten«) bleibt dies allemal, ein zum Stellungbeziehen u. ggf. zum Widerspruch einer mündig mitdenkenden Leserschaft einladendes Gedankenspiel mit in Satz u. Gegensatz zugespitzten teilfiktiven Positionen. Das Heranrücken d. Aufgerufenen an d. eigenen Erfahrungsschatz (nicht allein in d. Zeitzeugen-Rolle untergegangener bäuerlicher Lebensformen) entspringt aus d. poetologischen Forderung nach Genauigkeit u. Detailrealismus: Plausibel werden nur d. Vermessungen v. präzis Vertrautem. Die normative Basis, d. beständige Messen tatsächlicher Zustände an ihrem programmatischen Ideal, werden im Frühwerk eher durch beißende Satire u. sarkast. Spott, später in gelinderen Formen humorist. Diskrepanzausweise o. ironischer Abstandsuche, bisweilen auch in traktathaften Exkursen abgefahren. Humor wird in d. Erzählform manifest durch d. beständige Selbstreflexivität d. Mediums, durch Unterhöhlungen d. Erzählerautorität, ein System d. Verspiegelung v. Positionen, Redewendungen, intertextuellen Kontrastserien. Das Widerlager d. inszeniert Lustigen ebenso wie d. im verzweiflungsvollen Bewusstsein d. Vergeblichkeit beschworenen Normen aber ist eine seit d. Frühwerk periodisch durchschlagende depressive Grundstimmung, namentlich in Phasen d. Wirkungseinbrüche durch ausbleibende o. schlechte Presse für d. sich eigensinnig d. Zeitgeist u. d. modekonformen Schlagwörtern Widersetzenden, nach *Die Mühle* o. *Almträume*. V. d. letztlich ausweglosen Düsternis in *Groß in Fahrt* u. einem fast testamentarischen Aufsagen ans Schreiben mit u. nach *Die Zärtlichkeit d. Eisenkeils* (bedingt auch durch d. kaum mehr d. Verfügbarkeit d. bisherigen Werks sichernden Niedergang d. Hausverlags) heben sich nach längerem Verstummen in d. jüngsten Arbeiten eher altersheitere, mild-satirische u. ohne forcierte Experimentalabsicht sprachspielerische Texturen ab, geradeso wie beim malerischen Œuvre unbekümmert um Markterfordernisse u. angesagte Trends zunächst zur Eigenvergnügung entworfen, möge ihr ein Publikum folgen o. auch nicht.

WERKE (Ausw.): v. d. meisten zunächst bei Residenz publizierten R. u. Prosaslg. erschienen abgeleitete Neuausg. (im Tb. meist bei dtv) Kurzprosa, Slg. kleinerer Erz. u. sprachreflexiver Feuilletons: *Ausläufe*, in: Lit. u. Kritik 3/1968; *Gewissenserforschung*, Pforzheim 1969; *Über Untermieter*, Pforzheim 1970; *Stille Größe*, Pforzheim 1971; *Überwindung d. Blitzangst*, Prosatexte, Salzb. 1971; *Ausfälle*, Natur- u. Kunstgesch., Salzb. 1972; *Der Leumund d. Löwen*. Gesch. v. großen Tieren u. Menschen, Salzb. 1976; *Vom Schnee d. vergangenen Jahre*, Salzb./Wien 1979; *Von d. Halbschuhen d. Flachländer u. d. Majestät d. Alpen* (Slg. frühe Kurzprosa), Salzb./Wien 1980; *Über d. grünen Klee d. Kindheit*, Salzb./Wien 1982; *Das Buch d. alten Mühlen*, Essay, Fotografien v. G. Trumler, Wien 1984; *Landessäure. Starke Stücke u. schöne Gesch.*, hg. v. Hans-Jürgen Schrader (= Reclam-Anthologie), Stgt. 1986, NA 1988 in d. Kassette »Autoren d. Gegenwart«; *Kleine Menschenkunde*, Salzb./Wien 1987; *Aschlberg. Land vor d. Alpen*, Essay, Zeichnungen v. J. Bramer, Melk 1991; *Herbert Wochinz*, Essay (= Album »Vom Endspiel zum Theater d. Freude«), Fotos v. F. Hubman, Wien 1994; *Ferrum loquitur*, Essay (= Ausstellungskat.), Klagenfurt 1994; *Ktn. im Besonderen*, Essay m. Übers. ins Engl. u. Ital., Fotografien v. M. Leischner, Klagenfurt 1995; *Romulus u. Wörthersee. Ein poetisches Wörterbuch*, Salzb./Wien 1989; *Meine besten Gesch.* (= Autor-Anthologie), Salzb./Wien 1999. – Eine Fülle v. Kurzprosa, Essays, Stellungnahmen, krit. u. poetologischen Artikeln bleibt verstreut in Thema-Sammelbdn. u. Anthologien, wiss. Zs. u. Ztg., Opernprogrammen u. Anlassgebundenen Publikationen. Größere Erzählwerke (Erz., R., Monologe u. Schwadronaden, Großessays): *Zu Lasten d. Briefträger*, R., Salzb. 1974, jüngste Neuausg., vermehrt um d. Paralipomenon »Was Thomas Bernhard nicht lesen durfte«, St. Pölten/Salzb. 2004, autorisierte Bühnenbearb. v. H. Lederer, Wien 1991; *Die Abtei*, R., Salzb./Wien 1977, engl. Version: *The Abbey. A Novel*, translated by Peter and Evelyn Firchow, Riverside, Calif. 1998; *Die Mühle*, R., Salzb. 1981; *Altenehrung*, R., Salzb./Wien 1983; *Die Burg*, R., Salzb./Wien 1986; *So wahr ich Feuerbach heiße*, R., Salzb./Wien 1988; *Vom Manne aus Aicha*, R., Salzb./Wien 1991; *Vom HörenSagen. Eine poetische Akustik*, Salzb./Wien 1992; *Almträume. Eine Erz.*, Salzb./Wien 1993; *Hier kocht d. Wirt*, R., Salzb./Wien 1995; *Schönschreiben*, Salzb./Wien 1997, Auszug-Vorpubl.: *Schrift u. Sprache. 100 Jahre Druck- u. Verlagshaus Carinthia*, Klagenfurt 1994; *Groß in Fahrt*, Salzb./Wien 1998; *Die Zärtlichkeit d. Eisenkeils*, R., Salzb./Wien 2000; *Der geborene Gärtner*, R., Mchn. 2005; *Ein Hunne ist kein Vandale*, R., St. Pölten/Salzb. 2007. Hg.: *Inkognito o. da lachte d. Kaiser souverän*, Textbearb. nach F. Zöhrer: Hoch Habsburg, Linz-Urfahr 1898, illustr. v. A. Hertenstein; H.C. ARTMANN gewidmet, Pforzheim 1973; *Daheim ist daheim. Neue Heimatgesch.*, Salzb. 1973; G. Fritsch: *Katzenmusik*, Prosa, aus d. Nachl. hg., Salzb. 1974; *Gegenwartsliteratur als Bildungswert*, Wien 1982, mit Essay »Probleme d. Textkonstitution in d. Kurzprosa«; *Österreichische Erz. d. 20. Jahrhunderts*, Salzb./Wien 1984; *Der Ort, an d. wir uns befinden. Ung. Erzähler d. Gegenwart*, gemeinsam m. G. Sebestyén, Wien 1985; *Österreichische Erz. d. 19. Jahrhunderts*, Salzb./Wien 1986; *Advent, Advent. Gesch. zur Vorweihnachtszeit*, Salzb./Wien 1988; *Heiteres aus Öst.*, Salzb./Wien 1994; *Vom Land in d. Mitte. Über OÖ.*, Linz 2000, m. F. Achleitner u. R. Chmelir; H.C. ARTMANN: *Ich brauch einen neuen Wintermantel etc. Briefe an Herbert Wochinz*, hg. mit einem Vorw., Salzb./Wien 2005. Filmdrehbücher: *Zu Lasten d. Briefträger*, TV-Film ORF, Regie Georg Madeja, 1984; *Die Enthüllung*, TV-Film nach Altenehrung, ORF, Regie Georg Madeja, 1985.

LITERATUR: Grundlegende Einführungen mit Bibliogr. v. J. Strutz: A.B., in: H.L. Arnold (Hg.): Kritisches Lex. d. dt.-sprachigen Gegenwartslit., Bd. 1, Mchn. 1978ff., Stand 1982/Nachlief. 1985, u. im Anhang, 71-92, zur Kurzprosa-Anthologie *Landessäure*, s.o., Stand 1986. Aktuellste Fortführungen, mit bedeutsamem Interview, in: Sonderbd. d. oö. Lit.zs. Rampe: J. Lachinger/A. Pittertschatscher: Porträt A.B., in: Rampe. H. für Lit., Sonderh., Linz 1998; N. Weber: D. gesell. Vermittelte d. R. öst. Schriftsteller seit 1970, Diss. phil., Ffm. 1980, 148-166 (untauglich, da Teilverwechslung mit einem eine Generation älteren Namensvetter); S. Geisler: Erzähler A.B., St. Ingbert 1992 (= Beitr. zur R. Musil-Forschung u. zur neueren öst. Lit. 3); R. Carlantoni: A.B., Un Critico conservatore dell'Austria contemporanea, Udine 1993; G. Telera: Satire, Ironie u. Humor in A.B. Werken, Turin 1995. Jüngerer zusammenfass. Überblick: K. Zeyringer: Öst. Lit. seit 1945. Überblicke, Einschnitte, Wegmarken, Innsbr. 2001 (s. Reg.); E. Gstättner (Hg.): Vom Manne aus Pichl. Über A.B., Salzb./Wien 1998, Würdigungen vorrangig durch Schriftstellerkollegen, mit autobiogr. Texten u. bedeutsamem Interview; Evelyn S. u. P.E. Firchow: Interview mit A.B., in: Modern Austrian Literature 29, 1996, 23-28; Beispiele 2005. Kulturpreise d. Landes OÖ, Linz 2005, 3-8: A.B. Adalbert-Stifter-Preis. Einzelstudien, Ausw.: J. Laßl: A.B. Spiele d. Spottes, in: Vierteljahrsschrift d. Adalbert-Stifter-Instituts 13, 1974, 61-65; A. Eder: Perseveration als Stilmittel moderner Prosa. Th. Bernhard u. seine Nachfolge in . öst. Lit., in: Annali. Studi tedeschi 22, 1979, 65-100; W. Haubrichs: D. doppelte Schriftsteller. Bemerkungen zu einer ideologiekrit. Verwechslung, in: LiLi. Zs. für Lit.wiss. u. Linguistik 53/54, 1984, 245-254; H.-J. Schrader: Klosterraub südwestl., nördl., südöstl. Vom Eigen-Sinn d. humorist. Erzählform in C.F. Meyers »Plautus im Nonnenkloster«, W. Raabes »Kloster Lugau« u. A.B. »Abtei«, in: H. Kröger (Hg.): Humor u. Regionallit. Soltauer Schriften, Bd. 5, Soltau 1997, 16-41, ders.: Sphärensprünge v. Landleben zur Lit. V. Bräker bis Brandstetter, in: A. Messerli/A. Muschg (Hg.): Schreibsucht. Autobiogr. Schriften d. Pietisten Ulrich Bräker, 1735-98, Göttingen 2004, 93-115; ders.: »Daheim ist daheim«. Frühe Impulse neuer »Heimat«-Vermessung bei A. Muschg, G. Vesper u. A.B., in: E. Beutner/K. Rossbacher (Hg.): Ferne Heimat – Nahe Fremde. Bei Dichtern u. Nachdenkern, Würzburg 2007; Herbert Tatzreiter: Dialektales in einem standardsprachlichen Text, Vorkommen u. Funktion, in: Ders./M. Hornung/P. Ernst (Hg.): Erträge . Dialektologie u. Lexikographie. Festgabe für W. Bauer, Wien 1999, 463-479; M. Windfuhr: Kleine lit. Entdeckungsreise: B., Hilbig u. Lange-Müller, in: A. Neuhaus-Koch/G. Cepl-Kaufmann (Hg.): Lit. Fundstücke, Heidelberg 2002, 507-516;

J. Ernesti: »Wie durch d. umgekehrte Fernrohr«. D. Kirchenkritik d. Romanciers A.B., in: Geist u. Leben 76 (2003), 458-468, Zeman 2, 779.

Hans-Jürgen Schrader

Brandstetter, Hannes (eigentl. Johannes Christian, * 20.12.1933 Wien) war nach d. Pflichtschulabschluss Praktikant im Gastgewerbe u. Hospitant an d. Höheren Bundeslehr- u. Versuchsanstalt für Obst- u. Weinbau in Klosterneuburg u. führte v. 1953-68 d. elterlichen Gastronomiebetrieb in Wien; seit diesem Zeitpunkt beschäftigt er sich intensiv mit Lyr. B. begann 1971 nach d. Externistenmatura an d. Univ. Wien d. Fächer Phil., Indologie u. Kunstgesch. zu stud. u. absolvierte 1975-77 eine päd. Ausbildung zum Primarlehrer in d. Schweiz. 1977-81 war B. zunächst Volks- u. Sonderschullehrer in NÖ u. danach bis 1998 Blindenlehrer u. zeitweiliger Leiter d. Sozialrehabilitation für Blinde u. Sehbehinderte in Basel. B. nahm am LITERARISCHEN CAFÉ teil. Sein lit. Werk – einige hundert G., 2 Bde. Lyr. im Wr. Dialekt, Erz., 1 zweibd. R., *Die Brücke*, sowie 34 Bühnenstücke u. 5 Hörspiele – ist bisher unveröff. 1975 wurde B. Erz. *Der Turm* in LITERATUR U. KRITIK publiziert. Darin erweist sich d. Autor als Anekdotenerzähler im traditionellen Stil. Ab 1999 wandte er sich verstärkt d. Dramatik zu u. schreibt seither Theaterstücke über vornehmlich hist. Themen, aber auch K. u. mythologische Schauspiele, wie d. *Zwingener Schlossgesch.*, d. 2002 im Rahmen d. Kunstausstellung Projekt Z – Kunst am Schloss in Zwingen uraufgeführt wurden.

WERKE: Erz.: *Der Turm*, in: Lit. u. Kritik, Nr. 98, 1975. Bühnenstücke: *Zwingener Schlossgesch.*, UA Zwingen, 2002. Unveröff. Werke, Lyr., Erz.: *Die Brücke*, R. in 2 Bdn.; 34 Bühnenstücke u.a. *Ada, Gegenspieler, Nofretete, Affäre Dreyfus, Mythologia mundi, Wittgenstein, Kolumbus*. Hörspiele: *Schani*, 1996; *Verweigern*, 2003; *Kaleidoskop*, 2004; *Guantánamo*, 2005; *Gilgamesch*, 2006.

LITERATUR: W. Bortenschlager: Lit. Café, Wels 1976.

Michael Wruss

Brandt, Ernst → **Bartsch**, Rudolf Hans

Brandt, Johannes (31.10.1894 Wien – 20.2.1955 ebd.), Dr. phil., lebte in Bln. u. Wien, war ein vielseitiger, v.a. im unterhaltenden (musik-)dramat. Genre tätiger Literat: B., Mitgl. d. Verbandes Dt. Bühnenschriftsteller, verfasste neben Volksstücken u. Übers. aus d. Frz., Engl. u. Ital. (1949 mit einer Bearb. v. Roger-Ferdinands *Aber Papa ...!* im Wr. Akad.theater vertreten) auch Hörspiele u. Filmwerke (u.a. *Die o. Keine, Hotel Sacher*). V. seinen oft auch in Koproduktion konzipierten mus. Lustspielen (u.a. mit PETER HERZ, in dessen Erinnerungen – *Gestern war ein schöner Tag. Liebeserklärung eines Librettisten an d. Vergangenheit*, Wien 1985 – er allerdings nicht Eingang gefunden hat) ist d. mit d. Lehár-Librettisten PAUL KNEPLER entstandene amüsante Lustspiel-Operette *Bal Musette* bekannter (o.J., Musik v. Robert Stolz). Sein erfolgreichstes Bühnenwerk ist d. pointenreiche Dreiecksk. *Bobbys letzte Nacht* (1928), ein am Wr. »Modernen Theater« uraufgeführtes u. nicht nur an dt.-sprachigen, sondern auch ausländischen Bühnen viel gespieltes flottes Boulevardstück.

WERKE (Ausw.): (musikalische) Bühnenstücke: *Bobbys letzte Nacht*, K. in 3 Akten, Wien/Lzg. 1928; *Das Karussel d. Liebe*, musikal. Lustspiel (nach *Nur ein Traum* v. Lothar Schmidt), Musik v. Marc Roland, Bln. 1931, Regie- u. Souflierbuch; *Bal Musette*, Lustspiel-Operette in 3 Akten u. 5 Bildern, Musik v. Robert Stolz, Wien o.J., mschr., mit Paul Knepler; *Gentlemen zu vermieten*, Lustspiel m. Musik in 5 Bildern, Wien o.J., mschr., m. Paul Knepler, engl. Übers. o.O. 1939. Operntextübersetzung: *Marja*, Oper in 3 Akten, Text v. Gabriela Preissová, Musik v. Jos. B. Foerster, Wien 1914; weitere dramat. Werke s. Giebisch/Gugitz, Wien 1964, 37; jeweils nicht im Bestand v. Wiens großen Bibl. u. im Gesamtverzeichnis d. dt.-sprachigen Schrifttums nachweisbar.

LITERATUR: 175 Jahre Burgtheater, 1776-1951. Fortgeführt bis Sommer 1954, hg. mit Unterstützung d. Bundestheaterverwaltung. Zusammengestellt u. bearb. v. d. Direktion d. Burgtheaters, Wien o.J., 296; Dramenlex. Ein Wegweiser zu etwa 10 000 urheberrechtl. geschützten Bühnenwerken d. Jahre 1945-57, begr. v. F.E. Schulz, neu hg. v. W. Allgayer, Köln/Bln. 1958, 33, 460; Giebisch/Gugitz.

Sylvia Leskowa

Brandt, Thomas Otto (18.11.1906 Wien – 9.1.1968 Dover/New Hampshire, USA), Sohn eines Geschäftsmannes, promovierte nach einem Germanistikstud. an d. Univ. seiner Heimatstadt zum Dr. phil. (1935) u. war hier bis 1938 als Lehrer u. freier Schriftsteller tätig. Er emigrierte in d. USA, wo er eine wiss. Laufbahn als Germanist u. Amerikanist durchlief: Nach Aufenthalten u.a. in Seattle, Washington, Harvard, New York u. Williamsburg war B. seit d. späten 1940er-Jahren rund 20 Jahre am Colorado College in Colorado Springs tätig, wobei er 1958-65 als Leiter d. germanist. Abteilung fungierte. 1967 erhielt er in Durham/New Hampshire eine Professur für dt. Sprache u. Lit. Seine letzte u. zugleich eine seiner bekanntesten wiss. Publ. – eine Studie über *Die Vieldeutigkeit Bertolt Brechts* (1968) – stammt aus dieser Zeit. Bereits 1935 war seine gleichfalls bekanntere, mit einem kurzen bio-bibliogr. Anhang versehene öst. G.anthologie *Der ewige Kreis* erschienen, in d. er Texte v. JOSEF WEINHEBER u. WILHELM FRANKE vorstellte. Damals wie auch später in d. USA dachte B. sozialdemokratisch u. war doch in seiner Haltung ein Großdt. B. trat auch selbst mit G. hervor. So war er 1936 z.B. mit d. traditionellen Naturg. *Schwäbisches Meer* in d. Anthologie *Vom Expressionismus zur neuen Klassik* u.a. neben MAX MELL, PAULA V. PRERADOVIC u. JULIUS ZERZER vertreten. Der Philologe versuchte sich weiters als Romancier, vermochte damit aber keinen Durchbruch zu erzielen.

WERKE (Ausw.): Lyr.: Beitr. in d. Anthologie *Vom Expressionismus zur neuen Klassik. Deutsche Lyrik aus Öst.*, hg. v. J. Pfaudler, Wien/Lzg. 1936, 137. Roman: *Der fröhliche Gasthof. Die seltsame Chronik d. Balthasar Fußenegg, genannt Franz, Kellner im »Schwarzen Adler«*, o.O. 1937, nicht im Bestand v. Wiens großen Bibl. Hg.: (unter O.B. Hirschmann) *Eine Anthologie neuer österreichischer Lyrik. Der ewige Kreis*, Wien/Lzg. 1935. Wiss. Studie: *Die Vieldeutigkeit Bertolt Brechts*, Heidelberg 1968.

LITERATUR: Kürschners Dt. Gelehrten-Kalender 1966, hg. v. W. Schuder, 10. Ausg., A-M, Bln. 1966, 250; D. Vertreibung d. Geistigen aus Öst. Z. Kulturpolitik d. Nationalsozialismus, Jan./Feb, 1985, Ausstellungskat., Wien (1985), 83; Zeman 3, Bd. 7.

Sylvia Leskowa

Brantner, Ignaz (22.10.1886 Villach/Ktn. – 24.12.1960 Wien), Sohn eines Theaterangestellten, ergriff frühzeitig eine Schauspielerlaufbahn (Kinderrollen), war ab 1904 Mitgl. einer bayer. Wandertruppe u. kam nach Aufenthalten in Leoben, Krems, Wr. Neustadt, Pressburg u. Innsbr. 1913 ans Münchner Hoftheater. Später fungierte er als Theaterleiter in Dtld., d. Schweiz u. Öst.: 1924 Regensburg (1923 hier Oberspielleiter), 1928 St. Gallen, dann Zürich (Corso-Theater) u. Linz (Landestheater). Zuletzt lebte B. in Wien. – Nebenbei verfasste er einige harmlose Operettentextbücher, d. heute – nicht zu Unrecht – vergessen sind.

WERKE: (nicht im Bestand v. Wiens großen Bibl.) Operettenlibr.: *Höchste Eisenbahn!*, Schwankoperette in 3 Akten. Musik v. Hans Lang, Regiebuch, Wien 1943, m. Rudolf Weys. Weitere Textbücher: s. Giebisch/Gugitz (im Dt. Bücherverzeichnis jeweils nicht nachweisbar).

LITERATUR: W. Kosch: Dt. Theater-Lex. Biogr. u. bibliogr. Hdb., Bd. 1, Klagenfurt/Wien 1953, 195; Giebisch/Gugitz.

Sylvia Leskowa

Brantner, Wolf, Steyer → MEISTERSINGER, Schüler von ADAM PUSCHMANN

Brasikan, Hans Friedrich v. → **Schilling**, Florentius

Brassicanus, Johann → **Kraut**, Johann

Brassicanus, Johann Alexander (eigentl. Kohlburger, 1500 Tübingen – 27.11.1539 Wien), Bruder d. JOHANN LUDWIG B., war einer d. bedeutendsten Förderer d. Kenntnis d. lat. u. bes. d. griech. Lit. in Wien. Als Sohn d. Johann B., d. selbst Prof. d. lat. Grammatik in Tübingen war, stud. er in Tübingen alte Sprachen, in Löwen Jus (21.7.1517 Mag. Art. in Tübingen, 1519 Dichterkrönung durch Karl V., 1522 Dr. jur. in Ingolstadt). 1524 wurde B. Prof. d. kaiserl. Zivilrechtes in Wien, 1525 auch in d. Wr. Artistenfakultät aufgenommen. Nach einer diplomatischen Mission in Ungarn im Auftrag König Ferdinands wurde B. am 15.1.1528 zum Prof. d. griech. Sprache neben seinen jurid. Lehrverpflichtungen ernannt, in deren Ablauf er noch zwei Mal Dekan d. Wr. Jurid. Fak. (1533, 1536) war. Bedeutsam war d. Bibl. B., d. 1324 seltene Hs. u. Drucke enthielt. Sie wurde später unter Maria Theresia 1756 d. Hofbibl. einverleibt. B. Leistungen als Philologe, d. ihm einen verdienten Platz in d. Entwicklung d. klass. Philol. sichern (*Annotationes* zur griech. Grammatik d. Manuel Chrysoloras; Übers. u. Kommentare zu: Kallistratos, Lukian v. Samotrake, Polizian, Pomponius Mela, Apollonios v. Tyana, Gennadios, Cicero, Livius, Aristophanes, hs. aus Vorlesungen erhalten), dominieren an Gewicht u. Zahl seine polit. Lyr. (z.B. *Elegia ad Germaniae principes*, 1526). Wichtig für d. Verbreitung einer populären Homer- u. Sokrates-Kenntnis wurden B. lat. Zusammenfassungen d. Ilias (*Argumenta librorum Iliados singulis versiculis comprehensa* [...] 1527 u. aus Plato (*Ordo et ratio in studiis proficiendi ex verbis Socratis in Platonis Phaedro collecta* [...]).

WERKE: Lyr.: *In suam M. Fabii Quintiliani enarrationem ad academicos Viennenses hendecasyllabi*, in: Cvp. 9667, fol. 206ʳ-208ʳ; *Poemata varia plerumque satyrica in prontifices Romanos collecta et a Johanne Alex. Brassicano scripta*, in: Cvp. 9846; *Divo Maximiliano Caesari* [...] *Stöfflerinum Calendarium commendat*, in J. Stoeffler: Calendarium Romanum magnum, 1518; *In Divum Carolum Elect. Rhomanorum regem Idillion*, o.O. 1519; *Carmen Pan*, Straßburg 1519; *In florentissimum principem Ferdinandum Austrium* [...] *elegia gratulatoria*, Stgt. 1522; *Hymnus in Apollinem*, Straßburg 1523; *Elegia ad Germaniae Principes*, Wien 1526; *Idyllion*, Wien 1528; *Tetrastichon*, in J. Voegelin: Elementale geometricum, Wien 1528. Ausg. u. Kommentare (Ausw.): Annotationes in M. *Chrysolarae grammaticam Graecam*, in: Cvp. 9667, fol. 1ʳ-20ᵛ; *Scholia in Aristophanis Ranas* [...], in: Cvp. 9667, fol. 107ᵛ-109ʳ; *In Angeli Politiani declamationem cui titulus ›Lamina‹ notae*, in: Cvp. 9667, fol. 109ᵛ-159ᵛ; *In Plauti Aululariam collectanea*, in: Cvp. 9667, fol.

161ʳ-201ʳ; *In M. Fabii Quintiliani libros enarratio*, in: Cvp. 9667, fol. 208ᵛ-337ʳ; *Scholia in tres libros M. Tulii Ciceronis de officiis* [...], in: Cvp. 10575, fol. 1ʳ-59ᵛ; *Ordo et ratio in studiis proficiendi ex verbis Socratis in Platonis Phaedro collecta et alia* [...] *discipulis suis praescripta*, in: Cvp. 10575, fl. 98ᵛ-99ᵛ; *Argumenta librorum Iliados singulis versiculis comprehensa* [...], in: Cvp. 10575, fol. 113ᵛ-115ʳ; *Musae et Gratiae per Joh. Brassic. Scholiis factae et illustratae*, Wien 1524; *Luciani Samosatensis aliquot exquisitae lucubrationes* [...], Wien 1527; *Proverbiorum Symmicta, quibus adjecta sunt Pythagorae Symbola XVIII* [...], Wien 1529; *Apollonii Tyanei Philosophi De contemptu mortis epistola Joh. Al. Brassicano interprete*, Wien 1552 [?]; *Luciani Samosatensis Tragoediae* [...] *ab Joan. Al. Brassicano* [...] *Latinae factae*, Wien 1552. Werkausg. (enthält keine Übers. u. Kommentare): *Opuscula varia, Carmina, Epistolae, Dialogi*, Augsburg 1519.

LITERATUR: G.L. Eder: Catalogus rectorum et illustrium virorum Archigymnasii Vindobonensis 1237-1559, Wien 1573, 75; Joh. Jos. Locher: Speculum academicum Viennense, Bd. 2, Wien 1774, 106; R. Kink: Gesch. d. kaiserl. Univ. zu Wien, Bd. 1: Gesch. Darstellung zu d. Entstehung u. Entwicklung d. Univ. bis zur Neuzeit, Wien 1854, 196f.; J. v. Aschbach: Gesch. d. Wr. Univ., Bd. 3, Wien 1888, 126-135; A. Goldmann: D. Univ. 1529-1740, in: Gesch. d. Stadt Wien, hg. v. Altertumsverein zu Wien, Bd. 4, red. v. A. Mayer: Vom Ausgang d. MA bis zum Regierungsantritt Maria Theresias, Wien 1918, 128; L. Santifaller: D. Matriken d. Univ. Wien, Bd. 3, Graz/Köln 1954-59, 35.

Werner M. Bauer

Brassicanus, Johann Ludwig (1509 Tübingen – 2.6.1549 Wien), jüngerer Bruder d. JOHANN ALEXANDER B., stud. an d. Wr. Univ. d. Humaniora unter CASPAR URSINIUS VELIUS u. PHILIPP GUNDEL. 1529/30 ist er als Lehrer d. Griech. in Lzg. nachgewiesen, ab 1532 stud. er Jus in Heidelberg, Wien u. Padua, wo er auch 1536 zum Doctor utriusque iuris promoviert wurde. Als Prof. d. kanonischen Rechts in Wien bekleidete B. mehrmals hohe Univ.ämter (1540 u. 1549 Dekan d. jurid. Fak., 1542 u. 1546 Rektor) u. war außerdem Konsiliar d. nö. Regierung u. geheimer Hofsekretär d. verw. ungar. Königin Maria, d. Schwester König Ferdinands.

B. zählt noch zu jener Humanistengeneration, welche lit. Schaffen, antike Bildung u. praktisches staatsmännisches Wirken zu vereinen vermochte. Seine durchwegs lat. Schriften enthalten beinahe alle Gattungen poetischer u. rhetorischer neulat. Tradition. Bemerkenswert ist sein päd. Einsatz für d. Verbreitung d. Griech.

WERKE (Ausw.): Lyr.: *Ad regem Ferdinandum e Boemis redeuntem carmen J. Lucii Prasicani. Eiusdem aliquot Epigrammata* [...], Wien 1527; *Epigrammata*, Wien 1539; *Carmen hodoeporicon Pannonicum*, in: J. Camerarii Elegiae hodoeporikai [...], Straßburg 1541; *Phoenix seu Luctus Austriae ob mortem incomparabilis Heroinae D. Annae Quiritium Panon. ac Bohemorum reginae*, Wien 1547; *Paean lyricus de victoria Divorum Fratrum Caroli Augusti et Ferdinande Caesaris Principp.*, Wien 1547. Reden: *Oratio de iurisprudentia ac iurisconsulti informatione* [...], Wien 1540. Kommentare: *In Angeli Poliziani Nutritia commentarii* [...], Nbg. 1538.

LITERATUR: W. Hartl/J. Schrauf: Nachträge zu Aschbachs Gesch. d. Wr. Univ., Bd. 3, Wien 1898, 101-126; H.Chr. Klupak: Personalbibliogr. d. Lehrkörpers d. Wr. Artistenfakultät d. Zeit v. 1450-45 mit biograf. Angaben, Diss. med., Erlangen/Nbg. 1974, 292-296.

Werner M. Bauer

Bratimero, Amandus à → **Beer** Johann

Brauchbar-Manner, Friederike (Ps. Martha **Florian**, Friederike **Manner**; 19.12.1904 Wien – 5.2.1956 ebd.), absolvierte eine Gymnasialausbildung, besuchte d. Univ. u. war hierauf als Verlagslektorin u. freie Journalistin tätig. Nach ihrer Rückkehr aus d. Emigration (1938-45) arb. sie in ihrer Heimatstadt erneut als Lektorin (Forum Verlag) u. Essayistin (u.a. Buchkritiken für d. *Arbeiterztg.*, d. *Bildungsfunktionär* u. d. *Zukunft*). Ihre zahlreichen Lektüreerfahrungen legte sie auf ansprechende u. unkomplizierte Weise in einem v.a. für d. Nichtfachmann gedachten Führer durch d. Weltlit. nieder: *Lesen – aber was?* (1955) spiegelt ihre v. d. Antike bis zur Gegenwart reichende Belesenheit wider. B. nimmt hier u.a. auch zu ILSE AICHINGERS R. *Die größere Hoffnung* (1948) Stellung, wobei sie – ungeachtet ihrer Wertschätzung für diese Form d. Vergangenheitsaufarbeitung – im Zweifel ist, ob »an einem so quälend ›wirklichen‹ Thema Kunst sozusagen erprobt werden darf o. ob nicht allein d. sachliche Bericht zulässig ist«. Ihr Zweifel erscheint verständlich, legte sie 1948 doch gleichfalls einen (stark autobiograf. gefärbten) R. über d. jüngste Vergangenheit vor, in d. sie sich zu diesem sachlichen – aber nicht minder beeindruckenden – Weg bekennt: *Die dunklen Jahre* beinhalten d. Überlebenskampf einer mit einem jüd. Arzt verheirateten Wienerin, d. ihre in Belgrad verbrachten Emigrationsjahre mit Zivilcourage meistert. B. verbindet hier d. Gattung d. Eheproblemr. mit einer zeitgesch. Darstellung, wobei ihr ein überzeugendes – ›traditionelles‹ – Pendant zu ILSE AICHINGERS ungleich bekannterem R. gelingt.

WERKE: Roman: *Die dunklen Jahre*, Wien 1948. Lit.gesch. Essays: *Lesen – aber was?*, Ffm./Wien 1955, Neuaufl. mit d. Untertitel *Ein Führer durch d. Weltliteratur*, Ffm./Wien 1956; *Adalbert Stifter – Dichter u. Opfer d. »sanften Gesetzes«*, o.O. 1955.

LITERATUR: Lebendige Stadt. Almanach 1963, hg. v. Amt f. Kultur, Volksbildung u. Schulverwaltung d. Stadt Wien, 156f.

Sylvia Leskowa

Braumann, Franz (2.12.1910 Huttich bei Seekirchen am Wallersee – 26.10.2003 Köstendorf), zweiter Sohn d. Augerbauern, urspr. für d. bäuerlichen Beruf bestimmt; erste dichterische Versuche bereits nach d. Besuch d. Volksschule u. d. landwirtschaftlichen Fachschule. Durch d. Lohn für Torfstechen u. Eisschneiden am See konnte er eine alte Schreibmaschine erwerben u. einen Fernkurs für Dt. belegen. Als er mit 21 Jahren in d. Lehrerbildungsanstalt in Salzb. eintrat, wo er 1935 d. Reifeprüfung mit Auszeichnung ablegte, hatte er neben G. in Flachgauer Mundart u. Schriftsprache seinen ersten R. *Friedl u. Vroni* (1930) veröff. Ab 1935, mit einer Unterbrechung während d. Kriegsjahre, wirkte B. an versch. Salzb. Schulen als Lehrer, zuletzt als Volksschul- u. Berufsschuldirektor in Köstendorf. In dieser Gemeinde, deren Ehrenbürger er war, entfaltete B. vielfältige Aktivitäten im Gemeinschaftswesen, wobei er u.a. im Vorstand d. örtlichen Raiffeisenkasse tätig war. Seiner Ehe mit Rosa, geb. Goldberger, entstammten fünf Kinder (vier Söhne: Peter, Bernhard, Christoph u. Winfried u. d. Tochter Gunde). 1960 beendete B. seine Tätigkeit im Schuldienst u. lebte seither als freier Schriftsteller. Neben d. Prof.titel (1963) erhielt er zahlreiche lit. Preise: Öst. Staatspreis für Jugendlit. (1958), Dt. Jugendbuchpreis (1958 u. 1963), Hans-Kudlich-Preis (1968), Georg-Trakl-Preis (1968) u.a. Mehrere große Reisen führten ihn durch alle Kontinente, wo er v.a. d. Schauplätze u. Handlungsorte seiner Jugendbücher, Biogr. u. Dokumentationen aufsuchte. So besuchte er u.a. d. Tiroler Auswanderer in Dreizehnlinden in Brasilien, d. Donauschwaben, d. sich nach d. 2. WK in Entre Rios angesiedelt hatten, u. d. Hutterer in Kanada. Auch beschäftigten ihn immer wieder d. Probleme seiner heimatl. Umgebung, d. er geprägt v. einer tiefen rel. Gesinnung schilderte. Seit 1987 wirkte er als Gildenmeister d. Innviertler Künstlergilde. Die zahlreichen Jugendbücher wurden z.Tl. in fremde Sprachen (Engl., Frz., Ital., Span., Dänisch, Japan., Suaheli u.a.) übers. u. fanden wie d. Bücher über d. Sagen d. öst. Bundesländer durch d. Aufnahme in Buchgemeinschaften weite Verbreitung.

WERKE (Ausw.): Gedichte: *Gesang über d. Äckern*, Innsbr. 1933; *Blumen d. Feuers*, Wien 1962; Mundartg. in Anthologien. Romane: *Friedl u. Vroni*, Innsbr. 1930, ²1932, Graz 1948, Wien/St. Pölten ³1956; *Das schwere Jahr d. Spaunbergerin*, Salzb./Lzg. 1938; *Peter Rosenstatter*, Wien 1946, ²1947, ³1961; *Angela Schönthann*, Graz/Salzb./Wien 1950, Graz/Wien/Köln ²1954; *Das Jahr mit Christine*, Graz/Wien/Altötting 1953; *Der Schicksalsberg*, Mchn. 1957, Laufenburg ²1959/60, ³1970; *Die Blutsbrüder*, Mchn. 1959; *Das Haus an d. Fähre*, Innsbr. 1962, ²1969; *Die Frau aus d. Fremde*, 1977. Erz.: *Der Ruf d. Scholle*, Paderborn 1939; *Fluß ohne Namen*, Stgt. 1940, ²1950; *Berg meiner Träume!*, Stgt. 1944. Kinder- u. Jugendbücher, meist mit hist. Hintergrund. M.- u. Sagenslg., Reisebücher: *Tal d. Verheißung. Die Schicksalsreise zum Pozuzo*, Wien 1960, ²1963; *Gold in d. Taiga*, Reutlingen 1957, ²1966; *Sonnenreich d. Inka*, Würzburg 1969. Lebensbilder: *Ein Mann bezwingt d. Not (F.W. Raiffeisen)*, Neuwied aus Rhein 1958, ²1959, ³1963, ⁴1967; *Die tausendjährige Spur. Lebensr. hl. Wolfgang*, Innsbr./Wien/Mchn. 1966; *Franz Stelzhamer, Leben u. Dichtung*, Linz 1972, ²1973. Bearb. u. Übers. v. Dokumentationen: *Unternehmen Paraguay. Nach d. Aufzeichnungen d. Jesuitenpaters A. Sepp*, Wien 1967, ²1968; *Die Abenteuer d. Ritters Ruodlieb* (Bearb. d. Versepos), Innsbr./Wien/Mchn. 1971; *Die erste Durchquerung Australiens*, Stgt. 1983; *Als Kundschafter d. Papstes nach China*, Stgt. 1985. Lebenserinnerungen: *Mein Aendl sei Kindheit*; *So war mein Vater*; Osterfildern 1981; *Liebe schenkt man nie vergebens*, Ruit 1974. Texte zu Bildbdn. Hörspiele.

LITERATUR: G: Nemetz: D. Salzb. Dichter F. B., 1960; A. Ziesev: F. B., Leben u. dichterisches Werk, 1963; L. Binder: D. Jugendschriftsteller F. B., 1970; F.P. Enzinger: F. B. 80 Jahre, in: Jb. Innviertler Künstlergilde 1990/91, 91; ders.: F. B. – Heimat u. Ferne, in: Jb. Innviertler Künstlergilde 2002/03, 12.

Gerhard Winkler

Braun, Felix (4.11.1885 Wien – 29.11.1973 Klosterneuburg) besuchte d. Wasagymnasium in Wien (erste lyr. u. dramat. Versuche während d. Schulzeit), stud. Kunstgesch. u. machte Bekanntschaft mit MAX MELL, FRANZ KARL GINZKEY, STEFAN ZWEIG u. EMIL LUCKA. Nach seiner Promotion zum Dr. phil. kam es 1908 zur Mitarb. an d. Zs. *Der Erdgeist* (hg. v. Gustav Eugen Diehl), 1909 erschien B. erste G. u. N.; 1910 war B. Feuilletonschriftleiter an d. *Berliner Nationalztg*. Er kehrte nach Wien zurück u. nahm versch. lit. Einflüsse durch d. Freundschaft mit RILKE, WASSERMANN, WILDGANS u. u.a. ZWEIG sowie d. Kontakt mit d. dt. Schriftstellern Eduard Stucken u. Albrecht Schaeffen auf. Der »Fürst d. Dichtung« war für B. HOFMANNSTHAL: 1914/15 arb. er als dessen Sekretär an d. Hg. d. Öst. Bibl. im Insel Verlag mit, d. Auseinandersetzung mit HOFMANNSTHALS Kunstauffassung prägte B. Dichtungen. Bis 1925 lebte B. als freier Schriftsteller in Wien, 1925-27 lehrte er dt. Sprachwiss. u. Lit. in Palermo, 1937/38 in Padua. 1939 emigrierte er nach England u. arb. im Internierungslager viele seiner Werke unter d. Eindruck d. engl. Sprache u. Lit. um, 1950 unterrichtete B. in Wien als Dozent am Reinhardt-Seminar (bis 1963) u. an d. Akad. für angewandte Kunst (bis 1961). 1947 erhielt B. d. Lit.preis d. Stadt Wien für d. R. *Der Stachel in d. Seele*, 1951 d. Öst. Staatspreis für Lit., 1955 für d. Gesamtwerk d. Ehrenring d. Stadt Wien u. d. Adalbert-Stifter-Medaille, 1965 d. Grillparzer-Preis, 1966 d. Große Ehrenzeichen für Kunst u. Wiss.

Die Dichtungen B. sind v. Antike, Christentum u. allg. Humanismus geprägt. Er wehrte d. modernen Naturalismus u. Psychologismus ab u. wandte sich d. klass. Idealismus, d. symbolist., neuromant. Kunstrichtung zu. Die Funktion d. Kunst ist für B. nicht d. soziale Anklage u. Propaganda, sondern d. Erhöhung d. menschl. Lebens durch d. antike Humanitätsideal u. d. biblische Ethik; in d. Grenzbereichen d. Wirklichkeit, im Traum, in d. Fantasie u. in d. Religion strebte er eine seelische Verinnerlichung seines Kunstwerkes an. B. fühlte sich trotz seiner jüd. Abstammung zum Christentum hingezogen; mit seiner Dichtung wollte er eine Verlebendigung u. Festigung d. Glaubens herbeiführen. Der ethischen Forderung entsprechen d. reine klass. Versform in d. Dramen, d. Anschaulichkeit u. visionäre Bildlichkeit in d. Epik; im atmosphärischen Abtönen, u. in d. geschliffenen Sprachfärbung seiner Lyr. zeigt sich d. Erbe d. öst. Impressionismus. Vorbilder in d. ethischen u. ästhetischen Kunstauffassung sind HOFMANNSTHAL, Goethe, Schiller, GRILLPARZER, STIFTER, RILKE u. MELL. B. frühe *Gedichte* (1909) sind in ihrem weichen Rhythmus, ihrer melancholischen, schwebenden Stimmung eng d. Kreis JUNG-WIEN verhaftet, in seiner späteren Lyr. (*Viola d'amore*, 1953), in seinen Oden an d. Länder u. Landschaften, an d. Ideale d. Kunst fand er zu einem eigenen starken Rhythmus; in d. Elegien wechseln Trauer u. Hoffnung, leise Wehmut, unerfüllbares Sehnen u. gläubiges Vertrauen. Seelische Empfindsamkeit u. hohe Sprachkultur kennzeichnen seine Verse. In seinen R. bringt B. Seelenstudien d. Menschen im Zwiespalt v. Individualität u. Umwelt, v. geistiger Imagination u. Realität; d. Todesproblematik behandeln *Der Schatten d. Todes* (1910) u. *Der unsichtbare Gast* (1924). In diesem R. berichtet Johann Amann in Form einer Lebensbeichte v. seinem inneren Zwiespalt, seiner seelischen Verzweiflung; seine bes. geistige Lebensauffassung relativiert jedes Wirklichkeitserlebnis, er scheitert am Leben aufgrund seiner Liebesunfähigkeit. Eine Reihe v. Gestalten treten in d. groß angelegten Zeitgemälde Öst. v. 1913-19 in *Agnes Altkirchner* (1927) auf. Der Untergang d. Donaumonarchie als Folge d. geistigen u. kulturellen Verfalls d. Bürgertums schildert in ähnlicher Weise STOESSL in seinem *Haus Erath* (1920). Das Geschehen spiegelt sich im Erleben einer größeren, vielschichtigen Figurengruppe wider; aus einer Vielheit v. individuellen Weltanschauungen entsteht ein einheitliches, sachliches Weltbild; d. Darstellung wird gedanklich unterstützt durch d. »Vortrag« eines Dichters, d. d. Untergang erklärt. *Die Taten d. Herakles* (1921) schildern an einem Einzelschicksal d. Zusammenbruch d. antiken Daseinsanspruches, d. Wandlung d. Helden v. Ichsucht u. Eigenliebe zum

165

Verzicht auf irdische Auszeichnung, zum Selbstopfer in christlicher Liebe. Der R. *Der Stachel in d. Seele* (1948) weitet d. Thema v. menschl.-sittlichen in d. religiös-metaphysischen Bereich aus, er eröffnet eine fantastische Welt, in welcher d. Gesetze d. Logik u. Kausalität ihre Gültigkeit verlieren. D. Ich d. R., d. Seele d. Menschen gelangt auf d. Suche nach d. Ursprung d. Bösen, nach schweren Prüfungen u. Erlebnissen zur Erkenntnis d. eigenen Sündhaftigkeit u. wird durch d. göttliche Gnade erlöst. Der Sinn für d. Wunderbare kennzeichnet ebenso B. Erz.; in legendenhaften Stoffen beschäftigte er sich mit d. Lebensethos, in d. *Briefen in d. Jenseits* (1952) gibt B. d. reale Handlung zugunsten einer visionären Schau in fremde Daseinsbereiche auf; d. Idee d. rel., mystischen Läuterung erfüllt d. Erz., in d. autobiogr. Züge eingeflochten sind. In seinen dramat. Dichtungen konstruiert B. aus d. antiken Mythos, aus d. Schau einer höheren transzendenten Welt eine kosmische Harmonie, *Tantalos* (1917) erreicht d. tiefe Selbsterkenntnis u. d. göttliche Erlösung, in *Orpheus* (1957) wird d. Künstler zum Seher u. Priester, d. schöpferische Kraft ermöglicht d. Überwindung d. Realität. Der Glaube an d. Humanität u. an d. Macht d. christlich-mystischen Liebe prägt B. Dichtungen. In seine Essaybdn. (*Das musische Land*, 1952, *Eisblume*, 1955) charakterisiert B. seine Heimat, bekennt sich als Schüler GRILLPARZERS u. STIFTERS, schildert d. künstlerischen Anregungen durch HOFMANNSTHAL, RILKE u. ZWEIG u. beleuchtet d. Wr. Kulturleben in d. ersten Hälfte d. 20. Jh.

WERKE: Lyr.: *Gedichte*, Lzg. 1900, Mchn. ³1927; *Das neue Leben*, Bln. 1913; *Das Haar d. Berenike*, Mchn. 1919; *Das innere Leben*, Lzg. 1926; *Viola d'amore*, Salzb. 1953; *Das Nelkenbeet*, Wien 1965. Novellen: *N. u. Legenden*, Lzg. 1909, Mchn. ³1927; *Die vergessene Mutter*, Lzg. 1915; *Die Träume in Veneta*, Mchn. 1919; *Attila*, Mchn. 1920; *Wunderstunden*, Ffm. 1923; *Der Schneeregenbogen*, Hildesheim 1925; *Zwei Erz. v. Kindern*, Chemnitz 1928; *Die Heilung d. Kinder*, Wien 1929; *Laterna Magica*, Graz 1923, Wien ²1957; *Briefe in d. Jenseits*, Mchn. 1952; *Die vier Winde*, Wien 1964; *Das weltliche Kloster*, Wien 1965. Romane: *Der Schatten d. Todes*, Bln. 1910; *Die Taten d. Herakles*, Wien 1921, ³1948; *Agnes Altkirchner*, Wien 1927, ³1965; *Der unsichtbare Gast*, Bln. 1924; *Der Stachel in d. Seele*, Wien 1948; *Das Licht d. Welt*, Wien 1949, ²1962; *Der Liebeshimmel*, Wien 1959. Tragödien: *Tantalos*, Lzg. 1917, Wien ²1932; *Aktaion*, Wien 1921; *Kaiser Karl V.*, Wien 1936; *Orpheus*, Graz/Wien 1957, ²1961. Schauspiele: *Esther*, Wien 1926; *Ein indisches Märchenspiel*, Darmstadt 1935; *Die Tochter d. Jairus*, Wien 1950; *Joseph u. Maria*, Wien 1956; *Irina u. d. Zar*, Wien 1956. Dramat. G., Gespräche: *Hyazinth u. Ismene*, Mchn. 1919; *Aischylos*, Wien 1953; *Rudolf d. Stifter*, Salzb. 1955; *Gespräch über Stifters »Mappe meines Urgroßvaters«*, Linz 1958; *Imaginäre Gespräche*, Wien 1960. Komödie: *Till Eulenspiegels Kaisertum*, Bln. 1911. Essay: *Das musische Land*, Innsbr. 1952; *Die Eisblume*, Salzb. 1955; *Zeitgefährten*, Mchn. 1963; *Anrufe d. Geistes*, Graz 1965. Nachl. in d. ÖNB, Hs.-Slg.; Tl.-Nachl. in Wien, Wr. Stadt- u. Landesbibl. Hs.-Slg.; DLM, Slg. versch. Dokumente.

LITERATUR: S.: Aentres: Mythos als Darstellungsraum d. Innerlichkeit. Studien z. Rezeption d. Antike im dramat. Werk F. B., Diss. phil., Wien 1979; K.P. Dencker: Lit. Jugendstil im Drama. Studien zu F. B., Wien 1971; W. Ehlers: Einleitung zu F. B., Unerbittbar bleibt Vergangenheit, Wien/Graz 1957, 5-23; I. Emich: Leben u. Schaffen d. Dichters F. B., in: F. B. zum 80. Geburtstag, Wien 1965, 3-20: G. Mühlberger: D. epische

Werk F.B., Diss. phil., Innsbr. 1972; Zeman 2.

Cornelia Fritsch

Braun, Joseph (5.5.1840 Budapest – 25.9.1902 Wien) stud. ursprüngl. Medizin an d. Univ. Wien; wandte sich dann (1860) d. Journalismus zu u. betreute d. v. Isidor Heller gegründete Zs. *Der Fortschritt*; zuständig für d. Referat für ung. Angelegenheiten. Er war auch für d. *Wanderer*, für d. *Debatte* u. für d. *Morgenpost*, deren Chefred. er wurde, tätig. 1869 wurde er verantwortlicher Red. bei d. Ztg. *Die Tagespresse*; gleichzeitig redigierte er d. Witzbl. FLOH u. begründete 1871 d. humorist.-satirische Zs. DIE BOMBE, d. er 1881 verkaufte u. d. WR. KARIKATUREN begründete. B. war auch ein erfolgreicher Bühnenschriftsteller u. Verf. v. Unterhaltungsr. Diese R. sind heute vergessen u. vergriffen, seine dramat. Werke aber leben z.Tl. als Libr. in klass. Wr. Operetten fort. Wohl ist es d. Musik v. Komponisten wie Johann Strauß, Karl Millöcker o. Franz v. Suppé, d. seine Texte fortdauern lassen, doch gehörte B. zu d. Kreis d. Wr. Kulturschaffenden, d. mit ihren legendären Erfolgen, ihrer Mischung aus Heiterkeit, Ironie u. noch bestehendem Wertebewusstsein neben ersten Anklängen d. dekadenten Verfalls d. Zeit d. ausgehenden 19. Jh. prägten. Die nachlässige Sprache seiner Arb. zeigt oft bemühten Witz, d. Handlungen sind banal u. bieten d. üblichen Verwicklungen mit unvermeidlich gutem Ausgang, doch genügten sie d. Zweck, u. d. Operette als Gesamtkunstwerk fand Beifall. – Als Bsp. kann d. Lustspiel *Antonius u. Cleopatra* (Wien 1863) dienen. In diesem nach einem frz. Sujet bearb. Schwank in zwei Akten will sich d. Protagonist, ein reicher junger Advokat, v. seiner armen Geliebten, einer Stickerin, trennen, um aus Vernunftgründen eine reiche Erbin heiraten zu können – als Grund sucht er Beweise ihrer Untreue, d. er nicht findet. So ersucht er seinen Freund, d. Geliebte zu verführen; es kommt zu allerlei Missverständnissen, bis schließlich d. ursprünglichen Liebenden wieder zueinander finden u. d. Freund d. reiche Erbtochter heiratet, sodass es zu einem doppelten happy end kommen kann. In dieser Art sind auch d. anderen Arbeiten gehalten – u. sie befriedigten durchaus d. Erwartungshaltung d. Publikums.

WERKE (Ausw.): Dramat. Texte (auch Libr.): *Die Pagen v. Versailles*, Musik N. Hornstein, Wien 1862; *Antonius u. Cleopatra*, Schwank in 2 Akten, nach d. Frz. bearb., Wien 1863; *Flotte Bursche*, komische Operette, Musik F. v. Suppé, Wien 1863; *Die keusche Diana*, Operette, Musik K. Millöcker, Wien 1864; *Während d. Quadrille*, Lustspiel in 1 Akt, Wien 1867; *Drei Wochen verheiratet*, Schwank in 1 Akt, nach d. Frz. bearb., Wien 1869; *Der Carneval in Rom*, Operette, Musik J. Strauß, Wien 1869; *Königin Indigo*, Operette, Musik J. Strauß, Wien 1877; weiters nicht mehr greifbare Unterhaltungsr. Hg.: Zs. *Die Bombe*, Wien 1871; *Wr. Karikaturen*, Wien 1881.

LITERATUR: Eisenberg, Bd. 1; Giebisch/Gugitz; Nagl/Zeidler/Castle, Bd. 3; Zeman I, Bd. 4, Tl. 1; Czeike, Bd. 1.

Eva Münz/Herbert Zeman

Braun, Karl Frh. v. (1788 Wien – 1868 Graz), vermutl. ein Sohn d. seinerzeitigen Pächters u. Vize-Direktors (d.h. Leiters) d. k.k. Hoftheater (1794-1806) Peter Anton Baron B. (18.10.1764 Wien – 15.11.1819 ebd., Frh. 1795). Offenbar im großzügigen Haus seiner Eltern aufgewachsen, gebildet u. für d. Theater begeistert dürfte B. – nach d. Zeugnis d. Hof-Schauspielers Carl Ludwig Costenoble v. 8.12.1830 – eine Stelle im Theaterbüro d. Hofoper inne gehabt haben, d. er unter d. Leitung v. Louis Antoine

Duport wieder verlor u. dann – offenbar auch d. v. seinem Vater ererbten Vermögens verlustig – in eingeschränkten Verhältnissen lebte. Er wurde kaiserl. Bereiter, »im Dienste d. Venus u. d. Bacchus ergraut [...] geliebt u. bewundert v. allen Wr. Grisetten«. Jedenfalls griff B., d. noch in d. 30er-Jahren d. Wr. Theaterbetrieb verbunden blieb (s. Costenoble, 15.1.1834), wiederholt zur Feder, ohne freilich viel o. Tiefes zu produzieren. Für d. damals in Wien engagierten Komponisten u. Kapellmeister d. Theaters i.d. Josefstadt Konradin Kreutzer verfasste er nach einer Vorlage v. Friedrich Kind, d. Dichters v. Webers *Der Freischütz*, d. biedermeierliche Libr. zur Oper *Das Nachtlager in Granada* (UA 13.1.1834 am Theater i.d. Josefstadt mit bedeutendem Erfolg). Am 14.12.1837 wurde B. Lustspiel in 1 Aufzug nach d. frz. Vorlage *Die Großtante* am Wr. Burgtheater uraufgeführt; ein Stück, d. d. Urteil d. Zeitgenossen zufolge sehr mittelmäßig war. Schließlich erwähnt JOSEPH ALEXANDER FRH. V. HELFERT in seinem Buch *Der Wr. Parnaß im Jahre 1848* (Wien 1882) vier Lieder v. B., d. 1848 erschienen. Das letzte bis jetzt nachweisbare Werk B. ist ein Vaudeville wieder nach d. Frz. *Der Ritter v. d. Staude, o.: Die beiden Josefinen* mit d. Musik v. Carlo Emanuele de Barbieri; es wurde im März u. April 1846 im Theater i.d. Leopoldstadt aufgeführt. B. gehört d. Typus d. biedermeierlichen, lit. v.a. im Bereich d. Theaters dilettierenden Lebemanns an, v. dessen Schriften wahrscheinl. viel verschollen ist.

WERKE: s.o.

LITERATUR: Anon.: Oesterr. Parnass bestiegen v. einem heruntergekommenen Antiquar. Frey-Sing o.J., hg. v. R.M. Werner, Wien 1912, 10, 47f.; C.L. Costenoble: Aus d. Burgtheater 1818-37, 2 Bde., Wien 1839, Bd. 2, 37, 177; F. Hadamowsky: D. Theater i.d. Wr. Leopoldstadt 1781-1860, Wien 1934 (= Kat. d. Theaterslg. d. Nat.bibl. in Wien 3); A. Frh. v. Helfert: D. Wr. Parnaß im Jahre 1848, Wien 1882, IVf. u. 23.

Herbert Zeman

Braun, Michael (* 7.7.1949 Würzburg) entstammt einer fränkischen Arztfamilie, absolvierte d. Schulen in Unterfranken, legte 1968 am Gymnasium in Wertheim a.M. d. Abitur (Matura) ab, stud. Gesch., Slavistik, Germanistik sowie osteurop. Gesch. an d. Univ. Würzburg (1968/69), Freiburg i.Br. (1969-71) u. Wien (1971-77), dort Promotion mit einer Diss. über d. Thema *Der Istoriceskij vestnik (1880-1917) – eine popularwissenschaftliche Zs.* im WS 1976/77. Noch als Student publ. er in d. Zs. LITERATUR U. KRITIK Nr. 102 mehrere, z. Tl. auf autobiogr. Eindrücke verweisende G. (»Melancholie«, »An d. alten Mainbrücke«, »Wien, Lenaugasse«, »Im Weinhaus«).

WERKE: s.o.

Ruthilde Frischenschlager

Braun, Ritter v. **Braunthal**, Karl Johann (Ps. Jean **Charles**, 6.6.1802 Eger/Böhmen – 26.11.1866 Wien), kam als Kind nach Wien, wo er – mit 14 Jahren verwaist – seine Schulbildung abschließen konnte; war Erzieher im gräflichen Haus Schaffgotsch in Breslau, bekannt mit Steffens bzw. Hoffmann v. Fallersleben; B. trat in Bln. zum Protestantismus über. 1830 kam er nach Wien, 1937 gab er d. *Österreichischen Musenalmanach* heraus, einige Jahre lebte er in Dresden, 1845 wurde er Archivar d. Fürsten Colloredo-Mansfeld in Opočno (Böhmen), 1850 fand er eine Dauerstellung als Bibliothekar d. Wr. Polizeihofstelle (bis 1855).
In d. lyr. Dichtung (*Morgen, Tag u. Nacht aus d. Leben eines Dichters*, 1834) bevorzugte B. Lieder, Romanzen u. Balladen;

traditionelle, romant. Sagenstoffe erzählt er in d. einfachen Balladenstrophe, Natur- u. Liebesthematik behandelt er in d. Anlehnung an d. Volkslied, in d. *Wander- u. Frühlingsliedern*, in d. *Bildern aus Italien* gibt B. eine stimmungsvolle, lyr. Beschreibung d. Natur u. d. Menschen; ein heiterer, zärtlicher, auch nachdenklicher Ton herrscht in seinen zahlreichen Liebesliedern; Reflexionen über d. Leben, d. Kunst, d. Bestimmung in diesem Dasein u. allg.gültige Lebenserfahrungen u. -weisheiten enthalten d. *Xenien*. B. G. zählen aufgrund ihrer empfindsamen Grundhaltung, d. Vorliebe für poetische M.- u. Sagenstoffe u. d. poetischen Verklärung d. Natur zur romant. Dichtung. Auf dramat. Gebiet bearb. B. d. Fauststoff (*Faust*, 1835): Faust erscheint nicht als d. gewissenlose Verführer u. Machtmensch, sondern als unglückliches, schwaches Opfer, d. in d. Selbsterkenntnis, in d. Reue u. im Tod d. Teufel überwindet u. d. göttliche Gnade erlangt; weiters verfasste B. ein *Ritter Shakespeare*- u. ein *Don Juan*-Drama. Im epischen Bereich schrieb B. eine Vielzahl v. hist. R., in denen er eine ausführliche, dichterisch ausschmückende Darstellung d. spezifischen Zeitumstände mit sentimentalen Liebesgesch. u. moralistisch-ethischen Betrachtungen über d. Wesen d. Liebe verbindet; B. R. müssen zur Belletristik gezählt werden, sie können keinen höheren lit. Rang beanspruchen.

WERKE: Lyr.: *Die Himmelsharfe*, Wien 1826; *Phantasie- u. Tierstücke*, Wien 1836; *Lieder eines Eremiten*, Stgt. 1840; *Morgen, Tag u. Nacht aus d. Leben eines Dichters*, Lzg. 1843. Drama: *Loda*, Wien 1826; *Graf Julian*, Bln. 1831; *Die Geopferten*, Lzg. 1835; *Faust*, Lzg. 1835; *Ritter Shakespeare*, Lzg. 1836; *Nach Mitternacht*, Lzg. 1840; *Don Juan*, Lzg. 1842. Romane: *Fragmente aus d. Tagebuch eines jungen Ehemannes*, Wien 1833; *Schöne Welt*, Lzg. 1841; *Donna Quixote*, Wien 1844; *Die Seherin v. Venedig*, Wien 1845; *Die Erbsünde*, Lzg. 1848; *Napoleon I. in Wien*, Wien 1860; *Napoleon II.*, Wien 1860; *Die Ritter v. Gelde*, Wien 1860; *Das Elexier d. Teufels*, Wien 1861; *Der Jesuit im Frack*, Wien 1862; *Neuhof*, Lzg. 1864; *Realisten u. Idealisten*, Wien 1867.
Nachl. verschollen, viele Briefe v. B. in d. Wr. Stadt- u. Landesbibl., Hs.-Slg.

LITERATUR: Giebisch/Gugitz; Nagl/Zeidler/Castle, Bd. 2 u. 3; A. Gauby: J.K. B. u. B. Versuch einer Monographie, Diss. phil. Wien 1951; Czeike, Bd. 1; Goedeke, Bd. 17.

Cornelia Fritsch

Braun, Paulus → SCHULTHEATER im späthumanistischen OÖ.

Braun, Robert (Ps. **Montis**, 2.3.1896 Wien – 16.3.1972 Uppsala/Schweden), Bruder v. FELIX B. u. KÄTHE B.-PRAGER. B. nahm als Soldat am 1. WK teil, ein Chemiestud. schloss er 1922 als Dr. phil. ab, danach Lebensmittelchemiker in d. Industrie. 1919 bereits als Lyriker hervorgetreten, widmete er sich nach d. Verlust seines Arbeitsplatzes seit 1925 ausschließlich d. Schriftstellerberuf; Mitarb. bei Rundfunk u. Zs. sowie Korrespondent für d. »Deutsche Nachrichtenbüro«; 1928 wurde ihm d. Julius-Reich-Preis für Lyr. zugesprochen. 1934 konvertierte er vom israelit. zum röm.-kath. Glauben, im September 1938 sah er sich aufgrund rassischer Verfolgung zur Emigration gezwungen. Es gelang ihm, nach Schweden auszureisen, wo er seit 1942 d. Stellung eines Bibliothekars am Kunsthist. Inst. inne hatte u. 1948 d. schwed. Staatsbürgerschaft erwarb. B. war als Beiträger zu schwed., dt., schweiz. u. öst. Ztg. u. Zs. sowie als Übers. schwed. Lyr. tätig, seit 1954 war er Mitgl. d. P.E.N., 1965 wurde er in Öst. mit d. Titel Prof. ausgezeichnet.

Lit. Bedeutung kommt B. in erster Linie als Repräsentant öst. Emigrationsschriftstellertums zu: Als geradezu paradigmatisch kann sein Bestreben gelten, d. Exilerfahrung dichterisch aufzuarb. u. d. Bindung an d. verlorene Heimat in d. Mittelpunkt seines Schaffens zu stellen. In d. stilist. konventionellen, aber eindringlichen Erzählprosa dominieren dementsprechend Erinnerungsskizzen wie *Das wiedergefundene Wort* (1956; z.Tl. textgleich mit *Abschied v. Wienerwald*, 1970), u. auch d. d. Schicksal einer Flüchtlingsfamilie in Schweden beschreibende R. *Mutter d. Flüchtlinge* (1961) weist deutlich autobiogr. Charakter auf. Der Blickwinkel wird dabei in steigendem Maße bestimmt v. B. rel. Grundhaltung: wie für d. Konvertiten in d. 30er-Jahren d. Kirche »d. einzige Macht auf Erden war, d. Hitler geistig zu schlagen vermochte«, so schöpfte er auch in d. Vertreibung Halt u. Hoffnung aus d. Glauben. Ein großer Essay *Was geht in Schweden eigentl. vor?* dokumentiert, dass B. auch am Schicksal d. christlichen Kirchen in seinem Gastland Anteil genommen hat; seine Verbundenheit mit Schweden manifestiert sich darüber hinaus auch in einem hist.-biogr. R. über Königin Josephine de Beauharnais sowie in seinen Nachdichtungen aus d. Schwed., v.a. nach Pär Lagerkvist. Die Lyr. B., über deren Entwicklung d. Sammelbd. *Gehen u. Gehen in Wien* (1966) Auskunft gibt, ist in ihren Anfängen bestimmt v. Naturmotiven u. Elementen d. Symbolismus, v. Schlichtheit d. Sprache, Vers- u. Strophenformen (*Gang in d. Nacht*, 1919); Mitte d. 20er-Jahre wandte B. sich d. Prosag. zu, kehrte jedoch – ein charakterist. Phänomen d. Exillit. insgesamt – nach d. Verbannung zeitweilig zur strengen Form, v.a. zum Sonett zurück (vgl. d. 1939-41 entstandenen »Schwedischen Sonette«); d. spätere lyr. Schaffen (»Rückkehr nach Wien«, 1964) steht wieder im Zeichen eines prosanahen, gänzlich unprätentiösen Tones.

Nachl. unbekannt, möglicherweise bei d. Tochter v. B., Frau Hilde Björnsen/ Norwegen; Tl.nachl. ÖNB, Hs.-Slg. u. Västerås/Schweden, Stadtbibl. (Briefe an Helmut Müssener).

WERKE: Lyr.: *Gang in d. Nacht*, Mchn. 1919; Beitr. in: *Lyra d. Orpheus*, Wien 1954; *Gehen u. Gehen in Wien*, Wien 1966 (= Neue Dichtung aus Öst., 131/132). Erzählprosa: (Ps. Montis), *Kampf um d. Berg*, Graz 1937; *Josephine v. Schweden*, Wien 1948 (in schwed. Sprache ersch. als *Silvertronen*, Stockholm 1950); *Die Mutter d. Flüchtlinge*, Graz/ Wien 1961. Autobiogr. Erz.: *Das wiedergefundene Wort. Ausgewählte kleine Prosa*, Wien 1956; *Abschied v. Wienerwald. Ein Lebensbekenntnis*, Graz 1971. Essayistik: *Dichtung u. erbloses Christentum*, in: Hochland 48, 1955/56, 342-351; *Was geht in Schweden eigentl. vor? Analyse u. Kritik einer Entchristlichung*, Nbg. 1967.

LITERATUR: Kosch; Hb. d. Dt.-sprach. Emigration, Bd. 2, 146; H. Müssener: Exil in Schweden. Polit. u. kulturelle Emigration nach 1933, Mchn. 1974, 343, 393, 395, 484 u. 500; ders.: D. Exilsituation in Skandinavien, in: M. Durzak (Hg.): D. dt. Exillit. 1933-45, Stgt. 1973, 114-134, hier 130.

Ernst Fischer

Braun-Prager, Käthe (12.2.1888 Wien – 18.6.1967 Wien), Schwester d. Schriftsteller FELIX u. ROBERT B. Sie heiratete d. Philosophen u. Literaten Dr. Hans Prager (u.a. *Die Weltanschauung Dostojewskis*, Vorwort STEFAN ZWEIG). B. arb. in einer Bank, später als Lehrerin. 1938 musste d. Familie Öst. verlassen. Sie gingen zuerst nach Italien, wo FELIX B. als Dt.-Lektor in Palermo u. Padua tätig war, dann, 1939, ging B. mit Mutter u. Bruder FELIX B. nach England (1939-

51). Der Bruder ROBERT B. blieb in Schweden. In England hielt sie Vorträge über öst. Musik für d. BBC u. begann zu malen. Sie sammelte ihre Eindrücke im Exil: Wesenszüge d. Engländer, engl. Kunst, bes. in d. Londoner Museen, wobei sie sogleich Parallelen zur verlorenen Heimat zog, d. »Sehnsuchtsoden« ihres Bruders vergleichbar. Über d. Beginn ihrer Tätigkeit als Malerin berichtet ihr Bruder: ausgeprägt christliche Motive – Passion, Menschen um Christus, Porträts; nach d. Rückkehr nach Öst. erfuhr auch ihr künstlerisches Talent Anerkennung. Sie arb. als freie Schriftstellerin für Ztg. (*Wr. Ztg.*, *Die Presse*, *Volksztg.*) u. Zs., veröff. weitere Lyr.bde. u. widmete sich d. Übers.tätigkeit. Für ihre Leistungen auf d. Gebiet d. Lyr. hatte sie 1938 d. Marianne-Hainisch-Preis erhalten; 1952 folgte d. Verleihung d. Theodor-Körner-Preises, 1959 d. Preis d. Kunstfonds d. Stadt Wien, ebenso d. Verleihung d. Prof.titels. Ihre Lyr.slg. erschien in Darmstadt, Wien u. Innsbr. Einer ihrer früheren Verleger war u.a. d. »Karl-Kraus-Verleger« RICHARD LÁNYI (LÖWY). In Fritz Ungars SATURN Verlag erschien 1934 d. Anthologie *Österreichische Lyrik d. Gegenwart* mit Beitr. v. ihr. Durch d. Freundschaft ihres Bruders FELIX B. mit RILKE u. HOFMANNSTHAL war sie in Lit. kreisen bekannt, was auf ihr dichterisches Werk einwirkte.

Ihre dichterische Prosa ist schlicht, auf d. Gefühl gerichtet; ihre Einstellung rel., humanist. Das engl. Tgb. *Reise in d. Nähe* gibt Einblicke in ihr eigenes Empfinden d. ungewohnten Umgebung gegenüber, mit Heimatvisionen, wobei sich d. Erlebte u. Geschaute mit Wunschträumen vermischt, etwa wenn sie auf d. Themse in London plötzlich Donauschiffe auftauchen sieht u. ihr d. Pöstlingberg hinter d. Londoner Kulisse erscheint. Altern u. Einsamkeit, Isolierung in fremder Umgebung, Liebe in einer lieblosen Welt, Visionen aus d. Alltag sind ihre Themen in d. Lyr. wie in d. Prosaschriften.

WERKE: Lyr.: *Bei d. Kerze*, Darmstadt 1929; *Verfrühter Herbst*, Wien 1932; *Stern im Schnee*, Wien 1949; *Verwandelte Welt*, Innsbr. 1956; *Die Mondwolke*, Wien 1963. Prosa (Aphorismen, Tgb.eintragungen, Biogr.): *Große Frauen d. Heimat*, Wien 1936; *Ahnung u. Einblick*, Wien 1937; *Reise in d. Nähe: Aus einem englischen Tagebuch*, Salzb. 1954; *Heimkehr – 15 Erz.*, Wien 1958; *Das himmlische Kartenhaus: Gedichte, Prosa u. Gedanken*, Wien/Mchn. 1968; *Ruhe in d. Ferne: Dichtungen in Prosa*, Wien 1972. Hg.: *Das Maß d. Liebe ist d. Liebe ohne Maß*, Wien 1953; *Rosa Mayreder. Das Haus in d. Landskrongasse*, Wien 1950; dies. *Die Krise d. Väterlichkeit*, Wien 1963; *Das Buch d. Mütter*, Wien 1954, m. Felix B.; *Minna Lachs. Österreichische Frauenlyrik*, Wien 1961; dies., *Und senden ihr Lied aus – Lyrik österreichischer Dichterinnen v. 12. Jh. bis zur Gegenwart*, Wien/Mchn. 1963. Übers.: Chines. Lyrik, in: *Die Lyra d. Orpheus*, Wien 1952; *Eleanor Graham, Charles Dickens*, Wien 1953, berichtigte Übers. aus d. Engl. v. B.-P.; *Eugen Georg Molnár, Visionen im Westen – Gedichte*, Wien 1960.
Kryptonachl. im Nachl. v. FELIX B. in Wien, ÖNB Hs.-Slg. u. im Tl.-Nachl. v. FELIX B. an d. Wr. Stadt- u. Landesbibl., Hs.-Slg; Tl.-Nachl. an d. Wr. Stadt- u. Landesbibl., Hs.-Slg.

LITERATUR: N. Langer: Dichter aus Öst., Wien 1957, Bd. 2; R. Schneider: Winter in Wien, Wien 1958; F. Braun: D. Bilder meiner Schwester, in: Öst. u. d. angelsächs. Welt, hg. v. O. Hietsch, Wien 1961, 281-288, mit Abb.; S.M. Patsch: Öst. Schriftsteller im Exil – Texte, Wien 1986 (Biogr. u. Textprobe); Autobiogr. v. F. Braun: D. Licht

d. Welt, Wien 1949; Autobiogr. v. R. Braun: Abschied v. Wienerwald, Graz/Wien/Köln 1971.

Harro H. Kühnelt

Braunau, Franz → **Fritsch**, Franz

Braune, Franz Anton v. (16.3.1766 Zell i. Pinzgau/Salzb. - 24.9.1853 Salzb.) stud. in Salzb., 1790 Gerichtsaccessist in Werfen, 1794 Kanzlist, ab 1801 Sekretär im Berg- u. Salzwesen bei d. Hofkammer in Salzb., Botaniker, Topograf, Red. d. *Salzburger Ztg.* In d. Wr. Bibl. sind keine Werke v. B. greifbar.

WERKE: *Cuenna u. Vivonne o. Rache u. Untreue*, Trauerspiel, Salzb. 1793; *Salzburgische Flora*, Salzb. 1797; *Salzb. u. Berchtesgaden. Taschenbuch für Reisende*, Wien 1821. Tl.-Nachl. im Museum Carolino Augusteum, Bibl. Salzb.

LITERATUR: Giebisch/Gugitz; Goedeke, Bd. 6.

Cornelia Fritsch

Brauneis, Alfons (16.11.1895 Wien – um 1962 ?) war Industriekaufmann u. lebte zuletzt in Kufstein im Ruhestand. Die Lyr. B. kreist meist um d. Themen Natur, späte Liebe u. Sehnsucht, Metrik, Reimform u. Verwendung stilist. Mittel folgen strengen bzw. poetologischen Regeln, obwohl sich d. Dichter durch eine kräftig-bunte, individuelle Sprache auszeichnet.

WERKE: Lyr.: *Was es zu sagen mich zwang*, G. I u. II (entnommen d. Lyr.bdn. »Erntekranz« u. »Nachlese« sowie »Primae veris« u. »Die Leier d. Eros«), Kufstein/Eichelwang (im Selbstverlag), beide Bde. 1962.

Beatrice Cárdenas-Tarillo

Braunmüller, Gustav (2.9.1849 Wien – 3.6.1905 Eggersdorf/Stmk.), ein Wr. Kaufmann u. begeisterter Tourist, übertrug seine Liebe zum Land ins Literarische. Damit traf er auf d. modische Begeisterung für d. Natürlichkeit d. Landlebens, d. Städter damals pflegten. So ist es zu erklären, dass B. heitere Bde. *Nehmts mi mit. Österreichische Dialektdichtungen* (1887-1901) z.Tl. in mehreren Aufl. erschienen. B. beherrschte keine d. Mundarten, d. er anstrebte – nämlich jene d. südlichen NÖ u. jene d. Stmk. –, wirkl. Aber was d. strengen Philologen als Schwäche erscheint, mag v.a. im städtischen Leser ein verwandtschaftliches Behagen hervorgerufen haben. 1893 veröff. B. ein erzählendes, in Blankversen geschriebenes G. *A Wildrerstuck*, dessen Inhalt d. Leser ergriff u. d. alten Konflikt zw. d. d. natürliche u. gesell. Ordnung vertretenden Förster u. d. rücksichtslos als verdorbener, seiner Jagdsucht verfallener Außenseiter handelnden Wilddieb thematisiert: Hier rächt sich d. Förster für sein v. Wildschützen zu Tode gemartertes Kind.

B. wirkungsvolle Dichtungen verraten auch stilist. d. Dilettanten, d. seinen Beitr. zu d. in Mode gekommenen öst. Dialektbzw. Mundartdichtung d. 2. Hälfte d. 19. Jh. leisten möchte. Was B. zustande brachte, kann sich im Rahmen dessen, was d. Steirer KARL ACHLEITNER, EUGEN GRAF AICHELBURG o. HUGO GRAF LAMBERG bzw. d. Oberösterreicher NORBERT HANRIEDER u. RUDOLF JUNGMAIER o. d. Niederösterreicher KOLOMAN KAISER, JOHANN GEORG HAUER u. MORITZ SCHADEK veröff., aber durchaus sehen lassen.

WERKE: Lyr.: *Nehmts mi mit*, G.slg. in 6 Bdn., Wien 1887-1901, ⁴1903; Neuausg.: *Nehmt's mi mit. G. in Salzb. u. nö. Mundart. Zum Vortrag in geselligem Kreise*, Wien 1923. Versepik: *A Wildrerstuck*, Wien 1893.

LITERATUR: D. geistiger Wien; Brümmer, Bd. 1; Nagl/Zeidler/Castle, Bd. 2; Giebisch/Gugitz.

Herbert Zeman

Brause-Pulver. Album für Drollerien u. Pikanterien, hg. v. J.[AKOB] MÄRZROTH. Mit Originalzeichnungen v. E. Young, Wien/Lzg. 1847. Dies ist d. Titel d. v. MORITZ BARACH unter d. Ps. J. MÄRZROTH hg. Sammelbd. *Humorist. Beitr.* Die Illustrationen sind harmlose Biedermeier-Bilderwitze, während d. Texte heiter-spöttisch u. witzig-komisch sind. B.-P. war eines d. ersten Bl., d. sich mit Karikaturen befasste. In seiner Vorrede erläutert MÄRZROTH seine Intentionen: er versuche »für d. Fach d. Humoristik u. d. Satyre befähigte vaterländische Federn auf einem Sammelplatz zu vereinigen, etwa noch schlummernde Talente [...] zu wecken, d. Leser eine amüsante Lektüre zu bieten u. mitunter in pikanter Einkleidung ein wahres Wörtlein zu sagen.« Es finden sich neben unbekannten u. anonymen Autoren auch solche, d. zu ihrer Zeit mehr o. weniger bekannt u. berühmt waren (JOHANN GABRIEL SEIDL: »Der Geisterseher«, FRANZ GRÄFFER: »Witwe u. Tochter«, u. JOSEF EMIL TRIMMEL unter d. Ps. EMIL o. AEMIL: d. Glosse »Schlagschatten«.) DR. AUGUST SCHILLING, JOHANN OTTO PRECHTLER, CARL OBERLEITNER, MAX EMANUEL STERN, CLEMENS FRANZ STIX, KARL ADAM KALTENBRUNNER, DR. WILHELM TURTELTAUB u.a. gehörten zu d. Mitarb. Wie sehr MÄRZROTH bemüht war, namhafte Autoren für seinen Sammelbd. zu finden, ersieht man daraus, dass er sich an JOHANN NESTROY wandte u. diesen um einen Beitr. bat. Dieser lehnte d. »schmeichelhaften Vorschlag« ab, er arbeite im dramat. Fach, d. Epische läge ihm nicht, so könne er nicht in d. Kreis d. Mitarb. eintreten (Brief v. 22.5.1846), ein wichtiger Hinweis auf d. Selbsteinschätzung NESTROYS. MÄRZROTH selbst ist auch mit Beitr. vertreten: Neben einer »dramatischen Bluette in einem Aufzuge« *Die Patienten* findet man d. damals bes. beliebten Parodien. MÄRZROTH gibt auch eine Anleitung zur damals in Mode gekommenen Mundartdichtung: man wähle beispielsweise ein G. Lessings u. übertrage es in einen öst. Dialekt. 1848 erschien unter d. gleichen Titel eine derartige Slg – d. letzte d. Art. Es sind hübsch ausgestattete Bde. mit ansprechenden u. z.Tl. originellen Beitr., d. einen Querschnitt humorist. Lit. zeigen, frei v. jedem Einfluss d. polit. bewegten Zeit.

LITERATUR: Nagl/Zeidler/Castle, Bd. 3; Zeman: Johann Nestroy, Wien 2001, 204.

Eva Münz

Brecher, Adolf (Ps. **Kax, d. Unerschöpfliche**, 4.4.1831 Proßnitz/Mähren – [?]4.1894 Olmütz/Mähren), Sohn eines Arztes, absolvierte in Prag eine Gymnasialausbildung u. ein med. Stud. Nach seiner Promotion (1859) ließ er sich in Olmütz nieder, wo er sich als Arzt einen ausgezeichneten Namen machen konnte u. sich über zwei Jahrzehnte in d. örtlichen Israelit. Kultusgemeinde engagierte, wofür er 1891 mit d. Ehrenbürgerrecht ausgezeichnet wurde. Nebenbei ging B. zudem seiner lit. Neigung nach: Er war ständiger Mitarb. d. *Humoristischen Dtld.* u. d. *Berliner Wespen*. Somit verfasste er denn auch nicht v. ungefähr einige humorist. Lyr.bde. d., zum größten Tl. a. d. späten 80er- u. frühen 90er-Jahren stammen: *Bunter Kram* (1888), ein umfangreicher Bd. mit »Humoristische[n] Allotria in Versen«, vereint zum Vortrag in einem geselligen Verein bestimmte, betont anspruchslose G. (»Vorwort« u. *Meine Muse*). Begebenheiten aus d. Fernen Osten (*Die Wunderphiole*), d. jüd. Kulturkreis (*Der wählerische David*) u. d. europ. Gesch. (*Äsop*) bilden in d. v. Langatmigkeit geprägten Bd. einen Schwerpunkt. Bedeutender sind B. Übers.arb., mit denen er über seine lokale Geltung hinaus gelangt: Neben einer Übertragung v. Petöfi- u. Vrchlicky-G. ist hier in erster Linie seine aus d. Hebr. unternommene metrische Übers. d. *Psalmen* zu nennen (1864), mit d. er sich an d. interessierten theol. Laien wandte.

WERKE (Ausw.): Humoristika: *Schlaraffiana. Vorträge, gehalten in d. Schlaraffia Olomucia a.D. 1584*, Olmütz 1884; *Bunter Kram. Humoristische Allotria in Versen*, Gera 1888, Wien 1891; *In müßigen Stunden. Heitere Gedichte*, Bln. 1890; *Im Schaukelstuhl. Heitere Gedichte*, Bln. 1891. Rätselbuch: *Sphinx. 300 neue Rätsel, Charaden, Logogryphe u. dgl.*, Wien ²1879. Übers.: *Die Psalmen. Metrisch übersetzt*, Wien 1864.

LITERATUR: Brümmer, Bd. 1; Nagl/Zeidler/Castle, Bd. 4.

Sylvia Leskowa

Brecht v. Brechtenberg, Andreas Traugott Clemens (20.3.1805 Mediasch/Siebenbürgen – 18.8.1842 Ofen), stud. ev. Theol. u. Geogr. in Wien, war 1830-40 Gymnasiallehrer in Mediasch u. ging 1840 nach Ofen. Schon früh zur Dichtung neigend betätigte sich B. bes. als Gelegenheitsdichter, wobei d. übliche Lektürekanon dt. Aufklärungsdichtung d. 18. Jh. bis zu Schiller d. formale bzw. sprachliche Vorbild war, während aufgeklärte Geistigkeit u. biedermeierlich-christliche Geborgenheit d. gehaltlichen Rahmen bestimmten. Dementsprechend ist auch d. didaktische Seite seiner Dichtung stark ausgeprägt; man findet Humorist.-Behagliches oft in seinen G. sowie d. in d. für d. Zeit typischen, in bürgerlichen Kreisen überaus beliebten Scharaden u. Rätsel, d. B. in versch. Wr. Zs. wie DER WANDERER o.

DER JUGENDFREUND o. im *Museum d. Manigfaltigen* [sic!], hg. v. Dr. C.F. Hock, veröff. B. war außerdem ein guter Stegreifdichter, eine Kunst, d. diese Zeit bes. schätzte. Da B. im Barmherzigen-Spital, d.h. im Spital d. »Barmherzigen Brüder« zu Ofen verstarb, dürfte sein Nachl. im heutigen Budapest verblieben sein; dies beträfe v.a. d. nur als Ms. überlieferten Lustspiele d. Autors.

WERKE: *Der Schmetterling. Taschenbuch für Reisen u. Spaziergänge v. Treumund*, Kaschau 1828. Lyr. u. Didaktisches (Gelegenheitsg.): *Lyrisch-didaktisches Blumenkränzchen. Der Ertrag ist für d. am 27. Juli 1837 durch eine beispiellos-fürchterliche Feuersbrunst verunglückten, gänzlich an d. Bettelstab gebrachten Bewohner d. Dorfes Schaal im Mediascher Stuhle bestimmt*, Hermannstadt 1834; *Willkommen o. Festg. bei d. Ankunft Sr. kön. Hoheit d. Erzherzogs Ferdinand v. Oesterreich im Jahre 1836*, Hermannstadt 1836; *Das Lied v. d. Pfarrerin. Parodie auf Schillers Lied v. Pfarrer, u. zugleich ein didaktisches Scherz- u. Ernst-Liedlein für erwachsene Pfarrers-Töchter u. ihres Gleichen*, Hermannstadt 1825; *Sonnenblumen o. Der Gottesläugner, Gottesgläubige u. Betrachtungen auf d. Friedhofe im Frühling*, Hermannstadt 1837; *Herbstlieder*, Kronstadt 1837; *Gedankenblitze o. Stegreif-Dichtungen*, Kronstadt 1838; *National-Paladium d. Ungarn o. Erinnerungen an Pest u. Ofen in 30 poetischen Bildern*, Pest 1840 (»zum Besten d. Abgebrannten in Baja«); *Das Lied v. Männerherzen, Humoristisches Gedicht nach gegebenen Endreimen*, Hermannstadt o.J. Satire: *1001 Grille*, Kaschau 1829, H. 1, mehr nicht erschienen; *Humoristische Ideenschwärmer o. Ideenspiele d. Satyre, d. Witzes u. d. Laune. In Streckversen-Form*, o.O. 1835. Dramat. Dichtung (sämtliche im Ms.): *Die Geschwister zweier Welttheile o. d. Glücklichen auf St. Domingo. Dramat. Versuch in 1 Akt*, 1827; *Die Braut durch Kunst o. d. Mädchen aus Hermannstadt, dramat.*

Aufgabe in 1 Akt, 1826, am 24.10. durch d. Ludw. Schätzliche Gesellschaft u.d.T. *Das Mädchen aus Kronstadt* auf d. Kronstädter Bühne aufgef.; *Maler Franz o. d. falsche Verdacht*, Lustspiel in 1 Akt, 1835; *Der 31. October o. d. Falschmünzer u. d. Weber*, Original-Lustspiel in 1 Akt, 1836, aufgef. am 31.10. in Kronstadt; *Theatralisches Kleeblatt*, o.J.

LITERATUR: Oest. National-Encyklopädie, Bd. 6, 382; Brümmer, Bd. 1; Kosch, Bd. 1; Schriftsteller-Lex. d. Siebenbürger Dt. v. Trausch, Schuller u. Hienz, Bd. 1, 172ff.

Herbert Zeman

Brečka, Hans (auch: Johannes B.; Ps.: Hans bzw. Johannes **Stiftegger**, 2.1.1883 Wien – 7.10.1954 Zelking bei Melk/NÖ), Sohn eines Lehrers, absolvierte eine Gymnasialausbildung in Wien-Währing, machte bereits als 17-Jähriger mit einem feuilletonist. Beitr. auf sich aufmerksam u. wurde nach d. Matura v. Friedrich Funder in d. Redaktion d. christlich-sozialen *Wr. Morgenpost* berufen (1903). Ihr gehörte er bis zum Ende ihres Bestehens (1938) als Kulturberichterstatter an, wobei er sich einen ausgezeichneten Namen machte. So wurde er z.B. auch v. Kulturreferat d. Kath. Volksbundes zur Mitarb. gewonnen: 1920 rief B. d. Kunststelle für Christliche Volksbildung ins Leben, als deren Leiter er bis 1934 fungierte. 1924-28 war er neben seiner Tätigkeit für d. *Reichspost* Chefred. d. *Österreichischen Illustrierten Ztg*. 1926 wurde er Dramaturg d. Mariazeller Festspiele, 1934 Präsident d. für d. Volkskunstpflege eintretenden Öst. Kunststelle. 1938 zog sich d. Kulturjournalist u. Feuilletonist, d. unter d. aufschlussreichen Ps. Stiftegger auch einige dramat. u. erzählende Arbeiten publizierte, notgedrungen in d. bei Melk gelegene Zelking zurück. Das zu Recht bekannteste Werk d. mit MAX MELL befreundeten STIFTER- u. ROSEGGER-Nachfolgers (s. Ps.) ist d. d. »Berge unserer Jugend zugeeignet[e]« liebenswerte Wr. Volksstück *Die Rax*, 1921 Auff. im Dt. Volkstheater. Hier tritt B. für ein harmonisches Zusammenleben v. Unternehmer- u. Arbeiterstand ein. V. seinen Prosabd. (*Unter d. Fahnen d. Prinzen Eugen*, 1912: Ausw. aus seinen Jugendwerken; *Dornbekränztes Heldentum*, 1917: kurze Kriegserz.) gilt *Geliebte Scholle* (1930, 6 moralisierende Bauerngesch.) als bestes Bsp. seiner in d. kath. Heimatkunstbewegung verankerten schlichten Erzählkunst. Nachl. ÖNB, Öst. Lit. Archiv, Wien.

WERKE (Ausw.): Drama: *Die Rax*, Wr. Volksstück in 4 Akten, Wien 1921. Erz.: *Unter d. Fahnen d. Prinzen Eugen u. andere Erz.*, Brixen 1912; *Dornbekränztes Heldentum*, Regensburg 1917, m. Enrica v. Handel-Mazzettis *Unter d. österreichischen Roten Kreuz* als 14. Bd. d. »Hausschatz-Bücher« erschienen; *Geliebte Scholle. Bauerngesch.*, Wien 1930. Monografie: *Die Handel-Mazzetti*, Wien 1923.

LITERATUR: R. List: Hans Stiftegger, in: Radio Wien 8. Jg., 1931/32, Nr. 41, 7, 35; Nagl/Zeidler/Castle, Bd. 4; F. Funder: In memoriam Hans B., in: D. öst. Furche, 16.10.1954, 3; J. Twaroch: Lit. aus NÖ. V. Frau Ava bis Helmut Zenker. Ein Handbuch, St. Pölten/Wien 1984, 83; Giebisch/Gugitz.

Sylvia Leskowa

Brečka, Johannes → **Brečka**, Hans

Breckner, Richard (2.8.1900 – ?), v. seinem Leben in Hermannstadt (Sibiu, Siebenbürgen) ist heute nichts mehr bekannt; er gehörte zu d. stillen u. nachdenklichen Künstlern, denen d. zeitgenöss. Kritik »mit dichterischer Kraft gestaltete Lebenswahrheiten« zuspricht, deren Werk aber d. Wirrnisse d. vorigen Jh. nicht überdauert hat. Sein Werk erwuchs aus naturalist. Strömungen

u. gestaltete d. Triebleben d. »frei« gewordenen Individuums nach 1900. Im Trauerspiel *Winter* wird ein Künstler zum Mörder an seiner »sündigen« Geliebten u. richtet sich dann selbst. Die aphorist. Gedanken d. Slg. *Spinngewebe* (1929) sind unterschiedlich; d. Autor scheut vor Banalitäten, d. er offenbar als solche kaum erkannte, nicht zurück. B. Werke sind heute entweder vergriffen o. verschollen, sodass eine objektive Wertung schwer möglich ist u. eine Analyse d. Schriften noch aussteht.

WERKE: Schauspiel: *Winter*, Trauerspiel, Hermannstadt 1926; *Dämonische Liebe. Spiel*, Hermannstadt 1929. Prosa: *Spinngewebe. Aphoristische Gedanken*, Hermannstadt 1929; *Mystik d. Alltags*, Kurzgesch., o.O. 1935; M.: *Der Hirte u. d. tausend Zauberer*, Bukarest 1956.

LITERATUR: Giebisch/Gugitz; Kosch, Bd. 1.

Eva Münz/Herbert Zeman

Breden, Christiane v. (geb. Friederik, Ps. **A. C.**, Ada **Christen**, **Fridrik**, **Satanella**; 6.3.1839 Wien – 19.5.1901 Wien; d. oft genannte Geburtsjahr 1844 ist lt. Quellenuntersuchungen v. Katann unrichtig), Tochter eines Handelskommis, d. nach Beteiligung an Barrikadenkämpfen 1848 inhaftiert wurde u. bald darauf verstarb. Die Familie verarmte u. lebte dürftig v. Heimarbeit. B. ging als 15-Jährige zum Theater, spielte zunächst in Wien u. dann mit einer Wandertruppe in versch. Orten Öst. u. Ungarns. 1864 heiratete sie d. Stuhlrichter v. St. Gotthard bei Ödenburg, Sigmund v. Neupaur, d. kurz danach geisteskrank wurde u. 1868 starb. 1869 trat B. vom Katholozismus zum Protestantismus über. 1873 heiratete sie d. Rittmeister u. Fabriksteilhaber Adalmar v. Breden; 1855-58 gehörte B. d. Ensemble d. Meidlinger Theaters an. Zu diesem Zeitpunkt war sie – nach Erscheinen d. Aufsehen erregenden G.slg. *Lieder einer Verlorenen* – d. lit. Öff. bereits ein Begriff. F. V. SAAR hatte d. Drucklegung d. *Lieder einer Verlorenen* (1868) beim Verlag Hoffmann & Campe in Hbg. vermittelt. Durch d. einaktige Posse m. Gesang *Das Loch in d. Wand*, d. in Bln. bei Goldschmidt 1860 u. d. Volksstück *Die Häuslerin* in vier Aufzügen, d. 1867 in Mchn. bei Deschler erschien, wurde man wohl auf sie aufmerksam. Jedenfalls kam sie in engere lit. Beziehung zu SAAR u. L. ANZENGRUBER, u. es entwickelte sich mit ihnen ein reger brieflicher Gedankenaustausch, ferner mit LUDWIG HEVESI, HEINRICH LANDESMANN, THEODOR STORM u. Jan Neruda, d. einige ihrer Erz. ins Tschech. übers. Ihr Werk wurde v. Schaffen H. Heines beeinflusst v.a. in d. Subjektivität ihrer Dichtung, in deren wehmütigem Grundton u. d. krit. Distanzierung v. sich u. d. Welt. Die naturalist. Darstellung v. Sinnlichkeit, ihr Pessimismus u. ebenso d. Behandlung d. sozialen Elends jedoch beruhte auf persönl. Erleben. B. ist eine Repräsentantin d. frühen schonungslosen Realismus in Öst. In ihrem Werk treffen sich Erhabenes u. Triviales. Ihre Sprache ist meist schlicht, einfach u. klar, fällt aber zeitweilig zum Vulgären ab. Als Lyrikerin verrät sie poetisches Talent, obwohl d. G. oft neben Stellen voller Kraft u. Stärke formale Mängel aufweisen. Sowohl in ihrer Lyr. als auch v.a. in ihrer Prosa dient d. soziale Element als Grundlage ihres Werkes. In Ztg. (z.B. *Der Alpenbote*) veröff. sie ab 1860 einzelne G. unter d. Namen Fridrik. Seit 1868 arb. sie als Theaterkritikerin an d. *Österreichisch-ungarischen Wehrztg. Der Kamerad* unter d. Chiffre A. C. (Ada Carla) u. veröff. dort in d. Nummern 1-37 unter d. Ps. Ada Christen d. R. *Ella*, d. z.Tl. autobiogr. Züge aufweist. In d. Pressburger Zs. *Donau* schrieb sie 1870 Artikel unter d. Ps. Satanella. Unter d. Ps. Ada Christen erschienen G. u. Erz., d. sie später in kleinen Bdn. zusammenfasste. Die 1868 veröff. Lyr.slg. *Lieder einer Verlorenen* behandelt reale u. teilweise pikante Ereignisse aus ihrem Leben, d. materielle Not, d. Elend einer wandernden Schauspieltruppe u. d. moralischen Verfall ihrer Umwelt. Die G. sind v. subjektiver Leidenschaft erfüllt, v. »Aufschrei großer Schmerzen« u. v. Pathos d. beginnenden Frauenemanzipation. 1870 folgten *Aus d. Asche. Neue Gedichte*, wo B. neben d. bereits bekannten Themen fremdes Elend schildert u. d. Gesell. ihrer Zeit anklagt. 1871 erschien d. Drama in 5 Akten *Faustina*, d. ein inzestuöses Verhältnis v. Mutter u. Sohn behandelt. Es folgten 1872 *Schatten. Neue Gedichte* u. 1878 *Aus d. Tiefe. Neue Gedichte*. Dies ist ernste, oft bittere u. anklagenden Poesie, z.Tl. in freien Rhythmen. Daneben erschienen einige N.bde.: *Vom Wege* (1874), *Aus d. Leben* (1876) u. *Unsere Nachbarn* (1884), in denen B. als realist. Erzählerin Szenen aus d. Leben einfacher Leute u. Handwerker, meist aus d. Wr. Vorstadt, zeichnet u. sich mit menschl. Wärme u. Verständnis ihrer Nöte u. Konflikte annimmt. Häufig schildert sie Jugenderinnerungen aus d. Zeit, als sie selbst unter diesen Menschen lebte. Ihre Darstellungsweise, in d. Realität verwurzelt, weist – v.a. in späteren Werken – neben kompromisslos realist. Ausdruck impressionist. Züge in Momentaufnahmen v. kleinen Teilhandlungen auf, d. sich ins Allg.menschl. erweitern. Eine größere Erz. folgte 1892: *Jungfer Mutter*. Es ist d. schlicht geschriebene Gesch. einer Ehe, d. an kleinbürgerlichen Vorurteilen zerbricht. Eine ehemalige Freundin d. Ehemannes zieht nach dessen Selbstmord seinen Sohn auf. Auf d. Buch stützt sich d. Volksdrama *Wr. Leut* (1893), d. 1894 im Dt. Volkstheater in Wien ohne Erfolg aufgeführt wurde. Nur noch kleine Einzelerz. erschienen danach in Zs., außerdem zwei Lustspiele. Hatte sie in d. späten 70er- u. 80er-Jahren eine gesellige Runde v. Dichtern (s.o.) u. Malern wie Friedrich Amerling o. Ernst Juch empfangen – sie lebte damals mit ihrem Gatten im 4. Wr. Gemeindebezirk, Rainergasse 22 –, so zog sie sich ab 1891 in d. Einsamkeit ihrer selbst angelegten Gärtnerei auf d. »Einsamhof« (Wien 10, Laxenburgerstraße 372) zurück. Sie wurde auf d. Matzleinsdorfer Ev. Friedhof begraben. Das Ps., unter welchem d. meisten Werke v. B. erschienen, ist aus Adalmar u. Christiane gebildet.

WERKE: (sämtliche Werke erschienen unter Ps.) Lyr.: *Lieder einer Verlorenen*, Hbg. 1868, ²1869, ³1873; *Aus d. Asche. Neue Gedichte*, Hbg. 1870; *Schatten. Neue Gedichte*, Hbg. 1873; *Ges. Gedichte*, Hbg. 1873; *Aus d. Tiefe. Neue Gedichte*, Hbg. 1878. Prosa: *Ella*, Wien/Pest 1869; *Vom Wege*, Hbg. 1874; *Aus d. Leben*, Lzg. 1876; *Unsere Nachbarn. Neue Skizzen*, Dresden/Lzg. 1884; *Als sie starb*, in: Illustrirte [sic!] Ztg., Lzg. 1888; *Jungfer Mutter*, Dresden 1892, Wien 1947; *Wie Lottchen nähen lernte*, Bln. 1897; *Das Nelkenbeet*, Erz., Bln. 1897; *Der Kanarienvogel*, Erz., Bln. 1897; *Evchens letzte Puppe*, Erz., Bln. 1901; *Auf d. Eisbrecher*, Erz., Bln. 1901; *Neckpeter u. Ernas Traum*, Konstanz 1902. Drama: *Faustina*, Wien 1871. Volksstücke: *Das Loch in d. Wand*, Bln. 1860; *Die Häuslerin*, Mchn. 1867; *Wr. Leut*, Wien 1893. Lustspiel: *Hypnotisiert*, Bln. 1898; *Fräulein Pascha*, Bln. 1899. Singspiel: *Ein ehrlicher Mann*, Bln. 1860. Slg.: *Ausgewählte Werke*, hg. u. mit Einleitung versehen v. W.A. Hammer, Wien 1911; *Als er heimkehrte*, Einleitung v. W.A. Hammer, Wien/Lzg. 1912; *Gesch. aus d. Haus »Zur blauen Gans«*, hg. mit Vorwort v. W.A. Hammer, Wien/Lzg. 1929; *Ges. Werke*, Teschen 1911.

LITERATUR: E. Behr: A. C., Diss. phil., Wien 1922, mschr.; M. Lebner, A. C., Diss. phil., Wien 1933, mschr.; M. Rabitsch: A. C., Diss. phil., Wien 1939, mschr.; H. Gronemann: A. C. Leben u. Wirken, Wien 1947; O. Katann (Hg.): Storm als Erzieher; seine Briefe an A. C., Wien 1948; M. Lukas: Aus d. Tiefe. A. C. Lebensr., Wien 1952; Nagl/Zeidler/Castle, Bd. 3; H. Sittenberger: Biogr. Jb. u. dt. Nekrolog, Bd. 7, 393-397; P. Reimann: A. C., in: P.R., Zw. Herder u. Kisch. Studien zur Gesch. d. dt.-öst.-tschech. Lit.beziehungen, Bln. 1961, 34-39; Giebisch/Gugitz; Killy; Czeike (unter Breden u. Christen); Dt. Schriftsteller-Lex., 1830-80, Goedeke Forts.; Zeman 2.

Eleonore Schamschula

Bredenbrücker, Richard (5.1.1848 Deutz/Köln – 26./27.2.1937 Stolberg a.H.), Sohn eines preuß. Artilleriemajors, genoss eine weltoffene u. ausgezeichnete Erziehung u. Ausbildung, betätigte sich über 30 Jahre lang als Buchhändler in Dtld. Als er 1893 in Südtirol auf Urlaub weilte, war er v. Land u. Leuten so angetan, dass er beschloss, immer wieder d. Land südlich d. Brenners zu besuchen u. zu durchwandern. Er hielt sich mit bes. Vorliebe in Seis, in Bozen u. auf d. Ritten auf. B. war mit guter Beobachtungsgabe ausgestattet u. verstand es, Menschen u. Verhältnisse realist. u. bis zu einem bestimmten Grad auch naturalist. zu schildern u. darzustellen. Bereits 1901 hat Anton Renk für d. Rheinländer Worte d. Anerkennung gefunden u. in ihm einen bedeutenden Vertreter »echter Heimatkunst« u. d. realist. Dorfgesch. gesehen; allerdings ist ihm d. allzu große epische Breite d. Schriftstellers nicht entgangen. B. war ein sehr fruchtbarer Schriftsteller, aber nicht alles, was er veröff., ist v. lit. u. kulturgesch. Wert; er nahm d. geistige Rückständigkeit, für d. er d. Tirolischen Klerikalismus verantwortlich machte, scharf aufs Korn u. betonte d. Schattenseiten d. bäuerlichen Welt u. d. fahrenden Volks in Südtirol. Sein stoffliches Interesse richtete sich hauptsächlich auf d. Leben d. unteren ländl. Schichten u. Typen; er beschrieb deren Freud u. Leid u. wunderliche Schicksale u. schuf trotz Kritik u. Satire ein liebenswürdiges Sittenbild Tirols. Überall bricht sich B. liberale Gesinnung Bahn, d. mit d. Klerikalismus scharf ins Gericht geht. Seine Erz. sind dialoglastig u. d. Handlungselemente lose zus.geschoben. Er bemühte sich um d. Tiroler Dialekt, d. er allerdings nicht recht in d. Griff bekam. B. hat v.a. für eine dt. Leserschaft geschrieben, d. ihn auch zur Kenntnis genommen hat. Mit seinen Büchern u. seinen Landschaftsschilderungen hat er indirekt auf d. Belebung d. Fremdenverkehrs in Tirol gewirkt.

WERKE: *Dörcherpack. Bl. aus einem bescheidenen Menschsein*, Bln. 1896; *Der ledige Stiefel*, Bln. 1897; *Drei Teufel. Eine Idylle v. d. Kehrseite*, Bln. 1897; *Crispin, d. Dorfbeglücker u. andere Gesch.*, Bln. 1898; *I bin a Lump u. bleib' a Lump u. anderes*, Bln. 1898; *Kein Sommer ohne Winter – Warum d. Hansi d. Wabi nimmer zugeht*, Bln. 1898; *Unterm Liebesbann. Erz. aus Südtirol*, 2 Bde., Bln. 1901; *Liebeswirren. Erz. aus Südtirol*, Bln. 1903; *Die Heimkehr*, Erz., Bln. 1903; *Warum Hochwürden d. Anderl noch immer einen Gulden schuldet*, Erz., Bln. 1903; *Die rote Kohle*, Stgt. 1904; *Die Flucht ins Paradies. Erz. aus Südtirol*, Stgt. 1904; *Hartköpfe. Erz. aus Südtirol*, Stgt. 1904.

Tl.-Nachl. Goethe- u. Schiller-Archiv, Weimar, u. Tiroler Landesmuseum Ferdinandeum, Bibl. Innsbr.

LITERATUR: Castle, Bd. 4; H. Bischoff: R.B., D. südtirolische Dorfdichter. Eine lit. Studie, Stgt. 1903; P. Karl: Ein Rheinländer als Südtiroler Erzähler. Über R.B., in: Innsbr. Nachrichten, 1931, Nr. 80, 7. Weitere wiss. Lit. fehlt.

Gerhard Riedmann

Bredetzky, Samuel (18.3.1772 Deutsch-Jakubjan/Saroser Comitat, Slowakei bzw. Ungarn – 25.6.1812 Lemberg), Sohn eines Lehrers, stud. am ev. Gymnasium in Käsmark. Dort entwickelte sich seine Vorliebe für d. Schönen Künste; er wandte sich d. Stud. d. alten Gesch., d. Mythologie, d. Kunst u. Poesie zu. Die Ausbildung erfolgte in Ödenburg, wo er auch eine slaw. Sprache erlernte. Früh schrieb er Liebeslyr., Vorbilder waren Horaz, Catull, Tibull u. Properz, deren Werke er auch übers. Dramat. Arb. v. ihm wurden im Gymnasium bei Schulfeiern aufgeführt. Ab 1796 besuchte er d. Univ. Jena, wo er Theol., Phil. u. Naturwiss. stud.; er legte Wert auf eine universale Bildung u. interessierte sich für d. zeitgenöss. Lit. So besuchte er öfter Goethe in Weimar u. erhielt als Andenken ein Exemplar v. *Hermann u. Dorothea* als Geschenk. In Jena übernahm er d. Geschäfte eines Sekretärs d. ung. Nation bei d. mineralogischen Gesell. 1798 kehrte er in sein Vaterland zurück u. lehrte als Prof. an d. neu errichteten Bürgerschule in Ödenburg. Seine Vorliebe für d. Lit. war ungebrochen; so unterhielt er eine Freundschaft mit d. damals berühmten Dichterin THEONE (THERESE V. ARTNER). 1802 ging B. als Katechet u. Vikar nach Wien, wechselte 1805 als Prediger nach Krakau, 1806 nach Lemberg, wo er zum galizischen Superintendenten gewählt wurde. Seine Predigten u. Kanzelreden erzielten große Wirkung u. wurden mit Beifall aufgenommen u. gedruckt. B. lieferte viele Beitr. für zeitgenöss. Zs., wie u.a. d. ANNALEN D. ÖSTERREICHISCHEN LITERATUR, d. *Jenaer Literaturztg.* u. d. *Hesperus*. Eine 1812 v. ihm verfasste Preisschrift über d. galizische Industrie wurde ausgezeichnet. Er verfasste statist., hist., religiöse u. geograf. Aufs., Reiseschilderungen u. Unterrichtsbehelfe; seine Aufs., Rez. (z.B. über Werke Jean Pauls, Zacharias Werners o. Goethes *Dichtung u. Wahrheit*) finden sich in vielen Zs. d. Zeit. Allerdings hatte er auch Kritik zu erdulden: War in d. ANNALEN v. Febr. 1810 noch eine herbe Besprechung seiner *Reisebemerkungen* erschienen, so brachte d. Nekrolog auf B. 1812 ebd. höchstes Lob für sein päd., theol. u. lit. Wirken, d. ihn als Universalgelehrten auswies. B. gehörte wie JAKOB GLATZ u. JOHANN KARL UNGER jenen aus d. Zips stammenden, um 1870 geborenen, protest. o. – wie UNGER – später kath.-konvertierten, päd. engagierten Familien an. Wie GLATZ u. UNGER, mit denen B. d. zweibändige Slg. lehrreicher Erz., Abhandlungen über wissenswerte Gegenstände u. Vorgänge in d. Natur u. G. u.d.T. *Der Wr. Jugendfreund* hg., verfasste B. päd. u. topograf. Arbeiten. Darüber hinaus war er unermüdlich als patriotisch denkender Prediger u. Beiträger zum MUSENALMANACH V. U. FÜR UNGARN (1801) tätig. Er war also einer jener biedermeierlichen Autoren, d. – unter Akzeptanz aufgeklärter Geistigkeit u. ihrer kirchlicher Zugehörigkeit – einen kulturpolit. u. gesell. Konsolidierungsvorgang nach 1800 in d. Wege leiten, aber zu jung starben, um wie GLATZ u. UNGER weiter zu wirken.

WERKE: Lyr.: *Die Hochzeitsfeyer d. Herrn Ladislaus Németh u. seiner vielgeliebten Braut Susanna Asbóth im August 1796*, Jena [1798]; Beitr. z. *Musenalmanach v. u. für Ungarn.* Reden: *Abschiedsrede gehalten am 16. September 1802 v. Samuel Bredeczky* [sic!], *als er d. Lehrstelle an d. Bürgerschule zu Oedenburg niederlegte, um d. Vicariat an d. Ev. Gemeine A. C. zu Wien anzutreten,* Ödenburg 1802; *Zwey Gelegenheitspredigten,* Krakau 1805; *Wie beweisen getreue Unterthanen ihrem Landesherrn ihr Beyleid auf würdige Weise? Eine Gedächtnißrede d. Andenken d. am 13. April 1780 verstorbenen Landesmutter Maria Theresia, österr. Kaiserin, gewiedmet* [sic!] *d. 10. May in d. ev. Bethause in Lemberg*, [1807]; *Die Verbindlichkeit edler Menschen für d. Armen zu sorgen; eine Rede gehalten in d. ev. Kirche zu Lemberg*, Lemberg 1811. Sachbücher: *Elementarbüchlein zum Gebrauch beim öffentlichen Unterricht*, Ödenburg 1800 u. ²1810; *Topographisches Taschenbuch für Ungarn auf d. 1802*, Ödenburg [1802]; *Beyträge zur Topographie d. Königreichs Ungarn*, 4 Bde., Wien 1803-05; *Neue Beyträge zur Topographie u. Statistik v. Ungarn*, Wien 1807, ²1820; *Reisebemerkungen über Ungarn u. Galizien*, 2 Bde., Wien 1809; *Die Deutschen in Galizien. Historisch-statistischer Beytrag zum dt. Kolonialwesen in Europa*, Brünn 1812; *Vorschläge zur Verbesserung d. Bürgerschulen*, Wien 1803. Hg.: *Der Wr. Jugendfreund*, zus. mit Glatz, Guillaume u. Unger, Wien 1805.

LITERATUR: Wurzbach 1; Annalen für Lit. 1812; S. B. als Preisträger d. Frage: Welcher Industriezweig o. Bodenerzeugnis wäre für Galizien am meisten für Vervollkommnung u. Vermehrung geeignet? aufgeworfen v. S. Exc. d. Galizischen Landesgouverneur Graf Goes; Öden v. Horvath: B. S. elete (Das Leben S. B.), Budapest 1924; H.W. Lang: Die Zs. in Öst. v. 1740-1815, in: Zeman 1.

Eva Münz/Herbert Zeman

Brée, Moriz (23.4.1842 Proßnitz/Mähren – 5.9.1916 Wien), Sohn eines Schulleiters, versuchte sich – zum Missfallen seiner Eltern – bereits während seiner Schulzeit als Literat (sein Erstlingswerk, d. kurze Trauerspiel *Liebesprobe*, wurde sogar an Provinzbühnen aufgeführt). B. absolvierte in Wien ein Med.stud. u. ließ sich als praktischer Arzt in Wien nieder. 1889/90 gab B., d. mit d. Pianistin Malwine B. verheiratet war, seinen Arztberuf auf, um sich völlig seiner schriftstellerischen Neigung widmen zu können: In d. 70er-Jahren verfasste er einige durchschnittliche unterhaltsame Bühnenstücke (*Zwischen zwei Stühlen*, 1878) sowie ernsthafte Problemstücke aus d. ländl. Lebensbereich (*Gleich u. Gleich*, 1878), d. an Wr. Bühnen zur Auff. gelangten (Wr. Stadttheater, Raimundtheater, Komische Oper). V. größerer lit. Bedeutung sind jedoch seine aus späterer Zeit stammenden R., in denen er sich als routinierter Erzähler u. analytischer Beobachter menschl. Verhaltensweisen zeigte: *Glorienschein*, 1916 als erster Bd. d. auf anspruchsvollere Unterhaltungslektüre spezialisierten Wr. »Philipps Bücherei« erschien, behandelt d. Künstlerproblematik anhand d. Figur eines mittelmäßigen Wr. Kunstmalers, d. an d. übertriebenen Erwartungen seiner Umwelt (Künstler-Mythos) beinahe zu zerbrechen droht. Als ernstzunehmender Vertreter eines gemäßigten Naturalismus erwies sich B. zuvor mit d. umfangreichen Wr. »Gesch. v. Alltag« *Wo d. letzten Häuser stehen* (1891), seinem gelungensten Werk. Der zuerst im Feuilletontl. d. *Deutschen Ztg.* veröff. R., »welche[n] d. Leben selber gedichtet«, schildert d. zwangsläufig unrühmlich endenden Lebensweg eines Arbeiterkindes distanziert, ohne dabei an Eindringlichkeit zu verlieren. B., Preisträger einiger R.wettbewerbe, erlangte jedoch nie einen größeren Bekanntheitsgrad.

WERKE (Ausw.): Dramen: *Verfehmt*, Volksschauspiel m. Gesang in 3 Akten, Musik Max v. Weinzierl, Wien 1876; *Zwischen zwei Stühlen*, Lustspiel in 2 Akten, Wien 1878; *Gleich u. Gleich*, Schauspiel in 4 Akten, Wien 1878. Romane: *Wo d. letzten Häuser stehen. Eine Gesch. v. Alltag*, Lzg. 1891; *Glorienschein*, Wien 1916. Sachdarstellung: *Das Eisenbad Pyrawarth in NÖ*, Wien 1884.

LITERATUR: L. Eisenberg, Bd. 1; Brümmer, Bd. 1; Kosel, Bd. 1, Biogr. d. Wr. Künstler u. Schriftsteller, red. v. P.G. Rheinhardt, Wien 1902, 244; Neues Wr. Tagbl. v. 7.9.1916, 15 u. 27; Neues Wr. Abendbl., Abendausg. d. Neuen Wr. Tagbl. v. 7.9.1916, 3; Nagl/Zeidler/Castle, Bd. 4; Giebisch/Gugitz.

Sylvia Leskowa

Brehm, Bruno v. (Ps. Bruno **Clemens**, 23.7.1892 Laibach/Krain – 5.6.1974 Alt-Aussee/Stmk.), Sohn eines aus d. Egerland stammenden k.u.k. Hauptmanns, verbrachte Kindheit u. Jugend in Pilsen, Eger u. Znaim; ein Germanistikstud. in Wien brach er nach einem Semester ab u. schlug 1913 d. Offizierslaufbahn ein. Im 1. WK geriet er 1914 in russ. Gefangenschaft, kam 1916 frei u. wurde im Jahr darauf an d. ital. Front verwundet. Ein nach Kriegsende begonnenes Stud. d. Kunstgesch. schloss er 1922 mit d. Dr. phil. ab u. war danach als Univ. ass., dann im Verlagswesen u. als Autor kunstgesch. Werke tätig. Seit 1927 freier Schriftsteller, machte B. v.a. mit seiner 1931-33 erschienenen R.trilogie über d. 1. WK auf sich aufmerksam. Diesem lit. Bekenntnis zur dt.-völkischen Gesinnungsgemeinschaft entsprechend, schloss er sich d. nat.-sozialist. Bewegung an. 1938 wurde er Hg. d. Zs. *Der getreue Eckart* u. erhielt d. Stellung eines Ratsherren d. Stadt Wien; 1939 wurde ihm d. »Nationale Buchpreis« zugesprochen, seit 1941 war er Präsident d. Wr. Kulturvereinigung; am 2. WK nahm er als Ordonanzoffizier teil. Nach 1945 wurde B. als nationalsozialist. belastet in Haft genommen, nach seiner Freilassung nahm er seinen Wohnsitz in Alt-Aussee; 1958 wurde er mit d. »Nordgaukulturpreis« d. Stadt Amberg, 1962 mit d. Rosegger-Preis d. Landes Stmk. u. 1963 mit d. Sudentendt. Kunstpreis ausgezeichnet.

B. lit. Anfänge stehen im Zeichen leichtgewichtiger Unterhaltungsschriftstellerei, humorist. R. wie *Der lachende Gott*, ein in einer Provinzstadt spielender Schüler- u. Prof.-R. um eine Priamusstatue, o. *Wir alle wollen zur Opernredoute* mit einer im Studentenmilieu angesiedelten lustspielhaften Handlung sind für diese Phase ebenso charakterist. wie d. Mädchenr. *Susanne u. Marie*. Sein ihm gemäßes Genre fand B. jedoch erst im (zeit-)hist. R., mit d. 1931-33 erschienenen dreibändigen Darstellung v. Untergang d. öst. Monarchie: *Apis u. Este* entwickelt aus d. Gegenüberstellung d. serbischen Verschwörers Oberst Dragutin Dimitrijevic (Apis) mit Erzherzog Franz Ferdinand v. Este Ursachen u. Anlass d. 1. WK. *Das war d. Ende* verfolgt akribisch d. militärischen u. polit. Ereignisse zw. d. Friedensschlüssen v. Brest-Litowsk u. Versailles, u. *Weder Kaiser noch König* gilt d. unglücklichen Rolle Kaiser Karls beim Verlust d. öst. wie d. ungar. Krone. B. Perspektive ist bestimmt v. einem großdt.-antihabsburgischen Denken, allenfalls d. Ehrenrettung d. öst. Heeres ist ihm ein Anliegen. Die Zugehörigkeit zur Frontkämpfergeneration u. völkisches Denken bestimmen auch seine Haltung gegenüber d. NS; in seinem R. über d. napoleonischen Freiheitskriege *Zu früh u. zu spät*, d. d. Thema d. »dt. Sendung Öst.« aufgreift, huldigte er 1936 in indirekter, nur vordergründig auf Andreas Hofer gemünzter Weise Adolf Hitler als d. ersehnten Führergestalt, u. nach d. »Anschluss« trat B. mit Schriften wie *Glückliches Öst.* hervor. Nach 1945 gab B. sich als ein Geläuterter: Seine Trilogie über d. Auflösung d. Habsburgerreiches wurde 1951 in überarb. Form u.d.T. *Die Throne stürzen* wieder aufgelegt u. fand mit mehr als einer halben Million Exemplaren Verbreitung, darüber hinaus unternahm er d. Versuch, in einer weiteren groß angelegten Trilogie *Das zwölfjährige Reich* d. Ursachen für Hitlers erfolgreichen Griff nach d. Macht aufzuzeigen. Geben sich d. drei, d. Kampfzeit Hitlers bis 1926, d. Errichtung u. Festigung d. nsoz. Regimes 1933-39 sowie d. 2. WK bis zum Atombombenabwurf auf Hiroshima u. Nagasaki nachzeichnenden Bde. nach außen hin als vorurteilsfreie Beitr. zur Bewältigung d. Vergangenheit, so gerät d. Darstellung in mancherlei Beziehung zur nur mühsam verhüllten nsoz. Wiederbetätigung: im Ausspielen v. Positionen Hitlers gegenüber denen seiner Paladine. In d. Kritik d. Partei u. ihrer Gruppierungen zugunsten d. dt. Wehrmacht gewann B. d. Freiraum für seinen Versuch, in vorgeblich quellenmäßig bis ins Einzelne belegbaren, tatsächlich aber pseudo-authentischen Gesch.bildern d. Faszination jener Bewegung noch einmal zu revozieren u. zugleich eine in ihrer Tendenz zur Verharmlosung bedenkliche Rechtfertigungsideologie auf lit. Wege in Umlauf zu setzen.

WERKE: Romane: *Der lachende Gott*, Mchn. 1928, Neuausg. u.d.T. *Der fremde Gott*, Graz 1948; *Susanne u. Marie*, Mchn. 1929, Neufassung u.d.T. *Auf Wiedersehn, Susanne!*, Mchn. 1939; *Wir alle wollen zur Opernredoute. Ein humoristischer R.*, Mchn. 1930; *Ein Graf spielt Theater*, Karlsbad 1930, Neufassung u.d.T. *Ein Schloß in Böhmen*, Karlsbad 1942; *Apis u. Este. (So fing es an.) Ein Franz Ferdinand-Roman*, Mchn. 1931; *Das war d. Ende. V. Brest-Litowsk bis Versailles*, Mchn. 1932; *Weder Kaiser noch König. Der Untergang d. habsburgischen Monarchie*, Mchn. 1933, Neufassung d. Trilogie u.d.T. *Die Throne stürzen*, Mchn. 1951; *Die schrecklichen Pferde. Der Welserzug nach Eldorado*, Bln. 1934, Neuaufl. u.d.T. *Die sieghaften Pferde*, Salzb. 1957; *Zu früh u. zu spät. Das große Vorspiel d. Befreiungskriege*, Mchn. 1936, Neuaufl. u.d.T. *1809. Zu früh u. zu spät*, Salzb. 1958; *Die sanfte Gewalt*, Mchn. 1940; *Der Lügner*, Wien/Linz/Zürich 1949; *Aus d. Reitschul'*, Graz 1951; *Dann müssen Frauen streiken*, Graz 1957; *Das zwölfjährige Reich*, Trilogie, bestehend aus: *Der Trommler*, Graz/Wien/Köln 1960; *Der böhmische Gefreite*, ebd. 1960; *Wehe d. Besiegten alle*, ebd. 1961; *Am Ende stand Königgrätz. Hist. R. um Preußen u. Öst.*, ebd. 1965. Erz., Humoresken (Ps. Bruno Clemens): *Der Sturm auf d. Verlag*, Wien 1925; *Britta*, Mchn. 1934; *Die Grenze mitten durch d. Herz*, Mchn. 1938; *Der dümmste Sibiriak*, Lzg. 1939; *Eine dt. Studentenbude in Prag*, (Mitverf.), Prag 1939; *Der Abend ohne Gefolge. Eine Pratergesch.*, Stgt. 1942, Auszug aus: *Die sanfte Gewalt. Der Traum v. gerechten Regiment*, Augsburg 1959; *K.u.k. Anekdoten aus d. alten Öst.*, Mchn./Esslingen 1960; *Warum wir sie lieben. Kleine Stücke v. Müttern, Blumen, Farben, Tieren, Kindern u. Sonne*, Graz/Wien/Köln 1963. Autobiogr. Erz.: *Das gelbe Ahornbl. Ein Leben in Gesch.*, Karlsbad 1931; *Heimat ist Arbeit. Hausbuch dt. Gesch.*, Karlsbad 1934; *Die größere Heimat. Auslanddt. Erz.*, Karlsbad 1934, mit Auszügen aus *Das gelbe Ahornbl.* u. *Heimat ist Arbeit*; *Das wunderschöne Spiel. Kindergesch.*, Karlsbad 1936, mit Auszügen aus: *Das gelbe Ahornbl.* u. *Heimat ist Arbeit*; *Die weiße Adlerfeder. Gesch. aus meinem Leben*, Mchn. 1937; *Der König v. Rücken. Gesch. u. Geschautes*, Karlsbad 1942. *Heimat in Böhmen*, Salzb. 1951; *Ein Leben in Gesch.*, Augsburg 1951, Auszüge aus: *Das gelbe Ahornbl.*, *Heimat ist Arbeit* u. *Der König v. Rücken*; *Die vier Temperamente*, Graz 1952. Laienspiel: *Der kleine Mozart ist krank*, Kassel 1953. Hist.-polit. u. kulturpolit. Schriften: *Wien, d. Grenzstadt im dt. Osten*, Jena 1937; *Glückliches Öst.*, Jena 1938; *Tag d. Erfüllung, 28 Reden, Aufs. u. Tgb.eintragungen*, Wien 1939; *Im Grossdt. Reiche*, Wien 1940; *Der liebe Leser*, Bln. 1940; *Deutsche Haltung vor Fremden. Ein Kameradenwort an unsere Solda-

ten, Tornisterschrift d. OKW, Bln. 1941; *Am Rande d. Abgrunds. Von Lenin bis Truman*, Graz 1950; *Der geistige u. militärische Zusammenhalt in national gemischten Heeren*, Vortrag 1952; *Das Ebenbild. Menschen, Tiere, Träume u. Maschinen*, Mchn. 1954; *Der Weg zum Roten Oktober. Gesch. zwischen Reaktion u. Revolution*, Wien/Graz 1967. Kunstgesch. Schriften: *Die östlichen Einflüsse in d. germanischen Tierornamentik*, Diss. phil., Wien 1922, vgl. B.B.: *Der Ursprung d. germanischen Tierornamentik*, in: Der Norden in d. bildenden Kunst Westeuropas, hg. v. J. Strzygowski, Wien 1926; *Alte Tore aus Öst.*, Einleitung, Wien 1926; *Denksäulen aus Öst. Eine Studie*, Wien 1932. Hg.: *Soldatenbrevier*, Wien 1937; *Der getreue Eckart*, Jg. 16-20, Wien 1938-42. Nachl. im Privatbesitz v. Dr. Roland Brehm, Wien.

LITERATUR: Kosch; S. Arbter; B.B. Trilogie v. WK., Diss. phil., Wien 1939; Giebisch/Gugitz; Lex. dt. mähr. Autoren, Olomouc [Olmütz] 2002.

Ernst Fischer

Brehm, Doris (Ps. **Diez**, * 10.5.1908 Dresden – ?) war in Wien als Verlagslektorin tätig. In d. 1950er- u. 60er-Jahren trat d. zuletzt im 19. Wr. Gemeindebezirk lebende Literatin mit etlichen Übers. v. weltlit. frz. u. engl. R.werken hervor (u.a. Emile Zola, Colette, Erskine Caldwell). Darüber hinaus verfasste sie einige wenige eigenschöpferische Prosaarbeiten: Der d. jüngste Vergangenheit aufarb., anspruchsvollere belletrist. Wr. Frauenr. *Eine Frau zwischen gestern u. morgen* (1955) zählt zu ihren bekanntesten u. erfolgreichsten Werken.

WERKE (Ausw.): Roman: *Eine Frau zwischen gestern u. morgen*, Wien 1955, Buchgemeinschaftsausg., Wien 1955, 21.-30. Tsd. Halle a.d. Saale 1957, 31.-40. Tsd. 1958. Übers.: Howard Fast: *Straße zur Freiheit*, R., Wien 1949; Emil Zola: *Germinal*, R., Wien 1949, 1951, bearb. Übers.; James Thomas Farrell: *Die Fremde Erde*, Zürich 1952; Leopold Infeld: *Wen d. Götter lieben. Die Gesch. d. Evariste Galois*, R., Wien [1954]; Arthur Miller: *Brennpunkt*, Hbg. 1955, Tb.ausg. Hbg. 1962; Erskine Caldwell: *Ein Haus im Hügelland*, R., Hbg. 1957; Colette: *Sido*, Hbg./Wien 1961; Erskine Caldwell: *In Gottes sicherer Hand*, R., Mchn. 1962; *Neun v. Colette*, Erz., Teilslg., Hbg./Wien 1962.

LITERATUR: W. Ilberg: Rez. d. R. Eine Frau zw. gestern u. morgen, in: Neue dt. Lit. 7 (1959), H. 1, 144-148; Kürschner; Giebisch/Gugitz.

Sylvia Leskowa

Brehmer, Arthur (Ps. Robby **Jones**, 8.2.1858 Triest – 1.12.1923 Eichgraben b. Wien), Feuilleton-Red. d. *Triester Tagbl.* In d. Wr. Bibl. sind nur drei Werke – *Gott. Ein dramatisches Gedicht; Gott, v. ihm selbst; Aus dunklen Tagen v. Pietro Mascagni* – v. B. vorhanden, nähere Angaben über sein Leben u. seine lit. Arbeiten fehlen in d. einschlägigen Lex. Im *Verlag d. roten Bücher*, d. Selbstverlag d. Autors, wurde 1923 eine Ausg. d. *Ges. Werke Brehmers in 100 Bändchen* angekündigt, d. Tod B. verhinderte jedoch d. Projekt, es erschienen nur zwei Bde. Das dramat. G. *Gott* stellt eine leidenschaftliche Anklage an Gott dar – »Du bist ein Lügner, Du bist Heuchler, Du bist ein Henker u. Mörder u. Heuchler, […] Du bist d. Schaffer u. Schöpfer d. Bösen«. B. lässt Eva, Kain, Christus, Judas, eine vermeintliche Hexe, einen Prediger u. Soldaten auftreten, all diese Figuren erzählen ihre Leidensgesch., ihre furchtbaren Qualen u. v. ihrem vergebliches Flehen um d. Hilfe Gottes – d. schrecklichsten Gräueltaten lässt Gott geschehen, er kennt keine Liebe, keine Güte, kein Mitleid. Ein düsteres Bild Gottes gibt B. auch im Bd. *Gott*.

Von ihm selbst, d. Slg. v. Bibelzitaten zeigt Gott als strengen, strafenden, rachsüchtigen u. übermächtigen Herrn, d. kein Verständnis für d. Menschheit aufbringt. Eine Gesamtcharakteristik v. B. lit. Schaffen ist aufgrund d. fehlenden Quellen nicht möglich, ebenso wenig eine lit. Einordnung. Zu erwähnen ist nur noch ein frühes Werk, *Aus dunklen Tagen* (1893), eine Slg. humorvoller Gesch. u. Anekdoten aus d. Leben d. ital. Komponisten Pietro Mascagni.

WERKE: Erz.: *Skizzen*, Wien 1884; *Märchenbuch für unsere großen Kinder*, Wien 1884; *Aus d. Fremde*, Wien 1884. Roman: *Der Sohn Gottes*, 1899; *Der Weltuntergang*, 1899, m. R. Falb. Drama: *Gott*, Steyr 1921. Slg.: *Gott. Von ihm selbst*, Steyr 1923.

LITERATUR: Giebisch/Gugitz.

Cornelia Fritsch

Breicha, Otto (26.7.1932 Wien – 28.12.2003 ebd.) begann 1961 – nach seinen mit d. Promotion zum Dr. phil. abgeschl. Stud. d. Jurisprudenz, Kunstgesch., Theaterwiss., Germanistik, Soziologie u. Phil. – seine publizist. Tätigkeit als Mitarb. öst. u. ausländischer Ztg. u. Zs. Nach kurzer dramaturgischer Tätigkeit am Kaleidoskop-Theater folgten zehn Jahre als wiss. Mitarb. d. *Österreichischen Gesellschaft für Literatur*. 1972 wurde B. als Leiter d. Kulturhauses nach Graz berufen, nachdem er bereits seit Mitte d. 60er-Jahre in mehreren Städten Ausstellungen organisiert hatte. Seit 1980 leitete er d. Rupertinum, d. Galerie für moderne Kunst, in Salzb. Parallel laufende lit. Stationen u. Tätigkeiten B. sind: seine Hg. d. HERTHA-KRÄFTNER-Nachl. (1963, 1978, 1981 teilweise zus. mit A. OKOPENKO); seine Rezensententätigkeit für d. Zs. *Wort in d. Zeit* (1962-66); seine zus. mit GERHARD FRITSCH hg. Anthologie *Finale u. Auftakt* (1964), d. d. Wien zw. 1898 u. 1914, u.

Aufforderung zum Misstrauen (1967), d. d. Tendenzen d. öst. Nachkriegskunst u. Lit. zusammenfassen; seine Mithg. d. bibliophilen Zs. *Ver Sacrum* (1969-74); seine Hg. u. Redaktion d. Zs. PROTOKOLLE (ab 1966 bis zur Einstellung d. Zs. 1997), für d. er, nach d. Tod GERHARD FRITSCHS (1969) allein verantwortlich zeichnete, sowie mehr als zwei Dutzend Buch- u. Katalog-Publ., darunter mehrere Monografien über öst. Maler u. Bildhauer d. Gegenwart, über Wotruba, W. Hutter, G. Eisler, A. Rainer, A. Urteil u.a. u. schließlich, nach eigenen Aussagen, etwa 1000 Aufs. bzw. Essays zur gegenwärtigen öst. Kunst u. Lit. Preis: Würdigungspreis d. Stadt Wien für Publizistik (1981).

Trotz B. Aktivitäten für d. gesamte öst. Gegenwartskultur, d.h. auch für Architektur, Musik, Kunstgewerbe, Aktionismus u. v.a. für experimentelle Fotografie zeichnen sich schon sehr früh lit. Präferenzen ab. Es sind dies d. Surrealismus d. 20er- u. 50er-Jahre (hier v.a. Max Hölzer) u. d. an d. Surrealismus anknüpfenden Autoren d. WR. GRUPPE (KONRAD BAYER, GERHARD RÜHM, OSWALD WIENER, H.C. ARTMANN, ERNST JANDL u. FRIEDERIKE MAYRÖCKER), aber sehr bald auch schon THOMAS BERNHARD, ANDREAS OKOPENKO u. d. GRAZER GRUPPE-Autoren (ALFRED KOLLERITSCH, PETER HANDKE, WOLFGANG BAUER, BARBARA FRISCHMUTH u. MICHAEL SCHARANG). V.a. diese Schriftsteller – aber auch unbekanntere, vergessene wie d. Dramatiker RAIMUND BERGER – stellte B., d. selbst Mitgl. d. Grazer FORUM STADTPARK sowie d. GRAZER AUTORENVERSLG. war, in Aufs., Introduktionen u. sonstigen Publ. sowohl seinen eigenen Landsleuten, als auch d. Ausland vor, so d. WR. GRUPPE schon 1969 in Warschau. Neben u. nach GERHARD FRITSCH, für dessen nachgelassene Fragmente B. seine PROTOKOLLE zur Verfügung stellte, da sich andere Publ. möglichkeiten offenbar nicht fanden, war somit B. d. wichtigste Wortführer u. Propagandist nicht nur, wie FRITSCH, d. öst. Lit. d. Gegenwart, sondern darüber hinaus d. gesamten öst. Gegenwartskultur. So widmete B. (1983) d. gesamten ersten Bd. seiner PROTOKOLLE d. ersten umfassen Dokumentation über Leben u. Werk KONRAD BAYERS. Aktionismus u. experimentelle Fotografie hatten in B. PROTOKOLLE ihr bestes, stets druckbereites Publ.organ u. in B. selbst ihren aufmerksamsten, aufgeschlossensten Beobachter u. Interpreten.

Obwohl B. – nach d. Urteil KURT KLINGERS – mehr v. d. »Dynamik d. Fantasie« als v. allem »Statischen, Klassischen« angezogen war, bestätigte Klinger (1981) in seiner Laudatio anlässl. d. Verleihung d. Würdigungspreises d. Stadt Wien für Publizistik neben »überzeugender Vollzugsenergie« v.a. »konzentrierte Vielseitigkeit«. »Nur ein mit d. beharrlichen Furor d. Zusammenschau begabter Mensch, d. d. Komplexe ein angenehmes u. angemessenes Element ist« – so führte er aus – »konnte d. Bürde so weit verzweigter Studien u. Materialienvermittlung gewachsen sein.« Die v. diesen publizist. Aktivitäten u. Verdiensten verdeckten stilist. Qualitäten B., seine poetische Sensibilität, seine Fähigkeit, mit ebenso knappen wie treffenden Sätzen Lit. zu illustrieren u. bildende Künste in Worte zu fassen, d. Tatsache, dass B. selbst, wie er 1984 v. einem d. v. ihm Porträtierten schrieb, »überhaupt ein Feinfühliger [ist], d. es zwischen Begabung, Kunstwollen u. Zeitgeist herumtreibt«, wurde hingegen öffentlich noch kaum gewürdigt.

WERKE: Essayistik: *Wolfgang Hutter*, Essays u. Werkkat., Wien/Mchn. 1969; *Andreas Urteil*, Monografie mit Werkkat., Wien/Mchn. 1970; *Georg Eisler*, Monografie u. Werkkat., Wien/Mchn. 1970; *Surrealismus u. d. Erfahrung d. europäischen Moderne in Amerika*, Graz 1978; *Öst. zum Beispiel*, Salzb./Wien 1982. Hg. (m. A. Okopenko): Hertha Kräftner: *Warum hier, warum heute*, Graz 1963; Hertha Kräftner: *Das Werk, Gedichte, Skizzen, Tagebücher*, Edition Roetzer. Burgenländische Bibliogr. 1978, zus. mit A. Okopenko; Hertha Kräftner: *Das blaue Licht, Lyrik u. Prosa*, Darmstadt/Neuwied 1981; zus. mit G. Fritsch: *Finale u. Auftakt*, Wien 1898-1914, Salzb. 1964; m. G. Fritsch: *Aufforderung zum Mißtrauen*, Salzb. 1967; *Um Wotruba*, Zürich 1967; *Alfred Kubin*, Salzb. 1977; *Oskar Kokoschka: Vom Erlebnis im Leben*, Salzb. 1977; *Gustav Klimt: Die goldene Pforte. Werk, Wesen, Wirkung*, Salzb. 1978; *Arnulf Rainer*, Salzb. 1980; *Klimt, Schiele, Kokoschka*, Salzb. 1981; *Der Art-Club in Öst.*, Wien/Mchn. 1981. Hg. bzw. Mithg. Zs.: *Ver Sacrum*, 1969-74; *Protokolle*, ab 1966.

LITERATUR: K. Klinger: Laudatio zur Verleihung d. Würdigungspreises d. Stadt Wien für Publizistik (1981), in: Lit. u. Kritik 1981, 628-631.

Waltraut Schwarz

Breidbach-Bernau, Hans Gustav Adolf (* 16.3.1921 Wien), Sohn d. in Bln. u. Wien tätigen Schauspielers u. Theaterdirektors Alfred B., verbrachte seine Schulzeit in Münster u. Bln., wo er 1938 d. Matura ablegte. B. war im 2. WK Berichterstatter (Pressefotograf) in Nordafrika, dann Journalist u. freier Autor. B., bei St. Wolfgang/OÖ u. später in Bad Ischl lebend, war darüber hinaus nicht nur aktiver Sportler (Landesmeister in Leichtathletik u. Langstreckenlauf), sondern auch Trainer u. Organisator v. nat. u. internat. Wettkämpfen. In erster Linie tritt er aber als Sportjournalist hervor (Mitarb. bei Tageszig. u. Fachzs. wie *Olympisches Feuer* u. bei EssayBdn.). Somit geht d. Träger d. Olympiapreises für epische Lit. (London 1948) nicht v. ungefähr d. nur scheinbar unvereinbaren

Gegensatz v. Sport u. Lit. nach (Grazer Vortrag *Der Dichter u. seine Bedeutung für d. weitere Entwicklung d. Sports*, 1976), er liefert mit im Sportmilieu angesiedelten Prosatexten auch selbst d. besten Beweis dafür. Eine seiner gelungensten Arbeiten ist d. Erz. *Sensenschmidt*, d. Lebensgesch. eines einzelgängerischen Radrennfahrers, d. durch eine mit Spannungsmomenten versehene dokumentarisch-knappe Erzählweise besticht. Überzeugend ist weiters d. kurze Erz. *Vergessen*, in d. B. d. sinnlosen Tod einer im Wüstenkrieg eingesetzten Beobachtungsmannschaft unpathetisch schildert. Demgegenüber fällt d. zu Weitschweifigkeit u. Sentimentalität tendierende R. *Die neue Straße* (1950), d. in thematischer Hinsicht heute aktueller denn je ist (Für u. Wider eines d. Natur zerstörenden Straßenbauprojekts), allerdings eindeutig ab. B., Mitgl. d. P.E.N. u. d. Öst. Autorenverbandes, verfasste auch traditionsbewusste Lyr. (Beitr. für Anthologien: Bd. *Schicksalslied*, d. G. aus drei Jahrzehnten vereint, 1976) u. Hörspiele.

WERKE (Ausw.): Erz.: *Sensenschmidt*, Zwei Erz., Klagenfurt 1947, enthält auch *Vergessen*; *Flaschenpost*, St. Michael 1983. Roman: *Die neue Straße*, Wien 1950. Essays: *Begegnungen im Schatten d. Herakles. Porträts, Skizzen, Profile*, St. Michael 1982. Vortrag: *Der Dichter u. seine Bedeutung für d. weitere Entwicklung d. Sports*, Vortrag, gehalten April 1976 in Graz, Graz 1976, Exemplar d. Wr. Stadt- u. Landesbibl. mit hs. Widmung für Friedrich Torberg.

LITERATUR: Kurzbiogr., in: B.H., D. Dichter u. seine Bedeutung für d. weitere Entwicklung d. Sports, Vortrag, Graz 1976, 25; Who is who in Öst., ⁶1985, Cham 1985, 150; Giebisch/Gugitz.

Sylvia Leskowa

Breier, Eduard (4.11.1811 Warasdin/Kroatien – 3.6.1886 Gut Gaiwitz bei Znaim), jüd. Herkunft, begann nach Gymnasialstudien 1831 eine militärische Laufbahn u. war bereits nebenbei schriftstellerisch tätig. 1837 veröff. er seine erste Erz. in einer Prager Zs., 1839 lernte er seinen späteren Freund J. August Bachmann kennen, d. ihn maßgeblich anregte, unterhaltsame hist. R. zu schreiben. B. redigierte einige Zeit d. belletrist. Monatsschrift KROATIA, trat 1845 aus d. Militärdienst aus u. übersiedelte nach Wien, wo er sich ausschließlich d. Lit. widmete. Er redigierte hier bis 1847 d. v. Bachmann erworbene *Wr. Zs.* u. ließ sich dann beruflich in Prag nieder, wo er u.a. als Red. bei d. amtlichen *Prager Ztg.* arb., d. er im Zuge d. Jahres 1848 eine entschieden freisinnige Richtung gab. Als für d. *Prager Ztg.* ein anderer Red. bestellt wurde, kehrte B. gezwungenermaßen wieder nach Wien zurück, wo Bachmann d. Witzbl. *Wr. Punsch* hg., bei d. er neben KARL SITTER u. THEODOR SCHEIBE Hauptmitarb. wurde. 1850 hielt sich d. Verleger d. »Prager Roman-Albums« J([I]gnaz) L(eopold) Kober in Wien auf u. unterbreitete B. ein Auftragsangebot für umfassende hist. R. B. widmete sich in d. Folge einer intensiven Abfassung v. beinahe ausschließlich gesch. Wr. Lokalr. aus d. theresianisch-josephinischen Zeit, d. auch oft in Ztg., wie d. bäuerleschen WR. THEATERZTG. (*Wien in d. Nacht*) u. in d. *Morgenpost* (*Die beiden Grasel*, 1854), abgedr. wurden u. hier großen Anklang fanden. Er entwickelte auf diesem Gebiet eine unglaubliche – serienmäßige – Produktivität (ca. 70 R.bde.), d. trotz stets vorangehender Quellenstudien unweigerlich auf Kosten d. lit. Qualität ging. B., d. in einer wohlwollenden zeitgenöss. Rez. d. zweibändigen Matthias-Corvinus-R. *Wien vor 400 Jahren* (1842) sogar als ›öst. Walter Scott‹ apostrophiert wurde, verfasste allein aus d. Zeit Kaiser Josephs II. unzählige umfassende R., wobei er in d. vierbändigen, antijesuitisch ausgerichteten »Sittenr.« *Wien u. Rom* (1851) d. Person d. Kaisers als eine d. ersten in d. öst. Erzähllit. für eine Romanfigur verwertete. Er fungierte weiters als Hg. d. Reihe »Das belletristische Inland«, in d. einige seiner R., beispielsweise *Wien u. Bln.* (R.zyklus aus d. Zeit Maria Theresias) u. *Trenk, d. Parteigänger* erschienen. Zudem betätigte er sich auch als polit. Schriftsteller u. gründete in diesem Sinne 1862 d. *G'raden Michel*, d. fortschrittlich-freisinnigen »Wochenboten für Politik, populäres Wissen u. Unterhaltung«, mit d. Witzbl.-Beilage *Kreuz-Köpfel*, d. 1867/68 u.d.T. *Reibeisen* erschien. 1869 führte er d. *G'raden Michel* mit d. neu begr. *Freimüthigen* fort. B., ein unglaublich produktiver, bes. im Genre d. gesch. Lokalr. betriebsamer, populärer Belletrist d. 40er- u. 50er-Jahre d. 19. Jh., besaß nur bedingt lit. Bedeutung, da seine Werke beträchtliche Nähe zur Gattung d. Kolportagelit. aufweisen. Sehr wohl ist er mit seiner Vorliebe für Stoffe aus d. öst. Aufklärung d. 18. Jh. v. kulturgesch. Bedeutung: Sein Werk – wie etwa auch jenes v. FRANZ ERNST PIPITZ bis zu d. lit. Höhen eines CHARLES SEALSFIELD u. JOHANN NESTROY – ist ein Zeichen d. vielfältigen Wege öst. aufgeklärten Geisteslebens u. dessen Wirkung v. 18. ins 19. Jh.

WERKE (Ausw.): Novellen: *Der Königsenkel. Die Schlacht bei Moháčs*, zwei hist.-romant. N., Wien 1841. Romane: *Wien vor 400 Jahren*, hist. R. in 2 Bdn., Wien/Lzg. 1842, ²1846; *Die Hußiten in Luditz*, R., Wien 1843; *Der Gezeichnete*, hist. R., 3 Bde., Wien 1845; *Das Buch v. d. Wienern*, hist. R., 3 Bde., Lzg. 1846; *1809*, hist. R. in 3 Bdn., Lzg. 1847; *Eine Maria Magdalena in Wien. Sittenr. aus unserer Zeit*, 3 Bde., Wien 1849; *Wien u. Rom. Sittenr. aus d. Zeit Kaiser Josephs II.*, 4 Bde., Lzg. 1851, Wien ²1862; *Die Rosenkreuzer in Wien. Sittenr. aus d. Zeit Kaiser Josephs II.*, 4 Bde., Wien 1852, Prag 1852; *Trenk, d. Parteigänger*, hist. R. in 4 Bdn., Wien 1853; *Die beiden Grasel*, R., 2 Tle., Wien 1854; *Der Congress zu Wien*, hist. R., 4 Bde., Wien 1854; *Die Sumpfvögel. R. aus d. Nachtseiten d. Wr. Gesell.*, 3 Tle., Wien 1854; *Pandur u. Freimaurer*, hist. R. in 4 Tln., Wien/Lzg. 1855; *Die Zauberflöte. Komischer R.*, 2 Bde., Prag 1859 (= Album. Bibl. dt. Originalr., hg. v. J.L. Kober, 14. Jg., Bd. 18 u. 19); *General Roßwurm*, hist. R., 3 Tle., Bln. 1861; *Die Söhne d. Grafen v. Bonneval*, hist. R., 4 Tle., Bln. 1861; *Moderne Grasel. Sittenr. aus d. Gegenwart*, 2 Bde., Wien 1865; *Ein Wr. Student*, hist. R., Wien 1866; *Jakobiner in Wien. Hist. R. aus d. Jahre 1794*, Wien 1867; *Die Dame mit d. Hammer*, hist. R., 2 Bde., Wien 1879. Hg.: *Das belletristische Inland. Slg. gediegener Originalr. d. vorzüglichsten Schriftsteller Dtld.*, Wien 1852; *Der G'rade Michel. Wochenbote für Politik, populäres Wissen u. Unterhaltung*, 53 Jg., Wien 1862-1915 (insgesamt); *Der Bote für Geschäftsleute*, Wien 1864f.; *Reib-Eisen. Humoristisch-satyrisches Volksbl.*, Wien 1867f.; *Anekdoten-Ztg. Zentral-Organ für Bonmots, Witze*, Wien 1868; *Der Haus-Garten. Populäre Ztg. für Gartenfreunde*, Wien 1868; *Der Freimüthige. Volkskalender*, Wien 1871f. Werkausg.: *Ges. Romane u. Erz.*, Wien 1861ff., 24 Bde.

LITERATUR: Artikel »B.« in: Wurzbach, Bd. 2; E. B.: Mein lit. Wirken! Ein Rechenschaftsbericht zur Feier meines auf d. 4.11.1871 fallenden 60. Geburtstages, Wien 1871; Nagl/Zeidler/Castle, Bd. 2 u. 3; Journalisten- u. Schriftstellerverein »Concordia« 1859-1909. Eine Fs. I.: Werden u. Walten d. »Concordia« v. J. Stern. II: D. soziale Arbeit d. »Concordia« v. Dr. S. Ehrlich, Wien 1909, 55; Zeman 1, Graz 1982, 365f.; DSL, Bd. 1,

628-634 (diese Bibliogr. verzeichnet 84 Nummern); Giebisch/Gugitz;

Sylvia Leskowa

Breiner, Franz (2.2.1889 Groß Grillowitz/Bez. Znaim/Südmähren – 16.3.1960 Graz), jüngerer Bruder d. Heimat- u. Mundartdichterin OTTILIE B., beide aus einer Handwerkerfamilie stammend, besuchte d. Grundschule in seiner Heimatstadt. Ab 1901 war er Schüler d. k.k. Staatsgymnasiums in Nikolsburg, wo er 1909 d. Reifeprüfung ablegte. Bereits während d. Gymnasialjahre zeigte B. Interesse für Lit., bes. für Lyr., u. verfasste erste G., d. in d. sog. Kneipztg. d. Gymnasiums veröff. wurden. 1928 erschien, in Erinnerung an diese lit. Tätigkeit, d. *Festschrift zum fünfzigsemestrigen Stiftungsfeste d. Ferialverbindung dt. Hochschüler aus Nikolsburg »Thaya« 1903-28,* an deren Hg. sich B. beteiligte u. in d. auch sein G. »In Harmonie mit d. Unendlichen« – eine kurze Kontemplation über Leben u. Tod, Stellung u. Wirkung d. Menschen in d. Welt – veröff. wurde. Auch in d. v. d. Ferialverbindung »Thaya« hg. Schrift *Der frohe Tag* zum 30. Stiftungsfest d. dt. Schulvereins in Wien findet sich ein G. v. B. »So reift d. Leben«, in d. d. Gegensatz v. hastendem menschl. Leben zu d. Gott repräsentierenden Natur thematisiert wird. B. begann 1909 sein Stud. d. Germanistik u. Romanistik an d. Univ. Wien; doch unterbrach er es nach fünf Semestern bis 1918, als er zur Germanistik zurückkehrte u. daneben Kunstgesch. u. Phil. stud., ohne dass ein phil. Doktorat o. eine Lehramtsprüfung nachweisbar ist. 1911-19 war B. Angestellter d. Wr. Dt. Schulvereines, 1912 auch Mithg. d. in dessen Verlag erscheinenden umfangreichen *Deutschen Vortragsbuches,* einer Anthologie v. hauptsächlich zeitgenöss. ernsten u. heiteren Vortragsstücken mit Betonung d. nat. Aspektes (s. Vorwort in Tl. 1), Lyr. u. Prosa v. dt.-öst. Autoren.

1920-31 war B. Leiter d. Werbe-, Organisations- u. Verlagsabteilung d. Dt. Kulturverbandes in Prag; in dieser Funktion gab er viele volksbildnerische Schriften, Broschüren u. G.bde. heraus; so 1920 einen Sammelbd. u.d.T. *Mutter, wir grüßen dich! Was unsere Dichter zum Preise d. Mutter singen u. sagen* (2. Ausg. 1929). Es handelte sich um eine Slg. v. G. u. kleinen Prosatexten, in denen d. Rolle d. Mutter überhöht besungen wird. In d. nächsten Jahren folgte eine Reihe hauptsächlich päd. intendierten Lyr.-Anthologien, d. v. B. zusammengestellt wurden. So erschien 1922 d. *Vortragsbüchlein für Kinder* [...], es folgten *Vortragsdichtungen* [...] *für gesellige Veranstaltungen,* bis B. 1926 wieder zum Thema »Mutter«, einer Slg. u.d.T. *Der Muttertag,* zurückkehrte. Dieses Büchlein enthält 21 Ansprachen u. G., d. Einleitung dazu verfasste B.; hier findet sich aber auch sein Versuch, sich zu diesem Thema lyr. auszudrücken. 1928 erschien d. v. ihm hg. M.-Auslese *Der Bunte Märchengarten,* in welcher 18 M. dt. Autoren v. ihm zusammengefasst wurden. B. leitete 1922 d. »Volkskalender d. Deutschen. Kulturverbandes« sowie 1923-29 d. »Kalender d. Deutschen Kulturverbandes«. Neben d. Kalendarium enthielten diese Kalender Tätigkeitsberichte dieses Verbandes u. einen Unterhaltungsteil mit G. u. Gesch. zur Bildung d. Lesers. Hier veröff. B. keine seiner persönl. Arbeiten als Ausnahme gilt ein Heimatg. *Leise reden Nacht u. Schweigen* (1923), in d. d. Verf. sein Heimweh ausdrückte. B. war nicht nur als Hg. tätig, sondern veröff. in diesen Jahren auch eigene Werke. 1926 erschien d. erste, *Frühling u. Zukunft, ein Maienspiel in Wort, Ton u. Tanz;* ein kurzes dramat. Stück, d. Lyr., Musik u. Tanz verknüpft. In diesem Werk zeigt sich neben d. Liebe zur Natur auch sein inniges Verhältnis zur dt. Heimat. Neben d. Dichtung widmete sich B. – mit seiner

Familie nach Znaim zurückgekehrt – v.a. d. Arbeit im dt. Kulturverband, ferner wirkte er als Kreisratsbeamter u. Lehrer. Nach d. 2. WK ließ B. sich 1949 in Graz nieder, nachdem er zuvor vier Jahre einen festen Aufenthalt in Öst. gesucht hatte. 1952 erschien sein zweites eigenes Werk *Das Brillenglas. Ein heiteres Versbuch.* Es handelte sich hier nach Aussage v. B. Tochter um d. 2. Slg., eine frühere sowie eine druckfertige volkskundl. Arbeit, d. 1945 verloren ging. Die Titel dieser Werke sind unbekannt. Das G.buch *Das Brillenglas* gliedert sich in vier Abschnitte, d. jedoch keine sprachlichen o. thematischen Unterschiede erkennen lassen; es werden d. kleinen Alltagsprobleme in heiterer Art mit verallg.nder Pointe mit liebenswürdigem Humor behandelt. B. betrachtete sich in erster Linie als Wahrer u. Hüter d. Kulturgutes d. dt. Volksgruppe in Mähren, d. seine ganze Arbeit galt. Nach d. Vertreibung aus d. Tschechoslowakei sind keine weiteren Werke v. ihm nachzuweisen.

WERKE: Selbständige Publikationen: *Die Aufgaben d. Bezirksverbände*, Prag 1926; *Frühling u. Zukunft. Ein Maienspiel in Wort, Ton u. Tanz*, Prag 1926; *Das Brillenglas. Ein heiteres Versbuch*, Salzb. 1952; Beitr. in Ztg. u. Zs.: *Kleine Beiträge zum südmährischen Hochzeitsbrauchtum*, in: Sudetendt. Zs. f. Volkskunde Nr. 3 (1930, 105-210); *Wilhelm Busch. Ein Gedenkbl. zum 3. Todestage*, in: Kalender d. Dt. Kulturverbandes, Jg. 17, 1938, 118-122; *Kunst in Südmähren*, in: ebd., Jg. 18 (1939, 115); Hg.: *Deutsches Vortragsbuch. Vortragsstücke nationalen Inhaltes, gesammelt u. gesichtet v. F. B. u. K. Lustig*, 3 Bde., Wien 1912/13: 4 Bde.; *Mutter, wir grüßen dich! Was unsere Dichter zum Preise d. Mutter singen u. sagen*, Prag 1920; *Volkskalender d. Deutschen Kulturverbandes für d. Jahr 1922*, Prag 1922; *Vortragsbüchlein für Kinder. Eine kleine Slg. ernster u. heiterer Gedichte für Schulfeste, Elternabende u. ähnliche Veranstaltungen*, Prag 1922; *Vortragsdichtungen ernsten u. heiteren Inhaltes für gesellige Veranstaltungen*, Prag 1922; *Kalender d. Deutschen. Kulturverbandes*, Prag 1923-39; *Der Muttertag. Ansprachen u. Vortragsstoffe*, Prag 1926; *Jahrbüchlein für d. dt. Jugend 1927-28*, Prag 1927; *Der bunte Märchengarten*, Prag 1928.

LITERATUR: 200 Jahre Znaimer Schreibkalender 1938, Znaim 1928, 101; Giebisch/Gugitz; A. u. L. Pfister: Possitz, Groß Grillowitz, Neuweidenbach. Erinnerungen an unser Dorf in Südmähren, Nussloch 1992; Kosch, Bd. 1, Heimatbuch Nikolsburg, Wien 1987, 399; Lex. dt.-mähr. Autoren, Olomouc 2002.

Eva Münz

Breiner, Ottilie (auch Tilla B., 25.11.1885 Groß Grillowitz/Bez. Znaim, Südmähren – 4.12.1976 Wien), ältere Schwester d. im dt. Kulturbetrieb Mährens bekannten FRANZ B., stammte aus einer Handwerkerfamilie (Maurermeister u. Dachdecker). Früh verwaist, trat sie eine Modistinnenlehre an u. arb. anschließend als Verkäuferin; erst mit 22 Jahren wurde sie in eine Lehrerinnenbildungsanstalt aufgenommen; wegen mangelnder Schulbildung (sie hatte lediglich eine Dorfschule besucht) musste sie eine Aufnahmeprüfung ablegen. Nach Absolvierung dieser Anstalt übte B. d. Beruf einer Lehrerin an mehreren Wirkungsstätten sehr erfolgreich aus: v. vermutlich 1911-24 in Borotitz, dann in Znaim, als Schulleiterin in Pratsch u. bis 1945 in Possitz. 1933 wurde sie in d. Ortsschulrat gewählt u. war auch Mitgl. d. Bezirksschulrates. 1943 wurde ihr d. »Treudienstehrenzeichen« verliehen. 1945, als d. dt. Bevölkerung Possitz verlassen musste, ließ B. sich in Öst. nieder u. arb. als Religionslehrerin in Laa/Thaya, NÖ, bis zu ihrer Pensionierung. –

Das bekannteste lit. Werk d. Autorin ist ihr beim 2. südmährischen Gauturnfest 1924 in d. Znaimer Herzogsburg aufgeführtes Freilichtstück *Im Zeitenlauf. 7 Bilder aus d. Gesch. Znaims*. Wie d. Untertitel bereits andeutet, werden in sieben Bildern gesch. Ereignisse aus Mähren dramat. dargestellt, wobei bes. d. Dt.tum im Kampf gegen d. Slawen betont wird. Angefangen v. d. Christianisierung *Unter d. heiligen Esche* (Bild 1) über d. Hochzeit Herzog Ottos 1335 (Bild 4) u. *Wallensteins Lager* (Bild 6) bis zu d. Tagen Napoleons (Bild 7) wird d. Heimat d. zentrale Rolle zugeordnet, d. als »höchstes Wesen« (Mutter, Göttin) in wortgewaltigen Äußerungen angesprochen wird. Hier bricht d. nat. Problematik d. Sudetendeutschtums, d. sich im tschech. Nachfolgestaat zurechtzufinden hatte, auf. Das zweite bekannt gewordene dramat. Werk *Wintersonnenwende. Ein Bühnenspiel in zwei Bildern* (1926/27) ist zur Gänze d. Germanentum gewidmet, doch scheint es zu implizieren, dass in d. Augen d. Autorin d. Germanen d. höchsten Wert erst durch d. Christentum erhielten; d. heidnische Fest klingt weihnachtlich-friedlich mit d. Weihnachtslied »Es ist ein Ros' entsprungen« aus Sprachlich legte d. Dichterin Wert auf d. lautmalerische Gestaltung d. metrisch nicht regelmäßigen Verse, sie arb. häufig mit Assonanzen u. Alliterationen (»Heilig u. hehr ist d. Herd meiner Heimat«); wohl um d. Text einen archaischen Scharakter zu geben. Ganz anders hingegen wirkt z.B. eine kurze Erz. im südmährischen Dialekt *Wia d'Liesal z' erschtemol af oana Leich gwest ist*, veröff. im Bd. *Südmährens Dichter u. Sänger* (Nikolsburg 1925). Daneben verfasste B. eine Reihe v. Gelegenheitsg mit so unterschiedlichen Themen wie *Weihnachtstrost, Zum 9. Oktober 1938* (d. Datum d. Einmarsches dt. Truppen in Possitz, vorgetragen am betreffenden Schulfest) o. *Heimatlos* (anlässl. d. Vertreibung 1945). Nur wenige Zeilen v. B. aus d. Nachkriegszeit sind bekannt, d. G. »In d. neue Jahr«, wohl 1970 entstanden, zeigt wieder Zuversicht u. Hoffnung für eine bessere Zukunft.

WERKE: Dramat. Dichtung: *Im Zeitenlauf. 7 Bilder aus d. Gesch. Znaims*, Znaim 1923; *Wintersonnenwende. Ein Bühnenspiel in zwei Bildern*, Prag o.J., Prager Nat. Bibl.1927. Erz.: *Wia d' Liesal z'erschtemol of oana Leich gwest is*, in: *Südmährens Dichter u. Sänger. Eine Erntelese* v. Dr. J. Blösl, Nikolsburg 1925, 195-197. Gedichte: *Mei Ahnl*, in: Südmährisches Jb. 1972, 6; *Mei Hoamat*, mschr., o.D., pers. Übergabe durch A. u. L. Pfister, 2001; *Weihnachtstrost*, in: Deutschmährische Heimat, Nr. 1/12, 13. Jg, 1927, Beilage 6; *Zum 9. Oktober 1938*, in: Schulchronik d. vierklassigen Volksschule in Possitz, II, 1920-45.

LITERATUR: Kosch, Bd. 1, Giebisch/Gugitz; J. Blösl: Südmährens Dichter u. Sänger. Eine Erntelese, Nikolsburg ²1925, 284; F. Jaksch: Lex. sudetendt. Schriftsteller u. ihrer Werke f. d. Jahre 1900-29, Reichenberg 1929, 38; A. u. L. Pfister: Possitz, Groß Grillowitz, Neuweidenbach. Erinnerungen an unser Dorf in Südmähren, Nussloch 1992; Publicace k 770. Výročí založení Božic. Obecní úřad Božice 1995, 7; Schulchronik d. vierklass. Volksschule in Possitz, II, 1920-45, Archiv Znaim; Lex. dt.-mähr. Autoren, Olomouc (Olmütz) 2002.

Eva Münz

Breiner, Tilla → **Breiner**, Ottilie

Breisach, Emil (* 21.3.1923 Stockerau/NÖ), Sohn eines Offiziers, übersiedelte 1933 nach Graz, wo er eine Gymnasialausbildung absolvierte, war nach d. Militärdienst (1940-45) zunächst als Sprecher bei d. Sendergruppe Alpenland tätig (1945-47), dann Leiter d. Abteilung Unterhaltung-Kabarett. Seit 1967 wirkte er als ORF-Intendant d. Landesstudios Stmk. Der Rundfunkfachmann (auch medienwiss. Vorträge, Vorlesungen an d. Grazer Univ. sowie Publ., z.B. *Die Angst vor d. Medien*, 1978) engagierte sich unter d. zukunftsorientierten Vorzeichen d. Toleranz u. Aufgeschlossenheit maßgeblich für kulturelle Belange. So war er nicht nur Gründungspräsident d. Künstlervereinigung FORUM STADTPARK (1958-67 Präsident), sondern auch Mitinitiator d. Avantgardefestivals ›steirischer herbst‹, bei d. er zudem als Direktoriumsmitgl. fungierte. Weiters gab er in d. 80er-Jahren Texte zeitgenöss. Literaten heraus (u.a. v. Markus Jaroschka, Lilian Faschinger). 1976 erhielt er d. Josef Krainer-Preis für wiss. Forschung, 1979 d. Hanns-Koren-Kulturpreis. Nebenbei trat u. tritt er als Literat hervor, wobei d. Schwerpunkt dieser Tätigkeit im dramat. Genre (inkl. Medium Rundfunk) liegt. B. verfasste aber auch Lyr. (Mundartg.) u. Prosatexte. Einen Überblick über sein vielseitiges Werk gibt d. Bd. *Am seidenen Faden d. Freiheit* (1983). Er enthält (funk-)dramat., kabarettist., lyr. u. erzählende Arbeiten (weiters kulturpolit. Reden u. Vorträge) aus d. 1950er-bis 70er-Jahren. B. erweist sich hier stets als exzellenter u. einfühlsamer Satiriker seiner Zeit, d. für einen humanen mitmenschl. Umgang in einer humaneren Welt plädiert, ohne dabei in d. Rolle eines strikten Moralisten zu verfallen. Neben d. aussagestarken Dialektg. (1977/78) ist d. kabarettist. Collage *Wer frißt wen?* (1979), in d. d. aus d. ethischen Fugen geratene Welt einer vehementen Kritik unterzogen wird, bes. gelungen.

WERKE (Ausw.): Spiele: *Ich kann d. Verantwortung nicht übernehmen. Ein Spiel in 3 Akten*, Mchn. 1954, Graz ²1964; *Kleine Schmugglerschule – Autounfall – Die Liebesprobe. Lustige Kurzspiele*, Graz 1959. Kabarettistisches: *Das neue Schulgesetz – Überweisungsinstitut mit beschränkter Haftung – Der gestohlene Mantel. 3 Menüs aus d. Speisekarte d. Kabaretts »Die Tellerwäscher«*, Graz 1966. Werkausg.: *Am seidenen Faden d. Freiheit*, Textslg., Graz 1983 (enthält: dramat. Arbeiten, Kabarett-Texte, Dialektg., Prosa sowie Reden u. Vorträge). Medienpolit. Studie: *Die Angst vor d. Medien. Zähmbare Giganten?*, Graz 1978. Hg.: Markus Jaroschka: *Sprachwesel*, G., ausw. lyr. Texte, Graz 1980; Otto Eggenreich: *Schonzeit*, G., Graz 1981; Lilian Faschinger: *Selbstauslöser*, Lyr. u. Prosa, Graz 1983; Wolfgang Siegmund: *Der verdünnte Pazifik*, G., Graz 1984; Edi Falk: *Denkmal für einen Biertrinker*, Prosa (6 Erz.), Graz 1985.

LITERATUR: M. Mixner. Vorwort zu E. B.: Am seidenen Faden d. Freiheit. Eine Textslg., Graz 1983, 6ff.; Who is who in Öst., ⁶1985. Eine Prominentenenzyklopädie, mit ca. 10 000 Biogr. […], zus. gestellt u. hg. v. R. Hübner, Cham 1985, 150.

Sylvia Leskowa

Breisky, Hubert v. (28.10.1908 Wien – 16.8.1967 Lissabon) stammte aus einer alten öst. Beamtenfamilie, promovierte in Wien zum Dr. jur. u. widmete sich zunächst einer diplomatischen Laufbahn, d. ihn in viele europ. Hauptstädte führte (u.a. Legationsrat in Lissabon). Er unternahm etliche Reisen in entfernte Länder, bes. Afrika, wo er sich auch als Unternehmer betätigte (u.a. Viehzüchter, Eigentümer einer renommierten techn. Firma in Ostafrika/Mozambique; zudem Afrikavertretung d. dt. AEG u. d. öst. Steyr-Daimler-Puch-AG). Der Kosmopolit besaß nicht nur ein Haus in Lissabon (Cascais), sondern auch ein Anwesen im oö. Plomberg aus Mondsee. Seine abenteuerlichen Reiseerlebnisse u. Impressionen verwertete B. in seinem letzten Lebensjahrzehnt für drei umfangreiche, gelungene Unterhaltungsr., mit denen er sich als quasi öst. Pendant zu Louis Bromfield u. William Somerset Maugham erweist: Den größten Erfolg erzielte er mit seinem ersten – u. zugleich besten – Werk, d. Afrika-R. *Der Koloß* (1959, Buchgemeinschaftsausg. 1961, Übers.). Im nachfolgenden Angola-R. *Sie warten auf Morgen* (1964) u. Kambodscha-R. *Paradies neben d. Hölle* (1967) blieb B. nicht nur seinem lebendigen u. spannungsreichen Erzählstil treu, sondern stellte erneut d. Konfrontation v. europ. u. exotischer Lebensweise anhand v. Einzelschicksalen in d. Mittelpunkt d. Handlung, allerdings unter weniger anspruchsvollem Vorzeichen.

WERKE: Romane: *Der Koloß. Ein Afrika-R.*, Salzb./Stgt. 1959, Wien 1961 (= Buchgemeinschaftsausg.); *Sie warten auf Morgen. Ein R. aus Angola*, Bln. 1964; *Paradies neben d. Hölle. R. aus Kambodscha*, Salzb./Stgt. 1967.

LITERATUR: Nachwort (mit Erinnerungen v. Erich Landgrebe) zu B., H. v.: D. Koloß. Ein Afrika-R., Wien 1961, 431f.; Kürschner 55. Jg.; Giebisch/Gugitz.

Sylvia Leskowa

Breit, Bert (25.7.1927 Innsbr. – 17.9.2004 Innsbr.). Komponist, Filmemacher, Journalist u. Zeichner. B. besuchte in Innsbr. d. Volksschule u. d. Gymnasium. 1944 wurde er als Luftwaffenhelfer eingezogen u. noch im selben Jahr aufgrund seines Engagements in d. Tiroler Widerstandsgruppe »Franz Mair« in Gestapo-Haft genommen. Nach d. Krieg stud. B. Musik in Innsbr. u. Salzb., verfasste 1946 seine ersten experimentellen Kompositionen u. gründete d. Kammerchor »Walther v. d. Vogelweide«, mit d. er als Dirigent 15 Jahre, auch internationale, Erfolge feierte. Nach seinem Abschluss am Mozarteum Salzb. (Komposition bei Wilhelm Keller) stud. er bei Carl Orff.

Ein Stipendium d. Institut Français ermöglichte es ihm, seine Studien in Paris fortzusetzen. 1951-67 hatte B. d. Stelle d. Leiters d. Abteilung »Ernste Musik« beim ORF Tirol inne. Ab 1968 arb. er als freischaffender Komponist, Dokumentarfilmer, Regisseur u. Journalist für Radio u. Fernsehen, wobei er sich v.a. gesellschaftspolit. u. sozialen Fragen widmete. Sein musikalisches Schaffen umfasst neben Filmmusiken (u.a. zu Filmen v. Axel Corti, Xaver Schwarzenberger, Fritz Lehner, Wolfram Paulus), Chor- u. Ensemblemusik, Werke für Klavier, Kammer- u. Streichorchester sowie Radiofonien.

WERKE: (Ausw.): Beiträge: *Größere Rudel v. trachtengewandeten Jodlern*, in: d. Fenster 4, 1968, 262; *Von d. Prostitution*, in: Thurntaler 9, 1983, 16-28; *Lieber Othmar*, in: Für Peter Zwetkoff, hg. v. d. Gesellschaft d. Freunde d. Brenner-Archivs, Innsbr. 1985, 33; *Die Unzufriedenen*, in: Erika Wimmer (Hg.): Literatur Hauskalender, Innsbr. 2000, Woche 18. Filmdokumentationen: *Jakob Stainer – Von d. Schwierigkeit d. Biogr.*, 1971; *Knechte u. Mägde in Südtirol*, 1976; *Dienstbotenleben*, 1985; *Eine Chance für Außenseiter*, 1985; *Von großen u. kleinen Bauern*, 1986; *Bahnhof bei Nacht*, 1987; *Die rote Landa. Portrait einer ungewöhnlichen Frau*, 1993; *»Ich bin nicht behindert, ich kann reden«. Der Südtiroler Dichter Georg Paulmichl*, 1993; *Ihr werdet uns nie verstehen*, in Zusammenarb. mit Xaver Schwarzenberger, 1993; *»Wir waren nicht bereit mitzumachen«. Verfemt u. vergessen. Über Desertion, Kriegsdienstverweigerung u. Sippenhaft während d. Nationalsozialismus in Südtirol*, 1995; *»Kuisa, geah«. Über Tierlockrufe*, 1997; *Einsamkeit. Bericht über ein Leiden unserer Zeit*, 1998. Hörspiele: *Ein Job für Melanie*, 1978; *Verweigerung o. d. Leben d. Bauern ist ein langer Werktag*, 1976. Chor- u. Ensemblemusik: *Jetztg. Litanei für gemischten Chor*, Text

Alois Hotschnig, 1996; *Drei Lieder*, Text Norbert C. Kaser/Werner Kofler, 1999; *Drei Stücke für gemischten Chor*, nach Gedichten v. N.C. Kaser, 2000; *all mein lieb*, Text N.C. Kaser, 2001: *Auf d. Gebirge hat man ein Geschrei gehöret*, 2001; *bittrer winter*, Text N.C. Kaser, 2001. Filmmusik: *Kaiser Joseph u. d. Bahnwärterstochter*, Regie A. Corti, 1962; *Antonius u. Cleopatra*, Regie R. Wolffhardt, 1963; *Pater Brown*, 1966-1972; *Gewalt u. Gewissen*, Regie K. Stanzl, 1967; *Septembergewitter*, Regie R. Wolffhardt, 1968; *Das provisorische Leben*, Regie R. Wolffhardt, 1971; *Kain*, Regie D. Schönherr, 1973; *Krock & Co*, Regie R. Wolffhardt, 1976; *Anton Sittinger*, Regie R. Wolffhardt; 1979; *Svabica*, Regie P. Cvejic, 1980; *Die Rumplhanni*, Regie R. Wolffhardt, 1981; *Schöne Tage*, Regie Fr. Lehner, 1981; *Das Dorf an d. Grenze*, Regie Fr. Lehner, 1982; *Der stille Ozean*, Regie X. Schwarzenberger, 1982; *Martin Luther*, Regie R. Wolffhardt, 1983; *Raffl*, Regie Chr. Berger, 1983; *Donauwalzer*, Regie X. Schwarzenberger, 1984; *Klein, aber mein!*, Regie R. Wolffhardt, 1984; *Heidenlöcher*, Regie W. Paulus, 1985; *Der Unfried*, Regie R. Wolffhardt, 1986; *Nachsaison*, Regie W. Paulus, 1988; *Der Mann im Salz*, Regie R. Wolffhardt, 1989; *Die Ministranten*, Regie W. Paulus, 1989; *Zug um Zug*, Regie W. Paulus, 1993; *Mali*, Regie R. Wolffhardt, 1997. Klavierwerke: *Tanzstück*, 1961; *Vier Stücke für Klavier*, 1962; *Situationen I*, 1962; *Hydra*, 1993. Orchesterwerke/Kammermusik: *Hirtenmusik zur Weihnacht*, 1964; *Suite sportive*, 1964; *Meditationen für Streichorchester*, 1966; *Impulse*, Konzert f. Violine u. Streicher, 1989; *Als ich an einem Sonntagmorgen Frau Müller traf*, Blasphemie für Blechbläserquintett, 1990; *Tensions I*, für Streichquartett, 1991; *Tensions II*, f. Kammerorch., 1991; *Spuren*, f. Klarinette u. Streichquartett, 1995; *Stationen*, f. Violine, Violoncello u. Streicher, 1995; *Schibboleth*, Trio f. Violine, Violoncello u. Klavier, 1996; *Concerto funèbre*, f. Bratsche u. Streicher, 1997; *Ballade für Monika*, f. Violine, Klavier u. Streicher, 1999. Radiofonien: *Das Karussell*, Text H. Stütz, 1967; *Sermone*, Text H. Asmodi, 1969; *Memento vita et mors*, 1987; *Tangenten*, 1988/89.

DISKOGRAFIE: Bert Breit. Eine Dokumentation. ORF u. Land Tirol, hg. v. Brenner-Forum Universität Innsbr., 1987 (= Doppel-CD); Dokumentation u. Hommage für B.B. zum 75er, hg. v. O. Costa/B. Triendl, Innsbr., 2002 (= Buch mit Doppel-CD); B.B. Jodler. Auf d. Gebirge hat man ein Geschrei gehöret, Passionsspielhaus Erl, 2004 (= CD).

LITERATUR: Hans F. Prokop: Öst. Lit. hdb., Wien u.a. 1974, 146; B.B. Nach einem Interview v. O. Costa, m. Werkverzeichnis, in: d. Fenster 47, 1990, 4630-4646; Dokumentation u. Hommage für B.B. zum 75ten, hg. v. O. Costa/B. Triendl, Innsbr 2002 (= Buch mit Doppel-CD); Lex. Lit. in Tirol, Forschungsinst. Brenner-Archiv, Innsbr.

Friederike Wursthorn

Breit, Karl (7.12.1878 Klein-Gloms bei Vitis/NÖ – 18.2.1959 St. Pölten/NÖ) wurde nach d. Besuch d. Lehrerbildungsanstalt in Wien-Strebersdorf u. d. Bürgerschullehrerprüfung Hauptschuldirektor u. Direktor d. Gewerblichen Fortbildungsschule in St. Pölten. B. gehörte zu d. typischen Vertretern gediegener, humorvoller aber anspruchsloser Mundartdichtung in NÖ. Wenngleich seine G. durchaus als sprachlich »echt« zu bezeichnen sind u. sogar Hinweise auf seinerzeit im Gebiet v. Vitis noch erhaltene Spuren d. ui-Mundart beinhalten, scheint eine wiss. Bearb. nicht allzu lohnend.

WERKE: Mundartlyr.: *Da Veda v. Land*, St. Pölten 1924; *Lustigi Stund'n*, St. Pölten 1931.

LITERATUR: Giebisch/Gugitz; W. Sohm: D. Mundartdichtung in NÖ, Wien 1980, 44.

Maria Hornung

Breitner, Anton Karl Maria (Ps. Josef **Derlau**; 18.3.1858 Wien – 30.5.1928 Mattsee/Salzb.), Sohn v. Rosalia Breitner, * 1837 in Alt-Ofen/Ungarn (nach d. Taufe: Rosa Anna), Tochter d. Mühlenbesitzers Carl u. d. Theresia geb. Lachner u. d. Anton Dreher, Brauereibesitzer, Deputierter d. Landtages u. Mitgl. d. Reichstages, dessen Vater 1770 aus Pfullendorf/Württemberg, nach Wien kam. B. absolvierte d. Volksschule u. fünf Klassen Gymnasium im 9. Wr. Gemeindebezirk, 1876/77 Militärdienstpflicht als Einjährig-Freiwilliger in Graz, Schuljahre 1877/78 bis Juli 1880 am Obergymnasium Krems a.d. Donau/NÖ (keine positive Reifeprüfung), anschließend Forstakad. in Tharandt/Sachsen; Stud. d. Landwirtschaft an d. Univ. Lzg., 12.9.1881 Eheschließung mit Pauline Forsthuber (Tochter d. Franz Georg, k.k. Gerichtsdiener/Gemeindeschreiber in Neumarkt/Salzb., u. d. Katharina Haug) in Mattsee/Salzb., wo er bis zu seinem Tod lebte, begraben in Salzb. Die Inschriften auf d. Grabstein in Mattsee entsprechen nicht alle d. Stand d. heutigen Forschung.
Er war Epiker, Dramatiker, Prosaist, Verf. lit.krit. Werke, einer archäol. Publ. u. Begründer d. öst. Scheffel-Bundes u. Scheffel-Museums. Noch während seiner Gymnasialzeit erschien d. »Schauspiel in vier Acten« um d. römischen Feldherrn Carbo (*Carbo u. Octavia*), d. seine humanist. Bildung verrät u. d. Kampf d. Römer gegen d. Germanen als Hintergrund hat. Nach einer zuerst beabsichtigten Gegnerschaft zu Viktor v. Scheffel (Ursache: ablehnende Kritik einer frühen epischen Dichtung) wird diesem später »eine etwas einseitige Verehrung entgegengebracht« (Nagl/Zeidler/Castle). Am 18.4.1889 beschloss B. mit zwei Studenten d. Wr. Univ. d. Gründung eines »Scheffel-Vereines für Öst.«. 1890 kam es unter d. Patronat v. Erzherzogin Marie Valerie – sie widmete d. schwäbischen Dichter d. G. »Dank an Scheffel!« – zur Gründung d. *Scheffelbundes in Öst.*, d. auch »Studienbeiträge für Hörer öst. Universitäten« verlieh. Das *Scheffel-Museum*, d. viele Besucher aus Dtld. anzieht, richtete sich B. im Turm seiner Villa (heute: Burghard-Breitner-Weg 104) ein. Sie musste nach d. 1. WK aus finanziellen Gründen nach Karlsruhe verkauft werden. V. d. großen Verehrung d. badischen Dichters vermochte sich B. auch in seinen Verserz. nicht frei zu machen. Gänzlich in d. Nachfolge Scheffels stehen *Der Mönch v. Mattsee. Ein Sang aus d. Salzachland* u. *Vindobonas Rose. Im Hochzeitsreise-Brevier d. Vaters Danubius gefunden*, auf d. Hochzeitsreise nach Italien geschrieben u. 1888 in Form einer röm. »Capsa« erschienen, wobei d. Buchkapsel nach Originalen pompeianischer Wandgemälde u. Antiken d. »Museo Burbonico« in Neapel u. d. »Museum Carolina Augusteum« in Salzb. ausgeführt wurde (1890 auf d. Buchausstellung in Antwerpen mit d. goldenen Medaille preisgekrönt). Scheffels hist. R. *Ekkehard* fand seine Entsprechung in d. ma. Kulturbild v. Mattsee *Diemut. Eine Skizze mit scharf umrissenem historischen Hintergrund* (1894), wobei d. Geschick d. Schlossherrin Diemut v. Alben erzählt wird. Hist. Tatsachen verbinden sich mit dichterischer Freiheit: So ist d. »Münster« Mattsee eine Klosterschule angeschlossen, u. d. Amazonen Schellerers erinnern stark an Richard Wagners Walküren. Der Anhang, »Archivstaub« genannt, bringt hist. Erklärungen zum Erzählten. B. Interesse an archäol. Wissen beweisen seine in d. Nähe v.

Mattsee, u. zwar in Obernberg u. Mölkham (römerzeitliche Baureste) sowie in Schalkham (röm. Bestattungsplatz) geleiteten Ausgrabungen, d. sich größtenteils im Salzb. Museum Carolino Augusteum befinden u. seine Publ. *Juvaviae rudera. Römische Fundstätten im Salzburger Flachgau* (1898) veranlassten. Ob u. zu welchem Zeitpunkt ihm für diese Tätigkeit durch d. Salzb. Museum d. Titel »Mandatar«/ Ehrenamtl. Mitarbeiter verliehen wurde, wie einige Nachschlagwerke behaupten, ist nicht verifizierbar. Die v. ihm initiierte u. mit zwei Mitarb. verfasste *Dichtung in fünf Gesängen. Die Odyssee d. Kaiserin* (1896) entzündet sich am damals aktuellen Thema: Kaiserin Elisabeth u. d. tote Kronprinz Rudolf. Unter d. Regierung d. poln. Grafen Kasimir Felix Badeni wurde eine Rez. d. Werkes verboten. Später wurde es v. d. Kaiserin in ihre Privatbibl. aufgenommen u. d. Hg. u. d. Mitverf. allerhöchste Anerkennung ausgesprochen. Seine Einschätzung d. Dichtung um d. Jahrhundertwende u. einen aufschlussreichen Beitr. zur Lit.kritik dieser Zeit bringen d. v. ihm hg. lit.kundl. Schriften – eine ausführliche Untersuchung darüber wäre äußerst wünschenswert –, für d. er selbst Essays verfasste, wobei man nicht »nach absoluter Gründlichkeit fragen darf« (Theodor Antropp). Die vernichtenden Urteile über d. »Neuerer« in d. Lit. wurden auf 48 Papptäfelchen (Ostraka) gedr. u. im Innern einer Vase (Urne) aus Pappmaché liegend u.d.T. *Literarisches Scherbengericht* (1897; Titel in Anlehnung an d. athenische Volksgericht Ostracismus-Scherbengericht) d. Leser angeboten. In d. Publ. *Belletristische Archäologie. Randglossen zur dt. Literaturgesch.* (1898); später als 3. Bd. in d. Reihe *Literaturbilder fin de siècle* aufgenommen, wird mit Begeisterung d. Erscheinen d. neuen Lit.gesch. v. Nagl-Zeidler begrüßt u. d. »Mückensieberei

d. Literatur à la Erich Schmidt u. August Sauer« gegenübergestellt. Da nach B. Auffassung »im Volkstum, im Volkston u. in d. Volkskunde d. Erlösung d. Poesie liegt«, wird GUIDO LIST, »dessen Helfer diese Elemente sind« bes. gewürdigt. Eine Fundgrube seiner harten Verurteilung v. »Jung-Bln.«, d. Münchner »Jugend« u. d. »grünen Jungen v. Wien« (Das Junge Wien) stellen d. *Literaturbilder fin de siècle. Randglossen zur dt. Literaturgesch.* (Zusatztitel ab 6. Bd. verwendet) dar, mit deren Hg. er 1889 begann (bis 1906 22 Bde erschienen). Sie wollen d. »literaturfreundlichen Publikum ein Wegweiser zum Goldschatz d. Gelehrsamkeit u. guten dt. Literatur sein u. es mit Schönem trösten im Wust d. lächerlichen Produktion moderner Literatur-Gigerln«. B. ist für KARL KRAUS, d. seinen einstigen Genossen mit d. FACKEL heimleuchtete, gegen Richard Dehmel (sein G. »Abschied ohn End'« sollte besser »Blödsinn ohne End'« heißen) u. tröstet sich damit, dass sich »über d. großen Sumpf d. literarischen ›Fin de Siècle‹ ein großer Himmel wölbt, aus d. Paul Heyses Sonne lächelt.« Liliencron ist für ihn ein Dichter mit Pulver-, SCHNITZLER einer mit Knoblauch- u. Bierbaum einer mit Biergeruch. Im Essay *Der Scheffel-Bazillus* (im 1. Bd.) spottet er über d. Nachahmer dieses Dichters, wobei er auch nicht vor seinen eigenen Versuchen im Stile Scheffels Halt macht. Mit d. »modernen« Salzburger Dichtern, wie FRIEDRICH FÜRST WREDE, FRANZ SCHEIRL, HEINRICH V. SCHULLERN, HANS SEEBACH u. BRUNO STURM (Ps. für BURGHARD B.) setzt sich Hans Widmann im 5. u. 10. Bd. auseinander.
Der dichterische Nachl. befindet sich im Stadtarchiv Salzb.

WERKE: Vers erz.: *Der Mönch v. Mattsee. Ein Sang aus d. Salzachland*, Lzg. [1881]; *Vindobonas Rose. Im hochzeitsreise-brevier d.*

vaters Danubius gefunden, Mchn. [1888]; *Die Odyssee d. Kaiserin. Eine Dichtung in fünf Gesängen*, m. Müller v. Waldeck u. Valerian Treu, Mchn. [1896]. Lyr.: *Sonette* (ungedr.), Drama: *Carbo u. Octavia. Ein Schauspiel in vier Acten*, Ischl [OÖ] [1878]. R.: *Diemut. Eine Skizze mit scharf umrissenem historischen Hintergrund*, in d. 2. Aufl. Untertitel: *Ein historisches Landschaftsbild*, Mchn. [1894]. Archäol. Publikation: *Juvaviae rudera. Römische Fundstätten im Salzburgischen Flachgau*, Lzg./Reudnitz 1898. Lit.kundl. Schriften: *Scheffel Gedenkbuch. Aus Anlaß d. Gründung d. Scheffel-Bundes in Öst.*, Wien/Pest/Lzg. 1890. Hg.: *Literaturbilder fin de siècle. Randglossen zur dt. Literaturgesch.*, Zusatztitel ab 6. Bd. verwendet, versch. Verlagsorte 1889-1906, insgesamt 11 Bde.; *Literarisches Scherbengericht*, Nbg. [1897]; *Belletristische Archäologie. Randglossen zur dt. Literaturgesch.*, später als 3. Bd. in d. Reihe *Literaturbilder fin de siècle* aufgenommen, Mchn. 1898; *Joseph Viktor v. Scheffel u. seine Literatur. Prodromos einer Scheffel-Bibliogr.*, Bayreuth 1912; *Joseph Viktor v. Scheffels Werk u. d. Paragraph 9 d. Gesetzes über d. Urheberrecht. 43 Proteste dt. Schriftsteller u. Dichter*, Bayreuth 1918. Essays: *Der Scheffel-Bazillus*, im 1. Bd. d. Lit.bilder, s.o.; *Fin de Siècle-Betrachtungen*, im 7. Bd. d. Lit.bilder, s.o.; *Pro domo u. anderes*, im 8. Bd. d. Lit.bilder, s.o.; *Öst. im Lichte d. Dichtungen Victor Scheffels*, in: Öst. Jb., Jg. 23, 1818f.

LITERATUR: Nagl/Zeidler/Castle, Bd. 4; A. Salzer: Illustr. Gesch. d. dt. Lit., Bd. 4, Regensburg 1931, 2032; A. Brunetti-Pisano: A.B. (Nekrolog), in: Mitt. d. Gesell. für Salzb. Landeskunde, LXVIII, Salzb. 1928, 177-180; Giebisch/Gugitz; Kosch; Salzb. Kulturlex. 47f., 1021f.; G. Steiner: Lit.bilder Salzb. Gesch. in lit. Porträts, Salzb. 1998, 63-79; Zeman 2.

Karl Koweindl

Breitner, Burghard Anton Paul Maria (Ps. Bruno **Sturm**; 10.6.1884 Mattsee/Salzb. – 28.3.1956 Innsbr.), zweites v. drei Kindern (Vater: ANTON KARL MARIA B., d. infolge seiner finanziellen Unabhängigkeit, d. er seinem Vater verdankte, seinen poetischen u. archäol. Neigungen leben konnte. Mutter: Pauline Forsthuber, *1859 als Tochter d. Franz Georg, Gemeindediener/Gemeindeschreiber in Neumarkt, Land Salzb., u. d. Katharina Haug). Die Musikalität d. Mutter – beste Sängerin im Chor d. Stiftskirche Mattsee u. Leiterin einer Theatergruppe u. eines Chores in Mattsee – vererbte sich auf ihre Söhne: Burghard wurde ein ausgezeichneter Pianist. Nach d. Volksschule absolvierte B. d. Gymnasialstud. im Collegium Mariano-Rupertinum in Salzb., 1901 Reifeprüfung mit Auszeichnung, ab Herbst 1901 Medizinstud. an d. Univ. Graz. Gleichzeitig war er Theaterberichterstatter d. »Salzburger Volksbl.«, dann Dramaturg d. Grazer Stadttheaters u. d. Theaters am Franzensplatz; dieses brachte damals u.a. Hauptmanns *Rose Bernd* zur öst. EA; v. ROBERT HAMERLINGS umfangreicher Tr. *Danton u. Robespierre* fertigte B. eine Bühnenfassung. Am 1.4.1905 trat er in Trient d. Militärdienst im 2. Regiment d. Tiroler Kaiserschützen in Isera (vgl. N.slg. *Die Spinne v. Isera* – »Manöver«; »Lavini«; »Pro patria«; »Die grüne Krone«) u. Riva an. Im Aug. wurde er begleitender Arzt d. Grenzschutzkompanie, ab 6. Semester Weiterstud. an d. Univ. Wien, wobei ihn d. Vorlesungen v. Prof. Eiselsberg veranlassten, Chirurg zu werden. Durch dessen Empfehlung kam es zum Studienbesuch am pawlowschen Inst. in Petersburg, wobei er in d. Revolution v. 1905 geriet u. nach Bln. flüchtete. Am Ende seiner Studien stand eine Reise nach Konstantinopel, Mekka u. Bagdad; 1909 Promotion zum Dr. med., anschließend Schiffsarzt auf d.

Vergnügungsdampfer »Neptun« d. Norweg. Dampfschifffahrtsgesell. Der Kurs führte über Bergen u. Drondheim nach Spitzbergen, wo er mit Baron Hornstein d. Erstbesteigung v. zwei Gipfeln durchführte u. d. Expeditionsbaracke d. Amerikaners Wellman kennen lernte (vgl. dazu d. Schauplatz seines Dramas *Treibeis*, 1910 im Salzb. Stadttheater mit großem Erfolg aufgeführt). Ab 1.10.1908 war er im Garnisonsspital Nr. 9 in Triest Assistenzarzt-Stellvertreter (vgl. dazu d. Eindruck Triests in *Glanz d. Wege*). Auf Vorschlag d. dortigen Hafensanitätschefs wurde B. Sanitätsarzt auf d. Auswandererschiff »Oceania« in d. Vereinigten Staaten (vgl. dazu *Mormonen u. Medizinmänner*). Nach Rückkehr Ende Okt. 1908 war er »Operationszögling« an d. 1. Chirurgischen Univ.-Klinik bei Prof. Eiselsberg. Ab Mitte Okt. 1912 hielt er sich mit d. Assistenten Dr. Clairmont, d. er viel verdankte (vgl. *Das Genie d. Lehrens. Paul Clairmont*), im bulgarischen Hauptquartier Philipoppel auf, wobei er d. beiden Balkankriege mitmachte (*Kriegstagebuch. Balkankrieg 1913*). Vorübergehend Assistent bei Prof. Eiselsberg, wurde er ab 2.8.1914 zur Kriegsdienstleistung ins Garnisonspital II in Wien zur Führung einer Chirurgengruppe d. Klinik Eiselsberg verpflichtet; B. wollte jedoch an d. Front u. wurde Oberarzt im Divisionsstab d. Erzherzogs Stephan. Nach einem Monat in russ. Kriegsgefangenschaft übernahm er d. chirurg. Station d. Gefangenenlagers (vgl. dazu *Unverwundet gefangen. Aus meinem Sibirischen Tagebuch*). B. wurde bald als »Engel v. Nikolsk-Ussurysky« bezeichnet u. kehrte über Japan mit d. letzten Transport 1920 wieder in d. Heimat zurück (*Asiatischer Spiegel*: 1922 Habil., 1927 a.o. Univ.-Prof., Sommer 1928 Operations- u. Vortragsreise in d. USA, ab 1929 Leiter d. 2. Chirurg. Klinik d. Wr. Rudolfsspitals; durch Vermittlung v. Minister Vaugoin o. Univ.-Prof. u. Leiter d. Univ.-Klinik in Innsbr. (Antrittsvorlesung vgl. *Neueste Ztg.* Nr. 249, Innsbr. v. 28.10.1932 u. *Innsbr. Nachrichten*, Nr. 250/1932). Während d. NS-Zeit Schwierigkeiten wegen d. Arier-Nachweises, B. wurde zwei Mal enthoben u. zwei Mal wieder eingestellt (nach Schreiben d. »Kanzlei d. Führers« zu zivilem u. militär. Dienst zugelassen u. Parteiunwürdigkeit ausgesprochen). Nach Vermittlung v. Emmy Göring Leiter d. Reserve-Lazarettes, dann beratender Chirurg (Oberarzt, dann Oberstarzt) d. XVIII. Armeekorps. 1951 Kandidat bei d. Bundespräsidentenwahl d. »Verbandes d. Unabhängigen« (VdU), bei d. er unterlag. 1952/53 Rektor d. Univ. Innsbr. (vgl. dazu *Der ewige Eid*. Antrittsrede anlässl. d. Inauguration zum Rector magnificus am 11.12.1952). Durch Emma Bacher, Besitzerin d. Galerie Miethke, wurde er mit Künstlern d. Wr. Werkstätte bekannt (Gustav Klimt, Richard Teschner, Alfred Roller, Architekt Otto Prutscher). B. blieb unverheiratet. 1922 Präsident d. öst. Zentralverbandes für d. Rettungswesen; 1950 Präsident d. Öst. Roten Kreuzes; Präsident d. Internat. Paracelsusgesell.; Ehrenbürger zahlreicher Orte, u.a. 15.11.1920 v. Salzb. (Salzburger Volksbl., Nr. 261/1920); Bronzebüste v. Gustinus Ambrosi 1950 (Med. Dekanat d. Univ. Innsbr.), Büste v. Josef Riedl u. Ölgemälde (Porträt) v. Albert Janesch 1932.

B. war Dramatiker u. Prosaist u. hatte früh Kontakte zu Printmedien. So brachte während seiner Gymnasialzeit d. *Salzb. Volksbl.* seinen ersten schriftstellerischen Versuch, einen Bericht über d. Begräbnis seines Turnlehrers, d. berühmten Alpinisten Ludwig Purtscheller, bekannt durch seine Erstbesteigung d. Kilimandscharo, als Feuilleton. Das erste G. galt d. Tod eines seiner Mitschüler. Unter

Ps. erschienen d. weiteren G. in d. Studenten-Zs. *Jungbrunnen*. Als Dramatiker verfügte er über eine sichere Führung d. Handlung, einen psychol. fundierten Dialog u. eine scharfe Charakterisierung d. Personen. Angeregt durch Rudolf Hawels Schauspiel *Mutter Sorge* verfasste er im 7. Gymnasialjahr in naturalist. Manier sein erstes Stück, d. soziale Drama *Will's tagen?*, d. durch Vermittlung seines Vaters in Lzg. gedr. wurde. Trotz d. gewaltsamen Aneinanderreihung tragischer Ereignisse urteilte Michael M. Rabenlechner in ROSEGGERS *Heimgarten* sehr positiv. Hans Widmann, Lehrer B., d. seine Dt.aufsätze schätzte, besprach d. Buch im »Salzburger Volksbl.« (»Ein junger Dichter u. sein erstes Drama«). Realismus kennzeichnet d. Stücke *Für d. Farben. Ein Akt aus d. Studentenleben* (EA Graz) u. d. Ehe-Problemstück *Treibeis*. *Madonna im Glück* (EA Salzb. 1920) befasst sich mit einem Problem aus d. Leben d. Militärärzte. »Symbolisch-mystischen Charakter« (E. Castle) haben *Johannes*, 1915 in russ. Kriegsgefangenschaft geschrieben, u. *Ring d. Ringe* (I. Teil: 3 Akte, in Mattsee, II. Teil: 5 Akte, in Nikolsk-Ussurysky 1915/16). »Ring« ist d. Menschenschicksal. Die Visionen enden in d. Erkenntnis: »Es ist gut, v. Freiheit zu träumen, es gibt sie nicht.« Sein dramat. Stimmungsbild *Heilige Nacht* wurde 1903 in Salzb. aufgeführt. Seine Prosawerke – R., N., Kriegstgb. – verraten oft d. Dramatiker. *Sonja* ist ein in bildreicher, hymnischer u. beschwörender Prosa geschriebener R., d. ein tiefes persönl. Erlebnis zugrunde liegt, in d. d. Icherzähler – ein kriegsgefangener Offizier – d. Geliebte u. deren Schicksal wieder ins Gedächtnis zurückruft. In d. vier N. d. Slg. *Die Spinne v. Isera* zeichnet B. glaubhaft Menschenschicksale. Seine ständige Beschäftigung mit Werken d. dt. Lit. fand ihren Niederschlag in Essays (*Wilhelm v. Scholz*, 1902; *Joseph Lauff*, 1903; *Brunetti-Pisano, Ein Kampfruf*, 1912) u. Reden (*Robert Hamerling*, 1930; *Goethe*, 1932). Der »Dichterarzt« (V. Suchy) verfasste über 200 wiss. Arbeiten u. solche, in denen biolog. (*Auflehnung gegen d. biologische Gesetz*) u. ärztlich-ethische Fragen im Vordergrund stehen (*Ärztliche Ethik*, Drei Vorträge: *Die hippokratische Idee im Arzttum; Wandel in d. ärztlichen Ethik?; Das Ethos d. Arztes*). B. Autobiogr. trägt d. Titel *Hand an zwei Pflügen*.

WERKE: Lyr.: *Goethe*, in: Wr. Medizinische Wochenschrift, Jg. 82, Beilage zu Nr. 12. Drama: *Will's tagen?*, Soziales Drama in 3 Akten, (Ps.), Lzg. [1902]; *Für d. Farben. Ein Akt aus d. Studentenleben* (Ps.), Bln. [1902]; *Heilige Nacht. Dramatisches Stimmungsbild*, Bühnenausg. 1903; *Kraft*, Schauspiel, Teildr. Salzb. Volksbl. 1904; *Treibeis*, Schauspiel, (Ps.), Lzg. 1909; *Madonna im Glück* (Ps.), Bühnenausg. 1913; *Johannes*, Wien/Lzg. 1922; *Ring d. Ringe*, Wien/Lzg. [1924]; *Roter Traum*, Schauspiel (Teildr.), Wien 1924. Prosa – Roman: *Die Flucht. Der Roman einer Armee*, Darmstadt/Lzg. o.J., ²1929; *Sonja*, Wien/Lzg. 1927. Novellen: *Die Spinne v. Isera*, Slg., Lzg. 1905, Triest 1909; *Fremdenlegion*, Wien 1911; *Märchen v. Sterben*, Slg., Wien 1921; *Vision*, in: Der Fährmann, Jg. 1924, H. 9, Wien 1924. Kriegstgb., Reisetgb.: *Mormonen u. Medizinmänner*, Zürich/Lzg./Wien 1930; *Kriegstagebuch. Balkankrieg*, Wien/Lzg. 1913; *Unverwundet gefangen. Aus meinem sibirischen Tagebuch*, Wien/Bln./Lzg./Mchn. 1921, ¹¹1955; *Glanz d. Wege*, Innsbr. [1950]. Essays: *Gegen Weininger. Ein Versuch zur Lösung d. Moralproblems*, Wien/Lzg. 1912; *Feige Soldaten!*, Wien 1922; *Blick auf Japan*, Salzb./Graz/Wien/Lzg./Bln. 1935; *Das Genie d. Lehrens* (Paul Clairmont), Basel/Innsbr. 1948; *Auflehnung gegen d. biologische Gesetz*, Wien/Zürich 1949; *Asiatischer Spiegel*, Innsbr. [1954]; *Über d. ärztliche Ethos bei*

Paracelsus, in: Paracelsus-Schriftenreihe d. Stadt Villach, hg. v. Gesch.verein für Ktn., Klagenfurt 1955, 7-10; *Kulturgesch. als Stoff medizinischer Untersuchungen*, in: Ammann. Festgabe, hg. v. sprachwiss. Seminar d. Univ. Innsbr., Innsbr. Beitr. zur Kulturwiss., 1. Bd., H. 1. Lit.hist. Essays u. Reden: *Wilhelm v. Scholz* (Ps.), in: Randglossen zur dt. Lit.gesch., hg. v. A. Breitner, 8. Bd, Wien [1902]; *Joseph Lauff* (Ps.), in: Randglossen zur dt. Lit.gesch., hg. v. A. Breitner, 9. Bd., Wien [1903]; *Zur Bühnenbearb. v. Hamerlings »Danton u. Robespierre«*, in: Randglossen zur dt. Lit.gesch., hg. v. A. Breitner, 11. Bd., Wien [1905]; *Brunetti-Pisano. Ein Kampfruf*, Wien 1912; *Robert Hamerling. Festvortrag am 23. März 1930*, Wien 1930; *Goethe-Feier d. Ärztlichen Vereines d. IX. Bezirkes in Wien. 23. März 1932. Festvortrag*, in: Wr. Med. Wochenschrift, Jg. 1932, Nr. 21, Wien 1932; *Festrede zur Eröffnung d. 4. Österreichischen Jugendkulturwoche in Tirol. Innsbr. 9.5.1953*, Innsbr. 1953; *Der ewige Eid. Antrittsrede anläßlich d. Inauguration zum Rector magnificus am 11. Dezember 1953*, Innsbr. 1952. Über 200 med.-wiss. Arbeiten: *Kriegsgefangenenlager in Sibirien. Kriegsgefangene Ärzte*, 2 Studien, in: Volksgesundheit im Kriege, hg. v. d. Carnegie-Stiftung für internat. Frieden 1926; *Theodor Billroth*, in: Wr. Medizinische Wochenschrift, Wien 1934, Nr. 6; *Pflichtbewusstsein u. Automatismus*, in: Allg. Schweizer. Militärztg. Nr. 10, 1938; *Anton v. Eiselsberg zum Gedächtnis*, in: Wr. Med. Wochenschrift, Nr. 46, Wien 1939; *Ärztliche Ethik*, drei Vorträge, gehalten bei d. Internat. Hochschulwoche in Salzb. 25.-27.8.1947, Innsbr. 1948; *Das Ethos d. Arztes*, in: Universitas. Zs. f. Wiss., Kunst u. Lit., 3. Jg., H. 1, 1948, 49-56; *Zur Genealogie d. österreichischen Chirurgen*, in: Forschungen u. Forscher d. Tiroler Ärzteschule 1948/50, Bd. 2, Innsbr. 1948/50, 391-394; *Das Problem d. Bisexualität*, Wien 1951; *Gesch. d. Medizin in Öst.*, Wien 1951 (=Veröff. d. Kommission f. Gesch. d. Erziehung u. d. Unterrichtes, H. 2, Sitzungsberichte d. öst. Akad. d. Wiss., Phil.-hist. Klasse 226, 5); *Wandel in d. ärztlichen Ethik?*, in: Dt. Med. Wochenschrift, Nr. 13/1951, 76. Jg., 403f.; *Die hippokratische Idee im Arzttum*, in: Almanach für d. 3. Dt. Kongress für ärztl. Fortbildung v. 9.-13.6.1954, Bln. 1954. Autobiogr.: *Hand an zwei Pflügen*, Innsbr. [1958]. Ungedr.: Lyrik 1 Bd.; Drama: *Koltschak*, Schauspiel; *Ver Sacrum*, Schauspiel; *Weltuntergang*, Tragödie; *Das Fest d. Menschheit. Ein Weihespiel*; *Mythos d. Mannes*, Schauspiel; *Gericht d. Schatten*, Schauspiel. Novelle: *Kräfte d. Lebens*, Reisetgb.: *Gott d. Wanderns*, R.: *Worte*. Nachl. im Archiv d. Stadt Salzb. u. Hs.abteilung d. ÖNB; im Stiftsmuseum Mattsee, Land Salzb., befindet sich B. Arbeitszimmer aus Innsbr.

LITERATUR: B.B. Abgang u. Ansage, in: Wr.- Med. Wochenschrift, Jg. 106, Nr. 1, Wien 1956; R. Blaser: B.B. zum Gedächtnis, in: Nova acta Paracelsica, Vol. 8, Einsiedeln, 1957, 131-133; Nagl/Zeidler/Castle, Bd. 4; B.B. Erlebnisse. Sechs Jahre in Sibirien, in: Neues Wr. Tagbl. 9.12.1920, 5; W. Denk: Zu B.B. 70. Geburtstag, in: Wiss. u. Weltbild, Juli/Aug. 1954; ders.: Ein Wr. Chirurg in Sibirien, in: Neues Wr. Tagbl. 7.11.1920; ders.: Prof. Dr. B.B. gestorben, in: Der Krebsarzt, Jg. 11, H. 2, Wien 1956; ders.: Prof. Dr. B.B. zum Gedenken, in: Wiss. u. Weltbild, Wien Juni 1956, 81f.; ders.: Prof. Dr. B.B. gestorben in Wr. Med. Wochenschrift, Jg. 106, Nr. 18/19, Wien 1956; Mag. R. Ebeling-Winkler: B.B. Biogr., Diss. phil., Salzb.; K. Edschmid: B.B., in: K.E. Tgb. 1958-60; Eine beispiellose Provokation. VdU – B.B. bekennt sich zum Krieg als Vernichtungsmittel. Wer ist dieser B.B.?, in: Öst. Volksstimme 8.4.1951, 1; A.

Eiselsberg: Ein Wr. Chirurg in Sibirien, in: N. Wr. T. 25.4.1920, 2; Fs. anlässl. d. 70. Geburtstages unseres Präsidenten Prof. Dr. B.B., Wien, Öst. Gesell. für d. Rote Kreuz 1956; M. Feichtlbauer: Salzb. hochdt. Lit. v. 1850-1917 im Rahmen d. dt. Lit.entwicklung, in: Mitt. d. Gesell. für Salzb. Landeskunde, Bd. LVII, Salzb. 1917, 98ff.; M. Handler: Der Teilnachl. v. Dr. B.B. in Wien, bibliothekarische Hausarb., Wien 1999; D. Kandidatur Bundespräsidentenschaft: B.B. Lebenslauf d. neuen Kandidaten, in: D. Presse 17.3.1951, 2; E. Kux: B.B. gest., in: Ärztl. Mitt., Jg. 41, H. 15, Köln 1956; ders.: B.B. gest., in: Münchner Med. Wochenschrift, Jg. 98, Nr. 20, Mchn. 1956; D. Menschfreund (B.B. ist v. uns gegangen), in: D. Presse 29.3.1956, 1 u. 3; W. Pilgerstorfer: In memoriam Univ.-Prof. Dr. B.B., in: Öst. Ärzteztg., Jg. 11, H. 4, Wien 1956, 287f.; G. Prossnitz: D. Salzb. Theater v. 1892-1944, Diss. phil., Wien 1965, 113; M.M. Rabenlechner: B. Sturm: Will's tagen?, in: P. Rosegger »Heimgarten«, 27. Jg., Sept. 1903, H. 12; V. Reimann: B.B., in: Neue öst. Biogr. ab 1815. Große Österreicher, Bd. 20, Wien/ Mchn. 1979, 179-187; Rücktritt B. als Präsident d. Roten Kreuzes gefordert, in: Neue Wr. Tageszrg., 20.4.1951, 1; Rez.: B. Sturm: Will's tagen?, in: Öst. Volks-Ztg. Nr. 149, 31.5.1903, Neue Freie Presse (Beilage) Nr. 13854, 22.3.1903, Salzb. Volksztg. Nr. 5, 8.1.1903; B. Sturm Heilige Nacht, in: Neue Freie Presse Nr. 19126, 23.12.1904, Salzb. Volksbl. Nr. 284, 15.12.1903, Münchner Neueste Nachrichten, Nr. 598, 22.12.1903 (Morgenbl.); A. Schmidt: Dichtung u. Dichter Öst. im 19. u. 20. Jh., 1. Bd., Salzb./Stgt. 1964, 379; L. Schönbauer: Es geht um d. Rote Kreuz, in: D. Presse v. 5.5.1951; ders.: B.B. gest., in: Wr. Klinische Wochenschrift, Jg. 68, Nr. 19, Wien 1.5.1956, 365f.; L. Steiner: Stilles Heldentum. Zu Prof. Dr. B.B. 50. Geburtstag, in: Wr. Ztg., 10.6.1934; V. Suchy: D. Dichterarzt B.B., in: Wr. Tagesztg., 10.6.1949, 5; Giebisch/Gugitz; H. Wyklicky: B.B., in: Arzt, Presse, Medizin, Jg. 1977, Nr. 10, 3-5; Dr. B.B. Ehrenbürger v. Salzb., in: Salzb. Volksbl. Nr. 261, 1920; Univ.-Prof. B. Präsident d. Roten Kreuzes (an Stelle d. verstorbenen Präsidenten Karl Seitz), in: D. Kleine Volksbl., 28.3.1950, 6; Univ.-Prof. Dr. B.B. 70 Jahre, in: D. Presse, 6.6.1954, 6; Neues Öst., 9.6.1954, 5; Wr. Ztg., 12.6.1954, 3; Prof. B.B. Plötzlicher Tod d. berühmten Gelehrten u. Menschenfreundes, in: D. Presse, 29.3.1956, 1 u. 3; Neues Öst., 29.3.1956, 3; Wr. Ztg., 29.3.1956, 2; Neue Wr. Tagesztg., 29.3.1956, 2; B.B., in: Öst. Hochschulztg., Jg. 8, Nr. 9, Wien 1956, 4; Univ.-Prof. Dr. B.B. zum Gedenken, in: Rathaus Korrespondenz, 9.6.1959, Bl. 1093; B.B. – Zum 10. Todestag, in: Öst. Ärzteztg., Jg. 21, H. 6, Wien 1966, 710; Kosch, 1021f.; Salzb. Kulturlex. 98.

Karl Koweindl

Breitner, Erhard (Ps. K.L. **Baggesen**, Nikolaus **Jordan**; 18.6.1884 Wien – Juni 1943 Graz [verschollen]), Dr. phil., wirkte bis 1933 als Kulturkritiker u. Journalist in Bln. Er war Hg. d. *Neuen Berliner Ztg.* u. lebte dann bis zu seiner Verhaftung durch d. Gestapo (1943) in Graz. Seine publizist. Domäne sind einprägsam u. krit. geschriebene hist.-biogr. Darstellungen, mit denen er sich bewusst gegen jeglichen gesch. Heroenkult stellt (u.a. *Der reichste Mann d. Welt: J.D. Rockefeller*, 1926; *Maximilian I.*, 1939). Auf lit. Gebiet verfasste er v.a. in d. 20er- u. 30er-Jahren etliche belletrist. (Kriminal-) R. Seine erfolgreichste u. gelungenste Arbeit ist d. 580-seitige Abenteuerr. aus d. napoleonischen Epoche *Kopf o. Wappen* (1950), ein – stilist. hervorragender – anspruchsvoller Unterhaltungsr.

WERKE (Ausw.): Romane: *Unterwelt*, Bln. 1924; *Laborin*, Kriminalr., Bln. 1927; *Rückkehr aus d. Jenseits*, Kriminalr., Bln. 1927; *Der verschwundene Regent*, Kriminalr., Bln. 1928; *Die Frau im Dunkel*, Kriminalr., Bln. 1929; *Die vier Maulwürfe*, Bln. 1933; *Kopf o. Wappen. Roman eines gewagten Lebens*, Bremen 1950, 1952. Zeitgesch. Darstellung: *Kriegsbilder. Eine zusammenfassende Gesch. d. WK 1914*, Bln. 1914. Biogr. Darstellungen: *Der reichste Mann d. Welt. Aus d. Lebensr. d. Ölkönigs John Davison Rockefeller*, Bln. 1926; *Peter, d. große Zar. Rußland an d. Wende*, Bln./Wien/Lzg. 1936; *Maximilian I. Der Traum v. d. Weltmonarchie*, Bremen/Wien 1939, Bremen um 1950; *Jeanne du Barry*, Lzg./Wien 1938; *Magd Gottes. Leben u. Sterben d. Jungfrau v. Orléans*, Bonn 1949; *Mirabeau. Revolutionär für d. König*, Bremen 1949.

LITERATUR: Kürschner, Nachtrag 1949; Giebisch/Gugitz.

Sylvia Leskowa

Brem, Ilse (* 22.3.1945 Aggsbach Dorf/ NÖ.) verbrachte ihre Kindheit in Pöchlarn u. Marbach a.d. Donau, besuchte d. Handelsschule in St. Pölten u. begann eine Bürotätigkeit; absolvierte eine med.-techn. Ausbildung u. arb. als Angestellte in einem Krankenhaus. 1972 zog sie nach Wien; seit 1975 lebt sie hier als freie Schriftstellerin, Malerin u. Illustratorin. Sie ist Mitgl. d. P.E.N u. mehrerer lit. Gesell. 1979 erhielt sie d. Anerkennungspreis d. Landes NÖ, 1979 u. 1985 d. Theodor-Körner-Förderungspreis, d. Wr. Autoren-Stipendium 1982 u. 1985, 1983 d. Buchprämie d. Bundesminist. für Unterricht u. Kultur u. 1997 d. Förderungspreis d. Landes NÖ. – B. veröff. Lyr. u. Essays in in- u. ausländ. Zs. u. Anthologien; sie arb. auch für d. ORF u. ausländ. Sendestationen u. nimmt an Dichterlesungen teil. Neben Essays u. Erz. schreibt sie erfolgreich v.a. Lyr., d. ins Engl., Russ., Frz., Span., Fläm., Bulgar., Poln., Slowen., Slowak., sogar ins Chines. u. Arab. übers. wurde. Ihr Werk ist geprägt v. einem starken humanist. Ethos; d. Themen umkreisen d. Natur als lebenserhaltende Kraft. Es entstehen Impressionen v. magischer Qualität in einem fließenden Parlando, d. sich zu einem präzisen Formgebilde zus. schließen. Dabei genügt ihr d. eigene Wortschatz ohne erzwungenen u. modernist. Höhenflug. Sie selbst bekennt in einer kurzen Selbstbiogr., sie habe »verschwenderisch geliebt, gelebt« – so ist es eine sehr weibl. Lyr., hingegeben an Stimmungen, d. aber ihre Konturen behalten u. nicht zerfließen. Unübersehbar ist eine Weiterentwicklung d. Schriftstellerin sowohl im Sprachlichen als auch in d. Thematik: Aus d. »Dichterin d. feinen Worte«, d. schwebende Bilder zw. Traum u. Wirklichkeit, zw. d. Unbewussten u. d. Unterbewussten erschafft, wurde eine Lyrikerin, d. in kristallisierender Sprache aus einer großen diesseitigen Gedankenfülle immer wieder neue Welten baut. Es entstehen immer neue Slg. ihrer G., jeweils mit eigenen Grafiken u. Aquarellen illustr. z.B. *Das Gesicht im Gesicht* (Eisenstadt 1985); hier verschmelzen Vergangenheit u. Zukunft aus innerer u . äußerer Wahrnehmung. In *Lichtpunkte* (Klagenfurt 1983), einer Lyr., d. d. Leser durch d. Jahr begleitet, wird d. Natur intensiv erlebt. In ihren poetischen Analysen sucht d. Dichterin Fixpunkte – Mensch u. Natur stehen in einem Spannungsfeld, d. gegen d. zerrissene Welt Widerstand leistet u. Zuversicht ausstrahlt. Die sonst enthusiastische Kritik schränkt jedoch ein, dass sich d. »Bilder totlaufen«, sie seien berechenbar, u. d. Muster wiederholten sich oft.

WERKE: Lyr.: *Bunte Spiralen*, Wien 1974; *Schwankende Brücken*, Wien 1976; *Spiegelungen*, G., Wien 1979; Beschwörungsformeln, G. u. Grafik, Eisenstadt 1981; *Lichtpunkte*, G. u. Grafik, Klagenfurt 1983; *Stationen*, Wr. Neustadt 1984; *Das Gesicht im Gesicht*, Lyr. u. Prosa, Grafiken, Eisenstadt 1985; *Aufbruch einer Hoffnung*, G. u. Fotos, Eisenstadt 1985; *Die Antwort ist Schweigen*, G. u. Grafik, Eisenstadt 1986; *Funksprüche*, G. u. Grafik, Eisenstadt 1987; *Grenzschritte*, G. u. Grafik, Eisenstadt 1988; *Spuren d. Stille*, Wien 1991; *Engel aus Stein*, G. u. Grafik, Sofia 1993 (bulg. übers.); *Licht d. Schatten*, G., Wien 1995; *Bruchstücke*, G. u. Grafiken, Krems 1998. Prosa, Essays: *Das Lied überm Staub. Notizen zu Autoren d. Gegenwart*, Baden 1984; *Verschwiegene Landschaften*, Prosa u. Grafiken, Krems 1997. Erz. (Ausw.): Gitter, G. u. Prosa, Wien/Klosterneuburg 2004.

LITERATUR: H. König: I.B. Spuren d. Stille, in: Modern Austrian Literature, Nr. 27, 1994; J.P. Strelha: I.B. Spuren d. Stille, ebd.; E. Horniakova: D. schweigende Gestalt am Fenster. D. Porträt d. I.B., Dipl. Arbeit, Bratislava 1995; Killy, Bd. 2; Kosch, Bd. 1; E. Fischer: D. öst. Lit. im letzten Drittel d. 20. Jh., in: Zeman 3, Bd. 7; Kürschner 2002/03, Bd. 1; Literaturlandschaft, NÖ. P.E.N., hg. v. H. Zeman, 1997, 370f.

Eva Münz

Brendel, Alfred (* 5.1.1931 Wiesenberg/Nordmähren, heute Loučna/Tschechien) erhielt erste Kindheitseindrücke in seinem Geburtsort, ehe er mit drei Jahren auf d. dalmatinische Insel Krk kam, wo seine bürgerlichen Eltern in Omišalj zwei Jahre lang ein Hotel leiteten. In Zagreb begann d. erste pianist. Unterricht B., d. nach d. kriegsbedingten Übersiedlung d. Familie in Graz (seit 1943) - d. Familie d. Mutter stammte aus d. Stmk. - fortgesetzt wurde. In einer Welt d. Gegensätze heranwachsend versuchte B. früh als einziges behütetes Kind seinen Lebensweg selbständig zu gestalten. Vorerst ausgezeichneter Schüler, geriet er aufgrund d. dominierenden künstlerisch-ästhetischen Interessen in schulische Bedrängnis u. verließ mit 16 Jahren zum Kummer seiner Eltern d. höhere Schule, um sich umso intensiver d. pianist. Tätigkeit zu widmen: Er bestand d. Staatsprüfung für Klavier als Externist an d. Wr. Akad. für Musik u. darstellende Kunst mit Auszeichnung. B. Bildungsgang u. Ausbildungsweg entwickelte sich - in manchen Zügen autodidaktisch - weitgehend unabhängig v. Schulen u. Kathedern, musikal. angeregt v.a. v. d. Pianisten Alfred Cortot, Wilhelm Kempff u. bes. Edwin Fischer. V. Wien aus baute B. seine internat. Pianistenkarriere auf, bis er 1979 nach London übersiedelte u. v. dort aus seinen Ruhm als Interpret klass. Musik - vornehmlich Haydns, Mozarts, Beethovens, Schuberts, Brahms', aber auch Schönbergs - in aller Welt festigte. B. Intellekt entwickelte sich unter spezifischen Bedingungen: Das Erlebnis Wiens in d. geistigen Aufbruchsstimmung d. Nachkriegszeit bedeutete eine nicht unbeträchtliche Horizonterweiterung für d. jungen Pianisten, d. - ein typischer Städter - nach kosmopolitischen Werten drängte. Das reichte aus, um wenigstens für einige Zeit zu akzeptieren, »daß Wien eine gute Stadt war, um darin im Protest zu leben« (*Ausgerechnet ich*, 2001, 90). B. gab sich im Übrigen Wien-kritisch im Sinne ALBERT EHRENSTEINS, ALFRED POLGARS, KARL KRAUS' u. ROBERT MUSILS, deren lit. Werke ein wichtiger Nährboden für ihn wurden, u. m. sich v. heimatl. Festlegungen ebenso distanzierte wie z.B. d. öst. Autoren THOMAS BERNHARD,

ERNST JANDL o. PETER HANDKE. B., d., in zweiter Ehe verheiratet, mit seiner Frau u. seinen Kindern aus dieser Ehe in London lebt, berührt d. Öst.-Kritik nur mittelbar. Seine bevorzugten Begegnungen mit bildenden Künstlern u. Intellektuellen versch. Richtungen haben vielmehr ein Nach-Denken gefördert, d. keine nat. Einschränkungen kennt: »Ich habe schon gesagt, daß mir d. Welt absurd erscheint, daß ich ein Skeptiker bin, daß ich zum Pessimismus neige, [...] schließt d. ein, daß ich [...] jedem Glauben gegenüber immun geworden bin.« (*Ausgerechnet ich*, 2001, 104). Rechnet man B. Neigung zum Dadaismus hinzu, so wird man verstehen, dass ihm d. »Gleichzeitigkeit v. sich widersprechenden Dingen« auch in d., was er lit. produziert, »wichtig u. bewusst geworden [ist]: sowohl ganz ernst als auch komisch zu sein.« (*Ausgerechnet ich*, 2001, 105). In solchem Rahmen bewegen sich B. Prosag., d. – manchmal skurril, witzig u. komisch, satirisch u. ernst aus d. Künstlerleben o. d. Lebensreflexion gegriffen u. sprachlich geschickt formuliert – ein interessantes Zeugnis eines Künstlers sind, dessen geistig-seelische Welt nicht nur v. Klavier beherrscht wird. B., d. man schon anlässl. seiner Musik-Essays (vgl. *Musik beim Wort genommen*, 1992) großes stilist. Können bescheinigte, erschließt sich mit seinen »Gedichten« bzw. »Texten« einen weiteren Wirkungsbereich – eine allg. Tendenz reproduzierender Künstler um d. Jahrtausendwende, d. sich als Dichter, Maler o. Komponisten versuchen.

WERKE (Ausw.): Prosag. u. G.-Texte: *Fingerzeig*, Mchn./Wien 1996; *Störendes Lachen während d. Jaworts*, ebd. 1997; *Kleine Teufel*, ebd. 1999; *Ein Finger zuviel*, ebd. 2000 (= Tb.ausg., umfasst d. drei oben angegebenen Bde.); *Spiegelbild u. schwarzer Spuk*, gesammelte u. neue G., ebd. 2003; in engl. Sprache erschienen *Cursing Bagels*, English version by the author with R. Stokes. Autobiogr.: *Ausgerechnet ich. Gespräche mit M. Meyer*, Mchn./Wien 2001. Essays: *Musik beim Wort genommen. Essays u. Vorträge nebst Gesprächen mit T. Snow/K. Wolff*, Mchn./Zürich 1992 (Erstausg. in engl. Sprache u.d.T. *Music sounded out*, Ldn. 1990), Neuausg. Mchn./Mainz 1995.

Herbert Zeman

Brenn, Hubert Friedrich Matthias (* 24.10.1947 Längenfeld), Lehrer, Psychologe u. Prof. für Humanwiss. Promotion 1975, seit 1998 leitet er d. Päd. Akad. d. Diözese Innsbr. in Stams. Er widmet sich neben zahlreichen einschlägigen wiss. Publ. v.a. d. Ötztaler Mundart u. deren kulturellem Umfeld. Neben Kurzprosa u. eigenen G. (*Koe Wasser konns leschn*, 1980, sowie *Ausn Ögnen vrlöern*, 1981) befasst sich B. auch lit.gesch. u. sprachtheoretisch mit d. Tiroler Mundartdichtung. Er veröff. zudem Lyr. u. Prosatexte in d. regionalen Presse, in d. Reihen d. TURMBUNDS (*Koe Wasser konns leschn*, 1980) sowie 1986 ein Drama in d. Lit.zs. DAS FENSTER (*Is verwunschne Darf o. Di Rotzn*). B. wurde u.a. 1987 mit d. Goldenen Ehrenzeichen d. Republik Öst. ausgezeichnet.

WERKE (Ausw.): Lyr.: *Koe Wasser konns leschn. Gedichte in Längenfelder Mundart*, Innsbr. 1980; *Ausn Ögnen vrlöern*, G. in Ötztaler (Längenfelder) Mundart, Thaur 1981. Drama: *Is verwunschne Darf o. Di Rotzn*, Volksstück in sechs Bildern in Ötztaler Mundart [...], in: Das Fenster, Jg. 19/1985, H. 38, 3757-3762. Poetologische Schriften: *Die Mundartdichtung im Tiroler Oberland*, Horn 1985, in: Die Mundartdichtung in Nordtirol (= Mitt. d. Mundartfreunde Öst., 36./37. Jg., 1982/83, 1.-4. Folge), 5-90; *Zwischen Tradition u. Zeitkritik*, Mundartdichtung v. 19. Jh. bis zur Gegenwart in Tirol, in: Tiroler Heimatbl. 1986, Nr. 3, 100-104. Hg.: *Tiroler Mundart-Lesebuch. Hoangart*, Berwang 1986.

LITERATUR: K. Oebelsberger: Dr. H.B. – Ötztaler Mundart- u. Heimatdichter, in: B. u. E. Pinzer: Ötztal: Landschaft, Kultur u. Erholungsraum, Innsbr. 1998, 253f.

Beatrix Cárdenas-Tarrillo

Brenndörfer, Georg → **Gebauer**, Kurt Felix

Brenner, Anton Jakob (auch: Prenner, 19.1.1737 Wien – 27.6.1779 Lüneburg), Schauspieler im Umkreis v. JOSEPH V. KURZ-BERNARDON, kreierte d. lustige Figur d. »Burlin«. Später ist er als Theaterdirektor in Innsbr. belegt. B. verfasste mehrere, wohl nicht gedr. Schauspiele (*Der Philosoph, Die Accessist, Das Strumpfband, Der wankelmüthige Liebhaber, Der Faschingsstreich*); d. laut Goedeke 1778 in Jena gedr. Lustspiel *Der Soldat* lässt sich an d. Wr. Bibl. nicht nachweisen.

LITERATUR: Goedeke, Bd. V; O. Rommel: D. Alt-Wr. Volksk., Wien 1952, 361; Giebisch/Gugitz.

Wynfrid Kriegleder

Brenner, Der, erschien erstmals am 1.6.1920, nachdem LUDWIG V. FICKER u. d. Bozener CARL DALLAGO zwei Monate zuvor in DALLAGOS Haus in Riva am Gardasee d. Hg. einer Halbmonatszs. in FICKERS Innsbrucker BRENNER-VERLAG vereinbart hatten. Vielleicht, so schrieb FICKER im Geleitwort d. 1. H., sei es »ein Fehlbeginn«, bestehe »für d. Erscheinen d. Zs. keine Notwendigkeit«. Dennoch müsse d. Versuch gewagt werden, denn er »bedeutet uns im Kerne ein Unterbringen d. menschl. Natur – ein Unterbringen v. Menschentum, u. zuletzt dünkt uns ein solcher Versuch schon d. Tat.« Dieser Versuch brachte 18 Jg. hervor u. dauerte bis 1954. Am Beginn d. Unternehmens nahmen DALLAGOS Aufs. u. Essays, mit denen Jahre hindurch jedes B.-H. begann, d. breitesten Raum ein. Neben DALLAGOS v. fernöstlicher Weisheit inspirierter Lebensphil., d. allen naturwiss. Rationalismus bekämpft, d. kath. Dogmen als überholt abtut, d. intellektuelle städtische Gesell. als korrupt bezeichnet u. »d. reinen Menschen d. Vorzeit«, Natur, Landschaft, Lust u. Liebe proklamiert, standen seit Oktober 1912 auch G. v. DÄUBLER u. v.a. v. TRAKL, sodass – da in d. folgenden B.-H. TRAKL wieder u. wieder erscheint, dann auch G. v. ALBERT EHRENSTEIN u. ELSE LASKER-SCHÜLER gedr. werden, aus d. STURM schon 1911 ein Aufs. Herwarth Waldens übernommen wurde – d. B. später trotz d. rein quantitativ auch weiterhin dominierenden DALLAGO zu Recht ein Förderer u. eine Zs. d. Expressionismus genannt werden konnte. Wie zu DALLAGO u. zu d. v. ihm entdeckten TRAKL bekannte sich FICKER v. vornherein (Bd. 1910/11) auch zu KARL KRAUS. Wiederholt wurde d. Hg. d. FACKEL v. B. zu Vorlesungen nach Innsbr. eingeladen; u. FICKER selbst (H. 16, 1911), wie dann auch DALLAGO (H. 24, 1911) u. auch HERMANN BROCH (H. 9, 1913) widmeten KARL KRAUS rückhaltlos zustimmende Rez. u. Aufs. Polit. allerdings unterschied sich d. B. d. vier Vorkriegsjahre v. KARL KRAUS. So bekämpfte DALLAGO noch im Nov. 1912 Bruno Franks »Pazifismus u. Kraftmenschen«; u. FICKER schaltete sich im gleichen H. in d. Briefkontroverse mit d. Erklärung ein, d. »Unbarmherzigkeit d. kapitalist. Gesellschaftsordnung« sei »schlimmer bzw. ebenso schlimm wie d. Krieg.«. Erst 1919 mit d. 6. Folge (im Frühjahr 1915, nach Erscheinen d. B.-Jb. hatte d. Zs. ihr »Erscheinen auf Kriegsdauer« eingestellt, nachdem »sieben Mitarbeiter im Krieg gefallen, verschollen« waren) wurde d. B. zur »Charakterztg.«, d. d. Krieg (d. »d. christliche Welt [...] auf d. Gewissen hat«) anprangert. »Die Bestimmung« d. B. sei es, schrieb FICKER im Vorwort zu H. 1, 1919, »Wegbereiter zu sein, d. Erkenntnis d. Kommenden, d. Tieferberufenen, Herz u. Verstand d. Gegenwart zu weihen [...] heimzuleuchten aus d. ungeheuerlichen Angst-Dickicht, in d. sich d. Geist d. Zeit gefangen hat«. DALLAGO veröff. (im gleichen H.) seinen Aufs. »Weltkrieg u. Zivilisation. Wie war es möglich im Christentum?« Theodor Haecker, d. 1913 erstmals im B. erschienen war u. in d. folgenden Jahren neben DALLAGO u. Ferdinand Ebner d. wichtigste Mitarb. d. B. wurde, erklärte (H. 1, 1919) d. Krieg als »Sünde vor Gott«. Durch d. zum Katholizismus konvertierten Haecker allerdings, d. sich gegenüber DALLAGOs individueller Gläubigkeit auf d. Heilswahrheiten d. kath. Kirche berief, hatte sich, wie FICKER (1954, im letzten B.-H.) schrieb, »im B. eine Konstellation d. Gegensätze herausgebildet, d. über kurz o. lang seinen Bestand gefährden musste.« Zwar herrschte über Kierkegaard, dessen Tgb. in d. B.-H. v. 1919-23 in Fortsetzungen erschienen, u. über d. sowohl DALLAGO wie Haecker lange Beitr. schrieben, Einmütigkeit. An Kardinal Newman jedoch schieden sich d. Geister. Haecker, so teilte d. Hg. d. B. (H. 10, Juni 1921) mit, er distanziere sich v. d., was DALLAGO über d. amerik. Kirchenmann geschrieben hatte. Da FICKER, wie er 1954 im letzten B.-H. ausführte, in dieser Auseinandersetzung nicht so sehr eine »zwischen Glauben u. Wissen, sondern zwischen Wissen u. Unwissen« sah u. für d. »Wissenden« (d.h. Haecker) Partei ergriff, zudem Ferdinand Ebner mit seinen »Glossen zum Introitus d. Johannes-Evangeliums« (H. 8, 1921) ebenfalls d. wiss.-theol. Lager zuzurechnen war, geriet DALLAGO immer mehr in d. Isolation, bis er 1926, wie FICKER es im letzten B.-H. 1954 schilderte, »d. Brenner resolut d. Rücken« kehrte, nachdem er im Herbst-H. 1926 u.d.T. »Die rote Fahne« noch einmal d. Kirche angegriffen hatte, d. er nicht nur wie bisher d. Verrats an Christus, sondern auch d. Liaison mit d. Faschismus beschuldigte, u. weshalb er d. »wahren« Christen, als d. »eigentl. Revolutionäre«, aufrief, d. rote Fahne hochzuhalten. »Aus finanziellen Gründen, aber auch aus Rücksicht auf gewisse äußere Schwierigkeiten« (wie es am Ende v. H. 10, Juni 1921, hieß), erschien d. 7. B.-Folge im Gegensatz im zwei- bis drei-Monats-Rhythmus d. Jahre 1919-21 erst nach neun Monaten. Jg. 1922 kam in zwei HalbBdn. heraus, mit d. Vorwort, »Ziel« (dieser 7. Folge d. B.) sei es, »a. d. Tiefe d. Drangsal zur Selbstbesinnung aufzurufen«. Auf d. ersten Seiten stand Fritjof Nansens Rede vor d. Völkerbund. Im gleichen Jg. erschien G. JOSEF LEITGEBS sowie Ferdinand Ebners Aufs. »Die Christusfrage«; FICKER appellierte an d. Leser, für TRAKLS Grab zu spenden. Die beachtlichen Ergebnisse dieser Slg. u. auch d. einer weiteren für »Notleidende« wurden im folgenden Jg. (1923), d. nur aus einem Bd. bestand, bekannt gegeben. Der B., so war zu lesen, »kann sich wegen d. Ungunst d. Verhältnisse«, bes. in Dtld., im Hauptabsatzgebiet d. Zs., »an keinen bestimmten Erscheinungstermin binden«. »Der Brenner hat eine innere Krise hinter sich, d. seinen Fortbestand ernstlich in Frage gestellt hat«, hieß es dann in d. 9. Folge, d. erst zwei Jahre nach d. 8. im Herbst 1925 publiziert werden konnte. In ihr erschienen u.a. Gertrud v. Le Forts *Hymnen* u. ein Antikriegsaufsatz »Das Reglement d. Teufels« v. Franz Ja-

205

nowitz«, d. außerdem »Zur Glaubensfrage« in Form eines »Brief[es] an DALLAGO v. einem Juden« Stellung nahm. In d. *Mitt.* am Ende d. 9. B.-Folge erfuhren d. Leser, dass sich B.-Gemeinden – wie FICKER schrieb – inzwischen auch in Rumänien u. in d. Schweiz gebildet hatten, u. dass v. überall her große Spenden eingegangen seien. So konnte mit Unterstützung d. Münchner Kurt-Wolff-Verlages d. »Heimführung Georg Trakls aus Galizien« auf d. Friedhof Mühlau bei Innsbr. v. B. finanziert werden. FICKER u. JOSEF LEITGEB hielten aus diesem Anlass – wie es weiter in d. *Mitt.* hieß – Gedenkreden. Die 10. B.-Folge im Herbst 1926 brachte neben Ferdinand Ebners Aufs. »Die Wirklichkeit Christi« u.a. zum ersten Mal Dichtungen Paula Schliers, ebenfalls eine Autorin d. Kurt-Wolff-Verlages, deren mystische Religiosität d. in diesem Bd. letztmals vertretenen DALLAGO verdrängte u. alle folgenden B.-Jg. prägen sollte. Durch Franz Janowitz u. seinen Aufs. »Der Glaube u. d. Kunst«, durch Léon Bloy, d. »d. Kunst unserer Zeit« in einem Essay als etwas »Lebendiges u. Heiliges« bezeichnete u. durch HILDEGARD JONE mit ihren zum Gebet aufrufenden G. wurde d. B. (11. Folge, Frühjahr 1927) vollends zu einer christlichen Zs. Aus dieser Geisteshaltung versteht sich auch d. Kritik am »humorlosen« Stefan George, wie sie Theodor Haecker (12. Folge, Ostern 1928) in seinem Beitr. »Humor u. Satire« formulierte. Hatte FICKER schon 1927 am Ende d. 11. B.-Folge an d. Leser appelliert, »je einen neuen Abonnenten zu werben«, damit d. B. weiter bestehen könne, trat zw. d. 12. u. 13. B.-Folge eine vierjährige Pause ein. Unverändert zwar in ihrem christlichen Bekenntnis, mit einem letzten Beitr., mit Bild, mit einer Verlagsanzeige d. Gesamtwerks u. einem Nachruf auf d. inzwischen verstorbenen christlichen Existenzphilosophen Ferdinand Ebner, für dessen Grabstein v. B. gesammelt wurde, erschien d. 13. B.-Folge erst 1932. V. Haecker wurden in diesem H. »Betrachtungen über Vergil, Vater d. Abendlandes« gedruckt. Der Einfluss Paula Schliers auf d. B. verstärkte sich insofern, als Wilhelm Weindler im gleichen H. eine 80 S. lange, begeistert zustimmende Rez. zu ihrem Buch *Chorónoz* beisteuerte. Kann d. ev. Kirche d. kath. einverleibt werden?, lautete d. Fragestellung d. 14. B.-Folge, 1933/34, d. Paula Schlier in einer langen Abhandlung mit einem klaren Nein beantwortete; auch Ignaz Zangerle, d. d. B. seit d. Ausscheiden DALLAGOs angehörte, nahm »zur Situation d. Kirche« Stellung. Sein Appell an d. kath. Laien, aktiv zu werden u. d. »a. vielen Wunden blutenden Kirche« beizustehen, war 1933/34 zugleich ein polit. Manifest. »Wir dt. Katholiken«, schrieb Zangerle, wie sich d. B. überhaupt mehr dt. als öst. verstand. Nachdem d. B. (15. Folge, 1934) seine beiden unzeitgemäßen, größten Beiträger KARL KRAUS u. GEORG TRAKL noch einmal herausgestellt hatte – KRAUS aus Anlass seines 60. Geburtstages, TRAKL in einem 30 S. langen Aufs. v. Werner Meyknecht als einen Pazifisten d. ersten Stunde –, stellte d. Zs. ihr Erscheinen ein. »Das Geheimnis d. Menschwerdung«, wie Paula Schlier ihren letzten B.-Aufs. während d. Nazizeit überschrieben hatte, durfte nicht mehr erörtert werden. Erst 1946 erschien d. nächste, d. 16. B.-Folge. »Zwölf Jahre war d. B. Schweigen auferlegt«, schrieb Ludwig FICKER zum »Wiederaufleben« d. Zs. (16. Folge, 1946). »Nun tritt er [...] noch einmal hervor, um allen, denen d. Heil d. abendländischen Menschheit als brennende Sorge v. Morgen vor Augen steht [...] d. Horizont einer neuen Zuversicht zu erschließen.« Zu dieser Zuversicht trug im Wesentlichen Paula Schlier bei, da ihr damals jüngstes Werk, *Der kommende Tag*, d.«Wiedererscheinen d. B.«, wie es in einer Fußnote d. Hg. hieß, »als tragendes Antlitz seiner Sichtweite [sic!] im Wort zugrunde gelegt« wurde. Zw. d. fünf über d. B.-Bd. 1946 verteilten Gebets- u. Heiligungskapiteln d. Dichterin (»Gericht u. Wiedergeburt«, »Das Antlitz d. Vaters«, »Die arme Braut«, »Der Bote d. Liebe« u. »Der Tag d. Herrn«) blieb, abgesehen v. einigen Erinnerungsversen u. G. v. Karl Kraus, Trakl u. Däubler, nur noch Raum für ebenso tiefgläubige, christliche Bekenntnisse. So schrieb Michael Brink in seinem Aufs. »Der Weg d. Armut«: »[…] immer noch wandelt d. Menschensohn über diese Erde, wir können ihm in jedem Augenblick begegnen«; Hans Kestranek vertraute in seinem Beitr. »Über Zulassung u. Rechtfertigung« d. »über alle Logik« hinaus reichenden göttlichen Willen; Ignaz Zangerle sah in einem 90-S. Essay »Die Bestimmung d. Dichters« darin, seinem Schöpfer d. Ehre zu geben, d. »Erde in d. Himmel hinzutragen«. Allein schon »in d. Sprache« sei »d. Menschen eine unverlierbare Bürgschaft für d. Existenz Gottes u. d. Mitmenschen gegeben«. Daher gelte es, »d. Faszination d. Hasses u. d. Lüge« zu überwinden. Zum Glaubensbekenntnis wurden auch Gedenkartikel v. A. Zechmeister u. ein Nachruf v. Ficker auf d. 1945 gestorbenen Theodor Haecker veröff. Zechmeister erinnerte daran, dass Haecker wegen eines B.-Aufs., in d. er d. ›tausendjährige Reich‹ als eines d. Hörner d. Tieres in d. Vision Daniels bezeichnet hatte, v. d. Nazis verhaftet wurde. Ficker rühmte Haeckers »Ehrfurcht vor d. Wort« u. pries ihn als eines d. »sehr einsamen, sehr preisgegebenen Herzen«, d. »d. Gnadengeschenke d. Liebe Gottes« auch in Zeiten sichtbar machen, »da sie weithin in Frage gestellt scheinen.« Haecker bzw. seiner Anthropologie war auch d. Aufs. Eugen Blessings »Was ist d. Mensch?« in d. 17. B.-Folge gewidmet. Sie erschien »in zwangloser Folge« 1948 u. stellte d. Menschen im Sinne Haeckers als eine Gott ebenbildliche »Dreifaltigkeit« aus Denken, Fühlen u. Wollen dar. »Hölderlin u. d. Christliche« (v. Eduard Lachmann), »Der Christ u. d. Engel« (v. A. Zechmeister), »Geburt d. Dichtung«, »Schöpfungsmorgen« u. »Legende zur Apokalypse« (v. Paula Schlier) waren weitere Themen d. Bd. Werner Kraft reflektierte über ein Motiv v. Karl Kraus (»Der Sonntag«). An d. KZ erinnerten Michael Brink mit einem Auszug aus seinem Buch *Revolutio humana*, 1946 sowie Gabriel Lion mit seiner »metaphysischen Conférence« *Synchronisation im Birkenwald*, in d. er Spinoza, Kant u. Sokrates auftreten ließ. V. Charles Péguy wurde »Das Flottengleichnis« aus d. *Mysterium d. unschuldigen Kinder* abgedr. »Es gibt eine neue Glaubensoffenheit u. Glaubensbereitschaft […]. Eine Stunde ist da, in d. wir mehr als früher spüren, dass Gott auf uns sieht u. unser wartet.« Dieses Wort Michael Pflieglers aus seinem Buch *Die religiöse Situation* war d. 17. B.-Folge als Motto vorangestellt. 1954 war diese »religiöse Situation« erfüllt. »Noch im Ablauf einer Gnadenfrist zwischen gestern u. morgen«, wie Ficker einleitend schrieb, erschien d. B. (nun in d. 18. Folge) zum letzten Mal, am Ende seiner 44-jährigen Gesch. übrigens erstmals mit finanzieller Unterstützung durch ein Wr. Ministerium. Vierzehn Mitarb., außer Paula Schlier alle für d. B. neue Namen: Th. Merton, A. Pritzl, F. Susani, L. Ebel, W. Kütemeyer, W. v. Trott, A. Marnau, R. Schwarz, E. Steinacker, F. Pater, J.G. Lachner, J. Bernhart, hatten in Vers u. Prosa mit ausschließlich rel. Thematik (u.a. »Entwürfe zu einer Apokalypse«, »Nacht d. Verkündigung«, »Notstand d. abseitigen Lebens«, »Das Wunder d. Apostel«) zu seinem Entstehen beigetragen. Die großen alten Mitstreiter waren (mit Ausnahme Paula Schliers) alle tot. Nachrufe auf DALLAGO, auf Kestranek, d. im Schrecken d. vergangenen Jahre »erst d. Vorspiel zu vollen Katastrophe« gesehen hatte, auf Ferdinand Ebner, eine entrüstete Abrechnung FICKERs mit Wolfgang Schneditz, d. d. Sensationshascherei beschuldigten Hg. d. ersten Werkausg. TRAKLS, Briefe v. TRAKL, RILKE u. Wittgenstein beschließen d. Bd. Das letzte Wort hatte Paula Schlier: »Morgen ist d. Tag d. Erwachsens« (= d. Auferstehung). Das »Abschiedsgesicht«, d. »Endphase u. Erfüllung« d. B., wie FICKER unter Berufung auf Ferdinand Ebner in d. Einleitung zur 18. u. letzten B.-Folge schrieb. Eine d. ersten Würdigungen d. B. stammte v. KARL KRAUS. »Daß d. einzige ehrliche Revue in Innsbr. erscheint«, schrieb er 1912 in d. FACKEL, »sollte man, wenn schon nicht in Öst., so doch in Dtld. wissen, dessen einzige ehrliche Revue gleichfalls in Innsbr. erscheint.« Die eigentl. B.-Rezeption begann erst in d. 60er-Jahren. 1964 gründete Ignaz Zangerle d. sog. B.-Archiv, d. neben einer Slg. v. Ztg.artikeln u. Zs.aufsätzen zum B. auch Nachl. u. Bibl.bestände einstiger B.-Mitarb. sowie auch d. lit. u. publizist. Nachl. d. 1967 gestorbenen LUDWIG V. FICKER, seine Bibl. u. v.a. seine reichhaltige Korrespondenz mit TRAKL, ELSE LASKER-SCHÜLER, RILKE, WERFEL, Gertrud v. Le Fort, Elisabeth Förster-Nietzsche, Heidegger u.a. umfasst. 1966, ein Jahr nachdem d. B.-Archiv als Forschungsinst. an d. Univ. Innsbr. neuen Standort u. endgültige Form gefunden hatte, entstand, wiederum unter Leitung Ignaz Zangerles, sowohl ein Diss.programm zum B. u. seinen Beiträgern, als auch ein Editionsplan für d. B.-Studien. Im gleichen Jahr (1966) verfasste Walter Methlagl unter Leitung Eugen Thurnhers seine für alle weiteren B.-Arb. grundlegende Innsbr. Diss. *Der Brenner. Weltanschaul. Wandlungen vor d. Ersten Weltkrieg.* 1969 erschien in Nendeln (Liechtenstein) ein Reprint sämtlicher, seit Jahrzehnten vergriffener B.-Bde, woraufhin 1982, aus d. Kreis d. B.-Archiv-Mitarb. bzw. d. v. B.-Archiv Geförderten, ein 540 S. starker Bd. *Untersuchungen zum ›Brenner‹* (Fs. für Ignaz Zangerle zum 75. Geburtstag) herauskam. An dieser Publikation, hg. v. W. Methlagl/E. Sauermann/S.P. Scheichl lässt sich sowohl d. Stand d. internat. B.-Forschung, als auch d. Gesch. d. B. selbst in allen ihren Phasen ablesen: seine v.a. durch DALLAGO bedingten antiintellektuellen, antikapitalist., antibürgerlichen u. antiklerikalen Anfänge (s. d. Untersuchungen v. Scheichl); d. deshalb, worauf Methlagl hinweist, ungerechtfertigte Kritik Ludwig Wittgensteins, d. d. B. (1923) als eine »christliche Zs.« u. eine christliche Zs. als »Schmokerei« bezeichnet hatte; d. ersten Höhepunkt hatte d. Zs. mit d. *Jahrbuch 1915*, d. Margit Riml hervorhebt, d. Wiederbeginn erlebte d. B. nach d. 1. WK u. v.a. mit d. Auseinandersetzung um Christentum u. Kirche in d. Jahren bis 1926, in denen d. Zs. nach d. Urteil DALLAGOs u. anderer mit ihm zus. aus d. B. ausgeschiedenen Mitarb. zur »kath. Revue« geworden war. Was v. Methlagl in seinem Aufs. »Bemerkungen zu I. Zangerles Mitarbeit am Brenner« mit d. Argument bestritten wurde, dass im B. sowohl »d. Moment d. Lehrhaften«, wie »d. Apologetischen« fehle, dass in ihm »weder gepredigt« wurde, noch »zünftig theologisch« reflektiert. Darüber hinaus verweist d. B.-Forschung (Alfred Doppler) auf d. bruchlosen Übergang v. Vornazizeit-B. u. Nachkriegs-B. Wenn in d. 16. Folge (1946) d. Ereignisse d. 2. WK als »Wirksamwerden d. Antichristen« interpretiert wurden, so sei dies nur d. folgerichtige Entwicklung d. »Verchristlichung-Prozesses«, d. bereits vor 1933/34 durch Haeckers Kierkegaard-Übers., Ferdinand Ebners »Pneumatologische Fragmente« u. Paula Schliers »Paraphrasierungen d. Bibel« begonnen habe. Untersuchungen zu »DALLAGO u. Heidegger«, zu »Aspekten d. Judentums im Brenner«, zur »Hölderlin-Rezeption« d. B., zum »Sprachstil« u. »Lyrikverständnis« L. v. FICKERS, zu KARL KRAUS, HERMANN BROCH, Däubler u. Ferdinand Ebner als Beiträger d. B., zu »Sprache u. Sitte bei Kestranek« u. insbes. über TRAKL – allein über ihn bringt d. im Otto Müller Verlag erschienene Fs. »Untersuchungen zum Brenner« zwölf wiss. Aufs. – sind weitere Themen d. B.-Forschung. Die »eminente Bedeutung« d. »Menschl.« für FICKER u. d.h. für d. B., u. dass – wie FICKER 1912 schrieb – »d. menschl. Bekenntniswert d. künstl. Gestaltungswert überwiege«, klingt zwar wiederholt in d. B.-Forschung an (so bei E. Sauermann). Die in d. öst. Zs.gesch. wohl einmalige Tatsache war hingegen, dass, wie oft u. wie erfolgreich d. B. seine Leser, bei prekärster eigener Finanzlage, für seine Autoren noch über deren Tod hinaus sowie auch für »Notleidende« allg. zu Spenden aufrief, u. wie sehr er auch in dieser Mäzenaten- u. Wohlfahrtstätigkeit als Autorität anerkannt war. Erinnert sei nur Wittgenstein, d. 1914 zwecks Verteilung einer großen Geldsumme an bekannte u. unbekannte öst. Künstler keine bessere Instanz als eben d. B. wusste, dies bedarf noch einer besonderen Untersuchung.

LITERATUR: J. Kaut: D. B., in: D. Silberboot, 2/1946; W. Methlagl: »D. B.« Weltanschaul. Wandlungen vor d. 1. WK, Diss. phil., Innsbr. 1966; Untersuchungen zu B., Fs. für Ignaz Zangerle zum 75. Geburtstag, hg. v. W. Methagl/E. Sauermann/S.P. Scheichl, Salzb. 1982; R.R. Geher: D. B.-Kreis, Diss. phil. Wien 1990; Zeman 2.

Waltraut Schwarz

Brenner-Archiv, 1964 gegr. Das Archiv ging aus d. Kulturzs. *Der Brenner* (1910-54) hervor u. ist eng mit d. Gesch. d. Hg. L. v. Ficker verbunden. Die zahlreichen Ms. u. Korrespondenzen, d. sich im Umfeld d. Zs. u. im Privatbesitz L. v. FICKERS fanden, bildeten d. Grundstock d. A. Das B.-A. wurde später d. Inst. für Germanistik zugeordnet u. ist seit 1979 Forschungsinst. d. Univ. Innsbr. Seit d. WS 2001/02 wird d. Inst. v. ao. Univ.-Prof. Mag. Dr. J. Holzner geleitet. Die Bestände d. B.-A. umfassen Tiroler Autoren, insb. aus d. 19. u. 20. Jh., aber auch Slg. öst. Lit., Musik, Architektur u. Phil. Mit rund 190 Nachl., Teilnachl. u. Slg., 30 000 Buchexemplaren u. über 300 Zs. bildet d. B.-A. eine Anlaufstelle für Forschende, d. es auch explizit, u.a. durch d. Zus.arb. mit Univ., unterstützt. Die zu Zwecken d. Archivierung ergriffenen konservatorischen Maßnahmen setzen sich in d. Digitalisierung d. Bestandes d. B.-A. fort (z.B. Nachl. L. v. FICKERS). Dies trägt einerseits zum Erhalt d. Dokumente bei, anderseits werden d. jeweiligen Dokumente dadurch d. Öff. zugänglich gemacht. Neben d. Archivierung d. Bestände ist auch d. Forschung ein zentrales Anliegen d. B.-A., d. es durch Hg.tätigkeiten (*Trakl-Studien, Brenner-Studien*) sowie durch k. seit d. 80er-Jahren jährlich erscheinenden *Mitt. aus d. B.-A.* nachkommt. Zudem gibt es mehrere laufende Forschungsprojekte, deren Ergebnisse in d. Vergangenheit bereits durch zahlreiche Publikationen (u.a. zu G. Trakl u. L. Wittgenstein) d.

Öff. präsentiert wurden. Mit d. dreiteiligen Großprojekt *Literatur in Tirol* leistet d. B.-A. einen wichtigen Beitr. zur Erforschung zeitgenöss. u. bislang z.Tl. wenig bekannter Tiroler Lit.: Es besteht aus einer Lit.landkarte, aktuellen Rez. sowie d. Lex. Lit. in Tirol, d. Autorinnen u. Autoren v. 19. Jh. bis zur Gegenwart umfasst. Neben Forschung u. Archivierung sieht d. B.-A. seine Aufgabe in d. Vermittlung v. Lit. Dazu tragen Symposien, Lesungen u. Ausstellungen bei. Diese werden vor allem v. Lit.haus am Inn u. v. Brenner-Forum, einem Verein zur Unterstützung d. B.-A., organisiert.

LITERATUR: W. Methlagl/E. Sauermann (Hg.): Nachbilder. 25 Jahre B.-A.10 Jahre Forschungsinst. B.-A., Univ. Innsbr. Eine Dokumentation, Innsbr. 1989; A. Unterkircher: Lit.forschung u. Lit.archiv, in: Mitt. aus d. B.-A. 11, 1992, 95-100; W. Methlagl: Zum B.-A., in: Jura Soyfer 5, 1996, H. 4, 26-27 ; A. Unterkircher: D. EDV-Projekt d. Innsbr. B.-A., in: A. Schwob: Dt. Sprache u. Lit. in Südosteuropa, Mchn. 1996, 257-264; A. Unterkircher: D. Innsbr. B.-A., in: C. König/S. Seifert (Hg.): Aspekte neuer Zus.arb., Mchn. u.a. 1996, 235-242; W. Methlagl: »D. unausdrückbare Notieren.« Bemerkungen über d. B.-A. an d. Univ. Innsbr., in: H. Holl u.a. (Hg.): D. unbekannte Erbe, Stgt. 1997, 21-32; A. Steinsiek (Hg.): D. A. lebt! Fundstücke aus d. Lit.archiv u. Forschungsinst. B.-A., Innsbr. 1999; W. Methlagl: Verhältnis v. Transkription, maschineller Lesbarkeit u. verbundmäßiger Ausbreitung über Netz am Bsp.d. B.-A., in: H. Arlt (Hg.): Interkulturelle Erforschung d. öst. Lit., St. Ingbert 2000, 241-246; K. Hauser: Flaniermeile B.-A., in: Quart-H. f. Kultur Tirol 7, 2006, 17-25.

Sonja Arnold

Brenner-Verlag, Der, wurde 1910 v. LUDWIG V. FICKER mit einer beschränkten Konzession zur Hg. d. Kulturzs. DER BRENNER gegr., d. d. wichtigste Publ.organ d. Expressionismus in Öst. war. 1921-28 war d. B. d. wagnerschen Univ.verlag in Innsbr. angegliedert. Die Zs. DER BRENNER erschien bis 1954 in unregelmäßigen Abständen u. mit Unterbrechungen in insgesamt 18 Folgen, d. Aufl. betrug 700 bis 1700 Stück. Zu d. wichtigsten Beiträgern zählten HERMANN BROCH, CARL DALLAGO, THEODOR DÄUBLER, F. Ebner, Th. Haecker, RAINER MARIA RILKE u. P. Schlier, v.a. aber GEORG TRAKL, v. d. ab 1912 regelmäßig Erstveröff. seiner G. im BRENNER erschienen. Neben d. Zs. wurden im B. auch andere Publikationen hg., so v. CARL DALLAGO u.a. *Otto Weininger u. sein Werk*, (1912), *Studien über Karl Kraus* (1913), *Rundfrage über Karl Kraus* (1915), Th. Haecker (*Satire u. Polemik. 1914-20*, 1922, Kierkegaard-Übertragungen), *Erinnerung an Georg Trakl. Zeugnisse u. Briefe* (1926), A. Loos: *Schriften* (2 Bde., 1931/32).

LITERATUR: W. Methlagl: Der Brenner. 1910-54, in: Nachrichten aus d. Kösel-Verlag, Mchn. 1965; Mitteil. aus d. Brenner-Archiv, Innsbr. 1982ff., Nr. 1ff.; M.G. Hall: Öst. Verlagsgesch. 1918-38, Wien 1985, Bd. 2, 99; R.R. Geher: Der »Brenner«-Kreis. Ein Beitr. zur Gesch. d. Kulturzs., Diss. phil., Wien 1990.

Johannes Frimmel

Brennpunkte. Schrifttum d. Gegenwart, war eine Reihe v. Sammelbdn.; 1965 anlässl. einer Tagung in Innsbr. Begr., v. HERMANN KUPRIAN hg., erschienen bis 1976 zwölf Bde. Der Titel erklärt sich aus d. geogr. Lage d. Erscheinungsortes Innsbr., d. als lit. Brennpunkt, als Mitte d. dt.-sprachigen Alpenraums (zw. Bern u. Wien, zw. Mchn. u. Bozen) verstanden wurde. Für d. Erscheinen mitverantwortlich zeichnete d. TURMBUND, eine Gesell. für Lit. u. Kunst in Innsbr., d. ihren Sitz auf d. Stadtturm d. alten Rathauses in Innsbr. hatte (d. Turm wurde nach d. 2. WK zum geistigen Symbol im kulturellen Leben Tirols). Probleme d. europ. Kulturlebens, d. bereits bei »TURMBUND«-Veranstaltungen in Vorträgen u. Diskussionen zur Sprache gekommen waren, wurden im 2. Bd., d. neben Essays auch Lyr. enthält, erörtert, u.a. d. Situation d. dt.-sprachigen Theaters d. Gegenwart. Ein besonderes Anliegen d. Hg. war d. Verbreitung d. Nord- u. Südtiroler Gegenwartslit.: Der 1. Bd. ist eine kleine Anthologie u. zugleich Fs. d. TURMBUNDES mit hauptsächlich lyr. Textproben aus d. Gegenwartsdichtung Tirols; d. 3. Bd. ist ausschließlich d. damals jungen Nordtiroler Schriftstellergeneration (z.B. HUGO BONATTI o. SIEGFRIED WINKLER) gewidmet; d. 6. Bd. umfasst nur Lyr. u. Prosa d. jungen Autoren Südtirols (z.B. v. NORBERT CONRAD KASER, GERHARD KOFLER, GERHARD MUMELTER o. JOSEPH ZODERER). Beim 5. Bd. handelt es sich um eine Anthologie v. Kurzprosa, mit d. auf epische Talente in Tirol aufmerksam gemacht werden sollte; neben älteren Autoren wie HANS FABER-PERATHONER o. HUBERT MUMELTER finden sich auch jüngere wie HUGO BONATTI, SIEGFRIED KUPRIAN o. SIEGFRIED WINKLER. Behandelt wurden außerdem zahlreiche lit. theoretische Fragen, so z.B. im 4. Bd., in d. Parallelen v. Dadaismus, WR. GRUPPE u. Strömungen ähnlicher Art untersucht wurden u. d. Sprache im Mittelpunkt stand. Ab 1971 dienten d. B. nahezu ausschließlich als Forum für d. »Spirituelle Poesie«, eine Gegenbewegung zum Manierismus d. »Konkreten Poesie«, deren Initiator d. Hg. HERMANN KUPRIAN war u. als deren Vorläufer man RAINER MARIA RILKE sah. Als Manifest ist d. drei Tle. umfassende 7. Bd. zu verstehen: Der Dramatiker KURT BECSI, damals Leiter d. Öst. Inst. für Dramaturgie in Wien, zeichnete beispielsweise d. Vision eines »kosmischen Theaters« im theoretischen Teil, im zweiten Tl. stellten Vertreter d. älteren Generation (u.a. HERMANN KUPRIAN u. HEINZ POTOTSCHNIG) kurze Proben dieser neuen Lit.strömung vor; im dritten Tl. gibt es Texte jüngerer Autoren (z.B. v. ALFONS EGGER, RENATE KOFLER o. REINHARD MARGREITER). Insgesamt sind in diesem Bd., d. großes Aufsehen erregte, 13 Autoren mit theoretischen u. 49 mit dichterischen Beitr. vertreten. Den 8. Bd. ausgenommen, sind alle folgenden Bde. d. »Spirituellen Poesie« gewidmet: Ihre theoretischen Grundlagen u. Probleme werden erörtert, G. analysiert, u. 1976 erschien d. letzte Sammelbd. u.d.T. »Das weltoffene Spanien. Spirituelles Denken u. Dichten«. Es handelt sich um eine Slg. d. wichtigsten dt.-sprachigen Aufs. d. Dichters, Übers. u. Essayisten Narciso Sanchez Morales; einige davon, z.B. »Rilke als spiritueller Poet« (Bd. 9), hatten entscheidend zur Verbreitung d. »Spirituellen Poesie« beigetragen. 1976 wurde d. Schriftenreihe eingestellt, mit d. einerseits auf d. Gegenwartsdichtung Tirols, auch Südtirols, u. anderseits auf eine neue Lit.bewegung aufmerksam gemacht worden war; zudem war sie ein Forum d. TURMBUNDES, d. d. Veröff. d. Sammelbde. unterstützte, d. in gebundener Form erschienen waren. Im letzten Bd. findet sich kein Hinweis auf d. Einstellung.

Claudia Kreutel/Paul Wimmer

Brentano, Franz (Ps. **Aenigmatias**, 16.1.1838 Marienberg b. Boppard – 17.3.1917 Zürich), Neffe d. bekannten Dichters Clemens Brentano u. selbst ein berühmter Philosoph, wurde zwar in Dtld. geb. u. starb in d. Schweiz, verbrachte aber einen großen Tl. seines

Berufslebens in Öst. Er stud. Theol. u. Phil., promovierte 1862 u. wurde 1864 zum Priester geweiht. B. war zuerst als Privatdozent (1866 Habil. in Würzburg), dann als Univ.-Prof. tätig: Niederlegung d. Professur, da er (1870) d. Unfehlbarkeitsdogma d. Papstes nicht akzeptierte. B. lehrte ab 1874 als Univ.-Prof. für Phil. an d. Wr. Univ. 1880 legte er aus persönl. Gründen diese Professur nieder (B. Heirat bewirkte, dass er d. Priesteramt nicht weiter ausüben durfte, d. Wiederaufleben d. dt. Staatsbürgerschaft u. d. Verzicht auf d. Wr. Professur) u. arb. seitdem als Privatdozent weiter. Nach d. Tod seiner Frau verließ er Wien u. zog 1895 nach Florenz u. 1915 nach Zürich. Er begr. eine eigene Denkschule, d. d. damals so umwälzenden Evolutionstheorie, jedoch nicht d. Darwinismus folgte. V. d. Metaphysik d. Aristoteles ausgehend, glaubte er, d. Dasein Gottes logisch beweisen zu können (*Vom Dasein Gottes*, Lzg. 1929); recht zeitgemäß wurde für ihn d. Psychologie d. Grundwiss. schlechthin, v. d. aus er auch d. Phil. betrieb, d. sich ihm daher phänomenol. erschloss; vgl. d. Werke *Psychologie v. empirischen Standpunkte* (3 Bde., 1874-1928) u. *Von d. Klassifikation d. psychischen Phänomene* (1911). Daneben jedoch hatte er auch Sinn für d. schöne Lit.; so schrieb er immer wieder G., d. er verstreut in Anthologien u. Lit.-Zs. veröff. So findet man seine Verse in FRITZ LEMMERMAYERS Anthologie *Die dt. Literatur d. Gegenwart* (Lzg. 1884), in denen er seiner Gedankenwelt in Reimen Ausdruck zu geben versucht. Weitere G. sind in d. DIOSKUREN erschienen. Eine gewisse Rast- u. Ruhelosigkeit, manchmal auch Resignation, d. auch B. Leben bestimmte, äußerte sich in diesen Versen, d. auch einen deutlichen Hang zum Manierismus verraten, wie in seinen Rätseln. In d. *Neuen Räthseln* (Wien 1879) konnte er unter d. Ps. **Aenigmatias** bei d. Lesern mit d. damals so beliebten Denkaufgaben geistreich mit kunstvoll manierierten Versen brillieren, freilich ohne Auflösungen seiner mitunter komplizierten Denkaufgaben anzubieten. Auch in seinen Fach-Vorträgen streifte B. d. Lit.: So sprach er über *Das Schlechte als Gegenstand dichterischer Darstellung* (gedr. Lzg. 1892). Er wurde auch selbst zum Protagonisten einer N.: ADOLF WILBRANDT versuchte, im *Gast v. Abendstern* (1882) ein poetisches Bild d. Persönlichkeit d. Philosophen zu gestalten.

WERKE: (ohne phil. Veröff.) Gedichte in: F. Lemmermayer, *Die dt. Lyrik d. Gegenwart*, Anthologie, Lzg. [1884], 191, 208f.; in: *Dioskuren; Neue Räthsel*, Wien 1879.

LITERATUR (Ausw.): A. Wilbrandt: Gast v. Abendstern, N., 1882; O. Kraus: F. B., Mchn. 1919; M. Puglisi: F. B., A biographical Sketch, Worcester 1924; R. Steiner: Seelenrätsel [...], 3. Nachruf F. B., Bln. 1921; Wurzbach Bd. 2; Eisenberg-Kosch, Erg. Bd. 2; NÖB, 3; ÖBL I; Phil. Lex.; E. Tiefensee: Phil. u. Religion bei F. B. (1838-1917).

Eva Münz

Breslauer, Hans Karl (Ps. James **O'Cleaner**, Jenny **Romberg**, Bastian **Schneider**, 2.6.1888 Wien – 15.4.1965 Salzb.), Wr. Unterhaltungsschriftsteller d. 40er- u. 50er-Jahre: Neben Filmdrehbüchern (seit 1923 Mitgl. d. Wr. Filmbundes, d. ihm d. Goldene Ehrenzeichen verlieh) u. Hörspielen verfasste B. in erster Linie überaus anspruchslose belletrist. R. Diese Kriminal-, Liebes- u. Heimatr. erschienen zum Großteil lediglich in sog. H.-Romanreihen (*Das Ei d. Kolumbus*, 1941: »Der 30-Pfennig-R.«; *Der Sprung ins Ungewisse*, 1954: »Bastei-Kriminal-R.«; *Sehnsucht nach d. Heimat*, 1955: »Der Bergheimatr.«). B. lebte zuletzt am oö. Mondsee.

WERKE (Ausw.): Kurzgesch.: *Liebe, Diebe*, Nbg. 1943. Romane: *Das Ei d. Kolumbus*, Kriminalr., Bln. 1941; *Alles dreht sich um Angela*, Graz 1949; *Ein Phantom wird lebendig*, R., Graz [1949]; *Die Schönste v. allen*, Wien [1950], Bergisch-Gladbach 1952; *Der Dohlengraf*, Marl-Hüls 1952; *Heute wird gefilmt in Bellevue*, R., Marl-Hüls 1952; *Heiraten u. nicht verzweifeln*, R., Hbg. 1953; *Im Wirbel d. Schicksals*, Marl-Hüls 1953; *Der Sprung ins Ungewisse*, Bergisch-Gladbach 1954; *Sehnsucht nach d. Heimat*, Graz 1955.

LITERATUR: Kürschner 1963; Giebisch/ Gugitz.

Sylvia Leskowa

Bresnicer, Alexius (1502 o. 1504 Kottbus, Niederlausitz – 1581 Feldsberg, damals NÖ), ev. Theologe (Magister) u. Dichter d. Späthumanismus, wirkte 1544-46 als Pfarrer in Neukirchen bei Krimmitzschau. 1546 wurde er Stadtprediger in Altenburg (Sachsen), 1554 ebd. Pfarrer u. Superintendent. Wegen abweichender theol. Ansichten verlor er 1562 seine Stelle. Er wandte sich nach Öttingen (Schwaben), wo er bis 1568 als Pfarrer wirkte. Im gleichen Jahr wurde B. nach d. Verhaftung d. Herzogs Johann Friedrich II. v. Sachsen wieder in sein altes Amt als Superintendent v. Altenburg eingesetzt. Nicht zuletzt unter d. Einfluss seines Schwiegersohnes JOHANN FRIEDRICH COELESTINUS, eines Jenaer Univ. Prof., ergriff er immer deutlicher Partei für d. gnesio-lutheranischen Ansichten d. Flacius. B. verwickelte sich in d. Folge derart in theol. Streitigkeiten, dass man ihn – wie übrigens auch COELESTINUS – anfangs 1573 entließ u. aus Sachsen verbannte. B. u. COELESTINUS suchten in Öst. unterzukommen. B. hielt sich 1573-78 ohne Amt in Schönbühel u. Horn auf; v. 1578 bis zu seinem Tod wirkte er unter d. Schutz d. protest. Adeligen Hartmann v. Liechtenstein als Pfarrer v. Feldsberg. Es ist unbekannt, aufgrund welchen Werkes B. seinerzeit v. Vatikan auf d. Liste d. »auctores damnati primae classis« gesetzt wurde. Verantwortlich dafür kann wohl kaum seine *Comoedia v. d. geystlichen kampff Christlicher Ritterschafft* aus d. Jahr 1553 sein: Die theol. Wortgefechte d. Ritters Christianus mit seinen Feinden Welt, Fleisch, Satan, Gesetz, Sünde u. Tod u. sein Sieg durch d. Glauben u. d. hl. Schrift sind für eine solche Maßnahme nicht verfänglich genug. Auch sein *Regiment wider d. Pestilentz* – ein d. Erbauungslit. zuzurechnendes Pestbüchlein mit theol. Nutzanwendung – ist als eher harmlos einzustufen.

WERKE: *Lienhard Hirsing. Comoedia v. d. geystlichen kampff / Christlicher Ritterschafft / d. ist / wie d. Christen aus warheit d. schrifft / sich legen müssen / wider d. Hell / Todt / Teuffel / Sünde / Gesetz &c. / tröstlich zu lesen allen blöden gewissens / verfasset u. Reymweis gestellet durch Alexium Bresnicerum Cottbusianum*, Freiberg 1553; Beitr. zu: Johannes Criginger, *Comoedia Von d. Reichen Mañ vnd Armen Lazaro*, Zwickau 1543; *Ein sehr nützliches, tröstliches u. geistliches Regiment wider d. Pestilentz, u. sonst allerley gifftig u. tödtliche Kranckheiten, allen frommen Christen fruchtbarlich zu lesen. Zusammen gebracht u. gepredigt durch d. heiligen Bischoff u. Merterer S. Cypriannen. Verdeutscht durch Alexium Bresnicerum, Prediger zu Aldenburg*, Lzg. 1552; G. in hebräischer Sprache in: *Vota Hornensia pro nuptiis Alberti a Puchheim*, Wildberg 1579; *Leichpredigt Vber d. Leich / d. [...] Frawen Helenae / [...] v. Starhemberg / geborne Zäcklin [...] Gehalten zu Horn*, [Wildberg] [1579].

LITERATUR: Raupach 5, Presbyterologia 11f.; ADB 3; Goedeke, Bd. 2; R. Jauernig: D. geistlichen Beziehungen zw. d. alten Öst. u. Thüringen, in: JGPÖ 49, Wien/Lzg. 1928, 117-165, hier 157;

K. Mayr: Österreicher in d. Stolberg-Stolbergischen Leichenpredigtenslg„ in: JGPÖ 77, Wien 1961, 31-101, hier 68, 70; E. Forstreiter: D. Anfänge d. humanist. Schuldbildung in Horn, Horn 1962, 63, 71.

Robert Hinterndorfer

Bretschneider, Heinrich Gottfried v. (6.3.1739 Gera – 1.11.1810 Krzimit bei Pilsen) wurde v. d. Herrnhutern in Ebersdorf erzogen, bevor er in Gera d. Gymnasium besuchte. Bereits 1753 in ein sächsisches Regiment eingetreten, kämpfte er im Siebenjährigen Krieg wechselnd auf sächsischer u. preuß. Seite, bis er nach Beendigung d. Krieges – auf Empfehlung d. Reichshofrats u. polit. Schriftstellers Friedrich Karl v. Moser – als Landeshauptmann u. Major ins Hessen-Nassauische nach Usingen ging. Nachdem er dort freiwillig d. Dienst quittiert hatte, trat er 1772 eine Reise nach England u. Frankreich an, d. er 1801 aufzeichnete u. d. L.F.G. v. Goeckingk 1817 aus d. Nachl. d. besten Freundes v. B., Friedrich Nicolai, zum Druck beförderte. Nach seiner Rückkehr hielt sich B. zeitweise in Wien u. Bln. auf, wo er – über Nicolai – im Rahmen d. sog. Mittwochclubs u.a. K.W. Ramler, M. Mendelssohn, G.E. Lessing u. J.A. Eberhard kennen lernte. Mitte d. 70er-Jahre lancierte Tobias Philipp v. Gebler B. in öst. Staatsdienste. Zunächst kam B. 1776 als Vizekreishauptmann nach Werschetz im Banat, 1778 wurde er Bibliothekar an d. Univ.bibl. zu Ofen mit d. Titel eines ›kaiserl. Rats‹, zur gleichen Zeit, als dort auch L.A. Hoffmann wirkte. 1781 begleitete B. zeitweilig seinen Freund Nicolai auf dessen Öst.-Ungarn-Reise u. versorgte ihn (für d. später erschienene Reisebeschreibung) mit zusätzlichen Informationen. In Wien kam B. u.a. mit J. v. Sonnenfels u. G. van Swieten sowie anderen bedeutenden Aufklärern bzw. Freimaurern zus. u. verkehrte in jüd. Kreisen. Zugleich erwarb er sich in mehreren persönl. Gesprächen d. Vertrauen Kaiser Joseph II. Doch als in Wien ein publizist. Streit um d. z.Tl. voreingenommenen Berichte Nicolais entbrannte, nahm Joseph II. (wohl auf Druck van Swietens) wieder Abstand v. seinem ursprünglichen Vorhaben, B. bei d. Studienhofkommission anzustellen. B. kam stattdessen 1784 als Bibliothekar an d. Lemberger Hochschule, wo er schon bald mit d. dort lehrenden I.A. Fessler in Streit geriet. In Lemberg lebte B. bis zu seiner Pensionierung 1891, seit 1793 als ›kaiserl. Gubernialrat‹. Er wurde dort zu einem subtilen Kenner d. polit. u. gesell. Verhältnisse Galiziens, was ihn prädestinierte, F. Kratters 1786 publ., polemisch-uneinsichtige *Briefe über d. itzigen Zustand v. Galizien* schärfstens zu verurteilen. – 1791-1809 hielt sich B. überwiegend in Wien auf, 1809 in Wiesbaden u. Nbg., 1810 quartierte er sich für kurze Zeit in d. Nachbarschaft seines Erlanger Freundes Johann Georg Meusel ein, bevor er sich auf Schloss Krzimit bei Pilsen niederließ.

B. ist eine d. ungewöhnlichsten u. bedeutendsten Aufklärerpersönlichkeiten im Habsburgerreich. Ohne ein Univ. stud. absolviert zu haben, entwickelte er sich zu einem flexiblen, ungemein produktiven Schriftsteller, d. sich durch eine ungewöhnliche Belesenheit sowohl in d. antiken als auch in d. zeitgenöss. Lit. auszeichnete.

Als Autor begann er mit lit. Satiren, von denen v.a. das in der erklärten sterne-Nachfolge stehende Werk *Papilloten* (1769) genannt zu werden verdient; darin floss auch Autobiografisches ein, z.B. in der Satire gegen die vom Pietismus beeinflussten Herrnhuter, über deren ›Sekte‹ B. später auch eine wissenschaftliche Abhandlung schreiben wollte, die er aber nicht vollendete. 1774 publizierte er anonym eine der erfolgreichsten *Werther*-Parodien, das 33-strophige Bänkelsängerlied *Eine entsetzliche Mordgeschichte...* Mitte der 80er Jahre richtete B., der sich auch in der ›erweiterten Preßfreyheit‹ unter Joseph II. nicht als josephinischer Tages- u. Broschürenschreiber exponierte, eine Polemik gegen »die Herren Wienerautoren«. Die Zeit der größten Produktivität B. lag in den frühen 80er- u. 90er Jahren. Die 1781 erschienenen *Fabeln, Romanzen und Sinng.* weisen den Autor als einen originellen und – vergleichbar G.K. Pfeffel und C.F.D. Schubart – gesellschaftskritischen Fabeldichter aus. Weithin Beachtung fanden die im Zusammenhang der bayerischen Illuminatenverfolgung (B. gehörte mit ziemlicher Sicherheit auch selbst dem Illuminatenorden an) veröff., sich mit Bedeutung und Funktion der Freimaurer beschäftigenden *Beiträge zur philosophischen Geschichte der heutigen geheimen Gesellschaften* (1786). Sein v. Nicolai beeinflusster, vermutlich gegen den Aufklärungsrenegaten L.A. Hoffmann gerichteter u. nach dem Vorbild v. Carl Friedrich Bahrdts *Kirchen und Ketzer Almanach von 1781* konzipierter satirischer *Almanach der Heiligen auf das Jahr 1788* ist eines seiner lit. Hauptwerke. Dieser scharfe Angriff auf d. zeitgenössischen Aber- u. Heiligenglauben wurde sogar v. aufgeklärter kath. S. in einer Rezension der *Oberdeutschen, Allgemeinen Litteraturztg.* (1788/3) zurückgewiesen. – B. verfasste dann noch außer einer amtl. (vermittelten) Auftragsarbeit für Kaiser Leopold II. über d. Frage *Was v. einer Vereinigung Galiziens mit Ungarn zu halten sey?* (1790), was B., entschieden ablehnte, in d. Zeit d. napoleonischen Kriege eine Aufsehen erregende antifrz. Schrift (*Theodor*). Sind B. Opern u. Singspiele d. letzten beiden Lebensjahrzehnte, seinem eigenen Eingeständnis nach, nur Fingerübungen, Nebenprodukte zur eigenen Zerstreuung, so verdient B. zweiter R. umso größere Aufmerksamkeit. Nach d. wenig gelungenen, unter d. Eindruck v. Nicolais »Sebaldus Nothanker« verfassten, v. Nicolai dann scharf kritisierten u. gegen d. Willen B. v. Nbg. Verleger Raspe veröff. R. *Familiengesch. u. Abentheuer Juncker Ferdinands v. Thon* (2 Tle., 1775/76), erschien 1793 B. leicht autobiogr. gefärbter R. *Georg Wallers Leben u. Sitten, wahrhaft – o. doch wahrscheinl. – beschrieben, v. ihm selbst*; Nicolai, d. zuvor Korrekturen angebracht hatte, war d. Verleger. In B. R. erzählt in d. Ich-Form d. fingierte »Reichsfreyherr v. u. zu Walberg« Georg Waller sein bewegtes Leben v. Beginn d. Gellert-Zeit bis etwa zur Mitte d. 70er-Jahre. Formal knüpft B. an d. Episoden- bzw. Stationenr. im Stele v. J. Pezzls paradigmatisch gewordenem *Faustin o. d. philosophische Jahrhundert* (1783) an, parodiert aber zugleich dessen Ideologieträchtigkeit (= Apologie d. Josephinismus), indem er sich Sternes abschweifend-launigem, zu Digressionen u. Retardierungen neigendem Erzählstil verpflichtet zeigt u. am Ende programmatisch verkündet, d. Buch sei »überhaupt ein plan- u. zweckloses Ding [...], ohne Sentiment, Moral u. Empfindsamkeit« (398). Dass dieser dezidiert antiempfindsame u. antiideologische R. nur peripher in Öst., wo er im Übrigen verboten wurde (wichtig v.a. d. Satire d. Freimaurers B. auf d. Wr. Freimaurer-Winkellogenwesen im 20. Kap.), hauptsächlich aber im mittleren u. mittelöstl. Tl. Dtld. spielt, ist sehr bezeichnend für B. Erfahrungshorizont u. sein Selbstverständnis als Aufklärer. B. verstand sich in Galizien – d. zeigt auch sein Lemberger *Musen Almanach 1788*, d. entschieden norddt. Aufklärungstendenzen aufweist – als Vorposten d. Berliner Aufklärung. Er arb. denn auch während

d. 80er-Jahre u. noch bis zu Beginn d. 19. Jh., nachdem er bereits in d. 70er-Jahren Rez. für d. *Frankfurter gelehrten Anzeigen* geschrieben hatte, rege an d. bedeutendsten Aufklärungsjournalen Bln. mit, an d. v. J.E. Biester u. F. Gedike hg. *Berlinischen Monatsschrift* u., als Rezensent, an Nicolais *Allg. dt. Bibliothek*. Während Nicolai in d. Aufklärungsforschung, v.a. durch d. große Biogr. v. Horst Möller (1974), ›rehabilitiert‹ wurde, blieb B., trotz einiger Bemühungen v. ung. Forschungsseite, vergessen. Dafür dürfte insbes. Sommerfelds (1921) einseitiges, vernichtendes Verdikt über d. Persönlichkeit B. (»d. sich Nicolai in dessen theologischen Kämpfen unentbehrlich zu machen wusste u. d. Nicolai bis in d. neunziger Jahre mit perfiden Anekdoten aus d. Goethekreise versorgte«) verantwortlich sein; noch in Möllers Nicolai-Biogr. wird B. nur beiläufig erwähnt. Hingegen hatten bereits Meusel u. Goeckingk ein völlig anderes, sehr positives Bild B. gezeichnet. Eine Biogr., d. B. persönl. Beziehungen sowohl zu zahlreichen Aufklärern d. nördlichen Dtld. als auch Wiens u. zu polit. führenden Persönlichkeiten (v.a. zu Joseph II.) erhellt u. d. lit.-publizist. Werk B. im Kontext d. spätaufklärerischen Lit. würdigt, ist Desiderat aus lit.hist. wie sozialgesch. Perspektive.

WERKE: Satire: (Anon.) *Graf Esau. Ein Heldeng. mit einer nützlichen Vorrede eines alten Menschenfeindes*, o.O. 1768; (Anon.) *Papilloten*, Ffm./Lzg. 1769; (Anon.) *Oster=Ev auf d. Neujahrs=Geschenk für d. Herren Wienerautoren. Von einem Landler*, o.O. 1785. Parodie: (Anon.) *Eine entsetzliche Mordgesch. v. d. jungen Werther, wie sich derselbe d. 21. December durch einen Pistolenschuß eigenmächtig ums Leben gebracht. Allen jungen Leuten zur Warnung, in ein Lied gebracht, auch d. Alten fast nützlich zu lesen. Im Ton: Hört zu ihr lieben Christen etc. Das Stück kosten 4 Kreutzer, Ist ja nur ein geringes Geld*, o.O. [1776]. Romane: (Anon.) *Familiengesch. u. Abentheuer Juncker Ferdinands v. Thon*, 2 Tle., Nbg. 1775/76; (Anon.) *Georg Wallers Leben u. Sitten. Wahrhaft – o. doch wahrscheinl. – beschrieben v. ihm selbst*, Köln (= Bln.) 1793. Fabel: (Anon.) *Fabeln – Romanzen u. Sinng.*, Ffm./Lzg. 1781, daraus 5 Texte neu gedr. in: *Der Wolf u. d. Pferd. Dt. Tieffabeln d. 18. Jh.*, hg. v. K. Emmerich, Bln. 1960, 209-215. Oper/Singspiel/Libr.: (Anon.) *Die freywillige Beysteuer. Ein Vorspiel*, Lemberg 1793; (Anon.) *Liebe u. Wein in Asien. Eine Komische Oper*, Ffm. 1793; (Anon.) *Die Spring=Wurzel o. Die böse Liesel. Eine komische Oper*, Nbg. 1810. Almanach: (Anon.) *Musen Almanach 1788*, Lemberg [1788]; (Anon.) *Almanach d. Heiligen auf d. Jahr 1788 mit 13 saubern Kupfern u. Musik gedruckt zu Rom u. zu haben in allen Buchhandlungen Teutschland's*, [Lzg.] 1788. Reisebeschreibung: *Reise d. Herrn v. Bretschneider nach London u. Paris nebst Auszügen aus seinen Briefen an Herrn Friedrich Nicolai. Herausgegeben v. C.F.G. v. Göckingk*, Bln./Stettin 1817. Lit. Übers.: (Anon.) *Ankündigung u. Probe einer neuen Ausgabe v. D. Johann Fischart's Uebersetzungen d. ersten Bandes v. Rabelais Gargantua*, Nbg. 1775. Bücherkat.: *Catalogus Nonnulorum rariorum, partimque rarissimorum varii idiomatis et argumenti Librorum quos una cum parva collectione imaginum eruditorum aeri lignove incisarum venum exponit et Quibus ad indicem generalem librorum rariorum suam quantulam cunque confert partem H.G. aus B.*, Pestini 1781. Rel.phil. Prosa: (Anon.) *Die Religion aus d. Natur u. Offenbarung; geprüft mit philosophischen u. kritischen Augen*, Wien 1774. Polit. Schriften: *Rede zum Namenstag der Kaiserin Königin (Marie Theresie)*, Wien 1777; *Rede welche bey Errichtung d. Temeswarer Comitats d. 22. Brachmonat 1779. Seine Excellenz d. Hochgebohrne Graf, Herr Christoph v. Nitzky [...] in lat. Sprache gehalten. Übers. durch H.G. v. Bretschneider*,

Temeswar 1779; (Anon.) *Auf d. Ankunft Seiner Excellenz d. Herrn Grafen Carl Palffy v. Erdöd, Königlich=Hungarischen Hofvicekanzlers, als bevollmächtigten Königlichen Hofkomissar zu feyerlicher Errichtung d. hohen Schule in Ofen […] Den 24ten d. Brachmonas*, o.O. 1780; *Deutsche Übersetzung d. Rede, welche Se. Excellenz d. Herr Erzbischof v. Colocza Freyherr v. Patschick bey d. Einweihungsfeyer d. königl. hohen Schule zu Ofen d. 25 Junii 1780 gehalten hat, durch H.G. v. Bretschneider*, Ofen (1780); (Anon.) *Beiträge zur philosophischen Gesch. d. heutigen geheimen Gesellschaften*, o.O. 1786; (Anon.) *Recension d. Schrift Charakter Friedrichs II. Königs v. Preußen beschrieben v. D. Anton Friedrich Büsching*, Wien/Lzg. 1789; (Anon.) *Antwort eines poln. Edelmanns in d. republik an seinen Freund in Galizien, auf d. Anfrage: Was v. einer Vereinigung Galiziens mit Ungarn zu halten sey? Non sit alterius, qui suus esse potest*, Warschau 1790, gleichzeitig auch in poln. Sprache; (Anon.) *Löw Bär Isak, d. niemand kennen will; ein Beitrag zu Bahrdts Leben im Nekrolog u. zu mehrern Recensionen über Bahrdten*, Warschau 1795; (Anon.) *Theodor*, [Wien: Degen] o.J.

LITERATUR: J.G. Meusel: Vermischte Nachrichten u. Bemerkungen hist. u. lit. Inhalts theils selbst verfaßt, theils hg. v. Hofrath u. Profeßor Meusel zu Erlangen, Erlangen 1816; ders.: Hist. u. lit. Unterhaltungen […], Coburg 1818; F. Köppen: Vertraute Briefe über Bücher u. Welt, Lzg. 1820, 142-167; Wurzbach, Bd. 2; F. Linger (Hg.): Denkwürdigkeiten aus d. Lebend. k.k. Hofraths H.G. v. B. 1739-1810, Wien/Lzg. 1892 (= komm. Zusammenstellung v. Selbstzeugnissen B.); M. Sommerfeld: Friedrich Nicolai u. d. Sturm u. Drang. Ein Beitr. zur Gesch. d. dt. Aufklärung. Mit einem Anhang: Briefe aus Nicolais Nachl., Halle a.d. Saale 1921; M. Szent-Kirally; H.G. v. B. elsö lundai évei 1777-82, mit dt. Zusammenfass.: H.G. v. B. erste Jahre in Ungarn, Budapest 1938; M. Szabó: M.G. v. B. lundai tartózkodása 1782-84 (B. Aufenthalt in Buda v. 1782-84), Budapest 1942; H. Möller: Aufklärung in Preußen. D. Verleger, Publizist u. Gesch.schreiber Friedrich Nicolai, Bln. 1974.

Wilhelm Haefs

Brettenthaler, Josef (29.8.1907 Salzb. – ?), Hauptschullehrer in Salzb.; trat v.a. in d. Wiederaufbaujahren nach d. 2. WK mit einer Reihe v. Jugendr. hervor, d. d. Erziehungsideal d. Zeit – zw. familiärer Geborgenheit u. individueller Emanzipation – thematisieren.

WERKE: Jugendr.: *Mach's gut, Christl!*, Salzb. 1949; *Christl auf d. Höhe*, Salzb. 1950; *U. wieder ein Frühling, Christl*, Salzb. 1952; *Barbara*, Salzb. 1954; *Gesucht wird Adriane Berger*, Salzb. 1954; *Ariane auf Hohenlinden*, Salzb. 1955; *Gespenster im Paß*, Salzb. 1956; *Der letzte Ritter u. sein Jagdgesell*, Salzb. 1959. Sagen: *Das Salzburger Sagenbuch*, Salzb. 1962.

LITERATUR: Giebisch/Gugitz.

Herbert Zeman

Brettschneider, Rudolf Heinrich (Ps. **Rudolf, Heinrich**; 24.8.1886 Ebensee/ OÖ – ?), Sohn eines Kaufmannes, absolvierte eine Gymnasial- u. Handelsakad.ausbildung u. war in Wien als Red. tätig. B., Mitgl. d. öst. P.E.N., verfasste v.a. Essays u. Beitr. für Tageszrg. u. Periodika. So war er z.B. mit kurzen Aufs. in d. v. ihm verantworteten »Bücherfreunde«-Zs. *Die Initiale* (1921f.) vertreten, d. neben Rez. u. umfangreichen Neuerscheinungsanzeigen auch Auszüge aus weltlit. Werken beinhaltete. B. trat zudem selbst als (bearb.) Übers. v. engl. u. frz. Lit.werken hervor, u.a. eine – nicht sehr überzeugende – Dramatisierung eines Kriminalr. v. Gaston Leroux: *Das gelbe Zimmer*, o.J., mit d. Wr. Lustspielautor RUDOLF EGER, sowie eine Bearb. v. Jean Cocteaus Stück

217

»Les parents terribles: O, diese Eltern«, um 1950. Den größten Erfolg erzielte B. jedoch mit seinen viel aufgelegten Hobbybüchern über diverse Kartenspiele (z.B. *Die schönsten Patiencen* als »Perlen«-Bd. in 32. Aufl. v. 1998).

WERKE (Ausw.): Bearbeitungen bzw. Übers.: *Das gelbe Zimmer*, Schauspiel in 5 Akten, nach Gaston Leroux: »Mystere de la chambre jaune«, Wien o.J., mschr. Exemplar d. Wr. Stadt- u. Landesbibl.; m. Rudolf Eger, Jean Cocteau: *O, diese Eltern. Ein Stück in 3 Akten*, bearb. v. B., Wien um 1950; Charles Bernard Nordhoff/James Normann Hall: *Hurricane*, R., Mchn. 1976, 1979, zuerst in d. 30er-Jahren erschienen. Schriften: *Synchronistische Tabellen zur Gesch. d. Malerei d. 13.-19. Jh. (1200-1850)*,Wien 1923; *Franz v. Bayros. Bibliogr. seiner Werke*, Lzg. 1920. Zs.: *Die Initiale. Eine Zs. für Bücherfreunde*, Wien/Prag/Lzg. 1921f. Etliche Hobbybücher: Rätsellexika u. Kartenspielbücher, zum Tl. viel aufgelegt, publ. unter Rudolf Bretschneider bzw. d. Ps. Rudolf Heinrich.

LITERATUR: Who's who in Austria 1957/58. 4th Ed., Montreal 1959, 60; Giebisch/Gugitz.

Sylvia Leskowa

Breuer, Kurt (29.8.1896 Wien – 12.1960 New York ?) emigrierte in d. USA, betätigte sich als Verf. einiger heiterer Bühnenstücke, insbes. v. Libr., wobei er z.Tl. mit arrivierten Autoren dieses Genres zusammenarb. So entstand d. Revue-Operette *Gruß u. Kuß aus d. Wachau* (1938) in Koproduktion mit HUGO WIENER u. FRITZ BEDA LÖHNER, d. d. Gesangstexte lieferte. Abstruse Liebesverwirrnisse bestimmen jedoch nicht nur d. Handlung dieses Libr., sondern auch jene v. *Musik im Mai* (1927), einer Bearb. d. v. d. erfolgreichen Belletristen RUDOLF HANS BARTSCH stammenden

N. *Die verdammt arme Seele d. Herrn Dr. Balthasar Kläuser* aus d. *Bittersüßen Liebesgesch.* (1910). Die Bearb. läuft – wie so viele unterhaltsame Libr. aus d. frühen 20. Jh. – auf ein harmonisierendes biedermeierliches Wien-Bild hinaus.

WERKE (Ausw.): Libr.: *Die Liebeskutsche*, Operette in 3 Akten, Musik v. L. Philipp, Wien/Bln. 1927, m. Frieser-Zwerenz; *Musik im Mai. Ein Spiel mit Musik in 3 Akten (5 Bildern)*, Musik v. E. Berté, Wien/Lzg. 1927, Regiebuch; m. Heinz Merley; *Gruß u. Kuß aus d. Wachau*, Revue-Operette in 3 Akten (18 Bildern), Musik v. J. Beneš, Wien 1938, m. Hugo Wiener, Gesangstexte v. F. Beda Löhner.

LITERATUR: Giebisch/Gugitz.

Sylvia Leskowa

Breuer, Robert (3.10.1909 Wien – 24.6.1996 Forest Hills/USA), Sohn eines Geschäftsmannes, widmete sich nach Absolvierung eines Realgymnasiums gesch. u. musikal. Studien u. besuchte d. Univ. seiner Heimatstadt, ergriff dann d. journalist. Laufbahn (Korrespondent für ausländische Ztg. aus Brünn, Pressburg, Zagreb, Stettin; 1933-38 Mitgl. d. Vereinigung d. Auslandskorrespondenten in Wien). Seine ersten Arbeiten legte er bereits während seiner Gymnasialzeit vor, in d. er unter d. Chiffre »stud. gym.« Beitr. für d. *Neue Freie Presse* verfasste. Als begeisterter jugendlicher Stehplatzbesucher d. Wr. Oper zeigte sich B. v.a. v. d. Werken Richard Strauss' beeindruckt. Daraus resultierte auch seine Verehrung für HUGO V. HOFMANNSTHAL, mit d. er anlässl. einer schulischen Abschlussarbeit über dessen *Elektra* in Kontakt trat. – Seit 1940 lebte B. im amerik. Elmhurst/N.Y. Er war Mitarb. d. namhaften dt.-sprachigen New Yorker Emigrantenzs. *Aufbau* (seit 1941, seit 1962 bis 1991 ständiger Musikreferent) sowie amerik. Musik- u. Theaterkorrespondent v. großen dt.-

sprachigen Zs. u. Rundfunkanstalten (RIAS Bln., Süddt. Rundfunk, Südwestfunk). Weiters verfasste er Musik-Essays für amerik. Zs. u. Magazine (u.a. *American-German-Review*, *Books Abroad*, *Musical America*, *New York Times*) u. Anthologien. Sein Hauptinteresse galt hierbei d. Kunst d. Wr. Jahrhundertwende, insbes. aber Richard Strauss u. HUGO V. HOFMANNSTHAL (z.B. Rez. d. Briefwechsels Strauss/HOFMANNSTHAL, in *Books Abroad* v. 1952; über HOFMANNSTHALs Freundschaft mit LEOPOLD V. ANDRIAN, in *Aufbau* v. 1969). Der routinierte u. einfühlsame Exil-Kulturessayist (er bevorzugte einen überaus knappen u. einprägsamen Stil) trat in jungen Jahren auch mit einem schmalen, im Eigenverlag erschienenen Lyr.bd. hervor: In d. *Gedichte[n] v. Leben, Lieben u. Lachen …* (1935) findet sich nur wenig Gelungenes (Abteilungen »Lieben« u. »Lachen«) neben durchaus überzeugenden melancholischen Stimmungsbildern zum Thema ›Schattenseiten d. Lebens‹ (z.B. *Sonntag in d. Stadt*; *Musikanten, d. ziehen*; *Bahnhof bei Nacht*).

Restnachl. befindet sich im DLM u. Splitternachl. (Briefe an B.) in d. Hs.slg. d. Wr. Stadt- u. Landesbibl.

WERKE: Lyr.: *Gedichte v. Leben, Lieben u. Lachen*, Wien 1935. Kulturessays: (Schwerpunkt Kunst d. Wr. Jahrhundertwende) in vielen amerik. Periodika, u.a. in: Aufbau, American-German-Review, Books Abroad, Musical America, New York Times.

LITERATUR: Who's who in Austria 1959/60. 4th Ed., Montreal 1961, 63; Giebisch/Gugitz; Aufbau. Reconstruction. Dokumente einer Kultur im Exil, hg. v. W. Schaber, m. einem Geleitwort v. H. Steinitz, New York/Köln 1972, 312f.; Zeman 3, Bd. 7.

Sylvia Leskowa

Brey, Thomas (1805 Olmütz/Mähren – 28.7.1841 ebd.) ging nach d. üblichen Bildungsweg nach Salzb., um dort als Prof. d. Gesch. u. lat. Philol. am dt. Lyzeum zu wirken. Lit. recht begabt, wurde er schon früh v. seinem Lehrer an d. Univ. Olmütz JOSEF LEONHARD KNOLL, d. dort Prof. für klass. Lit. u. Ästhetik war u. v. JOSEPH FRH. V. HORMAYR zu hist. Arbeiten angeregt, sodass d. meisten seiner Beitr. gesch. Begebenheiten thematisieren, wenn auch seine Diktion eine Vorliebe für dichterische Ausschmückung d. Stoffes erkennen lässt. Viele seiner Arb. – aus dt.-patriotischer Haltung im Sinne seiner beiden Mentoren geschrieben – wurden in HORMAYRS ARCHIV FÜR GEOGRAPHIE, HISTORIE, STAATS- U. KRIEGSKUNST (mit variierenden Titeln 1810-30) veröff. *Die Blüthe d. lat Poesie in Böhmen. Aus d. Quellen dargestellt* (1823) o. *Über d. spanische Theater u. Calderon* (1828) u. *Mähren unter d. ersten slavischen Fürsten*. V. seinen dichterischen Werken ist wenig erhalten, lediglich in einer Anthologie, hg. v. AUGUST SCHMIDT (Wien 1833), findet sich eine N., nacherzählt aus d. Frz.: *Die Karthäuser*, nach d. »Chroniques Franc-Comtoises par Madame Terey«, Paris 1832. Im Grunde genommen handelt es sich um eine recht einfältige Schauergesch., vielleicht inspiriert v. E.T.A. Hoffmann. Es geht um eine hartherzige Gräfin u. deren jüngsten Sohn, d. für d. geistlichen Stand bestimmt ist, sich aber in ein armes, schönes Mädchen verliebt, d. auf geheimnisvolle Weise stirbt; d. Sohn verflucht d. Mutter u. geht ins Kloster; auch er stirbt, d. Mutter erbt sein Vermögen; an ihrem Totenbett erscheint statt d. Dorfpfarrers ein unheimlicher Kartäusermönch, ein Abgesandter d. Hölle – es gibt kein glückliches Ende. Die Sprache ist schlicht, wenn auch romant. ausgeschmückt, u. d. Gesch. wird einfach linear erzählt. B. früher Tod gab ihm keine Gelegenheit, sich dichterisch weiter zu entwickeln. Man darf sagen, dass v. J.L. KNOLLS begabten Schülern, v. denen MICHAEL FRANZ V. CANAVAL, JOHANN SCHÖN u. JOSEF EDUARD SCHWENDA bes. hervortraten, B. eher in d. zweite Reihe gehörte, er teilte HORMAYRS polit. Überzeugungen.

WERKE: Beitr. in Hormayrs Archiv für Geographie, Historie, Staats- u. Kriegskunst: *Die Blüthe d. lat Poesie in Böhmen. Aus d. Quellen dargestellt*, 1823, Nr. 126f., 1824, Nr. 23/30; *An Herrn Korn bey seiner Darstellung d. Hamlet*, 1825, Nr. 149f., 884; *Shakesperiana*, 1828, Nr. 6, 28-32; *Über d. spanische Theater u. Calderon*, 1828, Nr. 153-156; *Mähren unter d. ersten slavischen Fürsten*, 1828; *Die Karthäuser*, N., aus d. Frz. nacherzählt (»Chroniques Franc-Comtoises paroli Madame Tery«, Paris 1832), in: A. Schmidt: *Der Novellist. Erz., Märchen, Sagen u. Phantasiestücke*, Wien 1835, auch in Moravia 1841, 274.

LITERATUR: Goedeke, Bd. 12.

Eva Münz/Herbert Zeman

Brezina, Thomas (* 30.1.1963 Wien), verlebte d. Kindheit in Wien, besuchte d. Gymnasium, stud. Publizistik u. Theaterwiss. an d. Univ. Wien, u. wandte sich später d. Naturwiss. u. d. Technik zu – er schrieb 1989 seine Diplomarbeit *Über d. Einfluss v. aktiven u. passiven Sicherheitssystemen auf d. Fahrzeuginsassensicherheit v. Personenkraftwagen*. Schon als 8-Jähriger verfasste er seine erste Abenteuergesch. über eine Maus auf d. Planeten Jupiter. In d. späten 1980er-Jahren arb. er als Puppenspieler für d. TV-Clown Habakuk; hier erkannte man seine lit. u. theatral. Fähigkeiten u. forderte ihn zur Mitarb. auf, eine Gelegenheit, d. er wahrnahm u. d. ihn v. Spieler zum Moderator, Regisseur u. Autor avancieren ließ. Inzwischen hat B. weit über 100 Bücher verfasst u. wurde bald durch seine Buchreihen *Die Knickerbocker-Bande* (ab 1990), *Tom Turbo* (ab 1993) u. *Bronti Supersaurier* (ab 1991) bekannt. Bes. *Die Knickerbocker-Bande* konzentriert sich auf einen spannenden Handlungsablauf, ist zwar anspruchslos lit. gestaltet, entwickelte sich jedoch – schließlich auch verfilmt – zur beliebten Kinder- u. Jugendlektüre u. begr. B. Ruf als erfolgreichster öst. zeitgenöss. Kinder- u. Jugendbuchschriftsteller. B. ist überdies d. betriebsamste Schriftsteller Öst. auf seinem Gebiet: medial präsent (seit 1989 moderiert er Kinder- u. Jugendsendungen im ORF), verfasst er in atemberaubender Schnelligkeit seine oft mit Rollen-Stereotypen arbeitenden Drehbücher u. Kurzr. Der Bekanntheitsgrad seiner Arb. reicht inzwischen weit über Öst. Grenzen hinaus – sie wurden in 32 Sprachen übers.; seine Reihe *Das Tiger-Team* wurde in China zur beliebtesten Jugendlektüre gewählt. Seiner eigenen Aussage nach will B. weder belehren noch erziehen – er wolle d. Kinder begleiten, ihnen ihre Möglichkeiten aufzeigen u. Hoffnung geben; erklärtes lit. Vorbild ist Astrid Lindgren. B. sagt v. sich, dass sein Kopf ein »Abenteuerspielplatz« sei. B. Sprache kommt d. Kindersprache entgegen, er spricht d. Idiom d. pubertierenden Jugend (*Wahnsinn, ich bin ein Star!*), d. sich durch ihn verstanden fühlt. Er appelliert an Wissbegier u. Abenteuerlust sowie an d. kindlichen Drang zum Geheimnisvollen u. Okkulten. Außerdem versteht er es, d. Kinder in d. Dargebotene einzubeziehen: Jedem Buch liegen entsprechende Materialien bei, d. TV- u. Hörfunksendungen werden ergänzt durch persönl. Einbindungen wie Rätselfragen an seine Leser u. Zuhörer im Internet, d. auf diese Weise zur festen Fangemeinde geformt werden. Auch arb. er mit an naturwiss. Schulbüchern, vorwiegend Physik u. Chemie betreffend, u. setzt sich aktiv für d. Leseförderung d. Bundesminist. für Bildung, Wiss. u. Kunst ein.

1987 erhielt B. für seine Drehbücher zur Puppenfernsehserie *Tim, Tom u. Dominik* d. Großen Öst. Jugendpreis, 1992 d. Weiße Feder, 1993 d. Ehrenbürgerurkunde d. Disneylands Paris, vier Mal d. Steirische Lese-Eule, d. TV-Preis »Romy«, d. Große Goldene Buch; seine Reihe u. d. Kinofilm *Die Knickerbocker-Bande* wurde bei internat. Filmfestwochen prämiiert, er trägt d. Goldene Verdienstzeichen d. Republik Öst., 2003 erhielt er d. National Book Award Mchn. u. 2004 d. Titel Prof. h.c. d. Kinderuniv. Graz. Seit 1996 ist B. d. offizielle Botschafter Öst. bei d. UNICEF. B. lebt in Wien u. London.

WERKE: (veröff. meist i. d. Bertelsmann-Verlagsgruppe) Serientitel: *Die Knickerbocker-Bande*, bisher 35 Bde., 33 Hörspiele, 2 CD-Rom, Kinofilm, Ravensburg ab 1990; *Bronti Supersaurier*, ab 1991; *Tom Turbo*, bisher 39 Bde., 15 Hörspiele, Ravensburg ab 1993; *Ein Fall für dich u. d. Tiger-Team*, bisher 45 Bde., 18 Hörspiele, 3 CD-Rom, Ravensburg ab 1995; *Alle meine Monster*, bisher 16 Bde., Mchn. ab 1996; *7 Pfoten für Penny*, bisher 35 Bde., 12 Hörspiele, Ravensburg ab 1996; *Die Knickerbocker-Bande Junior*, bisher 13 Bde., Ravensburg ab 1996; *Geheimhund Bello Bond*, bisher 11 Bde., 8 Hörspiele, Ravensburg ab 1996; *No Jungs – Zutritt nur für Hexen*, bisher 17 Bde., Mchn. ab 2002; *Die Schatzsucher-Drillinge*, bisher 11 Bde., Ravensburg ab 2002; *Zeitspringer, Grusel-Club*, bisher 27 Bde., Ravensburg ab 2003; *Drachenherz*, bisher 9 Bde.; *Dein großes Abenteuer*, bisher 5 Bde.; *Museum d. Abenteuer*, bisher 3 Bde., Wien 2005. Einzelbde.: *Das streng geheime Spuk- u. Gruselbuch*, Niederhausen 2001; *Unsere total normal verrückte Familie*, Mchn. 2002; *Unheimlich heiße Spuren*, Ravensburg 2004; *Das Haus d. Höllensalamander*, Ravensburg 2004; *Das Riff d. Teufelsrochen*, Gütersloh 2004; *Das Geheimnis am Ende d. Treppe*, Mchn. 2005; *Tolle Experimente, entdecken, erforschen, experimentieren*, Ravensburg 2005. Päd. Arbeiten: *Physik erleben*, 1998, auch CD-Rom. TV-Serien: *Tim, Tom u. Dominik*, ORF 1987; *Forscher-Express*, naturwiss. Experimente, auch DVD; Mitarb. bei *Clown Habakuk*, ORF 1, ab 1998; *Die Rätselburg*, ORF 1, 1995-2001; *Der Drachenschatz*, Spielshow, ORF 1, ab 2006. Filme: *Die Knickerbocker-Bande*; *Das sprechende Grab*. Hg.: *Es war einmal... Kinder Öst. erzählen selbst erdachte Märchen*, Wien 1998. Hörspiele: über 350, basierend meist auf d. Serientiteln.

LITERATUR: E. Fischer: D. öst. Lit. im letzten Drittel d. 20. Jh., in: Zeman 3, Bd. 7; Öst.-Lex. Bd. 1, Wien 2004, 174.

Eva Münz/Herbert Zeman

Breznik, Melitta (* 1961 in Kapfenberg) lebt als Ärztin in d. Schweiz (Oberärztin, Psychiatrische Klinik Beverin in Cazis, Graubünden). Nach d. üblichen Bildungsgang stud. sie Med. u. arb. nach d. Promotion als Ärztin – in einem Beruf, d. seine Spuren in ihrer schriftst. Arbeit hinterlassen hat. Ihr Erstlingswerk, eine Slg. v. Erz. u.d.T. *Nachtdienst* mit d. provokanten Fragestellung: *Ist Gott wirkl. in unserer Mitte?* weckte d. Aufmerksamkeit d. Kritik; man erwartete viel v. d. Debütantin. Das Buch erlebte zwei weitere Aufl. u. wurde in mehrere Sprachen übers. Ihre nächste Arb. *Figuren* (Mchn. 1999) enthält Gesch. v. Frauen u. Männern, einsam u. in ihren Gefühlswelten verfangen, Verfolger nicht verwirklichter Möglichkeiten. Die Gesch. sind Variationen d. Einsamkeit. Das Buch endet wehmütig u. melancholisch, ohne Schlussakkord. 2002 erschien in Mchn. d. Erz. *Das Umstellformat*, d. v. d. Spurensuche nach einer verschollenen Großmutter berichtet u. zurück in d. Zeit d. Nationalsozialismus führt. Dies Buch wurde nicht gut aufgenommen, doch bleibt d.

Erwartungshaltung nach wie vor hoch. Denn eines zeigte sich auch hier: Wie in d. bisherigen Erz. gelingt es B., d. Phänomen d. Todes u. seiner psychischen Auswirkungen auf d. Sterbenden u. d. Betroffenen aus dessen Umwelt meisterhaft darzustellen. 2001 erhielt B. d. Lit.-Preis d. Landes Stmk. u. 2002 einen Werkbeitr. d. Stiftung Pro Helvetia.

WERKE: Erz.: *Nachtdienst*, Mchn. 1995, 1996, Ffm. 1996, Übers. *Night duty*, South Royalton 1999; *Figuren*, Mchn. 1999; *Das Umstellformat*, ebd. 2002; *Island*, ebd. 2006.

LITERATUR: Lex. d. dt.-sprachigen Gegenwartslit., Mchn. 2003.

Eva Münz

Brichta, Moriz (19.7.1879 Dornbach, damals b. Wien, jetzt 17. Bez. v. Wien – nach 1939 – ?), Jurist, übte d. Beruf eines Rechtsanwalts aus; daneben widmete er sich lit. Arbeiten. Er schrieb nicht erhaltene Dramen u. Lustspiele, auch Lyr. V. seinem Lebenslauf ist nichts bekannt, außer dass er im Alter erblindete u. für d. Blindenverband Wien eine Anthologie v. Werken »spät erblindeter Intellektueller« hg.: *Aus Blindennacht ins Sonnenlicht d. Kunst* (Wien o.J.). Leider sind in diesem Buch sämtliche Beitr. anonym, doch ist anzunehmen, dass ein großer Tl. davon B. zuzuschreiben ist, da viele d. G. in ihrer Themenwahl u. Ausformung denen aus seinem Buch *Der Liebe Lust u. Laune* (Wien 1890) entsprechen. Daraus darf man auf ein hohes Bildungsniveau d. Verfassers schließen, bes. auf musikal. Gebiet. Musikhist. Kenntnisse bilden oft d. Basis d. Stoffwahl u. B. lit. Bildung ermöglichte d. Beherrschung versch. metrischer u. stilist. Gestaltungen v. Sonett bis zum Volksliedton. Neuartig ist an d. Versen wenig; ein epigonales Dichten im Nachklang d. Goethezeit ist hier gegeben.

WERKE: *Der Liebe Lust u. Laune*, Lieder u. G., Wien 1890; *Aus Blindennacht ins Sonnenlicht d. Kunst*, Anthologie, Wien, o.J.

LITERATUR: Eisenberg, Bd. 1.

Eva Münz

Briefe d. jungen Eipeldauers → **Briefe eines Eipeldauer an seinen Herrn Vetter in Kakran**

Briefe d. jüngsten Eipeldauers → **Briefe eines Eipeldauer an seinen Herrn Vetter in Kakran**

Briefe d. neuangekommenen Eipeldauers → **Briefe eines Eipeldauer an seinen Herrn Vetter in Kakran**

Briefe eines Eipeldauers an seinen Herrn Vetter in Kakran, Wien 1785-1821, insgesamt 285 H. in 43 Bdn., war eine überaus beliebte lit. Zs., v. JOSEPH RICHTER begr. u. geschrieben, erschien v. 1799-1801 u.d.T. **Der Wiederauflebte Eipeldauer**, 1802-05 u.d.T. **Briefe d. jungen Eipeldauers.** FRANZ XAVER KARL GEWEY ließ nach d. Tode RICHTERS (1813) zw. 1814 u. 1819 d. Zs. u.d.T. **Briefe d. neuangekommenen Eipeldauers** wieder aufleben, brachte jährlich 12 H. heraus u. hinterließ d. Unternehmen in seinem Todesjahr 1819 d. rührigen ADOLF BÄUERLE. Dieser begann seine Tätigkeit mit d. Hg. v. H. 7 d. Jg. 1819, beließ zunächst d. geweyschen Titel u. änderte diesen erst für d. Jg. 1820/21 in **Briefe d. jüngsten Eipeldauers.** In d. gesamten Abfolge trat nur 1798 eine Pause ein, d. mit d. Nr. 22 ausgefüllt wurde. Die Zs. erschien im handlichen Oktavformat u. erregte Aufsehen u. Zuspruch, da sie über d. jeweils neuesten Ereignisse Wiens aus d. Perspektive d. charakterist. erfundenen, vorgegebenermaßen naiven, vorurteilslosen, bäuerlichen Landbewohners, welcher d. nördlichen Umgebung d. Metropole entstammt, humorist. u. satirisch-krit. berichtete. Die Zs. trug auf diese Weise d. josephinisch-aufgeklärte Geistigkeit v. 18. Jh. hinüber ins 19. Jh. Dieser Eipeldauer bedient sich einer mundartlich getönten, d. ostöst. Mundart angenäherten Kunstsprache, d. eine wichtige Quelle moderner Dialektforschung ist. Da nahezu alle Denkwürdigkeiten d. Wr. Alltags besprochen werden, sind d. »Eipeldauer-Briefe« eine kulturgesch. Fundgrube. Die vorzügliche lit. Bildung JOSEPH RICHTERS – z. Tl. auch seiner Nachfolger – verraten d. geglückten Charakteristiken künstlerischer Ereignisse (z.B. d. UA v. Haydns/VAN SWIETENS Oratorium *Die Schöpfung*) o. d. Auseinandersetzungen mit zeitgenöss. Journalen usw. Die »Eipeldauer-Briefe« führen d. josephinisch-aufklärerische Welt-, Lebens- u. Kunstauffassung auf eigentümlich typisch wr. Art hinüber ins 19. Jh.; an ihnen lässt sich d. Übergang v. umfassendem aufgeklärtem Engagement zum eingeengteren Horizont biedermeierlicher Prägung gut verfolgen. Es ist kein Zufall, dass sich drei zu ihrer Zeit geschätzte Theatermänner (RICHTER, GEWEY, BÄUERLE), deren volkstümliche Stücke auf d. Wr. Vorstadtbühnen u. darüber hinaus gern gesehen wurden, einer Figur wie d. d. Eipeldauers (Name nach d. jenseits d. Donau, also nördlich v. Wien gelegenen, 1136 zum ersten Mal urkundl. erwähnten, im 20. Jh. abgekommenen Ortsnamen Eipeldau) bedienten, um ihrer Zeit einen Spiegel vorzuhalten u. ihre aufgeklärte Meinung unaufdringlich, aber umso nachhaltiger auf d. Lesepublikum wirken zu lassen: Die v. JOSEPH RICHTER erfundene stehende Figur d. Eipeldauers ist sozusagen ein Seitenstück d. stehenden lustigen Figuren d. Alt-Wr. Volkstheaters, wie sie um u. nach 1800 im Schwange waren: Kasperl, Thaddädl o. Staberl. RICHTERS Erfindung inspirierte durch ihre Popularität spätere Volkstheatraliker auf ähnliche Art u. Weise humorist.-satirisch journalist. zu wirken. So kreierte JOSEPH ALOIS GLEICH 1832 d. Hans-Jörgel aus Gumpoldskirchen, d. ähnliche »Briefe« an seinen Schwager Maxel in (Bad) Vöslau richtete (s. KOMISCHE BRIEFE D. HANS-JÖRGEL V. GUMPOLDSKIRCHEN AN SEINEN SCHWAGER MAXEL IN FESELAU).

E. v. Paunel veranstaltete eine zweibändige Ausw.-Ausg. d. »Eipeldauer-Briefe« in d. v. G. Gugitz hg. Reihe »Denkwürdigkeiten aus Alt-Öst.«, deren Einleitung u. Anmerkungen alles Kulturgeschichtliche u. alles Biograf. enthält, was gegenwärtig d. Grundlage lit.gesch. Forschung bilden kann.

LITERATUR: J. Richter: D. Eipeldauer-Briefe 1785-97 u. 1799-1813 in Ausw. hg. u. mit Anm. versehen v. E. v. Paunel, 2 Bde., Mchn. 1917, 1918 (= Denkwürdigkeiten aus Alt-Öst. 17, 18).

Herbert Zeman

Briefsammlungen, Bezeichnung für ma. Slg. v. Urkunden u. Briefen sowie für d. zu ihrer Herstellung nötigen Lehr- u. Hilfsmittel, wobei eine eindeutige Abgrenzung gegenüber d. verwandten Quellengruppen d. Kopial- u. Formularbücher nicht immer möglich ist. In seiner lit. Funktion, d. ein konstitutives Merkmal v. Briefslg. darstellt u. gleichermaßen d. Verwendung als Stilmuster wie als Erbauungslektüre umfasst, wurde d. Brief d. MA durch d. Spätantike vermittelt. Bis zum Ende d. 11. Jh. dominierten d. Slg. echter Briefe, während durch d. zunehmenden propagandist. Einsatz d. Brieflit. seit d. Investiturstreit auch fiktive Stücke Aufnahme fanden. Diese überwogen in d. mit d. Entwicklung d. »artes dictandi« u. verwandter Fachlit. (z.B. »artes notariatus«) in Zusammenhang stehenden Slg., in denen auf eine einleitende Briefstillehre Musterbriefe folgten, d. schon meist auf Grund ihres Kompositionsschemas (Brief – Gegenbrief, Ringkomposition etc.) nicht v. einer einzigen Person gesammelt sein konnten; d. Aufnahme echter Stücke ist aber keineswegs ausgeschlossen. Durch d. Verzicht auf d. aus d. Tradition d. Artes-Lit. kommenden theoretischen Tl. vollzogen d. Briefslg. ab d. 13. Jh. teilweise d. Übergang zur Unterhaltungslit. chronikalischen o. romanhaften Charakters, indem d. Briefform zum Vorwand für d. Slg. lit. Gutes wurde, d. bis zu Liebes- u. Satansbriefen reichen konnte (Lhotsky). Für d. Aufbau u. d. Struktur echter Slg. ist entscheidend, welche Stücke für d. Kompilator erreichbar waren, was wiederum v. seinem Verhältnis zu Verf. d. einzelnen Briefe abhängt (Absender, Empfänger o. bloßer Redaktor). Die Entstehung durch archivmäßige Slg. seitens einer Hauptperson d. Empfänger- o. Ausstellerkreises u. nachfolgende Ablage führt zur sog. Primärslg. (C. Erdmann); daneben können aber auch an versch. Orten vorhandene Briefe abschriftlich nach frei gewählten Gesichtspunkten zu einer neuen Slg. vereinigt werden. Unterscheidende Merkmale gegenüber d. rein archivmäßigen Slg. sind Eigenwert u. Werkcharakter eines Briefkorpus, d. sich meist in d. Ausw. u. abschriftlichen Verbreitung, aber auch in d. Tilgung konkreter Briefangaben wie Datum o. Namen ausdrücken, was d. hist. Kritik u. Auswertung erschwert; auch sonst werfen Urheberschaft u. Verbreitung echter wie fiktiver Slg. meist erhebliche Probleme auf, wobei versch. hs. Fassungen einer Slg. durch nachträgliche Erweiterung o. Kürzung auch d. Charakter eines eigenen Werks annehmen können. Trotzdem kann d. Quellenwert auch fiktiver Slg. u. ihrer Bearb. recht groß sein, nicht nur deshalb, weil sie v. d. Zeitgenossen ernst genommen u. damit gesch. mächtig geworden sind, sondern auch weil d. in d. Regel aufrecht erhaltene Fiktion d. Echtheit auch d. Verf. fiktiver Slg. keine beliebigen Abweichungen v. d. Realität erlaubte. V.a. sind sie als kulturgesch. Quelle für unsere Kenntnis d. ma. Alltagslebens v. unschätzbarem Wert. Die ersten Briefslg. auf d. Gebiet d. heutigen Öst. entstanden in Salzb. in d. Umgebung Bischof Virgils (746/47-784). Der Beteiligung seines Nachfolgers Arn (785-821) an d. Slg. d. Briefe Alkuins verdankte d. Formularbuch d. *Liber breviarius uniuscuiusque rei* sein Entstehen (Lhotsky). Im 12. Jh. entwickelten sich St. Peter in Salzb. u. d. v. Salzb. gegr. Kloster Admont zu Zentren d. Brieflit. Unter d. Admonter Abt GOTTFRIED (1136-65), selbst ein stilist. hervorragender Briefschreiber, wurden nicht nur Briefe Eberhards I. v. Salzb. (*Admonter Briefslg.*) u. GERHOCHS v. REICHERSBERG gesammelt (Admonter Cod. 434), sondern auch ein Briefsteller für Nonnen verfasst. V. Einfluss war wohl auch eine vor 1174 in Gurk entstandene Version d. anon. frz. Aurea gemma (Admonter Cod. 759), d. im Anhang Brief- u. Urkundenmuster enthält. Gleichfalls v. Salzb. u. Passau aus gelangte seit d. Ende d. 12. Jh. mit d. *Flores dictaminum* Bernhards v. Meung eine weitere fiktive Briefslg. nach Öst., d. wegen ihrer großen Verbreitung zus. mit anderen Slg. wie d. *Summa dictaminum* Ludolfs v. Hildesheim o. d. Briefslg. d. Petrus de Vinea u. d. Kardinals Thomas v. Capua für d. Entwicklung d. Brieflit. in Öst. v. großer Bedeutung war. Vielleicht schon vor d. Rezeption Bernhards v. Meung hatte Baldwin v. Viktring († 1200) einen *Liber dictaminum*, allerdings ohne Anhang v. Musterbriefen, verfasst, »d. als frühestes Zeugnis für d. Rezeption d. ital. (Bologneser) Schule d. ›ars dictaminis‹ auf dt. Boden u. auch hinsichtl. seiner intentionalen Eigenart als spezielles Lehrbuch für Mönche Beachtung verdient« (D. Schaller).

Während eine d. späteren Bearb. Bernhards, in d. schon d. Übergang zur Unterhaltungslektüre angebahnt ist, d. Anstoß zur Abfassung einer in Briefform gehaltenen Darstellung d. Herrschaft Friedrichs d. Streitbaren in d. Jahren 1235/36 (*Klosterneuburger Briefslg.*) gab (Auer), wurde d. *Summa* Ludolfs v. Hildesheim bald nach 1300 v. einem Mönch d. Zisterze Baumgartenberg als Vorlage für einen *Formularius de modo prosandi* (*Baumgartenberger Formelbuch*) verwendet, d. – in mindestens sieben Hs. überliefert – v. allen derartigen in Öst. entstandenen Slg. d. größte Publizität erlangt hat. Dass d. Zisterzienser in Öst. auch sonst in dieser Zeit d. Gattung d. *ars dictandi* gepflegt haben, zeigt auch d. *Summa dictaminis prosaici* GUTOLFS V. HEILIGENKREUZ. Weitere Slg. entstanden mit d. wachsenden Bedarf an Behelfen für d. Kanzlei- u. Schulbetrieb infolge d. steigenden Zahl v. Beurkundungen u. d. Zunahme d. privaten Briefwechsels seit d. Spät-MA, wie z.B. d. aus d. Zeit um 1300 stammende *Wr. Briefslg.* o. d. sog. *Formelbuch Albrechts I.* Aus d. Aufgabenkreis d. Notariats (»artes notariatus«!) bzw. aus d. Schulbetrieb, d. sowohl eine sprachl.-stilist. wie administrativ-jurist. Ausbildung zu vermitteln hatte, erwuchsen d. Briefslg. Siegfrieds v. Laa (*Laaer Briefslg.*, ca. 1264), d. Vöcklabrucker Stadtschreibers Ulrich Stern o. d. Notare Friedrich v. Innichen u. Peter de Hallis, v. denen Letzterer zwar aus Schwaben stammte, aber zuletzt in Wien wirkte, wo er um 1330 seinen *Processus iudiciarius* abschloss, d. auch eine *Summa de litteris missilibus* enthielt. Eineinhalb Jh. später war es ein anderer Notar, d. Rottenmanner Ulrich Klenegker, d. d. erste dt.-sprachige Rhetorik auf d. Gebiet d. heutigen Öst. samt einer Musterslg. verfasste. Wie im Hoch-MA d. Investiturstreit d. Ausbildung d. Brieflit. gefördert hatte, so wirkten im 15. Jh. d. großen Konzilien u. d. Kirchenreform, an d. Öst. Klerus u. Landesfürsten regen Anteil nahmen, als Anstoß für d. Abfassung u. Kompilation v. Briefslg. – hauptsächlich in Melk, aber auch in Admont, Klosterneuburg, Lilienfeld, Rein u. Wilhering, wobei d. Briefbsp. überwiegend auf d. Leben u. d. Probleme d. Klerus Bezug nehmen. Einen Sonderfall stellt d. unter Propst Leonhard v. Vorau (1453-93) angelegte *Protocollum Voraviense antiquissimum* dar, dessen Brief- u. Urkundenmuster noch bis 1718 fortgesetzt wurden! Weitere Briefsteller u. Formularslg. kommen aus d. Umkreis d. Wr. Univ. wie d. *Correctoria bona* eines Wr. Studenten Johannes (1404), d. *Tractatus rhetorice* Andreas Santpergs (1427), d. übrigens zus. mit einem anon. dt.-sprachigen Formularbuch überliefert ist, d. rhetorischen *Tractatus de usu et modo dictandi* ca. 1437, *Tractatus generalis rhetorice* 1447 d. Wr. Univ.lehrers Jodok v. Heilbronn o. d. *Ars epistolandi* (um 1450) d. gleichfalls an d. Wr. Univ. lehrenden Johannes de Werdea. 1469 verfasste d. Wr. Student Aegidius Halmaschlager aus Weitra eine dt. Rhetorik, deren Entstehen vielleicht mit einem *Compendium nove poetrie et rhetoricalis* in Verbindung zu setzen ist, dessen Brief- u. Urkundenmuster zum Großtl. d. Korrespondenz einer Weitraer Familie entnommen wurden. Im erwähnten *Compendium* wie in d. in d. 2. Hälfte d. 15. Jh. in Wien o. Prag entstandenen *Nova Rhetorica a Tullii rhetorica tracta* ist bereits d. Einfluss d. – damals Cicero zugeschriebenen – *Rhetorica ad Herennium* spürbar, womit d. Übergang zum öst. Frühhumanismus vollzogen wird, d. nicht nur d. Briefstillehre, sondern auch d. Slg. v. Briefen (PEUTINGER, CELTIS u.a.) ein bes. Augenmerk geschenkt hat. Neben frühen Bsp. aus d. Tätigkeit d. Humanisten an d. Wr. Univ. um Georg v. Peuerbach u. Wilhelm v. Savona, d. auch einen *Perutilis epistolandi modus* verfasst hat, sind hier v.a. d. Briefe d. Aeneas Silvius (PICCOLOMINI) zu erwähnen, d. schon zu seinen Lebzeiten u. unter seiner eigenen Mitwirkung Gegenstand einer regen Slg.tätigkeit geworden sind. Durch seine bewusste Distanzierung v. d. spätma. Epistolografie u. Rhetorik führte d. Humanismus jedoch zu einer Trennung d. in d. ma. Briefslg. vereinten Funktionen v. Musterslg. (als Slg. echter u./o. fiktiver Briefe) u. Briefstillehre u. damit zu einer künftig getrennten Entwicklung v. Briefstellern, archivmäßigen Slg. u. lit. Werken in Briefform, sodass d. Briefslg. in d. für d. MA typischen Form in d. Neuzeit praktisch keine Fortsetzung erlebte. Die Hg. u. Untersuchung d. einzelnen Slg. vornehmlich d. Spät-MA sowie d. eventuellen Zusammenhänge zw. ihnen ist nach wie vor ein Desiderat d. Forschung.

WERKE: Werkausgaben: J. Chmel: *Das Formelbuch König Albrechts I*, in: Archiv für Kunde öst. Gesch.-Quellen (= AöG), 2, 1849, 211-307; F. Firnhaber: *Summa de litteris missilibus. Ein Formelbuch aus Petri de Hallis kaiserl. Notars processus judiciarius*, in: Fontes rerum Austriacarum (= Frau), II/6, 1853, 1-123; O. Stobbe: *Summa curie regis. Ein Formelbuch aus d. Zeit König Rudolf I. u. Albrecht I.*, in: AöG 14, 1855, 317-385; H. Baerwald: *Das Baumgartenberger Formelbuch*, in: Frau II/25, 1866; F. Krones: *Quellenmäßige Beiträge zur Gesch. d. Steiermark in d. Jahren 1462-71*, in: Beitr. zur Kunde stmk. Gesch.quellen 11, 1874, 29-62; O. Redlich: *Eine Wr. Briefslg. zur Gesch. d. Deutschen Reiches u. d. österreichischen Länder in d. zweiten Hälfte d. XIII. Jahrhunderts*, Wien 1894; H. Peters: *Ein Formularbuch aus d. Kanzlei Herzog Albrechts V. v. Öst.*, Hausarb. am Inst. für öst. Gesch.forschung (= IöG), Wien 1956, mschr.; F.V. Spechtler: *Ein Salzburger Formularbuch v. etwa 1381*, in: Mitt. d. Gesell. für Salzb. Landeskunde 106, 1966, 51-69; L. Auer: *Eine österreichische Briefslg. aus d. Zeit Friedrichs d. Streitbaren*, Hausarb. am IöG, Wien 1968, mschr.; M. Weltin: *Die Laaer Briefslg.*, Wien/Köln/Graz 1975; H. Watzl: *Summa elictaminis prosaici d. codex 220 Sancrucensis*, in: IbLk NÖ, N.F. 29, 1973, 40-69.

LITERATUR: F. Kinnast: Zur Biogr. d. Rottenmanner Notars Ulrich Klenneker, in: Mitt. d. hist. Ver. für Stmk. 22, 1874, 155f.; L. Kretzschmar: D. Formularbücher aus d. Kanzlei Rudolfs v. Habsburg, Innsbr. 1889; K. Großmann: D. Frühzeit d. Humanismus in Wien bis zu Celtis Berufung 1497, in: Jb. für Landeskunde v. NÖ, N.F. 22, 1929, 221ff.; F.-J. Schmale: Fiktionen im Codex Udalrici, in: Zs. für bayr. Landesgesch. 20, 1957, 437-474; J. Meisenzahl: D. Bedeutung Bernhards v. Meung für d. ma. Notariats- u. Schulwesen, Diss. phil., Würzburg 1960, mschr.; A. Lhotsky: Quellenkunde 80-84, 104ff. (mit älterer Lit.); H.M. Schaller: Studien zur Briefslg. d. Kardinals Thomas v. Capua, in: Dt. Archiv 21, 1965, 371-518; L. Auer: Eine öst. Briefslg. aus d. Zeit Friedrichs d. Streitbaren, in: MIÖG 77, 1969, 43-77; G. Hödl: D. Admonter Briefslg. 1158-1162, in: Dt. Archiv 25, 1969, 347-470, 26, 1970, 150-199; L. Auer: Eine bisher unbekannte Hs. d. Briefstellers Bernhard v. Meung, in: Dt. Archiv 26, 1970, 230-240; B. Bischoff: Salzb. Formelbücher u. Briefe aus tassilonischer u. karolingischer Zeit, SB d. Bayr. Akad. d. Wiss., phil.-hist. Kl. 1973/74; R. Schieffer/H.M. Schaller: Briefe u. Briefslg. als Editionsaufgabe, in: Ma. Textüberlieferungen u. ihre krit. Aufbereitung, Mchn. 1976, 60-70; F.J.

Worstbrock: Baumgartenberger Formularius, in: ²VL 1, 1978, 645f.; D. Schaller: Baldwin v. Viktring. Zisterziensische ars dictaminis im 12. Jh., in: Dt. Archiv 35, 1979, 127-137; G. Constable: Letters and Letter Collections, Typologie d. sources 17, 1976; K. Rudolf: Realienkunde u. spätma. Brief- u. Formularslg., in: Europ. Sachkultur d. MA, 1980, (= SB d. Öst. Akad. d. Wiss., phil.-hist. Kl. 374/4) 123-142; H.M. Schaller: Ars dictaminis, Artes dictandi, in: Lex. d. MA 1, 1980, 1034-1038, m. weiterer Lit.; F.J. Schmale: Brief, Brieflit., Briefslg. A IV: Lat. MA., in: Lex. d. MA 2, 1983/84, 652-659, m. weiterer Lit. F. Zaisberger: Klenegker U., in: ²VL 4 (1983), 1204-1206; J. Stohlmann: Johannes D. Werded., in: ²VL 4, 1983, 799-811; F.J. Worstbrock: Ludolf v. Hildesheim, in: ²VL 5, 1983, 962-965; M. Camargo: Ars dictaminis, Ars dictandi. Typologie d. sources 60, 1991; F.J. Worstbrock/M. Klaes/I. Lütten: Repertorium d. Artes dictandi d. MA 1, 1992 (zu Balduin v. Vicktring, Bernhard v. Meng, Aurea gemma); F.J. Worstbrock: A. Sandperg, in: ²VL 8, 1992, 376f.; R. Köhn: Zur Quellenkritik Kopial überlieferter Korrespondenz im Lat. MA, zumal in Briefslg., in: MIÖG 101, 1993, 284-310; F.P. Knapp: D. Lit. d. Früh- u. Hochma., 1994, 191-194, 396-398; F.J. Worstbrock/A. Hausmann: Jodocus Weiler, in: ²VL 10, 1999, 794-801; W. Stelzer: Wr. Briefslg., in: ²VL 10, 199, 1011-1014; F.J. Worstbrock: Petrus de Hallis, in: ²VL 11, Nachtragsbd., 2004, 1195f.; F.P. Knapp: D. Lit. d. Spätma. 2, 2004, 29f., 176 (zu Jodoc Weiler u.a.); O. Spälter: Frühe Etappen d. Zollern auf d. Weg zur Territorialherrschaft in Franken. Veröff. d. Gesell. für fränkische Gesch. 48, 2005, 637-644 (zur Wr. Briefslg.).

Leopold Auer

Brier, Daniel (Ps. **Hoffenberg**, 28.9. 1918 Vlkanova Petova/Tschechoslowakei – 14.2.1955 Wien) verbrachte seine Jugend in Wien, wo er ein Realgymnasium absolvierte, u. emigrierte nach d. Matura zwangsläufig nach England. Hier arb. er zunächst auf einem Landgut, leistete seinen Militärdienst ab u. war seit 1946 Mitarb. d. BBC London, wo er als Dramaturg u. Autor d. European Service seine ersten Erfahrungen im Radiometier machte. Im Mai 1948 wurde er nach Wien zum Sender Rot-Weiß-Rot berufen: Im Studio Wien fungierte B. als erster Regisseur, Kunstkritiker u. Diskussionsleiter d. v. ihm begr. »Radioparlaments«, mit d. er bekannter wurde. 1953 promovierte d. Rundfunkfachmann, d. v.a. als Essayist hervortrat (auch engl.sprachige Arbeiten), Promotion an d. Univ. Wien mit einer Diss. über d. *Dramaturgie u. Regie d. Rundfunks*. Seine lyr. Arbeiten sind nur wenig bekannt u. stehen im Schatten seiner Rundfunktätigkeit: B. diesbezüglicher Nachl. ist d. v. ihm trotz schwerer Krankheit noch selbst zus. gestellte Bd. *Netze im Meer* (1955). Er enthält 35 spröde, über einfache traditionelle Durchschnittslyr. hinausgehende Texte zum Thema (nach-)kriegsbedingter Schattenseiten d. Lebens (z.B. *Fragmente, Litanei*), wobei er z.Tl. um neuartige Ausdrucksformen bemüht ist (z.B. *Definitionen I*.).

WERKE (Ausw.): Lyr.: *Netze im Meer*, G., Mchn./Wien 1955. Diss.: *Dramaturgie u. Regie d. Rundfunks unter Berücksichtigung d. Bühne u. d. Films*, Diss. phil., Wien 1951, mschr.

LITERATUR: Curriculum vitae, in: B., D.: Dramaturgie u. Regie d. Rundfunks unter Berücksichtigung d. Bühne u. d. Films, Diss. phil., Wien 1951, 116; Nachw. zu B., D.: Netze im Meer. G.,

Mchn./Wien 1955, 69f.; Giebisch/Gugitz.

Sylvia Leskowa

Brigg, Robert Heinz (Ps. Robert Heinz **Brodhager**, 21.1.1898 Wien – ? [zuletzt in Kürschner 1937/38 verzeichnet]), Dr. jur., Verteidiger in Strafsachen; er lebte in Wien, später im nö. Tulln. B., Mitgl. d. Allg. Schriftstellerverbandes, versuchte sich in d. 20er- u. 30er-Jahren auch auf lit. Gebiet: V. seinen nur wenigen u. geringfügig bedeutenden dramat. u. erzählenden Arbeiten erlangte d. belletrist. R. *Du meine Königin* (1920), d. »Gesch. einer Leidenschaft«, d. größten Erfolg. In *Liebe am Kreuz* (1932), einer umfangreichen »Gesch. kranker Seelen«, führte B. d. – oft enervierend – offenherzige Dokumentation menschl. Leidenschaftlichkeit mit einer ausufernden zyklischen Rahmenerz. weiter (u.a. *Die heiße Lust, Der Seidenstrumpf, Tragödie d. Liebe*). B. steht mit seinen erotischen Darstellungen im Gefolge LEOPOLD V. SACHER-MASOCHS.

WERKE (Ausw.): Romane: *Du meine Königin. Gesch. einer Leidenschaft*, Bln. 1920; *Liebe am Kreuz. Eine Gesch. kranker Seelen*, Wien/Lzg. 1932. Die weiteren Werke, d. Giebisch/Gugitz verzeichnet, sind jeweils nicht im Bestand v. Wiens großen Bibl. u. nicht nachweisbar im Gesamtverz. d. dt.-sprachigen Schrifttums: *Der Dämon*, 1923, u. d. Schauspiel *Vorstadtballade*, 1933.

Sylvia Leskowa

Brik, Hans Theodor (auch Johannes **Brik**; Taufname Theodor, Klostername Pater Johannes, 8.9.1899 Wolfsberg/Ktn. – 27.10.1982 Kremsmünster/OÖ) entstammte einer Beamtenfamilie; d. Vater war Ingenieur u. Hofrat im Eisenbahnministerium. B. besuchte d. Volksschule (1906-11) in Meran, Innsbr. u. Wien, d. Gymnasium in Wien (1911-13) u. Kremsmünster (1913-19), d. Techn. Hochschule in Wien (Maschinenbau, 1919-24), Dipl.-Ing. B. war v. 1925-30 Konstrukteur bei d. Fa. J. Pintsch, Wien, wurde am 11.11.1930 als Novize in Kremsmünster eingekleidet, stud. v. 1931-35 Theol. in Salzb., erhielt am 14.7.1935 d. Priesterweihe in Salzb., stud. Mathematik u. Darstellende Geometrie an d. Phil. Fak. d. Univ. Wien 1935-39 u. legte (nach Behinderung durch d. NS-Behörde) am 8.3.1946 d. Lehramtsprüfungen ab; v. 1946-71 unterrichtete er am Stiftsgymnasium Kremsmünster. Als B. bald nach d. 2. WK zu publizieren begann, fand er mit d. Themen seiner z.Tl. kurzen Schriften rasch Anklang, wobei *Das Geheimnis d. letzten Dinge* geradezu eine sensationelle Aufl. (ca. 200 000) erreichte. B. konnte schwierige Themen wie d. Aufbau d. Erde, d. Weltall, Leib-Seele, Leben – Tod präzise, packend u. verständlich darstellen; er fügte »Erlauschtes u. Erlebtes«, Naturbilder, Berichte v. Bekannten u. Freunden ein u. ließ in einem seiner Zukunftsr., geschrieben für d. Jugend, ein Raumschiff in OÖ landen. Er zit. behutsam aus rel., lit. u. hist. Quellen; bettete alles in seine religiöse Auffassung v. Leben ein. Das Gesamtwerk samt Nachl. befindet sich in d. Stiftsbibl. Kremsmünster.

WERKE: *Fahrt ins Unheimliche. Utopischer R. für d. Jugend*, Würzburg 1955, übers. ins Holländische; *Festung im Weltall. Utopischer R. für d. Jugend*, Würzburg 1956; *Das Land d. Goldes*, Erz. (in d. Reihe »Frische Saat«), Mödling 1954; *Atomgewalten*, Abh., Linz 1950, [2]1955, [3]1958; *Weltuntergang*, Abh., Linz 1951; *Aus d. Weltall gelandet?*, Abh., Linz 1953; *Geheimnisvolles Reich d. Geister*, Abh., Linz 1954; *Das Geheimnis d. letzten Dinge im Lichte d. neuzeitlichen Forschung*, Abh., Linz 1955, [2]1958 (ca. 200 000 Exemplare); *Die große Flut*, Erz. (»Frische Saat«), Mödling 1955;

Rätselvolles Jenseits, Abh., Linz 1960; *Das seltsame Schicksal d. Ralf Richardson*, Fortsetzungsr., St. Pölten 1963 (19.5.) bis 1964 (22.3.); *Mysterium Atom*, Abh., Bln. 1966; *Unsichtbare Mächte*, Abh., Linz 1966; *Unheimliche Phänomene. Tatsachenberichte aus d. Bereich d. Übersinnlichen*, Abh., Linz 1967; *U. dennoch glaubt ihr nicht*, Abh., Wels 1971; *U. nach d. Tode?*, Abh., Linz 1973; *Wandlungswunder*, Abh., Wels 1974; *Gibt es noch Engel u. Teufel?*, Abh., Aschaffenburg 1975; *Das Rätsel d. Schöpfung*, Abh., Aschaffenburg 1977; *Die Vision d. letzten Tage. Weissagungen-Erscheinungen-Hellseher*, Abh., Aschaffenburg 1978.

LITERATUR: A. Kellner: Profeßbuch d. Stiftes Kremsmünster, Klagenfurt 1968, 1977, 1. Nachtrag, 1985, 2. Nachtrag; J. Krinzinger: Auch d. Gute sehen. Zum Gedenken an Dipl.-Ing. P. J. B., in: Jahresbericht d. Stiftsgymnasiums Kremsmünster 1983, 25-28.

Helmut Salfinger

Brinke, Johann (10.4.1782 Prag – ? 1862 Wien) trat bereits 1795 als Schauspieler u. Sänger am Prager Theater auf u. debütierte 1812 als Harlekin in Johann Worellys Pantomime *Die Fee Radiante* im Wr. Theater i.d. Leopoldstadt. An dieser Bühne wirkte er in d. Folgezeit fast ausschließlich im Fach d. Pantomime als Harlekin, aber auch in Judenrollen u. Possenchargen. Er verfasste selbst Pantomimen u. betätigte sich auch als Dekorationsmaler. 1828 ging er ans Theater i.d. Josefstadt, u. 1830 versuchte er in Bln. bei Karl Friedrich Cerf als Oberaufseher über d. Dekoration u. Maschinerie Fuß zu fassen, kehrte jedoch er schon im April nach Wien ans Theater i.d. Leopoldstadt zurück. Nach d. Einstellung d. Pantomime 1846 wurde B. noch kurz als Billeteur beschäftigt u. dann entlassen. Er erwarb eine Figurenhütte im Prater, d. ihm aber nur geringe Einkünfte brachte, sodass er auf Zuschüsse v. Wohltätern angewiesen war u. in völliger Armut starb.

B. war ein berühmter Mimiker u. z. Zeit d. Hochblüte d. Pantomime, d. durch Jahrzehnte eine Spezialität d. Leopoldstädter Bühne war, eine d. ersten Kräfte dieses Genres. Seine Pantomime *Die schützende Juno* stand 1816-29 häufig am Spielplan. Sie vereint mit ihrer naiv-volkstümlichen Rezeption d. antiken Stoffes u. d. d. Schaulust d. Publikums befriedigenden Verwendung v. Maschinen u. Flugwerken alle Vor- u. Nachteile d. Gattung. Die Unterlagen für diese u. fünf weitere Pantomimen, d. B. in rascher Folge verfasste, sind nicht eigentl. Text-, sondern Spielbücher, d. d. Handlungsgeschehen skizzieren u. d. szenischen wie techn. Vorgänge beschreiben. In seinen letzten Lebensjahren verfasste B., d. nie im engeren Sinne lit. hervorgetreten ist, anspruchslose Neujahrsg., d. er gedr. seinen Gönnern mit d. Bitte um Unterstützung überreichte u. d. sich vereinzelt erhalten haben.

WERKE (Ausw.): Pantomimen: *Die schützende Juno o. Arlequins Abentheuer im Feuer- u. Wasserreiche*, Musik v. Franz Volkert, UA u. Druck Wien 1816; *Die Fee Florinde o. Die Vernichtung d. Herrn v. Antribee*, Musik v. Anton Wollanek, UA Wien 1816; *Der Sturz d. Ikarus o. Arlequin als Pagat*, Musik v. Franz Volkert, UA u. Druck Wien 1817; *Harlekin als Zwirnknäuel o. Pierrot als Braut*, UA Wien 1820.

Walter Obermaier

Brinningshausen → **Samstag**, Ignaz Malachias

Brix, Laura (Ps. **Brixen** Leonhard; 28.2.1844 Krakau – ?) Ihr Lebenslauf ist weitgehend unbekannt; sie war Mitarb. d. Zs. *Zur guten Stunde*, doch machte sie sich vor allem als Übers. aus d. Poln. einen Namen. So übertrug sie Werke d.

berühmten Henryk Sienkiewicz o. d. Elisa Orzeszko ins Dt. u. machte diese so einem breiteren Leserkreis bekannt.

WERKE: Übers.: H. Sienkiewicz: *Ums Bro. Zwei Auswanderergesch.*, Dresden/Mchn. 1892; E. Orzeszko: *Meier Czosowicz, Erz. aus d. Leben eines Juden*; *Ein Frauenschicksal*; *Der Kampf um d. Scholle*; alle Dresden o.J.

LITERATUR: Eisenberg, Bd. 1; Lex. d. Frauen dt. Feder.

Eva Münz

Brix, Rudolf (4.6.1880 St. Nikolaus/Innsbr. – 26.4.1953 ebd.) kam bereits durch seinen Großvater mit d. Bauerntheater in Berührung – dieser hatte Ritterstücke verfasst, welche auf Innsbr. Kleinbühnen (Büchsenhausen; Pradler Bauerntheater) aufgeführt wurden. Während d. Innsbr. Gymnasialzeit wurde B. Kontakt mit d. Bühne durch d. Freundschaft mit d. Sohn d. damaligen Direktors d. Innsbr. Stadttheaters, A. Ranzenhofer, gefestigt. Bereits als Jugendlicher schrieb B. sein erstes Volksstück *Der Findling v. roten Hof* (1898), d. mit Erfolg im Pradler Bauerntheater inszeniert werden konnte. Hier traf B. auch auf F. EXL, welcher B. Entwicklung zum Dramenautor wesentlich beeinflusst. B. absolvierte d. Stud. d. Rechte, 1905 Promotion, trat in d. Polizeidienst ein. Die gesicherte Beamtenlaufbahn bis zur Pensionierung 1934 (B. hatte jahrelang d. Amt d. Polizeipräsidenten inne) erlaubte d. Autor ein materiell sorgloses dichterisches Schaffen. 1908 trat B. mit d. K. *Das Gnadenbild* in Erscheinung. Das Stück fand in Bln. begeisterte Aufnahme, wurde jedoch in Öst. wegen d. klerikokrit. Haltung verboten. Am 31. März 1902 war d. EXL-BÜHNE mit L. ANZENGRUBERS Stück *Der Pfarrer v. Kirchfeld* gegr. worden. Am 14. Apr. 1910 erfolgte d. UA v. B. Tr. *Der dürre Baum* durch d. EXL-Ensemble in Marburg, am 11.6.1910 EA d. Tr. in Wien. B. führte mit diesem Bühnenwerk d. Unfruchtbarkeits-Motivik in d. bisher derbe, possenorientierte Bauernstück ein u. trug fortan in seinem dichterischen Schaffen durch d. Problematisierung d. Stoffes u. d. Charakterzeichnung d. Figuren (neben K. SCHÖNHERR u. F. KRANEWITTER) wesentlich zur weiteren Entwicklung d. tirolischen Volksstückes bei. Anlässl. d. Wr. Auff. lernte B. K. SCHÖNHERR kennen; d. Freundschaft dauerte bis zum Tod SCHÖNHERRS (1943). *Frau Suitner* u. *Der Weibsteufel*, beides viel gespielte SCHÖNHERR-Dramen, enthalten zahlreiche Anregungen v. Seiten B. Die fruchtbare Zus.arbeit zw. F. EXL (1942) u. B. zeigt sich auch am Beispiel v. L. ANZENGRUBERS ursprünglich hochdt. abgefasster Tr. *Hand u. Herz*, welche B. auf EXLs Wunsch für d. Bühne bearb. u. d. EXL-BÜHNE mit d. Dialektfassung 1912 einen großen Erfolg ermöglichte. 1909 übernahm B. zus. mit KRANEWITTER u. R.W. POLIFKA d. Hg.schaft d. »tirolischen Halbmonatsschrift f. Literatur, Kunst u. Leben« D. FÖHN. 1911 wurde d. lit. Organ allerdings wieder eingestellt. Im selben Jahr verfasste B. sein Schauspiel in drei Akten *Der Götze*, d. 1922 eine Neufassung erfuhr u. am 13.6.1924 in Magdeburg, Wien u. Innsbr. mit großem Erfolg ur- bzw. erstaufgeführt wurde: B. thematisiert in diesem Stück d. magischen Volksglauben, welcher, durch eine unvermutet aufgefundene Heiligenstatue angeregt, d. am Evangelium orientierten Glaubenswahrheit, d. durch d. jungen Pfarrer verteidigt wird, gegenüber steht. Auffallend ist hier, wie bei allen Werken B., d. regional gefärbte Sprache, aber auch bes. d. klare Figurenzeichnung u. d. Spannungsaufbau. Die Erstfassung d. *Götzen* erschien im FÖHN 1910/11: Hier wird im Unterschied zur späteren Bearb. d. junge Pfarrer als rationaler Dogma-

tiker v. wundergläubigen Dorfvolk erschlagen.
B. bezog immer wieder Stoffanregungen aus seinem beruflichen Umfeld, so etwa in *Filimunde, d. Mörderin* (UA 1926), *Das Kartenhaus* (1915) u. *In unserem Weinberg liegt ein Schatz* (UA 3. Sept. 1932 durch d. EXL-Bühne); letztere bäuerliche K. brachte B. allerdings herbe Kritik v. Seiten christlich-sozialer Kreise ein, da d. Polizei in diesem Stück empfindlich ins Blickfeld rückt. 1934, im Jahr v. B. Eintritt in d. Ruhestandes, gelang d. Autor, angeregt v. F. EXL u. K. SCHÖNHERR, mit d. Tragik. *Der Graf v. Schroffenstein o. d. Wiederfinden in d. Totengruft* d. parodierende Wiederbelebung d. traditionellen Tiroler Ritterspiels, einer Gattung, d. B. schon in Kindertagen kennen gelernt hatte. Dem Stück war in Innsbr. u. Wien großer Erfolg beschieden. Ebenso glücklich verlief d. UA d. Tr. *Die Räuber v. Glockenhof* (Innsbr. Stadttheater, 23.8.1934), d. B. ein Jahr zuvor in nur 18 Tagen verfasst hatte. Neben bäuerlichen Stücken widmete sich B. auch d. Darstellung d. kleinbürgerlichen Milieus. B. kannte Ibsens u. Strindbergs Bühnenstücke durch Innsbr. Inszenierungen u. ließ sich zw. 1915 u. 1924 dazu anregen, gesell. Sittenbilder, etwa in d. 1918 durch d. EXL-Ensemble im Innsbr. Stadttheater uraufgeführten K. *Der unsinnige Donnerstag*, zu entwerfen. In diesem Werk ist es d. Kleinbürgertum v. Innsbr.-Hötting, B. Heimatbezirk, d. vor d. Hintergrund d. Faschingstreibens krit. beleuchtet wird. Kritik v. Seiten d. Klerus, aber auch Begeisterung beim Publikum erfuhr B. mit seiner im bäuerlichen Umfeld handelnden Tr. *Der Mönch u. d. Sünderin* (1929). B. Figureninventar bewegt sich meist im Rahmen diesseitsbezogener, gesell. vorgegebener enger Grenzen, welche v. Autor häufig mit Humor erst sichtbar gemacht werden.

WERKE: Bühnenstücke (Ausw.): *Der unsinnige Donnerstag (Die Kotlackler)*, K. in 3 Akten, Innsbr. 1918; *Das Gnadenbild*, K. in drei Aufzügen, Innsbr. 1922; *Der Götze*, Schauspiel in 3 Akten, Innsbr. 1925. Mithg.: (Zs.): *Der Föhn* (1909-11).

LITERATUR: K. Emmer: R.B., Ein Tiroler Dramatiker, Diss. phil., Innsbr. ca. 1948.

Beatrix Cárdenas-Tarrillo

Brix-Bogensberger, Paula (11.7.1889 Arnoldstein/Ktn. – 1964 ?) war in Villach als Oberlehrerin tätig. Die seit ihrer Pensionierung hier weiterhin lebende Päd. trat lediglich mit zwei traditionell-durchschnittlichen Lyr.bdn. an d. Öff., d. v.a. v. ihrer Neigung zu romantisierendem Dichten zeugen.

WERKE: Lyr.: *Gedichte einer Liebe*, Graz 1938; *Rosen im Abendlicht*, G., mit einem Original-Holzschnitt v. S. Lobisser, Klagenfurt 1954.

LITERATUR: E. Nußbaumer: Geistiges Ktn., Lit.- u. Geistesgesch. d. Landes, Klagenfurt 1956, 562f.; Giebisch/Gugitz.

Sylvia Leskowa

Brixen, Leonhard → **Brix**, Laura

Brixlegger Passionsspiel. Passionsspiele, d. d. Leidensgesch. Christi zum Thema haben u. d. Verfestigung d. christlichen Glaubens dienen, haben eine lange Tradition, an d. in B. erst spät angeknüpft wurde, woraufhin eine kurze Blütezeit folgte. War B. schon seit d. 17. Jh. d. Volkstheater verhaftet, erlebte d. P. hier erst im 19. Jh. seine Renaissance: 1868 erfolgte hier eine fruchtbare Wiederbelebung durch W. Pailler, Chorherr in St. Florian. Zur fortwährenden Popularität d. B. P. trug nicht unwesentlich d. kurz zuvor erbaute Eisenbahnstrecke Kufstein – Innsbr. bei, d. B. zu einer wichtigen Station machte. Die erste geplante Aufführung 1868 stellte d. Brixlegger zunächst vor ein organisatorisches Problem. Ein geeigneter Aufführungsort, Textgrundlage o. Kostüme waren nicht vorhanden. Es bildete sich eine »Passionstheatergesellschaft«, d. d. Bau eines 1200 Personen fassenden Theaters bewerkstelligte. Der Text wurde in Form einer Hs. aus Hall i. Tirol, d. ursprünglich aus Oberammergau stammte, angekauft. Das Spiel bestand danach aus drei großen Aufzügen mit 16 Szenen. Der Ouvertüre folgte d. Prolog, in d. Gottes Beschluss d. Erlösung verkündet wurde. Der Chor leitete dann d. Haupttl. ein, d. aus rel. Szenen bestand, d. durch lebende Bilder dargestellt wurden. Im Gegensatz zum Oberammergauer P. war d. Bühnengeschehen in B. vollkommen überdacht. Ausgehend v. d. Mittelbühne fand sich ein Proscenium, seitlich davon d. Häuser d. Pilatus u. d. Hohen Priesters. Während auf d. Vorderbühne gespielt wurde, wurden, durch einen Vorhang abgetrennt, auf d. Hinterbühne d. lebenden Bilder vorbereitet. Musik kam während d. Vorspiele durch d. Chöre sowie als Hintergrundmusik d. lebenden Bilder zum Einsatz. Hierbei wurde insb. auf d. Kompositionen d. Organisten F. Schöpf zurückgegriffen. Ursprünglich für eine Aufführungsfrequenz alle zehn Jahre gedacht, sind Auff. d. B. P. für 1868, 1873, 1878, 1883, 1889, 1903 u. 1913 belegt.

Literatur: W. Pailler: D. P. zu B., Oxford 1868; J. Perzager v. Hall: D. große P. v. B., o.O. 1873; B. Heinzig: In u. um Tirols Oberammergau. Das P. zu B., in: D. Gartenlaube, H. 31, Lzg. 1874, 501-504; L. Hörmann: D. B. P., in: D. Alpenfreund, XI, 1878, 246-50; A. Plothow: P. in B. u. Vorderthiersee, in: Bln. Tagbl., Nr. 444, 1900; G. Schaumberg: D. B. P., in: Bln. Tagbl., Nr. 280, 1903; J.C. Platter: P. in B., in: Illustr. Ztg. Lzg., CXX, Nr. 13126, 1903, 817-8; H. v. Poschinger: D. P. in B., in: Neue Freie Presse Wien, Nr. 13941, 1903; B. Willram: B. Passionsbuch: ein unentbehrlicher Führer durch d. P. 1913 mit Text, gesch. Abriss »Die B. P.- u. patriotischen Volks-Schauspiele« u. einer »Einführung in d. P.«, Brixlegg ²1913; M.J. Rudwin: A Historical and Bibliographical Survey of the German Religious Drama, Pittsburgh 1924, 115; Kosch, Bd. 1, 211.

Sonja Arnold

Broch, Hermann (1.11.1886 Wien – 30.5.1951 New Haven/USA), Sohn d. jüd. Textilhändlers Josef B. u. dessen Frau Johanna aus Mähren, d. sich in Wien zum Besitzer einer Textilfabrik (in Teesdorf, NÖ) hocharb. B. besuchte nach d. Realschule 1903-07 d. Wr. Webschule u. eine Textilfachschule in Mülhausen/Elsass, erhielt d. Diplom eines Textilingenieurs u. wurde zunächst Assistenzdirektor u. ab 1915 Verwaltungsrat d. väterlichen Fabrik. Seit 1907 beschäftigte er sich intensiv mit Phil. u. Mathematik, er begann zu schreiben u. verkehrte in Wien mit zahlreichen Schriftstellern u. Wissenschaftlern. Die 1909 mit Franziska v. Rothermann geschlossene Ehe – vor d. B. zum Katholizismus übertrat – wurde 1923 geschieden. 1927 verkaufte B. d. Fabrik u. stud. an d. Univ. Wien Mathematik, Phil. u. Psych., 1929 wandte er sich d. Dichtung zu. Bis dahin hatte B. nur Weniges – kulturkrit., polit., gesch.phil. Artikel u. Rez., eine N. – veröff. Sein erster R. *Die Schlafwandler* machte ihn internat. bekannt. Nach d. Besetzung Öst. wurde B. im März 1938 inhaftiert, nach d. Freilassung emigrierte er über Großbritannien in d. USA. Dort lebte er in Princeton u. New Haven (d. Yale University nahm ihn als unbezahlten Lektor für dt. Lit. an), in erster Linie v. kleinen Stipendien, hauptsächlich beschäftigt mit wiss. Arbeiten;

seine beiden R. *Der Tod d. Vergil* u. *Die Schuldlosen* brachten ihm zwar Anerkennung, fanden aber nur wenig Publikum. Kurz vor seinem Tod heiratete B. ein zweites Mal, Annemarie Meier-Gräfe. Er ist in Killingworth/Conn. begraben. Die R.trilogie *Die Schlafwandler* (1930-32) stellt d. unmittelbare Vergangenheit in drei Epochenquerschnitten – 1888, 1903 u. 1918 – dar, sie gibt eine krit. Analyse dieser u. damit d. eigenen Zeit u. versucht eine gesch.phil. Deutung ihres Zustands. Die Einzeltitel – *1888 – Pasenow o. d. Romantik*; *1903 – Esch o. d. Anarchie*; *1918 – Huguenau o. d. Sachlichkeit* – zeigen d. angestrebte Epochenpräsenz d. jeweiligen Helden. In ihrem Erleben wird deutlich, wie d. vordergründig noch fest bestehende Wirklichkeit allmählich unsicher u. brüchig wird u. in Krieg u. Mord endet. Die Menschen leiden an dieser realen Welt, sie versuchen, in Träume u. Ideologien zu flüchten u. sich in Wunschvorstellungen zu retten: Als »Schlafwandler« stehen sie zw. d. Apokalypse d. Untergangs u. d. – allerdings viel schwächer ausgeprägten – Utopie d. Hoffnung. Eine in d. letzte Buch eingebaute Essayfolge analysiert in wiss. Diktion d. gesch.phil. Grundlagen d. im R. dargestellten »Zerfalls d. Werte«. Damit versuchte B. – ähnlich wie Musil – eine Synthese v. Dichtung u. Wiss., d. »polyhist.« R. Die heterogenen Tle. werden durch ein enges Gewebe v. Motiv- u. Symbolverflechtungen zus.gehalten. In zahlreichen Arbeiten dieser Jahre, v.a. d. Essays »James Joyce u. d. Gegenwart« (Wien 1936) u. »Das Weltbild d. Romans« (1933, Druck GW 1955), entwickelt B. eine umfassende Theorie d. modernen R. In d. Jahren bis zu seiner Emigration arb. B. an einer Fülle unterschiedlicher Projekte: Essays, G., Dramen, R., N., am intensivsten am R. *Die Verzauberung*, d. er drei Mal neu schrieb u. d. durch seinen Tod Fragment blieb. Das Werk verbindet religiös-mythisches u. polit. Geschehen. Zwei mythische Konzepte stehen sich gegenüber: d. d. Verführers Ratti, d. d. Kraft d. Natürlichen, Erdhaften anpreist u. d. Bevölkerung zum Massenwahn aufputscht u. d. d. greisen Gisson, d. Humanität u. »wahre Frömmigkeit« verkörpert. Da beider Denken u. Sprechen strukturell ähnlich ist, wird d. Schwierigkeit, zw. pervertiertem u. positivem Mythos zu unterscheiden, ebenso deutlich wie d. Ambivalenz d. Mythosbereitschaft d. Menschen. B. bedeutendstes Exilwerk, *Der Tod d. Vergil* (1945), befasst sich mit einem exilierten Dichter, mit d. Rolle d. Dichters u. d. Kunst am Ende einer Kultur an einer Zeitenwende. In d. Träumen u. Visionen, Erinnerungen u. Reflexionen d. Sterbenden werden religiöse u. mythische Bilder in einer gewaltigen, oft über Seiten hinweg strömenden Sprachflut beschworen u. verschmolzen. Der R. ist ein großes Sprachexperiment, geprägt v. inneren Monologen u. rhythmischen Passagen, ein »Endbuch«, d. viele herkömmliche Vorstellungen d. R. sprengt. In d. Emigration galt B. Hauptarb. Schriften zur Massenwahntheorie, zu Problemen d. Demokratie, d. Friedens u. d. Menschenrechte, zur Aufgabe d. Intellektuellen in d. Politik: z.B. *Massenwahntheorie* (postum Ffm. 1979). Obwohl seine Stellung zum Sinn d. Dichtung ambivalent blieb, schrieb er neben wichtigen lit. Essays (u.a. »Hofmannsthal u. seine Zeit«, postum Zürich 1955) einen letzten bedeutenden R. *Die Schuldlosen* (1950), zus.gefügt aus alten u. sieben neuen N. u. einem lyr. Rahmen. Wieder dienen drei Epochenquerschnitte – diesmal 1913, 1923, 1933 – dazu, d. Entwicklung d. Menschen zum NS hin zu zeigen u. zu analysieren. Die Schuld d. Schuldlosen wird in d. unpolit.-passiven

Haltung, d. Gleichgültigkeit gegenüber d. Mitmenschen wie gegenüber d. Verbrechen gesehen.

In B. R. verbinden sich formale u. sprachliche Neuerungen mit d. Versuch, »Erkenntnis zu gewinnen« u. »ethisch zu wirken«. Die Dichtungen sind Analyse u. Kritik d. Zeit, sie wollen aber stets zugleich auch eine positive Gegenseite zeigen, eine »neue Menschl.keit« u. eine »neue Ethik« ausdrücken. Das Erzählen ist auf d. einen Seite v. Essayist. geprägt, nicht selten mit Reflexionen u. Abstraktionen durchsetzt, Ironie u. Satire sind bevorzugte Ausdrucksmittel; es ist auf d. anderen Seite bildhaft, geht gelegentlich in ein hymnisch-psalmodierendes Sprechen über. Nicht immer gelingt es B., d. versch. Intentionen u. d. divergierenden Ausdrucksformen bruchlos zus.zufügen. Dennoch zählen d. Werke – insb. *Die Schlafwandler* u. *Der Tod d. Vergil* – zu Recht zu d. wichtigsten R. d. »klassischen Moderne«.

Die Forschung wurde lange Zeit durch d. ungenügende Kenntnis d. umfangreichen Nachl. (v.a. Yale University Library, daneben DLM) behindert. Bes. Arbeiten über polit. u. phil. Fragen beruhten oft auf unzureichender Textkenntnis u. blieben kontrovers. Erst in d. Werkausg. u. d. Briefeditionen Lützelers wurde d. Nachl. allg. zugänglich. Zwar stehen nach wie vor d. R. im Mittelpunkt d. Forschung, aber d. Beschäftigung mit d. umfangreichen ›denkerischen‹ u. essayist. Werk in seiner ganzen kulturwiss. Breite hat sich daraufhin wesentlich intensiviert.

WERKE: Lyr.: *Gedichte*, Zürich 1953, erw. Ffm. 1978. Drama: *Denn sie wissen nicht, was sie tun...*, aufgef. 1934, Druck 1979 (*Die Entsühnung*). R.: *Die Schlafwandler*, Mchn./Zürich 1930-32; *Die unbekannte Größe*, Bln. 1933; *Der Tod d. Vergil*, New York 1945; *Die Schuldlosen*, R. in elf Erz., Mchn. 1950; *Der Versucher*, Zürich 1953, krit. Ausg. u.d.T. *Bergr.*, Ffm. 1969. Autobiogr., Briefe: *Pychische Selbstbiogr.*, hg. v. P.M. Lützeler, Ffm. 1999; *Das Teesdorfer Tagebuch für Ea v. Allesch*, hg. v. P.M. Lützeler, Ffm. 1995. Briefe, alle hg. v. P.M. Lützeler, Ffm.: H.B. – Volkmar v. Zühlsdorff, 1986; H.B. – Hannah Arendt, 1996; H.B. – Annemarie Meier-Graefe, 2001; H.B. – Ruth Norden, 2005. Ges. Werke: 10 Bde., Zürich 1952-61, versammelt erstmals: G., Bd. 1; Essays, Bd. 5 u. 6; Briefe, Bd. 8; Massenpsychol. Schriften, Bd. 9; Frühe Schriften, Bd. 10. Kommentierte Werkausg.: Hg. v. P.M. Lützeler, 13 Bde. (in 17), Ffm. 1974-81, enthält: 1. Bd. 1-8 Das dichterische Werk, 1974-80; 2. Bd. 9-12 (in 6 Bdn.) Das essayist. Werk 1975-79 (jeweils mit zahlr. unveröff. Texten); 3. Bd. 13 (in 3 Bdn.) Briefe 1981.

Nachl. in d. Yale University Library, The Beinecke Rare Book and Manuscript Library. Nachl.-Ergänzungen: Leo Baeck Institute, New York (persönl. Korrespondenz, 1939-51); DLM (einschließl. d. Broch-Slg. Daniel u. Daisy Brody); Princeton University Firestone Library, Princeton New Jersey (Briefe, Typoskripte).

LITERATUR: M. Durzak: H.B. in Selbstzeugnissen u. Bilddokumenten, Reinbek 1966; ders.: H.B., Stgt. 1967; H. Steinecke: H.B. u. d. polyhist. R., Bonn 1968; K. Menges: Krit. Studien zur Wertphil. H.B., Tübingen 1970; H. Krapoth: Dichtung u. Phil., Bonn 1971; H.B.: Perspektiven d. Forschung, hg. v. M. Durzak, Mchn. 1972; P.M. Lützeler: H.B. – Ethik u. Politik, Mchn. 1973; B. heute, hg. v. J. Strelka, Bern 1978; E. Schlant: H.B., Boston 1978; M. Durzak: H.B. Dichtung u. Erkenntnis, Stgt. u.a. 1978; S. Dahl: Relativität u. Absolutheit. Studien zur Gesch.phil. H.B. (bis 1932),

Oslo 1978; M.A. Winkel: Denkerische u. dichterische Erkenntnis als Einheit, Ffm. u.a. 1980; Modern Austrian Literature, Bd. 13, 1980, H. 4: Special H.B. Issue. R. Thieberger (Hg.): H.B. u. seine Zeit, Bern 1980; P.M. Lützeler: H.B., Eine Biogr., Ffm. 1986; M. Kessler/P.M. Lützeler (Hg.): H.B., D. dichterische Werk, Tübingen 1987; M. Kessler/P.M. Lützeler (Hg.): B. theoretisches Werk, Ffm. 1988; St.D. Dowden (Hg.): H.B. – Literature, Philosophy, Politics, Columbia/South Carolina, 1988; P.M. Lützeler: D. Entropie d. Menschen. Studien zum Werk H.B., Würzburg 2000; C. Caesar: Poetik d. Wiederholung. Ethische Dichtung u. ökonomisches Spiel in H.B. R. »D. Tod d. Vergil« u. »D. Schuldlosen«, Würzburg 2002; J.P. Strelka: Poeta Doctus H.B., Tübingen/Basel 2001; P.M. Lützeler (Hg.): H.B. Visionary in Exile, Rochester 2003; M. Kessler (Hg.): H.B. Neue Studien, Tübingen 2003.

Hartmut Steinecke

Brociner, Marco (20./24.12.1852 Jassy/Rumänien – 12.4.1942 Wien), aus jüd. Familie stammend, stud. in Heidelberg, Mchn. u. Bln., 1879 Promotion zum Dr. phil. Er verkehrte schon während seiner Studienzeit in lit. Kreisen, war mit Ludwig Ganghofer u. Heinrich Leuthold befreundet. Seit 1888 lebte er ständig in Wien, wo er neben journalist. Arbeiten – er war Mitarb. bei vielen bekannten Zs., u.a. Red. für Politik u. Feuilleton am *Wr. Tagbl.*, Mitarb. d. Zs. *Über Land u. Meer, Humoristisches Dtld.*, d. *Bukarester Tagbl.* – seine ersten Werke schrieb; zuerst Skizzen aus seiner Heimat Rumänien (z.B. *Aus zwei Zonen, rumän. Culturbilder* u. N., an KARL EMIL FRANZOS u. dessen Erzählstoffen aus d. Osten d. Monarchie erinnernd) dann R. u. auch Theaterstücke. Gerade seine N. zeigen bei aller rastlosen schriftstellerischen Vielseitigkeit einen einheitlich geschliffenen Stil, wortgewandt, oft mit erotischen Tönungen u. humorist., leicht wehmutsvollen Zügen. Theodor Storm scheint nach eigener Aussage sein Vorbild gewesen zu sein; allerdings erreichte er nicht dessen Meisterschaft. Ludwig Ganghofer erinnerte sich in seinem autobiogr. Werk *Lebenslauf eines Optimisten*, 1909-11, an d. gemeinsame Berliner Studentenzeit, während d. sie beide in eine Duell-Affäre verwickelt waren. Schon damals habe B. anonym satirische Sonntagsplaudereien im sozialdemokrat. Bl. *Zeitgeist* veröff. Immer sozial engagiert, übte er gesell. Kritik, geschult an Kant u. Schopenhauer. Mit Ganghofer verfasste er 1888 eines d. damals beliebten »Sensationsdramen« *Die Hochzeit v. Valeni*, d. 1889 am Deutschen Volkstheater aufgeführt wurde. Das »Moderne Theater« in d. Wr. Johannesgasse wurde 1924 mit B. Stück *Das Weib ist bitter* eröff. Diese beiden Stücke orientieren sich am lit. Geschmack d. Jahrhundertwende u. tragen naturalist. u. expressionist. Züge. Neben d. N., R., Dramen u. Lustspielen versuchte sich d. Autor auch im neuen Medium Film; während er 1913/14 Regie führte, schrieb er 1918 d. Drehbuch zum Film *Die Ehe d. Lady Bantir*. – Zu seinem Schauspiel *Hinter d. Vorhang* (Wien 1910) existieren noch d. Rollenbücher in d. Hs-Slg. d. Wr. Stadt- u. Landesbibl.

WERKE: Erz.; Novellen: *Aus zwei Zonen. Rumän. Skizzen u. N.*, 1880, ²1883; *Aus d. Tragikomödie d. Lebens, dt. u. rumänische Gesch.*, Stgt. 1890; *Dr. Hamlet u. andere N.*, 1891; *Tandaradei!*, Nov. 1896; *In ewiger Nacht. – Die Doppelverlobung*, 2 Gesch. aus Rumänien, 1897; *Im Banne d. Leidenschaft – Florica*, Erz., 1898; *Das Blumenkind u. andere N.*, Lzg. 1898; *Junge Liebe*, N., o.O. 1900; *Die Liebesabenteuer d. Herrn Borica*, Erz., o.O. 1906; *Wenn d. Jugend wüsste...*, N., Wien 1924. Romane:

Jonel Fortunat, 2 Bde., o.O. 1889; *Radu Gleva*, Dresden 1892; *Der neue Glaube*, o.O. 1898; *Weihrauch*, o.O. 1904; *Das Volk steht auf!*, Stgt. 1911. Dramen: *Die Hochzeit v. Valeni*, m. L. Ganghofer, Wien/ Mchn. 1888/89, Stgt. 1991; *Zwei Welten*, ebd. 1897; *Die Ehrenbürger*, Schwank, Hall 1903; *Hinter d. Vorhang*, Wien 1910; *Vor d. Sündenfall*, Lustspiel, Wien 1912; *Allein, K.*, Wien 1918; *Das Weib ist bitter*, Wien 1924. Film: Drehbuch zu *Die Ehe d. Lady Psantir*, 1918. Beiträge in: Fr. Schlögl, Hg.: *Wr. Liebesgaben*, Vorw. u. Beitr. M. B., Wien 1992; A. Müller (Hg.): *Ein Jahr Flüchtlingsfürsorge 1914/15*, Beitr. u. Geleitwort M. B., Wien 1915; *Almanach d. dt. Volkstheaters auf d. Jahr 1920*, Lzg./Wien 1920; *Wr. Ztg.*; *Über Land u. Meer, Humorist. Dtld.*; *Wr. Tagbl.*; *Bukarester Tagbl.*

LITERATUR: Eisenberg, Bd. 1; Giebisch/ Gugitz; Kosch, Bd. 2; ÖBL; Brümmer; Nagl/Zeidler/Castle, Bd. 4.

Eva Münz

Brockmann, Johann Franz Hieronymus (30.9.1745 Graz – 12.4.1812 Wien), Sohn eines Turmwächters; seit 1766 Mitgl. d. Schauspieltruppe v. JOSEPH FELIX (gen. »Bernadon«) KURZ, erhielt ein Engagement am Hbg. Theater unter Friedrich Ludwig Schröder u. wurde dort v.a. als Hamlet-Darsteller (1776) so berühmt, dass auswärtige Bühnen um ihn warben; 1778 folgte er einem Ruf an d. Wr. Burgtheater, d. er bis zu seinem Tod treu blieb. B. Leistung als Hamlet-Darsteller wurde durch Kupferstiche Daniel Chodowieckis, d. bei einem Gastspiel B. in Bln. 1777/78 entstanden, für d. Mit- u. Nachwelt ausführlich festgehalten; eine mit d. Datum 1.1.1778 in Umlauf gebrachte Gedenkmünze d. Bln. Medailleurs Abraham Abramson hält d. Bild d. Künstlers (»Brockmann actos utriusque scenae potens«) fest u. bemerkt auf d. Rückseite: »Peragit tranquilla potestas quod violenta nequit«. – B. brachte d. ›naturalist.‹ Spielweise Schröders nach Wien u. bereitete sie dort selbst (1781-85) so gründlich vor, dass es Schröder nicht schwer fiel, d. Stil d. Burgtheaters nachhaltig zu beeinflussen. Etwa bis zu Schröders Weggang v. Wien spielte B. vornehmlich jugendliche Helden u. Liebhaber, danach zunehmend Vaterrollen; bes. als Oberförster in Ifflands *Die Jäger* (1785) erwarb er sich weit verbreitete Anerkennung. 1789-92 war B. Direktor d. Burgtheaters. Auf d. lit. Feld tat sich B. eher als Bearb. fremder Stücke denn als Verf. eigener Werke hervor.

WERKE: *Othello*, nach Wielands Übers. eingerichtet, zuerst 1787, bis 1820 in Wien gespielt; *Hattya Ilona o. Die Wittwe v. Kecskemét*, Lustspiel, 1788; *Der Diener zweier Herren*, Goldoni, gespielt zuerst 1788; *Der Jude*, Schauspiel v. Richard Cumberland, aus d. Engl. übers., 1795; *Das Familiensouper*, Schauspiel, 1802; *Schloß Limburg o. Die beiden Gefangenen*, nach Benoît Joseph Marsollier, Lustspiel, gespielt 1806.

LITERATUR: J.F. Schink: *Über B. Hamlet*, Wien 1778; B. Voelcker: *D. Hamlet-Darstellungen D. Chodowieckis*, 1916.

Norbert Oellers

Brod, Max (27.5.1884 Prag –20.12.1968 Tel Aviv), erstes Kind einer jüd. Mittelstandsfamilie, d. väterlicherseits seit 300 Jahren in Prag ansässig war. Kinder- u. Jugendjahre standen unter d. Schatten einer schweren Krankheit – Kyphose –, deren Überwindung, dank d. Energie d. Mutter B., entscheidend auf d. Charakterentwicklung B. einwirkte; d. Überzeugung, dass es d. Menschen Aufgabe sei, Leid u. Unglück zu bekämpfen, wurzelt in diesen Erinnerungen. B. besuchte d. Piaristen-Volksschule in Prag, dann d. Stefan-Gymnasium, stud. an d. dt. Univ.

in Prag Jura, Promotion 1907 zum Dr. jur. 1907-24 war B. bei d. Postdirektion in Prag beamtet, 1924 wurde er Kulturreferent im Ministerrats-Präsidium d. ČSR. 1929 schied er aus d. Staatsdienst aus u. gehörte bis zu seiner Emigration 1939 als Lit.- u. Musikkritiker zum Stab d. *Prager Tagbl.* 1918 war B. bereits überzeugter aktiv tätiger Zionist, Mitbegr. d. jüd. Nationalrats in d. ČSR, in d. er in d. Folge als Vizepräsident bes. um d. Errichtung hebr. Schulen bemüht war. Mit d. letzten Zug, d. d. ČSR-Grenze nach Polen vor d. Einmarsch d. dt. Truppen in d. Nacht zum 15.3.1939 passierte, verließ B. Prag u. »betrachtete v. da ab [sein] weiteres Leben als reines Geschenk.« In Palästina/Israel wurde er Dramaturg d. »Habimah« in Tel Aviv u. war als Musiku. Theaterkritiker tätig. 1913 hatte er d. Pragerin Else Taussig geheiratet, mit d. er bis zu ihrem Tod in Tel Aviv blieb. 1902 lernte er FRANZ KAFKA in d. »Leseu. Redehalle« in Prag kennen, bereits nach d. ersten Begegnung nahm d. bis zu KAFKAS Tod währende Freundschaft ihren Anfang; seit d. ersten Vorlesung – unter vier Augen – v. KAFKAS Prosa war B. v. d. überragenden lit. Begabung d. Freundes überzeugt u. bewunderte in ihm d. Meister moderner Prosa. B. rettete nicht nur im Gepäck, d. er bei seiner Ausreise aus Prag 1939 mit sich führen durfte, d. Ms. KAFKAS, seinem beharrlichen Zuspruch u. ermunternden Lob ist es zu verdanken, dass KAFKA nicht alle Entwürfe u. Ms. kurz nach ihrem Entstehen vernichtete.
Die dichterischen Anfänge B. wurden maßgeblich v. Schopenhauer beeinflusst; diese Periode d. »Indifferentismus«, in d. d. Nbde. *Tod d. Toten*, 1906 u. *Experimente*, 1907, entstanden, fand 1919 mit d. wahrscheinl. ersten expressionist. R. *Schloß Nornepygge* ein Ende. Der R., d. B. später ablehnte, bedeutete für Kurt Hiller u. seinen Kreis »stärkstes, wesentlichstes, heiliges Erlebnis« u. begr. B. Namen in d. lit. Dt.-sprachigen Welt. Der Erfolg ermöglichte B. d. Förderung junger Talente, z.B. FRANZ WERFEL, d. er schon 1910 durch Vorlesungen seiner G. in Bln. vorstellte.

Die Vorträge MARTIN BUBERS in Prag 1909/10 bewirkten B. Wendung zum Judentum u. zum Zionismus; durch d. Begegnung mit d. ostjüd. Flüchtlingen u. d. Stud. jüd. u. zionist. Schriften vertiefte sich d. jüd. Volksbewusstsein weiter. Die zentrale Bedeutung d. Tat im Judentum blieb v. nun an d. Ansporn in B. Leben u. lit. Werk. *Ein tschechisches Dienstmädchen* deutet schon 1909 d. Akzentverlegung auf d. ethische Moment u. d. tätige Liebe an; diese Linie wird in d. folgenden R. zunehmend deutlicher u. gipfelt 1916 in *Tycho Brahes Weg zu Gott*, in d. R., d. B. berühmt machte u. d. auch d. Zyklus d. hist. R. eröff., d. 1965 mit *Johannes Reuchlin u. sein Kampf* abgeschlossen wurde. Die verbindende Linie d. R. ist d. Kampf um d. Wahrheit; wenn auch d. Zentralgestalten versch. Nat. u. Konfessionen angehören, sind sie stets d. Symbol d. schaffenden, ethisch motivierten Menschen, d. dichterische Ausdruck d. persönl. Kampfes B. in d. phil., rel. u. zeitkrit. Problematik d. ethische, motivierende Prinzip zu finden u. aufzuzeigen. B. kultur- u. religionsphil. Schriften abstrahieren u. erweitern d. in d. hist. u. Unterhaltungsr. verdichteten Denkvorgänge u. Probleme. 1921 erschien *Heidentum, Christentum, Judentum*; als d. Resultat eines persönl. Klärungsprozesses eröffnete dieses ›Bekenntnisbuch‹ für ungezählte westlich assimilierte Juden zum ersten Mal d. Möglichkeit einer geistigen Heimat im Judentum. Zu Beginn d. Werkes, in d. d. geistesgesch. Bedeutung B. als eines Neuerweckers jüd. Gedankenguts wurzelt, stellt B. seine These v.

edlen u. unedlen Unglück auf; d. erste, unabwendbare Unglück entstammt d. Endlichkeit d. Menschen, d. unedle Unglück hingegen ist menschl. Ursprungs, u. ihm abzuhelfen ist ein Tl. d. Pflicht u. d. Aufgaben d. Menschen. Ausschlag gebend für d. Unterscheidung ist d. Gewichtigkeit d. Gnaden- u. Diesseitsbegriffs in d. drei geistigen Mächten; ihre Bedeutsamkeit in d. jüd. Rel. bildet d. Kernproblem in d. weiteren religionsphil. Werken B. Untrennbar damit verbunden ist d. Frage nach d. Sinn d. Bösen u. d. Sünde im Weltgeschehen, d. bereits 1918, in d. R. *Das große Wagnis* d. Thematik bestimmt hatte. 1925, im zweiten hist. R. *Reubeni, Fürst d. Juden*, für d. B. d. Staatspreis d. ČSR erhielt, wird d. geistige Ringen Reubenis, d. Sinn d. Bösen zu erfassen, d. Erwägung, d. Sünde könnte eine treibende Kraft zum Guten sein, u. seine Überzeugung, dass d. v. Menschen geschaffene Leid mit allen Mitteln, selbst mit d. Sünde zu bekämpfen sei, zum Movens seines Handelns. Wie in *Tycho* u. in d. späteren R. erfasst B. d. wahre Größe d. Menschen in seinem Kampf um Erkenntnis; in d. daraus resultierenden Tat, u. als solche scheint Reubenis tragischer Versuch, sich d. Sünde als Mittel zur Realisierung eines edlen Zieles zu bedienen, gerechtfertigt. Das sittliche Paradox, dass d. Sünde für d. Vollkommene v. Wert ist u. d. sich daraus ergebende Kernfrage um d. Grenzbestimmung dieses Wertes u. d. menschl. Fähigkeit sie zu setzen, bestimmt bis zu d. letzten phil.-rel. Schriften 1968/69 d. Bewusstseinslage v. B. Werk. Die Problematik d. Gegensätze, d. ethischen, phil. u. zeitgesch., d. Überbrückungsversuche u. ihr Scheitern, d. Erkenntnis, dass ein ›Nebeneinander‹ d. Antwort sein könnte, bilden d. Thema d. R. in d. mittleren u. späteren Schaffensperiode B. So muss auch d. Bildungsr. *Stefan Rott, o. d. Jahr d. Entscheidung*, 1931, in d. d. Gegensätze ›Sein‹ u. ›Werden‹ mit Hilfe d. Liebe als Einheit erlebt werden, u. *Die Frau, d. nicht enttäuscht*, 1933, wo B. für d. jüd. Schriftsteller innerhalb d. dt. Volkes d. Auswegsbegriff d. ›Distanzliebe‹ prägt, verstanden werden. Ähnlich motiviert ist auch d. Heine-Biogr. 1934 u. d. Deutung Heines. Der Artikel *Franz Kafkas Nachlaß*, 1924, hatte d. lange Reihe d. biogr. KAFKA-Darstellungen u. Deutungen eingeleitet, 1928 wird im R. *Zauberreich d. Liebe* eine Beleuchtung d. Gestalt d. Freundes u. d. Frage d. Veröff. v. KAFKAS Schriften – gegen d. Wunsch KAFKAS – angestrebt: d. Mut zur ethisch ›richtigen‹ Tat hatte B. geleitet, ihn seine Aufgabe erkennen lassen. Aus d. Grauen d. Zeitgeschehens erwachsen d. Überlegungen, d. nach langer Schaffenspause in d. beiden Bdn. *Diesseits u. Jenseits*, 1947/48 zus.gefasst werden. Frühere Erkenntnisse werden aufs Neue untersucht, neue Fragen gestellt – nach d. Anteil d. Menschen am Werden, nach d. Willensfreiheit d. Menschen u. d. hierzu erforderlichen göttlichen Beistand u. auch nach d. Gerechtigkeit Gottes. Der Leitsatz dieses Werkes, dass d. sittliche Entscheidung auf Wahrheit aufgebaut sein muss, ist d. Kernmotiv d. dritten hist. R. *Galilei in Gefangenschaft*, 1948, für dessen hebr. Übers. B. d. Bialisk-Preis zugesprochen wurde. Es ist ein Werk über d. innere u. äußere Unfreiheit d. Menschen. *Der Meister* (1952), in gleichem Maß ein Jesus- wie ein Judasr., versucht in d. Gegenüberstellung d. R.gestalten behutsam d. Kampf um d. Erfüllung d. obersten ethischen Axioms nachzuvollziehen. In d. Darstellung d. moralischen u. geistigen Entwicklung, d. Ciceros Ermordung vorangeht, wird 1955 in *Armer Cicero* d. Frage: Geist gegen Macht aufgerollt u. ein »Roman d. Ethik« geschaffen. Der letzte dieser R.

Johannes Reuchlin u. sein Kampf (1966) hält sich strikt an d. hist. Dokumentation, doch unübersehbar sind d. gemeinsamen Züge Reuchlins u. Tychos: Auch Reuchlin ist ein Mensch am Ende einer Epoche, seiner Zeit voraus u. doch in d. Fallnetzen ihres Denkens verfangen. Nach 1948, in d. Land, d. für B. seit 1910 Heimat bedeutet hatte, schrieb er über 20 Bücher; darunter mehrere, in denen d. Prager Jahre gedacht wird, auch biogr. Darstellungen u. autobiogr. Aufzeichnungen *Streitbares Leben* (1960) u. *Der Prager Kreis* (1966). Hier kommen auch all diejenigen zu ihrem Recht, deren Genie B. erkannt u. gefördert hatte, wie Jaroslav Hašek, d. B. durch d. Dramatisierung d. *Abenteuer d. braven Soldaten Schwejk* (1928) zu Weltruhm verholfen hatte, Leoš Janáček, d. durch B. jahrelange Bemühungen u. seine Übertragungen d. Opernlibr. ins Dt. d. ihm gebührende Anerkennung fand u.a.m. *Das Unzerstörbare* (1958) u. *Von d. Unsterblichkeit d. Seele* (1969) sind Zus.fassungen, auch Neuuntersuchungen d. erarb. Ideengutes, u. v.a. ein Versuch einer Theodizee. Manches musste widerrufen werden, aber unverändert hielt d. greise Kämpfer um Wahrheit an seiner Erfassung d. Liebe als ethisches, konstituierendes Moment d. Menschseins fest.

Nachl. im Privatbesitz bei Ilse Esther Hoffe, 23 Spinoza Street, 64516 Tel Aviv, Israel. Weitere Tle. d. Nachl.: Die Dt. Bibl., Dt. Exilarchiv 1933-45 (Briefe v.a. an Franz Goldstein u. Davis Scheinert); Leo Baeck Institute, New York (Briefe); DLM (Korrespondenz v. STEFAN ZWEIG an B.).

WERKE: Lyr.: *Der Weg d. Verliebten*, Bln. 1907; *Tagebuch in Versen*, Bln.-Charlottenburg 1910; *Das gelobte Land*, Lzg. 1917; *Das Buch d. Liebe*, Lzg. 1921; *Gesang einer Giftschlange*, Mchn. 1966. Dialog: *Die Erlöserin. Ein Hetärengespräch*, Bln. 1921. Dramen: *Abschied v. d. Jugend*, Bln. 1912; *Die Höhe d. Gefühls*, Lzg. 1913; *Die Retterin*, Lzg. 1914; *Eine Königin Ester*, Lzg. 1918: *Die Fälscher*, Mchn. 1920; *Klarissas halbes Herz*, Mchn. 1923; *Prozeß Bunterbart*, Mchn. 1924; *Die Opunzie*, Bln. 1926, m. Hans Regina Nack; *Lord Byron kommt aus d. Mode*, Wien 1929, *Abenteuer d. braven Soldaten Schwejk*, Bln. 1932; *Saul, König v. Israel*, Tel Aviv 1944, m. Sh. Shalom. Novellen: *Tod d. Toten!*, Stgt. 1906; *Experimente*, Bln./Stgt./Lzg. 1907; *Erziehung zur Hetäre*, Stgt. 1909; *Der Bräutigam*, Bln. 1912; *Weiberwirtschaft*, Bln. 1913; *Die erste Stunde nach d. Tod*, Lzg. 1915; *N. aus Böhmen*, Lzg./Wien 1936; *5 N.*, Zürich 1955. Erz.: *Durchbruch ins Wunder*, Rothenburg o.d. Tauber 1962. Romane: *Ein tschechisches Dienstmädchen*, Bln. 1909; *Tycho Brahes Weg zu Gott*, Lzg. 1916, 1917, 1919, Mchn. 1920, Bln./Wien 1930; *Das große Wagnis*, Lzg. 1918; *Jüdinnen*, Lzg. 1919; *Schloß Nornepygge*, Lzg. 1919; *Franzi o. eine Liebe zweiten Ranges*, Mchn. 1922; *Leben mit einer Göttin*, Mchn. 1923; *Reubeni*, Mchn. 1925, Zürich/Wien 1930, Ffm. 1979; *Die Frau, nach d. man sich sehnt*, Bln./Wien/Lzg. 1927, Bln. 1928, Wien 1953, 1954; *Zauberreich d. Liebe*, Bln./Wien/Lzg. 1928; *Stefan Rott o. d. Jahr d. Entscheidung*, Bln./Wien/Lzg. 1931; *Die Frau, d. nicht enttäuscht*, Lzg./Wien 1934; *Annerl*, Amsterdam [1936], Klagenfurt 1973; *Ein Abenteuer in Japan*, Amsterdam 1938; *Galilei in Gefangenschaft*, Winterthur 1938; *Unambo*, Zürich 1949; *Beinahe ein Vorzugsschüler o. Pièce touchée*, Zürich 1952; *Der Sommer, d. man zurückwünscht*, Zürich 1952, Mchn./Bln. 1973; *Der Meister*, Gütersloh 1952, Ffm. 1981; *Armer Cicero*, Bln.-Grunewald 1955; *Rebellische Herzen*, Bln. 1957, u.d.T. *Prager Tagbl.*, Ffm. 1968; *Mira, ein R. um Hofmannsthal*, Mchn. 1958; *Jugend im Nebel*, Witten/Bln. 1959; *Die Rosenkoralle*, Witten/Bln. 1961; *Johannes Reuchlin u. sein Kampf*, Stgt. u.a.

1965. Biogr.: *Adolf Schreiber*, Bln. 1921; *Franz Kafka*, Prag 1937, New York ²1946, 3., erw. Aufl. Bln./Ffm. 1954; *Die verkaufte Braut. Der abenteuerliche Lebensr. d. Textdichters Karel Sabina*, Mchn. 1962; *Franz Kafkas Glauben u. Lehre*, Mchn. 1948. Essays: *Anschauung u. Begriff. Grundzüge eines Systems d. Begriffsbildung*, Lzg. 1913, m. Felix Weltsch; *Über d. Schönheit hässlicher Bilder*, Lzg. 1913, Wien/Hbg. 1967; *Im Kampf um d. Judentum*, Wien 1920; *Sozialismus im Zionismus*, Wien/Bln. 1920; *Sternenhimmel*, Mchn. 1923; *Zionismus als Weltanschauung*, Mährisch-Ostrau 1925, m. Felix Weltsch; *Rassentheorie u. Judentum*, Wien/Jerusalem 1936; *Das Diesseitswunder*, Tel Aviv 1939, Wiesbaden 1949; *Die Musik Israels*, Tel Aviv 1951, rev. Ausg. in 2 Tlen.: Werden u. Entwicklung d. Musik in Israel, hg. v. Y.W. Cohen, Kassel/Basel 1976. Schriften: *Heidentum, Christentum, Judentum*, Mchn. 1921; *Diesseits u. Jenseits*, Winterthur 1947; *Franz Kafka als wegweisende Gestalt*, St. Gallen 1951; *Verzweiflung u. Erlösung im Werk Franz Kafkas*, Ffm. 1959; *Über Franz Kafka*, Ffm. 1966; *Das Unzerstörbare*, Stgt./Bln./Köln/Mainz 1958; *Von d. Unsterblichkeit d. Seele*, Stgt./Bln./Mainz/ Köln 1969. Autobiogr. Schriften: *Streitbares Leben*, Mchn. 1960, erw. Neuausg. Mchn./Bln./Wien 1969, Neuaufl. Ffm. 1979; *Der Prager Kreis*, Bln./Köln/ Mainz 1966. Briefwechsel: *Briefwechsel mit Janáček* (Korrespondence Leoše Janáčka), Prag 1953. Hg.: *Arkadia. Ein Jb. für Dichtkunst*, Lzg. 1913; *Kafka. Ges. Schriften*, m. H. Politzer. Nachdichtungen, Übers. aus d. Frz., Lat. u. Tschech. Libr.: *Sybill*, Operette in 3 Akten, Musik V. Jakobi, Wien 1919, m. Fr. Martos, übers. v. R. Bodanzky. Hunderte v. Artikeln, Besprechungen u. einige Kompositionen.

LITERATUR: E: Taussig (Hg.): Ein Kampf um d. Wahrheit. M. B. zum 65. Geburtstag, Tel Aviv 1949; K. Schuemann: Im Bannkreis v. Gesicht u. Wirken. M. B., Else Lasker-Schüler, Kurt Tucholsky, Alfred Polgar. 4 Vortragsstudien, Mchn. 1959; J. Born: M. B. Kafka, in: Books Abroad 33, 1959, H. 4, 389-396; J. Urzidil: D. lebendige Anteil d. jüd. Prag an d. neueren dt. Lit., in: Bulletin d. Leo Baeck-Inst. 10, 1967, 276-297; H. Castagne: Metaphysiker d. gottsuchenden Liebe. Abschied v. M. B., in: Tribüne 8, 1869, H. 29, 3178/3179; B.W. Wessling: M. B. Ein Porträt, Stgt. 1969; M. Tavor: Wie M. B. sein Judentum entdeckte. Ein Selbstzeugnis v. M. B. u. eine für sein Selbstverständnis entscheidende Rez. durch Leo Hermann: in Emuna 4, 1969, 305-308; H. Gold (Hg.): . B. Ein Gedenkbuch 1884-1968, Tel Aviv 1969; W. Kayser/H. Gronemeyer: M. B. Unter Mitarb. v. L. Formanek, eingel. v. W. Haas/J. Mager, Hbg. 1972 (= Hbg. Bibliogr. 12); A. Schwarz: M. B. - Kolumbus d. Kunst, Humanist u. Zionist, in: Lit. u. Kritik 5 (1970) 366-369; M. Pazi: M. B. Werk u. Persönlichkeit, Bonn 1970; P.F. Neumeyer: Th. Mann, M. B. and the New York Public Library, in: Modern Language Notes 90, 1975, 418-423; A.M. Dorn: Leiden als Gottesproblem im Werk v. M. B., Diss. phil., Mchn. 1979, Freiburg i.Br. 1981; M. Pazi (Hg.): M. B. 1884-1984, Untersuchungen zu M. B. lit. u. phil. Schriften, New York 1987; W. Zettl: Lit. in Öst. v. d. ersten zur zweiten Republik, in: Zeman 3, Bd. 7.

Margarita Pazi

Brod, Otto (6.7.1888 Prag - ?), Vater: Adolf B., zuletzt Direktorstellvertreter d. Böhmischen Unionsbank, stammte aus einer alteingesessenen Prager jüd. Familie, Mutter: Fanny, geb. Rosenfeld, aus Morchenstern (Smržovka) bei Gablonz (Jablonec n. N.); wuchs zus. mit d. Geschwistern Sophie u. MAX B. auf; mit Letzterem teilte er viele Interessen. Die Kindheit mit d. Geschwistern, v.a. mit d. um vier Jahre älteren Bruder, fand ihren Niederschlag im R. *Der Sommer, d. man zurückwünscht.* B. besuchte d. Stefans-Gymnasiums in Prag; es kam zur teilweisen Entfremdung d. Brüder, da B. d. Leben eines Dandys zu führen begann. Nach Absolvierung d. Prager Handelsakad. wurde B. Bankbeamter u. versah d. Militärdienst in Brandeis a.d. Elbe (Brandys n.J.). B. nahm an d. Freundschaften seines Bruders, v.a. mit FRANZ KAFKA, teil; gemeinsame Reisen: Sept. 1909 nach Riva aus Gardasee u. Brescia, Okt. 1910 nach Paris. Heirat m. B. Thea Taussig. Im 1. WK war B. Hauptmann d. Reserve an d. serb. Front, später Chef einer Batterie am Isonzo, d. er nach Wr. Neustadt führte (beschrieben v. MAX B. im Kapitel »Rockhaus Tuch« d. R. *Die Frau, nach d. man sich sehnt*). Zus. mit seiner Frau beteiligte sich B. an Hilfsaktionen für jüd. Flüchtlinge aus Galizien. Nach Kriegsende war er Geschäftsmann in Prag. Mitwirkung am Amateurtheater v. Fritz Bondy, d. Dramaturgen d. Prager Dt. Theaters. 1934 erschien d. R. *Die Berauschten*, 1938 d. v. beiden Brüdern verfasste R. *Abenteuer in Japan*, Ms. blieben d. R. *Hold u. Unhold* sowie fünf Kapitel d. R. um Voltaire *Es siegte d. Recht*. Aus Rücksicht auf seine Schwiegereltern lehnte es B. ab, ins Exil zu gehen. 1942 wurde er mit Frau Thea u. Tochter Marianne nach Theresienstadt deportiert, wo B. als Sachbearb. für Papierverteilung eingesetzt war. Man weiß v. seiner aktiven Beteiligung an d. »Freizeitgestaltung« im Ghetto: erhalten sind seine Kritiken über Theatervorstellungen v. Gogols *Hochzeit*, Molières *George Dandin*, Strauß' *Fledermaus* u. Molnárs *Spiel im Schloß*. In Theresienstadt schrieb B. zwei Schauspiele: *Der Erfolg d. Kolumbus* wurde im Ghetto in d. Regie d. Berliner C. Meinhard aufgeführt, über d. zweite Stück haben sich keine Angaben erhalten. Im Okt. wurden Thea u. B. mit d. letzten Transport nach Auschwitz deportiert, wo sie ums Leben kamen, d. Tochter Marianne wurde in Bergen-Belsen ermordet.

V. B. Werken haben sich lediglich d. R. erhalten, Lyr. u. Dramen gelten als verschollen. Im R. *Die Berauschten*, v. Thomas Mann mit Anerkennung begrüßt, verarb. d. Autor seine Jugenderlebnisse aus d. Zeit d. Abkühlung d. Beziehungen zum Bruder MAX u. d. Zuwendung zu seinem Mitschüler Bergmann – im R. d. Figur d. Robert Lagarde. Im Mittelpunkt d. Handlung steht d. Werben zweier junger Männer um d. Gunst einer geheimnisumhüllten, begabten Schönen. Mit detektivischer Akribie u. steigender Spannung wird d. Geheimnis (Drogensucht) gelüftet. Der v. B. u. MAX B. zus. verfasste R. *Abenteuer in Japan* spielt 1933/34. Ein frz.-jüd. Geschäftsmann wird unter einem Vorwand nach Japan gerufen, wo er v. einem rel. Sektenführer zum Messias d. Juden bestimmt wird. Der Gedanke THEODOR HERZLs v. einem Judenstaat wird nach Japan verpflanzt, d. sich anbahnende europ. Katastrophe liegt in d. Luft. Die Idee d. Autors v. d. Konfrontation d. westlichen mit d. fernöstlichen Welt geht verloren, d. Handlung lässt Gradlinigkeit vermissen, wirkt künstlich zusammengesetzt. Ms. geblieben ist d. R.fragment *Es siegte d. Recht*, aus d. Leben Voltaires über d. Justizirrtum um d. Familie Callas, für d. B. jahrelange Studien, u.a. an d. Originalschauplätzen, betrieb. MAX B. Versuch, dieses Werk zu beenden, schlug fehl, weil er d. uneingeschränkte Bewunderung seines Bruders für Voltaire nicht teilen konnte.

Nachl. in Privatbesitz: Ilse Esther Hoffe, 23 Spinoza Street, 64516 Tel Aviv, Israel. Kryptonachl. im Nachl. v. MAX B.

WERKE: Prosa: *Die Berauschten*, R., Amsterdam 1934; *Abenteuer in Japan*, Amsterdam 1938.

LITERATUR: M. Brod: D. Prager Kreis, Stgt. 1967; ders.: Streitbares Leben, Ffm. 1979; H.G. Adler: Theresienstadt 1941-45; E. Šormová: Divadlo v Terezíně 1941/45 [Theater in Theresienstadt 1941/45]; Aussig (Ústín L.) 1973.

Helena Teufel

Brodhager, Robert Heinz → **Brigg**, Robert Heinz

Bronneck, Marietta v. (Lebensdaten nicht eruierbar) verfasste d. Kinderbuch *Die Bubenprobe*. Es erschien 1937 in d. v. HERMANN HAKEL hg. Reihe NEUE DICHTUNG (6/7). Der Bd. enthält 5 Erz., wovon eine d. Buch d. Titel gibt. Thematisch sind d. Erz. kindgerecht einfach u. behandeln Probleme aus d. Erlebniswelt v. Kindern d. Zwischenkriegszeit (»Für Maikäfersammeln hab' ich fast fünf Schilling verdient!«).

WERKE: Prosa: *Die Bubenprobe. Ein Buch v. Kindern*, Wien/Lzg. 1937 (= Neue Dichtung 6/7).

Ruthilde Frischenschlager

Bronnen, Arnolt (eigentl. Arnold B; Ps. A.H. **Schelle**-Noetzel; 19.8.1895 Wien - 12.10.1959 Bln.), Sohn d. Gymnasialprof. u. Schriftstellers FERDINAND BRONNER, betrieb germanist. sowie jurist. Studien in Wien, ehe er im 1. WK 1915 als Soldat eingezogen wurde; Ende 1916 erlitt er an d. Dolomitenfront eine schwere Kehlkopfverwundung, 1917 geriet er in ital. Kriegsgefangenschaft; Anfang 1920, wenige Monate nach seiner Rückkehr nach Wien, ging B. nach Bln., wo er zunächst in einem Warenhaus arb. Nach d. Skandalerfolgen seiner überwiegend bereits vor d. 1. WK in Wien entstandenen, aber erst viel später gedr. u. aufgeführten Stücke *Vatermord* u. *Die Geburt d. Jugend* stieg B. – neben Bertolt Brecht, mit d. er einige Zeit in engem künstlerischem u. freundschaftlichem Kontakt stand (vgl. *Tage mit Bertolt Brecht*, 1960) – rasch zu einem d. meist diskutierten Theaterautoren d. Weimarer Zeit auf; er betätigte sich als freier Schriftsteller, schrieb u.a. auch Filmdrehbücher u. wurde seit 1926 als Mitarb., seit 1928 als Dramaturg d.»Dramatischen Funkstunde« einer d. Pioniere d. dt. Hörspiels. In d. ausgehenden 20er-Jahren überraschte er d. lit. Öff. mit Werken, in denen er sich aus d. Ablehnung d. bürgerlich-demokrat.-liberalist. Gesell.ordnung heraus zu nat.bolschewist. Position bekennt, in weiterer Folge schloss er sich d. nsoz. Bewegung an. Ab 1933 arb. B. bei d. Reichsrundfunkgesell., seit 1936 war er Programmleiter beim Fernsehversuchssender. Aufgrund eines fehlenden Ariernachweises, aber auch seiner lit. Vergangenheit u. seiner zunehmend oppositionellen Haltung zum NS-Staat erhielt d. bis dahin unter d. Schutz v. Goebbels stehende B. Berufsverbot als Schriftsteller; er wurde aus d. Reichsschrifttumskammer ausgeschlossen u. verlor 1940 auch seine Stellung beim Fernsehen. Im Sommer 1943 entzog sich B. d. drohenden »Schutzhaft« durch eine Übersiedlung nach Bad Goisern im Salzkammergut; hier knüpfte er Kontakte zur öst. Widerstandsbewegung. Ende August 1944 zur dt. Wehrmacht eingezogen, wurde er bereits nach kurzer Zeit wegen »Wehrkraftzersetzung« inhaftiert; einige Wochen später wurde er erneut zur Truppe abkommandiert. Nach Kriegsende war B. drei Monate lang Bürgermeister v. Bad Goisern; anschließend betätigte er sich als Kulturred. d. kommunist. *Neuen Zeit* in Linz, seit 1951 als Dramaturg u. stellvertretender Direktor d. ebenfalls KP-nahen

»Neuen Theaters in d. Scala« in Wien. 1955 nahm B., einer Einladung Johannes R. Bechers folgend, seinen Wohnsitz in d. DDR, wo er bis zu seinem Tod als Theaterkritiker arb. B. schriftst. Werk spiegelt in selten radikaler Weise d. Tendenzen u. Widersprüche seiner Epoche. Mit Dramen, d. – vergleichbar denen Walter Hasenclevers o. Hanns Johsts – d. Rebellion gegen d. Vater u., davon ausgehend, gegen alle institutionelle Autorität wie Schule, bürgerliche Gesell. u. Staat zum Thema haben, stehen seine Anfänge ganz im Zeichen d. Expressionismus; im bereits 1913 verfassten, ungedr. gebliebenen siebenaktigen Schauspiel *Das Recht auf Jugend* sowie in d. kurz darauf entstandenen Dramen *Die Geburt d. Jugend* u. *Vatermord* steht d. expressive, zuweilen ins Lyr.-Ekstatische gesteigerte Sprachgestus allerdings in Spannung zu einer eher naturalist. zu nennenden Handlungsführung. Charakterist. für d. Frühwerk ist darüber hinaus d. Vorrang d. Thesenhaft-Programmatischen vor d. Gestaltung d. dramat. Konflikts; in d. Stilisierung v. »Jugend« zu einer Lebensform eigenen Rechts u. zumal in d. pseudoreligiös-ästhetisierenden Gestaltung d. seelischen u. sexuellen Nöte d. Dramenfiguren zeigt sich B. d. im Umkreis d. Jugendbewegung virulenten lebensphil.-vitalist. u. biologist. Vorstellungen seiner Zeit verhaftet. In seinen folgenden Stücken *Anarchie in Sillian* (1924), *Katalaunische Schlacht* (1924), *Rheinische Rebellen* (1925) gestaltete B. aktuelle zeitgesch., auf Krieg u. Nachkriegszeit bezogene Themen u. Stoffe; zus. mit d. auf eine Verwirklichung d. brechtschen Prinzipien d. Epischen Theaters gerichteten Monodramen *Ostpolzug* (1926) markieren sie in stilist.-formaler Hinsicht d. Wechsel zur »Neuen Sachlichkeit« u. in weltanschaul. B. Übergang auf Positionen d. extremen Rechten. Gleichzeitig wandte sich B. d. erzählerischen Genre zu: Als Hauptwerk dieser Phase kann d. R. *O.S.* (1926) gelten, d. d. Kämpfe um d. Volksabstimmung 1921 in Oberschlesien aufgreift u. nach d. Muster d. Erziehungsr. d. Wandlung eines klassenbewussten Proletariers zum Typ d. nat.revolutionären Arbeiters vorführt, wobei sich ein antibürgerlicher u. zugleich antikapitalist. Affekt als Bindeglied zu seiner frühen, v. Publikum u. Kritik als linksanarchist. gedeuteten Haltung erweist. Die Faszination, d. Kollektivismus, Führertum u. Gewalttätigkeit auf B. ausüben, wird deutlich in d. 1930 erschienenen Biogr. d. Freikorps-Führers u. SA-Organisators *Rossbach*. Doch bereits d. nächste bedeutendere Arb. B., d. unter Ps. erschienene Rundfunkr. *Kampf im Äther* (1935) bezeichnet einen neuerlichen Wendepunkt in seinem polit. Entwicklungsgang: In verschlüsselter Form gibt dieses – wie *O. S.* als Erziehungsr. angelegte – Werk Auskunft über d. Abrücken d. Autors v. NS-Staat. Als eine in ihrem Extremismus für B. typischen Konsequenz dieser Loslösung ist sein Umschwenken in d. kommunist. Lager anzusehen, d. nach 1945 dichterisch sein bedeutendstes Ergebnis im Schauspiel *Die Kette Kolin* (»Eine wahre Begebenheit in d. Wachau 1945«, 1950) zeitigt, in dessen Mittelpunkt d. Schicksal einer Widerstandsgruppe im »Dritten Reich« steht. Auch seine eigene Person macht er zum Objekt d. lit. Auseinandersetzung mit d. Problem d. Bewältigung d. hist. Schuld d. NS; d. autobiogr. Darstellung *arnolt bronnen gibt zu protokoll* (1954), eine Art Selbstverhör, scheut vor schonungsloser Selbstanklage nicht zurück, gibt aber zugleich Gelegenheit zu einer Selbststilisierung, d. d. Authentizitätsanspruch d. Rechenschaftsberichtes teilweise wieder aufhebt. Als lit. Figur tritt B. im Übrigen im R. seiner Tochter Barbara B. *Die Tochter* (1980) auf, d. in ihrem Erstlingswerk ihrerseits d. Generationenkonflikt zum Thema macht u. d. problematische Beziehung zu ihrem Vater aufarb. Über d. rege, wenn auch keineswegs erschöpfende Forschung zu Werk u. Person d. provokanten Zeitgenossen B. gibt eine bis in d. frühen 70er-Jahre reichende Bibliogr. v. E. Klingner Auskunft; v. d. seither erschienenen umfassenderen Arbeiten ist v.a. d. Studie v. U. Münch hervorzuheben.

WERKE: Dramen: *Vatermord*, Bln. 1920; *Die Geburt d. Jugend*, Bln. 1922; *Die Exzesse*, Lustspiel, Bln. 1923; *Anarchie in Sillian*, Bln. 1924; *Katalaunische Schlacht*, Bln. 1924; *Rheinische Rebellen*, Bln. 1925; *Ostpolzug*, Bln. 1926; *Reparationen*, Lustspiel, Bln. 1926; *Michael Kohlhaas v. Heinrich Kleist*, für Funk u. Bühne bearb., Bln. 1929, als Hörspiel 1927 gesendet; Neubearb. u.d.T.: *Michael Kohlhaas. Schauspiel nach d. N. H. v. Kleists*, Salzb./Wien 1948, *N.* Schauspiel, Bühnenms., Mchn. 1948, auch u.d.T. *Schach d. Kaiser!*, Bln. o.J.; *Die Kette Kolin*, Bühnenms., Mchn. 1950; *Gloriana*, Lustspiel, Bühnenms., Mchn. 1951; *Die jüngste Nacht*, Lustspiel, Bühnenms., Mchn. 1952. Dramenausg.: *Viergespann, Gloriana N; Die Kette Kolin; Die jüngste Nacht*, Bln./Ost 1958; Stücke: *Vatermord; Die Exzesse; Ostpolzug; Gloriana; Die Kette Kolin*, Nachw. v. H. Mayer, Kronberg/Ts. 1977; Hörspiel: *Sonnenberg*, Bln. 1934. Novellen u. Erz.: *Die Septembernovelle*, Bln. 1923; *Napoleons Fall*, Bln. 1924; *Rossbach*, Bln. 1930. Romane: *Film u. Leben. Barbara La Marr*, Bln. 1928; *O.S.*, Bln. 1929; *Erinnerung an eine Liebe*, Bln. 1933; *Kampf im Äther o. Die Unsichtbaren*, R. v. A.H. Schelle-Noetzel, d.i. A.B., Bln. 1935; *Aisopos. Sieben Berichte aus Hellas. Der antike Aisopos-R. neu übers. u. nach d. dokumentarischen Quellen ergänzt*, Hbg. 1956, auch: Bln.-Ost 1956. Essayistik: *Die Frau v. Morgen, wie wir sie uns wünschen*, m. M. Brod/A. Eggebrecht u.a., hg. v. F.M. Huebner, Lzg. 1929; *Dtld. Kein Wintermärchen. Eine Entdeckungsfahrt durch d. Deutsche Demokratische Republik*, Bln.-Ost 1956. Autobiogr. Schriften: *arnolt bronnen gibt zu protokoll. beiträge zur gesch. d. modernen schriftstellers*, Hbg. 1954; *Tage mit Bertolt Brecht. Gesch. einer unvollendeten Freundschaft*, Wien/Mchn./Basel 1960; *Begegnungen mit Schauspielern. Zwanzig Porträts*, aus d. Nachl. hg. v. H. Kleinschmidt, Bln. 1967. Nachl. in Bln., Akad. d. Künste, Archiv, u. Privatbesitz; Tl. im DLM (v.a. Briefe an Hildegard B., weitere Familienbriefe u. Lebensdokumente); Bayerische Staatsbibl. Mchn., Hs. u. Inkunabelabteilung: Korrespondenz v. Bertolt Brecht an B. v. 1922-32.

LITERATUR: Kosch, Bd. 1; Lex. d. dt.-sprachigen Gegenwartslit., hg. v. H. Wiesner, Mchn. 1981; H. Pleischl: D. dramat. Werk A.B., Diss. phil., Wien 1950, mschr.; A. Stögmüller: A.B. expressionist. Dramen. Versuch einer Deutung u. Wertung, Diss. phil., Wien 1951, mschr.; K. Schröter: A.B., Protokollant seiner Epoche, in: ders.: Lit. u. Zeitgesch. 5 Aufs. zur dt. Lit. im 20. Jh., Mainz 1970, 111-139; K.L. Tigar: A.B.: A Spiritual Biography of a Weimar Dramatist, Diss. phil. Harvard Univ., Cambridge, Mass. 1970; G.W. Gadberry: A.B. and the Revolt of Youth: A Critical Analysis of Selected Works, Diss. phil., Univ. of Wisconsin, Madison 1975; K.E. Toepfer: Ideology impersonated: dialogue, nudity, and a rhetoric of authenticity in the Weimar plays of A.B., Diss. phil., Univ of California, Los Angeles 1983; U. Münch: Weg u. Werk A.B., Wandlung seines Denkens, Ffm. 1985 (= Europ. Hochschulschriften I, 788); E. Klingner: A.B. Werk u. Wirkung. Eine Personalbibliogr., Hildesheim 1974.

Ernst Fischer

Bronnen, Barbara (* 19.8.1938 Bln.), Tochter v. ARNOLT B., wuchs in Öst. auf, stud. an d. Univ. Mchn., Diss. 1965, über *Fritz v. Herzmanovsky-Orlando. Original u. Bearbeitung*, setzte ihre Ausbildung berufl. ein (Lektorin, Journalistin, 1987 Poetik-Professur d. Univ. Bamberg); lebt seit 1975 als freie Schriftstellerin in Mchn. Preise bzw. Auszeichnungen: 1978 »Silberne Feder d. Dt. Ärztinnenbundes«, 1980 Tukan-Preis d. Stadt Mchn., 1986 Preis für Lit. d. Bundesminist. für Unterricht u. Kunst in Wien, 1987 Max-v.-d.-Grün-Preis d. Stadt Linz, 1988/89 »Stadtschreiber« d. Stadt Linz u. 1990 Ernst-Hofrichter-Preis.
Die dokumentarisch-hist. u. d. auf d. fiktionalen Ebene erfolgte Suche nach d. Vater ARNOLT B., dessen wechselvolles, z.Tl. im Dunkeln verbliebenes Schicksal d. Kern v. B. Schaffen bildet, erfolgt im Dokumentarfilm (*Auf d. Suche nach A.B.*, 1979) u. im autobiogr., d. Generationenabfolge kritisch beurteilenden R. (*Die Tochter*, 1980). Die familiären u. polit. Probleme im Leben v. ARNOLT B., d. zunächst d. nsoz. Partei Dtld. angehörte u. dann zum Kommunismus d. DDR überwechselte, forderten d. Tochter einerseits zur Abrechnung, anderseits zum Bemühen, d. Entscheidungen d. Vaters zu verstehen, heraus. B. R. ist einer d. für d. 70er- u. 80er-Jahre d. 20. Jh. typischen lit. Kinder-Eltern-Auseinandersetzungen, wie sie im öst. lit. Horizont u.a. bei HANDKE, SCHWAIGER, MITGUTSCH u.a. aufleben. B. R. ist in diesem thematischen Horizont u. durch d. stoffliche Grundlage ebenso für d. Entwicklung d. öst. Lit. v. bes. Interesse wie d. Rundfunkfeature *Die beiden Fasolte* (1998) über d. Freundschaft ihres Vaters mit Bertolt Brecht u. d. R. *Das Monokel* (2000), in d. d. Divergenzen zw. d. angeblich jüd. Großvater FERDINAND BRONNER (sic!) – letztlich ist d. Abstammung ungeklärt – u. d. Vater bzw. dessen polit. u. privater Wankelmut thematisiert werden.
B. Schaffen – zwischen Dokumentation u. Fiktion angesiedelt – erfuhr bes. im Bereich d. erzählerischen Werks sehr zurückhaltende Kritik. Das betrifft B. übrige R. u. Erz., d. – zeittypisch – aus feminist. Sicht v. Liebe, Leidenschaft u. Erotik handeln u. zumeist in d. dt. Gesell. angesiedelt sind, in erhöhtem Maße: *Die Diebin* (1982), *Die Briefstellerin* (1986), *Liebe um Liebe* (1989) usw.

WERKE: (Ausw. ohne Sachbücher, Hör-Features u. Filme) Jugendbücher: *Wie mein Kind mich bekommen hat*, Reinbek 1977; *Das Versteck auf d. Dachboden*, Mchn. 1978. Romane: *Die Tochter*, Mchn. 1980; *Die Diebin*, Mchn. 1982; *Die Überzählige*, Mchn. 1984; *Die Briefstellerin*, Mchn. 1986; *Dschungelträume*, Hbg. 1990; *Donna Giovanna*, Hbg. 1992; *Leas siebter Brief*, Mchn. 1998; *Das Monokel*, Mchn. 2000; *Feldherrnhalle*, Mchn. 2016. Dramatisches: *Marmorengel*, Hörspiel 1986; *Bevor ich ins Gras beiße*, Theaterstück, Mchn. 1986, UA Mecklenburg-Parchim 1992.

LITERATUR: Lex. d. dt.-sprachigen Gegenwartslit., Mchn. 2003.

Herbert Zeman

Bronner, Ferdinand (Ps. Franz **Adamus**; 15.10.1867 Auschwitz – 8.6.1948 Bad Goisern/OÖ, [lt. NDB, nach anderen Quellen Bad Ischl]), Vater v. ARNOLT BRONNEN, Sohn eines Beamten, absolvierte d. Gymnasium in Bielitz u. widmete sich hierauf germanist. u. phil. Studien in Wien (Lehrer Jakob Minor) u. Bln. (1889/90). Nach Aufenthalten in Böhmen, Ungarn, Dtld., Belgien u. England Promotion in d. frühen 90er-Jahren in Wien mit einer Diss. über *Goethes Römische Elegien u. ihre Quellen*, danach Lehrtätigkeit: 1896 wurde er an d. Staatsrealschule in Jägerndorf/Öst.-Schlesien, 1900 an d. Wr. Leopoldstädter Communal-Realgymnasium versetzt. Er lebte mit seiner großen Familie in eher bescheidenen Verhältnissen in Wien-Währing, seit 1909 in Döbling. ARNOLT BRONNEN bezeichnete sein Elternhaus in seinem unerbittlichen Lebens-*Protokoll* (1954), in d. er auch über sein v. Kindheit an belastetes Verhältnis zu seinem Vater Stellung nimmt, als symptomatisch für d. kleinbürgerliche Künstlertum d. letzten Monarchiejahre. In B. Haus fanden sich oft d. Bildhauer Max Wolleck, d. Maler Adolf Wolf-Rotenhahn, d. Naturwissenschaftler u. Pate ARNOLT BRONNENS ARNOLD PENTHER, MAX V. MILLENKOVICH u. HANS SITTENBERGER als Besucher ein. Bes. befreundet war B. mit d. Kritiker u. Literaten Franz Servaes. Ein loser Kontakt verband ihn mit KARL SCHÖNHERR u. mit d. IDUNA, d. sich um JOHANNES FERCHER V. STEINWAND gruppierenden Freien Dt. Gesell. für Lit.; B., seit 1925 im Ruhestand, unternahm viele Skandinavienreisen (Übers. aus d. Dän., Norweg. u. Schwed.; Präsident d. Wr. Skandinavischen Klubs u. Hg. v. dessen *Mitt.*, 1. Jg. 1921). Er war Mitgl. d. Dt. Schriftsteller-Bundes u. Schutzverbandes Dt. Schriftsteller u. lebte zuletzt im oö. Bad Goisern. B. betätigte sich im lyr. (überaus durchschnittliches »Liederbuch« *Aus Zeit u. Ewigkeit*, 1893), dramat. u. epischen Genre, wobei seine Bühnenwerke, in denen er sich immer wieder mit d. Vater-Sohn-Konflikt befasste, am bedeutendsten sind: Im umfangreichen Dramenzyklus *Jahrhundertwende* greift B. aktuelle gesell.polit. Themen auf (soziale Gegensätze; sozialdemokrat., antisemit. u. dt.nat. Bewegung), gelangt dabei jedoch mitunter über äußerlich Effektvolles nicht hinaus.

Tl.nachl. in Privatbesitz bei F. Adler, Los Angeles.

WERKE (Ausw.): Lyr.: *Aus Zeit u. Ewigkeit. Ein Liederbuch*, Lzg. 1893. Dramen: *Jahrhundertwende. Ein Dramenzyklus*, d.i.: 1. *Familie Wawroch. Ein öst. Drama in 4 Akten*, mit einem Geleitw. v. Ernst Frh. v. Wolzogen, Paris 1899, Mchn. ^{2}1900; 2. *Neues Leben*, Drama in 4 Akten, Wien 1902; 3. *Schmelz d. Nibelunge*, K. in 4 Akten, Wien 1905; *Vaterland. Drama aus Tirols Heldenzeit in 4 Akten*, Wien/Lzg. 1911. Festreden: *Festrede zum 80. Geburtstage Seiner Majestät d. Kaisers*, Wien 1911; *Festrede zum diamantenen Hochzeitsjubiläum Ihrer k.u.k. Hoheiten d. durchlauchtigsten Herrn Erzherzogs Rainer u. d. durchlauchtigsten Frau Erzherzogin Marie*, Wien 1912. Diss.: *Goethes Römische Elegien u. ihre Quellen*, Diss. phil., Wien 1891. Hg.: *Mitt. d. Bundes d. Freunde Skandinaviens in Wien*, Wien, 1. Jg. 1921.

LITERATUR: Brümmer, Bd. 1 u. 8; Degener's wer ist's?, Lzg.1905, 104, 1911, 180 sowie Lzg. 1922, 189; Nagl/Zeidler/Castle, Bd. 3 u. 4; W. Kosch: Dt. Theater-Lex. Biogr. u. bibliogr. Hdb., Bd. 1, Klagenfurt/Wien 1953, 215; A. Bronnen: arnolt bronnen gibt zu protokoll. beiträge zur gesch. d. modernen schriftstellers, Hbg. 1954, bes. Kap. I-III, 7-40; Giebisch/Gugitz; NDB, Bd. 2; ÖBL, Bd. 1.

Sylvia Leskowa

Bronner, Gerhard (23.10.1922 Wien – 19.1.2007 ebd.) floh beim »Anschluss« Öst. an d. nsoz. Dtld. als 16-Jähriger nach Palästina, wo er, da er keine Berufsausbildung hatte, als Straßenmusikant u. Barpianist seinen Lebensunterhalt verdiente. 1948 kehrte er nach Öst. zurück u. begann als Textschreiber, Kabarettist, Musiker u. Komponist eine außerordentliche Karriere. Mit seinem pointierten Wortwitz, seiner brillanten Formulierungskunst war er zus. mit kongenialen Partnern wie MERZ, HELMUT

Qualtinger, Georg Kreisler u. Peter Wehle bald Mittelpunkt einer künstlerischen Szene, d. ihre vielbeachteten satir. Akzente d. Wien d. Nachkriegszeit wurde. Seine Kabarett-Programme wie *Brettl vorm Kopf, Bl. vorm Mund, Glasl vorm Aug, Spiegel vorm Gesicht, Dachl überm Kopf, Hackl im Kreuz,* u.a., aufgeführt in v. ihm geleiteten Etablissements, wie z.B. d. seinerzeit berühmten Marietta-Bar, wurden legendär. Die Texte erschienen auch in Buchform u. hatten gleichfalls Erfolg. Die gemeinsam mit Qualtinger geschriebenen Travnicek-Dialoge gingen in d. Sprachgebrauch ein u. sind noch heute gebräuchlich: »wenn mich d. Reisebüro nicht vermittelt hätt«. Neben d. Auftritten im Kabarett waren seine Arb. auch fester Bestandtl. v. Rundfunksendungen, so schrieb er an d. Sendungen *Schlager für Fortgeschrittene* u. d. *Guglhupf* (mit Lore Krainer, Heinz Sobotka u.a.) mit. Bis heute werden seine Chansons, d. er in seiner unnachahmlichen Art vortrug, gesendet: *Der Wilde mit seiner Maschin; Der g'schupfte Ferdl; Der Papa wird's schon richten* u.a. Der letzte Titel bezog sich auf eine innenpolit. Affäre, d. B. mit boshafter Liebenswürdigkeit kommentierte. Er war ein scharfzüngiger Kommentator; seine in Wr. Umgangssprache gehaltenen Texte biederten sich nicht an d. Publikum an. Wenn er sich später an d. »Wr. Dialektwelle« beteiligte, d. in d. 70er-Jahren ihren Durchbruch hatte, benutzte er d. Mundart als Werkzeug u. Ausdrucksmittel, doch hielt er immer intellektuellen Abstand, d. ihn oft in seinen Aussagen arrogant erscheinen ließ. Diese Eigenschaften prädestinierten ihn auch als vorzüglichen Übers. d. Werke d. israel. Satirikers Ephraim Kishon. Diese gemeinsam mit Friedrich Torberg durchgeführten Übers.arb. bildeten mit d. Grundlage für d. große Verbreitung v. dessen Werken im dt. Sprachraum. – B. war Mitgl. v. P.E.N u. AKM, zudem Träger d. Nestroy-Ringes; er hielt d. Ehrenzeichen für Kunst u. Kultur. B., d. in Wien u. Florida lebte, nahm dennoch am kulturellen Leben Wiens teil; seine Aussagen u. Kommentare hatten nichts v. ihrer Treffsicherheit verloren.

Werke (Ausw.): Prosa: *Meine Jahre mit Qualtinger. Anekdoten, Texte u. Erinnerungen; Lauter Hauptstädte,* Wien 1987; m. P. Wehle/L. Krainer u.a.: *Glasl vorm Aug',* Mchn. 1960; *Die unruhige Kugel,* Wien/Hbg./Bern 1963; *Trautes Heim,* Wien/Mchn. 1983; *Die goldene Zeit d. Wr. Cabaretts,* Texte, Erinnerungen, 1995; *Der jüd. Humor,* Wien 1999. Lustspiel: H. Holt: *Rabenmutter,* Musik u. Text: G. Bronner/P. Wehle, Wien 1960. Übers.: m. Fr. Torberg: fünf Werke v. E. Kishon; *Alexis Sorbas, My fair Lady* u.a. Bearb.: Operetten v. J. Strauß, Offenbach u.a.

Literatur: (Ausw.) Kürschner, Bd. 1, Kosch, Bd. 4.

Eva Münz

Bruchmann, Franz Seraph Joseph Vinzenz Ritter v. (5.4.1798 Wien – 29.5.1867 Gars am Inn) wuchs in begüterten u. kulturell aufgeschlossenen Verhältnissen auf: Sein Vater, Johann Christian Maria B., entstammte einer Kölner Kaufmannsfamilie u. war seit 1788 in Wien als Großhändler, später als Direktor d. öst. Nationalbank tätig; 1818 wurde er seiner Verdienste wegen nobilitiert u. 1847 in d. erblichen Ritterstand erhoben; d. Wr. Bürgertum fand in B. Elternhaus ein schöngeistiges u. gesell. Zentrum. Franz Seraph, d. einzige Sohn, wandte sich nach d. Schulzeit, d. er am Akad. Gymnasium absolvierte, zunächst d. väterlichen Gewerbe zu, begann aber 1817 ein Jusstud. an d. Wr. Univ. Mehr als dieses faszinierte B. phil. Lektüre: Er begeisterte sich für Fichte u. Schelling, hing spekulativer Naturphil. sowie d.

Pantheismus an u. löste sich v. Katholizismus. Spätestens seit 1819 gehörte B. d. Freundeskreis um FRANZ SCHUBERT, JOHANN CHRYSOSTOMUS SENN, FRANZ V. SCHOBER u. d. Brüdern ANTON u. JOSEPH V. SPAUN an. 1821 ging B. nach Erlangen, um Schelling zu hören, u. wurde dort mit d. ins religiös-mythisch gewandelten Weltbild d. Phil. konfrontiert. Folgenreich wurde d. dort geschlossene Bekanntschaft mit August v. Platen, für d. er nach seiner Rückkehr nach Wien d. Beziehung zu JOSEF V. HAMMER-PURGSTALL knüpfte; auch SCHUBERTS Vertonungen auf Texte Platens gehen auf B. Vermittlung zurück, d. in d. Jahren 1822/23 zahlreiche »Schubertiaden« in häuslicher Umgebung veranstaltete. Die Bekanntschaft mit FRIEDRICH SCHLEGEL führte B. in zunehmenden Maße in Wr. kath.-restaurative Kreise; persönl. Zerwürfnisse u. auch ideelle Differenzen entfremdeten B. d. alten Freunden SCHOBER, SCHUBERT u. SCHWIND. 1826 erfolgte nach einer tiefen psychischen Krise B. Hinwendung zum Katholizismus darauf wandte sich auch SENN v. ihm ab. Der Versuch realer Lebensbewältigung mit d. 1827 erfolgten Promotion zum Dr. jur. u. einer Anstellung im Staatsdienst scheiterte; d. Ehe mit Juliane v. Weyrother endete nach drei Jahren durch ihren Tod nach d. Geburt eines Sohnes. B. suchte Zuflucht in religiöser Verinnerlichung, stud. in Rom, wo er im Kreis d. Nazarener verkehrte, Theol., trat 1831 in d. Orden d. Redemptoristen (Clemens Maria Hofbauer) ein u. wurde 1833 zum Priester geweiht. In diesem Orden entfaltete er eine bedeutende Wirksamkeit, begr. 1841 d. Kongregation in Bayern (Altötting) u. wurde v. 1847-66 Provinzial d. dt. bzw. oberdt. Niederlassungen.
V. B. Anfang d. 20er-Jahre entstandenem lit. Werk, d. nur unter d. Freunden hs. zirkulierte, sind lediglich d. fünf v. SCHUBERT vertonten G. überliefert. Wichtiger als diese, lit. d. Anakreontik u. Empfindsamkeit verpflichteten Verse, d. gleichwohl ein bezeichnendes Licht auf d. Geschmackskultur d. Schubertianer werfen, ist B. bekenntnishafte, d. Jahre 1813-27 umfassende *Autobiogr.*, d. eine Abrechnung mit d. subjektiven Welt- u. Existenzauffassung d. Jugendzeit u. Apologie seines kath. Glaubens darstellt – ein eindrucksvolles geistesgesch. Dokument zur öst. Jugendkultur d. beginnenden 19. Jh. Der Briefwechsel B. mit Platen wird in d. Hs.-Slg. d. Bayerischen Staatsbibl. in Mchn. aufbewahrt.

WERKE: Autobiogr.: *Franz v. Bruchmann, d. Freund J.C. Senns u. d. Grafen August v. Platen. Eine Selbstbiogr. aus d. Wr. Schubertkreis nebst Briefen,* eingel. u. hg. v. Moriz Enzinger, H. 10, Jg. 1930 (= Veröff. d. Museum Ferdinandeum in Innsbr.), 117-379.

LITERATUR: NDB, Bd. 2; H. Zeman: Franz Schuberts Teilnahme an d. öst. lit. Kultur seiner Zeit, in: Schubert-Kongress 1978, Bericht Graz 1979, 285-304; A. Meier: D. segensreiche Tätigkeit d. Redemptoristen in Altötting v. 1841 bis zur Vertreibung 1873, in: Marianisches Jb. 2, Regensburg 1929, 1-20; G. Brandhuber: D. Redemptoristen 1732-1932.

Cornelia Fischer

Bruch-Sinn, Caroline (Ps. Adele v. **Drachenfels**, **Sphinx**, **Saldan**; 13.1.1853 Olmütz/Mähren – 3.11.1911 Wien), Tochter eines Genieoffiziers, war gezwungen, d. versch. beruflich begr. Ortswechsel d. Vaters mitzumachen: zunächst acht Jahre in Ungarn, dann im böhm. Städtchen Pissen bei Prag, wo sie – in Ermangelung einer guten dt. Schule – Privatunterricht erhielt, d. sie durch autodidaktische Studien ergänzte. Später kam B.-S. nach Linz u. Komorn, heiratete d. Geniemajor B. u. folgte diesem nach Spalato, Graz u. Wien. Früh verwitwet begann sie in d. 80er-Jahren am lit. Leben teilzunehmen: als Redaktrice u. Mitarb. mehrerer in- u. ausländ. Zs. u. Almanache; 1886-88 redigierte sie »Das Hausbuch dt. Dichtung«, 1889 d. »Damensalon, d. Beilage d. »Jungen Kikeriki«, 1889-92 d. »Deutschen Bannerträger«, v. 1890-94 d. WR. LITERATUR-ZTG. u. seit 1897 d. belletrist. Tl. v. J. Jägers WR. ALMANACH. Sie trat in d. v. ihr redigierten Organen u. anderswo als Lyrikerin u. Erzählerin hervor, ohne ein Werk selbständig erscheinen zu lassen: u.a. kurze N., G., Humoresken, Aphorismen; manches zuweilen in Mundart, alles konventionell mit bes. (bürgerlicher) Naturverbundenheit bzw. realist. gestaltet. In Graz hatte sie einen regen geistigen Austausch mit HAMERLING, ROSEGGER u. K.G. v. LEITNER; in enger schriftst. Verbindung stand sie auch mit A.A. NAAFF u. dessen dt.nat. (»völkischen«) Kreis. In NAAFFS Wr. Zs. LYRA publizierte sie regelmäßig.

WERKE: Gedichte, Kurzprosa: *Waldvögleins Abendgebet, vor meinem Fenster,* in: Morawia, Brünn 1878, 213f.; *Flockenblumen,* G., ebd. 1878, 272; *Erinnerung,* ebd. 1879, 436; *Sympathie,* ebd. 1880, 736; *Waldessprache,* ebd. 1880, 168; *An d. Heimat,* G., ebd. 257; *Herbst,* ebd. 385; N., ebd. 323-343; *Alliebe,* ebd. 1882, 272; *Der Geist d. Vetters,* N., ebd. 404-409; *Herbstschauer, ein Liederzyklus,* ebd. 611-613; *Ich sehne mich nach dir!,* ebd. 80; *O Welt d. Berge, welch' ein Leben!,* ebd. 186; *Verbirgs!,* ebd. 18; *Wiedersehen,* ebd. 1883, 536; *Tuifelsbua, ein Bild aus d. steirischen Volksleben,* in: Dt. Wacht, 1901, Nr. 14, in Forts. bis Nr. 20. Essays, versch. Schriften: *Der Müller u. sein Kind. Eine kritische Studie C. B. S.,* in: Morawia 1880, 460-462; *Zum 70. Geburtstagsfeste seiner Majestät,* Wien 1900; *Die Frauenemanzipation als Weltgesetz,* in: Neuzeit 1894, Nr. 2; *Wohin steuern wir? Ein soziales Fragezeichen,* ebd., Nr. 3; *Frauenwerke,* in: Frauen-Werke, Korneuburg 1894, Nr. 1; *Die Künftigen. Ein Wort zur Frauenfrage,* ebd. 1895, Nr. 9; *Österreichische Dichterfrauen. Paul Breitner – ein weiblicher Kustos,* ebd. 1895, Nr. 11. Weitere Beitr. in: Das Hausbuch dt. Dichtung; Damensalon; Dt. Bannenträger; Wr. Lit.-Ztg., J. Jägers Almanach; Brünner Ztg.; Znaimer Wochenbl.; Schles. Korrespondent etc. Redaktion: Hausbuch dt. Dichtung, 1886-88; Dt. Bannerträger, 1889-92; Wr. Lit.-Ztg., 1890-1894.
Tl.nachl. in d. Wr. Stadt- u. Landesbibl., Hs.-Slg.

LITERATUR: Brümmer; Nagl/Zeidler/Castle, Bd. 3; Giebisch/Gugitz; H. Sturm (Hg), Biogr. Lex. zur Gesch. d. böhm. Länder, Mchn./Wien 1979ff.; E. Friedrichs: D. dt.-sprachigen Schriftstellerinnen d. 18. u. 19. Jh., Stgt. 1981; W. Obermaier: D. öst. Lit. d. Jahrhundertwende im Spiegel d. Wr. Stadt- u. Landesbibl., in: Zeman 1; Lex. dt.-mährischer Autoren, Olomouc/Olmütz 2006.

Eva Münz/Herbert Zeman

Bruck, Dorothea (eigentl. **Bruckmayer,** Dorothea; 21.12.1930 Linz – 25.9.1995 Salzb.) wuchs in Linz auf u. maturierte daselbst. Danach arb. sie in d. Privatwirtschaft u. trat später in d. Staatsdienst ein. In ihrem lit. Schaffen, dessen Anfänge auf d. Jahr 1965 zurückgehen, bemühte sie sich stets um d. Bewusstmachung verloren gegangener Traditionszusammenhänge. Neben ihren reimlosen, meist dreistrophig gebauten G., geschrieben in substantivisch konzentrierter Sprache, beschäftigte sich B. seit 1978 auch mit d. dramat. Form. 1983 wurde in Salzb. v. d. »Szene d. Jugend« ihr Stück *Evolu* aufgeführt. G. B. erschienen zuerst in Zs. u. Anthologien, z.B. *Literatur-Café,* Puchberger Anthologie, Puchberg 1976,

29f.; *Angstzunehmen*, Salzb. 1983; *Funkenflug*, Salzb. Lyr.-Anthologie, Steyr 1975; *Kein schöner Land*, hg. v. C. Aigner, Salzb. 1981; *Lyrik aus Salzb.*, Salzb. 1986; *Mit vielen Augen an vielen Orten. Reisebilder Salzb. Lyrikerinnen*, Salzb. 1996. Manches wurde im ORF, Landesstudio Salzb. vorgestellt. 1984 erschien ihr erster Lyr.bd., *Zwischen Spiegelwänden*, d. in d. folgenden Jahren zwei weitere folgten. Nachl.: Univ. Salzb.

WERKE: Lyr.: *Zwischen Spiegelwänden*, Wr. Neustadt, 1984; *Zeitlese*, Wr. Neustadt, 1986; *Unterwegs – daheim*, Wr. Neustadt, 1989. Drama: *Avolu o. Die aufgeschobene Katastrophe. Problemstück zum Thema 3. Welt*, aufgef. in d. »Szene d. Jugend«, Salzb. 1983.

LITERATUR: Kosch, Nachtrag 2; Salzb. lit. Hdb., Autoren, Texte, Institutionen, Salzb. 1990.

Ruthilde Frischenschlager

Bruck, Elisabeth (* 30.3.1926 Salzb.), Tochter eines Baumeisters, stud. am Mozarteum in Salzb. Violoncello u. beschäftigte sich mit Malerei. 1950 schloss sie d. Musikstud. ab, konnte aber wegen Erkrankung einer Hand d. Beruf nicht ausüben. Sie begann an d. Univ. Wien Germanistik zu stud. Promotion 1972 mit d. Arbeit *Gestaltung u. Funktion d. Innenräume bei H. Böll* (Diss. mschr., Wien 1972). Moriz Enzinger gab mit ihr gemeinsam d. *Briefe an Friedrich Hebbel* in 2 Tlen. heraus. B. trat nach d. Tod d. Vaters in d. elterliche Baugeschäft ein u. verfasste in Mußestunden G. sowie Erz. Einflüsse v. CHRISTINE LAVANT sind spürbar. Eine Ausw. erschien 1963 u.d.T. *Gedichte* in d. Reihe NEUE DICHTUNG AUS ÖST., hg. v. RUDOLF FELMAYER.

WERKE: Lyr.: *Gedichte*, in: Neue Dichtung aus Öst., hg. v. R. Felmayer, Wien 1963; Mithg.: *Hebbel Friedrich – Briefe an Friedrich Hebbel*, hg. v. Moriz Enzinger in Zus.arb. mit B., Tl. 1. 1840-60, Tl. 2. (1861-63), Wien 1973.

Ruthilde Frischenschlager

Brücke, Die, war eine Südtiroler Kulturzs. Erscheinungsart: mtl. bzw. unregelmäßig; Erscheinungsdauer: Nov. 1967 bis März 1969; Druckort: Bozen. Quartformat. Seitenumfang: 20 bis 40 S. Spaltendr.; verantwortlicher Red.: Alexander Langer, Josef Schmid u. Siegfried Stuffer; Mitarb. bzw. freie Mitarb.: Joachim Bonell, Viktor Guarda, Reinhold Höllrigl, Wolfgang Kapfinger, Norbert C. Kaser, Roland Kristanell, Alexander Langer, Hermann Luschmann, Gottfried Masoner, Lidia Menapace, Josef Perkmann, Anita Pichler, Gerhard Riedmann, Josef Schmid, Siegfried Stuffer, Joseph Torggler, Markus Vallazza, Hans Widmann u. Joseph Zoderer. Das Hauptanliegen d. Zs. bestand in d. geistig-kulturellen Öffnung gegenüber d. demokrat.-pluralist. Strukturen d. Gegenwart, einer Öffnung, d. durch d. offizielle Südtirol damals noch nicht vollzogen worden war. Die B. nahm rasch d. Gestalt eines Kristallisationszentrums an, um d. sich d. oppositionellen linksprogressiven u. -liberalen Kräfte d. Landes sammelten, d. im Widerspruch zur offiziellen Südtiroler Kulturpolitik standen, eine krit. Position gegenüber d. offiziellen ital. Politik in Südtirol einnahmen u. spontane Gemeinsamkeiten mit d. dt. Studentenbewegung d. 60er-Jahre aufwiesen. Es gab auch Beziehungen zum »Prager Frühling«, insbes. zum tschech. Historiker u. Politiker Josef Maček, d. dazu beitrug, dass d. B. im bis dahin aus d. Tiroler Gesch. u. d. Tiroler Bewusstsein verdrängten Bauernführer u. Sozialrevolutionär Michael Gaismaier eine Antifigur zu Andreas Hofer aufbauen konnte u. damit eine Voraussetzung für d. spätere Gründung d. Michael Gaismaier-Gesellschaft in Innsbr. u. in Bruneck schuf.

Die allg. kulturpolit. Themen d. Zs. bezogen sich auf Kunst, Musik u. Lit. u. waren krit.-alternativ ausgerichtet. Die lit. Beilage in d. B. ermöglichte erstmals jungen Südtiroler Autoren u. Schreibenden zu Wort zu kommen, d. anderen Printmedien waren ihnen versperrt geblieben u. d. Hochschülerztg. DER FAHRENDE SKOLAST vermochte bei aller Offenheit materiell nicht d. Funktion einer lit. Förderung junger Talente zu übernehmen. Die Zs. brachte auch dt.- u. ital.-sprachige Beitr.; d. Mitarb. stammten aus d. Bürgertum u. d. Proletariat. Die B. musste d. Erscheinen im März 1969 wegen Arbeitsüberlastung d. berufstätigen Red. u. Mitarb. einstellen.

WERKE: *Die Brücke, Zs. für Kultur u. Gesellschaft*, Bozen; *Arbeitsgemeinschaft junger Südtiroler*, 1967, 1.-2. – 1969, 15.-19.

LITERATUR: Wiss. Lit. fehlt.

Gerhard Riedmann

Bruckenthal, Frh. Peter Carl → **Brukenthal**, Frh. Peter Carl

Bruckmayer, Dorothea → **Bruck**, Dorothea

Bruckmüller, Maria (* 29.6.1926 Wien) besuchte d. Gymnasium (Matura 1944 in Klosterneuburg, NÖ) u. leistete während d. 2. WK d. Arbeitsdienst ab. Nach Kriegsende war sie Sozialarbeiterin u. stud. als Werkstudentin an d. Univ. Wien Psychol., wo sie zum Dr. phil. promoviert wurde. Sie war als Religionslehrerin an d. Sonderschule für schwerstbehinderte Kinder in Wien tätig. Seit 1965 lebte B. als Psychologin u. Heilpäd. (am Landeskrankenhaus) in Klagenfurt. Pensionierung 1987. 1989-96 war B. Präsidentin d. Lebenshilfe Öst. Auszeichnungen: 1993 Medaille »Pro Cultura Hungarica« d. ungar. Minist. für Kultur u. Bildung.

B. schreibt Lyr., d. sie erstmals 1973 im LITERARISCHEN CAFÉ in Puchberg/OÖ vorstellte. Thematisch kreisen ihre G. um d. Beziehung d. leidenden Menschheit zu Gott. B. sucht in d. Lyr. d. Zugang zur »Psychol. d. Evangeliums«; sie gehört diesbezüglich einer geistigen Strömung an, d. bes. in d. letzten vier Jahrzehnten d. 20. Jh. hochaktuell war.

WERKE: Lyr.: Triptychon: *Ich kann nicht schweigen*, in: Lit. Café, Puchberger Anthologien, Puchberg 1976, 36f. (G. gegliedert in 3 Tafeln)

LITERATUR: W. Bortenschlager, in: Lit. Café, Wels 1976; Who is Who in Öst., Ausg. Zug 2002.

Ruthilde Frischenschlager

Bruckmüller, Viktor (Ps. **Berg**; 14.7. 1871 Korneuburg – ?) wurde v. d. Eltern für d. Militärlaufbahn bestimmt, musste d. Ausbildung aus gesundheitlichen Gründen abbrechen. Nach d. Reifeprüfung bereiste B. Dalmatien, Bosnien u. Italien. Zurückgekehrt, arb. er als Journalist (Musikreferat) für d. *Ostdt. Rundschau.* 1893 wurde er Beamter d. Wr. Magistrats u. schrieb *Betrachtungen über d. Wr. Musikleben.* Diese publ. er 1894 u.d.T. *Musikalische Skizzen.* 1895 gründete B. mit Rudolf Kaiser d. Monatsschrift ALLG. KUNSTNACHRICHTEN u. übernahm deren Redaktion. Ab Ende 1894 wurde er Konzert- u. Theaterreferent d. *Dt. Ztg.*, u. nach 1897 arb. er für versch. Wr. u. ausländische Zs. Diese Beitr. erschienen später u.d.T. *Moment-Aufnahmen.* B. ist einer jener Essayisten – seine Arb. für d. Theater (*Der Maestro*, Lustspiel 1910; *Die Odalisken*, Operettenlibr. 1911, *Champagnertraum*, Operettenlibr. 1912, *Stift Göttweig*, 1913) sind unbedeutend – um 1900, d. d. öst. Lit. um kulturelle u. kulturhist. »Skizzen« bereicherten, deren Höhepunkt mit d. Namen LUDWIG SPEIDEL u. DANIEL SPITZER verbunden ist.

WERKE: Prosa: *Musikalische Skizzen*, 1894; *Moment-Aufnahmen*, Ges. Skizzen, Lzg. 1809.

LITERATUR: Kosch, Bd. 2.

Ruthilde Frischenschlager

Bruckner, Anton (20.5.1868 Hirschbach/NÖ – 10.5.1922 Wien) wurde Priester u. schrieb in d. Nebenstunden volkstümliche Lyr. – z.Tl. in Mundart – u. Bauerntr. Er lebte in versch. Orten in NÖ, als Kooperator in Purgstall, als Pfarrer in Aggsbach, als Dechant in Spitz a.d. Donau. Seine sprachlich-formal traditionellen G. erschienen in drei kleinen Bdn., 1901 d. erste, *Ebbe u. Flut*, 1912 d. letzte, *Früchte aus d. Wachau*. Die Lit.kritik hob seine Sprachbeherrschung hervor, seine tiefe Empfindung, d. Humor u. d. Kolorit d. Bilder. Die Themen seiner Mundartg. – *Auf da Sunnseitn* – entnahm er d. tägl. Leben auf d. Land. Die angestammte ui-Mundart lag auch seinem Wesen nahe, u. so gelangen ihm Verse dieser Sprachfärbung am besten. B. Splitternachl. befindet sich im Archiv f. Heimat- u. Lokalgesch. in Gmünd/ NÖ.

WERKE: Lyr.: *Ebbe u. Flut*, G., Stgt./ Mchn. 1901; *Auf da Sunnseitn*, G. in nö. Mundart, St. Pölten, 1910; *Früchte aus d. Wachau*, G., Bln/Lzg. 1912. Dramen (unveröff.): *Hans Markgraber*, Bauerntr.; *Brandstifter*, Bauerntr.

LITERATUR: Reichs-Post v. 13.7.1922; R. Hauer: Heimatkunde d. polit. Bezirkes Gmünd 146-150, m. Textproben; Brümmer, Bd. 1; Nagl/Zeidler/Castle, Bd. 4; Giebisch/Gugitz; D. Mundartdichtung in NÖ, hg. v. W. Sohm, Wien 1980, 44; M.G. Hall/G. Renner: Hdb. d. Nachl. u. Slg. öst. Autoren, Wien/Köln/Weimar 1992; Kosch 2.

Ruthilde Frischenschlager

Bruckner, Anton (* 24.9.1955 Winklarn/NÖ) besuchte d. Pflichtschulen in Wien u. Amstetten, wurde Bediensteter d. ÖBB, wo er eine Ausbildung zum Fahrdienstleiter erhielt. Er wohnt in Amstetten u. schreibt lit. Prosa. Bisher publ. er seine Schriften in versch. Lit.zs. u. stellte sie bei Lesungen, z.B. im LITERARISCHEN CAFÉ in Puchberg vor. Da sich weitere Impulse, lit. tätig zu werden, nicht einstellten, verstummte B. gegen Ende d. 20. Jh.

LITERATUR: W. Bortenschlager, in: Lit. Café, Wels 1976.

Ruthilde Frischenschlager

Brückner, Eleonore (Ps. Priska **Roneck**, Leonie **Franzis**, Felizitas **Frank**, Eleonore **v. Bernfeld**; 28.6.1905 Wien – 20.1.2000 ebd.) gehörte zu d. Autorinnen d. Wr. Sonnenverlages, d. nach d. 2. WK u.d.T. *Sonnenr. – eine Romanztg. für alle*, später *Der Sonntags-Roman aus Wien* eine Reihe leicht lesbarer Werke zur Unterhaltung hg. Die meisten dieser R. in wöchentlich erschienenen H. mit bunten Umschlägen, d. jeweils Filmschauspielerinnen zeigten, hatten einen Umfang v. nicht mehr als 15-30 S., gedr. auf schlechtem Nachkriegspapier. Es gab auch Sonderh., d. d. doppelten Umfang hatten u. statt öS 1,- dann öS 1,50 kosteten. Die Handlung dieser R. spielte in versch. Gesellschaftsschichten; es gab Bauernr., solche aus d. Adel, d. Ärztemilieu, auf einem Gutshof – folgend einem d. Erwartungen d. Leser entsprechenden Klischee mit ständig gutem Ausgang. – B., v. deren Lebensverlauf nichts weiter bekannt ist, als dass sie als Sekretärin arb., schrieb unter diversen Ps. eine ganze Reihe derartiger Werke, d. jetzt noch greifbar sind u. alle zw. 1947 u. 1950 herauskamen. Erst in späteren Jahren erschienen umfangreichere R. unter ihrem eigenen Namen, ohne dass d. Sujet geändert wurde. Obwohl seit 1970 Trivallit. auch ein Gegenstand d. Forschung wurde, hat sich d. Lit.-Wiss. nicht weiter mit B. beschäftigt u. sie nur vereinzelt in d. maßgebenden Nachschlagewerken kurz erwähnt. Auch wenn sie wohl nur diese Massenartikel d. Triviallit. geschaffen hat, um in d. harten Nachkriegszeit ihren Lebensunterhalt zu fristen, hat sie doch einem grundlegenden Bedürfnis einer breiten Leserschicht dieser Generation entsprochen, d. tristen Alltag für kurze Zeit zu vergessen u. eine bunte Welt d. Illusionen aufzubauen, in d. alles ein gutes Ende findet.

WERKE (Ausw.): u. d. Namen Priska Roneck: *Das Regenbogentüchlein*, 1947; *Tobias Wernhagens Erben*, 1948; *Wenn d. Herz ruft*, 1948; *Zwei dunkle Augen*, 1948; *Hab dich v. Herzen lieb*, 1949; *Die einsame Frau v. Lindenholm*, 1949; *Nur eine Episode?*, 1949; *Kennt man immer sein Herz?*, 1949; *Die Frau d. Bruders*, 1949; *Irrlicht*, 1950; *Marias Liebesbriefe*, 1950; *Des Hirten Enkelin*, 1950; *Warum hast du mich geküsst?*, 1950. Unter d. Namen Felizitas Frank: *Die große Lüge*, 1949; *Luzie Holls goldene Tage*, 1949; *Man muss nur warten können*, 1949; *Sag mir's immer wieder*, 1950; *Ich will's dir immer danken*, 1950; *Warum hast du mir weh getan?*, 1950. Unter d. Namen Leonie Franzis: *Ein Traum ging vorbei*, 1947; *Im Sommer war's*, 1948; *Träume nur, Maja*, 1948; *An d. Sünde vorbei*, 1949; *Menschen im Föhn*, 1949; *Angelika*, 1949; *Das Nannerl v. Moosergrund*, 1950; *Frag nur dein Herz*, 1950; *Nur eine Maske*, 1950; *Wenn es auch Lüge ist*, 1950; *Wie geht es dir, Angeli?* 1950. Unter d. Namen Eleonore Brückner: *Ungeweinte Tränen*, 1955; *Wer unter uns ist ohne Schuld?* 1957; *Die kleine Herrin d. Felsenburg*, 1958; *Seines Bruders Frau*, Umarb. v. *Die Frau d. Bruders*, 1949?, 1958; *Die kleine Herrin d. Felsenburg*, 1958; *Die kleine Unbekannte v. Schloß Eichenkron*, 1959; alle Wien.

LITERATUR: Giebisch/Gugitz; Kosch, Bd. 2, Kosch 20. Jh., Bd. 4; bei Kürschner geführt bis 1988.

Eva Münz

Brückner, Enne → **Hofbauer**, Elfriede Adrienne

Bruckner, Ferdinand (eigentl. Theodor **Tagger**; 26.8.1891 Sofia – 5.12.1958 Bln.-West), Sohn eines Kaufmanns u. Fabrikbesitzers jüd. Herkunft u. einer Französin. Er verlebte d. Kindheit in Wien, kam in ein Jesuiteninternat u. Gymnasium nach Graz, anschließend nach Bln. u. begann 1909 in Paris Musik zu studieren. Daneben arb. er als Musikkritiker (Essays). Ab 1910 stud. B. zuerst in Wien, später in Bln. Phil., Musik, Medizin u. Jus. In Bln. schrieb er ab 1911 für Zs. 1913 arb. er als Volontär bei einer Breslauer Tagesztg., 1914 wurde er Lektor d. Dt. Verlagsanstalt, u. 1915 verbrachte er viele Wochen in einem Lungensanatorium. In dieser Zeit verfasste B., lit. u. polit. engagiert, d. Prosaschriften *Von d. Verheißung d. Krieges u. d. Forderungen an d. Frieden* u. *Morgenröte u. Sozialität*. B. trat damit an d. Öff. Er schloss sich d. revolutionären Bewegung d. künstlerischen Expressionismus an, verfasste 1917 eine Programmschrift (*Das neue Geschlecht*) u. gr. d. avantgardist. Lit. zs. *Marsyas*. In einer pathetisch übersteigerten Sprache schrieb er anfänglich neuromant. Lyr. u. Prosa. 1917 erschien d. Erz. *Vollendung d. Herzens* u. d. G.bd. *Der Herr in d. Nebeln*. 1919 arb. B. als Dramaturg am Dt. Volkstheater in Wien. Er heiratete 1920 u. übersiedelte erneut nach Bln. Dort verfasste er sein erstes Drama im Stil d. lit. Expressionismus, d. Einakter *Peters Traum* (1920). Im selben Jahr erschien d. Dramenzyklus *1920 o. Die Komödie v. Untergang d. Welt*, zwei fünfaktige K. (I. *Harry*, II. *Annette*). 1923 gr. er in Bln. d. Renaissance-Theater, d. er mit seiner Frau bis 1927 leitete. In d. Jahren d. Theaterleitung pausierte er als Autor u. wandte sich zunehmend v. »ekstatischen Bekenntnis zum individuellem Menschsein«. In seiner ab 1928 wieder einsetzenden schöpferischen Phase zeigte er auf d. Bühne – z.B. im Schauspiel *Krankheit d. Jugend* – d. Folgen d. sinnlichen Pathos, d. Gefühlsverwirrungen, d. »rasenden Lebens« auf. Mit Hilfe d. Erkenntnisse d. Psychoanalyse, d. er in seine lit. Arbeit einzubringen verstand, versuchte B. d. übersteigerte Lebensgefühl zu hinterfragen u. therapeutisch zu wirken. So z.B. im Schauspiel *Die Kreatur* (1930). Er entwickelte sich zum entschiedenen Vertreter d. Neuen Sachlichkeit. Seine dramat. Werke zeichnen sich nun durch Gesell.- u. Zeitkritik sowie überdeutlichen Naturalismus aus Im Bühnenstück *Die Verbrecher* attackiert er d. Klassenjustiz d. Weimarer Republik. Er entwickelte neue bühnentechn. Effekte – z.B. d. Etagengliederung d. Szene –, um noch eine Steigerung d. Zeitkritik zu erwirken. Parallel dazu wandte sich B. als Autor auch hist. Stoffen zu: 1930 kamen d. Schauspiel *Elisabeth v. England*, 1932 d. Tr. *Timon* nach Shakespeare u. 1933 d. Schauspiel *Die Marquise v. O.* heraus. Nach d. »Machtergreifung« Hitlers in Dtld. emigrierte er über Öst. in d. Schweiz, noch 1933 nach Frankreich u. 1936 in d. USA. In Zürich brachte er 1934 d. unter d. Eindruck d. neuen polit. Verhältnisse in Dtld. entstandene Schauspiel *Die Rassen* heraus. Die UA am Zürcher Schauspielhaus war d. erste größere Manifestation d. Exillit. Die Erz. *Mussia* publ. B. 1935 in Amsterdam u. d. Entwurf zu einem Film über *Gessler* in d. Zs. *Das Wort in Moskau*. In d. USA, wo er d. Staatsbürgerschaft angenommen hatte, gründete er mit Heinrich Mann, W. HERZFELDE, Bertolt Brecht u. Alfred Döblin d. Aurora-Verlag. Die in d. Emigration verfassten Dramen erschienen 1945 z.Tl. in diesem New Yorker Verlag: *Simon Bolivar* (I. *Der Kampf mit d. Engel*; II.

Der Kampf mit d. Drachen); zum andern Tl. in Zürich: *Dramen unserer Zeit* (I. *Die Befreiten*; II. *Denn seine Zeit ist kurz*). 1946 kamen B. Bühnenwerke erstmals wieder in Dtld. (Bln.-West) u. 1947 in Öst. heraus. In d. späteren Dramen fällt seine Hinwendung zur strengen Form, zum Vers u. teilweise zu antiken Stoffen auf – z.B. *Pyrrhus u. Andromache* (1952). 1951 kehrte er aus d. Emigration nach Bln. zurück u. arb. als Dramaturg am Westbln. Schillertheater. Inhaltlich ging es ihm um Probleme polit. Verführbarkeit, insbes. d. Jugend. 1957 erschien sein letztes Bühnenwerk, *Das irdene Wägelchen*, nach d. indischen »Vasantasena«. 1960 gab FRANZ THEODOR CSOKOR in Graz u.d.T. *Vom Schmerz u. v. d. Vernunft* eine Ausw. v. B. Werken heraus. B. war Mitgl. d. öst. P.E.N. 1951 erhielt er d. Ehrenring d. Stadt Wien, 1957 d. Preis d. Stadt Wien für Lit.

WERKE: Prosa: *Von d. Verheißung d. Krieges u. d. Forderungen an d. Frieden. Morgenröte u. Sozialität*, Essays, Mchn. 1915; *Die Vollendung eines Herzens*, Erz., Bln. 1917, [5]1920; *Das neue Geschlecht. Eine Programmschrift*, Bln. 1917, [4]1920; *Über d. Tod*, Essay, Bln. 1917; *Auf d. Straße*, Erz., Wien/Prag/Lzg. 1920; *Mussia. Erz. eines frühen Lebens*, Amsterdam 1935. Lyrik: *Der Herr in d. Nebeln*, G., Bln. 1917; *Der zerstörte Tasso*, ausgewählte G., Lzg. 1918 (= Bücherei »Der jüngste Tag« 62/63). Dramen: *1920 o. Die Komödie v. Untergang d. Welt* (I. *Harry*, K. in 5 Akten; II. *Annette*, K. in 5 Akten), Bln. 1920; *Krankheit d. Jugend*, Schauspiel in 3 Aufzügen, Bln. 1928, Bln.-West 1946; *Die Verbrecher*, Schauspiel in 3 Akten, Bln. 1929, Bln.-West 1947; *Die Kreatur*, Schauspiel in 3 Akten, Bln. 1930; *Elisabeth v. England*, Schauspiel, Bln. 1930, [8,9]1932, Bln.-West 1946, mit einem Nachw. v. F. Schwiefert, Stgt. 1960, auch frz. u. ital.; *Timon* (auch: *Timon u. d. Gold*), Tr., Bln. 1932, bearb. 1948 u. 1956; *Die Marquise v. O.*, nach H. v. Kleist, Schau-

spiel, Bln. 1933; *Die Rassen*, Schauspiel in 3 Akten, Zürich 1934, Bln.-West 1946, auch frz. u. engl.; *Napoleon I*, Drama, 1936; *Gessler*, Entwurf zu einem Film, in: »Das Wort«, Moskau 1938; *Simon Bolivar* (I. *Der Kampf mit d. Engel*; II. *Der Kampf mit d. Drachen*), New York 1945, Bln.-West 1947; *Dramen unserer Zeit* (I. *Die Befreiten*, Schauspiel in 2 Tlen., II. *Denn seine Zeit ist kurz.* Schauspiel), Zürich 1945; *Die Befreiten*, Schauspiel in 2 Tlen., Bln.-West 1946; *Denn seine Zeit ist kurz*, Schauspiel, Bln.-West 1946; *Dramatische* WERKE: I. *Jugend zweier Kriege*, II. *Krankheit d. Jugend*, III. *Die Verbrecher*, IV. *Die Rassen*, Wien, 1947, dass. ergänzt durch Bd. 2: *Historische Dramen: Elisabeth v. England*; *Timon*; *Heroische Komödie*, UA 1946, Bln. 1948; dass., nur *Historische Dramen* (*Elisabeth v. England*; *Timon*; *Heroische Komödie*), Wien 1948, u.d.T. *Historische Dramen*, Bln. 1948; *Fährten*, Schauspiel in 3 Akten, Wien 1948, auch u.d.T. *Spreu im Wind*, 1952; *Heroische Komödie*, 3 Akte, Emsdetten/Westfalen, 1955 (= Dramen d. Zeit 17); Zwei Tr.: *Der Tod einer Puppe*, *Der Kampf mit d. Engel*, Köln/Bln. 1956; *Schauspiele* (Tl.slg.), nach hist. Stoffen, Köln/Bln. 1956; *Clarisse*, 1956; *Das irdene Wägelchen*, Schauspiel, 1957; *Vom Schmerz u. v. d. Vernunft*, ausgew. u. eingel. v. F.Th. Csokor, Graz/Wien 1960. H g.: *Marsyas*, Zs. 1917f.; *Psalmen Davids*, Übertragungen, Bln. 1918. Mithg.: *Morgenröte*, Lesebuch, 1947. Übers. aus d. Frz.: Blaise Pascal, *Größe u. d. Nichtigkeit d. Menschen*; Mchn. 1917; aus d. Amerik.: A. Miller, *Der Tod eines Handlungsreisenden*, 1949; *Des Sheriffs Hund. Negersongs aus Amerika*, 1970; ins Engl.: J.G.E. Lessing, *Nathan d. Weise*, Bearb.: J.M.R. Lenz: *Die Buhlschwester*, 1954.
Nachl. in Bln., Archiv Akad. d. Künste.

LITERATUR: W.H. Speidel: Tragik u. Tr. in d. dichterischen Entwicklung F. B., Diss. Univ. of Kansas, Lawrence, 1963; W. Abendroth: Bildbiogr.; C. Lehfeldt: D. Dramatiker F. B., Göppingen, 1975; F. Lennartz: Dt. Schriftsteller d. 20. Jh. im Spiegel d. Kritik, 1. Bd., Stgt. 1984; M. Brauneck (Hg.): Autorenlex. dt.-sprachiger Lit. d. 20. Jh., Reinbek b. Hbg. 1984; H. Zohn: Ich bin ein Sohn d. dt. Sprache nur..., Wien/Mchn. 1986; H. Haase, A. Mádl u.a.: Öst. Lit. d. 20. Jh., Bln./Ost 1988; Hirnwelten funkeln. Lit. d. Expressionismus in Wien, hg. v. E. Fischer/W. Haefs, Salzb. 1988; D. Lit.-Brockhaus, 1. Bd., Mannheim 1988; I. Ackerl/F. Weissensteiner: Öst. Personen-Lex., Wien 1992; Czeike/W. Zettl: Lit. in Öst. v. d. ersten zur zweiten Republik, in: Zeman 3; J.P. Strelka: Die öst. Exillit. seit 1938, ebd., 257f., 366f.; K. Amann/A.A. Wallas: Expressionismus in Öst., Wien 1994 (= Lit. in d. Gesch. – Gesch. in d. Lit. 30).

Ruthilde Frischenschlager

Bruckner, Karl (13.10.1848 Wien – 7.10.1903 Mödling, Selbstmord) war k.k. Hofkapellensänger, später Vizehofkapellmeister, Subkantor am Dom zu St. Stephan, Mitgl. d. Wr. Hofoper u. Mitarb. versch. belletrist. Zs. 1878 ließ er eine Slg. anspruchsloser G. *Flüchtige Lieder* erscheinen.

WERKE: Lyr.: *Flüchtige Lieder*, Wien 1878.

LITERATUR: Nagl/Zeidler/Castle, Bd. 3; Brümmer, Bd. 1; Giebisch/Gugitz.

Redaktion

Bruckner, Karl (9.1.1906 Wien – 25.10.1982 ebd.) wuchs im Vorstadtmilieu als zweiter Sohn eines Buchdruckers u. einer Goldstickerin auf; seine Kindheit wurde v. Erinnerungen an Ottakringer Bubenbanden u. an Straßenkämpfe d. Arbeiterschaft geprägt. Sein Vater schickte ihn in d. Realschule, d. er jedoch in d. fünften Klasse verließ. Seine Ausbildung zum kaufmännischen Lehrling war v. künstlerischem Interesse begleitet. Aufgrund d. bedrückenden wirtschaftlichen Situation entschloss er sich mit 28 Jahren, nach Brasilien auszuwandern, wo er sich zwei Jahre aufhielt. Nach seiner Rückkehr verbrachte er d. Kriegsjahre in Frankreich, auf d. Balkan u. in Polen. Während eines Lazarettaufenthaltes wurde er v. Kameraden zum Schreiben ermuntert. Nach d. Krieg betätigte er sich zunächst als Feuilletonist u. Gerichtsreporter u. verfasste drei R., v. denen einer im Druck erschien: *Das wunderbare Leben* (1948). Im gleichen Jahr verfasste er sein erstes Jugendbuch u. begann damit eine erfolgreiche Karriere als einer d. namhaftesten öst. Jugendschriftsteller d. Nachkriegszeit, dessen Werke mit zahlr. Preisen u. Ehrungen bedacht wurde: 1947 Preis d. öst. Bundesverlages; 1954, 1957, 1958 u. 1961 Jugendbuchpreis d. Stadt Wien; 1956 u. 1961 Öst. Staatspreis; 1971 Silbernes Ehrenzeichen d. Republik Öst.; 1981 Goldenes Ehrenzeichen d. Landes Wien u. Hans-Christian-Andersen-Preis.

Insgesamt ist sein Jugendbuchschaffen sehr stark v. eigenen Erlebnissen bestimmt; d. gilt insbes. für seinen ersten Jugendr.: *Der Diamant d. Tobias Amberger* (1948) behandelt d. Schicksal einer nach Brasilien ausgewanderten Tiroler Bergbauernfamilie. Auch *Die Spatzenelf* (1949), für das er d. Gattung d. Sportr. wählte, ist eine Gestaltung authentischer Erlebnisse. Mit *Pablo d. Indio* (1949) begann d. große Serie seiner sozialkrit. R., d. meist in fernen Ländern spielen u. v. deren Elend bes. Kinder betroffen sind. Die Kritik in Öst. zeigte sich nach d. Anfangserfolgen eher zurückhaltend, hingegen wurde d. R. in d. DDR enthusiastisch begrüßt. Zu diesem R., d. er mit *Mein Bruder Ahual* (1952) fortsetzte, wurde er durch d. Besuch v. Filmen angeregt, ebenso zum Tierbuch *Die Wildspur*. In *Giovanna u. d. Sumpf* (1953) behandelt er d. große Überschwemmungskatastrophe im Pogebiet 1953, d. auch eine Hilfsaktion d. Wr. Kinderfreunde zur Folge hatte. B. hatte sich selbst bei d. Reisbauern im Sumpfgebiet aufgehalten u. löste mit diesem Buch eine vehemente Debatte unter Rezensenten u. Jugendbuchfachleuten aus. G. Mattenklott verglich d. Werk mit Kurt Helds »Die rote Zora u. ihre Bande« (1941) u. sieht in beiden R. frühzeitig d. Verknüpfung d. Darstellung v. eigenwilligen, starken u. mutigen Mädchen mit d. Parteinahme für d. gesell. u. polit. Emanzipation v. sozial benachteiligten Bevölkerungsschichten gegen Lethargie u. Opportunismus. Auch d. Buch *Der Weltmeister* (1956), in d. d. öst. Erfolge bei d. Winterspielen in Cortina d'Ampezzo dargestellt werden, löste Kritik bis zum Vorwurf d. Chauvinismus aus. *Der große Pharao* erreichte d. bis dahin höchste Zahl v. Übers. u. machte B. in aller Welt bekannt; etwas emphatisch wurde dieser R. mit archäol. Thematik als »Jugend-Ceram« bezeichnet. Überhöht wurde B. Bekanntheit noch durch d. Hiroshima-R. *Sadako will leben* (1961), d. er d. Motto v. Lessing voranstellte »Wer über gewisse Dinge d. Verstand nicht verliert, d. hat keinen zu verlieren.« Dieser R. wurde v. d. internat. Kritik im Rahmen d. Ost-West-Konflikts diskutiert u. veranlasste u.a. d. Wr. Kultur-Philosophen G. ANDERS zur Teilnahme an d. öst.-japanischen Kranich-Aktion. Eine weitere Gattung, d. d. utopischen R., eröffnete B. mit *Nur zwei Roboter* (1963), in d. neuerlich d. Ost-West-Konflikt thematisiert wird. Mehrere Werke v. B. wurden auch dramatisiert u. gelangten u.a. in Dresden u. Wien zur Auff. In durchwegs einfacher, als »Mosaikstil« (K.-H. Klimmer) bezeichneter Sprache sind d. Werke B. um eine Umsetzung persönl. Erlebens in aktives u. humanist. Engagement bemüht. B. Werke wurden in mehr als 30 Ländern in 18 Sprachen verlegt.

WERKE: (sämtliche erschienen in Wien): *Das wunderbare Leben. Ein Zukunftsr. aus d. Jahre 2443*, 1948; *Die Spatzenelf. Ein lustiger Bubenr.*, 1949; *Pablo d. Indio*, 1949; *Der Diamant d. Tobias Amberger*, 1950; *Die Wildspur. R. aus d. Tierwelt d. Berge*, Fotos aus d. russ. Tierfilm »Auf Wildpfaden«, 1951; *Die große Elf. Ein besinnlich-heiterer Fußballr. für Jugendliche bis zum Greisenalter*, 1951; *Der Häuptling u. seine Freunde*, 1952; *Mein Bruder Ahual. Ein Jugendr. für alle, d. einander Brüder sein wollen*, 1952; *Olympiade d. Lausbuben*, 1953; *Giovanna u. d. Sumpf*, 1953; *Tom Sawyers lustige Streiche. Frei nacherzählt nach M. Twain*, 1953; *Huckleberry Finn. Frei nacherzählt nach M. Twain*, 1954; *Scarley wird gefährlich. Närrische Abenteuer eines Don Quichotte unserer Zeit*, 1954; *Scarley auf d. Robinsoninsel*, 1954, *Die Strolche v. Neapel*, 1955; *Wildnis. Die schönsten Gesch.*, 1955; *Der Weltmeister*, 1956; *Der goldene Pharao. Gräber, Abenteuer, Forscher*, 1957; *Lale d. Türkin*, 1958; *Viva Mexiko*, 1959; *Ein Auto u. kein Geld*, 1960; *Sadako will leben*, 1961; *Nur zwei Roboter*, 1963; *Durch Bildung zur Freiheit*, 1965; Ausg. in Kleinschriften: *Toomah, d. Freund d. Tigers*, o.J.; *Jamal, d. Gazelle*, o.J., *Die Trommel d. Kannibalen*, o.J.; *Wölfe im Nebel*, o.J.; (alle in: *Das große Abenteuer*, Nr. 1, 19, 25, 49.

LITERATUR: D. Barke. Lehrerjb. 1966, hg. v. Öst.- Buchklub d. Jugend; K.H. Klimmer: K. B. Mensch u. Werk, in: D. gute Jugendbuch 1963-66; G. Paukner: K. B., in: Die Barke 1980; Lex. d. Kinder- u. Jugendlit., hg. v. K. Doderer, Bd. 1, 1984, 209f.; G. Mattenklott: Zauberkreide. Kinderlit. seit 1945, 1989; E. Seibert: K. B. – Wiederentdeckung eines Klassikers, in: Tausend u. ein Buch 1/1966, 28f.; P. Scheiner: D. Anfänge d. krit. Auseinandersetzung mit d. jüngsten Vergangenheit in d. öst. Kinder- u. Jugendlit. nach: H.-H. Ewers/E. Seibert: Gesch. d. öst. Kinder- u. Jugendlit. v. 18. Jh. bis zur Gegenwart, Wien 1997, 152-157; S. Fuchs/P. Schneck: Der vergessene Klassiker. Leben u. Werk K. B., Wien 2002.

Ernst Seibert

Brückner, Paul (30.9.1900 Lichtewerden/Öst. Schlesien – 5.3.1972 Wien) siedelte sich als Journalist in Wien an u. machte sich als beliebter Heimatschriftsteller (Kalendergesch., biograf. u. heimatkundl. Schriften aus d. Gegend d. Altvatergebirges) einen Namen. Für seine verstreut erschienenen Kalenderg. u. d. Darstellung d. Lebens hervorragender Persönlichkeiten seiner schles. Heimat erhielt B. d. Kulturpreis d. Klemensgemeinde Wien. Um 1960 schloss B. seine wohl letzte Schrift *Im Altvatergebirge* ab. Das Buch – eine Darstellung schles. Brauchtums im Jahresablauf – lag zwar druckfertig vor, ist jedoch nicht erschienen.

WERKE: Kuturessayistik: *Altvaterheimat*, Wien 1960.

LITERATUR: H. Portisch: Österreicher aus sudetendt. Stamme, Wien 1961, 99; Giebisch/Gugitz.

Herbert Zeman

Bruckner, Walter (* 1957 Wien) stud. Germanistik in Wien u. schreibt Lyr. u. Prosa. Ein G. (*Lied*) wurde in LITERATUR U. KRITIK Nr. 112 (1977) publ.

Ruthilde Frischenschlager

Brucks, Maria (24.2.1858 Augsburg – 4.7.1940 ebd.) trug als Autorin ihren Mädchennamen Maria Freiin v. Wallersee; bis zu ihrer Scheidung 1896 führte sie d. Namen Marie Louise Gräfin Larisch-Wallersee; sie entstammte d. ersten Ehe d. Herzogs Ludwig in Bay-

ern mit d. Schauspielerin Henriette Mandel, d. zu einer Freifrau v. Wallersee erhoben wurde. Somit war sie eine Nichte d. Kaiserin Elisabeth v. Öst., d. Gefallen an d. hübschen u. gut ausgebildeten Mädchen fand u. sie – d. damals 16-Jährige – v. Mchn. nach Wien mitnahm. Am 20.10.1877 heiratete sie in Gödöllö – d. Lieblingsaufenthalt d. öst. Kaiserin in Ungarn – d. Grafen Georg Larisch-Mönnich. Die Jungvermählte wurde Palastdame d. Kaiserin, spielte eine wichtige gesell. Rolle u. empfing in ihrem Haus gern u. oft d. junge aristokrat. Gesell. Dort vermittelte sie auch d. Bekanntschaft zw. Kronprinz Rudolf u. dessen späterer Geliebten Marie v. Vetsera, d. 1889 tödlich endete. V. da an lebte d. junge Gräfin auf d. Schloss ihrer Familie in Öst.-Schlesien. 1896 verließ sie nach 19-jähriger Ehe ihren Mann u. ihre fünf Kinder, ließ sich scheiden u. heiratete im Mai 1897 in Mchn. d. Hofopernsänger Otto B., d. 1906 Direktor d. Stadttheaters v. Metz wurde u. 1914 starb. Ab 1924 lebte B. – verheiratet mit d. in Florida ansässigen Farmer H. Meyers (Scheidung 1928) – in d. USA u. schließlich in einem Altenasyl ihrer Geburtsstadt.
Die beiden erzählerisch anspruchslosen Schriften B. *Ein Königsmärchen. Aus d. Leben König Ludwigs II. v. Bayern* (1898) u. d. R. *Eine arme Königin* (1900) sind nahezu vergessen.

WERKE: Biogr. Erz.: *Ein Königsmärchen*, Wien/Lzg. [1898]. Roman: *Eine arme Königin*, [Wien] 1900; Autobiogr., Memoiren: *Meine Vergangenheit. Die Wahrheit über Kaiser Franz Joseph, Schratt, Kaiserin Elisabeth, Andrassy, Kronprinz Rudolf, Vetsera*, hg. v. Marie v. Wallersee, Wien 1919, ung. Übers., Marveny 1919; eine engl. Ausg. erschien u.d.T. *My Past* bereits 1913 in London.

LITERATUR: Brümmer, Bd. 1, Kosch, Bd. 1; B. Sokop: Jene Gräfin Larisch, ³1992.

Herbert Zeman

Bruder, Adolf (2.3.1851 Hall/Tirol – 26.5.1896 ebd.) stud. Rechts- u. Staatswiss. in Innsbr., Lzg., Bln. u. Wien, ergriff jedoch eine bibliothekarische Laufbahn an d. Univ.bibl. Wien u. Innsbr.; an Letzterer hatte er seit 1883 d. Amt eines Kustos inne. B. beteiligte sich schriftst. an d. Medien *Zs. für christliche Sozialpolitik* u. *Vaterland* u. übernahm ab 1887 d. Schriftleitung d. *Staatslexikons d. Görres-Gesellschaft*. B. ist vornehmlich Autor v. hist. u. finanzpolit. Schriften, etwa: *Studien über d. Finanzpolitik Herzog Rudolfs IV. v. Öst. (1358-65)* […] (1886). Das TIROLER DICHTERBUCH (1888) v. A. MAYR enthält zwei G. v. B. »A-E-I-O-U, zur Nostrification eines Lothringers am 1. März 1885« sowie »Scholarenlieder«.

WERKE: Hist. u. finanzpolit. Schrifttum (Ausw.): *Über Wappen u. Schutzpatrone d. alten Zünfte*, Mchn. 1885; *Studien über d. Finanzpolitik Herzog Rudolfs IV. v. Öst. (1358-65) mit Benützung zweier ungedr. Gutachten d. XIV. Jh.*, Innsbr. 1886; *Die Wirtshäuser d. MA*, Mchn. 1886. Hg.: *Staatslex. d. Görres-Gesell.*, 5 Bde., 1887ff.

LITERATUR: N. Grass: Namhafte Haller, in: Schlern-Schriften 1953, Nr. 106, 520.

Beatrix Cárdenas-Tarrillo

Bruder, Amalie Theodora (Ps. Theod[or] **Venetianer**; 17.7.1860 Verona – 18.4.1945 Wien), Tochter eines in Norditalien lebenden, dann nach Innsbr. versetzten öst. Rittmeisters, entschied sich nach d. Tod d. Vaters aus existenziellen Gründen für d. Lehrberuf, obgleich sie musisch vielseitig begabt war (Komposition). Während ihrer päd. Ausbildung in Graz trat sie mit kleineren lit. Arbeiten in Ztg. u. Zs. an d. Öff. Zunächst unterrichtete sie in Marburg a.d. Drau, ab 1895 lebte sie in Wien, wo sie als Bürgerschullehrerin wirkte. Den Sommer verbrachte sie jeweils in ihrer in d. Nähe d. Altausseer-Sees gelegenen Villa. B. verfasste neben einem Operettenlibr. (*Kleine Mama*, im Marburger Stadttheater aufgeführt) u. G. (für Zs.) v.a. Prosatexte (in d. frühen 30er-Jahren auch belletrist. R. wie *Im Banne d. großen Liebe*), in denen sie sich oft mit nordischen Stoffen befasste. Wie AUGUST ANGENETTER u. viele andere nur wenig bekannte Autoren folgte sie in dieser Beziehung GUIDO LIST nach.

WERKE (Ausw.): Prosa: *Editha. Eine Normannensage*; *Leo u. Leonie*, N.; *Valla. Ein isländisches M.*; *Im Banne d. großen Liebe*, R., vermutl. 1932.

LITERATUR: Lex.: dt. Frauen, hg. v. S. Pataky, Bln. 1898, Bd. 1, 108 u. 2, 390; Kosel, Bd. 1, Wien 1902; Nagl/Zeidler/ Castle, Bd. 4; Giebisch/Gugitz.

Sylvia Leskowa

Bruder, Johann (Brueder, Bruderus, Bructerus; 1560 Balingen, Württemberg – 1601 Horn, NÖ), evang. Theologe, stud. in Tübingen (Magister), wurde dort als evang. Geistlicher ordiniert u. sollte 1582 über Anforderung der Bürger sein Amt in Enns antreten. Da aber das evang. Religionswesen in Enns auf Befehl des Kaisers aufgehoben wurde, musste er unverrichteter Dinge wieder nach Tübingen zurückkehren. Gundacker v. Starhemberg verschaffte ihm 1583 eine Anstellung als Diakon in Eferding. Die evang. Stände ob der Enns holten ihn 1584 als Landhausprediger nach Linz, wo er bis 1598 dieses Amt versah. Damit verbunden war das Inspektorat der Linzer Landschaftsschule. Seit 1585 war B. mit Rebecca, der Witwe seines Vorgängers, des Predigers u. Literaten Gothfrid Poppius, verheiratet. Im Mai 1587 kritisierte B. die wahrscheinlich v. GEORG CALAMINUS inszenierten Stücke des Terenz »mit unzimblicher hiz« v. der Kanzel herab als »Poetisch Narren gedicht«, wodurch »der Teüfl begeer, in Vnnsers Herr-Gotts Suntag Zuhofiern«. Dies nahmen die Landstände zum Anlass, den Prediger B., der bei seinen Predigten auch unnötig grobe Worte gegen das Papsttum (z.B. »Babylonische Hure«) u. für die Katholiken Ausdrücke wie »Hurenkinder« gebraucht hatte, schriftlich zu rügen. 1598 folgte B. dem Ruf der nö. Adeligen Wolf v. Eytzing u. Elisabeth v. Puchheim u. wurde Superintendent in Horn (NÖ). Gleichzeitig wirkte er für 100 Gulden Jahresgehalt als Schulinspektor der in Horn neu errichteten evang. Landschaftsschule.

WERKE (Mitautor): *Predigten* (dzt. nicht nachweisbar); *Gutachten* v. 6 obderennsischen Prädikanten zur Frage, ob ein evang. Prediger Leute aus kath. Pfarreien abweisen dürfe, Ms., 1589 (Oö. Landesarchiv Linz, Landschaftsannalen XVIII, Bl. 646ff., ref. in: Eder, Glaubensspaltung, s.u., 165f. u. Rumpl, s. u., 176f.).

LITERATUR: J. Memhard: *Oratio funebris in obitu* […] *Georgii Calamini Silesii*, Straßburg 1597, fol. *jjj; B. Raupach: Presbyterologia Austriaca, Hamb. 1741; Ders., Supplementum Presbyterologiae Austriacae, Hamb. 1744, 9f.; Th. Wiedemann, Gesch. d. Reformation u. Gegenreformation im Lande unter d. Enns, Bd. 2, Prag 1880, 553f.; G. Loesche: Zur allg. Gesch. d. Protestantismus im Landl. In: Jb. d. Ges. für d. Gesch. d. Protestantismus [in …] Öst., 45. u. 46. Jg., Wien/ Lpg. 1925, 74-266, 175; G. Eder: Glaubensspaltung u. Landstände in Öst. ob d. Enns 1525-1602, Linz 1936, 166, 177,

182, 184; Oth. Wessely: Daniel Hitzler. In: Jb. d. Stadt Linz 1951, Linz 1952, 282-387, 290; M. Doblinger: D. Protestantismus in Eferding u. Umgebung bis zum Toleranzpatent. In: Jb. d. Ges. für d. Gesch. d. Protestantismus in Öst., 72. Jg., Wien 1956, 31-68; H. Schardinger: Studie zur Gesch. d. Linzer Gymnasiums. In: Hist. Jb. d. Stadt Linz 1957, Linz 1957, 31-68; H. Slaby: G. Calaminus u. sein Freundeskreis. In: Hist. Jb. d. Stadt Linz 1958, Linz 1958, 73-139; E. Forstreiter: D. Anfänge d. humanist. Bildung in Horn, Horn 1962, 82f.; L. Rumpl: D. Linzer Prädikanten u. evang. Pfarrer. In: Hist. Jb. d. Stadt Linz 1969, Linz 1970, 153-241, hier 186f.

Robert Hinterndorfer

Bruder, Norbert → **Stock**, Norbert

Bruder, Willram → **Müller**, Anton

Brudniok, Carl (17.1.1858 Biala/Galizien – ?), ev. Pfarrer u. Religions-Lehrer am Staatsgymnasium in Wien. Nebenbei verfasste er theol. Artikel, aber auch Feuilletons u. Aufs. Ab 1891 war er Präsident d. dt. lit. Gesell. IDUNA. Im Druck erschienen v. ihm *Predigten* u. eine *Bibelkunde* (Wien 1891).

WERKE: *Predigten* (in d. öff. Wr. Bibl. nicht nachweisbar); *Bibelkunde. Ein Leitfaden zum Bibelstud. an Gymnasien, Realschulen u. verwandten Lehranstalten*, Wien 1891.

LITERATUR: Eisenberg, Bd. 1.

Eva Münz

Bruegel, Bedřich → **Brügel**, Fritz

Brügel, Fritz (**Bruegel**, Bedřich [Friedrich]; Ps. Wenzel **Sladek**, Friedrich **Dubski**; 13.2.1897 Wien – 4.7.1955 London) B. Vater ist d. Verf. d. *Gesch. d. österreichischen Sozialdemokratie*, 5 Bde., 1922 (Ludwig B., 6.2.1866 Groß-Meseritsch/Südmähren – 30.8.1942 KZ Theresienstadt). B., d. in Prag aufwuchs, wurde 1921 an d. Univ. Wien promoviert (*Beiträge zur Gesch. d. Deutschen in Böhmen*, Diss. phil., ungedr.). Er war bis 1934 Sekretär d. Wr. Kammer für Arbeiter u. Angestellte (»Wr. Arbeiterkammer«), deren 1921 gegr. Sozialwiss. Studienbibl. er aufbaute. Am Februar-Aufstand d. Wr. Arbeiter hatte er als einfacher Mitkämpfer teilgenommen u. musste fliehen. Während seines Prager Exils, 1934 bis Sept. 1938, v. Öst. ausgebürgert, unterstützte er Otto Bauers Versuche, zu einem annehmbaren Ausgleich zw. Sozialisten u. Kommunisten zu kommen. Nach einem ausgedehnten Studienaufenthalt in Moskau 1936 entschied er sich für d. Sowjetsystem. 1938 floh er nach Le Lavandou, Südfrankreich, wo er d. Gründungsaufruf d. »Liga für d. geistige Öst.« mitunterzeichnete u. mit falschem tschechoslowakischem Pass als Dr. Bedřich Dubski lebte. 1939 interniert, gelang es ihm im Frühjahr 1941, über Spanien u. Portugal nach England zu fliehen. Erst in d. letzten Kriegsjahren näherte er sich d. čsl. Exilregierung u. war im Außenministerium beschäftigt. »Dieser ganz in d. dt. Sprache u. Kultur wurzelnde Dichter entwickelte sich, je länger d. Exil dauert, allmählich zum Deutschenhasser, zum Tschechen ohne inneren Boden« (O.M. Graf). 1945 nach Prag zurückgekehrt, wurde er Mitgl. d. čsl. Militärmission in Bln., im Rang eines Majors; deren Leiter wurde er 1948 nach d. kommunist. Februarumsturz (Charge d'Affaires beim Alliierten Kontrollrat; im Rang eines Generals d. čsl. Volksarmee) resignierte jedoch im Mai 1949, weil sich d. ČSR nicht zum Sozialismus hin entwickelt habe, sondern eine »korrupte Polizeidiktatur« geworden sei: Er floh über d. BRD in d. Schweiz. Auf Bitten seiner Gattin Vera verw. Dubski (Dubská, † 1956 [Selbstmord]) erwirkte ein entfernter Verwandter, Johann Wolfgang B. (Vetter 2. Grades; 1938 u. 1948 exilierter čsl. Sozialdemokrat, Politiker u. Historiker) für B. d. Erlaubnis zur Einreise nach England. Er lebte, wieder staatenlos, v. 1949 bis zu seinem Tod in London. Sein relativ später Bruch mit d. kommunist. Regime in Prag war »für alle aufrechten Sozialisten« (O.M. Graf) ein alarmierendes Zeichen. Mitgl. d. Londoner P.E.N-Zentrum »Writers in Exile«. 1926 ausgezeichnet durch einen Ehrenpreis d. Stadt Wien.

B. Interesse als Historiker u. Hg. galt d. v. Proletariat seit d. industriellen Revolution um seine Emanzipation geführten Kampf: Was er auf diesem Gebiet veröff., verdient nicht nur d. Aufmerksamkeit d. geistes- u. gesell.gesch. orientierten Forschung, es charakterisiert auch d. Autor. Er trat d. Neigung zur Legendenbildung entgegen: dort, wo sie, d. Arbeiterbewegung betreffend, Mängel u. Schwierigkeiten d. Darstellung mit Psychol. u. Ästhetik zu übermalen sich anschickte; dort, wo d. metternichsche Regierungssystem beschönigt wurde. Den Bestrebungen d. Arbeiterbildungsbewegung dienen d. Nachdichtungen v. Tr. d. Aischylos (nicht gedr. u. vermutlich verschollen: *Der gefesselte Prometheus* [1924].) B. verehrte Friedrich Austerlitz, d. Chefred. d. »Arbeiter-Ztg.« (1862-1931; Abgeordneter zum Nationalrat), fand jedoch als linksintellektueller »kompromissloser Außenseiter« wenig Resonanz in d. Parteiorganisation d. Wr. Sozialdemokratie. V. KARL KRAUS u. dessen stilist. Einwänden zeigt er sich in d. Polemik gegen Rudolf Borchardt beeinflusst; d. Übernahme verdient als einer d. nicht zahlr. Belege für d. Art v. KRAUS' Wirkung auf seine Anhänger Beachtung. Wenn B. sozialpolit. Argumentation auch an sich richtig ist, so bleibt doch einerseits d. gerade nicht tages-, sondern metapolit. Ebene d. Rede Borchardts unberücksichtigt; andererseits wird d. Problematik d. austromarxist. »Anschluss«-Programms deutlich: Man kann nicht als Österreicher – unbekümmert um d. polit. u. kulturellen Grenzen – auftreten, als führe man eine, d. dt. Sache: So wird d. Position Borchardts verkannt, dessen Verdienst es war, d. »völkischen« Hintergrund u. Hintersinn d. Phrase »wir sind ein armes, führerloses Volk« bloßgelegt zu haben. Eine detailliert kommentierende Analyse wäre auch im Hinblick auf d. scharfmacherische Diktion, v. d. B. nicht frei ist, erforderlich u. dank größerer Distanz möglich. B. Lyr., in d. Sizilianen, Sonette, Terzinen u. andere Reimstrophen neben antiken Oden u. freien Rhythmen beggnen, kennzeichnen Wohllaut, musikalische Eleganz u. d. überaus bewusste Strenge d. Formulierung. Ihre Intellektualität wird, bes. in *Klage um Adonis*, zu einer elitären Hermetik gesteigert, einem verrätselnden Spielen mit Andeutungen, auf Kosten d. Anschauung. Dieses Kunstmittel populärer Wirkungen dominiert hingegen d. polit. Lyr., d. B. unter d. Ps. Wenzel Sladek in Parteiorganen veröff. als Buch 1932, *Die Hauptsache ist*. Die symbolist. esoterische Komponente fehlt nicht ganz in d. v. Kampf d. Exilierten gegen d. Faschismus bestimmten, kraftvoll realist. *Gedichten aus Europa*; hier steht d. *Flüsterlied* (Erstdr. in *Das Wort*, Moskau, H. 1, Juli 1936), v. B. Schicksalsgenossen hochgeschätzt, v. Bertolt Brecht als nicht stichhaltig verrissen. Die Slg. enthält d. Zweitdr. d. *Februarballade* – sie ist d. Andenken v. elf Toten d. Kämpfe d. Jahres 1934 gewidmet –, d. wegen ihrer anklägerischen Wucht u. ihrer sprachlichen Meisterschaft nach d. Urteil O.M. Grafs noch über d. Beste v. J.R. Becher, ja sogar v. Brecht, zu stellen ist. Trotz d. hohen Niveaus vieler anderer G. ist d. Buch *Verschwörer* (ohne

Angabe einer Gattung) B. bedeutendstes Werk: d. Abrechnung eines Sozialisten, d. d. Normen rechtsstaatlichen Handelns u. Denkens unabdingbar sind, mit d. unrechtsstaatlichen Praktiken d. Geheimdienstes d. Diktatur. Es ist keineswegs nur ein Thriller, d., spannend wie ein Kriminalr., in Prag in d. Osterwoche 1949 spielt, mit Rückblenden bis 1938; d. sachliche u. nüchterne Prosa d. Atmosphärische, d. Stimmung nach d. kommunist. Umsturz, wird unsentimental u. sehr genau festgehalten. Allg. gültig, sodass d. einmalige Fall repräsentative Geltung erlangt, wird am Schicksal d. Figuren d. großen Erz. d. Tr. eines Kleinstaates dargestellt, eines kleinen Volkes: »Wenn d. Widerstand zu stark ist, kommt wieder Okkupation u. Annexion über uns [...]. Vor d. Krieg hat uns d. Westen verraten, jetzt sehen Sie uns daran zugrunde gehen, was d. Osten uns antut mit Hilfe unserer eigenen Landsleute. Wir sind auf d. weiten Welt allein u. haben keinen einzigen Freund« (287).

FORSCHUNGSLAGE: Es ist vorerst zu beginnen mit d. Slg. d. seit d. 20er-Jahren, bes. aber in d. Zeit d. Exils in Zs. u. Ztg. veröff. Arbeiten (1948/49: Krit. Artikel über d. Prager Regime in Schweizer Ztg.).
Der Nachl. befindet sich in d. Obhut v. Dr. Eckart Früh (Bossigasse 60, 1130 Wien) u. Kammer f. Arbeiter u. Angestellte f. Wien (Prinz Eugen Str. 20-22, 1040 Wien).

WERKE: Lyr.: *Zueignung* [30 G.], Wien/Lzg./Zürich 1923; *Klage um Adonis*, 44 G., Wien/Lzg. 1931; [Ps. Wenzel Sladek] *Die Hauptsache ist ...*, 22 Songs, Wien/Lzg. 1932; *Februarballade*, Prag 1935, Wien ²1946 (= Sozialist. H. 9); *Gedichte aus Europa*, 48 G., Zürich 1931, Zürich/New York ²1945; *Die Gedichte d.* *Ephistenes*, Zürich 1940. Nachdichtungen: *Die Oresteia d. Aischylos*, 1. Tl., *Agamemnon*, Konstanz 1923, 2. u. 3. Tl. *Die Totenspenderinnen*, *Die Rächerinnen*, Konstanz 1924, Restaufl. Ddf./Oberkassel nach 1925; *Die Perser. Dem Aischylos nachgedichtet*, Wien 1925. Erzählende Prosa: *Verschwörer*, Vorabdr., in: Neue Zürcher Ztg. 1949, Buchausg. Zürich/Konstanz 1951, engl.: *The Plotters*, translated by Anthony Dent: A novel, London 1952; *Ein Mensch schlüpft aus seiner Haut*, unveröff., Ms. im Schiller Nat. museum, Marbach a.N. Essays: *Aus d. Anfängen d. dt. sozialist. Presse*, sieben Aufs. über zehn Periodika, zw. 1828 u. 1848, Wien 1929, Glashütten, Ts. 1972; *Der Weg d. Internationale*, Wien 1931, auch: Wr. Sozialdemokrat. Bücherei, anlässl. d. 4. Kongresses d. Sozialist. Arbeiternationale in Wien, Juli 1931; *Führung u. Verführung. Antwort an Rudolf Borchardt*, Wien/Lzg. 1931; *Deutsche Freiheit an d. Wolga*, Moskau 1937, in d. Bibl. Dtld. nicht vorhanden. Unselbständige Veröff. in: *Der Kampf*, Wien, Jg. XVIII-XXIV, u. in anderen öst. Periodika, seit 1934 in Exil-Zs.: *Neue Deutsche Bl. Monatsschrift für Literatur u. Kritik*, Wien/Zürich/Amsterdam; *Das Wort. Literarische Monatsschrift*, Moskau; *Novelles d'Autriche. Mensuel. Öst. Nachrichten*, Paris; *Zeitspiegel*, London; *Die Ztg. Londoner dt. Wochenbl.*; *Sterben vor d. Kriege* (= Titel d. Beitr., in: *Stimmen aus Böhmen*, Slg. v. Prosa, G. u. Essays, hg. v. P. Reimann u. R. Popper, London 1944. Hg.: *Gesch. d. Sozialismus in Erst- u. Originalausgaben*, Wien 1926, Ausstellungskat.; *Ruchlosigkeit d. Schrift. »Dies Buch gehört d. König«. Ein unterthäniger Fingerzeig, gewagt v. L. Fromm*, Bern 1844), d. Ps. unterstellt als Verf. d. ein halbes Jahr nach d. Niederschrift verstorbenen romant. Dichter, Übers. u. Geheimen Oberregierungsrat K. Streckfuß (1778 Gera – 1844 Bln.), Zwickau

1926; *Neujahrs-Almanach für Unterthanen u. Knechte*, anon., Lzg. 1850, 1928; *Die Freyung*, m. O.E. Deutsch/L. Liegler/ Schiller-Marmorek, H. 1, Wien, März 1930; H. 2, Wien, April 1931; *Der dt. Sozialismus v. Ludwig Gall bis Karl Marx. Das Lesebuch d. Sozialismus*, zus. M. Benedikt Kautsky, 42 Texte aus d. Jahren 1822-67], Wien/Lzg. 1931.

LITERATUR: Nagl/Zeidler/Castle, Bd. 4; B. Brecht: Logik d. Lyr., 1936, Erstdr. in: B. Brecht. Über Lyr., hg. v. E. Hauptmann/R. Hill, Ffm. 1964, jetzt in B. Brecht, Ges. Werke, Ffm. 1967, Bd. 19, 389-391; O.M. Graf: Ein Sozialist erwacht. F. B. flieht nach d. Westen, in: Aufbau, New York, 15. Jg., 10.6.1949; Wr. Ztg., Juli 1955 [?]; G. Rechtová: D. Tschechoslowakei als Asylland d. dt. antifaschist. Lit. v. 1933-38, Diss. phil., Prag 1964, 119; A. Schöne: Über polit. Lyr. im 20. Jh., Göttingen 1965, ²1966; B. Denscher, in: Wien aktuell, April [o. Mai] 1984; Czeike, Bd. 1; W. Zettl: Lit. in Öst. v. d. ersten zur zweite Republik (= Zeman 3, 152f.).

Friedrich Jenaczek

Brüll, Emil (Ps. Emil **Limé**), routinierter Unterhaltungsschriftsteller d. ausgehenden 19. u. frühen 20. Jh. Über d. Leben dieses Bühnenautors sind kaum mehr Einzelheiten zu eruieren. Festzuhalten ist, dass er freundschaftliche Kontakte zum bekannteren, in Wien tätigen Komponisten u. Pianisten Ignaz Brüll unterhielt. – Er verfasste einige amüsante Bühnenstücke, d. zum Großtl. in Koproduktion mit namhaften Kollegen wie OSKAR FRIEDMANN u. ALFRED MARIA WILLNER entstanden. Der im Alleingang konzipierte Schwank um einen *Im Kreuzfeuer* (1881) v. überraschend auftauchenden Verwandten aus Übersee stehenden lebenslustigen Neffen erweist sich als ebenso gelungen wie seine Gemeinschaftsarb.: Während *Der Schweinehirt* (1898, mit WILLNER) eine espritvolle sowie überaus aktionsreiche Verulkung d. Vereinswesen ist, erinnert d. »Burleske aus d. Lederbranche« *Schuhhaus Zenith* (1921, mit FRIEDMANN) unwillkürlich an d. Tradition d. Besserungsstücks d. Altwr. Volksk., werden hier doch zwei verfeindete Kompagnons erst durch d. List eines Faktotums dazu gebracht, ihren Töchtern d. Ehemänner ihrer Wahl zuzugestehen.

WERKE (Ausw.): Bühnenstücke: *Im Kreuzfeuer*, Schwank in 3 Akten, Wien 1881; *Der Blitzableiter*, Original-Lustspiel in 1 Akt, Wien 1893, m. Willner; *Eine Reisebekanntschaft*, Schwank in 1 Akt, m. Willner, Wien 1896; *Madames Tollheiten*, Lustspiel in 3 Akten v. E. Limé, Wien o.J.; *Der Schweinehirt*, Schwank in 4 Akten, Wien 1898, m. Willner; *Schuhhaus Zenith. Eine Burleske aus d. Lederbranche in 3 Akten*, Wien/Lzg. 1921, m. Friedmann. Operettenlibr.: *Die Millionenbraut*, Operette in 3 Akten, Musik v. H. Berté, Wien 1904; Graugusch, Bd. 1.

Sylvia Leskowa

Brüll, Eugen (? 1856 Wien – ? 1927 Wien), jüngerer Bruder d. Komponisten Ignaz B. u. wohl auch mit EMIL B. verwandt. Aus einer künstlerisch hochgebildeten u. ambitionierten jüd. Wr. Familie stammend, versuchte B. sein dramat. Talent – leider vergeblich – auf d. Bühnen umzusetzen. In drei Genres war B. tätig: Für seinen Freund, d. Komponisten u. Ballettdirigenten d. Wr. Hofoper Joseph Bayer schrieb er Ballettlibr., v. denen wenigstens eines – *Zwischen zwei Feuern* – im Druck erschien; besonderen Erfolg hatte keines. Bayers noch heute gespielte »Puppenfee« u. einige andere erfolgreiche Ballettmusiken haben mit B. nichts zu tun. Zus. mit FERRY BÉRATON verfasste B. ein Lustspiel *Der Blick ins Jenseits*, ein Wr. Sittenbild, d. bei seiner UA (4.12.1897, Raimundtheater) Sensation machte, da man auf d. Bühne Spiegelbilder v. typischen Stammgästen d. damals berühmten Café Fenstergucker (Ecke Kärntnerstraße u. Walfischgasse im 1. Wr. Gemeindebezirk) erkannte. Auch ein Schauspiel, *Die Ferne*, brachte es zu Bühnenehren (UA 28.9.1904 am Wr. Burgtheater).

WERKE: Ballettlibr. (für Joseph Bayer): *Zwischen zwei Feuern*, Ballettszene, Wien o.J.; *Olga* (wohl nur hs.); *Manöverfreuden* (wohl nur hs.). Operettenlibr.: *Arabella*, burleske Operette in 3 Akten, v. E. B./H. Regel, Musik J. Bayer, Lzg./St. Petersburg 1902; *Die Millionenbraut*, Operette in 3 Akten v. A.M. Willner/E. B., Musik v. Berté, Wien o.J. Lustspiele: *Der Blick ins Jenseits*, m. F. Bératon, Wien 1897; *Unter falscher Flagge*, Lzg./Wien o.J. Schauspiel: *Die Ferne*, Wien 1904.

Herbert Zeman

Brünner Morgenpost → **Brünner Ztg.**

Brünner politische Ztg. Mit d. mährischen Herrenständen allerhöchst verliehenen k.k. Privilegien → **Brünner Ztg.**

Brünner Theater-Almanach, hg. v. Souffleur CARL AXMANN, erschien als schmaler Bd. in rotem Einband mit Goldprägung; er wurde 1810 in Brünn bei JOSEPH GEORG TRASSLER gedr. u. diente wohl d. Stammpublikum d. Brünner Theaters als Überblick über d. Theaterbetrieb im Jahresablauf. Brünn war jahrhundertelang eines jener wichtigen Provinztheater, deren kultureller Einfluss weit reichte u. d. einem begabten Schauspieler o. Sänger als Sprungbrett auf eine Wr. Bühne dienen konnte. Nach einem Prolog in Versen listet d. damalige Direktor d. königl. städtischen Nat.-Theaters Johann Baptist Mayer d. Personalstand, darunter als Regisseur d. Oper u. Inspizient »Herrn Schickaneder« auf. Danach werden d. v. 1.11.1809 bis 30.10.1810 aufgeführten Stücke – es wurde d. ganze Jahr durchgespielt – verzeichnet: Neben d. üblichen dt. Lust- u. Singspielware sowie d. zeitgenöss. ital. Oper sind d. Stücke d. Alt-Wr. Vorstadttheaters vertreten. Es folgen noch einige kurze Verse, mit einigen Theater Anekdoten schließt d. kleine Almanach. AXMANN war offenbar bestrebt, d. Almanach fortzuführen: Für d. Jahr 1815 brachte er ihn beim Brünner Buchdrucker JOHANN GEORG GASTL heraus u. stattete ihn lit. wie d. Vorläufer mit Gelegenheitsversen u. Prosaanekdoten aus TRASSLER hatte noch einen Almanach für 1814 veröff., d. v. Schauspieler Albin Flet hg. wurde u. poetische u. prosaische Beitr. neben Lustspielen v. Flet u. FRIEDRICH JOSEF KORNTHEUER enthielt. Nun trat wieder AXMANN auf d. Plan. Der Almanach scheint dann auch 1817/18 erschienen zu sein.

1825 gab d. Souffleur Karl Römer einen Brünner Theater-Almanach nach d. bisherigen Muster heraus. Der Inhalt blieb gleich, d. Erscheinungsbild verschlechterte sich zusehends; d. lit. Anspruch erlosch. Das gilt auch für d. Ausg. d. Almanach für 1826 u. 1827, d. d. Arbeit d. neuen Direktion v. Aloys Zwoneczek dokumentiert: Die ital. Oper mit Rossini, d. dt. Schauspiel mit Schiller u. erste Stücke FERDINAND RAIMUNDS standen auf d. Spielplan. 1833 erschien d. Büchlein noch einmal; es wurde nun bei RUDOLPH ROHRER gedr. Die Ausg. war wohl wieder ein wenig gediegener; nach mehreren Direktionswechseln war d. Theaterdirektor Heinrich Schmidt im Amt. Die Stücke v. FERDINAND RAIMUND dominierten d. Spielplan, daneben Stücke v. Schiller u. nach wie vor Opern v. Rossini. Das H. schloss mit Theater-Anekdoten u. einigen kleinen Gelegenheitsversen.

LITERATUR: Goedeke, Bde. VII, VIII, XII; Euphorion 1900, Bd. 7, 328, 330.

Eva Münz/Herbert Zeman

Brünner Theater-Taschenbuch auf d. Jahr 1814 → **Brünner Theater-Almanach**

Brünner Wochenbl. → **Brünner Ztg.**

Brünner Ztg. d. Kayßerlich-kgl. Lehnbanck → **Brünner Ztg.**

Brünner Ztg. sammt Beilage → **Brünner Ztg.**

Brünner Ztg. erschien 1755-1921 in Brünn, als dt. Ztg. unter versch. Titeln u. mit wechselnden Beilagen. Den Anfang machte am 5.7.1755 ein **Wöchentlicher Intelligenz-Zettel aus d. Frag-Amt d. Kayserlich-Königlichen Privilegirten Lehen-Bank zu Unserer Lieben Frauen in Brünn.** 1779 erschien d. Ztg. unter d. etwas verkürzten Titel **Brünner Ztg. d. Kayßerlich-kgl. Lehnbanck**. Es war zunächst ein ausgesprochenes Nachrichtenbl. mit internat. Meldungen; d. Korrespondenten berichteten aus d. habsburgischen Kronländern, aber auch u.a. aus Frankreich, Spanien, Großbritannien. Es waren hauptsächlich Berichte aus d. diversen Kriegs- u. Krisengebieten d. Welt. Einige kurz gefasste kulturelle Nachrichten rundeten d. Inhalt ab – so wurde aus Wien berichtet, dass ein junger Dichter, Herr [JOSEPH FRANZ] RATSCHKY, einige schöne Verse zu einem Porträt einer Schauspielerin verfasst habe. Doch im Allg. waren d. Kulturnachrichten spärlich. – 1815 hieß d. Bl. **Brünner Politische Ztg. Mit d. Mährischen Herren Ständen allerhöchst verliehenen k.k. Privilegien.** Gedr. wurde es bei JOHANN JOSEPH GASTL, einem bekannten Drucker u. Verleger. Es erschien nun tägl. u. hatte auch einige Beilagen: d. Amtsbl., d. Dekrete, Edikte, Zirkulare, statist. Meldungen u. Ähnliches brachte; d. »Intelligenzbl. für Mähren«, befasste sich mit einschlägigen Aktualitäten, wie Steckbriefen (u.a. d. Aussetzung eines Kopfgelds für d. Räuberhauptmann Grasel), Versteigerungen, Einberufungsedikten, privaten Immobilien-Verkäufen; u. schließl. d. Literarische Anzeiger, d. aber meist nur neu erschienene Bücher anpries, in jenem Jahr beispielsweise d. MÄHRISCHEN WANDERER für 1816 v. KARL JOSEPH JURENDE.

Der amtliche u. polit. geprägte Stil blieb d. Bl. bis 1848 erhalten, in diesem Jahr lautete d. Titel **Mährisch-Ständische Brünner Ztg.**; sie wurde v. d. Mährischen Ständen verlegt, Red. war ein J.C. Lauer. Sie erschien tägl. u. hatte d. gleichen Beibl.: Amtsbl., Intelligenzbl., Literarischer Anzeiger, mit d. traditionellen Inhalten. Im März 1848 änderte sich naturgemäß d. Berichterstattung, es wurde über d. Unruhen in d. Hauptstadt berichtet, dann folgten d. Dekrete, Aufrufe, Zirkulare, Reden an d. Volk, Proklamationen usw. wie in allen Ztg. d. Zeit, hier aber in zurückhaltendem Ton. 1851 hieß d. Bl. **Brünner Ztg. sammt Beilage**, hg., verlegt u. gedr. im Verlag (FRANZ) GASTL, säuberlich geteilt in einen »Aemtlichen« u. einen »Nichtaemtlichen Theil«. Nach einem kurzen Leitartikel, d. d. Schwelle zur 2. Hälfte d. Jh. thematisiert, erschienen im ersten offizielle Aussendungen, Dekrete, Verordnungen, Ernennungen, öffentl. Ehrungen etc., im zweiten Kommentare, es wurden z.B. Reden u. Stellungnahmen bekannter Politiker o. Regierungs- u. Verwaltungs-Mitgl. veröff. Auch »Vermischte Nachrichten« aus d. Provinz u. Korrespondentenberichte aus aller Herren Länder sind hier untergebracht. Als Beilagen gibt es d. »Amtsbl.« u. d. »Intelligenzbl. zur Brünner Ztg.« – hier finden sich Einberufungsbescheide, Sterberegister, Verzeichnisse d. in Brünn neu Angekommenen, Verlosungen, Konkurse

u. Grundbuchs-Angelegenheiten, während im Intelligenzbl. private Anzeigen aufscheinen. – Am 1. Juli teilte d. Redaktion mit, vertreten durch ALOYS JEITTELES: »Mit heutiger Nummer tritt d. Brünner Ztg. aus d. Regie d. hochlöbl. Mähr. Landesausschusses in d. d. hohen Staatsverwaltung, u. ist d. einzige in dt. Sprache erscheinende offizielle Regierungsorgan für d. Kronland Mähren.« Eine entscheidende Neuerung waren d. kulturellen Artikel, auch findet sich ab u. zu eine Erz. o. N., wie z.B. »Pique Dame« nach Alexander Puschkin. In d. nächsten Jahrzehnten änderte sich d. Ztg. weder in Aufmachung noch in Stil u. Linie – es blieb ein Nachrichtenbl.; so auch 1880-1900; auch d. Beibl. behielten Form u. Inhalt. – Lit.-hist. interessant sind d. noch nicht erwähnten Begleitbl.: Das »Brünner Wochenbl.« ist zu nennen, d. 1824-27 unter d. Redaktion v. JOHANN EDMUND HORKY erschien. In diesem d. »Belehrung u. Unterhaltung« gewidmeten Beibl. erschienen Beitr. namhafter mährischer Schriftsteller; davon hat sich kein Exemplar erhalten. Ab 1865 erschien d. **Brünner Morgenpost**. Diese großformatige, aus einem Bogen bestehende Ztg. erschien tägl.; Red. war Georg Ritter v. Ohm-Januschowsky, Verlag u. Druck erfolgten durch RUDOLF M. ROHRER, Brünn. Auch in diesem Bl. herrschen d. Kurznachrichten vor, doch brachte es immer wieder R. in Forts., meist v. heute vergessenen Autoren; so lief ein R. v. August Schrader »Die Verlassene« fast durch einen ganzen Jg. Auch gab es neben d. Tagesneuigkeiten – Korrespondentenberichte aus anderen Städten, Prozessnachrichten, lokale Begebenheiten – ein Feuilleton, d. kurze N. enthielt, wie »Florence v. Montigny« v. Julie Dungern o. auch naturwiss. Abhandlungen, wie eine Reflexion über Darwins Abstammungstheorie o. Musikalische Briefe über Nils Gade. Als weitere Forts.-R. folgten dann, wieder v. A. Schrader »Moderne Leidenschaft« o. ein Originalr. v. Emilie Heinrichs »In d. letzten Stunde«. 1880 war d. verantwortl. Red. d. »Morgenpost« H.G. Schindler; Druck u. Verlag waren noch immer bei ROHRER. Neben einigen N., wie »Die schwarze Kugel« v. S. v. d. Horst, o. »Zu spät «v. Eva Hartner findet man »Plaudereien zur Saisoneröffnung«, »Rosenhager Gesch.« u. ein erweitertes Feuilleton mit provinziellen Nachrichten. – 1899 haben sich Format u. graf. Gestaltung etwas geändert u. modernisiert; thematisiert wird d. Pariser Weltausstellung, ebenso d. Affäre Dreyfus, ansonsten beherrschen d. üblichen langen Forts.-R. neben Tagesneuigkeiten d. Text. 1900 schließlich, im 35. Jg. nannte sich d. Beilage »Unterhaltungsbl.«, brachte wie zuvor R., widmete sich aber bes. d. aktuellen Zeitereignissen: Der Burenkrieg zog d. Aufmerksamkeit auf sich. Man findet jetzt auch unter »Vermischtes« Theaternachrichten aus Brünn u. solche aus Nah u. Fern. So blieb d. Ztg. ihrer Tendenz als Nachrichtenbl. treu. Wenn dieses Bl. lit.-hist. bes. durch d. Feuilleton nur d. übl. Interesse beanspruchen darf, ist doch seine Bedeutung als vorherrschende dt.-sprachige Ztg. im Raum Mähren durch einen Zeitraum v. mehr als 100 Jahren nicht zu unterschätzen.

Eine Darstellung d. lit. Eigenart d. Feuilletons, d. Rezeption zeitgenöss. dt. Lit. sowie überhaupt d. Reflexe d. kulturellen Lebens in d. B. ist ein Desiderat.

LITERATUR: Goedeke, Bd. 12, Mähren (s. Knoll), 378; H. Sagl: Verzeichnis öst. Ztg. 1800-1945, 43f.

Eva Münz

Brugg, Elmar → **Elmayer-Vestenbrugg**, Rudolf v.

Brugger, Hans (23.8.1901 Steindorf/Ktn. – 19.4.1974 ?), Sohn armer Eltern, früh verwaiste. Kaum erwachsen, musste er am 1. WK teilnehmen

u. geriet in Kriegsgefangenschaft. Nach seiner Rückkehr in d. Heimat wurde er Beamter d. Krankenkasse in Klagenfurt. Schon früh – noch während d. Schulzeit – entdeckte er seine »poetische Ader«. Er schrieb für sich, wollte »d. Öffentlichkeit nicht damit belästigen«, doch seine G. wurden v. Freunden bei geselligen Zusammenkünften immer wieder vorgetragen u. erhielten verdienten Beifall. Bald konnte er sie auch in d. Sonntagsbeilage d. Ztg. *Freie Stimmen* veröff., auch d. Hörfunk ersuchte um Beitr. für versch. Mundartsendungen. – Die gesammelten G. erschienen im Bd. *All's lei zan lach'n. Lustige Kärntnergesch.* (Klagenfurt 1937). In seinen G., eigentl. sind es Erz. in Versform, herrscht ein herzhaft-bodenständiger Humor, es sind Alltagsbegebenheiten, liebevoll u. heiter betrachtet, im Kärntner Dialekt wiedergegeben. B. steht in d. Tradition d. für d. Vortrag bestimmten, in Vers o. Prosa verfassten kurzen Gesch., Anekdoten, Witzen u. Skizzen, einer lit. Gattung, d. lange Zeit parallel mit d. etwas später aufgekommenen Kabarett verlief bzw. in dieses münden konnte – wie d. Bsp. OTTO GRÜNMANDLS noch im späteren 20. Jh. zeigt. Diese Art Lit. erfreute sich in d. Stadt u. auf d. Land seit d. Tagen FRANZ STELZHAMERS, ANTON FRH. V. KLESHEIMS u. PETER ROSEGGERS großer Beliebtheit, hat artverwandte Gestaltungen in d. Wr. Skizzen eines FRIEDRICH SCHLÖGL, EDUARD PÖTZL u. VINZENZ CHIAVACCI u. beeinflusste wohl d. Rolleng. v. *Wien wörtlich* v. JOSEPH WEINHEBER. Freilich konnte d. Qualitätsunterschied – je nach Autor – beträchtlich sein. In d. Nachfolge d. anspruchslosen, aber oft gut pointierten G. B. schrieb d. Klagenfurter WILHELM RUDNIGGER.

WERKE: Gedichte: *All's lei zan lach'n. Lustige Kärntnergesch.*, Klagenfurt 1937; Vorw. v. S. Rieger: *Der Pfarrer v. Tirol, Reimmichl u. seine Gesch.*, Innsbr. 1972, Lebensbild v. H.B.

LITERATUR: Kosch, Bd. 2, Kosch, 20. Jh.; Giebisch/Gugitz; F. Grader, Ktn. in d. Lit., Klagenfurt 1960, 9.

Eva Münz/Herbert Zeman

Brukenthal, Frh. Peter Carl v. (auch Bruckenthal, 26.5.1753 Leschkirsch – 18.12 1807 Hermannstadt) stammte aus einem alteingesessenen siebenbürgischen Geschlecht. Sein Onkel Samuel Frh. v. B. (26.7.1721 Leschkirsch – 9.4.1803 Hermannstadt), seit 1777 Gouverneur d. Großfürstentums Siebenbürgen, war d. bedeutendste Mitgl. d. Familie, dessen reiche Slg. u. reformierende Verwaltungstätigkeit d. Aufklärung in Siebenbürgen zum Durchbruch verhalf, sodass er Adressat einer Reihe v. zeittypischen Gelegenheitsg. wurde, d. bei Trausch/Schuller/Hienz (Bd. 1, 197f.) verzeichnet sind. Auch sein Neffe scheint d. Vorbild d. Onkels gefolgt zu sein. Jedenfalls hielt er als Student d. Rechte eine – ähnlich wie zuvor JOSEPH V. SONNENFELS – *Lobrede auf Maria Theresia* [...] u. [...] *Joseph II*. Während SONNENFELS seine Rede in Wien hielt, sprach B. anlässl. seiner Aufnahme in d. »Deutsche Gesellschaft« im norddt. Göttingen. Das war eine patriotische Tat u. erwies zugleich d. Interesse Siebenbürgens an d. lit. Verwendung d. Muttersprache.

WERKE: *Rede auf Maria Theresia, K. v. Ungarn u. Böheim etc. u. Joseph II. Röm. Kaiser. In d. kön. dt. Gesellschaft zu Göttingen bei d. Aufnahme in dieselbe gehalten v. P. Carl v. Bruckenthal aus Hermannstadt in Siebenbürgen. Den 23. März 1776. Göttingen.*

LITERATUR: Trausch/Schuller/Hienz, Bd. 1, 182f.

Herbert Zeman

Brun, Theodor (Ps. Robert **Pollers**, 14.7.1898 Lemberg – ?) gehörte zu d.

Literaten d. 30er-Jahre d. 20. Jh., d. zunächst d. lit. Szene mitbestimmt hatten, dann aber aufgrund ihrer jüd. Abstammung u. ihrer polit. Anschauung Öst. verlassen mussten. Rechtzeitig in d. Schweiz emigriert, verlieren sich dort seine Spuren. B. war Schriftleiter einer v. Glöckner Verlag Wien hg. Reihe v. Trivial-R. u. kurzen N. in anspruchsloser Heftchen-Aufmachung. Auch war er Chefred. d. *Glöckner-Magazins*, einer illustr. Zs., d. 1930 jedoch nur in fünf Ausg. erschien. Hier veröff. er unter seinem Ps. (s.o.) kurze Erz., wie *Die Ohrfeige, Der Ruf aus d. Publikum, Ich werde verrückt, Ein Razzia-Abenteuer, Vierter Akt* etc. Das Magazin hatte kein sehr hohes Niveau, d. Illustrierten zeigten »künstlerische« Akt-Bilder, d. Beitr. setzten sich aus Witzen, Anekdoten, Rätseln, Feuilletons u. satirischen Kommentaren zus. Außerdem brachte es in jeder Ausg. ein kurzes Lustspiel aus d. Programm d.J. Marton-Verlages, Wien. Die Glöckner-R., d. monatl. erschien u. einige Jahre d. Publikumsinteresse fanden, waren eher geeignet, B. Begabung ins rechte Licht zu rücken, u. zwar mit humorist.-satirischen Situationsschilderungen; sie sind heiter, lebendig u. zeitnah, vgl. z.B. d. kurzen Essay *Robert Grünwald, d. blauklagenden Töne u. d. Börse* (Wien/Bln. 1930). Hier macht B. sich über d. finanziellen Verflechtungen v. Kunstbetrieb u. d. Kaffeehausliteraten im Café Central lustig. B. geschliffene Sprache bezeugt ihn nicht nur als Kenner, sondern auch als Mitgl. d. Szene. Er übers. auch aus d. poln. u. amerikan. Lit. u. verfasste selbständig erschienene R. – seine Arbeiten sind vergriffen.

WERKE: Romane: *Das Gespenst d. Vergangenheit*, Kriminal-R., 1929; *Der Mann ohne Gedächtnis*, Wien/Bln. 1930; *Harald läuft d. Tod nach*, ebd. 1931; *Die dritte Nacht*, ebd. 1936. Erz. u. Essays: *Meine Lotte u. ich, 16 heitere Begebenheiten*, Wien/Bln. 1925; *Drei heitere N., Robert Grünwald, d. blauklagenden Töne u. d. Börse, Wie Josef Mayer ins Irrenhaus kam, Das Feuilleton aus d. Leben*, in: Glöckner Bücher Nr. 44, Wien/Bln. o.J. 1930; *Die Ohrfeige, Ein Razzia-Abenteuer, Ich werde verrückt, Der Ruf aus d. Publikum, Vierter Akt*, in: Glöckner Magazin, Wien/Bln. 1930, Nr. 1-5. Übers.: *Die letzte Maske*, aus d. Poln., Bln. 1930; *Mr. X im Hotel Pennsylvania*, aus d. Amerik., ebd. 1930. Schauspiel: *Milliardäre? Ausgeschlossen!*, K., m. Th. Ruegheimer, Wien/Bln. 1930.

LITERATUR: Kosch, Bd. 2; Kosch 20. Jh.; Giebisch/Gugitz; Hdb. öst. Autoren u. Autorinnen jüd. Herkunft d. 18.-20. Jh., I.

Eva Münz

Brun, Vincent → **Flesch-Brunningen**, Hans

Brunar, Herbert (20.9.1897 Gutenstein/Nö – 14.4.1983 Klosterneuburg/NÖ), Theater- aber hauptsächl. Rundfunkregisseur in Wien. V. seinem Lebenslauf ist wenig bekannt; nur einige Titel d. Hörfunkspiele, d. er betreute, scheinen bei Wiederholungen auf (z.B. d. Hörspiel *Bln. 1930*, Wiederholung 2006). Für d. Hörfunk bearb. B. viele Werke bedeutender Autoren, v. Knut Hamsun bis Jean Anouilh, v. Frank Wedekind bis FRANZ THEODOR CZOKOR. B. war ein überaus talentierter Übers. wie etwa d. mit Lotte Katscher vorgenommene Verdeutschung d. R. v. H. Russell/ Victor Rosen *Victory in my Hands – Ein Mann ohne Hände*, Wien 1950, beweist. Die eigenen R. d. Autors sind verschollen u. kaum greifbar.

WERKE (Ausw.): Romane: *Theater im Theater*, o.O. 1930; *Das unsichtbare Denkmal*, o.O. 1931; *Am Start*, o.O. 1931; *Musik d. Gedanken*, o.O. 1954; *Ossietzky*, o.O. 1955; *Chikago, d. Stadt d. Winde,* o.O. 1955; *Offenbarung u. Untergang*, o.O. 1955. Hörspiel-Bearb.: F. Wedekind: *Der Marquis v. Keith*; K. Hamsun: *Vom Teufel geholt*; A. Strindberg: *Nach Damershus*; E. Barlach: *Der arme Vetter*; L. Pirandello: *Wie du mich willst*; J. Whitney: *Tore d. Sommers*; J. Anouilh: *Adele u. d. Gänseblümchen*; W. Lieblein: *Der Niemand*; H. James: *Patma*; A. Tichy: *Die Dame kommt aus Orleans*; F.Th. Czokor: *Pilatus*; u.a. Übers. aus d. Engl. (m. L. Katscher): *Ein Mann ohne Hände*, Wien 1950 (H. Russel/V. Rosen: *Victory in my Hands*); *Im Himmel weint man nicht*, Wien/Innsbr./Wiesbaden 1951 (E. Wharton: *Age of Innocence*).

LITERATUR: Giebisch/Gugitz; Kürschner 1958, 1973, Nekrolog 1971-98.

Eva Münz

Brunetti-Pisano, August (24.10.1870 St. Gilgen/Salzb. – 1.9.1943 Salzb.) war zunächst Lehrer, dann entschied er sich – trotz ungünstiger materieller Voraussetzungen – für eine freie Künstlerlaufbahn als Dichter u. Musiker. Aus einer ital. Familie v. Musikern u. Theaterleuten stammend, suchte er beide Künste in seinen Werken zu verbinden. Für seine Opern schrieb er sich selbst d. Texte: *Peter Schlehmil* (1905), *Das klagende Lied* (1910) – nach einem M. v. Ludwig Bechstein (Tr. einer Mutterliebe) –, *Das Käthchen v. Heilbronn* (nach H. v. Kleist aber mit tragischem Ende: Käthchen u. Graf Friedrich sterben durch d. Giftbecher, d. ihnen Kunigunde reicht), *Liebesopfer* (1912) u. *Djenaneh* (1914) sowie d. symphonische Dichtung *Einsame Krönung*. B.-P. – ein überaus schwieriger Charakter – blieb zu Lebzeiten nicht unbekannt, vermochte sich jedoch – trotz leidenschaftl. Unterstützung seiner Freunde (z.B. BURGHARD BREITNER) – nicht durchzusetzen u. verstarb – umgeben v. d. Aura d. verkannten Genies – in Armut u. Vergessenheit.

Der Verlassenschaftsakt befindet sich unter d. Aktenzahl 1 A 901/1943 im Salzb. Landesarchiv, d. Nachl. wird in d. Bibl. d. Salzb. Museum Carolino Augusteum aufbewahrt.

LITERATUR: B. Sturm (d.i. B. Breitner): A.B.-P. Ein Kampfruf, Wien 1912; E. Wertheimer: V. B.-P. d. Künstler u. Menschen, Salzb. 1913; Nagl/Zeidler/Castle, Bd. 4.

Herbert Zeman

Brunian, Johann Joseph v. (10.3.1733 Prag – Juni 1781 Altona), zunächst Schauspieler im Ensemble d. JOSEPH V. KURZ-BERNARDON, ging dann als Theaterprinzipal nach Brünn, Graz u. Prag, wobei er d. v. A.J. BRENNER geschaffene Charge d. Burlin übernahm. B. verfasste zunächst Schauspiele in d. Tradition d. Bernardoniaden, so etwa *Der vergötterte Bernardon o. d. Probe wahrer Beständigkeit*, ein auf Maschinenzauber, handfester Komik u. vielen Musikeinlagen basierendes Stück, später wandte er sich d. regelmäßigen Schauspiel zu, z.B. im in einem engl. Ambiente angesiedelten, d. Klischees d. Empfindsamkeit variierenden, sehr stark rhetorisch geprägten »Drama« *Die Familie auf d. Lande*, d. weniger eine dramat. Handlung bietet, als vielmehr edlen Charakteren d. Möglichkeit tränenreich-empfindsamer Monologe u. Dialoge gibt.

WERKE: *Der vergötterte Bernardon o. d. Probe wahrer Beständigkeit*, Prag 1764; *Alexander in Sidon o. d. Großmuth d. Überwinders*, Prag 1765; *Die Familie auf d. Lande*, Prag 1771; *Arist o. d. rechtschaffene Mann*, Prag 1771; *Charlot, o. d. Gräfin v. Givry. Lustspiel nach Voltaire*, Prag 1772.

LITERATUR: Goedeke, Bd. 5; O. Rommel: D. Alt-Wr. Volksk., Wien 1952, 361, 428 u. 431.

Wynfrid Kriegleder

Brunn, Adalbert → **Druskowitz** Helene

Brunner, Andreas (geb. im letzten Viertel d. 14. Jh. in Verdings bei Klausen [Chiusa] in Südtirol – 27.1.1443 Brixen bzw. Bressanone), ist nach weiten Reisen in seiner Jugend (Mitteleuropa, Skandinavien, Italien) 1410 unter d. Familiaren d. Kardinals Otto Colonna (später Papst Martin V.) nachgewiesen. 1415 war er als Notar in Bruneck im Pustertal tätig, ab 1419 als Kanonikus in Brixen u. Trient. 1426 ist er als Dompropst u. 1440 als Domdekan in Brixen bezeugt. 1420-39 war B. Vorsteher d. Spitals in Klausen, dessen lat. Chronik er 1426 verfasste: *Chronica Hospitalis Clusinensis*. Diese Chronik, d. ein schätzenswertes hist. Dokument zur Gesch. d. Hospitals sowie zur Armen- u. Krankenpflege d. MA darstellt, ist im Original verschollen, Textquellen sind spätere Abschriften (18. Jh.).

WERKE: Beste u. vollständige Kopie d. unauffindbaren Originals d. *Chronica Hospitalis Clusinensis* durch d. aufgeklärten Tiroler Theologen u. Kirchenhistoriker Joseph Resch (1716-82) im Staatsarchiv Bozen; Auszüge daraus in Übers. v. F.A. Sinnacher (1824) u. A. Pernthaler (1930).

LITERATUR: F.A. Sinnacher: Beyträge zur Gesch. d. bischöfl. Kirchen Säben u. Brixen in Tyroll, Theil IV, Brixen 1824, 26-34; O. Redlich: Tiroler Gesch.quellen d. MA, in: Fs. d. akad. Historiker-Klubs in Innsbr., Innsbr. 1903, 5-21; A. Pernthaler: D. ›Zwelfbotenhospital‹ auf d. Insel in d. Au bei Chiusa, in: Der Schlern 11 (1930), 4-15.

Werner M. Bauer

Brunner, Andreas S.J. (30.11.1589 Heiligenkreuz b. Hall/Tirol – 20.4.1650 Innsbr.), Sohn kath. Eltern, d. Vater arb. in d. Saline zu Hall. Sittenstrenge Erziehung u. wirtschaftl. Not kennzeichneten d. Kindheit d. begabten Jungen, d. schon mit zwölf Jahren zum kärglichen Lebensunterhalt seiner Familie durch Unterricht in einem wohlhabenden Hause beitragen musste. Weiterführende Ausbildung erhielt B. innerhalb d. Gesell. Jesu, d. er am 23.10.1605 als Novize d. oberdt. Ordensprovinz im Probationshaus zu Landsberg beitrat. 1607 wurde er als Mag. d. zweiten Gymnasialklasse nach Mchn. berufen; dort legte er am 28.10.1607 d. ersten Gelübde ab. Seine Studien absolvierte er in Ingolstadt: 1608-11 Phil., 1614-18 Theol., v. 1611-14 war B. als Lehrer d. Grammatik u. d. Humaniora tätig. Sein ausgeprägtes Interesse für Gesch. u. Poesie wusste er schon 1618 in einem Schuldrama zu verbinden, d. sein Mitbruder Razenrieder zu einer erfolgreichen Auff. in Neuburg a.d. Donau brachte. Während seiner Ingolstädter Zeit äußerte er, wie viele seiner Generation, mehrmals d. Wunsch, als Missionar nach China entsandt zu werden, doch wurden seine Bitten abschlägig beschieden. Stattdessen folgte sein Terziat 1618/19 in Ebersberg u. am 9.6.1619 in Eichstätt d. Priesterweihe. B. wurde zunächst als Prof. d. Ethik u. als Prediger in Dillingen (1619/20) u. in Freiburg i.Br. (1620/21) eingesetzt; bekleidete dort zugleich d. Amt d. Dekans d. Artisten-Fak. 1621 erhielt er d. Weisung, in Mchn. seinen Mitbruder Matthias Rader bei d. Erstellung d. v. Kurfürst Maximilian I. in Auftrag gegebenen bayr. Landeschronik behilflich zu sein. Als Rader jedoch in d. apologetischen Darstellung d. gebannten Kaisers Ludwig d. Bayern mehr d. Erwartungen d. Kurfürsten als jenen d. Papstes u. d. Ordens entsprach, wurde B. d. Weiterführung dieser offiziösen Gesch.schreibung übertragen. Zugleich wurde er 1622 erstmals zum Präses d. Marianischen

Kongregation in Mchn. gewählt (1622-26; weitere Amtsperioden: 1631/32, 1635-37). Doch auch sein vielgelobtes u. noch v. G.W. Leibniz 1710 in einer Neuaufl. besorgtes Gesch.werk blieb unvollständig: Nachdem er zw. 1626 u. 1637 drei Bde. d. *Annales virtutis et fortunae Boiorum* hatte zur Drucklegung bringen können, wurde ihm für d. vierten Bd., d. u.a. d. Kampf Kaiser Ludwigs gegen d. avignonesische Papsttum behandelte, d. Approbation nicht erteilt u. d. Amt d. Hofhistoriografen im Einvernehmen mit d. Kurfürsten seinem Ordensbruder J. BALDE übertragen. Auch hatte B. nach Meinung d. obersten Ordenszensurbehörde in Rom d. Interessen d. Wittelbachers zu positiv bewertet u. d. Handlungsweise d. Papstes zu stark kritisiert. Wenn auch B. Hauptinteresse bis dahin d. Historiografie gegolten hatte, so war er doch nicht auf d. wiss. Arbeit fixiert: In d. Pestjahren bat er mehrmals – wenn auch vergeblich – um d. Aufnahme in d. Pestdienst seines Ordens; 1630 gab er zus. mit P.W. Pfeffer für d. Mitgl. d. Marianischen Kongregation d. *Fasti Mariani* (Lebensbeschreibungen d. Monatsheiligen) heraus u. kümmerte sich um d. Förderung d. dt.-sprachigen Volksgesangs. 1632, nach d. schwed. Okkupation Bayerns, wurde B. mit anderen Münchner Geiseln nach Augsburg in schwed. Kriegsgefangenschaft verbracht; seine Erfahrungen u. Erlebnisse, d. er während dieser schlimmen Jahre (1632-35) gemacht hatte, hielt er im *Münchnerischen Denckhring*, eine Art Tgb. d. Kriegsgefangenschaft, fest. Im Herbst d. Jahres 1637 wurde er v. Mchn. nach Innsbr. versetzt, wo er als Seelsorger, Prediger u. Schriftsteller für alle Stände tätig war. Eine letzte große Aufgabe führte ihn im Frühjahr 1649 als Vertreter d. Innsbr. Kollegs zur Generalkongregation nach Rom; kurze Zeit nach seiner Rückkehr (März 1650) verstarb er an d. Folgen einer Lungenentzündung.

Mit d. Schuldrama *Henricus Imperator* begann B. 1618 sein lit. Schaffen. Hauptanliegen dieser allegorischen lat. Dichtung war, d. Slawenkriege Heinrichs II. als »pia bella« darzustellen; ergänzt wurde d. zentrale Thema unter Beziehung zahlr. Quellen mit einer Vita d. Herrschers *Epitome* sowie vieler Episoden aus d. legendenhaften Umfeld d. Haupthandlung. Schon Zeitgenossen B. kritisierten d. Stofffülle dieser »Comoedia«; dieses Urteil bestätigt auch d. neueste Forschung, d. d. Stück »epische Breite« statt »dramatischer Kürze« zuspricht (Szarota). Als Staatsaktion zur Vermählung Kurfürst Maximilians I. mit d. Habsburgerin Maria Anna wurde am Münchner Kolleg am 20.8.1635 B. *Nabuchodonosor* aufgeführt. Das Beispiel d. babylonischen Königs diente B. als Warnung vor Fürstenstolz u. Überheblichkeit angesichts d. wankelmütigen Fortuna, d. ohne Ansehen d. Standes Glück u. Unglück willkürlich verteilte. B. forderte, dass d. gute Fürst Diener d. Staates u. Werkzeug Gottes sein sollte. Das gab d. Drama d. Charakter eines Fürstenspiegels, ebenso wie d. *Excubiae tutelares LX heroum*, d. B. 1637 Erbprinz Ferdinand Maria zu seiner Geburt dedizierte. Ausgehend v. d. sagenhaften Agilolfinger Theode stellte B. alle 60 bayerischen Herzöge bis hin zu Kurfürst Maximilian I. in einer panegyrischen Reihung u. moralisierenden Exempelslg. als Schutzpatrone d. Kindes dar. Zugleich gelang ihm damit noch ein Handstreich gegen seine Zensoren, vermochte er doch nunmehr seine positive Bewertung Kaiser Ludwigs zu veröff. Doch lässt sich z.B. an d. Darstellung Wilhelms V. zeigen, dass B. oftmals weniger d. hist. Person als vielmehr d. idealisierte Frömmigkeitsvorbild gezeichnet hat. Aus seiner Innsbr. Zeit ragen neben

d. zahlr. Predigten v.a. d. sog. Bauernspiele heraus, d. seit 1644 anonym veröff. wurden u. rasche Abnahme fanden, wie B. selbst mitteilte (Duhr). Diese dt.-sprachigen Passionsdialoge, d. d. Kenntnis d. Tiroler Passionsspieltradition voraussetzten, wurden in d. Fastenzeit nach d. Gottesdienst zu St. Jacob aufgeführt; sie vergegenwärtigen Szenen d. göttl. Gerichts ebenso wie Märtyrer- u. Heiligenlegenden. Deutlich bezeugen d. Titel u. d. Verwendung einfacher, dt.-sprachiger Verse B. didaktische Absicht, d. auch d. Ausw.ausg., d. noch 1684 d. Salzb. Verleger J.B. MAYR (mit einer einführenden Vorrede) herausbrachte, Rechnung trägt: *Dramata Sacra, Oder Hertzrührende Schaubühne / Auff welcher Allen Christlichen Gemüthern zu sonderbahrem Trost u. Erquickung theils Das H. Leiden Christi / theils auch andere Denckwürdige Gesch. / Durch Redende Personen in Teutschen Versen vorgestellt werden* [...]. Damit ist nicht nur deutlich d. Appellcharakter dieser Dichtungen umschrieben, d. zu Buße u. zur Imitation Christi ermahnen wollen, sondern auch d. affektrhetorische Verfahren, durch d. diese Frömmigkeit vermittelt wird. »Nicht auf Ruhm, sondern auf d. Tränen u. Frömmigkeit d. Volkes ziele ich ab« – so hat B. selbst seine schriftstellerische Arbeitsweise charakterisiert. Durch d. dargestellten Leiden sollte besinnliches u. andächtiges Aufnehmen d. »gloria passionis« erzielt werden; d. Dichtung soll nicht ästhetischen Kategorien, sondern d. Erbauung dienen. Während d. Gesch.schreiber B. unbestrittenes Lob u. Anerkennung zuteil wurde, steht d. Würdigung seiner lat. u. dt. poetischen Werke noch in d. Anfängen. Wertvolle Anregungen hierzu bieten E. Dünninger u. E.M. Szarota, v.a. aber d. ältere »Charakterbild« v. B. Duhr mit vielen weiterführenden Lit.nachweisen.

WERKE: Historiografie: *Annales virtutis et fortunae Boiorum* [...], 3 Bde., Mchn. 1626-37; Neuaufl. ed. v. G.W. Leibniz, Ffm. 1710. Panegyrik: *Excubiae tutelares LX heroun* [...], Mchn. 1637; erw. 1680, dt.: *Schauplatz bayerischer Helden*, Nbg. 1681. Autobiogr. Bericht: *Münchnerischer Denckring* [...], 1632-35 (= Ms. HSTA Mchn.). Hagiografie: *Fasti Mariani* [...], Mchn. 1630, u.ö., niederländ., Antwerpen 1687. Dramen: *Comedia de S. Henrico Imperatore* [...], Neuburg a.d. Donau 1618 (= Perioche: *Synopsis Oder Summarischer Inhalt d. Comoediae*). *V. S. Heinrichen Hertzogen in Bayrn/u. Röm. Keyser* [...], o.O. 1618, in: Szarota I, 2, 997-1030; *Nabuchodonosor* [...], Mchn. 1635, Mchn., Staatsbibl. Dialogdichtung: *Siben Underricht christlicher Seelen* [...] *auß Betrachtung deß bittern Leydenß u. Sterbens Christi* [...], Innsbr. 1645; *Neun Geheimnuß v. Leyden Jesu christ* [...], Innsbr. 1647; *Göttlicher Gerichts-Prozeß* [...], Innsbr. 1648; *Bueß-Spigl* [...], Innsbr. 1649; *Augenschein göttlicher Gnaden in Bekherung menschl. Herzen* [...], Innsbr. 1650; *Dramata Sacra* [...], ed. v. J.B. Mayr, Salzb. 1684.

LITERATUR: Agricola/Kropf: Historia Provinciae Germ. Sup. SJ., IV, Mchn. 1754, 109f.; J. Friedrich: Über d. Gesch.schreibung unter Kurfürst Maximilian I. v. Bayern, Mchn. 1872; G. Ellinger: D. Dramata sacra d. A.B., in: Zs. f. vergleichende Lit.gesch. 6 (1892), 75-80; B. Duhr, S.J.: D. bayerische Historiograph A.B., in: Hist.-Polit. Bl. 141 (1908), 62ff.; ders.: Gesch. d. Jesuiten in d. Ländern dt. Zunge, II, 2, Freiburg i.Br. 1913, 723-745; M. Enzinger: D. dt. Tiroler Lit. bis 1900, Wien/Lzg./Prag 1929 (= Tiroler Heimatbücher I, 32); J. Müller, S.J.: D. Jesuitendrama, Bd. 2, Augsburg 1930, 23f.; E. Dünninger: A.B., in: ders./O. Kisselbach: Bayerische Lit.gesch. in ausgewählten Beispielen, Bd. 2, Mchn.

1967, 111-121; E.M. Szarota: D. Jesuitendrama im dt. Sprachgebiet. Eine Periochen-Edition, I, 2, Mchn. 1980, 1722-25, Kommentar zu »Henricus Imperator«; A. Schmid: Gesch.schreibung am Hofe d. Kurfürsten Maximilian I. v. Bayern, in: Kat. Wittelsbach u. Bayern, Bd. 2, 1, Mchn. 1980, 341-352; Heigel: A.B., in: ADB III; H. Dachs: A.B., in: NDB II; A. Backer-C. Sommervogel: Bibliothèque de la Compagnie de Jésus, 9 Bde., Brüssel 1890-1932, Bd. 2, 262-265.

Siegfried Schneiders

Brunner, Armin (Ps. **Berger** Adrian, **B.** Paul, **Teutoburg**, 1.8.1864 Mißlitz/Mähren – 8.11.1929 Wien), Sohn d. Päd. u. Jugendschriftstellers Philipp B., d. 1869 nach Wien versetzt wurde, besuchte hier d. Lehrerbildungsanstalt u. war nach d. Militärdienst 1887-93 im Ztg.korrespondenzbüro Wilhelm beschäftigt, danach Red. d. neugegr. Boulevard- u. Unterhaltungsbl. »Neues Wr. Journal«, bei d. er für d. lokalen Tl. zuständig war. 1902 ging er zur »Neuen Freien Presse«. Hier machte er sich als Lokalberichterstatter einen ausgezeichneten Namen u. genoss infolge seiner berufl. Integrität d. Vertrauen d. Wr. Polizeifunktionäre. In seiner späteren Stellung als Leiter d. Polizeireferates galt er auch als journalist. Vertrauensmann d. Wr. Polizeipräsidenten. Darüber hinaus verfasste er nicht nur Feuilletons für viele namhafte in- u. ausländ. Tagesbl. sowie humorist. u. belletrist. Zs., sondern auch einige lit. Werke. Seit 1893 war er gerichtlich beeideter Sachverständige für d. Pressewesen Mitgl. d. Journalisten- u. Schriftstellervereins CONCORDIA, bei d. er als Vorstandsmitgl. u. Schriftführer wirkte (weiters Redaktion d. überaus informativen CONCORDIA-Kalenders v. 1915). B., in einem Nachruf d. *Neuen Freien Presse* als »Fanatiker d. Hilfsbereitschaft« apostrophiert, engagierte sich für humanitäre Institutionen (auch Mitgl. d. Freimaurerloge »Sokrates«, in d. er zuletzt »Meister v. Stuhl« war).

Auf lit. Gebiet zeigte d. renommierte Journalist große Vielseitigkeit: Neben unterhaltenden (musikdramat.) Bühnenstücken verfasste B. gern gelesene Kriminalgesch. (u.a. *Ich sterbe freiwillig …!*, 1899) u. Jugendbücher. Sein bekanntestes Bühnenwerk ist d. im – nur zu vertrauten – Wr. Redaktionsmilieu angesiedelte amüsante Lustspiel *Das Frühlingsfest* (1907), d. im Raimundtheater zur Auff. gelangte. Humorvollen Charakter besitzt – ungeachtet ihrer gediegenen Aufbereitung – auch d. »lustige u. lehrreiche Kritik unserer nhd. Mundunarten« *Schlecht Deutsch*, d. d. Schüler Jakob Minors 1895 vorlegte (z.B. »Beispiele schöner Selbstlosigkeit aus d. täglichen Leben. Grammatischer Selbstmord«).

WERKE (Ausw.): Drama: *Das Frühlingsfest*, Lustspiel in 3 Akten, Wien/Lzg. 1907. Romane: *Ich sterbe freiwillig …!*, Wr. Kriminalr., Bln./Eisenach/Lzg. 1899; *Erbgift*, Wr. R., Bln./Eisenach/Lzg. 1900; *Im Schnitterglück*, Bln./Eisenach/Lzg. 1902. Kinderbücher: *Der rote Faden. Ein lustiges Bilderbuch mit Versen. Für d. Mutter zum Vorlesen*, zu d. v. Ernst Kutzer illustr. Bilderbuch, Wien 1921; *Für d. Mutter zum Vorlesen zu d. v. Ernst Kutzer illustrierten Bilderbuch Mucki, d. Held. Ein lustiges Zwergenbilderbuch*, Verse v. B., Wien 1921. Vorträge: *Reisen zum Licht*, 3 freimaurerische Vorträge, Wien 1931 [1930]. Sprachkrit. Abhandlung: *Schlecht Deutsch. Eine lustige u. lehrreiche Kritik unserer nhd. Mundarten*, Wien/Lzg. 1895. Bearb.: Philipp Brunner: *Schule d. Vorbereitung zur Aufnahmsprüfung für d. Gymnasium u. d. Realschule*, Wien [6]1909, [7]1914 u. [8]1918. Redaktion: *Concordia-Kalender 1915*, hg. v. Journalisten- u. Schriftstellerverein »Concordia« in Wien, Wien 1915.

LITERATUR: Eisenberg, Bd. 1; Brümmer, Bd. 1; Degeners wer ist's?, VIII. Ausg., Lzg. 1922, 197f.; Neue Freie Presse v. 8.11.1929, Abendbl., 3 u. v. 10.11.1929 Morgenbl., 11, 25; Nagl/Zeidler/Castle, Bd. 4; W. Kosch: Dt. Theaterlex. Biogr. u. bibliogr. Hdb., Bd. 1, Klagenfurt/Wien 1953, 223; ÖBL, Bd. 1; Giebisch/Gugitz.

Sylvia Leskowa

Brunner, Franz (25.9.1926 Edelhof bei Haag/NÖ. – 5.6.1982 ebd.) lebte als Bauer auf d. Aichingerhof in Edelhof, wo er geboren worden war. Nach d. Besuch d. Volks- u. Hauptschule in Haag arb. er in d. elterl. Wirtschaft. 17-Jährig wurde er zum Arbeitsdienst einberufen, anschließend zum Dienst in d. dt. Wehrmacht. 1945, nach d. Rückkehr aus d. Krieg, übernahm er d. elterl. Hof, wo er seither lebte u. arb. Früh schon befasste er sich mit Mundartdichtung – so wurde er Mitarb. bei versch. bäuerlichen Zs., wo er auch seine G. veröff., für d. er mehrfach Preise erhielt. In seinem v. Gönnern geförderten u. anerkannten Bd. *Am Anger* (Wien 1951) sind diese G. gesammelt – sie zeigen einen selbstbewussten Menschen, d. seinen Beruf mit Stolz ausübt. Wie angesehen B. war, zeigt d. Einführung zu diesem Buch v. d. Lit.Historiker Josef Nadler, d. d. Verf. als Vertreter d. wahren Öst. bezeichnet, d. in weiser Selbstbeschränkung nur d. ihm Gemäße vertritt. Auch d. damalige öst. Bundeskanzler Leopold Figl u. d. langjährige öst. Bundesminister Felix Hurdes fanden lobende Worte in ihrem Vorwort. Hier dokumentiert sich B. polit. Engagement als Mitgl. d. Öst. Volkspartei: 1964-69 war B. im NÖ Landtag tätig, 1970-82 war er Abgeordneter zum Nationalrat. 1980 wurde B. d. Titel Ökonomierat verliehen. Es ist wahrscheinl. B. zeitraubender öffentl. Tätigkeit zuzuschreiben, dass nach d. ersten G.-Slg. nur mehr G. vereinzelt in Zs. erschienen. B. Arbeiten gehören zur Heimatdichtung im besten Sinn, unsentimental aber gemütstief. Die überkommenen Werte werden hoch gehalten: Es sind ein aufrechter Glaube u. d. Liebe zur Heimat, zur Tradition u. zur Familie.

WERKE: *Am Anger. Gedichte in Mostviertler Mundart*, Wien 1951.

LITERATUR: Kosch, Bd. 2, Kosch 20. Jh.; Giebisch/Gugitz; J. Hauer (Hg.): Am Quell d. Muttersprache, Wien 1955, 505; Öst. Wiege, Amstetten/Waidhofen a.d. Ybbs 1988.

Eva Münz

Brunner, Heinz (4.2.1905 Marburg a.d. Drau/Stmk., heute Maribor/Slowenien – 23.5.1971 Graz), Sohn eines Kaufmanns, absolvierte eine Gymnasialausbildung u. besuchte eine Höhere Bundeslehranstalt für Maschinenbau u. Elektrotechnik, d. er mit d. Ingenieurdiplom abschloss. Er stud. an d. Univ. Graz u. Marburg a.d. Lahn, promovierte zum Dr. phil., erwarb d. Lehramtsdiplom u. war als Dozent an d. Bonner Hochschule für Lehrerbildung tätig. Später wirkte er als Direktor d. Grazer LEOPOLD STOCKER VERLAGES, in d. auch viele seiner umfangreichen gesch. R., d. seine schriftst. Domäne darstellen, erschienen. B. bekannte sich – entsprechend seiner universitären Ausbildung – stets zu umfangreichen Quellenstudien u. damit zum Genre d. ernsthaften dokumentarischen Sachr. mit Unterhaltungswert (s. d. jeweils beigegebene Bild-, Quellen- u. lit. Material u.a.m.). Seine in traditionell-behutsamer Erzählweise konzipierten Werke kommen durchwegs anschaul. u. stimmungsvollen Zeit- u. Persönlichkeitsporträts gleich, wobei sich B. d. mariatheresianisch-josefinischen Epoche genauso überzeugend u. sachkundig zu nähern vermag wie d. hellenist. Zeitalter nach d. Tod Alexanders d. Gr. – In seinem Erstlingsr. *Brücke über d. Drau* (1940) widmete sich B. anhand d. Schicksals eines Gürtlergesellen d. durch Nationalitätenkonflikte bestimmten Marburger Stadtgesch. d. späteren 18. Jh. Das barocke Wien stellt d. Hintergrund für d. zu pathetischer Glorifizierung neigenden Prinz Eugen-R. *Mars u. Venus* (1950) dar. Sachlicheren Charakter weist schließl. d. umfassende Russlandr. *Iwan* (1956, »Die Gesch. Russlands v. d. letzten Ruriks bis zum ersten Romanow«) u. d. breit angelegte R. um d. griech.-ägyptische Königin Arsinoe II. (*Priesterin d. Purpurs,* 1970) auf.

B. ist ein Grazer Romancier d. 50er- u. 60er-Jahre, d. mit seinen Werken meist über d. Genre d. belletrist. Popular-Geschichtsr., wie er beispielsweise v. ERWIN HERBERT RAINALTER u. MIRKO JELUSICH vertreten wird, d. stoffl. Vermittlung nach hinausgeht u. sich d. unterhaltend gestalteten Sachbuch nähert.

Nachl. in Privatbesitz bei Maria Brunner, Rauchleitenstraße 51, 8010 Graz.

WERKE: Romane: *Brücke über d. Drau*, m. Holzschnitten v. Fritz Mayer-Beck, Bln. 1940; *Mars u. Venus. Hofintrigen u. Frauen um Prinz Eugen*, hist. R., Graz/Wien/Stgt. 1950, Graz/Stgt. ²1965; *Geblieben aber ist d. Volk. Ein Schicksal, für alle geschrieben*, Graz/Göttingen 1954; *Iwan. Das Geheimnis d. russ. Seele. Die Gesch. Russlands v. d. letzten Ruriks bis zum ersten Romanow. Nach Quellen, Urkunden u. Gesch.werken dargestellt*, Graz/Stgt. 1967; *Priesterin d. Purpurs. Ein Herrscherschicksal aus d. Zeit nach Alexander*, Graz/Stgt. 1970. Schrift: *Das Deutschtum in Südosteuropa*, Lzg. 1940.

LITERATUR: Who's who in Austria. 6th Edition, Montreal 1967, 84; Giebisch/Gugitz.

Sylvia Leskowa

Brunner, Herbert (2.9.1907 Wien – 21.2.1978 ebd.), Beamter in Wien, engagierte sich lit. für Stoffe aus d. Gesch. seiner Heimatstadt. Insofern ordnet er sich – mit bescheidenem Anspruch – in d. traditionelle hist. an d. Vergangenheit orientierte öst. Erzähllit. v. ausgehenden 19. ins 20. Jh. ein (s. JOSEPH AUGUST LUX, EMIL ERTL, RUDOLF HANS BARTSCH usw.). Die Arbeiten B. sind in d. öffentl. Bibl. Öst. kaum mehr auffindbar.

WERKE: *Der Dichter d. Herzens. R. um F. Raimund*, Wien 1938; *Der liebe Augustin*, N., Wien 1940; *Wienerische Dramaturgie d. Komödie*, Essay, Wien 1947.

LITERATUR: Kosch, Bd. 2, Kosch, 20. Jh.; Giebisch/Gugitz.

Eva Münz

Brunner, Karla (geb. Zawora; 20.8.1900 Wien – 13.11.1994 Lenzing/OÖ) war in d. 50er-Jahren d. 20. Jh. als Bühnenschriftstellerin bekannt. Heute ist sie samt ihrem Werk – man kennt nur wenige Titel v. Theaterstücken, d. sich in öffentl. Bibl. Öst. nicht nachweisen lassen – verschollen.

WERKE: Schauspiel: *Prinz Tumora*, Schauspiel nach F. Ginzkey, 1955; *Barbara Koller*, Sp., 1957; *Anton Wallner*, 1959.

LITERATUR: Kosch, Bd. 2, Giebisch/Gugitz.

Eva Münz

Brunner, Paul → **Brunner**, Armin

Brunner, Sebastian (10.12.1814 Wien – 27.11.1893 ebd.), einer d. bedeutenden antiliberalen kath. Dichter u. Publizisten d. 19. Jh. Der Sohn eines begüterten Seidenfabrikanten begann seine Ausbildung am Wr. Schottengymnasium, setzte sie am Piaristengymnasium in Krems fort u. trat 1834 ins Wr. Fürsterzbischöfl. Priesterseminar ein. Nach seiner Priesterweihe (1838) wirkte er einige Jahre in NÖ (Perchtoldsdorf) u. in Wr. Vorstädten (Pfarrer zu Altlerchenfeld) als Seelsorger. 1845 wurde B. in Wien zum Dr. phil., 1848 in Freiburg i.Br. zum Dr. theol. promoviert. 1853-56 war B. viel beachteter Feiertagsprediger an d. Wr. Univ.kirche, ab 1856 widmete er sich ausschließl. seinem publizist. Wirken. Der v. Papst Pius IX. 1865 zum apostolischen Protonotar u. infulierten Prälaten Ernannte starb in ärml. Verhältnissen. B. wurzelt im öst. Vormärz u. in d. frühen franziszeischen Tradition. Zu seinem Bekanntenkreis zählten nicht nur d. berühmte Wr. Domprediger JOHANN EMANUEL VEITH, ferner JOSEPH V. EICHENDORFF, ADALBERT STIFTER, Leopold Kupelwieser, Anton Führich u. Staatsrat Jarcke, sondern auch Joseph v. Görres, Baron Clemens Hügel u. Fürst Metternich, d. B. hoch schätzte u. ihn im Sinne seiner Politik mit diplomatischen Missionen betraute. 1848-74 redigierte B. d. v. ihm gegr. *Wr. Kirchenztg.*, d. unter seiner Führung zu einem Kampforgan gegen d. staatskirchlichen Liberalismus wurde.

B. dichterische Texte – weltanschaul. u. satirische Versepik, R. u. G. – verraten d. Schulung an d. rhetorischen Mustern d. spätaufklärerischen polemischen Tradition, deren Wirkungsmittel er seinen theol. u. polit. Zielen dienstbar machte. Während d. phil. Dichtung *Die Welt ein Epos* (1844) durchaus im Sinne d. aufgeklärten Theol. im Preisen d. »Weltg.« d. »Sänger-Gottes« (»deus artifex«) nachweist, wenden sich B. R., z.B. *Des Genies Malheur u. Glück* (1843) u. *Diogenes v. Azzelbrunn* (1846), mit ihrer Mischung aller Redearten u. Gattungen scharf gegen d. modernen Individualismus u. gegen d. »Kunstvergottung« im Zuge d. fortschreitenden Säkularisation. Dieser Stil u. d. Festhalten am Nützlichkeitsdenken – Kunst als öffentl. Belehrungsmittel im Sinne kirchlicher Moral – verraten, dass d. Wurzel v. B. Schriftstellerei nicht d. Barock war, wie d. Forschungslit. gemeinhin annimmt (Alker), sondern eher d. späte josephinische Ära, deren Auswirkungen B. freilich mit deren eigenem Stil bekämpfte. Als polemischer Journalist u. v.a. als Popularhistoriker wandte sich B. gegen d. Staatskirchentum d. Liberalismus (*Die theologische Dienerschaft am Hofe Josephs II*, 1868; *Die Mysterien d. Aufklärung in Öst.*, 1869). B. Bücher gegen d. Klassikerkult im Dt.unterricht (*Hau- u. Bausteine zu einer Literaturgesch. d. Deutschen*, 1885/86) riefen nat.liberale Schulreformer u. d. freiheitl. Presse gegen ihn auf d. Plan. Trotz wütender Einseitigkeit – Antihegelianismus u. d. Ablehnung großdt. Tendenzen – sah B. d. Möglichkeiten zur Inhumanität d. bürgerl. Bildung d. 19. Jh. voraus. Eine auf d. Stil d. Spätaufklärung gerichtete Einordnung seiner dichterischen Werke steht trotz verdienstvoller Zusammenfassung noch aus (trotz Ritzen u. Kienesberger).

WERKE (Ausw.): Lyr.-epische Dichtungen: *Der Babenberger Ehrenpreis*, Wien 1843, neue umgearb. Aufl. Regensburg 1846; *Die Welt ein Epos*, Wien 1844; Regensburg ²1946; *Der Nebeljungen Lied*, Regensburg 1845; ²1847; ³1852; *Blöde Ritter. Poetische Gallerie dt. Staatspfiffe*, Regensburg 1848. Romane: *Des Genies Malheur u. Glück. Ein Spiegelbild mit Land- u. Wr. Figuren sammt Reflexen u. Reflexionen*, 2 Bde., Lzg./Wien 1843, Regensburg ²1848; *Diogenes v. Azzelbrunn*, Wien 1846; *Die Prinzenschule zu Möpselglück. Schildereien aus d. jungen Welt*, 2 Bde., Regensburg 1848. Autobiogr.: *Woher? Wohin? Gesch., Gedanken, Bilder u. Leute aus meinem Leben*, 2 Bde, Wien 1855, 2., verm. Aufl. Regensburg 1865, N.F. 3 Bde., Regensburg 1866; *Ges. Erz. u. poetische Schrif-*

ten, Bde. 1-18, Regensburg 1864-76. Satirische u. lit.hist. Schriften: *Die theologische Dienerschaft am Hofe Josephs II. Geheime Correspondencen u. Enthüllungen zum Verständnis d. Kirchen- u. Profangesch. in Öst. v. 1770-1800 aus bisher unedirten Quellen d. K.K. Haus-, Hof-, Staats- u. Ministerialarchive*, Wien 1868; *Die Mysterien d. Aufklärung in Oesterreich 1770-1800. Aus archivalischen u. bisher unbeachteten Quellen*, Mainz 1869; *Der Humor in d. Diplomatie u. Regierungskunde d. 18. Jahrhunderts. Hof-, Adels- u. diplomatische Kreise Dtld. geschildert aus geheimen Gesandtschaftsberichten u. anderen ebenfalls durchwegs archivalischen bisher unedirten Quellen*, 2 Bde., Wien 1872; *Joseph II. Charakteristik seines Lebens, seiner Regierung u. seiner Kirchenreform. Mit Benützung archivalischer Quellen*, Freiburg i.Br. 1874; *Friedrich Schiller. Curiose Freunde, trübselige Tage, Missachtung bis ins Grab hinein, kein Ehrenbuch für Weimars Größen*, Wien 1885; *Hau- u. Bausteine zu einer Literaturgesch. d. Deutschen. Wahrheit u. keine Dichtung*, H. 1-8, Wien/Würzburg 1885/86 (1. »Vater Gleim, d. Seher Gottes«; »Vossens Luisentempel«; »Drei Stichproben aus d. Goethe-Literatur«; »Voss u. Dichter-Bataillen«; »Der Himmel voller Geigen in Weimar«; »Don Quixote u. Sancho Pansa auf d. liberalen Parnasse. Anastasius Grün u. v. Bauernfeld als Freiheitshelden nach Erfahrung u. Verdienst gewürdigt«); *Denk-Pfennige zur Erinnerung an Personen, Zustände u. Erlebnisse vor, in u. nach d. Explosionsjahre 1848*, Wien/Würzburg 1886; *Allerhand Tugendbolde aus d. Aufklärungsgilde. Gegen d. Willen ihrer Verehrer ins rechte Licht gestellt*, Paderborn 1888; *Die vier Großmeister d. Aufklärungs-Theologie »Herder, Paulus, Schleiermacher, Strauß« in ihrem Schreiben u. Treiben verständlich u. nach Möglichkeit erheiternd dargestellt*, Paderborn/Münster 1888; *Die Hofschranzen d. Dichterfürsten. Der Goethecult u. dessen Tempeldiener zum ersten Male aktenmäßig v. d. humoristischen Seite betrachtet*, Wien/Würzburg 1889; *Knoffologie u. Pfiffologie d. Weltweisen Schopenhauer. Im Schreiben u. Treiben d. Meisters u. seiner Gesellen plastisch u. drastisch dargestellt*, Paderborn 1889; *Lessingiasis u. Nathanologie. Eine Religionsstörung im Lessing- u. Nathan-Cultus*, Paderborn 1890; *Zwei Buschmänner* [Börne u. Heine]. *Aktenmäßig geschildert*, Paderborn 1891. Theol. u. homiletische Schriften: *Christkath. Lehr- u. Gebetbuch für d. Jugend*, Wien 1842, ²1844; *Das Heil aus Sion. Ein Erbauungsbuch für kath. Christen* [...], Wien 1842; *Jesus mein Leben. Ein Christkath. Gebet- u. Erbauungsbuch*, Wien 1842, ⁵1878; *Friede in Christus. Ein Gebet- u. Erbauungsbuch für kath. Christen*, Wien 1845; *Homilienbuch für d. Sonn- u. Feiertage d. Kirchenjahres*, Bde. 1-3, Regensburg 1851-54; *Oremus! Lasset uns beten. Ein kath. Gebet- u. Erbauungsbuch*, Wien 1886.

LITERATUR: J. Scheicher: S. B., Wien ²1890; C. Wolfsgruber: D. Haltung d. Wr. Klerus in d. Märztagen 1848, in: Jb. für Landeskunde v. NÖ 13-14, 1914/15, 483-494; R. Ritzen: D. Junge S.B. in seinem Verhältnis zu J. Paul, A. Günther u. Fürst Metternich, Aichach 1927; A. Kargl: S. B. schöngeistiges Lebenswerk, Diss. phil., Wien 1932; K. Ammerl: S.B. u. seine publizist. Stellungnahme in d. Wr. Kirchenztg. zur Frage d. Neuregelung d. Verhältnisses v. d. Kirche u. Staat, Kirche u. Schule u. zur sozialen Frage in d. Jahren 1848-55, Diss. phil., Wien 1934; S.F. Brenner: S.B. Verdienst um d. Anfänge d. kath. Presse, Dipl. Arb., Wien 1947; I. Treimer: S.B. als Historiker, Diss. phil., Wien 1947; K. Kienesberger: S.B. Stellung zu Lessing, Goethe u. Schiller. Ein öst. Beitr. zur antiliberalen Kritik an d. dt. Klassik im späteren 19. Jh., Gymnasial-Programm d. öff. Gymnasiums d. Benediktiner zu Kremsmünster, Bd. 108 (1965), 1-196; DSL, Bd. 1; Czeike, Bd. 1; H. Novogoratz: S. B. u. d. frühe Antisemitismus, Diss. phil. Wien 1979 (mschr.).

Werner M. Bauer/Herbert Zeman

Brunner, Thomas (**Pegaeus**, **Pagaeus**, **Pigeo**, um 1535 Landshut/Bayern – 28.10.1571 Steyr/OÖ), hatte in d. frühen 50er-Jahren d. 16. Jh. in Wittenberg studiert, wobei er Mitgl. d. in Steyr ansässigen Familie Urkauff kennenlernte. Wahrscheinl. durch deren Vermittlung kam er 1558 nach Steyr u. übernahm d. Rektorat d. hier neugebauten protest. Lat.schule. In diesem Amt u. im Bemühen, Sitten u. Ruf d. Schule zu heben, verfasste B. wohl insgesamt zehn biblische Dramen in dt. Sprache mit d. Ziel »d. wunderlichen Wercke vnd thaten Gottes [...] d. gemeinen Leyen / sonderlich d. lieben Christlichen jugent / gleich als in einen Spiegel / für d. augen« zu stellen (Vorrede zum Drama *Jacob*, 1566. V. diesen Stücken sind nur drei erhalten geblieben, v. denen wieder bloß *Jacob* trotz d. Verwendung d. Dt. als Schuldrama im engeren Sinn zu gelten hat. Die *Historia v. d. frommen u. gottesfürchtigen Tobia* (1568) wurde im Fasching 1569 bei d. Hochzeit v. Wolff Urkauff, Stadtrichter u. Bürgermeister zu Steyr, † 1588, aufgeführt u. d. *Historia v. d. Heirat Isaacs u. seiner lieben Rebecca* (1569) anlässl. d. Hochzeit eines ehemaligen Schülers d. Kremser Bürgers Martin Ortner, 1569 in Krems (NÖ).

B. Dramen bildeten ebenso wie d. Stücke d. GEORG MAURITIUS d.Ä. einen Tl. d. unter Kaiser Maximilian II. bereits langsam in d. Defensive gedrängten protest. Kulturpolitik. B. Spiele sind nicht Bearb. bereits vorhandener Spieltexte, wie viele Stücke dieses Genres v. anderen Verf., sondern eigenständige Schöpfungen: Sie geben sich volkstümlich auch im Gebrauch d. Dt. u. bes. durch einen merkbaren Zug zur genremäßigen Kleinmalerei aus d. bürgerlichen Alltagsleben. Aus diesem Grund zeigen sich in ihnen Ansätze zur Charakterisierung d. Personen durch d. Nachzeichnen ihres Situationsverhaltens. B. Spiele setzen bereits eine Bühnenform voraus, d. d. Übergang v. d. ma. Simultanbühne u. ihren »Loca« zum Sukzessionsprinzip d. neuzeitlichen Bühne mit ihren Auftritten bildet. Die Spiele B. haben trotz ihres Engagements keinen kämpferischen Charakter, sondern versuchen neutestamentarische Frömmigkeit u. Liebe statt antikath. Polemik zu verbreiten.

WERKE: Dramen: *Die schöne Biblische Historia v. d. heiligen Patriarchen Jacob / vnd seinen zwölff Sönen* [...], Wittenberg 1566, einziges Exemplar als 7. Stück eines Breslauer Sammelbd., d. ausschließl. protest.-theolog. Texte enthält, NA v. R. Stumpfl, Halle a.d. Saale 1928, Nr. 258-260 d. Neudr. dt. Lit.werke d. 16. u. 17. Jh.; *Die schöne geistliche Gesch. o. Historia / v. d. fromen u. gottsfürchtigen Tobia / auff d. kürtzest Spielweis gestellet* [...], Wittenberg 1569, einziges Exemplar Wolfenbüttel 1028 Theol. 8 (4); *Die schöne kurtzweilige Historia / v. d. Heirat Isaacs u. seiner lieben Rebecca / Spielweis gestellet* [...], Wittenberg 1569, einziges Exemplar Wolfenbüttel P 1734, 8° Helmstedt 11. Die letzten beiden D. wurden neu hg. v. W.F. Michael u. D. Reeves, Bern u.a. 1978 u. 1983. Eine Gesamtedition v. b. Werken wäre zu erwägen.

LITERATUR: A. Wick: Tobias in d. dramat. Lit. Dtld., Diss. phil., Heidelberg 1899; A. Rolleder: Beitr. zur öst. Erziehungs- u. Schulgesch., H. 18, 1918; E. Haller: Th.B. (Pegaeus) u. G. Mauritius d.Ä., in: Heimatgaue 4, 1923, 262-281; R. Stumpfl: D. ev. Drama in Steyr im

16. Jh., Diss. phil. Wien 1926 (mschr.); ders.: D. alte Schultheater in Steyr im Zeitalter d. Reformation u. Gegenreformation, in: Heimatgaue 12, 1931, 136-158; 13, 1932, 13-24, 95-128; ders.: Th.B. *Tobias* (1569) u. G. Rollenhagens Bühnenbearb. (1576), in: ZfdPh 57, 1932, 157-177; A. Sturm: Theatergesch. OÖ. im 16. u. 17.Jh., Wien 1964 (= Theatergesch. Öst. 1 = Veröff. d. Öst. Akad. d. Wiss., Kommission f. Theatergesch. Öst.), 58-69.

Werner M. Bauer

Brunngraber, Brigitte (* 8.1.1960 St. Peter b. Freistadt/OÖ), zweites Kind einer bäuerl. Familie. In ihrer Ausbildung durchlief sie d. Volks-, Haupt- u. Handelsschule. B. arb. seit 1978 als Bankangestellte. Persönliche existenzielle Probleme standen am Beginn ihrer lit. Arbeit (1974). Sie schreibt Lyr. u. Prosa, deren Grundstimmung meistens melancholisch u. pessimistisch ist. An d. Öff. gelangten ihre lit. Texte erstmals im LITER. CAFÉ in Puchberg.

LITERATUR: W. Bortenschlager, in: Lit. Café II, Wels 1979.

Ruthilde Frischenschlager

Brunngraber, Rudolf (20.9.1901 Wien – 5.4.1960 ebd.), Sohn eines Maurers aus Wien-Favoriten, absolvierte 1920 d. Lehrerbildungsanstalt, fand jedoch keine entsprechende Anstellung. Er begab sich zunächst auf Wanderschaft u. gelangte u.a. nach Skandinavien. Nach seiner Rückkehr besuchte er 1926-30 d. Akad. für angewandte Kunst u. arbeitete als Gebrauchsgrafiker. Nebenbei erwarb er im Selbststud. ein umfangreiches polit. u. hist. Wissen; er war als Vortragender im Rahmen d. sozialist. »Bildungszentrale« tätig u. schloss sich d. Kreis um Otto Neurath an, dessen rationale Gesell. analyse auf marxist. Grundlage für ihn wegweisend wurde. So beruht B. 1932 erschienener Erstling *Karl u. d. 20. Jahrhundert* auf Einsichten austromarxist. Gesell.- u. Gesch.theorie; d. v. d. Kritik auch im Dt. Reich positiv beurteilte R. bedeutete für B. d. lit. Durchbruch, er erhielt noch im gleichen Jahr d. Julius-Reich-Preis. 1933 gehörte er zu d. Begründern d. VEREINIGUNG SOZIALISTISCHER SCHRIFTSTELLER; neben zahlreichen Aufs., u.a. für d. sozialist. Frauenz. *Die Unzufriedene* entstand in diesen Jahren d. erste seiner um Sachthemen kreisende R., d. Gesch. v. d. Entdeckung d. Radiums. Der Aufstand d. öst. Arbeiter im Febr. 1934 fand bei B. lit. Niederschlag in d. – allerdings erst 1949 veröff. – deutlich autobiogr. gefärbten *Weg durch d. Labyrinth* nach d. Annexion Öst. durch d. Dt. Reich 1938 wurde B. trotz seiner polit. Gesinnung in d. Reichsschrifttumskammer aufgenommen u. konnte weiter publizieren. Ein im Aug. 1940 erfolgter Ausschluss wurde im Nov. 1941 zwar zurück genommen, d. letzte abgeschlossene Arbeit dieser Ära blieb aber *Zucker aus Cuba*. Nach Ende d. 2. WK trat B. mit einer in hohen Aufl. (insges. 410 000 Exemplare) u. zahlr. Übers. erschienenen sozialpsych. Analyse d. NS *Wie es kam* hervor, in d. darauf folgenden Jahren widmete er sich bevorzugt d. Film u. schrieb Drehbücher für d. Regisseure G.W. Pabst u. W. Liebeneiner. Der mit d. Lit.preis d. Stadt Wien 1950 u. d. Aufnahme als korrespondierendes Mitgl. in d. Dt. Akad. für Sprache u. Dichtung ausgezeichnete Autor knüpfte 1951 mit d. *Tönenden Erdkreis* u. *Heroin* an d. Reihe seiner Tatsachenr. an; autobiogr. Charakter trägt hingegen wieder *Der Mann im Mond*, d. 1972 v. Karl Ziak aus d. Nachl. hg. wurde. Er gibt Auskunft über d. im letzten Lebensabschnitt zunehmenden Kulturpessimismus B. u. d. Zweifel an d. Richtigkeit jener materialist. Gesch. auffassung, d. seinem Werk über weite

Strecken d. Gepräge gegeben hat. Die lit. hist. Bedeutung B. beruht auf einer Darstellungsweise, in d. ökonomische Mechanismen u. Interessenkonstellationen mit d. Gesell.entwicklung u. auch mit d. Existenzbedingungen d. Individuums konkret verknüpft erscheinen. So führt er in d. Arbeitslosenr. *Karl u. d. 20. Jahrhundert*, d. beachtenswertesten seiner »soziologischen R.«, an d. Lebensgesch. Karl Lakners vor, wie d. Einzelne v. einer nur scheinbar vernunftorientierten, in Wahrheit zutiefst inhumanen Tendenz zur ökonomisch-techn. Rationalisierung zerrieben wird. Der R., d. B. d. Rathenau-Zitat »Die Wirtschaft ist d. Schicksal« als Motto vorangestellt ist, mündet aber nicht in eine globale Fortschrittsfeindlichkeit; d. gilt auch für d. nachfolgenden, meist vielfach aufgelegten Sachr., in denen umgekehrt jene unreflektierte Technikbegeisterung fehlt, wie sie in diesem Genre, etwa bei K.A. Scherzinger, häufig anzutreffen ist. Zu Recht ist B. als Begründer einer »gesellschaftskritischen Dimension d. Sachr.« (Th. Lange) bezeichnet worden; dies deckt sich mit d. Selbstverständnis B. eines »Technokraten« u. Anhängers einer antikapitalist. Volkswirtschaftslehre, d. d. techn. Fortschritt in d. Dienst allg. Wohlstandes stellen wollte. Nicht zu übersehen ist aber, dass sich schon seit *Die Engel in Atlantis*, stärker noch in d. Essays nach 1945 o. in *Die Schlange im Paradies*, d. Akzent auf eine gegen Übertechnisierung u. modernes Götzentum gerichtete Kulturkritik verschiebt. Auf stilist. Ebene spiegelt sich dieser Prozess in d. Hinwendung zu einer mythisierend-allegorischen Schreibweise, mit d. B. jedoch nicht jene Resonanz finden konnte wie zuvor mit d. formexperimentellen, d. lit. Montage verwandten R.technik, d. als öst. Beitr. zur »Neuen Sachlichkeit« gelten kann.

Tl.nachl. in Dokumentationsstelle für neuere öst. Lit., Wien; Nachl.tl. d. Korrespondenz an Luise u. Rudolf B. im DLM.

WERKE: Romane: *Karl u. d. 20. Jahrhundert*, Ffm. 1932, Neuaufl. mit d. Titelzusatz *Die Zeitlawine*, Wien 1962; Nachdr. d. 2. Ausg. Kronberg, Ts. 1978; *Radium. Roman eines Elements*, Bln. 1936; *Die Engel in Atlantis*, Bln. 1938; *Opiumkrieg*, Bln. 1939; *Zucker aus Cuba. Roman eines Goldrausches*, Stgt./Bln. 1941; *Der Weg durch d. Labyrinth*, Wien 1949; *Der tönende Erdkreis. R. d. Funktechnik*, Hbg. 1961; *Heroin. Roman d. Rauschgifte*, Wien 1951; *Fegefeuer*, Hbg. 1955; *Die Schlange im Paradies*, Mchn./Wien/Basel 1958; *Der Mann im Mond*, aus d. Nachl. hg. v. K. Ziak, Wien 1972. Erz.: *Der Tierkreis*, Wien 1946; *Irrelohe*, Wien 1947, wie *Der Tierkreis*, Tl. eines unveröff. frühen R. *Die Entwurzelten*. Drama: *Der liebe Augustin*, Wien 1956, für d. Wr. Festwochen geschrieben; nicht aufgeführt. Filmdrehbücher: *Prozeß auf Tod u. Leben*, verfilmt m. G.W. Pabst, als R. u.d.T. *Pogrom*, Wien 1956; *1. April 2000*, verfilmt v. W. Liebeneiner 1952. Essays u. kulturpolit. Schriften: *Wie es kam. Psychologie d. Dritten Reiches*, Wien 1946; *Was zu kommen hat. V. Nietzsche zur Technokratie*, Wien 1947; *Überwindung d. Nihilismus. Betrachtungen eines Aktivisten*, Wien 1949.

LITERATUR: K. Edschmid: Über B., in: Lit. Welt 1952, H. 3; ders.: Vorwort, in: R.B.: Karl u. d. 20. Jh. o. D. Zeitlawine, Wien 1952; E. Rollett: R.B., in: Wort in d. Zeit, 1960, H. 3; K. Ziak, Nachwort, in: R.B. Der Mann im Mond, hg. v. K. Ziak, Wien 1972; W. Schmidt-Dengler: Gesch. u. Gesch.bewußtsein im öst. R. nach 1918 u. nach 1945, in: Deux fois l'Autriche: après 1918 et après 1945. Actes du colloque de Rouen 8-12 Novembre 1977 (= Austriaca 1979, Sonderh. 2), 11-29; Th. Lange, Vorwort, in: R.B. Karl u. d. 20. Jh., Kronberg, Ts. 1978;

K. Ziak, Nachwort, ebd.; W. Schmidt-Dengler: Statistik u. R. Über O. Neurath u. R.B., in: Arbeiterbildung in d. Zwischenkriegszeit, hg. v. F. Stadtler, Ausstellungskat., Wien 1982, 119-124.

Ernst Fischer

Bruno, Carl → **Schmid**, Joseph Karl

Brus, Günter (* 27.9.1938 Ardning/ Stmk.), Aktionskünstler, Maler, Schriftsteller. 1953-57 besuchte B. d. Kunstgewerbeschule in Graz, anschließend begann er ein Stud. an d. Wr. Akad. für angewandte Kunst, aus d. er 1960 vorzeitig wieder austrat. Mit Otto Muehl, Hermann Nitsch u. Rudolf Schwarzkogler gehörte er 1964 zu d. Mitbegründern d. »Wr. Aktionismus«; aufgrund d. Teilnahme an d. Aktion »Kunst u. Revolution« in d. Univ. Wien 1968 wurde er zu einer halbjährigen Arreststrafe verurteilt, ging deshalb nach Bln. u. kehrte erst 1979 nach Öst. zurück. Seit d. 80er-Jahren wurde d. Werk d. Künstlers in großen internat. Ausstellungen gezeigt (u.a. auf d. »documenta 7« in Kassel 1982, in Eindhoven 1984, in d. Wanderausstellung »Der Überblick« 1986 in Wien, Mchn. u. Ddf., als Retrospektive im Centre Pompidou 1993 in Paris, auf d. Biennale Venedig 1995); B. war mehrfach als Bühnen- u. Kostümausstatter sowie als Buchillustrator (u.a. zu Werken v. GERHARD ROTH) tätig. Im Zuge d. Neubewertung d. »Wr. Aktionismus« als bedeutendster öst. Beitr. zur internat. Avantgardekunst ist d. ehemals kriminalisierte u. als Psychopath verfolgte B. mit zahlr. Ehrungen bedacht worden, darunter 1997 mit d. Großen Öst. Staatspreis für Bildende Kunst. B. lebt seit d. 80er-Jahren in Graz u. auf La Gomera.

Als Aktionist hat B. d. eigenen Körper in Selbstbemalung u. Selbstverstümmelung zum Objekt gemacht; er gilt damit als einer d. Begründer d. »Body Art«-Strömung. Nach insgesamt 43 Aktionen war seine letzte »Zerreißprobe« 1970 gegen d. Staat als d. Inbegriff d. Körper u. Psyche zerstörenden Zwänge gerichtet. Den künstl. Verfahrensweisen, d. auf eine radikale Destruktion aller Formen symbolischer u. sprachl. Ordnung abzielten, folgte in d. nächsten Jahren eine Rückwendung zu einer Zeichen- u. Malpraxis, d. in techn. Hinsicht vergleichsweise konventionell weiterführt. Charakterist. dafür sind d. »Bild-Dichtungen«, mit denen d. Künstler seit 1975 hervortrat. Bilder mit eingeschriebenem, sentenzhaftem Text, d. sich immer wieder zu eindringlicher poetischer Wirkung verdichtet. Schon zuvor hatte sich d. Doppelbegabung v. B. in einigen avantgardist. lit. Arbeiten manifestiert: Nach einigen kleineren, im Eigenverlag hg. Werken war 1971 mit *Irrwisch* (Ffm. 1971) ein erster größerer Text erschienen; zahlr. weitere Arbeiten, d. ihre Wirkung aus d. grenzüberschreitenden Auseinandersetzung mit Bild u. Sprache beziehen, kamen in d. 1976 v. Arnulf Meifert in Hohengebraching vorzugsweise für d. Publ. v. Werken B. gegr. Verlag »Das Hohe Gebrechen« heraus, wie *Der Frackzwang* (Bühnenstück, 1976), *Hohes Gebrechen* (G., 1976) o. *Gesch. aus d. Sommerhaus* (Erz., 1977). Den traditionellen Gattungszeichnungen zum Trotz handelt es sich um experimentelle Schöpfungen durchwegs originären Charakters. Dies gilt auch für d. 1984 im Salzb. Residenz-Verlag erschienenen »Roman« *Die Geheimnisträger*, d. in d. verschiedenartigen Formen d. Erzählerberichts, d. Protokolls o. d. szenischen Textes d. abenteuerliche Reise einer Gruppe in ein Land verfolgt, dessen Realität sich aus exotisch-märchenhaften Bildern u. Vorgängen konstituiert. Paradoxie, Alogik u. Neologismen sind d. Merkmale d. suggestiven Fabulierens, d. seine Abbildfunktionen zu Gunsten einer radikalautonomen Poetizität fast vollständig aufgibt. In ähnlicher Weise lassen d. 151 parabelhaften Kürzestgesch. v. *Amor u. Amok* (Salzb./Wien 1987) d. Grenzen zw. Erfahrungswelt u. Imagination fließend werden. Hinter allen Transgressionen d. Fantasie tritt aber als zentrales, monomanisch verfolgtes Motiv d. künstl. Arbeit v. B. immer wieder jene radikale Selbsterforschung hervor, welche auf Befreiung v. kulturellen Normen zielt, d. d. Körper u. d. Psyche d. Menschen eingeschrieben sind.

Eine lit.gesch. Darstellung dieser Schaffensrichtung u. eine ebensolche Deutung fehlen.

WERKE (Ausw.): *Die Falter d. Vorschlafs*, Hbg. 1978; *Die Gärten in d. Exosphäre*, Hbg. 1979; *Stillstand d. Sonnenuhr*, in: Protokolle, H. 2, Wien 1983; *Morgen d. Gehirns. Mittag d. Mundes. Abend d. Sprache*, Schriften 1984-88; *Hohengebraching* 1993; *Blitzartige Einfälle in vorgegebenen Ideen*, Bild-Imprimaturen auf d. Weg gebracht v. A. Meifert, Ostfildern 1996.

Cornelia Fischer

Brus(s)ot, Martin (vermutl. 19.2.1881 Wien – ?), Dr. phil., für längere Zeit in Wien lebend, war als Übers. aus roman. Sprachen u. Verf. zahlr. umfassender belletrist. R. tätig. Die Verifizierung seiner Namensschreibung erweist sich ebenso wie jene d. Lebensdaten u. d. ansehnlichen Werkzahl als problematisch. Aus d. geringfügig zugänglichen Textmaterial ist B. Vorliebe für biogr. u. gesch. ausgerichtete Stoffe zu entnehmen. In *Die Stadt d. Lieder* (1913) vereint er – gleichsam als Pendant zu R.H. BARTSCHS 1912 veröff. SCHUBERT-Bestseller *Schwammerl* – d. Biogr. dieses Komponisten u. jene Ludwig van Beethovens mit d. Gesch. einer Alt-Wr.-Volkssänger-Familie zu einer einzigen Apotheose d. Kaiserstadt Wien im frühen 19. Jh. Die Künstlerproblematik ist in d. Handlungshintergrund gedrängt. *Der Erzschelm Augustin* (1919) u. *Landstörz Wenzel Nazdaryk* (1922) gehören d. Gattung d. Schelmenr. an u. weisen eine v. einer chronikalischen Erz. ausgehende R.truktur auf: Ein Ich-Erzähler gelangt durch Zufall an ein altes ›Manuskript‹ aus d. frühen 18. bzw. 17. Jh., d. d. Lebensgesch. eines Abenteurers enthält. B. war auch Mitarb. v. didaktischen Lit.-Anthologien. V. seinen Übers. (bes. aus d. Span.) sei nur d. 10-bändige Übertragung d. nicaraguanischen Lyrikers Rubén Darios hervorgehoben. B. ist lediglich mit seinem oftmals aufgelegten R. *Die Stadt d. Lieder* in Zusammenhang mit d. Darstellung d. hist. Künstlerproblematik in d. öst. epischen Lit. nach 1900 v. Bedeutung. Hier liegt er auf einer Linie mit d. Zeitgenossen R.H. BARTSCH, P. SCHUK u. J.A. LUX.

WERKE (Ausw.): Romane: *Die Stadt d. Lieder*, Lzg. 1913, Mchn. [3-10]1923, Lzg./ Bln./Wien [11-14]1928; *Der Erzschelm Augustin*, Mchn. 1919; *Landstörz Wenzel Nazdaryk*, Mchn./Bln./Lzg. 1922. Übers.: *Keltische Volkserz.*, dt. v. M.B. m. einer Vorbemerkung d. Übers., Halle a.d. Saale 1907; *Der Brand d. Leidenschaften*, N. aus d. Span., Braunschweig/Bln. 1920.

LITERATUR: Giebisch/Gugitz.

Sylvia Leskowa

Brusch(ius), Caspar (19.8.1518 Schlaggenwald im Egerland – 20.11.1559 zw. Rothenburg o.d.T. u. Windsheim ermordet) hatte in Tübingen stud. u. wurde 1541 v. Kaiser Karl V. zum Dichter gekrönt. 1542 ist er als Schüler Melanchthons bezeugt, 1552 ließ er sich v. Bischof v. Passau, Wolfgang v. Salm, finanziell unterstützen. Schließl. wurde er Pfarrer in Pettendorf bei Regensburg. Seine weiten Reisen durch Öst., d. Schweiz u. Italien öffneten ihm über d. Parteiungen seiner Zeit hinaus ebenso d. Blick wie seine Freundschaften mit bedeutenden Männern d. kath. u. d. protest. Lagers. Sein Wanderleben, seine Neigung zur Empirie u. sein virtuoses Formtalent rücken ihn in d. Nähe d. CONRAD CELTIS. Sein Tod bezeugt d. soziale Unbehaustheit dieses neuheidnischen Humanismus: Er wurde angebl. v. Adeligen erschossen, d. eines seiner lit. Pamphlete fürchteten. B. schließt in manchen Stilzügen u. in d. ungeschmückten Darstellung d. Wanderlebens an d. Lyr. d. ma. Vaganten an. In d. *Silvae* (1553) stehen realist. Landschaftsbeschreibungen neben derben sittenkrit. Stücken, ebenso finden sich reformatorisch gesinnte Zeitklagen. Seine Reiseschilderungen stehen im Erfassen d. Landschaft u. im Einsatz d. überkommenen lat. Materials zum Ausdruck gegenwärtigen Erlebens vielfach auf d. stilist. Höhe d. CELTIS: *Iter Bavaricum* (1553). B. kirchengesch. Arbeiten besitzen bis heute Quellenwert, obwohl sie v. Invektiven gegen Klöster u. Mönche nicht frei sind. Die unmittelbare Anschauung v. Umgebung u. hist. Situation hebt B. Lyr. über d. akad. Betrieb seiner Zeitgenossen ebenso hinaus wie sein Bewusstsein v. d. notwendigen Einheit v. Lit. u. Leben, d. gerade dieser Humanistengeneration langsam verloren ging.

WERKE (Ausw.): Lyr.: *Salomonis proverbiorum capita duo priora versu reddita elegiaco et paraphrastice*, Ulm 1539; *Silvae*, Ulm 1543; *Odae tres pro festo D. Gregorii, addita sunt elegiae quaedam*, o.O. 1544; *Elegia de Mulda flumine*, Lzg. 1544; *Hodoeporikon Gasparis Bruschii P. L. Pfreymdense Elegiaco carmine scriptum et integra versuum Chiliade absolutum. Cui accesserunt alia insuper minutiora quaedam poemata*, o.O. 1554; *Iter Bavaricum*, Basel 1553. Kirchengesch. WERKE: *Magnum opus de omnibus Germaniae episcopatibus*, Nbg. 1549; *Chronologia monasteriorum Germaniae praecipuorum*, Ingolstadt 1551, Tl. II, Wien 1692 aus d. Nachl. *Monasteriorum Germaniae praecipuorum ac maxime illustrium centuria prima*, Ingolstadt 1551; G.E. Kreuz, C.B., *Iter Anasianum*, Wien 2008.

LITERATUR: C.B. Horawitz: Ein Beitr. zur Gesch. d. Humanismus u. d. Reformation, Prag 1874; G. Ellinger: Gesch. d. neulat. Lit. Dtld. im 16. Jh., Bd. 2, Bln./Lzg. 1929, 192-197; K. Siegl: Zur Gesch. d. Egerer Familie B., in: Mitt. d. Verf. f. Gesch. d. Dt. in Böhmen 69 (1931), 196-211; W. Gerlach: D. Mulden-Elegie D. C. B. (1544), in: Archiv f. sächsische Gesch. u. Altertumskunde 56 (1935), 1-14.

Werner M. Bauer

Buber, Martin (8.2.1878 Wien – 13.6.1965 Jerusalem), Sohn d. Großgrundbesitzers u. Phosphatgrubeninhabers Karl B. (1848-1935) u. seiner Ehefrau Elise, geb. Wurgast, kam nach d. Scheidung d. Eltern als Dreijähriger zu seinem Großvater, d. Midrasch-Gelehrten (erster wiss. Hg. d. Midraschim) u. langjährigen Vorsteher d. Kultusgemeinde, Direktor zweier Banken, Handelskammerrat Samuel B. (1827-1906) nach Lemberg (Lwow). Im Haus d. Großvaters wurde ihm d. Liebe zum Hebräischen vermittelt, ebenso erste Beziehungen zum Chassidismus u. über seine Großmutter Adele, geb. Wizer († 1911) Kenntnisse über d. dt. Klassik. In Lemberg besuchte er d. poln. Gymnasium; verfasste seine ersten Schriften in poln. Sprache. Im Herbst 1899 erfolgte d. Immatrikulation an d. Phil. Fak. d. Univ. Wien, er hörte Phil. bei Jodl u. Müllner, übers. Nietzsches *Zarathustra* ins Poln. u. war eifriger Besucher d. Burgtheaters. In d. Wintersemestern 1897/98 u. 1898/99 stud. er in Lzg.; unter d. Einfluss v. Achad Haam gründete er eine zionist.

Ortsgruppe u. d. Verein jüd. Studenten. Dann stud. er in Bln. u. im SS 1899 in Zürich. Es folgte in kurzer Abfolge ein vielfältiges zionist. Engagement: Teilnahme am 3. Zionistenkongress in Basel, seit 1900 Freundschaft mit Gustav Landauer, 1901 auf d. 5. Zionistenkongress Bruch mit THEODOR HERZL, ein Jahr Red. d. zionist. Wochenschrift *Welt*; 1902 zus. mit B. Feiwel, E. Lilien u. D. Trietsch Gründung d. Jüd. Verlags. Projekt einer Hebräischen Univ. in Jerusalem. Die wiss. Etappen sind: Juli 1904 in Wien Promotion (Diss.): *Beiträge zur Gesch. d. Individuationsproblems* bei Jodl, Müllner, Wickhoff u. Riegl. 1905 in Florenz Arbeit an einer unvollendet gebliebenen Habil.schrift, freier Schriftsteller, Lektor im Verlag Rütten & Loening, Hg. d. sozialpsych. Monografie *Die Gesellschaft*. Ab 1909 Vorträge vor d. Prager Verein jüd. Hochschüler Bar Kochba, vermittelt durch Hugo Bergmann, d. auf d. jungen Prager jüd. Intellektuellen großen Eindruck machten. Es ergab sich in Prag d. Bekanntschaft mit Hans Kohn, Robert Weltsch, MAX BROD, FRANZ KAFKA, FRANZ WERFEL u. in Bln. mit Moritz Heimann, Micha Josef Berdyczewski, Oskar Loerke, Efraim Fritsch (1914 Mitarb. B. an dessen Zs. »Der neue Merkur«), Alfred Mombert, Hermann Stehr, HUGO V. HOFMANNSTHAL, Hermann Hesse, Karl Wolfskehl, Kurt Singer, Alfred Döblin, Arnold Zweig, Else Lasker-Schüler, STEFAN ZWEIG, Hans Carossa, Samuel Joseph Agnon u. Gershon Scholem. Die weiteren Lebens- u. Arbeitsphasen sind: 1915 zus. m. Salman Schocken u. Moses Calvary Gründung d. »Hauptausschusses für jüd. Kulturarbeit«, Hg. d. Monatsschrift »Der Jude« (bis 1924), Übersiedlung v. Bln. nach Heppenheim a.d. Bergstraße, 1918 Ablehnung eines Rufes an d. Univ. Gießen; seit 1919 Mitarb. an d. v. Nehemia Nobel begründeten Freien jüd. Lehrhaus in Ffm., ab Dez. 1923 Lehrauftrag für Religionswiss. u. jüd. Ethik an d. Univ. Ffm. 1925-30 mit Viktor v. Weizsäcker u. Joseph Wittig Hg. d. sozialpäd. Vierteljahres-Zs. »Die Kreatur«; 1930 Plan d. Gründung d. Bundes jüd. rel. Sozialisten; Ernennung zum Honorarprof. für Religionswiss. an d. Univ. Ffm., im SS 1933 Verzicht auf Vorlesungen; 4.10.1933 Entzug d. Lehrbefugnis; Leiter d. »Mittelstelle für jüd. Erwachsenenbildung«; Abhaltung v. Bibelkursen; umfangreiche Vortragstätigkeit in Dtld., d. Schweiz u. d. Niederlanden. Febr. 1935 Verbot jeder öff. Tätigkeit. Ruf auf d. Lehrstuhl für Sozialphil. d. Hebräischen Univ. Jerusalem; 1938 Übersiedlung nach Jerusalem. Wegen seines Einsatzes für einen Ausgleich zw. Juden u. Arabern u. seinen rel. Lehren wurde B. in Israel heftig angegriffen. 1951 Emeritierung, zahlr. Reisen nach Europa u. in d. USA. Weitere Lebensmomente: B. war verheiratet mit d. Münchner Nichtjüdin Paula Winkler (1877-1958), d. unter d. Ps. Georg Munk zwei R. publizierte.

B. war Religionswissenschaftler, Phil., Päd., Publizist u. Mittler zw. Juden- u. Christentum, d. wie kaum ein anderer d. Geist d. Judentums im 20. Jh. verkörperte. B. Gesamtwerk konzentriert sich, abgesehen v. frühen lit. Versuchen im Stil d. jungen HUGO V. HOFMANNSTHAL, auf vier Probleme: 1. d. Chassidismus, 2. d. dialogische Prinzip, 3. d. Beschäftigung mit d. Bibel u. 4. jüd. Gegenwartsfragen im Zusammenhang mit Zionismus u. jüd.-arabischem Zusammenleben. Nach d. frühen Kontakten mit d. Chassidismus befasste sich B. seit 1902 intensiv mit dieser Richtung d. jüd. Mystik. Es ist sein Verdienst, d. Legenden d. Chassiden einem breiteren mitteleurop. Publikum bekannt gemacht zu haben, wobei er sie z.Tl. stark mit seiner eigenen Identitätsphil., später unter d. Gesichtspunkt d. dialogischen Prinzips u. seines Zweifels am Wert jüd. Assimilation färbte. Ihren Niederschlag fand diese Beschäftigung in *Die Gesch. d. Rabbi Nachmann* (1906), *Die Legenden d. Baal Schem* (1908), *Mein Weg zum Chassidismus* (1918), *Die chassidischen Bücher* (1932), *Deutung d. Chassidismus* (1935), *Die Erz. d. Chassiden* (1949) u. *Die chassidische Botschaft* (1952). Ausgehend v. d. im Chassidismus begründeten Zwiesprache mit Gott baute B. sein phil. System d. Dialogs auf, d. er mit *Ich u. Du* (1923) begründete. Es ging ihm dabei um »d. Frage nach Möglichkeit u. Wirklichkeit eines dialogischen Verhältnisses zwischen Mensch u. Gott, also eines freien Partnertums d. Menschen in einem Gespräch zwischen Himmel u. Erde, dessen Sprache in Rede u. Antwort d. Geschehen selber ist, d. Geschehen v. oben nach unten u. d. Geschehen v. unten nach oben«. B. umfassendstes u. wegen seiner sprachschöpferischen Leistung bedeutendstes Werk ist d. zus. mit M. Franz Rosenzweig 1925 begonnene u. nach fast 20-jähriger Unterbrechung später v. ihm allein wieder aufgenommene u. 1962 abgeschlossene Verdeutschung d. Hl. Schrift, d. auf ein Bibelübersetzungsprojekt v. 1914 zurückgeht. B. u. Rosenzweig wollten d. hebr. Lautgestalt d. Bibel in dt. Lautgestalt wiedergeben u. d. hebr. Bibel so nah wie möglich d. dt.-sprachigen Leser nahe bringen. Sie bedienten sich dabei einer z.Tl. stark expressionist. gefärbten Sprache mit zahlr. Manierismen, wobei d. Entfremdung v. d. ursprüngl. Wortbedeutung bis zu einer starken Verfremdung führen kann. Interpretatorisch schlug sich B. Beschäftigung mit d. Bibel in *Königtum Gottes* (1932) u. *Der Glaube d. Propheten* (1950) nieder, wobei er sich um ein neues, gläubiges wie wiss. Bibelverständnis bemühte, d. zugleich, da B. Zugang weniger spezifisch jüd. als humanistisch-theolog. war, d. Annäherung an nichtjüd. Theologen u. dadurch eine Basis für einen christlich-jüd. Dialog auf d. Grundlage d. AT ermöglicht. Der stark v. Achad Haam geprägte Zionismus B. bemühte sich früh um ein friedliches Zusammenleben mit d. Arabern. Auf d. Prager Konferenz d. Hapoel Hazair Zeirej Zion (1920) sprach sich B. bei seiner Grundlegung d. ideologischen Basis für jüd. Kollektivsiedlungen in Palästina gegen nat. Egoismus aus u. auf d. 12. Zionistenkongress in Karlsbad 1921 propagierte er eine binat. Heimstätte beider Völker in Palästina. Seine Ideen eines rel. geprägten Sozialismus fanden nicht d. erhoffte Echo, wie B. überhaupt kaum Breitenwirkung erzielen konnte. Im Staat Israel hatte er z.Tl. scharfe Kontroversen mit nsoz. u. orthodoxen Politikern u. Theologen.

Nachl. in The Jewish National and University Library, Department of Manuscripts and Archives. Erg. Tle. im Leo Baeck Institute, Korrespondenz Franz Rosenzweig mit B., u. Dt. Staatsbibl. Bln., Hs.-Abt./Lit. Archiv (einzelne Briefe).

PREISE U. AUSZEICHNUNGEN: Israel-Staatspreis, 1951 Hamburger Goethe-Preis, 1953 Friedenspreis d. Dt. Buchhandels, 1963 Erasmus-Preis, 1964 Phil. Ehrendoktorat d. Univ. Heidelberg (daneben Ehrendoktorate d. Hebräischen Univ. Jerusalem, d. Sorbonne, d. New Yorker Jewish Theological Seminary u. d. Hebrew Union College in Cincinnati), Präsident d. israelischen Akad. d. Wiss., Ehrenbürger v. Jerusalem.

WERKE: Slg.: Werke in 3 Bdn. 1. *Schriften zur Philosophie*, 2. *Schriften zur Bibel*, 3. *Schriften zum Chassidismus*, Mchn./Heidelberg 1962-64; *Vom Geist d. Judentums*, Reden u. Geleitwort, Lzg. 1916; *Die jüd. Bewegung*, gesammelte Aufs. u. Ansprachen, Bd. 1: 1900-14, Bd. 2: 1915-20, Bln. 1920; *Reden über d. Judentum,* Ffm. 1923; *Kampf um Israel,* Reden u. Schriften, Bln. 1933; *Dialogisches Leben,* gesammelte phil. u. päd. Schriften, Zürich 1947; *Hinweise,* gesammelte Essays, Zürich 1953; *Schriften über d. dialogische Prinzip,* Heidelberg 1954; *Der Jude u. sein Judentum,* gesammelte Aufs. u. Reden, m. einer Einleitung v. R. Weltsch, Köln 1963; *Briefwechsel aus sieben Jahrzehnten,* in 3 Bdn., hg. u. eingel. v. Grete Schaeder, Heidelberg 1972-75. Einzelpublikationen: *Die Gesch. d. Rabbi Nachman,* Ffm. 1906; *Die Legende d. Baal Schem,* Ffm. 1908; *Ereignisse u. Begegnungen,* Lzg. 1917; *Mein Weg zum Chassidismus,* Ffm. 1918; *Der Große Maggid u. seine Nachfolge,* Ffm. 1922; *Ich u. Du,* Lzg. 1923; *Das verborgene Licht,* Ffm. 1924; *Die Schrift,* zu verdt. übernommen v. M. B. gemeinsam m. F. Rosenzweig, I-XV, Bln. 1925-37, Köln 1954-62; *Die chassidischen Bücher,* Bln. 1932; *Königtum Gottes,* Bln. 1932; *Zwiesprache,* Bln. 1932; *Deutung d. Chassidismus. Drei Versuche,* Bln. 1935; *Moses,* Zürich 1948; *Das Problem d. Menschen,* Heidelberg 1948; *Der Weg d. Menschen nach d. chassidischen Lehre,* Den Haag 1948; *Die Erz. d. Chassidismus,* Zürich 1949; *Gog u. Magog. Eine Chronik,* Heidelberg 1949; *Pfade in Utopia,* Heidelberg 1950; *Der Glaube d. Propheten,* Zürich 1950; *Die chassidische Botschaft,* Heidelberg 1952; *Gottesfinsternis. Betrachtungen zur Beziehung zw. Religion u. Phil.,* Zürich 1953; *Begegnung,* autobiogr. Fragmente, Stgt. 1960; *Nachlese,* Heidelberg 1965.

LITERATUR: H.U. v. Balthasar: Einsame Zwiesprache, M. B. u. d. Christentum, Köln/Olten 1958; W. Peyerl: D. anthropologische Problem in d. Gedankenwelt M. B., Diss. phil., Wien 1960; H. Kohn: M. B. Sein Werk u. seine Zeit. Ein Beitr. z. Geistesgesch. Mitteleuropas 1880-1930, Köln ³1961; N. Lothfink: Begegnung mit B. Bibelübers., in: Stimmen d. Zeit 6, 1961/62, 444-454; J.E. Seiffert: Das Erzieherische in M. B. chassidischen Anekdoten, Freiburg i.Br. 1963; M. Scholem: M. B. Deutung d. Chassidismus, in: Ges. Schr., Judaica, Ffm. 1963, 165-206; Schilpp-Friedman (Hg.): M. B., in: Philosophen d. 20. Jh., Stgt. 1963; G. Schaeder: M. B. - hebr. Humanismus, Göttingen 1966; W. Kraft: Gespräche mit M. B., Mchn. 1966; Sch. Ben-Chorin: Zwiesprache mit M. B. in Selbstzeugnissen u. Bilddokumenten, Reinbek 1968; R. Rendtorff: M. B. Bibelübers., in: Emuna 5 (1970), 96-103; Sh. Talmon: M. B. Weg in d. Bibel, in: Emuna 5 (1970) 93-95; R. van de Sandt: M. B. an d. Univ. Ffm., in: Emuna 10 (1975), Supplementh. 1, 2-11; M. Chon/R. Buber: M. B. Eine Bibliogr. seiner Schriften 1897-1978, Jerusalem/Mchn. 1980.

Helmut Teufel

Bubius, Philipp (Pubius, Bub[b]s; ? Eßlingen – 1613 Linz) stud. die Artes u. Jus in Tübingen, begleitete 1580-1585 als Hofmeister den öst. Adeligen David Aspan v. Haag an die Univ. Padua, Siena u. Bologna u. wurde danach als Instruktor bei dem Grafen Friedrich v. Hohenlohe angestellt. V. 1593 bis 1597 wirkte er als Stadtschreiber in Freistadt (OÖ), 1597/1598 als Stadtschreiber in Wels u. v. 1.1.1599 bis zu seinem Tod 1613 als Syndicus (Sekretär) der »Landschaft« (d.h. der im Landtag vertretenen Stände) in Linz. Als solcher war er an der sprachlichen u. inhaltlichen Gestaltung der mit viel juridisch-theologischer Gelehrsamkeit ausformulierten ständischen *Memoranden* u. Eingaben maßgeblich beteiligt. Die in Wittenberg stud. Linzer Martin Boecher u. Eustachius Mayer widmeten ihm Universitätsschriften. B. war zweimal verheiratet; 1611 heiratete er in Linz seine zweite Frau, Sara geb.

Pruggmüller, Tochter eines kaiserl. Salzamtseinnehmers in Gmunden.

WERKE: Ständische *Memoranden*, z.B. d. gemeinsam mit G. Erasmus v. Tschernembl erstellte *Denkschrift* mit den Gravamina d. evang. Stände NÖ u. OÖ an Erzherzog Matthias, März 1607, Ms., Oö. Landesarchiv Linz, Starhemberger Archiv, Cod. qq, fol. 41, referiert in: Sturmberger, s.u. – Ein heute verschollenes, v. Hammer-Purgstall, Khlesl, Bd.2, 103, exzerpiertes Exemplar, dat. 7.4.1607, befand sich in der Stiftsbibl. Zwettl.

LITERATUR: A. Luschin v. Ebengreuth: Oesterreicher an ital. Univ. zur Zeit d. Reception d. röm. Rechts. In: Bl. d.Vereines für Landeskunde v. NÖ, N.F., 14. Jg., Wien 1880, 242; G. Grüll: Stadtrichter, Bürgermeister u. Stadtschreiber v. Freistadt, Freistadt 1950 (= Freistädter Gesch.bl. 1), 58; H. Sturmberger, G. E. Tschernembl: Religion, Libertät u. Widerstand, Graz/Köln 1953 (= Forschungen zur Gesch. OÖ 3), 147ff.; G. Trathnigg: Kulturelle u. wirtschaftl. Beziehungen v. Italien nach Wels im MA u. in d. frühen Neuzeit. In: 14. Jb. d. Musealvereines Wels 1967/68, Wels 1968, 54-83, hier 56f.

Robert Hinterndorfer

Bubl, Fritz (25.2.1900 Krumau/Böhmen – 15.4.1938 Prag), Stadtsekretär in Kaplitz (Böhmen). Sein Lebensweg ist nicht mehr zu eruieren, auch seine hinterlassenen Werke – es sind mehrere Bde., Lyr. u. Prosa, – sind verschollen. In einer zeitgenöss. Rez. in d. dt. Budweiser Zs. *Waldheimat* wird bes. d. Bd. *Heimatlieder* (1924) hervorgehoben. Das Werk zeige eine warme Liebe zu B. Waldheimat, d. Böhmerwald; v. d. 30 G. sei eines schöner u. tiefer empfunden als d. andere. Folgende Titel werden angeführt: »Drei Klänge aus d. Heimat«; »Ruine Wittingshausen«; »Heimatlied«; »Der dt. Heimatwald«; »Die weiße Frau«; »Tief im Walde«; »Im Böhmerwalde«; »Der Moldau Wacht«; »O Mutterland«; »Der Heimat Ruhetraum«; »Deutschböhmen« u.a. Auch wird auf weitere Werke verwiesen. Vielleicht existieren noch einzelne Exemplare dieser Bücher in einer Vertriebenen-Bücherei, doch in öff. öst. Bibl. sind sie nicht mehr zu finden.

WERKE: Lyr.: *Heimatlieder*, Rudolfszell 1924; *Rhein- u. Ruhrlieder*, 1924. Prosa: *Verbrechen*, Nov. 1924; *Der Walddoktor*, R. 1929. Drama: *Spiritismus*, o.J. Die Verlagsorte sind außer bei d. Heimatliedern nicht bekannt.

LITERATUR: Waldheimat, H. 1, 16, Budweis 1926; Giebisch/Gugitz; Kosch, 20. Jh., Bd. 4.

Eva Münz

Bubl, Josef (18.6.1899 Wien – 27.6.1967 Klosterneuburg/NÖ) war im 2. WK aktiv im öst. Widerstand tätig u. widmete seine schriftst. Begabung hauptsächl. d. sozialdemokrat. Idee u. d. Kampf für d. Arbeiterstand, d. er selbst entstammte. Durch Strebsamkeit, Fortbildung u. hohe Intelligenz brachte er es nach 1945 bis zum Abteilungsleiter d. Post- u. Telegrafen-Direktion Wien – daneben widmete er sich d. Lit. Er veröff. seine Kurzgesch. in d. *Arbeiter-Ztg.* u. anderen sozialist. Bl. u. hielt Lesungen seiner Werke in allen öst. Rundfunkstationen. Seine sorgfältig geformten G. – so schrieb er 1947 einen G.-Bd. *Passion d. Geistes*, Lyr. in 5 Stilen – erschienen als selbständiges, heute vergriffenes Buch. 1955 veröff. B. einen pathetischen Heldengesang auf d. Toten d. öst. Bürgerkrieges v. 1934 in d. v. damaligen Vorsitzenden d. Sozialist. Partei u. Vizekanzler Dr. Adolf Schärf hg. Anthologie *Zeitbilder, sozialist. Beiträge zur Dichtung d. Gegenwart* mit d. Titel »Trauerrede zum 12. Februar 1934«. Darin sieht B. d. sozialist. Opfer als Bahnbrecher eines hl. Weges, d. zur Freiheit geführt habe. – B. schrieb aber auch für d. Jugend, so d. *Kalenderspiel, ein fröhliches Spiel v. Jahresablauf,* veröff. in d. »Bühne d. Kinderfreunde«; daneben auch zwei R., d. vergriffen sind.

WERKE: Lyr.: *Zwischen Gestern u. Morgen,* G., Wien 1946; *Passion d. Geistes. Lyrik in fünf Stilen,* Wien 1947. Romane: *Noch nicht General Gottes,* o.O. 1948; *Hofoper,* o.O. 1957. Drama: *Das Kalenderspiel, ein fröhliches Spiel v. Jahresablauf,* Wien 1950. Beitr.: in d. *Arbeiter-Ztg.* u. anderen Bl. sowie *Trauerrede zum 12.Februar 1934,* in: *Zeitbilder.* Soziale Beitr. z. Dichtung d. Gegenwart, hg. v. A. Schärf, Wien 1955, 46; Lesungen u. Vorträge, auch im öst. Rundfunk.

LITERATUR: Kosch, Bd. 2, Kosch, 20. Jh., 4; Giebisch/Gugitz; Neues Öst., Zs. d. Büchergilde Gutenberg; D. Fähre 1947, Nr. 8.

Eva Münz

Bucelleni, Thomas (vor 1650 Wien – 9.6.1718 ebd.), aus savoyischem Adelsgeschlecht, dessen öst. Zweig 1652 in d. Reichsfreiherrenstand erhoben wurde. Er trat 1667 in Wien in d. Dominikanerorden ein (Profess am 24.11.1668). Seine Laufbahn im Orden begann als Prediger; 1678 wirkte er als Ordinariprediger in Graz, 1686 in Bozen. In versch. Konventen wurde er zum Prior gewählt, drei Mal in Wien (1696, 1699, 1711). Als im Zuge d. Türkenkrieges Ungarn zurückerobert war u. d. ungar. Ordensprovinz wieder errichtet werden sollte, wurde B. 1699 zum Generalkommissar für Ungarn bestellt u. setzte mit Hilfe seines Bruders, d. Kaiserl. Hofkanzlers u. Reichsgrafen Julius B., d. Errichtung einer neuen öst.-ungar. Ordensprovinz durch, zu Lasten d. alten dt. Provinz, aber im Einklang mit d. neuen habsburgischen Machtpolitik. B. wurde d. erste Provinzial d. neuen Provinz (1700-04). Zuvor, am 27.9.1700, war er zum Magister d. Theol. promoviert worden. Laut Calendarium Defunctorum d. Wr. Konvents war B. zugleich viele Jahre lang Bibliothekar d. Bibliotheca Windhagiana.

B. ist in seiner Zeit als Bozener Ordinariprediger als Verf. v. Predigtslg. hervorgetreten: Sonntagspredigten (*Actaeon Evangelicus. Oder Evangelische Waidkunst,* 1683) u. Festtagspredigten (*Agnus Triumphans,* 1686), d. er vor allem »bücher=armen« Pfarrern u. Predigern zum Gebrauch empfiehlt u. auch durch entsprechende Register erschließt. In d. Predigten befleißigt er sich eines »mitlmässigen vnnd v. jedermann wohl verständigen«, gleichwohl »hertzrührenden vnnd bewöglichen« dt. Stils. Dass er auch d. hohen, »zierlichen« Stil d. Zeit beherrschte, zeigt d. kunstvoll-manierist. verschränkte u. verrätselte Jagdallegorese (Christus als Aktäon) d. Titelkupfers u. d. Dedikation (an einen adeligen Standesgenossen, d. kurbayerischen Land-Obrist-Jägermeister Graf Tattenbach), aber auch seine Heiligenpredigten sowie zwei separat gedr. Gelegenheitspredigten für Klosterneuburg u. Linz. Vor ähnliche Aufgaben wie sein berühmter Zeitgenosse ABRAHAM A SANCTA CLARA gestellt, mit d. er sich gelegentl. auch thematisch berührt (z.B. ABC-Predigt) hat B. stilist. d. weniger anspruchsvollen, sicheren Mittelweg gewählt.

WERKE: Predigtslg.: *Actraeon Evangelicus, Oder Evangelische Waidkunst / Das ist: Sonntägliche Predigten,* Mchn. 1685; *Agnus Triumphans, Das Siegreiche Lamm / Das ist: Dienstschuldige Lob- u. Ehren Predigen auf d. [...] Festtag,* Mchn. 1686. Casualpredigt: *Cor Austriae. Oesterreichisches Hertz,* Predigt zum Leopoldsfest in Klosterneuburg, Wien 1698; *Die Eyffrig gesuchte, u. mit Freuden gefundene Braut,* Predigt zum

Theresienfest in Linz, Linz 1707, Augsburg 1747.

LITERATUR: Quetif-Echard: Scriptores Ordinis Praedicatorum, Löwen 1961, 268ff.; S. Brunner: D. Prediger-Orden in Wien u. Öst., Wien 1867, 10; J.W. Frank: Zur Errichtung d. Öst.-Ungar. Dominikanerprovinz, in: Archivum Fratrum Praedicatorum 43 (1973), 287-341; W. Welzig: Allegorese im Dienste einer Titelrhetorik. Beobachtungen zum Titelkupfer einer barocken Predigtslg., in: Formen u. Funktionen d. Allegorie, hg. v. W. Haug, Stgt. 1981, 419-428.

Dieter Breuer

Buch, Fritz Peter (21.12.1894 Ffo. – 14.11.1964 Wien), Dr. phil., war Mitgl. d. »Schutzverbandes dt. Schriftsteller« u. d. »Verbandes dt. Bühnenschriftsteller u. Bühnenkomponisten«. 1921-24 war er als Regisseur u. Dramaturg am Dt. Theater in Bln. u. verfasste in dieser Zeit seine ersten eigenen Bühnenwerke – d. M.spiele *Prinzessin Huschewind* (1922) u. *Pinkepunk* (1922). 1925-33 wirkte B. als Oberregisseur am Schauspielhaus in Ffm. Diese Zeit war für ihn auch als Bühnendichter sehr wichtig. Er verfasste zwei K.: *Ein Narr macht viele* (1925) sowie *Schwengel* (1927) u. d. Volksstück *Die Kickers* (1933). Ab 1934 wirkte B. als Spielleiter u. Chefdramaturg am Preußischen Theater d. Jugend in Bln. u. machte Gastinszenierungen u.a. in Mchn., Wien (Burgtheater, Volkstheater), Ddf. u. Salzb. Auch in dieser Zeit schrieb er weiter für d. Bühne, z.B. d. Schauspiel *Vertrag um Karakat* (1935). B. schrieb zw. 1935 u. 1952 mehrere Filmdrehbücher. Seit Ende d. 20er-Jahre wandte er sich einer zu d. Zeit neuen dramat. Form, d. Hörspiel, zu (z.B. *Leben wider Willen*, 1929). In d. 50er-Jahren ließ sich B. in Öst. nieder, trat als Übers. v. Kriminalstücken aus d. Engl. an d. Öff. u. gründete 1957 d. »Dramatische Werkstatt« in Salzb., wo er praxisnah Bühnendramaturgie unterrichtete. Ab 1959 gab er d. »Schriftenreihe d. Dramatischen Werkstatt Salzb.« heraus. Zuletzt lebte B. in Wien.

WERKE: Märchenprosa: *Prinzessin Huschewind. Ein Weihnachtsm.*, Bln.-Grunewald 1922 (= Dt. M.bücherei 9), dass. Neuausg. mit Bildern v. H. Baluschek, Freiburg i.Br. 1950. Bühnenstücke: *Prinzessin Huschewind*, M.spiel, 1921; dass. als *Ein Schelmenm. in 6 Abenteuern*, Musik v. F. Müller-Prem, Bln. um 1940, Ms. autogr.; dass. 1949; *Pinkepunk*, M.spiel in 4 Bildern, 1922, Neuaufl. Bln. 1943; *Schwengel*, K., 1927, Neuausg. als Schwank in 3 Akten, Bln. 1932, Ms. autogr.; *Veronika. Ein kleines Volksstück*, Wien 1930, Bln. 1933, Ms. autogr.; *Die Kickers*, Volksstück in 7 Bildern, 1931, Bln. 1933, Ms. autogr.; *Vertrag um Karakat*, Schauspiel in 3 Akten, nach einem Stoff v. Wilhelm Biermann, Bln. 1934, Ms. autogr.; *Ein ganzer Kerl*, K. in 5 Akten, Bln. 1938; *Die Mainacht*, K. in 3 Akten, 1942, Bln. 1943; *Josefa u. d. Millionär*, Lustspiel, o.O. 1955; *Der König u. d. Hauptmannsfrau*, K., o.O. 1956; *Das Kartenhaus*, Schauspiel, o.O. 1960; *Nina u. ihre Freier*, K., o.O. 1960 u.a. Hörspiele: *Leben wider Willen*, 1929; *Michael Reinhold Lenz*, 1930; *Die Arche Noah*, 1950; *Die Fahrt d. Patmos*, 1954; *Ein ganzer Kerl*, 1956. Drehbücher: *Liebeslied*, 1935; *Waldwinter*, 1936; *Annemarie*, 1936; *Die Warschauer Zitadelle*, 1937; *Der Katzensteg*, 1937; *Spaßvögel*, 1938; *Ein ganzer Kerl*, 1939; *Das leichte Mädchen*, 1939; *Jakko*, 1940; *Menschen im Sturm*, 1941; *Gefährtin meines Sommers*, 1942; *Sophienlund*, 1942; *Die schwarze Robe*, 1943; *Kupferne Hochzeit*, 1948; *Cuba Cabana*, 1952. Übers. aus d. Engl.: *10 kleine Negerlein*, Kriminalstück, 1950; Agatha Christie: *Der unerwartete Gast*, Kriminalstück, 1959. Hg.: *Dramatische Werkstatt Salzb. Variationen über ein Thema*, 6 Kurzdramen aus d. Werkstattarbeit 1959/60, Wien 1960 (= Schriftenreihe d. Dramatischen Werkstatt, Salzb., 1).

LITERATUR: Kosch, Bd. 1, Klagenfurt/ Wien 1953, 224f.; Dramenlex.: Ein Wegweiser zu etwa 10 000 urheberrechtl. geschützten Bühnenwerken d. Jahre 1945-57, begr. v. F.E. Schulz, neu hg. v. W. Allgayer, Bd. 1, Köln/ Bln. 1958, Autorenliste, 462; Kürschner 1963; Kürschners Nekrolog 1970; Kosch, Bd. 2.

Ruthilde Frischenschlager

Buch v. Bern → **Dietrichs Flucht u. Rabenschlacht**

Buch v. d. Ordnung d. Fürsten (De regimine principum d. Aegidius Romanus, dt.) → **Leopold v. Wien**

Buchbinder, S. → **Blaas**, Josef

Buchebner, Walter (9.9.1929 Mürzzuschlag/Stmk. – 4.9.1964 Wien) absolvierte eine Gymnasialausbildung in Bruck a.d. Mur (1939-47), unterbrochen v. kurzen Kriegsdienst, d. er sich im Sinne seiner passiven Resistenz gegen d. NS-Regime durch Desertion entzog. Er stud. an d. Univ. Wien Germanistik u. Geografie (1948-53). In diese Zeit fallen nicht nur seine ersten lit. Veröff. (1951 im »Österreichischen Tagebuch«, einer »Wochenschrift für Kultur u. Politik«, u. d. »neuen wegen«), sondern auch seine Tätigkeiten in unterschiedl. u. körperlich anstrengenden Berufen, d. er im Hinblick auf seine lit. Arbeit (auch nach d. Stud.) auf sich nahm (u.a. Fabrikarbeiter in Mürzzuschlag, Straßenbauarbeiter in Wien; »Jeder wirkliche, echte Vers verlangt ein gewaltiges neues Erlebnis«. [*Tagebücher*, 18, aus *Die weiße Wildnis*]). Seit 1956 war er Bibliothekar d. Städtischen Büchereien d. Gemeinde Wien, dann Bibl.leiter. 1959 brach seine schwere Nierenkrankheit aus (Nierenkrebs), d. ihn v. seiner schriftst. Tätigkeit nicht abbrachte, ihn aber 1964 in d. Freitod trieb.

B. versuchte sich auch als Grafiker u. hatte zu vielen namhaften Literaten d. 50er-Jahre Kontakt (u.a. zu HERMANN HAKEL), erhielt 1960 ein Förderungsstipendium d. Kunstfonds d. Zentralsparkasse d. Gemeinde Wien u. zwei Jahre später einen Preis d. Dr. Theodor-Körner-Stiftungsfonds. Neben kulturellen Essays u. Rez. für Ztg. (u.a. Wr. Arbeiterztg. v. 1956-63, Wr. Ztg., Grazer Neue Zeit) u. Zs. (u.a. WORT IN D. ZEIT, »Neue dt. Hefte«) ist B. v.a. mit G. u. kürzeren Prosatexten in Periodika u. Anthologien vertreten (u.a. *Lebendige Stadt, Frage u. Formel*). Zu seinen Lebzeiten erschien keine gesonderte Ausg. seiner Werke. Einen Überblick über seine lyr. Arbeiten u. Einblick in sein konzessionsloses Leben geben in erster Linie d. beiden v. ALOIS VOGEL hg. Nachl.bde. *Zeit aus Zellulose* (1969) u. *Die weiße Wildnis* (1974). Dieser Bd. enthält zudem eine Ausw. d. *Tagebücher* (1946-64) u. sein *Manifest d. Poesie* (1961), d. genauere Auskunft über d. Intention d. engagierten u. mit jeglicher Tradition brechenden – ›unbequemen‹ – Lyrikers geben: B. bekannte sich (ganz im Sinne seiner Begeisterung für Allan Ginsberg) zu einer ›aktiven‹, d.h. aggressiven Dichtung, in d. Rhythmik eine bedeutende Rolle spielt u. d. unmittelbar in d. Leben eingreift. Sein Aufruf zur bedingungslosen Revolte gegen d. »unfruchtbare Vergangenheit, gegen d. sterile Literatur« wurde v. ihm auch kompromisslos in d. Praxis umgesetzt (z.B. *d. revolte, honigmond d. poesie*) u. rückte seine – oft recht unzugängl. erscheinenden – Arbeiten in d. Nähe v. Happening-G. Er gilt als idealler Vorläufer d. Protestlit. u. Wegbereiter d. Wr. Dialektdichtung (ARTMANN, RÜHM,

ACHLEITNER). Die rührige W.-B.-Gesell. (Tagungen, Publikationsreihe, Preisvergabe) hat ihren Sitz in Mürzzuschlag.

WERKE (Ausw.): Lyr.: Anthologie-Beitr. u.a. in: *Frage u. Formel. Gedichte einer jungen öst. Generation*, hg. v. Gerhard Fritsch/Wolfgang Kraus/Hans M. Löw/ Herbert Zand, Salzb. 1963, 107-113; *Sehr geehrter Bürger v. Wien. W.B. beehrt sich, Ihnen sein Gedicht über Wien zu überreichen*, Wien [1961], 1 Bl. (Wr. Stadt- u. Landesbibl.); *Zeit aus Zellulose*, Wien/Mchn. 1969, postum hg. v. A. Vogel; *Die weiße Wildnis*, G. u. Tageb., hg. u. mit einem Nachw. v. A. Vogel, Graz/Wien/Köln 1974. Kurzprosa u.a. in: *Wort in d. Zeit* 2, 1956, Folge 11, 23f. Tagebücher s.o.: *Die weiße Wildnis*. Hg.: *Jeannie Ebner. Im Schatten d. Göttin*, eingel. u. ausgew. v. B., Graz/Wien 1963. Grafischer Nachl. *Ausstellungskat.*, Galerie Autodidakt Wien 4.-29.1.1972. Teilslg.: *Lyrik, Prosa, Graphik*, hg. v. Robert Lotter, Wien 1976. Nachl. bei d. W.-B.-Gesell. in Mürzzuschlag, Stmk.

LITERATUR: Frage u. Formel. G. einer jungen öst. Generation, hg. v. G. Fritsch/W. Kraus/H.M. Löw/H. Zand, Salzb. 1963, 138; Lebendige Stadt. Almanach 1963, hg. v. Amt für Kultur, Volksbildung u. Schulverwaltung d. Stadt Wien, 35; A. Vogel: Nachwort zu: B. W.: Die weiße Wildnis, G. u. Tgb., hg. v. dems., Graz/ Wien/Köln 1974, 121-124; Die zeitgenöss. Lit. Öst., hg. v. H. Spiel, Zürich/ Mchn. 1976 (= Kindlers Lit.gesch. d. Gegenwart. Autoren, Werke, Themen, Tendenzen seit 1945), 423f. u. 708.

Sylvia Leskowa

Buchenwald, Moritz → **Amster**, Moritz

Bucher, Johannes (auch: Puecher, Johann), aus Schärding gebürtig. 1589 entsandte der Passauer Bischof Urban v. Trenbach eine Kommission, die B. anstelle des im protestant. Sinn agierenden Pfarrers Andreas Sturm als Pfarrer v. Freistadt einsetzte. Über die ungewöhnlichen Umstände seines Amtsantritts u. seine Erfahrungen in Freistadt berichtete B. in einem *Tagebuch* in deutscher Sprache. 1597 wurde B. als Pfarrer u. Dechant v. Freistadt abberufen u. in Linz installiert.

WERK: *Tagebuch*, Ms., Stadtarchiv Freistadt, Sch. 523.

LITERATUR: J. Jäkel: Kirchliche u. rel. Zustände in Freistadt während d. Reformationszeitalters. In: 19. Jahresbericht d. Gymnasiums Freistadt, Freistadt 1889, 20ff.; G. Mecenseffy: D. evang. Freistadt. In: Jb. d. Ges. für d. Gesch. d. Protestantismus in Öst., 68./69. Jg., Wien 1953, 148-204.

Robert Hinterndorfer

Buchgraber, Viktor (23.3.1890 Wien – 26.3.1962 ebd.), stammte mütterlicherseits aus d. Waldviertel u. väterlicherseits aus d. Salzkammergut, ergriff in seiner Heimatstadt d. Lehrerlaufbahn, wo er Oberschulrat u. Hauptschuldirektor wurde u. d. Funktion eines Bezirksschulinspektors inne hatte. Während d. 1. WK geriet er in eine mehrjährige Gefangenschaft in Sibirien. – Der im 14. Wr. Gemeindebezirk beheimatete Päd. (sein Grab befindet sich auf d. Hütteldorfer Friedhof) verfasste neben päd., rel. u. kulturgesch. Essays (z.B. in d. v. ihm 1955 mithg. »Hauspostille« *Mein Öst. – mein Vaterland*, in d. er u.a. mit kurzen Beitr. über GRILLPARZER, STIFTER u. Dr. Karl Lueger vertreten ist) sowie einfachen dramat. Spielen (*Sakramentspiel*, 1949) vor allem G., mit denen er sich einen bescheidenen, aber guten Namen machen konnte: *Achte d. zärtlichen Dinge* (1962), sein vierter u. zugleich letzter G.bd. weist ihn denn auch als traditionsverbundenen u. bes. rel. u. humanitären Anliegen gegenüber aufgeschlossenen Lyriker aus (Abteilung »Wer sind denn wir?« u. »Er wird d. Sinn d. Tages sein«), d. in gepflegt-behutsamer Sprachgebung v.a. mit seinen heimatl. Naturstimmungsbildern (Abteilung »Geliebtes Land«) für sich einnimmt.

WERKE (Ausw.): Lyr.: *All denen, d. ein Heimweh haben*, Graz/Wien 1927; *Ausgewählte Gedichte*, Wien 1946; *Kleiner Lobgesang*, Wien 1952; *Achte d. zärtlichen Dinge*, Wien 1962. Spiel: *Sakramentsspiel*, Wien 1949. Hg.: *Mutter, d. bist Du!*, Wien 1950; *Mein Öst. – mein Vaterland. Ein Buch für Schule u. Haus*, Graz/Wien/Köln 1955, m. Klemens Zens u.a.; *Von Prinz Eugen bis Karl Renner. Öst. Lebensbilder aus 3 Jh.*, Graz/Wien/Köln 1961.

LITERATUR: Nagl/Zeidler/Castle, Bd. 4; Die Barke. Lehrer-Jb. 1956, hg. v. öst. Buchklub d. Jugend, 398; Giebisch/Gugitz; F. Mayröcker: V. d. Stillen im Lande. Pflichtschullehrer als Dichter, Schriftsteller u. Komponisten, Wien 1968, 17f.

Sylvia Leskowa

Buchholtz, Franz Bernhard → **Bucholtz**, Franz Bernhard

Buchland, Moritz v. → **Amster**, Moritz

Buchleitner, Beate → **Literarisches Cafè**

Buchleitner, Edgar (15.5.1938 Wels/OÖ –12.2.1979 Saalbach/Salzb., Freitod) kam nach Abschluss d. Hauptschule in Wels an d. Höhere techn. Lehranstalt in Linz (Abt. Elektrotechnik). Nach d. Matura besuchte er d. Abiturientenkurs an d. Handelsakad. in Linz u. wurde Lehrer an d. kaufmännischen Berufsschule in Wels. Heirat 1960 (zwei Töchter). Neben Berufsausbildung u. Broterwerb eignete er sich umfangreiche lit. Kenntnisse an. Die ersten Versuche als dramat. Schriftsteller machte B. Ende d. 60er-Jahre. Die Themen kreisen um d. Existenz d. modernen Menschen schlechthin, um d. Beziehung zur Natur, um d. Freiheit u. um Interessenskonflikte d. einzelnen Menschen. B. ist weltanschaul. als pessimist. Humanist zu charakterisieren. Er propagierte nicht d. Flucht in d. Nihilismus angesichts d. in Brüche gegangenen Weltsicht d. modernen Menschen. Seine Devise lautete: Die Menschheit kann nur weiter existieren, wenn sich d. einzelne selbst in d. »Griff« bekommt. Aus dieser Verantwortung heraus engagierte er sich gegen d. Negativa d. Leistungsgesell., gegen Manipulation durch Ideologien u. gegen Machtansprüche auf jede frei sich entfaltende Persönlichkeit. Um diese Spannung Mensch – Umwelt geht es schon in seinem ersten Stück *Deklination III*, d. 1971 am Off-Off-Theater in Mchn. uraufgeführt wurde. B. teilte d. Ganzheit d. Menschen in drei »Personen« auf – Rückenmark, Großhirn, Seele – u. wies durch deren Interessenskonflikte auf d. Gespaltenheit als menschl. Grundbedingung hin. Im Sprechstück *Die Mayflower fährt in d. Wüste* geht es um d. Frage nach d. Veränderbarkeit v. Machtstrukturen u. um d. Aufbruch in eine neue Gesell. Auch hier verwendete er d. Allegorie als Stilmittel. Das »in d. Nähe einer Komödie« angesiedelte Stück *Einfach aussteigen* ist d. erste Tl. einer geplanten Trilogie über d. Zukunftsmenschen. Der Autor zeigt darin d. Scheitern d. Individuums in einem techn. perfekt organisierten, totalitären Staat. B. verfasste auch Hörspiele (z.B. *Euthanasie*) u. szenische Entwürfe. Seiner Generation entsprechend war für ihn d. formale Experimentieren oberstes Gebot. Er vermischte Raum- u. Zeitebenen – eine v. Film übernommene Technik – u. zerlegte Personen in sich verselbständigende Tle. B. schrieb daneben auch für Ztg. u. Zs., darunter d. Essay *Robert Musil. Das innere Konzil eines* *profanen Menschen.* Die Mehrzahl seiner Werke ist bisher unveröff.

WERKE: Dramat. WERKE: Dokumentarmärchen *SS-General Pohl zu Babel*, Leseauff. Linz, 1973; *Deklination III*, UA Mchn. 1971, veröff. in d. Teilslg. *Deklinationen*, Innsbr., 1983 (= Reihe: Dramatiker-Stücke-Perspektiven); *Die Pädagogen. Die Mayflower fährt in d. Wüste*, Sprechstück, veröff. in d. Teilslg. *Deklinationen* s.o.; *Totenmahl*, Filmbuch; *Völkerapostel Paulus bläst Windräder*, Sprechstück; *Fastnacht*, ursprüngl. Titel: *Anton Bruckner & Paulus contra Häschen & Kulturpräsident; Euthanasie*, Hörspiel, ORF, 1975; *Einfach aussteigen*, veröff. in: *Deklinationen*, s.o.; *Du lernst fürs Leben*, Hörspiel; *Hofmanns olympische Tage*, Fernsehspiel. Essay: *Robert Musil. Das innere Konzil eines profanen Menschen*, in: Lit. u. Kritik, 1972, H. 66/67.

LITERATUR: R. Tauber: OÖ Kulturbericht 1975; K. Becsi/W. Bortenschlager: Vorwort u. Einleitung zu »Deklinationen«, Innsbr. 1983, s.o.

Ruthilde Frischenschlager

Buchmayr, Karl (20.10.1885 Winden/ OÖ – 20.6.1952 Linz), Sohn eines Steinarbeiters. B. übte diesen Beruf ebenfalls aus, bis er in Steyr Arbeit in d. dortigen Waffenfabrik fand. Er hat in seinem kaum dokumentierten Lebenslauf nur ein einziges Werk veröff.: d. schmalen Bd. *Freistadt u. rund-umadum*, erschienen 1946 im Selbstverlag. Er enthält nur sechs G. in oö. Mundart, in denen B. seine Heimat beschrieben hat – jedes G. ein »Kleingemälde, d. ein liebliches Bild d. Zentralraumes Mühlviertel«. Daneben hat er Volksstücke verfasst, d. ungedr. u. unbearb. im Freistädter Heimatmuseum liegen.

WERKE: *Freistadt u. rund-umadum*, G., Selbstverlag Freistadt, 1946; im Nachl. Ms. mit Volksstücken.

LITERATUR: Giebisch/Gugitz; Kosch, Bd. 2, Kosch, 20. Jh., IV; J. Hauer: Am Quell d. Muttersprache, 1955, ders.: D. Mundartdichtungen in OÖ, Wien 1977.

Eva Münz

Bucholtz, Franz Bernhard, Ritter v. (auch **Buchholtz**, 10.6.1790 Münster/ Westfalen – 4.2.1838 Wien) kam nach Univ.stud. in Münster (ab 1807) u. Göttingen (ab 1811), um frz. Dienstverpflichtungen zu entgehen, 1813 nach Wien, wo er – auf Empfehlung Friedrich Leopold Graf v. Stolbergs – in Beziehung zu FRIEDRICH SCHLEGEL u. JOSEF ANTON V. PILAT trat. Mit Hilfe d. Grafen Johann Philipp v. Stadion fand er Verwendung beim »Civilgouvernement d. Großherzogthums Frankfurt«, ging 1815 als Legations-Comis, d.h. als diplomatischer Assistent d. zum Legationssekretär ernannten FRIEDRICH SCHLEGEL zur Bundestagsgesandtschaft nach Ffm., kam 1818 in d. Wr. Staatskanzlei zu Metternich, trat mit versch. Aufs. als Gegner revolutionärer u. antikirchl. Haltungen auf, erreichte mit Mühe im August 1824 d. feste Anstellung eines »wirkl. Hofkonzipisten« bei d. geheimen Hof- u. Staatskanzlei, wurde im Mai 1831 Hofsekretär u. damit ordentl. Beamter, schließlich nach 1837 k.k. wirklicher Staatskanzleirat. Es war wohl d. schriftstellerisch immer wieder hervortretende, recht starre u. enge konfessionelle u. polit. Konservativismus, d. B. als Einzelgänger vertrat, d. eine bessere Laufbahn u. einen rascheren Aufstieg verhinderte. So geriet B. mit d. Ausschließlichkeit seiner idealkath. Haltung immer wieder in gewissen Gegensatz zu Metternich bzw. Gentz. Die lit. Tätigkeit v. B. gehört d. Bereich d. »historischen Schreibart« an u. fällt – nach zeitgenöss. Verständnis – unter d. rhetorisch, also sprachkünstl. gestaltete Schrifttum. B. Werke sind ausschließl. staats-, konfessions- o. wirtschaftspolit.

Inhalts bis hin zu seiner *Gesch. d. Regierung Ferdinands d. Ersten* (8 Bde., Wien 1831-38). Dabei versucht er d. hist. Quellen durch seine Art d. »Erzählens« u. v.a. seinen Überzeugungen gemäß lebendig werden zu lassen. Schon d. frühe Quellenschrift v. B. *Lambertus Schafnaburgensis: Gesch. d. Deutschen, nebst Bruchstücken aus anderen Chroniken u. einer Einleitung zur Kenntniß d. dt. Mittelalters u. Kaiserthums* (Ffm. 1819) zielt auf d. Spiegelung d. ma. Idee d. Kaisertums u. d. Hl. Röm. Reich auf d. Gegenwart. Lit.-gesch. wichtig ist B. als Freund FRIEDRICH SCHLEGELS u. dessen Wr. Kreis sowie als Red. d. Wr. JAHRBÜCHER D. LITERATUR v. April 1821 bis Ende 1825.

WERKE: Hist. Inhalt s.o.

LITERATUR: Wurzbach; ADB; ÖBL; S. Lechner: Gelehrte Kritik u. Restauration, Metternichs Wiss.- u. Pressepolitik u. d. Wr. Jb. d. Lit. (1818-49), Tübingen 1977; Czeike.

Herbert Zeman

Buchrieser, Franz (* 26.12.1937 Graz) lebt in Eggersdorf bei Graz u. bewirtschaftet dort einen Bauernhof. B. ist hauptsächl. als Charakterschauspieler bekannt, doch galt er in früheren Jahren als lit. Hoffnung. Sich früh zum Schauspieler berufen fühlend, absolvierte er d. Reinhardt Seminar mit Erfolg. Seine v.a. in Anthologien veröff. Arbeiten erschienen jedoch gemeinsam mit solchen v. WOLFGANG BAUER, GERT F. JONKE, ALFRED KOLLERITSCH, PETER ROSEI u.a. bekannten Schriftstellern d. Moderne. Auch seine Arbeiten im »Theater-Katalog 1977« stellten ihn an d. Seite v. Autoren wie ELIAS CANETTI, ARTHUR SCHNITZLER, CARL ZUCKMAYER u. STEFAN ZWEIG. Mit seinen Texten passte er sich meist d. Zeitströmungen an, wie z.B. d. Beitr. zur »literatur u. kleinformat«, d. schon zuvor in d. Kronen-Zt 1972-82 erschienen waren. Hier hatten namhafte Autoren u.d.T. »Konfrontationen« ihre Arbeiten in einer feuilletonist. Wochenend-Beilage d. Bl. publiziert. B. versuchte sich hier als ironischer Kritiker d. kulturellen Zustands in Öst., sparte nicht mit kräftigen Ausdrücken d. niederen Stilebene u. blieb im konventionellen »Zeitton« d. Jahres 1968. Seine Begabung findet auch Ausdruck im Jugendbuch *Der schöne große Alexander. Eine wahre Gesch.* (Wien/Mchn. 1975). In diesem vorzüglich illustr. Werk entwarf B. d. Lebenslauf eines d. »Machergesellschaft« angepassten, aufmerksamen u. klugen, kleinen Jungen v. d. Kindheit bis ins Erwachsenenalter, d. rational u. opportunist. handelnd seinen Weg macht. Es ist ein Buch zum Nachdenken, mit leiser Sprache, d. gängige Moral u. allg. positiv bewertetes menschl. Verhalten ad absurdum führt u. d. Leser, ob jung o. alt, zum Hinterfragen dieser Verhaltensweisen u. zum Stellung nehmen auffordert. Es ist bedauerlich, dass B., durch d. schauspielerischen Erfolge beim Film (seine Berühmtheit begann mit d. Darstellung d. »Kommissars Kottan« u. später mit d. als Bürgermeister in d. Serie »Julia, eine außergewöhnliche Frau«) keine Zeit mehr findet, sich schriftstellerisch zu betätigen. Neben Ehrungen als Schauspieler erhielt B. 1971 auch d. Franz Theodor-Czokor-Preis.

WERKE: Dramat. Arbeiten: *Hanserl. Ein Stück in einem Akt*, 1959; *Das Produkt. Ein dramatisch aufgelöster Monolog*, 1976; *Hans*, 1973; *Der schöne große Alexander. Eine wahre Gesch.*, Wien/Mchn. 1975; *Olivia kann fliegen*, 1976; *Promotion*, Ms., Ffm. 1979. Essayist. Beitr. in: Theater-Katalog 1977; *lieb...kannst...sein*, in: Lit. u. Kleinformat. Öst. Gegenwartsanthologie, Graz 1981, hg. v. G. Fuchs; Slg. aus Feuilletons einer Wochenendbeilage d. Kronen-Ztg. 1972-82; weiters in: *Der ge-*

schärfte Sinn. Eine Slg. v. Texten aus d. Grazer Funkhaus, hg. v. M. Mixner, Salzb./Wien 1981; *Mungo o. lieb Christkindlein, kannst ruhig sein. Eine naturalistische Trivialitätenschau*, 1982; *Die lauten u. d. leisen Mörder. Ein Liebeslied*, 1982.

LITERATUR: W. Bortenschlager: Öst. Dramatiker d. Gegenwart, 1971; Notizen über einen Nomaden, in: Kleine Ztg. Klagenfurt 28.12.2002, 49; Zw. Bln., Goa, Lambach u. Retz, in: Kleine Ztg. Graz, 25.12.2002, 46-47; Kosch, Nachtrag-Bd. 2.

Eva Münz

Buchstätter, Franziska (23.1.1892 Morzg/Salzb. – 11.6.1951 Salzb.). V. ihrem Leben ist nichts weiter bekannt, als dass sie d. Gattin eines Salzburger Hofrates war; sie veröff. einige Lyr. bde., d. heute nicht mehr greifbar sind. In d. Fachlit. findet man jeweils nur wenige Zeilen über sie, auch d. spezifische Frauenlit. widmet ihr keine weitere Aufmerksamkeit. So kann heute nicht mehr über d. Qualität ihrer Arbeiten geurteilt werden – auch d. Salzburger Bibl. führen keine Werke v. ihr. Ob ihre Lyr. im Selbstverlag erschienen ist, wann u. an welchem Ort, ist ebenfalls unbekannt – nur für d. Werk *Es ist ein wundersames Klingen* wird d. Erscheinungsdatum genannt.

WERKE: Lyr.: *Es ist ein wundersames Klingen*, 1933; *Südliche Reise*; *Besinnliche Stunden*; *Mir zum Trost*.

LITERATUR: Giebisch/Gugitz; Kosch, Bd. 2.

Eva Münz

Bucker, C.F. → **Rautenstrauch**, Johann

Budapester Orpheum war eines d. erfolgreichsten, wenn auch in d. Lit. wenig beachteten Kabaretts. Das Gründungsdatum u. Zeitpunkt d. Auflösung dieses Ensembles markieren d. Jahre 1889 bis 1919 (s. den folgenden Artikel). 1912 existierte es jedoch schon im Hotel Stefanie in d. Taborstraße 12, 1020 Wien (unter d. Direktion v. M.B. Lautzky) u. war offenbar auch längst eingespielt, da KARL KRAUS in d. FACKEL Nr. 341/42 schrieb: »Es gibt kein Theater in Wien, dessen Leistung – v. Girardis Einzigkeit abgesehen – an d. wahre Theatervergnügen auch nur heranreicht, d. d. Herren Eisenbach u. Rott gewähren. [...] Es gehört in d. Literaturgesch., dass d., was in d. Literaturgesch. gehört, in d. Annoncenteil d. Tagespresse kommt.« Das Ensemble B.O. bestand hauptsächlich aus jüd. Mitgl. d. im Wesentlichen aus Wien u. Budapest stammten. Man spielte, begleitet v. d. eigenen Kapelle, Possen, Sketches, Singspiele, Szenen, d. d. Alltag d. ›Kleinen Leute‹ wiedergaben. »Der Jargonkomiker Eisenbach war d. saftigste Verkörperung solchen Idylls, zu d. d. jüd. Schicksal d. kleinen, einander Bedrängenden, ohne einander Verlorenen nötigt.«(ALFRED POLGAR, nach Greul, 182) Ebenfalls mit Worten POLGARS beschreibt Budzinski d. kongenialen Widerpart Eisenbachs, Max Rott: er »war ein Künstler [...], er war ein komischer Mensch [...]. Seiner Rollen Rolle war: d. mit allen Salben geschmierte Angeschmierte.« (277) Die Auff. müssen überaus komödiantisch u. reich an Situationskomik gewesen sein. Beliebtheit u. Zulauf waren sehr groß, richtete man sich doch an ein einfaches u. kleinbürgerl. Publikum, d., ohne sich dadurch verraten o. zum Objekt gemacht zu sehen, d. eigenen Alltag in einer Komik d. Tristheit miterleben u. im Lachen scheinbare Befreiung finden konnte. Ab 1914 wurde in erweitertem Rahmen in d. Prater Hauptallee gespielt. Im Gegensatz zum NACHTLICHT u. zur FLEDERMAUS wurde hier tatsächl. d. Tradition d. alten Volks- u. Pawlatschen-Theaters ungebrochen fortgeführt. Die »Budapester«, d. bis in d. 20er-o. sogar frühen 30er-Jahre bestanden, prägten mit ihrem Stil u. ihren damals berühmten Mitarb. wie d. Volkskomikern Rott, Glinger, Tausig, ARMIN BERG u. Eisenbach (d. sich später selbständig u. d. »Max u. Moritz« in d. Annagasse berühmt machte) deutlich u. weitreichend d. populäre Kabarett Wiens. Ohne qualitative Vergleiche anstellen zu wollen, kann man sich d. SIMPL, KARL FARKAS u. Ernst Waldbrunn, aber auch Theater wie d. »Löwinger Bühne« ohne d. über d. B.O., laufende Tradition v. Schwank, Posse u. Volksbühne schwer vorstellen.

LITERATUR: L. Appignanesi: D. Kabarett, 1976; K. Budzinski: D. Muse mit d. scharfen Zunge, Mchn. 1961; H. Greul: Bretter, d. d. Zeit bedeuten, Köln 1967.

Martin Adel

Budapester Orpheumgesellschaft (»Budapester Orpheum«). Jüd. Jargonbühne mit Varietécharakter. 1889-1919, Wien-Leopoldstadt. Die B.O., im Volksmund »Budapester« genannt, war eine legendäre u. im jüd.-intellektuellen Milieu äußerst umstrittene (s. dazu: Dalinger, Quellenedition) Unterhaltungsbühne im Wien d. Fin de Siècle. Gegr. 1889 v. Singspielhallen-Konzessionär Matthias Bernhard Lautzky u. d. in Wien gefeierten Volkssänger Josef Modl, war d. B.O. ursprüngl. eine bunte Zusammensetzung jüd. Unterhaltungskünstler, d. sich für d. Sommermonate verbanden, um in Wien ein »Sommergastspiel d. Budapester Orpheums« zu geben. Ihr Auftreten fand bei d. Wr. Bevölkerung so starken Anklang, dass aus d. »Sommergastspiel« eine Institution wurde. Auf Josef Modl folgten als künstl. Leiter Ferdinand Grünecker, Géza Steinhardt u. Heinrich Eisenbach. Das Programm d. B.O. bestand aus kabarettist. Solovorträgen, Gesangseinlagen v. Wr. Volks- u. Operettensängern, parodist. Tanzvorführungen u. wechselnden Gastspielen. Im Mittelpunkt standen jeweils zwei Vaudeville-Einakter, entweder eigenständige Jargonstücke, wie d. über 5000 Mal aufgeführte Posse *Die Klabriaspartie*, o. Parodien auf bekannte Bühnenstücke, ebenfalls im jüd. Jargon gehalten, d. meistens im Leopoldstädter Milieu spielten. Umrahmt wurde d. Abend v. einem eigenen Hausorchester, welches d. Publikum geläufige Ouvertüren, Märsche u. Salonstücke vortrug. Bis zum Kriegsausbruch 1914 wurden tägl. vier Stunden Programm geboten, welches z.Tl. alle zwei Wochen erneuert wurde. Ab 1914 wandelte sich d. B.O. in eine Operettenbühne, an d. u.a. Werke v. Robert Stolz u. Otto Stransky uraufgeführt wurden. In d. B.O. fand eine Symbiose v. jüd. Jargontheater mit Wr. Volkssängertum, Kabarett u. Unterhaltungsmusik statt. Es wurde sowohl »gejüdelt« als auch im Wr. Dialekt gesprochen. Jargonkomik ging fließend in Wr. Volkshumor über u. umgekehrt. Die »Budapester« parodierten in ihren Possen wie auch in ihren Solonummern beliebte u. »große« Werke ihrer Zeit u. verarb. d. mehr o. weniger bewegenden Vorkommnisse u. Gegebenheiten d. Alltags in einer für sie spezifischen komischen Art. Sie waren, wie es Karl Kraus ausdrückte, »d. Spiegel u. d. abgekürzte Chronik d. Zeitalters«. Zentrale Figur d. B.O. war Heinrich Eisenbach. Er führte Regie, spielte in d. Possen, sang, tanzte u. hielt v. ihm selbst verfasste Solovorträge, d. oft d. Höhepunkt d. Abends bildeten. In diesen Solovorträgen glossierte er treffend aktuelle Ereignisse u. Charaktere (*Ein koscherer Jockey, Eisig Cookeles Polareise zum Polareise, Ein Motorführer d. elektrischen Straßenbahn*). Seine Anekdoten kursierten als Witze in ganz Wien. Charakterist. für d. B.O. war ein Stammensemble, welches

v. versch. Künstlern ergänzt wurde. Zum Stammensemble gehörten u.a. d. Komiker »Gebrüder Rott« (Max Rott u. Benjamin Blaß), Alexander Rott, Armin Berg, Charles Schneider, Adolf Glinger, Josef Fleischmann, Albin Lukasch, Armin Springer, Josef Armin, d. Volksschauspieler Josef Bauer, d. Volkssängerehepaar Josef u. Paula Koller-Walden, d. Volkssänger Leo Uhl, d. Soubrette Mella Felix, d. dt.-ung. Sängerin Juliska Bihary, d. Wr. Liedersängerin Josefine Ernauer, d. Sängerin Risa Bastée, d. Schauspielerin Caroline Medek, d. sich in d. B.O. Fritzi Georgette nannte, d. Gesangshumoristin Betty Kühn, d. Excentrique Lina Lendway, Kathi Hornau als »komische Alte« sowie d. junge Hans Moser. Im Lauf d. 30-jährigen Gesch. d. B.O. bespielten mehr als 400 Künstler o. Gruppen deren Bühnen. Ein Großteil d. Possen u. Singspiele stammten aus d. Feder v. Josef Armin, Adolf Glinger, Josef Philippi, Satyr, Louis Taufstein, Otto Taussig, u. Emil Tabori.
Die musikalische Leitung besorgten d. Kapellmeister M.O. Schlesinger (1889-96), Anton Duchoslav (1897-1903), Karl Recher (1903-08), F. Pauli (1909/10), Ernst Holten (1910-12), Theodor Wottitz (1912-14) u. Jacques Nikoladoni (ab 1914).
Spielorte d. B.O. waren bis 1891 versch. Wirtshausbühnen, danach etablierte sie sich in d. Hotelsälen d. Hotels »Zum schwarzen Adler« (1881-89), Hotel Stefanie (1896-1903) u. Hotel Central (1903-13). 1913 bekam d. B.O. ein eigenes Theater in d. Praterstraße 25. Das Publikum d. B.O. setzte sich aus d. versch. Bevölkerungskreisen zus.: einfache Bewohner d. Leopoldstadt saßen mit Bürgerlichen, Kleinbürgern, bisweilen auch Adeligen an d. Tischen u. ließen sich im sog. Rauchtheater v. Heinrich Eisenbach u. seinen Artisten zum Lachen bringen.

WERKE: Possen u. Singspiele (Ausw.): *Die Klabriaspartie*, Posse, Adolf T. Bergmann: M: M.O. Schlesinger, 1890; *Chaim Katz v. Karmeliterplatz. Szene aus d. Volksleben*, T: Josef Armin, M: Hermann Rosenzweig, 1894; *Freund Fritzl. Parodist. Singspiel*, T: Josef Armin, M: Hermann Rosenzweig, 1894; *Der Sultan v. Marocco!*, Singspiel, T: Anton Groiß, M: Josef Schindler, 1900; *Vaust u. Kröte. Das größte Drama d. Jetztzeit*, T: Arthur Frazetti, 1901; *Chaim Frosch im Zauberlande! Phantastisches Zaubersingspiel frei nach F. Raimund*, T: Josef Armin, M: Josef Schindler, 1903; *Der Kaiser d. Sahara. Aktuelle Parodie*, T: Karl Carelly, 1903; *Prinz Hammelfett*, Singspiel, T: Richard Lindenberg, 1903; *Auf d. Polizei. Episoden aus d. Polizeidienste*, T: L. Weinhauser/J. Koller, 1906; *Lysistrata. Parodist. Komödie*, T: Louis Taufstein, 1907; *Die lästige Witwe. Posse v. Satyr*, 1907; *Chantecler. Parodist. Scherz*, T: H. Goldner/A. Glinger, 1910; *Die fünf Frankfurterischen*, Groteske, T: Adolf Glinger/Otto Taussig, 1912; *Der zuckersüße Oppenheim. Eine alltägliche Gesch.*, T: Adolf Glinger/Otto Taussig, 1914; *Fritzi!*, Operette, T: Ferdinand Stein/Otto Hein, M: Otto Stransky, 1916; *Die Hose d. Tenors*, Operette, T: Otto Hein/Willy Berg, M: Robert Stolz, 1917; *Muzikan*, Operette, T: Otto Hein/Ernst Wengraf, M: Robert Stolz, 1918; *Gute Nacht*, mus. Schwank, T: Karl Farkas, Karl, M: Arthur Porges, 1919.

LITERATUR: B. Dalinger: Quelledition zur Gesch. d. jüd. Theaters in Wien/Tübingen 2003; J. Koller: D. Wr. Volkssängertum in alter u. neuer Zeit, Wien 1931; G. Pressler: Jüd. u. Antisemitisches in d. Wr. Volksunterhaltung, in: Musicologica Austriaca, Nr. 17, Identität u. Differenz; H. Veigl: Luftmenschen spielen Theater. Jüd. Kabarett in Wien 1890-1938, Wien 1992; ders.: Lachen im Keller. V. d. Budapestern zum Wr. Werkel. Kabarett

u. Kleinkunst in Wien, Wien 1986; G. Wacks: D. Budapester Orpheumgesell. Ein Varieté in Wien 1889-1919, Vorw.: G. Bronner, Wien 2002.

Georg Wacks

Budapester Rundschau, Die → **Pester Lloyd**

Budik, Peter Alcantara (18.10.1792 Butschowitz/Mähren – 26.3.1858 Klagenfurt) absolvierte seine humanist. Grundausbildung in Straßnitz u. Brünn, ehe er d. Stud. d. Phil. in Olmütz u. d. d. Rechte an d. Univ. Wien aufnahm. Außerdem widmete er sich d. Philol., d. Lit. u. d. Bibl.wiss. Ab 1827 erhielt er eine Anstellung als Bibliothekar an d. Hofbibl. in Wien, ehe er als Lyzealbibliothekar nach Klagenfurt ging. B. scheint in seiner Neigung zum Bibl.wesen ganz aufgegangen zu sein, denn viele seiner Arbeiten kreisen um dieses Thema – er selbst sah sich als »Organ zwischen Vor- u. Mitwelt«. Er hatte aber auch weitere Interessen lit. u. hist. Art. Zahlreiche Aufs. u. Beitr. v. ihm finden sich in lit. Zs., so z.B. im ARCHIV d. JOSEPH FRH. V. HORMAYR, d. WR. MODEN-ZTG. u. d. ZS. FÜR KUNST, LITERATUR U. THEATER v. JOHANN VALENTIN SCHICK, in Tb. u.a. Auch wirkte er als Gelegenheitsdichter u. Dramatiker. So wurden mehrere seiner dramat. Werke aufgeführt, wenn auch nicht alle gedruckt. Er war Autor v. Fachlit. wie: *Vorbereitungsstudien für d. angehenden Bibliothekar* (Wien 1834), o. d. *Vorschule für bibliothekarisches Geschäftsleben* (Mchn. 1848), aber er schrieb auch – lit.hist. noch heute nützlich – über *Leben u. Wirken d. vorzüglichsten lat Dichter d. 15.-18. Jahrhunderts samt metrischer Übersetzung ihrer besten Gedichte* [...] (Wien 1828), ein Beweis seiner umfangreichen Bildung. Auch ein schmaler Bd. Lyr. zählt zu seinen Werken: *Stimmen aus Ktn.* (Villach 1849), v. dessen Reinerlös d. Hälfte für d. Invalidenfonds bestimmt war. In diesem d. Fürsterzbischof v. Görz zugeeigneten Werk finden sich konventionelle G., oft Mitgl. d. Kaiserhauses gewidmet (»Hymnus pro Caesare Ferdinando I., Hymnus pro Caesare Francisco Josepho I.«) o. zu bes. Anlässen für Personen aus seinem Bekanntenkreise, aber auch Stimmungsbilder wie *Die Lerche, über einem Schlachtfelde schwebend*. Die Themen reichen v. Kriegsereignissen (»An Erzherzog Albrecht nach d. Schlacht bei Novara 1849«) bis zu anakreontischen G. Der Stilbereich ist v. Liedern im Volkston bis zu formvollendeten Alexandrinern weit gespannt. – B. gehörte d. Gesell.schicht d. letzten umfassend gebildeten akad. Beamten d. 19. Jh. an, d. neben ihrem Fachgebiet stilsicher in Prosa, Lyr. u. Drama u. bewandert in Gesch., Phil. u. Lit. u. Rechtskunde waren. Tl.nachl. im Kärntner Landesarchiv.

WERKE (Ausw.): Lyr.: *Ährenlese. Eine Ausw. v. Sinng., Grabschriften u. Elegien d. lat Dichtern d. 16.,17. u. 18. Jh. nachgebildet*, Wien 1822; *Stimmen aus Ktn.*, Villach 1849. Sachprosa, Gelegenheitsdichtung, Übers.: *Über d. poetischen Wettkämpfe d. Griechen u. Römer*, Wien 1835; *Ursprung, Ausbildung, Abnahme u. Verfall d. Turniers. Ein Beitrag zur Gesch. d. Ritterwesens im Mittelalter*, Wien 1836; *Entstehung u. Verfall d. v. Matthias Corvinus gestifteten Bibliothek*, Wien 1838; *Album v. Ktn.*, Klagenfurt 1839; *Ode bei d. beglückenden Ankunft seiner Fürstlichen Gnaden d. Hochwürdigsten Hochgeborenen Fürsterzbischofs v. Gurk, Franz Anton Gindl, am 5. Aug. 1841*, Klagenfurt 1841; *Kurzgefasste Gesch. d. lit. Zustände in Ktn.*, Klagenfurt 1852; Beitr. in Zs., so in: Öst. Bl. f. Lit. u. Kunst, Geographie, Gesch., Statistik u. Naturkunde, 1845; hist. Aufs. in Hormayrs Archiv, ab 1830; Jb. d. Lit., Wr. Moden-Ztg. v. Schick, Conversationsbl. v. Gräffer u.a. Ungedr. WERKE: *Das verletzte Gastrecht* (lt. anderer Quelle *Jagdrecht*), dramat. G., 1830;

Wilhelm v. Schärfenberg, dramat. G., 1834; *Adolph Graf v. Nassau*, dramat. G., 1835; *Die Vergeltung*, Einakter, aufgef. 1835; *Matthias Corvinus*, dramat. G., aufgeführt 1835; *Kärntnerische Literaturgesch.*, Hs.

LITERATUR: (Ausw.) Öst. National-Encyklopädie v. Gräffer u. Czikann, Wien 1835; Älschker: Gesch. Ktn., 1258; Nekrolog Carinthia 1858, Nr. 13; Wurzbach, Bd. 2, Giebisch/Gugitz; Kosch, Bd. 2; ÖBL I.; D.B. Enz., 2; Goedeke, Bd. 12, Mähren (Knoll), 387f.

Eva Münz

Budin, Günter (* 7.1.1941 Innsbr.) verfasst Prosatexte u. Essays, arb. bis zu seiner Pensionierung 1999 als Hauptschullehrer in Innsbr. B. war Präsident d. IG Autoren Tirol, freier Mitarb. d. Jugendzs. Jungöst., Leiter d. Innsbr. Arbeitskreises für Lit. d. Arbeitswelt, 1992-1995 Mithg. d. *Gaismair-Kalenders.*

WERKE: Mundartg.: *Life in a Tyrolean restaurant kitchen*, in: Sterz. Zs. für Lit., Kunst u. Kulturpolitik, 60/61, »Automobil«, 48.

Sonja Arnold

Budinski, Gustav → **Budinsky**, Gustav

Budinsky, Gustav (auch **Budinski**, 4.5.1832 Reichenberg/Böhmen – 31.3.1919 Graz) begann 1875 d. Beamtenlaufbahn im Joanneum in Graz u. arb. sich v. aushilfsweisen Mitarb. im Münzkabinett zu dessen Kustos (ab 1890) empor. Sein Interessensschwerpunkt war d. steir. Münzenkunde (mehrere Publ.). Einzelne Schriften beweisen aber auch seine Kompetenz in archäol. u. landeskundl. Fragen. B. lit. Schaffen umfasst ein nicht sehr umfangreiches Erzählwerk: Reiseberichte u. humorist. Erz. Erhalten u. zugänglich sind mehrere seiner Werke als Separat-Abdrucke aus versch. Ztg. in d. Steiermärkischen Landesbibl. in Graz. Eine Charakterisierung derselben steht noch aus Ab 1907 war B. als Dramaturg in Graz tätig.

WERKE: *Verrechnet*, Erz., Graz 1880; *Erz. u. Humoresken*, Graz 1880 u. 1882; *Eine Badereise*, N., Graz 1882; *Aus d. fernen Westen. Reiseberichte aus Amerika*, Graz 1885; *Der Onkel aus Amerika. Eine heitere Gesch.*, Graz 1903.

LITERATUR: A. Schlossar: D. Lit. d. Stmk., Graz 1914; Giebisch/Gugitz; Kosch, Bd. 2.

Ruthilde Frischenschlager

Büchel, Hubert (* 1951 Hohenems) maturierte an d. Handelsakad. in Bregenz u. stud. an d. Univ. Innsbr. Volkswirtschaft. 1977 arb. er als Univ.ass. in Innsbr. Daneben schrieb er Kurzprosa. Weitere lit. Schriften sind nicht bekannt.

WERK: Prosa: *Wenige haben ihren Morgenspaziergang*, in: Neue Texte aus Vorarlberg, Prosa 1, hg. v. Franz-Michael-Felder-Verein, Bregenz, 1978, 35f.

Ruthilde Frischenschlager

Bücherwürmer, Die 1980 gegründet, blickt d. Verein d. B. mit Sitz in Lana a.d. Etsch auf eine mittlerweile 30-jährige Erfolgsgesch. zurück. Der Verein versteht sich als Publikationsorgan wichtiger, bislang wenig bekannter Gegenwartslit. Im Zentrum stehen neben dt.-sprachigen Autoren auch solche aus Osteuropa, deren Rezeption sowie Übers. u. Übersetzer. Neben d. interaktiven Vermittlungsfunktion durch Lesungen, Theaterauff., Symposien u. Ausstellungen besteht eine wichtige Aufgabe im Aufbau d. »Archivs für Poesie«. Das 1990 initiierte Projekt fungiert sowohl als Dokumentationsstelle für d. Gesch. d. Vereins d. B. als auch als Sammelort wichtiger Ms., Tonträger u. Korrespondenzen d. an d. Veranstaltungen d. B. teilnehmenden Autoren. Zudem werden Texte aus

Kleinstverlagen gesammelt, sodass d. Archiv eine Anlaufstelle für d. Suche nach schwer zugänglichen Texten bildet. Ergänzt wird diese Spezialslg. durch einen »Handapparat zur Gesch. d. Poetik«. Die seit 1986 jährlich veranstalteten »Kulturtage Lana«, bei denen insbes. auch Autoren aus Osteuropa beteiligt sind, sind eine Plattform für Autoren u. Künstler. Mit d. Buchreihe *Edition per procura* trägt d. Verein aktiv zur Verbreitung u. Förderung d. Lit. seiner Autoren bei. Ergänzt wurde dies v. 1990-99 durch d. v. O. Egger hg. Zs. *Der Prokurist.*
Der Verein verwaltet außerdem d. N.C. Kaser-Preis u. d. Lit.stipendium Lana.

LITERATUR: R. Huez: Verein d. B., in: C. Grosser: Kultur u. Lit. aus Europa in Europa. D. Rezeption Osteuropas vor u. nach d. Wende, Wien 1996, 90-91 (= Forschungs- u. Dokumentationsstelle für Neuere Öst. Lit. [Wien]); H. Würtz (Hg.): Lit.zs heute, Wien 1992, 34 (= Kat. d. 224. Wechselausstellung d. Wr. Stadt- u. Landesbibl.); S. Wildner (Hg.): (W)orte. Words in Place. Zeitgenöss. Lit. aus u. über Südtirol. Contemporary Literature by German-Speaking Minority Writers from South Tyrol (Italy), Innsbr./Bozen/Wien 2005, 38-39.

Sonja Arnold

Bülow-Wendhausen, Paula Baronin (* 19.8.1845 Bukarest – 17.11.1918 Wien), geb. v. Schweiger-Dürnstein; Tochter d. in Bukarest tätigen öst. Konsulatkanzlers Emanuel v. Schweiger-Dürnstein, kehrte nach dessen Tod (1848) mit ihrer Mutter nach Wien zu d. Großeltern zurück, d. in musischer Hinsicht sehr aufgeschlossen waren. B. lernte durch einen in Italien beheimateten Onkel Ital. u. erhielt ihre Ausbildung im Kloster d. Salesianerinnen in Wien. Ihre Mutter heiratete in zweiter Ehe d. k.k. Kämmerer u. Hauptmann Hieronymus Frh. v. Kleinmayr, wodurch B. d. Lombardei u. Siebenbürgen kennenlernte. Hier begegnete sie auch ihrem späteren Gatten Rittmeister Arthur Baron B., d. sie 1868 in Hermannstadt heiratete. Nach vier in Siebenbürgen verbrachten Jahren nahm B. Mann aus gesundheitlichen Gründen seinen Abschied u. zog sich mit ihr auf seinen Landsitz Teesdorf an d. Aspangbahn/NÖ zurück. Hier lebte B., d. viele Reisen nach Dtld., Schweiz, Italien u. Frankreich unternahm, 30 Jahre, bevor sie schließlich nach Wien übersiedelte.

B. gilt als routinierte Unterhaltungsschriftstellerin d. Jahrhundertwende, als einfühlsame, wenngleich auch für Rührseligkeit erweckende Versatzstücke beträchtlich aufgeschlossene Prosaistin adeliger u. großbürgerlicher Gesell. kreise: Ihr früher Erzählbd. *Ohne Herz* erschien 1899 u.a. neben Werken v. Eugène Sue, George Sand, Gustave Flaubert u. FRIEDRICH SCHLÖGL in d. Reihe »Collection Hartleben«, einer »Auswahl d. hervorragendsten Romane aller Nationen«. Er umfasst drei unterschiedlich lange Studien weibl. Charaktere (*Ohne Herz, Amtmanns Lotte, Ein Frauenleben in drei Briefen*), v. denen d. kurze »Strand-Idyll« *Ohne Herz*, d. d. Heilungsprozess einer bislang oberflächlich-hartherzigen Witwe behandelt, in erzähltechn. Hinsicht am meisten überzeugt. Frauenspezifische Anliegen thematisierte B. auch in ihrer einfach versifizierten »lehrreichen Heiratsgesch.«. *Die schlimme Lori u. d. brave Addi* (1902), in d. sie großbürgerlichen Heiratsusancen mit z.Tl. hintergründiger Ironie skizziert. Als Moralistin (Motto: Hochmut kommt stets vor d. Fall) ist sie hier allerdings um vieles gewandter als mit ihrer unter christlichen Vorzeichen stehenden Lebenshilfeschrift *Was wir lassen sollen!* (1911). In eine ähnliche Richtung zielt ihre Aphorismenslg. *Ge-*

dachtes u. Empfundenes (1895), deren Mittelmäßigkeit sie selbstkrit. einzuschätzen wusste (»Was ich biete, ist nichts Neues u. Überraschendes, denn was ich sage, haben wohl Andere schon besser u. schöner gesagt«, Vorwort, VIII). B. war eine an Moraldidaxe interessierte Prosaistin d. Jahrhundertwende, d. ihre zahlr. Reiseeindrücke aus Europa für anspruchsvollere Unterhaltungslit. verwertet (z.b. Landschaftsschilderungen in *Ohne Herz*, Porträts v. Kurgästen in *Ein Frauenleben in drei Briefen*).

WERKE (Ausw.):: Erz., Novellen: *Adrienne, ein Klosterkind*, Mainz 1900; *Das verkaufte Lachen*, Skizzen u. N., Mainz 1901; *Bengalisches Feuer*, N., Ravensburg 1906; *Ringe u. andere Erz.*, Brixen 1913. Versnovelle: *Die schlimme Lori u. d. brave Addi. Eine lehrreiche Heiratsgesch.*, Wien 1902. Roman: *Ohne Herz*, Wien/Pest/Lzg. 1899. Aphorismen: *Gedachtes u. Empfundenes*, Dresden 1895. Ratgeberschrift: *Was wir lassen sollen! Ein Wegweiser auf d. Lebenspfade*, Wien 1911.

LITERATUR: Brümmer, Bd. 1; Nagl/Zeidler/Castle Bd. 4; ÖBL, Bd. 1.

Sylvia Leskowa

Bünderlin, Johannes (eigentl. **Wunderl**, auch **Wynnderl**, **Wunderle** u. – nach d. Beruf seines Vaters – **Vischer**; um 1500 St. Peter bei Linz/OÖ – nach 1539). An d. artist. Fak. d. Univ. Wien 1515-19 ausgebildet, wurde B. v. d. obderennsischen Adeligen Bartholomäus (I.) v. Starhemberg, d. sich aufgrund persönl. Korrespondenz mit Luther d. Protestantismus zugewandt hatte, 1526 zum Prädikanten u. Schreiber berufen. Er schloss sich d. Wiedertäufertum an u. wirkte als Vorsteher in oö. Täufergemeinden (Linz, Wels). Im Jän. 1528, nach d. Einsetzen d. Verfolgung u. Ausrottung d. Wiedertäufer in Öst. o.d. Enns, kehrte B. seiner Heimat d. Rücken u. zog zunächst donauaufwärts in Richtung Deggendorf. Dann wandte er sich nach Nikolsburg in Mähren, wo er einige Monate lang unter d. Schutz d. täuferfreundlichen Adeligen Leonhard v. Liechtenstein lebte. Wohl durch d. strenge Form d. Täuferwesens in Nikolsburg bewogen, brach er seine Verbindung zum Täufertum ab u. übersiedelte nach Straßburg im Elsass. Dort ließ er 1529-31 mehrere theol. Werke drucken, d. einerseits seine Hinwendung zum Spiritualismus belegen, andererseits durch ihre vernunftbetonte, großzügige u. im Wesen humanist. Grundhaltung auffallen. In einer Zeit d. Verfolgung Andersgläubiger erhob B. seine Stimme für Toleranz u. Gewissensfreiheit. B. vertrat eine Theosophie, d. – anknüpfend an d. dt. Mystik – unter Aufnahme neuplatonischer u. kabbalist. Elemente d. Gottheit zu vergeistigen u. d. Natur mit einem pantheist. Gottesbegriff zu erfüllen trachtete. Das Wort Gottes liegt seiner Meinung nach nicht außer, sondern in uns, weshalb wir Gott im Herzen u. im Geist, nicht in Form u. Zeremonien zu dienen haben. Die Geringschätzung jeder äußerlichen Religionsübung schließt auch d. Sakramente u. insbes. d. Abendmahl mit ein, d. er als bloße Erinnerungsfeier ohne Transsubstanziation auffasste. Als irrig bezeichnete er d. Wunderglauben, d. theol. Begriff d. Auserwähltheit u. d. Ansicht, man könne nur durch d. Glauben d. Seligkeit erlangen. Mit seiner teilweisen Vorwegnahme v. Ideen d. Theol. d. Aufklärung geriet B. sowohl mit d. Katholizismus als auch mit d. Anhängern Luthers u. d. Täufern in Konflikt. 1530 begab sich B. nach Konstanz; 1532 suchte man ihn an d. Einreise ins ostpreußische Pomesanien zu hindern; im Sommer 1539 wurde B. in Ulm erwähnt, v. wo er gleichzeitig mit d. Reformator Caspar Schwenckfeld ausgewiesen wurde. Schwenckfeld u. B. tauchten noch gemeinsam im Sept. 1539 in Augsburg auf, dann trennten sich ihre Wege, u. d. Spur d. ehe- u. kinderlosen B., d. auch weiterhin ein Wanderleben geführt haben dürfte, verliert sich.

WERKE: *Ein gemeyne berechnung vber d. heyligen schrifft innhalt / in derselben natürlichen verstand (mit anzeygung jres mißverstands grund vnnd vrsprung) eynzuleyten / durch etlicher puncten gegensatz erklärung / dabey man d. anderen / so villfältig in d. schrifft verfasst seind / auch abnemen mag. Jn vier teyl durch Joannem Bünderlin v. Lyntz gestellet* [...], Straßburg 1529; *Auß was vrsach sich Gott in d. nyder gelassen vn[d] in Christo vermenschet ist / Durch welchen / vnd wie er d. menschens fall / in jm selbs durch d. gesandten Messiah versünet / vnd wid[er]pracht hat.* [...], [Straßburg] 1529; *Ejn gemeyne einlayttung in d. aygentlichen Verstand Mosi / vnd d. Profeten / Wie mann sie lesen / vnnd jre Allegorien mitt d. Newen Testament vergleichen vnnd außlegen soll.* [...], [Straßburg] 1529; *Erkleru[n]g durch vergleichung d. Biblischen Geschrifft / d. d. wassertauff sampt andern eüsserlichen gebreüchen / in d. Apostolischen kirchen geübet. On Gottes befelch vn[d] zeügnuß d. gschrifft / v. etlichen diser zeit / wider efert wirt: Seiten mal d. Antichrist d. selben all zeha[n]d nach d[er] Apostel abgang verwüstet hat: Welche verwüstung dan[n] biß an d. end bleibt.* [...], [Straßburg] 1530; *Clare Verantwortung etlicher Artikel / so jetzt durch irrige geister schriftlich vnd mündlich ausschweben v. wegen d. Ceremonien d. neuen Testamentes / als Predigen / Tauffen / Abendmal / Schrifft etc. zu trost vnd stark wahrhaften Christen newlich ausgangen. Auch betreffend Christi Befelch seinen jüngern gethan vnd d. ausgiessung d. heiligen geistes / gegründet in heiliger Schrifft* [...], [Straßburg] 1531. (Die Antwort darauf ist: Pilgram Marbeck, *Ein Clarer fast nützlicher unterricht / wider etliche trück u. schleichendt geister / so jetzt in verborgener weis ausgeen vnd dadurch vil frommer hertzen verwirrt vnd verführt werden / kürzlich / getreuer warnung wegn herfürgebracht* [...], [Straßburg] 1531.

LITERATUR: NDB 2; DBE 2; Mennonitisches Lex. 1, 299; D. Rel. in Gesch. u. Gegenwart, 3. Aufl., Bd. 1, Sp. 1496; A. Nicoladoni: J. B. v. Linz u. seine Stellung zu d. Wiedertäufern, in: 46. Jahresbericht d. Museum Francisco-Carolinum, Linz 1888; ders. J. B. v. Linz u. d. oö. Täufergemeinden in d. Jahren 1525-31, Bln. 1893; G. Bossert: Noch einmal Hans B., in: Jb. d. Gesell. für d. Gesch. d. Protestantismus im ehemaligen u. im neuen Öst., 15, Wien 1894, 36f.; U. Gaebler: J. B. v. Linz, in: Jb. für d. Gesell. d. Protestantismus in Öst., 96, Wien 1980, 335-370.

Robert Hinterndorfer

Bünker, Bernhard C. (* 14.8.1948 Leoben/Stmk.), Sohn d. Kärntner ev. Pastors u. Mundartdichters Otto B., lebte seit 1954 mit d. Eltern in Radenthein (Ktn.), dann im Bgld. 1970 legte er d. Matura ab u. stud. anschließend an d. Univ. Wien Gesch., Phil. u. Kunstgesch. Ohne d. Stud. abzuschließen, ergriff er versch. Berufe u. ist nun als Religionslehrer tätig. Seine mundartl. G. sind durch herbe Sozialkritik u. Kulturpessimismus gezeichnet. Seine Sprache ist nicht einer bestimmten Ktn. Mundart verschrieben, sondern trägt neben Kärntner Grundmerkmalen auch Züge d. Burgenländischen u. Wienerischen.
Eine wiss. Untersuchung wäre, wenn auch interessant, so doch verfrüht.

WERKE: Mundartlyr.: *De ausvakafte Hamat*, Feldafing 1975; *An Heabst fia di*, Klagenfurt 1976; *Vom Steabn u. Traurigsein. Lieder*, Wien/Reinprechtspolla 1979; *Was d. Hamat is*, Spittal a.d. Drau 1979. Weitere Veröff. in versch. Zs. (Schmanker, Löwenmaul, Projektil, Freibord, Literaricum).

LITERATUR: F. Hoffmann-J. Berlinger: D. neue dt. Mundartdichtung, Hildesheim 1978, 972 u. mehrfach; M. Hornung:

Die Funktion d. Dialekts in d. traditionellen Mundartdichtung u. in d. modernen Dialektlit. d. öst.-bayer. Raumes, in: Akten d. VII. Internat. Germanisten-Kongresses, Göttingen 1985, Bd. 4, 334f.

Maria Hornung

Bünker, Otto (9.11.1916 Eisentratten/ Liesertal, Ktn. – ?), stammte aus einer geistesgesch. traditionsreichen Familie; Sohn eines ev. Pfarrers. 1921 zog d. Familie nach Fresach, wo B. d. Volksschule besuchte. Nach d. in Villach abgelegten Matura stud. B. ev. Theol. in Wien u. an bundesdt. Univ. 14 Jahre lang war er als Pfarrer in Leoben (Stmk.) u. in Radenthein (Ktn.) tätig. Seit seiner Pensionierung hatte er seinen Wohnsitz in Trebesing im Liesertal. B. trat 1961 mit seinem ersten Mundartbd. *De Latern* hervor, auf d. in kurzen Abständen weitere Veröff. folgten. Seine kraftvolle u. persönl. Art, d. Dinge unserer Welt anzugehen – auch in sozialpolit. Hinsicht – erregte Aufsehen. B. wurde binnen kurzem zum Wortführer d. Kärntner Mundartdichter, d. er zu Seminaren versammelte u. an d. er Rundbriefe versandte. Auch als Rundfunkprediger machte er sich einen Namen. Verglichen mit seinem älteren, konservativen Amtsbruder, d. Kärntner Mundartdichter G. GLAWISCHNIG, wirkte er eine Zeitlang sehr »modern«; im Vergleich mit seinem ebenfalls in Kärntner Mundart schreibenden Sohn BERNHARD B. machte er einen traditionsgebundenen Eindruck. B. hat auch eine Reihe schriftsprachlicher G.bde. ediert. 1982 veröff. er eine Darstellung d. Lebenswerkes seines Onkels Johann Reinhard B., eines namhaften Volkskundlers. Eine eingehende wiss. Untersuchung seines Werkes wäre erforderlich.

WERKE: Dialektlyr.: G. in Kärntner Mundart: *De Latern*, Klagenfurt 1961; *A gölbe Suppn*, Klagenfurt 1962; *Auf da Schåttseitn, auf da Sunnseitn*, Klagenfurt 1963. Dialekt Epos.: *Oban Toar steaht a Spruch*, Klagenfurt 1971. Schriftdt. Lyr.: *Die Mitte. Geistliche Gedichte*, Wien 1962; *Die Schattenvitrine*, Klagenfurt 1967; *Wer zuletzt lacht, lacht am besten. Heitere Gedichte*, Klagenfurt 1976. Kleine Essays: *Bei Sonnenaufgang. Morgenbetrachtungen*, Klagenfurt 1979. Wiss. Schrifttum: *Johann Reinhard Bünker – Lebenswerk*, Eisenstadt 1982. Mithg.: *Die ev. Kirche in Ktn. einst u. heute*, Klagenfurt 1981.

LITERATUR: M. Hornung: Mundartdichtung, bayer.-öst.: Merker-Stammler, Reallex. d. Dt. Lit.gesch., 2. Aufl., Bd. 2, 493; dies.: Die Funktion d. Dialektes in d. traditionellen Mundartdichtung u. in d. modernen Dialektlit. d. öst.-bayer. Raumes, in: Akten d. VII. Internat. Germanisten-Kongresses Göttingen 1985, Bd. 4, 334.

Maria Hornung

Bürger, Michael (28.8.1831 Scheibbs – 31.1.1912 Wien), Sohn eines Gemeindebediensteten, d. bereits mit 13 Jahren in d. Kanzlei seines Vaters arb. Später findet man ihn als Steuerbeamten in Waidhofen a.d. Ybbs, 1857 wurde er nach Wien versetzt, 1859 war er Offizial u. Leiter d. Steueradministration – es war d. Laufbahn eines strebsamen Beamten aus kleinbürgerlichem Milieu, d. es zu etwas Ansehen gebracht hatte. Dass er daneben auch als Schriftsteller tätig war, kann man lediglich aus d. v. ihm hinterlassenen Werken entnehmen; nach diesen muss er ein frommer Mann im Sinne d. kath. Kirche gewesen sein – alle seine Bücher sind im Verlag d. Mechitaristen in Wien erschienen. B. lag auch d. Jugend am Herzen, viele seiner Schriften sind ausdrücklich für sie bestimmt. Die bearb. Themen weisen eine große Bandbreite auf, sie reichen v. hist. Begebenheiten über Biogr., Sagen u. Legenden bis zu einem praktischen Briefsteller, d. sogar eine zweite Aufl. erreichte. B. muss zu seiner Zeit in bürgerlichen Kreisen ein viel gelesener Autor gewesen sein. Er versuchte sich 1869 auch als Hg. einer Kaffeehaus-Ztg., *Der Stammgast* – es ist aber nicht mehr festzustellen, über welchen Zeitraum sie erschienen ist, wahrscheinl. hat es nur 16 Ausg. gegeben. Die Lit.-Wiss. hat sich kaum mit B. beschäftigt, man findet nur kurze Eintragungen in d. Fach-Lit. Seine schriftstellerische Tätigkeit muss er schon in frühen Jahren begonnen haben. 1853 erschien sein erster G.-Bd. *Poetische Anklänge*, 1861 d. Erz. *Faustin o. zwei Jahre aus d. Leben eines Wanderburschen*. Dieser kleine Erzählbd. erinnert an d. damals häufigen moralisierenden Kalendergesch.; d. Gesch. sind einfach im linearen Aufbau; d. Schicksal d. Protagonisten ist vorhersehbar. Der brave Bursche, ein junger Handschuhmacher aus liebevollem, christlichen Haus, wird mit d. Segen d. Eltern auf d. Wanderschaft geschickt. Während dieser Wanderung singt er übrigens ein mehrstrophiges Lied, wie d. Taugenichts v. Joseph v. Eichendorff, »Wohlauf, noch getrunken d. funkelnden Wein« v. Justinus Kerner, ohne dass d. Autor erwähnt würde. Der Wanderbursch findet eine gute Lehrstelle, macht aber d. Bekanntschaft eines liederlichen Gesellen, d. ihn zum Trinken u. Spielen verführt, er verliert seine Habe u. gerät in allerlei Schwierigkeiten – aber nach Reue u. Schuldbekenntnis wendet sich alles zum Guten. Er kehrt geläutert heim, übernimmt d. Werkstatt d. Vaters, heiratet u. lebt als Bsp. für seine Kinder fromm u. gütig, diese stets vor bösen Einflüssen warnend. Die Titel d. einzelnen Kapitel entsprechen d. didaktischen Ziel: Durch *Buße zum Heil! – Ende gut, alles gut*. Man mag heute über diese einfache Sicht auf d. Leben lächeln, doch entsprach sie d. ethischen Vorstellungen, d. v. Kirche u. Staat in d. Jahren d. Restauration v. d. Bevölkerung gefordert wurden. Daneben nahm B. Anteil am polit. Geschehen d. Zeit – sowohl d. *Bericht über Leben, Wirken u. d. tragische Ende Maximilian I. Kaiser v. Mexiko*, 1868, als auch d. große polit. R. über Napoleon III., *Ham u. Sedan o. ein Thron auf Leichen*, 1871-73, entstanden unmittelbar nach d. entsprechenden Ereignissen, allerdings aus entschieden legitimist. Haltung wie sie weiten bürgerlichen Kreisen d. Zeit entsprach.

WERKE: Lyr.: *Poetische Anklänge*, G., 1853. Prosa: *Faustin o. zwei Jahre aus d. Leben eines Wanderburschen*, 1861; *Schutt u. Efeu, Erz., Legenden, Sagen*, 1862; *Feldblumen*, Erz., 1862; *Fliegende Bl. aus d. Natur- u. Völkerleben*, 1862; *Josi, d. Findling*, Erz., 1862; *Geheimnisse aus d. österreichischen Dorfleben*, Erz., 1864; *Marzellin o. d. Lohn d. guten Tat*, Erz., 1864; *Spitzkugeln für Krieg u. Frieden*, Anekdoten, 1867; *Ham u. Sedan o. ein Thron auf Leichen*, R., 3 Bde., 1871-73, *Admiral Nelson, d. Seeheld, o. Der Herr d. Meeres*, Erz., 1878; Fachbuch: *Theoretisch-praktischer Wr. Briefsteller*, 1862, 2 Aufl.; viele Jugendschriften; alle erschienen beim Verlag d. Mechitaristen, Wien. Hg.: *Der Stammgast, Allg. Gast- u. Kaffeehaus-Ztg.*, 1869.

LITERATUR: Giebisch/Gugitz; Kosch, Bd. 2.

Eva Münz

Bürgler-Forcher, Maria geb. Forcher (19.7.1906 Lienz – 15.2.2001 ebd.) war v.a. Mundart-Lyrikerin. B. entstammte einer kinderreichen Lienzer Bauern- u.

Handwerkerfamilie; beruflich führte sie 1933-68 ein Milchgeschäft. Eine späte Heirat ermöglichte es ihr, endlich ihren Horizont zu erweitern. Die Mitgliedschaft bei d. Kolpingbühne Lienz, für d. sie ein Theaterstück schrieb, brachte ihr zahlr. Ehrungen ein. Sie war zudem eine beliebte Volksschauspielerin; 1985 hatte sie einen Fernsehauftritt in d. ORF-Serie »Leihopa« mit A. Böhm. Im Tiroler Rundfunk las sie seit 1967 regelmäßig in d. bekannten Sendung »Ein Stübele voll Sonnenschein«. 1969 findet sich ein Tl. ihrer G. erstmals in einem Sammelbd. v. vier Osttiroler Dichtern abgedr. (*Spinnweben aus Osttirol*). 1970 erschien ihre erste eigenständige Veröff. (*Osttiroler Soafnblosen*), welche beim Publikum gute Aufnahme fand. Neben einigen weiteren Publ., d. häufig v. ihrem Mann R. Bürgler illustr. wurden, veröff. B. ihre Lyr., d. – bei all d. reizenden Einfällen, d. sie enthält – d. Rahmen d. herkömmlichen volksnahen Alltagspoesie nicht zu sprengen vermag, v.a. in d. regionalen Presse, bes. im *Osttiroler Boten*. B. erhielt 1986 d. Ehrenring d. Stadt Lienz. Zuletzt lebte sie im Bezirksaltersheim Lienz.

WERKE (Ausw.): Lyr.: *So isch is Lebm*, G. in Osttiroler Mundart, Wels 1974; *Hoblschoatn aus Osttirol*, Mundartg., Klagenfurt 1978; *In jener Zeit*, Klagenfurt 1981; *A Gspür für's Glück*, Innsbr. 1986.

LITERATUR: J. Heuer: Lebendiges Wort. Jubiläumsbd., Wels 1976, 26f. Th. Brugger: Die Mundartdichtung in Osttirol, Wien 1986.

Beatrix Cárdenas-Tarrillo/Maria Hornung

Büssel, Alois Joseph (15.3.1789 Hochanger bei Lofer/Salzb. – 27.5.1842 Mchn.), Sohn eines Bildhauers, stud. in Salzb. Rechts- u. Staatswiss., dann in Mchn. Philol. 1814 gab er aus Gesundheitsgründen d. Stud. auf u. trat in d. bayerischen Staatsdienst, zunächst als Postoffizial in Amberg, dann in Bayreuth u. Mchn. Seit d. frühen 20er-Jahren entfaltete B. eine rege lit. Tätigkeit: 1825/26 u. 1828 edierte er d. lit. Zs. *Antiope*, er veröff. mehrere Lyr.bde., R. u. Erz. sowie Dramen, darunter auch d. Blankvers-Trauerspiel *Hero u. Leandros* (1822), eine mit vielen lyr. Passagen durchwirkte, dramaturgisch keineswegs überzeugende, Elemente d. Schicksalstragödie aufnehmende Bearbeitung jenes Stoffes, d. um diese Zeit auch GRILLPARZER beschäftigte; in d. an d. Wr. Stadt- u. Landesbibl. aufbewahrten Exemplar d. Stückes findet sich d. hs. wohl v. B. stammende Widmung »Für Herrn v. Grillparzer«.

WERKE: Lyr.: *Poetische Blüthen, gesammelt auf d. Spatziergängen um Amberg*, Amberg 1819; *Noryssa. Ein Sonettenkranz aus d. norischen Alpen*, Würzburg 1831; *Das Lebewohl Ottos I., Königs v. Griechenland. Romanzenkranz*, Mchn. 1833; *Des Kaisers Schatten* (189 Kanzonen), Mchn. 1836. Epik: *Die Hochalpe*, R., Würzburg 1824; *Die Pilgernächte d. Meisters Tosotheus*, R., Amberg/Lzg. 1827; *Des Skalden Ryno Noryx Irr- u. Minnefahrten*, drei N., Mchn. 1828. Dramatik: *San Pietro v. Bastelica*, Bamberg/Würzburg 1822; *Hero u. Leandros*, Bamberg/Würzburg 1822; *Dramatische Blüthen*, Bamberg/Würzburg 1923; *Das St. Johanniskind*, Würzburg 1824; *Winckelmanns Tod*, Amberg 1827; *Katharina Cornaro, Königin v. Cypern*, tragische Oper, Musik v. F. Lachner, Mainz 1846.

LITERATUR: Goedeke 11/1; M.H. Jellinek: D. Sage v. Hero u. Leander in d. Dichtung, Bln. 1890.

Wynfrid Kriegleder

Butner, Adam (?/Sorau, Brandenburg – 1586/Linz, OÖ). Von dem zu seiner Zeit als »poeta scitus« gelobten B. ist bislang nur ein Stammbucheintrag bekannt.

WERK: Eintragung in den *Liber amicorum* des Nikolaus Engelhardt v. April 1583, Ms., National- und Universitätsbibl. Straßburg, 18597, fol. 176^{v*}.

LITERATUR: Emile-G. Leonard, Le »Liber amicorum« du strasbourgeois Nicolas Engelhardt. In: Bibliothèque de l'école des chartes 1935, Bd. 96, S. 91-120, hier S. 119.

Robert Hinterndorfer

Büttner, Grete (9.5.1884 Biala/Galizien – 7.1.1964 Graz), geb. Margarete Elisabeth Gabriele Parzer, lebte in ihren letzten Jahren als Offizierswitwe in Graz. Ihr Lebensweg u. Bildungsgang ist nicht weiter bekannt, ihre Bücher sind vergriffen u. vergessen o. nicht nachweisbar, obwohl bes. ihre Jugendbücher zu Lebzeiten d. Autorin Erfolg hatten. Dies gilt z.B. für d. v. A. Drucker illustr. Kinderbuch *Allerlei Volk* (Lzg. 1924), in d. vermenschlichte Tiere wie Spatzen o. Fische ihr heiteres Wesen treiben. Ein kurzer Text in einem v. »Steirischen Schriftstellerverband« 1954 hg. Jb. zeigt ihre einfühlsame u. unspektakuläre Darstellungsweise: Die Miniatur *Lavendel* suggeriert ein Stimmungsbild, hervorgerufen durch einen blühenden Lavendelbusch im Garten, dessen Duft d. Erinnerung an ihre Großmutter weckt u. einer nach Lavendel duftenden Schublade, deren Inhalt – Seidenbänder, Stickereien, ein Spitzenkragen – gleichzeitig eine vergangene Epoche wieder auferstehen lässt. Es gibt keine Handlung in diesen wenigen Zeilen u. auch keine expressive Sprachkunst, u. doch nimmt d. verhaltenen geschriebene Text d. Leser gefangen.

WERKE: *Allerlei Volk. Lustige Bilder v. A. Drucker*, Lzg. [1924]; *Aus d. Märchenreich d. Tiere*, Gesch., o.O., 1931, 1936; *Erlebtes u. Erlauschtes*, N., o.O. o.J.; *Lavendel*. Kurzprosa, in: In diesen Minuten. Jb. d. Steirischen Schriftstellerverbandes, Graz/Wien/Mchn. 1954, 13; *Das Tier*, Erz., o.O., o.J.

LITERATUR: Giebisch/Gugitz; Kosch, Bd. 2, Kosch 20. Jh., 4.

Eva Münz

Büttner, Hieronymus → **Vietor**, Hieronymus

Bufo → **Paumgartten**, Karl

Bujak, Hans (7.5.1896 Ebreichsdorf/NÖ – 27.8.1966 Wien), Sohn eines Hutmachers, gelernter Schriftsetzer, war im 1. WK Pilot, dann Gewerkschaftssekretär, schließlich Chefred. d. Zs. d. ORF (*Radio Wien*, ab 1953 u.d.T. *Radio Öst.*) sowie Rundfunkintendant v. Studio Wien. Der in Wien lebende Hörfunkfachmann – Mitgl. d. ÖSTERREICHISCHEN SCHRIFTSTELLERVERBANDES – stellte seine Wahlheimat in d. Mittelpunkt seines lit. Schaffens: Neben Wr. Liedern u. einem im humorvollen Plauderton gehaltenen Prosabd. mit harmlos amüsanten Milieuskizzen (*Der lachende Reporter*, 1946: u.a. *Mein Debüt in d. Oper*, *Wintergesch. aus d. Wienerwald*) verfasste B. in erster Linie ansprechende Unterhaltungsr., mit denen er nicht v. ungefähr zu d. viel gelesenen Belletristen d. 40er-Jahre zählte. Als seine erfolgreichsten Werke gelten d. (v. ihm auch als Hörspiel bearb.) Gründerzeit- bzw. Jahrhundertwende-R. *Der Blumenkorso* (1945: durch Intrigen behinderte Vorbereitungen für d. v. Fürstin Pauline Metternich angeregten 1. Wr. Blumenkorso) u. *Fiakerlied* (1948: diverse Verwirrnisse um eine emanzipierte junge Dame, Schwester d. Paradefiakers »Baron Jean«). Beide überzeugen durch eine v. Humor u. weitgehend zurückhaltenden Patriotismus bestimmte lebendige Erzählweise u. Typenbezeichnung. B. setzte damit d. Tradition d. beliebten unterhaltenden Wr. Lokalr. gekonnt u. erfolgreich fort.

WERKE (Ausw.): Prosaskizzen: *Der lachende Reporter*, Wien 1946. Romane: *Heut' spiel'n d. Schrammeln*, Budweis/Lzg. 1944; *Der Blumenkorso. Ein Wr. R.*, Wien 1945, 1948, Hörspielbearb. 1957; *Fiakerlied*, Wien 1948, auch als Hörspiel. Übers.: James Morier: *Haggi Baba. Ein morgenländischer Schelmenr.*, Wien 1947.

LITERATUR: Who's who in Austria 1957/58. 4th Ed., Montreal 1959, 67; Dichtung aus Öst., Anthologie in 3 Bdn. u. einem Ergänzungsbd.: Hörspiel, hg. v. E. Schmitz-Mayer-Harting, Wien 1977, 359.

Sylvia Leskowa

Bukovics v. Kis(s)-Alacska, Em(m)erich (28.2.1844 Wien – 4.7.1905 ebd.), Bruder d. Wr. Hofschauspielers u. Theaterleiters KARL V. B. (Theater i.d. Josefstadt, Stadttheater), war für eine militär. Laufbahn bestimmt. Er absolvierte d. Genieakad., wurde 1863 Leutnant u. machte d. Feldzug v. 1866 mit. Nach Kriegsende quittierte er seinen Dienst, widmete sich d. Journalistik (v.a. Theaterkritik) u. ging infolge seines großen Interesses zum Theater: Zunächst war er am Theater i.d. Josefstadt als Sekretär u. Dramaturg tätig (1869). 1871-73 wirkte er als Dramaturg u. Bühnenleiter in Teplitz, Trient, Pola, Görz u. Wr. Neustadt. In dieser Zeit entstanden auch einige seiner harmlos-unterhaltenden Bühnenstücke, d. sein schriftst. Talent bekunden (Auff. am Wr. Stadttheater). Dadurch ermuntert, setzte B. d. journalist. Tätigkeit fort. Im Russisch-Türkischen Krieg war er Kriegsberichterstatter für d. PESTER LLOYD, wobei ihm seine militärische Vergangenheit zustatten kam (weitere Kriegsberichte für d. »Neue Freie Presse«). 1878 ging B. nach Paris, wo er bis 1888 nicht nur erneut Korrespondent d. PESTER LLOYD war, sondern auch für andere Bl. arb. Zudem führte er für d. Wr. Hofburgtheater (später auch für d. Stadttheater) Aufführungsverhandlungen mit d. zeitgenöss. frz. Dramatikern, wobei er sich vorzügliche Repertoirekenntnisse (v.a. auf d. Gebiet d. frz. Sittenstücks) aneignen konnte. Hand in Hand damit erfolgte seine Übers.tätigkeit (u.a. Alexandre Dumas »Dénise«, 1886 im Hofburgtheater aufgeführt). Wieder in Wien, übernahm B. d. Direktion d. neugegr. Dt. Volkstheaters (1889), d. er bis 1902 zunächst mit d. finanziellen Unterstützung d. Bankiers Siegmund Geiringer, ab 1900 mit jener Arthur Pergers allein inne hatte. Ab 1902 führte B. d. Theater bis zu seinem Tod mit d. zum Hause gehörigen Schauspieler Adolf Weisse. B., Vizepräsident d. Verbandes öst. Theaterdirektoren u. mit vielen Künstlern bekannt (z.B. mit LUDWIG ANZENGRUBER u. HERMANN BAHR, mit d. er gemeinsam gegen KARL KRAUS prozessierte); er starb an d. Folgen einer schweren Zuckerkrankheit in seiner Villa in Wien Ober-St.-Veit, begraben am Wr. Zentralfriedhof. – Mit seinen wenigen eigenständigen Bühnenstücken (u.a. 1870: *Bild u. Urbild*, ein Lustspiel um d. preußischen Kronprinzen Friedrich) verblieb B. in Durchschnittlichkeit. An d. ungleich gewandteren CHARLES CLAUD (wie B. theaterkundiger Übers. frz. Dramen) kam er mit seinen im Hofburg- u. Stadttheater zur Auff. gelangenden Stücken nicht heran.

WERKE (Ausw.): Bühnenstücke: *Bild u. Urbild*, Lustspiel in 3 Akten, Wien 1870; *Pech-Müller*, Posse mit Gesang in 5 Bildern, Musik v. A. Lang/F. Roth, Wien 1871 (mit H. Salingré, d.i. H. Salinger); *In geheimer Mission*, Lustspiel in 3 Akten, Bln. 1880. Übers.: Alexandre Dumas: *Die Prinzessin v. Bagdad*, K. in 3 Akten, Wien 1881; Édoard Pailleron: *Die Welt, in d. man sich langweilt*, Lustspiel in 3 Akten, Wien 1883; Alexandre Dumas: *Denise*, Schauspiel, Lzg. o. J.; Guy de Maupassant: *Musotte*, Schauspiel, Lzg. o.J.

LITERATUR: Eisenberg, Bd. 1; Neue Freie Presse v. 5.7.1906, Morgenbl., 11 u. 21 sowie ebd., Abendbl., 1; Neue Freie Presse v. 6.7.1905, Morgenbl., 9; Reichspost v. 6.7.1905 u. 7.7.1905, 3; Biogr. Jb. u. Dt. Nekrolog, hg. v. A. Bettelheim, Bd. 10, Bln. 1907, Totenliste 1905, Sp. 153; Nagl/Zeidler/Castle, Bd. 3; Kosch, Bd. 1; ÖBL, Bd. 1; Giebisch/Gugitz; F. Ögg: Personenregister zur Fackel v. Karl Kraus. Supplementbd. zum Reprint d. Fackel, Mchn. 1977, 62.

Sylvia Leskowa

Bukovics v. Kis(s)-Alacska, Karl (6.9.1835 Wien – 3.4.1888 Döbling, damals b. Wien, heute Wien), Bruder d. EMMERICH B., war zunächst Sänger, dann Schauspieler bes. in komischen Rollen. B. wandte sich d. Offizierslaufbahn zu, absolvierte d. Theresianische Militärakad., beendete d. Dienst als Oberleutnant u. begann im selben Jahr 1858 eine Karriere als Tenor am Ständischen Theater in Graz u. setzte sie seit 1859 an d. Wr. Hofoper fort. Er verlor binnen weniger Jahre seine Stimme, dilettierte in versch. Berufen, wurde Schauspieler u. debütierte 1865 als Komiker im Theater i.d. Josefstadt; dieses leitete er 1869-71 zus. mit seinem Schwager zweiten Grades HEINRICH BÖRNSTEIN. Der tägl. Spielplan, d. Mangel an publikumswirksamen Stücken forderten v. ihm auch eine schriftst. Leistung: So entstand aus d. Theaterpraxis für d. aktuellen Theaterbetrieb in kürzester Zeit eine ganze Reihe recht anspruchsloser Stücke, d. aber d. Spielplan in wünschenswerter Weise ergänzten, zumal d. Partner v. B., BÖRNSTEIN, noch 1869 seine schriftst. Tätigkeit für d. Theater i.d. Josefstadt eingestellt hatte; 1870 wurden folgende Stücke v. B. aufgeführt – 9.10.: *Prinz Amaranth*, fantastisches Zauberm. mit Gesang; 7.12.: *Uriella*, romant. komisches Volksstück; 1871 kamen heraus: 27.2.: *Das dritte Aufgebot*, Kriegsskizzen mit Gesang (a. aktuellem Anlass); 14.3.: *Der Eisstoß*, Schwank; 28.1.: *Pech-Müller u. Pech-Mayer*, Faschingsposse mit Gesang; 12.3.: *Die Rosen d. hl. Elisabeth*, romant. Melodram mit einem Vorspiel. Als d. Ära BÖRNSTEIN am 29. Juni 1871 mit d. Volksstück *Terno-Secco* v. B. ihr Ende fand, konnten d. beiden Direktoren mit Genugtuung feststellen, dass sie nach CARL CARL d. Einzigen waren, d. d. Theater nicht in d. Konkurs geführt hatten. B. schrieb offensichtlich nach Angebot u. Nachfrage u. lieferte versch. Ware; dass er dabei in d. Schreiblust seinen Partner BÖRNSTEIN überflügelte, mag diesen verdrossen haben. B. aber konnte sich eines gewissen Erfolges erfreuen. Immerhin wurden zu dieser Zeit seine Stücke neben jenen NESTROYS, FRIEDRICH KAISERS, KARL ELMARS u.a. gern gespielt. Da B. auf d. Druck seiner Stücke keinen Wert legte, war er als Autor bald vergessen u. wurde lit.gesch. nie erfasst. Sein restliches Leben weist noch zwei Höhepunkte auf: 1875 wurde er Mitgl. d. Wr. Stadttheaters auf d. Seilerstätte, zu dessen Direktor er 1880 avancierte. Nach d. Brand dieser angesehenen Spielstätte (16.5.1884) wurde er Mitgl. d. Wr. Hofburgtheaters, d. er bis zu seinem Tod angehörte.

WERKE: s.o.

LITERATUR: A. Bauer: D. Theater i.d. Josefstadt, Wien 1957, 117-123, 235f.; F. Hadamovsky: Wien – Theatergesch., Wien/Mchn. 1988, 634; Czeike, Bd. 1.

Herbert Zeman

Bukowa, Artur (14.8.1877 Straßgang b. Graz – ?) lebte in Wien als Essayist u. Feuilletonist. Zwischendurch schrieb er sehr persönl. G., d. in einem schmalen Bd. zu seinem 60. Geburtstag hg. wurden. B. erweist sich als sensibler Lyriker, d. in d. Kunst noch d. Gute, Schöne u. Edle suchte, aber erkennen musste, dass Verzicht, Unruhe, Schwermut u. Gottsuche drängender geworden waren. Vielfach fand er seine Themen in Natur u. Kunst. In seinem letzten Abschnitt, »Welt u. Geschick« beschreibt d. Dichter Gefühle d. Angst u. Beklemmung. Er ruft nach Gerechtigkeit u. Frieden. Seine dichterische Botschaft ist ein Werben um Liebe.

WERKE: Lyr.: *Aus einsamen Stunden*, G., Wien/Lzg. 1937.

LITERATUR: Kosch, Bd. 2.

Ruthilde Frischenschlager

Bulat-Königsklee, Irma (21.1.1867 Salzb. – ?), Tochter eines großherzogl. toskanischen Hausinspektors: Edler Classin v. Königsklee. Sie arb. als Kindergärtnerin u. Erzieherin, heiratete d. Arzt Dr. Franz Bulat u. lebte im damals zu Öst. gehörigen Muč bei Spalato/Dalmatien, ab 1904 in Trav, ebd. B. hatte keine Verbindung zum lit. u. allg. kulturellen Leben; so verlief ihr Lebensweg in stiller, privater Sphäre u. v. d. weiteren Gesell. unbeachtet. Geblieben sind v. ihr d. Titel einiger N., auch findet sich ein Hinweis, dass sie sich 1908 an einem Preisausschreiben einer dt. Kachelofen-Fabrik beteiligt hat; ihr Beitr. wurde angenommen u. gedr.

WERKE: *Signora Ischariot u. andere Gesch.*, 1908; *Konglomerat*, Nov. 1909; *Heimchen am Herd*, Beitr. zu einem Preisausschreiben (s.o.), 1908; alle Erscheinungsorte unbekannt.

LITERATUR: Nagl/Zeidler/Castle, Bd. 2; Giebisch/Gugitz; Kosch, Bd. 2, Kosch 20. Jh., Bd. 4.

Eva Münz

Bullinger-Gottdank, Josef (1779 Olmütz – 14.7.1849 Wien) war ursprüngl. Schauspieler u. Sänger u. hatte zuerst am Theater a.d. Wien Tenorrollen gesungen. 1806 debütierte er als Tamino in d. *Zauberflöte* an d. Hofoper, d. er bis 1809 u. dann wieder 1814-21 als aktives Mitgl. angehörte. V. diesem Zeitpunkt an bis 1846/47 wirkte er hier als Regisseur. Daneben versuchte er sich auch als Stückeschreiber u. belletrist. Schriftsteller. In beiden Gattungen pflegte er ein sprachlich wie inhaltlich gleich anspruchsloses romant. Sagenbild, d. d. gängigen Publikumsgeschmack entgegenkam u. sich an Autoren wie JOSEF ALOIS GLEICH orientierte, ohne deren Rang in d. Travaillit. zu erreichen. Doch wurde sein Feen-M. mit Gesang *Dämona* 1806-15 oft am Theater i.d. Leopoldstadt gespielt.

WERKE (Ausw.):: *Dämona d. kleine Höckerweibchen*, Musik v. Vinzenz Tutzeck, UA u. Druck Wien 1806. Erz.: *Der Wassermann. Ein Volksmärchen aus d. 12. Jh.*, Wien 1842.

Walter Obermaier

Bund Deutscher Schriftsteller Öst. wurde im Nov. 1936 v. ehemaligen öst. P.E.N.-Mitgliedern gegründet. Präsident dieser z. Tl. nationalsozialist. getarnten Organisation war MAX MELL. Die Mitglieder befürworteten den Anschluß Öst. an das Dt. Reich u. begrüßten den Einmarsch der dt. Truppen unter Hitlers Staatsführung mit einem *Bekenntnisbuch österreichischer Dichter* (1938). Die Gründung des B. ist als Reaktion auf die Vorgänge nach dem XI. Kongress des Internationalen P.E.N. vom 25. bis 28.5.1933 in Ragusa (heute Dúbrovnik) zu verstehen: dort unterzeichneten 25 Mitglieder des P.E.N. eine Resolution, die sich gegen die Bücherverbrennung vom März 1933 im Dt. Reich wandte u. gegen die Inhaftierung dt. Schriftstellerkollegen richtete.

Daraufhin schlossen sich v. den Österreichern GRETE V. URBANITZKY (d. i. GRETE PASSINI) u. FELIX SALTEN als Präsident des öst. P.E.N. dem Protest nicht an, u. die polit. mit dem im Dt. Reich sympathisierenden dt. freundlichen Autoren wie z.B. MAX MELL, RICHARD BILLINGER, BRUNO BREHM, ROBERT HOHLBAUM, MIRKO JELUSICH u. JOSEF WEINHEBER traten aus dem öst. P.E.N. aus. Machte sich nun eine deutliche Politisierung dieser Autorenbewegung an sich bemerkbar, so kamen nun die politischen Lager ins Spiel. Die Unterzeichner der Resolution zeigten ihre Sympathien für alle Linkstendenzen, die anderen orteten sich nach rechts. Damit war eine Spaltung vollzogen, die alsbald auch räumlich ihren Ausdruck fand. Die zur Emigration gezwungenen Autoren nahmen sich kein Blatt vor den Mund, die künstlerische Unzulänglichkeit u. geistige Enge der Mitglieder des B. zu verkünden; manche dieser Schriftsteller bestätigten dabei auch ihren politisch »linken«, d.h. sozialistisch bis kommunistischen Standort. Etwa die Hälfte der Mitglieder des B. trat später der NSDAP bei. Außer den bereits genannten soll hier eine Auswahl weiterer Mitglieder des B. zusammengestellt werden: FRANZ XAVER GINZKEY, PAULA GROGGER, ERICH LANDGREBE, ROBERT MICHEL, FRANZ NABL, JOSEPH GEORG OBERKOFLER, JOSEF FRIEDRICH PERKONIG, FRIEDRICH SCHREYVOGL, KARL SPRINGENSCHMID, FRANZ SPUNDA, FRANZ TUMLER, KARL HEINRICH WAGGERL, JOSEF WEINHEBER. Geschäftsführer war MAX STEBICH.
Im Wr. Krystall-Verlag erschien das schon erwähnte *Bekenntnisbuch österreichischer Dichter*, in dem ein einiges Dtld., das alle dtsprachigen Regionen umfassen soll, propagiert wird. Dass hier mancher Gedanke u. manche Entscheidung auf das Konto der Folgen des 1. WK. zu setzen ist, versteht sich ebenso wie die Not, mit den neuen Staatenbildungen, den gesellschaftlichen Ansprüchen u. Veränderungen sowie älteren gesamtkulturellen Überlieferungen im aktuellen Lebenszusammenhang zurechtzukommen.
Fast alle der bereits genannten Mitglieder d. B. beteiligten sich am *Bekenntnisbuch österreichischer Dichter*, weitere Beiträger waren: ERNA BLAAS, EGMONT COLERUS, EGON CAESAR CONTE CORTI, EDMUND FINKE, ARTHUR FISCHER-COLBRIE, WILHELM FRANKE, SIEGFRIED FREIBERG, HANS GIEBISCH, WLADIMIR V. HARTLIEB, HANS KLOEPFER, ERNST KRATZMANN, ANN TIZIA LEITICH, OSWALD MENGHIN, ERWIN H. RAINALTER, KARL ANTON PRINZ ROHAN, FRIEDRICH SACHER, ERNST SCHEIBELREITER, KARL HANS STROBL, JOSEF WENTER, JULIUS ZERZER. Nicht zuletzt die Sorge um einen menschenwürdig gesicherten Lebens- u. Kulturkreis trieb diese Autoren u. deren Gegner auseinander. Dass es trotzdem Brücken der Verständigung gab, lehrt das Beispiel v. LEO PERUTZ, der bis zum Verlassen Öst. mit BRUNO BREHM u. MIRKO JELUSICH kollegialen Austausch pflegte.

LITERATUR: G. Renner: Öst. Schriftsteller u. d. Nationalsozialismus (1933–1940). Der »Bund der deutschen Schriftsteller Öst.« u. d. Aufbau d. Reichsschrifttumskammer in der Ostmark, Ffm. 1986; U. Baur/K. Gradwohl-Schlacher/S. Fuchs unter Mitarbeit v. H. Mitterbauer (Hg.): Macht – Literatur – Krieg. Öst. Lit. im Nationalsozialismus, Wien – Köln – Weimar 1998; Baur/Gradwohl-Schlacher, 2008, 2014ff.; Zeman 2, 691–699.

Herbert Zeman

Bunzel, Josef Hans (20.9.1907 Graz – 14.1.1975 Buffalo/N.Y., USA), Sohn eines Juristen u. Staatsbeamten in Graz, d. auch sozialpolit. wirkte; d. Mutter war Opernsängerin. Er stud. 1926-28 an d. Univ. Dijon, an d. Pariser Sorbonne

1931-32 Psychol. u. erwarb in Wien d. Doktorgrad. Anschließend arb. er zuerst bei einer Versicherungsgesell., dann in einer Anwaltskanzlei in Wien. Es war ihm ein Anliegen, sich um d. Öff.arbeit d. jüd. Kulturhauses u. d. Sportvereins Hakoa zu kümmern, auch schrieb er Tanzkritiken u. kulturelle Artikel. 1938 gelang es ihm, über Frankreich zu emigrieren, wo er sich in Organisationen für Flüchtlingshilfe engagierte. 1939 ging er in d. Vereinigten Staaten, wo er 1940-43 an d. Johns Hopkins-Univ. Soziologie, Gesch. u. andere Fächer belegte. 1942/43 arb. er als Sanitätsinspektor in Baltimore, ab 1946 machte er Karriere als Soziologe in Nashville/Tennessee, Washington u. Chicago. Ab 1976 war er Prof. für Soziologie in Buffalo, ab 1971 auch Kolumnist d. Zs. *Strait Magazine*. Er war Hg. polit. Magazine, schrieb zahlr. Artikel für diverse Ztg. u. Zs., Magazine, Radio- u. Fernsehprogramme. Bes. lagen ihm auch d. Probleme d. Alters am Herzen, so war er Verf. v. drei Bdn. d. sozialwiss. Werkes *Our Senior Citizens* (1953). B. war Inhaber d. Ehrenzeichens d. dt. Schriftsteller-Union. – Neben diesen sozial bestimmten Werken fachwiss. Richtung war er ein außergewöhnlicher Lyriker, wenn er auch nur ein Werk dieser Art, bezeichnenderweise als junger Mensch, noch in Öst., veröff. hat: *Der Liebe Zauberbogen*, Wien 1934. In diesem ungewöhnlichen Werk, dessen erste 200 Ausg. teils signiert, teils nummeriert erschienen, findet man Dichtung im – aus epigonalem Bedürfnis praktizierten – Stil d. frühen 20. Jh., erinnernd an GEORG TRAKL, RAINER MARIA RILKE u. entfernt an Stefan George, nicht frei v. Manierismus. B. malt expressionist. Bilder in versch. Stilformen. Eine Reihe v. G. nennt d. Autor *Gartenauge*, eine »bizarre Sinfonietta, expressionist. Form sich nähernd.« In einer kurzen Vorrede hiezu bezeichnet er als Postulat d. »expressionist. Klassik«, sie sei als Inhalt Aufbruch d. Gedankens in d. königl. Frühe d. Fantasie. Der Expressionismus als Form sei d. perspektivische Sprache. Natur- u. Stimmungsmalerei prägen d. Verse, teils in freien Rhythmen, teils in gereimten Versen. In einem weiteren Abschnitt *Monumentale Lyrik* analysiert B. d. Wesen d. Dichtung u. d. Lyr. in vielen Sentenzen unter Angabe v. Bsp. Das Buch schließt mit *Kosmischen Strophen*, Ausschnitten aus (ungedr.) Zyklen *Mikropolis* u. *Makropolis* u. einem *Kosmischen Hör- u. Lesestück Phalustraban o. d. Weltenliebe*, in d. Chöre d. Wolken, d. Wälder, d. Felsblöcke mit d. Sonne, d. Erde, d. Himmelsgewölbe u. mit einzelnen Menschen in Beziehung treten, so versuchend, ein allumfassendes Bild d. Weltalls in Verse zu zwingen. – B. hat kein weiteres poetisches Werk veröff., obwohl bekannt ist, dass er in d. Emigration G. geschrieben hat. Nachl. Dokumentationsstelle für neuere öst. Lit.; Tl.nachl. ÖNB, Hs.-Slg. Autogr. 1174/1-1175/84, Ser. Nr. 18.958-18.963, 31.766-31.870.

WERK: *Der Liebe Zauberbogen*.

LITERATUR: Lex. d. öst. Exil. Lit.; Hdb. d. Autorinnen u. Autoren jüd. Herkunft 18.-20. Jh., Bd. 1, Kosch, 20. Jh., IV.; R.E. Ward: A Bio-Bibliography of German American Writers 1670-1970, White Plains/NY, 1985; J.P. Strelka: Exilit. aus Öst. seit 1938, in: Zeman 3, Bd. 7; ders.: in: Gesch. d. Lit. in Öst., Graz 1998, 500.

Eva Münz

Buol, Maria Freiin v. (eigentl. Maria v. Buol-Berenberg zu Mühlingen, Ps. M. **Buol**, Johann *Kessler*, Max **Lochner**, 21.8.1861 Innsbr. – 21.5.1943 Kaltern), Südtiroler Volksdichterin u. Tochter d. Generalreferenten v. Tirol, F. Frh. v. Buol-Berenberg u. Mühlingen. M. v. B.

verbrachte ihre Kindheit in Kaltern auf d. väterlichen Ansitz; 1889 besuchte sie Palästina. Zu ihrem Werk zählen v.a. Erz. u. Dramen, insbes. Volksstücke, d. häufig explizit für weibliche Rollen geschrieben wurden. M. v. B. war d. erste Biografin d. stigmatisierten Maria v. Mörl (1812-1868), d. sie sich in ihrem Werk *Herrgottskind* (1927) annähert. M. v. B. gehörte einem alten Tiroler Adelsgeschlecht an, d. wahrscheinl. aus d. Schweiz stammte u. hervorragende Persönlichkeiten stellte. Ihr Vater, Franz v. B. war Grundreferent d. Tiroler Landschaft, d. Mutter, Maria Freiin Di Pauli-Treuheim, eine sehr gebildete Frau. B.-B. genoss eine gründliche Bildung u. sorgfältige Erziehung, sie begann sehr früh G. zu schreiben. D. Erfahrungen auf ihrer Palästinareise bestimmten ihr rel. u. praktisches Leben. Bekannt wurde d. Dichterin u. Schriftstellerin v.a. in Tirol u. auch im Rheinland, da sie zahlr. volkstümliche Gesch. in d. *Kölner Volksztg.* veröff. hat. Als sie sich endgültig in Südtirol niedergelassen hatte, sah sie ihre Hauptaufgabe im Einsatz für d. durch d. ital. Faschismus bedrohte Südtiroler Kulturidentität, sie betätigte sich als Dt.lehrerin in d. »Not- u. Katakombenschulen« u. leitete in ihrem Schlösschen in Kaltern eine Mädchenbühne, für welche sie d. Stücke selber verfasste. Neben G., Erz., Gesch. R. u. Theaterstücken schrieb sie auch Biogr., so jene d. Erzbischofs v. Trient, Johann Tschiderer u. jene d. seligen Kalterer Fräuleins Maria v. Mörl. Es gelang d. Dichterin, ihre Gedanken u. Anliegen unbedarften Gemütern wirkungsvoll vorzutragen, denn d. Erzähl- u. Spielhandlung ist einfach u. überschaubar, d. Thema aus Bibel u. Predigt vertraut, u. d. Sprache trifft in ihrer leicht mundartliche Färbung d. Volkston. Das durchgängige Erzähl- u. Handlungsschema B.-B. besteht darin,

dass eine Frau schwerer innerer Prüfung ausgesetzt ist u. alle Konflikte u. Probleme kraft ihres unerschütterlichen Glaubens u. ihrer Zuversicht in Gott löst u. d. Leben einem guten Ende zuführt. In ihrem lit. Werk geht d. Dichterin bis an d. Grenze d. Toleranz, mitunter gerät sie in einen kompromisslosen Kampf gegen alles, was nicht d. Tirolischen Weltanschauung entspricht, was mit Bildung, Aufklärung, Protestantismus u. Judentum im Gegensatz steht. In diesem Fall ist es legitim, v. kath. Tendenzlit. zu sprechen.

WERKE (Ausw.):: Erz.: *Christophorus. Erz. aus d. Tiroler Volksleben*, Köln 1900; *Der Abgefallene. Eine Tyroler Gesch. aus neuer Zeit*, Dresden 1900; *Die Stiefkinder*, Bozen 1902; *Das Geheimnis d. Mutter u. andere Erz.*, Bozen 1903; *Aus Etschland u. Inntal*, Graz 1904; *Der Bader v. Sankt Margrethen. Eine Tirolergesch. aus neuester Zeit*, Mchn. 1904; *Die Kirchfahrerin*, Köln 1904; *Ein gutes Wort*, Bozen 1905; *Gillis Hobelspäne*, Jugenderz., Köln 1906 [1905]; *Die Gamswirtin*, Innsbr. 1908; *Bunte Gesch.*, Klagenfurt 1909; *Erz. u. Sagen aus Tirol*, Ravensburg 1910; *Christophorus*, Köln 1912; *Das heilige Feuer*, m. H. Brey, Mainz 1912; *Geheimnisvolle Botschaft*, Köln 1915; *Das Weib d. Verschollenen*, Trier 1916; *Der Mantel d. Königs*, Gesch. Erz., Stuttgart um 1917; *Das Findelkind*, Innsbr. 1922; *Das Sparkassenbuch*, Innsbr. 1922; *Vatermörder?*, Kriminalerz., Bozen 1924; *Aus Gottes Werkstatt. Allerlei Erz. v. heiligen u. andern Menschen*, Innsbr. 1931; *Gesch. aus alter Väter Zeit*, o.O. 1936; *Nur aus Liebe u. andere Erz.*, Bozen 1937; *Früchte d. Heimat*, hg. v. M.V. Rubatscher, Wien 1948. N.: *Das Marterle. N. aus d. Tiroler Bergen*, Köln 1899; *Der Zweifler* u.a., Köln 1912. Theaterstücke: *Des Mahrwirts Weib*, Innsbr. 1909; *Hoch hinauf!*, Innsbr. 1910; *Notburga*, Innsbr. 1911; *Das vierte Gebot*, Innsbr. 1912; *Komödien u. Tragödien*,

Köln 1912; *Die Wetterhexe*, Innsbr. 1914; *Das Blumenkörbchen*, Innsbr. 1920; *Das Türkenmädchen*, Luzern 1921; *Die Feindschaft*, Volksstück, Innsbr. 1921; *Köchin u. Gesellschaftsdame*, Lustsp., Innsbr. 1922; *Lazarus u. d. Prasser*, Bibl. Volksstück, Innsbr. 1922; *Die kranke Tante*, Innsbr. 1923; *Das Königskind auf d. Wartburg*, Luzern 1924; *D'Findschaft*, Volksstück, Mülhausen 1924; *Die Namensschwestern*, Innsbr. 1924; *Die Ungetaufte*, Innsbr. 1925; *Ein unbedachtes Wort*, Innsbr. 1925; *Die Brandstifterin*, Volksstück, Innsbr. 1926 [1925]; *Die Stadtlerin*, Volksstück, Innsbr. 1929. Lyr.: *Lieder v. heiligen Lande*, Brixen 1902 [1889]. Biogr.: *Ein Herrgottskind. Lebensbild d. ekstatischen Jungfrau Maria v. Mörl aus d. Dritten Orden d. heiligen Franziskus*, Innsbr. 1927; *Joh. Nep. v. Tschiderer u. seine Zeit*, Innsbr. 1934. Sonstiges: *Garibaldis Spaziergang v. Marsala nach Neapel. Nach d. Aufzeichnungen e. neapolitan. Feldkaplans*, Innsbr. 1915. Beiträge (Ausw.): *Dichterelend*, Lyr., in: D. Gral. Kath. Monatsschr. f. Dichtung u. Leben 1, 1906/07, 313-314; *Der Spitalpfarrer*, Erz., in: ebd., 386-396; *Von hundert – eines/An eine Verstorbene*, Lyr., in: ebd., 417; *Die schöne Tiphaine*, Lyr., in: D. Gral 2, 1907, 171-173; *Non praevalebunt/Maiennacht*, Lyr., in: D. Gral 5, 1910/11, 29-30; *Der Blick in d. Himmel. Eine Künstlergesch. aus d. Barockzeit*, in: D. Gral 6, 1911/12, 2-17, 65-82, 129-148; *Unter Weizenähren*, Erz., in: ebd., 698-706; *Der Mesner v. Steinach*, Erz., in: D. Gral 7, 1912/13, 659-668; *Nannls Sparkassenbuch*, Erz., in: D. Gral 8, 1913/14, 6-23, 65-76, 168-177, 216-224, 276-288, 344-349; *Verschollen!*, Erz., in: D. Gral 10, 1915/16, 19-29, 74-84, 123-132, 201-206, 243-254, 315-323, 366-378, 409-419, 460-469; *Nur eine Einzige*, in: D. Gral 11, 1916/17, 553-559; *Die Braut d. Geächteten*, Erz., in: D. Gral 12, 1917/18, 87-96; *Die Reisebewilligung*, Erz., in: ebd., 368-379.

LITERATUR (Ausw.): Meine Anfänge, in: Dichters Werden. Bekenntnisse unserer Schriftsteller, hg. v. M. Köchling, Freiburg i.Br. 1919, 1-30; Nagl/Zeidler/Castle, Bd. 3, 4; A. Dörrer: M. v. B. Eigenleben d. Südtiroler Nachkriegsschrifttums, in: Dichtung u. Volkstum, N.F. d. Euphorion. Zs. für Lit.gesch., Stgt. 1934, Bd. 35, 365-380; ders.: M. v. B., in: D. Schlern, 32, 1951, 228. Dt. Theater-Lex. Biogr. u. bibliogr. Hdb., Bd. 1, hg. v. W. Kosch, Klagenfurt u.a. 1953, 238; Giebisch/Gugitz, Wien 1964, 45; Dt. Lit.-Lex. Bio.-bibliogr. Hdb., Bd. 2, Bern 1969, 343f.; H.-G. Grüning: D. zeitgenöss. Lit. Südtirols. Probleme, Profile, Texte, Ancona 1992, 57, 65; Dt. Lit.-Lex., Bd. 4, Zürich/Mchn. 2003, 612.

Janina Hecht/Harro H. Kühnelt

Buratti, Emma (10.5.1911 Innsbr. – 19.8.2000 Wörgl/Tirol) war Hauptschullehrerin u. Mundartdichterin. Nach d. Besuch d. Lehrerbildungsanstalt war B. v. 1950 bis zu ihrer Pensionierung als Lehrerin an d. Wörgler Hauptschule tätig, an d. sie weit über ihre beruflichen Verpflichtungen hinaus wirkte; u.a. baute sie d. Schülerbibliothek auf u. arb. als Regisseurin bei Theateraufführungen, für d. sie d. Schülerschaft zu begeistern wusste. Sie beteiligte sich auch aktiv an d. Pflege d. Volksliedes. Anlässl. d. Stadterhebungsfeier d. Stadt Wörgl schrieb sie 1951 d. G. *Mei Homatstadt*. Später wurden ihre G., d. d. Heimat sowie d. Verhältnis d. Menschen zur Natur zum Thema haben, v. d. Stadt Wörgl zu einem Gedichtbd. zusammengefasst.

EHRUNGEN: 7.10.1982 Verleihung d. Ehrenzeichens d. Stadt Wörgl.

WERKE: Lyr.: *Mundartg.*, Wörgl 1985 (= EigenART, hg. v. S. Mayer).

Sonja Arnold

Burchart, Bernt (* 21.2.1943 Wien), stammt aus einer Ärztefamilie, besuchte ein Gymnasium in Wien, schrieb mit 16 Jahren seine ersten Verse u. maturierte 1961 mit Auszeichnung. Zwei Jahre lang versuchte er d. Tradition d. Familie zu folgen (auch ein Bruder v. ihm ist Arzt) u. stud. Medizin, aber d. bürgerliche Leben erschien ihm zu eng; er verstand sich als Künstler, ohne zu wissen, welcher Sparte er sich widmen sollte. Er begann mit d. Musik, spielte Klavier u. Trompete, fand Anschluss in d. Jazzszene u. versuchte zwei Mal d. Aufnahmsprüfung an d. Akad. d. bildenden Künste in Wien u. scheiterte. So wandte er sich d. Theater zu. 1964 wurde er Mitgl. d. »Komödianten«, einer zeitgeistigen Truppe unter CONNY HANNES MEYER, wo er bis 1967 auch tragende Rollen spielen durfte u. mit auf Tourneen ging – doch wenn es ernst wurde u. Leistung gefragt war, fühlte er sich eingeengt. Jede Art v. kontinuierlicher Leistung widersprach B. Lebensgefühl. Ein weltanschaul. unklarer, aber auf Grund allg. wirtschaftlicher Prosperität auslebbarer Freiheitsdrang bestimmte B. u. seiner Freunde künstl. Bestrebungen: Man diskutierte im Café Hawelka, rauchte im Café Sport. Die Nachtgestalten d. Lit., GEORG TRAKL u. Baudelaire, wurden B. Vorbilder. Er wurde hineingezogen in d. Wr. Subkultur u. kannte viele Dichter, Maler, Aktionisten u. Theaterleute, d. heute entweder etabliert o. an ihren Exzessen zu Grunde gegangen sind. B. rutschte ab in d. harte Drogenszene, lebte in Wohngemeinschaften u. Kommunen, schnorrte sich durchs Leben, kam zum Entzug in d. psychiatrische Anstalt Am Steinhof, wo man ihm Schizophrenie attestierte, wurde entlassen u. nahm sein altes Leben wieder auf. Es gab mehrere Selbstmordversuche – doch gelang es ihm, auch mit Hilfe v. Freunden, wieder beruflich dort, wo keine spezifische Fachausbildung erforderlich war, Fuß zu fassen. 1968-75 arb. er bei Rundfunk u. Fernsehen als Reporter u. Moderator d. Sendung »Musicbox« beim ORF, Landesstudio Wien – es war seine erfolgreichste Zeit. Dort kam er auch in avantgardist., aber seriöse lit. Kreise, war gemeinsam mit HERRMANN SCHÜRRER, GERHARD JASCHKE u. WOLFGANG HEMEL unter d. Gründungsmitgl. d. Lit.-Zs. FREIBORD. In H. 2 v. Juni 1976 ist er über 15 S. mit einem fragmentarischen Artikel vertreten: *Balluch*, d. ein aus polit. Gründen unterdrücktes Radio-Interview thematisiert. Nach Zusammenbrüchen, Klinikaufenthalten, Entmündigung u. Haftstrafen (insgesamt war er 20 Jahre inhaftiert, u.a. wegen eines Tötungsdeliktes) gelang es ihm noch einmal, mit einem Buch Aufsehen zu erregen: *Die Orte d. Absterbens. Lose Bl.* (Nachwort Rolf Schwendter, Wien 1987). Es sind durch Assoziationen lose zusammengehaltene autobiogr. Texte, fragmentarische Essays. Diese Slg. entstand aus zerstreuten Skizzen, d. B. bl.weise verkauft hatte. Die Texte erzählen autobiogr. v. seinem verzweifelten Kampf, sich im wilden Strudel d. Lebens geistig, seelisch u. körperlich zu behaupten u. nicht vollends unterzugehen. B. Betrachtungen kreisen narzisstisch um d. eigene Befinden u. d. stets zum Scheitern verurteilten Beziehungen zu seiner Umgebung – diese wird kaleidoskopartig wahrgenommen, in jedem Absatz ändert sich d. Betrachtung. Das Buch ist mit eigenen Zeichnungen illustr. – schreibend u. malend ringt d. Autor um Selbstfindung. Eingeblendet in d. Text sind G., ebenso rätselhaft u. für d. Leser kaum nachzuempfinden. Das Buch ist ein außergewöhnliches Zeugnis d. kulturellen u. subkulturellen Strömungen im Wien d. 60er-Jahre d. 20. Jh.: vorurteilslos, aber auch schonungslos gegen sich reflektiert d. Autor über d. Protagonisten d. Zeit, d. wilden Aktionen, d. Geldnot d. Künstler, ihre Feste, Exzesse u. Erfolge. – B. lebt in finanziell bedrängten Verhältnissen in Wien, schreibt u. malt; er steht unter Vormundschaft.

WERKE: *Die Orte d. Absterbens. Lose Bl.*, Nachwort (ein Essay) v. Rolf Schwendter, Wien 1987; fragmentarischer Text *Balluch*, in: freibord Nr. 2, 1976, 56-71; ungedr. G. u. Texte vorhanden.

LITERATUR: Kurze Biogr. im Nachwort v. R. Schwendter s. WERKE.

Eva Münz

Burckhard, Max Eugen (14.7.1854 Korneuburg/NÖ – 16.3.1912 Wien), Sohn eines Grundbuchführers beim k.k. Kreisgericht; nach d. Schulbesuch (Stift Kremsmünster) stud. er Jurisprudenz in Wien (dort Promotion u. Habil., Privatdozent für Privatrecht u. Ministerialbeamter im Unterrichtsministerium). 1890-98 war B. Direktor d. Burgtheaters. Während dieser Zeit prägte er d. Repertoire sowohl durch d. Neueinstudierung klass. Dramen, d. breiten Volksschichten nahe gebracht wurden, wie durch d. Aufnahme moderner Stücke v. ANZENGRUBER, Ibsen, Hauptmann, Sudermann, SCHNITZLER u.a.; d. Niveau d. Ensembles prägte er durch d. Verpflichtung bedeutender Schauspieler wie Friedrich Mitterwurzer (d. schon 1871-80 zum Burgtheater gehört hatte u. 1894 zurückkehrte), Adele Sandrock, Hedwig Bleibtreu u.a. – Nach d. nicht freiwilligen Abschied v. Burgtheater wurde B. Hofrat am öst. Verwaltungsgerichtshof u. übernahm d. Amt d. Vorsitzenden d. öst. Bühnenvereins; als unerbittlicher Kritiker (im »Fremdenbl.«, in d. *Zeit*, in d. »Neuen Freien Presse«) begleitete er d. Fortgang d. Burgtheaters. Seine zahlr. Werke (jurist., dramaturgische, essayist., dramat., erzählerische, biogr.) überlebten B. nicht; d. meisten waren ohnehin für d. Tag geschrieben u. erscheinen als Dokumente eines leidenschaftlichen Sozialethikers u. Gerechtigkeitsfanatikers; einem preuß. Beamten nicht unähnlich, ließ er es an d. gehörigen Wendigkeit fehlen, um seine frühe Pensionierung verhindern zu können.
Tl.-Nachl. in d. Wr. Stadt- u. Landesbibl., Hs.-Slg., u. Öst. Nat.bibl. Wien, Hs.-Slg. u. im Öst. Theatermuseum, Wien.

WERKE: Rechtswiss. WERKE: *System d. österreichischen Privatrechts*, 3 Bde., 1883-89; *Zur Reform d. juristischen Studien*, 1887; *Volksschulgesetze*, 2 Bde., 1888; *Leitfaden d. Verfassungskunde d. Österreichisch-Ungarischen Monarchie*, 1893; *Aesthetik u. Sozialwissenschaft*, 1895; *Das Recht d. Schauspieler*, 1896; *Der Entwurf eines neuen Pressgesetzes*, 1902; *Zur Reform d. Irrenrechtes*, 1904. Theater- u. Lit.kritik: *Theater* (Kritiken, Aufs.), 2 Bde., 1904; *Quer durch Juristerei u. Leben*, Vorträge u. Aufs., 1905; *Anton Friedrich Mitterwurzer*, 1906; *Das Nibelungenlied* [1906]; *Quer durch d. Leben*, Aufs., 1908. Erzähllit.: *Simon Thums*, R., 1897; *Gottfried Wunderlich*, R., 1906; *Wahre Gesch.*, 1904; *Scala Sante u. 12 andere, neue wahre Gesch.*, 1911; *Das Lied v. Tannhäuser*, romant. G., 1889. Dramen: *Die Bürgermeisterwahl*, Komödie, 1897; *'s Katherl*, Volksstück, 1898; *Rat Schrimpf*, K., 1906; *Im Paradies*, K., 1907; *Jena Asra*, Komödie, [1910].

LITERATUR: J.H. Brunow: D. Burgtheater unter d. Leitung M. B. 1890-98, Diss. phil. Wien 1923 (mschr.); B. Wolf: M. B., Diss. phil. Wien 1929 (mschr.); L. Feindt: M. B. Darstellung einer Wr. Persönlichkeit d. ausgehenden 19. Jh., Diss. phil. Wien 1936 (mschr.); Nagl/Zeidler/Castle, Bd. 4; G. Doublier, in: NDB 1957; Kosch-Bergen-Rupp, Bd. 2, 1969, Sp. 350-352; H. Bahr: Erinnerungen an B., in: D. Neue Rundschau 24, 1913, 943-956; Killy, Bd. 2.

Norbert Oellers

Burg, Eugen (6.1.1871 Bln. – 15.11.1944 KZ Theresienstadt) begann seinen schauspielerischen Werdegang in Franzensbad, gastierte als Bonvivant u. Charakterdarsteller in Wr. Neustadt, Wiesbaden, Bad Ischl, Reichenberg u. Wien: Hier trat er am Jantsch-Theater u. im Raimundtheater (1897) auf. 1901 gehörte B., d. mit d. Düsseldorfer (Konzert-)Sängerin Emmy Raabe verheiratet war, d. Dt. Schauspielhaus in Hbg. an. In d. 20er-Jahren wirkte er in unzähligen Stummfilmen mit, dann auch in Tonfilmen. Er war mit Hans Albers befreundet, d. sein Schwiegersohn wurde. Er verfasste – wie so viele Schauspieler d. ausgehenden 19. Jh. – einige anspruchslos-unterhaltsame Bühnenstücke u. Operettenlibr., v. denen *Mein Mäderl* (1913) als d. bedeutendste gelten kann: In Zusammenarb. mit d. bekannteren Wr. Librettisten KARL LINDAU (Gesangstexte) u. RUDOLF SCHANZER (Walzerlieder) entstanden, wird hier vor d. Hintergrund eines glorifizierten Amerikabildes ein Vater-Tochter-Verhältnis auf sentimentale Art skizziert.

WERKE (Ausw.): Bühnenstücke: *Mein Mäderl*, Operette in 3 Akten v. R. Schanzer/E. B./Karl Lindau, Musik v. Henri Berény, Lzg./Wien 1913; *Die rote Katze*, Schwankoperette, Musik v. Karl Hajos, Bln. 1923, m. Louis Taufstein; *Sybille? ... Ausgeschlossen!*, Lustspiel in 3 Akten v. G. Somogyi, dt. Bearbeitung v. B., Bln. o.J.

LITERATUR: Kosch, Bd. 1.

Sylvia Leskowa

Burgenländische Anthologien – Wie auch d. anderen öst. Bundesländer hat d. Burgenland im Laufe d. 2. Republik d. Hg. v. Schriften gefördert, d. d. Identität u. d. Selbstwertgefühl d. Landes vertiefen u. seine kulturelle Eigenständigkeit betonen sollten. Dass d. Entwicklung d. boden- u. eigenständigen kulturellen Wesens mitunter beträchtliche Grenzen gesetzt waren, kann auf d. Nähe d. Großstadt Wien zurückzuführen sein, deren kultureller Sog d. einheimischen Talente anzog, andererseits aber auch manchen Wr. zum »Wahlburgenländer« (z.B. ERNST SCHÖNWIESE) werden ließ. Das Bgld. entwickelte sich überdies zu einer gastfreundlichen Stätte künstl. u. allg. geistiger Begegnung (vgl. z.B. HELMUT ANDICS, GYÖRGY SEBESTYEN, MARIANNE GRUBER) bes. in d. 1960er-, 70er- u. frühen 80er-Jahren: Es war d. Zeit einer wirtschaftlichen u. kulturellen Aufbruchstimmung. Es sind durchaus bemerkenswerte Arbeiten v. bekannten Autoren, deren Namen in ganz Öst. Geltung haben, in d. Anthologien zu finden, u.a. LITERATUR 81. EIN BURGENLÄNDISCHES LESEBUCH, hg. v. G. Unger im Auftrag d. Bgld. Landesregierung, Eisenstadt 1981; GERBGRUBE. Neusiedler Literatur-H. Kulturvereinigung Nördl. Bgld., Neusiedl aus See 1984; SCHATTEN U. LICHT, Lyr. bgld. Autorinnen, Eisenstadt 1991; MARGERITEN U. MOHN, Prosa bgld. Autorinnen, Eisenstadt 1993; 33 AUTOREN AUS D. BURGENLAND, hg. v. D. Axmann, Wien 1992; DER DRITTE KONJUNKTIV, Gesch. aus d. Bgld., hg. v. G. Unger, Innsbr. 1999; SCHRIFTBILDER, hg. v. Lit.-Haus Mattersburg, Weitra o.J. 2000. Vertreten sind u.a. d. Autoren GERHARD ALTMANN, HELLMUT ANDICS, RICHARD BERCZELLER, PAUL BLAHA, AUGUSTIN BLAZOVICH, WILHELM DIEM, JOSEF DIRNBECK, AGNES FISCHER, PETER FISCHLMAIER, WOLFGANG FITZINGER, HELENE FLÖSS, MARIA GERTRUDE FUMITS, ANDREAS GEISTLINGER, WALTER GÖSCHL, MARIANNE GRUBER, REIN-

HARD HANDL, RÜDIGER HAUCK, FRIEDA HIRSCH, RUDOLF HOCHWARTER, KARL HOFER, KARIN IVANCSICS, ERHARD JUNGNIKL, HELMUT MILLETICH, DINE PETRIK, MARGIT PFLAGNER, ANNI POLSTER, JAN RYS, DIETER SCHERR, GERTRAUD SCHLEICHERT, KATJA SCHMIDT-PILLER, ERNST SCHÖNWIESE, GYÖRGY SEBESTYÉN, FRANZ UNGER, GÜNTER UNGER, HEINZ VEGH, WOLFGANG WAACH, PETER WAGNER, SUSANNE WISSER, EWALD WOLF, GERTRUD ZELGER-ALTEN. Meist besteht d. Inhalt aus Kurzprosa u. Lyr., schon um aus Platzgründen möglichst vielen Autoren d. Möglichkeit zu geben, ihre Arbeiten d. Lesepublikum vorzustellen; d. Themen sind breit gestreut. Den genannten Anthologien sind jeweils Kurzbiogr. d. Autoren nachgestellt.

Eva Münz

Burghauser, Wolfgang (Ps. Wolfhart **Gustavson**, 30.9.1883 Prag – 4.12.1938 Graz), Sohn eines Landesschulinspektors, schlug nach Absolvierung eines Jus-Stud. (Dr. jur.) d. Beamtenlaufbahn ein. Zuletzt bekleidete er d. Amt d. Bezirkshauptmanns in Graz. Die bürgerliche Beamtenexistenz einer- u. d. Bemühung um d. künstlerischen Ausdruck seiner Persönlichkeit anderseits werden bei B. fingiert, ja irritiert durch d. Einfluss, d. d. moderne u. modische Psychol. sowie d. Erneuerung christlichkath. Glaubens auf B. nehmen. Die Auseinandersetzung mit beiden Bereichen rief in ihm d. Sachbuchschriftsteller u. d. dichterisch bemühten Autor hervor. So steht schon am Anfang d. schriftst. Versuche d. psychologisierende, Aspekte d. Trieblebens u. deren Beherrschung zu wahrer, ethisch fundierter Liebe stilist. unvollkommene R. *Frau Marias Sohn* (1905) neben d. religionsphil. Schrift *Geheimnisse d. Religion* (1906). 1908/09 erschien im renommierten Wr. Verlag KONEGEN sein zweiteiliges Werk *Liebe in Natur u. Unnatur*. B. beschäftigte sich darin mit Fragen d. sexuellen Moral u. Psychopathologie u. entwickelte unter Berufung auf Schriften v. Auguste Forel u. Hermann Dekker eine unkonventionelle Sexuallehre. Der 2. Tl. d. Werks wurde deshalb nach d. Erscheinen 1909 beschlagnahmt. Ebenfalls bei KONEGEN kam 1911 B. »Liebessage« *Kardeiss* heraus. Der Autor beschreibt darin, wie »im Walde v. Brobarz« d. Göttin d. Liebe d. »heiligen Frühling« feiert. 1912 erschien in Lzg. sein nächstes Werk *Philuzius Süssmeyers alltägliche Gesch.* 1920-30 verfasste B. parallel aber unabhängig v. MAX MELL seine christlichen Spiele, u.a. *Die Grazer Passion* (1924) u. *Die Flucht nach Ägypten* (1930). Zusätzlich erschien in dieser Zeit B. R. *Mädi Heidebauer* (1925) u. *Der Lehrer v. Doberau*, »eine bescheidene Gesch. aus einem stillen Tale« (1930). Damit hatte sich B. d. jüngsten Aktualität d. lit. Kulturbetriebs zugewandt: d. Heimatr. B. griff also d. jeweils zeitgemäßen Trends auf u. sucht d. jeweils Aktuelle zu thematisieren, ohne es aus einer sicheren weltanschaul. Basis entwickeln zu können. B. Entwicklung ist ein Bsp. für d. kulturelle Krisensituation v. d. Jahrhundertwende bis zum 2. WK. 1938 kam sein Drama *Marina Faliero* heraus. Die künstlerische u. weltanschaul. Entwicklung d. Autors sollte erforscht u. wiss. dargestellt werden.

WERKE: Prosa: *Frau Marias Sohn*, R., Rostock 1905; unter d. Ps. Gustavson: *Geheimnisse d. Religion. Ein Rückblick u. Ausblick über d. Gottheit, Natur u. Naturerkennen*, Stgt. 1906, ²1907; *Mensch, Tier u. Pflanze. Ein Parallelismus*, Stgt. 1907; *Liebe in Natur u. Unnatur*, 1. Tl. Wien 1908, 2. Tl. 1909; *Kardeiss. Eine Liebessage*, Wien 1911; *Philuzius Süssmeyers alltägliche Gesch.*, Lzg. 1912; *Mädi Heidebauer*, R., 1925; *Der Lehrer v. Doberau. Eine bescheidene Gesch. aus einem stillen Tale*, Salzb.

1930 (= Das Bergland-Buch 14). Drama: *Marino Faliero*, 1938. Spiele: *Adam, Adamerl u. Eva*, 1920; *Der Traum d. Rabbi*, 1921; *Die Grazer Passion*, Graz 1924; *Die Flucht nach Ägypten*, 1930.

LITERATUR: Nagl/Zeidler/Castle, Bd. 4; Giebisch/Gugitz; ÖBL.

Ruthilde Frischenschlager/Herbert Zeman

Burgklechner, Matthias (auch **Burglehner**, 1573 Innsbr. – 1642 ebd.), Sohn eines Tiroler Kammersekretärs aus kath. Familie, genoss v. Anfang an jede erdenkliche Unterstützung v. Seiten d. Innsbr. Hofes. Seine Laufbahn war wie im Bilderbuch vorgezeichnet: ein Stipendium in Padua, ein Doktorat d. Rechte in Ingolstadt (a. d. Disputation über seine Doktorarbeit beteiligte sich sogar d. spätere Kaiser Ferdinand II.), nach kurzer Praxis am Reichskammergericht Speyer eine Stelle im Tiroler Verwaltungsdienst, dann eine Beamtenkarriere bis hinauf zur Position eines Kammervizepräsidenten u. schließlich d. Ernennung zum Vizekanzler. Der regelmäßige Kanzleidienst ließ B. hinreichend Zeit für hist. Forschungen. Er arb. zunächst an einer Welt- u. Kirchengesch. *Thesaurus Historiarum*, daneben begann er mit einer gesch. Landeskunde Tirols, deren ersten Tl. er 1608 u.d.T. *Tyrolischer Adler* im Druck herausbrachte. Dafür entwarf B. auch zwei Landkarten »Die Fürstlich Grafschafft Tirol« u. – gleichsam als emblematisch zu deutendes, manierist. Kunstwerk – d. in d. Umrisse d. Tiroler Adlerwappens gezwängte kartograf. Darstellung »Aquila Tirolensis«, für welche d. Innsbrucker Späthumanist Johannes Putsch mit seiner Europakarte in Gestalt einer Frau (1537) d. Anregung geliefert haben mag. Als Nebenprodukt seiner Forschungen erstellte B. 1617 eine *Kleine Chronic d. löblichen Praemonstratenser Chor-Stiftes Wilten*. B. Entschlossenheit, d. sich allerdings fallweise bis zur Unverträglichkeit steigern konnte, führte ihn im Falle d. *Tyrolischen Adlers* zum Erfolg. Seine lit. Tätigkeit brachte ihm Ansehen u. ein beachtliches, für ihn ungewöhnlich gut aufgebessertes Gehalt, d. es ihm erlaubte, ein Landgut, ein Bürgerhaus in Innsbr. sowie Adelssitze, Burgen u. Pfandherrschaften für sich u. seine Nachkommen zu erwerben.

WERKE: *Thesaurus Historiarum*, 2 Bde., Innsbr. 1602 bzw. 1604. Der im Ms. fertige 3. Bd. wurde nicht mehr gedr.; *Tyrolischer Adler mit allen seinen Herrschaften, Städten u. Gerichten, wie auch desselben Bergwerke u. Weingewächs*, Tl. 1, Innsbr. 1608, Neubearb. 1636; Tl. 2 Innsbr. 1636. Das wesentl. umfangreichere Ms. umfasst 12 Folio-Bde. (Haus-, Hof- u. Staatsarchiv Wien); *Kleine Chronic d. löblichen Praemonstratenser Chor-Stiftes Wilten*, Ms., Innsbr. 1617, Stiftsarchiv Wilten.

LITERATUR: J. Hirn: Erzherzog Maximilian d. Deutschmeister, Bd. 1 v. 2, Innsbr. 1915, Nachdr. Bozen 1981, 419-443; R. Palme: Frühe Neuzeit, in: J. Fontana u.a.: Gesch. d. Landes Tirol, Bd. 2 v. 4, Bozen/Innsbr./Wien ²1998, 217f.; Th. Winkelbauer: Ständefreiheit u. Fürstenmacht, Bd. 1 v. 2, Wien 2003 (= H. Wolfram [Hg.]: Öst. Gesch. 1522-1699), 234f.

Robert Hinterndorfer

Burgstaller, Ernst (* 29.5.1906 Ried i. Innkreis/OÖ – ?) absolvierte in Ried eine Gymnasialausbildung, promovierte an d. Univ. Wien mit einer Diss. über *Die Dichter d. Innviertler Künstlergilde* (1930), war bis 1953 als Päd. Tätig, u.a. an Gymnasien in Ried u. Linz u. durchlief seit 1936 eine wiss. Karriere: 1944 Habil. über europ. Ethnologie an d. Univ. Heidelberg, 1964 Univ. Dozentur in Graz, später in Linz, seit 1968 hier a.o. Univ.Prof. 1951 fungierte B. als

Generalsekretär d. Pariser »Commission Internationale de l'Atlas du Folklore Européen«, 1953 – nachdem er in d. Dienst d. Landes OÖ getreten war – als stellvertretender Direktor d. Linzer Inst. für Landeskunde, d. er 1966-71 leitete. Er war Gründer u. wiss. Leiter d. 1979 eröff. Öst. Felsbildermuseums in Spital am Pyhrn sowie d. 1984 eröff. Öst. Gebäcksmuseums in Wels. Der Historiker, Volkskundler u. (wirkl.) Hofrat – er lebte in Linz – war Mitgl. vieler wiss. Gesell., u.a. Gesell. für Vor- u. Frühgesch. – Vizepräsident 1977, Internat. Gesell. für Felsbilderforschung – Präsident 1979, Öst. Verein für Volkskunde u. Träger v. Auszeichnungen, u.a. Öst. Ehrenkreuz für Wiss. u. Kunst I. Klasse 1976, Goldene u. Silberne Kulturmedaille d. Stadt Wels, Wiss.medaille d. Stadt Linz 1979. – B., zudem Ehrenmitgl. u. »Gildenmeister« d. Braunauer »Innviertler Künstlergilde«, verfasste neben seinen unzähligen wiss. volkskundl. Arbeiten auch traditionsverbundene Prosa u. Lyr., d. zum größten Tl. in Zs., Anthologien u. oö. Jb. erschienen (1935 z.B. Prosabeitr. für ROSEGGERS »Heimgarten«). 1978 veröff. er d. G.bd. *Schon sehe d. Fern ich nahe,* d. sein lyr. Schaffen aus vier Jahrzehnten beinhaltet. Seine lit. Werke stehen jedoch ganz im Schatten seiner ungleich bedeutenderen wiss. Publ. zum öst. Brauchtum u. zur prähist. Kunst.

WERKE (Ausw.): Lyr.: *Schon sehe d. Ferne ich nahe,* G. aus 4 Jahrzehnten, Ried i. Innkreis 1978. Volkskundl. Schriften: *Lebendiges Jahresbrauchtum in Oberösterreich,* Salzb. 1948; *Brauchtumsgebäck u. Weihnachtsspeisen. Ein volkskundl. Beitr. zur öst. Kulturgeografie,* Linz 1957; *Das Allerseelen-Brot,* Linz 1970; *Felsbilder in Öst.,* Ausstellung im OÖ Landesmuseum (Vorbereitung u. wiss. Bearb., Redaktion), Linz 1971; *Felsbilder in Öst.,* unter Mitarb. v. Ludwig Lauth, Linz 1972; *Österreichisches Festtagsgebäck. Brot u. Gebäck im Jahres- u. Lebensbrauchtum,* Linz 1983. Hg.: *Österreichische Volkskundeatlas,* unter d. Patronat d. öst. Akad. d. Wiss. im Auftrag d. Kommission für d. Volkskundeatlas, hg. mit Adolf Helbock, Linz 1959f.; *Die Dichter d. Innviertler Künstlergilde,* Diss. phil. Wien 1929 (mschr.).

LITERATUR: Biogr. Lex. v. OÖ, hg. v. Inst. für Landeskunde v. OÖ, bearb. v. M. Khil, Linz/Donau, 8. Lfg. 1962, 11.-14. Lfg. 1968; Nachtrag (= Losebl.ausg., mit umfangreicher Werk- u. Lit.bibliogr.); Who's who in Austria. 6th Ed., Montreal 1967, 90; Festgabe für E.B., Bonn 1976; Kürschners Dt. Gelehrten-Kalender 1983, hg. v. W. Schuder, 14. Ausg., Bln./New York, 543, mit weiteren Lit.angaben; Kürschner 1984; Who is Who in Öst., 6. Ausg. 1985, 186.

Sylvia Leskowa

Burk(h)art, Amelie (Ps. Lie **Burkart, Julamél, Georgine,** 18.12.1866 Wien – nach 1838 ebd.) gehört zu jenen Schriftstellerinnen, d. zu Lebzeiten mit ihren Arbeiten Erfolg hatten, aber bald in Vergessenheit gerieten, sowohl was ihre Werke, als auch ihr Leben betraf. Man weiß nur, dass sie mit einem höheren Beamten (Rechnungsrat) verheiratet u. Mitbegr. u. Präsidentin d. Weltfriedensbundes »Freier Weltbund mit Völkerglück- u. Friedenskasse« war. Einige ihrer Bücher sind noch greifbar, so auch ein Bühnenstück *Heliande. Leben u. Traum,* o.O., o.J. (Wien 1914), d. Bühnen gegenüber als Ms. gedr., hs. gewidmet d. Gattin d. Wr. Bürgermeisters, »Ihrer Exzellenz Frau Berta Weisskirchner« – »in d. Zeit d. Neugestaltung einer in Blut u. Flut sich läuternden Welt«. Als Motto über d. Werk stehen zwei Aussprüche, d. in späteren Jahren eklatant missbraucht worden sind: »U. es soll am dt. Wesen / Einstens noch d. Welt genesen« (Friedrich Schiller) u. »Das dritte Reich wird kommen« (Ibsen). Das Stück spielt in d. Zukunft, nach d. Jahr 2000 in d. »Gartenstadt Wien«, nach einer Katastrophe, an d. beinahe d. ganze Welt zerbrochen wäre. Das z.Tl. in Distichen, z.Tl. in lockerer, freier Rede gestaltete Werk spielt auf mehreren Ebenen, d. Protagonisten treten auch als Allegorien für d. Werte Liebe, Ehe, Glaube u. Aufopferung auf. Die Sprache ist überschwänglich, gefühlvoll u. voll höchster Begeisterung, d. Konflikt Mann – Weib (d. Einfluss Weiningers ist unverkennbar) wird auf idealist. Weise durch Aufopferung d. Frau gelöst, sogar Christus wird bemüht, d. in begeisterten Worten ein reines Christentum in einer freien Kirche preist, in d. sich alle Religionen vereinen u. Gott, Jehowa u. Allah gemeinsam anbeten. Die Presse lobte d. Ekstatik d. Gedanken u. d. Sprache, d. d. aktuellen Thema gerecht würden. B. ist nicht mehr als eine v. vielen Ekstatikern im expressionist. Aufbruch d. Lit. um d. 1. WK, ohne d. Leistung d. respektablen Werte ihrer Zeitgenossen – etwa HANS KALTNEKERS – zu erreichen.

WERKE (Ausw.): Dramat. Arbeiten: *Zwei Schädel. Das Leben gegen d. Tod (Aus d. Reich d. Todes)*, Einakter, Wien 1912; *Der Stärkere*, Einakter, ebd. 1913; *Heliande. Leben u. Traum, in 5 Traumbildern*, Wien/ Stgt./Mchn. 1914; *Männerfalle*, Spiel, Wien 1916; *Zurück ins Leben*, Drama in 4 Akten, ungedr. Prosa: *Tagebuch eines kleinen Mädchens*, Wien 1912; *Exotische Gewächse*, Skizzen, ebd. 1913; *Viel Glück zum Spiel*, R. ebd. 1914.

LITERATUR: Giebisch/Gugitz; Brümmer, Bd. 1; Kosch, Bd. 2, E. Friedrichs: D. dt.-sprachigen Schriftstellerinnen d. 18. u. 19. Jh., ein Lex., Stgt. 1981.

Eva Münz

Burkard (d. Schreibung variiert), Joseph (28.2.1732 Wien – 26.12.1773 ebd.) trat sehr jung in d. Jesuitenorden ein, legte hier d. vorgeschriebenen Bildungsgang ab u. wurde an d. Theresianischen Akad. Prof. d. Schönen Wiss. u. Künste (1762). Neben einigen Predigten (auch Übers. aus d. Frz. d. Perisseau, 1765 u. d. Joannis de la Roche, 1771) u. d. üblichen Dichtungen zu offiziellen Anlässen (z.B. im ÖSTERREICHISCHEN PATRIOTEN, in dt. Sprache) widmete er sich bes. – im Zusammenhang mit seiner zwölfjährigen Lehrtätigkeit – Studien d. Kunstgesch. u. Kunstmythologie d. Antike. Als deren Frucht erschienen noch in d. zwei letzten Jahren vor d. Auflösung d. Ordens, d. zugleich seine letzten Lebensjahre sein sollten, mehrere WERKE: *Prosen u. Gedichte über d. bildenden Künste* (1772), vorgetragen v. Hörern am Theresianum; d. Hg. ist nicht genannt, wahrscheinl. war es B. selbst (so schon Stoeger); *Entwurf einer öffentlichen Prüfung aus d. Gesch. d. Kunst* (1773) u. *Von d. Übereinstimmung d. Dichter mit d. Werken d. Künstler nach d. Englischen d. Herrn Spence* (1. Tl. 1773; d. 2. Tl., v. seinem Nachfolger FELIX FRANZ HOFSTÄTTER bearb., folgte erst 1776); dieses Buch war keineswegs eine bloße Übers., B. stützte sich zwar auf d. Werk *Polynetis* v. Joseph Spence (Ps. für Sir Harry Beaumont), setzte sich dabei aber krit. mit d. einseitigen Auffassung d. Engländers auseinander, wobei er zeitgenöss. dt. Strömungen – Winckelmann, Lessing – heranziehen konnte. Auch d. Hg. d. 2. Bd. d. *Jugendfrüchte* (DENIS) fällt in diese Zeit (1772). B. gehörte d. an fruchtbaren Talenten reichen Generation d. jesuitischen Jugend kurz vor d. Aufhebung des Ordens an, deren Wirkungsfeld d. Theresianum war (s.o.): Seine Werke sind durchwegs in dt. Sprache abgefasst; er förderte darin auch seine Zöglinge (vgl. dazu auch d. Slg. *Jugendfrüchte aus* *d. k.k. Theresianum*, hg. v. M. DENIS). Bes. verdienstvoll waren seine kunstgesch. u. erzieherischen Bestrebungen, d. d. zeitgenöss. Kritik sehr anerkennend beurteilte, so d. kulturell einflussreiche *Wr. Realztg.* d. betreffenden Jg. (ebd. ausführliche Textproben u. ein ehrender Nekrolog, vgl. Lit.). In d. Folgezeit wurde B. nur wenig beachtet, z.Tl. gänzlich übergangen.

WERKE: Lyr.: Dt. Casualg. (zu offiziellen Anlässen) seit 1761, nur einzeln erschienene kunstgesch. Arbeiten: *Entwurf einer öffentlichen Prüfung aus d. Gesch. d. Kunst* [...] 1773; *Von d. Übereinstimmung d. Werke d. Dichter mit d. Werken d. Künstler, nach d. Englischen d. Herrn Spence*, 1. Bd. 1773, beide erschienen in Wien (bei Kurzböck); *Jugendfrüchte d. k.k. Theresianums*, 2. Bd., 1772; *Prosen u. Gedichte über d. bildenden Künste*, 1772, beide erschienen in Wien.

LITERATUR: Wr. Realztg., Jg. 1772, 621ff., 707f.; 1773, 474f.; 1774, 8ff.; passim: J.N. Stoeger: Scriptores Provinciae Austriacae Societatis Jesu, Wien 1856; H. Zeman: Der Druckerverleger [...] Kurzböck u. seine Bedeutung für d. öst. Lit. d. 18. Jh. in: Zeman 1.

Friedrich Keller

Burkart, Lie → **Burk(h)art**, Amelie

Burkhard, Joseph → **Burkard**, Joseph

Buschak, Ferdinand Conrad (19.2.1819 Borynia/Galizien – 24.10.1878 Brünn/Brno), Buchhändler u. Buchdruckereibesitzer sowie Ztg.hg. Seine Buchhändlerlehre absolvierte er in d. Buchhdlg. Milikowski in Lemberg. 1841 trat er in Wien in d. Buchhdlg. BRAUMÜLLER & SEIDEL ein u. wechselte danach zu KAULFUSS, PRANDL & KOMP. Gegen Ende 1848 gründete er gemeinsam mit Friedrich Irrgang d. eigene Buchhdlg. B. & Irrgang in Brünn, d. durch d. Ztg. »Neuigkeiten« (s.u.) immer größere Bedeutung gewann. B. gehörte d. Verfassungspartei an u. förderte d. fortschrittlichen Bestrebungen (er war zeitweise Mitgl. d. Gemeindevertretung in Brünn u. Mitgl. d. Brünner Handels- u. Gewerbekammer). Als Todesursache wurde »Leberentartung« angegeben. B. ist auf d. städtischen Friedhof begraben.

B. war Begründer u. Hg. d. *Tagesboten für Mähren u. Schlesien*, d. meist verbreiteten Bl. in Mähren. Der *Tagesbote* wurde 1850 als Ztg. mit d. Titel *Neuigkeiten* begr. u. erschien ab d. 29.11.1867 als *Tagesbote für Mähren – Neue Folge d. Neuigkeiten*, wobei sich d. Format vergrößerte. Die Ausweitung auf Schlesien erfolgte mit d. Ausg. v. 14.3.1872. Ab 1921 wurde d. Bl. unter d. einfachen Namen *Tagesboten* fortgeführt, ab 1939 als *Volksdt. Ztg.* bzw. *Volksdt. Abendbl.* für d. Abendausg. 1940-44 erschien es als *Brünner Tagbl.* bzw. *Brünner Abendbl.* B. war als Red. u. Mitinhaber, gemeinsam m. Friedrich Irrgang, bis zu seinem Tod tätig. Seinen Sitz hatte d. *Tagesbote* in Brünn, zunächst in d. Krapfengasse 70 (nach späterer Zählung 4), genannt »Bauer'sches Haus«, später in d. Ferdinandsgasse im Hotel »Zum Kaiser v. Oesterreich«. Die Ausrichtung d. *Tagesboten für Mähren u. Schlesien* stand unter d. Zeichen d. »Wahrung u. Förderung d. freiheitlichen Interessen d. Völker Oesterreichs«. Anfang bzw. Mitte Sept. verschlechterte sich d. Gesundheit B. drastisch, sodass Irrgang d. Redaktion übernahm. Nach B. Tod führte Irrgang d. redaktionelle Tätigkeit für eine Übergangszeit fort, dann folgte Josef Auspitz in d. Funktion d. Red. nach. Neben regelmäßigen Berichten aus d. Reichsrat (Sitzungsberichte, d. z.Tl. sehr ausführlich ausfallen, oft als eigene Beil.) gab es Berichte aus Brünn u. d. Region, aus d. Inland (Wien, Pest, Agram usw.) wie aus d. Ausland (Paris, Rom, London usw.). Weiters wurden kurze Notizen zu anderen Themen wie Kunst, Wiss., Gerichtswesen u.a.m. sowie zahlreiche Anzeigen u. Annoncen geboten. Lit. finden Feuilletons in Fortsetzung Aufnahme: N. u. Erz. bzw. Fortsetzungsr., d. sich ½ bis 1 Jahr durch d. *Tagesboten* hindurch ziehen u. fast nie gezeichnet sind (wenige Ausnahmen sind C.M. Sauer, O. Bach, Hermann Hirschfeld, Eduard Hammer, Louise Mühlbach u.a.). Jeden Sonntag erschien eine sog. Sonntagsbeilage, in d. ebenfalls Fortsetzungsr. dargeboten wurden, allerdings in einer Weise gedr. u. paginiert, dass man sie ausschneiden u. zu einem Buch binden lassen konnte. Bei d. Erz. u. R. handelt es sich um triviale Abenteuer- u. Intrigengesch.

Auf rein lit. Gebiet gab B. Hefte heraus, in denen er d. gleiche Art v. Unterhaltungslit. wie im Feuilletonteil d. *Tagesboten* präsentierte: HEIMATH U. FREMDE u. FLORA, BL. FÜR UNTERHALTUNG. Die Hefte d. HEIMATH U. FREMDE erschienen lediglich ein Jahr lang u. versammelten – mit Illustrationen v. X.A. Patočka – Unterhaltungsr. u. -erz., deren Verf. allerdings nur in d. seltensten Fällen angeführt wurden. Wie auch im *Tagesboten* handelt es sich um Trivialr., Liebes-, Intrigen- u. Abenteuergesch., d. in d. bis heute für d. Heftchen-Lit. gängigen Form zweispaltig gedr. wurden u. aus d. Unbekannten fremder Welten (z.B. *Die Gambucinos. Szenen aus d. mexikanischen Unabhängigkeitskriege*) u. längst vergangener Zeiten (z.B. *Aus d. Jugendjahren Heinrich IV.*) schöpften. Unter d. wenigen Autoren, d. namentlich genannt werden, befinden sich ADOLF SCHIRMER, FRIEDRICH STEINEBACH u. JOHANN NEPOMUK VOGL, d. in H. 2 mit d. Erz. *Die eingemauerten Mönche zu Hradisch* vertreten war. Ein Anhang zu einzelnen H. bot Farblithografien (v.a. v. W. Zoellner aus Wien) v. Regionen Öst., Mährens, Schlesiens u.a. mit jeweils kurzen Beschreibungen. Vier Notenabdrucke mit Polkas v. Gottfried Friton, Leopoldine de Joux u. Karl Pilnaček rundeten d. H. ab.

WERKE: Hg.: *Tagesbote aus Mähren u. Schlesien*, Brünn 1850ff., unter diversen Namen; *Heimath u. Fremde. Bilder- u. N.-Album*, Brünn 1866; *Flora. Bl. für Unterhaltung*, Brünn 1867f.

LITERATUR: Tagesbote für Mähren u. Schlesien, 28. Jg., Nr. 246 v. 25. Okt. 1878, Todesanzeige.

Michael Ritter

Buschbeck, Erhard Carlo Jacob (6.1.1889 Salzb. – 2.9.1960 Wien) stammte aus einer Familie, deren Angehörige Militärmedikamentendirektoren, Schiffsbauing., Öst. Generalkonsuln, Baumeister u. Architekten waren: Erbauer d. Realschule u. d. protest. Kirche in Salzb.; Vater: Erhard B. aus Triest, Städtischer Concipient; Mutter: Helene, geb. Goetz, Baumeistertochter aus Salzb. B. besuchte Volksschule u. Gymnasium in Salzb. (Mitschüler GEORG TRAKLS). Weitere Lebensetappen sind: 1909 Reifeprüfung in Gmunden, OÖ, 1909-14 Jusstud. an d. Univ. Wien (abgeschl. Stud., jedoch kein Doktorat), 1914/15 Reise mit THEODOR DÄUBLER nach Florenz, Dresden u. Mchn., 1916/17 Aufenthalt mit ihm in Hiddensee, dann in Bln., wo es zu einer Begegnung mit d. Herwarth Walden-Kreis kam, Juli 1917 bis August 1918 Militärdienst beim Landesturm Infanterie Regiment Nr. 59, 1.9.1918 mit HERMANN BAHR Berufung an d. Wr. Burgtheater als Dramaturg, dort tätig bis zu seinem Tod: Dramaturg, Leiter d. künstlerischen Betriebsbüros, 1.9.1947 Ernennung zum Leiter d. Direktionskanzlei u. zum stellvertretenden Direktor, 8.3.–15.10.1948 Interimist. Direktor, 7.8.1919 Eheschließung mit Bertha, Margarethe geb. Henneberg aus Löbtau zu Dres-

den, 25.8.1923 in Salzb., 35-jährig gest., 10.9.1925 Eheschließung mit Yvonne Mercier, Trennung 1949. Während seiner 42-jährigen immer wieder anerkannten Tätigkeit am Burgtheater »erwies u. bewährte er sich stets als ordnende, schlichtende, schaffende Kraft sowohl in d. Repertoirebildung als in d. Schauspielerführung. Er war Puppenspieler u. Schutzpatron d. Burgtheaters in einem« (OSKAR MAURUS FONTANA). Daher nannte ihn HANS WEIGEL »d. heimlichen Burgherrn« u. für FRANZ THEODOR CSOKOR war er »d. Lynkeus d. Burgtheaters«. V. Juni 1919 bis Sept. 1920 gab er *Die Bl. d. Burgtheaters* mit R. Smekal heraus, für d. außer ihm selbst u.a. HERMANN BAHR, HUGO V. HOFMANNSTHAL, FRANZ BLEI, FRANZ WERFEL, ROBERT MUSIL u. Josef Nadler Beitr. lieferten. Die Publ. *Der Thespiskarren, Die Medelsky, Raoul Aslan u. d. Burgtheater* sind ohne diese Tätigkeit am Theater nicht denkbar u. d. Grund dafür, dass d. Dichter in d. Hintergrund gedrängt wurde. Seine frühe Lyr. (Anthologie *Die Botschaft. Neue Gedichte aus Öst.*, Wien 1920) u. d. in vier Büchern (Aufstieg, Höhe, Sturz u. Ende) gegliederte R. *Wolf Dietrich* über d. Leben d. Salzb. Erzbischofs tragen unverkennbare Züge d. Expressionismus. Seine Erz. *Die Dampftramway, ein Salzburger Familienidyll* u. d. feuilletonist. Prosa *Wr. Notizbuch* lassen sich in herkömmliche Erzählmuster einordnen. Zeugnis für seine Freundschaft mit Theodor Däubler u. GEORG TRAKL sind d. Erinnerungsschriften *Die Sendung Theodor Däublers. Eine Streitschrift* u. *Georg Trakl. Ein Requiem*. Die Bekanntschaft mit TRAKL u. dessen Lieblingsschwester Grete (Margarethe) geht bis in d. Volksschulzeit zurück: »Meine Erinnerungen an Trakl reichen in d. Zeit d. Volksschule zurück, u. ich sehe ihn noch vor mir, wie er am Salzach-Quai vor d. protest. Schule, d. ich besuchte, stand, um dort mit seiner Schwester d. Religionsunterricht zu haben« (vgl. für Grete auch OTTO BASIL: Die Fremdlingin, in: WORT IN D. ZEIT, 10. H., Graz 1964, 3ff.). Es ist d. Verdienst B., diesen Dichter mit LUDWIG V. FICKER u. d. BRENNER-Kreis bekannt gemacht, seiner Dichtung dadurch zum Durchbruch verholfen u. selbst d. Jugenddichtungen u.d.T. *Aus goldenem Kelch* hg. zu haben. Als Förderer neuer Kunstrichtungen erwies er sich 1911-13 als Obmann (Generalsekretär) d. Akad. Verbandes für Lit. u. Musik u. Mthg. d. Zs. DER RUF.
Tl.-Nachl. in d. Öst. Nat.bibl. Wien, Hs.-Slg. u. in Privatbesitz v. Lotte Tobisch, Wien.

AUSZEICHNUNGEN: 17.1.1946 Professortitel, 6.1.1949 Ehrenmitgl. d. Burgtheaters, 4.10.1955 Großes Ehrenzeichen für d. Verdienste um d. Republik, Jän. 1959 zum 60. Geburtstag Verleihung d. Ehrenringes d. Kollegenschaft d. Burgtheaters, 5.2.1960 Hofratstitel. Büste v. Wander Bertoni in d. Ehrengalerie d. Burgtheaters.

WERKE: Lyr.: Eine Slg. seiner G. liegt nicht vor, doch wurden einige in d. Anthologie *Die Botschaft. Neue Gedichte aus Öst.*, Wien 1920, aufgenommen. 24 Sonette finden sich mschr. in d. ÖNB. Prosa: *Wolf Dietrich*, R., Lzg./Wolgast [1919]. Erz.: *Die Dampftramway o. Meine alten Tanten reisen um d. Welt. Ein Salzburger Familienidyll*, Wien 1946; *Ersehnte Weite.* »Die Dampftramway« u.a. Salzb. Erinnerungen, hg. u. mit einem Nachw. v. H. Weichselhaum, Salzb./Wien 2000 (= Salzb. Bibl. 6). Feuilletons: *Wr. Notizbuch*, Wien 1947; *Mimus Austriacus*. Aus d. nachgelassenen Werk, hg. v. L. Tobisch m. einem Vorw. v. C. Zuckmayer, Salzb./Stgt. 1962, enthaltend Prosa, Lyr. u. Briefe. Erinnerungsschriften: *Die Sendung Theodor Däublers. Eine Streitschrift*,

Wien 1920. Essays: *Franz Theodor Csokor, Du bist gemeint*, eingel. v. E.B. Stiasny, Bücherei, Bd. 41, Graz/Wien 1959; *Stille Musik* (zum 80. Geb. v. R. Holzer), in: *Wort in d. Zeit*, H. 2, Graz 1955, 103; *Das Burgtheater*, in: 175 Jahre Burgtheater, 1776-1951, zusammengestellt u. bearb. v. d. Direktion d. Burgtheaters, hg. mit Unterstützung d. Bundestheaterverwaltung [1954], VIIff.: *Der Wanderer v. Arnbergschloß. Hermann Bahr zum 20. Todestag*, in: Salzb. Nachrichten 14.1.1954; *Hermann Bahr – heute*, in: *Wort in d. Zeit*, H. 3, Graz 1958. Theatergeschichtl.: E. B. (Hg.) *Der Thespiskarren. Kleine Theatergesch. geschrieben v. d. Zeitgenossen* mit Zeichnungen v. E. Kniepert, Wien 1943; *Die Medelsky*, Wien 1922; *Raoul Aslan u. d. Burgtheater*, Wien 1946; *Das Exil d. Burgtheaters im Ronacher 1945-1955*, in: Fs. für E. Castle, Maske u. Kothurn, Jg. 1, 1955, 63-68. Mitarb.: Zs. Der Merkur. Öst. Zs. f. Musik u. Theater, Wien 1909-22. Hg.: *Aus goldenem Kelch. Die Jugenddichtungen v. Georg Trakl*, Salzb. 1939; zus. mit R. Smekal *Die Bl. d. Burgtheaters*, Juni 1919-Sept. 1920. Mithg.: *Der Ruf. Ein Flugbl. an junge Menschen*, Wien 1912/13. Nachl.: Trakl-Gedenkstätte d. Landes Salzb.; Hs.-Slg. d. ÖNB, Wien; Burgschauspielerin L. Tobisch v. Labotyn, Wien; lit. Nachl., veröff. u. unveröff. Ms. bei d. Söhnen Peter, Neuhaus/Triestingtal, NÖ, u. Gandolf B., Salzb./Wien.

LITERATUR: Neue Öst. Biogr. ab 1815, Bd. XXI, Wien/Mchn. 1982, 87-94; Nagl/Zeidler/Castle, Bd. 4; A. Schmidt: Dichtung u. Dichter Öst. im 19. u. 20. Jh., 1. Bd., Salzb./Stgt. 1964, 341; F. Braun: D. verborgene Dichter, in: Wort in d. Zeit I, 2; F.Th. Csokor: E. B. – Lynkeus d. Burgtheaters, in: D. Furche, 24.9.1960; 4; O.M. Fontana: E. B. zum 70. Geburtstag, in: Wort in d. Zeit, H. 1, Graz 1960, 34; ders.: E. B., in: Salzb. Nachrichten, 3.9.1960; E. B., D. heimliche Burgherr. Ausstellung im Burgtheater zu seinem 90. Geburtstag, Biblos-Schriften Bd. 102, Wien 1979; L. Tobisch: E. B. Zur 90. Wiederkehr seines Geburtstages, in: J. Stummvoll (Hg.); L. Tobisch v. Labotyn: E. B., in: Neue öst. Biogr., Bd. 21, Wien/Mchn. 1982, 87ff.; dies.: L. Tobisch gewährt Einblick in ihr Familienalbum, in: D. ganze Woche v. 24.9.1997, 22f.; L. Tobisch feiert 75. Geburtstag (am 28.3.), in: Wr. Ztg. v. 28.3.2001, 11; H. Weigel: D. versäumte Geburtstagsfeier. D. wahre Anekdote einer (E) Buschbeck-Büste, in: Heute, 20.3.1961, 11; C. Zuckmayer: Guter Geist d. Burgtheaters, in: D. Furche, 1.9.1962, 9; H. Kindermann: Theatergesch. Europas, 8. Bd., Salzb. 1968, 228/229; E. Rollet: E. B. d. Sechzigjährige, in: Wr. Ztg., 5.1.1949, 2; ders.: E. B. 70. Geburtstag, in: Arbeiter Ztg. v. 6.1.1959, 5; R. Holzer, in: D. Presse, 6.1.1949, 4; O. Basil, in: Neues Öst., 6.1.1949, 3; E. B. 65 Jahre, in: Neues Öst., 7.1.1949; Öst. Theatermuseum, hg. v. J. Mayerhöfer; O.M. Fontana, in: D. Presse, 6.1.1959, 6; E. Wurm: D. große Schweigsame d. Burgtheaters, in: Neue Wr. Tageszeitung., 6.1.1959, 4; Zum Tode E. B., in: Wr. Ztg., 3.9.1960, 5; Neues Öst., 3.9.1960, 7; R. Holzer, in: D. Presse, 3.9.1960, 7; H. Weigel, in: Kronen Ztg. v. 3.9.1960, 13; E. Wurm, in: Neue Wr. Tageszeitung., 3.9.1960, 4; B. letzter Weg um d. Burg, in: D. Presse, 7.9.1960, 7.

Karl Koweindl

Buschman, Carola, Freiin v. (auch Karola; immer wieder irrtümlich Buschmann; 4.5.1884 Wien – 14.4.1951 Wien), Tochter eines hohen Ministerialbeamten, besuchte ein Privatinst. für höhere Töchter u. stud. anschließend Frz. (Staatsprüfung 1902), Musik u. Malerei. Als lit.schaffende Künstlerin trat sie erstmals mit d. Drama *Gudrun* – eingereicht für d. NÖ Landes-Autorenpreis – an d. Öff. Gemeinsam mit IRMA V. WITTEK verfasste sie d. Drama *Violante della Rocca* (1912), ein hist.-romant. Stück, dessen Handlung im 15. Jh. auf d. Insel Korsika spielt. In d. 20er-Jahren erzielte dieses Drama beachtliche Erfolge. B. trat d. DEUTSCH-ÖSTERREICHISCHEN SCHRIFTSTELLERGENOSSENSCHAFT u. d. »Ständebund dt. Frauen« bei. In d. Lit. gesch. (Nagl/Zeidler/Castle) wird sie als Vertreterin d. Neu-Romantik charakterisiert. In späteren Jahren wandte sich B. d. Kinder- u. Jugendlit. zu u. verfasste einige M.spiele u. Stücke für d. Jugend (z.B. *Vertrauen*, 1923). Auch als Lyrikerin präsentierte sie sich d. Öff.: *Im Jahresreigen*. Die wichtigsten Themen ihrer Versdichtungen sind Natur, Kampf, Liebe, Leid, Alltag. – Zu ihrem Freundeskreis gehörte d. steirische Dichter HERMANN HANGO (vgl. d. beiden G., d. sie HANGO u. dessen Frau widmete).

WERKE: Theaterstücke: *Gudrun*; *Violante della Rocca*, Drama in 5 Aufzügen, gemeinsam m. I. v. Wittek, Wien 1912, ²1914; *Die Gaben d. Glückes*, M.spiel in 1 Aufzug, Mchn. 1923; *Der Stein d. Hexe*, M.spiel in 1 Aufzug, Mchn. 1923; *Vertrauen*, Schauspiel in 3 Aufzügen, Mchn. 1923; *Der Sonne entgegen*, M.spiel, Mchn. 1925; *Der Irrwisch*, M.spiel in 3 Aufzügen, Mchn. 1929; *Der Christbaum*, Weihnachtsspiel in 1 Aufzug, Mchn. 1930. Lyrik: *Hermann Hango zum Gedächtnis* u. *Nina Hango zum Gedächtnis*, 1934 in: Würdigung Hermann Hangos im Dt. Volkskalender für 1936 veranlasst v. Hg. Dr. F. Pock, Graz/Wien 1936 (= Dt. Schulverein Südmark; *Im Jahresreigen* [I. Jahreszeiten, II. Gesch., III. Lebensweg].

LITERATUR: Nagl/Zeidler/Castle, Bd. 4; Giebisch/Gugitz, Kosch, Bd. 2.

Ruthilde Frischenschlager

Buschman, Gotthard Frh. v. (Ps. **Eginhard**, 9.11.1810 Raggendorf/NÖ – 21.8.1888 Maria Enzersdorf/NÖ), stud. in Wien Rechtswiss., trat in d. Staatsdienst, war ab 1861 Ministerialrat im Finanzministerium. Seine ersten schriftstellerischen Arbeiten sind lyr. Dichtungen, in seinen Liederzyklen *Marienkranz* (1840), *Auf nach Norden* (1884) u. *Singen u. Ringen* (1856) zeichnet er stimmungsvolle Naturbilder, d. an d. romant. Dichter, v.a. an Tieck erinnern. In *Marienkranz* besingt er d. Geliebte in einem »Kranz v. Liedern«, in diesen G. finden sich Anklänge an Schiller u. Hölderlin; d. Sieg d. Liebe, d. d. Christentum u. d. Frauenideal brachte, ist d. Grundgedanke. Eine bes. Vorliebe zeigte B. für d. nordische Sagenwelt u. d. skandinavische Landschaft, d. er auf einer ausgedehnten Reise unmittelbar erlebte; in d. sieben Gesängen *Auf nach Norden* preist er d. »Wunderreich« d. alten Götter, d. eindrucksvolle Macht u. Schönheit d. Natur, d. berühmte Heldenzeit; hier verwendete B. meist d. Volkslied- u. Balladenstrophen, als Vorbild dienten ihm d. Balladen Schillers u. d. Romantiker. *König Ragnar's Hort* (1865) ist eine romant. Tr. in pathetisch-übertriebener Sprache, d. Fluch d. Nibelungenhorts stürzt auch d. Nachkommen d. alten Heldengeschlechts ins Verderben, Siegfrieds Tochter schenkt mit d. Zauberring König Ragnar unermesslichen Reichtum, d. Gold bringt aber seinem Volk nicht d. ersehnte Glück, sondern Zwietracht u. ihm selbst d. Tod. Einer einfachen, natürlichen Sprache bediente sich B. im hist. Volksschauspiel *Graf Rudolf v. Basel* (1883), d. Stück verkündet d. Ruhm d. Hauses Habsburg, d. schon im Prolog deutlich ausgesprochen wird; Graf Rudolf v. Habsburg tritt in d. Schweiz im 13. Jh. als gerechter, edler u. bewunderter Vermittler im Streit zw. Bürger- u. Rittertum auf, am Ende erhält Rudolf d. überraschende, ehrenvolle Botschaft v. seiner Wahl zum römisch-dt. Königs. B. lyr. u. dramat. Werke stehen d. romant. Dichtung sehr nahe, d. humanen u. idealen Forderungen sind d. Menschenbild d. dt. Klassik verpflichtet. Alles in allem trägt diese recht traditionell gestaltete Dichtung epigonale Züge mit bes. Neigung zum Historisieren.

WERKE: Gedichte: *Marienkranz*, Lzg. 1840; *Auf nach Norden*, Lzg. 1844; *Singen u. Ringen*, Lzg. 1856. Drama: *König Ragnar's Hort*, Wien 1865; *Lied v. Herzog Friedl u. Sänger Osly*, Wien 1880; *Graf Rudolf v. Basel*, Wien 1883.

LITERATUR: Brümmer, Bd. 1; Giebisch/Gugitz; Nagl/Zeidler/Castle, Bd. 3.

Cornelia Fritsch

Buschmann, Carola Freiin v. → **Buschman**, Carola Freiin v.

Buseck, Marianne v. (* 1956 Salzb. als Marianne Herzog) ließ sich nach d. Matura im Hotelfach ausbilden, wo sie seit 1974 tätig ist. Ihre ersten lit. Versuche – Kurzgesch. – machte sie während ihrer Gymnasialzeit. Nach einer längeren Pause kam B. 1986 über d. Salzb. Lit. Werkstatt wieder zum Schreiben. Ihre Prosa d. letzten Jahre stellt sie seit 1989 bei Lesungen, u.a. im LITERARISCHEN CAFE in Puchberg (1990), vor. 1991 gab B. im Eigenverlag unter d. Titel *Am Anfang* ihre Texte heraus. Sie schreibt auch Kinderbücher.

WERKE: Prosa: *Am Anfang. Seelentexte*, Wien, 1991; Beitr. in: Einfach Mensch sein, hg. v. Öst. Autorenverband, Wien 1990.

LITERATUR: W. Bortenschlager, in: Lit. Café, Wels 1990.

Ruthilde Frischenschlager

Busek, Paul (15.1.1878 Teschen, Öst. Schlesien – 3.7.1945 Wien) war als Beamter im Handelsministerium tätig, trat mit Lyr. u. Prosa in Ztg. u. Zs. (z.B. in *Fährmann*) hervor, d. heute verschollen sind. Die einzige, nicht gezeichnete Ztg. meldung v. seinem Tod unterstreicht, dass sich sein Sehnen in zarter Gefühlslyr. verdichtete, er aber auch »d. Weg zu erhabener Gedankenlyrik« fand. V. seinem Werk sind folgende Titel feststellbar, ohne dass d. Bde. greifbar wären; daher auch keine Erscheinungsdaten d. folgenden Lyr.-Bde.

WERKE (keine weiteren Daten eruierbar): *Frühling, Einst, März, Frage, Der Mutter Tod*.

LITERATUR: Neues Öst., 10.7.1945, 4; Giebisch/Gugitz.

Paul Wimmer

Busson, Paul (5.7.1873 Innsbr. – 8.7.1924 Wien), besuchte d. Schule in Innsbr., stud. Medizin in Graz, wurde dann Offizier. B. musste aus gesundheitlichen Gründen d. Dienst quittieren. Er machte große Reisen u. wurde schließlich Schriftleiter beim »Neuen Wr. Tagbl.« Vom Vater, d. Historiker in Innsbr. u. Graz war, übernahm er wohl d. Interesse an d. Gesch., d. in seinem Werk deutlich ist. Seine Themen sind: Erinnerungen an d. Militärzeit, zumeist skeptisch-krit.: *Verklungene Fanfaren* (1923); Jugend in Tirol, Brauchtum im Jahresablauf: *Aus d. Jugendzeit* (1920), *Vitus Venloo* (1930); Jagd- u. Naturschilderungen: *Der Schuß im Hexenmoos* (1923); *Jagd- u. Tiergesch.* (1924); auch Wr. Naturbilder: *Wr. Singstimmungen* (1913); Begleitwort zu *Der Semmering u. seine Berge* (1913). In d. Innsbr.-Lit. ist er ein Vorläufer v. JOSEF LEITGEB. Hinzu kommen noch »Seltsame Gesch.«, wie sie in d. Zeit um d. 1. WK beliebt waren (vgl. »Die Galerie d. Phantasten«, Georg Müller, Mchn., d. okkulte, übernatürliche Gesch. v. K.H. STROBL,

G. Meyrink, E.A. Poe u.a. brachte, kongenial v. A. Kubin illustr.). Obwohl R. auf hist. Hintergrund bei B. überwiegen, wie *Die Feuerbutze* (1923), zur Zeit d. Tiroler Erhebung gegen Napoleon, *Melchior Dronte* (1921), zur Zeit d. Frz. Revolution, gelang B. in *Vitus Venloo* (19300) ein Pubertätsr., d. d. Problematik d. heranwachsenden Jugend zeigt: ein Innsbr.-R., aus d. Sicht eines dort Geborenen, d. seiner Abstammung nach jedoch aus Norddtld. bzw. Frankreich kam – ähnlich wie d. Familie d. Verf. selbst: d. kleine Welt d. polit. engagierten Gymnasiasten mit ihren Lehrern unterschiedlichen Überzeugungen, mit Antiklerikalismus, studentischen Verbindungen, Nationalitätsproblemen u. aufkommender Verwirrung durch d. andere Geschlecht. Die Natur spielt nicht nur in d. Jagd- u. Tiergesch. eine Rolle, sie reicht bis in d. Stadt am grünen Inn herein u. wird als auslösende Kraft, als stimmungsbildend, mit Föhnsturm u. Bergwinter geschildert. Generelle Aussagen sind über B. schwer zu machen – in jedem d. angedeuteten Themenkreise tritt ein anderer Dichter hervor, d. auch d. zeitliche Perspektive durch d. Sprache, d. er seinen Gestalten in d. Mund legt, überzeugend zum Ausdruck bringt. Die Sprache d. Gymnasiasten in d. Stadt, d. Tiroler Bauern um 1809, d. noch weiter zurück reichende Sprache d. versch. Bevölkerungsgruppen, d. Soldaten, Huren u. Henker, d. Landstörzer im *Melchior Dronte*, ohne Zweifel d. besten öst. Schauerr., d. »Elixieren d. Teufels« v. E.T.A. Hoffmann ebenbürtig, auf hist. Hintergrund, aber mit unerklärlichen, mysteriösen Vorkommnissen, mit Grauen, Hass, Verfolgung, Angst, beherrschte B. hervorragend; d. Held wird in einen unentrinnbaren Strudel v. Furcht erregenden Ereignissen hineingerissen, durchlebt d. Schrecken d. Kriege d. letzten 100 Jahre u. büßt dabei anscheinend für einen anderen, für d. er in lebensbedrohenden Augenblicken gehalten wird – ein R., d. sich mit d. »Simplizissimus« u. mit »Candide« messen kann. Darüber hinaus kreist d. R. um d. Vorstellung v. d. Wiedergeburt eines Menschen als Weg zur Vollendung; dabei werden eklektisch religiöse Momente d. Christentums u. orientalischer Religionen an d. Hauptgestalt, d. Double Ewli, sichtbar. Trotz d. Vielseitigkeit seiner R. u. d. Schwierigkeit, über sie zu generalisieren, zeigt sich, dass es immer junge, unerfahrene Männer sind, d. ihr Schöpfer vor rätselhafte u. schwierige Situationen stellt, d. Überraschungen erleben, Enttäuschungen überwinden u. einen Reifungsprozess schmerzlicher Natur durchlaufen. V. zeitgenöss. Rezensenten überschwänglich gelobt, kam es nach d. 2. WK zum Versuch, sein Werk durch Neuaufl. d. *Melchior Dronte* 1954 u. 1955 wieder bekannt zu machen. Jedoch fehlt jede krit. Auseinandersetzung mit seinem Werk – außer zwei unveröff. Wr. Diss. aus d. Jahren 1932 u. 1941 gibt es nur kurze Eintragungen in Nachschlagwerken – meist fehlt er in Bio- u. Bibliogr. ganz, obwohl seine Themen v. Schule u. Kirche, Pubertät u. Politik heute noch Gültigkeit haben.

Tl.-Nachl. in Privatbesitz v. Irmgard u. Horst Münster, Nußberggasse 7a, 1190 Wien.

Werke: Lyr. u. Balladen: *Gedichte*, Dresden 1901; *Ruhmlose Helden, Balladen*, Mchn. 1902. Erzählprosa: *Aschermittwoch*, Mchn. 1903; *Azrael*, Wien 1904; *Besiegte*, Bln. 1905; *Arme Gespenster*, Mchn. 1909; *Nelsons Blut*, Lzg. 1911; *Das schlimme Englein*, Wien 1919; *Seltsame Gesch.*, Wien 1919; *F.A.E. Ein dt. Roman*, Wien 1920; *Aus d. Jugendzeit*, Mchn. 1920; *Die Wiedergeburt d. Melchior Dronte*, Wien 1921, 1954; *Die Feuerbutze*, Wien 1923, 1931, u.d.T. *Feuer auf d. Gletschern*; *Bunte Erlebnisse*, Wien 1923; *Verklungene*

Fanfaren, Wien 1923; *Der Schuß im Hexenmoos*, Wien 1923; *Jagd- u. Tiergesch.*, Wien 1924; *Sylvester*, Wien 1927, aus d. Nachl., fertiggestellt v. Erwin Weil; *Vitus Venloo. Die Gesch. einer Jugend*, Wien 1930, 1948. Wr. Landschaftsschilderungen: *Wr. Stimmungen*, Wien 1913; Begleitwort zu *Der Semmering u. seine Berge*, Wien 1913.

LITERATUR: L.K. Peinlich: P.B., eine Monographie, Diss. phil. Wien 1932 (mschr.); A. Ther-Köllner: P.B. als Erzähler, Diss. phil. Wien 1941 (mschr.).

Harro H. Kühnelt

Busta, Christine (eigentl. Christine **Dimt**, 23.4.1915 – 3.12.1987 ebd.) bekennt in ihren G. »Fragmente d. Herkunft« u. »Kurzbiogr.« (beide 1981): »Meine Großmutter (Taglöhnerin) konnte nicht lesen u. schreiben. Aber sie konnte Gesch. erzählen«; »mein Großvater [...] brach aus d. stillen Wäldern Granit [...]«; »meine Mutter (Dienstmädchen) war schön u. verletzlich [...]«; d. Vater »Wagenschmied, Kunstschmied, arbeitsam, herrisch, eheflüchtig u. einsamkeitsstreu« verschwieg d. Sohn d. Existenz d. Halbschwester u. trug entscheidend zu B. Autobiogr. bei: »In Enge u. Not bin ich aufgewachsen.« Ein nach d. Abitur 1933 begonnenes Stud. d. Germanistik u. Anglistik musste aus Geldmangel abgebrochen werden. Als Hilfsarb. u. Hauslehrerin (»[...] ich hab [...] / immer nur sehr genau kalkuliert, / ob es für Obdach u. Brot noch langte. / (Zum Betteln hat's mir an Demut gefehlt)«. Sie heiratete d. Musiker Maximilian Dimt, d. seit 1944 in Russland als vermisst gilt. Nach 1945 schlug sie sich als Dolmetscherin u. Hotelangestellte d. brit. Besatzungsarmee durch. Bis sie 1950, nachdem erste Veröff. v. ihr 1946 u. 1947 in d. Zs. DIE FURCHE u. DER PLAN erschienen waren, als Bibliothekarin bei d. Wr. Städt. Bücherei en angestellt wurde (bis 1975). Hier »zwischen Naschmarkt u. Stephansdom, / zwischen Museen u. Bibliotheken, / zwischen Fabriken u. Spitälern« fanden trotz Abstechern nach Venedig u. Istanbul ihre eigentl. »Reisen« statt; ist sie »unterwegs«, liegt für sie (wie d. 66-Jährige in einem G. schreibt), »soviel Welterfahrung, dass ein Leben dafür nicht ausreicht«. In späteren Lebensjahren war B. mit d. bei Mchn. (s. Nachl.) lebenden Schriftsteller Franz Peter Künzel verbunden.

B. begann 1946 – zunächst v. GERHARD FRITSCH gefördert – mit Prosa u. Lyr., schrieb aber schon seit Ende d. 40er-Jahre nur noch G., d. ihren Stoff aus Natur, Mythen u. Bibel u. zunehmend aus d. eigenen Lebenserfahrung beziehen. Ihre schmalen Bde. *Der Regenbaum* (1951), *Lampe u. Delphin* (1955), *Die Scheune d. Vögel* (1958), *Unterwegs zu älteren Feuern* (1965), *Salzgärten* (1975) u. *Wenn du d. Wappen d. Liebe malst* (1981) spiegeln ihre poetische u. personale Biogr. wider: d. romant. Ansatz, d. »klassische« Heiterkeit, Einfachheit u. Harmonie u. d. kindliche Vertrauen d. Christine, d. spätere reimlose Dankbarkeit u. aphoristisch verkürzte Erfahrung d. Dichterin, d. Liebe zu »Kindern u. ihren Freunden«, d. in d. »gereimten u. ungereimten Bilderbüchern« *Die Sternenmühle* (1959) u. *Die Zauberin Frau Zappelzeh* (1984) eine noch heile Welt malt, d. Begabung d. Kinderlosen zur Liebe, Freundschaft u. Anerkennung anderer (fast alle späteren G. B. sind ihren Dichter-Kollegen gewidmet) u. ihre unverbitterte Erkenntnis: »Nichts kannst du halten« sowie ihr »Stoßgebet für d. Nacht«: »Segne, d. für uns leiden, / tröste, d. wir heute kränken.« Scheinbar zurückgezogen, zeitlos u. unpolit. hat B. in ihren G. dennoch Stellung bezogen: Scham ausgedrückt über d. eigene Schweigen während nazistischer Judenverfolgungen, Angst bekannt während d. Ungarn-Aufstandes; Abscheu u. Entsetzen formuliert vor Natur tötender Technik, Atombombe u. ideologischer Skrupellosigkeit gegenüber Sitte u. Gesetz. Auch über d. gegenwärtigen Zustand d. Welt verschwieg B., d. in ihren Aussagen immer spruchhafter u. strenger wurde, nicht ihre Sorge: »Wir sind in d. Pause geraten, / d. Auftakt zum Unerhörten.« Was immer B. poetisch o. prosaisch äußert, ist getragen v. einem tief verinnerlichten, jedoch undogmatischen Katholizismus, was manchmal zu abwertender Kritik führte. Humanität u. d. Glaube an eine sinnvolle Ordnung d. Schöpfung bestimmen in solchem Sinn B. lyr. u. episches Werk: »Mein Grundthema ist d. Verwandlung d. Furcht, d. Schreckens u. d. Schuld in Freude, Liebe u. Erlösung.« Sowohl d. G. als auch d. Erz. (in *Das andere Schaf*, Salzb. 1959) u. in d. Legenden aus d. Nachl. (*Der Regenengel*, Salzb. 1988) zeigen dieses Verwandeln unter d. Zeichen, d. Wirken u. d. Annahme d. Gnade. Die Sprachgestaltung geht v. reichen Bildern u. formstrenger Verbindung aus – unter d. Einfluss JOSEF WEINHEBERS, d. B. erste lyr. Versuche sehr schätzte, GEORG TRAKLS u. RAINER MARIA RILKES – aus u. gelangt schließlich zu konzentriertem, sinnbilderreichen knappem Stil, d. d. strenge Vers- u. Reimbindung nicht mehr zukommt, – zuletzt in d. freien Rhythmen ihrer späten, überraschend aufblühenden Liebesg. *Inmitten aller Vergänglichkeit* (Salzb. 1981), d. d. Geliebten feiert, »d. alles vertritt, was ich liebe u. in d. ich wie in einem Brennpunkt sammle.« Juroren u. d. überwiegende Mehrheit d. Rezensenten haben ihr u. ihrer Dichtung d. »jeder kennt, aber d. nie prominent wurde«, u. d. »viel nur v. Wenigen gelesen« wird (EDWIN HARTL) eine Vielzahl v. Preisen, »außerordentliche dichterische Begabung« (Horst Bienek), »Erfahrungsschwere« u. »Luzidität« (Joachim Günther) zuerkannt. B. Bücher, so schrieb VIKTOR SUCHY, seien d. »wesentlichen Dichtungen« zuzurechnen, »d. nach 1945 in Öst. entstanden.« Linke Kritiker haben B. als »Dichterin einer heilen Welt« abzuqualifizieren versucht, wogegen JOHANNES URZIDIL einwandte, dass B. »leise Schöpfungen eindringlichere Anklagen« enthielten »als d. engagierteste Rebellenlyrik.« Die »Stimme auf Kinderfüßen« habe gerade deshalb ihre Bedeutung, so urteilte auch Ignaz Zangerle, weil ihr d. modische »emanzipatorische Zungenschlag« u. d. »marktgängige Pathos gegen ›Herrschaftsstrukturen‹ u. ›Entfremdung‹« abgingen. Im »Steckbrief in eigener Sache« (1981): »Ich lasse mich nicht abrichten zum Verbellen u. Jagen«, lehnte B. d. Rolle d. »Hofhundes« für sich ab u. bezeichnete sich stattdessen als »Suchhund zwischen Himmel u. Erde.« Die Kritik (Karl Wawra) hat – ausgehend v. B. Liebe zu Schöpfer u. Schöpfung – ihre Selbstdefinition variiert u. d. Dichterin eine »Spurensucherin dieser Liebe« genannt.

Tl.-Nachl. in Privatbesitz bei Josef Wenzel Hnatek, Kohlgasse 47/25, 1050 Wien, ferner bei Franz Peter Künzel, Egenhoferstraße 24, Puchheim b. Mchn., BRD, u. Korrespondenzbestände B. – Franz Peter Dint, in Öst. Nat.-Bibl. Wien, Hs.Slg.

PREISE: Erzählerpreis d. FURCHE (1949); Förderungspreis für Lyr. d. Öst. Staatspreises (1950, 1961); GEORG-TRAKL-Preis (1954); Lyr.-Preis d. Südddt. Rundfunks (1955); Bertelsmann-Preis für Lyr. (1956); 1. Lyr.-Preis d. »Neuen dt. Hefte« (1956); Jugendbuchpreis d. Stadt Wien (1959); Preis d. Theodor-Körner-Stiftung (1959); Droste-Preis d. Stadt Meersburg (1963); Förderungspreis d. Wr. Kulturfonds (1963); Jugendbuch-

Preis d. Stadt Wien (1964); Großer Öst. Staatspreis (1969); Eichendorff-Preis (1982).

WERKE: Lyr.: *Jahr um Jahr*, Wien 1950; *Der Regenbaum*, Salzb. 1951,²1977; *Lampe u. Delphin*, Salzb. 1955, ³1966; *Die Scheune d. Vögel*, Salzb. 1958, ²1968; *Die Sternenmühle. Gedichte für Kinder u. ihre Freunde*, mit Bildern v. J. Crüger, Salzb. 1959, ⁵1974, dazu Schallplatte; *Unterwegs zu älteren Feuern*, Salzb. 1965, ²1978; *Salzgärten*, Salzb. 1975, ²1979; *Die Zauberin Frau Zappelzeh. Gereimtes u. Ungereimtes für Kinder u. ihre Freunde*, mit Bildern v. H. Leiter, Salzb. 1979; *Wenn du d. Wappen d. Liebe malst*, Salzb. 1981, ²1983.

LITERATUR: G. Fritsch: D. Welt ist schön u. schrecklich. Bemerkungen zu d. G. C.B., in: Wort in d. Zeit 5, Wien 1959; I. Zangerle: Laudatio auf C.B. zur Verleihung d. Droste-Preises 1963; K. Wawra: Geburtstagsrede für C.B. im Öst. Rundfunk; I. Zangerle: Nachw. zur 2. Aufl. v. Der Regenbaum, Salzb. 1977; I. Hatzenbichler: Motive u. Themen in d. Lyr. C.B., Diss. phil. Graz 1979 (mschr.); Killy, Bd. 2; Zeman 3, Bd. 7.

Waltraut Schwarz/Herbert Zeman

Butner, Adam (?/Sorau, Brandenburg – 1586/Linz, OÖ). Von dem zu seiner Zeit als Poeta scitus gelobten B. ist bislang nur ein Stammbucheintrag bekannt.

WERK: Eintragung in den *Liber amicorum* des → Nikolaus Engelhardt v. April 1583, Ms., National- und Universitätsbibl. Straßburg, 18597, fol. 176ᵛ*.

LITERATUR: Emile-G. Leonard, Le »Liber amicorum« du strasbourgeois Nicolas Engelhardt. In: Bibliothèque de l'école des chartes 1935, Bd. 96, S. 912-120, hier S. 119.

Robert Hinterndorfer

Buttinger, Joseph (Ps. Gustav **Richter**, 30.4.1906 Reichersbeuren/Oberbayern – 4.3.1992 New York), Kind armer Leute, d. Vater war Arbeiter beim Straßenbau, starb aber 1917 an d. Folgen d. Fronteinsatzes im 1. WK, seine Frau mit vier minderjährigen Kindern zurücklassend. B. beschreibt in seinem autobiogr. Buch *Ortswechsel. Die Gesch. meiner Jugend* (Übers. aus d. Engl., Ffm. 1979) d. Elend seiner ersten Jahre, ohne sentimentales Selbstmitleid o. Klassenhass, doch d. erlittenen Demütigungen prägten sein weiteres Leben u. Werk. Mit 13 Jahren musste er sich seinen Lebensunterhalt als Landarbeiter verdienen in Waldzell, einem entlegenen Dorf, wo d. Kirche eine dominierende Rolle spielte. Erst als ein Gewerkschaftsfunktionär in d. Gegend kam, um d. Landarbeitern weitere Perspektiven zu eröffnen, u. dieser daraufhin v. d. Bauern zusammengeschlagen wurde, woraufhin eine Demonstration d. Arbeiter stattfand, begann er zu ahnen, dass sich jenseits d. Dorfes eine andere Welt befinden könnte. Er ging nach Schneegattern in OÖ, wohin seine Mutter gezogen war, u. arb. dort als Glasschleifer in einer Fabrik. Trotz einer Arbeitszeit v. tägl. neun Stunden lernte er hier erstmals d. Möglichkeiten d. Weiterbildung durch sozialist. Organisationen kennen. Im Arbeiterheim befand sich eine Bibl., man trieb Sport, es gab Lesungen, Filme u. Vorträge; auch besserte sich d. finanzielle Situation d. Familie, wenn auch d. Wohnungsnot erdrückend war. B. erzählt, wie er d. Bücher verschlang, bes. auch polit., vor allem d. Werk v. Friedrich Engels war für ihn eine Offenbarung – er lernte es früher kennen als Grimms M. Im Selbststud. bemühte er sich um d. engl. u. frz. Sprache. Ab 1921 arb. er für d. Sozialdemokrat. Arbeiterpartei; 1924 wurde d. Glasfabrik geschlossen u. er arbeitslos.

330

Nach einem päd. Kurs in Schönbrunn wurde er 1926-30 Leiter eines Kinderhortes in St. Veit a.d. Glan, wo er sich neben seiner Arbeit um seine autodidaktische Bildung weiter bemühte. Da er in dieser Zeit viele volksbildnerische Vorträge hielt, beschloss er, diese in einem Buch unter seinem Ps. Gustav Richter zusammenzufassen. In d. überarb. Druck *Am Beispiel Öst. Ein geschichtlicher Beitrag zur Krise d. sozialistischen Bewegung*, Köln 1953, spricht d. Verf. sehr selbstkritisch über seine damalige Arbeit – d. »erschütternden Dogmatismus, d. intellektuelle Überheblichkeit«, resultierend aus damals unkrit. aufgenommener Parteidoktrin. 1930 wurde B. d. Stelle als Bezirkssekretär für d. Bezirk St. Veit angeboten; um sich vorzubereiten, besuchte er d. Arbeiterhochschule Wien. Dort lehrten Persönlichkeiten wie Otto Bauer, Karl Renner u. THEODOR KÖRNER, Franz Jonas war ein Kommilitone. Inzwischen hatte sich d. polit. Lage im Land verschärft, d. sozialen u. polit. Gegensätze eskalierten, B. wurde verhaftet u. aus Ktn. ausgewiesen. Bis 1938 war er in Wien für d. Revolutionären Sozialisten tätig u. arb. unter versch. Decknamen bei deren Organen, d. *Kampf, Die Revolution* u. beim »Informationsdienst«. Nach d. »Machtübernahme« d. Nationalsozialisten 1938 gelang ihm d. Flucht nach Paris, wo er als Obmann d. Auslandsvertretung d. öst. Sozialisten wirkte. 1939 emigrierte er in d. USA, dort begann er mit d. Aufbau d. Library of Political Studies; 1945-47 war er Europadirektor d. International Rescue Comittee in Paris u. Genf, seit 1954 ständiger Mitarb., zeitweise auch Hg., d. Zs. »Dissident«. Nach einem Aufenthalt in Südvietnam (1954) baute er eine Studienbibl. an d. Harvard Univ. auf. Er lebte in New York, war engagierter Mitarb. zahlr. amerik. u. öst. Zs. u. hielt Vorträge an amerik. Univ. 1971 erhielt er d. Große Goldene Ehrenzeichen für Verdienste um d. Republik Öst. u. 1977 d. Titel Dr. h.c. d. Univ. Klagenfurt. Im vorliegenden Zusammenhang erscheint B. Name aufgrund seiner Jugend-Autobiogr. nicht als Autor seiner zahlr. polit. Schriften. Tl.-Nachl. im Verein f. Gesch. d. Arbeiterbewegung, Wien u. bei d. Friedrich Ebert-Stiftung, Archiv d. sozialen Demokratie, Bonn; d. Bibl. befindet sich größtenteils in d. Univ.-Bibl. d. Univ. f. Bildungswiss. in Klagenfurt.

WERKE: *Ortswechsel. Die Gesch. meiner Jugend*, übers. v. W. Hacher, Wien/Ffm./Zürich 1968, Ffm./Klagenfurt 1979.

LITERATUR (Ausw.): Hdb. d. Emigration, Bd. 1, 105; DBE, Bd. 2, 1,37; W. Sternfeld/E. Tiedemann: Dt. Exil-Lit. 1933-45, ein Bio-Bibliogr. ²1970; New York Times v. 8.3.1992; C. Hoerschelmann: Exillit. d. Schweiz […] 1997, Öst. Lex. 1995; Kosch, Bd. 4; J.P. Strelka: D. öst. Exillit. seit 1938, in: Zeman 3, Bd. 7.

Eva Münz

Buttlar(-)**Moscon**, Alfred Frh. v. (Ps. **B.**(-)**M.** Alfred, 8.12.1898 Schloss Zigguln b. Klagenfurt – 24.9.1972 Wien), Sohn eines Feldmarschallleutnants u. Adjutanten Kaiser Franz Josephs I., stud. an d. Grazer Univ. Rechtswiss. u. Kunstgesch. u. lebte 1922-45 als Gutsherr auf d. bei Rann a.d. Save gelegenen Familienbesitz Schloss Pischätz (seit 1918 zu Jugoslawien gehörend), v. d. er 1945 vertrieben wurde. B. ließ sich hierauf als Autor u. Journalist in Wien nieder, wo er mit seiner ebenfalls schriftstellerisch tätigen Gattin IRMINGARD (Heirat 1944) im 13. Wr. Gemeindebezirk wohnte. B. – er wurde v. »Wr. Kunstfonds« gefördert – war u.a. Mitgl. d. Presseclubs CONCORDIA, d. Öst. Schriftstellerverbandes u. d. P.E.N. 1959 erhielt er für d. Lyr.bd. *Es pocht an Deiner Tür* (1957) d. Ehrengabe zum Nikolaus

Lenau-Preis d. öst. Unterrichtsministeriums. – *Es pocht an Deiner Tür* ist B. vierter u. zugleich letzter G.bd., d. durch traditionelles Formbewusstsein, Ausdrucksstärke u. anspruchsvolle Themen für sich einnimmt u. einen ernsthaften, zu melancholisch-nüchterner Weltbetrachtung tendierenden Grundzug aufweist (v.a. d. Abteilungen »Herz, du verflogener Vogel«, »Straße d. Schatten«, »Unvergänglichkeit im Vergänglichen«). Ernsthaftigkeit bestimmt schließlich auch seinen umfangreichen, erzähltechn. geschickt gestalteten *Kronprinz Rudolf*-R. (1960), in d. er sich mit wohltuend unsentimentaler Unbefangenheit mit d. Hintergründen d. Mayerling-Affäre auseinandersetzt. Er erwies sich damit als vorzüglicher Belletrist, d. seine Gattin IRMGARD deutlich in d. Schatten stellte. Darüber hinaus betätigte sich B. als Übers. aus d. Frz. u. Slawischen, wobei er sich v.a. mit etlichen Übertragungen u. Nachdichtungen aus d. Kroatischen einen ausgezeichneten Namen machen konnte (u.a. durch eine Übers. v. Vladimir Nazors *Der Hirte Loda*, 1949).

WERKE (Ausw.): Lyr.: *Im Kreis d. Gestalten*. Dichtungen, Bln./Lzg. 1936; *Wanderer zwischen Tag u. Traum*, Prag/Amsterdam/Bln./Wien 1944; *Maria Glockenspiel. Ein Liederreigen zu Ehren d. allerseligsten Jungfrau u. Mutter*, Wien 1947; *Es pocht an Deiner Tür*, Wien/Innsbr./Wiesbaden 1957. Roman: *Kronprinz Rudolf*, Wien/Stgt. 1960; Wien 1965 (= Buchgemeinschaftsausg.). Nachdichtungen, Übers.: *Dragutin Domjanić: Kroatische Lyrik* u.d.T. *Heiden blüht*, G., aus d. Kroatischen, Zagreb 1943, m. Camilla Lucerna/Martha Segulja; *Kroatiens Seele im Lied*, eine Ausw. neuerer Lyr., Nachdichtungen aus d. Kroatischen, Zagreb 1943; *Vladimir Nazor: Der Hirte Loda*, Wien 1949; *Henry Daniel Rops: Paulus, Eroberer für Christus*, Wien 1952, Wien/St. Pölten 1955 (= Buchgemeinschaftsausg.); *Andre Brincourt: Das grüne Paradies*, R., Wien/Stgt. 1957; *Jugoslawien erzählt*, 16 Erz., ausgew. u. eingel. v. A. v. B., Ffm./Hbg. 1964.

LITERATUR: Giebisch/Gugitz; Who's who in Austria. 6th Ed., Montreal 1967, 91f.

Sylvia Leskowa

Buttlar(-)Moscon, Irmingard Freifrau v. (Ps. **B.[-]M.** Ima, 15.11.1910 Hameln a.d. Weser – 22.6.1972 Wien), geb. Gatzmeier, Tochter eines Fabrikbesitzers, durchlief nach d. Besuch eines Gymnasiums eine Ausbildung als Journalistin. 1944 heiratete sie d. Schriftsteller ALFRED FRH. V. B.B. Sie wurde Mitgl. d. ÖSTERREICHISCHEN SCHRIFTSTELLERVERBANDES u. d. Schutzverbandes öst. Schriftsteller u. lebte im 13. Wr. Gemeindebezirk. 1952 erhielt sie d. Erzählerpreis d. Wochenschrift »Die Furche«, ein Jahr später d. Guareschi-Preis. – Die Prosaistin (Beitr. in Anthologien u. dt.-sprachigen Zs. u. Ztg.) wurde v.a. durch einen einzigen frauenspezifischen Unterhaltungsr. bekannt: *Der Weg d. Nina Cornelius* (1952, ein Jahr später auch als Buchgemeinschaftsausg. erschienen). B. zeigt sich als überaus routinierte Belletristin, d. einfühlsam u. spannend zu erzählen vermochte. Doch trotz ernsthafter Thematik (uneheliche Mutterschaft einer Wr. Bankierstochter) gelangte sie letztlich kaum über einen – geradezu typischen – sentimentalen Frauenr. in Schwarzweißzeichnung hinaus. – Neben ihren Prosaarbeiten verfasste B. auch Hörspiele sowie Übers. aus d. Engl. u. Amerik.

WERKE: Roman: *Der Weg d. Nina Cornelius*, Salzb. 1952, Wien 1953 (= Buchgemeinschaftsausg.). Übers.: *S. Hopkins Adams: Der Pony Express*, Wien 1952; *Armstrong Spérry: Christoph Kolumbus*, Wien 1952 (= Buchgemeinschaftsausg.).

LITERATUR: Giebisch/Gugitz; Who's who in Austria. 6th Ed. Montreal 1967, 91.

Sylvia Leskowa

Butz, Hildegard (* 1.6.1914 Kalter), Ps. **Butz-Seeber Hagebutt**. Nach d. frühen Tod d. Vaters infolge einer Verletzung aus d. 1. WK Besuch d. Volksschule in Schlanders 1920-28. Ab 1928 arb. B. als Verkäuferin in Schlanders u. heiratete 1932 R. Seeber. B. verfasste G. u. Prosa, deren Hauptthemen Natur u. Heimat sind, sowie zahlreiche Ztg.beitr. Seit 2004 musste sie ihre schriftstellerische Tätigkeit aufgrund einer Augenerkrankung einstellen.

WERKE: H. Hagebutt: *Geliebtes Südtirol: aus unserem Land erzählt*, Brixen 1986; Beitr.: H. Butz-Seeber: *Als d. Bahnl noch seines Weges fuhr*, Pustertaler Ztg. 26-472/07, 14.12.2007, 38.

LITERATUR: Dt. Lit.-Lex. d. 20. Jh. Bio.-bibliogr. Hdb., Bern/Zürich/Mchn. 2003, Bd. 5, 11.

Sonja Arnold

Buxbaum, Günther (10.4.1907 Wien – ?), Sohn eines Geschäftsmannes, absolvierte nach einer Gymnasialausbildung ein Germanistik- u. Romanistikstud. an d. Univ. Wien, an d. er mit einer Arbeit über *Das literarische Problem d. Dadaismus* (1931) zum Dr. phil. promoviert wurde. Nach vorübergehender Studier- u. Lehrtätigkeit in Paris, Florenz, Innsbr., Leuwen u. Gent lebte B. seit 1934 als Mittelschullehrer in seiner Heimatstadt. 1955 erhielt d. Päd. d. Förderungspreis für Dramatik d. Öst. Staatspreises für Lit. Zu diesem Zeitpunkt war er auch mit zwei Werken an Wiens großen Bühnen vertreten: 1955 erfolgte am Burgtheater d. UA seiner K. *Das Haus d. Illusionen*. Ein Jahr später wurde am Volkstheater d. Schauspiel *Das Lied d. Stummen* erstaufgeführt, d. d. Romanisten deutlich erkennen lässt u. v.a. durch d. ernsthafte Problematisierung d. Konflikts zw. individuellem Leid u. mitmenschl. Verantwortungsgefühl für sich einnimmt (ein Totostelleninhaber einer südfrz. Kleinstadt bekennt sich zu seinen aus karitativen Zwecken begangenen Unterschlagungen). In d. dramaturgischen Ausführung vermag d. Schauspiel allerdings nicht völlig zu überzeugen. – B. betätigte sich auch als Romancier u. Übers. aus d. Frz.

WERKE (Ausw.): Dramen: *Das Lied d. Stummen*, Schauspiel in 3 Akten, Wien 1955 (mschr.); *Das Haus d. Illusionen*, K., UA Wr. Burgtheater 1955; Auszug aus d. Schauspiel *Das numantinische Feuer*, abgedr. in: *Hoffnung u. Erfüllung. Eine Anthologie öst. Gegenwartdichtung*, eingel. u. ausgew. v. Victor Suchy, Graz/Wien 1960; 54-59.

LITERATUR: Kürschners Biogr. Theater-Hdb. Schauspiel. Oper. Film. Hörfunk. Dtld.-Öst.-Schweiz, hg. v. H.A. Frenzel/H.J. Moser, Bln. 1956, 95; Dramenlex. Ein Wegweiser zu etwa 10 000 urheberrechtl. geschützten Bühnenwerken d. Jahre 1945-57, begr. v. F.E. Schulz, neu hg. v. W. Allgayer, Köln/Bln. 1958, 159, 246; Hoffnung u. Erfüllung. Eine Anthologie öst. Gegenwartdichtung, eingel. u. ausgew. v. V. Suchy, Graz/Wien 1960, 54, 236, 240; Who's who in Austria. 6th Ed., Montreal 1967, 92.

Sylvia Leskowa

Buzzi, Andreas Ritter v. (Ps. **Falkenberg**, 8.11.1779 Pontafel/Ktn. – 31.3.1864 Klagenfurt), Jurist, ab 1804 Rat beim Klagenfurter Magistrat, ab 1807 in landesfürstlichen sowie ab 1816 in staatlichen Diensten, d. ihn u.a. nach Wien u. Laibach (1827-35 Präsident d. k.k. Stadt- u. Landrechts für Krain) führten. 1835-49 war B. Präsident d. k.k. Kärntnerischen

Stadt- u. Landrechtes in Klagenfurt. 1848 fungierte d. angesehene Jurist als Abgeordneter im Frankfurter Parlament (für Villach). – B., Urgroßvater d. Literatin CAMILLA LUCERNA, gehörte wie d. Jurist Johann Ritter v. Jenull (s. B. *Nachruf*, 1859) d. für humanist. Bildung überaus aufgeschlossenen patriot. Kreis um d. Klagenfurter Arzt u. Autor JOHANN GOTTFRIED KUMPF an. B. lit. Anfänge datieren aus d. Jahren 1812/13, in denen er lyr. u. epische Beitr. für d. CARINTHIA verfasste. 1813 lieferte er auch eine patriotische Gelegenheitsdichtung für d. Hofburgtheater, d. irrtümlich ADOLF BÄUERLE zugeschrieben wurde. V. seinen Lesedramen sind lediglich d. röm. Gesch. behandelnde Trauerspiel *Amulius, König d. Albaner* (Amulius wird durch d. Aufdeckung d. wahren Herkunft v. Romulus u. Remus zum scheiternden Usurpator) u. d. Konversationsstück *Der Eremit aus d. Ardennen* (d. Titelheld entpuppt sich als wohlmeinender Verwandter einer adeligen Familie, d. d. Konflikt zw. Herzensneigung u. testamentarisch verbriefter Pflicht zur standesgemäßen Heirat zu einem harmonischen Ende führt) zugänglich. Beide Stücke werden v. B. 1838 fertig gestellt; *Amulius* wurde 1845 gedr., *Der Eremit* jedoch erst in d. v. B. Sohn 1866 hg. *Dramatischen Nachlaß* veröff. Beide stellen letztlich ein für einen Nebenstundenpoeten beachtliches dramat. Talent unter Beweis. – B. lieferte 1857 auch eine Übers. d. Äsopischen Fabeln. Er ist als Literat mit nur wenigen Einzelveröff. v.a. in seinem gelehrten Freundeskreis bekannt. Ansonsten stand d. Jurist im Vordergrund.

WERKE: Dramen: *Amulius, König d. Albaner*, Trauerspiel in 5 Aufzügen, Dresden 1845; *Dramatischer Nachlaß*, Wien 1866, v. seinem Sohn R. v. B. hg.; enthält: *Amulius, König d. Albaner* u. *Der Eremit aus d. Ardennen*. Schauspiel in 5 Aufzügen. Übers.: *Phaedri Fabulae Aesopicae. Des Phädrus, Freigelassenen d. Augustus, äsopische Fabeln*, Lzg. 1857. Nekrolog: *Nachruf an Dr. Johann Ritter v. Jenull, weiland Präsidenten d. k.k. tirolisch-vorarlbergischen Appellationsgerichts*, Klagenfurt 1859.

LITERATUR: Wurzbach, Bd. 23; Goedeke, Bd. 6; Nagl/Zeidler/Castle, Bd. 2 u. 4; E. Nußbaumer: Geistiges Ktn. Lit.- u. Geistesgesch. d. Landes, Klagenfurt 1956, 330f., 413; Giebisch/Gugitz; ÖBL, Bd. 1.

Sylvia Leskowa

Byer, Doris (* 8.5.1942 Wien), Tochter d. Wr. Ethnologen HUGO ADOLF BERNATZIK. Sie lebte mit ihren Eltern 1943-51 in Latschau b. Tschagguns im Montafon u. besuchte dort eine zweiklassige Volksschule. Der Vater starb 1953. Die Familie übersiedelte nach Wien, wo B. 1960 maturierte u. anschließend ein Stud. begann: zuerst an d. Hochschule für angewandte Kunst in Wien sowie an d. Taideteollinen Oppilaitos in Helsinki. 1966 schloss sie mit d. Diplom d. Meisterklasse für Grafik, Gebrauchs- u. Druckgrafik in Wien ab u. arb. anschließend in einer Werbeagentur. 1969 heiratete sie Dr. Trevor Ailwyn Byer (eine Tochter). Es folgten längere Aufenthalte in Westindien u. Südamerika. Die Ehe wurde 1975 geschieden, u. B. arb. als selbständige Grafikerin. Sie illustr. u.a. Bücher (»Einschlafgesch. für Mütter« v. HILDE EHRENBERGER; d. Kinderbuch »Komm mit Tembo« v. Ingrid u. Doris B.) u. veröff. mehrere Kurzgesch. u. journalist. Arbeiten. – 1979 begann sie ein Stud. d. Gesch. u. Ethnologie an d. Univ. Wien, d. sie 1984 mit d. Mag. phil. abschloss. In d. Zwischenzeit wurde ihr Trivialr. *Fräulein Elfi* im Ullstein Verlag (1982) herausgebracht. Darin beschreibt d. Autorin Probleme d. Frauseins in einer Gesell., in d. d. Geschlechterkampf à la OTTO WEININGER noch nicht überwunden ist. Sie erkennt ein festgefahrenes soziales u. polit. Klima in unserer Gesell. 1985 gab sie d. Fotobd. *Fremde Frauen, Photographien d. Ethnographen Hugo A. Bernatzik 1925-1938* heraus u. schrieb dafür einen Essay. 1986 schloss sie eine Diss. mit d. Titel *Die Strategen d. Lebens* ab u. erwarb damit d. Dr. phil. Diese Arbeit erschien später u.d.T. *Rassenhygiene u. Wohlfahrtspflege. Zur Entstehung eines sozialdemokratischen Machtdispositivs in Öst. bis 1934* in Ffm. u. New York im Druck. 1993 folgte ein weiterer R.: *Nicht im Kasten. Vom Abenteuer einer Fernsehdokumentation.* Die Schilderung ist real u. fiktiv zugleich. Ausgangspunkt ist d. wirkl. stattgefundene Reise in d. Forschungsgebiete ihres Vaters, HUGO A.B., u. deren Fernsehdokumentation. Real sind auch d. Begegnungen mit d. Nachkommen d. Gastgeber v. einst. Die Schilderung d. Ereignisse ist subjektiv u. lässt d. Fantasie breiten Raum. In diesem R. geht es nicht nur um Dokumentation, sondern d. Autorin beschreibt d. Fernsehwelt u. gibt über Ethnologie u. Reisen Auskunft. Es geht aber auch um Vater-Tochter-Beziehungen, um Machos u. Weibchen u.a.m.

WERKE: Prosa: *Fräulein Elfi*, Trivialr., Ffm./Bln./Wien 1982; *Das Rätsel Weib. Eine Karriere*, Bln. 1985. Essay in: *Fremde Frauen. Photographien d. Ethnographen H.A. Bernatzik 1925-38*; *Nicht im Kasten. Vom Abenteuer einer Fernsehdokumentation*, R., Wien 1993. Biogr.: *Der Fall Hugo A. Bernatzik*, Köln 1999.

LITERATUR: D. Rudle: Am fernen Ort d. Vaters. D. B. beschreibt ihre Fernsehabenteuer auf d. Salomoninseln, in: Die Wochenpresse, Wien 1993, Nr. 22, 70; Kosch, 20. Jh., 5; Kürschner, 2004/05.

Ruthilde Frischenschlager

Byk, Edgar (14.8.1883 Olmütz/Mähren – ?), Sohn eines Regimentsarztes, absolvierte seine Schulausbildung aufgrund d. beruflich bedingten Versetzungen seines Vaters u. eigener Unzulänglichkeiten an vielen Instituten: Gymnasien in Olmütz, Graz, Brody/Galizien, wiederum Graz, Friedeck/Schlesien; nach d. Besuch d. dt. Handelsakad. in Olmütz schließlich hier seit 1904 erneut am Gymnasium, wo er 1906 d. Reifezeugnis erwarb. Im Herbst d. selben Jahres ging B. nach Wien, um ein Germanistikstud. zu beginnen. Nach einem Semester wechselte er für ein Jahr an d. jur. Fak., kehrte dann aber – erfolgreich – zur Germanistik zurück: Mit einer Arbeit über HUGO V. HOFMANNSTHALS *Der Tor u. d. Tod* (1910) wurde B. zum Dr. phil. promoviert. Er ließ sich als Schriftsteller in Bln.-Westend nieder, betätigte sich schon in seiner Studentenzeit als Literat (Lyr. u. Skizzen für Zs.). Sein bekanntestes Werk, d. hauptsächlich v. ekstatischer Melancholie bestimmte Lyr. bd. *Das Jahr d. Liebe*, stammt ebenfalls aus seiner früheren Schaffenszeit (1910 im Bln. Axel Juncker Verlag erschienen, d. u.a. auch G.bd. v. MAX BROD, RAINER MARIA RILKE u. ANTON WILDGANS im Programm hatte). Er vermag aber kaum zu überzeugen (plakative Bildersprache). – B., Mitgl. d. SCHUTZVERBANDES ÖSTERREICHISCHER SCHRIFTSTELLER, verfasste weiterhin einige Übers. aus d. Frz. (z.B. Stendhal: *Lucien Leuwen*, 1921).

WERKE (Ausw.): Lyr.: *Das Jahr d. Liebe. Eine Folge G.*, Bln.-Charlottenburg 1910. Opernlibr.: *De Swinegel un de Hase*, o.O. o.J. Übers.: Stendhal, *Lucien Leuwen*, Bln. 1921. Hugo v. Hofmannsthal. *Der Tor u. d. Tod*, Diss. phil. Wien 1910 (mschr.).

LITERATUR: Brümmer, Bd. 8.

Sylvia Leskowa

Byr, Robert → **Bayer**, Karl Emmerich Robert

C

Cabalzar, Dominikus v. (8.10.1673 Feldkirch – 2.8.1736 Sigmaringendorf), aus Graubündner Adelsgeschlecht. Er erhielt am Jesuitengymnasium Feldkirch eine gelehrte Ausbildung u. trat am 21.11.1694 in das Benediktinerkloster Mehrerau (Bregenz) ein. Dort lehrte er nach Abschluss seiner Studien am Klostergymnasium, versah dann für 20 Jahre die Pfarrstelle in Sargans, wo er auch eine Sakramentsbruderschaft gründete. Nach Subpriorat u. dreijähriger Tätigkeit als Novizenmeister in Mehrerau wirkte er ab 1718 bis zu seinem Tode als Pfarrvikar in Sigmaringendorf. Erst in diesem letzten Lebensabschnitt trat er als geistl. Schriftsteller hervor.

Sein erstes Werk, *Allgemeines Welt=Feuer* (1730), ist eine umfangreiche Anleitung zur Betrachtung des gekreuzigten Christus in 16 Kapiteln mit angehängter kurzer »Unterweisung für Einfältige und in der Betrachtung Unerfahrne« sowie den »Regeln für die Bruderschaft Jesu des Gekreuzigten«. C. reduziert die ausufernden Frömmigkeitsformen seiner Zeit mit Berufung auf kath. Reformer des 16. u. frühen 17. Jh. (Blosius u. Cornelius a Lapide) auf ihren biblischen Kern. Wie die meisten oberdt. Autoren wendet er sich ausdrücklich an Leser aller Stände, an den Fürstbischof v. Chur, dem das Werk gewidmet ist, ebenso wie an das einfältige Pfarrkind. Andere Aspekte der Christusfrömmigkeit behandelt er in seinem zweiten Betrachtungsbuch *Ohnergründtes Heil=/Gnad= und Schmertzen=Meer des göttlichen Hertzens Jesu* (1730) sowie in zwei bisher nur dem Titel nach bekannten lat. Traktaten. In der Tradition der Ständespiegel steht sein Erziehungsbuch für Eltern, *Richtschnur einer hochnutzbaren Haus= und Tagesordnung* (1730). Ähnliche Intentionen wie C. hat noch eine Generation später JOHANN CHRISTOPH BEER verfolgt.

WERKE: Andachtsbuch: *Allgemeines Welt=Feuer Der Menschl. Gegen=Liebe durch Betrachtung Göttlicher Liebe Jesu des Gekreutzigten in aller Menschen Hertzen anzuzünden*, Augsburg/Graz 1730; *Ohnergründtes Heil=/Gnad= und Schmertzen-Meer des göttlichen Hertzens Jesu/ in und auf welchen die/ so schiffen/ sicher in Engelland fahren*, St. Gallen 1730. Ständespiegel: *Richtschnur einer hochnutzbaren Haus= und Tagesordnung, die Eltern weisend/ was sie gegen sich selbst in der Haushaltung und Kinderzucht zu beobachten*, Augsburg 1730.

LITERATUR: P. Lindner: Album Augiae Brigantinae, Album v. Mehrerau bei Bregenz, in: 41. Jahresbericht d. Vorarlberger Museum-Vereins über d. Jahr 1902/03, 31-107; J. François: Bibliothèque Générale d. Écrivains de L'ordre de Saint Benoit (1777), ND Löwen 1961, Bd. 1, 163.

Dieter Breuer

Caché, Josef (eigentl. **Kacher**, 26.8.1770 – 26.1.1841 Wien), getauft im Schottenstift, war Schauspieler im Freihaustheater u. im Theater an der Wien, gastierte unter KORNTHEUER in Brünn, spielte 1813 in Linz u. debütierte am 20.6.1814 am Wr. Burgtheater, wo er, in kleineren Rollen beschäftigt, bis zu seiner Pensionierung (1831) blieb. C. verfasste mehrere, größtenteils ungedr. Theaterstücke, die an den versch. Wr. Häusern (Burgtheater, Theater an der Wien, Theater in der Leopoldstadt, Theater in der Josefstadt) aufgeführt wurden. Sein 1805 am Burgtheater gespieltes Schauspiel *Seelenadel* etwa übernimmt Situationen u. Figuren aus Lessings *Minna von Barnhelm* sowie Elemente des rührenden Lustspiels u. hält dabei das Humanitätsideal der Aufklärung (v.a. in der Figur des edlen Juden Simon Levi) aufrecht.

Eine lit.gesch. Darstellung dieser v. Schauspielern geschriebenen Stücke an der Wende v. 18. zum 19. Jh. fehlt.

WERKE: *Seelenadel,* Wien 1805; *Das Hauptquartier,* Wien 1807; *Der Gevatter von Lambach, Eine ländl. Szene,* o.O. 1826. (Zu den ungedr. Stücken vgl. Goedeke).

LITERATUR: Goedeke XI.

Wynfrid Kriegleder

Caementarius, Johannes (Maurer; 1558 Ohmden, Württemberg nach 1621 Schorndorf?). C., Sohn des ev. Pfarrers v. Ohmden, Johannes Maurer, besuchte die Klosterschule in Adelberg. 1576 scheint er in der Matrikel der Univ. Tübingen auf, wo der spätere Jesuit Johannes Zehender sein Studienkollege war. Am 12.8.1579 erwarb C. den Grad eines Mag.; im Okt. 1580 ist er als Diakon in Klagenfurt nachzuweisen. Im Sept. 1582 in seine Heimat zurückgekehrt, wurde er im Jan. 1583 Diakon in Tuttlingen, anschließend war er einige Monate lang Pfarrer in Thuningen. Dort erreichte ihn der Ruf nach Linz (OÖ). C. u. seine Frau wurden vom obderennsischen Landschaftssekretär Zacharias Eyring v. Stgt. nach Linz geleitet, wo er nach seinem Eintreffen am 9.11.1584 das Amt des Landhauspredigers (u. gleichzeitig Landschaftsschulinspektors) übernahm. Seine Besoldung betrug jährlich 400 Gulden. Im Jahr 1600 wurde C. auf kaiserl. Befehl »abgeschafft« u. musste das Land ob der Enns verlassen. Zus. mit den Landhauspredigern Marcus Löffler u. Johannes Bayer begab er sich nach Regensburg, wurde jedoch v. den Ständen zurückgeholt u. nahm seine Tätigkeit wieder auf. Nach Missachtung eines weiteren kaiserl. Edikts durch die Stände wurde über C. der Verlust v. Leib u. Gut ausgesprochen. Die Stände lieferten ihn aber dem Landrichter u. seinen Bütteln nicht aus, sondern gewährten ihm eine Abfertigung u. ermöglichten ihm die Flucht nach Ulm. V. 1602 bis 1605 wirkte C. als Pfarrer in Fellbach (Württemberg); im Juli 1603 besuchte er unter Lebensgefahr nochmals das Land ob der Enns. V. 1605 bis 1609 war C. ev. »Spezialsuperintendent« in Blaubeuren u. v. 1609-1620 Superintendent in Regensburg. Nachdem er das Amt aus Gesundheitsgründen niedergelegt hatte, kehrte er nach Württemberg zurück. Die letzte Nachricht über ihn ist sein Gesuch um Verleihung einer Stelle als ev. Geistlicher in Württemberg, datiert mit 18.6.1621.

WERKE: (NB: Nicht zu verwechseln mit den Schriften eines älteren, kath. Schweizer Theologen namens Johannes Caementarius bzw. Murer): *Die erste Predigt. Gehalten zu Lintz im Landthauß den 19. September Anno 1585. als die Leich* [des Gundacker v. Starhemberg] *von dannen nach Eferting geführet worden.* In: *Drey christliche Predigten/ Gehalte*[n] *bey der Leich vnd Begrebnuß/ weilund des Wolgeborne*[n] *Herrn/ Herrn Gundacker/ Herrn von Starhemberg/ auff Peurbach/* [...] *Welcher den 9. Septemb. im Jar Christi 1585 zu Lintz seligklich gestorben,* Tübingen 1586; (Mitautor): Negatives *Gutachten* v. 6 obderennsischen Prädikaten zur Frage, ob ein ev. Prediger Leute aus kath. Pfarreien abweisen dürfe, Ms., 1589 (Oö. Landesarchiv Linz, Landschaftsannalen XVIII, Bl. 646ff., referiert in: Eder, Glaubensspaltung, s.u., 165f., u. Rumpl, s.u., 176f.); *Anliegen* in Schul- u. Kirchensachen, gerichtet an d. obderennsischen Landstände, 6.3.1589 (Oö. Landesarchiv Linz, Annalen, Hs. 24, fol. 681; L.r., B II A 8/10691, 10706; referiert in: Rumpl, s.u., 177f.); *Ein Christliche Predigt/ Bey der Leich des Edlen* [...] *Friderici Lagi/ der Artzney Doctoris vnd der* [...] *Ständ in Oesterreich/ ob der Ens/ geweßnen Medici* [...], Tübingen 1594;

Ein Christliche Predigt./ Bey der Hochzeit des Edlen [...] Georg Ehrnreich Pergers auff Clam/&c. vnd der [...] Jungfrawen Elisabeth/ [...] von Gundtreching/ zu Heinrichschlag / Himperg/ vnnd Artstetten [...] Gehalten in der Stat Ens [...], Tübingen 1595; *Bericht* an d. obderennsischen Landstände über den Zustand d. Linzer Landschaftsschule, Ms. v. 15.8.1597 (teilweise referiert in: Schiffmann, s.u., 115f.); *Ein Christliche Predigt/ Bey der Leich des* [...] *Herrn Hans Casparn/ Herrn von Volckenstorff/ auff Weissenburg vnd zum Stein/ Panyrherrn/* [...] *Gehalten* [...] *den 29. Augusti/ Anno &c. 96* [...], Tübingen 1597; *Gebet*, Ms., o.O., o.D. [um 1600] (Eintragung in ein Exemplar des NT in d. Übersetzung durch Martin Luther, Wittenberg 1574, im Besitz d. ev. Gemeinde Thening bei Linz. Abdruck des Gebetes in: Rumpl, s.u., 184f.).

LITERATUR: B. Raupach: Presbyterologia Austriaca, Hbg. 1741, 13f., ders.: Supplementum Presbyterologiae Austriacae, Hbg. 1744, 10-15; K. Schiffmann: D. Schulwesen im Lande ob d. Enns bis zum Ende des 17. Jh., Linz [1900], 114ff.; 120; G. Loesche: Zur Gesch. des Protestantismus in OÖ. In: Jb. d. Gesell. für d. Gesch. des Protestantismus [in ...] Öst., 45. u. 46. Jg., Wien/Lzg. 1925, 47-266, hier 82; 174; G. Eder: Glaubensspaltung u. Landstände in Öst. ob d. Enns 1525-1602, Linz 1936, 166, 182ff. 188, 320, 331, 333; J. Schmidt: Linzer Kunstchronik, 2. Tl., Linz 1951, 26; Oth. Wessely: Daniel Hitzler. In: Jb. d. Stadt Linz 1951, Linz 1952, 282-387; G. Mecenseffy: Ev. Glaubensgut in OÖ. In: Mitt. des oö. Landesarchivs, Bd. 2, Linz 1952, 77-174, hier 165f; L. Rumpl: D. Linzer Prädikanten u. ev. Pfarrer. In: Hist. Jb. d. Stadt Linz 1969, Linz 1970, 153-241, hier 175-186.

Robert Hinterndorfer

Caffè Il, Ital. Zs. 1764-1766, Mailand, erschien erstmals am 1.6.1764 im periodischen Abstand v. etwa zehn Tagen u. erreichte bis zum 20.5.1766 den 2. Bd. u. damit insgesamt eine Anzahl v. 74 »Blättern«. Die Begründer, Mitgl. der Accademia dei Pugni, scharten sich um Pietro Verri u. beabsichtigten, nach dem Modell der engl. Zs. »The Tatler« u. »The Spectator« u. im Gefolge bereits bestehender venezianischer Periodica ein Forum modernen, d.h. aufgeklärten Denkens zu öffnen. Die Bezeichnung wird v. der Fiktion hergeleitet, dass im Kaffeehaus des Griechen Demetrio in Mailand eine Gruppe Intellektueller zusammenkommt, die sich zeitgenöss. Gesell.interessen widmen u. deren Überlegungen sorgfältig aufgezeichnet werden. Aus der Voraussetzung des gewählten Ortes präsentieren sich manche Stellungnahmen auch satirisch. Die Orientierung ist offenkundig aufklärerisch, dem Geiste BECCARIAS anhängig, der im selben Gründungsjahr des C. seinen viel beachteten Traktat über Verbrechen u. Strafe veröff. Neben den Brüdern Verri, Pietro u. Alessandro, u. BECCARIA arbeiten an d. Zs. Carlo Sebastiano Franci, Pietro Francesco Secchi Comneno, Giuseppe Visconti di Salicato, Gian Rinaldo Carli, Paolo Frisi mit. Der Tenor der Zs. ist weitgehend praxisorientiert. Im Zugeständnis an das Legalitäts- u. Loyalitätsprinzip schließt sie trotz ihrer Fortschrittlichkeit die Diskussion phil., staatspolit. u. rel. Probleme aus u. reflektiert Wirtschafts- u. Sozialaspekte, entsprechend den Interessen der Mitarbeiter, die z.Tl. im öffentlichen Leben den Verwaltungsapparat der unter öst. Herrschaft stehenden Lombardei mitbetreuen. Daher sind die Artikel polit. unvergänglich, wenn sie neben rechtlichen, ökonomischen u. sozialen auch erzieherische u. kulturelle Fragen behandeln, wie etwa Aspekte des

Theaters u. der Sprache. Keineswegs in ihrer Haltung isoliert u. in ihren Bestrebungen vereinzelt, spiegelt die Zs. den wachen Geist, der sich gegen pedantische Beharrung wendet, u. weist in die Reformbestrebungen, die das Zeitalter Maria Theresias kennzeichnen. Es herrscht darin das Bewusstsein des krit. Bürgers, der weitgehend eine übereingekommene Freiheit der Meinungsäußerung genießt, jedoch nicht über das Maß hinaus, das unter den Mitarbeitern einen Zensor im Dienste des Kaisertums gewähren lässt, wie Alfonso Longo, Verf. einer Abh. über Fideikommisse, u. Paolo Frisi, der eine seiner Elogen der Kaiserin Maria Theresia widmet. Als der C. schon bald nach seiner Gründung zu bestehen aufhört, setzen etliche seiner Mitarbeiter im öffentlichen Leben u. im Dienste des aufgeklärten Absolutismus, teilweise auch an exponierter Stelle, ihre Aktivität fort; später wurden sie zu anderen persönl. Entscheidungen gefordert, als nach dem josephinischen Zeitalter, nach den Hoffnungen, die in Kaiser Leopold II. gesetzt werden, Napoleon eine »italienische« Republik verspricht.

Dem Muster der Zs., die auch in der Lit. gesch. einschneidende Veränderungen der Tradition vermittelt u. oft im polit. Sinne gedeutet wurde, folgen spätere Publikationen im Risorgimento mit analog orientierten Programmen.

WERKE: *Il Caffè*, ossia brevi e vari discorsi distribuiti in fogli periodici, Brescia 1764 u. 1765; *Il Caffè*, a cura di S. Romagnoli, Mailand 1960.

LITERATUR: M. Landau: Gesch. d. ital. Lit. im 18. Jh., Bln. 1899; M. Fubini: Dal Muratori al Baretti. Studi sulla critica e sulla cultura del Settecento, Bari ²1954; ders.: Pietro Verri e »Il Caffè«, in: La cultura illuministica in Italia, Turin 1957; W. Binni: Illuminismo, sensismo e preromanticismo nel »C.«, in: Preromanticismo italiano, Napoli ²1959; S. Romagnoli i.d. krit. Ausg., s.o.; F. Venturi: La Milano del »C.«, in: Settecento riformatore, Turin 1969; S. Romagnoli: Il C., in: Dizionario delle letteratura italiana a cura di V. Branca, I. G. Compagnino: Gli illuministi italiani, in: Letteratura italiana Laterza, Bari 1974.

Erika Kanduth

Café, Literarisches, gegr. 1973 im Bildungshaus Schloß Puchberg bei Wels, OÖ, wird fachlich v. Dr. W. Bortenschlager betreut. Im Café wird Lit.schaffenden – v.a. solchen, die abseits des großen Literaturbetriebs schreiben – ein Forum für Lesungen u. Gespräche angeboten. Öst. Autoren jeder lit. Richtung u. Ausdrucksform können zu Wort kommen. In einem dreijährigen Rhythmus erscheinen deren Texte als *Puchberger Anthologie*, hg. v. Dr. Wilhelm Bortenschlager. Bd. 5 enthält einen Beitr. des Hg. »Zur Situation der öst. Gegenwartsliteratur« (Bestandsaufnahme u. Strömungen).

Ruthilde Frischenschlager

Cajka, Karl (Ps. Karl **Maria C.**, Walter **Edling**, 5.2.1899 Prerau, Mähren – 8.7.1983 Wien), Sohn des Postbeamten Martin C. u. der Adele Kobliha, kam bereits im frühen Kindesalter nach Wien, wo er die Handelsschule besuchte, sich zunächst als Vertreter verdingte u. schließlich den Beruf eines Bankbeamten ergriff, den er bis zu seiner Pensionierung i.J. 1964 ausübte. 1931 Eheschließung mit Karoline Savost, seit 1939 ansässig in Preßbaum im Wienerwald; Teilnahme am 2. WK, zuletzt als Unteroffizier, in den Jahren 1939-1945, u.a. in Griechenland; einjährige Kriegsgefangenschaft.

C. tritt in der Vorkriegszeit v.a. als Lyr. (*Steigende Sonne*, 1923) u. als Hg. der v. ihm weitgehend eigenständig gestalteten Zs. *Sturm und Stille. Blätter vom Leben und*

Dichten (1.–8. Jg., d.i. Folge 1–42, 1932–1939) hervor. Seine Lyr. kennzeichnet eine charakteristische, wenngleich nicht zeituntypische Dominanz der gedanklichen – phil., ideologischen – Reflexion, sodass auch etwa landschaftliche o. balladeske Sujets fast durchwegs in pathetische Reflexionsdichtung münden. Die Intensität u. gefühlsmäßige Unmittelbarkeit des sittlich-gedanklichen Ringens u. der (kultur-)phil. Anstrengung korrespondiert nur selten mit den gestalterischen u. vorstellungsmäßigen, mithin dichterischen Werkstrukturen.

Nach dem Krieg findet im lit. Schaffen C. die Lyr. in verstärktem Maße durch die epische Prosa Erg. – N., Erz., M., Sagen, Legenden, Träume (*Der gläserne Ritter. Märchen und Träume*, 1957) –, die Tendenz zur lyr. Auflösung einerseits, zur Verdrängung der epischen Strukturen zugunsten gedanklicher Reflexion u. Exaltation andererseits stellt die Verbindung zum lyr. Lebenswerk her. Ferner entstehen zahlreiche Bühnenstücke (meist hist. o. mythisch-legendarischen Stoffkreisen gewidmet, z. B. der Faust-Sage: *Faust und Sickingen* sowie *An dunkler Schwelle*) u. ein umfangreiches kunstkrit. u. heimatkundl. Schrifttum, dessen Stil u. Formenwelt allerdings schon durch die dt.bewusste Kunst- u. Kulturbetrachtung u. Polemik in *Sturm und Stille* bestimmt sind.

Bleibt das lit. Schaffen C. zum größeren Tl. unveröff., so tritt der Schriftsteller in zunehmendem Maße als Pfleger, Schützer u. Betreuer sowie als Vermittler des Schaffens v. befreundeten o. verehrten Literaten (FRANZ HEROLD, FRIEDRICH V. GAGERN, ERNST KRATZMANN, HANS WATZLIK, HANS V. HAMMERSTEIN etc.) u. bildenden Künstlern (GUSTINUS AMBROSI, Arnold Hartig, Ferdinand Staeger etc.) hervor. Diese kunstfördernde u. kunstkrit. Tätigkeit C., sichtbar schon früh z.B. in Aktivitäten im Rahmen des »Dt. Schulvereines« o. in Verbindung mit dem Waldviertler Künstlerkreis um den Lehrer HERMANN REISINGER, NS-Kreisleiter v. Zwettl u. später Initiator des *Eckartboten der Österreichischen Landsmannschaft*, mit HANS HEINZ DUM (»Arbeitskreis der Schriftsteller u. der Dichter um den Dichterstein Offenhausen«) o. FRITZ STÜBER, in enger Zus.arbeit mit dem durch die Publikationen des FABER-Verlages, Krems, getragenen »Waldviertler Künstlerbund« u. der »Buchgemeinschaft Heimatland« (Zs.: *Waldviertler Heimat, Das Waldviertel, Heimatland* etc.) o. in versch. Dichter-Gesell. (Öst. Hermann Löns-Kreis, JOSEF WEINHEBER-Gesell., JOSEF FRIEDRICH PERKONIG-Gesell., Friedrich Hebbel-Gesell. etc.), ist bisher wiss. unbeachtet geblieben, jedoch v.a. in rezeptions- u. wirkungsgesch. Hinsicht belangvoll. – In seinen letzten Lebensjahren entwickelt C. als Mitbegründer des »Arbeitskreises für Kunst und Sprache« u. als regelmäßiger Mitarbeiter der v. ERNST SCHÖGL u. danach v. KARL WEIHS geleiteten zugehörigen *Blätter für Kunst und Sprache* (seit Nov. 1971) noch einmal eine starke lit. Präsenz.

Der Nachl. C., inkl. seiner umfangreichen Bibl. u. Kunstslg., ist im Besitz des Sohnes Harald C., Preßbaum bei Wien (er enthält u.a. den lit. Nachl. ERNST KRATZMANNS).

WERKE: *Steigende Sonne. Gedichte aus dem Lebens- und Liebesfrühling, von dt. Not und Zuversicht*, Wien [1923]; *Der gläserne Ritter. Märchen und Träume*, Krems/Donau 1957 (= Buchgemeinschaft Heimatland 3). Lit.- u. kunstkrit. Schriften: *Wandel und Wechsel. F. v. Gagern in seinen jagdlichen Werken*, Hbg.-Bln. 1962; *H. Watzlik. Werk u. Wirkung. Gesamtübersicht – Stand 1968, H. Watzlik-Gemeinde i. Wien* [1969]. Mitverf.: A. Hartig: Aus meinem Leben. Vom Bauernjungen zum Künstler. Erlebnisse mit porträtierten Persönlichkeiten, [Wien 1964]. Hg.tätigkeit: F. Herold: Stimmen und Gestalten des Waldes. Ein G.kranz, Wien 1934 [Einl.g.]; E. Kratzmann: Der Garten der Heiligen Mutter. Zwei N. aus dem gleichnamigen Nachlaßwerk, Krems/Donau 1959 (= Buchgemeinschaft Heimatland 12) [Nachwort]; ders.: Faust. Ein Buch von dt. Geist, Nbg. ³1976 [Nachwort]. Autobiogr.-Programmatisches: Wille – Weg – Werk. Geleitwort, in: Sturm u. Stille, Jg. 1, F. 1, Wien, Juli 1932, 1; Wie ich wurde, der ich bin, in: Heimatland. Blätter für Bücherfreunde, Jg. I, F. 4, KremsDonau, Juli/Aug. 1956, 3f.; Ich, der Siebziger ... Zum 5. Februar 1969, in: ebd., Jg. 14, F. 1/2, Jän./Feb. 1969, 16-18; Meine Welt, in: Blätter für Kunst u. Sprache (Wien), H. 35, März 1979, 30.

LITERATUR: Giebisch/Gugitz 48; Kosch ³II; W. Franke: Dichter, Wanderer, Künstlerfreund. K. C. zum 65.Geb., in: Heimatland. Bl. für Bücherfreunde, Jg. 9, F. 1/2, Krems, Jan./Feb. 1964, 2f; K. Weihs: K. C., d. Mitbegründer d. Arbeitskreises für Kunst u. Sprache, zum 75. Geb., in: Bl. für Kunst u. Sprache, H. 11, Wien, März 1974, 30; E. Schögl: Gruß u. Dank d. getreuen Freund u. Menschen C.!, in: ebd., 30f; Perkonig wie wir ihn kannten. Erinnerungen seiner Freunde, i. Auftrage d.J.-F.-Perkonig-Gesell. gesammelt u. hg. v. E. Nußbaumer, Klagenfurt 1980, 151; H. H. Dum: K. C. – ein Achtziger, in: Eckartbote dt. Kultur- u. Schutzarbeit, Jg. 27, F. 2, Wien, Feb. 1979, 4, Sp. 1f; ders.: K. C., in: ebd., Jg. 31, F. 9, Sept. 1983, 15, Sp. 2f; V. Hanus: Schriftsteller u. Kulturförderer K. C. †, in: Bl. für Kunst u. Sprache, H. 52, Wien, Sept. 1983, 12; Wr. Sprachbl., Jg. 33, F. 4, Klosterneuburg, Sept. 1983, 109, Sp. 1; A. I. M. Reiter: Der »Eckartbote« (1952-1982): Modell einer computergestützten Zs.analyse als Beitr. zur Krit. völkisch-nat. Ideologie, Stgt. 1985 (= Stgt. Arbeiten zur Germanistik 144), pass.

Harald Cajka/Christoph Fackelmann

Calaminus, Georg (eigentl. **Rorich** 23.4.1549 Silberberg bei Frankenstein, Schlesien – 1.12.1595 Linz a.d. Donau ist mit der ersten Blüte des protest. Schultheaters in Linz zw. 1578-1601 verbunden. Er war der Sohn eines Seifensieders, hatte seine Grundausbildung in Glatz/Königgrätz u. an der Elisabeth-Schule in Breslau erhalten u. ab 1572 in Straßburg die Artes stud. Dort erteilte er privaten Unterricht u. stud. bei Johannes Sturm (1507-1589) an der Akad. (1575 Magister artium). 1578 wurde C. an die v. den Brüdern Georg u. Wolf v. Perkheim gestiftete protest. Landschaftsschule nach Linz berufen, wo er bis zu seinem Tod als Konrektor, Lehrer u. daneben zeitweise als Schulökonom wirkte. Für seine Tr. *Rudolphottocarus* (1594) wurde er v. Kaiser Rudolf II. am 8.3.1595 zum Dichter gekrönt u. in den Adelsstand erhoben.

C. pflegte alle Gattungen der neulat. Dichtung mit Geschick u. Originalität. In der Lyr. ist es die Heroide, in der allegorische Figuren in den Dienst christlicher u. patriotischer Aussagen gestellt werden: in der *Epistola Mnemosynes ad Eugeniam de literarum origine et propagatione* (1583) belehrt Mnemosyne die Allegorie des Adels, Eugenia, über die Entstehung u. Verbreitung der schönen Künste u. Wiss. u. schließt mit einem Lob des Bildungsstandes in Dtld. Der reiche rhetorische Schmuck u. der Einsatz v. mythologischen Anspielungen u. Emblemen weisen hier bereits auf die dt.sprachige Barockdichtung voraus.

Als Epiker versuchte sich C. in der verbreiteten humanistischen Gattung des biogr. Epos, indem er das Leben des Straßburger Arztes Johann Winther v. Andernach in Hexametern darstellte (*Vita* [...] *I. Guintherÿ* [...] *heroico carmine conscripta*, 1575). Seine bedeutendste Leistung aber vollbrachte C. auf dem Gebiete der Dramatik, des protest. Schulspiels. Das Straßburger Schultheater hatte sich, wohl auf Anstoß der Tr. *Jephthas* des George Buchanan, die Jonas Bitner (1529-1590) aus Paris mitgebracht u. 1569 verdeutscht hatte, v. Vorbild Senecas ab- u. dem der griech. Tragiker zugewandt. Nicht nur im Original, sondern bes. in lat. u. dt. Übersetzungen wurden Stücke des Aischylos, des Sophokles u. des Euripides im Rahmen v. Schulauff. dargeboten. C. stellte sich in diese Tradition; er hatte mit Spielen begonnen, die nach dem Vorbild v. Vergils *Eklogen* im Hirtenmilieu gesell. Anlässe oder die religiösen Stoffe des Kirchenjahres gestalteten; sein Weihnachtsspiel *Carmius sive Messias in praesepi* (1576, 1578 in Linz aufgeführt) u. sein Osterspiel *Daphnis seu Christus patiens* (1580) spiegeln das Heilsgeschehen im Gespräch Vergilscher Hirten u. lassen trotz der lat. Hexameter, in denen sie verfasst sind, auch volkstümliche Spielbräuche ahnen. Seine Ekloge *Philomelus* (1583) verfasste C. für die Hochzeitsfeier eines Freundes: das nur 8 Oktavseiten umfassende Spiel, das am 17.9.1579 in Linz aufgeführt wurde, besteht aus dem Gespräch zweier Hirten über die bevorstehende Heirat eines gemeinsamen Freundes, für den sie schließlich Heil u. Segen erbitten. Die Chortr. *Helis* (1591), für die der Straßburger Rektor Melchior Junius, der Nachfolger Sturms, die Vorrede schrieb, ist deutlich nach dem Muster des Euripides gemacht. Der Stoff, dem ersten Buch Samuel entnommen, behandelt die Nachteile allzu nachsichtiger Erziehung. Stilgesch. weisen die die Handlung begleitenden breiten Chorpartien, die in wechselnden Metren abgefasst sind, auf die musikalische u. tänzerische Ausgestaltung der späteren barocken Oper ebenso hin wie die Botenberichte u. Stichomythien der auftretenden Personen. Einen patriotischen Stoff gestaltete C. mit seinem *Rudolphottocarus* (1594), der den allbekannten Sieg Rudolfs v. Habsburg über den durch den Ehrgeiz seiner Frau verblendeten Böhmenkönig Ottokar darstellt. Wie schon der Untertitel besagt – *Austriaca tragoedia nova: Rudolphi I. Habsburgi seculum et res gestas continens: adiunctis notis historicis* –, war es das Anliegen des Verf., Gesch. als Siegesgesch. eines Vertreters des christlichen Erzhauses Habsburg hist. getreu darzustellen: daher auch die vielen Anmerkungen u. Quellenhinweise, die jeder Szene beigegeben wurden. Die Linzer *Ständischen Annalen* vermerken Ehrengaben für Auff. von Theaterstücken durch C. aus den Jahren 1582 u. 1587, u. es gibt Hinweise, dass er Terenz-K. in Linz aufführen ließ. Eine feststehende Bühne wie die Straßburger Akad. besaß die Linzer Schule nicht. Wahrscheinlich hat C. noch mehr Stücke inszeniert, als quellenmäßig belegbar ist. Ihm wurde der Anschluss OÖ an die Entwicklung des protest. Schultheaters in Dtld. verdankt. Der Stil seiner Stücke ist um elegante u. klare Sprache bemüht, die Behandlung des Chores weist auf die Rezeption griech. Vorbilder hin u. auf die Entwicklung des späteren Musiktheaters voraus. Seine auf den elegischen u. pathetischen Ton gestimmte Lyr. hat bes. auf Christoph v. Schallenberg gewirkt.

WERKE: (Ausw.) Lyr.: *In abitum* [...] *Guilielmi Luini Angli carmen*, Straßburg 1575; *Liber vel epistola Mnemosynes ad Eugeniam de literarum origine et propagatione*, Straßburg 1583. Epik: *Vita* [...] *I. Guintherÿ* [...] *heroico carmine conscripta*, Straßburg

1575. Drama: *Carmius sive Meeias in praesepi*, Straßburg 1576; *Daphnis seu Christus patiens*, Straßburg 1580; *Philomelus*, Straßburg 1583 (In: *Liber vel epistola* [...]); *Helis* [...] *Tragoedia sacra*, Straßburg 1591; *Rudolphottocarus: Austriaca tragoedia* [...], Straßburg 1594. Neuausg.: Sämtliche Werke (lat./dt.), hg., übers., kommentiert u. mit einem Nachwort versehen v. R. Hinterndorfer, 4 Bde., Wien 1998 (= Wr. Neudr. 12-15).

LITERATUR: J. Crüger: Zur Straßburger Schulk., in: Fs. z. Feier d. 350jährigen Bestehens d. protest. Gymnasiums z. Straßburg, Straßburg 1888, 305-354; K. Schiffmann: Mag. G. C., ein Schulmann d. 16. Jh. in Linz, Wien/Lzg. 1898 (= Beitr. z. öst. Erziehungs- u. Schulgesch. 2); F. Khull: Schulordnung u. Instructionen aus d.J. 1577-1579 f. d. ev. Schule d. Landstände v. OÖ zu Linz a.D., Wien/Lzg. 1901 (= Beitr. z. öst. Erziehungs- u. Schulgesch. 3), 129-219; K. Schiffmann: D. Schulwesen im Lande ob d. Enns bis z. Ende d. 17. Jh., Linz 1901 (= 59. Jahresbericht d. Museums Francisco-Carolinum); K. Schiffmann: Drama u. Theater in Öst. ob d. Enns bis z. J. 1803, Linz 1905 (= 63. Jahresbericht d. Museums Francisco-Carolinum); G. Skopnik: D. Straßburger Schultheater, sein Spielplan u. seine Bühne, Bln. 1935; R. Doll: D. lat. Epos d. schlesischen Dichters C. über d. Straßburger Arzt Johann Winther v. Andernach, med. Diss., Ddf. 1937; O. Wessely: Neue Beitr. z. Pflege d. Musik an der evang. Landschaftsschule u. Landhauskirche in Linz, Graz 1954 (Mitt. d. oö Landesarchivs 3); H. Slaby: G. C. u. seine dramat. Dichtung »Rudolphottocarus«, Diss. phil. Wien (mschr.) 1955; H. Slaby: Mag. G. C. u. sein Freundeskreis, Linz 1958 (= Hist. Jb. d. Stadt Linz 1958), 73-139; A. Sturm: Theatergesch. OÖ im 16. u. 17. Jh., Wien 1964 (= Theatergesch. Öst. I, 1); Vgl. auch den lit.wiss. Kommentar im 4. Bd. d. Sämtlichen Werke, hg. v. R. Hinterndorfer.

Werner M. Bauer

Callot, Eduard v. (1.1.1793 Wien) – 1.5.1862 ebd.), Sohn der MAGDALENA C., wurde – wie sein Vater Johann Frhr. v. C. – Offizier u. nahm an den Befreiungskriegen 1809 bis 1815 teil, stand dann u.a. in ägyptischen Diensten (1831/32 ägyptischer Gesandter in Äthiopien), bereiste – unter dem Einfluss politischer Ideen, Kolonien zu gewinnen – den Sudan, regte dort die Gründung der Stadt Khartum an und war einer der Ersten, die Land und Leute Abessiniens kennenlernten. C. durchlebte die Jahre des öst. Vormärz (seit 1832) wieder in Wien u. wandte alsbald das wohl v. der Mutter ererbte schriftstellerische Talent in zwei Genres an: zunächst als überzeugter Teilnehmer an der März-Revolution des Jahres 1848 mit politischen Gelegenheitsversen u. prosa; dann v.a. mit seiner großen Reisebeschreibung *Der Orient und Europa*. Die revolutionäre Parteinahme in Tat und Schrift – *Wienermarsch* (Incipit: »Der Arbeit ihre Ehre, dem Arbeitsmann sein Recht [...], Text von E. v. Callot zur Marseillaise gesungen); *An die wackeren Österreicher*. Flugschrift (16.3.1848) Druck von Bl. Höfel, 1. Bl. *Polonia ein Traum*. o.V., o.D. 2 Blatt, 4 Seiten, in Fraktur; *Polonia am Traum*. Flugschrift (13.3.1848) 1 Blatt Wien, o.V. trug C. Festungshaft ein. Die folgenden Jahre nützte C., darin ein geistig Verwandter der öst. Reiseschriftsteller ANTON V. PROKESCH-OSTEN u. IDA PFEIFFERS, zur Abfassung der zehnbändigen Darstellung seiner jahrelangen Begegnungen mit dem Orient u. insbesondere mit Afrika: *Der Orient und Europa: Erinnerungen und Reisebilder von Land und Meer* (Lzg. Kollmann 1854/55).

Nicht mehr das künstlerisch-literarische, philologische oder kulturgeschichtliche

Interesse ist die Basis der Darstellung wie etwa bei JOSEPH V. HAMMER-PURGSTALL oder JAKOB PHILIPP FALLMERAYER, sondern die mitunter recht spannend erzählte tatsächliche Begebenheit oder der politische u. topografische Hintergrund. Die Perspektivik C. geht von einem in sich bereits erschütterten europäischen Bewußtsein aus.

WERKE in Ergänzung der schon genannten: kulturkrit. u. zeitgeschichtl. Schriften: *Deutsche Reime entgegen ausländischen Ungereimtheiten* 1. Lzg.: 1859; *Deutsche Reime entgegen ausländischen Ungereimtheiten* 2. *Ein Nachtwächterlied*; Lzg. 1859; *Deutsche Reime entgegen ausländischen Ungereimtheiten*, Lzg. 1859; *Deutsche Reime entgegen ausländischen Ungereimtheiten* 3, 4, 5. Lzg.: 1859; *Napoleon III. Der Mann der größten Attentate des 19. Jahrhunderts von einem Conservativen*. Köln, 1859; *Napoleon der Dritte und Europa*. Lzg., 1860. Neudruck: *Eduard Freiherrn von Callots Reise durch Kusch und Habesch: Erinnerungen und Reisebilder*, hg. v. Friedrich J. Bieber, Stuttgart 1923 (= Leo Frobenius. Hg., Afrikanisches Heldentum, Forscher, Völker u. Kulturen eines Erdteils).

LITERATUR: Schmidt, Leopold: *Wien im Volkslied: Geltung und Ausstrahlung der Kaiserstadt im deutschen Liedgut*. Österreichische Musikzs. Wien: Böhlau 1968, Bd. 23, 459–643; Vogl, Friedrich: *Das Arbeiterlied im Wandel der Zeit*. Österreichische Musikzs. Wien: Böhlau 1968, Bd. 23, 501–505. Gritsch, Mario: *Die Beziehungen Öst.-Ungarns zum ägyptischen Sudan u. d. staatlichen, kirchlichen sowie privaten Interessen u. Unternehmungen in diesem Raume*. Phil. Diss. Univ. Wien, 1975 (bes. biogr. interessant); Häusler, Wolfgang: *Marseillaise Katzenmusik und Fuchslied als Mittel sozialen und politischen Protests in der Wiener Revolution 1848*. In: Musik und Revolution. Die Produktion von Identität und Raum durch Musik in Zentraleuropa 1848/49. Hrg. von Barbara Boisits. Wien 2013.

Herbert Schrittesser/Herbert Zeman

Callot, Magdalena Freiin v. (1774 Wien – 12.10.1847 ebd.; auch **Madeleine** Freiin v. **C.**), geb. v. Wachmuth, befasste sich früh mit schriftstellerisch-ästhetischen Arbeiten, heiratete 1809 den k.k. Artillerieoberst Johann Freiherr v. C., mit dem sie einen Sohn, EDUARD FREIHERRN V. C., hatte; sie betätigte sich auf dem Gebiet der Unterhaltungslit. als Prosaistin: Neben etlichen Erz. u. N. für namhafte Wr. Tb. (z.B. AURORA, TASCHENBUCH DES LEOPOLDSTÄDTER THEATERS) u. Periodika (WIENER ZS., ALLGEMEINE THEATERZTG.) publizierte sie einige Erzählbd., die nicht nur ihre Vorliebe für (frauenspezifisch ausgerichtete) abenteuerlich-romant. Stoffe, sondern auch ihre erzähltechnische Begabung erkennen lassen. 1823 ersch. ihre *Kleine[n] Romane und Erz.*, 5 kürzere Texte, in denen C. u.a. das glücklich endende Schicksal eines Waisenmädchens (*Der Pflegevater*), eine Sage aus der Kreuzzugszeit (*Schloß Meidstein*) u. die fluchbeladene Gesch. einer maurischen Familie (*Der Marmorbrunnen*) behandelt. Die schrittweise Enthüllung v. vergangenen Ereignissen u. seltsame Verknüpfung v. Schicksalen steht auch in ihren ungleich präziser konzipierten *Nacht=Violen* (1828), die sich durch eine erstaunlich modern erscheinende Sprachgebung auszeichnen, im Mittelpunkt. Hier stellt sie die Problematik v. Schuld u. Sühne (wiederum) anhand der Lebensgesch. einer jungen Waise (*Verbrechen und Strafe*) sowie anhand zweier Künstlergenerationen (*Meister Engelbrecht und sein Sohn*) zur Diskussion, ohne dabei jedoch an das für sie ungeschriebene Gesetz des glücklichen Ausgangs zu rühren. C. ist eine Belletristin des frühen 19. Jh., die sich unter dem Vorzeichen der Spät-Empfindsamkeit dem Genre der Schauer- u. Abenteurererz. widmet, das aufgeklärte Menschen- u. Weltbild weitertradiert u. damit einen charakteristischen Beitr. zur öst. Lit. des Biedermeier liefert.

WERKE: Erz.: *Licht- und Schattengemälde in gemüthlichen Erz.*, Brünn 1822 (= u.a. *Die edle Entsagung, Redlichkeit und Liebe, Sinnenreiz und Seelenliebe*); *Kleine Romane und Erz.*, Wien 1823 (= *Der Pflegevater, Die Gottesbraut, Schloß Meidstein, Der Wiedergefundene, Der Marmorbrunnen*); *Myrthenreifen*, Wien 1826 (= u.a. *Die unheimliche Gesellschaft, Der Retter in Gefahr*); *Cyanen-Kränze*. Erz. in zwanglosen Bd., Wien 1826 (nur ein einziger Bd. ersch. (= u.a. *Der Todtenkopf*); *Nacht=Violen*, Wien 1828 (= *Verbrechen und Strafe, Meister Engelbrecht und sein Sohn*).

LITERATUR: Wurzbach Bd.2; Brümmer; Goedeke Bd. 10.

Sylvia Leskowa

Calsabigi, Ranieri de' → **Calzabigi**, Ranieri Simone Francesco Maria de'

Calzabigi, Ranieri Simone Francesco Maria de' (**Calsabigi, Casalbigi**; 23.12.1714 Livorno – Juli 1795 Neapel), wahrscheinl. begüterter Herkunft, stud. in Livorno u. in Pisa, war mit dem Namen Liburno Drepanio Mitgl. der arkadischen Akad. u. zählte zu den Glücksrittern seiner Zeit, wie sie mit umfassender Bildung u. gesell. Geschicklichkeit, zuweilen auch Skrupellosigkeit Karriere machten u. sich talentvoll als lit. Erscheinungen einprägten. C. lebte zunächst in Neapel u. in Rom, verfasste Dramentexte u. beschäftigte sich mit Kritik. In einen Giftskandal verwickelt, war er gezwungen, nach Paris zu gehen, wo er mit staatlicher Unterstützung ein Lotterieunternehmen gründete, an dem auch Casanova beteiligt war. Aus der Pariser Zeit, die sich nur annähernd mit den Jahren ab 1748 ansetzen lässt, stammt eine Kantate an Mlle. Le Duc, 1752, v. F. Bambini vertont; zwei Jahre später begann C. ein satirisches Epos *La Lulluade o i Buffi italiani scacciati da Parigi*, das erst 1789 abgeschlossen wurde u. die zeitgenöss. Fehde zw. Anhängern der frz. u. der ital. Oper zum Gegenstand hat. Ab 1755 betreute C. die Ausg. der Werke ME-TASTASIOS, welche er mit einer *Dissertazione sull poesie drammatiche del sig. Abbate Pietro Metastasio* einleitete u. in Paris, im Verlag Quillau, herausbrachte. In Belgien begegnete er dem Grafen Cobenzl, der ihn als Fachmann für Finanzen nach Wien weiterempfahl. Als Sekretär des Fürsten Kaunitz gelang es ihm, zur Ordnung der staatlichen Finanzen beizutragen; durch seine *Memoria sulla sistemazione della Camera dei conti*, 1761, verdiente er sich den Hofratstitel. Die Bekanntschaft mit C.W. Gluck u. mit Angiolini führte zu einer fruchtbaren Zusammenarbeit, bei der C. großen Anteil an der gluckschen Opernreform hatte. Von ihm stammen die Libr. zu *Orpheus und Euridike* (1762), zu einem pantomimischen Ballett *Semiramis* (1765), zu *Alkestis* (1767) u. zu *Paris und Helena* (1770). In einer weiteren Schaffensperiode wandte sich C. eher der Opera buffa zu, die wie die ihm zugeschriebene *La contessina* u. *L'opera seria* parodistische Elemente verarbeitete u. auf launige Weise die Operngepflogenheiten aufs Korn nimmt. Wenig Erfolg war C. mit *Ipermestra, Le Danidi* (deren Text Gluck – ohne Einverständnis des Dichters – Salieri zur Komposition anvertraut hatte) u. *Amiti e Ontario*, die nach rousseauschen Anregungen das Thema des »bon sauvage« aufnehmen, beschieden. Das Kleindrama *Comola* geht auf Ossian zurück. Wahrscheinlich eines Liebesskandals wegen verließ C. zu einem unbekannten Zeitpunkt Wien, lebte anschließend in Livorno, dann in Pisa, wo die dem Fürsten Kaunitz gewidmete Ausg. seiner Werke (*Poesie*, 1774) erschien; zuletzt, seit 1780, hielt sich C. in Neapel auf. Dort schrieb er noch hist. Musiktr. wie *Elvira* u. *Elfrida*, die, schon in Abkehr v. der einfachen Konzeption seiner Libr. für Gluck, einerseits auf den Renaissanceursprung der ital. Tr. zurückgreifen, anderseits die romant. Operngestaltung vorwegnehmen. Zeitlebens ist C. auch mit Lit.kritik befasst; wie er sich zu METASTASIOS dramat. Werk äußert, so verhilft er in der *Lettera di R.d.C. al sig. Conte Vittorio Alfieri sulle quattro sue prima tragedie* (dem Fürsten Liechtenstein gewidmet) dem Piemonteser Dramatiker zum glanzvollen Einstieg in die Öffentlichkeit. C. bringt in sein Werk eine breite humanistische Bildung ein u. manifestiert durch sein gesamtes Schaffen auch seine Offenheit gegenüber der kulturellen Entwicklung. Seine Bedeutung als Mitverantwortlicher der gluckschen Opernreform äußert sich in der bewussten Vereinfachung des Metastasianischen Melodramas, v. dem sich C. in seiner Wr. Zeit mit scharfer Polemik distanziert. In seinem Verständnis der Erneuerung der Oper, bei der noch immer der hohe Anspruch an den Text besteht, wird die Handlung linear u. ›natürlich‹, mit Einsatz weniger Figuren geführt, auf Ausschmückung u. Sentenz wird verzichtet. Nur ein geringer Tl. des umfassenden Werkes C. entsteht in seiner Wr. Zeit; es ist jedoch jener Tl., der in der Operngesch. am stärksten nachwirkt.

WERKE: *Poesie*, 2 Vol., Livorno 1774; *Poesie e prose diverse*, 2 Vol., Napoli 1793 (Unvollständig, beinhalten die Libr. zu Glucks *Orfeo e Euridice, Alceste, Paride ed Elena*; *Dissertazione sull poesie drammatiche del sig. Abbate P. Metastasio* (im 1. Bd. der Ausg. zu Metastasio, Paris 1755); *Lettera di R. d. C. al sig. Conte Vittorio Alfieri* (1784), in Ausg. der Werke Alfieris; *Scritti teatrali e letterari*, a cura di A. L. Bellina, Roma-Salerno 1995.

LITERATUR: F. Pera: Ricordi e biografie livornesi, Livorno 1867; G. Lazzeri: La Vita a l'opera letteraria di R .d. C., Città di Castello 1907; A. Einstein: C. Erwiderung v. 1790, Gluck-Jb. II u. III, 1915-1917; ders.: Ein unbekannter Operntext C., ebd. II, 1915; H. Michel: R. d. C. als Dichter v. Musikdramen u. als Kritiker, in Gluck-Jb. IV, 1918; A. Della Corte: Satire e grotteschi di musiche e musicisti d'ogni tempo, Turin 1946; ders.: Gluck e i suoi tempi, Firenze 1948; M. Fubini: R. d. C., Nota biografico-critica (in Pietro Metastasio), Opere, a cura di M. Fubini ... Appendice: L'opera per musica dopo Metastasio, Mailand/Neapel 1968, darin abgedr.: Alceste u. L'opera seria; G. Groll: C., in Stanlea Sadie, ed. The New Grove Dictionary of Music and Musicians, London 1980, Vol. 3, 850.

Erika Kanduth

Camerarius, Leonhard (Cam[m]erer, ? Geisenfeld, Kreis Pfaffenhofen an d. Ilm (Bayern) – [begr.] 8.11.1584 Bln.), wohl identisch mit jenem Leonhardt Camrer, der am 1.10.1577 in den Grazer Hofstaat Erzherzog Karls II. v. Inneröst. als Kapellsänger aufgenommen u. als solcher 1579 zuletzt erwähnt wurde. Vom 18.7.1579 bis zum 1.5.1582 hatte er als Nachfolger des Nicolaus Rosthius die Stelle eines Kantors u. Präzeptors an der Linzer Landschaftsschule inne. Wo er die dafür erforderlichen altsprachl., musikalischen u. theol. Kenntnisse erwarb, ist nicht bekannt. Der Linzer Conrektor GEORG CALAMINUS widmete ihm ein Epigramm (ep. 2,78 ed. Hinterndorfer). Nach kurzer Probezeit als Tenorist am Hof des Herzogs v. Württemberg am 25.6.1582 wieder entlassen, wurde C. Cantor superior (Oberkantor) an der St.-Nikolai-Kirche in Bln.-Cölln u. Inhaber der damit verbundenen Lehrerstelle am Berliner Gymnasium zum Grauen Kloster. Am 15.9.1584 heiratete er Barbara

Richter, Tochter des Zacharias Richter aus Görlitz. Schon am 8.11.1584 trug man ihn zu Grabe. C. galt in Bln. als »argutus Cantor, Musicus insiginis cum Theoricus, tum practicus et poëticus« (geistvoller Kantor, in Theorie u. Praxis ausgezeichneter Musiker u. Dichter).

WERKE: *Ascendit autem Joseph a Galilea*, 7stimmige Motette, Ms. (Orgeltabulatur; Text verloren; SB Mchn., Mus. Ms. 1641, Nr. 124, fol. 163^v-165^r); *Insano intonuit malignus ore*, 6stimmige Motette, Ms. (wie zuvor, Nr. 125, fol. 165^v-157^r); *Decantabat populus Israel*, 5stimmige Motette, Ms. (SB Bln., Preußischer Kulturbesitz, Slg. Bohn Mus. ms. 30).

LITERATUR: M. Diterich: Berlinsche Closter- u. Schul-Historie, Bln. 1732, 349; E. Bohn: D. musikalischen Hs. des 16. u. 17. Jh. in d. Stadtbibl. zu Breslau, Breslau 1890, 84; R. Eitner: Biogr.-bibliogr. Quellen-Lex. d. Musiker u. Musikgelehrten [...], 10 Bde., Lzg. 1900-1904, Bd. 2, 292; K. Schiffmann: D. Schulwesen im Lande ob d. Enns bis zum Ende des 17. Jh., Linz [1900], 276; C. Sachs, Musikgesch. d. Stadt Bln. bis zum Jahre 1800 [...], Bln. 1908; ND Hildesheim/New York 1980, 99; 150; O. Wessely: D. Pflege d. Musik an d. evang. Landschaftsschule in Linz. In: Fs. zum 400jährigen Jubiläum d. humanistischen Gymnasiums in Linz, Linz 1952, 52-63; E. Krüger: M. Krauss u. L. Camerer. Lebensläufe zw. Reformation u. Gegenreformation. In: I. Allin-W. Poeschel (Hg.), Wie mit vollen Chören. 500 Jahre Kirchenmusik in Bln. historischer Mitte, Beeskow 2010, 66-73.

Robert Hinterndorfer

Camerhofer, Basilius → **Cammerhofer**, Basilius

Caminerus, Antonius → **Beer** Johann

Cammerhofer, Basilius (Camerhofer, Kammerhöfer; 1533? Aflenz, Stmk. – 10.5.1572 Steyr) stud. Theol. in Wittenberg u. wurde nach seiner Ordination 1559 an die Domkirche v. Freiberg in Sachsen berufen, wo er bis 1566 als »Archidiaconus« (o. »Diaconus regius«) wirkte. Im Jahr 1560 heiratete er Margarete Rülein, die Tochter des Physicus u. Bürgermeisters v. Freiberg. Zu diesem Anlass widmete ihm der Joachimsthaler Prediger Johannes Matthesius (1504 Rochlitz – 1565 Joachimsthal, Böhmen) die Hochzeitsschr. *ΑΦΟΡΙΣΜΟΙ ΓΑΜΙΚΟΙ seu Oeconomia Mathesii In gratiam novi mariti D.‹omini› et amici sui* (o.O. 1560; Nbg. 1561), die im Laufe der folgenden Jahrzehnte – v.a. in der dt. Übersetzung durch Nicolaus Hermann (um 1480 Altdorf bei Nbg. – 1561 Joachimsthal), betitelt *Œconomia Oder bericht, wie sich ein Haußvater halten soll* (Nbg. 1561) – mehrmals neu aufgelegt wurde. Der Magistrat der Stadt Steyr wandte sich 1566 wegen eines tüchtigen ev. Predigers für die Steyrer Stadtpfarrkirche an den Wittenberger Theologieprof. Paul Eber, der C. vorschlug. C. trat seinen Dienst in Steyr am 20.10.1566 u. blieb dort bis zu seinem Tod im Amt. Seine Bibl. ging in den Besitz der Stadt über u. bildete, ergänzt durch Bd., die Thomas Brunner hinterlassen hatte, den Grundstock für eine Steyrer »Stadt-Liberey«.

WERKE: *Eine Predigt/ Bey dem Begrebnus des Ehrwirdigen/ Achtbarn vnd Hochgelarten Herrn Caspari Zeuners Pfarrers vnd Superintendenten zu Freybergk. Welcher seliglich in Christo entschlaffen den 27. Augusti frühe vmb 5. vhr im M.D.Lxv. Jahr. Gethan in der Thumkirchen den 28. Augusti/ Aus dem 2. Capitel des Buchs der Richter/ Durch Basilium Camerhöuer/ Diaconem daselbsten*, Freiberg 1581; (Mitautor:) *Kirchen- und Schulordnung für Steyr*, 1566, Ms. (veröff. v. Georg Loesche in: Archiv für Reformationsgesch., Bd. 17, 1920); *Begräbnisordnung für Steyr*, Ms. (erwähnt in: Mecenseffy); *Lutherische Schutzschrift vor ihre Religion contra die Flazianer und andere Sektierer*, Ms. (erwähnt in: Loesche); *Kinder-Bibel. Das ist: Der kleine Catechismus Lutheri*, Wittenberg 1570.

LITERATUR: B. Raupach: Presbyterologia Austriaca, Hbg. 1741, 16-18; J. Scheuffler: D. in Wittenberg v. 1539-1572 ordinierten öst. ev. Geistlichen. In: J. d. Gesell. für d. Gesch. d. Protestantismus [in ...] Öst., 34. Jg., Wien/Lzg. 1913, 1-28; G. Loesche: Zur Gesch. d. Protestantismus in OÖ, in: Jb. d. Gesell. für d. Gesch. d. Protestantismus [in ...] Öst., Jg. 45. u. 46., Wien/Lzg. 1925, 47-266; R. Stumpfl: Bibl. der Reformationszeit in OÖ, in: Zentralbl. für Bibl.wesen, Jg. 47, Ffm. 1930, 317-323, 320f.; G. Mecenseffy: Gesch. d. Protestantismus in Öst., Graz/Köln 1956, 59.

Robert Hinterndorfer

Canaval, Michael Franz v. (6.5.1798 Brünn – 12.4.1868 Wien) war der Sohn eines Gubernialkonzipisten in Brünn, absolvierte das Gymnasium in Brünn, inskribierte 1817 an der Olmützer Hochschule Phil. u. Gesch. u. schloss sich der Olmützer Dichterschule um JOSEF LEONARD KNOLL an. Frühe G. sind in HORMAYRS Archiv 1816 veröff. Studienreisen führten ihn u.a. nach Wien u. Lemberg. 1833 übernahm er die Stelle des nach Prag berufenen Prof. KNOLL in den Fächern klass. Lit., Phil. u. Ästhetik an der restaurierten Univ. in Olmütz, 1844 wurde er ebenfalls nach Prag berufen. Betroffen v. den Revolutionswirren des Jahres 1848, verbrachte er die letzten 20 Jahre seines Lebens in geistiger Umnachtung. Er starb in einer Irrenanstalt in Wien. Mit seinen beiden ersten größeren G. errang C. jeweils den Preis für den in antiker olympischer Tradition durchgeführten Wettstreit der Dichter am Hl. Berg; dieser wurde v. Prof. KNOLL veranstaltet, der darüber in HORMAYRS Archiv 1817/1818 berichtet. *Dtld. Rettung durch Öst. im großen Völkerkampfe des Jahres 1813* u. *Europas Rettung von der tartarischen Verwüstung durch Jaroslaw von Sternberg vor Olmütz 1241*, in hymnischem Stil gehalten, spiegeln seine nat. Begeisterung u. Freiheitsliebe wider. 1838 beteiligte er sich an der Herausgabe der Zs. »Moravia«. In Nagl/Zeidler/Castle ist auch auf sein G. *Rudolf an der Leiche Ottokars* verwiesen. Neben seiner Gelehrtentätigkeit veröff. er 1827 die Erz. *Velazquez*. In HORMAYRS Publikationen ist u.a. auch ein Balladenkranz erschienen.

WERKE: *Rede beim Beginn der öffentlichen Vorlesungen an der k.k. philosophischen Lehranstalt zu Przemysl, im Schuljahr 1830*. Hist. Preisg.: *Dtld. Rettung durch Öst. im großen Völkerkampfe des Jahres 1813; Europas Rettung von der tartarischen Verwüstung durch Jaroslaw von Sternberg vor Olmütz 1241*, beide 1817/1818. Erz.: *Velasquez*, 1827.

LITERATUR: Nagl/Zeidler/Castle, Bd. II; R. Zimprich: D. Professoren d. k.k. Franzens-Univ. in Olmütz 1828-1855, 1962.

Ernst Seibert

Candido-Kubin, Friederike (28.5.1893 Hohenau/NÖ – 20.6.1953 Wien) wirkte als Lehrerin an ländl. u. städtischen Hauptschulen sowie Gymnasialunterstufen, später auch als Hauptschuldirektorin in Wien. Die passionierte Sprachpäd. (s. ihr Lehrbehelf für den Dt.unterricht *Vom Gehalt zur Gestalt*, 1941, ²1953) trat selbst mit einem Lyr.bd. (*Gedichte*, 1937) an die Öffentlichkeit, in dem sie die konventionellen Bahnen nicht verlässt: Im Mittelpunkt der in formaler u. sprachl. Hinsicht einfach u. mitunter im melancholisch-naiven Ton konzipierten G. (sie weisen generell keine Titelgebung auf) stehen neben Naturimpressionen (»Ich saß in den Bergen ganz allein«, »Weiße Narzissen«) v.a. partnerschaftliche Probleme (»Und wieder gehn wir den alten Weg«) u. die mühsam bewältigten Forderungen des Lebens, die den Menschen über sich hinauswachsen lassen (»So gehst du still und sicher deinen Weg«), ihn aber auch zum Rückzug v. der Welt bewegen können (»Frei bin ich! Frei!«).

WERKE: (Ausw.) Lyr.: *Gedichte*, Wien [1937] Sprachbuch: *Vom Gehalt zur Gestalt. Aufbau u. Darstellung eines zeitgemäßen Sprachunterrichtes*, Wien 1941, ebd. 2., erw. Aufl. 1953.

LITERATUR: F. Mayröcker: Von d. Stillen im Lande. Pflichtschullehrer als Dichter, Schriftsteller u. Komponisten, Wien 1968, 19.

Sylvia Leskowa

Candidus, Pantaleon (auch P.C. **Austriacus**, eigentl. **Weiß** Pantaleon, Ps. **Palatinus Kednadon a Strasswick**, 7.10.1540 Ybbs an der Donau – 3.2.1608 Zweibrücken). Sohn des Gutsbesitzers Wolfgang Weiß (1481-1576) u. dessen erster Frau Apollonia (gest. 1562). C. besuchte um 1550 die Pfarrschule in Weißenkirchen in der Wachau als Schüler des Andreas Cupicius. Als dieser wegen seiner protest. Einstellung ins Gefängnis geworfen wurde, begleitete ihn C. als Famulus. Er floh mit seinem Lehrer nach Ungarn. Nach zwei Jahren in seine Heimat zurückgekehrt, weilte C. im Kloster Säusenstein bei dem ev. gewordenen Abt Veit Nuber, einem ehem. Mondseer Conventualen. Zus. mit diesem wurde er nach Amberg in der Oberpfalz vertrieben, wo er die Schule eines Georg Agricola (nicht identisch mit dem Autor des Lehrbuchs *De re metallica*) besuchte. Der Statthalter der Oberpfalz, Wolfgang v. Zweibrücken, nahm C. u. Nuber 1556 bei sich in Meisenheim auf. 1557 wurde C. Informator (Hauslehrer) bei Kanzler Ulrich Sitzinger in Zweibrücken; 1558 inskribierte er in Wittenberg u. stud. ev. Theol. bei Paul Eber, Georg Major u. Philipp Melanchthon. Nach seiner Graduierung zum Magister (1564) wurde C. Privatsekretär des Juristen u. Staatsmannes Hubert Languet, eines persönl. Bekannten des Reformators Jean Calvin. Nach einer Anstellung als Lehrer an der Lateinschule v. Zweibrücken (1565) wurde C. Pfarrer in Hinzweiler, wo er 1567 einen Hausstand gründete. Nach einer Tätigkeit als Diakon in Meisenheim u. Zweibrücken bekleidete er, zweimal verwitwet, v. 1571 bis 1607 das Amt eines Pfarrers v. Zweibrücken; gleichzeitig war er Generalsuperintendent u. Erzieher der Kinder Herzog Johanns I. 1583 fungierte C. als Geistlicher bei der Eheschließung des ev. gewordenen Erzbischofs v. Köln, Kurfürst Gebhard Truchseß v. Waldburg. C. war maßgeblich an der Einführung der reformierten (calvinistischen) Lehre im Hzgt. Zweibrücken beteiligt.

Neben C. bedeutenden Beitr. zur rel. Dichtung ragen v.a. seine Kaiser Rudolf II. v. Habsburg gewidmeten hist. Epen *Gotiberis* u. *Bohemais* (beide 1587 in Straßburg gedr.) hervor, die zu den bedeutendsten Leistungen dieses um 1600 nördlich der Alpen selten vertretenen Genres zählen. Den Vorwand dafür, die westgotischen Herrscher der iberischen Halbinsel der Reihe nach im heroischen Versmaß zu besingen, findet C. in *Gotiberis* darin, dass Kaiser Rudolf II. durch seine Großmutter Johanna die Wahnsinnige v. eben diesen Goten abstammt. An einen Besuch C. bei seinen betagten Eltern in Ybbs schließt sich ein Aufenthalt in Wien, wo er sich zunächst v. den eindrucksvollen Vorbereitungen für den Türkenfeldzug v. 1566 überzeugen kann. Als er Kaiser Maximilian II. mit eigenen Augen sieht, erwacht in C. der Wunsch, die Abstammung dieses Helden in graue

Vorzeit zurück zu verfolgen. Während er am Donauufer sitzt, erscheinen ihm der Flußgott Ister (= Donau) u. die Nymphen Galatea, Aegle, Ino (gleichgesetzt mit Inn), Lyco (= Lech), Ypsia (= Ybbs) u. Dravia (= Drau). Ister überreicht dem Dichter einen Bildteppich, den ihm der Meergreis Proteus einst als Gastgeschenk aus Spanien mitgebracht hat. Eine Muse schwebt herbei u. bietet sich an, dem Dichter die einzelnen Bilder des Gewebes zu erklären. Damit ist der Rahmen für die sechs Gesänge eines umfangreichen Heldeng. in lat. Hexametern geschaffen, dessen Stil sich, dem Zeitgeschmack entsprechend, an Vergil orientiert. Trotz der Anlehnung an sein antikes Vorbild ergeht sich C. nie in plumper Cento-Technik, u. es gelingt ihm sogar, das spröde u. entlegene Thema des Epos durch geschickte Verlagerung des Erzählstandpunktes u. elegante Übergänge abwechslungsreich aufzubereiten. Endziel des Werkes sollte die Verherrlichung Kaiser Maximilians II. als Verteidiger des Abendlandes gegen die Türken werden; der Tod des Kaisers (1576) vor der Publikation des Werkes erforderte dann eine Umarbeitung, die auf Rudolf II. zugeschnitten war. In ähnlicher Weise verherrlicht das Epos *Bohemais* urspr. Maximilian II. gleichsam als die aus der Reihe der Herrscher Böhmens herausragende Gestalt. Erst nachträglich hat C. durch einen Zusatz die Verbindung zu Rudolf II. hergestellt. V. den sieben Büchern befassen sich zwei (in elegischen Distichen) mit den sagenumwobenen Herzögen u. fünf (in daktylischen Hexametern) mit den hist. Landesherrn. Im ersten Tl. sind es die breit ausgemalten Schicksale der Heroinen Libyssa u. Valassa, die besondere Beachtung im Hinblick auf Grillparzers *Libussa* beanspruchen, während im zweiten Tl. die epische Darstellung des Konflikts zw. Rudolf I. v. Habsburg und Przemysl Ottokar zum Vergleich mit der zeitgenöss. dramat. Aufarbeitung desselben Stoffes bei GEORG CALAMINUS (1549-1595) herausfordert (Rudolphottocarus. Austriaca tragoedia, Straßburg 1594). Auf dem Gebiet der Fabeldichtung leistete C. als Schöpfer der späthumanistischen Fabelode einen wesentlichen Beitrag. Sein 1604 veröff. G.bd. *Centum et Quinquaginta Fabulae carminibus explicatae* wurde von Janus Gruter 1560-1627), dem wichtigsten Anthologisten neulat. Poesie, für so bedeutend gehalten, dass er ihn vollständig in seine Slg. Delitiae Poetarum Germanorum (Tl. II., Ffm. 1612, 105-176) übernahm. Die Divergenz zw. den gehobenen Ansprüchen der horazischen Ode, was Thematik, Stil u. Form betrifft, u. dem in der Fabel üblichen ironisch-sarkastischen Ton sowie der Alltagsproblematik der Vorlagen überwand C. durch die Beschränkung der Inhalte auf wesentliche Entscheidungssituationen u. die Hervorkehrung des reflektierenden Charakters, den die Ode mit der Fabel gemeinsam hat. Das Odenbuch weist überdies eine sorgfältige inhaltliche Gliederung auf, die es zu einem in sich geschlossenen Ganzen werden läßt. Dem Prinzip der Variatio wird C. dadurch gerecht, dass er nicht nur die bei Horaz vertretenen Strophenformen verwendet, sondern gelegentlich auch kurze Elegien u. Hexameterg. einstreut.

WERKE: Epik: *Gotiberis, Hoc est De Goticis per Hispaniam regibus, è Teutonica gente originem trahentibus: Libri Sex*, Straßburg 1587; *Bohemais, Hoc est De ducibus Bohemicis libri duo, De regibus Bohemicis: Libri Quinq:<ue>. Quibus adiunctum est Carmen in expeditionem Maximiliani II. Rom: <ani> Imp:<eratoris> contra Turcas Anno 1566 susceptam* […]. Straßburg 1587. Lyrik: *ΠΡΟΠΕΜΠΓΙΚΟΝ scriptum honesti juueni, eruditione & pietate praestanti. D. Joanni Fey-*

rer, *Vuiteberga discedenti*, Wittenberg 1564; *Concio Christi, quam habuit ad duos discipulos, euntes in Emaus* [...], *carmine reddita*, Wittenberg 1564; *Carmen de corona Caroli Magni imperatoris*, Wittenberg 1564; *Catechesis doctrinae Christianae, carmine reditta*, Wittenberg 1564 [Straßburg 1566, Basel 1570]; *Catechesis puerilis D. Martini Lutheri Elegiacis versibus conscripta*, in: s.o.; *Elegiae Precationum, ex euangeliis dominicalibus*, Basel 1570 [Ffm. 1589]; *Loci theologici praecipui* [...], *Versibus conscripti* [...], *una cum carminum sacrorum libro*, Basel 1570; *In laudem Wolfgangi, principis Palatini, Bipontini &c...* [...] *in expeditione Gallica, anno 1569*, [...] *carmen*, Wittenberg 1570; *In Prouerbia Salomonis paraphrases, carmine conscriptae* [...], Ffm. 1578; *Liber prouerbiorum Salomonis carmine redditus* [...], *Adiecta sunt & argumenta & brevis dispositio capitum iambicis metris comprehensa* [...], Straßburg 1588; *Ioanni Sturzio K‹uris› V‹triusque› Doctori* [...] *et Margarethae, Ruperti Schwebelij* [...] *Filiae, nuptias* [...] *celebrantibus* [...], Straßburg 1580; *Carmen de virgine Catharina, Cunonis Vietoris in Schmidweiler Filia, quae septimum iam annum citra omnem cibi & potus naturalis usum viua perdurat* [...], Rostock 1588; *Liber prouerbiorum Salomonis carmine redditus*, Straßburg 1588; *Epigrammatum sacrorum libri XII*, Genf 1589; *Carminum sacrorum liber unus*, Heidelberg 1589; *Immanuel, hoc est de verbo incarnato libri tres: carmine conscripti* [...], Heidelberg 1590; *Carmen de Lazaro suscitato*, (o.O., o.J.); *Fabulae ex antiquis et recentibus auctoribus selectae et* [...] *Carminibus explictae*, Zweibrücken 1596; *Epitaphia antiqua et recentia, hominum qui in S‹acris› Literis celebrantur* [...], *digesta in libros quatuor*, Straßburg 1600. *Centum et Quinquaginta Fabulae carminibus explicatae*, Ffm. 1604; *In laudem Joannis I., comitis Palatini*, Zweibrücken 1605. Prosa: *Dialogus de unione personali duarum in Christo naturarum*, o.O. 1583; [Unter d. Ps. Palatinus Kednadon à Strasswick:] *Christliche und nothwendige Erklärung des Catechismi aus Gottes Wort*, Heidelberg 1588 [dt. u. lat.: Neustadt a.d.H. 1588, frz.: Genf 1588]; *Klarer Bericht Vom Heiligen Abendmal vnseres getrewen Herren vnd Heylands Jesu Christi. Was sie wort der Einsatzung auff sich haben, vnd wie darauß die Bäpstische vnd andere Sacramentirische Jrthumben widerlegt werden* [...], o.O. 1586; *Tabulae chronologicae, continentes seriem annorum mundi* [...] *Addita sunt quaedam epigrammata Historica*, Straßburg 1597; *De praeparatione et consolatione Christi fidelium ad mortem, Orationes funebres* [...], Herborn 1600; *Orationes funebres ex Mose concinnatae*, Zweibrücken 1605.

LITERATUR: ADB 3; NDB 3, 121f; M.B. Beuther: Leichenpredigt, Neustadt 1608; F. Butters: Ein Lebensbild aus d. zweiten Menschenalter d. Reformationszeit, Progr., Zweibrücken 1864/1865; ders.: P.C., in: Pfälzisches Memorabile, 1877, I., 60ff; II., 51; O. Candidus: Stammbaum d. Familie C., 1929; ders.: P.C., Ein Beitr. zu seiner Lebensgesch., 1948; G. Biundo: Pfälzisches Pfarrer- u. Schulmeisterbuch, 1930; 674; F. Stähler: Ev. Geistliche als Namensträger d. Familie C., 1949; A. Elschenbroich: D. dt. u. lat. Fabel in d. Frühen Neuzeit, 2 Bde., Tübingen 1990, Bd. 1, 297-301; Bd. 2, 142-144.

Robert Hinterndorfer

Canetti, Elias (25.7.1905 Rustschuk/ Bulgarien – 14.8.1994 Zürich) wurde als Sohn sephardischer (aus Spanien ausgewanderter) Juden geb. 1911 übersiedelte die Familie nach Manchester/England, 1913, nach dem Tod des Vaters, nach Wien, 1914 nach Zürich. Die dt. Sprache war für C. die dritte Fremdsprache. Seit 1921 besuchte C. ein Gymnasium in Ffm. Nach dem Abitur 1924 stud. er an der Univ. Wien Naturwiss. Während seines Stud. ergaben sich erste Kontakte mit Schriftstellern; er hörte KARL KRAUS in Lesungen u. begeisterte sich für ihn. 1928/29 verkehrte er in Bln. mit Brecht, Georg Grosz u. Isaak Babel. Nach der Promotion zum Dr. rer. nat. (1929) lebte er als freier Schriftsteller in Wien (C. hat in den 3 Bd. seiner Autobiogr., *Die gerettete Zunge*, *Die Fackel im Ohr* u. *Das Augenspiel*, diesen Zeitraum – bis 1937 – ausführlich beschrieben). Seine ersten lit. Werke – das Schauspiel *Hochzeit* u. der R. *Die Blendung* – wurden jedoch wenig beachtet; *Die Komödie der Eitelkeit* konnte aufgrund ihrer polit. Brisanz nicht erscheinen. Die Werke v. STENDHAL, FRANZ KAFKA, NIKOLAI W. GOGOL, GEORG BÜCHNER u. Begegnungen mit ROBERT MUSIL u. HERMANN BROCH in den 30er-Jahren beeindruckten ihn sehr – sie und KARL KRAUS nannte er die großen Leitsterne seines Lebens. 1934 heiratete C. Veza Taubner-Calderon (1897-1963), 1938 emigrierten beide nach London. In den folgenden Jahrzehnten arbeitete C. an massenphänomenologischen, sozialpsychologischen, ethnischen u. mythologischen Studien u. begann mit Aufzeichnungen, die zu einem umfangreichen aphoristischen Werk anwuchsen. Erst im Laufe der 60er-Jahre wurde C. in Dtld. u. Öst. neu entdeckt. Seine seither ersch. Werke, die mit Ausnahme des Dramas *Die Befristeten* nur z.Tl. den üblichen lit. Gattungen angehören, fanden zunehmende Beachtung; C. erhielt zahlreiche große lit. Preise u. galt einer Reihe jüngerer Schriftsteller als Vorbild. Der Nobelpreis für Lit. 1981 markiert den Höhepunkt seiner Ehrungen. Seine Werke wurden in zahlreiche Sprachen übersetzt u. in vielen Ländern beachtet. Bis zu seinem Tod lebte C. abwechselnd in London u. Zürich.

C. schrieb seinen R. *Die Blendung* 1930/31; er war durch Lesungen bekannt, ehe er 1935 gedr. wurde, erregte aber erst nach der 2. Neuaufl. 1963 in breiteren Kreisen Aufmerksamkeit. Heute gilt er neben den R. von MUSIL u. BROCH als ein Hauptwerk der Zwischenkriegszeit. In drei Tl. – »Ein Kopf ohne Welt«, »Kopflose Welt«, »Welt im Kopf« – wird die »Verwandlung« eines dem Irrationalismus seiner Zeit verfallenen Wissenschaftlers, des Sinologen Kien, dargestellt; der »reine Büchermensch« wird v. seiner Haushälterin aus seiner Bibl. vertrieben u. begibt sich auf eine Odyssee durch die Wr. Unterwelt, die dem Erlangen absoluter Freiheit gilt, ihn jedoch in Gefangenschaft u. Wahnsinn führt; befreit, aber nicht geheilt durch seinen Bruder, einen Psychiater, geht er schließlich lustvoll in seiner Bibl., die er selbst in Brand steckt, zugrunde. C. Technik, »präzis zu übertreiben« (*Aufzeichnungen*), führt dazu, dass sich aus der Realität des Alltags die grotesken Züge einer dem Untergang zustrebenden Gesell. entwickeln. Die scharfe Satire zeigt den Weg des Menschen v. Krüppel zur Bestie; der R. ist Spießer-, Wiss.-, Kultur- u. Ideologiekritik in einem. Zentrale Themen, die C. gesamtes lit. Werk prägen – Machtbesessenheit, Werteverlust u. Kampf gegen den Tod – sind bereits hier entwickelt.

Das gilt auch für das Problem der Sprache. Es spielte für C. v. Kindheit an – wie der Titel des ersten Bd. seiner Lebenserinnerungen *Die gerettete Zunge* andeutet – eine zentrale Rolle; durch den Einfluss v. KARL KRAUS wurde sein Problembewusstsein dafür geschärft. *Die Blendung* zeigt die Sprachnot des Menschen, seine Unfähigkeit zur Verständigung u. zur Kommunikation. Die Reduktion der Sprache prägt in bes. Maße die Theaterstücke C. Er hat diesen Fragenkomplex u. sein eigenes Vorgehen mit dem Begriff der »akustischen Maske« zu fassen gesucht. Dieser bezeichnet zum einen die Charakterisierung eines Menschen durch Sprache, durch das »Äußere seiner Worte«; zum anderen ist er Ausdruck des Bedrohlichen, des Verbergens eines Geheimnisses mit u. durch Sprache. Diese Vorstellung ist der Schlüssel insbes. zu den beiden in den frühen 30er-Jahren entstandenen Stücken *Hochzeit* u. *Komödie der Eitelkeit*. *Hochzeit* zeigt in scharfer, satirischer Form das Aggressionspotential eines an Besitz u. Sexualität orientierten Spießbürgertums. Die »Schlechtigkeit des Menschen« (*Aufzeichnungen*) wird auf dessen Beherrschung durch primitive Triebe zurückgeführt. Die *Komödie* ergänzt dieses Bild nach anderer Seite hin; die »Eitelkeit« soll auf staatliche Anordnung hin abgeschafft werden, Spiegel u. Bilder werden verboten. C. zeigt die Wirkungen des Verbots in Reaktionen Einzelner, die zur Masse verschmelzen. Trotz seiner Bühnenwirksamkeit wurde dieses Stück, wie *Hochzeit*, erst 1965 (Braunschweig) – mit geringem Erfolg – uraufgeführt. Auch *Die Befristeten* aus der Londoner Zeit (1952/53), eine polit. Parabel, die anhand der Todesthematik das Problem der Gleichheit thematisiert, wurde nur zögernd rezipiert (UA Oxford 1956). Erst die intensive Beschäftigung mit C. insgesamt u. die Kenntnis seines dramaturgischen Konzepts bereiteten den Boden für eine adäquate Rezeption vor. Seither erfolgten Inszenierungen, die C. Ansprüchen gerecht wurden: »Es ist im Kern alles, was ich mache, dramatischer Natur. Damit hängt wohl auch zusammen, daß ich am liebsten Dramen schreibe.«

Außer dem belletristischen Werk im engeren Sinn schrieb C. eine Fülle v. Prosawerken unterschiedlichster Art u. Länge, v. Aphorismen, Aperçus, Kürzestgesch., Reflexionen (z.Tl. gesammelt in den *Aufzeichnungen*) über Charakterbilder (*Der Ohrenzeuge*), polit. u. lit. Essays (gesammelt in dem Bd. *Die Provinz des Menschen*) bis hin zu seinen umfangreichen autobiogr. Büchern u. seiner wiss. Untersuchung des Masse-Phänomens. Sein wiss. Hauptwerk *Masse und Macht* (1960), ein phil.-anthropologischer Entwurf, entstand im Laufe von 35 Jahren. Es ist eine aus dem Bedürfnis »dieses Jahrhundert an der Gurgel zu packen« (*Aufzeichnungen*) entstandene, die Einzelwiss. übergreifende umfassende Darstellung der Entstehungs- u. Funktionsmechanismen der Masse u. ihrer Bindung an Machtstrukturen. Im Wechsel v. phänomenologischer Beschreibung, sozialer Analyse u. psychologischer Beweisführung spannt sich der Bogen dieser v. Subjekt ausgehenden Studie v. ›primitiven‹ Kulturen u. archaischen Mythen bis zu aktuellen polit. Erscheinungen u. psychischen Krankheitsbildern. Dabei wird sowohl die direkte polit. Betroffenheit des Autors deutlich wie sein Bestreben, die Phänomene als überzeitlich darzustellen. Als einzige Möglichkeit gegen die Bedrohungen zu leben, die v. Expansionswunsch u. dem Wunsch nach biologischem Überleben ausgehen, stellt C. die Existenz des Schriftstellers heraus. In einer Fülle v. lit.-krit. Arbeiten, v. seiner Rede auf H. BROCH 1936 bis zu seiner Nobelpreis-Rede 1981, entwickelt C. seinen Begriff des »wahren Dichters« als »Hund seiner Zeit«, der getrieben wird v. Willen, sie zusammenzufassen u. ihr Widerstand zu leisten, worin sein humaner Auftrag liegt, der sich in letzter Konsequenz als Kampf gegen den Tod äußert, der rel. Charakter trägt. Diese Position bestimmt auch zahlreiche Essays, bes. eindrucksvoll sein KAFKA-Essay (*Der andere Prozeß*), der die Spannung v. Leben u. Schreiben, das Schreiben als Bewältigung des Lebens, betont. Das essayist. u. wiss. Werk ist ebenso wie das belletrist. geprägt v. »Drang zur Universalität«, dem »verzweifelten Versuch, die Arbeitsteilung aufzuheben und alles selbst zu bedenken, damit es sich in einem Kopf zusammenfindet und darüber wieder Eines wird. Nicht alles wissen will ich, sondern das Zersplitterte vereinigen.« (*Aufzeichnungen*). Die autobiogr. Bücher – *Die gerettete Zunge, Die Fackel im Ohr* u. *Das Augenspiel* – sind nicht nur im Blick auf das Leben C. v. Bedeutung, sie fügen sich ebenso ein in den Diskussionszusammenhang all der Fragen, die in den Werken behandelt werden u. die hier gebündelt, in hist. u. systematischen Zusammenhängen, erscheinen. Das Sensorium für Sprachkritik prägt dabei C. eigene Sprache, die sich stets um Klarheit u. Genauigkeit bemüht, ohne dabei die Vielfalt der sprachl. Möglichkeiten einer Eindeutigkeit zu opfern. Bis in die späten 60er-Jahre fand das Werk v. C. nur das Interesse weniger Rezensenten u. Feuilletonschreiber. Seither hat sich die Wiss. lebhaft mit zahlreichen Aspekten des Werkes befasst; es entstand eine Reihe von Monografien u. Sammelwerken. Die meisten Arbeiten befassen sich allerdings vorwiegend mit einzelnen Werken u. Themenkomplexen; seltener deren Einbettung in den Kontext des Gesamtwerkes u. der Lit. entwicklung seit den späten 20er-Jahren.

PREISE: Grand Prix International du Club Français du Livre (1949); Lit.-Preis der Stadt Wien (1966); Dt. Kritikerpreis (1966); Großer Öst. Staatspreis (1968); Lit.-Preis der Bayerischen Akad. der schönen Künste (1969); Lit.-Preis des Kulturkreises im Bundesverband der dt. Industrie (1971); Georg-Büchner-Preis (1972); Franz-Nabl-Preis (1975); Nelly-Sachs-Preis (1975); Gottfried-Keller-Preis (1977); Johann-Peter-Hebel-Preis (1980); Nobelpreis für Lit. (1981); Franz-Kafka-Preis (1981).

WERKE: (wenn nicht anders vermerkt: Mchn.) Roman: *Die Blendung*, Wien/Lzg./Zürich 1936. Theaterstücke: *Hochzeit*, Bln. 1932; *Komödie der Eitelkeit*, Drama in 3 Tl., 1950; *Die Befristeten*, 1964; *Dramen* (Slg.), 1964. Prosawerke: *Masse und Macht*, Hbg. 1960; *Der andere Prozeß. Kafkas Briefe an Felice*, 1969; *Die gespaltene Zukunft*. Aufs. u. Gespräche, 1972; *Der Ohrenzeuge. Fünfzig Charaktere*, 1974; *Der Beruf des Dichters*, 1976; *Das Gewissen der Worte*, Essays, 1975, erw. 1976; *Die Fliegenpein*, Mchn., Wien 1992. Aufzeichnungen: *Aufzeichnungen 1942-1948*, 1965; *Die Stimmen von Marrakesch. Aufzeichnungen nach einer Reise*, 1968; *Alle vergeudete Verehrung. Aufzeichnungen 1949-1960*, 1970; *Die Provinz des Menschen. Aufzeichnungen 1942-1972*, 1973; *Das Geheimherz der Uhr. Aufzeichnungen 1973-1985*, Mchn., Wien, 1987; *Aufzeichnungen 1992-1993*, Mchn., Wien 1996; *Aufzeichnungen 1973-1984*, Mchn., Wien 1999. Autobiogr. Schriften: *Die gerettete Zunge. Gesch. einer Jugend*, 1977; *Die Fackel im Ohr. Lebensgesch. 1921-1931*, 1980; *Das Augenspiel. Lebensgesch. 1931-1937*, Mchn., Wien 1985; *Ges. Werke* in 8 Bd., Mchn., Wien 1992-1995.

LITERATUR: A. Auer: Ein Genie u. sein Sonderling. E.C. u. »Die Blendung«, in: Sinn u. Form 1969, H. 4, 963-983; M. Durzak: Versuch über E.C., in: Akzente 1970, H. 2, 169-191; H. L. Arnold (Hg.): E.C. Text + Kritik 1970, H. 28; D. Dissinger: Vereinzelung u. Massenwahn. E.C. Roman »Die Blendung«, Bonn 1971; E.C., Lit. u. Kritik 1972, H.65; A.M. Bischoff: E.C., Stationen zum Werk, Bern, Ffm. 1973; M. Curtius: Kritik d. Verdinglichung in C. R. »Die Blendung«. Eine sozial-psychische. Lit. analyse, Bonn 1973; M. Durzak: E.C., in: Dt. Dichter d. Gegenwart, hg. v. B. v. Wiese, Bln. 1973, 195-209; C. Magris: D. geblendete Ich. D. Bild d. Menschen bei E.C., in: Colloquia Germanica 1974, 344-375; Nuovi argomenti 1975, Sonderh. C.; D. Barnouw: Masse, Macht u. Tod im Werk E.C., in: Jb. d. dt. Schillergesell. 19, 1975, 334-388; H.G. Göpfert (Hg.): C. lesen. Erfahrungen mit seinen Büchern, Mchn. 1975; D. Roberts: Kopf u. Welt. E.C. Roman »Die Blendung«, Mchn., Wien 1975; D. Barnouw: E.C., Stgt. 1979; M. Bollacher: Chaos u. Verwandlung. Bemerkungen zu C. »Poetik d. Widerspruchs«, in: Euphorion 1979, 169-185; Zs. Széll: Ich-Verlust u. Scheingemeinschaft. Gesell.bild in d. R. v. Kafka, Musil, Broch, C. u. Saiko, Budapest 1979; H. Feth: E.C. Dramen, Fmf. 1980; Hommage à E.C., Austriaca 1980, H.11; B. Witte: E.C., in: Krit. Lex. d. Gegenwartslit. 11, Neufaufl. 1982; D. Krumme: Lesemodelle. E.C., Günter Grass, Walter Höllerer, Mchn., Wien 1983; Zu E.C. Hg. v. M. Durzak, Stgt. 1983 (Darin G. Stieg: Kommentierte Ausw.bibliogr., 171-180); E. Piel: E.C., Mchn. 1984; E.C. Blendung als Lebensform, Hg. v. F. Aspetsberger u. G. Stieg, Königstein/Ts. 1985; E.C. Anthropologie u. Poetik, Hg. v. St. H. Kaszyński, Mchn. 1985; F. Eigler: D. autobiogr. Werk v. E.C., Verwandlung, Identität, Machtausübung, Tübingen 1988; G. Stieg: Frucht d. Feuers. C., Doderer, Kraus u. d. Justizpalastbrand, Wien 1990; H. Knoll: Das System C. Zur Rekonstruktion eines Wirklichkeitsentwurfes, Stgt. 1993; M. Barth: C. versus C. Identität, Macht u. Masse im lit.Werk E.C., Ffm., 1994; A. G. Steussloff: Autorschaft u. Werk E.C., Subjekt – Sprache – Identität, Würzburg 1994; D. Barnouw: E.C. zur Einführung, Hbg. 1996 [= Zur Einführung 133]; »Ein Dichter braucht Ahnen«: E.C. u. d. europ. Tradition, hg. v. G. Stieg, (= Jb. f. internat. Germanistik A44, Bern u.a. 1997); B. Witte: E.C., in: Krit. Lex. zur dt. Gegenwartslit., Mchn. 2003 (mit Bibliogr.).

Hartmut Steinecke

Canetti, Veza (geb. Venetiana Taubner-Calderon, Ps. Veza **Magd**, Veronika **Knecht**, Martha **Murner**, 21.11.1897 Wien – 1.5.1963 London, vielleicht Selbstmord? kam mit einer Körperbehinderung (es fehlte ihr der linke Unterarm) auf die Welt, die sie Zeit ihres Lebens zu kaschieren bemüht war. Sie entstammte einer alt-sephardischen Familie wie ihr Ehemann ELIAS CANETTI. Nach der abgelegten Matura bildete sie sich autodidaktisch weiter, bes. im Engl., so dass sie nach dem 1. WK eine Stellung als Engl.-Lehrerin annehmen konnte; auch arbeitete sie als Übersetzerin. Daneben war sie aber v. Jugend an lit. interessiert, so gehörte sie zu dem engeren Kreis um KARL KRAUS. Dem Austro-Marxismus nahe stehend, veröff. sie Erz. in der »Arbeiter-Ztg.«, meistens unter den oben angeführten Ps. 1932 erhielt sie den 2. Preis eines Preisausschreibens des genannten Bl. für ihre Arbeit *Ein Kind rollt Geld*. 1934 heiratete sie den um 8 Jahre jüngeren ELIAS CANETTI. Sie galt damals in den Wr. lit. Kreisen als durchaus aufstrebende Literatin, HILDE SPIEL kannte anfangs der 30er-Jahre den späteren Nobelpreisträger nur als »den Mann der Schriftstellerin *Veza Magd*.« Eigene Ms. blieben ungedr., dies umso mehr, als sie 1938 v. den Nationalsozialisten Berufsverbot erhielt. Das Ehepaar sah sich gezwungen zu emigrieren; ihr Weg führte über Paris nach London, wo sie sich niederließen. Hier widmete sich ELIAS CANETTI erfolgreich seiner schriftstellerischen Arbeit, während C. als Korrespondentin, Lektorin u. Übersetzerin ihren Lebensunterhalt verdiente. Dabei war sie – Jahrzehnte lang – die lit. Ratgeberin ihres Gatten. Sie führte nicht nur seine Korrespondenz, sondern war auch schöpferisch – nach dessen eigener Aussage – gut zur Hälfte an dessen Werken beteiligt, indem sie ihre Ideen in sein Werk einbrachte. Ihre eigenen Arbeiten blieben weiterhin ungedr., obwohl sie sich in den 50er-Jahren, in denen weitere Werke entstanden, um die Veröff. bemühte. Frustriert durch den Misserfolg, vernichtete sie in einem Depressionsanfall viele ihrer Ms., so die R. *Kaspar Hauser* u. *Die Genießer*. Erst nach ihrem Tode fing ELIAS CANETTI sehr zögerlich an, ihre Arbeiten herauszugeben. In einem Vorwort dazu sagte er, sie habe nicht viel v. ihrer Begabung gehalten, (»sie behandelte ihr Eigenes, als wäre es nichts«). Die Beziehung zw. diesen begabten Menschen war nicht frei von Irritationen, auch künstlerischer Art, wobei sich C. wohl mehr oder weniger freiwillig dem berühmten Gatten unterordnete. – Seit den ersten Veröffentlichungen von C. Werken erregen diese immer mehr Aufmerksamkeit, wie der R. *Die gelbe Straße* (Mchn. 1990), v. dem einzelne Episoden bereits in den 30er-Jahren in der »Arbeiter-Ztg.« ersch. waren. Es handelt sich um Einzelszenen aus dem Leben der Bewohner der damaligen Ferdinand-Straße der Wr. Leopoldstadt, ein Mikrokosmos mit vielen Handlungssträngen, betrachtet mit Sarkasmus, geprägt v. witzigen Dialogen, fast ins Groteske reichend, mit untergriffigen Gehässigkeiten. Ihre Sprache ist gekennzeichnet v. bündiger Darstellungskraft, ihr Stil zeigt das unverwechselbare Lokalkolorit der Wr. Welt der Zwischenkriegszeit. Sie erweist sich hier als auch heute noch moderne, sozialkrit. Autorin, deren lit. Horizont weit über die Darstellung äußerlich u. innerlich beschädigter Menschen ins allg. Gültige hinausreicht. Mehrere ihrer Texte, v. denen die meisten in den frühen 30er-Jahren entstanden, sind als Gegenreaktion auf den bürgerlichen idealistischen Realismus des späten 19. Jh. anzusehen, so ihre Erz. *Geduld bringt Rosen* (Mchn. 1992), die bewusst im Ggs. zu Theodor Storms N. »Späte Rosen« steht. – In ihrem 1991 veröff. R. *Die Schildkröten* verarbeitete sie autobiogr. die Erfahrungen ihrer Flucht nach England u. die der Emigration. Neben verschollenen Prosatexten dürften noch Dramenms. vorhanden sein, deren Veröff. man mit Interesse entgegensehen kann.

WERKE: Erzählprosa: *Kaspar Hauser* u. *Die Genießer*, z.Tl. veröff. in W. Herzfelde: *30 neue Erz. aus dem neuen Dtld.*, Prag 1934, die Original-Ms vernichtet; Erz. ersch. in der Arbeiter-Zt.: *Ein Kind rollt Geld* u. *Der Sieger* 1932; *Der Fund*; *Der Dichter*; *Der Verbrecher*; *Der Kanal*; *Der Neue*: sämtliche 1933 *Geduld bringt Rosen*. Episoden aus der späteren Veröff. *Die gelbe Straße* (s.u.); postum ersch. *Die gelbe Straße*, R., Mchn. 1990, ins Ital. übers. 2001; *Die Schildkröten*, R. ebd. 1991, ins Span. übers. 2003. Dramatisches: *Der Oger*, Stück, Mchn. 1991; *Geduld bringt Rosen*, Erz., ebd. 1992; *Der Fund*, Erz. u. Stücke, ebd. 2001, enthaltend die Lustspiele *Der Tiger* u. *Der Palankin*.

LITERATUR: (Ausw.) U. Gelbenegger, G. Laker: V.C., Dipl.Arb. Wien 1993; E. M. Meidl: V.C., Sozialkritik in d. revolutionären Nachkriegszeit, Ffm. 1998; B. Spreitze: Texturen, Wien 1999; W. Huntemann: V.C. Erz. Geduld bringt Rosen, als antihumanistische Groteske, in: Onvivium, Poznan/Bonn 2000; H. Kratzer: Die großen Österreicherinnen, Wien 2001; M. Gürtler, S. Schmid-Bortenschlager in: Öst. Schriftstellerinnen 1918-1945, Salzb. 2002; H.L. Arnold: V.C., Mchn. 2002; A. Schedel: Sozialismus u. Psychoanalyse: Quellen v. V.C. […], lit. Utopien, Würzburg 2002; Script, Klagenfurt 2000, 26ff; Lex. d.

dt.sprachigen Gegenwartslit., Mchn. 2003; J. Spörk: V.C. als jüd. Schriftstellerin in Wien, Graz 2005.

Eva Münz

Cap, Friedl (Friedelinde, Ps. Alexander Robé, 23.3.1924) lebt in Innsbr. Sie legte außer Erz. kleineren Umfangs zwei R. vor, die der Gattung des techn. Abenteuerr., der in Öst. v.a. v. ERICH DOLEZAL u. ANTON ERICH ZISCHKA vertreten wird, zuzuordnen sind. Eine gewisse Affinität ist auch zu KARL LUDWIG KASSAK-RAYTENAU erkennbar.

WERKE: *Mit Atomkraft ins All*, Roman, Wien 1950; *SOS von der Venus*, Roman, Wien 1955.

Paul Wimmer

Capellmann, Othmar (2.1.1902 Gries bei Bozen – 18.5.1982 Steyr OÖ.) wuchs in Südtirol u. danach in Bad Gastein, wo der Vater Kurarzt war, auf. Der Wunsch des Vaters, der Sohn möge eine militärische Laufbahn einschlagen (Eintritt C. in die Militär-Unterrealschule/Bad Fischau) erwies sich als ungünstig: Der Zusammenbruch der Monarchie beendete die militärische Weiterbildung, die Erkrankung an einem Lungenspitzenkatarrh verursachte jahrelange Gesundheitsprobleme u. bedingte eine Lebensweise mit bevorzugtem Aufenthalt in freier Natur u. frischer Luft. Nach einem dreijährigen Aufenthalt (1919 – 1922) an der Höheren Obst- und Gartenbauschule im Eisengrub (Südmähren) verdingte sich C. in versch. Gelegenheitsarbeiten als Erdarbeiter, Vertreter, Gärtner, Heilmasseur, Erzieher u. Journalist. Wien war in diesen Jahren der Not u. Unstetheit der Hauptaufenthalt, zeitweise lebte C. auch in Teplitz-Schönau, Bln., schließlich in Lzg. ab 1934. C., der keinen geregelten höheren Bildungsgang abschloß, erweiterte seinen geistig-seelischen Horizont autodidaktisch u. nahm in dieser Zeit des mühevoll, mitunter kümmerlichen Suchens Kompositionsunterricht beim selbst wieder kaum erfolgreichen, unbekannt gebliebenen Musiker Paul Königer, mit dem er bis zu dessen Tod (1943) befreundet blieb.

Am 14.7.1937 heiratete C. Maria Gschwandtner, mit der er vier gemeinsame Kinder großzog; einen Sohn, den Frau Gschwandtner in die Ehe mitbrachte, adoptierte C. Im Jahr 1946 übersiedelte die Familie C. nach Steyr. Hier erst fand C. Leben Sicherheit, geregelte, stetige Arbeit u. Geborgenheit. Denn neben der weiterlaufenden journalistischen Tätigkeit fand C. in der alten oö. Eisenstadt Steyr u. dessen bildungsinteressierten Bürgertum bedeutende Anregung u. Zuspruch für seine Schriften. V. a. mit dem regen, regional fest eingebetteten Verlag ENNSTHALER ergab sich nach den ersten Jahren des Eingewöhnens in den neuen Lebensraum eine erstaunlich fruchtbare Zusammenarbeit. Nach den Jahrzehnten der Not, der politischen Unruhen u. der Kriegszeiten wußten C. u. sein Verleger mit den von ihnen publizierten Arbeiten bzw. Büchern Trost und Hoffnung zu spenden. Allein zwischen 1962 und 1982 brachte C. über 30 populärphilosophische und dichterische Schriften heraus, versorgte der Verlag ENNSTHALER sein immer weiter verbreitetes Lesepublikum mit gern aufgegriffenem, v. C. selbst geschriebenem oder hg. Lesestoff, der auch Kinderbücher umfasste. Die Ehrungen für den kulturellen Einsatz blieben nicht aus: Am 23.3. 1978 verlieh der öst. Bundespräsident C. den Titel »Professor«; im Jahr 1986 widmete die Stadt Steyr C. einen Straßennamen u. postum wurde am ehemaligen Wohnhaus in der Klarstr. 12 eine Gedenktafel angebracht. C. lebte zuletzt zwar in St. Georgen bei St. Pölten, wurde aber in

Steyr an der Seite seiner Frau begraben. C. trat v.a. mit Lyrik und Aphorismen, die seit den dreißiger Jahren des 20. Jh. in versch. regionalen Blättern u. erst nach dem 2. WK gesammelt erschienen, lit. hervor. V. a. für die Zeitgenossen seiner Generation hatte er viel zu sagen. Schon die Titel seiner Gedichtbde. *Zwischen Halm und Himmel* (1967) u. *Immer blüht die Erde* (1977) zeigen, was die Verse selbst weiterführen: das Vertrauen auf die seelenheilenden Kräfte einer vom Ewigen geschaffenen Natur. Aus der Hingabe an diese Schöpfung gewinnt der Mensch Einsicht in die Ziele seines humanen Seins. In diesem Sinn sprechend ist auch der Titel von C. Aphorismenslg. *Güte, Ordnung, Harmonie* (1971). Allem Sprachexperiment abhold entwickelte C. seinen eigenen Stil aus der Überlieferung dt. lit. Hochsprache u. metrischer Formung. Waren C. erste Buchveröff. – das Kinderbuch *Villa Osterhase* (bebildert v. Jörg Reiter d.J.) 1947 im Verlag Breitschopf (Wien), der Gedichtbd. *Besiegt den Hass* (St. Florian, Stiftsbuchhandlung 1949) u. die heitere Versslg. *Das Steckenpferd* (1951, Eigenverlag, Steyr) – an versch. Orten erschienen, so verschrieb sich C. im Folgenden ausschließlich dem Verlag ENNSTHALER, der seinem Autor und dessen lit.-pädagogischen Zielen über fast drei Jahrzehnte hinweg die Treue hielt. C. gewinnt den festen weltanschaulichen Standort einerseits aus den bitteren Erfahrungen seiner jungen Jahre, andererseits aus dem Studium der weltbejahenden Werke der Weltlit. Daraus erwuchs der Plan u. die Verwirklichung der sogenannten Gedanken-Reihe, einer Serie v. rund 20 Büchern, die – jeweils einem Thema folgend – die Äußerungen großer Denker und Dichter präsentieren. So kamen in schneller Folge 1959 die Bde. *Gedanken über das Leben*; *Gedanken über Ethik*; *Gedanken über die Pflicht* (1973 unter dem Titel *Gedanken vom rechten Tun* neu hg.), 1960/61 die Bde. *Gedanken über den Glauben*; *Gedanken über die Freundschaft* heraus. Der Glaube an die Bildbarkeit des Menschen zum Guten ging C. auch dann nicht verloren, als neben ihm in Steyr eine jüngere Generation Lebensprobleme anders sah u. namentlich eine neue Frauenbewegung, in deren Sinn MARLEN HAUSHOFER u. DORA DUNGL schrieben, Aktualität beanspruchten.

WERKE (Ausw. in Ergänzung der schon genannten) Herausgebertätigkeit: *Wieder ist Weihnacht: Weihnachtsg. und Sprüche österreichischer Autoren* (1964); *Gedanken über das Schöne* (1960); *Gedanken über die Wahrheit* (1961); *Gedanken über die Liebe* (1962); *Gedanken über die Ehe* (1963); *Gedanken über das Gute* (1972) *Gedanken über Öst.* (1975); *Gedanken über die Schöpfung* (1977); *Gedanken über das Ewige* (1981); *Gedanken über die Sprache* (1983); *Wer den Augenblick beherrscht, beherrscht das Leben*: Marie v. Ebner-Eschenbach, Aphorismen (1985). Sämtliche erschienen im Verlag ENNSTHALER in Steyr.
Zum 100. Geburtstag u. zum 20. Todestag brachte der Verlag ENNSTHALER einen Jubiläumsdruck v. C. Sammelbd. *In den Wind gesät* (2002) heraus.

LITERATUR: Bortenschlager, Wilhelm: *Othmar Capellmann. Leben und Werk*. Steyr: Ennsthaler 1986. *Othmar Capellmann 80 Jahre. Festschrift anlässlich der Vollendung des 80. Lebensjahres von Prof. Othmar Capellmann*. Steyr: Ennsthaler 1982. *Immer hab ich Rosen vorbereitet: Othmar Capellmann, der Dichter im Spiegel seiner Zeitgenossen; ein Konvolut von Briefen.* Hg. v. Manfred Capellmann. Steyr: Ennsthaler 1992.

Herbert Zeman

Capesius, Karl Bernhard (Ps. **Carl-Bernhard, Spectator, Fritz Guth, Fritz Gutt**, 16.11.1889 Hermannstadt (Sibiu)/

Siebenbürgen – 8.7.1981 Hermannstadt (Sibiu)/Siebenbürgen) war der Sohn des Josef (Franz) C., der phil., psychologische u. schulpäd. Schr. verfasste u. in Zus.arbeit mit d. ev. Geistlichen u. Germanisten ADOLF SCHULLERUS Vorträge hielt. C. stud. in Jena, Bln. u. Budapest Germanistik u. ev. Theol., nahm als Freiwilliger am 1. WK teil, war 1924-1944 Direktor am Gymnasium der dt. Schulanstalten in Bukarest u. lebte danach in Hermannstadt. Er trat durch Werke in allen dichterischen Gattungen hervor u. fand Anschluss an d. Klingsor-Bewegung, d. nach d. v. HEINRICH ZILLICH seit 1924 geleiteten Zs. KLINGSOR benannt wurde u. in ihrem Volksbildungsstreben mit dem »Kunstwart« bzw. dem »Dürerbund« vergleichbar ist. 1928 veröff. C. u.a. in dieser Zs. d. Essay *Thomas Mann liest vor*. Als Repräsentant d. damaligen Siebenbürger Moderne hatte er zahlreiche künstlerische Kontakte, u.a. mit OSKAR WALTER CISEK.
Seine Dichtungen sind v. den Erlebnissen während des 1. WK geprägt, d. in einer pessimistischen u. sich bescheidenden Lebenshaltung ihren Niederschlag finden. Die Kriegserlebnisse werden unmittelbar zunächst in d. Erz. *Der schöne Tod. Ein Abendlied* (1919) bzw. in d. Drama *Brandung* aufgearbeitet, worin d. Protagonist an d. Gemeinheit d. Krieges zerbricht. In d. Erzählbd. *Irrfahrten* (1920) gelangt C. zur Einsicht, d. Glück d. Augenblicks gelte mehr als d. anhaltende Ruhm d. Künstlers. Im Entwicklungsr. *Im alten Land* (1923), worin er liebevoll ein sächsisches Kultur- u. Charakterbild am Ende des 19. Jh. gestaltet, bescheidet sich d. Künstler zu einem Leben d. Zurückgezogenheit, um anderen nicht Schmerz zu bereiten. Die Stimmung d. Verzichts prägt auch d. *Segel nach der Ewigkeit* (1929), eine Slg. v. G. aus zwei Jahrzehnten.

WERKE: Romane u. Erz.: *Der schöne Tod. Ein Abendlied*, 1919; *Irrfahrten*, 1920; *Im alten Land*, 1923; *Der Schneideraufruhr in Hermannstadt und andere Erz.* von Daniel Roth, Gustav Seifert und Michael Albert, hg. v. B. C., 1956. Drama: *Brandung*, UA 1921 in Hermannstadt. Lyrik: *Segel nach der Ewigkeit*, 1929. Übersetzung: *Parasiten. Eine Ausw. aus den Werken und Erinnerungen* des Dichters Alexandru Valhuta aus dem Rumän., 1951. Sachschriften: *Die Landler in Siebenbürgen. Gesch. und Mundart*, 1962; *Sie förderten den Lauf der Dinge. Deutsche Humanisten auf dem Boden Siebenbürgens*, hg. v. B.C., 1967.

LITERATUR: Kosch 2; K.K. Klein: Lit. gesch. d. Dt.tums im Ausland, Lzg. 1939. Eine Einführung in sein Werk findet sich in dem v. B. Tontsch 1975 hg. Sammelbd. »Im alten Land«. B. Tontsch: Das schriftstellerische Werk des K.B.C. In: Transsylvanica. Studien zur dt. Lit. aus Siebenbürgen. Bd. 1, hg. v. Michael Markel, Cluj (Klausenburg) 1971, 107-152; Dt. Dichtung Siebenbürgens in d. ersten Hälfte des 20. Jh. In: Siebenbürgen zwischen den beiden Weltkriegen, hg. v. Walter König, Köln u.a. 1994, 301ff.

Ernst Seibert

Cappilleri, Herma bzw. Hermine (13.1.1840 Pest/Ungarn – 25.7.1905 Wien; auch Herma bzw. Hermine Cziglér v. Ény, Cziglér v. Ény-Vecse, Cziglér v. Ény-Vecse-C., Cziglér v. Vecse-C.) geb. Cziglér v. Ény-Vecse, stammte aus einer ungar. kath. Adelsfamilie, verbrachte eine glückliche Kindheit in Wohlhabenheit u. zog mit ihren Eltern 1848 nach Wien. C. erhielt eine vorzügliche Ausbildung u. wurde v. ihrer Mutter in ihrer vielseitigen musischen Begabung (Malerei, Musik) gefördert. Ihre Neigung zur schriftstellerischen Betätigung trat jedoch erst nach einer schweren Krankheit u. im Zuge vieler schwerwiegender familiärer Probleme (Erblindung der Mutter, Lähmung u. Geistesverwirrtheit des Vaters) hervor. C., seit 1869 mit dem Literaten WILHELM C. verh., gründete 1864 die (mit Unterbrechungen staatlich subventionierte) enzyklopädisch-belletristische Wochenschrift *Fata Morgana*. Als belesene u. routinierte Kulturessayistin erwies sie sich mit den *Streifzüge[n] auf dem Gebiete des Culturlebens* (1877), die sie u.a. auf dem Gebiet der »*Geheimbünde*«, der »*Frauenfrage*« u. des »*Drama*[s] *von seinem Ursprunge bis auf die Jetztzeit*« (u. den Stücken ihres Mannes WILHELM C.) unternahm. 1877 erschien auch ihr heimatl. Gesch. aufarbeitendes »Nationalepos in 30 Gesängen« *Die Wiedereroberung Pannoniens*, das in seiner trockenen Umständlichkeit kaum zu überzeugen vermag. Ihre eigentl. Domäne ist aber die Lyr., in der sie nicht nur eine große Produktivität, sondern auch eine erstaunliche formale Virtuosität entfaltet. C. Lyr. nimmt dadurch einen streng artifiziellen Charakter an, der nur dort überzeugend relativiert wird, wo sie autobiogr. existentielle Grenzsituationen als Ausgangspunkt ihrer dann melancholisch-todessehnsüchtigen Dichtkunst wählt. Von ihren vielen Lyr.bd. (z.B. die ANASTASIUS GRÜN gewidmete frühe Slg. *Liederkranz* v. 1859) ist der umfangreiche zweiteilige Bd. *Poesiegestalten* (1863) am bedeutendsten, zumal er nicht nur C. formales Können nachdrücklich unter Beweis stellt, sondern auch ihre sog. *Miniatur-Poetik* für das lyr. Genre beinhaltet (Bd.2, 197-285). C. Ziel ist es, ein »Buch der Unterhaltung und ein Handbuch der Dichtung zugleich« vorzulegen, »welches das ganze Wesen der dt. Poesie umfaßt, alle ihre Formen, Arten und Gattungen in Beispielen meiner eigenen Muse darstellt, [...].« (Vorwort, II), wobei es ihr zugegebenermaßen v.a. darum geht, »irgend eine Form verschönernd umzubilden« (Vorwort, VI). Mit diesem prägnant konzipierten »Handbuch der Poesie mit selbstverfaßten Beispielen« (Vorwort, III), das eine ansehnliche Pränumerantenliste vorweisen kann (u.a. Kaiserhaus, ANASTASIUS GRÜN, LUDWIG AUGUST FRANKL, FRANZ GRILLPARZER, Franz Liszt), legitimiert sich C. in der HAMERLING-Nachfolge als eine sich dem virtuosen Schönheitskult der Gründerzeit in nicht unbedenklicher Weise hingebende Lyrikerin.

WERKE: (Ausw.) Lyr.: *Jugendträume*, Wien 1858; *Liederkranz*, Wien 1859; *Poesiegestalten*. G., 2 Bde. in 1 vol., Pest 1863 (enthält die sog. *Miniatur-Poetik*, Bd.2, 197-285); *Aus der Tiefe*. Neue G., Wien ca. 1870. Epos: *Die Wiedereroberung Pannoniens*. National-Epos in 30 Gesängen, Wien 1877. Essays: *Streifzüge auf dem Gebiete des Culturlebens*, Wien 1877, Wien 1885. Hg.tätigkeit: *Fata Morgana*. Enzyklopädisch-belletristische Wochenschrift, Pest 1864ff.

LITERATUR: Lex. dt. Frauen d. Feder. Eine Zus.stellung d. seit d. Jahre 1840 ersch. Werke weiblicher Autoren, nebst Biogr. d. Lebenden u. einem Verzeichnis d. Ps., hg. v. S. Pataky, Bln. 1898, Bd. 1, 121f. u. 142; Brümmer, Bd.1; Nagl/Zeidler/Castle, Bd. 3; ÖBL, Bd. 1 (unter d. Stichwort »C., Wilhelm«).

Sylvia Leskowa

Cap(p)illeri, Wilhelm (21.11.1834 Salzb. - 3.7.1905 Stillfried/NÖ), kam mit zwei Jahren nach Wien, erzielte eine sorgfältige Ausbildung, stud. am Wr. Konservatorium Gesang, Gesch. der Musik u. Ästhetik, nahm daneben dramat. Unterricht bei Wilhelm Just. Ab 1856 trat C. unter dem Künstlernamen **Roman** an versch. Bühnen Öst. auf, 1836 ging er nach Czernowitz in die Bukowina, beschäftigte sich neben seiner schauspielerischen Tätigkeit auch lit., 1864 gab er eine

Slg. *Buchenblätter. Dichtungen aus der Bukowina*, d.h. v. Autoren aus der Bukowina heraus. 1864 übernahm C. in Brody in Ostgalizien die Direktion eines dt. Theaters, die er aber 1865 wegen mangelnder Subvention niederlegen mußte. Nach vorübergehenden Aufenthalten in Wien u. Bln. ging er als Dramaturg u. Schauspieler nach Hbg. 1868 kehrte er nach Wien zurück u. widmete sich nur mehr seiner schriftstellerischen Arbeit; hier war er als »Professor C.« durch seine Vorlesungen eine bekannte Persönlichkeit, oft begleitet v. seiner Frau HERMINE C., mit der er seit 1869 verh. war. 1870 ersch. 15 Hefte des Periodikums *Oesterreich. Neue vaterländische Wochenschrift*, worin er zahlreiche eigene in patriotischer Tendenz gehaltene Arbeiten veröff., die er mit Neuigkeiten vom Büchermarkt aus Kirche, Wiss., Kunst, Industrie etc. anreicherte. Weiterhin betätigte er sich journalistisch als Red. der »Adels-Ztg.«. Seit 1873 gab er die *Korneuburger Bühnenspiele* heraus. Mit seinem epischen Zeitg. *Die Antisemiten*, das in der Bibl. der Großloge von Wien liegt, bezieht er eine eindeutig philosemitische Position. Im Bereich des Erziehungsschrifttums trat er durch Kinderg. *Aus der Kinderstube* (1897) hervor.

Anerkennung u. Erfolg erlangte C. v.a. mit seinen G. 1879 erschien ein Bd. humoristisch-satirischer G. (*Brennesseln*), in denen C. seine Begabung für scharfe Beobachtung u. treffende, witzige u. pointenreiche Darstellung beweist. In einfachen, gereimten Vierzeilern, die sich oft der Spruchdichtung nähern oder dem Volkslied verwandt sind, karikiert C. das Alltagsleben, hebt die kleinen Schwächen der Menschen hervor, ihre Eitelkeit, ihre nichtigen Sorgen, spöttisch zeigt er die Anbetung des Geldes, das flüchtige Glück im Liebesrausch, das in einer bitteren Ehe endet, die krassen Ggs. v. süßen Wunschträumen u. der banalen Wirklichkeit. Überraschende Wendungen erhöhen den komischen, lebendigen Eindruck der Gedichte; in kurzen, prägnanten Bildern zeichnet C. ein krit. Zeitgemälde. Die Wirkung des Humors u. der satirischen Kurzcharakteristik war C. aus seinen früheren Arbeitsbereich als Schauspieler bekannt. In der Gedichtslg. *Aus meiner Liedermappe* (1900) finden sich neben Preisgesängen auf die Kaiserfamilie u. einem feierlichen verklärenden G. auf den Tod der Kaiserin Elisabeth, einfache, poetische Natur- u. Stimmungsbilder; Anekdoten aus dem ländl. Bereich erzählte er in Mundartg. Eine Slg. oö. Mundartg. erschien schon 1889 (*Zeitliachtln*), hier beschreibt C. anschaul. das Leben der Bauern, ihre Verbundenheit zur Natur u. zur Heimat, ohne allerdings die Bedeutung der Mundartdichtung CASTELLIS oder STELZHAMERS zu erreichen. Melodiöse, stimmungshafte, der romant. Tradition verhaftete Lyr. enthält der Bd. *Der Fahrende Sänger* (1890). Die einfachen Strophen erinnern an Volkslieder (viele Gedichte C. wurden vertont), in poetischer, empfindsamer Sprache verbindet C. Liebesglück u. Liebessehnsucht mit Naturbildern; gleichnishaft stehen der Frühling, die Abendstimmung, die wechselnde Landschaft für die persönl. Empfindung, für die Träume, Wünsche u. Erinnerungen des dichterischen Ichs. Balladenhafte G. erzählen märchenhafte Stoffe (*Waldkönigin, Des Sängers Liebe*), immer wieder erscheint die Natur als stimmungsbeherrschende Macht. Auf dramat. Gebiet verfaßte C. humorvolle, krit. Einakter; diese Schwänke u. Lustspiele bringen komische, satirische Zeitbilder; durch eine derbe, einfache Situationskomik erreicht C. bühnenwirksame Unterhaltungslit. In *Der Fuchs in der Schlinge* (1869) triumphiert ein junges Liebespaar über den alten, lüsternen Vormund des Mädchens, der sich zuletzt auf dem Dachboden seines Hauses eingesperrt sieht. C. poetische Zauberm. stehen in der Tradition der Altwr. Volksk., der wesentliche Unterschied ist jedoch das Fehlen jeder zeitkrit. Komponente; die märchenhafte Welt wird in *Der Wundertraum* (1898) nicht mit einem konkret ausgestalteten Realitätsbild konfrontiert, zwei arme Handwerksburschen verdienen sich durch ihre Treue, ihre Gutherzigkeit u. ihre Unerschrockenheit die wunderbare Belohnung eines Märchenkönigs: ohne bittere Klage ertragen die Figuren des Stückes ihre Armut, ihr Gottvertrauen wird zuletzt erfüllt, die höhere Macht spendet ewiges Glück. Eine kritischere Gestaltung der Wirklichkeit findet sich in dem Zauberm. *Die Mondkönigin* (1874), die Liebe eines Bauernmädchens zu einem Grafensohn stößt auf Widerstände der Gesell., der Standesdünkel bestimmt das Verhalten der Dorfgemeinde, die dem Mädchen Hochmut u. realitätsfremde Gedanken vorwirft, u. das Verhalten der adeligen Gesell., die diese unwürdige Liebe unterdrücken will. Durch das Eingreifen höherer Gewalten wird die Liebe der beiden geprüft, ihre Treue durch die glückliche Vereinigung belohnt u. die Menschen zu der Einsicht geführt, dass die wahre Liebe über jeder Konvention steht. Die märchenhafte, poetische Stimmung wird aber durch die Realitätsbilder kaum unterbrochen, C. vermeidet die scharfe Anklage u. die satirische Gestaltungsweise, die in seinen Lustspielen u. in den polit. Zeitg. vorherrscht, die Märchenspiele schließen an seine romant. Lieder an.

WERKE: (Ausw.) Lyr.: *Blüten und Bl.*, Wien 1862; *Buchenblätter*, Czernowitz 1864; *Brenneseln*, Wien 1879; *Tauperlen*, Wien 1881; *Zeitliachtln*, Wien 1889; *Der fahrende Sänger*, Wien 1890; *Aus der Kinderstube*, Wien 1898; *Aus meiner Liedermappe*, Wien 1900. Drama: *Auf die Minute oder Ultimo*, Hbg. 1867; *Die weiblichen Rekruten*, Hbg. 1867; *Der Fuchs in der Schlinge*, Wien 1869; *Eine Frauengrille*, Wien 1873; *Mondkönigin*, Korneuburg 1874; *Der Wundertraum*, Kempten 1898.

LITERATUR: Forschungslit. über diesen lit. Einzelgänger existiert nicht; sein Name wird in Nagl/Zeidler/Castle, Bd. 3 erwähnt, eine Kurzbiogr. findet sich in Brümmer Bd. 1.

Cornelia Fritsch/Ernst Seibert

Cappy, Marie Crescence, Gräfin von (Ps. Fritz **Guttreu**, **Rhön-Werra**, 15.2. 1859 o. 1860, Schloss Kunnersdorf/Öst. Schlesien – 20.11.1930 Linz) kam mit 15 Jahren (1875) nach Wien, wo sie eine angemessene Bildung erhielt, die sie in den Stand setzte, schon bald auf lit. Gebiet zu arbeiten. Sie schrieb für Tagesjournale u. Zs., wobei ihre Stärke im Feuilleton lag, mit dem Schwerpunkt auf dem Genre »Dorfgesch.«. Ab 1898 lebte sie abwechselnd in Gmunden o. Linz a.D. Dort entstanden auch ihre selbständigen Werke, so eine Slg. v. Aphorismen, Reiseschilderungen u. Beobachtungen. Ihre gesammelten Aphorismen *Primeln* (Salzb. 1901), gewidmet »dem großen vaterländischen Dichter FRANZ KEIM«, lassen uns an ihrer Denkweise teilnehmen: eher konservativ, nachdenklich, manchmal originell, teilweise banal. Im ersten Tl. versucht sie, ihre Gedanken u. Erkenntnisse knapp u. präzise zu formulieren, im zweiten Tl. ihre Anliegen in Versform zu zwingen, ein Versuch, der nicht immer gelingt. Prosa scheint ihr geläufiger gewesen zu sein, doch ihre verstreuten Beitr. sind wohl verloren.

WERKE: *Primeln. Aphorismen*, Salzb. 1901; *Eine Bergfahrt und andere Reisebilder*, ebd. 1906; *Geldmenschen, Schattenbilder aus dem Leben*, ebd. 1906; Beitr., Feuilletons, Dorfgesch. in div. Zs.

LITERATUR: Eisenberg, Kosch II., Brümmer Bd. I.; Lex. dt. Frauen der Feder.

Eva Münz

Capra, Ingeborg (Ps. Ingeborg **Teuffenbach**, 1.10.1914 Wolfsberg/Ktn.), besuchte die Volks- u. Bürgerschule in Wolfsberg u. absolvierte die Lehrerinnenbildungsanstalt in Klagenfurt. Im dt.-sprachigen Grenzland geb. bzw. aufgewachsen begeisterte sich die 20-Jährige an dt.-nat. Ideen, pries in ersten Spruch-G. die Einheit des dt. Landschafts- u. Kulturraumes, trat für die Einheit des dt. Volkes ein u. folgte in ihrer geistigen Haltung den Parolen des NS. Der kurze Weg C. v. der Hoffnung einer Erneuerung dt. Kultur aus dem Volk – entgegen einem internat. u. dekadenten Internationalismus – zum extremen polit. Engagement ist individual u. allg. kulturgesch. symptomatisch für die Zeit. Wie sehr sich C. in der Zeit um 1938 bereits einen Namen in solchem Sinn gemacht hatte, bezeugt die Aufnahme einer ganzen Reihe v. G. in die Slg. Adalbert Schmidts *Ostmarklyrik der Gegenwart* (Wien/Lzg. 1939), die auch mit ihrem G. *Die dt. Heimat* eröffnet wird.
Nach 1945 – mittlerweile in Innsbr. lebend – nahm C. Abstand v. ihrer früheren polit. Überzeugung. Sie trat dann v.a. als Hörspielautorin in Erscheinung. Preis der Stadt Wien (1942), Preis v. Ktn. (1945), Preis der Stadt Innsbr. (1955), ORF-Preis für das beste heitere Hörspiel (1980).
Ein stil-, gattungs- u. geistesgesch. Forschungsarbeit über C. Werk im Rahmen der geistig u. ästhetisch verwandten öst. Lit. fehlt.
Ihre mehrfach preisgekrönte Lyr. ist thematisch u. stilistisch ihrem großen Vorbild, der Dichterin CHRISTINE LAVANT nahe verwandt, mit der sie v. Kindheit an befreundet war; deren Schwester diente bei den Teuffenbachs als Kindermädchen. Ihr widmete sie 1989 auch ein biogr. Werk. Von den beiden Söhnen C. ist Fritjof C. als Physiker u. Repräsentant einer neuen Naturlehre internat. sehr bekannt geworden.

WERKE: Gedichte: *Saat und Reife*, Bekenntnisse des Glaubens und der Liebe, Wien 1938; *Kärntner Heimat*, Wien 1938; *Verpflichtung*, Gedichte zum Krieg, Bln. 1939; *Du Kind*, Potsdam [1941]; *Verborgenes Bildnis*, Stgt. [1943]; *Gedichte* 1951; *Der große Gesang*, Leinfelden 1953. Biogr.: *Christine Lavant*, Gerufen nach dem Fluß, Zeugnis einer Freundschaft, Zürich 1989. Hörspiele: *Wie geht's denn der Sophie?* ORF 1980; *Maskali*, ORF 1990.

Ernst Seibert/Herbert Zeman

Cargius, Johann (Noricus), ev. Prediger u. neulat. Dichter. Er scheint 1597 als Schulleiter in Offenhausen (OÖ) u. 1609 als Administrator der Kirche v. Natternbach (OÖ) auf. Als seine Tochter Sibylla Elisabeth am 20.4.1620 heiratete, war C. bereits tot, seine Witwe Maria aber noch am Leben. C. veröff. lat. *Elegien* in geistl. Druckwerken seiner Prediger-Kollegen.

WERKE: *Elegia in obitum [...] Georgi Achatii, Domini in Losensteinleutn, Domini Vvirtingae, Roseggi, & Vveidenholtz, &c. [...] Musarum Moecenatis benignissimi [...]* u. ein *Chronostichon*. In: L. Pusch: *Ein Christlich Predigt Von dem from‹m›en König Josia [...] Vber dem vnzeitigen/ doch allerseligsten Absterben deß [...] Herrn Georg Achatien/ Herrn zu Losenstein [...]. Durch Ludwig Pusch/ Pfarrern im Marckt Offenhausen/ ob der Enß. Gehalten in der Pfarrkirche‹n› daselbst [...]. Addidta est ad finem ELEGIA in ejusdem Herois obitum*, Regensburg 1598; 2 Elegien: *In coelestis herbarii alexipharmaca, a Reverendo et Clarissimo viro, Dn. M. Clemente Anomoeo praeparata decastichon* u. *In eadem eiusdem ad eundem*. In: C. Anomoeus: *Sacrarum arborum, fruticum, et herbarum, Decas Prima, & Secunda. CreutzGarten der heiligen Göttlichen Schrifft* [...]. *Erster vnd Ander theil* [...], Nbg. 1609, fol. 22ʳ-23ᵛ.

LITERATUR: B. Raupach: Presbyterologia Austriaca, Hbg. 1741, 18; J. Strnadt: Peuerbach. Ein rechts-historischer Versuch, [Peuerbach 1867], 152; J. Schmidt: Linzer Kunstchronik, 2. Tl., Linz 1951, 27f.

Robert Hinterndorfer

Carinthia, Ein Wochenbl. für Vaterlandskunde, Belehrung und Unterhaltung. V. einer Gesell. Vaterlandsfreunde. Redigiert v. Simon Martin Mayer. Klagenfurt 1821, 1. Jg. – Dieses langlebige Kärntner Wochenbl. wurde 1811 v. Dr. Johann Gottfried Kumpf gegr., 1815 v. dem Priester u. Schriftsteller SIMON MARTIN MAYER, der auch unter dem Ps. J. Proben schrieb, übernommen u. mit einigen Unterbrechungen v. ihm bis 1862 geführt. Unter seiner Leitung arbeiteten die vorzüglichsten Kräfte der Gebiete Ktn., der Stmk. u. Krain, dadurch bot die Zt. mit ihren Beitr. ein lebendiges Bild der zeitgenöss. Lit. Heute ist sie eine Fundgrube für Erkenntnisse profaner, kirchlicher, statistischer u. kultureller Natur des 19.Jh.; Beitr. über Ethnografie u. Topografie sind hier genau so vertreten wie G., Sagen u. polit. Abh. Zu den Autoren zählten im Lauf der Jahre neben dem Hg. unter dem Ps. J. Proben Literaten wie der Arzt u. Schriftsteller ALOIS WEISSENBACH, JOHANN GABRIEL SEIDL, R. PUFF, JOHANN CHR. FRH. V. ZEDLITZ, HYAZINTH V. SCHULHEIM, FRANZ PIETZNIGG, VINCENT RIZZI, J. O. GALLISCH, P.A. BUDIK, KARL EDLER V. ULLEPITSCH unter dem Ps. Jean Laurent, FRIEDRICH PICHLER, ADOLF RITTER V. TSCHABUSCHNIGG, MAX EMANUEL STERN u.v.a. – Das Bl. erschien wöchentlich u. bestand aus einem kleinformatigen Bogen, so dass der Inhalt nicht sehr umfangreich sein konnte. Ein Motto eines bekannten Dichters war jeder Ausg. vorangestellt. Es gab Beitr. aus den versch. Interessensgebieten, heimatkundl., hist., volkskundl. Art, Reiseberichte, meist aus den Ländern der Monarchie. Den Abschluss jeder Ausg. bildeten Rätsel, Scharaden u. Notizen personeller Art o. Theaterberichte u. Kritiken über neu ersch. Bücher. Viel Raum nahm die schöne Lit. ein, bes. G. u. Balladen waren in fast jeder Ausg. zu finden. Aber nicht nur Arbeiten lokaler Dichter sind vertreten, sondern man findet z.B. eine Ode v. Klopstock »Der Eislauf«, o. Auszüge aus HORMAYRS Tb., wie eine Kärntner Sage, erzählt v. Ludwig Tieck. – Erscheinung u. Inhalt der Ztg. ändern sich im Laufe der Jahre kaum, ein homogenes Lesepublikum wurde nach seinem Geschmack bedient. Aber im Jahr 1848 ändert sich der Stil abrupt. Die G. werden kürzer, die Erz., die oft in Fortsetzungen über mehrere Ausg. hin weitergeführt wurden, machen Platz für die aktuellen Tagesereignisse u. Fragen der Politik. Ab H. 13 findet man G. wie »Constitutionslied«, »Das freie Wort«, »An den Kaiser«, »Volkshymne« (alles ohne Angabe der Verf.) o. ein Beitr. »Gespräch dreier Bauern über die weissen Kokarden«. DR. GALLISCH dichtet Verse wie »Die dt. Bundesfahne«, »Friede, Freiheit, Einigkeit«; ein Tiroler Studentenlied beginnt: »Sie sollen sie nicht haben, des Brenners Scheidewand«; man macht sich Gedanken über die Beziehungen zw. Öst. u. Dtld.; es gibt Vorschläge zur Ablösung aller »Unterthanen v. Zehentleistungen« etc. – Als lit. Beitr. gelten nun März-Sonette v. einem Anonymus 1857 ist das Bl. wieder zu seinem alten Stil zurückgekehrt, aber in modernisiertem Gewand: das Format hat sich nun auf die doppelte Größe gewandelt, es gibt kein Motto mehr auf dem Titelbl.; man bietet wieder Volkssagen, Aufs. über »Petrarcas Dichterkrönung« v. BUDIK, GALLISCH schreibt wieder Sonette: *Die Kaiserbraut*; *Weiße Rosen und Totenkränze* usw. – Auch 1862, die Ztg. ist nun schon im 52. Jg., findet man wieder Sonettenkränze, Reisebilder, N. in Fortsetzungen, Berichte über alte Adelsgeschlechter, Burgen u. Volksbräuche, Gelegenheitsg. zu Festtagen des Kaiserhauses u. wieder G. v. Trabuschnigg »Der Rosengarten«. Die Ztg. wurde unter wechselnder Redaktion noch bis 1874 fortgeführt, doch ihren Höhepunkt erlebte sie in den Jahren um 1820 bis 1847.

Eva Münz

Carl, Karl → **Bernbrunn**, Karl Andreas v.

Carl, Margarethe → **Bernbrunn**, Margarethe

Carneri, Bartholomäus Ritter v. (3.11.1821 Trient – 18.5.1909 Marburg a.d. Drau) stammte aus einer 1856 in den Ritterstand erhobenen ital.-öst. Gutsbesitzerfamilie. Sein Vater, zunächst in Graz u. dann in Venedig als Polizeidirektor tätig, heiratete in zweiter Ehe eine Veroneser Gräfin Giuliari, die bei C. Geburt starb. C., zeit seines Lebens mit schwerwiegenden gesundheitlichen Problemen belastet, kam mit fünf Jahren zu einem Onkel nach Wien, wo er eine betont bürgerliche Erziehung erfuhr u. das Schottengymnasium absolvierte. Ein ihm zugedachtes Jusstud. kam aufgrund seiner vordringlichen phil.-ästhetischen Interessen nicht zustande. Diese Studien musste er 1841 krankheitsbedingt unterbrechen. Er lebte nun bis 1847 in Arco/Südtirol. Aus dieser Zeit datieren seine ersten lyr. Versuche, die den späteren liberalen Politiker noch nicht erkennen lassen (*Gedichte* 1847), u. seine Freundschaft mit ANASTASIUS GRÜN, dem Onkel seiner späteren Frau, Gräfin Aloisia Schärf(f)enberg. Erst seit 1848 verfasste C. patriotisch-polit. G. u. tagesbezogene Flugschriften. Er lebte nun als Privatier in Wien u. Graz, wo er 1851 eine überaus harmonische Ehe mit Gräfin Schärf(f)enberg einging, siedelte nach Marburg über u. erwarb schließlich 1857 das im Drautal gelegene väterliche Gut Wildhaus, das er bis 1883 bewirtschaftete. Nebenbei befasste sich C. jedoch weiterhin mit Phil., Poesie u. Politik (jeweils Publikationen) u. wurde selbst als Politiker aktiv: Seit 1861 gehörte er dem steir. Landtag an (bis 1883), seit 1870 als v.a. mit Budgetreden bekannt werdender gemäßigt Liberaler dem Reichsrat (bis 1891). Nach dem Verkauf seines Gutes lebte C. mit seiner Tochter seit 1883 in Graz (seine Frau starb bereits 1869, sein Sohn 1875). Nach deren Heirat hatte er seinen Wohnsitz ab 1885 erneut in Marburg. 1891 zog er sich infolge einer Wahlniederlage aus dem polit. Leben zurück. Trotz Lähmung u. forschreitender Erblindung übersetzte er Dantes *Göttliche Komödie* (1896 bzw. 1901). C. – er wurde v.a. mit seinen ethischen Schr., die an den Darwinismus Haeckelscher Prägung anschließen, bekannt – stand mit vielen Wissenschaftlern u. Künstlern seiner Zeit in Kontakt (u.a. Briefwechsel mit Ernst Haeckel seit den 70er-Jahren u. mit Friedrich Jodl seit 1891; BERTHA V. SUTTNER, MARIE EUGENIE DELLE GRAZIE). Anlässl. seines 80. Geburtstages erhielt er für die verständliche Darlegung seiner phil.-ethischen Ideen das phil. Ehrendoktorat der Univ. Wien u. die Ehrenbürgerschaft v. Marburg.

C. lyr. Arbeiten stehen denn auch im Schatten seiner phil. Schr. u. sind größtenteils nicht nur v. seinen ethischen Überlegungen, sondern auch polit. Ansichten geprägt. So enthält der schmale Sonettenbd. *Pflug und Schwert* (1862), der durch einen unmittelbaren Ton, durch sprachl. u. formale Prägnanz überzeugt, Stellungnahmen zu seinem – v. ihm bedingungslos angenommenen – persönl. Schicksal u. zu polit. Aktualitäten. Daneben finden sich aber z.b. auch stimmungsvolle steirische Naturbilder u. Künstlerg.: C. sieht sich bei einer realistischen Einschätzung seiner nicht übermäßig bedeutenden Lyr. als einer der geringsten Nachfolger Friedrich Rückerts. Von seinen ab den 70er-Jahren publizierten phil. Arbeiten findet die *Grundlegung der Ethik* (1880) u. *Der moderne Mensch* (»Versuche über Lebensführung«, 1891) die größte Verbreitung: C. geht in seinen Überlegungen v. Spinoza u. Hegel aus u. bringt sie mit der aktuellen Darwinschen Entwicklungslehre in Zus.hang, wobei er eine naturgemäße u. vernünftige Ethik postulierte u. einen Weg v. einer neuen Biologie zu einem neuen, auf Menschenwürde ausgerichteten praktischen Idealismus zeigen will. Religiosität spielt in diesem – v. C. im Alltag auch tatsächlich gelebten – Konzept keine Rolle.

Der prominente liberale Politiker u. Ethiker der Gründerzeit (anlässl. seines 80. Geburtstages auch überschwenglich als »Mendelssohn der Dt. Aufklärung des 19. Jh.« apostrophiert) stellt den fraglos ernstzunehmenden Lyr., der v.a. mit seinen zeitkrit. polit. G. v. Bedeutung ist, jedoch in den Schatten.

WERKE: (Ausw.) Lyr.: *Gedichte*, Lzg. 1847, ²1850; *Pflug und Schwert*. Sonette, Wien 1862. Übersetzungen: *Ungarische Volkslieder und Balladen*. Dt., Wien/Lzg. 1892; *Dantes Göttliche Komödie*. Übers. u. mit einem Vorwort versehen, Halle a.d. Saale 1901 (Teilübersetzung zuvor u.d.T.: *Sechs Gesänge aus Dantes Göttlicher Komödie*. Dt. u. eingeleitet mit einem Versuch über d. Anwendung d. Alliteration bei Dante, Wien 1896). Phil. Schriften: *Sittlichkeit und Darwinismus. Drei Bücher Ethik*, Wien 1871, Wien/Lzg. ²1903; *Gefühl, Bewußtsein, Wille. Eine psychologische. Studie*, Wien 1876; *Der Mensch als Selbstzweck. Eine positive Kritik d. Unbewußten*, Wien 1877; *Grundlegung der Ethik*, Stgt. 1880 (auch Volksausg.); *Entwicklung und Glückseligkeit. Ethische Essays*, Stgt. 1886; *Der moderne Mensch. Versuche über Lebensführung*, Bonn 1891, ³1893, ⁵1901, ⁷1902, Volksausg. Stgt. um 1902; *Empfindung und Bewußtsein. Monistische Bedenken*, Bonn 1893. Polit. Schriften: *Neu=Öst. Ein Wort über echten u. falschen Konstitutionalismus*, Wien 1861; *Demokratie, Nationalität und Napoleonismus, drei Worte an die alte Nation*, Wien 1862; *Franz Deáks Rede vom österreichischen Standpunkte beleuchtet*, Wien 1863; *Öst. nach der Schlacht bei Königgrätz. Ein freies Wort d. Deutschen in Öst. gewidmet*, Wien 1866. Briefwechsel: *B. v. C. Briefwechsel mit Ernst Haeckel und Friedrich Jodl*, hg. v. Margarete Jodl, Lzg. 1922.

LITERATUR: Brümmer, Bd. 1.; J. Sieber: C. als Philosoph, Breslau 1913 (= Phil. Diss. d. Lzg. Univ.); F. vermehrte Jodl: B. v. C., in: ders.: Vom Lebenswege. Gesell. Vorträge u. Aufs. in 2. Bd., hg. v. W. Börner, Stgt. u. Bln. 1916, Bd. 1, 447-459 (= Beitr. f. d. Biogr. Jb. 14, 1912, 3-10); W. Bohn: Brieffreuden, in: Tagespost v. 20.2.1923, 3f. (= Rez. v. C. Briefwechsel mit Ernst Haeckel u. Friedrich Jodl); Nagl/Zeidler/Castle Bd. 3; J. Zenz: B. v. C. als Politiker, Diss. phil. Wien 1948 (mschr.); NDB, Bln. 1957, Bd. 3, 151f.; ÖBL Bd.1; J.A. Helfert Freiherr v.: Der Wr. Parnaß im Jahre 1848, Hildesheim 1977 (= Reprograf. Druck u. Ausg. Wien 1882), VII u. Nr. 112f., 890, 1747; Das Größere Öst. Geistiges u. soziales Leben v. 1880 bis zur Gegenwart, hg. v. K. Sotriffer, Wien 1982, 156.

Sylvia Leskowa

Carnevals-Almanach heißt ein 1830 in Prag bei C.W. Enders nur während dieses Jahres ersch. Almanach, der v. SEBASTIAN WILLIBALD SCHIESSLER hg. wurde; einem bekannten Literaten der Zeit, der an der Herausgabe vieler Druckwerke dieses Genres mitgearbeitet hat, so an den Tb. AURORA, Wien 1812 u. 1818, der THALIA, Wien 1826-1827, den BADEBELUSTIGUNGEN, Prag 1827, u.a. Er schrieb auch selbst, seine Beitr. sind unter vielen Ps. (Hilarius, L. Richter, Komus, Gustav Borgmann u.a.) in den Tb. der Zeit verstreut. Hier zeichnet er als alleiniger Hg. u. das Ergebnis ist ein geschmackvolles, heiteres u. elegantes Tb., dessen Inhalt in Prosa u. Lyr. nur das angesagte Thema behandelt. Der Einband zeigt auf der Vorder- u. Rückseite je eine Vedute v. Venedig, das Vorsatzbl. den Kupferstich einer »Großen Masken-Revüe auf einer Freien Redoute« u. der Hg. beginnt mit einem Aufruf des »Komus an die Leser: Seid mir gegrüßt, Ihr lieben Leser alle, / Ihr, die dem Scherz, der Heiterkeit verwandt […].« Es folgen zwölf kolorierte Kostümbilder im Stil der Zeit, dazu je ein lustiges kurzes G. zur Erläuterung v. Hg. Die Beitr. stammen neben denen v. SCHEISSLER z.Tl. v. dt. Literaten, doch sind auch bekannte öst. Schriftsteller vertreten, so FRIEDRICH HAUG (*Tanzlied*), Karl August Glaser (Ballade *Die Maske*), der Germanist Julius Max Schottky referiert über die *Gesch. des Karnevals* u. beschreibt die Feiern in Venedig, Rom, Neapel, Florenz u. in Dtld., THEODOR HELL ist ebenfalls mit einem G. vertreten. Einen großen Tl. des Textes nehmen kurze Szenen, Balladen u. Vorträge ein, die bei geselligen Zusammenkünften gespielt o. vorgetragen werden konnten. Nach den üblichen Rätseln u. Scharaden bildet den Schluss ein musikalischer Anhang – zuerst wird die Choreografie einiger Tänze angegeben; es sind die komplizierten Gesellschaftstänze der Zeit wie diverse Esquadrillen, eine Mazurka, Cotilons u.a., danach folgen die Noten dazu für das Pianoforte, darunter auch eine »Reydowaczka« v. Hg., um dann mit einer Eccossaise v. Carl Maria v. Weber zu schließen. Alles in allem ist der C.A. ein niveauvolles Exemplar der Unterhaltungslit. für das gehobene Bürgertum der Biedermeierzeit.

LITERATUR: Lit.-Bl. zum Morgenbl. 1829, Nr. 87, 348; Bl. f. lit. Unterhaltung 1830, Nr. 50, 199; H. Köhring: Bibliogr. d. Almanache, Kalender u. Tb. in d. Zeit v. 1750-1860, Hbg. 1929; Kosch 14.; Wurzbach 29; Meusel-Hamberger, Goedeke VIII.

Eva Münz

Caro, Karl (18.7.1850 Breslau – 1884 Wien), Sohn des Eisenindustriellen Robert C. u. der aus Brünn stammenden Mutter Hermine geb. Kein, absolvierte das Gymnasium in Breslau (St. Maria Magdalena) u. stud. an den Univ. Breslau, Heidelberg u. Straßburg die Rechtswiss. 1873 wurde C. zum Dr. jur. promoviert u. war bis 1876 in Breslau u. Straßburg als Referendar tätig. Er verließ den Staatsdienst u. gab den erlernten Beruf auf, um sich dem dichterischen Schaffen zuzuwenden. Bereits 1877 debütierte C. mit dem Drama *Gudrun* in Breslau (Stadttheater) u. Bln. (Nationaltheater), allerdings ohne Erfolg. Mit dem 1877 herausgebrachten Schwank *Auf dt. Hochschule*, in dem es um das dt. Korpsstudentenleben geht, hatte er, auf zwei größeren Bühnen aufgeführt, mehr Zustimmung. Noch in demselben Jahr siedelte C. nach Wien über, wo er mit Unterbrechung durch drei längere Reisen, die ihn nach Italien, Griechenland u. Spanien führten, bis zu seinem Lebensende wohnte. Ziemlich unbeachtet blieben die in den ersten Wr. Jahren geschriebenen Dramen C.: *Die Hochzeitsreise nach Heidelberg* (1879), *Die Tochter Theoderichs* (1880), *Ein Wiedersehen* (1880) u.a., bis er 1883 das einaktige Lustspiel *Die Burgruine* am Burgtheater herausbrachte (1882 v. der Prager »Concordia!« mit einem Preis ausgezeichnet). Diese Auff. brachte ihm bei Kritik u. Publikum einen durchschlagenden Erfolg. 1885 kam am Burgtheater postum seine Tr. *Am Herzogshof* heraus. Bes. Beachtung in lit. Kreisen erfreuten sich C. Versn. *Auf einsamer Höh'* (1878) u. *In der Sommernacht* (1880). Auf *einsamer Höh'* wurde v. RUDOLF V. GOTTSCHALL in den »Blättern für literarische Unterhaltung« (1880, Nr. 29) mit großer Anerkennung besprochen. Bes. hervorgehoben wurde die »scharfe u. wahre, dabei phantasievolle u. entzückende wie erschütternde Darstellung der Natur u. Menschenwelt«, mittels einer »einfachen u. doch herzbewegenden, an Gegensätzen so reichen Fabel.« In der 2. Versn., *In der Sommernacht*, die in einem gereimten fünffüßigen Jambus geschrieben ist, lobten die Kritiker zwar die Sprachpoesie u. die psych. Wahrheit in der Dichtung, lehnten aber den mehrfach beschriebenen Selbstmord als Verstoß gegen eine christliche Weltanschauung ab. C. ist in der Lit.wiss. bisher unbeachtet geblieben.

WERKE: Versdichtungen: *Auf einsamer Höh'*, N. in Versen, Breslau 1878; *In der Sommernacht*, N. in Versen, Wien 1880; *Gedichte*, Breslau 1883. Dramen: *Conradine*, Trauerspiel in 4 Aufzügen, Breslau 1875; *Gudrun*, Schauspiel in 5 Aufzügen, Breslau 1877; *Auf dt. Hochschule*, Schwank in 3 Aufzügen, Würzburg 1877; *Die Hochzeitsreise nach Heidelberg*, Lustspiel in 1 Aufzug, Wien 1879 (Neues Wr. Theater, 99); *Ein Wiedersehen*, Lustspiel in 4 Aufzügen, Wien 1880; *Die Tochter Theoderichs*, Trauerspiel in 5 Aufzügen, Wien 1880; *Die Burgruine*, Lustspiel in einem Aufzug, Wien 1883 (Neues Wr. Theater, 114); *Am Herzogshof*, Trauerspiel in 2 Abteilungen, Wien 1885.

LITERATUR: K. L. Leimbach: Die Dichter der Neuzeit u. Gegenwart, Kassel 1884, 1. Bd., 200ff; Brümmer, Bd. 1.

Ruthilde Frischenschlager

Caroli, Philipp (? Neuburg/Donau – Nov. 1639 Wien), Sohn ev. Eltern, Prof. der Redekunst an der Akad. Altdorf bei Nbg., Verf. philol. und altertumskundl. Lit., seit 1625 verh. mit Susanna, verw. Rumpold. Nachdem die obderennsischen Stände die protest. Landschaftsschule 1624 hatten aufheben müssen, erlangten sie 1627 die kaiserl. Genehmigung zur Wiedererrichtung einer Landschaftsschule unter kath. Ägide. Am 24. Nov. 1629 begann der Unterricht. Zum Rektor der solcherart erneuerten höheren Schule in Linz wurde C. bestellt, der zum Katholizismus übergetreten war und diesen Schritt in der Schr. *Antiquae fidei triumphus* (s. u.) rechtfertigte. 1633 wurde Rektor C. von Kaiser Ferdinand II. zum Hofhistoriografen ernannt. Er wurde aufgefordert, seine bisherigen hist. Skripten vorzulegen. 1639 wurde er – knapp vor seinem Tod – pensioniert. Die meisten rhetorisch-philol. und antiquarischen Schr., die C. zu Lebzeiten publiziert hatte, ersch. postum in Neuaufl.

WERKE: *Triga soloecismorum politicorum in vicem declamatiunculae animi gratia concinnata & in inclyta Noricorum academia publice recitata*, Altdorf 1622, ²1640, Hagen ³1651; *Notae philologicae ad Trigam soloecismorum politicorum [...] scriptae*, Altdorf 1622, ²1640; Beitr. zu: *Applausus votivi e Parnasso missi cum honores in utroque jure doctorales [...] in alma Noricorum Altorphina [...] conferrentur [...] Davidi Schmugk Schleus. Franco. A fautoribus et amicis solenniter exhibiti*, Altdorf 1626; *Sceptrum Iudae sive De republica Hebraeorum dissertatiuncula*: habita *Altorffii Noricorum in auditorio maiore*, Altdorf 1627, ²1640; *Gustus philologiae sacrae: quo Sacratissima Passionis Dominicae historia ex ritibus antiquitatis illustratur*, Altdorf [1628], ²1640; *Criticus: Cum absolutis ad Atticum Epistolis, Agellii Noctium Atticarum scriptoris professionem publicam aggrederetur*, Altdorf 1628, 21640; *Variarum lectionum libri tres*, Altdorf 1628, ²1642; *Novarum lectionum prodromus* [...]. *Ex principibus philologis electa* [...], Altdorf 1629; *Antiquae fidei triumphus/ Nuncupatus a Philippo Carolo ExProfessore Alttorffino. Quo scripto suum ab Augustana confessione transitum ad SS. Romanam Ecclesiam vindicat*, Linz 1630; *Antiquitates Romanae ecclesiasticae, civiles, militares, & oeconomicae*, Ffm. 1643; *Animadversiones historicae, philologicae et criticae in Noctes Atticas Agellii et Q. Curtii Historiam*, Nbg. 1563.

LITERATUR: J. Holungius u.a.: Epithalamia clarissimo & [...] doctissimo viro, Dn. Philippo Caroli professori Athenis Noricis dignissimo, ut & spectatissimae Matronae Susannae [...] Dn. Johannis Andreae Rumpoldi medicinae d.‹octoris› relictae viduae, sponsis matrimonium feliciter ineuntibus Noribergae XV. Cal. Mart. Anno [1625] scripta ab amicis, Nbg. 1625; C. Gottlieb Jöcher: Compendiöses Gelehrten-Lexicon, Lzg. 1733, Bd. 1, Sp. 638f.; J. Schmidt: Linzer Kunstchronik, Bd. 3, 132f.

Robert Hinterndorfer

Carro, Karl Ritter v. (Ps. Karl **Carode**, 21.3.1846 Wien – 22.3.1896 ebd.), Sohn eines Ulanen-Rittmeisters, entstammte einer alten, aus Genf nach Wien eingewanderten Familie. Sein Großvater war der bekannte Karlsbader Badearzt Jean de C., der sich um die Einführung der v. A. Jenner entwickelten Kuhpockenimpfung u. um die Hebung des Kurortes Karlsbad bes. Verdienste erworben hatte dafür 1813 geadelt u. 1820 in den öst. Ritterstand erhoben worden war. C. bekam in einer Wr. Handelsschule eine kaufmännische Ausbildung, die er nicht abschloss. Als 17-jähriger folgte er seiner Begabung u. Neigung, indem er sich dem Theater zuwandte. 11 Jahre lang wirkte er an versch. Bühnen Dtld. u. Öst. unter dem Ps. Karl Carode, bis ihn FRANZ V. DINGELSTEDT an das Wr. Burgtheater holte. Nach dem Spieljahr 1874/1875 zog er sich wegen zu geringer Beachtung seiner schauspielerischen Leistungen v. Theater zurück u. machte sich als Rezitator einen Namen. Seine Vorliebe galt dabei den Volksstücken LUDWIG ANZENGRUBERS, LUDWIG GANGHOFERS u. den Schr. FRANZ STELZHAMERS sowie Karl Stielers. Nach 10 Jahren des Herumreisens u. Rezitierens übernahm er 1886 die Leitung des Kurhaustheaters in Göttingen u. trat gleichzeitig mit ersten eigenen Werken an die Öffentlichkeit, z.B. mit dem Volksstück *Der Kartl-Lump* oder mit den G. in Oberbayr. u. Salzb. Mundart, *In Stieler's Fußstapfen*. Von 1889-1890 lebte C. wieder in Wien, anschließend übernahm er die Stelle eines Vortragsmeisters am Inst. v. Frau Mayr-Peyrimsky in Graz. Von 1891 bis zu seinem Tod lebte er, unterbrochen v. einigen Rezitations-Reisen, in Wien. Seine Grabstätte ist auf dem ev. Friedhof in Wien Matzleinsdorf. Eine lit.wiss. Bewertung seiner Werke steht noch aus.

WERKE: Lyr.: *In Stieler's Fußstapfen*, G. in Oberbayr. u. Salzburger Mundart, Augsburg 1887 (mit Bild d. Verf.). Volksstücke: *Der Kartl–Lump*. Volksstück mit Gesang in 4 Akten, BIn. 1887, Mchn. ²1898; *Dem Ahnl sei Geist*. Bauernposse mit Gesang u. Tanz in 4 Akten, gemeinsam mit R. Kuschar: Mchn. 1898, ²1899; *Der Garg'scheite*. Volksstück mit Gesang in 4 Akten, Mchn. 1898; *Das Riesenspielzeug*. Volksstück in 4 Akten, bearb. v. C. Karlweis, Wien 1898.

LITERATUR: A. J. Weltner, in: Biograph. JB u. Dt. Nekrolog 1897, 337f; Brümmer 1; Giebisch/Gugitz, Wien 1964.

Ruthilde Frischenschlager

Carsten, Catarina (geb. in Bln. – das Geburtsdatum wird v. C. C. verschwiegen u. ist zur Zeit nicht eruierbar) entstammt einem Lehrer- u. Musiker-Milieu, wuchs im vierten Stock eines Kurfürstendammhauses auf, machte gerade noch vor Kriegsausbruch ihr Abitur u. behält – als die Stadt v. Bomben zertrümmert wird, weiter ihr poet. »Arbeitszimmer« in der elterlichen Wohnung. C. flüchtete 1945 bei Kriegsende mit leichtem Gepäck, in dem sich jedoch eine alte Bibel befand, aus ihrer Heimatstadt. Vorläufiges Endziel war ein Dorf in der Nähe v. Augsburg. Hier wurden die drei Kinder (2 Söhne, eine Tochter) der inzw. Verheirateten geb., wurde – wegen der Kinder – der Traum v. einem Kunstgesch.stud. begraben, wurde aus dem Schreiben-Wollen zunächst ein Muss, ein Brotberuf: Lokalberichterstattung für die »Augsburger Allgemeine«. Zehn Jahre blieb es bei Berichten über Gemeinderatssitzungen, Verkehrsunfälle u. dgl. Und wenn die ländl. Chronistentätigkeit auch bald um Feuilletons u. »Kulturelles« bereichert wurde, eigene schriftstellerische Arbeiten gelangten durch den Dreifachberuf v. Hausfrau, Mutter u. Journalistin nicht zur Vollendung. Erst ab 1975, die Kinder waren nun erwachsen, wurde der tagtägliche Journalismus aufgegeben, die Übersiedlung vom südlichen Dtld. ins Salzb. Land (Puch bei Hallein), die neue Wahlheimat, nun vollzogen. Seit 1964 besitzt C. die öst. Staatsbürgerschaft. In schneller Folge ersch. – in den Verlagen Herder, Alfred Winter u. OTTO MÜLLER, aber auch in Ztg. u. Zs. (»Salzburger Nachrichten«, »Die Furche«, LITERATUR UND KRITIK), G., Interviews, Gesch., Hör- u. Fernsehspiele, sowie Biogr. u. Arbeitsberichte. Freundschaften u. Korrespondenzen mit CHRISTINE BUSTA (ab 1957) u. ILSE AICHINGER (ab 1972), Freude an Musik, Fremdsprachen (v.a. Frz.) u. Hausgästen. Lesereisen durch Öst. u. Dtld., sowie das Leben mit der groß gewordenen Familie charakterisieren das Leben u. Schaffen v. C. ebenso wie die ihr zuerkannten Lit.preise, ihre Aktivität als Präsidentin des Salzb. P.E.N. (1988-1996) u. ihre Tätigkeit als »erster Marktschreiber von Rauris« (1987).

Wie aus journalistischer Tätigkeit lit. Erfindungen entstehen können, zeigten sogleich die ersten beiden Buchveröff. C.: *Psychisch krank. Bericht einer Journalistin aus einer offenen Nervenklinik* (1977) u. *Morgen mache ich das Jüngste Gericht. G. aus der Anstalt* (1975). Tatsächlich nahm die Autorin – für ihre G. recherchierend – Anteil an den revolutionären Umwälzungen der Psychiatrie in den 70er-Jahren, dem »open-door-System«. Der nächste G.bd. v. C. erschien erst 13 Jahre später. Bis 1988 veröff. sie nur Prosabd., die – wie in dem Kurzgesch.bd. *Herr Charon* (1977) – in Grenzbereiche zw. Leben u. Tod vorstoßen, wo auch sprachl., aus verbaler Berührungsangst, sensibelste »Vor-Sicht« waltet. Hinter den folgenden ironischen Titeln: *Was eine Frau im Frühling träumt. Alltagsbeobachtungen mit leichter Feder notiert* (1980) u. *Sind Sie etwa auch frustriert? Gesch. zum Lachen und Weinen* (1981) – u. einer Auftragsarbeit des Herder-Verlages – versteckt die Autorin bei einem Schaufensterbummel u. Modeschauen nur ihre Sensibilität, lässt jedoch keinen Zweifel daran, wie wenig sie v. modischem Frust u. Emanzentum hält. »Keine Durststrecke« nennt C. denn auch ihren 25-jährigen freiwilligen Verzicht auf lit. »Selbstverwirklichung« zu Gunsten ihrer großen Familie. Später erst, in ihrem »Fernsehspiel für Kinder« *Das Land hinter dem Mond*, wertet sie diese Zeit auch poetisch aus. Bes. das Bändchen *Der Teufel an der Wand*, »Kindergesch. für Erwachsene«(1981) schildert ihre Jahre als Hausfrau u. Mutter, bezieht aber auch einen ihrer Enkel mit ein. V. den Kindern u. für die Kinder versteht sich der erklärte Pazifismus (sowie dann auch in späteren Publikationen der vehemente Protest gegen Atomkraftwerke) der sich selbst als völlig unpolit. bezeichnenden Autorin. So steht auch bei einer neuen Auftragsarbeit des Herder-Verlages, *Der Fall Ottillinger. Eine Frau im Netz politischer Intrigen* (1983), nicht die Politik, hier die sowjetische, die willkürliche Verschleppung einer leitenden öst. Beamtin im Ministerium für Wirtschaftsplanung, die den Marshallplan in Öst. einführen will u. deshalb denunziert wird, im Vordergrund, sondern das menschl. Schicksal einer zu 25 Jahren Einzelhaft u. Lager verurteilten 28-Jährigen. Wie hier eine Topmanagerin eines der größten öst. Unternehmen noch Jahrzehnte nach ihrer (im Zuge des Öst. Staatsvertrages erfolgten) Freilassung mit Gott ringt, zum Dank einen Kirchenbau (v. Fritz Wotruba) beschließt u. finanziert, u. ihre Gefängnis- u. Lagerzeit nicht als Chronik des Grauens, sondern als Schule der Versöhnung u. Nächstenliebe in Demut versteht, das darzustellen, ist der Sinn v. C. großer »Reportage«. Aus »Teilnahme an fremden Schicksalen« hatte C. Dichtung (1975) begonnen. Mit »Teilnahmen an fremden Schicksalen« lassen sich ihre Ztg.interviews (u.a. mit Paula Wessely, 1984 für die »Salzburger Nachrichten«), ihre Korrespondenz u. Begegnung mit CHRISTINE BUSTA (in: LITERATUR UND KRITIK, 1988, H. 225/226), ja sogar ihr Aufs. über »Oskar Maria Graf: Sozialist, Rebell-Dichter« (in: LITERATUR UND KRITIK, 1990, H. 241/242) wohl am besten erklären. Und »Teilnahme an fremden Schicksalen« führte 1985 auch zu ihrem Herder-Bändchen *Wie Thomas ein zweites Mal sprechen lernte*, »Dr. Martin F. Schwartz und seine Arbeit mit Stotterern«. Hier schildert sie die »Airflow«-Methode des New Yorker Logopäden, den sie – nach der Heilung ihres Enkels – mit Hilfe einer von ihr (in den »Salzburger Nachrichten«) initiierten Pressekampagne zu einem Kurs nach Salzb. einlädt. Und nimmt so, da die Sprechbehinderten zus.strömen, nicht nur lit. an fremden Schicksalen teil, sondern trägt – obendrein – zu deren erfolgreicher Therapie bei. Ihr schwer erarbeiteter »einfacher« Stil brachte C. (1984/85) die Berufung zum »ersten Marktschreier von Rauris« ein. Sie selbst fühlt sich in dem daraus entstandenen Bd. *Das Tal vor meinem Fenster* (1987) an ihre schwäbische Gemeindeberichterstattung erinnert. Doch durch den Genius loci (»Rauriser Literaturtage« seit 1971 mit den Lesungen v. über 150 dt.sprachigen Autoren, den Rauriser »Literarischen Wochenenden« u. den »Rauriser Malertagen« seit 1973), sowie angesichts der Skandale um FRANZ INNERHOFER wird C. Lokalbericht zur lit. Ergänzung. Immer wieder schreibt C. für die »Salzburger Zs. für Literatur«, z.B. in Jg. 21, 1996, 84; Jg. 24, 1998, 94; Jg. 25, 2000, 99 u. 101.

Als Herder-Autorin für eine christliche Leserschaft prädestiniert, obgleich konfessionell in ihrem Werk nicht festgelegt, bezeichnete die Kritik das »Etikett christlich« als »zu eng« für C. Ihre G. seien »vielmehr das Hohelied einer universellen Liebe«. Überhaupt wurden weniger Inhalt u. Motiv als Form u. Ausdruck ihrer G. u. Prosa gewürdigt: ihre »genaue Beobachtungsgabe«, ihr »breites Spektrum lit. Ausdrucksmöglichkeit«, ihre »Augenblicksaufnahmen«, ihre leichte Hand »ganz ohne pädagogischen Zeigefinger«, die »auch hinter dem unscheinbaren Problem das Ereignis sichtbar« u.

damit »jede Problemanalyse überflüssig« macht, ihre »klug strukturiert[e] u. dezent verhalten[e]« Präsentation wie auch Rezitation eigener u. fremder Texte. C. selbst glaubt sich am besten charakterisiert durch eine frz. Rez., die ihre Poesie u. Prosa »une sensibilité très fine et, en même temps, une précision insinuante« bescheinigt, »una vérité singulière, une raison d'être nouvelle [...] loin des jeux de langage hermétiques et stériles«.

PREISE: Rauriser Kurzgesch.preis (1977); Alma Johanna Koenig-Preis (1977); Christlicher Lit.-Preis der »Furche« (1982); Lyr.-Preis St. Johann (1998).

WERKE: Gedichte: *Morgen mache ich das Jüngste Gericht*. G. aus der Anstalt, Salzb. 1975; *Meine Hoffnung hat Niederlagen*. G., Salzb. 1988, ²1990; *Nicht zu den Siegern*, G., Wien 1994; *Zwischen Rose, Chimäre und Stern*, Lyr., Wien 1996; *Im Labyrinth der tausend Wirklichkeiten*, G., Wien 1999. Erz. u. sonstige Prosa: *Psychisch krank*, Bericht einer Journalistin aus einer offenen Nervenklinik, Wien, Freiburg, Basel 1977; *Herr Charon*. Gesch., Salzb. 1977, Freiburg ²1990; *Was eine Frau im Frühling träumt*. Alltagsbeobachtungen mit leichter Feder notiert, Herder Bücherei 790, 1980; *Der Teufel an der Wand*. Heitere Kindergesch. für Erwachsene, Herder Bücherei 832, 1981; *Sind Sie etwa auch frustriert?* Gesch., Herder Bücherei 887, 1981; *Der Fall Ottillinger*. Eine Frau im Netz polit. Intrigen. Mit einem Nachwort v. Eberhard Strohal, Wien, Freiburg, Basel 1983; *Wie Thomas ein zweites Mal sprechen lernte*. Dr. Martin Schwartz u. seine Arbeit mit Stotterern, Wien, Freiburg, Basel 1985; *Das Tal vor meinem Fenster*, Arbeitsbericht des ersten Marktschreibers von Rauris, Salzb. 1987; *»Christine Busta in Gedichten und Briefen«*, in: Lit. u. Kritik, 1988 (225/226); *»Oskar Maria Graf: Sozialist, Rebell-Dichter«*, in: Lit. u. Kritik, 1990 (241/242); *Wenn es am schönsten ist*, Erz., Wien 1995; *Das Beste von der Welt*, Kindergesch. für Erwachsene, Wien 1998; Autobiogr. Prosa: *Hungermusik*. Autobiogr. Skizzenbuch ohne Ende, Wien 1997; *Auf Nimmerwiedersehen*, Berliner Kellernotizen 1943-1945, Wien 2001. Hörspiele: *Und laß dir's wohlgefallen*, o.J.; *Das Land hinter dem Mond*, Fernsehspiel für Kinder, o.J.

LITERATUR: A. Finck: Bibliogr. littéraire (C.C., »Psychisch krank«, »Morgen mache ich das Jüngste Gericht«, »Herr Charon«), in: Revue d'Allemagne, 1977 (4); Rez. zu »Was eine Frau im Frühling träumt«, in: Klappentext zu C.C., »Sind Sie etwa auch frustriert«, Herder-Bücherei 887, 1981; A. Thuswaldner: G. als Hoffnungsträger, in: Salzb. Nachrichten (12.11.1988); M Heberling, C. C. Meine Hoffnung hat Niederlagen, in: Öst. Borromäuswerk, 1988 (6) d. Büchereinachrichten, 1988; H. Witke: »C. C. Lesung aus d. unveröff. Korrespondenz mit C. Busta«, in: Salzb. Nachrichten (25.3.1988).

Waltraut Schwarz

Casalbigi, Ranieri Simone Francesco Maria de' → **Calzabigi** Ranieri Simone Francesco Maria de'

Cartellieri, Gustav (26.4.1883 Karlsbad - 3.4.1947, Eger?), war Arzt in Eger u. während des 1. WK. Oberarzt an der Front, geriet in russ. Kriegsgefangenschaft (Sibirien) u. kehrte im Austauschweg als Kriegsinvalider zurück.

WERK: Erlebnisbuch: *Hilfsplatz D7 vermißt*, Erlebnis eines kriegsgefangenen Arztes, Karlsbad - Drahovitz 1933.

Redaktion

Carwin (eigentlich **Karpeles**), Heinz (Ps. Heinrich **Carin**, Karlheinz **Espe**), 14.11.1920 Wien - 30.3.2004 Bln.)

betätigte sich in versch. lit. Feldern als Journalist u. Theaterautor, wobei er seine Erfahrungen als Dramaturg Berliner Bühnen nutzte. Das Schicksal der Emigration u. d. Nachkriegszeit ließ eine Reihe engagierter Gedichte entstehen: *Heimweh. Die Juden.* In: 10 Jahre Kulturbarbarei im Dritten Reich, 10 Jahre freie dt. Kultur im Exil, London, Free German League of Culture in Great Britain 1943, 27f.; *6 Gedichte.* In: Mut. Gedichte junger Österreicher, hg. v. Fritz Walter, London 1943, 31–33 [erschienen unter dem bürgerlichen Namen Heinrich KARPELES]; *5 Gedichte.* In: Bekenntnis zu Öst. Moderner Arbeiterlyrik, Graz 1945. Das antifaschistisch-sozialist. Engagement C. bildet in der Not der polit. Wirren um den 2. WK die Basis einer kurzfristigen lit. Aussprache. Auch als Bühnenautor u. Erzähler versuchte sich C. durchaus mit ideologischem Standpunkt.

WERKE (in Ergänzung zu den schon genannten): *Unzulängliche Aufzeichnungen über die dumme alte Großmutter Himmelreich und einige andere unwesentliche Ereignisse: 4 Akte*, Wiesbaden 1945 (Bühnenms.). *Weder gut noch böse. Ein wahres Trauerspiel*, Stgt.-Zuffenhausen: Chronos-Verlag 1948 (Bühnenms.). Tragikomödie *Flieder.* Tragödie in drei Akten. Stuttgart-Zuffenhausen 1948 (Bühnenms.). *Unzulängliche Aufzeichnungen über die dumme alte Großmutter Himmelreich und einige andere unwesentliche Ereignisse: 4 Akte.* Mit einem Vorwort von Jörg Thunecke. Wien 1994. *Geschichten um Hannelore und andere letzte Nachrichten.* (erschienen unter dem Ps. Karlheinz Espe), Bln. 1992.

Herbert Schrittesser

Castell, Luise Gräfin v. (geb. Aloisia Elisabeth Ullrich, Künstlername Luise Ullrich, 31.10.1910 Wien – 21.1.1985 Mchn.) entstammte einer altöst. Offiziersfamilie (Vater: Major), absolvierte die Ausbildung zur Schauspielerin an der Akademie für Musik u. darstellende Kunst in Wien, spielte ab 1926 am Dt. Volkstheater u. bald danach am Burgtheater in Wien. Im Jahr 1931 übersiedelte sie nach Bln., trat dort auf der Volksbühne u. kurze Zeit später am Staatstheater auf. Als Filmschauspielerin hatte sie ihren Durchbruch an der Seite v. LUIS TRENKER in dem Film »Der Rebell«. Es folgten erfolgreiche Rollen in Max Ophüls Verfilmung v. ARTHUR SCHNITZLERS *Liebelei* u. WILLI FORSTS Verfilmung v. Lebensszenen FRANZ SCHUBERTS »Leise flehen meine Lieder«. Neben ihrer Schauspieltätigkeit begann sie sich als Erzählerin mit mehreren Büchern vorzustellen. Im Jahr 1979 erhielt sie das Goldene Filmband für ihr Lebenswerk. Im Jahr 1942 heiratete sie Wulf-Diether Graf zu Castell-Rüdenhausen, mit ihm u. den beiden aus der Ehe entsprossenen Töchtern lebte sie zuletzt in Mchn. Am Waldfriedhof in Grünwald (Mchn.) ist sie begraben.

C. publizistische Tätigkeit wurde eröffnet mit einer autobiografischen Schrift – *Sehnsucht, wohin führst du mich? Südamerikanisches Tagebuch* (Bln. 1941). In Südamerika hatte C. ihren späteren Gatten kennengelernt. Der autobiografische Hintergrund blieb auch weiterhin eine Inspirationsquelle v. C. durchwegs erzählerischen Büchern, die jeder gern zur Hand nahm, der sie als Schauspielerin schätzen gelernt hatte. Die (groß-)bürgerliche Welt, deren Traditionen und Werte, blieben ihrem aufgeklärten Geist nahe. Darauf gründete auch der Humor ihres Lebens u. Schaffens: *Komm auf die Schaukel Luise: Balance eines Lebens.* (Percha am Starnberger See, Kempfenhausen 1973). Ein Schauspieler- u. Schriftstellerdasein, das in die Restaurationszeit nach dem 2. WK mündete.

WERKE (in Ergänzung der schon genannten): *Ricarda*, Roman, Wien 1955. *Ferien in Zelt und Wohnwagen: Reiseschilderungen aus Island, Italien, Spanien u. Frankreich*, Herrsching 1957.

Herbert Zeman

Castelli, Ignaz Franz (Ps. **Bruder Fatalis, Kosmas, Rosenfeld,** C.A. **Stille**, 6.3.1781 Wien – 5.2.1862 ebd.), unehelicher Sohn eines Rechnungsrates u. einer Wirtstochter, wuchs bei begüterten Verwandten auf, stud. Jurisprudenz u. wurde mit 20 Jahren Beamter in der landständischen Buchhaltung, wo er es bis zum Ende seiner Berufslaufbahn (1843) zum Landschaftssekretär brachte. 1811-1814 war C. Theaterdichter am Kärntnertortheater. C., durch seine überbordende lit. Produktion schon früh zu Wohlstand gelangt, erscheint als typischer Repräsentant des Wr. Biedermeier: kunstverständig, lebensoffen, aber polit. zurückhaltend, skurril, aber liebenswert, das Leben behaglich genießend, aber nicht verschwenderisch; ein Bücher-, Theaterzettel- und Dosensammler, der auch den Wr. Tierschutzverein gründete u. ein führendes Mitgl. der Wr. Künstlergesell. LUDLAMSHÖHLE (als Cif Charon der Höhlenzote) war. C. hat ungefähr 200 Dramen geschrieben, vornehmlich Unterhaltungsstücke, die sich durch Witz u. dramat. Gekonntheit auszeichnen, nicht selten aber auch durch eine forcierte Künstlichkeit zur lit. Belanglosigkeit absinken. In den meisten Fällen hat sich C. an schon vorhandene Lit. angelehnt: durch Bearbeitungen, Parodien u. Travestien; ob Shakespeare oder Kotzebue, das Ritterstück oder die Schicksalstr.: C. wusste alle u. alles zu verwerten (*Der travestierte König Lear*, ungedr.; *Die Zeche oder Gastwirt und Bürgermeister in einer Person*, 1819; *Roderich und Kunigunde oder der Eremit vom Berge Prazzo*, 1807; gemeinsam mit ALOIS JEITTELES *Der Schicksalsstrumpf,* 1818). Die frz. Modedramen der Zeit, allen voran die v. E. Scribe, fanden die bes. Aufmerksamkeit C.; rührselige Liebesgesch. u. delikate Intrigen gaben den beliebten Handlungen das Gepräge. Ein wichtiges Datum der Weimarer Theatergesch. ist mit C. Namen verbunden: Goethe legte die Theaterleitung nieder, nachdem am 12. April 1817 gegen seinen Willen die frz. Hundek. *Der Hund des Aubri de Mont-Didier oder der Wald bei Bondi* in C. Bearbeitung auf dem dortigen Hoftheater gespielt worden war.

C. G., zuerst verstreut in Almanachen u. Tb. (z.B. im *Selam*), gesammelt bei Wallishausser (*Poetische Kleinigkeiten*, 5. Bändchen., 1816-1826; *Gedichte in niederösterreichischer Mundart*, 1828), dann bei Duncker u. Humblot in Bln. (6 Bd., 1835), vereinigen alle modischen Gestaltungsmöglichkeiten, mit denen sich, nach C. Vorstellung, »Gemüt und Humor« ausdrücken lassen, wobei der Erlebnis- u. Stimmungs-Lyriker der Goethe-Zeit nicht nachgedichtet wird. Gedankenlyr., Spruchdichtung, Oden, Episteln, Balladen, Fabeln u.a. hat C. mit leichter Hand in großer Zahl verfertigt, die Wirkung bei der Deklamation ins Kalkül ziehend. Sein *Kriegslied für die österreichische Armee* (1809), v. Erzherzog Karl unter seinen Truppen verteilt, gehört zu den frühesten u. wirkungsvollsten Zeugnissen der antinapoleonischen Lit. Für seine Dialektg. wurde C. mit Goethes Lob ausgezeichnet. – Kulturgesch. bedeutsam sind C. Memoiren (1861), v.a. als Beschreibung der Entwicklung der Wr. Theater über einen Zeitraum v. mehr als einem halben Jh. hinweg.

C. Slg. v. Theaterstücken u. Theaterzetteln verwahrt die ÖNB, große Tl. des lit. Nachl., insbes. die große Korrespondenz befinden sich in der Wr. Stadt- u. Landesbibl. Eine lit.gesch. Monographie, die den Nachl. aufarbeitet u. C. Bedeutung umfassend darstellt, fehlt.

WERKE: (Ausw.) Dramen: *Dramatisches Sträußchen*, 20 Jg., Wien 1809 u. 1817-1835 (darin über 80 Dramen); *Der travestierte König Lear*. Parodie in 5 Akten (ungedr.); *Die Mühle am Arpennerfelsen*. Schauspiel in 3 Aufzügen aus d. Frz. Musik v. I. Ritter v. Seyfried (Auff. Wien 1802); *Die Scheidewand*, Oper in 1 Akt nach dem Frz. Musik v. A. Fischer, Wien 1804; *Domestikenstreiche, oder Fünf sind zwei*. Lustspiel in 1 Akt nach dem Frz., Wien 1805; *Der Weiße und der Schwarze*, Schauspiel in 4 Akten (ungedr., Auff. Prag 1806); *Semiramis*. Große heroische Oper in 3 Aufzügen nach dem Trauerspiel gleichen Namens, bearb., aus d. Frz. übers., Musik v. C.S. Catel, Wien [1806]; *Roderich und Kunigunde, oder: Der Eremit vom Berge Prazzo*, Wien 1807; *Das Liebhabertheater*. Lustspiel in 2 Akten aus d. Frz. (ungedr., Auff. Wien 1807); *Der Ehedoktor*. Posse mit Gesang in 3 Akten. Musik v. I. Ritter v. Seyfried, Wien 1808; *Die Schweizerfamilie*. Lyr. Oper in 3 Aufzügen. Musik v. J. Weigl, Wien 1810, ⁵1820; *Ferdinand Cortez, oder: Die Eroberung von Mexiko*. Heroische Oper mit Ballett in 3 Akten nach d. Frz. Musik v. L. Spontini, Wien 1812; *Franziska von Folix*. Heroischkomische Oper in 3 Aufzügen nach d. Frz. Musik v. J. Weigl, Wien 1812; *Salem*. Lyr. Tragödie in 4 Aufzügen. Musik v. J. F. Mosel, Wien 1813; *Der Hund des Aubri du Mont Didier, oder: Der Wald bei Bondy*. Hist.-romant. Drama in 3 Akten aus d. Frz. Musik v. I. Ritter v. Seyfried (Auff. Wien 1815); *Der Streit der Dicken und der Mageren*. Schwank (ungedr., Auff. Wien 1816); *Abraham*. Melodram mit Chören in 4 Akten nach d. Frz. Musik v. I. Ritter v. Seyfried, Wien 1818; *Der Schicksalsstrumpf*. Tragödie in 4 Akten. Von den Brüdern Fatalis, Lzg. 1818 (mit A. Jeitteles); *Die Verschworenen (Der häusliche Krieg)*. Oper in 1 Aufzug. Musik v. F. Schubert (geschrieben 1819); *Die Zeche oder: Gastwirt und Bürgermeister in einer Person*. Krähwinkliade in 1 Akt nach einer wahren Begebenheit (Auff. Wien 1819); *Der unsichtbare Prinz*. Großes melodramatisches Zauberspiel mit Chören in 4 Akten nach d. Frz. Musik v. I. Ritter v. Seyfried (ungedr., Auff. Wien 1823); *Die Pisanischen Brüder*. Drama in 3 Akten nach Federici (Auff. Graz 1825); *Erste Liebe, oder: Jugend-Erinnerungen*. Lustspiel in 2 Akten nach d. Frz. (Auff. Prag 1827); *Uniform und Schlafrock*. Komische Oper in 1 Akt nach d. Frz. Musik v. Berton (Auff. Wien 1829); *Der Quäker und die Tänzerin*. Lustspiel in 2 Akten nach E. Scribe (Auff. Wien 1831); *Folge einer Mißheirat*. Gemälde aus dem Leben in 4 Akten nach d. Frz. (Auff. Wien 1834); *Der Perückenmacher und der Haarkünstler*. Lustspiel in 1 Akt (Auff. Brünn 1835); *Die Macht des Liedes*. Komische Oper in 3 Akten. Musik v. Lindpaintner (ungedr., Auff. Stgt. 1836); *Der quälende Zweifel*. Drama in 1 Akt (ungedr., Auff. Wien 1836); *Der Maler und seine Frau*. Drama in 2 Akten. Nach E. Scribe u. Vanderburg (ungedr., Auff. Wien 1839); *Zanetta, oder: Mit dem Feuer spielen ist gefährlich*. Komische Oper in 3 Akten. Musik v. Auber (Auff. Prag 1841); *Satan in Paris*. Dramatisches Gemälde in 5 Akten frei nach d. Frz. Musik v. A.E. Müller (ungedr., Auff. Wien 1844); *Der handgreifliche Beweis*. (Sie will sich trennen). Lustspiel in 1 Akt, Wien 1846; *Sullivan*. Lustspiel in 3 Akten (ungedr., Auff. Wien 1853); *Ich speise bei meiner Mutter*. Lustspiel in 1 Akt (ungedr., Auff. Wien 1856); *Die Hugenotten*. Oper in 5 Akten. Musik v. G. Meyerbeer, Wien 1857. Ungedruckt u. nicht aufgeführte Theaterstücke: *Der Augenarzt*. Oper in 1 Akt; *Die Familie des Herrn Barons*, Lustspiel in 1 Akt; *Die Fee*. Lustspiel in 1 Akt; *Frau und

Geliebte, Drama in 3 Akten; *Geniestreiche*, Lustspiel in 3 Akten; *Katharina Howard*, Trauerspiel in 4 Aufzügen in Versen; *Die Schule der Koketterie*, Lustspiel in 3 Akten; *Die Seeräuber*, Drama in 3 Akten; *Verbrechen aus Freundschaft*, Militärisches Schauspiel in 5 Akten. Lyr.: *I. F. C. Poetische Kleinigkeiten*, Bd. 1-5, Wien 1816-1826, Neuaufl. u.d.T. *I. F. C. Gedichte*. Einzige, vollständige Slg. in 6 Bd. mit Bildnisse des Dichters, Bln. 1835; *Hundert Vierversige Fabeln*, Wien 1822; *Gedichte in niederösterreichischer Mundart*, Wien 1828; *Zeitklänge*. Slg. v. G. polit. Färbung. Verfaßt v. 13. März 1848 bis Ende Februar 1850, Wien 1850; *Zur Schiller-Feier gedichtet und bei dem Fest-Mahle am 12. November 1859 vorgetragen*, o.O. u. J. Lieder: *Kriegslied für die österreichische Armee*. In Musik gesetzt v. J. Weigl, Wien [1809]; *Lied für die National-Garde*, Wien 1848; *Was i[c]h jetzt sein möcht?*, Populäres Lied in Wr. Mundart, o.O. u. J. [Wien 1848]. Epik: *Wiener Lebensbilder*. Skizzen aus dem Leben u. Treiben in dieser Hauptstadt, Wien 1828; *Erz. von allen Farben*, 1. - 6. Bändchen, Wien 1839/1840; *Orientalische Granaten*, Dresden 1852, Prag ²o.J. Hg.tätigkeit: *Thalia ein Abendblatt*, Wien/Triest 1810/11; *Huldigung den Frauen*. Tb. f. d. Jahre 1823/1848, Lzg., seit 1827 Wien; *Lebensklugheit in Haselnüssen*. Eine Slg. v. tausend Sprichwörtern in ein neues Gewand gehüllt, Wien [1824/1825]; *Bären*. Eine Slg. v. Wiener Anekdoten, aus dem Leben gegriffen u. nacherzählt, Wien 1825/1832, 12 Hefte; *500 Wiener Anecdoten*, Wien [zw. 1839/1844]; *Neue Wiener Bären, zusammengetrieben von dem alten Bärentreiber*, Wien 1844; *Wörterbuch der Mundart in Oesterreich unter der Enns*, Wien 1847; *Der Thierfreund*. Zs. des Thierschutzvereins, Wien 1852f.; *Oesterreichisch-kath. Volks-Kalender zur Verbreitung von Religiosität und Vaterlandskenntniß und zum Nutzen der Haus- und Landwirtschaft. Für das Jahr 1855 u.* [1856]. Memoiren: *Memoiren meines Lebens*, 4 Bde., Wien 1861, neu hg. v. J. Schondorff, Mchn. 1969. Werkausg.: *Sämtliche Werke*, vollständige Ausg. letzter Hand, in strenger Ausw., Wien 1844-1846, 16. Bd., 2., verm. Aufl. Wien 1848.

LITERATUR: A. Saager: Aus dem Leben eines Wr. Phäaken, Wien 1912; Nagl/Zeidler/Castle, Bd. 2,1; F. Beermann: C. als Zeitdichter, Diss. phil. Wien 1927; W. Martinez: I. F. C. als Dramatiker, Diss. phil. Wien 1932; Goedeke, 9 u. 11,2; G. Gugitz: in: NDB, 3; K. Wache: I. F. C. in ders.: Jahrmarkt d. Wr. Lit., Wien 1966, 13-16; C. Fischer: C. J. F. In: Lit.lexikon hg. v. W. Killy,, Gütersloh/Mchn. 1989, Bd. 2, 389f.

Norbert Oellers/Sylvia Leskowa (Bibliogr.)

Castelli, Paolo (? – Dez. 1685 Wien). Librettist u. Komponist. C. kam als Männer-Altist an die Wr. Hofkapelle, wo er v. 1. Okt. 1662 bis zu seinem Tod im Dez. 1685 tätig war. Sein Oratorium vertonte C. selbst, die einzige Oper wurde v. Francesco Bartolomeo Conti (1681-1732) in Musik gesetzt. Mit dem panegyrischen Charakter seiner Werke reiht sich C. in das Schaffen seiner ital. Zeitgenossen in Wien ein.

WERKE: Musikdrama: *L'Ammalato immaginario*, Wien 1713. Oratorien: *Il Trionfo di Davide* Wien 1683; *Il Trionfo di David*, Wien 1713.

LITERATUR: R. Eitner: Biogr.-bibliogr. Quellen-Lex., Graz 1959-1960, Bd. 1, 360; M. Ritter: D. Wr. Kaiserhof im barocken Wien als Zentrum dt.-ital. Lit. bestrebungen (1653-1718), Diss. phil. Wien 1997, Bd. 2, 37.

Michael Ritter

Casti Giambattista (29.8.1724 Acquapendente/Viterbo – 5.2.1803 Paris) stud.

u. unterrichtete seit frühester Jugend u. bis 1764 in Montefiascone; als Mitgl. der röm. »Arcadia« seit 1762 führte er den Namen **Niceste Abideno**. Die dichterische Laufbahn begann er mit Sonetten nach der Manier der Zeit, die Kunst des flüssigen Verseschmiedens fand später in seinen Theatertexten den Niederschlag. Eine Liebesbeziehung führte ihn nach Frankreich, er kehrte nach Rom zurück u. schließlich findet man ihn in Florenz, wo er als Hofdichter in der Gunst des Großherzogs Leopold stand. Kaiser Joseph II. war v. seiner Begabung so angetan, daß er ihn anlässl. seines Besuchs in Florenz 1769 nach Wien berief u. ihm die Möglichkeit gab, in der höfischen Gesell. Eingang zu finden. Als Freund des Sohnes des Fürsten Kaunitz ist er dessen Reisebegleiter durch Europa. In Petersburg, 1778, erringt er die Anerkennung der Zarin Katharina II., die dennoch in C. *Poema tartaro* zum Angriffspunkt seiner Satire wird. Seit dieser Zeit schrieb C. auch Theatertexte für Musik: zuerst eine anspruchslose *Operetta a cinque voci*, *Lo sposo burlato*, zur Geburt eines Neffen der Zarin, dann auf Wunsch Josephs II. *Il re Teodoro* (1784), einen Opera-buffa-Text nach einer Episode aus Voltaires *Candide*. Diesem Stück folgen, in der Vertonung Salieris, *La grotta di Trofonio* (1785) u. die berühmte Satire auf den Vorrang, den die Musik über den Text einnimmt, *Prima la musica e poi le parole* (1786), das Werk, das Anregung für R. Strauss' u. U. Krauss' Libr. zu *Capriccio* wurde. V. 1785 bis 1787 entstanden die Theatertexte *Il Cublai gran Can de' Tartari*, in dem Motive aus dem *Poema tartaro* u. des Dramas *Teodoro in Corsica* verarbeitet werden. Im Jahre 1788 inszenierte er einen *Catilina* u. verfasste *I dormienti*, v. denen weder Auff. noch Vertonung bekannt sind. Mit seinem satirischen Werk hatte C. diplomatische Verwicklungen heraufbeschworen, so dass er für einige Zeit den Wr. Hof verlassen musste. V. Venedig aus unternahm er eine Orientreise u. berichtete darüber in seiner *Relazione di un viaggio a Costantinopoli*. Unstet wechselte er häufig seinen Aufenthaltsort, blieb bis 1790 in Mailand. In diesem Jahr erschienen seine galanten Versen in erster Ausg., die auch bei weiteren Publikationen Anstoß erregten, nicht zuletzt v. Seiten Parinis, der ihn einen »prete brutto, vecchio e puzzolente« schalt. Von 1790 bis 1796, zuerst unter Leopold II., dann unter Franz II. (I.), bekleidete er das Amt des kaiserl. Hofdichters, jetzt wie einst vielbeneidet v. DA PONTE, der, weniger glücklich als C., eine Rückkehr nach Wien versuchte. In seinen Memoiren erkannte DA PONTE später seinem Widersacher alles dichterische Talent zu, sparte nicht an Vorwürfen für seine Intrigen u. seine Unmoral. Ein *Orlando furioso*, eine *Rosmunda* entstanden noch zuletzt in Wien; in diesen Werken werden Mischformen der Tr. u. der K. zu einem neuen Experiment verwendet, Buffo- u. Seria-Elemente gehen bruchlos ineinander über. Inzw. sympathisierte C. mit demokratischen Ideen u. verfasste nach weiteren galanten N. u. lyr. G. noch die Oktavendichtung *Gli animali parlanti*, wo er in 26 Fabeln die polit. u. sozialen Zustände seiner Zeit anprangert. Damit schafft sich der einstige Hofpoet Zugang in die modernen Bewegungen der Revolution. Verarmt, beendet er seine Tage in Paris u. findet auch nach seinem Tode eher unerbittliche Kritiker seiner Person u. seines Werkes; Revisionen sind erst neuerdings im Gange, da man versucht, seine zu einem Tl. noch hs. konservierten Stücke der Öffentlichkeit zugänglich zu machen.

WERKE: *Poesie liriche*, Firenze 1769; *Novele*, Paris 1804; *Gli animali parlanti*, Paris 1812; *Opere varie*, Pisa 1821; *I dormienti*, in *Raccolta de' drammi giocosi del sec. XVIII*, Mailand 1826; *Prima la musica e poi le parole*, in G.F. Malipiero, *I Profeti di Babilonia*, Mailand 1924 u. in P. Metastasio, *Opere*, a cura di M. Fubini, *Appendice, L'opere per musica dopo Metastasio*, Mailand 1968; *Il Teodoro in Corsica*, ed. E. Bonora, in *Giornale storico della lett. it.* 134, 1957; *Rosmunda*, ed. G. Muresu, in *La Rassegna della lett. it.*, 72, 1968.

LITERATUR: L. Pistorelli: I melodrammi giocosi di G.B.C., in Rivista musicale italiana II, 1895; ders., I melodrammi giocosi inediti di G.B.C., dass. IV; L. Piermattei: G.B.C., Turin 1902; G. Manfredi: Contributo alla biografia di C. da documenti inediti; H. van den Bergh: G. C. (1724-1803): l'homme et l'œuvre, Amsterdam/Brüssel 1951; E. Bonora: Il »Teodoro in Corsica« e i melodrammi giocosi di G.B.C., in: Giornale storico della letteratura italiana 134, 1957.; G. Muresu: Genesi e significato della »Rosmunda«, in: La Rassegna della letteratura italiana, 72, 1968; W. Ebermann: Die Poesie nur gehorsame Tochter? Notizen zu L. Da Ponte v. G.B.C. anläßlich der Wiederentdeckung v. Paisiellos Il re Teodoro in Venezia, Jb. der komischen Oper XI, 1971, XXX-XXX; R. Angermüller: C. in Stanley Sadie, ed. The New Grove Dictionary of Music and Musicians, London 1980, Vol. 3; C. in: Enciclopedia dello spetacolo.

Erika Kanduth

Castner, Gabriel (? Haslach, OÖ – 1575 Mchn.), ein Schüler des bayr. Humanisten Hieronymus Ziegler, stud. als »pauper« (Mittelloser) an der Univ. Ingolstadt (Immatrikulation 6.6.1544; Mag. art. zw. 1550 u. 1554), an der Juristenfakultät der Univ. Padua (1554) u. an der Univ. Bologna (1555). Als Nachfolger des Martin Balticus, der öffentlich Luthers Katechismus zu lehren begann, wurde der Katholik C. als Rektor (»Poeten maister«) an die Poetenschule in Mchn. berufen. 1560 legte er dem Münchner Magistrat einen detailliert ausgearbeiteten *Studienplan* für diesen fünfklassigen Schultyp vor. Mehrere Drucke seiner Zeit enthalten poetische Beitr. C., zumeist *Epigramme* und *Elegien* in lat. Distichen.

WERKE: *Ad venerandum virum Zachariam Weichsnerum, parochum in Pruck* [...] *carmen.* In: H. Ziegler: *Christi vinea. Drama sacrum*, Basel 1551, 7-9; *Ordnung der Poeten schuel wie es yetziger Poet in allen classibus halten soll. De anno 1560*, Ms. (Original lat.; hg. u. übers. v. L. Westenrieder: Beyträge zur vaterländischen Historie [...], Bd. 5, Mchn. 1794, 214-231, referiert in: Reinhardstöttner, 24f.); *Ad Hieronymum Zieglerum carmen*. In: H. Ziegler: *Illustrium Germaniae virorum historiae aliquot singulares*, Ingolstadt 1562; *Elegiacum ad Sam‹uelem› Quichebergum* [!]. In: S. Quichelberg: *Inscriptiones vel tituli theatri amplissimi*, Mchn. 1565; *Ad lectorem in MKD* (= Martini Klostromarii Doctoris). *Carmina numeralia*. In: M. Klostermair: *Chronographia particularis*, Mchn. 1567, fol. B3ʳᵛ.

LITERATUR: A. Luschin v. Ebengreuth: Oesterreicher an ital. Univ. zur Zeit d. Reception d. röm. Rechts. In: Bl. d. Vereins für Landeskunde v. NÖ, N. F., 14. Jg., Wien 1880, 242; K. v. Reinhardstöttner, M. Balticus, Bamberg 1890 (= Bayerische Bibl. 1), 13; 24f.; 40f.; I. Matschinegg:, Österreicher als Universitätsbesucher in Italien (1500-1630), Diss. Univ. Graz 1999, 233.

Robert Hinterndorfer

Castner, Jodok (? Haslach, OÖ – ?), jüngerer Bruder v. GABRIEL C., stud. an der Univ. Padua (1557) sowie an der vorderösterr. Univ. Freiburg i. B. (immatrikuliert 3.6.1562), Magister, wurde Präzeptor des Herzogs u. späteren Kurfürsten Maximilian I. v. Bayern u. starb in Bayern als Angehöriger des Jesuitenordens. Unter seinen neulat. Dichtungen ragen seine *Epicedien* für den Humanisten Henricus Glareanus u. für Kaiser Ferdinand I. hervor.

WERKE: *De obitu uncomparabilis viri, D[omini] Henrichi Loriti Glareani* [...] *Epicedion, et epigrammata quaedam funebria*, Basel 1563; *De theatro Quicchebergi*. In: S. Quichelberg: *Inscriptiones vel tituli theatri amplissimi*, Mchn. 1565; *Sacri Romani imperii threni seu lamentationes in funere Divi Ferdinandi Caesaris eius nominis primi. In eiusdem obitum egloga Daphnis, et ad Christum pro Maximiliano Secundo Rom. Imperatore invictissimo precatio*, Mchn. 1565; *In Ioan.‹nis› Hartungi Decuriam III. Phaleucium*. In: J. Hartung: *Locorum quorundam insignium ac memorabilium ex optimis quibusdam authoribus cum Graecis tum Latinis excerptorum et explicatorum Decuria tertia*, Basel 1565; *Ad Doctorem Martinum Clostromarium medicum de carminibus numeralibus epigramma*. In: M. Klostermair: *Chronographia particularis*, Mchn. 1567, fol. B3ᵛ.

LITERATUR: A. Luschin v. Ebengreuth: Oesterreicher an ital. Univ. zur Zeit d. Reception d. röm. Rechts. In: Bl. d. Vereins für Landeskunde v. NÖ, N. F., 14. Jg., Wien 1880, 243; H. Mayer: D. Matrikel d. Univ. Freiburg i. Br. v. 1480-1656, Bd. 1, Freiburg 1907, 464; I. Matschinegg: Öst. als Univ.besucher in Italien (1500-1630), Diss. Univ. Graz 1999, 233.

Robert Hinterndorfer

Catalogus librorum A Commissione Caes. Reg. Aulica Prohibitorum. Liste der in der öst. Monarchie verbotenen Bücher, die v. 1754 bis 1780 unter jeweils versch. Titeln bei versch. Verlagen (GEROLD, KALIWODA, TRATTNER) erschien. Die letzte editio nova 1776, bei GEROLD, mit Suppl. von 1777, 1778 u. 1780 umfasste in kl. 8⁰ 360, 16, 21, 29 S. Im C. wurden Originalwerke u. Übersetzungen, in dt., lat., frz., ital. u. engl. Sprache, mit einigen anderen angeführt. Die Bücher sind unter dem Titel, selten unter dem Autor verzeichnet. Anonyme u. Ps. meist nicht aufgelöst. Einzeltitel u. Einzelbd. (selbst bei Zs.) überwiegen, einige wenige Gesamtausg. sind indiziert. Nur bei Freimaurern heißt es lapidar: »alles«. Von 1751 bis 1780 sollen rd. 4 600 Titel indiziert worden sein.

Nicht nur Erotica u. Pornografica waren im C. zu finden (weshalb der C. bald ein begehrtes Nachschlagewerk war u. schließlich selbst auf den Index kam), sondern auch Occulta u. alchemistische Schr., dazu »gefährliche« Werke aus Religion, Politik u. Gesch., Enzyklopädien wie Bayles *Dictionnaire* (in einer späteren Ausg.) wie die v. d'Alembert u. Diderot. Galianis *Dialoge* fehlen ebensowenig wie phil. Werke v. Montaigne, Campanella, Hobbes, Spinoza, Locke, Shaftesbury, Hume, Helvetius, Thomasius, Kant u.a. Ein breites Spektrum deckt die ausländische Lit. ab: Theokrit u. Ovid, die Italiener mit dem Novellisten, bis Ariost u. Marino, die Franzosen mit La Fontaine, La Rochefoucauld, Ninon de Lenclos, Voltaire u. Rousseau, v. den Engländern Marlowe, Beaumont u. Fletcher bis zu Defoe, Swift, Richardson, Fielding u. Sterne nebst unzähligen anderen. Die dt. Lit. ist mit Volksbüchern (Faust, Bebel, Pauli, Wickram) vertreten, Reformation u. Barock mit Fischart, Moscherosch, Grimmelshausen, J. Beer, Gryphius, Lohenstein, Reuter u. zahlreichen Poeten der galanten Periode. Dann verdichtet sich das Netz: Bodmer, Gottsched, Loen, Hippel, Thümmel, Wetzel, Wieland, Lessing, Herder, v. Goethe die *Neuen Lieder*, der *Werther*, die Ungersche Ausg., Bürger u.a. Dazu kommen Kleinschr. u. Theaterstücke. Einen breiten Raum nehmen Titel wie Briefe, Gespräche, Lettres, Memoires u. aus ein, dann Robinsonaden u. Zs. (zahlreiche Moralische Wochenschr.). Als Vorbild kam dem vorwiegend kath. Staat der *Index Romanus* zu Hilfe, der durch den *Catalogus* noch ergänzt wurde. Nichtsdestoweniger zeigt der C. das Dilemma, wenn nicht die Unmöglichkeit solcher Maßnahmen, sofern sie sich auf die Ausw. einzelner Titel einlassen, statt wie später, flächendeckend, mit dem generellen Verbot v. Autoren, Werkausg. oder Kategorien zu operieren. So kamen Titel v. kirchentreuen Männern wie Thomas a Kempis, ABRAHAM A SANCTA CLARA u. Pater Cochem auf den Index, während etliche »gefährliche«, subversive Titel unentdeckt blieben u. durchschlüpften. Wie wenig effektiv das System trotz strenger Strafen, Durchsuchungen v. Bibl. in den Häusern u.a. war, bezeugen nicht nur Berichte v. zeitgenöss. Reisenden wie Riesbeck u.a. u. die Kat. der Privatbibl., sondern auch eine ironische Bemerkung Josephs II. in einem Brief v. 1765, nach dem der einzige Nutzen der Zensur darin bestünde, daß jedes verbotene Buch in Wien zu haben wäre.

Nach der vergleichsweise aufgeklärten Periode unter Joseph II., der »erweiterten Preßfreiheit«, u. dem Übergang unter Leopold II. ersetzte Franz II. (I.) die vormals gedr. Indices durch geschriebene Listen. 1896 gab dann Anton Einsle unter einem ähnlichen Titel einen *Catalogus librorum in Austria prohibitorum*, Verz. der in Öst. bis Ende 1895 verbotenen Druckschriften heraus.

LITERATUR: H. Reusch: Der Index der verbotenen Bücher. Ein Beitr. zur Kirchen- u. Lit.gesch., Bonn 1883, 1885, 2 Bde.; G. Klingenstein: Staatsverwaltung u. kirchl. Autorität im 18. Jh., Mchn. 1970; K. F. Stock: u.a.: Personalbibliogr. öst. Dichter u. Schriftsteller, Mchn.

1972 (1.1.16.); D. Zensur, Bd. 1, Hg. R. Wittmann, Mchn. 1981 (ND der editio nova); D. Breuer: D. Gesch. d. lit. Zensur in Dtld., Heidelberg 1982; B. Plachta: Damnatur-Toleratur-Admittitur. Studien u. Dokumente z. lit. Zensur im 18.Jh., Tübingen 1994.

Peter R. Frank

Cavallar, Maria Luise (22.4.1889 Wien – 20.12.1977 ebd.), geb. Schönberger, heiratete 1920 Major Ferdinand Ritter C. v. Grabensprung, war in ihrer Heimatstadt als Lehrerin an der Akad. für Musik u. Darstellende Kunst tätig (Sprech- u. Vortragskunst für Bühne, Film, Rundfunk), seit ihrer Pensionierung freie Mitarbeiterin des Öst. Rundfunks (v. aus Ms. für kinder- u. frauenspezifische Sendungen). C., Vizepräsidentin des Verbandes der Geistig Schaffenden (1952) sowie Präsidentin des Vereins der Schriftstellerinnen u. Künstlerinnen (1968), erhielt 1959 den Prof.titel. Neben einem einzigen, aus der Anfangzeit ihres lit. Schaffens stammenden Lyr.bd. (*Was meine Sehnsucht sang*, 1916), verfasste die Päd. in erster Linie kulturgesch. ausgerichtete Hörspiele, Kulturkritiken u. Rez., aber auch M. und Kurzgesch.

WERK: Lyr.: *Was meine Sehnsucht sang.* [?] 1916 (nicht im Bestand v. Wiens großen Bibl.).

LITERATUR: Who's who in Austria. 6th Ed., Montreal 1967, 93; H. E. Prokop: Öst. Lit.hdb., Wien 1974.

Sylvia Leskowa

Ceipek, Leopold Edler v. (6.10.1877 Wien – 10.2.1957 Linz) fasste nach seiner Ausbildung zum Dr. der Medizin in Innsbruck als Arzt Fuß u. wurde als Hofrat der Tiroler Landesregierung Landes-Sanitätsreferent (Titel: Obermedizinalrat).

C. Verse u. Prosa sind durchweg aus den Begebenheiten des Alltags geschöpft. Sie mahnen, trösten u. betrachten die Begebenheiten des Lebens aus der bürgerlichen Perspektive des Autors: *Aus dem Alltag gerettet. Eine kleine Slg. in Reimen u. Prosa* (Innsb. 1911); *Aus Japan*, G. (Innsb. im Selbstverlag 1931). Aktualitäten aus dem gesellschaftlich-politischen Leben bieten lit. Vorwürfe: *'s Liesele uns 's Maidele. Eine Geschichte aus Deutsch-Südtirol in fünf Bildern* (In: Dt. Vaterland. Öst. Zschr. für Heimat u. Volk, Wien 1923, Jg 1/2, 26–31); *Berggebluet: Kriegsskizze* (In: Jb. d. Kaiserschützenbundes, 1924, 115–124). Auch als Dramatiker versuchte sich C. mit dem Mysterienspiel *Dahlia* (1923), dem geschichtsbetrachtenden Stück *Weltwende* (1930) und der Komödie *Die Katze läßt das Mausen nicht* (1930).

LITERATUR: J. Kiener: Autorenabend L. v. C. In: Innsbrucker Nachrichten, 27.4.1922, E. Hutschenreiter: Standesbuch öst. Schriftsteller u. Schriftstellerinnen, Wien 1937, 23; Hirt, Karl Emerich: OMR Dr. L. v. C. gestorben. Nachruf. In: Tiroler Nachrichten 1957, Jg. 36, 4; Hofrat Dr. L.C. Nachruf. In: Tiroler Tagesztg. 1957, Jg. 39, 4, Giebisch-Gugitz; Kosch, Bd. V (2003), 192.

Herbert Schrittesser

Celan, Paul (eigentl. **Antschel** o. **Anczel** Paul, 23.11.1920 Czernowitz/Tschernowtzky, Rumänien – Ende Apr./Anfang Mai 1970 Paris) entstammte einer dt.sprachigen jüd. Familie, die im altöst. Czernowitz (bis 1918) ansässig geworden war. Nach dem 1. WK wurde Czernowitz mit der Bukowina Rumänien zugeschlagen. Der Vater C., der Bautechniker Leo Antschel-Teitler, sorgte für den Lebensunterhalt der Familie, indem er als Brennholzmakler arbeitete. Von der Mutter Friederike, geb. Schrager, wurde C. Interesse für die dt. Dichtung geweckt. Die jüd. Kultur u. gesell. Eigengeprägtheit erlebte C. in seiner Heimatstadt, die zur Hälfte aus Juden, sonst aus Rumänen, Ukrainern u. Dt. bestand, ebenso intensiv mit wie das allg. multikulturelle Spektrum der auf die habsburgische Monarchie folgenden Jahre. Die lit. Ausbildung, die C. an der Schule genoss, ist nicht zu unterschätzen. Er besuchte zuerst das Oberrealgymnasium, eine Eliteschule, verließ es wegen dort anwachsender antisemitischer Tendenzen (1934) u. wechselte an das rumän. Staatsgymnasium, wo er 1938 die Reifeprüfung ablegte. Dort lernte er mehrere Sprachen: Griech., Lat., Frz., Engl., Ukrain., Russ. u. Rumän. kamen zum Dt. hinzu. C. eignete sich damals gute Kenntnisse der dt. Lit.gesch. an. Im Mittelpunkt seiner Interessen standen die Lyriker Friedrich Hölderlin, GEORG TRAKL u. RAINER MARIA RILKE, aber auch der Erzähler Jean Paul; darüber hinaus erschloss er sich die frz. Symbolisten u. die moderne rumän. Lyr.
Ab 1935 hatte C. Beziehungen zu antifaschistischen Jugendgruppen. Er stud. die Linkshegelianer u. ließ sich v. den anarcho-kommunistischen Vorstellungen Gustav Landauers u. Peter Kropotkins beeindrucken, las aber auch die Schr. MARTIN BUBERS. C. stud. ab 1938 Medizin an der Univ. Tours in Frankreich – für Juden gab es einen Numerus clausus in Rumänien – konnte das Stud. durch den Ausbruch des 2. WK nicht fortsetzen u. wechselte daher noch 1939 zum Stud. der Romanistik an der Univ. Czernowitz. Damals befreundete sich C. mit der Schauspielerin Ruth Lachner. C. lyr. Begabung erreichte einen ersten bedeutenden Ausdruck in den G. dieser Zeit: »Schlaflied«, »Sternenlied« etc. Am 20.6.1940 fiel Czernowitz mit der Nordbukowina durch Annexion an Russland.

Im Juni 1941 griff Dtld. die Sowjetunion an, im Juli zogen rumän. u. dt. Truppen in Czernowitz ein. C. Eltern wurden von den Dt. in ein Arbeitslager am Bug eingewiesen, C. selbst – zuerst zur Zwangsarbeit unter rumän. Bewachung gezwungen – entging einer Deportation durch Flucht aus Czernowitz, kam jedoch in ein Arbeitslager, aus dem er im Febr. 1944 entlassen wurde u. nach Czernowitz zurückkehrte. Dort erlebte er im März 1944 den Einmarsch der Russen. C. Eltern waren bereits 1942 gest., der Vater an Typhus; die Mutter wurde ermordet. Gegen das Kriegsende zu begegnete C. den Dichtern ROSE AUSLÄNDER, ALFRED KITTNER u. IMMANUEL WEISSGLAS, v. denen C. Schaffen nicht unberührt blieb. In dieser Zeit entstand – als Slg. der *Gedichte 1938-1944*, Ffm. 1986 – das sog. *Typoskript 1944*, das 93 G. enthält, darunter auch die später berühmt gewordene »Todesfuge«. Nun wechselte C. abermals das Stud. u. versuchte sich vorübergehend in der Anglistik. Von 1945-1947 arbeitete er als Lektor u. Übers. in Bukarest. Dort nahm er an den Zusammenkünften der Surrealisten um Gherasim Luca teil, lernte die Dichter ALFRED MARGUL-SPERBER u. Peter Solomon näher kennen u. schrieb für die v. Ion Caraion hg. Zschr. *Agora*. Seit den späten 30er-Jahren bis in die Bukarester Zeit entstanden neben den dt. G. auch solche in rumän. Sprache, acht surrealistische Texte u. Übersetzungen v. Texten KAFKAS. Im Dez. 1947 floh C. vor dem Stalin-Kommunismus über Ungarn nach Wien. 1948 nahm OTTO BASIL in Wien, über Empfehlung von MARGUL-SPERBER, 17 G. C. in seine Zs. PLAN auf. C. wurde in Wien bekannt mit INGEBORG BACHMANN, KLAUS DEMUS, MILO DOR u. REINHARD FEDERMANN. In demselben Jahr 1948 erschien in Wien der erste G.bd. *Der Sand aus den Urnen* u. die allg.n ästhetisch u. spezifisch lit.-theoretisch bedeutende Einl. zu den Lithografien Edgar Jenés: »Edgar Jené oder der Traum vom Traume«. Der Wr. Aufenthalt blieb Episode, u. noch im Sommer 1948 verließ C. Öst., um seinen Wohnsitz endgültig nach Paris zu verlegen. Dort begann er schließlich das Stud. der Germanistik u. Sprachwiss., arbeitete ab 1950 als Übers. u. schließlich ab 1959 bis zu seinem Selbstmord in der Seine als Lektor für dt. Sprache u. Lit. an der École Normale Supérieure. Zur Ehe (seit 1952) mit der Grafikerin Gisele Lestrange und d. Liebesverhältnis mit INGEBORG BACHMANN vgl. man »Herzzeit. Der Briefwechsel« zwischen der BACHMANN und C. (Ffm. 2009). C. erwarb die frz. Staatsbürgerschaft. Er war Mithg. der frz. Zs. *L'Éphémère*.
1958 erhielt C. den Lit.preis der Freien Hansestadt Bremen; 1960 den Georg-Büchner-Preis der Dt. Akad. f. Sprache u. Dichtung; 1961 den Großen Kunstpreis des Landes Nordrhein-Westfalen. C. distanzierte sich räumlich v. Land seiner Herkunft u. v. Land jenes Volks, das den Tod seiner Mutter verursachte, aber er suchte gerade dort seine Dichtung wirksam werden zu lassen, u. dass sie wirkte, zeigen die Preise, die er – ausschließlich aus dem dt. Kulturraum – erhielt. Ausgangspunkt v. C. Dichtung ist die erfahrene Unmenschl.keit der Wirklichkeit u. die v. der Wirklichkeit her, v. der Schuld belastete dt. Sprache. C. Dichtung sucht das in diesem Sinn unbelastete Dichterwort, das sich dem unerhörten Leid der jüngsten Vergangenheit, wie es der Dichter empfand, nähern u. dieses aussprechen könnte. In solchem Verständnis versuchte sich C. als dt.sprachiger Dichter jenseits des nat. kulturellen dt. Raumes physisch u. geistig anzusiedeln. Diese gewollte Distanz u. gesuchte Nähe zum dt. Denken u. Fühlen, zugleich die unausgesetzte poetische

»Trauerarbeit« (Peter Horst Neumann) an dem erinnerten u. durch sprachl. Bilder vergegenwärtigten eigenen u. allg. jüd. Schicksal hatte für C. Leben u. Schaffen rigorose Folgen: Die Konzentration auf die einmal vorgegebene Thematik u. die rigorose sprachkrit. Purifizierung der poetischen Sprache bis an die Schwelle des Verstummens brachten eine deutliche stilistische Entwicklung des Werkes mit sich. Diese Entwicklung führt – zunächst äußerlich bemerkbar – v. der Verwendung der Lang- zur Kurzzeile, ja z. Tl. zu Einwortzeilen u. zur häufigen Verwendung v. Enjambements. Die rhythmische Bindung – oft verwendet C. freie Rhythmen – umfasst häufig mehrere Zeilen. Die Syntax zeigt eine beträchtliche Lockerung grammatikalischer Beziehungen; die entwicklung zielt schließlich auf G., die bloß einen Satz umfassen. Verengungen u. wechselnde Verzweiflungen macht auch die Entwicklung der Bildersprache deutlich: C. Bilder kombinieren gleichsam symbolisch begriffene Ausschnitte aus der sehr konkret wahrgenommenen Wirklichkeit: surreale Landschaften entstehen dadurch, ohne ihre Wurzeln in der surrealistischen Lit. tradition tatsächlich zu haben. Die frühen G. malen noch traumhafte Bilder, finden noch sprachl. Wendungen erlesenen Wohlklangs, aus dem die Greuel der hist. Wirklichkeit auftauchen. Später wird die Bildersprache befremdender, z. Tl. hässlicher, verzweifelter. »Bezieht der Dichter auch alle Erscheinungen auf ein Inneres, so bleibt der von ihm geschaffene Seinsraum doch stets berührt von Dingen der sichtbaren Welt, die sich – wie Blume, Träne, Stein – zu Chiffren einer Existenzaussage verdichten« (Victor Lange). Am Beginn der C.-Forschung wurde diese Entwicklung als polit. Enthaltsamkeit gedeutet, bis man begriff, dass diese Art des poet. Vortrags polit. Tatbestände u. Schulderweise deutlich machte, ja sogar die gleichzeitige sog. engagierte Dichtung durch die eindringliche Kraft der Bildersprache bei weitem übertraf. Die Wirklichkeitsoffenheit u. -suche, die seine G. charakterisiert, hat C. selbst betont.

Neben zahlreichen Übersetzungen bzw. Nachdichtungen v. Werken Apollinaires, Artauds, Bretons, Éluards, Mallarmés, Rimbauds, Valérys, Frosts, Donnes, Shakespeares, Ungarettis, Blocks, Chlebnikovs, Jessenins, Mandelstams u. a. schrieb C. fast ausschließlich Gedichte.

Nachdem C. den ersten G.bd. *Der Sand aus den Urnen* wegen vieler z. Tl. sinnentstellender Fehler zurückzog u. zum größten Tl. einstampfen ließ, brachte er in Stgt. (1952) die Slg. *Mohn und Gedächtnis* heraus, in der noch 30 G. v. 1. Bd. übernommen wurden. Hier ist jenes poetische Verfahren durchgeführt, in dem die ästhetische Schönheit des Stils die aufgesuchten Greuel – etwa der KZ – wie das dunkle Innere eines schön umhüllten Danaergeschenks v. innen heraus sichtbar werden lassen. 1955 erschien ebenfalls in Stgt. der G.bd. *Von Schwelle zu Schwelle*, der nun das schon angesprochene Reduktionsverfahren bereits anwendet: Immanente Sprachkritik erlaubt es nur mehr, das aus dem Schweigen gewonnene, nicht der allg. Schuld entwachsene Wort zur Darstellung des stets gleichbleibenden jüd. Schicksals, nämlich des Untergangs, zuzulassen. Der Jude »unterm Stern«, der v. Natur u. Gesell. Ausgestoßene, ist das Thema eines 1959 entstandenen, 1960 in der *Neuen Rundschau* v. C. veröff. Prosatexts. Die Entwicklung sprachl. Konzentration geriet mit dem G.bd. *Sprachgitter* (Ffm. 1959) an seine Grenze. Nun häuften sich die ablehnenden Stimmen, die das mit der jean-paulschen Metapher des Titels angedeutete, im Raum der Sprache

383

absolut gewordene Verhältnis zur Wirklichkeit ablehnten. Nicht mehr auf eine außer dem Text liegende Wirklichkeit wird hier verwiesen; der Text erschließt selbst Wirklichkeit. Hier ist aber trotzdem eine ganz neue Art einer für den Leser sich ergebenden Hermetik aufgebaut, die diese Dichtung nur schwer zugänglich macht. Die Poetik einer solchen Dichtung entwarf C. in Grundzügen mit seiner Büchner-Preis-Rede *Der Meridian* (veröff. in: Jb. der Dt. Akad. für Sprache u. Dichtung 1960, 74-88), in der C. auch das Wesen des G. – wie er es schrieb – in Beziehung zur modernen Weltanschauung setzte: das G. als »Flaschenpost«, »Atemwende«, vom Dichter gesuchtes »Gegenwort«, usw.
Einerseits erinnert C. Dichterexistenz an die der modernen Dichtung eigentümlichen Neigung zum Verstummen, anderseits ist gerade er es, der neue, auch unheimliche Bereiche, die dem Menschen gegenüberstehen, bis hin zum Unsagbaren sprachl. bezeichnen will. Der Titel des G.bd. *Die Niemandsrose* (Ffm. 1963) deutet darauf hin, »in ihrem sinnlos schönen Blühen aus dem Nichts ist die inhaltlose Form als Mysterium begriffen. Dass es C. jedoch auch in diesem Bd. letztlich um den Sinnbezug zw. Welt u. Geist geht, zeigt die Anrufung vieler Namen, die deutlicher als in den vorausgehenden Bd. das aus jüd. Tradition geb. Bewusstsein erkennen läßt, Welt zu benennen u. damit zu schaffen« (Victor Lange). Letztlich wird hier schon auf eine Wirklichkeit gezielt, die sich dem weltgestaltenden Wort entzieht. Zu dieser Richtung neigen die letzten, z.Tl. postum veröff. G.bd.: *Atemwende* (Ffm. 1967), *Fadensonnen* (Ffm. 1968), *Lichtzwang* (Ffm. 1970), *Schneepart* (Ffm. 1971) u. *Zeitgehöft, Späte Gedichte aus dem Nachlaß* (Ffm. 1976).

WERKE (zu Einzelausg. vgl. die Angaben im Text): Werkausg.: *Gedichte in zwei Bänden*, hg. v. B. Allemann, Ffm. 1975; *Ges. Werke in fünf Bänden*, hg. v. B. Allemann u. St. Reichert, Ffm. 1983; *Das Frühwerk*, hg. v. B. Siedermann, Ffm. 1989. Übersetzungen: *E. M. Cioran: Lehre vom Zerfall*, (Essays); *Arthur Rimbaud: Das trunkene Schiff*, Wiesbaden 1958 (Lyr.); *Drei russ. Dichter. Aleaner Bloks, Ossip Mandelstam, Sergej Jessenin*, Ffm. 1963 (Lyr.); *Henri Michax: Dichtungen*, Schriften I., hg. v. P. C., Ffm. 1966; *Jean Daive: Décimale blanche. Weiße Dezimale*. Mit einer Vorbemerkung v. Rolf Bücher. Faks. d. hs. Übertragung, 2 Bde., Paris 1967, Ffm. 1977 (Lyrik); *Giuseppe Ungaretti: Das verheißene Land. Das Merkbuch des Alten*. Ffm. 1968 (Lyr.); *William Shakespeare: Einundzwanzig Sonette*. Mit einem Nachwort v. Helmut Wiebrock, Ffm. 1975.

LITERATUR: C. Heuline: Bibliogr. zu P. C., in: Text u. Kritik 53/54, erw. Aufl. Mchn. 1984; U. Werner, in: P. C., hg. v. W. Hamacher u. W. Menninghaus, Ffm. 1988; D. Meinecke: Wort u. Name bei P. C. Zur Widerruflichkeit d. G., Bad Homburg 1970; P. Szondi: C.-Studien, Ffm. 1972; H.-G. Gadamer: Wer bin ich u. wer bist Du? Ein Kommentar zu P. C. G.folge »Atemkristall«, Ffm. 1973; K. Voswinckel: P. C. Verzweigte Poetisierung d. Welt, Versuch einer Deutung, Heidelberg 1974; J. Schulze: C. u. d. Mystiker. Motivpoetologie u. quellenkundl. Kommentare, Bonn 1976; G.-M. Schulz: Negativität i. d. Dichtung P. C., Tübingen 1977, I. Chalfen: P. C. Eine Biogr. seiner Jugend, Ffm. 1979; G. Civikov: Interpretationsprobleme moderner Lyr. am Beispiel P. C., Amsterdam 1984; B. Wiedermann-Wolf: Antschel Paul – P. C., Studien zum Frühwerk, Tübingen 1985; O. Pöggeler: Spur d. Worts. Zur Lyr. P. C., Freiburg i.Br. 1989; V. Lange: P. C., in: Lex. d. dt.sprachigen Gegenwartslit., Mchn. ²1987, 111-113; G. Civikov: P. C., in: Lit. Lex., hg. v. W. Killy, Gütersloh/Mchn. 1989, 390-394.

Herbert Zeman

Celestinus, Johann Friedrich → **Coelestinus**, Johann Friedrich

Celtis, Conrad(us) Protucius (eigentl. **Bickel**, Konrad, 1.2.1459 Wipfeld bei Schweinfurt – 4.2.1508 Wien (Celtis = Latinisierung v. Bickel, Pickel; Protucius = Gräzisierung v. Pickel) entstammte einer fränk. Weinbauernfamilie (Vater: Johann B.) u. erhielt den ersten Unterricht durch seinen Bruder, der Geistlicher war. 1477 begann er das Stud. der Artes liberales der Univ. Köln, erreichte den Grad eines Baccalaureus artium 1479 u. begann – ohne Abschluss – Theol. zu stud. 1480 o. 1481 verließ er Köln, unternahm 1482 eine Bildungsreise nach Ofen/Buda, um Kontakte zu den Gelehrten um König Matthias Corvinus zu bekommen. 1484 nahm er seine Artes-Studien in Heidelberg wieder auf. Dort war er Schüler Rudolf Agricolas u. wurde am 20.10.1485 zum Magister artium promoviert. Durch Agricola wurde C. in die Programme u. neuen Erziehungsziele des Humanismus eingeführt: Rückgriff auf die Originale griech. Autoren, Einbeziehung der Naturwiss. in die Phil. u. Dichtung, der vielseitige, aktives u. kontemplatives Leben vereinigende Mensch als Bildungsziel sowie die Verbindung v. Musik u. Dichtung zu einem Mittel der Jugenderziehung. Durch Agricola lernte C. auch die Phil. des NIKOLAUS V. KUES kennen. 1486 wanderte C. nach Erfurt, dann nach Rostock u. Lzg., wo er Vorlesungen über Poetik (Die *Ars versificandi et carminum* wird hier zum ersten Mal veröff.) u. die Tr. Senecas hielt. Am 18.4.1487 wurde C. auf Empfehlung des Kurfürsten v. Sachsen v. Kaiser Friedrich III. als erster Dt. auf der Nürnberger Burg zum Poeta laureatus gekrönt. V. 1487 bis 1489 weilte C. in Italien. Belegt sind Aufenthalte in Venedig, Padua, Ferrara u. v.a. in Florenz u. Rom. Die Begegnung mit Marsilio Ficino u. Pomponio Leto – auch mit Philippus Beroaldus u. Marcus Antonius Sabellicus trifft er zus. – bestimmte sein weiteres Leben u. Wirken: künstlerisches u. wiss. Schaffen sah C. fortan nur im Kreise einer Akad. als wirksam u. öffentlichkeitsbezogen an. Modellfälle v. Akad. lernte er bei Ficino u. Leto kennen, die Forschung u. Dichtung auf der weltanschaul. Grundlage des Platonismus vereinigten u. außerdem dem Theater wieder eine zentrale lit. u. päd. öffentliche Rolle zuwiesen (Plautus-Auff. durch die Akad. des P. Leto in Rom). 1489 bis 1491 hielt sich C. dann an der Univ. Krakau auf, um bei dem berühmten Astronomen Albert Blar v. Brudzewo seine mathematischen Kenntnisse zu erweitern. Nach Nbg. zurückgekehrt, wurde C. als außerordentlicher (1496 ordentlicher) Prof. für Poetik u. Rhetorik für das Studienjahr 1491/92 nach Ingolstadt berufen, im Winter 1492/93 war er Rektor der Domschule v. Regensburg, 1494 kehrte er nach Ingolstadt zurück, 1495/96 weilte er in Heidelberg, wo er nach dem Muster der ihm bekannten ital. Akad. eine Sodalitas litteraria gründete u. Lehrer der Söhne des Kurfürsten Philipp v. der Pfalz war. In den 90er-Jahren hielt sich C. des öfteren in Nbg. auf u. pflegte Umgang u. Gedankenaustausch mit Albrecht Dürer u. Willibald Pirckheimer. Auch seinen Freund Johann Trithemius, den Abt des Klosters Sponheim, besuchte er zu wiederholten Malen. Am 7.3.1497 wurde C. durch Kaiser Maximilian I. als Prof. für Beredsamkeit u. Dichtkunst an die Univ. Wien berufen, begann im Herbst desselben Jahres seine Wirksamkeit an der Univ. u. übernahm zugleich die Aufsicht über die kaiserl. Bibl. In Wien konnte er noch einen Tl. seiner großen päd. u. organisatorischen Pläne verwirklichen: Seine Freundschaft mit donauländischen Gelehrten bezeichnete er mit dem Begriff *Sodalitas litteraria Danubiana*. Ferner stiftete Maximilian das v. C. angeregte u. alsbald (seit 31.10.1501) geleitete *Collegium poetarum et mathematicorum*, das als eigenes Inst. neben der alten Wr. Artistenfakultät, nach dem Vorbild d. ital. Akad. programme, Phil., Poesie, Beredsamkeit u. die durch die Spätscholastik ausgebildeten Realienfächer vereinigen sollte; als Vorsteher des Collegiums u. als gekrönter Dichter erhielt C. das Recht, Dichter selbst zu krönen. Der nach dem Vorbild v. Flavio Biondos »Italia illustrata« gefasste Plan zu einer *Germania illustrata* war schon ab 1492 zum organisatorischen Gerüst der lit. Werke des C. geworden. Noch im Jahr 1504 sammelte er – wohl schon gezeichnet v. der stetig fortschreitenden, auf den Tod zielenden Krankheit – in Böhmen Material für das große Werk. Die Ausführung wurde allerdings durch seinen Tod (Begräbnis unter Anteilnahme des kaiserl. Hofes u. der Univ. Wien) vereitelt. Sein Grab befindet sich bei St. Stephan in Wien mit erhaltenem Denkstein.

C., der Erzhumanist, fasste in seinen wiss. u. dichterischen Texten beide Tendenzen des dt. u. ital. Humanismus zus., nämlich die mathematisch-naturwiss. u. die dichterisch-philol. Er war ein durchaus päd., in mathematisch-naturwiss. Dingen mehr rezeptiver als schöpferischer Geist u. verfügte über ein ausgesprochenes Organisationstalent. Seine neulat. Dichtungen, deren lit. Effekt die z.Tl. unterlegte Musik dient (s.u.), stehen im Zwecke nat. Repräsentanz, seine Theatertexte weisen auf künftige Entwicklungen hin: im höfischen Bereich auf die Oper, im Erziehungsbereich auf das Schuldrama.

Das erste Werk des C., der zunächst als Fachschriftsteller auftritt, der *Tractatus de praeceptis rhetoricis*, ist wohl nicht erhalten. Es folgte die v. Alexander de Villa Dei u. Galfred de Vinsauf abhängige *Ars versificandi et carminum*, Lzg. 1486, 2. Ausg. ca. 1494, die im ersten Tl. ein Lehrg. in Hexametern, im zweiten Tl. ein Traktat in Prosa ist.

Im Anhang der *Ars versificandi et carminum* wurde die »Ode an Apoll«, an den Gott der (antiken) Musen, der endlich auch in dt. Landen Einkehr halten soll, veröff. V. dem Plan zu einer Gesamtedition der Tr. Senacas liegen nur der *Hercules furens* u. die *Coena Thyestis*, 1487, vor. Das *Proseuticum ad Fridericum III*. [...] fasste die zur Dichterkrönung geschriebenen Briefe u. Epigramme zus.; die Ingolstädter Antrittsrede *Oratio in gymnasio Ingolstadio publice recitata*, entstanden 1492, im selben Jahr v. Georg Alt ins Dt. übersetzt, entwickelte das Programm humanistischer Erziehung; Vorlesungszwecken diente ferner die *Epitoma in utramque Ciceronis rhetoricam cum arte memorativa nova et modo epistolandi*, 1492; als Vorstufen der geplanten *Germania illustrata* sind – nach des C. eigenem Zeugnis – folgende Hauptwerke anzusehen: *De origine situ, moribus et institutis Norimbergae*, entstanden 1495, übers. von Georg Alt in demselben Jahr, mit einer einleitenden Beschreibung der Geogr. des gesamten dt. Gebietes im Stil des Tacitus, ferner das lyr.-epische Hauptwerk *Quatuor libri Amorum secundum quatuor latera Germaniae*, 1502, Kaiser Maximilian gewidmet. Dieses Werk, das die lyr. Tradition der antiken Elegie (Ovid) mit den satirischen Anliegen u. stilistischen Vorbildern des Horaz u. Juvenal (vgl. jedoch außerdem die im Nachl. als Ms. hinterlassenen *Epigrammatum libri V*, die ebenfalls Horazens satirischen Ton nachahmen) verbindet, entwirft eine nach den vier Himmelsrichtungen gegliederte Beschreibung des dt.-sprachigen Gebietes u. entwickelt an der sentimental-pathetischen sowie patriotisch gefärbten Schilderung v. je vier Liebesabenteuern, die auf der Höhe des zierlichen, erhabenen, satirisch- u. komisch-derben Stils stehen, das Milieu u. die umgebende Landschaft in allen sozialen u. ökonomischen Einzelheiten auf realistischer Basis. Die *Amores* sind der Beweis, dass die neulat. Dichtung der Humanisten trotz des überlieferten Formel- u. Topoi-Kanons ein der Nationalsprache überlegenes Instrument der Wirklichkeitsdarstellung in der Lit. sein konnte. Das Gleiche gilt v. den unvollendet gebliebenen *Libri Odarum quatuor* (1513) des C., die eine zukunftweisende Entwicklung des horazischen Odentyps zur späteren Liebes- u. Landschaftspoesie der großen Jesuitendichter einleiten (vgl. Schäffer, 1978, 15-38). Ähnliches – in Hinblick auf die Darstellung v. Landschaft u. Historie – gilt v. der *Germania generalis* (1500, als Anhang einer v. C. veranstalteten Ausg. der *Germania* des Tacitus). Für Lehrzwecke waren folgende Editionen des C. gedacht: *De mundo seu Cosmographia* v. Apuleius (mit Einschluss eines Pseudo-Aristoteles, 1497), ein Auszug aus »*De li non aliud* (1500) des NIKOLAUS V. KUES, die »Opera Hroswithae« (1501), nach den v. C. 1493 im Regensburger Kloster St. Emmeram entdeckten Hs. der Hrosvithas v. Gandersheim, die *Melopoiae* seines Schülers u. Freundes PETRUS TRITONIUS, jene Slg. v. Odenvertonungen, die auf den musikalischen Vortrag der Oden des Horaz u. des C. zurückging, u. eine Ausg. des *Ligurinus* (1507). Theatergesch. wirkten die Texte der humanistischen Festspiele des C. fort: *Ludus Dianae* (1502) v. mehreren Mitgl. der »Sodalitas litteraria Danubiana« in Linz zu Ehren Kaiser Maximilians I. aufgeführt u. *Rhapsodia, laudes et victoria de Boemanis*, ein ebenfalls mythologisch-allegorisches Drama, das man 1504 vor dem Kaiser in Wien spielte; der Text eines dritten Ludus (ein Paris-Urteil unter den Unterrichtsfächern mit polemischer Entscheidung gegen die theol. Scholastik) gilt als verloren. V. den C. Schülern aufgeführt, sind die Spiele Vorläufer des wenige Jahre später einsetzenden, weltanschaul. enger (konfessionell) gefassten Schul- bzw. Ordendramas; ähnlich den ebenfalls späteren Ludi Caesarei huldigen die festl. Spiele dem Kaiser, der z.Tl. in die Handlung einbezogen wird; sie bedienen sich untermalender Musik, des Tanzes u. aufwendiger Kostüme. Aufführungsorte waren zunächst die Burg v. Linz (*Ludus Dianae*), der Wr. Hof bzw. das »Collegium poetarum et mathematicorum« (d.h. die Aula des Univ. gebäudes). Die Aktschlusschöre sind in der nämlichen Art vertont wie die Odenstrophen des PETRUS TRITONIUS, den man daher auch als Komponisten der Dramenmusik vermutet; dieser musikalische Odenstil wurde im Gesangunterricht der Lateinschulen u. auch zur Ausgestaltung der odenartigen Choreinlagen des Schuldramas im 16. Jh. weitergepflegt u. somit vom Motettenstil der Zeit ausdrücklich unterschieden.

Die Pläne zu zwei Epen über Theoderich u. – in der Nachfolge Vergils – über Maximilian I. wurden anscheinend nicht ausgeführt. Kleine Dichtungen enthält die Slg. *Oeconomia* (1497). Das philol.-literarisierende Interesse des C., das antikisierende Gelehrsamkeit mit aktuellen Fragen in der Geste des neulat. Stiles verbindet, zeigt jenes Büchlein, das im Jahr 1500 in Wien erschien u. neben dem *Ludus de Septem Sapientum* noch *Sententiae* (Pseudo-Ausonius), einen fingierten Brief des Hieronymus u. die *Septenaria sodalitas litteraria Germaniae*, eine emblematische figurale Darstellung

jener sieben humanistischen Sodalitäten, deren Gründung C. vorschwebte, enthielt. Im Nachl. des C. fanden sich noch Epigramme – eine zeitübliche bevorzugte Dichtungsform – u. ein schon zu Lebzeiten gesammelter Briefwechsel, sowie die sog. Tabula Peutingeriana. Im Jahr 1500 wurden drei Sammelhs. mit den Hauptwerken v. C. angefertigt, v. denen sich bloß ein Exemplar in der Murhardschen Bibl. in Kassel als wertvollste Dichter-Hs. des Humanismus erhalten hat. Neben dem Sterbebild des C. (Holzschnitt Hans Burgkmairs) erhielt sich ein bes. eindrucksvoll sprechendes Ganz-Körper-Porträt in Dürers Gemälde »Die Marter der Zehntausend« (1508). Als der v. neuplatomischen Vorstellungen geleitete Erzhumanist C. im 49. Lebensjahr starb, vollendete sich ein Leben, dessen Träger ein Leben lang nach den Zahlengesetzlichkeiten der Schöpfung in Raum u. Zeit geforscht hatte. Mit Zahlensymbolen arbeitete der Dichter bei der Gestaltung der *Amores* u. des Philosophia-Holzschnitts. Hans v. Kulmbach (*Amores*) u. Albrecht Dürer (*Philosophia*) arbeiteten nach dem Programm des C.; runde Zahlen sowie Summen u. Produkte aus 3 u. 4 (7, 12, 28, 49 usw.) prägen dort die künstlerische Formung wie – nach des C. Auffassung – den Lebenslauf des Dichters (mit 28 Jahren Dichterkrönung, mit 49 Jahren Vollendung im Tod).
C. strebte – mit seinen gelehrten Freunden, bes. mit Albrecht Dürer, aber auch mit polit. Persönlichkeiten wie Friedrich des Weisen v. Sachsen, v.a. aber mit Kaiser Maximilian I. eines Sinnes – eine geistige Erneuerung des dt. Kulturraumes, des dt. Menschen nach dem Vorbild antiker Menschenwürde (vgl. die berühmte »Ode an Apoll«, 1497) in harmonischem Ausgleich mit der christlichen Überlieferung an. Die Zahl als Symbol der Weltordnung u. das Kreuz als Symbol christlicher Wirkkraft verbinden sich in der Werkgestaltung, die die bildende Kunst u. die Musik einschließt, mit dem Schönheitssinn, der Humanität der Antike.

Eine vollständige Lebensbeschreibung des C. steht noch ebenso aus wie eine gute Stilanalyse seines Werkes. Eine hist.-krit. Gesamtausg. wurde angekündigt u. mit vielen kleineren Editionen vorbereitet (D. Wuttke). Große materialreiche u. kompilatorische Arbeiten liegen in den ungedr. Diss. der C.-Hg. F. Pindter (1930) u. v. K. L. Preiß (1951) vor. Verdienstvoll war die Arbeit v. L. W. Spitz (1963), der den Zusammenhang der Phil. des C. mit dem ital. Humanismus u. den rel. Bewegungen der Zeit erhellte. Die kleineren Arbeiten über C. sind v.a. der Entdeckung kürzere Autografe u. biogr. Einzelheiten gewidmet.

WERKE *Tractatus de praeceptis rhetoricis* (im folgenden Werk erwähnt, aber anscheinend nicht erhalten); *Ars versificandi et carminum Conradi Celtis Protucii* […], Lzg. 1486, ²1494 ebd. (beide Aufl. enthalten d. Epigramm nach Hartfelder V/32 u. d. Ode IV/5 u. d. Briefe nach Briefwechsel, Rupprich Nr. 2 u. 3, die *Ars* […] selbst ist geteilt in ein L e h r g. u. einen P r o s a t r a k t a t); *Conradi Celtis Proseuticum ad divum Fridericum tercium pro laura Apollinari* […], Nbg. 1487 (enthält Beigaben v. Fridianis Pighinucius u. Johannes Canter sowie Epigramme 69, 70-73, Oden I/1, I/2, Epode I, Briefwechsel Nr. 8 u. 9); *Proseuticum poeticum ad dei genitricem*, Lzg. um 1487 (Einblattdruck); *Epitoma in utramque Ciceronis Rhetoricam cum arte memorativa nova et modo epistolandi utilissimo*, Ingolstadt 1492 (enthält außerdem Oden I/19, 20, 21 u. Ode II/2); *Conradi Celtis Panegyris ad duces Bavarie* […], Augsburg 1492 (mit Beigaben v. Henricus Euticus, enthält außerdem Epigramm V/3, Ode

I/2, II/8, sowie: *Oratio in gymnasio Ingolstadio publice recitata*, hg. v. H. Rupprich, in: Dt. Lit. in Entwicklungsreihen: Reihe Humanismus u. Renaissance, Bd.2: Humanismus u. Renaissance in d. dt. Städten u. an d. Univ., Lzg. 1935, 226-238; *Ad divam dei genitricem sublevatis aegritudinibus gratiarum actio*, Wien 1498 (Einblattdruck, enthält Epigramme V/4, IV/33, 37, I/19); *In vitam divi Sebaldi carmen*, Basel um 1494 (enthält Ode III/10, Einblattdruck). Stadtbeschreibung in Prosa: *De origine, situ, moribus et institutis Norimbergae*, entstanden 1495, ins Dt. übers. v. Georg Alt, 1. Fassung 1493 verloren, 2. Fassung Nürnberger Stadtbibl., Mss. Cent. IV, 89, ebenso clm. 431 u. clm. 951, 1502 zus. mit den *Amores* veröff., krit. Neuausg. v. A. Werminghoff, C.C. u. sein Buch über Nürnberg, Freiburg i. Br. 1921; *Septenaria sodalitas litteraria Germaniae* etc., Wien 1500 (enthält außerdem eine Ausg. des Pseudo-Ausonius, *Septem sapientum sententiae*, D. Magnus Ausonius, Ludus septem sapientum, S. Hieronymus, Epistola LXX); *Conradi Celtis Economia*, Wien 1500 (enthält Ode III/6; Epigramme V/59, 60, III/64-66, 69, 84, 86-90, 91, 92-96). Festspiele: *Ludus Dianae in modum comoediae coram Maximiliano [...] actus*, Nbg. 1500; *Divo Maximiliano Augusto Chunradi Celtis Rapsodia, Laudes et Victoria De Boemanis [...]*, Viennae acta [1504] Wien 1505, Neuausg. beider Spiele: F. Pindter: C.C. Ludi scaenici, Budapest 1945; *Conradi Celtis Protucii [...] Quatuor Libri Amorum Secundum Quatuor Latera Germaniae [...]*, Nbg. 1502, ebenso Wien (beide Ausg. nicht vollständig gleich, enthalten beide eine spätere Fassung d. *Norimberga*, d. *Ludus Dianae* u. d. *Germania generalis*), Neudr.: F. Pindter, Lzg. 1934; *Conradi Celtis Protucij primi in Germania poetae coronati libri Odarum quatuor, cum Epodo et saeculari carmine [...]*, Straßburg 1513, Neudr.: F. Pindter, Lzg. 1937; *Melopoiae* s. Petrus Tritonius. Wichtige, durch C. besorgte Ausg.: *Cornelii Taciti [...]. De [...] situ Germanie [...]*, Wien 1500, ²1515; *Opera Hrosvithae Illustris Virginis Et Monialis Germanae Gente Saxonica [...] nuper a Conrade Celte Inventa*, Nbg. 1501: *Lucii Apulei Epitoma [...] de mundo seu Cosmographia*, Memmingen 1494, Wien ²1497; *Propositiones Domini Cardinalis Nicolai de Cusa de li non aliud. C.C. carmen saeculare*, Wien 1497, Neudr. v. K. Adel, C.C. [...] opuscula, Lzg. 1966; *Ligurini de gestis Imp. Caesaris Friderici Primi Augusti libri decem [...]*, Augsburg 1507. Aus dem Nachl. stammen noch die Epigramme, die K. Hartfelder edierte (Bln. 1881); die Briefe an C. u. seine spärlich überlieferten Antworten (größtenteils aus cod. 3448) hat H. Rupprich hg. (Mchn. 1934).

LITERATUR: E. Klüpfel: De vita et scriptis Conradi C.P. [...], Freiburg i. Br. 1827; F. Pindter: D. Lyr. d. C.C., Diss. phil. Wien 1930; V. Gingerick: The Ludus Dianae of C., in: The Germanic Review, XV, New York 1940, 159f; A. Schütz: D. Dramen d. C.C., Diss. phil. Wien 1948; K. L. Preiß: C.C. u. d. ital. Humanismus, Diss. (Ms.), Wien 1951; L. W. Spitz: The Philosophy of C.C. the German Archhumanist, in: Studies in the Renaissance, Cambridge 1954; H. Kindermann: D. Erzhumanist als Spielleiter, in: Maske u. Kothurn 5 (1959); L. W. Spitz: The religious Renaissance of the German Humanists, Cambridge 1963; J.A. v. Bradisch: D. Erzhumanist C. u. d. Wr. Dichterkollegium, Wien 1965; W. M. Bauer: Studien zum Natur- u. Weltgefühl d. dt. Humanismus, Diss. phil. Wien 1966; K. Adel: C.C. u. Wien, in ÖGL 10 (1966); D. Wuttke: Ein unbekannter Einblattdruck mit C.-Epigrammen zu Ehren d. Schutzheiligen v. Öst., in: Arcadia 3 1968, 195-200; J. Benzing: Humanismus in Nürnberg 1500-1510, Nürnberg 1971, 255-299; M. Lanckoronska: D. Holzschnitte zu d. Amores des C.C., in: Gutenberg-Jb., Jg. 1971; R. Kemper: Zur Syphilis-Erkrankung des C.C., zum ›Vaticinium‹ Ulsens u. zum sog. Pestbild Dürers, in: Archiv für Kunstgesch. 59 (1977); ders.: ›Critica minora‹ zur C.-Lit., in: Neuphil. Mitt. 79 (1978); E. Schäffer: Dt. Horaz, Tübingen 1978, bes. 15-38; U. Hess: Typen d. Humanistenbriefs. Zu d. C.-Autografen d. Münchner Univ.bibl., in: Befund u. Deutung, Fs. f. H. Fromm, Tübingen 1979; Dürer u. C. V. d. Bedeutung d. Jahres 1500 für d. dt. Humanismus. In: The Journal of Medieval and Renaissance Studies 10 (1980), 73-129; F. J. Worstbrock: Die Ars versificandi et carminum des K. C., in: Bernd Moeller u.a. (Hg.): Studien zum städt. Bildungswesen d. späten MA u. d. frühen Neuzeit, Göttingen 1983, 462-498; D. Wuttke: C.C. P., in: Lex. des MA 2 (1983), 1608-1611; ders.: Humanismus als integrative Kraft. D. Phil. d. dt. ›Erzhumanisten‹ C.C., in: D. öst. Lit. – Ihr Profil v. d. Anfängen im MA bis ins 18. Jh. (1050-1750), unter Mitwirkung v. F. P. Knapp (MA), hg. v. H. Zeman, Graz 1986, 691-738; G. Hess: V. d. Kunst zu überleben. D. Scheltrede d. C.C. an d. Rat v. Nürnberg, in: A. Weber (Hg.), Hdb. d. Lit. in Bayern, Regensburg 1987, 163-174; T. Klaniczay: C. u. d. Sodalitas litteraria per Germaniam, in: Fs. P. Raabe, Amsterdam 1987, 79-105; F. J. Worstbrock: D. Brieflehre d. C.C., Textgesch. u. Autorschaft, in: L. Grenzmann u.a. (Hg.): Philol. u. Kunstwiss., Fs. K. Stackmann, Göttingen 1987, 242-269; U. Hess: Lat. Dialog u. gelehrte Partnerschaft, in: G. Brinker-Gabler (Hg.): Dt. Lit. v. Frauen, Bd.1, Mchn. 1988, 113-148; D. Wuttke: C.C., in: Lit.Lex., hg. v. W. Killy, Bd. 2; U. Anhagen (Hg.): Horaz u. Celtis, Tübingen (Narr) 2000 (=Neolatina 1); E. Bierender: Cranach, Lucas [der Ältere] u. d. dt. Humanismus. Tafelmalerei im Kontext v. Rhetorik, Chronik u. Fürstenspiegeln. Mchn. (Dt. Kunstverlag) 2002 (= Kunstwiss. Studien 94), auch Basler Diss. 1998; C. Wiener (Hg.): Amor als Topograph. 500 Jahre Amores d. C.C., Schweinfurt 2002 (= Ausstellungskat. d. Bibl. O. Schäfer 18); W. Kühlmann (Hg.): Iliaster. Lit. u. Naturkunde i. d. frühen Neuzeit. Festgabe für J. Telle zum 60. Geb., Heidelberg 1999; P. Luh: Die Holzschnitte für C.C., Diss. phil. Mchn. 1998; ders.: Die unvollendete Werkausgabe des C.C. u. ihre Holzschnitte. Ffm., Bern, Bln. 2001 (= Europ. Hochschulschriften 28, 337); G.M. Müller: D. »Germania generalis« d. C.C. Studien mit Edition, Übersetzung u. Kommentar, Tübingen 2001 (= Frühe Neuzeit 67).

Werner M. Bauer/Herbert Zeman

Ceres. Originalien für Zerstreuung und Kunstgenuss. Dieser Almanach wurde in den Jahren 1823-1824 v. FRANZ GRÄFFER hg. u. ersch. auch in der »Unterhaltungsbibliothek für gebildete Leser und Leserinnen« als siebtes Bändchen im Jahre 1829. Als Autoren sind auf dem Titelbl. genannt: Bernard, Baron BIEDENFELD, Budick, CASTELLI, DEINHARDSTEIN, Baron Feuchtersleben, von Gaal, Ritter von Hammer, HELL, Baron HORMAYR, I. Jeitteles, KUFFNER, Graf Mailath, Baron Mednyansky, Michler, Baron NELL, SAPHIR, Baron SCHLECHTA, Weisser, u. der Hg. GRÄFFER. – Es sind unter ihnen also die bekanntesten öst. Schriftsteller der Zeit, die mit ihren Artikeln zu dieser Ausg. beitrugen. Es handelt sich um Lyr., Prosa u. dramat. Arbeiten. Der Begriff »Originalien« im Titel wurde bewusst gewählt um anzuzeigen, dass der Inhalt keine ND enthält. FRH. V. HORMAYR ist gleich anfangs mit einem Essay über *Die mährischen Lindwürmer* vertreten, ein Briefwechsel *Dichternoth* zw. dem Grafen Johann Mailath u. Kisfaludy in einer

Rahmenhandlung folgt; weiters eine Humoreske *Magister Zikzak* v. MORITZ GOTTLIEB SAPHIR; FRANZ XAVER FRH. V. SCHLECHTA bringt ein Schauspiel in einem Akt *Die Rache*; J. E. Bernard einen »scherzhaften Versuch«, Oden v. Horaz streng metrisch, Zeile für Zeile«, zu übertragen. Mit G. sind THEODOR HELL, JOSEPH FRH. V. HAMMER [-PURGSTALL], IGNAZ CASTELLI, dieser auch mit gereimten Sprichwörtern, u.a. vertreten. – Im 2. Tl., 1824, kommen an Autoren hinzu Eduard Anschütz, Arthur v. Nordstern, Baron Auffenberg, Halirsch, Haug, Frh. v. Heyden, Kaume, Langer, Lembert, Leßmann, A. Pollak, Joh. Gabriel Seidl, Zuska. – Der Inhalt wechselt wie im ersten Tl. zw. Lyr. u. Prosa. Frh. v. Auffenberg bringt *Das Mädchen von Selma* nach Ossian; mit G. sind u.a. JOHANN GABRIEL SEIDL, E. Anschütz, mit humoristischen Beitr. MORITZ GOTTLIEB SAPHIR, FRANZ GRÄFFER (*Die Encyclopädistinn, lit. Caricatur-Szene*) vertreten. Kritik an zeitgenöss. Dichtern übt FRANZ MARIA NELL mit *Die Metromanen des Jahrhunderts*. Dieser Almanach zeigt einen beispielhaften Querschnitt durch die entsprechende Lit. des 1. Drittels des 19. Jh., wenn er auch nicht zu den bedeutenderen dieses Genres gehört; es sind wesentliche Schriftsteller der Zeit vertreten, die jeweils charakteristische Proben ihres Talentes einem bürgerlichen Lesepublikum vorlegen

LITERATUR: Lit.-Bl. z. Morgenbl. 1824, Nr. 50, 197; H. Köhring: Bibliogr. d. Almanache, Kalender u. Tb. f. d. Zeit v. 1750-1860, Hbg. 1929; Kosch 5; Wurzbach 6.; Goedeke VII.

Eva Münz

Cenkl, Judith (eigentlich Judith **Elhenicky**, 17.2.1905 Wien – vermutlich ? 4.1976 Wien; auf dem Wr. Zentralfriedhof wurde am 29. April 1976 J.C. im 71. Lebensjahr beigesetzt) war eine Erzählerin, die sich v. a. dem Unterhaltungsschrifttum zuwandte und dieses mit einigen Romanen, die z.Tl. als Jugendbücher im Verlag Jungbrunnen (*Abenteuer auf Gotland*, Wien 1954; *Die Nacht im Burghof*, Wien 1958) oder als »Kasseler-Sonntagsblatt-Roman« (*Gefahr für Renate*, Kassel 1975; *Geheimnis um Schloß Hohenau*, Kassel posthum 1979) erschienen. Im Wr. Sozialistischen Verlag brachte sie *Der Weibertrotzkopf* (o.J.) heraus.

WERKE (in Ergänzung zu den schon erwähnten): *Menschen in den Bergen*, Innsbr. 1937; *Reise nach Übersee*, R., Wien 1953; *Lilien auf dem Felde*, R., Stgt. 1963.

LITERATUR: Wienbibliothek (Rathaus) Dokumentation.

Redaktion

Cerny, Josef (Ps. Josef **Stolzing- Czerny**, 12.2.1869 Wien 25.7.1942 Mchn.) entwickelte sich als Dt.-Nationaler der politischen Bewegung um Georg Ritter v. Schönerer zu einem Anhänger Adolf Hitlers, mit dem er seit den zwanziger Jahren des 20. Jh. engen Kontakt (in Mchn.) hatte. Er redigierte Hitlers Schrift *Mein Kampf* u. stellte seine schriftstellerische Begabung auch in den Dienst des damaligen nationalsozialistischen Journalismus: von 1923 bis 1932 arbeitete er als Musikkritiker u. Schriftleiter beim *Völkischen Beobachter*. Hitler besuchte er während dessen Festungshaft in Landsberg (1923/24). C. weltanschauliche Haltung spiegeln die Sachbücher u. politischen Schriften: *Die deutsche Tonkunst der Gegenwart* (Bln. 1911, Sonderdruck des Verlags des Vaterländischen Schriftenverbands); *Aus arischer Weltanschauung zu deutscher Wiedergeburt* (Sontra in Hessen 1920, Verlag Frei-Dtld.); *Das unerlöste Dtld.* (Mchn. 1921).

V.a. in den 20er- und 30er-Jahren trat C. als engagierter Dramatiker (*Mammon Im-*

perator und Exequien, Mchn. 1921; *Arnold von Hoheneck. Ein vaterländisches Schauspiel aus Ipsheims Vergangenheit* in 3 Aufzügen, Mchn. 1925; *Friedrich Friesen,* Schauspiel in 3 Aufzügen u. einem Nachspiel, Mchn. 1930; *Eines Königs Freundin oder Der Bund der schwarzen Männer,* Lustspiel, Mchn. 1937) u. Romanschriftsteller (*Christian de Wet,* Lzg. 1924); *Donaunixen,* Gauverlag Ostmark 1937) hervor.

WERK (in Ergänzung zu den genannten Schriften); *Das Reich des Heils,* 1893 (Drama).

LITERATUR: J. Reiter: Persönliche Erinnerungen an Braunaus großen Sohn. In: Kulturrundschau Braunau am Inn, 1. Jg., 1. H., Feb. 1941.

Herbert Schrittesser

Cerri, Cajetan (Ps. **Veritas**, Bayard, 26.3. [nicht 5.] 1826 Bagnolo bei Brescia – 27.5.1899 Karlsbad) kam 1839 in das Stadtkonvikt Wien. Er sprach kein dt. Wort, u. da er unbedingt Goethes *Die Leiden des jungen Werthers* in der Originalsprache lesen u. vergleichen wollte, wurde er zum ausdauernden Stud. der dt. Sprache angeregt. Im Jahre 1845 erschien sein erstes dt. Werk, das G. »Geschieden« in BÄUERLES THEATERZTG. Nach einem kurzen Aufenthalt in Italien im Jahre 1847, wo er div. Zelebritäten kennen lernte, kehrte er 1848 nach Wien zurück, wo die Revolution seine halb vollendeten jur. Studien unterbrach. So trat er eine Beamtenlaufbahn an, zuerst bei der Amtsverwaltung d. Schottenklosters, dann als Kandidat beim Ministerium für Landeskultur u. Bergwesen, dann als Prof. der ital. Sprache u. Lit. am Wr. Konservatorium, schließlich als Offizial beim k. k. Ministerium des Inneren, dann des Äußeren, wo er 1888 als Sektionsrat in Pension ging u. schließlich aus Gesundheitsgründen nach Karlsbad übersiedelte. – In den Jahren 1850-1851 u. 1855-1856 red. er die Grazer Damenzt. IRIS u. 1854 das Feuilleton des »Corriere Italiano«. Für die »Leipziger Theater-Chronik« publizierte er unter seinen Ps. 1852-1856 die *Wiener Briefe über das Burgtheater,* dies auf Anregung HEINRICH LAUBES. – 1848, aus Italien nach Wien zurückgekehrt, wurde er v. der polit. Stimmung mitgerissen, wie man an seinen *Politischen Liebesliedern an eine Schwärmerin* (Wien 1848) ersehen kann. In diesen »An Serena« gerichteten Versen, die er »im 5. Monat der Befreiung« geschrieben hat, schlägt die Begeisterung für die neue Freiheit durch. In seinem G.-Bd. *Ein Glaubensbekenntnis* (Wien 1872) klagt der nun schon älter Gewordene über die neue Zeit – Sittenverderbnis u. Charakterlosigkeit herrschen überall vor. Als Vorbilder dieser leidenschaftlichen G. dienten die Italiener A. Aleardi u. G. Prati, auch LUDWIG BOWITSCH, mit dem er seinerzeit 1848 die poetische Slg. *Phoenix* hg. hatte, u. August Graf v. Platen. Doch ist seine Lyr., die v. Entsagung u. sanfter Melancholie bis zu glühender Sinnlichkeit reicht, als durchaus original u. eigenständig anzusehen. Er publizierte auch zerstreute Lyr. u. Prosa in versch. Zs. u. Journalen.

WERKE: Lyrik: *Politische Liebeslieder an eine Schwärmerin. Blätter der Gegenwart,* Wien 1848; *An Hermine,* nach Aleardi frei bearb., ebd. 1849; *Glühende Liebe. Deutsche Lieder eines Italieners,* ebd. 1850; *Macht und Morgen,* G., ebd. 1853; *An Fanny Elßler,* nach Pratai frei bearb.; ebd. 1851; *Ispirazioni di cuore, Sonetti e poesie diverse,* Cremona 1854; *Inneres Leben. Neue Gedichte,* Wien 1860; *Aus einsamer Stube,* ebd. 1864; *Glaubensbekenntnis, Zeitstrophen,* ebd. 1872; einzelne G. in Ztg. u. Zs. veröff., wie in: Bäuerles Theaterztg., Die Dioskuren, Unterhaltungen am häuslichen Herd, Hamburger Nachrichten,

Leipziger Theater-Chronik, Phönix, div. Musenalmanachen, Grazer Iris, in Emil Kuh's Dichterbuch aus Öst., Wien 1863, u. aus dramat. Dichtungen: *Sturm und Rosenblatt*, dramat. Dichtung, ebd. 1872; *Byron in Venedig*, dram. Dchtung, o.J; Libr. der Oper *Alma*, Musik Th. Löwe. Prosa: *Gottlieb. Ein Stilleben*, Wien 1871. Hg.tätigkeit: gemeins. mit L. Bowitsch die poet. Slg. *Phönix. Politische Lieder und Zeitstimmen*, Wien 1848; *Hauptmitarbeiter bei: Gold und Larve*, Polit.-lit. Tagblatt, ebd. 1848; Redaktion bei: *Die rothe Mütze, Demokratische Zs.*, ebd. 1848; Red. Feuilleton bei: *Corriere italiano*, Cremona 1854; Damenzt. *Iris*, Graz, 1850-1851, 1855-1856. Übersetzungen: S. Mosenthal: *Deborah*, ins Ital., Wien 1858; L. Dolce: *Aretinos Dialog über Malerei*, ins Dt., ebd. 1871.

LITERATUR: L. Eisenberg: D. geistige Wien, Wien 1891; ÖLB., Giebisch-Pichler-Vansca; Kosch 2., Wurzbach, Biogr. Jb., Brümmer; Nagl/Zeidler/Castle I; DSL, Bd. II. 1, 60ff.

Eva Münz

Chalupka, Ottokar Method (29.8.1868 Olmütz/ Olomouc, Mähren – 13.3.1941 Wien, Ps. Ottokar Stauf v. der March, Volker zu Alzey, Severus Verax, Roland Hammer, Hagen Falkenberg) röm.-kath. getauft, war unehelich geboren u. wurde v. seinem Onkel, einem gebildeten Landpfarrer, erzogen, humanistisch gebildet u. erhielt nach mehreren Schulwechseln eine kaufmännische Ausbildung. C. absolvierte v. 1888-1891 d. Militärdienst u. widmete sich dann ausschließlich dem Beruf des Journalisten u. Schriftstellers. Lebens- u. werkprägend wurden für C. einerseits die Auseinandersetzungen um die Sprachenverordnungen des Kabinetts Badeni (1895-1897) u. damit d. Kämpfe der dt.sprachigen Bevölkerung gegen den Ministerpräsidenten, die nun d. dt.nationale Lager mit dessen bes. Problematik seit der Niederlage Öst. gegen Preußen radikalisierten, anderseits die seit 1867 möglich gewordene Teilhabe des Judentums an freien Berufen (Bankwesen, Rechtsanwälte, Pressewesen, Wirtschaft/Handel etc.) u. später an d. Politik. Hier hatte der dt.-nationale u. antisemitische Rigorismus C. seine Wurzeln. Mit solcher Einstellung war C., der im Jahr 1906 seinen bürgerlichen Namen zugunsten des romant. OTTOKAR STAUF VON DER MARCH aufgab, als Mitarbeiter, Redakteur u. Hg. versch. Blätter tätig. Er leitete die lit. Halbmonatsschrift NEUE AHNEN (1901-1905) u. übernahm für die Jahre v. 1909 bis 1914/15 die Leitung des v. dt.nationalen Autoren Tirols, von KARL HABERMANN begründeten »ersten illustrierten Tiroler Witzblatts für Politik, Kunst und Leben« SCHERER einer Zschr., die »antiklerikal, radikalfreiheitlich auf alldeutscher Grundlage« ausgerichtet war. Nach dem Ende der akuten Auseinandersetzungen mit der Politik Badenis war die Bedeutung des SCHERER gesunken u. erhielt nun, nach Wien übersiedelt, durch C. neue Impulse. Freilich radikalisierte C. die beiden genannten Blätter dermaßen, dass einzelne Nummern behördlich beschlagnahmt wurden. C. gelang es mit Hilfe seiner lit. Kollegen (u.a. JOSEPH FRANZ OFNER, ARTUR OELWEIN u. ADAM MÜLLER-GUTENBRUNN) den SCHERER zu neuen Erfolgen zu führen. Ganz in die Richtung des SCHERER zielen die essayistisch geschriebenen, polemischen Broschüren D*ie »öffentliche Meinung« von Wien* (Zürich 1899) u. *Wir Deutschösterreicher: Notwendige Ergänzungen der dt. Lit.Gesch. d. Gegenwart* (Wien 1913) mit Angriffen auf jüd. Autoren d. Zeit. Auch als Dichter trat C. mehrfach hervor: *Romanzero und Lieder eines Werdenden* (Wien 1895); *Frau Holda*, Dichtungen (Bln. 1906); das Lustspiel *Guildfordshouse*

(1897) ließ er im Selbstverlag unter dem Titel *Der tolle Stuart* (1902) noch einmal erscheinen. C. epische Dichtungen *Heldenlieder* (1898) huldigen ebenso wie die Prosa der Romane *Armin. Ein dt. Heldenleben* u. *Marbod. Das Widerspiel des Cheruskers Armin* (beide Wien 1909) einem histor.-romant. Dt.-Nationalismus. Der Gedichtbd. *Die Waffen hoch* (Wien 1907) ist wohl als Gegenäußerung zur Nobelpreisverleihung an BERTHA VON SUTTNER zu verstehen. Wie sonst auch äußert C. seine antidemokratische Haltung polemisch in der Schrift *Monarchie und Republik* (Zeitz 1926). Die mundartkundlichen (*Die nordmährischen Mundarten nebst Wörterverzeichnis*, Brünn 1927) und literaturkrit.-essayist. Arbeiten (*Litterarische Studien u. Schattenrisse*, Dresden 1903) verraten Sachkenntnis. C. war seit 1898 mit der Blumen- u. Tiermalerin Olga Moser (1865 Wien – 1943 ebd.), einer Schülerin v. Olga Wiesinger-Florian verheiratet.

WERKE: s.o. *Kampf u. Leben*, eine Auslese aus d. Werken d. Dichters, Olmütz 1944.

LITERATUR: NAGL/ZEIDLER/CASTLE Bd. 3, 903f., u. Bd. 4, 1361f. Kosch 1, Bd. 4, 1364f.; GIEBISCH-GUGITZ; ÖBL, Bd. 13, 122 (Artikel v. K. Gradwohl-Schlacher).

Herbert Zeman

Charles, Jean → **Braun Ritter v. Braunthal**, Karl Johann

Cheimel, Bernhard → **Chymelius**, Bernhard

Chelidonius, Benedictus (eigentl. **Schwalbe**, Ende des 15. Jh. Nbg. – 8.9.1521 Wien) nannte sich nach seinem Geburtsort auch **Noricus**; um 1500 als Benediktiner in St. Aegidien in Nbg. nachgewiesen, 1511 im Schottenkloster in Wien, wo er ab 1515 Abt war; seine hohe Bildung u. wiss.-dichterische Tätigkeit trugen ihm den Beinamen **Musophilus** ein. C. repräsentierte die Verbindung v. Theol. u. Humanismus, er stellte die Wiedererweckung der klass. neulat. Poesie in den Dienst der Lebensgesch. Christi, vereinigte Dichtung u. Malerei u. im Drama auch die Musik zu einem Zusammenspiel aller Künste im Dienste einer christlichen Humanitas.
C. Schauspiel *Voluptatis cum Virtute disceptatio* (1515) ist in lat. Hexametern verfasst. Ein Herold (*praeco*) leitet jeden der drei Akte mit dt. Jamben ein. An den Aktschlüssen erklingen Chöre nach Art v. lat. Oden im sapphischen Versmaß, silbenweise quantitierend u. vierstimmig homophon vertont v. dem Wr. Komponisten Jacob Diamond. Das Stück wurde erstmals u.a. vor Erzherzog Karl (dem späteren Kaiser Karl V.), der lat. kundigen Königin Maria v. Ungarn u. Angehörigen des Hofes in Wien gezeigt; 1526 brachte es Erzbischof Matthäus Lang, der die Erstauff. gesehen hatte, in Salzb. auf die Bühne. Es handelt sich um ein mythologisch-symbolhaftes Prozessspiel, in dem Venus, v. Epikur, Cupido u. Satan begleitet, über den schlechten Absatz ihrer Waren klagt. Ihr tritt als Verfechterin der Tugend Pallas entgegen, die v. Hercules, dem Urbild der Tatkraft, begleitet wird. Er besiegt vor dem Tribunal die v. Venus aufgebotenen Zeugen. Der Schiedsspruch entscheidet für Pallas; diese überlässt den Lorbeer bescheiden dem im Publikum anwesenden Erzherzog. Die allegorische Spielgestaltung u. die Ausrichtung auf das Herrscherhaus weist auf Parallelen zum *Ludus Dianae* u. zur *Rhapsodia* des CONRAD CELTIS hin.

WERKE: C. war mit C. Celtis, W. Pirckheimer, J. Cochlaeus u. A. Dürer bekannt, die meisten seiner Werke sind im Gedankenaustausch oder in Zusammenarbeit mit diesen Autoren bzw.

Künstlern entstanden: *Versiculi de fundatione coenobii Aegidiani*, o.O., o.J.; *Passio Jesu Christi salvatoris mundi vario carminum genere F. Ben. Chel. Musophilo doctissimè conscripta. Cum figuris artificiosissimis Joannis Wechtelin*, o.O. 1506; *Melopoiiae sive Harmoniae tetracenticae*, 1507; *Carmina de vita et passione Christi*, 1511, auch u.d.T. *Passio Domini nostri Jesu ex Hieronymo Paduano*; *Poema de passione D.N.J.C.*, 1511; *Epitome in Divae parthenices Mariae historiam ab A. Durero Norico per figuras digestam cum versibus annexis*, 1511; bei diesem u. den vorigen Texten handelt es sich um G. zu Dürers in Nbg. 1510 erschienener *Großer* u. 1511 erschienener *Kleiner Passion* sowie zu Dürers Marienleben v. 1511; das einzige Drama v. C., *Voluptatis cum Virtute disceptatio* [...] *Heroicis lusa versibus*, Wien 1515; *Passio Christi effigiata carmine*, 1526; ferner ein Widmungsg. für die durch J. CUSPINIAN gemachte Ausg. des Otto v. Freising; C. edierte u. kommentierte *De sacrosancta trinitate* des Bandinus, den Jh. Eck im Kloster Melk gefunden hatte.

LITERATUR: M. Ziegelbauer: Historia rei litterariae Ord. S. Benedicti, ed. O. Legipontius IV, 1774; E. Hauswirt: Abriß einer Gesch. d. Benediktinerabtei Unserer Lieben Frau zu den Schotten, Wien 1858; T. Hillmann: B. C. v. St. Aegidien in Nbg., in: Wiss. Studien u. Mitt. aus d. Benediktiner- u. Zisterzienser-Orden bzw. zur Gesch. d. Benediktinerordens u. seiner Zweige 58 (1940); M. Reiterer: D. Herkulesentscheidung v. Prodikos u. ihre frühhumanist. Rezeption in d. ›Voluptatis cum virtute disceptatio‹ d. B. C., Diss. phil. Wien 1957; M. Dietrich: C. Spiele ›Voluptatis cum virtute disceptatio‹, Wien 1515. Versuch einer Rekonstruktion d. Inszenierung, in: Maske u. Kothurn 5. Jg., H. 1 (1959), 44-59; B. G. Winkler: D. Sonette d. B. C. zu A. Dürers Marienleben d. Karthäusers Philipp, Diss. phil. Wien 1960; M. Kisser: D. Gedichte d. B. C. zu Dürers kleiner Holzschnittpassion. Ein Beitr. zur Gesch. d. spätma. Passionslit., Diss. phil. Wien 1964.

Werner M. Bauer/Robert Hinterndorfer

Chézy, Wilhelmine Christiane v. (26.1. 1783 Bln. – 28.1.1856 Genf, Schriftstellername **Helmina v. C.**), die Enkelin v. Anna Louise Karsch (1722–1791), der dt. »Sappho« wie sie das lit. Dtld. des 18. Jh. nannte, beansprucht im Rahmen d. lit. Öst. nur eine eingeschränkte Erwähnung, da sie ihr rastloses Wanderleben im August 1823 (v. Dresden kommend) nur vorübergehend nach Wien führte, wo sie zumeist mit ihren beiden Söhnen Wilhelm u. Max bis 1831 verblieb, um dann nach Mchn. weiter zu ziehen. Bes. bekannt wurde C., als am Kärntnertortheater (Hofoper) in Wien ihre Oper *Euryanthe* am 25.10.1823 mit Carl Maria v. Webers Musik Premiere hatte. Zwar wurde Webers Musik umjubelt, das Textbuch der Librettistin durchaus nicht gerühmt, aber der Drucker und Verleger JOHANN BAPTIST WALLISHAUSSER brachte – versehen mit dem Jahr 1824 – das Libr. heraus, u. d. Name d. Dichterin wuchs mit jenem des Komponisten: *Euryanthe. Große romant. Oper in drey Aufzügen, von Helmina von Chézy, geborne Freyin Klencke. Musik von Carl Maria von Weber, königl. Sächsischem Hof-Kapellmeister. Für das k.k. Hoftheater nächst dem Kärntnerthore.* Der Kreis um FRANZ SCHUBERT hielt sie für eine hochbegabte Bühnenautorin, sodass sie der Theatermann JOSEF KUPELWIESER, der Schuberts Bemühungen, einen guten Operntext zu finden, unterstützte, um ein Textbuch bat. C. willigte ein u. so erging v. Theater an der Wien an die Dichterin u. den Komponisten der Auftrag, Schauspiel mit Musik zu schreiben. So entstand binnen kürzester Frist (wohl innerhalb v. knapp zwei Monaten) das »romant. Schauspiel mit Musik in vier Akten« – *Rosamunde,*

Fürstin von Zypern, das am 20.12.1823 im Theater an der Wien seine erfolglose UA, gefolgt v. einer zweiten Aufführung am nächsten Tag, erlebte. Die Geschichte der rechtmäßigen Thronbesteigung durch die Prinzessin Rosamunde u. deren damit verbundene Erlangung der Königswürde v. Zypern, ist der Inhalt des Stücks. SCHUBERT übertrug seine Rechte für weitere Aufführungen, die aber nicht zustande kamen, an C. Am Ende verlor sich C. Text u. auch die (Wr.) Überlieferung v. SCHUBERTS Musik ist z.Tl. fragmentarisch.

Noch in C. Wr. Zeit fällt die Komposition v. SCHUBERTS Lied/Kantate *Der Hirt auf dem Felsen* v. Okt. 1828. Als Textvorlage benutzte SCHUBERT zwei Gedichte Wilhelm Müllers »Der Berghirt« u. »Liebesgedanken«. Der melancholische Mittelteil u. der Übergang zum jubelnden Schluß ist vermutlich C. zuzuschreiben.

In Wien entstanden die Novelle *Der Zauberspiegel* (In: Taschenbuch zum geselligen Vergnügen auf das Jahr 1824), das Lustspiel *Der Wunderquell. Eine dramatische Kleinigkeit in einem Aufzuge*, Wien 1824 (ursprünglicher Titel: *Der neue Narziß*) u. dann *Stundenblumen* (4 Bde., Wien 1824 – 1827), eine Slg. v. Erzählungen u. Novellen u. die Parodie *Jugendgeschichte, Leben und Ansichten eines papiernen Kragens, von ihm selbst erzählt. Seitenstück zu der Novelle: Die Zeit ist hin, wo Bertha spann*, Wien 1829.

Noch auf die öst. Erfahrungen geht das »Neue ausführliche Handbuch für Alpenwanderer und Reisende durch das Hochland in Oesterreich ob der Enns, Salzburg [...] und die obere Steyermark« mit dem Titel *Norika* zurück, das jedoch bereits in Mchn. 1833 erschien.

In der Hs.-Slg. d. ÖNB hat sich unter d. Sign. Autogr. 9/51-7 Han die Hs. eines Gedichts v. C. enthalten: »An das Helenental«

Als C. im Jahr 1858 ihre »Denkwürdigkeiten aus dem Leben« in zwei Bdn. zu Lzg. herausbrachte, widmete sei ein Kapitel den »Erlebnissen im öst. Kaiserstaat«.

WERKE: S.O.

LITERATUR: Goedeke VI, 134ff.; Schubert-Lex., hg. v. E. Hilmar u. M. Jestremski, Graz 1997, 58f.

Herbert Zeman

Chézy, Wilhelm Theodor v. (21.3.1806 Paris – 13.3.1865 Wien) war der Sohn d. Schriftstellerin WILHELMINE bzw. HELMINA v. C. u. d. Orientalisten Anton Leonhard v. C. u. wurde v. seiner Mutter auf deren rastlosen Lebenswanderungen mit seinem Bruder Max mitgenommen. Nach einem unruhigen Bildungsgang begann er im Jahre 1829 an der Wr. Universität Philologie zu studieren, wechselte später in Mchn. zur Jurisprudenz, um sich letztlich ganz der Schriftstellerei zu widmen. Während der Wiener Jahre (1823 – 1831) standen er u. sein Bruder dem Kreis um FRANZ SCHUBERT nahe. Nach langen Jahren in versch. dt. Städten, in denen er das journalistische Handwerk kennen- u. ausüben lernte, kehrte er im Jahr 1850 nach Wien zurück. Als überzeugter Katholik trat er der Redaktion der *Katholischen Literatur-Ztg.* bei (Brümmer), war aber ebenso für die Redaktionen der »Öst. Reichsztg.« wie für die »Presse«, für das »Oesterreichische Bürgerblatt«, der ALLGEMEINEN THEATERZTG. u. a. Ztg. u. Zs. tätig. Auch schon im Jahr 1830 hatte er für die WIENER ZS. FÜR KUNST, LITERATUR, THEATER UND MODE geschrieben. C. neigte (bes. als Übersetzer) zur Vielschreiberei u. zu aufsehenerregenden Stoffen. Damit belieferte er vornehmlich die Wr. Verleger WALLISHAUSSER, LUDWIG & ZANG u. GEROLD. So übersetzte er den Roman-Cyklus v. Xavier de Montepin *Die Strolche der Regentschaft* (2 Bde.) u. fügte noch zwei Bde. aus eigener Feder hinzu (Wien 1853); *Die Brautfahrt nach dem Ideal. Komischer Roman. Nach d. Franz.* (Wien 1855); Reybaud, Charles [d.i. Henriette Etiennette Fanny Arnaud]: *Das Fräulein von Malepeire. Aus d. Franz.* übersetzt (Wien 1855); Benthet, Elie: *Die Katakomben von Paris.* Übersetzt (Wien 1855). *Der letzte Janitschar. Aus den Denkwürdigkeiten eines Leibarztes d. Chosrew Paschah* (Wien 1855); Jokai, M[ór]: *Türkenwelt in Ungarn. Frei nach dem Ungarischen* (Wien 1855). Kultur- u. zeitgesch. interessant sind C. *Erinnerungen aus meinem Leben* (4 Bde., Schaffhausen 1863/64). Gerade mit diesen autobiografischen Bdn. gab C. eine eindrucksvolle Darstellung d. Wirkung, d. Bestrebungen u. d. Schaffens seiner Mutter Wilhelmine / Helmina u. zeigt, wie ursprüngliche romant. lit. Bestrebungen (bei seiner Mutter) in biedermeierliche Geschmacks- u. Lebensauffassungen, d. er selbst bediente, münden.

WERKE: s.o.

LITERATUR: ADB, Bd.4; Brümmer, Bd. 1; Giebisch-Gugitz; Wurzbach, Bde. 2 u. 14; DSL, Bd. II. 1; 64ff.

Herbert Zeman

Chiari, Gerhard (15.10.1909 Wien – 21.10. 2000 ebd.) erhielt seine Ausbildung in Wien, stud. u.a. Germanistik u. Philosophie (u.a. bei Robert Franz Arnold, in dessen Teilnachlass sich die Proseminararbeit von C. an der ÖNB befindet) u. unterrichtete dann in Salzbg. im höheren Schuldienst, verfasste Lernbücher für die Maturaschule Salzbg. u. brachte im Jahr 1938 einen Gedichtbd. *Welt und Mensch im Zwiespalt* (Europäischer Verlag, Wien) heraus. C. scheint auch als Textautor eines Liedes »Wer weiß ...«, Lied für eine Singstimme mit Klavierbegleitung v. Gut. A. Blobner (Ms. 5./6.1.1937, Musikhs., Wienbibliothek, Sign. LQH0264073) auf.

Redaktion

Chiavacci, Vinzenz (15.6.1847 Wien – 2.2.1916 Wien) besuchte nach Absolvierung der Realschule die Technische Hochschule u. stud. als Hospitant Gesch. u. Ästhetik an der Univ. Wien. 1868 ging er als Beamter zur Direktion der Theißbahn, 1869 an deren Revisionsbüro in Pest u. 1870 ins Zentralabrechnungsbüro nach Wien, wo er bis zu seiner Pensionierung 1886 verblieb. Ab diesem Zeitpunkt lebte er als freier Schriftsteller in Wien u. betätigte sich v.a. als Feuilletonist u. Red. angesehener »Wr. Ztg.«. V. 1887-1891 war er Feuilletonsred. beim »Wiener Tagblatt«, seit 1890 Red. der »Österreichischen Volksztg.«, kehrte 1893 wieder zum »Wiener Tagblatt «zurück u. gab zuletzt v. 1896 bis zu seinem Tode das vielgelesene Familienbl. *Wiener Bilder*, eines der ersten u. bedeutendsten illustrierten Bl. der Monarchie, heraus. Außerdem hatte er an den satirischen Zs. FIGARO und KIKERIKI mitgearbeitet; bei diesem war er 1891 sogar für einige Monate Chefred. gewesen. C. heiratete 1893 Malvine Perlsee, die später in zweiter Ehe mit dem Dramatiker KARL SCHÖNHERR verh. war. Er war eng mit LUDWIG ANZENGRUBER befreundet, für dessen Werk er sich ebenso wie für das JOHANN NESTROYS nachhaltig einsetzte. In ANZENGRUBERS berühmter gesellig-lit. Freitagsrunde ANZENGRUBE war er ein häufiger Gast; auch mit LUDWIG GANGHOFER war er freundschaftlich verbunden. Zahlreiche Reisen führten ihn nach Italien, Korfu, Griechenland u. in den Orient, wobei er nicht nur Anregungen für seine Feuilletons fand, sondern auch kunsthist. Studien betrieb. C. war bis 1898 Präsident des »Vereines der Literaturfreunde« u. v. 1899 bis 1900 Vizepräsident der Schriftstellervereinigung

CONCORDIA. Als er allg. angesehen verstarb, wurde er in einem Ehrengrab auf dem Wr. Zentralfriedhof beigesetzt. C. war der vielleicht charakteristischste Wr. Lokal- u. Bühnenschriftsteller des ausgehenden 19. Jh. V.a. durch den Mund zweier v. ihm geschaffener volkstümlicher Figuren erwies er sich als humorvoller Schilderer des Wr. Alltagslebens. Er bediente sich dabei einer oft etwas gewollt mundartlich gefärbten Kurzprosa. Die *Frau Sopherl vom Naschmarkt* mit ihrer »Weltanschauung einer Standelsperson« führte er 1883 ein u. ließ sie zur Heldin zahlreicher Kurzgesch. werden, die später auch in Buchform ersch. (1911). Er brachte sie auch bereits 1890 auf die Bühne. In ihren Stellungnahmen pro oder contra zu aktuellen Angelegenheiten ist sie immer das Sprachrohr ihres Autors, der mit seinem konservativen lit. Standpunkt doch zumeist genau Sprache, Einstellung u. Gefühlswelt eines breiten Publikums ansprach. Als Nachfolgerinnen der Frau Sopherl, die die einfache, aber schlagfertige u. treffsichere Frau aus dem Volke repräsentieren sollte, treten in den *Wiener Bildern* Frau Zangerl u. Frau Brennessel auf, die einen charakteristischen, vom Jargon der Marktfrauen abweichenden, dafür aber einen v. der Zt.lektüre beeinflussten Dialekt sprechen. 1908 bringt C. schließlich noch mit *Herrn Adabei* eine zweite volkstümliche Figur vor sein Publikum. Adabei bleibt bei seinen weiten Reisen stets ein Kind des Wr. Volkes; die Konfrontation des v. ihm Gesehenen u. Erlebten mit der Denkweise der Wr. Vorstadt tragen entscheidend zum Witz dieser Schilderungen bei. Insgesamt spiegeln C. Kurzgesch. in oft etwas rührseliger Weise die Alt-Wr. Volksseele der Mitte des 19. Jh. wider, wie man sie verklärend sehen wollte, wobei er sich v.a. dann als ausgezeichneter Schilderer menschl. Stimmungen erweist, wenn er sich der Welt der Kinder oder der der Soldaten widmet. Er steht dabei in der Nachfolge v. FRIEDRICH SCHLÖGL u. ist teilweise auch EDUARD PÖTZL verwandt. Die Satire ist seine Sache nur in beschränktem Ausmaße; Mutterwitz u. ein kaum je verletzender Humor tragen über scharfe Kritik den Sieg davon. V. Skepsis gegen alles »Moderne« erfüllt, beschwört er immer wieder unreflektiert die »gute alte Zeit«.

In seinen Lokalstücken versucht C. – zumeist gemeinsam mit LEOPOLD KRENN – das Volksstück fortzuführen, doch gelingt ihm keine Erneuerung dieses Genres, dessen traditionelle Spielart sich in ihrer Endphase befand. Unbestreitbare Verdienste erwarb sich C. durch die Herausgabe der Werke JOHANN NESTROYS u. LUDWIG ANZENGRUBERS, an der er mitbeteiligt war. V.a. seine Wr. Stimmungsbilder erfreuen sich auch heute noch eines gewissen Bekanntheitsgrades u. verdienen durchaus als lit.-feuilletonistisches Zeitdokument Beachtung.

WERKE: (Ausw.) Volksstücke: *Einer vom alten Schlag* (mit C. Karlweis), UA Wien 1886; *Die Frau Sopherl vom Naschmarkt* (mit L. Krenn), UA Wien 1890; *Einer von der Burgmusik* (mit L. Krenn), UA Wien 1892; *Der kritische Tag* (mit L. Ganghofer), UA Wien 1901. Romane: *Ludwig Ganghofer. Ein Bild seines Lebens und Schaffens*, Stgt. 1905; *Aus der stillen Zeit* (autobiogr.), Stgt. 1916. Prosaschriften: *Aus dem Kleinleben der Großstadt*, Bln./Wien/Lzg. 1886; *Wiener vom Grund*, Wien/Teschen 1888; *Wo die alten Häuser steh'n*, Wien/Teschen 1889; *Kleinbürger von Groß-Wien*, Stgt. 1893; *Wiener Typen*, Stgt. 1894; *Wiener vom alten Schlag*, Stgt. 1895; *Wiener Bilder*, Lzg. 1900; *Wiener Leut' von gestern und heut'*, Wien 1901; *Seltsame Reisen des Herrn Adabei und Anderes*, Wien 1908; *Aus Alt- und Neu-Wien*,

Stgt. 1910; *Die Frau Sopherl vom Naschmarkt*, Wien 1911. Mithg.: *Johann Nestroy, Ges. Werke*, 12 Bde., Stgt. 1890/91; *Ludwig Anzengruber, Ges. Werke*, 10 Bd., Wien 1890.

LITERATUR: E. Pokorny: D. mundartliche Element in d. Prosawerken V.C., Diss. phil. Wien 1958.

Walter Obermaier

Chiettini, Hans (10.6.1896 Bozen/Südtirol), war Direktor der Volksbank Schwaz (Tirol) u. trat als Mundartdichter hervor.

LITERATUR: J. Hauer, Am Quell der Muttersprache, Wien 1955, 540.

Redaktion

Chillonius → **Doblhoff**, Joseph Frh. v.

Chimani, Leopold (20.2.1774 Langenzersdorf b. Wien – 22.4.1844 Wien) wurde bis zu seinem elften Lebensjahr v. seinem Vater, der Schullehrer in Langenzersdorf war, unterrichtet. Nach einer anschließenden Ausbildung als Sängerknabe bei St. Stephan u. dem Besuch des Gymnasiums bei St. Anna in Wien unterzog er sich, auf Drängen seiner Mutter päd. Studien so seinem Vater als Lehrer folgend, um die Familie mit den Geschwistern erhalten zu können. Nebenbei nützte er die Studienzeit auch für die Beschäftigung mit phil. Schr., wobei er sich insbes. für die Werke I. Kants interessierte. Nach einer zweijährigen Tätigkeit als Lehrer in der Schule v. Langenzersdorf wurde er mit dem Unterricht der Söhne des k.k. Regierungsrates u. Kreishauptmannes Frh. v. Sala beauftragt. In der nahegelegenen Stadt Korneuburg hatte seit 1788 FRANZ GAHEIS die Stelle des Direktors der neuen dt. Haupt- u. Industrieschule inne; schon zu dieser Zeit hatte GAHEIS einen Ruf als Verf. väterländisch-patriotischer Schr., die er teilweise in Zusammenarbeit mit Josef May herausgab. GAHEIS wurde nach zehnjähriger Diensttätigkeit 1798 auf kaiserl. Befehl nach Wien berufen u. wirkte unter der Leitung des Staatsministers Graf v. Rottenhann an der Ausarbeitung des neuen Studienplanes mit. Als Nachfolger v. GAHEIS erhielt C. die Direktorenstelle der Schule zu Korneuburg, die er neun Jahre leitete. Mit dem Jahr seiner Amtsübernahme 1798 beginnt auch seine schriftstellerische Tätigkeit, die sich zu einem überaus umfangreichen Schaffen ausweitete, für das ihm v. Kaiser die »große goldene Verdienstmedaille« verliehen wurde. Im Zusammenhang mit seiner päd. Tätigkeit eröffnete C. auch eine Erziehungsanstalt, die er zu einem selbstständigen Inst. erweiterte. Wegen eines Lungenleidens war er genötigt, seine Lehrtätigkeit einzustellen, u. er bewarb sich um eine Stelle bei der k.k. Normal-Schulbücher-Verschleiß-Administration in Wien, die er 1807 erhielt. 1819 wurde er Administrator dieses Schulbuch-Verlages; nebenbei war er auch als k.k. Bücher-Censor tätig.

C., der mit weit über 100 Kinder- u. Jugendbüchern der wohl produktivste päd. Autor dieser Zeit war, übernahm als Amtsnachfolger v. F. GAHEIS zunächst auch dessen lit.-päd. Erbe. Im Vergleich mit dem zeitgenöss. Erziehungsschrifttum in Öst. erscheinen drei Tendenzen bes. auffällig: Die enge Beziehung zum frz. Erziehungsschrifttum, die vermutlich damit zusammenhängenden Bemühungen um die Mädchenerziehung u. die häufige Thematisierung v. Religiosität u. Moralität, die auch im Zusammenhang mit seinen früheren Kant-Studien zu sehen ist. Übergeordnet ist diesen drei Tendenzen sein wohl vordringlichstes Anliegen: Die vaterländische Erziehung. Im Rahmen des an Frankreich orientierten Erziehungsschrifttums ist u.a. sein *Franz.-dt. Wörterbuch zu Fénelons Telemaque, mit geographisch-historischen mythologischen Erklärungen* (1813) zu nennen, mit dem C. seinen Beitr. zur Fénelon-Rezeption in Öst. leistete; auch hierin folgte er F. GAHEIS, der bereits in seinem 1792 erschienenen *Täglichen Handbuch* [...] *für die Jugend* Fénelon als Verf. des *Telemach* rühmte. Eine ganze Reihe v. Werken weist im Untertitel geschlechtsspezifische Zuweisungen auf, etwa die *Blumengewinde* [...] *für gute Knaben und Mädchen* (1820). Die ausdrücklich an Mädchen adressierten Werke waren zu dieser Zeit noch keine Selbstverständlichkeit im Erziehungsschrifttum; *Eusebia, oder Frauengröße und weibliche Tugend. Ein Bildungsbuch für Töchter* (1824) erinnert auch an ähnliche Werke des protest. ungar. Jugendschriftstellers JOHANN GENERSICH. Bei den zahlreichen ausdrücklich rel. Werken, die C. für Kinder u. Jugendliche verfasste, ist um 1826 eine Änderung in der Titelgebung auffallend; die bis dahin häufig verwendete Zusammensetzung »religiös-moralisch« – *Vater Traugott* [...] *Ein religiöses und moralisches Lesebuch* (1818) – wird ab 1826 durch das Adjektiv »fromm« erweitert bzw. ersetzt: *Die fromme Königin Mathilde. Eine Gesch. zur Verbreitung des religiös-moralischen Gefühls für fromme Söhne und Töchter* (1826) oder *Vorbilder eines frommen Sinnes und guter Handlungen* (1833). Diese schon in der Titelgebung zum Vorschein kommende Vertiefung der rel. Intention in der Erziehung wird etwa in einem Werk wie *Vertrauen auf Gott* [...] (1827) ganz deutlich ausgesprochen, wo es in der Vorrede heißt: »[...] wenn in der Jugend der Wille nicht gebrochen wird, so bricht im Alter das Herz. [...] Wie viel leichter wird aber das Kind seinen Willen brechen, [...] wenn es recht innig seine Abhängigkeit von Gott fühlt.« Derartige Formulierungen erinnern an den Rigorismus des josephinischen. Reformkatholizismus; C. versucht damit seinen Standpunkt gegenüber den pastoral-theol. Erziehungsbemühungen des Hofbauer-Kreises anzudeuten, die eben in den 20er-Jahren größere Verbreitung fanden. Gleichzeitig ist aber auch zu bemerken, dass C. der Primat rel.-sittlicher Werte in der Erziehung unterläuft, indem er dem Bedürfnis nach Abenteuerlichkeit bei einer immer breiter werdenden Leserschicht entgegenkam, das eben v. der kath. Geistlichkeit verurteilt wurde. V.a. in seinen in der Tradition der Robinsonaden stehenden Werken wird C. zum Vorläufer jener Tendenzen in der Jugendlit. des 19. Jh., in der sich christliche Helden in allen nur denkbaren Abenteuern bewähren. Neben dieser Untergattung wären als eigene Gruppe völkerkundl. bzw. dem MA gewidmete Werke zusammenzufassen, weiters mehrere Slg. biogr. Darstellungen, die in ihrer scheinbar oft willkürlichen Zusammenstellung v. Persönlichkeiten interessant erscheinen. Im gläubig-optimistischen Glückseligkeitsdenken decken sich seine Intentionen mit denen des Jugendschriftstellers J. S. EBERSBERG, mit dem zus. u. in ökumenischer Gemeinsamkeit mit J. GLATZ er ein Sammelwerk herausgegeben hat (s.u.). C. ist einer der wenigen Jugendschriftsteller, die die Frz. Revolution thematisieren, wobei ihm an der Affirmation des restaurativen Denkens offensichtlich sehr gelegen war; in den *Vaterländischen Merkwürdigkeiten* beschreibt er das Jahr 1789 als ein Jahr unvorstellbarer Schrecknisse u. Greuel, ein Jahr der gottlosen Empörung wider die alte Ordnung u. bemerkt zum Jahr 1814: »Alte Regenten, von Napoleon vom Thron gestoßen, kehrten zu ihren frohlockenden Unterthanen wieder zurück, [...] überall kam die alte Ordnung neu zurück, alles athmete freyer, überall waren Jubel, Dank und Gebethe.« Die verwirrende Vielfalt lit.päd. Tendenzen in C. Gesamtwerk, oft aber auch in einzelnen Werken selbst wieder gebündelt, ist kaum zu entflechten u. lässt sich daher auch kaum in Untergattungen gliedern. Die folgende Ausw. aus seinem Gesamtwerk beschränkt sich denn auch nur auf einige wenige bes. interessant erscheinende Arbeiten. Seine Werke waren noch bis zum Ende des 19. Jh. verbreitet, u. er hatte zweifellos maßgeblichen Einfluss auf die Entwicklung der Jugendlit. in Öst.

WERKE: (sämtliche erschienen in Wr. Verlagen) *Erz. und belehrende Unterhaltungen aus der Länder- und Völkerkunde, aus der Naturgesch., Physik und Technologie*, 1809; ³1834; *Franz.-dt. Wörterbuch zu Fénelons Telemaque, mit geographisch-historischen und mythologischen Erklärungen*, 1813; *Vaterländischer Jugendfreund, ein belehrendes und unterhaltendes Lesebuch zur Veredlung des Herzens und Bildung des moralischen Gefühls für die Jugend*, 1814; *Der junge Krieger. Ein militärisches Bilder- und Lesebuch für die dt. Jugend*, 1816; *Vater Traugott im Kreise seiner guten Kinder. Ein religiöses und moralisches Lesebuch zur Veredlung jugendlicher Herzen und Verfeinerung des sittlichen Gefühls*, 1818; *Das alte Rittertum. Eine Slg. rührender Erz. aus dem Mittelalter*, 1821; *Gottes weise Führungen, oder wunderbare Schicksale eines Knaben in Europa und Amerika. Für Kinder lehrreich erzählt zur Belebung des religiös-moralischen Gefühls*, 1824; *Eusebia, oder Frauengröße und weibliche Tugend. Ein Bildungsbuch für Töchter*, 1824; *Recueil des contes moraux. Slg. der neuesten und anziehendsten moralischen Erz. Aus französischen Jugendschriftstellern. In dt. und franz. Sprache*, 1826; *Vertrauen auf Gott und Rettung oder wunderbare Gesch. eines Schiffbruches*, 1827; *Erz. für die Jugend* [zus. mit J.S. Ebersberg, J. Glatz, G.C. Jerrer, A. Schoppe u. J. F. Castelli] 1830; *Gesch. der Kreuzzüge und des Königreichs Jerusalem, von dessen Entstehung bis zum Untergange. Für die Jugend und ihre Freunde lehrreich erzählt*, Bd. 1-2, 1835; ²1843; *Historischer Bildersaal, oder Darstellungen berühmter Männer und merkwürdiger Begebenheiten aus der Gesch. aller Völker und Zeiten. Zur Belehrung und zum Vergnügen der Jugend bearbeitet*, 1837; *Mädchenfreude. Eine Slg. kurzer Gesch. Zur Belehrung und Unterhaltung der Mädchen in freien Stunden*, 1838; *Der Christen-Sclave in Algier und Jerusalem. Eine Erz. für die fromm gesinnte Jugend und für Erwachsene. Mit einer Beschreibung der durch den Wandel Jesu geheiligten Örter in Palästina*. ²1841.

LITERATUR: Wurzbach 2; M. Nigg: L. C., 1895; L. C., in: 70. Jb. d. Gymnasiums Hollabrunn, 1946/47; A. Starzer: Gesch. d. Stadt Korneuburg, 1899; Kinder- u. Jugendlit. Ein Lex., Corian-Verlag, Meinigen 1995f., 4. Erg.lieferung Juli 1997.

Ernst Seibert

Chiusole, Christoph v. (14.10.1875 Wien – 5.2.1943 Linz) war Chorherr v. St. Florian, Religionslehrer u. wurde schließlich zum Studienrat ernannt. Seine Einkleidung erfolgte 1894, die Profess 1898 u. die Priesterweihe 1899. Von 1899 bis 1909 wirkte C. als Präfekt der Sängerknaben, v. 1909 bis 1914 als Religionslehrer an der Lehrerinnen-Bildungsanstalt in Vöcklabruck u. v. 1914 bis 1938 an den Städtischen Mittelschulen in Linz. Im Sommer 1929 (6.7. bis 2.8.) unternahm er eine Nordlandfahrt v. Bremerhaven aus über Edinburgh, Reykjavik, das Nordkap, Hammerfest, Tromsö u. Bergen (12 000 km), die dokumentiert ist durch Slg. v. Programmh., Bildern, Ansichtskarten, Skizzen, Speisekarten u.v.m. C. schrieb auch ein Couplet auf diese Polarreise (*An Bord des Dampfers »Sierra Ventana«*, 25.7.1929). 1906 besuchte er erstmals das Klosterhospiz der Augustiner Chorherren auf dem Großen St. Bernhard u. verweilte dort mehrmals. Er liebte das Reisen u. legte 61 Alben an – *Reise- und andere Lebenserinnerungen* –, die die Jahre 1900 bis Sommer 1941 umfassen. Schriftstellerisch betätigte er sich früh, angeregt durch den

Vortrag seines Geschichtsprof., u. führte das Drama *Gaius Gracchus* innerhalb v. vier Jahren aus; es handelt sich dabei um einen dramat. Jugendversuch, der nie für den Druck bestimmt war, aber 1905 in Dresden bei Pierson erschien. Die Tr. beginnt nach dem Tod des Tiberius Gracchus, dessen Geist den Bruder vor Drusus warnt u. ihm aufträgt, sich des Volkes anzunehmen u. ihn zu rächen. Scipio, Sempronia, Drusus u. Cornelia fallen im Verlauf des Trauerspiels. Gracchus stürzt sich in den Tiber, nachdem er den Unwert des Volkes zu spät erkannt hat. Das Stück ist in Jamben oder Prosa abgefaßt; die Sprache ist epigonenhaft. 1912 werden die dramat. Mariendichtung *Ave Maria* u. das Vorspiel *Eva* aufgeführt. 1910 war bereits das Festspiel *Der Fahne treu* anlässl. einer Fahnenweihe dem Publikum präsentiert worden. C. schrieb v.a. Festspiele, Festreden (z.B. zum 100. Todestag Franz Schuberts; auch der Entwurf einer Beethoven-Rede liegt vor.), Prologe zu versch. Feiern, Nachrufe u. kleine G., die zumeist auf Karten abgedr. wurden, die während des 1. WK im Verlag der Zentraldruckerei in Linz u. in versch. Zs. erschienen. Hist. Ereignisse waren es v.a., die C. zum Anlass für seine Postkarteng. nahm: 1898 erschien eine G.-Postkarte zur Erinnerung an die Ermordung der Kaiserin; zum 70. Geburtstag Kaiser Franz Josefs entwarf er ebenfalls zahlreiche Karten. Er verfaßte auch lit. Aufs., z.B. über *Calderon* (1913) u. über *Schillers »Tell« an klassischer Stätte* (1927), u. Feuilletons über lit. Erscheinungen. Drei Schuber, die im Stiftsarchiv St. Florian aufbewahrt werden, tragen die Bezeichnung »Das Wiener Burgtheater« u. enthalten Rez. u. Theatererinnerungen wie Theaterzettel u. Fotografien. Bes. beeindruckt scheint C. die Auff. v. »König Lear« am Burgtheater (1935) zu haben; unter den Rez. findet sich ein H. der FACKEL (Nr. 906/7, Apr. 1935), in dem eine Rez. »Lear im Burgtheater« zu finden ist. C. hatte dieser Burgtheater-Auff. beigewohnt u. verfasste selbst ein Feuilleton, das 1935 in Linz erschien. Er besuchte bis zu seinem Tod eine Vielzahl von Kulturveranstaltungen in Wien; er ging nicht nur ins Theater, sondern erlebte auch Konzerte im Musikverein. Er nahm also regen Anteil am kulturellen Leben. Das beweist u.a. eine Bitte des A. PUSTET Verlags in Salzb. vom 28.9.1935, einen R. der in Salzb. lebenden russ. Schriftstellerin ALJA RACHMANOWA (1898-1991) zu rezensieren u. zu begutachten, da in Paris ein Preis für den besten antibolschewistischen R. ausgeschrieben worden war. C. war die Schriftstellerin bekannt, er hatte ein Feuilleton über sie im »Linzer Volksbl.« veröff., für das sie sich am 10.12.1932 bei ihm in einem Brief bedankte.

Die letzten Lebensjahre C. waren v. einem schweren Herzleiden geprägt, dem er am 5.2.1943 im Spital der Barmherzigen Schwestern in Linz erlag. Begraben ist C. im Stadtpfarrhof v. Bad Ischl. Ein kleiner Nachl. befindet sich im Stiftsarchiv v. St. Florian.

WERKE: Drama: *Gaius Gracchus* (Tragödie in 5 Akten), Dresden 1905. Spiele: *Ave Maria. Eine dramatische Mariendichtung*, Paderborn 1913; *Der Fahne treu. Ein Festspiel*, Kempen 1910; *Einst und jetzt. Ein Weihnachtsspiel*, o.O. 1922. Prosa: *Meerbriefe*. In: Linzer Volksblatt, Linz 1929; *Land- und Meerbriefe*, o.O. 1930; *Über Land und Meer*, o.O. 1931; *Nasse Fahrten*, o.O. 1934; *Historische Streifzüge in schöner Natur*, o.O. 1934. Postkarteng. (Ausw.): *Italien, Du Treulose!*, Linz 1915; *Auf, nach Italien!*, Linz 1915; *Welschlands Stunde*, Linz 1917; *Judica illos, Deus* (Die Friedensverächter), Linz 1917.

LITERATUR: Giebisch/Gugitz, 51; W. Bortenschlager: Drama u. Dramatiker OÖ, 1986, 111; Syllabus der Reg. Lat. Chorherren d. Stiftes St. Florian, 1930, 20 u. 73f.

Claudia Kreutel

Chlodwig → **Alvensleben**, Ludwig

Chlumberg, Hans (eigentl. Hans **Bardach Edler v. Chlumberg**, 30.6.1897 Wien – 25.10.1930 Lzg.), als Sohn eines Offiziers geb., besuchte die Militärschule in Mährisch-Weißenkirchen u. Traiskirchen; 1918 wird er als Leutnant an der ital. Front eingesetzt u. zeichnet sich in den letzten Isonzoschlachten durch Tapferkeit u. Besonnenheit aus. Nach Kriegsende verdient er sich seinen Lebensunterhalt als Angestellter in der Fabrik seines Schwagers u. als Bankbeamter, ist daneben aber auch lit. tätig u. findet mit dem Drama *Eines Tages...* öffentl. Anerkennung: 1926 wird ihm der Preis des Dt. Volkstheaters in Wien zugesprochen, das sein Stück auch aufführt. C. entschließt sich zu einer Existenz als freier Schriftsteller, seine vielversprechende Karriere findet indessen in tragischer Weise ein frühes Ende: Bei einer Probe zur UA seines Schauspiels *Wunder um Verdun* in Lzg. stürzt C. in den Orchestergraben u. erliegt, ohne den Erfolg des Stückes erlebt zu haben, den dabei erlittenen Verletzungen.

C. ist – abgesehen v. frühen Ps. Veröff. in Ztg. u. Zs. sowie einem in den späten 20er-Jahren verfassten, im Nachl. befindlichen Familienr. – ausschließlich als Dramatiker hervorgetreten. Von den rund 15 Stücken, die in der Zeit der lit. Anfänge C. in rascher Folge entstanden sind, ist einzig das Drama *Die Führer* erhalten geblieben, das in naturalistischer Manier einen Generationenkonflikt gestaltet, in dessen Rahmen menschl. Glück durch allg. Korruption, sozialen Dünkel u. polit. Gräben verhindert wird. Mit seinem zweiten Stück *Eines Tages ...*, von C. selbst als »Elterndrama« bezeichnet, das die »Komödie des Lebens« in ihrer tragischen Dimension zeige, bewegt er sich nach dem Urteil ALFRED POLGARS auf der Ebene »bürgerlicher Theaterkonvention«; im Rahmen einer Theatertournee wird es mit Albert u. Else Bassermann in den Hauptrollen in ganz Dtld. gezeigt. Einen internat. Bühnenerfolg erringt C. kurz darauf mit *Das Blaue vom Himmel*; in der Art Pirandellos nimmt die Handlung ihren Ausgang v. einer »Spiel-im-Spiel«-Situation, einer fingierten Improvisation durch drei »Zuschauer«, zweier Männer u. einer Frau, deren ehebrecherisches Dreiecksverhältnis aufgedeckt wird, – eine für C. Dramenkonzeption charakteristische Wendung des Komischen ins Ernsthaft-Tragische. C. bedeutendste Arbeit ist fraglos sein letztes Werk *Wunder um Verdun*, neben F. TH. CSOKORS *3. November 1918* eine der seltenen dramat. Gestaltungen des Weltkriegsstoffes in der öst. Lit. Die Handlung führt indessen nicht an den Frontschauplatz, sondern auf einen Soldatenfriedhof an der Marne u. in die Hauptstädte der ehemals kriegsführenden Länder; sie ist zeitlich in den August 1939 verlegt. Der Konflikt entwickelt sich aus der visionären Auferstehung v. in der Schlacht um Verdun gefallenen Soldaten versch. Nationalität, die den Lebenden im Sinne einer moralischen Instanz als Mahner zu Frieden u. Versöhnung entgegentreten. Diese aber, untereinander zerstrittener denn je, teils überheblich-auftrumpfend u. zynisch-arrogant, teils komplexbehaftet u. revanchistisch gesinnt, haben den Krieg u. seine Folgen nicht bewältigt u. bereiten bereits den nächsten vor; den Auferstandenen schlägt v. allen Seiten, v.

den polit. u. rel. Führern bis zum kleinen Kriegsgewinnler, Hass entgegen. Der pazifistische Appell des Stückes, das v. der extremistischen Rechten heftig attackiert wurde, hat eine überaus große Resonanz erzielt, wie Auff. in Lzg., Wien, Bln., London, Paris u. Stockholm sowie in Buchform erschienene Übersetzungen ins Engl. u. Amerik. belegen. Die Bühnenwirksamkeit des Dramas beruht auf der Eindringlichkeit des zentralen Motivs, einmal mehr aber auch auf der Spannung zw. Lustspieleffekten bzw. volksstückhaften Elementen u. Szenen, die v. nachexpressionistischen Ethos u. Pathos getragen werden.

WERKE: Dramen: *Die Führer*, Wien 1919; *Eines Tages ...*, Wien 1922; *Das Blaue vom Himmel*, Bln. 1931; *Wunder um Verdun. 13 Bilder*, Bln. 1931.

LITERATUR: E. Pablé: D. vergessene Welterfolg: H. v. C., in: Lit. u. Kritik, H. 36-37, Wien 1969, 382-394; Killy, 2.

Ernst Fischer

Chobot, Manfred (3.5.1947 Wien) lebt nach Abschluss eines Stud. der Kulturtechnik u. Wasserwirtschaft als freier Schriftsteller u. Galerist in Wien, NÖ u. im Burgenland. Er gehört v. Anfang an zu den polit. u. sozial engagierten Autoren, die sprachl.-formal dort experimentieren, wo Inhalte auch gedankenlose »Konsummenschen« erreichen sollen. 1971/72 gab er die Zs. »Astma« heraus. Seit 1972 ist C. Mitgl. des Lit.kreises PODIUM u. seit 1975 Mitgl. der GRAZER AUTORENVERSAMMLUNG. Sein erster Bd., *Projekte*, enthält eine poppige Mischung aus Bildern u. Texten, die wiederum eine Mischung aus Ironie, Blödelei, Zynismus u. Ernst darstellen. Er wollte nicht »Kunst« machen, er wollte schockieren, provozieren. Seine Themen sind u.a. Auto, Kunst, Sex, Staat, Religion, NS-Vergangenheit. Aus seinem Engagement heraus wird der mundartliche Ausdruck wichtig. Er verbündet sich z.B. in seinem ersten Lyr.bd., *waunst in wean oder seu di o* (1978), ideologiekrit. mit den Ausgegrenzten, mit den »Verlierern« der Gesell. Seine »lyrischen Ichs« monologisieren, klagen, haben Angst u. fühlen sich verlassen. Für sie gibt es keine Möglichkeit der Selbstverwirklichung. In seiner Prosa geht C. einen anderen Weg: Die Klage der Ausgegrenzten kippt in Sarkasmus um u. wird lit. zur Satire. Er nimmt einzelne polit. Entscheidungen zum Anlass, neue Texte zu schreiben – ähnlich den Kabarettisten. Seine Texte werden manchmal geradezu absurd. In den 70er-Jahren machte er mehrere experimentelle Hörspiele u. Features für den ORF u. andere Rundfunkanstalten. Im *Gruftspion* sind seine Sympathien wieder bei den sogenannten kleinen Leuten (Briefträger, Schädlingsbekämpfer, Frührentner), aber auch bei den Kindern. Auch als Hg. – u.a. d. *Dialekt-Anthologie 1970-1980* – machte er sich einen Namen. Im G.bd. *Krokodile haben keine Tränen* (1985) setzt sich C. künstlerisch mit der eigenen Person auseinander. Sprachl.-formal zeigt diese Lyr. ein weites Spektrum. 1989 folgten *Sportg.* u. 1990 ein Bd. mit Liebesg. *Ich dich und du mich auch*. C. erhielt zahlreiche Förderungen u. Preise: Förderpreis des Wr. Kunstfonds, 1972 u. 1977; Arbeitsstipendium der Gemeinde Wien 1974, 1978 u. 1982; Förderungspreis des Theodor-Körner-Stiftungsfonds 1976; Nachwuchsstipendium des Bundesministeriums für Unterricht u. Kunst 1977; Dramatikerstipendium 1979 u. 1982; Stipendium zur Produktion v. Fernsehspielen 1979; Arbeitsstipendium des Landes NÖ 1979; Preis der Arbeiterkammer 1981; Staatsstipendium des Bundesministeriums für Unterricht, Kunst u. Sport 1986/87.

WERKE: Einzelveröff. u.a. in: Protokolle, Manuskripte, Podium, Das Pult, neue wege, wespennest. Lyr.: *waunst in wean oder seu di o,* wiener mundarttexte mit graf. beigaben v. peter sengl, Mchn. 1978; *I wüü net alaane sei.* Dialektg., auch Kassette mit Liedern IDI-Ton/Text 11, Wien 1983; *Krokodile haben keine Tränen,* G., Reihe: Lyr. aus Öst., Bd. 34, Baden/ Wien 1985; *Sportg.,* mit Zeichnungen v. E. Neunteufel, Wien 1989; *Ich dich und du mich auch,* Liebesg., Reihe: Lyr. aus Öst., Bd. 50, Baden/Wien 1990; *Römische Elegien,* 2000. Prosa: *Projekte. Eine Ylluschtrierte,* Augsburg/Gersthofen 1973; *Prosa* in: Neue Autoren I, Edition Lit.produzenten, Wien 1972; *Der Gruftspion,* satirische Prosa, Wr. Neustadt 1978; *reformprojekte,* satirische Kurztexte, Vorwort v. W. Schmidt-Dengler, Zeichnungen v. P. Flora, Reihe: Die Neue Lit. 3/80, Wien 1980; *Lesebuch,* Wien 1987; *Spreng-Sätze,* Satiren u. Gegen-Sätze, Illustrationen v. E. Zdrahal, Nachwort v. P. Henisch, Wr. Neustadt 1987; *Die Enge der Nähe,* Erz., 1994; *Der Hof. Ein Lesebuch zum Leben auf dem Lande,* 1995; *Der ertrunkene Fisch. Acht Erz. in einer Landschaft,* 1999; *Stadtgesch.,* Weitra 1999. Hörspiele: *A Day in a Life,* ORF 1972; *Interviews kurz vor der Hinrichtung,* Kurzhörspiele, Hessischer Rundfunk 1974; *Partygesellschaft oder Krieg im Salon,* ORF 1974; *Livingstreet,* ORF 1975; *Sonntag nach der Mess',* ORF 1975; *Bettelhörspiel,* 1977; *Inventur,* ORF 1977; *Duell auf der Brücke,* ORF 1980; *Öst. 1933 – Öst. 1985,* ORF 1980; *Rechts-Sprechung,* 1980; *Vom Geben und vom Nehmen,* 1981; *Ein Autor sucht seine Siege,* 1983; *Schlußmachen zu dritt,* 1986. Feature: *Lebenslänglich Wichtelgasse,* 1982; *Blinder Passagier nach Petersburg,* 1983; *Beim Branntweiner,* 1984; *100% reduziert,* 1985; *Erleben Sie einen herrlichen Tag,* 1985; *Totem und tabu – die Flaktürme von Wien,* 1985; *Vereinsmeier,* 1986; *Shopping City Ost,* 1987; *Grand Prix,* 1987. Kabarett: *Salto morale.* Freie Bühne Wieden, Wien 1980. Fernsehspiel: *Schöner wohnen in Wien,* gemeinsam mit P. Henisch u. G. Ernst, ORF 1972. Übersetzungen: Pop-Songtexte u.a. v. F. Zappa, P. Brown, J. Bruce, J. Morrison, J. Lennon, I. Anderson, Van Morrison. Hg.tätigkeit: *Alfred Hrdlicka,* 1973; *Reibflächenmultiple – Hrdlicka und die Öffentlichkeit,* Wien 1977; *Die Briefe der Leopoldine Kolecek, gefundene Briefe,* illustr. v. A. Hrdlicka, Wien 1977; *Frohner Adolf;. Mit'm Schmäh. Das Große österreichische Liederbuch,* Liedtexte, Göttingen 1980; *Erleichterung beim Zungezeigen und anderes mehr,* 1989. Mithg.: *endlich was neues,* Jb. für neue Dichtung, Scheden, 1973/74; *Dialekt – Anthologie 1970-1980,* gemeinsam mit B. C. Blünker, IDI- Internationales Dialektinstitut, Wien 1982; *Friedensmarsch der 70.000, Wien, 15. Mai 1982,* Wien 1982; *Das Wiener Donaubuch,* Wien 1987; *Schmäh ohne. Wiener Satiren aus 100 Jahren,* Wien 1987. Mitarb.: Sotriffer, Kristian, Zechyr. Landscapes, Wien, Mchn. 1971.

LITERATUR: H.F. Prokop,: Öst. Lit.handbuch, Wien 1974; D. Mühringer: in: Lit. u. Kritik, Nr. 86/87, 1974, 438; R. Heger: Das öst. Hörspiel, 1977; W. Kratzer: in: Morgen Nr. 11, 1980; P. Henisch, in: Communicationszentrum fritz, März 1988.

Ruthilde Frischenschlager

Chorinsky, Johann Graf v. (24.6.1793 Teschen/öst. Schlesien – 26.2.1813 Prag) war der Sohn des Hauptmannes v. öst. Schlesien, Ignaz Dominik v. C., kam als Student nach Graz, wo seine Schwester verh. war u. stud. dort am Lyceum seit 1807. Als im Jahr 1809 der Krieg ausbrach, eilte er im Range eines »Unterlieutenant[s] der zweyten Schützen-Compagnie des ersten Grätzer Landwehr-Bataillons« zu den Waffen u. ließ – getragen v. patriotischer Begeisterung – ein 16-seitiges H. *Wehrmannslieder* bloß mit seinen Initialen J.G. v. C. erscheinen. Vorbild waren ihm HEINRICH JOSEPH V. COLLINS aufsehenerregende u. weit verbreitete *Lieder Oesterreichischer Wehrmänner* (Wien bei ANTON STRAUSS, 1809), die der Wr. Komponist Anton Weigel vertonte. Dieser Lieder-Slg. eiferte C. mit seinen Dichtungen, die er auf bekannte, jeweils mit den Liedtiteln angegebene Melodien gesungen wissen wollte, nach. Der junge, gebildete Dichter lässt auf das aus ENEA SILVIO PICCOLOMINI gewählte Motto »Wo die Bürger muthig sind, mag sie keiner Feinde Menge beweltigen« eine leidenschaftlich patriotische Vorrede, die mit vaterländischen Versen CAROLINE PICHLERS geschlossen wird, folgen. Dem Preis des Vaterlands u. dessen Repräsentant gelten die Lieder, die die naheliegenden Themen des Abschieds v. den Freunden, der Geliebten u. der Familie umfassen. Mit begeisternder Rhetorik sind die einfachen, aber metrisch-rhythmisch ins Ohr gehenden, kurzversigen Strophen gebaut. Sie sprechen v. den Idealen des Vaterlands, des Herrschers, der Freiheit u. des Schutzes, der dem Staatsbürger, der Familie und den zu verteidigenden Frauen u. Kindern gilt. Im Jahre 1813 trat C. zum 2. Mal in die öst. Armee ein, wurde zunächst bei Dresden verwundet u. dann bei Lzg. schwer getroffen. Er starb schließlich an seinen Verletzungen in Prag.

C. bzw. die *Wehrmannslieder* verdienten eine einlässlichere Charakteristik im Zusammenhang mit der gesamten polit. Lyr. des Kriegsjahres 1809. Namentlich auf C. aufmerksam gemacht hatte Brümmer bereits 1884. Das übersahen Robert F. Arnold u. Karl Wagner, als sie ihre wichtige Anthologie »Achtzehnhundertneun – Die politische Lyrik des Kriegsjahres« (1909) herausgaben; immerhin wurden sie zufällig auf C. *Wehrmannslieder* aufmerksam, charakterisierten die Slg. u. brachten einige Proben, ohne jedoch die Initialen des Verf. entschlüsseln zu können.

WERK: Polit. Lyr.: *Wehrmannslieder*, Grätz [Graz] 1809.

LITERATUR: Brümmer; Achtzehnhundertneun – Die polit. Lyr. des Kriegsjahres, hg. v. R.F. Arnold u. K. Wagner, Wien 1909 (= Schriften d. Lit. Vereins in Wien XI).

Herbert Zeman

Chownitz, Julian (Ps. Josef **Feodor**, Josef **Chowanetz**, Julian Feodor **Chowanitz**, 1814 Neuhäusel/Ungarn – 11.11.1888 Wien) war Offizier u. Red. versch. Zs. Bei einem längeren Aufenthalt in Lzg. schloss er sich den revolutionären Ideen an, 1848 nahm er an der Revolution in Wien teil, flüchtete anschließend nach Dtld., ab 1859 gab er bis zu seinem Tod das polit. Tagbl. *Die Gegenwart* heraus.

C. schrieb nach dem Muster v. Eugéne Sue belletristische Unterhaltungsr., in denen er die Wr. Gesell. in der ersten Hälfte des 19. Jh. krit. beleuchtet. Die Künstlerproblematik, den Konflikt zw. Liebe u. Selbstverwirklichung u. den verletzenden, ungerechtfertigten Standesdünkel der Aristokratie behandelt er in dem Roman *Leontin* (1842). Dunkle Konflikte, Geheimnisse u. Betrug beschreibt C. in *Cölestine* (1842) wieder überwindet der Held durch die Kraft der Liebe alle Schwierigkeiten. Ein »soziales Gemälde« v. Wiens Unterwelt schafft C. in *Die Geheimnisse von Wien* (1844). In der Nachrede weist der Autor selbst auf sein Vorbild, auf die *Geheimnisse von Paris* (E. Sue) hin u. betont sein persönl. Anliegen, das Aufzeigen v. der gerechten Bestrafung der Bösewichte u. der glücklichen Vereinigung der guten Menschen. In der stilistischen Ausführung seiner Werke wird C. nach eigenen Angaben v. den frz. Erzählern Paul de Kock u. Pigault Lebrun beeinflusst; in einfachen u. anschaul. Bildern u. einer sorglosen, kunstlosen Sprache erzählt er möglichst spannende Inhalte.

WERKE: Romane: *Moderne Liebe*, Lzg. 1840; *Marie Capelle oder Charles Lafarges Tod*, Lzg. 1840; *Geld oder Herz*, Lzg. 1842; *Leontin. Aus dem Residenzleben*, Lzg. 1842; *Cölestine oder der eheliche Verdacht*, Lzg. 1842; *Edelmann und Jude*, Lzg. 1842; *Die Geheimnisse von Wien*, Lzg. 1844; *Das ist der Lauf der Welt*, Lzg. 1845.

LITERATUR: Giebisch/Gugitz, 51; O. v. Corvin: Ein Leben voller Abenteuer, Ffm. 1924, 354; O. Wittner: Briefe aus dem Vormärz, Wien 1911, 381.

Cornelia Fritsch

Christ, Alfred (6.8.1871 Groß-Seelowitz, Bezirk Auspitz/Zidlochovice/Mähren – 27.9.1939 Wien) war Dr. jur. u. Hofrat in Wien u. gehörte zu jenen sudetendt. Dichtern, die nach dem 1. WK für einen Anschluss Öst. an Dtld. eintraten. Diese Position ist insbes. in der v. ihm hg. Slg. polit. Stellungnahmen *Dtld., wir kommen* dokumentiert, in der er sich zum Pazifismus bekennt, gleichzeitig aber auch zur Idee der Völkerverständigung, aus der er den Anschluss Öst. an Dtld. als sinnvollen Schritt zufolge des Nationalitätenprinzips ableitet. Diese Schr. enthält Texte einer ganzen Reihe namhafter Persönlichkeiten der damaligen Öffentlichkeit, u.a. v. Otto Wagner, ADAM MÜLLER-GUTTENBRUNN, Otto Bauer, Julius Tandler u. FRANZ KARL GINZKEY. Ebenfalls darin sind bereits seine *Friedens-Sonette*, der *Hochverräter am Geiste* als pazifistischer R. aus Baden bei Wien u. *Der weise Mauritius* als satirischer R. angekündigt.

WERKE: Hg.tätigkeit: *Dtld., wir kommen. Stimmen aus dem geistigen Deutsch-Österreich für den Anschluß an Dtld.*, 1919. Gedichte: *Friedens-Sonette. Geschrieben im Weltkriegsjahr 1916*, 1927. Roman: *Der Weise Mauritius*, 1921. Spiel: *Heilige Nacht*, 1925. Märchen: *Zauberin der Zeit*. 6 Märchen, 1926.

LITERATUR: F. Jaksch: Lex. sudetendt. Schriftsteller u. ihrer Werke für d.J. 1900-1929; Biogr. Lex. zur Gesch. d. böhm. Länder.

Ernst Seibert

Christel, Franz (Ps. Hans **Funke**, Erich **Schönwald**; 9.3.1865 Mährisch-Ostrau – 17.2.1931 Wien), Sohn eines musikinteressierten Gastwirtes u. einer musisch begabten Kärntnerin, besuchte die örtliche Landesoberrealschule u. die Univ. Wien, wo er Phil., Lit. u. neuere Sprachen stud. Hierauf ergriff er die Beamtenlaufbahn u. wurde Archivar des Wr. Stadtarchivs. C., u.a. mit JOHANNES FERCHER V. STEINWAND befreundet, gehörte in den frühen 90er-Jahren dem Literatenkreis der IDUNA an. Weiters war er einige Jahre Vorstandsmitgl. der DEUTSCH-ÖSTERREICHISCHEN SCHRIFTSTELLERGENOSSENSCHAFT. Er lebte zuletzt im 13. Wr. Gemeindebezirk; sein Grab befindet sich auf dem Friedhof Wien-Ober St. Veit.

Neben Veröff. zur öst. Lit.gesch. (z.B. Mithg. v. FERCHER V. STEINWANDS *Sämtlichen Werken* (zu denen er auch eine Einl. verfasste, 1903) u. feuilletonistische Arbeiten für die »Deutsche Ztg.« u. das Witzblatt »DER LIEBE AUGUSTIN« trat er seit den 80er-Jahren v.a. als Lyriker hervor: Der v. Wr. Grillparzer-Verein 1887 hg. Bd. *Auf bunten Schwingen* ist seiner späteren Gattin Maria (1894 Eheschließung), der Tochter des schriftstellernden Breslauer Oberpostkommandanten Guido Fritsch, gewidmet. Er umfasst denn auch in erster Linie einfache Liebesg. (1. Abteilung »Lust und Leid im Paradies«), weiters etwas anspruchsvollere melancholische Lebensbetrachtungen (Abteilung »Aetherklänge«) sowie durchschnittliche Balladen u. Gelegenheitsg. (u.a. »*Zur Errichtung eines Grillparzer-Denkmals in Wien*«).

WERKE: (Ausw.) Lyr.: *Junge Reiser*, Mährisch-Ostrau 1885; *Auf bunten Schwingen. Lieder u. Liedchen*. Hg. vom Grillparzer-Verein in Wien, Mährisch-Ostrau 1887; *Ofterdingens Lieder*, Lzg. 1892; *Reliquien*, Dresden 1895; *Lebenszauber. Neue Gedichte*, Augsburg 1925. Hg.tätigkeit bzw. Lit.wiss.: *Johannes Fercher v. Steinwands sämtliche Werke*, hg. mit Josef Fachbach Edler v. Lohnbach. Mit 2 Einleitungen v. C. u. W. Madjera, Wien 1903; *Karl Erdmann Edler*, Wien 1917; F. Keim: *Das Stille Buch*, Nachwort v. C., Wien 1921.

LITERATUR: L. Eisenberg: D. Geistige Wien. Künstler- u. Schrifstsellerlex., Bd.1: Belletrist.-künstler.Theil, Wien 1893, 70; Brümmer, Bd. 1 u. Bd. 8; Degener's wer ist's?, VIII. Ausg., Lzg. 1922, 230; Nagl/Zeidler/Castle Bd. 3 u. Bd. 4; Neue Freie Presse v. 19.2.1931 (Morgenblatt), 6; ÖBL Bd.1.

Sylvia Leskowa

Christelbauer, Rudolf Hanns → **Christlbauer**, Rudolf Hanns

Christelius (**Christel**), Bartholomäus, SJ (2.8.1624 Müglitz/Mähren – 11.5.1701 Prag) trat nach dem Schulbesuch in Olmütz 18-jährig in den Jesuitenorden ein (Noviziat in Brünn 1642-1644). Sein Leben stand fortan ganz im Dienste dieses Ordens als Lehrer, Seelsorger, Prediger u. Schriftsteller. Parallel zum Stud. an der Univ. Prag, zunächst der Phil. (1646-1649), dann der Theol. (1652-1658) durchlief er an den Jesuitengymnasien der böhm. Ordensprovinz in Neiße, Eger, Prag, Breslau u. Glatz die Ämter des Schuldienstes, wurde 1658 zum Priester geweiht, legte am 24.6.1660 die feierliche Profess ab u. wirkte dann als Lehrer u. Seelsorger an den Gymnasien Prag, Brünn, Breslau, wo er v. 1663-1666 Rektor war, Komotau, Telč, Olmütz, Komotau, v. 1682-1690 wieder am akad. Kolleg in Prag, nunmehr als Provinzial der böhm. Ordensprovinz (1682-1686, mit zwei Romreisen), Telč (1690-1694), ab 1694 endgültig in Prag, wo er seit 1700 bis zu seinem Tod das Amt des Rektors innehatte.

Als geistl. Schriftsteller erstmals 1663 hervortretend, hat C. bis zu seinem Tode unermüdlich eine Vielzahl v. volkssprachigen Andachtsbüchern in Prosa u. Vers sowie Übersetzungen frommer Traktate aus dem Lat. verfasst. Anlass u. Gegenstand frommer Betrachtung sind ihm Kommunionvorbereitung (*Synaxiphiles sacrum Pervigilium Das ist: Heiliger Feuer Abend einer des HH Abendmahls begierigen u. liebenden Seelen*. [...], Olmütz 1663; *Synaxiphilae Sabbatum, Das ist: Heilige Feuer= oder Ruh=Tag einer des HH Abendmahls liebenden Seelen*. [...], Olmütz 1663); Verehrung des Altarsakraments (*Verehrung Jesu Christi in dem Hochwürdigen Sakrament und der Mutter Gottes*, Prag 1699), Passion Christi (*Tria charissima. Jesus Crucifixus, SS. Sacramentum, et B. Deipara virgo. In gebundener Rede vorgesungen*, Prag 1699; *Decas sacrarum stationum* [...], Prag 1693; *Merzen und Schmerzen Brod* [...], Prag 1698); zyklische Andachtsübungen für eine Woche (*Hebdomarium* [...], Prag 1697), für einen Monat (*Alimonia menstrua, Monathliche Seelen=Nahrung* [...], Breslau 1666), für ein Jahr (*Annus Seraphicus Seraphisches Lieb=Jahr/ Oder Annüttige Zu Göttlicher Liebe anleitende Lieder/ auf alle Tage deß gantzen Jahrs*, Olmütz 1678; *Zodiacus Laetofatalis. Lustiges SterbJahr* [...],

Prag 1690); regionale Wallfahrten (*Via Spino-rosea. Leid= und Dornweeg/Freud= und Rosensteeg/Allen Zu der Schmertzhafften Mutter Gottes unter Grauppen Andächtigen Wallfährtern gebahnt*, Prag 1668; *Via olivetana Oelberg Strassen* [...] *Auff den bey Stramberg zu Mähren/mit Passion Capellen besetzten* [...] *Oelberg Gebahnet*, Olmütz 1678). Alle diese für die außerliturg. fromme Praxis bestimmten handlichen Büchlein (meist Duodez-, selten Oktavformat) bringen in abwechslungsreicher Mischung Gebete, Litaneien, G., Lieder in bekannten u. neuen Tönen, Betrachtungen, Anleitungen, dialogische Diskurse, »Geschicht-Erz.«, »Sprich=Wörter«, um so dem »Andacht=Verdruß« der zeitgenöss. Frommen gegenüber der älteren geistl. Lit. abzuhelfen. Lediglich im *Psalterium Amoris. LiebPsalter* [...] (Prag 1673), einer Slg. v. 150 Liedern, beschränkt er sich, dem biblischen Muster entsprechend, auf eine einzige Gattung. Alle diese Werke C. sind zum wiederholten frommen, möglichst tägl. Gebrauch bestimmt, sie sollen den gläubigen Leser, v. dem ein »unerschrockenes/ und alle eitelkeit mit füssen trettendes gemütt« gefordert wird, im Sinne der ignatianischen »Geistlichen Übungen« in den genannten Situationen in die Rolle des Meditierenden, mit Gott Sprechenden, versetzen (Eybl). C. schränkt damit den Kreis der Rezipienten ein, etwa: »Allen Mit Gottes willen wol übereinstimmenden hertzen« (de facto wohl die »Hertzen« der Bildungsschicht). Das hat zur Folge, dass C. die »Saiten höher spannen« und die sprachl.-stilistischen Mittel der modernen Ingenium-Poetik mit ihrem am delectare orientierten Zierlichkeitsverständnis verwendet, jedenfalls die »gemeine weiß zu reden«, den in der älteren Andachtslit. üblichen »sermo humilis« hinter sich lässt. C. hat seinen poetischen Stilwillen, seine Poetisierung der Andachtsgegenstände immer wieder in Dedikationen an hochgestellte Gönner, in Vorreden u. eingeschobenen poetologischen Diskursen rechtfertigen müssen, darin etwa einem LAURENTIUS V. SCHNÜFFIS vergleichbar. Seine Vorredenpoetik stellt ein wichtiges Dokument für die in der 2. Hälfte des 17. Jh. aufbrechende Diskussion über die Möglichkeiten einer manieristisch geformten Andachtslit. dar, die um 1700 zunehmender Kritik verfällt. Schon Erdmann Neumeister, der erste Historiograf der dt. Lit. des 17. Jh., ordnet 1695 C., den Anspruch dieses geistl. Poeta doctus ironisch würdigend, unter die »dichtenden Hofnarren« des Parnaß ein, die unfreiwillig Gelächter hervorrufen, u. belegt dies mit Versen aus C. seither einzig unvergessenem *Zodiacus Laetofatalis*. Tatsächlich entfernt sich C. in dieser Schr., einer Slg. v. satir. Grabschr. u. Liedern im modernen ›arguten‹ Stil (Vorbild sind Schefflers Schlussreime) in Form eines Kalendariums, am weitesten v. seinen geistl. Intentionen; das delectare dominiert eindeutig über die Anleitung zum betrachtenden Beten. C. hat dem mit einem durchgängigen poetologischen Diskurs gegenzusteuern versucht: in der Dedikation an den Prager Erzbischof, in der Leservorrede sowie in den wiederkehrenden Dialogen der fünf ›klugen Jungfrauen‹ Albertina (die Einfältige), Erudita (die Gelehrte), Ingeniosa (die Witzige), Optatia (die Anmutige) u. Varianda (die sich in alles Schickende), hierin offenbar dem Vorbild v. Harsdörffers »Frauenzimmergesprechspielen« folgend. Dadurch ist aber nicht das kurzweilige Memento mori, sondern die poetologische Grundfrage nach der Vereinbarkeit v. ingeniös-poetischem u. aszetischem Anspruch das eigentl. Thema dieser Schr.; die wenigsten geistl. Autoren haben einen solchen Grad der Reflektiertheit erreicht. Sprachl. u. metrisch orientiert sich C. an der oberdt. Sprachnorm u. ihren größeren Versfreiheiten, ein weiterer Grund für den zeitgenöss. protest. Lit.kritiker, ihn wie auch ABRAHAM A SANCTA CLARA als Poeten nicht ernst zu nehmen. Diese bis heute wirksame Wertung verstellt jedoch auch hier den Blick für die Leistung C., seine krit. Auseinandersetzung mit den oberdt. Versfreiheiten; die in Prag u. Breslau gedr. Werke, v.a. der *Zodiacus Laetofatalis*, führen ihn über die Tradition seines Kulturbereichs hinaus in Richtung auf die opitzianische Versreform. Im Rahmen seiner »lustregenden Reimkunst« befürwortet C. sogar Neologismen, grenzt sich aber v. der sprachexperimentellen säkularen Richtung eines Zesen ab. C. Werk ist bis heute weitgehend unbekannt, lediglich wenige Texte aus der *Via Spino-rosea* u. dem *Zodiacus Laetofatalis* sind in den Kanon der Barocklyr. gelangt. Erst die Hinwendung zu seiner Vorredenpoetik hat in jüngster Zeit eine neue Sicht dieses unterschätzten jesuitischen Dichters eingeleitet.

WERKE: Andachtsbücher in Vers u. Prosa: *Synaxiphiles sacrum Pervigilium. Das ist: Heiliger Feuer Abend einer des HH Abendmahls begierigen und liebenden Seelen* […], Olmütz 1663; *Synaxiphilae Sabbatum. Das ist: Heiliger Feuer= oder Ruh=Tag einer des HH Abendmahles liebenden Seelen* […], Olmütz 1663; *Alimonia menstrua, Monathliche Seelen=Nahrung oder Andacht=Übungen* […], Breslau 1666; *Via Spino-rosea. Leid= und Dornweeg/Freud= und Rosenssteeg/ Allen Zu der Schmertzhafften Mutter Gottes unter Grauppen Andächtigen Wallfährtern gebahnt*, Prag 1668; *Psalterium Amoris. LiebPsalter* […], Prag 1673; *Via olivetana, Oelberg=Strassen* […], Olmütz 1678; *Annus Seraphicus, Seraphisches Lieb=Jahr* […], Olmütz 1678; *Zodiacus Laetofatalis. Lustiges Sterb-Jahr* […], Prag 1690; *Decas sacrarum stationum* […], Prag 1693; *Hebdomarium* […], Prag 1697; *Mertzen und Schmerzen Brod* […], Prag 1698; *Verehrung Jesu Christi in dem hochwürdigen Sacrament und der Mutter Gottes*, Prag 1699. Traktate: *Verba et opera* […], Prag 1675; *Praecellens viduarum speculum* […], Brünn 1694. Übersetzungen: *P. Mathiae Tanner S.J. usque ad sanguinis effusionem militans*, Prag 1683; *P. M. Tanner, Apostolorum imitatrix*, Prag 1684; *Francisci Ariae Thesaurus inexhaustus* […], Glatz 1685; *Roberti Cardinalis Bellarmini Catechismus*, Prag 1687; *P. Antonii Foresti annona Coelestis, d.i. Himmel=Proviant* […], Prag 1688; *M. Tanner Judicium grave a Domo Dei contra omnes impie agentes in Locis sacris*, Prag 1690; *P. Richardi Archdekin Controversiae*, Prag 1691; *Mannhaffte Beständigkeit des zwölfjährigen Knabens Simeons Abeles* […], Nbg. 1698, Prag 1698; *Tria carissima* […], Prag 1699; *Virga vigilans super domum Dei* […], Prag 1700; *Unergründliche Mystische Gold-Grube* […], Prag 1710.

LITERATUR: E. Neumeister: De poetis Germanicis (1695) Hg. v. F. Heiduk, Bern u. Mchn. 1978, 22f., 153f., 307f.; F. M. Pelzel: Boehmische, Mährische u. Schlesische Gelehrte aus d. Orden d. Jesuiten, Prag 1786, 61-63; De Backer-Sommervogel 2 (1891), Sp. 1159-1163; J. Röder: P.B.C., ein Olmützer Abraham a Sancta Clara, in: Heimatbl. f. d. Olmützer Sprachinsel 1 (1933), 185-189; F. Tietze: P.C., Diss. phil. Prag 1937; D. Breuer: Oberdt. Lit. 1565-1650, Mchn. 1979, 84f.: F. Eybl: Poesie u. Meditation. Zur Vorredenpoetik d. B.C., in: Zs. f. Bayer. Landesgesch. 47 (1984), 255-276.

Dieter Breuer

Christen, Ada → **Breden**, Christine v.

Christen, Klara bzw. Clara (27.4.1844 Mchn. –19.12.1909 ebd., Ps. Klara bzw. Clara **Ziegler**), geb. Ziegler, verehelichte C., Tochter eines Mchn. Seidenfärbers, wuchs in bürgerlicher Wohlhabenheit auf, wurde nach dem frühen Tod des Vaters (1859) als älteste Tochter v. ihrer nun die Fabrik allein weiterführenden Mutter mit für sie neuartigen Problemen konfrontiert. Sie sollte 1860 einen Berliner Verwandten heiraten. C. beschloss jedoch (offenbar unter dem Eindruck der Hoftheaterbesuche u. der Theaterauftritte der Kinderzeit in dem kleinen Haustheater der Fabrik), den Schauspielberuf zu ergreifen: Sie gewann ihren Vormund u. ehem. Freund ihres Vaters, den arrivierten Hofschauspieler Adolph Christen, der ihr zunächst v. einer Bühnenlaufbahn abriet, als Lehrer. Ihr Debüt gab sie bald darauf im Bamberger Stadttheater, wo sie 1862 als Adrienne Lecouvreur (Scribé) u. Jungfrau von Orléans auftrat. Letztere brachte ihr schließlich bei einem Debüt in ihrer Heimatstadt auch weitere Angebote ein: C. war dann nach Kurzaufenthalten in Breslau u. Bln. ab 1862 am Ulmer Stadttheater engagiert. Als der Direktor dieses Theaters das Mchn. Volkstheater 1865 übernahm, kehrte auch C. mit ihm nach Mchn. zurück. Auf ein erfolgreiches Gastspiel in Lzg. (1867) folgte ein Engagement am Mchn. Hoftheater (1868-1874). Hierauf unternahm sie ausschließlich Gastspielreisen, die sie nicht nur wie in früheren Zeiten nach Dtld. (auch Separatvorstellungen für König Ludwig II.) u. v.a. Öst. (u.a. 1869 am Wr. Burgtheater: Isabella, Jungfrau; 1870 in Graz in der Hosenrolle des Romeo; 1873 am Wr. Carltheater: Medea), sondern auch nach Holland u. Russland führt. C. – sie heiratete 1876 ihren Lehrer Adolph Christen – gilt neben Charlotte Wolter als überragende Tragödin ihrer Zeit. Sie erlangte v.a. mit ihrer Darstellung von Grillparzers *Medea* großen Ruhm. 1904 zwang sie jedoch ein Herzleiden, sich v. der Bühne zurückzuziehen. C., Ehrenmitgl. der Mchn. Königl. Hofbühne, des Großherzoglichen Hoftheaters Darmstadt u. der Genossenschaft Dt. Bühnenangehöriger, lebte seitdem in Mchn. Ihre gegenüber dem Engl. Garten gelegene Villa u. ihren Nachl. vermachte sie in der »Klara-Ziegler-Stiftung« der Dt. Bühnengenossenschaft mit der Aufl., ihr Haus als Theatermuseum zu erhalten. Die auch in Wien vielgefeierte Tragödin versuchte sich wie so viele ihrer unbekannteren Bühnenkollegen darüber hinaus als dramat. Unterhaltungsschriftstellerin: Ihre wenigen harmlosen Lustspiele u. Lebensbilder wurden am Mchn. Hoftheater aufgeführt.

Werke: Bühnenstücke: *Flirten*. Lustspiel, Lzg. 1895; *Furcht vor der Schwiegermutter*. Schwank, Lzg. 1896; *Der Türmer von St. Peter (Türmers Weihnachtsfest. Türmers Osterfest)*. Ein ernstes u. heiters Lebensbild in je 1 Akt, Mchn. 1897; *Mucki*, Lustspiel, o.O. 1904.

Literatur: Brümmer, Bd. 8; L. Speidel: C. Z. in Wien, in: ders.: Schriften, Bd. 4: Schauspieler, Bln. 1911, 21-29; A. Frh. v. Mensi: Z., C., in: Biogr. Jb. u. Dt. Nekrolog, hg. v. A. Bettelheim, Bd.14, Bln. 1912, 82-87; H. G. Eschweiler: K. Z., ein Beitr. zur Theatergesch. d. 19. Jh., Bln. 1935 (= Phil. Diss. Rostock 1935); Kosch, Bd. 1.

Sylvia Leskowa

Christian um Mitternacht → **Bayer**, Georg Oswald

Christlbauer, Rudolf Hanns (25.11. 1876 Wien – 20.2.1912 Kufstein/Tirol) wurde als ältestes v. drei Kindern des aus Böhmen stammenden Geschäftsmannes Albert C. in Wien geb. C. absolvierte die Bürgerschule u. Handelsschule in Wien u. arbeitete danach als Kontorist. Von 1901-1904 übernahm er die Schriftleitung des Scherer in Innsbr., später in Wien, u. wurde Mitarbeiter der Muske-

TE. Die zwei wichtigsten nachgelassenen Werke entstanden im Jahr 1908 (*Schneewittchen*) u. 1910 (*Das klagende Lied*). Es handelt sich dabei um Opernlibr. Vor seinem Tod (1912) arbeitete er als Red. des GRENZBOTEN.

WERKE: *Schneewittchen*. Märchendrama in 4 Teilen u. 8 Bildern, 1908 (nur teilweise veröff. in: Waldheimat, Jg. 1927, 49-51); *Das klagende Lied* (Libr.), 1910.

LITERATUR: F. Blumentritt: R. H.C. in: Waldheimat. Monatsschrift f. d. Böhmerwald, Budweis, 1924-1933, 3. Jg. (1927), 49.

Ruthilde Frischenschlager

Christomanos, Constantin (13.8.1868 Athen – 14.11.1911 ebd.), der Sohn eines griech. Univ. Prof. u. einer dt. Mutter, stud. ab 1890 in Wien dt. Philol. Durch verwandtschaftliche Beziehungen zu Nikolaus Dumba erhielt C. v. 1891-1894 die Stelle eines Griechischlehrers, Vorlesers u. Begleiters der Kaiserin Elisabeth; 1898/1899 leitete er gemeinsam mit FELIX RAPPAPORT die »Wiener Rundschau«. Um die Jh.wende kehrte er nach Athen zurück, gründete dort das Sommertheater »Neue Bühne«, war erfolgreich als Direktor u. Regisseur tätig u. verfasste dramat. Werke in griech. Sprache.

Das große seelische Erlebnis, der tiefe Eindruck, den die Kaiserin Elisabeth auf C. ausübte, veranlassten ihn zu den hymnisch-verklärten *Tagebuchblättern* (1899), in denen er das Wesen dieser unglücklichen Frau zu erfassen suchte. Das entscheidende künstlerische Erlebnis dieser Jahre war für C. der aufkommende Symbolismus, seine *Orphischen Lieder* (1898), die v. den Träumen der Bäume, der Trauer des Mondes, dem Sehnen des Meeres u. der Liebe der Menschen erzählen, sprechen das innerste, unerklärbare Gefühl des Menschen an, die freien reimlosen Rhythmen besitzen eine hohe Musikalität. Das »hellenistische« Drama *Die graue Frau* (1898), ein Seelendrama mit dem Motto »Dem Schmerze der Mütter heilig«, zeigt die dunklen, geheimnisvollen Kräfte der Natur u. der Seele; das tragische Geschehen, im Dialog der Eheleute über Liebe, Glück u. Leben als ferne Ahnung angekündigt, wird durch die symbolistische Darstellung in eine höhere, unfassbare Ebene gerückt u. ist in der Realität, mit den Mitteln des Verstandes nicht erklärbar.

WERKE: Lyr.: *Orphische Lieder*, Wien 1898. Drama: *Die graue Frau*, Wien 1898. Epik: *Schloß auf Corfu*, Wien 1896; *Tagebuchblätter*, Wien 1899.

LITERATUR: M. Anagnostoun: C. C. u. d. neue Bühne in Athen, Diss. phil. Wien 1962; Giebisch/Gugitz, 52; Nagl/Zeidler/Castle, Bd.4.

Cornelia Fritsch

Chroen (**Kren**, auch **Chrön** und **Hren**), Thomas (13.11.1560 Laibach. – 10.2.1630 Oberburg/Slowinien bzw. Unterstmk.) ist einer der fanatischen Restauratoren des inneröst. Katholizismus gewesen. Ursprünglich protest. – d. Vater war Stadtrichter u. Bürgermeister in Laibach –, wurde er durch die Erziehung in Admont u. Graz sowie anlässl. seines Stud. in Wien kath., woran v.a. sein Onkel KASPAR SITNIK, Prof. d. Ethik an der Univ. Wien, beteiligt war. 1588 in Seckau zum Priester geweiht, wurde C. auf Bemühen Erzherzog Ferdinands 1599 Bischof in Laibach u. Leiter der Reformationskommission in Krain, welches Amt er mit brutaler Härte versah: Vertreibung der protest. Bevölkerung, Zerstörung ihrer Kirchen u. Bücherverbrennungen waren an der Tagesordnung. Auch seine Statthalterschaft in Graz (1614-1621) war v. Ehrgeiz u. Rücksichtslosigkeit geprägt: Die Reku-

peration ehem. geistl. Güter unter undurchsichtigen Umständen brachte ihn in schwere Konflikte mit d. Landadligen. Seine unnachsichtige Strenge gegenüber seinen eigenen Geistlichen u. Bauern führte zu zahlreichen Beschwerden. Schließlich kam C. in Konflikt mit dem Patriarchen v. Aquilea u. dem päpstlichen Nuntius in Graz.
Lit. bedeutsam ist C. nicht nur durch seine neulat. Poesie, in der er sich den Stiltraditionen der Jesuiten anschloss, sondern auch durch seine Übersetzungen biblischer u. kirchenpolit. Texte ins Slowenische. Er verbesserte u. veröff. das Werk *Evangelia Inu Lystuvi* des Candik (1613) als offizielle bischöfl. Ausg. Die Mehrzahl seiner Werke (Lyr., Annalen) ist unveröff. (Hs. in den erzbischöfl. Archiven Laibach u. Zagreb).

WERKE: Lyr.: *Libellus poematum*, 1582 (Hs. erzbischöfl. Archiv Zagreb). Übers.: *Evangelia inu lystuvi*, Graz 1613.

LITERATUR: A. Dimitz: Gesch. Krains, Bd. III, Laibach 1875; L. Schuster, M. Brenner, Graz 1898, 495ff.; M. Premrou: Vatikanski dokumenti iz 1603-1621 o vladiki Hrenu, Laibach 1926, 68ff.; I. Turk: Th. Hren, Laibach 1928 (vollständige Archiv- u. Lit.angaben).

Werner M. Bauer

Chulich, Greger (Gergen, fälschlich auch: Gregor **Ehnlich**), Tuchmacher in Wels, Meistersinger, dichtete 1572.

WERK: *Im Lindten thon Jheronimus Träppen Ein gedritt par hält 23 Reimen, Evang. 7. Sont. Trinitatis. Den sibenden Sonntag Anno Im 1572 Jar dichts Zu Wells Gergen Chulich Tuchmacher* (*Marcus am achten spricht*), Ms. (Stromair-Hs., Stiftsbibl Göttweig, MS 1578, Nr. 1033, 106).

LITERATUR: Nagl-Zeidler: Dt.-Öst. Lit. gesch., Bd. 1, Wien 1899, 538; G. Trathnigg: D. Welser Meistersinger-Hs. In: 1.Jb. d. Welser Musealvereins, Wels 1954, 134, 170 u. 173f.

Robert Hinterndorfer

Chymelius, Bernhard (**Cheimel**, **Chimel**[ius], alias **Thalheuser**, **Thalhauser**; 1545 Vach, Hessen – n. 1593?), ev. Prädikant u. Pfarrer, Verf. v. Predigtdrucken. C. stud. in Wittenberg u. Basel u. wurde Kantor in Wels (OÖ). Nachdem er 1565 in Neuburg an der Donau zum ev. Geistlichen ordiniert worden war, berief ihn 1565 ein Herr v. Prösing nach Raxendorf bei Pöggstall (NÖ), wo er 10 Jahre lang im ev. Sinn predigte. 1576 folgte er der Einladung des Rates u. der Kirchengemeinde v. Weißenkirchen in der Wachau; dort versah er das Predigeramt bis 1587. Im Jahre 1590 übernahm C. als Nachfolger des verstorbenen Stephan Lohäus die ev. Pfarrerstelle in Horn (NÖ). V. diesem Amt erbat er Anfang April 1593 seinen Abschied. Über sein Leben danach ist derzeit nichts bekannt. C. war verh.; seine Söhne Esaias u. Jeremias sandte er zum Stud. nach Wittenberg.

WERKE: Beitr. zu Ph. Barbatus: *Catechismus Doctoris Martini Lutheri. Sampt etlichen Fragstücken / wie sie in der Christlichen Kirchen zu Syrendorf in Niederösterreich gehalten werden*, Regensburg 1573; *Werbung des Schulengels an alle Studentenvätter. Das ist: Einfältiger vnd Chrsitlicher Predigten neune / von den Schulen / was die sind [...] Auch wie Gott dadurch geehret / die Christliche Kirche erbawet / Politisch Regiment [...] erhalten werde. Der Gemeine Jesu Christi / deß Marckts Weyssenkirchen / im Thal Wochaw in Osterreich / an der Thonaw gelegen / fürgetragen: Durch Bernhard Chymel sonsten Thalhäuser / Diaconum*, Nbg. 1579; *Ein Christliche Leichpredig / von Ehrbietiger begräbnis / vnd Grabmahl der verstorbenen: Auch aller Gottes Heiligen Creutzgang; Vber der Sepultur* der *Wolgebornen Frawen Magdalenae, Fraw Streynin / geborne Herrin von Lamberg seligen. Beschehen zu Versnitz / am tag des heiligen Apostels Andreae Anno 1581*, Lauingen [1581]; *Eine Christiche Leichpredig / vom Zustand der Seelen nach disem leben / Beschehen zu Gobelspurg / bey der Begräbnis [...] Herrn Wolffen Strein des Eltern / Herren zu Schwartzenaw vnnd Hertenstein etc. Durch Bernharden Chymel [...] Anno 1578*, Lauingen 1582; [Brief] *An Jacobum Horst der freyen künst vnd Artzney Doctorem vnd der Ehrsamen Landschafft in Oesterreich vnter der Enß bestalten Medicum.* In: J. Horst (Übers. u. Bearb.), *Levini Lemnii Occulata naturae miracula. Wunderbarliche Geheimnisse der Natur in des Menschen leibe vnd Seel*, Lzg. 1588 u. 1602, 851-853; *Ein Christliche Leichpredigt / wie Oberkeit Gottes Kirchen pflegen vnd seugen sol. Beschehen vber der eingesarchten Leich [...] Herrn Dietrichen / Herrn von Puechaimb / Herrn zu Horn vnd Wiltperg etc. Erbdrucksäß in Osterreich. Jn der Pfarrkirchen der Stadt Horn in Osterreich vnter der Enss den 29. Maij Anno 1589 durch Bernhardum Chimel sonsten Thlheuser / Pfarrherrn vnd Superintendenten daselbs etc.*, Jena 1589.

LITERATUR.: B. Raupach: Presbyterologia Austriaca, Hbg. 1741. 18; Th. Wiedemann: Gesch. d. Reformation u. Gegenreformation im Lande unter d. Enns, Bd. 3, 15f.; 34; E. Forstreiter: D. Anfänge d. humanistischen Schulbildung in Horn, Horn 1962, 64; 79; 95; 117; G. Trathnigg: Kulturelle u. wirtschaftl. Beziehungen v. Italien nach Wels im Mittelalter u. in d. frühen Neuzeit. In: 14. Jb. d. Musealvereins Wels 1967/68, Wels 1968, 54-83.

Robert Hinterndorfer

Ciesciutti, Johann (Hans, Johannes; 7.12.1906 Reßnig b. Ferlach, Ktn. – 1997 Ferlach) wurde als Sohn eines Hafnermeisters u. eines Dienstmädchens geb. Die Eltern wanderten 1912 aus wirtschaftl. Gründen in die USA (Chicago) aus, die Kinder reisten 1914 nach. Das Erlebnis der Auswanderung u. später der Rückwanderung wurde für C. geistige Entwicklung u. berufliche Notwendigkeit v. entscheidender Bedeutung. In Chicago besuchte er mehrere Jahre lang ein Jesuitenkolleg. Aber diese Ausbildung hatte ein Ende, als die Familie 1921 nach Ktn. zurückkehrte u. sich in Aich b. Viktring ansiedelte. 15-jährig musste C. als Hilfsarbeiter seinen Lebensunterhalt verdienen, einfacher Arbeiter blieb er bis zum Eintritt in den Ruhestand. Mehr Wissen eignete sich C. als Autodidakt in der Freizeit an. Sorgsam wählte er die Lektüre aus, bildete sich u. machte erste Schreibversuche. 1935 verheiratete er sich mit Theresia Wigotschnig (1 Sohn). Arbeitslosigkeit vor 1938 u. geistige Bedrängnis danach belasteten C. künstlerischen Werdegang stark. 1940 folgte er der Einberufung zur dt. Wehrmacht u. zum Kriegsdienst. Das Ende des 2. WK erlebte er in engl. Gefangenschaft. C. war einer der ersten, die nach Kriegsende ihre diesbezüglichen Erfahrungen lit. zu verarbeiten suchten (z.B. in der Erz. *In der Schule des Lebens*). Nach dem Krieg litt er stets unter der starken Spannung v. gelebter, selbst erlittener Ungerechtigkeit u. empfundener Religiosität. Trauer, Vergänglichkeit u. Düsterkeit beggnen dem Leser in vielen seiner G. Diese Empfindungen umschreibt er manchmal antikisierend. Keinem Künstlerkreis zugehörig u. ohne jede gesell. Anerkennung, entstand seine Lyr. in absoluter Isolation: Sie ist existentiell verinnerlicht. Erst 1965 konnte sein erster G.bd., *Die Folterung der Nachtigall*, erscheinen; er wurde kaum v. der Öffentlichkeit wahrgenommen. 1976 ließ C., inzw. 70 Jahre alt, ein weiteres Bändchen mit G. folgen (*Es blättert der Wind*). JEANNIE EBNER rezensierte damals in LITERATUR UND KRITIK (Heft 112) die beiden Lyr.bd. Sein letzter Bd. mit G. erschien u.d.T. *Vielleicht, daß die Botschaft die Küste erreicht* im Jahr 1979. Im hohen Alter wurde ihm vom Bundespräsidenten der Titel »Professor« verliehen. Anlässl. seines 80. Geburtstags stellte VINZENZ JOBST eine Monografie über C. zus. u. nannte sie *Robinsonade. Variationen einer Flaschenpost*. Dieses Werk enthält autobiogr. Texte, G. u. Aphorismen.

WERKE: Lyr.: *Die Folterung der Nachtigall*, G., Klagenfurt 1965; *Es blättert der Wind*, Selbstgespräche in Versen, Klagenfurt 1976; *Vielleicht, daß die Botschaft die Küste erreicht*, Wolfsberg 1979; *Robinsonade. Variationen einer Flaschenpost*, hg. v. V. Jobst, Klagenfurt 1986. PROSA: Erz. in Anthologien; *Robinsonade*, s.o.

LITERATUR: J. Ebner in: Lit. u. Kritik, Nr. 112, 116f. (Rez.); V. Jobst: Einleitung der Robinsonade, s.o.

Ruthilde Frischenschlager

Cisek, Oscar Walter (6.12.1897 Bukarest – 30.5.1966 ebd.) entstammt väterlicherseits einer böhm. Kaufmannsfamilie, die es in Bukarest zu Wohlstand gebracht hatte; die Mutter war gebürtig aus Crossen a. d. Oder, einer kleinen Kreisstadt (etwa 10 000 Einwohner) der Mark Brandenburg. C. besuchte die evangelische Schule in Bukarest, stud. an der Universität Mchn. Germanistik u. Kunstgesch. Ab 1923 war C. Kunstkritiker in seiner Heimatstadt. Neben seiner journalistischen Tätigkeit begann sein schriftstellerisch-dichterisches Werk zu reifen, gleichsam unbeeinflusst v. C. Karriere als Diplomat im Dienst der rumänischen Monarchie (ab 1930). Zunächst (bis 1940) war C. Presse- u. Kulturrat in Wien, Prag u. Bln., zuletzt dann 1946/47 Generalkonsul in Bern. Nach dem Sturz der Monarchie verbüßte er eine Gefängnisstrafe, wurde bald rehabilitiert u. verblieb danach als freier Schriftsteller in seiner Heimatstadt. Noch kurz vor seinem Tod wurde ihm der Ion-Creanga-Preis der Rumänischen Akademie verliehen. Allgemein in den sogenannten »sozialistischen« Ländern anerkannt wurde C. korrespondierendes Mitglied der Dt. Akademie der Künste Bln. (DDR); seine Werke erschienen – wie vor dem 2. WK – auch später u. v. a. posthum in dt. u. seit dem 2. WK in rumänischen Verlagen. So war seine Erstlingserzählung *Die Tatarin* in Hbg. (Verlag Enoch) 1929 herausgekommen, der Sammelbd. v. Gedichten *Die andere Stimme* in Dresden (Verlag Jess) erschienen. Den Roman *Das Reisigfeuer* (Bln. 1961/64) verlegte Rütten & Loening u. den Roman *Der Strom ohne Ende* erschien vor dem 2. WK bei S. Fischer (1937), 1968, im Literaturverlag Bukarest u. bei Suhrkamp in Ffm. 1981. Bei Suhrkamp war 1950 schon der Roman *Vor den Toren* herausgekommen.

Die Entwicklung des erzählerischen Werks v. C. lässt sich gut überblicken. Sein erstes Werk *Die Tatarin*, der Erstdruck war schon in Samuel Fischers *Neue Rundschau* erschienen, ist thematisch, stilistisch u. inhaltlich der expressionistischen u. naturalistischen Erzählkunst verwandt. C. erzählt das bittere Schicksal der jungen Muhibe, die v. einer unverschuldeten Abhängigkeit v. Männern in die andere fällt u. dabei versucht, mit ihrer kleinen Tochter zu überleben. C. weitere Erzählungen schöpfen aus der ethnischen u. gesellschaftlichen Vielfalt der rumänischen Länder: da treten die jüd. Kaufleute der Hafenstädte an der unteren Donau ebenso auf wie die ihr Eigendasein zu behaupten versuchenden Ungarn in ihren kleinen Landstädtchen Siebenbürgens. Der große Roman *Der Strom ohne Ende* (s.o.) führt den Leser zu den Störe-Fischern im Donaudelta. Der ebenfalls große, erzählerisch breit angelegte Roman *Vor den Toren* (s. o.) erzählt v. Leben rumänischer Bauern in ihrer urtümlichen Überlieferung – als ob die Zeit stillgestanden wäre. ALFRED KITTNER sprach, dass hier die für Rumänien typische Welt-Anschauung, die keinen Sinn für Gesch. aufkommen lässt, herrsche. C. Erzählkunst schöpft zwar aus dem großräumigen heimatlichen Ambiente, ist aber vielmehr der zurückliegenden Periode realist. Erzählens eines KARL EMIL FRANZOS verwandt als der in weltanschaulich engeren Grenzen handelnden zeitgenössischen Heimatlit. Daher beanspruchte C. gerade in der zweiten Hälfte des 20. Jh. erneute Aufmerksamkeit im dt.-sprachigen Raum. Die Stilkunst u. das Ethos C. waren letztlich dem wieder aktuellen sozialistischen Realismus so nahe, dass der in zwei Bdn. erschienene Roman *Das Reisigfeuer* (Bukarest 1960/1963 u. Bln. 1961/1964) als ein Werk dieser Stil- u. Weltauffassungsrichtung gelten konnte: Er beschreibt den Aufstand der rumänischen Bauern u. Bergleute im Jahr 1784. U. gerade mit diesem Roman fand C. als einziger rumänisch-dt. Autor Eingang in d. rumänische Literaturgeschichtsschreibung; C. Werk gilt zugleich aber auch als ein gewichtiger Beitrag zur gesamtdt. Erzählkunst d. 20. Jh. s. K.K. Klein (Litgesch. D. Dttums im Ausland (Lzg. 1939) erwähnt C. nicht.

WERKE: s. o.

LITERATUR: O. Loerke: Der Spion ohne Ende. In: Die neue Rundschau 4 (1937), 437 – 447; A. Kittner: O.W.C. – eine Dokumentation. In: O.W.C. – Die Tatarin, Bukarest 1971, 271 – 287. H. Stiehler: Paul Celan, O.W.C. u. d. dtsprachige Gegenwartslit. Rumäniens, Ffm./Bern/Cirencester 1979; P. Motzan: Ein Einzelgänger – Der Lyriker O.W.C. In:

Ders.: Lesezeichen, Klausenburg/Cluj 1986, 7 – 30; R. Nubert: O.W.C. als Mittler zwischen dt. u. rumänischer Kultur, Regensburg 1994; Prügel, Roland: Im Zeichen der Stadt – Avantgarde in Rumänien 1920 – 1930, Köln u.a. 2008; G. Sandor: O.W.C. Novelle Die Tatarin – Textgeschichte. In: Temeswarer Beitr. zur Germanistik, Bd. 6, Temeswar 2008, 361 – 385.

Herbert Zeman

Claar, Emil (Ps. für Emil **Rappaport**, 7.10.1842 Lemberg – 21.11.1908 Ffm.) war der Sohn eines Advokaten; er kam mit 12 Jahren nach Wien. Urspr. zum Medizinstud. bestimmt, musste er sich dem Willen der Eltern beugen u. den Kaufmannsberuf ergreifen. Erst nach vielen Kämpfen kam C. zur Bühne. Unter dem Namen **Ralk** betrat er, v. HEINRICH LAUBE engagiert, 1860 d. Bühne d. Burgtheaters in Wien, war dann als Komiker u. Bonvivant in Graz, Linz, Innsb., Bln. u. wieder unter LAUBE ab 1864 am Stadttheater in Lzg. tätig, u. zwar als Schauspieler, Hilfsdramaturg u. Regisseur. C. ging 1870 für zwei Jahre als Regisseur ans Hoftheater in Weimar u. war ab 1872 Oberspielleiter des dt. Prager Landestheaters: Das v. ihm gepflegte zart-elegische u. lyr. Spiel befähigte ihn bes. zur Darstellung grillparzerscher Gestalten. 1872 fand am dt. Prager Landestheater die UA der *Jüdin von Toledo* v. GRILLPARZER statt. Seit 1.3.1876 hatte C. die Direktion des Berliner Residenztheaters inne, das er bald zur Konversationsbühne gestaltete und durch hervorragende Pflege der zeitgenöss. dramat. Lit., durch realistische Inszenierungen u. die fein abgestimmte Thematik zum Mittelpunkt des kunstliebenden Publikums machte. Mit einem aus Tragik u. Humor gut gemischten Spielplan sowie hervorragenden Schauspielern brachte er das Theater auf ein Niveau, das v. diesem niemals wieder erreicht worden

ist. Für C. war das Residenztheater das Sprungbrett für seine große Zeit in Ffm. Seit 1.7.1879 hatte er die Leitung des Stadttheaters in Ffm. inne, wo man ihm auch die Direktion des im Okt. 1880 eröffneten Operntheaters übertrug, die er bis 1900 innehatte. 1871 heiratete C. die Schauspielerin Hermine Delia (verstorben 1908).
C. schrieb einige Bd. G., die für seinen Sinn für schöne Formen u. schwungvolle Gedanken Zeugnis ablegen. Von seinen dramat. Werken verdienen das Lustspiel *Simson und Delila* u. die Tr. *Shelly* die meiste Beachtung. Seine Erinnerungen *50 Jahre Theater* kamen 1926 in Ffm. heraus.
Eine lit.wiss. Auseinandersetzung mit C. Leben u. Werk in der Spannung zw. ausklingendem Biedermeier, Historismus u. Realismus fehlt.

EHRUNG: 1897 Ritter des Ordens der Eisernen Krone III. Klasse (Öst.).

WERKE: Lyr.: *Gedichte*, Lzg. 1868; *Gedichte*, Bln. 1885; *Neue Gedichte*, Stgt. 1894; *Weltliche Legenden*, G., Stgt. 1899; *Vom Baume der Erkenntnis*, G., Stgt. 1909; *Ausgewählte Gedichte*, Ffm. 1926, ²1927. Schauspiele: *Advokat Hamlet* (mit H. Laube), Lzg. 1870; *Der Friede*, o.O. 1871; *Die Heimkehr*, o.O. 1872; *Die Schwestern*, Ffm. 1892. Tragödien: *Shelly*, Wien 1876; *Königsleid*, Dresden 1895. Lustspiele: *Simson und Delila*, Bln. 1875, poln. v. A. Walewski, Lwow 1893; *Auf den Knien*, Lzg. 1886; *Die Glücksmünze*, o.O. o.J. Idylle: *Gute Geister*, o.O. 1872. Prosa: *Prolog zu der am 16. Jan. 1876 im dt. kgl. Landestheater stattgefundenen Matinee*, Prag 1876; *Rede des Bruders E.C. nach seiner Aufnahme in die Loge zur aufgehenden Morgenröthe im Ov.*, Ffm. 1880, 2 Bl., abgedr. in Fkft. Ztg. 34 (1880), 133-134; *Festveranstaltung zum Besten der Wohlfahrtskurse der vereinigten Freimaurerloge zu Frankfurt am Main Sonntag den 8. Feber 1903*. Prolog v. E.C., Ffm. 1903, 2 Bl.; *50 Jahre Theater. Bilder aus meinem Leben*, Ffm. 1926.

LITERATUR: E. Hassenberger (Hg.): Öst. Kaiser-Jubiläums-Dichterbuch, Wien 1899, 33; L. Eisenberg: Großes biogr. Lex. d. Dt. Bühne im 19. Jh., Lzg. 1903, 157f.; Spemanns goldenes Buch d. Theaters, hg. v. R. Genie u.a., Stgt. 1912, 582f.; Dt. Bühnen-Jb., Bln. 42 (1931), 119f.; Nagl/Zeidler/Castle 3, 4; Nekrolog zu Kürschner, Bln./Lzg. 1936, 110f.; H. Knudsen: Dt. Theatergesch., Stgt. 1970, 346.

Sylvia E. Mayer-Koukolik

Claud, Anna (10.3.1853 Lindenau/Schlesien – 29.1.1928 Graz; auch: Anna C.-Saar; Ps.: Anna **Saar**), geb. Scholz, war die Tochter eines Mühlen- u. Maschinenbauers, der anlässl. ihrer Geburt v. Wien in die schles. Heimat zurückkehrte, nach geschäftlichen Misserfolgen 1857 jedoch wieder nach Wien ging. C. besuchte hier in Gaudenzdorf die Volksschule u. galt als bes. humorvoll, phantasiebegabt u. musisch (Erfindung eines Notensystems ohne Vorzeichen). Obwohl sie v. ihrer Mutter streng erzogen wurde, setzte sie durch, dass sie neben einer Höheren Töchterschule auch die Theaterschule »Polyhymnia« besuchen konnte (zuvor bereits Auftreten in Kinderrollen auf Wr. Bühnen). Nach zweijährigem Auftreten auf Provinzbühnen wurde C. schließlich 1872 v. HEINRICH LAUBE an das Wr. Stadttheater verpflichtet, wo sie dem schriftstellernden Schauspieler CHARLES C. (KARL SAAR) begegnete, den sie 1875 heiratete. 1878 zog sie sich auf seinen Wunsch hin v. der Bühne zurück. 1890 siedelte sie mit ihm nach Nizza über. Seit dieser Zeit war sie schriftstellerisch tätig (Berichte v. der Riviera u.a. für die »Frankfurter Ztg.«, in den 90er-Jahren auch Beitr. für die

417

»Neue Freie Presse«, N. für Zs.). 1904 übersiedelte sie nach Cannes; zuletzt lebte sie in Graz. Edmund v. Hellmer errichtete ihr mit der »Malerei« am Eingang des Wr. Kunsthist. Museums bereits zu Lebzeiten ein Denkmal. Die vielseitige Schriftstellerin verfasste einige wenige lyr., dramat. (humorvollliebenswerte Volksstücke, so *Der närrische Hiasl*, 1904) u. novellistische Arbeiten. Diese stellen ihre eigentl. Domäne dar: *Wien – Nizza* (1901) vereint drei feuilletonistische N., in denen verhaltener Humor (»*Schnellzug*«) u. latenter Gefühlsüberschwang (Prosafassung des Volksstückes *Der närrische Hiasl*, »*Addio Madonna*«) dominieren. Die routinierte Novellistin – sie steht keineswegs im Schatten ihres mit Übersetzungen u. Bühnenstücken erfolgreichen Gatten – verfasste auch eine kurze, anschaul. Arbeit über *Kaiserin Elisabeth auf Kap Martin* (1902), in der sie ebenso wie in ihren Rivieraberichten Orts- u. Gesch.kenntnisse aus ihrer zweiten Heimat einbringen konnte. Eine Forschungsarbeit zur Leistung der Schauspieler-Dichter um 1900 fehlt. Hier hätte C. einen interessanten Platz (s. auch Charles C.).

WERKE: (Ausw.) Lyr.: *Backfischlieder und Allerlei*, Dresden 1907. Drama: *Der närrische Hiasl*. Volksstück in 3 Akten mit Musik u. Tanz, Wien 1904. Novellen: *Wien – Nizza*. 3 N. Mit d. Bildnis d. Verf., Zürich 1901. Darstellung: *Kaiserin Elisabeth auf Kap Martin*. Mit vielen Autotypien nach fotograf. Aufnahmen v. Giletta, Fabbio, Degand, Buisson, Richard in Nizza, Cannes, Mentone, Zürich 1902.

LITERATUR: Lex. dt. Frauen d. Feder. Eine Zus.stellung d. seit d. Jahre 1840 ersch. Werke weibl. Autoren, nebst Biogr. d. Lebenden u. einem Verz. d. Ps., hg. v. S. Pataky, Bln. 1898, Bd.1, 130f.; Brümmer Bd.1; Degener's wer ist's?, Lzg. 1905, 133; Biogr. u. Bibliogr. d. dt. Künstler u. Schriftsteller in Öst.-Ungarn außer Wien (mit Nachtrag für Wien), 2. Bd. d. Dt.-öst. Künstler- u. Schriftsteller-Lex., hg. v. V. A. Reko u. H. Bohrmann, Wien 1906, 81f.; Degener's wer ist's?, Lzg. 1911, 230; W. Kosch: Dt. Theater-Lex. Biogr. u. bibliogr. Hdb., Klagenfurt u. Wien 1953, Bd.1, 269f.

Sylvia Leskowa

Claud, Charles (3.7.1850 Wien – 15.7. 1923 Graz; eigentl.: Karl C.; auch Charles C.-Saar; Ps.: Karl **Saar**), Sohn frz. Eltern (Vater: Autor Theodor C., Mutter: François Saar), absolvierte eine Gymnasialausbildung u. sollte infolge seines offenkundigen Talents die Wr. Akad. der bildenden Künste besuchen. Der Tod des Vaters veranlasste ihn aber, ein natur- u. landwirtschaftl. Stud. in Angriff zu nehmen (Wr. Techn. Hochschule, landwirtschaftl. Akad. im ungar. Altenburg). Ein anschließendes – ernüchterndes – einjähriges Praktikum auf einem böhmischen Herrschaftsgut hatte schließlich die Aufgabe des erlernten Berufs zur Folge. C. ging nun zum Theater: Nach dem Besuch der Wr. Theater-Akad. war er erstmals 1871 in Marburg an der Drau engagiert, später am Brünner Stadttheater. 1872 kam er an das Wr. Stadttheater, wo er seiner späteren Gattin, der Schauspielerin Anna Scholz begegnete. 1873 war er am Stuttgarter Hoftheater beschäftigt, seit 1875 (in diesem Jahr auch Eheschließung) in Graz, Prag u. Sigmaringen. Gastspiele führten ihn u.a. nach Lzg. u. Bremen, 1877 kehrte er für einige Jahre nach Wien zurück (hier u.a. am Hoftheater). Seit 1885 wirkte er als Schauspieler u. Regisseur am Hoftheater in Weimar, seit 1889 als Regisseur u. Dramaturg am Berliner Theater. 1890 zog er sich vom Theater zurück u. siedelte zu seinen Verwandten nach Nizza über, wo er Teilhaber eines

Handelshauses wurde. Später lebte er in Cannes, zuletzt in Graz. – In den 70er- u. 80er-Jahren trat der Theaterpraktiker auch mit einigen kurzen unterhaltsamen Bühnenstücken hervor, die sich – ungeachtet ihrer liebenswürdigen Harmlosigkeit – durch wirkungsvolle Dramaturgie u. Esprit auszeichnen. Bei der 1876 in Graz stattfindenden EA v. *Angebetete Elisabeth!* (Graz 1876) spielte C. die männliche Hauptrolle. Von größerer Bedeutung sind jedoch seine gewandten Bearbeitungen u. Übersetzungen frz. Dramenlit. (teilweise mit einführenden Worten u. in geradezu ›moderner‹ Sprachgebung: z.B. Marivaux-Übersetzung *Die Schule der Mütter*, 1880). Seine eigenständigen Arbeiten sind v. dieser Übersetzertätigkeit u. d. Kenntnis erstrangiger Dramen merklich geprägt.

WERKE: (Ausw.) Bühnenstücke: *Angebetete Elisabeth!* Lustspiel in 1 Akt, Wien 1876; *Die Lustspiel-Concurrenz*. Schwank in 1 Akt, Wien 1878. Dramen-Bearbeitungen: *Der Herr Gemeinderath!* Lustspiel in 3 Akten nach d. Polnischen d. Michael Balucki. Übersetzt v. Julius Meixner. Frei bearbeitet, Wien 1880; *Don Cäsar v. Bazan*. K. in 5 Akten nach d. frz. Melodrama v. Philippe Dumanoir u. d'Ennery für d. dt. Bühne bearbeitet, Lzg. 1885; *Ich habe keine Zeit*. Schwank in 1 Aufzug nach Labiche, Lzg. o.J. Übersetzungen: *Pierre Carlot Chamblain de Marivaux: Die Schule der Mütter*. Lustspiel in 1 Akt, Wien 1880; *Georges Ohnet: Sergius Panin*. Schauspiel in 5 Akten, Wien 1882; *Paul Scarron: Der Komödiantenr.*, Bln. 1887, Bln. 1954.

LITERATUR: Brümmer 1; Degener's wer ist's?, Leipzig 1905, 133, u. Lzg. 1911, 230; W. Kosch: Dt. Theater-Lex., Biogr. u. bibliogr. Hdb., Klagenfurt u. Wien 1953, Bd. 1, 269.

Sylvia Leskowa

Claus, Paul (? Wien – nach 1649 Regensburg), Dr. phil. et med., scheint am 14.5.1603 an der Univ. Wien als Respondens des Prof. Gregor Horstius auf, war als Bekenner des ev. Glaubens als Physicus in Freistadt (OÖ) angestellt und trat später in Wels in den Dienst der oberennsischen Landstände als Landschaftsarzt. C. gehörte zum engeren Linzer Freundeskreis Johannes Keplers. 1625 erbat er (aufgrund der im Generalreformationspatent vom 10.10.1625 geforderten Ersetzung der protest. ständischen Beamten durch kath.) seine Entlassung; am 28.2.1628 musste er zus. mit seiner Gemahlin Margarete, der Witwe des ehem. Landschaftsarztes Johann Faber, im Zuge der Gegenreformation Öst. verlassen. Er zog zunächst in die ev. Grafschaft Ortenburg und von dort nach Regensburg, wo er als Stadtarzt lebte. 1649 verfasste er sein Testament.

WERKE: Beitr. zu: *Epithalamia in honorem nuptiarum [...] Stephani Marcelli Austriaci, Medicinae Doctoris, [...], sponsi, & [...] Catharinae [...] M. Georgii Frankenbergeri [...] relictae filiae, sponsae*, Wittenberg 1601; Beitr. zu: ΣΥΓΧΑΡΙΣΤΙΑΙ, *Quas reverendo et clarissimo viro, Matthiae Hoe Austriaco, cum [...] VVitebergae valediceret, [...] collocavimus amici & populares*, Wittenbrg 1602; Beitr. zu: S. Gesner/ D. Mulenius: *Disputatio XIV. [...] De iustificatione contra decretum sextae sessionis Tridentinae*, Wittenberg 1603; *Gregorii Horstii D.‹octoris› Exercitatio De Animae facultatibus, [...] publice VVittevergae anno MDCIII. die 14. Maij proposita, respondente Paulo Claus, Viennensi Austriaco*. In: G. Horstius: *Skyyj [...] de naturali conservatione & cruentatione cadaverum [...]. Accessit brevis responsio ad eundem casum a facultate medica Viennensis academiae conscripta*, Wittenberg 1606; ebd., 1608; Beitr. zu: P.C. Spiegel: *Die edle güldenen Betkunst*, Nbg. 1637.

LITERATUR: E. Gruber: *Ferventißimus Dei Patris erga genus humanum amor. Das ist: Christliche Erklärung [...] des schönen Sprüchleins Christi [...] Also hat Gott die Welt geliebet, &c.: Bey christlicher Leichbegängnuß, Der [...] Frawen Margarethae Clausin, Deß [...] Herrn Pauli Clausii, Phi. & Med. Doctoris, &c. Ehlichen Haußfrawen*, Regensburg 1638. G. Doebel/J. Kepler: Graz/Wien/Köln 1983, 155; W. W. Schnabel: OÖ Protestanten in Regensburg. In: Mitt. des oö. Landesarchivs 16, Linz 1991, 65-133.

Robert Hinterndorfer

Clausberger, Johann (? Bayreuth ? – ?), wahrscheinl. aus Bayreuth stammend, arbeitete seit etwa 1612 im Dienst der obderennsischen Stände in Linz als Ingrossist der Landkanzlei unter dem Sekretär Johann Georg Ernst u. anderthalb Jahre als Privatpräzeptor an der Linzer Landschaftsschule. 1619 scheint er in Linz als Hofmeister eines Frh. v. Eberstein auf. Nachdem ihn die obderennsischen Stände am 20.9.1619 dem Bayreuther Hof empfohlen hatten, verlor sich seine Spur. – C. verfasste lat. u. dt. Gelegenheitsdichtungen.

WERKE: (Hg.tätigkeit.) *Bona verba dicta Nobilißimo ac Consultißimo viro Domino Abrahamo Schwartzio [...] Sponso, nec non Lectißimae pudicißimaeque Matronae Annae Mariae ex nobili familia Grueberianorum [...] Sponsae nuptialem festivitatem [...] Lentiis ad Istrum celebrantibus*, Linz 1617; *Glückwünschung Auff den Hochzeitlichen EhrenTag Deß Ehrnvesten vnd vornehmen Herrn Johann Blancken buchdruckers zu Lintz: Vnd dann Der Ehrn-vnd Tugentreichen Jungfrawen Barbarae Wibmerin [...] zu sondern Ehren vnd gefallen gestellet Von guten Freundten vnd Bekandten*, Linz 1620.

LITERATUR: J. Schmidt: Linzer Kunstchronik, Tl. 2, Linz 1951, 67; Tl. 3, Linz 1952, 124ff.

Robert Hinterndorfer

Claustro, Franciscus à → **Beer**, Johann

Clemens, Bruno → **Brehm**, Bruno

Clement, Jakob. Die Stiftsbibl. St. Florian (OÖ) bewahrt ein alchimistisches Ms. dieses sonst unbekannten Autors.

WERK: *Die nachvolgendte Neun experimenta oder Particularia sein des Khayser Rudolphi hechst selligsten gedechnuss sein fuernembste stuckh, so er gerecht gefunden, Vnnd [...] mir Jacob Clement [...] negst verschinen Februari, khuerz vor seinen Endt in höchsten gehaimb abzucopiren vergundt vnnd erlaubt worden [...]*, Ms., Stiftsbibl. St. Florian, XI 644.

LITERATUR: Keine.

Robert Hinterndorfer

Clementschitsch, Arnold J. (18.6.1887 Villach – 10.12.1970 Villach) wuchs in Villach als Sohn eines Rechtsanwaltes auf; seine Mutter entstammte der wohlhabenden Handelsfamilie Ghon in Villach, wo C. das Gymnasium besuchte. Nach Absolvierung einer kaufmännischen Ausbildung u. Praxis stud. er in Wien u. Mchn. Malerei u. trat in der Folge durch zahlreiche Ausstellungen hervor. Erst in seiner Spätzeit veröff. er sein einziges poetisches Werk, *Rhythmus und Reime*, eine Slg. v. G. aus versch. Lebensjahren, die im Stil noch expressionistisch, in der Thematik z. Tl. an Vagantenpoesie orientiert erscheint.

C. zählt zu den zahlreichen künstlerischen Doppelbegabungen in der öst. Lit. Eine diesbezügliche Forschungsarbeit fehlt.

WERKE: Gedichte: *Rhythmus und Reime*, 1947. Autobiogr.: *Wege und Irrwege eines Malers*, 1947.

LITERATUR: M. Guttenbrunner: A. C., in: Alte u. moderne Kunst, 13. Jg. (1968), Jan./Febr., 50-51; L. Springschitz: A. C., Klagenfurt 1957 (= Buchreihe d. Landesmuseums f. Ktn. Geleitet v. Gotbert Moro 3); dies.: A. C. zum Gedenken. 10. Dez. 1970, in: Im Schnittpunkt 1/71, 48-50.

Ernst Seibert

Cles, Ferdinand v. (auch Ferdinand Oskar, 24.6.1907 Hall, Tirol - 3.5.1982 Bln.-West) entstammte einer alteingesessen Trentiner Familie (Castel Cles) u. stud. in Innsbr., Wien u. Bln. Jus u. Kunstgesch. Er arbeitete als Journalist meist in Bln.; später v. Paris aus für versch. dt. Zs. In der Pariser Zeit schrieb C. Kurzgesch., u.a. für den Mchn. »Simplizissimus« u. die »Jugend«. Anschließend erfolgte ein Spanienaufenthalt bis 1931, wo er polit. Berichte für die »Neue Freie Presse«, den »Berner Bund« u. die »Münchener Neueste Nachrichten« verfasste. Ab 1932 war er Korrespondent der »Neuen Freien Presse« in Rom. 1941 wurde C. in die dt. Wehrmacht eingezogen, 1943-45 der Dt. Botschaft in Italien (Fasano) zugeteilt, wo er an geheimen affenstillstandsverhandlungen teilnahm. Nach Kriegsende lebte C. als freier Schriftsteller auf Castel C. u. wurde ab 1949 Korrespondent der Ztg. »Die Presse« in Bonn. Zu seinen Freunden u. Förderern zählten Ernst Molden u. Ludwig Curtius. C. lit. Schaffen umfasst den v. existentialistischem Gedankengut durchdrungenen Kriegsr. *Wege durch den Schatten* (1948), den polit. R. *Feuer überm Tal* (unveröff.) sowie den Essay *Licht aus dem Westen*, in dem er versucht, »die vielschichtigen Ablagerungen der geistigen Entwicklung« Amerikas zu analysieren u. zu beschreiben. Von C. soll es laut Kürschner noch eine N. u. ein Hörspiel geben. Nachgewiesen konnte dies nicht werden.

WERKE: Prosa: Wege durch den Schatten, Roman, Wien 1948; Feuer überm Tal, polit. Roman (unveröff.), Licht aus dem Westen. Der Geist der neuen Welt, Essay, Köln 1957.

LITERATUR: Österreicher d. Gegenwart. Lex. schöpferischer u. schaffender Zeitgenossen, Wien 195 1; Who is who in Austria 1959/60; Kürschner 1967; ebd. 1984 (Nekrolog).

Ruthilde Frischenschlager

Cloeter, Hermine (31.1.1879 Mchn. - 22.2.1970 Weißenkirchen in der Wachau/NÖ; Ps. **Lot** Justine), Tochter einer gebürtigen Wienerin u. eines in Mchn. tätigen Industriellen, der mit seiner Familie 1880 nach Wien übersiedelte u. hier eine Metallwarenfabrik gründete, erhielt ihre fremdsprachenorientierte u. musische Ausbildung an versch. Privatlehranstalten u. unternahm v. 1908 bis 1913 zahlreiche Reisen durch Europa, die sie in die Schweiz, nach Frankreich (Paris), Italien, England (London), in die Niederlande sowie nach Dtld. führten. Ab 1902 widmete sich C. ersten lit. Versuchen (ps. erscheinende Beitr. für die »Deutsche Ztg.« v. 1902 u. 1903), seit 1907 verfasste sie schließlich regelmäßig kulturgesch. Feuilletons u. »Literaturblatt«- sowie »Kleine Chronik«-Beitr. für die »Neue Freie Presse« (bis Jan. 1939). Sie schrieb auch Beitr. für viele andere Zs. u. Jb. (u.a. »Neues Wiener Tagbl.«, »Wr. Figaro«, d.i. das Mitt.sbl. der Mozartgemeinde Wien) u. lieferte viele Essays für Publikationsorgane lit. u. wiss. Vereine (u.a. »Chronik des Wr. Goethe-Vereins«, »Adalbert Stifter-Almanach«, »Monatsblätter des Vereins für Gesch. der Stadt Wien«). Mit ihren - auch selbständig herausgegebenen - unzähligen kulturgesch. Skizzen u. Essays erwarb sie sich einen ausgezeichneten Namen. Ihr kulturelles Engagement trat weiters in ihrer aktiven Mitgliedschaft bei vielen Vereinen u. Gesell. hervor: So war sie nicht nur langjähriges Vorstandsmitgl. des Wr. Goethe-Vereins (seit 1927) u.

der Grillparzer-Gesell., sondern u.a. auch Mitgl. der Stifter-Gesell., des Vereins für Gesch. der Stadt Wien sowie Ehrenmitgl. der Mozart-Gemeinde u. des v. ihr gestifteten Mariahilfer Heimatmuseums. C. – sie lebte zuletzt im nö. Weißenkirchen in der Wachau – erhielt für ihr lit. Schaffen u. ihren jahrzehntelangen Einsatz im Dienste der heimatkundl. Wissensvermittlung zahllose Auszeichnungen: 1919 Ebner-Eschenbach-Preis, 1944 Ehrenmünze der Stadt Wien, 1954 Ernennung zum Prof., 1958 Mozart-Medaille, 1964 öst. Ehrenkreuz für Wiss. u. Kunst, 1969 Silberne Ehrenmedaille der Bundeshauptstadt Wien sowie Ehrenbürgschaft der Marktgemeinde Weißenkirchen. – Ihr Nachl. befindet sich in der Wr. Stadt- u. Landesbibl. 1976 wurde eine Straße im 14. Wr. Gemeindebezirk nach ihr benannt.

Aus früherer Zeit stammt der stimmungsvolle Kurzprosa u. einfache G. vereinende Bd. *Die ferne Geige* (1919), der v. wehmütiger Melancholie bestimmt ist u. v. ihrer Beobachtungsgabe u. ihrem psychologischem Einfühlungsvermögen zeugt (»Chopin«, »Das fremde Glück«, »In memoriam«, »Die Weide«). Großes Einfühlungsvermögen in vergangene Zeiten zeichnen schließlich ihre v.a. Wien u. NÖ gewidmeten kuturgesch. Skizzen u. Landschaftsessays aus. Sie vermitteln auf liebenswürdig-unkomplizierte Weise Sachliches zur öst. u. insbes. Wr. Kulturgesch. (u.a. »Im Sterbehaus Franz Schuberts«, »Im Prater blühn wieder die Bäume« aus den *Wiener Gedenkblätter[n]*; »Poetenwinkel im Wienerwald«, »Vom ältesten Wien« aus den »Wanderungen« *Zwischen Gestern und Heute*). Sie stehen in der großen Tradition der beliebten Wr. Skizzen (s. z.B. August Angenetter, Friedrich Schlögl u.v.a.), wobei hier das Dokumentarische stets vor dem allzu Persönlichen rangiert. C. Geistigkeit fußt im Historismus des späteren 19. Jh., der ihr Leben u. Schaffen bestimmte. Als erfolgreichste Schr. der namhaften Wr. Kulturessayistin des 20. Jh. gelten *Häuser und Menschen von Wien* (1915) u. *Die Grabstätte W. A. Mozarts* (1941). Eine lit.wiss. Arbeit über die kulturgesch. Essayistik dieser Art fehlt.

Werke: (Ausw.) Lyr. u. Kurzprosa: *Die ferne Geige*, Wien-Bln. 1919, Wien ^{2}1921. Kulturgesch. Feuilletons: »Literaturblatt«-. u. »Kleine Chronik«-Beitr. für die Neue Freie Presse v. 1907 – Jan. 1939, Bibliogr. dieser Beitr. s. H.C.: *Einiges zu meinem Lebenslauf.* (mschr., Wien 1952, Wr. Stadt- u. Landesbibl.). Kulturgesch. u. heimatkundl. Schriften: *Zwischen Gestern und Heute. Wanderungen durch Wien und den Wienerwald*, Bln. 1912, Wien ^{2}1918; *Häuser und Menschen von Wien*, Wien 1915, Wien ^{2}1916, Wien ^{3}1916, Wien ^{4}1916, Wien ^{5}1917, Wien ^{6}1920; *Geist und Geister aus dem alten Wien*, Wien 1922; *Donauromantik. Tagebuchbl. u. Skizzen aus d. goldenen Wachau*, Wien 1923, Wien ^{2}1923, Krems 1962; *Die Grabstätte W. A. Mozarts auf dem St. Marxer Friedhof in Wien*, Wien 1941, Wien ^{3}1956; *Beglücktes Wandern*, Wien 1947; *Johann Thomas Trattner. Ein Großunternehmer im Theresianischen Wien*, Graz/Köln/Wien 1952; *Verklungenes Leben. D. Gesch. einer Familie im Spiegel d. Zeiten*, Neustadt an d. Aisch 1960; *Wiener Gedenkblätter*, Wien 1966; Hg.tätigkeit: *Hugo Wittmann: Feuilletons*. Geleitworte v. H.C., Wien 1925. Autobiogr.: *Einiges zu meinem Lebenslauf* (mschr., Wien 1952, Wr. Stadt- u. Landesbibl.). Weitere Werke: s. mschr. Werkverzeichnisse v. 1962 u. 1964 (Wr. Stadt- u. Landesbibl.).

Literatur: Nagl/Zeidler/Castle Bd. 3 u. Bd. 4; Who is who in Austria, 6th Edition. A Biographical Dictionary containing about 4000 biogr. of prominent personalities from and in Austria. Hg.

v. R. Bohmann u. Dr. Stephen S. Taylor, Montreal 1967, 99; biogr.-bibliogr. Anhang zu H.C.: Wr. Gedenkbl., Wien 1966, 179; Jb. d. Wr. Goethe-Vereins. Neue Folge d. Chronik. Im Auftrage d. Ausschusses hg. v. R. Mühlher, Bd.74 (1970), 154; Nachruf, in: Jb. d. Grillparzer-Gesell. Dritte Folge, Wien 1970, Bd.8, 177f.; J. Twaroch: Lit. aus NÖ. V. Frau Ava bis Helmut Zenker. Ein Hdb., St. Pölten-Wien 1984, 74; Who is who in Öster., 6. Ausg. 1985. Eine Prominentenenzyklopädie. Mit ca. 10000 Biogr., [...]. Zus.gestellt u. hg. v. R. Hübner, Cham (1985), 181f; M. Friedrich: Ideale u. Wirklichkeit. Aspekte d. Geschlechtergesch. – Briefwechsel zw. H.C., E. Cloeter u. O. v. Zwiedineck-Südenhorst, 1893-1957, Wien 1995 (= Sitzungsberichte d. phil.-hist. Klasse 616).

Sylvia Leskowa

Clos, Peter (29.6.1703 Kronstadt/Siebenbürgen – 6.1.1771 ebd.) war einer jener protest. Pfarrherrn des 18. Jh., die die Stadtkultur Siebenbürgens aus dem Geiste dt. Aufklärung umzuprägen begannen, wobei gerade die pietistische Seelenerweckung seine Anteilnahme fand. In Halle, wo C. 1723 stud., dürfte er mit den dortigen Pietisten in Berührung gekommen sein. Nach seinem raschen Aufstieg in der protest. Hierarchie seiner Heimat (1732 Lehrer am Kronstädter Untergymnasium, 1739 Prediger der nach Kronstadt übersiedelten Kärntner Protestanten, 1743 Prediger an der Stadtpfarrkirche, 1751 Pfarrer in Nußbach, 1753 in Brennendorf u. Rosenau, ab 4.8.1757 bis zum Tod Stadtpfarrer in Kronstadt u. als solcher seit dem 25.4.1769 Dekan des Bürzenländer Kapitels) stand er mit den Herrnhutern seiner Vaterstadt in freundlichem Kontakt. Es mag sein, dass sich Spuren dieser rel.-menschl. Beziehung auch in jenen Kirchenliedern v. C. spiegelten, die er für das v. ihm hg. *Geistreiche Kronstädtische Gesangbuch* (1751) dichtete u. v. denen 44 Lieder – vielleicht gerade deshalb – ausgeschieden werden mussten. So berichtet es jedenfalls sehr glaubwürdig der Kronstädter Schulmann PAUL ROTH (26.1.1724 Kronstadt – 2.11.1793 ebd.; Rektor des Kronstädter Gymnasiums, gegen Lebensende Pfarrer in Honigberg), welcher mit päd. Schr. u. einem *Lied auf den höchstseligen Hintritt Maria Theresias* [...] *welches in der Kronstädter evangelischen Pfarrkirche nach der Leichenpredigt von der Gemeinde ist abgesungen worden. Nebst Cantate, Arie und Schlußchor* (Kronstadt 1781) schriftstellerisch hervorgetreten ist. ROTH, mit C. befreundet, selbst ein guter Prediger, wusste um die lit. Leistung seines Freundes, dessen Gesangbuch – mit neuen Aufl. 1759, 1768 u. 1777 im ganzen Burzenland eingeführt u. auch für die ev. Gemeinde in Bukarest gültig – bis zum Jahr 1805 Bestand hatte u. erst dann durch das neue *Kronstädter Gesangbuch* ersetzt wurde.

C. war ein ausgezeichneter u. leidenschaftlicher Prediger, der bezeichnenderweise während der Predigt auf der Kanzel v. Schlag gerührt wurde u. an den Folgen dieses Vorfalls starb. Ein Leben im Dienst der Kirche u. der schulischen Bildung war zu Ende gegangen. Rechenschaft über den spannungsreichen Lebensverlauf gab sich u. der Nachwelt C. selbst mit der hs. überlieferten Selbstbiogr.: *Petri Clos wahrhaftige Beschreibung seines bis ins Jahr 1751 fortdauernden sehr bedenklichen Lebenslaufs*.

Eine lit. Darstellung der rel. Dichtung Siebenbürgens, die die Leistung v. C. u. seinen Zeitgenossen im 18. Jh. berücksichtigt, fehlt.

WERKE: Die Predigten sind ebenso wenig überliefert wie die 44 Kirchenlieder, die für das *Gesangbuch* bestimmt waren. *Geistreiches Kronstädtisches Gesangbuch, in sich haltend den Kern alter und neuer Lieder, an der Zahl 807, wie auch besondere*

Lieder auf alle Sonn- und Feiertage, ein Gebet- und Kommunionbuch, *die Evangelien und Episteln nebst der Passions-Historie. Zur Ehre Gottes und Erweckung der Andacht mit Fleiß ausgefertigt und mit nützlichen Registern versehen.* Kronstadt 1751, ²1759, ³1768 u. ⁴1777. Autobiogr.: *Petri Clos wahrhaftige Beschreibung seines bis ins Jahr 1771 (fälschlich für 1751) fortdauernden sehr bedenklichen Lebenslaufs, zur abzielenden Erweckung, Betrachtung und Nachahmung seiner Kinder und Nachkommen von ihm selbst in der Furcht Gottes mit allem Fleiß aufgesetzt 1757 im Febr. Mein Spruch zu innerer Tröstung und Leichentext Ps. 62 6, 7, 8* (die Hs. ist verschollen).

LITERATUR: F.T. Schuster: Beschreibung der alten Kronstädter Gesangbücher aus den Jahren 1676, 1731, 1739 u. 1751, dann des neuen v. 1805. In: Programm des ev. Gymnasiums zur Mediasch 1857, 23-27 u. 29-45; Trausch-Schüller-Hienz: Schriftsteller-Lex. d. Siebenbürger Dt., Köln-Wien 1983, Bd.1, 220-223; K. K. Klein: Lit.gesch. d. Dt.tums im Ausland, neu hg. mit einer Bibliogr. (1945-1978) v. A. Ritter, Hildesheim, New York 1979, 116.

Herbert Zeman

Coeckelberghe-Dützele, Gerhard Robert Walter Ritter v. (Ps. **Realis** Severin, 9.2.1786 Löwen/Belgien – 5.7.1857 Maria Enzersdorf/NÖ), verließ 1794 mit seiner Familie sein Geburtsland, stud. in Prag u. Wien, 1806 trat er in den Staatsdienst u. wurde Hofvizebuchhalter. 1822 veröff. C. seine erste lit. Arbeit in der WIENER ZS. FÜR LITERATUR, THEATER, KUNST UND MODE (Hg.: JOSEPH SCHICKH), die N. *Der Helfer am Kreuze*. Nach einer längeren schriftstellerischen Pause trat er 1836 als Mitarbeiter des ÖSTERREICHISCHEN MORGENBLATTES (Hg.: NIKOLAUS ÖSTERLEIN) mit hist. u. erzählenden Beitr. auf, 1838 übernahm er nach ÖSTERLEINS Tod die Redaktion des Blattes. Die Grundlagen v. C. Erz. u. N. sind hist. Quellen; aus Chroniken u. Sagen gestaltet er einfache, unterhaltend-belehrende Texte ganz aus dem Geiste des damals weitverbreiteten Historismus. Eine Erklärung der Wappen u. Schilde mit Berufung auf die hist. Überlieferung gibt er in *Heraldische Blumen* (1840); die *Gesch., Sagen und Merkwürdigkeiten aus Wien's Vorzeit und Gegenwart* (1841) stellen eine sorgfältige geogr. u. hist. Beschreibung der Stadtteile u. Vorstädte Wiens dar, in den N. *Schwertlilien* (1840) bemüht sich C. um eine reichere lit. Ausgestaltung, er verzichtet auf den spannenden Erzählstil u. zeichnet ausführliche, anschaul. Bilder. Derselbe Stil kennzeichnet die *Ränke und Schwänke der heimatl. Vorzeit* (1846); hier veröff. er hist. N., Chronikbl., kurze Orts- u. Familiensagen aus NÖ, Tirol, Ktn., Stmk., Ungarn, Böhmen u. Mähren. C. Texte erinnern an F. I. CASTELLI u. F. GRÄFFER, der wesentliche Unterschied besteht in dem Verzicht auf Pikanterien u. Anekdoten aus dem Alltagsleben u. auf die humorvoll-ironische Haltung. C. verweist immer auf die hist. Authentizität seiner Erz. u. schlägt einen ernsten, lehrhaften Ton an.

Eine Forschungsarbeit, die unter dem Blickwinkel des Historismus die diesbezügliche reiche öst. Lit. v. der Balladenbis zur Sagendichtung, v. Geschichtsbildern bis zu biogr. Dichtungen unter Einbeziehung der Arbeiten C. untersucht, fehlt.

WERKE: Erz.: *Ruinen, ein Taschenbuch für Freunde der Gesch. und Sage*, 2 Bde., Wien 1828; *Heraldische Blumen*, Wien 1840; *Schwertlilien*, Wien 1840; *Gesch., Sagen und Merkwürdigkeiten aus Wien's Vorzeit und Gegenwart*, Wien 1841; *Ränke und Schwänke der heimatl. Vorzeit*, Wien 1846. Lokalgesch.: *Curiositäten- und Memorabilien-Lex. von Wien*, Wien 1848.

LITERATUR: Giebisch/Gugitz 52; Wurzbach, Bd. 2.

Cornelia Fritsch

Coelestin, Johann Friedrich → **Coelestinus**, Johann Friedrich

Coelestinus, Johann Friedrich (Coelestin, Celestinus. »Himmler« bzw. »Himmlisch« scheinen nicht belegbare Eindeutschungen des 20. Jh. zu sein; ? Plauen, Vogtland – 1578 Wien), ev. Theologe der flacianischen Richtung, Bruder des Berliner Hofpredigers Georg C., berichtet v. sich selbst, er habe zunächst dreizehn Jahre in seiner Heimat gelebt u. danach an den Schulen in Schneeberg, Lzg., Naumburg, Halle, Eisleben u. Amberg die Artes stud.; hierauf sei er an den Schulen v. Neumarkt, Lzg., Regensburg u. Lauingen angestellt gewesen. 1558 besaß C. bereits ein theol. Doktorat der Univ. FfO. u. war als ev. Geistlicher ordiniert. 1560 wurde er als Prof. für Griech. an die Univ. Jena berufen. Wegen seiner Hinneigung zu den theol. Ansichten des Flacius 1562 entlassen, wurde er als ev. Pfarrer beim Grafen Ladislaus in der reichsfreien bayrischen Grafschaft Haag (bei Mchn.) angestellt. Schon 1563 wieder entlassen, fand er vorübergehend Zuflucht in den ev. gewordenen freien Reichsgrafschaften Ortenburg u. Hagen. 1564 erreichte ihn der Ruf der Akad. Lauingen (Schwaben), wo er als Prof. für Theol. lehrte. 1568 holte man ihn erneut an die Univ. Jena, wo er nach Wegen zu einem Ausgleich zw. den Philippisten (Anhängern des Melanchthon) u. den Gnesiolutheranern suchte. Als Flacianer 1572 aus dem Lehrkörper der Univ. Jena entfernt, ging C. über Mecklenburg nach Öst. Hier kannte er bereits die ev. Adeligen Erasmus u. Georg v. Dietrichstein sowie Achaz v. Starhemberg als Jenaer Studenten. Rüdiger (IX.) v. Starhemberg zog

ihn als geistl. Berater für die Beurteilung der v. dem Rostocker Theologen David Chytraeus für Öst. verfassten ev. Kirchenagende heran, verlieh ihm 1573 die freigewordene Pfarrerstelle in Eferding (OÖ) u. stellte ihm zwei Diakone (Andreas Singelius u. Paul Preuser) zur Seite. C. richtete das Eferdinger Schulwesen in im Sinne seiner schon 1568 veröff. programmatischen Schr. *Von Schulen* ein. Doch noch 1573 entließ ihn Rüdiger v. Starhemberg, u. C. wandte sich nach Stein (NÖ). Im August 1573 wurde C. v. den ev. Ständen unter der Enns als Prediger ans Landhaus nach Wien berufen; da er sich aber gleichzeitig auch in Graz beworben hatte, konnte er erst nach einiger Zeit in Wien in den Dienst gestellt werden. Es wurden ihm grundlegende Arbeiten organisatorischer Art anvertraut (z.B. Consistorium, Doctrinale, Apologie, Concionale). Noch 1577 ordinierte C. ev. Geistliche in Wien. Dass C. 1578 starb, geht aus einem mit 29.3.1578 datierten Brief des Frh. Wilhelm v. Hofkirchen aus Wien an Polykarp Leyser in Wittenberg hervor, in dem es heißt: »Der allmächtige Gott hat unsern frommen Hn. [Ambros] Zieglern [Anfang 1578] v. diesem Jammerthal erfordert [...] Sie [die Flacianer] haben sich des guten Mannes Todt nicht wenig erfreuet; aber unser HerrGott ist kommen, u. hat ihnen ihren Celestinum auch hinweggenommen.« (Vgl. Raupach, s.u., S. 210, Anm. h).

WERKE: *Epithalamion in honorem [...] D. Iohannis Harr [...] Et [...] Barbarae [...] D. Sebastiani Funck senioris [...] scriptum*, o.O. 1561; *Christliche vermanu,vg, Lehr vnnd Trostschrifft an die Armen/ bedrengten vnnd geplagten Kirch Christi / in den löblichen Graffschafften Ortenburgk / Haag vnd Neuburgk am Jn im Bayerlandt*, Regensburg 1564; Lat. Epigramm in: J. Sturm: *Scholae Lauinganae*, Lauingen 1565; ebd. 1584; Beitr. zu:

Martin Ruland: *New Aderlaß buch*, Lauingen 1566; (Mitverf.:) *Conclusiones de scripto Dei Verbo, ‹quas› Praeside Joh. Frid. Celestino [...] in hoc Lauingano Gymnasio Professore, M. Gasp. Melissander [...] defendere conabitur*, Lauingen 1566; Beitr. zu: *Epithalamia in honorem [...] M. Casp. Melissandri [...] Et [...] Felicitatis D. Leopoldi Durnbacheri [...] filiae conscripta*, Lauingen 1566; *Von Erzwungen Gelübden vnd Eidschweren*, o.O. 1567; *Prüfung des sacramentirischen geists / das ist / starcke götliche vnd natürliche beweisung / [...] daß die Zwinglisch / Caluinisch Sacramentschwermerey nicht auß Gott / vnd Gottes Geist / sondern auß dem Teufel sey*, Nbg. 1567; Oberursel 1570; *Von Schülen. Ausz was vrsachen dieselben hin vnnd wider in Steten vnnd Flecken so jämerlich zerfallen/ oder vbel bestellet vnd regieret werden [...]*, Straßburg 1568; *Pantheum sive anatomia et symphonia papatus, et praecipuarum Haeresium veterum et praesentium. Das ist / [...] beweysung [...] Das der Babst der [...] Antichrist sey*, 2 Tl., Regensburg 1568-1569 (Wohl wegen dieses Werkes wurde Coelestin auf den päpstlichen Index actorum damnatorum gesetzt. Als Antwort auf C. *Anatomia papatus* schrieb Johannes Nas seine *Anatomia Lutheri*). – (Zus. mit J. Wigand u. T. Kirchner:) *Bekentnis Von der Rechtfertigung für Gott. Vnd von guten Wercken*, Jena 1569; Regensburg 1569; (Zus. mit denselben): *Bedencken Vnnd Erinnerung auff einen vorschlag einer Conciliation/ in den streitigen Religions sachen*, Jena 1569. (Zus. mit denselben:) *Von Buchhendlern / Buchdruckern vnd Buchfürern*, Regensburg 1569; *Klare vnnd gründtliche Widerlegung/ der vermeinten/ nichtigen vrsachen/ darumb der Abtrünnig M. Caspar Franck vom Euangelio zum Babstumb gefallen*, o.O. 1569; *Von D. Johan Pfeffingers Vorrede/ jtzt newlich ausgangen / die gegenwertigen streitigen Hendel / in der Religion belangend*, Jena 1570; *Der LXXXV Psalm. Auff dem Colloquio zu Altenburg im 1568. vnd 1569. Jar gepredigt vnd ausgeleget*, Jena 1570; *Christliche/ Summarische Antwort [...] auff etliche Gottslesterische Bepstische Bücher*, Oberursel 1571; *Kurtze Einfeltige Bekentnus / Von der Erbsünde*, o.O. 1571; *Grobe / gefehrliche Irthumb der Jenigen / die da leren [...] das die Erbsünde nur ein Accidens [...] sey / vnd nicht ein wesentliche Sünde*. In: *Christliche Vnd dapfere Antwort / des Edlen [...] Herrn Volradt / Graffen vnd Herrn zu Mansfeld / etc. auff das Vnchristliche Schreiben D. Wigandi*, Oberursel 1573.

LITERATUR: ADB 4 (1876), 369-391; NDB 3 (1957), 308f.; B. Raupach: Presbyterologia Austriaca, Hbg. 1741, 18-21; 210; ders.: Supplementum Presbyterologiae Austriacae (in: Zwiefache Zugabe zu dem Ev. Oesterreich), Hbg. 1744, 15-17; J. Strnadt: Peuerbach. Ein rechtshist. Versuch, [Peuerbach 1867], 457; K. Eder, Glaubensspaltung u. Landstände in Öst. ob d. Enns 1525-1602, Linz 1936, 175; J. K. Mayr: Ev. Leben in Wien am Beginn des 17. Jh. In: Jb. d. Gesell. für die Gesch. des Protestantismus in Öst., 68/69. Jg., Wien 1953, 113-143; M. Doblinger: D. Protestantismus in Eferding u. Umgebung. In: Jb. d. Gesell. für d. Gesch. des Protestantismus in Öst., 72. Jg., Wien 1956, 31-68, 34f.; R. Newald: D. dt. Lit. vom Späthumanismus zur Empfindsamkeit 1570-1750, Mchn. ⁵1965, 120.

Robert Hinterndorfer

Coelinus, Joseph (Collinus, Kellin[us], eigentl. Köllin; ? Flacht b. Weissach, Württemberg – um 1610 Kirnbach b. Wolfach, Württemberg), Sohn des ev. Predigers Paul Köllin, begann 1575 ein Stud. in Tübingen, wo er acht Jahre im »Stipendium Martinianum« (Heim für unbemittelte Studenten), zuletzt als dessen Ökonomus (Verwalter), verbrachte. 1583 entsandten ihn die Tübinger Theologen nach Heidelberg, wo er nach bestandenem Examen u. gehaltener Probepredigt zunächst bis zum Freiwerden einer geeigneten Stelle als Aushilfsprediger Aufnahme im »Sapienzkolleg« (Predigerseminar) fand. Als 1583 in Heidelberg die calvinistische Religion eingeführt wurde, machte er sich auf den Weg nach Stgt., v. wo ihn Herzog Ludwig im Juni 1584 nach Tübingen zurückholte. Noch im Sept. dieses Jahres wurde ihm auf Empfehlung des ev. Linzer Landhauspredigers JOHANN CAEMENTARIUS an die nach Jakob Wider verwaiste Predigerstelle in Wels berufen. Bis Ende Juni 1597 blieb er in diesem Amt. Nach kurzen Aufenthalten in Linz u. Stgt. wurde er Ende Juli 1597 als Prediger nach Graz angefordert, musste jedoch seine Stelle im Zuge der Gegenreformation bereits 1599 wieder aufgeben. Abermals nach Stgt. zurückgekehrt, bekam er eine Anstellung als Pfarrer u. Superintendent in Wildbad (Württemberg). 1601 zerschlug sich eine Berufung C. nach Eferding (OÖ). 1602 befand er sich als Pastor in Gräfenhausen, 1610 als solcher in Kirnbach, wo er vermutlich starb.

WERKE: (Zus. mit D. Schnepf:) *Disputatio de viribus humanis*, Tübingen 1582; (Mitautor:) Negatives *Gutachten* v. 6 oberennsischen Prädikanten zur Frage, ob ein ev. Prediger Leute aus kath. Pfarreien abweisen dürfe, Ms., 1589 (Oö. Landesarchiv Linz, Landschaftsannalen XVIII, Bl. 646ff., referiert in: Eder, Glaubensspaltung, 165f., u. L. Rumpl, D. Linzer Prädikanten u. ev. Pfarrer. In: Hist. Jb. d. Stadt Linz 1969, Linz 1970, 153-241, hier 176f.); *Christliche Leichpredig, gehalten bey der Leich Hn. Joannis Ederi Bürgers zu Wels aus Apoc. XIV.13. den 27. Dec. 1594*, Lauingen 1595; *Gründtliche Erklärung der Christlichen Augspurgischen Confession:* […] *öffentlich gepredigt in der Keiserlichen Pfarrkirchen zu Wels* / […] *Anno 1590. / Durch M. Josephum Köllinum, dannzumal Stattpredigern daselbsten*, Tübingen 1610.

LITERATUR: B. Raupach: Presbyterologia Austriaca, Hbg. 1741, 76; Ders., Supplementum Presbyterologiae Austriacae (in: Zwiefache Zugabe zu dem Ev. Oesterreich), Hbg. 1744, 47-52; K. Eder: Glaubensspaltung u. Landstände in Öst. ob d. Enns 1525-1602, Linz 1936, 166 u. 183f.

Robert Hinterndorfer

Cohn, Moriz (Ps. **Conimor**, 8.1.1844 Kreuzburg/Schlesien – 13.3.1913 Wiesbaden) war vorerst Unternehmer u. schließlich Schriftsteller. C. besuchte das Gymnasium in Brieg, arbeitete danach in einem Unternehmen in Breslau u. anschließend im Bankgeschäft seines Bruders in Görlitz; außerdem beteiligte er sich mit diesem an Eisenbahnbauten, die seine mehrjährige Anwesenheit in Bln., Rathenow u. Schönhausen erforderten. 1873 erwarb er ein Gut in der Lausitz, das er zwei Jahre später verkaufte, um nach Wien überzusiedeln, wo er mehr als dreißig Jahre als Schriftsteller lebte. Nach 1907 hielt er sich in Wiesbaden auf, wo er am 13.3.1913 starb. Bekannt wurde C. als »Wiener Conimor« durch seine 1876 ersch. satirischen G. *Ein Ritt durch Wien auf dramatischem Felde*, die drei Aufl. im Erscheinungsjahr erfuhren. Unter dem Decknamen »Conimor« nimmt C. damals in Wien, v.a. am Burgtheater wirkende Künstler aufs Korn, u.a. den Burgtheaterdichter u. späteren Burgtheaterdirektor (1881-1887) ADOLF V. WILBRANDT, der sein erbittertster Gegner wurde, als er 1882 C. Lustspiel *Im Lichte der Wahrheit* ablehnte (vgl. Vorwort u. Briefwechsel). Im übrigen wurde keines seiner Stücke in Wien aufgeführt, obwohl er sich sehr um die Aufnahme an Wiens Bühnen bemühte (vgl. »Von einem Unaufgeführten«, in:

Neues Wr. Tagbl. v. 19.10.1882). C. verfasste hauptsächlich Lustspiele – die auch in Dtld. kaum aufgeführt wurden – u. arbeitete an Zs. mit.

WERKE: Lustspiele: *Der Improvisator*, Bln. 1873; *Vor der Ehe*, Wien 1876; *Eine Visitenkarte*, Lzg. 1877; *Der goldene Reif*, Wien 1878; *In eigener Falle*, Wien 1881; *Im Lichte der Wahrheit*, Wien 1882; *Der beste Gegner*, Wien/Lzg. 1892; *Lust- und Schauspiele*, Wien/Lzg. 1905, Bd. 1. Lyrik: *Ein Ritt durch Wien auf dramatischem Felde*, Lzg. 1876; *Lieder und Gedichte*, Wien 1884. Prosa: *Wie gefällt Ihnen meine Frau? N. u. Causerien*, Bln. 1886.

LITERATUR: Brümmer, Bd. 1; L. Eisenberg (Hg.): D. geistige Wien, Künstler- u. Schriftsteller-Lex., Wien 1893, Bd. 1, 72; Giebisch/Gugitz, 52; Kosch, Bd. 2.

Claudia Kreutel

Cokorac v. Kamare, Stephan (Ps. Stephan **Kamare**, Hans **Gerok**, 22.6.1885 Wien – 7.4.1945 Hadersdorf b. Wien, Freitod), Sohn eines höheren Offiziers slaw. Herkunft u. einer norddt. Mutter, absolvierte das Gymnasium u. das anschließende Jusstud. in Wien, wo er 1908 zum Dr. jur. promovierte. Er gehörte der Burschenschaft Olympia-Wien an. Von Herbst 1908 bis Sommer 1910 stand er im Dienst der bosnisch-herzogowinische Landesregierung. Erinnerungen aus dieser Zeit hielt C. in der Erz. *Rastoschniza* fest. Anschließend wurde er Beamter im k.k. Handelsministerium in Wien u. während des 1. WK im Ernährungsministerium eingesetzt. Nach dem Krieg kehrte er in das Handelsministerium zurück, wo er zum Ministerialrat avancierte. C. quittierte den Staatsdienst u. wechselte in die Privatindustrie (Finanzchef des Westen-Konzerns in Vaduz). Anfang 1927 gab C. diese Anstellung auf, lebte nunmehr als freier Schriftsteller u. Privatgelehrter in Hadersdorf bei Wien. Bereits im Alter von 24 Jahren (1909) verfasste C. das tragische Kammerspiel *Die Fremden*, das unter dem Ps. HANS GEROK 1917 erschien u. im Nov. 1918 in Mchn. uraufgeführt wurde. Vom Misserfolg der Auff. entmutigt, publizierte er nur mehr einzelne G. in versch. Zs. u. wandte sich mehr der Malerei zu. Erst 1928 erschien C. zweites Bühnenstück, *Leinen aus Irland*. Dieses Lustspiel, uraufgeführt im Feb. 1928 im Staatstheater in Mchn., brachte ihm Anerkennung u. Erfolg. Es spielt im alten Öst., ist als Wr. Lokalk. einerseits zeitgebunden (z.B. Parteien- u. Nationalitätenfrage im kaiserl. Öst.), andererseits durch ihre allg. menschl. Bedeutung zeitlos gültig. C. brachte 5 Jahre später eine weitere K. heraus: *Der junge Baron Neuhaus*, ein Lustspiel aus der Zeit Maria Theresias. Die UA fand im Nov. 1933 im Volkstheater in Wien statt. Soziale Zeitkritik wird darin in spielerisches Rokoko-Ambiente verpackt. Ein drittes Lustspiel, *Kühe am Bach*, veröff. in Bln. 1940, erlebte seine UA im Feb. 1941 in Bremen, rund zwei Monate später die EA in Wien (Dt. Volkstheater). Er übte darin Kritik an den Geschäftspraktiken des Kunsthandels. Zw. den drei Lustspielen verfasste C. auch Bühnenwerke satirischen u. beschaulichen Charakters. 1930 kam sein Schauspiel *Knorpernato* heraus. Es ist eine Satire auf Theater u. Film, fiel bei der UA im Schauspielhaus Baden-Baden (Dez. 1931) durch u. wurde v. Autor zurückgezogen. C. Kammerspiel *Mister Gregorius* wurde mit mäßigem Erfolg im Sept. 1936 im Schauspielhaus Bremen uraufgeführt. Eine erste lit.wiss. Befassung mit dem Werk C. findet man im Kapitel »Neorealismus u. Neue Sachlichkeit« in E. Alkers »Profile u. Gestalten der Dt. Lit. nach 1914«.

WERKE: Dramen: *Die Fremden*, Warnsdorf, Wien/Lzg. 1917; *Leinen aus Irland*,

Ein Lustspiel aus dem alten Öst., Bln. 1928, ³1935, *Knorpernato*, 1930; *Der junge Baron Neuhaus*, Ein Lustspiel aus der Zeit Maria Theresias, Bln. 1933 (1. u. 2. Aufl.); *Mister Gregorius*, auch u.d.T. *Die beiden Gregorius*, Bln. 1936; *Kühe am Bach*, Lustspiel, Bln. 1940. Prosa: *Rastoschniza*. Eine Erinnerung (postum veröff.). Lyr.: Verstreut in versch. Zs.

LITERATUR: H. Draws-Tychen: Vorwort zu Rastoschniza, Mchn. 1962; E. Alker: Profile u. Gestalten d. dt. Lit. nach 1914, hg. v. E. Thurnher, Stgt. 1977, 577f.

Ruthilde Frischenschlager

Colbert, Carl (recte **Cohn**, Ps. **Alpheus, Augias, Katilina**, 8.2.1855 Wien – 29.5.1929 ebd.) war Zeitungshg., Journalist u. Schriftsteller. Durch den frühen Tod seines Vaters, eines jüd. Geschäftsmannes, musste C. das Akad. Gymnasium in Wien verlassen, um eine Handelsakad. zu besuchen u. dort eine kaufmännische Ausbildung zu erfahren, da er d. Geschäfte übernehmen sollte. Mittlerweile florierten d. Bankgeschäfte d. Vaters, d. d. Mutter weiterführte. Mit dem Bankwesen vertraut, aber dieses verabscheuend – wie seine späteren Schr. u. R. beweisen –, gelang C. zus. mit seiner Mutter der Verkauf d. Wechselstube an eine Bank; er selbst stieg 1884 aus d. Unternehmen aus, hielt sich einige Jahre in Rom auf, kehrte schließlich nach Wien zurück, wo er 1887 die Pianistin Tony Wolff heiratete u. d. dt. Schriftsteller Ernst Ziegler kennenlernte, mit d. er d. illustrierte Zs. »Wiener Mode« mit einer lit. Beilage im selben Jahr gründete. Unter d. Decknamen »Augias« schrieb C. auf Einladung d. Schriftstellers RUDOLF LOTHAR in der Wochenschr. »Die Wage« 1898 »Finanzielle Unterhaltungen« u. unter dem Ps. »Katilina« offene Briefe an den Ministerpräsidenten Graf Thun. Neben seiner Tätigkeit als Zeitungshg. – 1910 wurde er Miteigentümer der Ztg. *Der Morgen* (Hg.: Maximilian Schreier), nachdem er bereits einige Jahre als Alleinhg. der *Wiener Mode* fungiert hatte – war er auch journalistisch engagiert. Aufsehen erregten seine wöchentlichen »Montagsaufsätze« im *Morgen*, d. er als Beitr. zum sozialen Fortschritt als Sozialdemokrat verstanden wissen wollte u. mit »Alpheus« zeichnete. Themen waren u.a. der Kinderschutzkongress v. 1913 oder der Werkbundgedanke (C. war Gründungsmitgl. des Öst. Werkbundes). Im Juni 1915 gründete C. d. Ztg. »Der Abend« als Gegenstück zum *Morgen*, in d. er für Frieden, soziale Anliegen u. freie Meinungsäußerung eintrat; d. inhaltliche Schwerpunkt lag in d. Kriegsberichterstattung. Auch während d. Krieges blieb C. journalistisch aktiv; so ersch. d. v. ihm hg. Flugschr. »Abend« ab 1917. Nach d. Krieg wurde d. Ztg. *Der Abend* durch sein Betreiben in d. Eigentum d. Mitarbeiter überführt, u. 1928 wurde d. Hg.schaft an seinen Sohn Ernst übertragen. Schriftstellerisch trat C. v.a. mit einigen trivialen R., d. zumeist d. korrupte Geld- u. Finanzwelt zum Gegenstand haben, in Erscheinung. Bekannt sind seine kämpferischen Schr. wie *Morgendämmerung* (sozialen Lebens), eine Ausw. d. »Montagsaufsätze« u. Ansammlung v. sozialen Utopien, oder *Bankleute und Börsenspieler vor 2000 Jahren*, in d. »d. Gleichartigkeit d. finanzkapitalistischen Entartung d. 1. Jahrhunderts vor und d. 19. nach Christi Geburt« dargestellt wird. Die Bedeutung C. liegt in seiner Tätigkeit als Zeitungshg. u. Journalist, harrt allerdings noch d. wiss. Erhellung.

WERKE: Prosa: *Fritz Tauber: Der Moraltrompeter von Wien*, Wien 1925; *Das goldene Kalb. Roman aus der Geldwelt*, Wien 1926; *Sodom und Gomorrha. Sittenbilder aus der Finanzwelt*, Mchn./Bln. 1928; *Gut hätten wir ausg'schaut.* Satire aus der Nachkriegszeit, o.O. o.J.; *Eine Schachpartie des Caesar Borgia,* o.O., o.J. Schauspiel: *Haute Finance.* Wiener Sittenbild in 5 Akten, o.O. 1916. Schriften u. Ztg. (Hg.): *Wiener Mode,* Wien 1887ff.; *Der Morgen,* Wien 1910ff.; *Der Abend,* Wien 1915ff.; *Flugschriften des Abend,* Wien 1917f. (Nr. 1/Okt. 1917: »Wie kommen wir zum Frieden?«; Nr. 2/Jan. 1918: »Der letzte Volksschatz«; Nr. 3/1918: »Wiener Wohnungselend«]; *Morgendämmerung, Bilder aus dem Wien das war, das ist und das wir schaffen wollen,* Wien/Lzg. 1915; *Der Preistreiberprozeß gegen Dr. Josef Kranz,* Wien 1917; *Bankleute und Börsenspieler vor 2000 Jahren. Ein Beitrag zur* Sittengesch., Konstanz 1924; *Der Börsenschwindel des John Law.* Ein Beitrag zur Revolutions- u. Sittengesch., Mchn. 1927.

LITERATUR: L. Eisenberg (Hg.): D. geistige Wien. Künstler- u. Schriftsteller-Lex., Wien 1893, Bd.1, 72; Giebisch/Gugitz, 52; A. Gmeiner u. G. Pirhofer: D. Öst. Werkbund, Salzb./Wien 1985, 224; Jb. d. Wr. Gesell., Wien 1929; H. Zohn: »... ich bin ein Sohn d. dt. Sprache nur ...« Jüd. Erbe in d. öst. Lit., Wien/Mchn. 1986, 205; Kraus/Fackel-Register 13/2; 649/135; 735/119; 889/3.

Claudia Kreutel

Colerus v. Geldern, Egmont (12.5. 1888 Linz – 8.4.1939 Wien), Sohn eines Pionieroberleutnants, lebte nach dem Besuch des Gymnasiums in Linz, seit 1907 in Wien, absolvierte hier ein Stud. der Rechte u. war im Anschluss daran im Staatsdienst, zuletzt im Bundesamt für Statistik, tätig. Mit Ausnahme eines 1928 am Wr. Burgtheater aufgeführten, stofflich in der venezianischen Renaissance angesiedelten Dramas trat C. ausschließlich als Erzähler in Erscheinung. In seinen R. greift er teils gegenwartsbezogene, teils hist.-biogr. Sujets auf. Sind die frühen Werke in Sprachstil u. mythisierender Tendenz noch expressionistischen Einflüssen verhaftet (*Antarktis, Sodom*), so überwiegt später die Neigung zum phil. u. zivilisationskrit. Diskurs: Problemstellungen werden meist aus dem Zusammenprall zweier Welten, eines geistigen u. eines materialistischen Prinzips entwickelt (etwa im Zusammentreffen Marco Polos mit Dante; ebenso in *Kaufherr und Krämer* u.a.) u. kreisen vielfach um die Fragen v. Sinnlichkeit u. Sexualmoral (*Sodom, Weiße Magier, Die neue Rasse, Matthias Werner*). Durch gedankliche Überfrachtung v. Dialog u. Erzählerreflexion drohen immer wieder die Stringenz der Fabel u. die innere Wahrheit der Darstellung verlorenzugehen; dennoch wurden v.a. seine hist. R. um Marco Polo u. Leibniz bis gegen Ende der 50er-Jahre mehrfach neu aufgelegt. In der letzten Phase seines Schaffens widmete sich C. mit großem Erfolg der Ausarbeitung leicht fasslicher Einführungen in die Grundprobleme v. Mathematik u. Geometrie.

WERKE: Drama: *Politik. Drama in sechs Bildern.* Wien 1927 (UA 15.3.1928). Erz. u. Novellen: *Die Nacht des Tiberius.* Wien 1926 (1929 u.d.T. *Tiberius auf Capri*); *Geheimnis um Casanova.* Bln./Wien/Lzg. 1936. *Archimede in Alexandrien.* Bln./Wien/Lzg. 1939. Romane: *Antarktis.* Wien 1920; *Sodom.* Wien 1920; *Der dritte Weg.* Wien 1921; *Weiße Magier.* Wien 1922 (umgearbeitete Fassung Graz/Wien/Lzg. 1931, Einl. v. M. Brod); *Wieder wandert Behemoth. Roman einer Spätzeit.* Wien, Bln. 1924; *Pythagoras. Die Geburt des Abendlandes.* Wien 1924 (neu 1951); *Zwei Welten. Ein Marco-Polo-Roman.* Wien 1926 (neuer Titel: *Marco Polo. Der Roman zweier Welten,* mehrere Aufl.); *Die neue Rasse.* Bln./Wien 1928; *Kaufherr und*

Krämer. Bln./Wien/Lzg. 1929; *Matthias Werner oder Die Zeitkrankheit*, Bln./Wien/Lzg. 1932; *Leibniz. Der Lebensr. eines weltumspannenden Geistes*. Bln./ Wien/Lzg. 1934. Populärwiss. Schriften: *Vom Einmaleins zum Integral. Mathematik für jedermann*, Bln./Wien/Lzg. 1934; *Vom Punkt zur vierten Dimension. Geometrie für Jedermann*, Bln./Wien/Lzg. 1935; *Von Pythagoras bis Hilbert. Die Epochen der Mathematik und ihre Baumeister. Gesch. der Mathematik für jedermann*, Bln./Wien/ Lzg. 1937.

LITERATUR: ÖBL, Bd. 1; Nagl/Zeidler/Castle, Bd. 4; K. Wache: Der öst. R. seit dem Neubarock, Lzg. 1930, 322-330; A. Schmidt: Dt. Dichtung in Öst., Wien/Lzg. 1935, 62f.; Die Kultur, Wien 1926, 4.Jg., H. 9 u. 10; Neues Wr. Tagbl. v. 11.4.1939 (Nachruf); A. Schmidt: E.C.: Zur Erinnerung an seinen 100. Geburtstag. In: Adalbert-Stifter-Inst. d. Landes OÖ, Vierteljahresschrift 37 (1988) F. ½, 89-95.

Ernst Fischer

Colerus v. Geldern, Richard (29.8.1872 Brünn/Mähren - 8.6.1954 Gföhl/NÖ) kam als 13. Kind eines Staatsbeamten zur Welt; seit 1886 besuchte er das Gymnasium in Wien/Hernals, nach dem plötzlichen Tod des Vaters trat er 1891 in den Postdienst ein. Seit 1898 war er als Postbeamter in Krems/Donau tätig, seit 1902 in Wien, bis er 1915 erneut nach Krems versetzt wurde, wo er zum Vorstand des Post- u. Telegrafenamtes avancierte. 1925 ging er in den Ruhestand u. widmete sich fortan, ausgezeichnet mit dem Titel eines Regierungsrates, seinen lit. Neigungen sowie v. 1934 an als Obmann des nö. Volksbildungsvereines kulturorganisatorischen Initiativen, namentlich dem Ausbau der Wanderbüchereien. Nach 1945 übersiedelte er nach Gföhl, wo er seinen Lebensabend verbrachte.

Nach einigen kleineren, in Zs. veröff. Arbeiten entsteht als erste größere Frucht v. C. schriftstellerischer Nebentätigkeit eine *Götterdämmerungstrilogie* (1906-1910), in der sich die Teilnahme des Dichters in der zeittypischen Wagnerbegeisterung spiegelt. In den darauffolgenden Jahren bis 1915 vollzieht sich in C. eine auch lit. manifest gewordene Hinwendung zum Katholizismus; in der Zwischenkriegszeit tritt er (v.a. mit *Mein Reich ist nicht von dieser Welt*) als Vertreter des Zeitr. konservativer Prägung hervor, der den gesell. Umbruch nach 1918 als Verfall aller christlichen Werte interpretiert. Zahlreiche Werke, darunter eine Versdichtung *Der heilige Gral* sowie eine Anzahl v. R., haben keinen Verleger gefunden, wie denn C. insgesamt einen zu seiner Zeit nicht selten zu findenden Typus des Schriftstellers verkörpert, bei dem bildungsbürgerliche Ambition in einem Missverhältnis zur dichterischen Potenz steht.

WERKE: Dramatische Dichtung: *Götterdämmerung. Odin und Loki*, Wien 1906; *Baldurs Tod*, Wien 1909; *Odins Ende*, Wien 1910. Romane: *Mein Reich ist nicht von dieser Welt*, Steyr 1929; *Das lachende Mädchen*, Steyr 1930.

LITERATUR: Giebisch/Gugitz, 53; H. Rauscher: R. C.-G. zum Gedenken. In: Das Waldviertel 3 (1954), H. 9/10, 222-224.

Ernst Fischer

Collin, Heinrich Joseph v. (26.12.1771 Wien - 28.7.1811 ebd.) war der Sohn eines aus Luxemburg eingewanderten Arztes, stud. an der Univ. Wien Rechtswiss. u. begann 1795 eine Beamtenlaufbahn, die ihn bis zum Hofrat bei der Credits-Commission (1809) führte. Bereits 1794 wird C. erstes Drama, *Scheinverbrechen*, ein Rührstück in der Manier KOTZEBUES, am Hoftheater aufgeführt, ein zweites Werk, *Kindespflicht und Liebe*, nach Fieldings *Tom Jones*, wird jedoch von ALXINGER für das Hoftheater abgelehnt. Erst 1801 bringt C., der sich inzw. mit Lessing u. Goethe beschäftigt hatte, ein weiteres Stück zur Auff.: das Römerdrama *Regulus*, das seinen Verf. mit einem Schlag berühmt machte. Die Bln. Auff. unter Iffland kann allerdings den Wr. Erfolg nicht wiederholen. Weitere Stücke folgen, so 1802 *Coriolan* (mit der Musik Beethovens) u. 1803 *Polyxena*. Auf das Drängen Ifflands u. unter dem Einfluss JOSEPH V. HORMAYRS wendete sich C. neueren Stoffen zu u. verfasste die Trauerspiele *Balboa* (1805) u. *Bianca della Porta* (1807). C. Bruder MATTHÄUS u. HORMAYR verweisen ihn wiederholt auf die öst. Gesch.; C. steht jedoch der Gattung des hist. Dramas ablehnend gegenüber. In der Folge entstehen aber mehrere Balladen, die sich mit Ereignissen aus der öst. Gesch. beschäftigen, u. C. beginnt mit der Arbeit an einem großen Epos über Rudolf v. Habsburg u. König Ottokar, Stoffe, die v. LADISLAUS PYRKER episch, v. FRANZ GRILLPARZER dramat. gestaltet werden. Aus Anlass der Aufstellung einer öst. Landwehr verfasst C. als Auftragsarbeit im Jahr 1809 die patriotischen *Wehrmannslieder*, die großen Erfolg haben (s. CHORINSKY, JOHANN GRAF V.). 1811 bricht er die Arbeit an einer Ladislaus Posthumus-Trilogie unvermittelt ab u. schreibt das Römerdrama *Die Horatier und die Curiatier*. Es ist dies sein letztes Werk, denn völlig überraschend stirbt C. am 28. Juli 1811.

Seit dem großen Erfolg des *Regulus* gilt C. als einer der ersten Dichter des Landes. Er nimmt regen Anteil am lit. Leben Wiens, verkehrt im Salon der CAROLINE PICHLER mit HORMAYR u. JOSEPH V. HAMMER(-PURGSTALL) u. ist mit Moritz Graf Dietrichstein, dem späteren Direktor des Hoftheaters, befreundet. C. steht auch in Kontakt mit den dt. Zuwanderern JOHANN ERICHSON, ADOLPH FRIEDRICH KARL STRECKFUSS u. GEORG FRIEDRICH TREITSCHKE, sowie mit der *Prometheus*-Gruppe (LEO V. SECKENDORFF-ABERDAR). Darüber hinaus engagierte er sich im Streit der Romantiker gegen SCHREYVOGELS *Sonntagsblatt*. Den klassizistischen pathetischen Hochstildramen (zumeist im Blankvers) C. liegt einerseits seine Beschäftigung mit der Dramaturgie Lessings u. mit der Weimarer Klassik zugrunde, andererseits sind sie beeinflusst v. Gedanken des Staatspatriotismus, wie er sich etwa schon bei AYRENHOFF findet u. zu Beginn des 19. Jh. wieder sehr stark zum Tragen kommt. Für C. besteht der Zweck der Tr. darin, durch das »Prinzip von der Vermeidung der Trostlosigkeit« zur »Erhebung« des Menschen beizutragen. Der Katharsis-Effekt entstehe, wenn sich das Mitleid des Zuschauers in Bewunderung für den tugendhaften Helden verkehre, dem das gelinge, was für C. – u. hier sieht er sich in der Nachfolge Schillers – das eigentl. Thema des Trauerspiels sei: »der Sieg der Freyheit über die Naturnothwendigkeit«; insofern konnte sich Beethoven mit einer solchen Idee identifizieren (s. die Ouverture zum Trauerspiel *Coriolan*); andererseits aber bedeutet dies bei C. immer die Unterordnung des Einzelnen unter das Staatswohl u. bringt somit eine befremdende, umständliche Steifheit in die Dramen, die an die Schillersche Dramatik nicht entfernt heranreichen. C. hochstilisierte, z. T. in Form (Odenstrophen, antikisieren Versmaße) u. Inhalt antikisierende Lyr. zeigt wie auch die vaterländischen Balladen (z.B. »Kaiser Max, auf der Martinswald in Tyrol«) eine den Dramen ähnliche pathetische Geste u. bietet ethisch wie ästhetisch nichts Neues: sie führt die heimische, an Klopstock geschulte Hochstiltradition eines DENIS u. HASCHKA fort (z.B. »An Carolina von Pichler geborne von Greiner«) u. bewegte sich im wesentlichen zw. Gelegenheitsg. u. einfachen poetischen Leitsätzen (z.B. »Künstlerentzückung«) der Gedankenlyr. Das Werk C. harrt noch immer der überzeugenden stil- u. gattungsgesch. Einordnung.

WERKE: Dramen–Einzelausg. *Scheinverbrechen*. Wien 1794; *Regulus*. Bln. 1802; *Coriolan*. Bln. 1804; *Polyxena*. Bln. 1804; *Balboa*. Bln. 1806; *Bianca della Porta*. Bln. 1808; *Mäon*. Bln. 1810; *Künstler-Entzückung. Eine Ode*. Wien 1807; *Die Befreyung von Jerusalem. Oratorium*. Wien o.J. (gemeinsam mit Matthäus v. Collin). Gedichte/Lieder: *Lieder Oesterreichischer Wehrmänner*. Wien 1809; *Gedichte*. Wien 1912; *Sämmtliche Werke* in 6 Bd., hg. v. Matthäus v. Collin, Wien 1812-1814. Dramen: Faksimiledruck nach d. Erstausg., hg. u. mit einer Einführung v. C. Grawe, 2 Bde., Bern u.a. 1990.

LITERATUR: M. v. Collin: Über H. J. Edlen v. C. u. seine Werke, in: Sämmtliche Werke (s.o.) Bd. 6, 249-447; F. Laban: H.J.C. Ein Beitr. zur Gesch. d. neueren dt. Lit. in Öst., Wien 1879; M. Lederer: H. J. v. C. u. sein Kreis. Briefe u. Aktenstücke, Wien 1921; H. Seidler: H.J. v. C. Seine Kunsttheorie, Dichtung u. geistesgesch. Stellung. Diss. Innsbr. 1927; K. Adel: Einl. zu: H.J. v. C. Ausw. aus dem Werk, Wien 1967; W. Kirk: D. Entwicklung des Hochstildramas in Öst. v. Metastasio bis Collin. Diss. Wien 1978; G. Jungmayer: H.J. v. C. Theoretische Schriften. Diss. Wien 1979; H. Zeman: Die öst. Lyrik d. ausgehenden 18. u. d. frühen 19. Jh. – eine stil- u. gattungsgesch. Charakteristik, in: Die öst. Lit. – Ihr Profil im 19. Jh. (1830-1880), hg. v. H. Zeman, Graz 1982, 513-547; P. Skrine: C. ›Regulus‹ reconsidered, in: Bristol Austrian studies, hg. v. B. Keith-Smith, Bristol 1990, 49-72.

Wynfrid Kriegleder

Collin, Matthäus v. (3.3.1779 Wien – 23.11.1823 ebd.), der jüngere Bruder des Dichters HEINRICH V. COLLIN, stud. an der Univ. Wien Phil., Gesch. u. Rechtswiss. u. wurde 1804 zum Dr. der Rechte promoviert. 1808 als Prof. für Ästhetik u. Phil.gesch. an die Univ. Krakau berufen, war C. 1810-1816 ao. Prof. für dieselben Fächer an der Univ. Wien u. gleichzeitig Beamter im Finanz-Departement. Ab 1814 redigierte er die WIENER ALLGEMEINE LITERATURZTG., die jedoch 1816 infolge finanzieller Probleme eingestellt werden musste. Bereits 1815 wurde C. zum Erzieher des Herzogs v. Reichstadt ernannt u. erhielt in der Folge den Abschied v. seinen sonstigen Ämtern. 1818 übernahm er die Redaktion der auf Initiative Metternichs gegr. JAHRBÜCHER DER LITERATUR. Nach Reibereien mit FRIEDRICH V. GENTZ u. Schwierigkeiten mit der Zensur legte er 1821 die Stelle nieder. Durch seinen erfolgreichen Bruder hatte C. schon früh Kontakt mit den führenden Köpfen der Wr. lit. Szene. Er verkehrte im Salon der CAROLINE PICHLER u. lernte den Orientalisten JOSEPH V. HAMMER(-PURGSTALL) kennen, mit dem ihn bald eine enge Freundschaft verband. V. nachhaltigem Einfluss auf C. war die Bekanntschaft mit JOSEPH V. HORMAYR u. FRIEDRICH SCHLEGEL. C. veröff. lyr. G. u. Balladen in versch. Zs. u. Almanachen, so im MUSENALMANACH FÜR DAS JAHR 1814 u. im Almanach SELAM 1813, trat aber v.a. als Dramatiker hervor. Bereits 1800 entstand das lyr. Schauspiel *Calthon und Colmal*. Mit dem 1805 erscheinenden Stück *Belas Krieg mit dem Vater* wandte er sich dem hist. Drama zu. 1813-1817 gab C. eine Slg. seiner Theaterstücke in 4 Bdn. heraus. Neben einer Bearbeitung des Corneilleschen *Cid* u. dem Römerdrama *Marius* finden sich in erster Linie Schauspiele über die Zeit der letzten Babenberger, so etwa *Die Kunringer* u. *Der Tod Friedrichs des Streitbaren.* Wiederholt äußert C. den Plan, in einem großen Zyklus v. mehr als 10 Dramen die öst. Gesch. v. Leopold dem Glorreichen bis zu Rudolf v. Habsburg darzustellen. Sein früher Tod verhindert jedoch eine Realisierung. C. versteht seine Schauspiele als Beitr. auf der Suche nach dem lang ersehnten dt. Nationaltheater u. betont, dass sie für die Bühnenpraxis geschrieben seien; ein Anspruch, der an den steifen Stücken scheiterte.

V. größerer Bedeutung ist C. als Lit.theoretiker: mit seinen ab 1811 erscheinenden Veröff. kann er als einer der Begründer einer öst. Lit.wiss. bezeichnet werden. Zunächst v. HORMAYR u. SCHLEGEL beeinflusst, fordert C. v. der Lit. eine Rückbesinnung auf die nat. Vergangenheit. Das hist. Drama ist für ihn die der modernen Zeit gemäße Form, auf deren Basis sich die neue dt. Lit. weiterentwickeln müsse. Über SCHLEGEL hinausgehend, sieht C. drei Phasen in der Entwicklung der Weltlit.: Nach der klass. Periode der Antike u. der romant. des MA. sei nun die Zeit der hist. Dichtung gekommen. Als Begründer dieser neuen Dichtung gilt für C. Shakespeare, der als erster die Welt in ihrer Totalität dargestellt u. die »Wirklichkeit« als »Reich Gottes« erkannt habe.

WERKE: Einzelausg.: *Belas Krieg mit dem Vater*, Tübingen 1805; *Die Befreyung von Jerusalem*, gemeinsam mit H. v. Collin, Wien o.J.; *Die Rückkehr*, Wien 1814; *Cyrus und Astyages*, Wien 1818; Slg. dramat. Dichtungen: *Dramatische Dichtungen* in 4 Bdn., Pest 1813-1817; *Nachgelassene Gedichte*, hg. v. J. v. Hammer, Wien 1827.

LITERATUR: J. v. Hammer: Biogr. Vorwort, in: Nachgelassene G. (s.o.); J. Wihan: M. v. C. u. d. patriotisch-nationalen Kunstbestrebungen in Öst. zu Beginn des 19. Jh. In: Euphorion, Ergänzungsheft 5 (1901), 93-199; R. Wehowsky: M. v. C. dramat. Schaffen im Zusammenhang mit d. nationalen Wiederbelebung Öst., Diss. phil. Breslau 1938; R. Bauer: La réalité royaume de Dieu, Mchn. 1965; gegen Bauers Meinung wendet sich Seidler; H.M. v. C. Lit.kritik. Zu den Anfängen d. Lit.wiss. in Öst. In: D. öst. Lit. Ihr Profil an d. Wende v. 18. zum 19. Jh., hg. v. H. Zeman, Graz 1979, 653-675; dagegen wiederum R. Bauer: ebd., 673-675; S. Lechner: Gelehrte Kritik u. Restauration Metternichs Wiss.- u. Pressepolitik u. d. Wr. »Jahrbücher der Literatur« (1814-1849), Tübingen 1977; H. Hübner: Gesch. im Drama: M. v. C., »Der Babenbergerzyklus« (1808-1817); H. Sassmann: »Die öst. Trilogie« (1929-1932), Diss. phil. Wien 1991; L. Puchalski: Zw. romant. Tradition u. öst. Staatsdenken – der Fall M. v. C., in: Vita pro litteris. FS f. A. Stroka, hg. v. E. Tomiczek, Warszawa u.a. 1993, 133-140.

Wynfrid Kriegleder

Collin, Rosalia v. (21.6.1773 Wien – 26.2.1832 ebd.) war die Schwester v. HEINRICH JOSEPH u. MATTHÄUS v. C., wurde zugleich mit ihren Brüdern, die sie zum Studium der Schönen Wissenschaften angeregt hatten, im Jahr 1803 in den Adelsstand erhoben, versuchte sich um 1829 als Schauspielerin, war aber u.a. mit Gedichten u. Aufsätzen in Wr. Almanachen (z.B. in ERICHSONS MUSENALMANACH FÜR DAS JAHR 1814) u. Taschenbüchern präsent. Im Brünner Verlag v. JOSEPH-GEORG TRASSLER veröff. sie im Jahr 1823 ein Lustspiel nach einer Novelle v. Cervantes. *Don Carriza-*

les. Auch eine Legende *Jacobus* (o.O., o.J.) hat sich erhalten. C. zog sich zuletzt als Stiftsdame nach Hall in Tirol zurück.

WERKE: s.o.

LITERATUR: [Gräffer-Czikann:] Oest. National-Enzyklopädie, Wien 1835, Bd. 1; Giebisch-Gugitz; Goedeke, Bd. 11, 71

Redaktion

Collinus, Joseph → **Coelinus**, Joseph

Collmary, Frederick F. (17.11.1895 Wien – ? wahrscheinlich Bln.) war Arzt in Bln. u. betätigte sich in seiner Freizeit als Verf. v. Abenteuer- u. Kriminalr. für Serienhefte. In der Reihe »Silber-Krimi« des Zauberkreis-Verlags erschienen als Nr. 189 *Auftrag T für Burns* am 24.12.1957 (ursprünglich erschienen im Bach-Verlag Düsseldorf 1956). Tim Burns taucht als Löser schwieriger Kriminalfälle auch in Nr. 274 *A32 übernimmt den Fall* (am 11.8.1959, ursprünglich erschienen im Bach-Verlag Düsseldorf 1958) u. zuletzt in Nr. 353 *Giftaffäre Barrington* (am 14.2.1961) auf. Neben der »Silber«-Kriminalserie schrieb C. auch für die Hefte-Serie »KTR Luna Kriminal-Taschen-Roman«, dort Nr. 5 *Menschenfalle Marokko* (erschienen Düsseldorf 1956 im Asta Verlag). Die Abenteuerr. *Die Schlangen von Zypern* u. *Ekrasit auf allen Wegen* brachte C. im Heru-Verlag Düsseldorf, 1955 heraus u. die beiden Kriminalr. *Kennen Sie Kornilew?* u. *Alarm im Haus des Schweigens* im Bach-Verlag, Düsseldorf 1957. Ob. C. der bürgerliche Name des Autors ist, war nicht zu eruieren.

Redaktion

Comenius, Johann Amos (**Komenský**, Jan Amos, 28.3.1592 Niwnitz/Nivnice – 15.11.1670 Amsterdam) besuchte nach dem frühen Tod der Eltern (1602) bis 1608 die Brüderschule in Straßnitz (Strážnice), darauf die reformierte Lat. schule der Brüderunität in Prerau (Přerov). Als Joannes Nivanus trägt sich der 19-Jährige in der Hochschule v. Herborn ein, die durch Ausbildung v. Rednern u. Lehrern die Verbreitung der Reformation förderte. Erste Berührung mit einer enzyklopädischen Wiss.auffassung u. chiliastischem Gedankengut vermitteln ihm v.a. der junge J. Alsted, aber auch Lehrer wie J. Fischer-Piscator, G. Pasor, H. Ravensberg u. H. Gutberleth. Schon in dieser Zeit interessiert sich C. für die neuen Lehrmethoden W. Ratkes u. wird durch die Johann Valentin Andreä zugeschriebene *Fama fraternitatis crucis* (1612) erschüttert, die er als Signal zum Streit gegen jede Autorität versteht. Erst in Heidelberg, wo er am 19.6.1613 immatrikuliert wird, bei J. H. Alting u. A. Scultetus stud. u. unter dem Einfluss des Irenikers David Pareus steht, legt C. 1614 unter Copenius seine theol. Disputation vor. Zu Fuß in die Heimat zurückgekehrt wird er Rektor der Schule in Prerau u. übernimmt nach der Priesterweihe 1616 u. der Eheschließung mit Magdalena Vizovská 1618 in Fulnek das Schul- u. Predigeramt. Seine Tätigkeit konfrontiert ihn mit zunehmender Unterdrückung der Armen u. lässt ihn die erschütternden fünf *Briefe an den Himmel* (*Listowé do nebe*, 1619) schreiben, in denen er sich erstmals als Verfechter der Muttersprache u. Meister des Tschech. zeigt. Schon bald sieht sich C. als Protestant persönl. verfolgt u. muss v. nun an der bes. Feindschaft des habsburgischen Herrschers immer gewärtig sein. Nach dem Tod seiner jungen Frau u. seiner beiden Söhne u. nach der Zerstörung Fulneks, bei der er seinen Besitz u. viele Schriften einbüßt, muss er mit den Brüdern nach Brandýs fliehen. In größter Angst u. Niedergeschlagenheit entwirft er dort in *Centrum securitatis* (1633) ein düsteres Weltbild u. sucht Trost in vielen

435

kleinen Schr. u. dem in Dialogform gehaltenen *Der Traurige* (*Truchliwý*, 1624). Auf dem universalen Theater der Welt u. im Inneren der Seele spielt sich gleichzeitig jenes Drama ab, das er in Text u. Bild des *Labyrinths der Welt* (*Labyrint swěta*, 1631) in einem Zerrspiegel als Wanderung eines naiven u. aufrichtigen Helden durch die Welt wiedergibt. Das Motiv der Wanderschaft rührt v. den Schr. Andreäs her, der ihm die Fackel entzündet habe u. in dessen »Societas christiana« er sich bemüht aufgenommen zu werden, nachdem die Brüderunität nach Leszno (Lissa) ausgewandert ist. Nach seiner zweiten Ehe mit Dorota Cyrillová (3.9.1624) muss C. zunächst als Lehrergehilfe seinen Unterhalt verdienen, bemüht sich aber bereits in der entstehenden *Didactica* um die Pädagogik, die allein dem Menschen den Weg aus dem Labyrinth weisen könne. Aus der tägl. Unterrichtsarbeit mit Schülern versch. Muttersprachen erwächst das erfolgreiche Lateinlehrbuch *Janua linguarum reserata* (1631), das die Ordnung der Dinge in der Welt in einer der Sprache homogenen Form wiedergibt u. ein geschlossenes Weltbild entwirft. *Janua rerum* (1643) führt bereits die metaphysischen Grundlagen seiner Pansophie, der Harmonielehre des Daseins vor, die die Dinge in ihrem Werden, ihrem Sinn u. ihrer Funktion im Ganzen erfasst. Aus der Harmonie des Alls leitet C. Analogien zw. irdischem u. geistigem Leben ab, die sich auch in der die damalige Naturlehre zusammenfassenden *Physicae ad lumen divinum reformatae synopsis* (1633) zeigen. Der Wunsch C., die Einheit v. empirischer, sprachl. u. geistiger Welt in einem tschech. vermittelten Weltbild darzustellen, scheitert an Rafał-Leszczyński, dem Herrn v. Leszno, der ihn zum weiteren Gebrauch des Lat. veranlasst. In *Pansophiae prodromus* (1639), das die Notwendigkeit der Erziehung des Menschen propagiert, erweckt C. Pansophie in den versch. europ. Ländern höchstes Interesse. Über die Erziehung u. sein inneres, geistiges Licht müsse der Mensch hoffen, zum ewigen Licht vordringen zu können. Hier eröffnet sich der immer breiter werdende Weg des Lichts, wie er sich auch in der Menschheitsgesch. abzeichnet u. wie ihn C. nach der Ankunft in England (21.9.1641) u. der gemeinsamen Arbeit mit S. Hartlib auf ein Reich des Friedens hin in einer seiner schönsten Schriften, der *Via lucis* (1668), vorzeichnet. Die Verbreitung des Lichts erfordert aber allg. Lernen, universale Bücher u. Schulen, eine Universalsprache u. ein »Collegium Lucis«. Obwohl C. in England, erstmals v. der dauernden Verpflichtung gegenüber der Unität befreit, ruhig arbeiten kann, reist er auf Einladung L. de Geers mit Rücksicht auf die Notwendigkeit guter Beziehungen der Brüder zu Schweden dorthin. Auf dem Weg trifft er mit Descartes zus. u. begegnet in Hbg. im Juli 1642 dem Gründer der »Societas erneunetica« Joachim Jungius. Da C. u. sein späterer Schwiegersohn P. Figulus nicht in Schweden bleiben wollen, schlägt ihm der Reichskanzler Axel Oxenstierna Elbing/Ostpreussen als Arbeitsstätte vor. Am 22.9.1642 kehrt C. nach Polen zurück. Aufgrund der Gespräche mit Oxenstierna u. – kurz vorher – mit Richelieu verwandelt sich C. persönl. geprägte pansophische Arbeit unter dem Einfluss v. Bacon, Cherbury, Descartes, Jungius u. Valerian in eine Idee der Weltverbesserung, wie sie die *Pansophiae diatyposis* (1643) zum Ausdruck bringt. Auch nachdem C. zum Senior, also zum Bischof der Brüderunität gewählt wird, führt er sein Unterrichtswerk fort u. schließt bis 1647 die für Schweden zu erstellenden Lehrbücher ab. Als grundlegendes Werk der Unterrichtswiss. soll sich aber die in dieser Zeit abgefasste didaktische Schr. *Linguarum methodus novissima* (1649) erweisen. Auf Drängen seiner Frau siedelt C. wieder nach Leszno um, wo diese am 26.8.1648 stirbt. Wie so oft nach einem schweren Schicksalsschlag erkrankt C. ernstlich, heiratet aber bereits am 17.5.1649 die 20-jährige Johana Gajusová. Auf dringende Bitten der Fürstin Lorántfy u. des Fürsten Zsigmond Rákóczi beginnt C. die Realisierung pansophischer Pädagogik mit der Schulreform in Sárospatak/Ungarn, dessen Schule er zu einer Werkstatt der Menschl.keit erheben will. Trotz großen Einflusses auf den Fürsten, der jedoch 1651 plötzlich stirbt u. auf dessen Tod C. sein wohl schönstes lat. G. verfasst (»Oritur sol et occidit sol«), bleibt sein Werk durch den Widerstand v.a. gegen die in *Schola ludus* (1654) vereinten Schulschauspiele ein Torso. Nach Leszno zurückgekehrt (1654), kann C. zwar den *Linguae Bohemicae thesaurus*, den er für das vollkommenste Wörterbuch des Tschech. hielt, u. sein berühmtestes Buch, den *Orbis sensualium pictus* (1658), der in Wort u. Bild eine Vorstellung v. der ganzen Welt u. ihren Benennungen geben soll, vollenden, doch wird im Apr. 1656 im schwedisch-poln. Krieg Leszno zerstört. C. verliert zum zweiten Mal seinen Besitz u. wertvolle Schr. Er zieht nach Holland, um Geld für die Brüderunität zu sammeln. Dort unterstützt ihn neben de Geer v.a. der gefürchtete Verfechter des orthodoxen Glaubens Samuel Maresius. Doch C. sieht sich in dieser Zeit immer häufiger heftiger Kritik ausgesetzt. Gerade Maresius greift in C., Jean de Labadie u. Serrarius wenige Jahre später die Hauptvertreter des Chiliasmus an u. stellt C. Idee der Weltverbesserung damit in ihrem Kern in Frage. In den Jahren 1656/57 wird aber nicht nur die Richtigkeit seiner bereits weit verbreiteten Lehrmethode immer häufiger angezweifelt, sondern v.a. sein polit. Verhalten. Als er 1657 die Visionen Kotters, der Poniatowska u. Drabíks unter dem Titel *Lux in tenebris* herausgibt, sieht sich die empörte Brüdergemeinde in ihrer polit. neutralen Haltung gefährdet. Trotz zahlreicher Angriffe unternimmt C. ab 1657 die Herausgabe seiner didaktischen, pansophischen u. der als irenisch verstandenen polit. *Irenica quaedam* [...]. Gleichzeitig begeistert er sich für Cusanus u. den span. Scholastiker de Sabunde, dessen *Theologia naturalis* er in *Oculus fidei* bearbeitet. Unter dem Einfluss v. M. Mersenne u. P. Valerian Magni gewinnt er nun eine positivere Einstellung zur früher abgelehnten kath. Kirche. Auch seine Haltung zu Descartes klärt sich im Alter. Zwar schätzt er in ihm den vorurteilsfreien, am Verstand orientierten Philosophen, doch vermisst er die moralische Dimension des sich verantwortlich fühlenden Menschen Descartes. C. stellt diese Tugend unter Beweis, wenn er trotz langwieriger Krankheit u. des Todes seines Gönners de Geer (1666) die im Krieg zw. England u. Holland vermittelnden Diplomaten in *Angelus pacis* auffordert, einander im Interesse des Friedens ihre Schuld zu vergeben. Ein umfassender Friede aber setzt die universale Reformation voraus, zu der C. in seiner erst 1938 entdeckten, größten Arbeit, *Consultatio catholica* aufruft. Die sieben Bücher dieses Werks zeigen den Weg zur Reformation, der über die sieben Stufen einer das ganze Menschenleben umfassenden Schule führt. *Panegersia* u. *Panaugia* beschreiben als die beiden ersten Bücher den Zustand der menschl. Dinge u. des menschl. Geistes u. regen zu jener Verbesserung an, die durchzuführen dem Menschen in den beiden letzten Büchern, *Panorthosia* u. *Pannuthesia* überlassen wird. Die Ergebnisse dieser neuen Methode werden in der *Pansophia* oder *Pantaxia*, in der *Pampaedia* u. *Panglottia* vorgeführt. Nur auf diesem Weg kann das Labyrinth der Welt, das C. in *Unum necessarium* als das Bild v. Sündenfall der Menschenseele deutet, verlassen werden. Das einzig Notwendige ist der Blick für das Wesentliche, die Fähigkeit, sich bei allen Handlungen nach seinen wahren Zielen zu richten. In seinem geistigen Testament *Unum necessarium* zieht sich C. endgültig aus der Welt zurück u. dankt Gott dafür, dass er ihm auf Erden keine Heimat gegeben habe. Am 15. Nov. 1670 stirbt C. u. findet in der wallonischen Kirche zu Naarden seine letzte Ruhe.

WERKE: Gesamtausg.: *Veškeré spisy Jana Amosa Komenského*, hg. v. J. Kvačala u. S. Součeré, Bd. I, IV, VI, IX, X, XV, XVII, XVIII. Brno 1910-1938, 8 Bd. *Johannis Amos Comenii opera omnia, Dílo Jana Amose Komenského*. Praha 1969-1992, 15 Bde.

LITERATUR: J. Kvačala: J.A. C., Bln./Lzg./Wien 1892; M. Blekastad: C., Praha, Oslo 1969; H.J. Heydorn: J.A. C., Glashütten 1971; K. Schaller: C., Darmstadt 1973 (= Erträge der Forschung 19); F. Hofmann: J.A.C., Lehrer der Nationen, Köln 1976; J. Nováková: Čtvrt století nad K. 1990.

Walter Koschmal

Commer, Clara bzw. Klara (30.12.1856 Bln. – 23.8.1937 Graz), Tochter eines Musikdirektors, absolvierte in den frühen 70er-Jahren bei den Berliner Ursulinerinnen eine Lehrerausbildung für Höhere Töchterschulen u. lebte nach dem Tod des Vaters seit 1888 bei ihrem Bruder, dem Theol. Prof. Ernst C. in Breslau. 1900 folgte sie ihm nach Wien u. nach seiner Pensionierung schließlich nach Graz.

C. verfasste neben einem einfachen, v. ihrem Gottvertrauen zeugenden Lyr.bd. (*Bilder in Versen*, 1894) u. einem Epos (*Kolumbus*, 1892) v. aus für Schul- u. Vereinstheaterauff. gedachte rel. Dramen (z.B. das kurze allegorische Jahreszeiten- u. Krippenspiel *Der Reigen des Jahres*, 1897). In diesem Zus.hang lieferte sie auch dramat. Bearbeitungen v. Nicholas Patrick Wisemans (1802-1865) berühmtem, zur Zeit der röm. Christenverfolgung spielenden R. *Fabiola* (*Fabiola*, 1887, ²1895; *Pankratius*, 1887). Die Übersetzerin aus dem Engl. (N. in der *Germania*, 1876-1880; *Englische Dichtungen*, 1887) machte sich aber in erster Linie mit ihren dt. Übertragungen v. bekannten Werken des katalanischen Dichters Jacint i Santaló Verdaguer (1845-1902) einen Namen (*Katalanische Lieder*, 1891; *Atlantis*, 1897). C. widmete sich somit nicht nur in ihrem eigenen Werken, sondern auch in ihren lit. bedeutsameren – nachschöpferischen Arbeiten rel. Fragen.

WERKE: (Ausw.) Lyr.: *Bilder in Versen*, Paderborn 1894. Epos: *Kolumbus*. Episches G., Münster 1892. Dramen: *Fabiola*. Dramat. G. Frei nach Wisemans Fabiola bearbeitet, Paderborn 1887, Paderborn ²1895; *Pankratius*. Ein dramat. G. in 12 Bildern. Frei nach Wisemans Fabiola bearbeitet, Münster u. Paderborn 1887; *Die 9 Chöre der Engel. – Heilige Frauen des alten Bundes als Vorbilder der Muttergottes*. 2 geistl. Spiele, Paderborn 1890; *Der Reigen des Jahres. Ein Krippenspiel*, Wien 1897. Übersetzungen: *Englische Dichtungen*, Münster 1887; *Katalanische Lieder v. Jacinto Verdaguer*, Münster 1891; *Jacinto Verdaguers Atlantis*, Freiburg i.Br. 1897.

LITERATUR: Lex. dt. Frauen d. Feder. Eine Zus.stellung d. seit d. Jahre 1840 ersch. Werke weibl. Autoren, nebst Biogr. d. Lebenden u. einem Verzeichnis

d. Ps., hg. v. Sophie Pataky, Bln. 1898, Bd. 1, 133; Brümmer, Bd. 1 u. 8; Nagl/Zeidler/Castle, Bd. 3.

Sylvia Leskowa

Conciliatore, Il (3.9.1818 – 27.10.1819), Mailänder Zs. Die Gründung dieses Organs erklärt sich aus dem Bedürfnis, den vorhandenen, z.Tl. staatstreuen Blättern des v. Öst. besetzten Mailand der Restauration eine Ztg. an die Seite zu stellen, die die Bestrebungen der jungen Generation der Romantiker berücksichtigt. Bestärkt v. dem den ital. Problemen gegenüber offenen Marschall Bubna, stellt der Graf Luigi Porro die Mittel für dieses publizistische Unternehmen zur Verfügung. Zu den Begründern zählen ferner Federico Confalonieri, Luigi di Breme, Pietro Borsieri, Giovanni Berchet, Silvio Pellico u. der Hg. Vincenzo Ferrario. Das Programm erscheint am 1.7.1818 u. formuliert als Aufgabe die Zuwendung zu »allgemeiner Nützlichkeit«, gegen das hohle »arkadische Gespräch« um Sprache u. Lit. Die zu behandelnden Themen betreffen die Sitten, die Lit. aus krit. Sicht u. in Anerkennung der romant. Ausrichtung. Mit Rücksicht auf ein landwirtschaftl. u. ein handelsbezogenes Italien u. speziell die Lombardei, stellt sich der C. weiters auf Statistik, Ökonomie, das Handwerk, die Landwirtschaft u. die technische Wiss. ein u. lässt noch eine Sparte für »Verschiedenes« offen. Die erste Nummer der Zs., die nach der Farbe ihres Druckpapiers als »foglio azzuro« kursiert, erscheint am 3.9.1818 unter dem Titel *Il C., Foglio scientifico-letterario* u. führt als Leitwort den Spruch »Rerum concordia discors«. Der C. zielt auf Übereinstimmung der jungen mit der älteren Generation, auf kulturelle Verständigung zw. den Nat., auf Toleranz u. Sachlichkeit. Der Hg. Ferrario kündigt im Impressum das zweiwöchentliche Erscheinen der Ztg. für jeweils Donnerstag u. Sonntag an, nennt die Abonnementbedingungen des vierseitigen, je zweispaltigen Bl., u. öffnet es der freien Mitarbeit. Zu einem großen Tl. finden sich Rez. zu aktuellen Publikationen aus dem Gebiet der Wirtschaft, der Naturwiss., der Medizin, des Rechts, der Phil., der Gesell., der Gesch., der Lit., mit krit. u. propagandierenden Stellungnahmen, durchaus im Sinne der Aufklärung, deren Tradition die C. übernimmt. Als Zugeständnis an die Moderne herrscht die Auseinandersetzung mit der Romantik vor, deren bedeutendste ital. Vertreter zu den Mitarbeitern des Bl. zählen: Berchet, der einen Tl. seines Manifestes (*Lettera semiseria* [...]) darin veröff.; Di Breme, Ermes Visconti, der seine *Idee elementari sulla poesia romantica* in Fortsetzungen erscheinen lässt. Die Fragen nach den Grundsätzen der Dichtung orientieren sich nach Mme de Staël, u. bauen sich auf Abh. über die Entwicklung der Dichtung seit dem MA auf; Übersetzungen antiker u. moderner Autoren werden besprochen, das klassizistische Konzept wird mit dem zeitgenöss., romant. verbunden. Darin erhalten Camões, Alfieri, Gessner, Schiller u. Manzoni ihren Platz. Die Existenz des C. ist durch den Verdacht, den er als polit. Organ auch in seiner scheinbaren Unverfänglichkeit bei den öst. Behörden auslöst, ständig bedroht. Beitr., die die Mailänder Zensur passieren, sind den Wr. Ämtern suspekt, die Mitarbeiter sind durch ihre Mitgliedschaft beim Geheimbund der Carboneria kompromittiert. Trotz der Verschleierung mit Hilfe lit. Formen, wie des Briefes, des fiktiven Dialogs, der konstruierten Rez., der Ironie, sind die v. der Zs. gesetzten Zeichen v. Revolution, Freiheit, Nationalismus unverkennbar. Durch den Anstoß, den der C. damit nicht nur bei den Öst., sondern auch bei den ital. Aufsichtsorganen erregt,

kommt es zur Einstellung der Publikation mit 10.10.1819.
In der Nachwirkung gilt der C. als der stimulierende geistige Träger des an aufklärerischem Gedankengut orientierten Risorgimento u. als Exponent der ital. Romantik.

WERK: *Il C.*, *Foglio scientifico-letterario*, a cura di Vittore Branca, 3 vol., Firenze, Le Monnier, 1965 (mit einer ausführlichen Einl.).

LITERATUR: C. Cantù: Il C. e i Carbonari, Mailand 1878; E. Clerici, Il C. periodico milanese (1818-1819), Pisa 1903; A. Gustarelli: Il C., Mailand 1918; C. Calcaterra: Introduzione a I manifesti romantici del 1816 e gli scritti principali del C. sul Romanticismo, Turin 1951; M. Puppo: Studi sul Romanticismo, Firenze 1969; F. Portinari: Il C., in V. Branca, Dizionario critico della letteratura italiana, vol. 1, Turin, UTET 1973; A. G. Garonne: I Giornali della Restaurazione 1815-1847, in A. G. Garrone – F. Della Peruta: La Stampa italiana del Risorgimento, Bari, Laterza 1979; W. Spaggiari: La stampa periodica della Restaurazione: dalla »Biblioteca italiana« al »Conciliatore«, in Padania Storia, cultura, istituzioni 7, 1993 n. 13, 19-41.

Erika Kanduth

Concordia, Wr. Journalisten- u. Schriftsteller-Verein. Im Schillerjahr 1859 gegr., verdankt die C. ihre Entstehung der sich im Zusammenhang mit der Revolution v. 1848 herausbildenden Wr. Journalistik: zu den Initiatoren u. dem Verein noch im Gründungsjahr beigetretenen Mitgl. zählten u.a. LUDWIG AUGUST FRANKL, FRANZ SCHUSELKA, Johann Nepumuk Berger, LEOPOLD KOMPERT u. IGNAZ KURANDA. Die ersten berufspolit. Initiativen galten dem Kampf um Freiheit u. Unabhängigkeit der Presse, um eine Verbesserung des Pressegesetzes u. seiner Handhabung. Das schriftstellerische Element war v. Anfang an stärker in dem umfangreichen lit.-künstlerischen Veranstaltungsprogramm der C. präsentiert. Zu einem gesell. Mittelpunkt wurde der Verein außerdem durch ein seit 1863 abgehaltenes Ballfest, dessen Tradition bis in die Gegenwart fortgeführt wird. 1875 wurde ein »Concordia-Club« mit eigenem Statut u. eigenen Räumlichkeiten eingerichtet, der den ständigen Kontakt der Vereinsmitglieder untereinander ermöglichte. Eine Pionierleistung auf sozialem Gebiet stellte der 1872 ins Werk gesetzten »Pensionsfonds« dar, eine Alters-, Witwen- u. Waisenversorgung für Journalisten u. Schriftsteller, die zunächst ausgebaut u. 1902 durch eine Krankenversicherung erweitert wurde, nach dem 1. WK aber aufgegeben werden musste. Die Bedeutung der C. lag indessen weniger auf berufspolit. denn auf polit.-ideologischem Gebiet: als Zusammenschluss der liberalen Presse Wiens entwickelte sie sich zu einem entscheidenden Faktor der öffentlichen Meinungsbildung. Gegen die sich auch auf der Ebene des lit.-kulturellen Lebens geltend machenden Monopolisierungsbestrebungen der »Concordia-Clique« richteten sich Konkurrenzorganisationen wie der VERBAND KATH. SCHRIFTSTELLER UND SCHRIFTSTELLERINNEN ÖST. oder die DEUTSCHÖSTERREICHISCHE SCHRIFTSTELLERGENOSSENSCHAFT, die am Ende des Jh. im Umkreis der christlichsozialen bzw. dt.nat. Bewegung entstanden waren. Der Einfluss der C. schwand dann allerdings in erster Linie infolge der gesell. Umwälzungen, die den Liberalismus als polit. Kraft insgesamt zurückdrängten, damit auch eine Einschränkung der – inzw. ohnehin mehr auf Repräsentation ausgerichteten – Aktivitäten der C. erzwangen u. 1938 zu ihrer Auflösung führten. Nach ihrer Neugründung 1946 entwickelte sich die

Vereinigung als »Presseclub Concordia« v.a. durch die Veranstaltung v. Pressekonferenzen zu einem Forum des gesamten journalistischen Lebens in Wien.

LITERATUR: [Nordmann] Zur Gesch. d. Wr. Journalisten- u. Schriftsteller-Vereins »Concordia« 1859-1884, Wien 1884; J. Stern, S. Ehrlich: Journalisten- u. Schriftsteller-Verein »Concordia« 1859-1909. Eine Fs., Wien 1909; M. Bögner: Wesen u. Werden d. »Concordia«. Diss. phil. (mschr.), Wien 1950; W. Martens: Zur gesell. Stellung d. Schriftstellers um 1900 (Schriftstellerfeste). In: Akten d. V. Internat. Germanistenkongresses, Cambridge 1975, 231-239; E. Fischer: Organisationsbestrebungen d. Schriftstellerschaft 1880-1930. Zur Ideologisierung d. öst. Lit. in: Die öst. Lit. – Ihr Profil v. d. Jahrhundertwende bis zur Gegenwart (1880-1980), hg. v. H. Zeman, Tl. 1, Graz 1989, 125-156; P. Eppel: »Concordia soll ihr Name sein...« 125 Jahre Journalisten- u. Schriftstellerverein »C«. Eine Dokumentation zur Presse- u. Zeitgesch. Öst., Wien, Köln, Graz 1984; vgl. auch d. Angaben in den einzelnen Jg. v. Kürschner, unter d. Rubrik »Lit.-Vereine«.

Ernst Fischer

Conrad, Johann (Cunradi, Conradus, Kunradus; ? Meißen – 1636 ebd.) unterrichtete nach einem Stud. in Wittenberg zwei Jahre lang als Magister an der Linzer Landschaftsschule, wurde 1614 als Stadtprediger im Dienste der Polheimer nach Grieskirchen (OÖ) berufen u. kam dann in Vertretung des erkrankten Matthias Moesthius als Stadtprediger nach Wels. Anfang Okt. 1624 v. dort ausgewiesen, wandte er sich zunächst nach Regensburg. Dort wurde er zwar aufgenommen, fand aber keine Stellung als Geistlicher. 1628 unterfertigte er in Regensburg zus. mit seiner Frau Salome sein Testament. Im selben Jahr scheint er als ev. Pfarrer in Großwaltersdorf bei Freiberg in Sachsen auf. 1633 war er Diakon in seiner Heimatstadt Meißen, wo er 1636 starb.

WERKE: *ΧΡΙΣΤΟΣ ΚΗΠШΡΟΣ ΗΤΟΙ ΕΠΟΣ ΆΙΠШΔΕΣ. Quamobrem Christo Jesu Servatori & assertori generis humani uni et unico* [...] *hortulani speciem prae se ferre libuerit*, Wittenberg 1610 (Hexameter-Dichtung in altgriech. Sprache); (Beitr. zu:) *Viri Reverendi atque humaniſsimi D. M. Iohannis Schroteri* [...] *et* [...] *Annae, Dn. Iohannis Bergmanni* [...] *relictae filiae Sacrum Nuptiale, Witebergae* [...] *amicorum votivo plausu honoratum*, Wittenberg 1610; *ΕΥΘΑΝΑΣΙΑ ΕΝ ΕΥΣΕΒΕΙΑ. Christliche Leichpredigt / Von jehen todt der frommen und Gottfürchtigen / auß Esaia 56. Bey dem* [...] *Leichbegengnüß* [...] *deß* [...] *Herren Friedrich von Salhausen auff Pensen in Böhmen / Deß* [...] *Herrn Gundakers Herrn zu Polheim/ &c.* [...] *Hoffmeisters /* [...] *Gehalten von M. Johanne Cunradi Misena Misnico, Evangelischen Predigern der Stadt und Pfarr GrießKirchen*, Altenburg in Meißen 1614.

LITERATUR: B. Raupach: Presbyterologia Austriaca, Hbg. 1741, 23; J. Scheuffler: D. Zug d. öst. Geistlichen nach u. aus Sachsen. In: Jb. d. Gesell. für d. Gesch. d. Protestantismus in Öst., 15. Jg., Wien/Lzg. 1894, 157-186, hier 184; J.F.E. Nadler: Gesch. d. ev. Gemeinde Wels, Wels 1902, 8 (dort fälschlich »Kurandus«); J.K. Mayr: Österreicher in d. Stolberg-Stolbergischen Leichenpredigtenslg. In: Jb. d. Gesell. für d. Gesch. d. Protestantismus in Öst., 77. Jg., Wien 1961, 31-101, hier 58; 71; W.W. Schnabel: Oö. Protestanten in Regensburg. In: Mitt. d. oö. Landesarchivs 16, Linz 1991, 65-133, hier 78f.

Robert Hinterndorfer

Conrad, Martin. Der Autor ist in Öst. nur durch ein lat. Hexameter-*Epicedium* für die im Kindheitsalter verstorbene Tochter des Linzer Landschaftsschul-Rektors Johannes Memhard vertreten. Es dürfte sich um den durch zehn Wittenberger *Disputationsdrucke* (ersch. zw. 1593 u. 1596) bekannt gewordenen Mag. Martinus Conradus Francus handeln, der auch als Beiträger zu einer Wittenberger *Leichenpredigt* inmitten v. Autoren mit Öst.-Bezug aufscheint (CLEMENS ANOMOEUS, Christoph Knogler).

WERK: *Epicedium in obitum Sophiae Memhardianae*. In: J. Memhard: *Oratio funebris in obitu* [...] *Georgii Calamini Silesii*, Straßburg 1597, 42-44.

Robert Hinterndorfer

Conrad, Michael, »aus fränkischem Stamm«, kam zu Schulbeginn 1577 v. Straßburg, wo er an der Akad. stud. hatte, als Präzeptor an die Linzer Landschaftsschule. Im Sept. 1581 verabschiedete er sich nach Franken, scheint jedoch ab 1584 wieder als Lehrer an der genannten Linzer Anstalt auf. Am 29.11.1587 musste er wegen Eheschließung (es herrschte der Lehrerzölibat) endgültig aus dem Lehrkörper ausscheiden. In seinem einzigen lit. Zeugnis, einer hs. Eintragung in einen Sammelbd. aus seinem Besitz, erweist er sich als begeisterter Anhänger des Erasmus v. Rotterdam.

WERK: *Vita des Desiderius Erasmus v. Rotterdam*, Ms. (Sammelbd. 66439, Oö. Landesarchiv Linz).

LITERATUR: K. Schiffmann: D. Schulwesen im Lande ob d. Enns bis zum Ende des 17. Jh., Linz [1900], 274; 276; F. Khull: Schulordnung u. Instructionen [...] für die ev. Schule d. Landstände v. OÖ zu Linz an d. Donau. In: Beitr. zur Ös. Erziehungs- u. Schulgesch., 3. H., Wien/Lzg. 1901, 129-219, hier 181; C.F. Bauer: D. ev. Landschaftsschule in Linz a.d.D. In: Jb. d. Gesell. für d. Gesch. d. Protestantismus [in ...] Öst., 45./46. Jg., Wien/Lzg. 1925, 1-46, hier 20; G. Mecenseffy: Ev. Glaubensgut in OÖ. In: Mitt. d. Oö. Landesarchivs, 2. Bd., Linz 1952, 77-174, 126; G. Calaminus: Sämtliche Werke, hg. v. R. Hinterndorfer, 4 Bde., Wien 1998, 416f.; 526-529.

Robert Hinterndorfer

Conradus, Johann → **Conrad**, Johann

Čop-Marlet, Mara → **Berks**, Marie Edle v.

Cordatus, Conrad (eigentl. Hertz, 1476/ Leombach bzw. nach dem Pfarrort Weißkirchen/OÖ – 25.3.1546 unterwegs bei Spandau). C. Vater war ein oö. Großbauer, der zur Lehre des Jan Hus neigte. Ab 1502 stud. C. in Wien, wo CELTIS zu seinen Lehrern gehörte. Nachdem er sich als Kantor in Böhmen betätigt hatte, setzte er seine Studien in Rom fort. In Ferrara erwarb er den Grad eines Licentiaten der Theol. C. wirkte sodann als Messpriester in Buda. Als Prediger in den oberungar. Bergstädten wurde er zum Anhänger Martin Luthers. Aus diesem Grund musste er seinen Wirkungsbereich verlassen. Er ging daraufhin 1524 erstmals nach Wittenberg. Doch schon im Frühjahr 1525 predigte er wieder in Kremnitz (Kremnica), wurde in Ofen (Buda) verhaftet u. in Gran (Esztergom) eingekerkert, konnte aber nach 38 Wochen fliehen. 1527 vermittelte ihm Luther eine Stelle als Lehrer in Liegnitz (Legnica). V. 1529 bis 1532 bekleidete er den Posten eines ev. Predigers in Zwickau; dann wohnte er mehrere Monate bei Luther in Wittenberg. Ab 1532 wirkte C. als Pfarrer in Niemegk in Brandenburg u. erwarb das Doktorat der Theol. Dann wurde er Prediger in Eisleben u. 1540 Pfarrer u. Generalsuperintendent in Stendal, in dessen Domkirche er begraben liegt.

C. lit. Bedeutung ergibt sich v.a. aus seinen 1536/1537 angefertigten, Aufzeichnungen anderer ergänzenden u. v. seinem eigenen Stil geprägten Bearbeitungen v. Tischreden Luthers. C. war der erste, der sich an derartige Aufzeichnungen wagte; damit wurde er zum Vorbild für V. Dietrich u. J. Schlaginhauffen.

WERKE: *Vrsach warumb Vngern verstöret is t/ Vnd ytzt Osterreich bekrieget wird. Mit anzeigung/ Wie man widder den Türcken kriegen / Vnd das feld behalten soll* / [...], [Erfurt] 1529 (Neudr. ed. P. Sándor, Budapest 1928); *Anzeigung Etlicher ketzerischen Artikel und jrthumben D. Johan. Cocles und Georgii Witzels*, Wittenberg 1537; *Außlegung der Evangelien, an Sonntagen und fürnembsten Festen*, hg. Ph. Melanchthon, 2 Tl., Nbg. 1556 (postum); *Tagebuch über Dr. Martin Luther*, geführt von Dr. Conrad C. 1537, Zum ersten Male hg. v. H. Wrampelmeyer, Halle 1885 (auch in: Weimarer Lutherausg., Tischreden, 1913/14, Bd.2, XXI-XXXII, 273-700, Bd. 3, 1-308).

LITERATUR: Adelung 2, 462; ADB 4; Wetzer-Welte 8, 346; NDB 3, 336; LThK ^{3}2, 1309; RGG 1, 1868; Killy 2; DBE 2, 371; DLL Erg.-Bd. 3, 50f; Schottenloher 1, 132; 5, 52; Bautz 1, Sp. 1125f; VD 16; R. Stupperich: Reformationslex. (1984); H. Wrampelmeyer: Mitt. u. Bekanntmachungen aus gedruckten u. ungedruckten Schriften Dr. M. Luthers, Dr. Ph. Melanchthons u. Dr. C. C., nebst einer Abh. über d. in d. Calvör'schen Kirchenbibl. in Zellerfeld aufgefundenen Hs., sowie über d. Leben u. d. Schriften des Dr. C. Conrad., Clausthal, Königl. Gymnasium Programm 1884; Scherffler [Pfarrer]: D. Zug d. öst. Geistlichen nach u. aus Sachsen, in: Jb. f. d. Gesch. d. Protestantismus in Öst. 1894, 182; E. Fabian: C.C. in: Mitt. d. Zwickauer Altertumsvereins 8 (1905); J. Müller u. O. Clemen: C.C., d. erste ev. Superintendent in Stendal, in: Zs. d. Vereins f. Kirchengesch. d. Provinz Sachsen 14 (1917), 111-114; 16 (1919), 117-119; G. Breuninger: Quellenkrit. Untersuchungen v. Luthers Tischreden i. d. Slg. v. C.C., Diss. Tübingen 1926; W. Friedensburg: Zwei Briefe d. C.C. an den Kanzler Johannes Weinleb, in: Zs. d. Vereins f. Kirchengesch. i. d. Provinz Sachsen 31/32 (1936); G. Hamann: Conradus C. Leombachensis. Sein Leben in Öst., in: Jb. d. oö. Musealvereins 109 (1964), 250-278; G. Reingrabner: Protestanten in Öst., Wien-Köln-Graz 1981, 15, 73, 307; I. Bencze: Konrad C., Luther Budárol indult küzdötársa, in: T. Fabiny (Hg.) Tanulmányok a Lutheri Reformáció Történetéböl, Budapest 1984, 132-149; M. Brecht: Martin Luther, Bd. 3, Stgt. 1987, 150-154, 397; A. Molnar: The Riddle of C.C., in: Communio viatorum 30 (1987).

Robert Hinterndorfer

Coremans, Victor Ameaée Jacques Marie (Ps.: **Ischarnarus, Otfried, Philanthropos**, 4.10.1802 Belgien – 1872 Brüssel) war Buchhändler, Journalist u. Schriftsteller. Er kam als Kind nach Wien, begann als Praktikant in einer Buchhandlung u. wechselte schließlich in eine Kunsthandlung. Schon früh journalistisch tätig u. v. versch. Redaktionen abgewiesen, veröff. er 1819 erstmals in FRANZ GRÄFFERS »Conversationsbl.«, wo seine Aufs. unter einem Ps. erschienen oder mit C** bzw. C**ns gekennzeichnet wurden. Durch GRÄFFER gefördert u. in die lit. Welt eingeführt, fand C. bald Anerkennung, obschon er wegen seiner mangelnden Dt.kenntnisse (GRÄFFER: »Er schrieb recht schöne Sachen, die jedoch in grammatikalischer Hinsicht gar sehr der Feile bedurften.«) in Wien argem Spott ausgesetzt war. Anlass dazu gab u.a. die Veröff. einer kleinen N. mit dem Titel *Das Grabmal der Liebenden im Schwarzenwald* statt Schwarzwald usw. C. gab schließlich selbständige, zumeist polit. liberal orientierte Schr. heraus u. erhielt die Konzession zur Hg. der frz. Zs. »Le spectateur français«, die in Wien bei SCHRÄMBL erschien, aber bald wieder eingestellt wurde. Enttäuscht verließ C. Wien, lebte in Bayern, wo er als Hg. der *Freien Presse*, des »Zuschauers an der Pegnitz« u. des »Beobachters« tätig war u. wegen seiner Schr. v. den Behörden verfolgt wurde, so dass er sich einige Zeit in der Schweiz aufhielt, wo ihm ein ähnliches Schicksal widerfuhr. Als polit. Verfolgter kehrte er endlich in seine Heimat zurück u. arbeitete im belgischen Staatsarchiv in Brüssel, wo er 1872 starb. Seine Publikationen sind polit. engagiert (z.B. *Freiheitsblitze* oder *Jahrbüchlein des Republikaners*) u. Zeugnisse seines bewegten Lebens. Aufgrund einiger Veröff. wurde er v. Regierungen verfolgt u. 1834 in Bayern sogar eingesperrt. In frz. Sprache erschienen kulturhist. Arbeiten, die in Brüssel verlegt wurden u. mit seiner Arbeit als Archivar in Zusammenhang stehen. V.a. interessierten ihn dabei Brauchtum, Sitte u. volkstümliche Feste der Belgier im Jahreszyklus u.a. stellte er diesbezüglich einen Vergleich zw. Belgien u. Böhmen an.

WERKE: Prosa u. polit. Schriften: *Das Grabmal der Liebenden im Schwarzenwald* (N.), Wien o.J.; *Der Mensch und die Leute*, Nbg. 1824; *Die Niederländer auf Sumatra*, o.O. 1830; *Freiheitsblitze*, Tb. für gesetzliebende Freisinnige, Nbg. 1832; *Kerkerblumen*, Zürich 1834; *Stimme aus dem Kerker*, Zürich 1834; *Dr. Coremans, der Verbannte aus dem Königslande*, Glarus 1834; *Epheu-Kränzchen*, Ein Tb. für edle Gemüther, Gmünd 1835; *Jahrbüchlein des Republikaners*, Bofingen 1835. Veröffentlichungen in franz. Sprache: *Dixhuitiéme siècle*, Brüssel 1844; *L'Année de l'ancienne Belgique*, Mémoire. Brüssel 1844; *La Belgique et la Bohême*, Brüssel 1862 (Bd. 1) u. 1864 (Bd.. 2).

LITERATUR: Giebisch/Gugitz, 53; F. Gräffer: Kl. Wr. Memoiren u. Wr. Dosenstücke, hg. v. A. Schlossar u. G. Gugitz, Mchn. 1922, Bd. 2, 36f. u. 312f.; Jb. der Grillparzer-Gesell., Jg. 21 (1912), 67; Wurzbach III, 1.

Claudia Kreutel

Corner, David Gregor, OSB (1585 Hirschberg/Schlesien – 9.1.1648 Wien), stud. nach Schulbesuch bei den Breslauer Jesuiten an der Prager Univ., wie GUARINONIUS im Jesuitenkonvikt wohnend, bis zum Doktorat in der Phil., sodann an der Univ. Graz Theol. Nach der Priesterweihe, wohl in Wien, wurde ihm 1614 die gerade rekatholisierte Pfarre Retz (NÖ) nahe der mährischen Grenze übertragen. Der Seelsorge der zur habsburgischen Staatskirche Zurückgeführten galt fortan seine Arbeit, auch als Schriftsteller in lat. u. dt. Sprache. 1624 wurde er an der Wr. Univ. zum Dr. der Theol. promoviert; hier stellte er 1625 auch seine bereits in Retz begonnene Slg. geistl. Lieder fertig. Noch 1625 erhielt er die Pfarrstelle in Mautern bei Krems, wo er alsbald in Georg Falbius, Abt des nahegelegenen Benediktinerstifts Göttweig, u. in seinem Vetter Gabriel Gerhard v. Falbenstein, Pfleger der Göttweigischen Herrschaft Niederrauna, Freunde u. Förderer fand. Noch im selben Jahr gab er seinen Weltpriesterstand auf u. trat, 41-jährig, am 8.9.1625 ins Kloster Göttweig ein. Während seines Noviziats wurden ihm im Rahmen der Rekatholisierung in OÖ. schwierige seelsorgerische Missionen übertragen, so in Linz u. in Freistadt, wo er 1626 v. den siegreichen aufständischen Bauern ins Gefängnis geworfen wurde, bis kaiserl. Truppen die Stadt zurückeroberten. Seit 1629 Prior v. Göttweig, wurde er 1636 zum Abt seines Klosters gewählt, dessen Geschicke er bis zu seinem Tod leitete. 1638 erhielt er das Amt des Rector magnificus der

Wr. Univ. Enge Beziehungen verbanden ihn mit dem Hof Kaiser Ferdinands II. u. Kaiser Ferdinand III.; 1637 erhielt der Prälat u. Deputierte der nö. Stände den Titel eines Kaiserl. Rates u. Pfalzgrafen. Er starb bei der Überarbeitung seines Gesangsbuches für die 3. Aufl. während eines Aufenthalts im Göttweiger Hof in Wien u. wurde auf eigenen Wunsch in Göttweig beigesetzt.

C. hist. Bedeutung beruht weniger auf seinen lat. Schr. zur Wiederbelebung kath. Andachtsformen im Dienste der Rekatholisierung Öst., v.a. *Promptuarium Catholicae devotionis. Ex SS literis, sanctis patribus, et optimis quibusque tum veterum, tum recentiorum autorum libris, in usum pie precari volentium* (erstmals Ingolstadt 1614, noch lange nach seinem Tode aufgelegt), als vielmehr auf seinem Gesangbuch, mit dem er erstmals 1625 den reichen Ertrag des frühneuzeitlichen geistl. Liedschaffens des kath. Dtld. zusammenfasst u. dokumentiert: *Groß Catholisch Gesangbuch Darinnen in die vier hundert alte vnd new Gesang vnd Ruff, in ein gute vnd richtige Ordnung zusamb gebracht, so theils zu Hauß, theils zu Kirchen, auch bey Prozessionen vnnd Kirchenfesten / mit grossem Nutz können gesungen werden: Alles mit sonderem fleiß, auß den mehrern bißhero gedruckten Gesangbücher zusammengetragen, theils auch von newem gestellt* (bei Georg Endter d.J., dem kath. Drucker in Nbg., mit Druckort Fürth, mit Widmung an Johann Christoph Bremb auf Roggendorf, Landeshauptmann in Ktn., seinen Schwager). Erw. auf »in die fünff hundert Alte vnd Neüe Gesang vnd Ruff« u. gründlich korrigiert erscheint die Slg. 1631 in ihrer endgültigen Gestalt, versehen mit einer Dedikation an Gabriel Gerhard v. Falbenstein u. dessen Frau Magdalena geb. v. Altenau u. einer längeren programmatischen »Vorrede an den Andächtigen Singer, vom rechten Gebrauch vnd Mißbrauch deß Singens«; mit 1039 S. ist dieser Oktavbd. das größte kath. Gesangbuch des 17. Jh. Als Anstoß zur Slg. gibt C. an, dass er den sangesgewohnten ehem. Lutheranern u. Zwangskonvertiten der Pfarre Retz Ersatz für ihr bisheriges, verbotenes geistl. Liedgut habe schaffen wollen. Doch gehört die Förderung des geistl. Liedes zu den vorrangigen kulturpolit. Reformvorschlägen der kath. Staatslehrer des 17. Jh.; auch entspricht C. einer breiten Nachfrage nach diesem Typus des Andachtsbuches; die Erstaufl. v. über 2000 Exemplaren war jedenfalls rasch verkauft. C. hat zunächst den »Kern« v. über 30 früher ersch. regionalen Gesangbüchern u. Lieddrucken (u.a. Mainzer, Kölner, Würzburger, Speirer, Heidelberger, Amberger, Straubinger u. andere Gesangbücher) zus.gestellt, dazu die Slg. v. Leisentritt, Ulenberg, Beuttner u. Vetter sowie Georg Voglers Katechismus ausgewertet. Unter den insgesamt 76 lat. u. 470 dt. Texten mit 276 Melodien befinden sich jedoch auch neun Liedtexte aus der eigenen Feder. Im Schutze einer scharfen Polemik gegen die geistl. Lieder der »Ketzer«, insb. Luther u. Lobwasser, hat C. weiterhin, v. jesuitischer Seite darin bestärkt, auch – dogmatisch unanstößige – Lieder aus protest. Gesangbüchern aufgenommen, nach eigenen Angaben sieben Lieder »incerti authoris«, nach Bäumker jedoch 42 Lieder, darunter »Dancket dem Herren, denn er ist sehr freundlich«, »Aus meines Herzens Grunde«, »Gelobet seist du, Jesu Christ«. Überdies hat er acht lat. u. 53 dt.sprachige Texte erstmals in Druckfassung zugänglich gemacht, so das Frühlingslied »Du Lentze gut« v. Conrad v. Queinfurt. Auch bei den Melodien ist C. Kompromisse gegenüber dem »newen fast madrigalischen weichen und dem Fleisch mehr annehmlichen« Musikstil der »Reuter: oder bulenliedlein« einge-

445

gangen, doch unterscheidet er nach dem Verwendungszweck der Lieder: die neuen »lieblichen« Melodien will er nur für den Hausgebrauch u. für das Singen auf der Straße gelten lassen, nicht aber zu liturgischen Zwecken in der Kirche; hier, vor u. nach der Predigt, seien nur Lieder im älteren, strengeren Stil angebracht. Davon zu trennen seien die einfachen Prozessions- u. Wallfahrtsrufe, auf deren wichtige Funktion bereits Beuttner 1602 aufmerksam gemacht hatte; C. will sie dem »einfältig gemeinen Volck« vorbehalten wissen. Es handelt sich also insgesamt nicht um »Kirchenlieder« im heutigen Sinne, sondern um Lieder für die private u. öffentlich-liturgische Andacht kath. Christen aller Stände. Sie sind auch nicht nur nach ästhetischen Maßstäben ausgewählt, sondern nach ihrem zu erwartenden geistl. »Nutzen«: der »Andacht des Hertzens«. Dabei erfüllt, so C., gerade das Singen eine wichtige vorbereitende Aufgabe: dass das Singen die Melancholie, die eine »Zerstörerin der Andacht« sei, vertreibe, ist nur ein Argument seiner Poetik des geistl. Liedes in der Vorrede. Metrisch bleibt er trotz abschätziger Bemerkung über Hans Sachs beim traditionellen silbenzählenden Versprinzip mit relativ freier Handhabung v. oberdt. Synkope u. Apokope. Viel tut sich C. auf die »richtige« Ordnung der Lieder zugute, die in der Tat den Gebrauchswert der Slg. beträchtlich erhöht. Die Lieder sind auf 20 Rubriken verteilt: Tagzeitenlieder (1), Lieder für das Kirchenjahr (2-9), Lieder zum Leben Jesu u. Mariens (10f.), zu Heiligen (12f.), zu Prozessionen u. Wallfahrten (14), Katechismuslieder für die (obligatorische) Kinderlehre (15), Bußpsalmen, Tugendlieder, Danklieder (16-18), Lieder gegen die Ketzer (19) u. Lieder v. den vier letzten Dingen (20). Die ein Jahr nach seinem Tod erschiene-

ne dritte Bearbeitung zeigt, daß C. seine Slg. im Sinne seiner Vorredenpoetik bis zuletzt zu verbessern bestrebt war, mit dem Ziel, ein repräsentatives Gesangbuch der »Catholischen Teutschen« zu schaffen: *Geistliche Nachtigal, der Catholischen Teutschen. Das ist Außerlesene Catholische Gesænge* [...] *Jetzo zum drittenmal Corrigirt vnd verbessert* (erschienen in Wien bei Gregor Gelbhaar, der auch einige lat. Werke C. herausbrachte). Der Oktavband bringt bei geringerem Umfang (640) in gleicher Anordnung eine Auslese v. 363 Liedern u. 181 Melodien, darunter zahlreiche Lieder des zeitgenöss. Münchner Liederdichters Johannes Khuen, aber auch 23 eigene, nunmehr mit D. ... C. gezeichnete Lieder. Ob der beigedr. Anhang v. drei Liedern, darunter Paul Flemings 16-strophiges Reiselied von 1642 »In allen meinen Thaten, Laß ich den Höchsten rathen«, in dieser Form v. C. vorgesehen war, ist nicht zu entscheiden. Parallel zur *Geistlichen Nachtigal* brachte auch die Nürnberger Firma Georg Endter Erben seit 1655 eine Ausw. aus dem v. ihr 1631 verlegten *Großen Catholischen Gesangbuch* im modischen Sedez-Taschenformat heraus. In den versch. postumen Bearbeitungen wurde C. Gesangbuch im kath. Dtld. zum Erfolgsbuch oder, wie später die Romantiker sagten, zum Volksbuch.

WERKE: Andachtsbücher u. Traktate: *Promptuarium Catholicae devotionis. Ex SS literis, sanctis patribus, et optimus quibusque tum veterum, tum recentiorum autorum libris, in usum pie precari volentium.* Ingolstadt: Angermayr 1614; *Promptuarium Catholicae devotionis, selectissimas orandi formulas continens.* Münster in Westfalen: Michael Datius 1625 (als *Magnum promptuarium catholicae devotionis,* Wien: Kürner 1672); *Nucleus Catholicae Devotionis,* Mchn.: Melchior Segen 1638 (Wien: Cosmerovius [4]1663); *Fragmentum, quod continet tres responsiones ad*

8. *Quaestiones ab August. Imp. Maximiliano Joanni Trithemio propositas*, Linz: Vogtländer 1633; *Feriae Paschales, sive Commentarii ascetici de descensu ad inferos, & Resurrectione D.N. Jesu Christi libri 2.* Wien: Gelbhaar 1639; *Vita D.N. Jesu Christi Divino-Humana, ejusque Virgineae Matris Mariae, seu Theologia Dogmatico-Mystica Comentariis ex SS. Patribus & Doctoribus Ecclesiasticis elucidata*, 2 Bde., Wien: Gelbhaar 1642; *Gemitus devotarum mentium*, Wien: Gelbhaar 1642; *De ignorantia fidei, & rerum spiritualium libri duo*, Wien u. Linz: David Hautt u. Nbg.: Endter 1650. Gesangbuch: *Groß Catholisch Gesangbuch Darinnen in die vier hundert andœchtige alte vnd new Gesœng und Ruff, in eine gute vnd richtige Ordnung zusamb gebracht* [...], Fürth: Georg Endter d.J. 1625 (Titelaufl.: *Groß Catolisch Gsangbuch in die vier hundert Andechtige alte vnd new gesœng und ruff* [...], Nbg.: Georg Endter d.J. 1625); *Groß Catolisch Gesangbüch Darin fast in die fünff hundert Alte vnd Neüe Gesang vnd Ruff, in ein gut vnd richtige Ordnung auß allen biß hero außgangenen Cahtolischen Gesangbüchern zusammen getragen vnd jetzo auffs Neüe Corrigirt worden*, Nbg.: Georg Endter d.J. Erben 1631 (Auszug: *Catholisch Gesangbüchlein* [...], Nbg.: Georg Endter d.J. Erben 1655, W. 1700); *Geistliche Nachtigall der Catholischen Teutschen. Das ist Außerlesene Catholische Gesœnge, auß gar vielen Alt und Neuen Catholisch. Gesangbuchern in ein gute und richtige Ordnung zusammengetragen, auch theils von Neuem gestellet. Jetzo zum drittenmal Corrigiert und verbessert* [...], Wien: Gelbhaar 1649 (W. 1658, 1674, 1676).

LITERATUR: M. Ziegelbauer: Historia rei litterariae ordinis S. Benedicti, Augsburg 1754, Bd.3, 375-377; J. Kehrein: D. ältesten kath. Gesangbücher v. Vehe, Leisentrit, Corner u. anderen, Würzburg 1859 Bd. 1, Repr. Nachdr. Hildesheim 1965, 59-63 u. 83-105 (Dedicatio u. Vorrede); Ph. Wackernagel: D. dt. Kirchenlied v. d. ältesten Zeiten bis zum Anfang des 17. Jh., Lzg. 1864, Bd. 1, Repr. Nachdr. Hildesheim 1964, 722-725; W. Bäumker: D. kath. dt. Kirchenlied in seinen Singweisen v.d. frühesten Zeiten bis gegen Ende des 17. Jh., Freiburg 1886, Bd. 1, 178-182, 86ff. u. 216-228; G. Westermeyer: Art. C. in: ADB 4 (1876), 498f.; R. Johandl: D.G.C. u. sein Gesangbuch, in: Archiv f. Musikwiss. 2 (1919/20), 447-464; W. Salmen: D. Erbe des ostdt. Volksgesanges, Würzburg 1956, 12; P. Platzer: D.G.C. im Dienste der kath. Erneuerung Öst., in: Jb. d. Schlesischen Friedrich Wilhelm Univ. zu Breslau (1985), 75-88; W. Lipphardt: Art. C., in: MGG 15 (1973), Sp. 1595f.; H.C.R. Landon: Art. Göttweig, in: MGG 5 (1956), Sp. 461-469.

Dieter Breuer

Cornet, Julius (15.6.1794 Innichen/Südtirol – 2.10.1860 Bln.) war Opernsänger, Opern- u. Theaterdirektor. Als Sängerknabe erhielt er den ersten Musik- u. Gesangsunterricht u. trat schon früh als Solist auf. Für die Laufbahn eines Geistlichen urspr. bestimmt, stud. er gegen den Willen des Vaters Jus in Graz u. Wien. Knapp vor Studienabschluss entschied sich C. für die Musik u. wurde ein Schüler Salieris, der das Singen in ital. Sprache u. das Komponieren lehrte. Seine Ausbildung erforderte auch einen Aufenthalt in Italien. 1817 trat C. bereits als Tenor in ital. u. 1818 in dt. Opern in Wien auf, schließlich kam er nach Graz, v. wo er nach Braunschweig für fünf Jahre (1820-1825) engagiert wurde. In der Folge übernahm C. Gastrollen in zahlreichen dt. Städten u. 1829 in Paris. 1826 wurde er in Hbg. engagiert, kehrte 1832 wieder nach Braunschweig zurück u. führte u.a. Opernregie am Hoftheater. 1838 erwarb er ein Gut bei Meran, auf dem er bis zu seiner Berufung als Direktor ans Hbg. Stadttheater (1841-1847) lebte. 1848 gründete C. gemeinsam mit seiner zweiten Frau, der Sopranistin u. Pianistin Franziska Kiel, in Hbg. ein privates Gesangskonservatorium zur Ausbildung v. Opernsängern. 1853 wurde C. provisorisch als administrativer Direktor der Hofoper in Wien bestellt u. bemühte sich seither um eine definitive Anstellung, die ihm wegen Unstimmigkeiten mit Ensemblemitgliedern versagt blieb. Eine Verurteilung wegen Ehrenbeleidigung machte ihn als Direktor untragbar, so dass er, 1858 seines Amtes enthoben, enttäuscht nach Bln. ging, wo er das Victoria-Theater leitete u. 1860 starb.

Bedeutend für die Verbreitung frz. Musik in Dtld. waren seine Aufenthalte in Paris, wo er frz. Operntexte stud. u. übers., z.B. zu Aubers *Die Stumme von Portici* oder Adams *Der Brauer von Preston*. Seit 1819 schrieb C. auch viele Aufs., die in namhaften Musikzs. ersch.; u.a. arbeitete er als Korrespondent der »Leipziger musikalischen Ztg.« u. begründete das Feuilleton in den »Hamburger Nachrichten«. In selbständigen Publikationen behandelte er eingehend Probleme des Operntheaters u. regte mit konkreten Vorschlägen zu dessen Reformierung an; die Gründung einer dt. Opernschule war ihm ein bes. Anliegen u. erschien ihm unerlässl.

WERKE: *Die Oper in Dtld. und das Theater der Neuzeit. Aus dem Standpuncte practischer Erfahrung*, Hbg. 1849. Übersetzungen v. Operntexten: *Die Stumme von Portici*; *Zampa*; *Der Brauer von Preston*, Komische Oper in drei Aufzügen, Wien o.J.

LITERATUR: ADB IV, 500f; Giebisch/Gugitz, 54; F. Hadamowsky: Wien. Theatergesch., Wien/Mchn. 1988, 264, 422-426; ÖBL I; H. Riemann (Hg.): Musik-Lex., Lzg. ⁵1900, 216; Wurzbach III.

Claudia Kreutel

Cornova, Ignaz (25.7.1740 Prag – 25.7.1822 ebd.) entstammte einer ital. Familie; sein Vater – ein aus Como gebürtiger Kaufmann – verlor das gesamte Vermögen. C. besuchte das Collegium Clementinum der Jesuiten in Prag u. trat dort 1759 in den Orden ein, stud. an der Olmützer Univ. Theol., erhielt 1770 die Priesterweihe, unterrichtete am Gymnasium in Komotau, 1773 am Gymnasium Klattau jeweils Poesie u. griech. Sprache u. siedelte nach Aufhebung seines Ordens (1774) an das Prager akad. (Altstädter) Gymnasium über. V. 1784-1795 hatte er die Professur für Gesch. an der Prager Univ. inne, die er aus gesundheitlichen Rücksichten frühzeitig niederlegte. C., der – offenbar der einzige Sohn – rührend für seine mittellose Mutter mit den ihm zustehenden beschränkten Möglichkeiten sorgte, wurde unter der allg. Anteilnahme des gelehrten Prag zu Grabe getragen.

Wie viele zeitgenöss. (Ex-)Jesuiten war C. fasziniert v. dt. Sprachstil der Aufklärungszeit u. war überdies interessiert an der gemeindt. freimaurerischen Geistigkeit (C. war Mitgl. der Loge »Wahrheit und Einigkeit zu drei gekrönten Säulen im Orient« zu Prag); er wandte sich – ähnlich wie der langsam v. Lat. sich lösende Wr. Jesuit MICHAEL DENIS – allerdings sofort der dt. Dichtung zu, die er fruchtbar in seinen jungen Jahren, diese fallen in die letzte Zeit der Regierung Maria Theresias u. in den Josephinismus, pflegte u. so Vorbild für die nächste lit. Generation Böhmens wurde, der A. G. MEISSNER u. J. H. DAMBECK später weiterhalfen. C. *Gedichte* (1775 bei WOLFGANG GERLE in Prag ersch.) bieten das damals Übliche an lehrhafter, anmutiger, scherzhafter u. witziger Dichtung: Fabeln u. Erz., Idyllen, Oden u. Lieder, Sinng.; hinzu treten patriotische Gelegenheitsg., darunter – ähnlich wie bei DENIS – Kriegslieder (1777 ersch. sie in der Normalschulbuchdruckerei in Prag u.d.T.: *Die Helden Oesterreichs*) u. ein G. in vier Gesängen, geschrieben im Blankvers, Joseph II. verherrlichend: *An Böhmens junge Bürger* (ersch. bei JOHANN FERDINAND V. SCHÖNFELD in Prag). Drei ebenfalls der allg. aufklärerischen lit. Mode huldigende Lustspiele vervollständigen das dichterische Œuvre, das entscheidend – v.a. im höheren Lebensalter – durch hist. Schr. (davon bloß eine Ausw. in WERKE s.u.) vervollständigt wird.

WERKE: Lyr.: (auch Gelegenheitsg.): *Gedichte*, Prag 1775; *Auf das von Joseph II. geehrte Andenken des k. preuß. Feldmarschalls Grafen v. Schwerin*, Prag 1776; *Die Helden Oeterreichs, besungen in Kriegsliedern*, Prag 1777; *Die Mutter schied*, Prag 1781 (auf den Tod Maria Theresias); *Als die Hoffnung Böhmens verschwand, Vater Joseph zu sehen*, Prag 1782; *Auf den Besuch Pius VI. bey Joseph II.*, eine Ode, o.O. 1782. Epischdidaktisches Gedicht: *An Böhmens junge Bürger, ein didaktisches Gedicht in 4 Gesängen*, Prag u. Wien 1783. Lustspiele: *Der junge Menschenfreund*, Prag 1779; *Der Undankbare* (nach Destouches), o.O. 1784; *Die liebreiche Stiefmutter*, Prag 1786. Reden: *Oratio funebris quum alma sodalitas Latina major piis suorum manibus parentaret*, Prag 1778; *Rede bey der Einweihung des Waisenhauses*, Prag 1781. Historiograf. Schriften: (Ausw.) *Paul Stranskys Staat von Böhmen, uebersetzt, berichtigt, und ergänzt [...]*, Prag 1792-1803; *Kurze Uibersicht der merkwürdigsten Empörungen in Böhmen und ihre Folgen. Ein Gegengift wider den Freiheitstaumel*, Prag 1793; *Briefe an einen kleinen Liebhaber der vaterländischen Gesch.*, Prag 1795-1797; *Der zweyte Punische Krieg nach Livius [...]*, Prag 1798; *Leben Josephs des Zweyten [...]*, Prag 1801; *Der große Böhme Bohuslaw von Lobkowicz und zu Hassenstein [...]*, Prag 1808.

LITERATUR: F. M. Pelzel: Böhm., Mähr. u. Schles. Gelehrte aus dem Orden der Jesuiten, Prag 1786, 280; J. G. Meusel: D. gelehrte Dtld. Lemgo 1783, I, 286; Wurzbach; Goedeke IV u. VI.

Herbert Zeman

Coronini-Cronberg, Carl Graf v. (29.4.1818 Paris – 2.1.1910 Görz) war Jurist, Arzt u. Schriftsteller. C. stammte aus einem alten Adelsgeschlecht der Grafschaft Görz, wurde 1818 in Paris als Sohn des Grafen Michael C. geb., der damals Attaché bei der k.k. öst. Gesandtschaft war, u. genoss, gefördert durch seine gebildete Mutter, eine vortreffliche Erziehung u. Ausbildung. Nach dem Abschluss des Jus-Stud. (1841) arbeitete er als Verwaltungsjurist in Görz, Istrien u. Mähren; 1849 verließ er den Staatsdienst, nachdem sein polit. Förderer u. Gönner Graf Stadion zurückgetreten war. C. stud. nun Medizin in Wien, Heidelberg, Paris u. Erlangen, wo er 1853 promovierte. C. kehrte in den Staatsdienst zurück u. übte zahlreiche Funktionen aus: u.a. übernahm er eine Sanitätskommission nach Albanien, wo die Pest ausgebrochen war; kurz darauf wurde er Kreishauptmann in Trient, danach war er Delegat in Venedig u. Hofrat in Mailand u. Triest; später bekleidete er das Amt eines Vizestatthalters in Innsbr. u. schließlich das eines Statthalters in Salzb. Außerdem gehörte er dem öst. Abgeordnetenhaus an u. wurde während seiner langjährigen Dienstzeit zum k.k. Kämmerer, Geheimen Rat u. zum Ehrenbürger v. Trient u. Gastein ernannt. Um 1870 setzte er sich in Görz zur Ruhe, unternahm Reisen, v.a. in den Orient u. auf die Mittelmeerinseln, u. pflegte Kontakte mit Künstlern, Gelehrten, dem Hof (C. war jahrelang Kammervorsteher des Erzherzogs Ludwig Salvator) u. mit Adeligen (z.B. mit der Fürstin Maria Hohenlohe u. ihrer in Rom lebenden Mutter Fürstin Karoline Sayn-Wittgenstein, mit

449

der er einen regen Briefwechsel führte). C. war Ehrenmitglied der dt. Schillerstiftung u. Mitbegründer der Öst. Friedensgesell. (1891). Nach seinem Rückzug ins Privatleben begann er zu schreiben, zu zeichnen, naturhist. Studien zu betreiben, an Ztg. mitzuarbeiten u. die damals neue Musik Richard Wagners zu bekämpfen. 1910 starb C. erblindet u. hochbetagt in Görz.

Lit. ist er als dt. Dichter im öst. Küstenland neben OTTO V. LEITGEB, IRENE V. SCHELLANDER, BERTA HAYN-AICHNER u.a. bedeutend. Auch als Übersetzer aus dem Ital., Frz. u. Span. war er geschätzt u. beachtet. Seine erste lit. Veröff. ist ein Gedichtzyklus, der 1880 in Görz in einem sechs Seiten umfassenden H. in bescheidener Aufmachung erschien; es handelt sich dabei um ein Loblied auf die Musik. Im Jahr darauf kam der Gedichtbd. *Schau um dich her* in Lzg. heraus. Neben Genrebildern u. Naturstudien enthält der Bd. epische u. vermischte G. 1883 folgte das epische G. *Le Sorelle*, benannt nach zwei versteinerten Frauengestalten ähnelnden u. v. Seefahrern die »Schwestern« benannten Felsblöcken, eine Seemeile v. Schloss Duino entfernt; dieser Stoff bildete die Grundlage für diese verifizierte Sage. Sein medizinisches Wissen u. seine Eindrücke v. der sizilianischen Landschaft rund um den Ätna verarbeitete C. in seiner N. *Alceo und Angiolina*. Ein weiteres episches G. erzählt die glückliche Liebesgesch. v. *Beatrice und Anzoletto*. Neben Lyr. u. Prosa verfasste C. auch theoretische Schr. Bezeichnend ist das immer wiederkehrende Bekenntnis des Dichters, v.a. in seiner Lyr. zu seinem Vaterland, u. spürbar ist seine enge u. innige Beziehung zum öst. Küstenland (vgl. das G. »Das österreichische Küstenland«. In: *Schau um dich her*, 244-246). Die Bedeutung des Dichters für das lit. Schaffen in dieser Region der öst. Monarchie bedarf noch einer wiss. Aufarbeitung.

WERKE: Lyrik: *Die Platz-Musik*, Görz 1880; *Schau um dich her*, Lzg. 1881. Epische G.: *Le Sorelle*, 1883; *Beatrice und Anzoletto*, 1885. Prosa: *Alceo und Angiolina*, Sizilianische N., Lzg. 1883. Schriften: *Römische Briefe der Fürstin Karoline Sayn-Wittgenstein an Carl Graf C.-C.*, hg. v. F. X. Zimmermann, Wien 1916.

LITERATUR: Brümmer, Bd. 1; Giebisch/Gugitz, 54; Kosch, Bd. 2; Nagl/Zeidler/Castle IV; ÖBL I; Bertha v. Suttner u. d. Anfänge d. Öst. Friedensgesell., Katalog d. Sonderausstellung d. Hist. Museums d. Stadt Wien u. d. Öst. Friedensgesell., 1950, 32.

Claudia Kreutel

Corony, Blanda (1841 Wien – 26.12. 1911 Halle/Saale; Ps.: **Freimund**, Roderich, **Schellenbach**, Leo) erhielt als Tochter eines Hof- u. Gerichtsadvokaten eine vorzügliche Ausbildung, die ihr Interesse für Kunst u. insbes. Lit. förderte. Nach dem Tod ihrer Eltern lebte C. seit den 80er-Jahren in Halle a.d. Saale, wo sie nun ihre schriftstellerische Neigung in die Praxis umsetzte: Ihre ersten Prosaarbeiten erschienen in Leipziger Bl. (»Allgemeine Modenztg.«, »Neues Bl.«), später publizierte sie ihre R. u.a. im halleschen »General-Anzeiger«, für den sie auch seit 1890 Opern- u. Theaterkritiken verfasste. Ihre beiden eigenen, aus den frühen 90er-Jahren stammenden dramat. Versuche, die Schauspiele *Schuld* u. *Doppelleben*, gelangten im Kurtheater v. Friedrichroda bzw. im Stadttheater v. Halle u. Naumburg zur Auff. C., Mitarbeiterin der Leipziger Musikalischen Monatsschr. »Dur u. Moll« u. v. einigen weiteren belletristischen Periodika, wurde jedoch in erster Linie mit ihren vielen, weitgehend anspruchslosen u. auf ein weibliches Lesepublikum abgestimmten routinierten Unterhaltungsr. bekannt: Ihr flüssig konzipierter u. in Ansätzen psychologisierender Kriminalr. um einen erst nach Jahren aufgeklärten Mord an einer adeligen »Einsiedlerin v. Helmsbruck« (1909) erschien in »Vobachs illustrierte[r] Roman-Bibliothek«.

WERKE: (Ausw.) Romane: *Frauen-Rache*, Lzg. 1892; *Die Einsiedlerin v. Helmsbruck*. Kriminalr., Bln./Lzg./Wien 1909; weitere aus d. 90er-Jahren u. d. beginnenden 20. Jh. stammende R. (nicht im Bestand v. Wiens großen Bibl.) s. Brümmer, Bd. 1; u.a. *Auf abschüssiger Bahn, Treue, Jugendliebe, Zertretenes Glück*.

LITERATUR: Lex. dt. Frauen d. Feder. Eine Zus.stellung d. seit d. Jahre 1840 ersch. Werke weiblicher Autoren, nebst Biogr. d. Lebenden u. einem Verzeichnis d. Ps., hg. v. S. Pataky, Bln. 1898, Bd. 1, 135f.; Brümmer, Bd. 1 u. Bd. 8; Nagl/Zeidler/Castle Bd. 4.

Sylvia Leskowa

Corrado, Luigi → **Dworaczek**, Conrad

Corte, Antonio → **Habe**, Hans

Corti, Egon Caesar Conte (2.4.1886 Agram/Zagreb – 17.9.1953 Klagenfurt) entstammte einer altöst. Offiziersfamilie aus lombardischem Hochadel, war selbst Generalstabsoffizier im 1. WK u. begann nach dem Untergang Öst.-Ungarns als Schriftsteller eine Karriere, die ihn zum Bestseller werden ließ. In seinen lit. anspruchsvollen Sachbüchern umkreist C. v.a. das histor. Ambiente, dem er entsproß, oder das er noch miterlebte. So sind es vornehmlich das 19. u. 20. Jh. mit ihren herausragenden monarchischen oder z. T. sonstigen Persönlichkeiten (z.B. *Das Haus Rothschild*, 2 Bde. Lzg. 1927/28², Wien 1949), *Nelsons Kampf um Lady Hamilton*, eine historisch-psychologische Studie, Graz 1947; *Metternich und die Frauen*, 2 Bde., Wien 1948/49; *Leben und Liebe Alexanders von Battenberg*, Graz/Salzb./Wien 1950), denen C. seine schriftstellerische Gestaltungskraft widmete. Die Persönlichkeiten u. das Ambiente jener Wurzeln, denen er sein Leben verdankte, interessierten ihn: Er hielt den Lebensraum der Habsburger Monarchie hoch, fühlte sich dem dt. Kulturraum zugehörig u. glaubte an das alte aristokratisch orientierte Europa. Dass C. viele Habsburg-Bücher, mehr noch: dass v.a. die Zeilen v. Maria Theresia bis Franz Joseph I. als Projektion einer Heimat-Idee v. Öst. in der Ersten, ja selbst nach dem 2. WK in der Zweiten Republik mitwirkten, bezeugt einerseits den Erfolg v. C. histor. Monographien, andererseits auch das geistige Bedürfnis weiter öst. Leserschichten. Solche Überzeugungen C. schlossen nicht aus, daß C. nach dem Zerfall der Monarchien an Erneuerungsmöglichkeiten eines Deutschen Reichs glaubte und eine solche Entwicklung erhoffte. Die Folge war, daß sich C. dem Nationalsozialismus aufschloß. Er tat dies zunächst mit dem Beitritt (1937) in den »Volksbund«, der die Brücke zur illegalen NSDAP bildete. Als der BUND DEUTSCHER SCHRIFTSTELLER IN ÖST. im Jahr 1938 – nach dem Einmarsch dt. Truppen in Öst. – ein *Bekenntnisbuch österreichischer Dichter* herausgab, beteiligte sich auch C. mit einem Beitr. daran. Ein Beitrittsgesuch C. zur NSDAP wurde mit dem Hinweis auf dessen jüd. Ehefrau Gertrud, eine geborene Mautner-Markhof, Zwillingsschwester des bekannten jahrzehntelangen Chefs der Familie, Manfred Mautner-Markhof, abgelehnt. Eine Trennung v. seiner Gattin kam für C. nicht in Frage. Sein einziger Sohn Ferrante (geb. 9.2.1925 – Dez. 1944) blieb im 2. WK vermisst. C. starb wenige Monate vor seiner Gattin. Eine Gedenktafel an C.

Wohnhaus in 1010 Wien, Franziskanerplatz 1, erinnert an ihn; eine Gasse im 22. Wr. Gemeindebezirk trägt seinen Namen.
Die Beliebtheit v. C. Büchern ergab sich aus mehreren Gründen: Sie bauten auf einer soliden Kenntnis histor. Quellen u. Fakten auf, konnten direkte Aussagen v. Zeitzeugen, die zu C. Zeit noch lebten, verwerten und boten einzigartiges Quellenmaterial aus den Archiven versch. hochadeliger Häuser, die man dem hochadeligen Autor gern, aber auch ausschließlich zur Verfügung stellte bzw. eröffnete u. die heute kaum mehr zugänglich sind. Dazu kam die lit.-stilistische Gestaltungskraft C., dessen ausgesprochenes Erzähltalent den Biographien, die sich fast wie Romane lesen lassen, und den kulturgesch. Schriften zugute kamen. Am Beginn seiner schriftstellerischen Tätigkeit mag das rein histor. Interesse überwogen haben (z.B. *Leopold I. von Belgien: sein Weltgebäude Koburger Familienmacht; nach ungedruckten Geheimkorrespondenzen des Königs und sonstigen meist unveröff. Quellen*, Wien 1922; *Maximilian und Charlotte von Mexico: nach dem bisher unveröff. Geheimarchive des Kaisers Maximilian und sonstigen unbekannten Quellen*, 2 Bde., Zürich, Wien 1924), oder das (antiquarische) Interesse an einer Sache (z.B. *Die trockene Trunkenheit: Ursprung, Kampf und Triumph des Rauchens*, Lzg. 1930; *Chinesisches Bilderbuch*, Lzg. 1935; *Die Entdeckung Amerikas*, Lzg. 1935; *Untergang und Auferstehung von Pompeji und Herculaneum*, Mchn. 1940; *Das aller edlest und bewährtest Regiment der Gesundheit und des Glückes: Auch von allen verporgenen Künsten sie zu erhalten, aus der Erfahrung alter Weiser und auf Grund eigener Unklugheiten zu Papier gebracht*, Bln. 1944). Dann aber drängt die biogr.-menschliche Erkenntnis deutlicher in den Vordergrund – v. der Biogr. Kaiser Maximilians v. Mexiko (1933, ²1948) über Kaiserin Elisabeth (1934) bis letztlich zu den großen biographischen Büchern zu Kaiser Franz Joseph. Die Lust schließlich am Fabulieren im besten Sinn bezeugen die Anekdoten- und Geschichtenbücher C. (*Die Kaiserin: Anekdoten um Maria Theresia*, Bln. 1940; *Der edle Ritter, Anekdoten um Prinz Eugen*, Bln. 1941; *Beethoven: Anekdoten*, Bln./Wien 1943; *Hundert kleine Geschichten von unseren lieben Frauen*, Wien 1947). Waren es zwischen den beiden Weltkriegen dt. u. öst. Verlage, die sich der Bücher v. C. annahmen (RIKOLA, AMALTHEA –Wien, die Salzbg. Niederlassungen v. PUSTET, der Insel-Verlag/Lzg., Bruckmann/Mchn.), so überwogen nach dem 2. WK die öst. Verlage, wobei STYRIA/Graz zuletzt alle Bücher über Kaiser Franz Joseph herausbrachte.

WERKE: Histor. Monogr. v. essayistischem Rang: *Die Tragödie eines Kaisers* (Lzg. 1933, ²1948); *Elisabeth, »die seltsame Frau«: nach dem schriftlichen Nachlaß der Kaiserin, den Tagebüchern ihrer Tochter und sonstigen unveröff. Tagebüchern und Dokumenten*, (Salzbg. 1934); *Ludwig I. von Bayern*, (Mchn. 1937); *Anonyme Briefe an drei Kaiser: unveröff. Dokumente aus den geheimen Staatsarchiven*. Salzb. [u.a.] 1939; *Ein Korb an einen Königssohn: ein Kulturbild höfischer Sitten des neunzehnten Jahrhunderts; nach den unveröff. Geheimakten des Ministeriums des kaiserlichen Hauses zu Wien*. Bln. [u.a.], 1944; *Ich, eine Tochter Maria Theresias*: Ein Lebensbild der Königin Marie Karoline von Neapel [nach dem bisher streng geheimgehaltenen, umfangreichen Schriftennnachlass und den Tagebüchern des Herrscherpaares, wie ihrer Kinder und zahlreichen sonstigen ungedruckten Quellen]. Mchn. 1950; *Mensch und Herrscher*: Wege und Schicksale Kaiser Franz Josephs I. zwischen Thronbesteigung und Berliner Kongreß, Graz [u.a.]

1952; *Kaiser Franz Joseph-Trilogie: 1. Vom Kind zum Kaiser*: Kindheit und erste Jugend Kaiser Franz Josephs I. und seiner Geschwister; geschildert nach bisher unveröff. Briefen und Tagebüchern der Mutter des Monarchen und zahlreichen sonstigen Quellen, Graz/Salzb./Wien 1952; *2. Mensch und Herrscher:* Wege und Schicksale Kaiser Franz Josephs I. zwischen Thronbesteigung und Berliner Kongreß, Graz/Salzb.; Wien: Pustet, Graz [u.a.] 1952; *3. Der alte Kaiser*: Franz Joseph I. vom Berliner Kongreß bis zu seinem Tode; mit 53 Abb. nach bisher vielfach unbekannten Originalen. Graz/Salzb.; Wien: Pustet, Graz [u.a.] 1955 (postum).

LITERATUR: F. Wallisch: *Die Wahrheit spricht das Urteil*. Egon Caesar Conte C. Leben und Werk. Graz/Wien 1957 (da Öst. Wort, Stiasny, Bd. 23)

Herbert Zeman

Corvinus, Elias (eigentl. **Rabener**, 1537 Joachimsthal/Böhmen – 5.12.1602 Wien) trat als Jurist, Prof. der Artistenfakultät in Wien, Politiker u. gefeierter neulat. Dichter hervor, stud. in Wittenberg u. Wien u. wurde am 15.9.1558 zum Poeta laureatus gekrönt. Ab 1562 stud. C. in Padua Jus, 1564 spielte er in einem Brief an Maximilian II. bereits auf sein Lehramt der Poesie u. Beredsamkeit an der Wr. Univ. an. Ab 1569 war C. Mitgl. der juridischen Fakultät, 1572 beteiligte er sich in Ungarn an den Türkenkriegen. Ab 1573 wieder im artistischen Lehramt, gewann C. großen Einfluss im Collegium archiducale, das die Professuren der Artistenfakultät zu vergeben hatte. 1575 war C. zus. mit dem berühmten Mathematiker PAULUS FABRICIUS (ca. 1525-20.4.1589) Abgesandter der Wr. Univ. bei der Krönung König Rudolf II., 1581 wurde C. zum Regimentsrat ernannt u. auf Grund seines großen Ansehens als akad. Lehrer, Diplomat u. Dichter für 20 Monate mit der Führung des Kanzleramtes betraut, was ihm 1582 noch die Erhebung in den Adelsstand einbrachte.

Im Lektionskat. v. 1578 wurden folgende Lehrveranstaltungen des C. angekündigt: *Über die poetische Kunst von Vergils Aeneis*, die *Sermonen des Horaz*, dann je eine Vorlesung über die *Satiren des Persius* u. die *Metamorphosen des Ovid*, ferner pro ratione temporis et captu auditorum Vorlesungen u. Kommentare zu *Caesar*, *Sallust* u. *Livius*. Das dichterische Werk des C. umfasst ausschließlich Lyr., deren Sprachgewandtheit u. initiative Verwobenheit in das polit. Leben der Zeit die formende Kraft der klass. antiken Vorbilder durchscheinen lässt. C. pflegte fast alle Gattungen der neulat. Lyr., bevorzugte jedoch das christlich-moralisierende Lehrg. (*Fundamentum totius scripturae sacrae* […], 1559) u. die Elegie als Mittel polit. oder phil. Stellungnahme, z.B. seine *Elegia de dignitate et excellentia poëseos* (1559), welche die Notwendigkeit u. den erzieherischen Auftrag der an der Antike geschulten Fertigkeit in der christlichen neulat. Sprachkultur unter Beweis zu stellen sucht. Einige seiner Texte würden eine editorische Wiedererschließung verdienen.

WERKE: *Carminum libellus*, Augsburg 1556; *Triumphus invictissimi imperatoris filii Dei Jesu Christi* […] *Item carmen de imperiis et ecclesia*, Wien 1557; *In laudem celeberrimi Gymnasii Viennensis* u. *Elegia gratulatoria* in: *Actus poeticus* ed. Paulus Fabricius, Wien 1558; *Elegia de dignitate et excellentia poëseos* […] *Aliud carmen recitatum, cum* […] *crearetur Poeta laureatus*, Wien bei R. Hofhalter 1559; *Fundamentum totius scripturae sacrae* […], o.O. 1559; *E. Corvini Poematum libri duo, quorum primus heroica, secundus elegiaca continet*, Lzg. 1568.

LITERATUR: E. Apfaltrer: Sciptores antiquissimae ac celeberrimae Universitatis Viennensis, Wien 1742, Pars III, 32-33; J.v. Aschbach: Gesch. d. Wr. Univ., Wien 1888, Bd. III, 159-160; J.J. Locher: Speculum academicum Viennense, Wien 1774, Bd. II, 107-114; R. Meister: Gesch. des Doktorates der Phil. an d. Univ. Wien, Wien 1958, 155-156; L. Santifaller: Die Matrikel d. Univ. Wien, Wien/Graz/Köln 1959, Bd. III, 121.

Werner M. Bauer

Cospoi, Angelo (**Angelus Cospus**, Bologna/Italien – 2.11.1515 Wien) war in Bologna als öffentlicher Lehrer der klass. Lit. u. Rhetorik hervorgetreten. Im Zuge der Wr. Univ.reform wurde er 1494 nach Wien berufen, um klass. Sprachen u. griech. Lit. zu lehren. Später vertrat er häufig den v. vielseitigen historiografischen Aufgaben überlasteten JOHANN CUSPINIAN im akad. Lehramt. C., der in den Wr. Univ.matrikeln v. 1514 als »nobile professor litterarum humanarum« geführt wird, widmete sich neben der Sprachlehre in seinen Vorlesungen v.a. der Übersetzung u. Kommentierung griech. (Diodor v. Sizilien) u. röm. Autoren (Horaz-Episteln, 1515). Bes. durch die Erschließung der byzantinischen Gesch. (Johannes Monachus) gliederte sich C. in die Hofhistoriografie MAXIMILIAN I. ein, die auch für eine Wiedererrichtung d. griech. Kaisertums die Belege liefern sollte.

WERKE: (Ausw.) Ausg. u. Übersetzungen: *Diodori Siculi libri duo* [...] *Ultrum latinitate donavit Angelus Cospus Bononiensis*, Wien 1516; *Alexandri vita regis, quam graece scriptam a Ioanne Monacho Ang. Cospus vertit in nostram linguam* (also Latein!), Wien 1516.

LITERATUR: J.J. Locher: Speculum academicum Viennense, Wien 1774, Bd. II., 101f.; M. Denis: Die Merkwürdigkeiten d. k.k. Garellischen Bibl. am Theresiano [...], Wien 1875, 263-254f.; H.C. Klupka: Personalbibliogr. d. Lehrkörpers d. Wr. Artistenfakultät d. Zeit v. 1450-1545, med. Diss. Erlangen-Nbg. 1974, 155-156.

Werner M. Bauer

Costa, Martin (eigentl. **Kostia**, 12.10.1895 Wien – 17.1.1974 ebd.) war der Sohn des bekannten Schriftstellers CARL KOSTIA, der unter dem Ps. Costa viele Possen, Volksstücke, Libr., Parodien u. R. geschrieben hatte u. seinerzeit auch Direktor des Josephstädter Theaters war – bekanntestes Werk v. ihm ist das Volksstück *Bruder Martin* (ca.1895). Der Sohn jedoch besuchte in Wien die Akad. für Musik u. Darstellende Kunst, war humanistisch gebildet u. schlug eine Berufslaufbahn als Schauspieler u. Regisseur ein. Während des 1. WK geriet C. als junger Mensch in russ. Gefangenschaft – in dieser Zeit in Sibirien widmete er sich ersten lit. Versuchen. Nach seiner Rückkehr arbeitete er zwölf Jahre als Schauspieler u. Regisseur in Breslau, Dresden, Ffm., dann drei Jahre in Prag, ehe er nach Wien zurückkehrte, wo er bis 1942 Mitgl. der Kammerspiele war. In diesem Jahr wurde er aus der nsoz. Künstlerkammer ausgeschlossen, so wandte er sich wieder dem Schreiben zu, u. es gelangen ihm volkstümliche Lokalstücke, die in ihrem Bekanntheitsgrad weit über seinen Wr. Heimatbereich hinausreichten. Gleich das erste Lustspiel, *Der Hofrat Geiger* (1942) war ein großer Wurf – aber erst in der Nachkriegszeit wurde diese Gesch. vom grämlichen Hagestolz, der auf Umwegen seine ihm unbekannte Tochter u. damit auch die verschollene Geliebte vergangener Tage wiederfindet, durch Verfilmung mit bekannten u. beliebten Volksschauspielern der große Erfolg. Gerade in der tristen Zeit der militärischen Besetzung u. der allgemeinen Not waren heitere Stücke voll Optimismus gefragt; u. hier war eines, das unter der glatten, gekonnt inszenierten Oberfläche Gemüt, Heimatliebe u. Hoffnung auf eine bessere Zukunft ausstrahlte. Dazu trug das v. dem bekannten Wr. Komponisten Hans Lang geschriebene Lied vom »Mariandl« bei, das in aller Munde war. Generationen v. Schauspielern haben seither dieses Stück in immer neuen Bearbeitungen für Bühne u. Film zu neuem Leben erweckt – verfilmt das letzte Mal 1996 – wobei der Name des Verf. der Allgemeinheit kaum bewusst wurde. Es folgten weitere erfolgreiche Theaterstücke, wie 1945 die *Fiakermilli* u. gleich darauf *Der alte Sünder* – ebenfalls verfilmt u. dadurch einer breiten Schicht bekannt geworden. Auch hier wurde das Lied vom »Alten Sünder« zum Schlager u. Gassenhauer. Es folgten weitere Theaterstücke, Operettenlibr. u. Lustspiele, viele davon verfilmt, die den Ruf Wiens als Stätte der »leichten Muse«, die schon während des Krieges durch die »Wien-Filme« mit Schauspielern wie Willi Forst, Hans Moser u. Paul Hörbiger begründet worden waren, erneut festigten. C. schrieb auch die Drehbücher zu Filmen wie dem Stück seines Vaters, *Bruder Martin*. Daneben wirkte er für den Rundfunk als Hörspielautor; z.Tl. bearbeitete er bekannte eigene Werke, doch schrieb er auch neue für dieses Medium. Sein letztes Bühnenwerk war die Tragikk. *Kennkarte Wentheimer* (1957) – dann wurde es ruhig um den Autor, der auch gelegentlich Verf. v. Wienerliedern war, deren Grundstimmung lautete »Für dich spiel'n net dauernd die ersten Geig'n «; einer Stimmung, die der damaligen Zeit entsprach u. dem Lebensgefühl dieser Generation Ausdruck verlieh.

WERKE: Bühnenstücke: *Der Hofrat Geiger* (Lustspiel, Wien 1942, UA 1943); *Die Fiakermilli* (Volksstück, Wien 1945); *Der rosarote Fürst De Ligne* (Lustspiel, 1946); *Der alte Sünder* (Lustspiel, 1946); *Valnocha, der Koch* (Schauspiel 1947); *Wiener Musik* (Operettenlibr. 1948); *Gute Erholung* (Posse 1949); *Kennkarte Wentheimer* (Tragikk. 1957); Filmdrehbücher: *Der Hofrat Geiger*; *Der alte Sünder*; *Husarenmanöver*; *Bruder Martin*; Hörspiele: *Der Hofrat Geiger*; *Fiakermillli*; *Die Nächte der Dorette*; *Liebestrank*; *Der Herr Redoux*; *Kannst du dich erinnern, Maria?*; *Die gute Stunde*; *Die Katerin*; *Valnocha*.

LITERATUR: Kosch Bd. IX.; Kosch Theater Lex. Bd. II., Kürschner Bd. I.; Kürschner Nekrolog 1971-1988.

Eva Münz

Costenoble, Carl Ludwig (28.12.1769 Herford/Westfalen – 28.8.1837 Prag), Schauspieler, Lustspielautor. Der aus einer Hugenottenfamilie stammende C. besuchte nach dem frühzeitigen Tod seines Vaters, eines reformierten Predigers, zunächst die Domschule, danach die Friedrichsschule in Magdeburg u. erlernte das Bäckerhandwerk. 1790 begann er in Wismar seine schauspielerische Laufbahn mit der Aufnahme in die Truppe v. Klos u. Butenop; nach deren Auflösung 1792 führte C., gemeinsam mit seiner ebenfalls als Schauspielerin tätigen Frau Johanna, das unstete Leben eines Wanderschauspielers mit kurzzeitigen Verpflichtungen in Bln., Bayreuth, Salzb., Nbg., Lzg., Magdeburg u. Altona. In der Zeit seines festen Hamburger Engagements v. 1801 bis 1818 profilierte C. sich als Charakterdarsteller im »niederen Fach«, wobei er den »natürlichen« Schauspielstil nach dem Vorbild Friedrich Ludwig Schröders u. August Wilhelm Ifflands vertrat. Sein Improvisationstalent u. sein pointierter Stegreifwitz prädestinierten ihn zum Darsteller humorvoller Volkscharaktere. Nach erfolgreichen Gastspielen wechselte C. 1818 an das Wr. Burgtheater; dies bedeutete dennoch keinen künstlerischen Bruch in der Entwicklung des norddt. Komikers, da er schon zuvor Stücke des Wr. Theaters, u.a. v. BÄUERLE u. DEINHARDSTEIN, für dt. Bühnen bearbeitet hatte bzw. seine Stücke auch schon vor seiner Übersiedlung in Wien aufgeführt worden waren (*Fehlgeschossen!*, 1811; *Die Drillinge oder: Verwirrung über Verwirrung*, 1812; *Der Witwer, oder: Das Heldenfest*, 1816; *Die Bürger in Wien*, 1818). Er starb auf der Rückreise v. einem Gastspiel in Prag. C. z. T. ungedr. dramat. Arbeiten, zumeist einaktige Lustspiele, Possen, Bearbeitungen u. Übersetzungen (Goldoni, Moliére, Marivaux, Robineau) sowie Libr. zu komischen Opern (vertont u.a. v. C. Euler, Wenzel Müller) kamen dem Repertoirebedarf nach u. fügten sich in das am Wr. Burgtheater zw. Biedermeier u. Restauration programmatisch gepflegte Konzept einer Literarisierung der possenhaften Improvisationskunst; sie gelangten im gesamten dt.sprachigen Theaterraum zur Auff. (*Die gelehrten Weiber*, 1819; *Drei Erben und keiner*, 1824; *Die Testamentsklausel*, 1826). V. theater-, kultur- u. lokalgesch. Interesse sind C. nur auszugsweise publizierte autobiogr. Aufzeichnungen, Tagebücher u. Briefe, die als Teilnachl. in der Hs.slg. der Wr. Stadt- u. Landesbibl. verwahrt werden.

WEITERE WERKE: *Dramatische Spiele*, Ein Tb. für 1810, Hbg. 1809; dass. für 1811; Hbg. 1811; dass. für 1816, Hbg. 1816. *Lustspiele*, Wien 1830; Aus dem Burgtheater 1818-1837, *Tagebuchblätter des weil. k.k. Hofschauspielers und Regisseurs C.L.C.*, hg. v. K. Glossy u. J. Zeidler, Wien 1889, 2. Bd., *C.L.C. Tagebücher von seiner Jugend bis zur Übersiedlung nach Wien*, hg. v. A. v. Weilen, Bln. 1912, 2. Bd.

LITERATUR: E. Schneck: K.L.C., Leben u. Wirken am Wr. Hofburgtheater (1818-1837), Diss. Wien 1934.

Cornelia Fischer

Coudenhove, Paula Gräfin (geb. Freiin v. Handel, 6.8.1863 in Bad Vöslau bei Wien – 21.5.1934 Oberstdorf) war die Tochter des k. k. Geheimrats, Gesandten u. Ministers Max. v. Handel. Ihre Jugend verbrachte sie in OÖ Innviertel (Hagenau) u. in Meran; zeitweise lebte sie in den Wintermonaten in Mchn., wo sie v. Privatlehrern unterrichtet wurde. Ihr bes. Interesse galt dem Stud. der Musik, Malerei u. Lit. Am 12.11.1883 heiratete sie den Grafen Karl C., einen k. k. Kämmerer u. lebte seither auf »Schloss« Erla, einem ehemaligen Klostergebäude bei St. Valentin in NÖ. C. unternahm häufig Reisen u. besuchte des öfteren Wien. Dort fand sie in Prof. Karl Erdmann Edler, der am Wr. Konservatorium Lit. gesch., Poetik etc. unterrichtete, einen fördernden Helfer ihres Dichters. Ihre poet. Erz. sind durchwegs in Versen verfasst; die handelnden Personen sind der Gesch. entnommen (z.B. in der Erz. *Ein Babenberger*, wo der Einzug des Markgrafen Heinrich Jasomirgott nach seiner Rückkehr aus Byzanz 1150 dargestellt wird) oder der Bibel wie im epischen Drama *Johannes der Täufer* oder in den *Fünfzehn Legenden für Kinder*. Augenfällig ist der jeweils hist. bzw. rel. Hintergrund ihres Werks; sie schreibt aus dem Selbstverständnis u. der Weltsicht des Historismus.
In der Ausg. *Ein Babenberger* verweist C. auf die Benützung hist. Lit. für die Erz. (wie F. Tschischkas *Gesch. der Stadt Wien*, 1847 oder *Das höfische Leben zur Zeit der Minnesänger*, 1880, v. Alwin Schultze). Interessant ist diese Erz. deshalb, weil sich darin das angeblich erste Wienerlied – ein Loblied auf Wien – findet (vgl. dort 121).
Die Bedeutung v. C. erzählerischem Werk ist bisher wiss. nicht untersucht worden.

WERKE: Erz.: *Die Adlernichte und andere gereimte Erz.*, Paderborn 1900; *Fünfzehn*

Legenden für Kinder, Stgt./Wien 1901; *Roter Mohn und andere Erz. in Versen*, Paderborn 1901; *Ein Babenberger. Poetische Erz.*, Paderborn 1902; *Die Götterhunde. Ein altes Märlein, neu erzählt*, Leutkirch 1904. Dramen: *Johannes der Täufer*. Episches Drama, Köln 1901; *Renaissance*, Dramatisches Zeitbild in 5 Akten, Augsburg 1904.

LITERATUR: Brümmer, Bd. 1; Nagl/Zeidler/Castle IV; Kosch, Bd. 2.

Claudia Kreutel

Courau, R. → **Zischka**, Anton

Craigher de Jachelutta, Jacob Nicolaus (Ps. **Nicolaus**, 17.12.1797 Lipossullo/Friaul – 17.5.1855 Cormons bei Görz/Istrien) begann nach dem Besuch der Elementarschule eine Kaufmannslehre u. machte sich bald beruflich selbständig. Als Autodidakt betrieb er nebenher Sprachstudien u. erarbeitete sich lit. Kenntnisse. Während seines Aufenthaltes in Wien um u. nach 1820 geriet C. in den restaurativ-kath. Kreis um Clemens Maria Hofbauer u. FRIEDRICH SCHLEGEL ebenso wie in den Künstlerzirkel um FRANZ SCHUBERT. Er machte sich einen Namen als sorgfältiger Übers. v.a. engl. empfindsamer Lyr., brachte eigene G. in Tb. u. Wr. Zs. unter u. veröff. 1828 seine *Poetischen Betrachtungen in freyen Stunden*. C. berufliche Interessen drängte aber seine lit. Ambitionen immer mehr in den Hintergrund; er geht als Konsul der belgischen Monarchie nach Triest, übernahm dort später das Amt eines Stadtrates u. bereiste 1843 im Auftrag seiner Regierung den Orient. Eine Reisebeschreibung dieser Unternehmung zählt zu dem letzten poet. Zeugnissen des Schriftstellers C., der mit hohen Auszeichnungen versehen 1855 nach kurzer Krankheit starb.

In seinem lit. Werk blieb C. eng der Tradition des »Göttinger Hains« verbunden; mit Vorliebe gestaltete er, seinen rel.-mystischen Neigungen entsprechend, empfindsam-schaurige Stimmungen. Die Protektion des konvertierten FRIEDRICH SCHLEGEL, der eine Vorrede zu C. Lyr. bd. schrieb, erklärt sich aus diesem Umstand ebenso wie SCHUBERTS Affinität zu seinen G.: die Vertonungen v. »Die junge Nonne«, »Totengräbers Heimweh« sowie »Der blinde Knabe« sind letztlich dafür verantwortlich, daß der Schriftsteller nicht gänzlich vergessen ist, denn über einen kunstfertigen Dilettantismus, wie er lit.soziologisch zum Bild des Biedermeier gehört, gelangte C. nie hinaus. Noch 1854 übersandte er für das v. HELIODOR TRUSKA hg. *Oesterreichische Frühlings-Album* zwei goethezeitlich gestimmte G. (»Aus dem Orient: 1. Ich habe Dich! 2. Morgenpsalm in der Wüste«).

WERKE: Lyr.: *Poetische Betrachtungen in freyen Stunden von Nicolaus. Mit einer Vorrede und einem einleitenden Gedicht begleitet von Friedrich Schlegel*, Wien 1828. Reisebeschreibungen: *Erinnerungen aus dem Orient*, Triest 1847.

LITERATUR: Wurzbach, 3; Goedeke, 12; Carinthia, 145, Jg. 1955, 792 f.; H. Zeman: D. öst. Lyrik d. ausgehenden 18. u. des frühen 19. Jh. – eine stil- u. gattungsgesch. Charakteristik, in: D. öst. Lit. – Ihr Profil im 19. Jh. (1830-1880), hg. v. H. Zeman, Graz 1982, 513-547, bes. 534 ff.

Cornelia Fischer

Cremeri, Benedikt Dominik Anton (4.8.1752 Wien – 11.7.1795 Linz), war bis 1778 Schauspieler, trat dann in Linz als Censursaktuar, Bibliothekar u. Concipist in den Staatsdienst – zeitweilig arbeitete er unter J.V. EYBEL. Schon seit den frühen Siebzigerjahren entfaltete C. eine rege Tätigkeit als Bühnenschriftsteller; seine lit. nicht sehr bedeutenden Dramen stehen v. Anfang an im

Dienst der Aufklärung. So endet das den Romeo-und-Julia-Stoff variierende Trauerspiel *Amaliens Verlöbniß oder die Macht der ersten Liebe* (1778) mit dem Appell an alle Eltern, in einer ähnlichen Situation vernünftiger zu handeln – der Zweck des blutigen Geschehens ist ein ausschließlich didaktischer. Mit dem Beginn der erweiterten »Preßfreyheit« greift C. in einer Fülle v. Broschüren (z. T. unter dem Ps. Kaspar **Reinbeck**) in die heftigen Auseinandersetzungen um die josephinische Kirchenpolitik ein. Als unbedingter Anhänger des Kaisers attackiert er das Klosterwesen; seine Angriffe auf den orthodoxen bayrischen Theologen Aloys Merz führen zu einer heftigen Kontroverse, in die u.a. F. F. HOFSTÄTTER mit seinem *Wahrmund* eingreift. In der 1780 erstmals erschienenen *Bille an Joseph II.* propagiert C. eine Reformation des Theaterwesens im allg. u. des Schauspielerberufs im Bes.: die Bühne müsse völlig in den Dienst der staatlichen Aufklärung gestellt werden. Diese Forderung berücksichtigt C. auch in seiner eigenen Produktion. Zwar verfasst er weiterhin traditionelle Lustspiele, daneben aber wendet er sich verstärkt Stoffen aus der heimatl. (oö.) Gesch. zu, v. der Überlegung ausgehend, daß die Darstellung heldenhaften Geschehens aus der nat. Vergangenheit auf das Publikum eine ungleich größere Wirkung ausüben werde, als dies bei antiken Stoffen der Fall sei. C. hist. Dramen sind im wesentlichen Festspiele zur Verherrlichung altdt. Treue u. Biederkeit, ohne jegliche dramt. Spannung; die bewusst derbe Sprachgestaltung zeigt den Einfluss der zeitgenöss. Ritterdramatik. In den Neunzigerjahren erfüllen C. Dramen primär die Aufgabe, die Frz. Revolution zu bekämpfen, wobei sich der Autor ausdrücklich auf eine diesbezügliche Aufforderung L.A. HOFFMANNS beruft. In dem mit Effekten der Schauerdramatik operierenden *Bauernaufstand ob der Enns* revoltieren die Bauern lediglich auf das Anstiften ausländischer Provokateure hin; in dem die vorbildliche Figur des röm. Kaisers Titus Vespasian auf die Bühne bringenden Stück *Der gute Kaiser* steht am Schluss die zeittypische, v.a. v. J. v. SONNENFELS staatsrechtlich vertretene Erkenntnis, es sei doch viel besser, »unter der Regierung eines Kaisers, als in der vielköpfigen Republik« zu leben.

WERKE: Dramatik: *Theaterstücke*, 1. Bd., Linz 1785; *Sämmtliche Lustspiele*, Fkft./Lzg. 1787. Einzeldr.: *Die Wahl nach der Mode oder so etwas geschieht öfter*, Temesvar 1778; *Man prüfe, ehe man verurtheilt*, Temesvar 1774; *Amaliens Verlöbniß oder die Macht der ersten Liebe*, Fkft./Lzg. 1778; *Alles in Schuh und Strümpfen*, Linz [1782]; *Losenstain und Hohenberg*, Linz 1782; *Andromeda und Perseus*, Linz 1783; *Das Armeninstitut*, Linz 1785; *Die Perücken und das Referat*, Linz 1785; *Die Ohnmachten, oder heute bleiben wir auf der Gasse*, Fkft./Lzg. 1787; *Meßmer II. oder Ehen werden doch im Himmel geschlossen*, Linz 1787; *Die Kriegserklärung gegen die Pforte oder der Fürst und seine Feinde*, Linz 1789; *Ernst Rüdiger Graf von Starhemberg*, Linz 1791; *Der Bauernaufstand ob der Enns*, Linz 1792; *Der gute Kaiser*, Linz 1794; *Der alte Niklas*, Linz 1794. Bei Goedeke verzeichnet, in Wien aber nicht nachweisbar: *Leiden des jungen Werthers*, o.J.; *Lotte oder die Folgen von Werthers Leiden*, o.J.; *Adelstan und Röschen*. o.J.; *Itzt muß es so sein*, o.J.; *Da geht's zu*, o.J.; *Die Ahndungen*, o.J.; *Die Feyer der Dankbarkeit*, o.J.; *Richard und Julie*, o.J. Prosa: (Slg.) *Beste und biedermännische Schriften*, Wien 1785. Einzeldr.: *Das Paquet für Fürsten, sonst nützt's nichts*, 1779; *Eine Bille an Joseph II. Aus der Herzkammer eines ehrlichen Mannes*, Fkft./Lzg. 1780; *Etwas für Menschen ohne Vorurtheile*, Augsburg 1781; *Meine Grille von den kath. Vestalinnen*, 1781; *Ist Herr Aloysi-*

us Merz ein römisch-kath. Gottesgelehrter und steht der Mann an seinem Orte?, 1781; Antwort für den Kopf und das Herz Herrn Aloys Merz, 1782; Urtheile über Merz, seine Gegner und Vertheidiger, 1783; Eine Klage wider Joseph den IIten, bearbeitet von einem Philantropen, 1783; Die Mama will: ich soll ins Kloster geh'n, 1783; Sendschreiben an einige in Oberösterreich in Betreff des Anselmus Rabiosus, 1783; Franz Steininger, dermalen Pfarrer und Nonnenbeichtvater zu Windhaag, als Pasquillant dem Volke dargestellt, 1783; Immer der Pasquillant trotz seinem Rocke. Und so dem Volke dargestellt, 1783; Behandlung obderennsischer Unterthanen, zur Beherzigung für meine Freunde und wollte Gott! auch für Joseph II., 1783; Blicke und Wahrheiten auf und über die Krankenhäuser der barmherzigen Brüder und Elisabethinerinnen, Ffm./Lzg. 1784; Sympathien mit Joseph II., 1784: Ein gottloses Büchlein für gute Fürsten: die Pläne der Bösewichte zu vereiteln, 1785; Fromme Wünsche, eine ächte Schaubühne und würdige Schauspieler für dieselbe zu bekommen, Linz 1785; Gutherziges Opfer zur Statistik. Die Regierung, den Adel, die wahre Religion [...] betreffend, 1787. Hg. tätigkeit: Der Ausschreiber. Eine Wochenschrift. Linz 1777.

LITERATUR: Wurzbach 3; Goedeke V.; ADB 47.

Wynfrid Kriegleder

Crinesius, Christoph (Christopher, Christophorus; 1584 Schlaggenwald b. Karlsbad – 29.8.1629 Altdorf b. Nbg.) verlor 1587 seinen Vater gleichen Namens, besuchte die Univ. Jena (ab 1603) u. Wittenberg (ab 1606), erwarb 1607 in Wittenberg den Magistergrad u. wurde zunächst als Adjunkt, später als Doz. in den Lehrkörper der phil. Fakultät aufgenommen. C. profilierte sich v.a. als Kenner orientalischer Sprachen. Neben seiner Lehrtätigkeit an der phil. Fakultät setzte C. sein Theologiestud. fort. 1613 wurde er ev. Schlossprediger bei Wolf Sigmund v. Volckenstorf auf Schloss Gschwendt (bei Neuhofen/Krems, OÖ). Durch seine Ehefrau Regina, die er 1617 heiratete, wurde C. zum Schwager des in Neuhofen/K. geb. späteren brandenburgischen Generalfeldmarschalls Georg Derfflinger (1606-1695). Der Ehe C. entsprossen zwei Söhne u. drei Töchter. V. 1618 an war C. bei dem Schlossbesitzer u. Kirchenpatron Johann Fentzl, einem reichen Steyrer Bürger, in Mühlgrub (auch: Gru[e]b; bei Bad Hall, OÖ). 1624 auf kaiserl. Befehl ausgewiesen, begab er sich mit seiner Familie ins Exil nach Regensburg u. v. dort nach Nbg., wo er ab 22.2.1625 als Theol.-Prof. an der Akad. Altdorf bei Nbg. lehrte. Gleichzeitig hatte er die Stelle eines Diakons an der Nürnberger Stadtkirche inne. Am 29.8.1629 starb er am Schlagfluss.

WERKE: Zus. mit Ph. Arnoldi: *Disputatio hagiographica tertia ex fontibus Ebraeis, in qua contra Judaeos, Arianos aliosque kakodoxous personarum trinitas in divina essentia vel maxime demonstratur*, Wittenberg 1607; *Sebastiano Tengnagelio [...], bibliothecae Viennae Austriacae curatori, 17 Idus Martii anno 1608 designato, amicissima salus*, Wittenberg 1608; Zus. mit J. Behm: *Disquisitio tertia de modo colligationis externarum epocharum ad annos a condito mundo*, Wittenberg 1608; Zus. mit Ph. Arnoldi: *Tesserazētēma de Maria virgine benedicta et electa matre [...] e fontibus Ebraeis et Graecis [...] resolutum*, Wittenberg o.J.; *Carmen Syro-Graecum u. Votum versu retrogrado, sed unisono, Hebraicum, Syriacum, Graecum, Latinum*. In: *Ad laurum poeticam [...] M. Johannis Wilcoveri Ratisbonensis*, Wittenberg 1609, fol. A2ᵛ; *Disputatio I. Pro communione sub utraque specie*, Wittenberg 1610; *Disputationis De confusione linguarum pars prior; [...] pars posterior*, Wittenberg 1610; *Augustanae confessionis articuli priores decem, disputationibus duodecim breviter explicati*, Wittenberg

1610; *Eine Christliche Leichpredigt Bey dem begräbnis des Ehrwirdigen und Wolgelarten Herrn Christopher Crinesii, gewesenen Diacons in der Kayserlichen freyen Berck-Stadt Schlackenwalde*, Wittenberg 1610; *Gymnasium Syriacum. Hoc est, linguae Jesu Christo vernaculae perfecta institutio*, Wittenberg 1611; Beitr. zu: *Problematum theologicorum ex symbolo apostolico decadis [...] problemata*, Wittenberg 1611; Beitr. zu: *Propemptḗria euktika [...] Dn. Paulo Kreutzgang [...], cum Witeberga Halam legitime vocatus est [...], consecrata*, Wittenberg 1611; Beitr. zu: *Reverendi, humanissimi doctissimique viri professores [...] poetae [...] praeceptores [...] itemque amici [...] fautores atque promotores [...] Christophoro Hirschen [...] gratulantur*, Wittenberg 1612; Beitr. zu: *Nuptiis clarißimi excellentissimique viri Dn. Tobiae Tilemanni [...] cum [...] Iuliana [...] Caspari Meineri filia*, Wittenberg 1612; *Proverbium Arabicum* (griech.). In: J. Förster: *Oratio panegyrica de doctoratu et coniugio B. Lutheri, opposita calumniis ac sophisticationibus frivolis Iacobi Gretseri*, Wittenberg 1612, 83; Beitr. zu: *Pharmacum antiquo-novum contra cacoethes peregrinationis pontificiae propinatum omnibus ex vera papali devotione*, Wittenberg 1612; *Lexicon Syriacum*, Wittenberg 1612; Beitr. zu: J. Bommius: *Christliche und Tröstliche Leich-Predigt / Bey der Begräbnüß weiland Der [...] Foelicitatis Wiederguttin / gebornen Halbfingerin / Deß [...] Christophori Wiedergutts / Grävischen Khevenhüllerischen Verwalters / der Herrschgafften Mödling und Lichtenstain [...] Haußfrawen So [...] Zu Rodaun in Oesterreich unter der Enns [...] bestattet worden*, Wittenberg 1612; Hg. u. Übers.: *Epistola S. Pauli ad Romanos Syriaca*, Wittenberg 1612; Hg. u. Übers.: *Epistola S. Pauli Apostoli ad Titum, lingua Syriaca, cum interpretatione Latina*, Wittenberg 1613; *Ein Geistliches Gespräch Zwischen Einen Christen vnnd Juden, vom Wucher, vnd der Zukunfft Messiae. In ein kurzes Gespräch verfasset*, o.O. 1616; Beitr. zu: W. Franz: *Augustanae confessionis articuli fidei XXI, et articuli abusuum VII, disputaionibus XXXIIII [...] breviter explicati & ex verbo divino confirmati*, Wittenberg 1619; *Lingua Sarmatica, ex SS. libris impressis et manuscriptis fideliter eruta*, Altdorf [1620]; *Handwerks-Predigt über Gen. III.19. gehalten in dem Schloß Grub, des Lands Oesterreich ob der Ens, am Johannis Tag A. 1620*, Linz 1621; *Exercitationum Hebraicarum pentamerom*, Tl. I-V, Altdorf 1625; *Liber memorialis, sive analysis Novi Testamenti*, 2 Tl., Nbg. 1625 u. 1627; Beitr. zu: *Carmina funebria in beatum ex hac vita discessum [...] D. Joh. Bapt. Fabricii*, Nbg. 1626; *Gymnasmata theologica quinque, ad disputandum proposita*, Nürnberg 1626; Beitr. zu: *Epithalamia nuptiis Rev. & doctissimi viri, Dn. Pauli Stamleri [...] & [...] Ursulae [...] Johannis Vom Rhein [...] relictae filiae*, [Nbg.] 1626; Beitr. zu: *Epithalamia in honorem [....] Dn. Tobiae Ölhafi [...] nec non [...] Annae-Sabinae Volckameriae*, Nbg. 1626; Beitr. zu: *Nuptiae secundae [...] M. Jacobi Tydaei [...] lectissimaeque virginis Ursulae [...] M. Georgii Mauricii [...] filiae, Dn. fautorum & amicorum carminibus [...] celebratae*, Nbg. 1626; *Disputationum theologicarum prima de fide catholica B. Petri, pontificum omnium primi et maximi*, Altdorf 1626; [...] *secunda*, Altdorf 1626; [...] *tertia*, Altdorf 1629; [...] *quarta*, Altdorf 1629; Beitr. zu: *Applausus votivi e Parnasso missii, cum honores in utroque iure doctorales [...] conferrentur [...] Davidi Schmugk*, Altdorf 1626; Beitr. zu: *Manipulus votorum in solennitate nuptiarum [...] Davidis Schmugk [...] [...] Anna-Christina [...] zum Lamm*, Altdorf 1626; Beitr. zu: D. Schmuck: *Velitationum forensium tertia*, [Altdorf] 1627; *Velitationum forensium quarta*, ebd. 1627; Beitr. zu: *Lexicon ethicum*, Nbg. 1627. – Beitr. zu: Christoph Crinesius, *Disputatio iuridica de confortatione feudi*, Altdorf 1627; *Orthographia linguae Syriacae*, Altdorf 1627; *Gymnasium Chaldaicum*, 2 Tl., Nbg. 1627 u. 1628; Beitr. zu: *Euchai gamikai factae &*

consecratae [...] *M. Johanni Weinmann* [...] *nec non* [...] *Annae-Mariae* [...] *Mutterer*, Nbg. 1628; Beitr. zu: *Disputatio prima ad Iustinianeas institutiones*, Altdorf 1628; *Ogdoozētēma glottikon*, Altdorf 1628; Beitr. zu: Z. Theobald: *Arcana naturae. Das ist: Sonderliche geheimnus der Natur*, Nbg. 1628; Beitr. zu: G. König: *Disputatio theologica de praedestinatione*, Altdorf 1628; Beitr. zu: J. Kob: *Disputatio logica de demonstratione*, Altdorf 1628; Beitr. zu: Ders., *Disputatio logica de instrumentis dialecticis*, Altdorf 1629; Beitr. zu: Ders., *Disputatio metaphysica de angelis*, Altdorf 1629; Beitr. zu: G. König/C. Althofer: *Exercitatio theologica in qua sex illustriores controversiae* [...] *circa articulum iustificationis* [...] *publico examini subiiciuntur*, Altdorf 1629; *Rector universitatis Norimbergensis civibus academicis S.P.D.*, [Altdorf] 1629; Beitr. zu: *LeichSermon Bey der Christlichen und Volckreichen Begräbnuß / der* [...] *Frawen Anna Maria* [...], *deß* [...] *M. Georgii Göringers* [...] *geweßnen geliebten Haußehr*, Altdorf 1629; *Discursus de confusione linguarum, tum Orientalium* [...] *tum Occidentalium* [...] *concinnatus*, Nbg. 1629; Postum: (Beitr. zu:) *Manipulus epigrammatum*, Altdorf 1630; Hinterlassene Mss.: *Lexicon Syriacum*. – *Versio Catechismi Lutheri Syriaca* (in Öst. entstanden). – *Translatio Augustanae Confessionis in linguam Syriacam*. – Ausführlichere Anmerkungen zu: *Tesserazetēma de Maria virgine benedicta et electa matre* (s.o.).

LITERATUR: Zedlers Universal-Lexicon 6, Sp. 1650. – ADB 4,597f.; G. G. Zeltner: Vitae theologorum Altorphinorum, Nbg.-Altdorf 1722, 226-245; B. Raupach: Presbyterologia Austriaca, Hbg. 1741, 22f.; G.A. Will: Nürnberger Gelehrten-Lexicon, Bd. 1, Nbg. 1755, 222-224; J. K. Mayr: Weitere dreizehn Predigtdrucke. In: Jb. für d. Gesch. d. Protestantismus in Öst., Wien 1957, 61-112, hier 67.

Robert Hinterndorfer

Cron, Joachim Anton (29.9.1751 Podersam/Saazer Kreis – 20.1.1826 Ossegg/ im Stift) stud. in Prag, trat 1776 zu Ossegg in den Zisterzienserorden ein (1777: Ordensgelübde, 1782: Priesterweihe, 1795: Dr. theol. Univ. Prag, 1805: Prof. d. Dogmatik an der Univ. Prag, 1822: Ruhestand), lehrte in Saaz, Ossegg u. war Gymnasialprof. in Prag u. Komotau C. gab einige pädagogisch orientierte Schriften heraus (z.B. eine *Methodik der Kirchengeschichte*, Prag 1795; *Cassiodorus oder Die Schulen*, Prag 1800 – enthält auch eine satirische Fabel in Versen »Uiber falsche Aufklärung. Die Fenster«; *Methodik* [...] *eine todte Sprache zu lernen*, Prag 1802) u. trat bes. als Rhetoriker hervor: *Wahrheiten an der ersten Stuffe des Altars angehenden Priestern*) [...] in Primiz predigten zugesprochen (Prag 1806); *Lobrede der Arbeitsamkeit* (Prag 1816). Aus den Schulerfahrungen dieses aufgeklärten Priesters ging auch das Lustspiel *Hat der Schulmeister Brod? oder: Ich bin Schulpatron!*, Prag 1787. In einer Elegie »in romischen [sic!] Tonmaaß gesungen« eröffnete C. seine lit. Produktion zu Ehren der verstorbenen Monarchin *Eine Begeisterung in der Eremitenzelle auf M. Theresiens Tod gefühlt, oder der getröstete Löwe, eine Erscheinung von der einsiedlerischen Muse gesehn*, Prag 1780 u. schrieb wenig später verängstigt v. radikaleren Einsetzen der josephinischen Aufklärung 478 Seiten zum Thema *Dringende Vorstellungen an Menschlichkeit und Vernunft, um Aufhebung des ehelosen Standes der katholischen Geistlichkeit* (o.O. wahrscheinlich Prag) 1782.

WERKE: s. o.

LITERATUR: Goedeke, Bd. VI, 730f.

Herbert Zeman

Cropaček, Caspar (**Cropacius**, um 1520 Pilsen – 13.1.1580 Prag) war Syndicus in Pilsen. 1560 wurde er in Wien zum Poeta laureatus gekrönt (*Lobg. auf Wien*, 1563).

Seine neulat. Elegiendichtung gestaltet rel. Stoffe, das traditionelle Herrscherlob sowie Stoffe aus der böhmischen Gesch. (bes. in *Cropacii Poemata*, 1581).

WERKE: (Ausw.) rel. Lyr.: *De lamentabili passione et glorioso Triumpho Jesu Christi. Carmina publice recitata nunc edita Autoribus Petro Pagano Wanfridensi et C. Cropazio Pelsnensi*, Wien 1560 (d. 2. Autor war d. ebenfalls 1560 in Wien zum Dichter gekrönte Petrus Paganus aus Warnefried in Hessen, gest. 29.5.1576, der Prof. d. Poesie u. Gesch. in Marburg war). Polit. Lyr.: *Carmen Ferdinando I.*, in: *Petrus a Rotis Corona poetica*, Wien 1560; *Tumuli Caes. et Regum Bohemiae ex Archiducibus Austriae* [...], Prag 1577; *C. Cropacii Poemata*, Nbg. 1581. Städtelob: *In laudem Viennae Urbis Celeberrimae* [...], Wien 1563.

LITERATUR: A. Mayer: Wiener Buchdruckergesch., Wien 1883, Bd. I., 75 u. 91; J. v. Aschbach: D. Gesch. d. Wr. Univ., Wien 1888, Bd. 3, 63, 333; R. Meister: Gesch. d. Doktorates d. Phil. an d. Univ. Wien, Wien 1958, 155; R. Poschenrieder: Die Lehrpersonen d. Artistenfakultät d. Univ. Wien im Zeitraum v. ca. 1545-1622, Med. Diss. Erlangen-Nbg. 1972, 131-132.

Werner M. Bauer

Croy, Friedrich (18.12.1896 Dux/Böhmen – 31.10.1972 Schriesheim/Baden-Württemberg; Ps.: F[ritz] A[ngelo] C.), Sohn eines Mineningenieurs, stud. an der Prager Techn. Hochschule Chemie (Dr.rer.techn., Dipl.-Ing.) u. leitete hierauf eine chem. Fabrik in Mannheim-Waldhof. C., Mitgl. des Verbandes Dt. Schriftsteller, lebte in dem östlich v. Mannheim gelegenen Schriesheim. In den 30er-Jahren trat er nebenbei bloß mit vielen belletristischen Abenteuer- u. Kriminalr. mit reinem Unterhaltungswert an die Öffentlichkeit (1936 u.a. *Spiel um den Tod – Der Fälscher*).

WERKE: (Ausw.) Romane: (nicht im Bestand v. Wiens großen Bibl.) *Die Insel der Unsichtbaren. Eine merkwürdige Gesch.*, Lzg. 1924; *Gallagher, der Einäugige*, Dresden 1935; *Der Chink*, Dresden 1936; *Der Fälscher*, Dresden 1936; *Jim, der Einsame*, Dresden 1936; *Spiel um den Tod*, Dresden 1937; *Die Teufelsfarm*, Dresden 1936; *Das Narbengesicht*, Dresden 1937; *Der Verräter-Canyon*, Dresden 1937; *Der Sheriff von Claratown*. Wildwest-R., Dresden 1938; *Unter Yaquis und. Grenzbanditen*, Dresden 1938; *Dugan & Cod.*, Dresden 1939; *Nebel*, Mchn. 1956.

LITERATUR: Wer ist wer? Das dt. Who's who. XII. Ausg. v. Degeners wer ist's?, Bln.-Grunewald 1955, 175; Kürschner 1973, hg. v. Werner Schuder, Bln.-New York 1974, 56. Jg., 150.

Sylvia Leskowa

Crüwell, Gottlieb August Julius (10.9.1866 Leangolla auf Ceylon – 22.12.1931 Santa Margherita bei Genua) wurde als zweites Kind des Farmers Georg August G. u. seiner aus der Stmk. stammenden Frau Cornelia auf einer entlegenen Kaffeeplantage geb. Seine Mutter verließ die Tropen, um sich in Graz anzusiedeln, als C. zwei Jahre alt war. Bald darauf ließ sie sich mit den Kindern in OÖ nieder, zuerst in Eferding, dann in Linz. Finanzielle Gründe erzwangen einen weiteren Wohnortwechsel der Familie. Während Mutter u. Schwester nach San Francisco auswanderten, kam C. nach Wien, wo er 1886 maturierte u. an der Univ. Gesch. stud. Er promovierte im Sommer 1896. Seinen Unterhalt während der Studienjahre verdiente er sich als Privatlehrer, zeitweise auch als Hofbibliothekar des Herzogs Wilhelm v. Württemberg. Früh zeigten sich seine lit. Neigungen u. das Interesse für Theater u. Presse. Nach Abschluss des Stud. trat er ein Auslandsjahr an, das ihn über Bremen u. Hbg. nach England führte, wo er sich journalistisch betätigte. Im Nov. 1897 nach Wien zurückgekehrt, trat er an der Univ.bibl. seinen Dienst an, heiratete 1898 Alma Clairmont u. unternahm in der Folgezeit als Bibliothekar mehrere Auslandreisen; Auslandaufenthalte folgten. Im Winter 1913/14 brach C. zu einer mehrmonatigen Reise nach Ceylon auf, an den Ort seiner frühen Kindheit. Anschließend fuhr er nach Indien, wo er an Malaria erkrankte. An den Folgen dieser Krankheit hatte er Zeit seines Lebens zu leiden. Nach Wien zurückgekehrt, erlebte C. den Ausbruch des 1. WK u. den Zusammenbruch der Monarchie. 1923 wurde er zum Direktor der Univ.bibl. befördert u. blieb auf diesem Posten, zum Hofrat u. Generalstaatsbibliothekar ernannt, bis zu seinem Lebensende (1931). Die wichtigste Zeit für C. lit. Schaffen war das Jahrzehnt 1908-1918. Seine künstlerischen Interessen lagen im Bereich des Dramas u. der didaktischen Lyr. Das Werk fand zu Lebzeiten seines Autors in der Öffentlichkeit nur mäßige Anerkennung. Neben einigen wenigen Rätselg. (*Lynkeus, Die Söldner* usw.) gab C. 1908 sein erstes Bühnenwerk, *Die Falle*, heraus. Es handelt sich dabei um einen hist. Stoff aus der Zeit der Wr. Türkenbelagerung, wurde 1915 v. Dt. Volkstheater in Wien angenommen, aber nie aufgeführt. Das gleiche Schicksal hatte die einaktige K. *Der Teppich*, die C. bereits 1909 geschrieben hatte. Sein umfangreichstes Werk, die fünfaktige K. *Schönwiesen*, ebenfalls 1909 verfasst, gelangte im Nov. 1912 erstmals im Burgtheater zur Auff. u. wurde auch in Graz u. in Hbg. gespielt. Von C. im Wr. Rokoko angesiedelter K. *Die Arche Noah* ist eine drei- u. eine vieraktige Fassung überliefert. Das Stück entst. 1915, wurde aber bisher nicht aufgeführt. Es zeigt den Konflikt, der durch menschl. Zusammenleben aus unterschiedlichsten Milieus (wohlhabende Wr. Familie – Abenteurerpaar) entsteht. Das Schauspiel *Totem, in* welchem der Autor Probleme des Adels um die Jh.wende aufzeigt, wurde 1916 in Ffm. u. in Hbg. aufgeführt. In den Jahren 1916-1919 entst. drei Einakter: das im MA spielende Ritterstück *Hagen*, die Trenk-Episode *Daniel* u. das Lustspiel *Kirke*, in dem das Theaterleben thematisiert wird, In dem Essay *Vom dt. Lustspiel* setzt sich der Autor zu Beginn des 20. Jh. theoretisch mit der v. ihm bevorzugten Kunstform auseinander. C. betätigte sich außerdem als Übers. (H.G. Wells: *Der Krieg der Welten*) aus dem Engl. u. als wiss. Autor (Bibl.wesen u. Gesch.). Die Bedeutung v. Autor u. Werk ist noch nicht erforscht. Der Nachl. liegt in Pappenheim (Privatbesitz).

WERKE: Dramen: *Die Falle*, 1908; *Der Teppich*, 1909; *Schönwiesen*, 1909; *Die Arche Noah*, 1915; *Totem*, uraufgeführt, 1916; *Hagen*; *Daniel*; *Kirke* (zw. 1916 u. 1919). Essay: *Vom dt. Lustspiel* (unveröff.). Rätselg.: *Lynkeus*; *Zwiespältig*; *Die Söldner* (teilweise unveröff.).

LITERATUR: Wr. Stadt- u. Landesarchiv, Biograf. Slg.: Biograf. Daten; Hansen; J.C. Meinich: Dr. G.A.C. 1866-1931, Chicago 1932, 301f.; S. Frankfurter G.A.C., Lzg. 1932, in Zentralbl. f. Bibl. wesen, Jg. 49, 188-191; H. Oestertag: G.A.C., ein vergessener Wr. Dramatiker, Univ. Diss. Freiburg (CH) 1959; H. Draws-Tychen: G.A.C. u. S. v. Kamare, Mchn. 1962 (Privatdruck).

Ruthilde Frischenschlager

Crusius, Florian (Florianus; eigentl. Krause; ? »Samogeta« – um 1646 Plungiany, Litauen), Arzt, Mathematiker, Philosoph u. Theologe, Freund Johannes Keplers in Linz, neulat. Autor. C. erhielt seine gymnasiale Grundausbildung in Tilsit. In der Einl. zu seinem Traktat *De enunciationis divisione* spricht C. mit größter Hochachtung v. seinen Lehrern dort. Danach stud. C. an der Univ. Königsberg Phil. u. Med., bevor er in Linz Präzeptor an der Landschaftsschule u. Assistent des obderennsischen Landschaftsmathematicus Johannes Kepler wurde: Ihm übersandte er später seine Straßburger Disputation über Kopfweh, *De dolore capitis* (s. u.), u. mit ihm stand er später (1617-1619) im Briefwechsel. Auch mit dem gebürtigen Hallstätter MATTHIAS BERNEGGER korrespondierte er u. informierte ihn über die Religionsverhältnisse in Öst. Am 21.3.1616 wurde C. als Landschaftsschul-Präzeptor auf eigenes Ansuchen entlassen; noch ist er in Linz nachweisbar. Danach wohnte er bis 1619 in Straßburg im Haus eines Herrn Elspichius zus. mit seinem Hofmeister, dem Österreicher GOTTHARD CARL RITTER V. MÜLBACH, der ihn schon bei früherer Gelegenheit auf einer Bildungsreise nach Frankreich begleitet hatte. In Straßburg scheint er als Respondens bei einer med. Disputation mit dem dortigen Prof. Johann Rudolph Saltzmann auf. V. Straßburg kehrte er nach Öst. zurück u. fand auf Burg Rastenberg (NÖ) Aufnahme bei dem kaiserl. Rat u. ehem. Hofkriegszahlmeister Kaiser Rudolfs II., Michael Zeller, der dem Protestantismus zuneigte. V. Rastenberg begab sich C. wieder nach Dtld., zunächst nach Erfurt. Nachdem sich C. wahrscheinl. schon in Straßburg mit den theol. Ansichten der Sozianer (Anhängern der antitrinitarischen Lehren der Italiener Lelio u. Fausto Sozzini) angefreundet hatte, zog er weiter nach Norden, wo die Sozianer v.a. in Pommern u. Polen großen Zuspruch erfahren hatten. Hier verstärkte sich C. Engagement für diese rel. Strömung durch seine Heirat mit der Schwester des öst. Frh. Ludwig v. Wolzogen, der zu den bedeutendsten antitrinitarischen Exegeten zählt. Längere Zeit lebte C. in Stettin; nach seiner Heirat zog er nach Bobelwitz bei Meseritz u. schließlich nach der vorwiegend lutherischen Stadt Danzig, deren Senat ihn 1643 zus. mit den Sozianern Martin Ruar u. Daniel Zwicker auswies. C. flüchtete nach Polen u. starb nach 1646 in Litauen.

WERKE: *Elegie* (in altgriech. Sprache) in: G. Mejer: »De praedicamentis«, o.O. 1611; *Dissertatiuncula de morbi Ungarici caussis et curatione*, Linz 1616; (Elegie in altgriech. Sprache) in: J. Strauß, *Logistica astronomica*, Linz 1616; (Beitrag zu:) *Euphemiai syncharistikai, quibus [...] D. Casparo Coco [...] summos [...] a [...] medicorum Basiliensi collegio [...] collatos in [...] medicina docturae honores gratantur [...] Mecoenates, fautores et amici*, Basel 1616; *Eyphemiae syncharisticae ad [...] D. Johannem Gredelium [...]: cum ei in [...] Rauracorum Academia Basil.‹iensi› [...] suprema in medicina [...] doctoratus privilegia [...] conferrentur*, Basel 1617; Zus. mit J. R. Saltzmann: *Disputationum medicarum de speciali dignotione & curatione morborum totius corporis humani prima De dolore capitis*, Basel 1617.

Hs. überliefert bzw. teilweise postum gedr.: *Briefe an Martin* Ruar, in: M. Ruar: *Centuriae epistolarum*, Amsterdam 1681, Nr. 29, 32, 38; *Briefe an Johann Permeier*, Ms. (Franckesche Stiftungen zu Halle/Saale, Archiv, AFSt/H B 17a u. 17b); *Briefe an Johannes Kepler, Briefe an Matthias Bernegger* (Brief v. 13.8.1619 abgedr. in: Raupach, 3. Fortsetzung, Beilagen, s.u., 224-228); *Briefe an Joachim Peuschel*, einer aus dem Jahr 1628 ref. bzw. zit. in: G. Zeltner: Historia Crypto-Socinismi, 800-808; Stammbucheintragung ins *Album amicorum* des J. Naeranus: Danzig, 21. Apr. 1633, Koninklijke Bibliotheek Den Haag, 74 H 24; *De vera voluntatis libertate; De vi mortis Christi*; (Brief an Mersenne:) *De vera Dei cognitione; De origine et essentia filii Dei*; *Von der menssen natur und vermögen*; *Von der gemeinte Christi*; *Bekentnuß*; *Von aufferstehung der leiber*; *Contra atheos*; *De filio Dei*; *Explicatio initii evangelii S. Iohannis*; *Antwort auff Paul Felgenhauwers prob-buchlein*; *De ratione in Theologia* (dagegen schrieb J.P. Felwinger: *Disceptatio theologica Anti-Photiana de ratione in theologia* [...] *contra Florianum Crusium, Medicum,* Helmstedt 1671).

LITERATUR: C. Sandius: Bibliotheca Anti-Trinitariorum, Freistadt 1684, 140f.; B. Raupach: Erläutertes ev. Oesterreich [= Bd. 4], Hbg. 1740, 400; Beilagen, 224-228; Ders.: Presbyterologia Austriaca, Hbg. 1741, Kl. Nachlese, 29f. ; G. G. Zelter: Historia Crypto-Socinismi, Lzg. 1744, 800f.; C.G. Jöcher: Allg. Gelehrten-Lexicon, 1. Tl., Lzg. 1750, Sp. 2234; C. F. Bauer, D. ev. Landschaftsschule in Linz a.D. In: Jb. d. Gesell. für d. Gesch. d. Protestantismus [in ...] Öst., 45.-46. Jg., Wien/Lzg. 1925, 1-46; O. Wessely: Linz u. d. Musik. In: Jb. d. Stadt Linz 1950, 96-197, hier S. 129 u. 182, Anm. 294; Ders.: D. Hitzler: Jb. d. Stadt Linz 1951, Linz 1952, S. 282-387, hier 309 u. 376, Anm. 204; J. Schmidt: Linzer Kunstchronik, 2. Tl., Linz 1951, 26; Ders.: Lateinisches Linz. In: Mitt. d. Instituts für öst. Gesch.forschung, Bd. 60, Graz/Köln 1952, 206-219, hier 212; G. Doebel, J. Kepler: Graz/Wien/Köln 1983, 154; Index bio-bibliographicus notorum hominum, Bd. 43, Osnabrück 1988, 193.

Robert Hinterndorfer

Csaki, Richard Dr. (4.4.1886 Hermannstadt – 31.12.1943, Flugzeugabsturz, Perugia) bemühte sich sein Leben lang, die künstlerischen u. kulturellen Interessen der Dt. in Großrumänien zusammenzufassen u. die Verbindung mit dem Mutterland aufrecht zu erhalten. So gründete er nach 1918 das dt. Kulturamt in Hermannstadt u. anschließend die Zs. *Ostland,* die in den Jahren nat. Spannungen 1919-1921 u. 1925-1930 sich um einen geistigen Zusammenschluss bemühte. Er arbeitete im dt. Kulturamt in Rumänien; seine Tätigkeitsberichte für die Jahre 1922-1927 zeugen v. seinem Engagement. Er war auch zeitweise Leiter des Auslandsinstitutes in Stgt. Tief verbunden fühlte er sich JAKOB BLEYER, dem Kämpfer für die Auslandsdt., für den er 1934 einen Nachruf schrieb. – Im Jahr 1916 gab er die erste Anthologie Siebenbürger Dichtung heraus: *Jenseits der Wälder.* C. sah die Dichtung als Mittel, um in der Enklave, eingeschlossen in einer nationalistisch-aggressiven Umwelt, die eigene Identität bewahren zu helfen. Er wollte einen Staat im Staate, eine Kulturgemeinschaft, zusammengefügt im gemeinsamen Streben nach Bildung, die die dt. Kirche, die Schule u. eben auch die Lit. verbinden sollte. In der Slg. *Jenseits der Wälder* finden sich G. unterschiedlichster Art – dt. Volkslieder, Kirchenlieder der Reformation, kaisertreue Soldatenlieder, »Unter Habsburgs Fahnen« Gesänge für Volk u. Vaterland. Eine Sonderstellung nehmen die »Waisenlieder« ein – Verse, die das traurige Los v. elternlosen Kindern beklagen. Die Lieder sind aus der realen Not nach den Türkenkriegen entstanden u. bilden eine spezifische Eigenart der Siebenbürger Dichtung. Leidendes Ausharren, nicht handelndes Eingreifen war das Schicksal dieses Stammes; C. wollte versuchen, das Selbstbewusstsein der Menschen in dieser inhomogenen Umwelt zu stärken – das war das Anliegen aller seiner Schr. Er wollte eine Gesch. der Siebenbürger Lit. schreiben, doch es kam nur zu einem Vorbericht (Hermannstadt 1920).

WERKE: Schriften (Ausw.): *Honterus janus nemet* [...], *quellenkritische u. sprachliche Untersuchung der dt. Schriften des Johannes*

Honterus, (ung.) Budapest, 1912; *Vorbericht zu einer Gesch. der dt. Literatur in Siebenbürgen*, Hermannstadt, 1920; *Zur Nationalitätenkunde Rumäniens*, In: Fs., hg. aus Anlass des 10. Dt. Ferienhochschulkurses in Hermannstadt v. dt. Kulturamt in Rumänien, Hermannstadt 1929; *Jakob Bleyer zum Gedächtnis*, Mchn/Prag 1934; *Auslanddt. Wirken in der dt. Kulturgesch.*, Wien, 1936; *Deutscher Wegweiser, Grenz- und Auslanddt. Reisehandbuch durch Europa*, Bln. 1962; Hg.: Zs. *Ostland. Vom geistigen Leben der Auslandsdt.*, Jg. 1-6, Hermannstadt 1926-1931; *Jenseits der Wälder, eine Slg. aus 8 Jahrhunderten Siebenbürger Dichtung*, Hermannstadt 1916.

LITERATUR: F. Teutsch: Gesch. d. Siebenbürger Sachsen für d. sächsische Volk, Hermannstadt 1926, Bd. IV., 289, 299; Giebisch/Gugitz, 55; Nagl/Zeidler/Castle, Bd. I., Bd. II; Lex. d. Siebenbürger Sachsen, Innsbr 1993, 92f.

Eva Münz

Csala, Ernst v. (9.4.1893 Wien - ?), Dr. jur., war einer jener Autoren, d. nur einmal lit. tätig wurden u. im EUROPÄISCHEN VERLAG ein Publikationsforum fanden (S. CHIARI, Gerhard).

WERK: *Viola d'amore: Gedichte*, Wien 1951.

Redaktion

Csallner, Alfred (Ps. **Nösner** Friedrich, 10.4.1895 in Bistriz, Siebenbürgen, lebte zuletzt in Altenmarkt, Bayern, Td. unbek.) ist der Sohn v. FRIEDA CSALLNER u. Bruder v. ELFRIEDE CSALLNER. Er stud. in Budapest, Bln. u. Wien (ein Jahr) Gesch., Geografie u. Theol. Anschließend kam er als Supplent an das Bistritzer Obergymnasiuin u. an die Mädchenschule (1918-1922), v. 1922-1923 war C. als Prof. an der Lehrerinnenbildungsanstalt in Schäßburg, Siebenbürgen tätig. Bereits 1923 wurde er ev. Pfarrer in Roseln, später in Stolzenburg u. Kleinscheuem. Neben seien päd. u. seelsorglichen Aufgaben widmete sich C. in jungen Jahren überwiegend wiss. Studien über seine Heimat. Er betrieb volksbiologische, geogr. u. soziologische Forschungen in Nösnergau. Er leitete das v. ihm gegr. Inst. für Statistik u. Bevölkerungspolitik der Rumäniendt., gehörte dem Schriftleitungsausschuss der »Bistrizer Deutschen Ztg.« an u. war Hg. der »Blätter für Kinderfrohe«. Nach dem 2. WK wurde C. v. den rumän. Behörden verfolgt, seine wiss. Schr. vernichtet. Er wurde über ein Jahr im KZ gefangen gehalten. 1946 war er erneut für kurze Zeit Pfarrer u. widmete sich vorwiegend schriftstellerischen Arbeiten. Bis zu diesem Zeitpunkt waren von ihm zwei Publikationen herausgekommen: *Das Märchen von Königen und Köhlersleuten*, 1927 u. das Volksstück *Um der Zukunft willen*, 1927. C. schrieb zwei weitere M.: *Der Jäger bei den Zwergen* u. *Konrad im Märchenwald*, 1947. Wieder wurden seine Arbeitsunterlagen vernichtet, u. er verbüßte eine zweijährige Haftstrafe. 1949 erschien C. Erz. *Vor leeren Banken*. Im Jahr 1974 gelang ihm die Übersiedlung in die damalige Bundesrepublik Dtld. Daselbst erschienen 1976 seine Erz. *Rottenholz* u. *Die Rottenholzer Großeltern* u. 1980 *Der Baruch und andere Erz. aus Siebenbürgen*. 1981 erfolgte auch eine Neuausg. des M. *Der Jäger bei den Zwergen*. Der Hinweis, dass C. auch G. verfasst u. publiziert hatte, konnte nicht überprüft u. belegt werden. - C. war Träger mehrerer Lit.preise: Stiftung Ostdt. Kulturrat, Lit.preis d. dt. Bundesministeriums, Lit.preis des »Dichterstein Offenhausen«, Siebenbürgisch-Sächsischer Kulturpreis.

WERKE: Volksstück: *Um der Zukunft willen*, 1927. Erz.: *Das Märchen von Königen und Köhlersleuten*, 1927; *Konrad im Mär-*

chenwald, 1947; *Der Jäger bei den Zwergen*, 1947, ²1981; *Vor leeren Bänken*, 1949, *Rottenholz* u. *Die Rottenholzer Großeltern*, 1976; *Der Baruch und andere Erz. aus Siebenbürgen*, 1980.

LITERATUR: Giebisch-Gugitz, C.A.: Meine wiss. Arbeiten, Wien 1975.

Ruthilde Frischenschlager

Csallner, Elfriede (16.8.1901 in Bistritz, Siebenbürgen – 13.1.1989 in Braunau am Inn, OÖ) wuchs als Tochter v. FRIEDA CSALLNER u. dem Gymnasialprof. Dr. Alfred C. sowie als Schwester v. ALFRED CSALLNER in Bistritz auf, wo sie nach der Mädchenbürgerschule das Knabengymnasium besuchte u. ebendort maturierte. Anschließend stud. sie in Wien Phil., Geografie u. Gesch. u. promovierte im Alter v. 23 Jahren zum Dr. phil. Nach einem Ergänzungsstud. in Rumän., das C. in Jassi absolvierte, erwarb sie die rumän. Lehrbefähigung für Mittelschulen, wirkte ab 1927 als Lehrerin in Mediasch, anschließend in Bistritz, wo sie im Alter v. 29 Jahren die Leitung der Mädchenschule übernahm. Neben der Schultätigkeit engagierte sie sich in der ev. Kirche u. interessierte sich für völkische, soziale u. Frauen-Fragen in ihrer Heimat. Ihre schriftstellerischen Anfänge reichen in die 20er-Jahre zurück. Neben Aufs. zu Sachthemen schrieb sie zuerst Skizzen (z.B. *Die Tanne*), die in der *Bistritzer Dt. Ztg.* u. in dem in Temesvar erschienenen *Volksboten* publiziert wurden. Sie verließ im Sept. 1944 mit Tausenden anderen Siebenbürgen-Dt. ihre Heimatstadt Bistritz u. kam nach Irrwegen u. unter Lebensgefahr mit z.Tl. verwaisten Schulkindern nach OÖ. C. adoptierte zwei Kinder u. verdiente anfänglich für sich, ihre Mutter u. die zwei Adoptivtöchter den Lebensunterhalt mit Privatunterricht u. Übersetzungen. 1948 wurde die Familie in Braunau ansässig. 1952 erwirkte sie die Anerkennung der Lehrbefähigung in Öst. u. unterrichtete am Gymnasium v. Simbach (Bayern). Neben ihrem Beruf war C. auch als Schriftstellerin tätig. Sie verfasste Erlebnisberichte, Besinnliches u. hielt Vorträge. Ab 1951 schrieb sie auch Theaterberichte. Ihre Schr., in welchen C. völkische, rel. u. familiäre Themen aufgriff, publizierte sie in in- u. ausländ. Zs. Eine wiss. Befassung mit Leben und Werk der Autorin wäre insofern wichtig, weil C. einerseits die dt.spachig-protest. Kultur repräsentierte, andererseits den Übergang zur öst. Lit.schaffenden »der ersten Stunde« nach dem 2. WK schaffte. – Eine Liste mit ca. 150 Titeln aller Veröff. in öst. u. dt. Zs. u. in Kalendern liegt im Siebenbürgischen Archiv in Gundelsheim.

WERKE: Lyr.: *Gedichte*, 1928. Prosa: Erz.: *Die Tanne, Akazien, Eine Wachaufahrt*, 1925; *Die Blume von der Himmelswiese*, M., 1928; *Rechtsanwältin Hammerschmied*, 1933; *Eine Umkehr*, 1934; *Sühne?*, 1950; *Der Tunnel*, 1950; *Jeder wie er kann*, 1952; *Stiller Weg*, 1965; *Lebensbilder siebenbürgisch-sächsischer Frauen*, 1972; *Nach Mitternacht*, 1974; *Lebenswende* (6 Skizzen, z.Tl. schon früher hg.): *Die ersten Jahre im Westen; Sühne?, Begegnung, Stiller Weg, Der Tunnel, Heimfahrt*, Mchn. 1975.

LITERATUR: Siebenbürgisch-sächsische Frauengestalten. Ihr Leben u. Wirken, hg. v. Frauen- u. Familienreferat d. Landsmannschaft d. Siebenbürger Sachsen in Dtld. 1990 (mit weiteren Lit. angaben).

Ruthilde Frischenschlager

Csallner, Frieda (auch Frida, 10.11.1874 Temesvar, damals Ungarn – 25.10.1966 Braunau am Inn, OÖ) wuchs als jüngstes v. fünf Kindern des königl. ung. Finanzrates GOTTFRIED HENNING (Ps. ERWIN SACHS) in Bistritz, Siebenbürgen, heute Rumänien auf u. heiratete 18-jährig den Gymnasialprof. Dr. Alfred C. Dieser Ehe entsprossen mehrere Kinder, wovon ein Sohn im 1. WK fiel. Bald darauf, 1918, starb ihr Ehemann. Neben den familiären Verpflichtungen war C. in mehreren Vereinen öffentlich tätig. Sie leitete auch einen »Verein zur Förderung des Frauenerwerbs«. In dieser Funktion unternahm sie 1930 eine Vortragsreise ins Rheinland u. nach Westfalen, wo sie über die Arbeit dt. Frauen in Siebenbürgen sprach. Sie wurde bald Mitarbeiterin des »Siebenbürgisch-dt. Tagesbl.«. In dieser Ztg. erschienen ihre Erz. u. der R. *Kreuz und Rosen*, eine heitere Familiengesch. Im Sept. 1944 erzwang die polit. Entwicklung in Siebenbürgen die Abwanderung u. Flucht der dt.sprachigen Bevölkerung. Auch C. verließ ihre Heimat u. ging einer ungewissen Zukunft entgegen. Nach dem 2. WK, 1948, übersiedelte sie zu ihrer Tochter ELFRIEDE CSALLNER nach Braunau (OÖ.). Ihre schriftstellerische Tätigkeit fand in der neuen Heimat keine Fortsetzung.

WERKE: *Herbst*, Erz., 1925; *Ein Weihnachtsabend*; *Wie Gretl sich zu helfen wusste*, *Die Hochzeitsreise*, Erz., 1925; *Kreuz u. Rosen*, R., 1927; *Gottesgericht*, Erz., 1928; *Auch eine*, Erz., 1936.

LITERATUR: Giebisch-Gugitz, 55: Persönliche Information durch Frau Maria Hofer, Braunau/Inn, Ringstraße 31.

Ruthilde Frischenschlager

Csanits, Emmerich (geb. 3.1.1917 Rechnitz/Bgld.) ist ein »Heimatdichter« im besten Sinne des Wortes. Als Weinhändler u. Cafehausbesitzer kommt er mit vielen Menschen in Berührung; das Erlebte dient als Stoff für seine Erz. Wenn der Bekanntheitsgrad seiner Arbeiten auch nicht weit über die Grenzen des Bgld. reichen mag, hat er doch das kulturelle Gesicht seines Heimatortes Rechnitz mitgeprägt u. gestaltet. So hat er z.B. ein hist. Mühlengebäude, das ihm durch Erbschaft zufiel, der Gemeinde Rechnitz geschenkt, die es zu einem dörflichen Kulturzentrum ausbaute, das 1994 eröffnet wurde, d. – u. auch zu Veranstaltungen benutzt werden kann, in denen Lesungen v. Mundartbeitr. des Autors stattfinden. – Das Hauptwerk C. ist der Bd. *Hianzngschichtn. Burgenländisches in Mundart*; er ersch. 1980 im Eigenverlag. Hier erzählt der Verf. humorvolle, heitere Gesch. – ein Stück herzhaften Lebens des Bgld., das lachend die alte Tradition der Dorfgesch. bewahrt; unmittelbar u. drastisch in urspr. Fabulierkunst. Der Autor selbst hält sein Werk nicht für »Literatur«, sondern sieht es als seinen persönl. Beitr. zur lebendigen Volkskultur. Schon 1977 erschien ein Büchlein gleicher Art *Zan Gsundlocha*; auch veröff. C. immer wieder Beitr. in einschlägigen Anthologien. Der ORF schätzt seine Mitarbeit, so an der aus vier CDs bestehenden akustischen Mundart-Anthologie *G'redt und dicht*, in der Dichtungen aus allen öst. Bundesländern aufgenommen wurden. Hier steht C. Text neben Werken v. Schriftstellern wie CHRISTINE NÖSTLINGER o. H.C. ARTMANN. – Wie sehr C. in das öffentliche Kulturleben eingebunden ist, zeigt seine Mitgliedschaft bei den Mundartfreunden Öst., dem Volksbildungswerk für das Burgenland, dem REICHL-Bund, dem Internat. Dialekt-Institut, der Bgld.ischen Gemeinschaft u. dem MARSCHALL-KREIS.

WERKE: Mundarterz.: *Zan Gsundlocha*, Wels 1977; *Hianzngschichtn. Burgenländisches in Mundart* (Eigenverlag), Rechnitz 1980; Texbeitr. (Ausw.) in: *Dialektanthologie 1970-1980*. Hg.: B. Büscher, M. Chobot, Wien 1982; *Literatur 81. Ein Burgenland-Lesebuch*. Hg.: G. Unger, Eisenstadt 1981; *Burgenland-Gemeinschaft*, Jg. 44, 1995; Tonträger: *Es wird kund-*

gemacht (LP, o.D); *Es is goa nit so leicht.* Tonbandkassette, Wien 1987; *G'redt und dicht.* 4 CD, Hg.: ORF, Wien 2002.

LITERATUR: keine.

Eva Münz

Csaplovics, Johann (Janos) Edler v. Jeszenova (22.9.1780 Felsö-Pribell – 29.5.1847 ebd.) stammte aus einem seit dem 14. Jh. in Ungarn bekannten Geschlecht. Er stud. die Rechte, praktizierte bei einem Advokaten u. wurde 1799 Kanzellist, 1804 Vize-Notar u. 1808 Gerichtstafel-Assessor des Sohler Komitates. Schon 1805 erhielt er das Advokaten-Diplom. Daraufhin ging er nach Wien, um in den Dienst der ung. Hofkanzlei zu treten. Der Einmarsch Napoleons vereitelte seine Pläne, u. so diente er als bischöfl. Kommissär in Slawonien, wo er bis Mai 1812 blieb. Hier beschäftigte er sich auch mit der Bienenzucht, eine Liebhaberei, die in seinem Werk Niederschlag fand. Ab 1813 trat er als Sekretär in den Dienst der Grafen Schönborn; später wurde er Gerichtstafel-Assessor in mehreren Komitaten. In seiner freien Zeit widmete er sich der Lit.; als Schriftsteller war er hauptsächlich auf den Gebieten der Jurisprudenz sowie der Geografie u. Ethnografie Ungarns tätig. Neben Weiterführung u. Verbesserung v. juristischen Standardwerken wie des *Enchiridion lexici corporis juris Regni Hungariae* (Preßburg 1816, ³1832) u.a. befasste er sich mit medizinischen Problemen, wie z.B. in seinem Werk *Guter Rath an Alle, die von rheumatischen Leiden befreit zu werden wünschen* (Wien 1815); auch wandte er sein Interesse der Länder- u. Völkerkunde zu. In den zwei Bd. *Slavonien und zum Theil Croatien, ein Beitrag zur Länder- und Völkerkunde* (Pest 1819) lieferte der Verf. erstmals aktuelle Nachrichten über die orientalische Kirche in Ungarn, Slawonien u. Kroatien. Auch für die Volkstrachten interessierte er sich. So schrieb er die Texte für zwei illustr. Trachtenbücher für Ungarn. Auch befasste er sich mit dem Schematismus der ev. Kirche A.B. in Ungarn u. verfasste diesbezügliche Werke. – Unzählig waren seine Beitr., bes. völkerkundl. Art, in seinerzeit so bekannten Ztg., Zschr. u. Almanachen wie dem HESPERUS (für einen humoristischen Aufs. *Beweis, daß die Slowaken in Ungarn Engländer sind*, wurde ihm 1818 ein Preis v. 200 Gulden zuerkannt!), der »WIENER ALLGEMEINEN LITERATUR-ZTG.«, GRÄFFERS »Conversations-Bl. den Vaterländischen Blättern«, der »PANNONIA«, der »Preßburger Ztg.«, der »BÄUERLICHE THEATERZTG.«, der »ÄHRENLESE«, »IRIS IN PESTH« usw. Auch in ung. Zs. veröff. er, so in der Monatsschr. »Tudományos Gyujtemeny« o. dem »Magyar kurir«. Neben der Verbreitung v. volkskundl. Kenntnissen aber hatte die größte Wirkung wohl sein Bienenbuch *Die Bienenzucht in Doppelstöcken* (Szigethy 1815, ²1816, 1814 zuerst in Lat. ersch.), das die Bienenzucht im Lande sehr verbesserte. Doch nicht nur Sachlit. war B. geläufig. 1822 erschien in Pest ein Bd. Slowakischer G. *Slovenske Werše* u. 1829 eine topografische Beschreibung Ungarns in zwei Bd. – *Gemälde von Ungarn.* B. hinterließ zahlreiche Arbeiten im Ms., so eine Ethnografie v. Ungarn, über die Juden in Ungarn u. statistische Aufs. u. Abh. – B. bietet somit das Bild des umfassend gebildeten Landedelmannes u. Beamten seiner Zeit, der fähig war, sich fließend in drei Sprachen auszudrücken u. seine im Laufe des Lebens erworbenen Kenntnisse u. erlebten Eindrücke korrekt u. lebendig schriftlich wiederzugeben, wenn die zeitgenöss. Kritik auch bemängelte, dass manche Notizen nicht ausreichend verarbeitet wären.

WERKE: Juridische Werke: *Enchiridion lexici corporis juris Regni Hungariae*, verbesserte u. fortgeführte Ausg. des 1798 erstmals gedr. Werkes, Preßburg 1816,

³1832; *Nucleus plani tabularis sive synopticus decisiorum curialium extractus*, Preßburg 1811, ²1817; *Problema Juridica*, Prag 1814. Sachbücher: *Novam, facilam et utilem apes in duplicatis alveanibus* [...], Wien 1814; *Die Bienenzucht in Doppelstöcken, mit besonderer Rücksicht auf die Korbbienenzucht*, Wien/Szigethy 1815, ²1816, auch ins Ung. u. Slowakische übers.; *Guter Rath an alle, die von rheumatischen Leiden befreit zu werden wünschen*, Wien 1815; *Das Bartfelder Bad*, Wien 1817; *Slavonien und zum Theil Croatien, ein Beitrag zur Länder- und Völkerkunde*, 2 Bd., Pest 1819; *Ethnographische Erklärung der von Obltn. Heimbucher gezeichneten und in Kupferstichen herausgegebenen 73 ungarischen Trachten u.d.T. Pannoniens Bewohner in ihren volksthümlichen Trachten*, Wien 1820; *Topographisch-statistisches Archiv des Königreichs Ungarn*, 2 Bde., Wien 1821; *Ethnographischer Text zu 33 in Kupfer gestochenen Zeichnungen der Nationaltrachten und Ansichten Ungarns, Siebenbürgens und der Bukowina von Franz Jaschke*, Wien 1822; *Gemälde von Ungarn*, 2 Bde., Pest 1829; *England in Ungarn. Eine Parallele. Anhang: Über die Deutschen in Ungarn*. Halle, 1842; *Paradoxen über das Staats- und Volksleben. Mit vorzüglicher Beziehung auf Ungarn*, Hermannstadt 1845. Geistliche Schriften: *Schematismus ecclesiarum et scholarum Evangelicarum Aug. Conf. In Regno Hungariae. Pro Anno 1820*, Wien 1820; *Schematismus ecclesiarum et scholarum Evangelicorum Aug.Conf. in Districtu Cis-Danubiano. Adjectis ethno- et topograficis notitüs. Pro anno 1822*, Pest 1822; Lyr.: *Slowenske Werše* (Slowakische Gedichte), Pest 1822; Beitr. in: *Hesperus* (*Beweis, dass die Slowaken in Ungarn Engländer sind*, 1818 u. 1820); *Oekonomische Neuigkeiten; Wiener allg. Literatur-Ztg.; Vaterländische Blätter; Conversations-Blatt; Pannonia; Unterhaltungsblatt der Preßburger Ztg.; Ährenlese; Iris in Pesth; Wiener allg. Handelsztg.; Neues Archiv; Wiener Theaterztg.; Tudományos Gyujtemény; Magyar kurir.* Hg.: *Annalen der österreichischen Literatur*, anonym als »Gesellschaft inländischer Gelehrter«, Sulzbach 1802.

LITERATUR: Gräffer-Czikann, Öst. Nat. Enzyklopädie Bd.I., 633; Wr. Bote Nr. 23, Nekrolog, Wien 1847; ÖBL Bd. I., 157; Wurzbach Bd. III.; Zeman I., Bd.1; M. Scaky: Das Königreich Ungarn ist Europa im Kleinen. In: Erneuerte Vaterländische Blätter für den Kaiserstaat. Wien 1820, 409.

Eva Münz

Csenar, Jurica (geb. 25.8.1956 Unterpullendorf/Bgld.) gehört zu den Schriftstellern, die ihre Aufgabe hauptsächlich in der Bewahrung ihrer heimatl. Kultur u. Muttersprache sehen – so schreibt er als bgld. Kroate vorwiegend Texte in diesem Idiom, die er in Anthologien u. Zs. veröff. – Schon 1976, als er die Handelsakad. beendete, schrieb u. veröff. er erste G. u. bereits 1978 wurde er Chefred. der kroatischen Wochenztg.»Hrvatske novine« – eine Stellung, die ihm Gelegenheit gab u. gibt, seine Anliegen zu vertreten. 1981 veranstaltete C. seinen ersten eigenständigen Lyr.abend; bald folgten Lesungen im Auland. Gleichzeitig – ab 1982 – arbeitete er auch für die kroatische Redaktion des ORF Bgld., den Kroatischen Schriftstellerverband in Zagreb u. wurde Mitbegründer des kroatischen Lit.-Bl. *Rampotanje*; er ist im Vorstand des Kroatischen Pressevereines in Eisenstadt. – Seinen ersten G.bd. *misi misli* (knete Gedanken) gab C. im Eingenverlag heraus; 1988 ersch. in seiner Bearbeitung die Memoiren des Pfarrers Matthias Semeliker *Bog u Dahavi* (Gott in Dachau), erstmals größere Aufmerksamkeit erregten. Es folgte der G.bd. *Mi svi* (wie alle) 1992; ein weiterer *posvete* (Widmungen) folgte 2003. Für seinen 1993 erschienenen R. *svojemu svoj* (sein eigen sein) erhielt C. den ersten Preis beim

Lit.wettbewerb Ignac Horvat, nachdem er schon 1990 den Landeskulturpreis für Lit. u. Publizistik erhalten hatte. C. ist auch Mitgl. des öst. P.E.N. Während die G. in freien Rhythmen geschrieben sind, legt er in der v. ihm hg. CD *Vidovinka – Burgenlandkroatische Balladen* – Wert auf die traditionelle Gestaltung. Bezeichnend ist seine Aussage: »im Gegensatz zu Haydn versteht meine Sprache nur eine kleine Welt. Sie ist aber die meine. In sie wurde ich geboren, in ihr empfinde, lebe und für sie schreibe ich. In dieser Welt fühle ich mich geborgen, und in ihr sprudeln die Quellen meines Schaffens [...]. Dieser kleinen Welt möchte ich treu bleiben, denn mich fordert sie geradezu heraus.«

WERKE: Lyr.: *misi mislo* (knete Gedanken), Eigenverlag 1983; *mi svi* (wie alle), Eisenstadt 1992; *posvete* (Widmungen), Eisenstadt 2003. Prosa: *Bog u Dahavi* (»Gott in Dachau«), Hg. u. Bearbeitung der Memoiren des Pfarrers Matthias Semeliker, Zagreb 1988; *svojemu svoj* (sein eigen sein), R., Eisenstadt 1993. Beitr. (Ausw.) in: Ptici I Slavuji / Hawks and Nightingales, Current Burgenland-Croatian poetry. Hg. P. Tyran u.a., Wien 1983; Under the Icing. Moderne öst. Dichtung, Hg. H. Kuhner, Delhi 1986; Öst. Lyr. u. kein Wort Dt. Zeitgenössische Dichtung der Minoritäten, Hg. G. Nitsche, Innsbr. 1990; Die Fremde in mir. Lyr. u. Prosa der öst. Volksgruppen u. Zuwanderer. Ein Lesebuch. Hg. H. Niederle, Klagenfurt/Wien/Laibach 1999; Fs. für Augustin Blazovich, Wien 2001.

LITERATUR: P. P. Wipplinger: Minderheitenlit.

Eva Münz

Csmarich, Rudolf (Ps. Andreas **Thom**, 11.5.1884 Wien – 25.6.1943 Mooskirchen b. Graz) war der Sohn eines aus Oslip stammenden kroatischen Fuhrmanns, besuchte die Volksschule in Wien-Gersthof; nach einigen Jahren am Gymnasium wechselte er an das Landeslehrerseminar in St. Pölten. Nach dessen Absolvierung kehrte er 1903 nach Wien zurück u. erhielt eine Anstellung als Volksschullehrer im 17. Bezirk, die er bis zu seiner Pensionierung 1934 beibehielt. Die schriftstellerischen Anfänge C. reichen in die Zeit vor dem 1. WK zurück, er gehörte damals einem Freundeskreis um A.P. GÜTERSLOH, dem Maler Anton Faistauer, dem Komponisten Karl Linke u.a. an. Seine produktivste Phase fiel jedoch in die Jahre 1918 bis 1923, in welchem Zeitraum er auch als Lektor des Verlages E. STRACHE in Wien eine wichtige Funktion im Rahmen des öst. Spätexpressionismus gewann. Nach dem inflationsbedingten Zusammenbruch des Verlages widmet sich C. in erster Linie seiner Tätigkeit als Lehrer, ehe er mit Beginn der dreißiger Jahre, diesmal als Autor des Zsolnay-Verlages, wieder als Romancier hervortrat; er wurde Vizepräsident des SCHUTZVERBANDES DT. SCHRIFTSTELLER IN ÖST. u. Mitarbeiter der wichtigsten Wr. Ztg.; nach seiner Pensionierung unternahm er zahlreiche Reisen in das europ. Ausland.
C. lit. Bedeutung liegt v. Anfang an in erster Linie auf erzählerischem Gebiet. Sein 1913 erschienener Erstling *Lindenleid*, die Gesch. eines körperlich verunstalteten Mädchens, trägt noch alle Merkmale impressionistisch-symbolistische Gestaltungsweise mit seiner nächsten größeren Publikation, dem »Roman der Lüge« *Ambros Maria Baal* weist C. sich bereits als entschiedener Vertreter des Expressionismus aus: im Gefolge v. MAX BROD (v.a. *Arnold Beer*, 1912), beeinflusst wohl auch v. GÜTERSLOH (dem der R. gewidmet ist), führt er den Typus des sich selbst vergötzenden, stets unbefriedig-

ten »décadent« vor, gezeichnet als Sohn eines jüd. Großindustriellen mit unernsten künstlerischen Ambitionen, der nach dem v. ihm in skrupelloser Weise provozierten Selbstmord seiner Frau in geistigem Verfall endet. Größere Eigenständigkeit als im Stofflichen beweist C. dabei im Bereich seiner Erzählsprache, die gekennzeichnet ist v. zugespitzter Metaphorik, Verkürzungen, Tempowechsel, v. Wendungen ins Unvermittelte, Verblüffende u. v. einer weitgehenden Auflösung der Tektonik, sodass der R.held zur Klammer des gesamten Textes wird. Ähnliches gilt auch für den 1920 erschienenen R. *Rufus Nemian*, in dessen Mittelpunkt mit dem Titelhelden ein Gewaltmensch steht, der als wurzelloser Propagator der Revolution den Typus jener Epoche verkörpert. C., selbst Mitgl. der Sozialistischen Partei, greift hier in aktuellem Zeitbezug den Themenbereich v. Revolution, Anarchismus, Sozialismus u. Kommunismus auf u. unterzieht den Radikalismus, die Anwendung v. Gewalt bei der Lösung sozialer Fragen, einer entschiedenen Kritik. Stehen wie schon im *Baal*-R. Gegenwartsbezug u. Modernität des dynamisch-verknappenden Ausdrucksstils im Einklang, so zeigen die im gleichen Zeitraum veröff. N. C. hierin ein anderes Bild: *Frigida* oder *Freundschaft* sind in der Darstellung v. Geschlechtlichkeit, Leidenschaftlichkeit u. positiver Lebensauffassung gehaltlich ganz den Anschauungen ihrer Epoche verhaftet, bleiben aber v. ihrer eher konventionell zu nennenden Erzähltechnik hinter dem in den R. erreichten Niveau zurück. Anschluss an die lit. Entwicklung gewinnt C. erst wieder 1930 mit *Vorlenz und Brigitte*, dem ersten Tl. v. insgesamt vier tatsächlich erschienenen, urspr. auf sieben Tl. angelegten Zyklus *Der österreichische Mensch*, einem Zeit.r, der die fortschreitende Zerrüttung einer Ehe u. Familie in Kriegs- u. Nachkriegszeit vorführt, das Schicksal eines durch Frontdienst u. Arbeitslosigkeit depravierten, in moralische Verkommenheit abgleitenden Fuhrwerkers u. seiner im Wahnsinn endenden Frau. Die spätnaturalistischen, an J. J. DAVID, K. ADOLPH, O. STOESSL o. R. HAWEL anschließenden Züge im Stofflichen werden dabei über weite Strecken überlagert v. einem künstlich-naiven perspektivischem Erzählen u. einem lakonischen Grundton in der Art der »Neuen Sachlichkeit«. Bleibt explizite Sozialkritik hier noch ausgespart, so weist der nachfolgende R. *Noch spielt ein Kind* in der Darstellung unverschuldet proletarisierter Schichten u. in der unverhüllten Kritik der Bourgeoisie alle Merkmale polit. Tendenzlit. auf. Auf die Serie der Großstadtr. folgen mit *Das Sylvesterkind* u. *Die ungleichen Geliebten* zwei soziale R., die nunmehr im bäuerlichen Milieu spielen; mit ihnen kommt das Projekt einer gegen den Strich gebürsteten Zeichnung des »österreichischen Menschen«, den C. – gleichsam als Gegenbild zum aristokratischen Typus hofmannsthalscher Prägung – mit schonungslosem Realismus in den Unterschichten aufsucht, zum Abschluss. Der 1935 herausgebrachte *Triumph der Liebe* fällt als leichtgewichtiger Unterhaltungsr. aus dem epischen Œuvre des Autors heraus. C. hat sich in seiner expressionistischen Phase auch als Lyr. versucht; die 1918 in *Der Anbruch* u. 1920 in der v. E.A. REINHARDT hg. Anthologie *Die Botschaft* publizierten G. reichen in ihrer dichterischen Qualität nicht an seine Leistungen als R.schriftsteller heran. Auf dramat. Gebiet hat C. erst spät Anerkennung gefunden: mit einem in der Tradition des Wr. Volksstücks, insbes. ANZENGRUBERS, stehenden Stück *In der stillen Seitengasse*, das 1936 am Dt. Volkstheater aufgeführt u. 1941 u.d.T. *Leute vom Grund* wiederaufgenommen worden ist. Eine Reihe weiterer Dramen, wie das aus der Frühzeit stammende, noch dem lit. Jugendstil zuzurechnende *Der junge König*, befinden sich in dem überwiegend in der Wr. Stadtbibl. aufbewahrten Nachl. C., ebenso zahlreiche ungedr. Erz. u. R., unter denen der bereits 1908/09 entstandene, über die ästhetisierend-vorexpressionistischen Kunstanschauungen des jungen Autors u. seines damaligen Freundeskreises Auskunft gebende R.traktat *Mosaik. Das Dokument einer jugendlichen Narrheit* u. der aus der letzten Schaffensphase C. stammende, seiner Frau gewidmete autobiogr. R. *Der Engel Anni* Beachtung verdienen.

WERKE: Erz. u. Novellen: *Frigida*, Mchn. 1918; *Baals Anfang*, Mchn. 1920; *Freundschaft. Eine Knabengesch.*, Wien/ Prag/Lzg. 1920. Romane: *Lindenleid, Das Kind und die Leute. Eine Erz.*, Ffm. 1913; *Ambros Maria Baal. Ein Roman der Lüge*, Bln. 1918; *Rufus Nemian. Roman aus dem Tierkreis Mensch*, Bln. 1921; *Vorlenz, der Urlauber auf Lebenszeit und Brigitte, die Frau mit dem schweren Herzen*, Bln./Wien/Lzg. 1930; *Noch spielt ein Kind*, Bln./ Wien/ Lzg. 1934; *Triumph der Liebe*, Bln./Wien/ Lzg. 1935; *Das Sylvesterkind*, Wien 1936; *Die ungleichen Geliebten*, Wien 1938. Drama: *Leute vom Grund*, Volksstück in fünf Bildern (Bühnenms.) Wien 1941. Kinderbuch: *Ein Kinderbuch* [Prosa u. Gedichte], Weimar 1915. Aufs.: *Zur Kunstbetrachtung, Schauen und Sehen*, in: Der Anbruch 1 (1918), H. 11 (Sondernummer über Thom/Csmarich); *Jáakob, Meditation eines Zuhörers*, in: Bl. des Wr. Burgtheaters, H. 1, Juni 1919; *Illusionstheater*, in: ebd., H. 4, Dez. 1919.

LITERATUR: Nagl/Zeidler/Castle, Bd. 4; G. Linsbauer: A. Thom, ein Wr. Dichter, Diss. phil. Wien 1948.

Ernst Fischer

Csokor, Franz Theodor (6.9.1885 Wien – 2.1.1969 ebd.) repräsentiert mit Vorfahren, die väterlicherseits aus dem Serbischen u. Kroatischen, mütterlicherseits aus Nordböhmen stammen, v. seiner Abstammung her das Vielvölkergemisch der öst. Donaumonarchie. Der Sohn eines Arztes u. Prof. der Hochschule für Veterinärmedizin beginnt ein Stud. der Kunstgesch. u. engagiert sich auf Seiten der Sozialdemokratie im Kampf um das allg. Wahlrecht. Zukunftsweisend wird für ihn jedoch die früh einsetzende Betätigung auf dem Gebiet des Theaters: Mit einer Schauspieltruppe, die seine beiden ersten Stücke ins Repertoire aufnimmt, gelangt er 1913 bis nach St. Petersburg. 1915-1918 ist er Offizier im 1. WK, einige Zeit arbeitet er im Kriegspressequartier bzw. Kriegsarchiv. Nach Kriegsende unternimmt C. einige Reisen durch Europa, 1923 bis 1927 ist er Dramaturg u. Regisseur am Raimund-Theater u. am Dt. Volkstheater in Wien; als er 1925 erstmals den Preis der Stadt Wien erhält, entschließt er sich zu einem Leben als freier Schriftsteller; mit seinem Drama *Dritter November 1918* erringt er einen außerordentlichen Erfolg u. wird 1937 mit dem Grillparzer-Preis u. dem Burgtheaterring ausgezeichnet. C., der sich bereits 1933 auf dem P.E.N.-Kongreß in Ragusa dem Protest gegen die Bücherverbrennungen im nsoz. Dtld. angeschlossen hat, ist nach dem »Anschluss« 1938 zur Emigration gezwungen; er wendet sich zunächst nach Polen, 1939 nach Rumänien, 1941 schließlich nach Jugoslawien. 1943 wird er von ital. Partisanen aus dem Internierungslager auf der Insel Korcula befreit u. flieht nach Bari in das brit. besetzte Unteritalien; in der Folgezeit arbeitet er für BBC. 1946 kehrt er nach Öst. zurück, wo er im darauffolgenden Jahr zum Präsidenten des öst. P.E.N. gewählt wird. Für sein lit. Wirken wird C. u.a. 1953 mit dem Titel eines Prof. h.c., mit dem Preis der Stadt Wien 1953 u. 1955 u. dem Öst. Staatspreis für Dichtung 1956 ausgezeichnet; seit 1937 aufgrund seiner Übersetzung v. Z. Krasinskis *Ungöttlicher Komödie* bereits Träger des Goldenen Lorbeers der Republik Polen, empfängt C. 1963 auch den Orden »Polonia restituta«. Als Dramatiker zählt C. zu den bedeutendsten Erscheinungen in der öst. Lit. des 20. Jh. Seine lit. Anfänge, v.a. die Künstlertr. *Die Sünde wider den Geist* oder die archaisierende Mythe *Der Baum der Erkenntnis*, stehen noch im Zeichen des lit. Jugendstils bzw. des Symbolismus, doch finden sich hier wie bereits in dem 1914 ersch., ein übersteigertes Ich-Bewusstsein gestaltenden Mysterienspiel *Der große Kampf* typisch expressionistische Themen u. Töne angeschlagen. Mit *Die rote Straße*, 1916/17 entstanden, wird C. schließlich zu einem der entschiedensten Vertreter des öst. Expressionismus; motivisch schließen die 14 Bilder des Stücks noch deutlich an Strindberg an, insbes. im Aufgreifen der Geschlechterproblematik, die Figuren u. zumal die in ein »Überall und immer wieder« verlegten Schauplätze u. Zeitangaben entsprechen zus. mit dem reduktionistischen Sprachgestus ganz den Forderungen der Ausdruckskunst jener Zeit. Auch das Drama *Ballade von der Stadt*, entstanden in den frühen zwanziger Jahren, trägt unübersehbar spätexpressionistische Züge, indem es, vergleichbar B. Brechts *Mahagonny*-Stück, die Entfremdung des Menschen durch die Macht des Goldes, durch die »Unzucht von Mensch und Erz« thematisiert. Erst allmählich löst sich C. aus dem Bann des Expressionismus; eine Zwischenstation stellt hierbei die Auseinandersetzung mit seiner Identifikationsfigur Georg Büchner dar, zu dessen Woyzeck-Fragment er 1928 einen Schluss schreibt u. den er in *Gesellschaft der Menschenrechte* in den Mittelpunkt eines Dramas stellt, in welchem er das Verhältnis von revolutionärer Gesinnung u. dichterischem Tun reflektiert. Kann *Besetztes Gebiet*, ein Drama um die Freikorpskämpfe im besetzten Ruhrgebiet, als Endpunkt dieser Phase gelten, so markiert *Dritter November 1918* das Theaterereignis, nach welchem C. allg. als jener Autor gelten sollte, der den Untergang der Donaumonarchie auf dramat. Gebiet am gültigsten gestaltet hat. Die Situation in einem Vertreter unterschiedlicher Nationalitäten beherbergenden Lazarett in den Karawanken spiegelt die allg. Auflösung des Vielvölkerstaates wider, wobei der Grundgedanke des Stücks, dass nämlich die Vereinigung v. Ggs. die Stärke u. Größe der Habsburgermonarchie ausgemacht hätten, weniger thesenhaft in Erscheinung tritt als er in Kompositi- on u. Sprachgestaltung dichterisch Ausdruck gewinnt. Mit der Vertreibung 1938 erfährt C. Laufbahn kurz nach seinem größten Erfolg äußerlich eine Unterbrechung, doch erscheinen nach 1945 bald die Zeugnisse seiner lit. Bewältigung der Exilerfahrung, sei es in Form v. Erlebnisberichten, sei es in Form v. Lyr. (*Das schwarze Schiff*), sei es auch in Form v. Dramen, wie etwa die einen Stoff aus dem jugoslawischen Partisanenkampf gestaltende Tr. *Der verlorene Sohn*. Das nach u. nach auf immer umfassendere weltgesch. Zus.hänge u. existentielle Fragen gerichtete Interesse des Autors dokumentiert neben einzelnen oder unter Stichworten wie »Trilogie einer Weltwende« (gemeint ist die Zeitspanne zw. der Ermordung Cäsars u. der Kreuzigung Jesu), »Der Mensch und die Macht« oder »Zwischen den Zeiten« zus.gestellten Stücken die – nunmehr auch in R.form erfolgende – Auseinandersetzung mit Stoffen wie dem Wiedertäufertum in Münster (*Der Schlüssel zum Abgrund*), ein Weg, der den Dichter dem aktuellen Interesse, nicht zuletzt dem der Forschung, nach u. nach entrückt haben mag. Die Monografie v. P. Wimmer ist als jüngster u. bisher wichtigster Versuch zu nennen, die ehedem so prominente Dichterpersönlichkeit C. vor dem drohenden Vergessenwerden zu bewahren. Nachl.materialien des Autors befinden sich im Besitz der Wr. Stadtbibl.

WERKE: Lyr.: *Die Gewalten*, 1 Bd. Balladen, Bln. 1912; *Der Dolch und die Wunde*, Wien 1918; *Ewiger Aufbruch*. Gesell.balladen, Lzg. 1926; *Das schwarze Schiff*, Jerusalem 1945; *Immer ist Anfang*, Gedichte v. 1912-1952, Innsbr. 1952. Dramen: *Der große Kampf*. Ein Mysterienspiel in acht Bildern, Bln. 1915; *Die Sünde wider den Geist*. Eine Tr., Wien 1918; *Die rote Straße*. Ein dramat. Werk in 14 Bildern, Weimar 1918; *Der Baum der Erkenntnis*. Ein Mythos, Zürich/Lzg./Wien 1919; *Ballade von der Stadt*. Ein dramat. Fresko, Wien 1928 (Hörspiel 1929); *Gesellschaft der Menschenrechte*. Stück um Georg Büchner, Wien 1929; *Besetztes Gebiet*. Historisches Stück aus der Gegenwart. Mit dem Vorspiel u. vier Akten, Wien 1930; *Gewesene Menschen*. Stück in drei Akten, Wien 1932; *Die Weibermühle*. Zauberstück in fünf Vorgängen, Wien 1932. *Das Thüringer Spiel von den zehn Jungfrauen*. Erneuert u. erweitert, Bln. 1933; *Dritter November 1918*; *Ende der Armee Öst.-Ungarns*. Drei Akte, Wien 1936; *Gottes General*. Drama in sieben Stationen, Bilthoven 1939; *Kalypso*. Schauspiel in vier Akten, Wien 1947; *»Hebt den Stein ab!«* Komödie um die letzten Dinge in drei Akten, Hbg., Wien 1959; *Die Erweckung des Zosimir*. Drei Akte (Neue Dichtung aus Öst., 75), Wien 1960; *Das Zeichen an der Wand*. Hbg., Wien 1962; *Die Kaiser zwischen den Zeiten*. Ein dramat. Diptychon mit einem Prolog und einem Epilog, Wien, Hbg. 1965; *Alexander*. Drama in neuen Bildern (mit einer Einführung v. H. Riedler), Wien, Hbg. 1969. Dramenauswahlausg.: *Europäische Trilogie* (enth.: *Dritter November 1918, Besetztes Gebiet; Der verlorene Sohn*), Wien 1952; *Olymp und Golgatha. Trilogie einer Weltwende*, enth.: *Kalypso; Cäsars Witwe* (1953); *Pilatus* (1947), Hbg. 1954; *Der Mensch und die Macht*, enth.: *Jadwiga* (1939); *Der tausendjährige Traum* (1934); *Gesellschaft für Menschenrechte*, Wien, Hbg. 1963; *Zwischen den Zeiten*, enth.: *Die Kaiser zwischen den Zeiten, Gottes General, Dritter November 1918*,. mit einem Vorwort v. A. Lernet-Holenia u. Gedanken zum Werk u. zur Persönlichkeit F. Th. C. v. K. Becsi, Wien 1969. Erzählprosa: *Über die Schwelle*. Erz. aus zwei Jahrzehnten, Wien 1937; *Der Schlüssel zum Abgrund*. Roman einer Zeit, Wien 1952 (Lizenzausg. u.d.T.: *Da hat der Teufel gelacht*, Wien 1959); *Der zweite Hahnenschrei*. Sechs Erz., Hbg., Wien 1959; *Ein paar Schaufeln Erde*. Erz. aus fünf Jahrzehnten, Mchn., Wien 1965. Werkauswahl: *Du bist gemeint*. Ausw. u. Einl. v. E. Buschbeck, Graz, Wien 1959. Essayistik: *Schuß ins Geschäft. Der Fall Otto Eisler*, Bln. 1924 (Außenseiter der Gesell. 10). Erlebnisberichte: *Als Zivilist im poln. Krieg*, Amsterdam 1940; *Als Zivilist im Balkankrieg*, Wien 1947 (gemeinsam mit *Als Zivilist im poln. Krieg* gekürzt ersch. u.d.T.: *Auf fremden Straßen*, 1939-1945, Wien, Mchn., Basel 1955). Briefausg.: *Zeuge einer Zeit. Briefe aus dem Exil 1933-1950*, Mchn., Wien 1964; *Auch heute noch nicht an Land*: *Briefe und Gedichte aus dem Exil*, hg. v. F. R. Reiter, Wien 1993. Übersetzungen: N.N. Evreinoff: *Die Kulissen der Seele*. Monodrama, Wien 1920; Z. Krasinski: *Die ungöttliche Komödie*, Dramat. G., Wien 1936. Hg.tätigkeit: A. Wildgans: *Späte Ernte*, Wien 1947; Th. Tagger: *Vom Schmerz und von der Vernunft*, Graz, Wien 1960; C. Zuckmayer: *»...hinein ins volle Menschenleben.«* Graz, Wien 1961; Ö. v. Horvath: *»Unvollendet...«*. Graz/Wien

1961; L. Loos: *Du silberne Dame du.* Briefe v. u. an dies. Hg. v. F. Th. C. u. Leopoldine Rüther, Wien/Hbg. 1966.

LITERATUR: H. Wiesner (Hg.): Lex. d. dt.sprachigen Gegenwartslit., Mchn. 1981, 103f.; Handbuch d. dt.sprachigen Emigration, Bd. 2, 197f.; L. Adler: D. dramat. Werke v. F. Th. C., Diss. phil. Wien 1950; H. Vogelsang: F. Th. C. dramat. Werk, in: Öst. Gesch. u. Lit. 3 (1959), 217-228; J. Bithell: F. Th. C., in: German Life and Letters 8 (1954/55), 37-44; O. Forst de Battaglia: F. Th. C., in: Wort in der Zeit 1 (1955), 1-8; P. Wimmer: Der Dramatiker F. Th. C., Innsbr. 1981; Brygida Brandys: C. Identität v. Leben u. Werk, Lódz 1988 (Acta Universitatis Lodziensis) ; H. Klauhs: F. Th. C. Leben und Werk im Überblick, Stgt. 1988; Immst ist Anfang. Der Dichter F. Th. C. Hg. u. eingeleitet v. J. P. Strelka, Bern, Ffm. 1990; Lebensbilder eines Humanisten: ein F. Th. C.-Buch, Hg. v. U. N. Schulenburg unter Mitarbeit v. H. St. Milletich, Wien 1992; T. Behić: Exilerfahrung u. Exilverarbeitung bei F. Th. C. In: D. Zeit u. d. Schrift: Öst. Lit. nach 1945, hg. v. K. F. Auckenthaler, Szeged 1993, 29-40; F. Th. C.: amicus amicorum, hg. v. B. Brandys, Lodz 1994; M. Mitchel: Restoration or renewal? C., the Austrian Pen-Club and the re-establishment of Literary life in Austria 1945-1955. In: Austria 1945-1955: Studies in Political and Cultural Re-Emergence, hg. v. A. Bushell, Cardiff 1996, 55-83.

Ernst Fischer

Cuno, Heinrich (auch Kuno, ? in Pommern – 31.3.1829 Karlsbad) war Dramatiker, Schauspieler, Buchhändler u. Leihbibliothekar. Zuerst verbrachte er einige Jahre als Wanderschauspieler; u.a. war er Mitgl. der Döbbelinschen Gesell. (1808-1809) u. in Coburg engagiert. Schließlich begann er selbst lit. tätig zu werden u. schrieb v.a. Lustspiele (als Vorbild dienten ihm dafür die Lustspiele Goldonis, vgl. *Alles Schriftlich oder Der Schlaukopf,* 1813) sowie Ritter- u. Räuberdramen; dabei griff er auf Volkssagen zurück, die er für die Bühne bearbeitete *(Das Diadem oder Die Ruinen von Engelhaus,* 1821 oder *Der steinerne Burggraf in Elbogen,* 1829). Sein berühmtestes Räuberdrama *Die Räuber auf dem Culmerberge,* 1816, erfuhr mehrere Bearbeitungen u. wurde 1825 im Theater aus d. Wien aufgeführt.

C. beschloss sein Leben als Buchhändler u. Besitzer einer Leihbibl. in Karlsbad; u.a. zählte Goethe zu seinen Kunden.

WERKE: Schauspiele: *Vergeltung oder Der alte Harfenist,* Lzg. 1804; *Das Orakel oder Die Liebe des Volks,* Lzg. 1810; *Freundschaft und Bruderliebe,* Lzg. 1811; *Alles Schriftlich oder Der Schlaukopf,* Karlsbad 1813; *Die Räuber auf dem Culmerberge,* Lzg. 1816; *Das Diadem oder Die Ruinen von Engelhaus,* Karlsbad 1818; *Vetter Benjamin aus Pohlen oder Der Achtgroschen-Vetter,* Prag 1822; *Das Bild oder Die Bekanntschaft auf dem breiten Steine,* Karlsbad 1823; *Die Gründung Kaiser Karlsbads,* Karlsbad 1829; *Der steinerne Burggraf in Elbogen,* Karlsbad 1829. Vollständiges Werkverzeichnis in: Goedeke 11/II, 78-80.

LITERATUR: ADB IV; Giebisch/Gugitz, 55; Dt. Theater-Lex., Kosch: Bd. I, II.; M. Urban: Ein Volksschriftsteller Nordwestböhmens. In: Erzgebirgs-Zt., Jg. 20 (1899), 105-107; A. Herr: Zur Gesch. d. Sage v. d. Räubern auf Maria-Kulm. In: Erzgebirgs-Zt. Jg. 1937 (1916); A. Jesinger: Cunos Räuber auf Maria-Kulm. In: Unser Egerland, Jg. 20 (1916).

Claudia Kreutel

Cunradi, Johann → **Conrad**, Johann

Curringer, Daniel (? Neuburg, Pfalz – November 1609, Linz), stud. in Wittenberg (Mag. art.), unterrichtete an der Akad. Lauingen u. wurde in Linz Diakon u. Nachfolger des im Nov. 1608 verstorbenen Landhauspredigers Jakob Zwicker. Kurz nach seiner Hochzeit (Lauingen, 10.7.1609) starb auch C. Die Leichenpredigt hielt ihm Konrad Rauschart. C. veröff. lat. G. als Beitr. zu Wittenberger Disputationsdrucken.

WERKE: (Zus. mit T. Knobloch als Präses:) *Disputationum physicarum duodecima, exhibens meteora, quae et in infima aëris regione et in terrae cavernis generantur*, Wittenberg 1604; (Beitr. zu:) J. Martini – J. J. Lempe: *Theorematum anthropologicorum exercitatio secunda De ossibus capitis et spinae dorsi*, Wittenberg 1604; (Beitr. zu:) J. Martini – M. Alberti: *Disputationum logicarum duodecima De potestatibus, imbecilitatibus & affinibus syllogismorum*, Wittenberg 1605; (Beitr. zu:) J. Martini – J. J. Lempe: *Disputatio metaphysica De veritate rerum*, Wittenberg 1606; (Beitr. zu:) J. Martini: *Disputationes ethicae*, Wittenberg 1608, ³1621.

LITERATUR: Eufēmismô ad nuptias reverendi doctissimique viri, D. M. Danielis Curringeri, illustrium statuum evangelicorum superioris Austriae, Lincii, ecclesiastae vigilantissimi, paedagogi quondam Collegii Lavingani maxime industrii, sponsi, ac [...] Ursulae, [...] M. Georgii Regeri, pastoris in Gundelfingen [...] filiae, sponsae, Lauingen 1609; J. K. Mayr: Öst. in der Stolberg-Stolbergischen Leichenpredigtenslg. In: Jb. d. Gesell. für d. Gesch. d Protestantismus in Öst., 77. Jg., Wien 1961, 31-101; G. Mecenseffy: Linz zur Zeit d. Reformation u. Gegenreformation. In: Fs. anlässl. der 125-Jahr-Feier d. Bestehens d. Martin-Luther-Kirche zu Linz, Linz 1969, S. 13-90.

Robert Hinterndorfer

Curtius, Nikolaus lebte als Poeta laureatus Caesareus von 1651 bis 1653 in Wien, wo er im Auftrag der Stadt Wien Huldigungsg. verfasste.

WERKE: Lyr.: *Carmina*, 1651; (mehrere) Carmina auf König Ferdinand III., 1653.

LITERATUR: Oberkammeramtsrechnungen d. Stadt Wien, 1/172 (A/f. 186), 1/175 (A/f. 251 v.).

Ruthilde Frischenschlager

Cuspinian(us), Johannes (eigentl. **Spießhaimer**, 1473 Oberspießheim bei Schweinfurt – 19.4.1529 Wien) war die hervorragendste Erscheinung der Hofgesch.-schreibung Maximilians I. 1490 als Student der Artes in Lzg. immatrikuliert, kam er 1492 nach Wien u. wurde am 7.2.1493 anlässl. der Leichenfeier für Friedrich III. zum Dichter gekrönt. Nach einem Aufenthalt in Süddtld., der ihn mit dem Heidelberger Humanistenkreis, mit JOHANNES TRITHEMIUS (1462-1516) u. in Ingolstadt mit CELTIS in Berührung gebracht hatte, war er ab 1496 Lector ordinarius artis oratoriae, ab 1499 Dr. med. an der Wr. Univ. Bis zu seinem Tod Mitgl. der medizinischen Fakultät, versah C. 1500 das Amt des Rektors u. war zw. 1501-1511 vier Mal Dekan. Er hatte 1497 die Rhetorikprofessur an CONRAD CELTIS abgegeben u. diesen beim Aufbau des *Collegium poetarum et methematicorum* unterstützt. Trotz seiner medizinischen Professur u. einer umfassenden Tätigkeit als Historiograf u. Diplomat Maximilians I. wurde C. nach dem Tod des CELTIS dessen Nachfolger auf der Lehrkanzel für Rhetorik u. Poetik im *Collegium poetarum et mathematicorum*. Er versah diese Professur zus. mit VINZENZ LANG, dem zweiten Rhetoriklehrer des *Collegium*, bis er sie 1516 an seinen Schüler u. Freund JOACHIM V. WATT weitergab. Neben seinen vielfältigen Univ.ämtern (u.a. Superintendent der Wr. Univ. auf Lebenszeit, Stadtanwalt v. Wien) entfaltete C. eine intensive diplomatische Tätigkeit im Dienst des Kaisers. Er vertrat Maximilians I. Interessen am ungar. Hof, hatte Anteil am Zustandekommen der Doppelheirat zw. den Enkeln des Kaisers u. den Kindern des Königs Wladislaus u. wurde dafür zum kaiserl. Rat ernannt. 1519 sicherte C. König Karl die Stimme Ludwigs II. v. Ungarn für die Krone Böhmens, u. noch 1526 rief er nach der verlorenen Schlacht bei Mohács die Reichsfürsten zu gemeinsamem Krieg gegen die Türken auf. Ganz im Sinne der Erziehungsprogramme seines Freundes u. Lehrers CELTIS war C. eine universell erzogene u. wirkende Persönlichkeit. Auch er ging »ad fontes« u. sammelte die antiken Quellen mit wertvollen Hs., die z.Tl. aus der Bibl. v. Matthias Corvinus stammten. Sein Humanismus schloss die polit. Tätigkeit für ein wiedererstarktes, machtvolles Imperium ebenso ein (1508-1510 reiste er 24-mal als kaiserl. Orator mit polit. Aufträgen nach Ungarn!) wie das päd. Ziel einer Vereinigung v. dichterischer, historiografischer u. naturwiss. Ausbildung. Unter seinen Schr., die allerdings in der Mehrzahl erst nach seinem Tod in Druck kamen, dominieren eine im Dienste der universalistischen maximilianischen Kaiseridee stehende Historiografie (*De Caesaribus atque Imperatoribus Romanis opus insigne*, 1540), eine Länder- u. Gesch.schreibung Öst. nach dem Vorbild der geplanten *Germania illustrata* des CELTIS (*Austria*, 1553) sowie Ausg. älterer Gesch.quellen wie die der Gotengesch. des Jordanes (1515), die Weltchronik u. die Lebensbeschreibung Friedrich Rotbarts v. Otto v. Freising (1515). Zu den polit. Schr. sind seine Polemiken gegen die Türken u. seine Schilderung des Fürstentreffens v. 1515 in Wien zu zählen. Daneben weisen ihn seine Beschäftigung mit Kartografie u. Länderbeschreibung (*Tabula Hungariae ad quatuor latera*, 1528, Ausg. u. Verbesserung eines älteren Kartenwerks zus. mit GEORG TANNSTETTER), sein Buch über die Edelsteine (1511) sowie seine medizinischen. Exzerptslg. als bedeutenden Naturwiss. seiner Zeit aus. Neulat. Lyr., eine Ausg. der Prudentius-Hymnen sowie zu Lehrzwecken abgefasste Verz. u. Kommentare zu den *Fasti* des Ovid, zu Isokrates u. Dionysius Areopagita runden das Spektrum v. C. Schaffen auf dem philol. Sektor ab, während die Ausg. seiner Tgb. (1855) u. seines Briefwechsels (1933) als Quellen anzusehen sind, welche die kulturelle Bedeutung des Wr. Humanismus beweisen.

WERKE: (Ausw.) Lyr.: *Carmina ad Blasium Hoelcelium*, Augsburg 1518. Historiogr. Schriften: *Joannis Cuspiniani […] De Caesaribus Romanis opus insigne*, Straßburg 1540; *De Turcorum origine, religione* […], Antwerpen 1541; *Eine Chronica v. C. Julio C[a]esare* […], Staßburg 1511. *De Consulibus Romanorum Commentarii*, Basel 1552; *Austria*, Basel 1533. Polit. Schriften: *Congressus ac celeberrimi Conventus Caesaris Maximiliani, et trium regum Hungariae, Boemiae et Poloniae*, Wien 1515; *Der namhaftigen kays. Maydreyer Kunigen zu Hungern, Beham und Poln, Zsamenkunmung […] zu Wienn […] warhafte erzelung und erklarung*, Wien 1515; *Joan. Cuspiniani de capta Constantinopoli et bello adverso Turcas suscipiendo ad Leonem X. Pontificem* […] Ffm. 1596; *Joannis Oratio protreptica ad S. Ro. Imperii Principes […] ut bellum suscipiant contra Turcum*, Wien 1516. Ausg., Übersetzungen, Kommentare: Hs.: *Index in Ovidii Fastorum libros*, in: Cvp. 3111, 7/fol. 243^r-247^v; *Commentarii in Dionysii versionem metricam*, in: Cvp. 3227, 1/1^r-187^v; *Notae in Isocratis orationem ad Nicolem* […], Wien 1495; *Dionysii Alexandrini, philosophi de situ Orbis Translatio* […], Wien 1494; *Lucii Flori ölibri historiarum quatuor a Cuspi-*

niano castigati, Wien 1511; *Jordanes de rebus Gothorum*, Augsburg 1515; *Ottonis Phrisingensis Episcopi, viri clarissimi rerum ab origine mundi ad ipsius usque tempora gestarum libri octo, eiusdem de gestis Friderici Aenobarbi Caes. Aug. libri duo*, Straßburg 1515. Naturwissenschaftl. Schriften: Hs.: *Joannis Cuspiniani Collectanea Varia ex Historia litteraria medica*, in: Cvp. 4772/fol. 58ᵛ-109ʳ; Druck: *Libellus de lapidibus*, [...], Wien 1511. Briefe: C. Briefwechsel, hg. u. erläutert v. A. Ankwicz-Kleehoven, Mchn. 1933. Tagebücher: Tagebuch 1502-1527, gedr. Wien 1855 (= Rerum Austriacarum Serie I/1).

LITERATUR: J. v. Aschbach: Gesch. d. Wr. Univ., Bd. II., Wien 1877, 284-309; H. Rupprich: Humanismus u. Renaissance an dt. Städten u. an d. Univ., Lzg. 1935 (= Dt. Lit. in Entwicklungsreihen, Reihe Humanismus u. Renaissance 2), 263ff.; ders.: D. ausgehende MA, Humanismus u. Renaissance, Mchn. 1970 (= Gesch. d. dt. Lit., hg. v. R. Newald u. H. de Boor, IV/1), 671-676; A. Ankwicz-Kleehoven: D. Wr. Humanist J.C., Graz/Köln 1959; H.J. Braun: Personalbibliogr. d. Mitglieder d. med. Fakultät Wien i. d. Zeit v. 1500-1670, med. Diss. Erlangen-Nbg. 1971, 34-42, 34-52; J. D. Müller: Gedechtnus. Lit. u. Hofgesell. um Maximilian I., Mchn. 1982 (= Forschungen z. Gesch. d. älteren dt. Lit. 2), 55-57 u. 364-366.

Werner M. Bauer

Cyanen, Tb. für 1839f., wurde vom Verleger FRIEDRICH WILHELM PFAUTSCH in Wien hg. Wahrscheinlich in Anlehnung an die 1803f. in Prag u. Lzg. ersch. »Cyanen« aus Diotimas Blumenkörbchen. Eine Slg. v. Erz., G., Mythen, Fabeln, Sinnsprüchen u. mehreren unterhaltenden u. belehrenden Aufs. Es handelte sich auch hier um ein lit. Potpourri in mittlerer Stillage. Die Cyane, eine blaue Blume im Ährenfeld, ist Symbol für das blaue oder gestirnte Firmament. Durch mehrere auf den Inhalt bezogene Kupfer- u. Stahlstiche sowie durch den feinen, gepressten Pariserbd. mit Goldschnitt wird das Tb. zur bibliophilen Kostbarkeit. Inhaltlich u. formal verfolgt der Hg. eine große Bandbreite: Hist. Erz. stehen neben »Weltschmerz«-G., moralisierende Erz. im Sinne der Aufklärung neben romant.-schaurigen Balladen. Der Hg. traf seine Lit.auswahl in der Absicht, den Menschen des Biedermeier zu bilden u. zu unterhalten. Die »Cyanen« enthalten Werke in- u. ausländischer moderner dt.sprachiger Autoren, z.B. v. JOHANN NEPOMUK VOGL, Ludwig Bechstein, A. FREIHERR V. FAHNENBERG, J.P. Lyser, Hermann Waldow, JOHANN GABRIEL SEIDL, MICHAEL LEOPOLD ENK V. DER BURG, ANDREAS SCHUMACHER, HEINRICH LEVITSCHNIGG, Eduard Silesius, J.J. Hannusch, CHRISTOPH KUFFNER, Ludmilla Rose, IGNAZ FRANZ CASTELLI, CARLOPAGO (CARL ZIEGLER), Willibald v. Schemnitz, Roswitha Kind u.a. – Insgesamt ersch. fünf Jg. des Tb. (bis 1843).

Ruthilde Frischenschlager

Cysarz, Herbert (29.1.1896 Oderberg/öst. Schlesien – 1.1.1985 Mchn.) ist der Sohn des aus Mistelbach gebürtigen Gründers u. Inhabers einer zu Beginn der 90er-Jahre d. 19. Jh. eröffneten Export-Import-Firma u. Industriespedition in der Grenzstadt Oderberg. Erste lit. Versuche fallen in die Zeit, in der C. in Teschen Schüler des Albrecht-Gymnasiums (hervorgegangen aus der 1674 v. Jerusalem eröffneten Lateinschule) u. Zögling in dem seit 1794 bestehenden Cselesta-Stift ist, 1906-1914: »In meiner puerilen Dramatik überwogen kämpferisch auszutragende Ordnungsfragen die autonome Inswerksetzung. Immerhin sollte sich im Drama kein sozialer Anarchismus austoben, sondern eine Gesamtreform des Zus.lebens herausgeläutert werden [...:] Totalmeliorismus [...]«. Im Herbst 1914 beginnt C., tastend, noch ohne ausgeprägtes Berufsziel, in Wien Univ.tudien, doch damals schon zeigt sich Interesse für die Zus.hänge v. Geisteswiss. u. Naturerkenntnis. Im Frühjahr 1915 wird er Soldat. Er absolviert die Offiziersschule u. kommt im Sept. an die ital. Front. Am 28.9.1916 wird C., Leutnant im 57. k.u.k. Infanterieregiment, nach 12 Monaten entbehrungs- u. grauenvollen Hochgebirgskriegs, südöstlich v. Rovereto/Trentino verwundet, als Sturmtruppführer auf dem Monte Pasubio durch eine ital. Wurfmine: die ganze linke Hand sowie Daumen u. Zeigefinger der rechten Hand abgerissen, Splitter in Kopf u. Rumpf. Seit Herbst 1917 stud. C., zum naturwiss. Experiment nicht mehr tauglich (Grad der Versehrtheit: 100%), in Wien Germanistik, außerdem Anglistik, Phil., klass. Philol.; Promotion im Nov. 1919, Venia legendi (Dozentur für Germanistik) im Sommer 1922. Freundschaftlicher Verkehr mit Friedrich Gundolf v. 1922 bis zu dessen Tod, 1931. 1926 außerplanmäßiger Prof., Eheschließung mit Virginia Mandyczewski (Tochter des Eusebius Mandyczewski, eines Freundes v. Johannes Brahms, Archivars u. Bibliothekars der Gesell. der Musikfreunde in Wien etc.). 1928 o. Prof.; Berufung auf den Lehrstuhl August Sauers an der Prager Dt. Univ.; 1930 – Juni 1938 Supplierung des Lehrstuhls für Vergleichende Lit.wiss.; 1938 Berufung an die Ludwig-Maximilian-Univ. in Mchn. als Nachfolger seines Lehrers Walther Brecht. C. beabsichtigt hier i.J. 1941, eine Forschungsstätte für phil. Grundlegung u. universaltheoretische Auswertung der Geisteswiss. sowie für die Querverbindungen zu den Naturwiss. zu schaffen u. auszubauen. Er soll deshalb den freigewordenen zweiten Lehrstuhl für Philos. erhalten. Dagegen intrigiert der Inhaber des ersten Lehrstuhls, Hans Alfred Grunsky, welcher eine Phil. u. Psychologie der »Blutwelt« propagiert, im Einvernehmen mit Winifred Wagner u. mit Unterstützung durch den NS-Dozentenbund. Grunsky macht C. ein Verfahren wegen »Begünstigung von Juden und Landesverrätern« anhängig; die Inkraftsetzung der schon unterzeichneten Amtsenthebung des »geistespolit. Unzuverlässigen« jedoch unterbleibt. Bei einem Bombenangriff im Juli 1944 verliert C. Wohnung, Bibl. sowie seine Arbeitsunterlagen. Er wird Anfang 1945 krankheitshalber in sein Landhaus in Mönichkirchen/NÖ beurlaubt; im Apr. besetzen es sowjetruss. Truppen. Mittelbare Folgen der Kriegsverwundung führen zu einer Fazialislähmung, zum Verlust des linksseitigen Gehörs, zu Störungen der Netzhautdurchblutung (Maculopathie): Der zunehmende Verlust der Sehkraft lässt lit. wiss. Arbeiten kaum mehr zu. C. wohnt seit 1950 wieder in Mchn.; er akzeptiert 1951, 55-jährig, die Versetzung in den »Ruhestand aus Krankheitsgründen«. Mitgl. vieler wiss. Vereine u. Gesell., Auszeichnungen: Scherer-Preis der Preuß. Akad. d. Wiss., 1923; Joseph-Freiherr-v.-Eichendorff-Preis der J. W. v. Goethe-Stiftung, 1938; Großer Kulturpreis der sudetendt. Landsmannschaft, 1961; Georg-Dehio-Preis der Künstlergilde, 1975; Ernst-Alker-Medaille.

Es ist – in Verbindung mit Positionen der Ästhetik Benedetto Croces – das v. Wilhelm Scherer 1868 u. 1870 als Aufgabe konzipierte universalistische Programm, dessen hoher Anspruch in C. Forschung zur Phil. der Lit.wiss. nachwirkt; bei allen Unterschieden der Fragestellung, die, in vielem Henri Bergson verpflichtet, jenseits der Entscheidung zw. Mechanismus u. Vitalismus ansetzt (vgl. *Literaturgesch. als Geisteswissenschaft. Kritik und System*, Halle 1926; *Geschichtswissenschaft, Kunstwissenschaft, Lebenswissenschaft*, Prager Antrittsrede, Wien/Lzg. 1928). Gewissenhafte Untersuchung des Tatsächlichen spürt nach den darin zur Erscheinung kommenden Gesetzen. Es gelte eine die rickertsche Trennung – das geläufige Denkschema – aufhebende Synthese geistes- u. naturwiss. Einzelerkenntnis, nicht den Bau eines Systems, sondern Synthese, welche zur Erzielung weiterer Fortschritte Vertrautheit mit den Erkenntnisgrundlagen, Methoden, Ergebnissen versch. Disziplinen voraussetze! Nicht allein die bloße Abgrenzung der Stoffgebiete, vielmehr das allen Wiss. gesetzte Ziel wird ins Auge gefasst. Die aus den Wechselwirkungen v. Natur- u. Geisteswiss., vorab der Literarhistorie, gewonnenen u. zunehmend gesamtwiss. Aufschlüsse führen zu der Werk-Dreiheit *Das Unsterbliche. Die Gesetzlichkeiten und das Gesetz der Gesch.*, Halle 1940, *Das Schöpferische. Die natürlich-geschichtliche Schaffensordnung der Dinge*, Halle 1943, *Das seiende Sein. Geistes- und gesamtwissenschaftliche Letztfragen*, Wien/Zürich 1948 (Nachdr. New York/London 1970, u.d.T. *Sein und Werden. Entwurf eines universaltheoretischen Spektrums*, mit einer neuen Einf.). Die Naturwiss. kämpfen gegen den leibl., die Geisteswiss. – analog – gegen den geistigen Tod: Darin gründe ihr Wiss.-Ethos; die ihnen gemeinsame Aufgabe wirke das beide einende Band. Sachverhalte u. Gesetzmäßigkeiten werden befragt, um die Condicio humana, das Missraten wie die produktive Chance des Menschen, ermitteln u. seinen Schöpfungssinn wahren zu können. – Auch die späteren, ergänzenden Veröff. gelten – die Titel zeigen es – der Weltgesetzlichkeit des Einmalig-Besonderen: *Individuelle und kollektive Ethik. Gabelung, Wechselwirkung, Gesamtordnung*, Tübingen 1958, *Evidenzprobleme. Quellen und Weisen menschl. Gewißheit*, Bln. 1971, *Das Individuationsprinzip und seine Widerspiele in Natur- und Geisteswelt*, Gesch. und Gesellschaft, Salzb.-Mchn. 1979, *Individualität. Die kreative Einmaligkeit des Menschseins*, Salzb.-Mchn. 1983. – Der mehr u. mehr Sehbehinderte, wenn nicht langsam Erblindende, der vorab seiner Gattin die meiste Hilfe verdankt, arbeitet, angewiesen auf Vorleser, mit Tonband- u. Diktiergeräten.

Auf diese Schaffenshorizonte war insofern hinzuweisen, als das theoretische Gesamtwerk erwartungsgemäß die Versuche freier lit. Produktion, rahmend u. mitbestimmend, charakterisiert. Mithin leisten dies natürlich auch C. lit.hist. Studien im engeren Sinn: beginnend einerseits mit Versuchen epochenbildnerischer Entwürfe, die das lit. Kunstschaffen aus ideengesch. Perspektive, aber zugleich unter dem Gesichtspunkt metaphysisch-existentieller Konstanten synthetisch erfassbar zu machen suchen: die aus der Dr.arbeit hervorgegangene Schr. *Erfahrung und Idee. Probleme und Lebensformen in der dt. Literatur von Hamann bis Hegel* (Wien/Lzg. 1921), die Studie *Von Schiller zu Nietzsche. Hauptfragen der Dichtungs- und Bildungsgesch. des jüngsten Jahrhunderts* (Halle 1928) usw. – in gewisser Weise Komplementärarbeiten zu Werken wie Ernst Cassirers *Freiheit und Form* (1916) u. *Idee und Gestalt* (1921) o. Fritz Stichs *Deutsche Klassik und Romantik oder Vollendung und Unendlichkeit* (1922) –; andererseits sowohl mit wahren Zeit-Porträts, die unter dem Eindruck des Erkennens hist. »Gemeinwesenheiten mit eigener Seele und eigenem Schicksal« die Skizzierung geistesgesch. »Epochen« bereits gezielt überschreiten (die einflussreiche Habil.chr. *Deutsche Barockdichtung. Renaissance, Barock, Rokoko*, Lzg. 1924), als auch mit dem Porträt der großen schöpferischen Persönlichkeit, mit dem sich C. im hist. Monument zugleich der Errichtung v. Inbildern dt. Lebenskultur zu nähern versucht (*Schiller*, Halle 1934; Nachdr. mit einem krit. Nachwort, Tübingen bzw. Darmstadt 1967). Zu jener freien lit. Produktion zählen hingegen kaum die gelegentlich untergemischten Verse; v. dem Bereich des Lyrischen abgesehen, den C. selbst ausklammert, sind die Versuche vielmehr »Wagnisse«, gleichwohl eigenständig. Zwei Dramen – geschrieben 1918/19 (nicht erhalten) – lassen C. erkennen, dass ihm die Affinität zu den Kräften des Theaters fehle. Dies führt, zuerst 1936, zur Abfassung erfundener, erdachter Gespräche, die darum als Brücke zu den R. erscheinen; Bauweise u. Funktionen der Dialoge sind das Verbindende. – Freies Gestalten nicht-erfundener Sujets bewährt sich zuerst vor dem Unbeschreiblichen der Hochgebirge, dessen Beschreibung die in viele Richtungen ausschauende u. in prüfenden Ansätzen ordnende Arbeit des Gedankens erfordert: *Berge über uns* (1935; 1950 wesentlich erweitert, auch stilistisch überarbeitet). Es bewährt sich sodann in den an Anschauung, auch an humorvollen Zügen reichen Kindheitserinnerungen, seit 1955 Jahr um Jahr vermehrt. Ebenso treten das Menschl. ansprechende, zudem unterrichtende autobiogr. Darstellungen hinzu: 1957 der Rückblick auf *Zehn Jahre Prag*, 1976 in dem Werk- u. Lebensbericht *Vielfelderwirtschaft* die Charakteristiken der großen Wr. Germanisten v. Munch bis Brecht sowie der Situation der Lit.wiss. in den 20er-Jahren.

»Ende der Neuzeit«, hereingebrochen 1914: C. hat die Einsicht früher formuliert als andere, allerdings nach KARL KRAUS – diesem widmet er u.a. 1965 einen Artikel (für die NÖB, Bd. XVI). Zu dem v. C. seit 1948 geprägten Wort (*Welträtsel im Wort. Studien zur europäischen Dichtung und Philosophie*, Wien 1948, Mchn. ²1950, ND New York/London 1970, mit einem Anhang: *Zwanzig Jahre später*) gehört das Bild der Verfinsterung, »Neumond«. Es ist ein Leitmotiv in *Gespräche im Dunkel. Ein Totentanz*, 1949: Wechselreden v. fünf sehr versch. Gruppen im Krieg Getöteter – Deutscher, ihrer jüd. Opfer, ihrer Gegner –, durch die das den Menschen widerfahrende Verhängnis dem Leser bewusst gemacht, das ungeheuerliche Geschehen rückhaltlos durchleuchtet wird. Sodann in *Neumond*, 1957: Ernst Alker wertet das Werk als »den großen Prosar. des Reichs des Leviathans aus Braunau am Inn« (*Wort und Wortkunstwerk*, 75). C. selbst erläutert die gedanklichen Perspektiven u. das gestalterische Vorhaben seines zeitkrit. R. in dem Rechenschaftsbericht des Jahres 1976, in welchem der lit. Produktion, dem Stellenwert eines eigenen Schaffensviertels entsprechend, ein eigenes Hauptstück werkaufschließender Hinweise zugemessen ist (dem im folgenden die Zitate entnommen sind): »Die Gestaltung erfundener Menschen und Vorgänge soll Aspekte des Ich und Wir, der Gesellschaft und Gesch. auftun, die weder in theoretische Einsichten aufgehen noch in historische Darstellung eingehen können« (80). Zw. 1932 u. 1979 agieren auf Schauplätzen in Dtld. u. Öst., in westeurop. u. amerikanischen Städten drei Generationen einer Familie u. insgesamt über 200 Personen. »In voraussetzungsloser Bildlichkeit versucht der ›Neumond‹ einen positiven Augenaufschlag über unsere Weltalterwende, eine Anabasis gegen den Nihilismus, gegen die Gewalt und List dieses Antichrist«. Der R. sei für »gescheite und denkende Menschen« geschrieben, also für die unzähligen Unbekannten, für die gelte: »Ihr Dasein, ihr Kampf und ihr Recht oder Unrecht ist ein zentrales Feld des heutigen Romans«. Hieraus ergibt sich nicht zuletzt für die R.theorie Bedeutendes: Der heutige R. könne es folglich »[...] weder mit Haupt- und Staatsaktionen noch mit privaten Idyllen halten. Er kann und soll die Zündfunken zwischen den selbstbestimmbaren, darstellbaren persönl. Dingen und den unentrinnbaren, unerfindbaren, geschichtlich-gesellschaftlichen Dingen hüten«. Neben diesen R. – den »Roman der anderen Gesch. und des umfassenden Gesellschaftswandels« – tritt 1967 *Arkadien* als der R. »des gerade in seiner Einschicht weltverbundenen« Einzelmenschen u. seiner Kunst so des Sterbens wie des Lebens. Das Geschehen durchmisst ein halbes Jahr in einem kleinen Ländchen (Spielzeit: um 1965); hier »vergegenwärtigen sich Elemente des Menschseins: Urphänomene von Verhängnis und Schuld, Rätsel der Rationalität und dämonische Hintergründe; Urphänomene der Weisheit und der Lüge, der versäumten Güte und der versäumten Sünde«. So stellt »Arkadien«, dessen Name zu den meist missbrauchten Namen des Geisteslebens, des Vereinslebens, des Tourismus zählt, sich dar als das Gegenteil v. allem, unausschöpfbar; es habe »nichts von pastoraler Idylle! Griechenland wird zur offenen Bühne spezifischer Nachkriegsmenschen«, der R. »ist kein Requiem auf Vergangenes, sondern eine stille Messe für Unvergängliches« (92). Er »versucht all dies auch an eine spannende Handlung zu knüpfen. Und er schließt es in die Einheit seiner Sprache.« – In noch höherem Grade als *Neumond* ist *Arkadien* der kleinen Gruppe dt. R. zuzurechnen, die als Wortkunstwerke gelten dürfen. »Das auch in diesem Roman gewahrte historische Präsens entspricht der dramatischen Gestaltenzeichnung, der dramatischen Strenge der Motivation und Komposition«.

Ein interessanter Nebenaspekt ergibt sich aus dem lit. Schaffen C. nach dem Krieg im Hinblick auf NÖ als Lit.landschaft mit regionalen Strukturen der Lit. pflege u. der Schriftstellerorganisation: Namentlich v. einzelnen Trägern der neugeschaffenen »Arbeitsgemeinschaft Schrifttum« im »Nö. Bildungs- u. Heimatwerk« geht in den 1960er- u. 70er-Jahren eine gewisse Einbindung C. in Bestrebungen der lit.landschaftlichen Profilierung aus. C selbst spricht diesbezüglich v. gerne geleisteten Bezeugungen seiner »Solidarität«. Leitend ist hierbei wohl die Beziehung des in der »Arbeitsgemeinschaft« führend mitwirkenden Waldviertler Schriftstellers Josef Pfandler zu C., entst. aus Verehrung für die geistige Persönlichkeit C. sowie aus Sympathie für dessen nat.konservatives zeitkrit. Engagement. So verfasst C. z.B., vielbeachtet, zu der Ausw. aus Pfandlers epischem u. lyr. Lebenswerk, *Inbilder* (Krems/Wien 1975), ein Vorwort, u.d.T. *Josef Pfandlers Prosa und Lyrik* auch in den »Wr. Blättern für Kunst und Sprache« veröff. (H. 17/18, Mai/Juli 1975), während Schr. C. v. Pfandler in ihm offenstehenden Zs. wie dem »Heimatland« u. den »Blättern für Kunst und Sprache« nachdrücklich besprochen werden u. der Dichter C. bei der Erstellung des Prosa-Bandes der v. Pfandler gestalteten, repräsentativ angelegten Anthologie des »Nö. Bildungs- u. Heimatwerks« (1972) Berücksichtigung findet. – Der hier enthaltene experimentale Text C., *ER-ICH*, ist das *Vorspiel eines noch ungeschriebenen Ich-Textes*; das R.fragment, entst. im Apr. 1971, stellt den Wahrheitsbezug bio- u. überhaupt historiografischer Darstellungsweisen zur Diskussion.

Von früh an eigenwilliger Denker u. Lehrer wie selbstbewusster Schriftsteller, entfaltet C. als ein südost- bzw. sudetendt. Exponent des in sich stark divergierenden geistesgesch. Epochenphänomens, das man mit dem Begriff »Konservative Revolution« zu bezeichnen versucht hat, eine vielfältige Wirkung. Diese wäre – wie neben C. lebenslanger krit. Begleitung sudetendt. Dichtung auch die angedeuteten späten produktiven Ausläufer in NÖ zeigen dürften – insgesamt durchaus auch unter Gesichtspunkten lit.programmatischer Einflussnahme genauer nachzuzeichnen. »Ich habe niemals dichten lehren wollen, zuweilen vielleicht einem Dichter sich selbst finden geholfen. Ich habe keine praktisch anwendbare Theorie der Kunst für möglich gehalten. [...]« (*Vielfelderwirtschaft*, 69): Wenn es auch C. eigene Differenzierung zu berücksichtigen gilt, so darf das Potential geistig-künstlerischer Anregung u. Prägung nicht übersehen werden, das neben C. reichhaltigem polit., zeit- u. kulturkrit. sich einmischenden Schrifttum auch seine lit.kundl. Texte im engeren Sinn zu entwickeln vermögen: wie z.B. schon die frühe Schr. *Zur Geistesgesch. des Weltkriegs. Die dichterischen Wandlungen des dt. Kriegsbilds 1910-1930* (Halle 1931; ND Bern/Ffm. 1973, u.d.T. *Zur Geistesgesch. der Weltkriege*, mit einem neuen Schlussstück: *Literarische Perspektiven des Zweiten Weltkriegs*) o. zahlreiche Essays aus den ersten Jahren nach dem 2. WK: *Unsere Weltwende im Roman der großen Literaturen* (in: *Forschungsprobleme der vergleichenden Literaturgesch.*, 1951), *Jean Paul und das Schicksal des Romans. Ein Beitrag zur weltliterarischen Erneuerung des dt. Schrifttums* (in: *Hesperus* 4, 1952) etc. Für diese Texte ist nicht zuletzt charakteristisch, dass auch die in ihnen erstrebte geisteswiss. »Morphologie« v. C. kulturethischer Grundintention bzw. seinem Interesse an einer aktuellen phil. Anthropologie erfüllt ist. – Unter dem Aspekt ideologiekrit. u. wiss. soziologischen Interesses ist auch C. in den letzten Jahrzehnten Gegenstand einer stark wachsenden antifaschistisch engagierten Historiografie geworden (z.B. hinsichtlich der jüngeren Gesch. der Schiller- u. Goetherezeption), v. wo aber bislang keine Auseinandersetzung mit seinem lit. Wollen u. Schaffen ausgegangen ist. – Die folgende Bibliogr. beschränkt sich im primären Bereich ganz auf diesen lit. Werkteil. – Ein umfangreicher Tl.-Nachl. C. befindet sich im Sudetendt. Archiv, Mchn.

WERKE: Gegenständliche Prosa, Erinnerungen: *Berge über uns. Ein kleines Alpenbuch*, Mchn. 1935, Wien [für BRD: Gauting vor Mchn.] ⁵1950; [»Ostschlesisches Gedächtnisbüchlein«, Jugenderinnerungen], in: Beskidenkalender, hg. v. Heimatbund Beskidenland, geleitet v. A. Gruda (ab Jg. XVI v. F. Machatschek), enthält [in eckiger Klammer die von C. selbst vorgenommene Reihung]: [3.] *Albrecht-Gymnasium in Teschen. Erinnerungen an die Jahre 1906-1914* (Jg. I, 1955, Bad Hersfeld/Hessen 1954), [2.] *Oderberg, seltsamste Vaterstadt* (Jg. II, 1956, ebd. 1955), [5.] *Unbewältigte Sprache* (Jg. VIII/1962, Mchn. 1961), *Fußball-Erinnerungen aus Teschen und aller Welt* (Jg. X/1964, ebd. 1963), [1.] *Kleine Anfänge* (Jg. XI/1965, ebd. 1964), Jg. XIV/1968, ebd. 1967, *Silesia Nova* (Jg. XV/1969, ebd. 1968), [7.] *Was wird aus Ostschlesien?* (Jg. XVI/1970, ebd. 1969), [4.] *Das Cselesta-Stift in Teschen*, (Jg. XVII/1971, ebd. 1970), [6.] *Das Beskidenland in den Weltkriegen. Einige geschichtliche Fakten und einige literarische Zeugnisse*, (Jg. XIX/1973, ebd. 1972), Jg. XXIV/1978, Mchn. 1977. *Zehn Jahre Prag. Erinnerungen an die Jahre 1928 bis 1938 samt Rückblicken und Ausblicken*, in: R. Jahn (Hg.), Grenzfall der Wissenschaft: H.C., Ffm. 1957, leicht gekürzter ND in H.C.: Prag, Wien 1989 (= Der Osten). *Von Teschen nach Mchn.*, in: Fs. zur Hundertjahrfeier der Burschenschaft Silesia, 1960; »*Der Tod soll sterben*«. *Dank und Erinnerung am 70. Geburtstag*, in: Sudetendt. Zt., Jan. 1966; *Erinnerungen an die Schulstadt Teschen*, in: Sudetenland. Vierteljahresschrift für Kunst, Lit., Wiss. u. Volkstum, hg. v. V. Aschenbrenner, Jg. XII, H. 4, Mchn. 1970; *Vielfelderwirtschaft. Ein Werk- und Lebensbericht*, Bodman-Bodensee 1976 (mit Bibliogr. v. R. Jahn, 197-216), erweitert ²1980. *Fiktionale Prosa, Dialoge u. dgl.*: *Gespräch in der Neujahrsnacht*, in: Volk u. Leben. Eine Slg. sudetendt. Dichtung, hg. v. K. F. Leppa, Karlsbad/Drahowitz/Lzg. [1936]; *Eismeer* [Feuilleton], in: Der Bund, Bern 1937; *Gespräche im Dunkel. Ein Totentanz*, in: H.C., *Jenseits von links und rechts. Befunde, Durchblicke, Zeitgespräche*, Wien 1949; *Neumond. Roman*, Stgt. 1956; *Arkadien. Roman*, Bodman-Bodensee 1967; *ER-ICH* (*Vorspiel eines noch ungeschriebenen Ich-Textes*), in: Dichtung aus NÖ, hg. v. Nö. Bildungs- u. Heimatwerk, Bd. 3: Prosa, red. v. J. Pfandler, Wien 1972.

LITERATUR: Giebisch/Gugitz 56; Kosch ³II; Munzinger-Archiv / Internat. Biogr. Archiv 15/85; Dt. Biogr. Enzyklopädie, Bd. 2 (1995), 415; A. Schmidt: H.C. Das Weltbild des Lit.historikers, Karlsbad 1935; E. Frank, H.C. – Werk u. Weltbild, Karlsbad 1938; R. Jahn (Hg.): Grenzfall d. Wiss.: H.C., Ffm. 1957 (mit Bibliogr., 118-123), hier enthalten, 60-76; E. Alker: Wort u. Wortkunstwerk [über C. als Sprachkünstler, insb. über den R. »Neumond«], ferner, 21-38, E. Thurnher: H.C. als Lit.historiker, sowie, 39-59, H. Razinger: Lohende Esse. H.C. Beitr. zur Wiss.lehre u. Phil.; J.-H. Strosche: H.C. Zum 65. Geburtstage des Kulturpreisträgers 1961, in: Sudetenland, Jg. 3 (1961), H. 2, 87-90; A. K. Lassmann: H.C. Lit.historiker, Philosoph u. Dichter. Sudetendt. Kulturpreis 1961, in: Sudetendt. Kulturalmanach, hg. v. J. Heinrich, Bd. IV, Mchn. [1960], 126-131; A. Schmidt: Dichtung u. Dichter Öst. im 19. u. 20.Jh., Salzb./Stgt. 1964, Bd.1, 338f., 415f., Bd.2, 376f.; Elisabeth Schicht u. Norbert Sprongl (Hg.): »Wer im Werk den Lohn gefunden …« Nö. Dichter u. Komponisten d. Gegenwart, St. Pölten/Wien 1976, 32-37; G. Ruppelt: Schiller im nsoz. Dtld. Der Versuch einer Gleichschaltung, Stgt. 1979; K. Máche (Hg.): Die menschl. Individualität. Fs. zum 85. Geburtstag v. Prof. Dr. H.C., Mchn. 1981 (= Integrale Anthropologie 1) (mit Bibliogr. v. Dieter Sciba, 215-235); K. J. Hahn: Nachruf auf H.C. In: Bohemia, Bd.26 (1985), 394f.; W. Bietak: In memoriam H.C. (29. Jan. 1896 – 1. Jan. 1985), in: Jb. der Grillparzer-Gesell., F. 3, Bd. 16 (1984-1986), 129-145; J.-M. Fischer: »Zw. uns u. Weimar liegt Buchenwald«. Germanisten im Dritten Reich, in: Merkur, Jg. 41 (1987), H. 1, 12-25; R. Zeitler: Betrübtes Nachdenken über H.C., in: Archiv für Kulturgesch., Jg. 73 (1991), H. 2, 483-489; C. Albert (Hg.): Dt. Klassiker im NS. Schiller, Kleist, Hölderlin, Stgt.-Weimar 1994, 48-56, 71-75; H.P. Herrmann: Das Bild der Germanistik zw. 1945 u. 1965 in autobiogr. Selbstreflexionen v. Lit.wissenschaftlern, in: Zeitenwechsel. Germanistische Lit.wiss. vor u. nach 1945, hg. v. W. Barner u. C. König, Ffm. 1996, 345-360; F. v. Ingen: Morphologie u. Manipulation – Die Goethe-Rezeption in H.C. Lit.vorstellungen, in: Jb. des Wr. Goethe-Vereins, Jg. 2016/17 (in Vorbereitung).

Friedrich Jenaczek/Christoph Fackelmann

Czako von Rosenfeld, Franz (11.10.1723 Kronstadt – 12.11.1755, ebd.) stammte aus einer v. Kaiser Leopold I. im Jahr 1697 geadelten Familie u. stud. wie die meisten siebenbürgischen Protestanten in Sachsen: er ging mit seinem Bruder David 1742 nach Jena u. wurde nach seiner Rückkehr 1747 Lehrer u. 1751

Rektor des Kronstädter Gymnasiums. Er trat mit einer ganzen Reihe geistl. u. weltl. Gelegenheitsdichtungen hervor, v. denen eine Dichtung bes. Wirkung tat. Es war die aus Reden, Dialogen u. G. zusammengesetzte Passionsdichtung *Die bis zum schmählichen Kreuzes-Tod erniedrigte Liebe Jesu* (1755): »Der Vortrag dieser öffentlich gehaltenen Rede und Gedichte fand so vielen Beifall, daß die dabei anwesend gewesenen, damals zu Kronstadt in Garnison befindlichen Offiziere des k.k. Baden-Badenischen Infanterie-Regiments dieselben auf ihre eigenen Kosten in Kronstadt drucken ließen.« (Trausch/ Schuller/Hienz, Bd.1, 232). Hier war auf eindringlich dramat.-lyr. Weise oratorienhaft, ähnlich den Dichtungen Henrici-Picanders, also nach sächsischem Vorbild u. nicht – wie Karl Kurt Klein (s. Bibl.) meint – in der Tradition des Schul- bzw. Ordensdramas, eine Dichtung dargeboten worden, die dem ev. Denken u. Fühlen – übrigens unter Einbeziehung pietistischer Verinnerlichung – aus dem Geist des aufgeklärten Protestantismus gestaltet worden war. Der Erfolg siebenbürgischer Gelegenheitsg. – auch weltl. Art – um diese Zeit liegt in der neuen aufgeklärten Weltsicht, mit der das Verhältnis des einzelnen Bürgers zur geistl. u. weltl. Daseinsordnung neu gefasst wird. Und selbst wenn man sich mit dem Für u. Wider aufklärerischer Phil. herumzuschlagen hatte, ohne sie sich gleich zu eigen zu machen, so zeigen gerade solche Auseinandersetzungen, dass die Aufnahme der neuen Geistespositionen nicht mehr aufzuhalten war, denn gerade an den sächsischen Univ. hatten sie sich festgesetzt, u. dort stud. die jungen Siebenbürger. Ähnlich wie C. hatte beispielsweise schon PETRUS CLOMPE (15.5.1711, Kronstadt – 14.1.1751 ebd.) zehn Jahre zuvor (seit 1732) in Jena stud. Dieser direkte Vorgänger C. im Rektorenamt am Kronstädter Gymnasium (1749-1751) gab noch während seiner Univ.-Zeit 1736 zu Lzg. die Übersetzung einer frz. Schr. heraus, die zu den bekannten Querelen um die wolffsche Phil. Stellung bezog: *Neue Schriften über die angegebenen Irrthümer, welche in der Philosophie des Herrn Hofraths Wolf enthalten sein sollen.* In der Betrachtung der geistl. wie der weltl. Obrigkeit regte sich aber schon das neue bürgerliche Selbstbewusstsein u. Selbstvertrauen, die die ältere (barocke) Devotionshaltung ablöste. Das fällt an C. Redeoratorium auf den Tod Christi ebenso auf wie an CLOMPES einziger im Druck überlieferter *Glückwünschungs-Ode* (in 35 zehnzeiligen jambischen Strophen) auf Maximilian Ulysses, Reichsgrafen Bronn zu Montani (1750).

Eine lit.wiss. Darstellung der Siebenbürgischen Gelegenheitsdichtung im geistesgesch. Zusammenhang, die C. u. Cl. berücksichtigt, fehlt.

WERKE: 1) Geistliche Gelegenheitsdichtung (Redeoratorium): *Die bis zum schmählichen Kreuzes-Tod erniedrigte Liebe Jesu, deren gesegnete Früchte theils durch eine ungebundene und gebundene Rede, theils durch einen actum scholasticum, welcher das ganze Leiden unseres preiswürdigen Erlösers vermittelst 22 wechselnder Personen etwas eigentl. abbildet, zur Aufmunterung und Erbauung einer höchst angesehenen Trauer-Versammlung am stillen Freitage in dem neuen Auditorio unserer hiesigen Schule vorgestellt worden; nun aber auf Verlangen und Befehl einiger fürnehmer Standespersonen, wie nicht weniger auf Vergünstigung unserer hochlöblichen Stadt-Obrigkeit durch einen öffentlichen Druck auch andern andächtigen Lesern und Liebhabern der Wahrheit aus einer aufrichtigen Gesinnung zu Gemüthe geführt werden von Francisco Csacko* [sic!] *de Rosenfeld, rectore des Kronstädtischen Gymnasiums,* Kronstadt, druckts Christian Lehmann 1755 [73 S.]. 2) Glückwunsch-Gelegenheitsg.:

Als Seine hochgräfliche Excellenz der hochgeborne Herr Maximilian Ulysses, des H. Röm. Reichs Graf Bronn zu Montani und Camus etc., Commandirender General in dem Fürstenthum Siebenbürgen mit seiner Hohen Gegenwart den 23. Mai 1750 Kronstadt beehrte, wollten dieselbige zu Bezeugung ihrer unterthänigsten Devotion einige von der hier studirenden Jugend in nachstehender Glückwünschungs-Ode besingen, Kronstadt, in der Seulerischen Buchdruckerei, druckts Martinus Fernolend (o.J.).

LITERATUR: Trausch/Schuller/Hienz: Schriftsteller-Lex. d. Siebenbürger Dt., Köln-Wien 1983, Bd. 1, 219 u. 231f; K.K. Klein: Lit.gesch. d. Dt.tums im Ausland, neu hg. mit einer Bibliogr. (1945-1978) v. A. Ritter, Hildesheim, New York 1979, 83.

Herbert Zeman

Czarmann, Josef (Ps. Matthias Hudezky) 8.2. 1910 Wien – Januar 1992, Bestattungsdatum 14.1.1992, Wien) wurde als Funktionär der Kommunistischen Partei Öst. u. am Widerstand gegen das nationalsozialistische Regime Beteiligter (1938) vor dem Volksgerichtshof in Bln. 1941 verurteilt u. in Stein (in NÖ.) inhaftiert, später befreit.

WERK: *Die Arche*, Gedichte, Hirsau 1930.

Redaktion

Czechtitzky, Karl (1759 Trautenau/Böhmen – 1.6.1813 Prag) war Schauspieler u. trat 1777 zum ersten Mal in Linz als Graf Treubergs Sohn in dem v. ihm selbst verfassten Drama *Graf Treuberg* auf, das erst 1785 gedr. wurde. C. ging 1779 nach Augsburg, debütierte am 9.12.1782 als Hamlet auf der Bln. Bühne bei dem Theaterleiter Doebbelin (1786 wurde diese Bühne zum Königlichen Nationaltheater erhoben), dessen Gesell. er bis zum 25.4.1783 angehörte; im selben Jahr reiste er nach Petersburg, 1785 hielt er sich in Königsberg auf, u. v. 15. bis 22.6.1787 war er in Gastrollen, u.a. als Hamlet auf der v. Schröder (1781-1785 war Schröder Direktor des Wr. Burgtheaters) geleiteten Hbg. Bühne zu sehen. Schließlich kehrte er zurück nach Bln. ans Königliche Nationaltheater, an dem er bis 1795 engagiert war. Seine Spielleidenschaft u. sein unstetes Wesen zwangen ihn zur Aufgabe seines Berufs. 1813 starb C. verarmt in Prag. C. galt als einer der besten, aber auch umstrittensten Schauspieler seiner Zeit (vgl. Meyer II, 27); auffallend war seine durch die öst. Mundart gefärbte Sprache. Joseph Kürschner stellt mit Bedauern sogar fest: »Leider war er nicht im Stande, sich durchaus die österreichische Mundart abzugewöhnen.« (vgl. ADB IV, 670). C. war ein Zeitgenosse v. Goethe, Klinger, Leisewitz, Lenz, Schiller u. Wagner, die dem Sturm u. Drang zugeordnet werden u. deren Stücke seine dramat. Tätigkeit beeinflussten. C. versuchte sich um 1777 ebenfalls als Dramatiker; zu diesem Zeitpunkt waren bereits »Götz von Berlichingen« (1783), »Julius von Tarent«, »Die Soldaten, Sturm und Drang« oder »Die Kindermörderin« (alle 1776) im Erstdruck ersch. Da die Erstfassung bzw. weitere Fassungen nicht vorliegen, ist es ungewiss, ob es sich bei dem Erstdruck des Trauerspiels *Graf Treuberg* (1785) um eine Überarbeitung handelt. Die Motive u. der Handlungsablauf sind typisch für den Sturm u. Drang. Das Hauptmotiv ist der Vater-Sohn-Konflikt, der durch den Verrat am König ausgelöst wird: Graf Treuberg, ein General der königl. Armee, läuft zu den Feinden über u. wird des Hochverrats beschuldigt. Sein Sohn, ein junger Offizier, verkraftet die Situation nicht, wird außerdem Opfer einer Intrige u. aus Vaterlandsliebe zum Vatermörder. Der Vater seiner Geliebten, Baron Auenburg, veranlasst die Hinrichtung des Offiziers u. treibt damit seine Tochter in den

Selbstmord. Die Motivik scheint Schiller abgeschaut: Im Jahr vor der Drucklegung erschien »Kabale und Liebe«, und 1781 waren bereits »Die Räuber« ersch. C. ließ es bei diesem ersten Versuch bewenden u. trat nie mehr als Dramatiker in Erscheinung.

WERKE: Drama: *Graf Treuberg. Ein Original Trauerspiel für Soldaten und Patrioten. In Fünf Aufzügen*, Elbing 1785.

LITERATUR: ADB IV.; F.L.W. Meyer: F.L. Schröder, Hbg. 1819, 2.Tl./I, 27: Giebisch/Gugitz 56.

Claudia Kreutel

Czedik, Emil (Ps. Hugo **Schalk**, 13.10.1853 Mattsee, Salzb. – 18.2.1914 Wien) kam früh als Beamter zur Post u. verfasste 1897 ein »Handbuch für den Zollpostdienst in Öst.«. Seine berufliche Karriere beendete C. als Postdirektor in Wien. Daneben machte er sich v.a. als Lyr. einen Namen. In seinen *Liedern* u. *Gedichten* versuchte er die Freuden des Lebens zu besingen, wohl wissend, dass seine Verse nur ein bescheidener Abglanz der Lebenswirklichkeit sein konnten. (»Wisst, das Schönste, das man lebt, kann man doch nicht schreiben!«) C. ist einer jener gebildeten öst. Beamten des 19. u. frühen 20. Jh., die in kreativen Nebenstunden lit. tätig – doch charakteristisch für die Entwicklung der öst. Lit. wurden.

WERKE: Lyr.: *Lieder*, 1876-1878; *Gedichte*, 1878; *Vom Trinken und Lieben*, 1879; *Was mir blieb*, 1880; *Lieder vom Emil Czedik*, 1881; *Lieder*, Wien/Lzg. 1882; *Lieder*, Wien 1892. Prosa: *Kleinigkeiten*; *Mit flüchtiger Feder*.

LITERATUR: Giebisch-Gugitz, 55; H Pemmer, N. Lackner: Die Währingerstraße. Ein Spaziergang v. d. Votivkirche zur Volksoper, Wien 1968 (Bd. 3 der Beitr. zur Heimatkunde d. IX Wr. Gemeindebezirks), Anmerkung 263.

Ruthilde Frischenschlager

Czelechowsky, Alice Emilie (Ps, **Celesky**, 25.7.1873 Wien-Währing – 1.5.1945 Nassereith, Tirol) war Lehrerin in Innsbr. u. trat wiederholt als Erzählerin die Öffentlichkeit. Sie verfasste vorwiegend Erz. für die Jugend u. den Heimatr. *Das Wunder der Katharina Grünauer*, dessen Handlung noch ungebrochen v. einer bürgerlichen u. bäuerlichen, aus dem Christentum abgeleiteten Moral getragen wird.

WERKE: *St. Magdalena im Halltal*, Erz., 1903; *Sommerwonne – Wintersonne. Berglandgesch. v. der Jugend für die Jugend*, Köln 1909 (Bilder v. A. Holzer); *Hans L Die Gesch. eines Waisenknaben. Erzählt für die Jugend*, Köln 1928 (Bilder v. H. Schütz); *Das Wunder der Katharina Grünauer. Ein Tiroler R.*, Wien/Lzg. 1929.

LITERATUR: F. Mayröcker: V. den Stillen im Lande. Pflichtschullehrer als Dichter, Schriftsteller u. Komponisten, Wien 1968.

Ruthilde Frischenschlager

Czermak, Josef Wilhelm (11.4.1890 Wien – ?) war als regionaler Journalist tätig (Giebisch-Gugitz gibt an »Hauptschriftleiter in Horn« [NÖ]). C. veröff. nur einen G.bd. im EUROPÄISCHEN VERLAG (s. CHIARI, Gerhard).

WERKE: *Spätsommer. Ein Buch G.*, Wien [1947].

Redaktion

Czermak, Wilhelm, Dr. phil. (9.7.1887 Bad Aussee – 1960?), Offizier (Oberst) u. kaufmännischer Direktor nahm am 1. WK teil, dessen militärischen Vorgänge für C. lebensprägend wurden u. ihn lit. mit autobiografischen Erinnerungen wirksam werden ließen.

WERKE: *Krieg im Stein. Die Menschenmühle am Jsonzo*, Bln. 1936; *In deinem Lager war Öst.*, Breslau 1938. *Wo Leben sich des Lebens freut*, 1957.

Redaktion

Czernin, Franz Josef (geb. 7.1.1952 Wien) absolvierte die ersten fünf Gymnasialklassen an einem humanistischen Gymnasium in Wien u. legte die Reifeprüfung 1971 am musisch-päd. bzw. neusprachliche Realgymnasium Hegelgasse in Wien ab; danach besuchte er die Einführungskurse an der Indiana-University in Bloomington (USA), kehrte nach Öst. zurück, versuchte – vergeblich – ein Musikstud. voranzutreiben u. wandte sich dem Schreiben zu. Die lit. Tätigkeit setzte 1978 ein u. umfasst seither Lyr., Aphorismen, Theaterstücke u. Essays. Seit 1980 lebt C. zumeist in Rettenegg in der Stmk. 1988 unterrichtete er (Lehrauftrag) öst. Lit. am Institute for Advanced Studies an der Indiana-University in Bloomington.

C. erhielt in den Jahren 1980, 1985 u. 1992 je eine Buchprämie; 1983 u. 1994 ein Staatsstipendium, 1994 ein Dramatiker-Stipendium, alle vom Bundesministerium für Bildung, Wiss. u. Kultur; 1997 den Preis der Stadt Wien f. Lit.; 1998 den Heimito v. Doderer-Lit.-Preis, 1999 den Anton Wildgans-Preis; 2003 den Heimrad Bäcker-Preis Linz. C. ist Mitgl. der GRAZER AUTORENVERSAMMLUNG u. des Bielefelder Colloquiums für neue Poesie.

Neben seiner weiteren Tätigkeit als Übers. aus dem Engl. – so brachte C. eine zweisprachige Ausg. v. Shakespeares Sonetten heraus, die allerdings keine sehr gute Kritik erhielt – arbeitet er seit 1980 an einem umfangreichen Werk *Kunst des Dichtens*, einem enzyklopädischen poetologischen Versuch, Formen, Verfahren u. Themata der Poesie in einem Werk zu integrieren. Die *Kunst des Dichtens* interessiert C. einerseits v. der Arbeit an der Sprache u. der dichterischen Gestaltung her, wobei traditionelle Formen u. Anlässe (z.B. das Sonett, das Gelegenheitsg.) wieder aufleben. C. sucht die Mechanismen des Sprachmaterials u. der Gestaltungsformen auf, ohne Sinnbezüge ganz aufzugeben. Seine »Lyrik ist Concept Art, er ist ein Aktionskünstler, der sich bei seinen Aktionen mit jenem Material begnügt, das sich aus dem Formenarsenal der Dichtungsgesch., dem Sprachmaterial als solchem und berechenbaren Reaktionsweisen des literarischen Betriebs ergibt. Insofern handelte es sich bei seinem gemeinsam mit FERDINAND SCHMATZ gegenüber dem RESIDENZ-Verlag betriebenen Täuschungsmanöver um Aktionskunst, was immer von den Beteiligten (und Unbeteiligten) dazu gesagt worden sein mag.« (E. Fischer, 458). Zus. mit F. SCHMATZ unterschob C. eine Simulation der aus seiner Perspektiven schlechten Gegenwartslyr. (*Die Reisen*, 1987 mit dem Gegenbuch *Die Reise*, 1987, s. WERKE), um verlegerische Einschätzungen u. Praktiken bloßzustellen. So hängt C. Dichten zugleich integral mit der z.B. in der Essay-Slg. *Apfelessen mit Swedenborg* (2000) entfalteten Dichtungstheorie in Form einer dialogischen Selbstbefragung zus. Ähnliches gilt für die essayistisch gehaltenen Dialoge. Dass sich in einem höheren Sinn dann Dichtungstheorie u. Dichtung aufheben, scheint in C. Werk nahezuliegen – ähnlich wie bei FERDINAND SCHMATZ, der selbst wieder v. REINHARD PRIESSNITZ' Arbeiten inspiriert ist. Letztlich stehen sie alle in der Tradition der WIENER GRUPPE u. deren dichterischem Meister H.C. ARTMANN.

WERKE: Lyr.: *ossa und pelion*, G., Linz, Wien 1979; *anna und franz – mundgymnastik und jägerlatein. fünf sonette*, G., Linz/

Wien 1982; *die kunst des sonetts.* G., mit einem Nachwort, Linz/Wien 1985; *Gelegenheitsg.*, Bln. 1986; *Die Reisen. In achtzig Gedichten um die ganze Welt*, zus. mit F. Schmatz, G., Salzb./Wien 1987; *Die Reise. In achtzig flachen Hunden in die ganz tiefe Grube*, zus. mit F. Schmatz, G., Essays, Linz/Wien 1987; *Gelegenheitsg.*, G., Bln. 1987; *Teller und Schweiß*, G., zus. m. F. Schmatz, Wien 1991; *ein gewand*, G., zus. m. J. Brown, Salzb. 1992; *g..* (aus: *die kunst des dichtens*), G., Graz/Wien 1992; *die kunst des sonetts 2. teil. die kunst des sonetts 3. teil*, G., Graz/Wien 1993; *terzinen*, G., Graz/Ffm. 1994; *natur-g.*, Mchn./Wien 1996; *Anna und Franz. 16 Arabesken*, Innsbr. 1998; *elemente, sonette*, Mchn./Wien 2002. Prosa, Theatralisches: *Glück? Ein fragment der maschine*, Linz, Wien 1984; *Scherblätter und Scherblettern*, zus. mit D. Schwarz, Zürich 1984; *das stück. ein theater*, Theaterstück, Linz/Wien 1991. Essays: *Die (Un) Ordnungen. Ein Fragment der Tafel*, Amsterdam 1988; *Marcel Reich-Ranitzky. Eine Kritik*, Göttingen 1995; *Sechs tote Dichter. (Hausmann, Kafka, Kraus, Musil, Trakl, Priessnitz)*, Wien 1992; *Wiederholungen*, Lzg. 1997; *Die Schreibhand. Zu Reinhard Priessnitz' Gedicht »heldin«*, Wien 1997; *Dichtung als Erkenntnis. Zur Poesie und Poetik Paul Wührs*, Graz/Wien 1999; *Apfelessen mit Swedenborg, Essays zur Literatur*, Düssel. 2000; *Voraussetzungen, Vier Dialoge*, Graz 2002; *Briefe zu Gedichten*, zus. mit H.-J. Frey, Basel/Weil am Rhein/Wien 2003; *das labyrinth erst erfindet den roten faden, einführung in die organik*, Wien 2005; *Arbeit an der Kunst des Dichtens, eine Enzyklopädie.* Hg.tätigkeit: *gangan buch 6. jahrbuch 1989 für zeitgenössische literatur*, zus. mit F. Schmatz, Graz, Wien 1988; *Clemens Brentano: O Stern und Blume, Geist und Kleid. Ein Lesebuch v. F. J. C.*, Mchn./Wien 1998. Aphorismen: *die aphorismen. eine einführung in die mechanik*, 8 Bd. u. einem Registerbd., Wien 1992. Übersetzung: *Shakespeare's Sonette*, zweisprachige Ausg., Mchn. 1999.

LITERATUR: E. Fischer: D. öst. Lit. im letzten Drittel des 20. Jh. in: Zeman 3, Bd. 7; Lex. d. dt.sprachigen Gegenwartslit., Mchn. 2003.

Eva Münz

Czibulka, Alphons Freiherr v. (Ps. A. v. **Birnitz**, 28.6.1888 Schloß Radborsch bei Kolin/Böhmen – 22.10.1969 Mchn.), Sohn d. öst. Generals Hubert Freiherr v. C., verbrachte seine Kindheit in Prag und Budapest, war Zögling des Theresianums in Wien, besuchte das Gymnasium in Prag, 1907-1910 die Theresianische Militärakad. in Wr. Neustadt u. wurde 1910 Dragoneroffizier, ließ sich aber bald, 1912-1914, an die Breslauer Kunstakad. beurlauben u. wurde Meisterschüler für Malerei. Im 1. WK war er bis Sommer 1918 an der Front, danach 1918 wieder an der Akad. der Bildenden Künste in Mchn. Gleichzeitig war C. v. 1919-1923 Hauptschriftleiter der v. ihm gegründeten, phantastisch-lit. Zs. *Der Orchideengarten* (hg. v. K.H. Strobl); C. war zunächst Maler u. lebte seit 1923 als freier Schriftsteller in Mchn. Im 1. WK war C. in Polen, im Westen u. in Griechenland eingesetzt. C. war seit 1945 Präsident der Stiftung zur Förderung des Schrifttums.

C. ist als Verf. v. Biogr., Essays, Erz. u. R., vorwiegend aus der Donaumonarchie, bekannt geworden. Er will »Heiteres scheinbar leicht u. spielerisch und doch nicht ohne Ernst u. Tiefe sagen, Ernstes, ja Erschütterndes noch mit einem Lächeln verklären, in dem Grau des Alltags ein wenig Licht, ein wenig Sonne bringen«. Zu seinen erfolgreichsten Büchern gehören der Andreas-Schlüter-R. *Der Münzturm*, Bln. 1933, *Der Kerzelmacher von St. Stephan*, Stgt. 1937, ein R. aus der Zeit Maria Theresias sowie *Das Abschieds-*

konzert, Stgt. 1944, ein R. um Haydns Abschiedssymphonie, u. der Mozartr. *Reich mir die Hand mein Leben,* Gütersloh 1956. C. hielt zahlreiche Rundfunkvorträge u.d.T. *Schicksale und Begebenheiten;* ferner schrieb er szenische, meist kulturhist. Hörbilder. Auch als Übers. aus dem Frz. ist er hervorgetreten.

AUSZEICHNUNGEN: Bundesverdienstkreuz I. Klasse, 1938 den Dichterpreis der Stadt Mchn., 1965 den Tukan-Preis (Mchn.) u.a. Auszeichnungen.

WERKE: Romane: *Der Münzturm.* Bln. 1933, 1936; Lzg. 1942, Wien 1943, Gütersloh 1954, Mühlacker 1963; *Der Tanz vor dem Budda,* Bremen 1934; *Der Kerzelmacher von St. Stephan,* Stgt. 1937, 1943, Gütersloh 1949, 1951, 1953, 1955 u.d.T.: *Eine heitere Liebesgesch.,* 1957, 1962; Zürich 1955 u.d.T. *Ein heiterer Liebesr.;* Wien 1959, Stgt. 1965, 1969 Neuausg, Wien/Mchn. 1980; Rastatt 1981; *Das Abschiedskonzert.* Stgt. 1944, 1954, 1958, 1963 zweimal, Gütersloh 1954, 1955; Lizenzausg. Buchgemeinschaft Donauland Wien 1955; Zürich 1958; 1963, Luzern 1973; *Die Brautfahrt nach Ungarn,* Gütersloh 1953 u. 1957, Wien/Hbg./Bln. 1960; *Reich mir die Hand mein Leben,* Gütersloh 1956, 1958; 1960, 1962. Novellen: *Der Rosenschelm. Eine Hexengesch. aus dem siebzehnten Jahrhundert,* Mchn. 1926; *Die Handschuhe der Kaiserin,* Lzg. 1931, Graz 1943, Gütersloh 1954, Paderborn 1959; *Würfelspiel* Stgt. 1938, 1942, 1943, 1944; *Das Lied der Standarte Caraffa,* Stgt. 1943; *Der Tanz ums Leben,* Gütersloh 1958. Erz.: *Husarenstreiche,* Stgt. 1935, [7]1939; *Der Henker von Bernau,* Stgt. 1937; *Das Abschiedskonzert,* Stgt. 1944; *Die heilig-unheiligen Frauen vom Berge Ventoux,* Gütersloh 1948, 1953, 1954, 1957, 1962, 1970; *Der Tod des Kaisers,* Gütersloh 1953; *Maria Drei Eichen,* Gütersloh 1964. Biogr.: *Andrea Doria,* *der Freibeuter und Held,* Mchn. 1924; *Die großen Kapitäne,* Mchn. 1923, Bln. 1933 unter dem Titel: *Die großen Kapitäne, ihr Leben, ihre Fahrten. Berühmte Weltfahrer. Von Marco Polo bis Sven Hedin. Mit Ihren Reiseberichten,* Mchn. 1926, Bln. 1933; *Prinz Eugen von Savoyen,* o.O. 1927; erweitert u.d.T.: *Prinz Eugen, Retter des Abendlandes,* Wien, Bln., Stgt. 1958, Gütersloh 1963; *Große dt. Soldaten,* Bln. 1932; *Cortez,* Lübeck 1934, 1944. Weitere Prosa: *Der dt. Soldat in der Anekdote,* (mit H. A. Thies), Mchn. 1936; *Das Volksbuch vom Prinzen Eugen,* Mchn. 1936; *Deutsche Gaue,* Landschaftsbericht, Diessen 1938; *Prinz Eugen und das Reich* (Essay), Wien/Lzg. 1938; *Zwischen Königgrätz und Nikolsburg,* Geschichtsbild, Wien/Lzg. 1940, 1942; *Die drei Siege des Kanzlers* (Anekdote), Lzg. 1943; *Die Sonne des Soldaten,* Soldatenanekdoten aus vier Jh. (mit H.A. Thies), Mchn. 1943, 1944; *Der Türmer des Daniel,* Gütersloh 1954; *Drei Gesch. aus Alt-Öst.,* Zum 70. Geburtstag d. Dichters, Starnberg 1957. Jugenderz.: *Kampf in den Bergen,* Heldentaten unserer Soldaten an der Alpenfront, Stgt. 1939, [6]1943; *Das Kronenwunder,* Gütersloh 1954; *Mozart in Wien,* Gütersloh 1962. Geschichtswerke: *Dtld. vergessenes Heer: die österreichisch-ungarische Armee.* Ein Beispiel dt. preußischer Geschichtsschreibung, Rede, Mchn. 1931; *Die österreichisch-ungarische Kriegsmarine im Weltkrieg,* Bln. 1939, 1940; *Prinz Eugen. Ein Lebensbild,* Mchn. 1942, 1945 o.O. Übersetzungen: C. Nodier: *Inès de las Sierras.* Eine Erz. aus Spanien, 1922; J. H. Rosny: *Die geheimnisvolle Kraft* (R.), 1922; H. de Balzac: *Die letzte Fee. Ein Märchen,* 1923; *Tobias Guarnerius – Der rote Gasthof,* 1924; F. M.A. de Voltaire: *Die Prinzessin von Babylon* (N.), 1925; P. Reboux: *Josephine. Leben und Liebe einer Kaiserin,* 1935; B. Dussane: *Ein Komödiant, genannt Moliere.* R. eines Lebens, 1936. Hörfolgen: *Josef Haydn, Ewiges*

Öst.; *Der Dom zu unserer Lieben Frau von Mchn.*; *Wien rettet das Reich*; *Siebenbürgen*; *Und auch hier wird Heimat sein*; *Kurpfalz*; *Die Wartburg* u.a.m. Hg.: *Der Hundespiegel*, Mchn. 1923; *Franzosenzeiten*. Nach geschichtlichen Quellen, Mchn. 1923.

LITERATUR: W. Formann: Sudetendt. Dichtung heute, Mchn. 1961, 115 f.; Prager Nachrichten, Mchn. 14 (1963) F. 6; Sudetendt. Ztg., Mchn. 31.10,1969, 28.6.1963; Sudetendt. Kulturalmanach, Mchn. 7(1964), 14ff; A. Schmidt: Dichtung u. Dichter Öst. im 19. u. 20. Jh., Salzb./Stgt. 1964, Bd. 2, 222f. u. 377; Sudetenland. Böhmen, Mähren, Schlesien. Mchn. 12 (1970), 74; Nekrolog zu Kürschners Dt. Lit. Kalender 1936-1970, Bln./New York 1971, 105; Kürschner Dt. Lit. Kalender 1973, Bln./New York 1974, 1079; F. Lennartz: Dt. Dichter u. Schriftsteller unserer Zeit, Stgt. ^{10}1974, 143f.; A. Weber: Dt. Lit. in ihrer Zeit, Freiburg/Basel/Wien 1978, 1979, Bd. 2, 314f; F. Anzenberger: A.C. Militärkapellmeister u. Komponist. (Vorw. u. Hg. W. Obermaier), Wien 2000 (Publikation aus d. Wr. Stadt- u. Landesbibl. 5).

Sylvia E. Mayer-Koukolik

Cziffra, Géza v. (19.12.1900 Arad/Ardeal, heute Rumänien – 28.4.1989 Dießen am Ammersee; Ps: Richard **Anden**, Albert **Anthony**, John **Fergusson**, Thomas **Harer**, Fritz **Pirat**, Peter **Trenck**) besuchte nach einem Jesuitenseminar zunächst die Marineschule in Fiume, dann eine Kadettenschule in Ungarn u. begann bereits mit 15 Jahren zu schreiben. Als 17- bzw. 18-Jähriger gewann er einige ungar. Lit.preise, wurde hierauf aber wegen eines polit. Leitartikels in Arad verhaftet, flüchtete nach Ungarn u. dann nach Wien, wo er nicht nur für ungar. Tagesztg. schrieb (»Wiener Ungarische Ztg.«), sondern auch lyr. u. novellistische Beitr. für ungar. Wochenschr. lieferte. In Wien verkehrte C. v.a. im Emigranten-Café »Atlantic«, dem Treffpunkt für ungar. Literaten u. Journalisten, aber auch im Café »Central«, in dem er ANTON KUH u. Billy Wilder begegnete. In diese Zeit fällt schließlich seine erste Kontaktaufnahme mit der Filmwelt (»Sascha-Film«, dann »Wien-Film«). 1922 ging C. (vielen seiner Freunde nachfolgend) nach Bln. Hier schrieb er zunächst im »Berliner Tagbl.« Artikel über prominente Künstler. Im »Romanischen Café« lernte er EGON ERWIN KISCH kennen, durch den er Feuilletonist der »BZ am Mittag« wurde, u. viele andere, damals noch weitgehend unbekannte Größen des kulturellen Lebens (u.a. Bertolt Brecht, Joachim Ringelnatz, Erich Kästner, FRANK ARNAU, Franz Molnár, JOSEPH ROTH, ÖDÖN V. HORVATH, Peter Lorre, Albert Steinrück, George Grosz). C. schreibt dann in Tagesztg. über die Bln. Filmszene, später war er Pressesprecher versch. Filmgesell. Als er Friedrich Zelnik Georg Grosz als Maskenbildner für die Verfilmung v. Hauptmanns »Weber« vermittelt, erhält er einen Regieassistentenposten u. verschreibt sich v. nun an völlig dem unterhaltenden Filmgenre (Drehbücher, u.a. mit B.E. Lüthge). Nach einem missglückten Versuch mit einem Kabarettunternehmen u. nach Hitlers Machtergreifung siedelte C. nach Budapest über, wo er viele Bln. Freunde wiederfand u. seinen ersten Film in Eigenregie inszenierte (*Diese Villa ist zu verkaufen*). C. kehrte jedoch bald nach Bln. zurück, inszenierte Unterhaltungsfilme (*Es war eine rauschende Ballnacht*) u. versuchte sich (mit teilweisem Erfolg) als Bühnenautor. In Prag bringt ihm ein offener Konflikt mit einem nsoz. ›Filmberater‹ 1945 einen Gefängnisaufenthalt ein, wobei er einer Zwangsverschickung nach Theresienstadt nur zufällig entgeht. Nach seiner Entlassung kehrte er unter schwierigen Bedingungen in das Nachkriegswien zurück. Hier baute er unter nicht weniger schwierigen Umständen eine Filmproduktionsfirma auf (»C.-Film«: u.a. *Königin der Landstraße*; *Das unsterbliche Antlitz*; ein Anselm-Feuerbach-Film mit Attila Hörbiger u. O.W. Fischer, *Höllische Liebe* mit der v. ihm entdeckten Vera Molnár). 1950 übersiedelte C. schließlich nach Hbg., wo er v.a. mit den Revuefilmen *Dritte von rechts* u. *Die verschleierte Maja* sowie den späteren Peter Alexander-Filmen populär wird u. bis 1970 lebte. Hierauf hatte er seinen Wohnsitz in Tutzing, dann lebte er in Dießen am Ammersee.

Als Literat zeigt sich der bekannte Regisseur des dt.sprachigen Unterhaltungsfilms überaus vielseitig: So schreibt er neben insgesamt rund 100 Filmdrehbüchern in den 30er-Jahren auch einige Bühnenstücke, v. denen die routinierten u. amüsanten musikalischen Lustspiele *Anita und der Teufel* u. *Drei blaue Augen* in Bln. großen Erfolg erzielen. Einen ähnlichen Weg verfolgt C. in seinem ersten Unterhaltungsr. *Tanja und ihre vierzig Männer* (1957), in dem er den Konflikt zw. bürgerlichem u. künstlerischem Dasein auf heitere Art behandelt (im Mittelpunkt steht die Dirigentin eines Männertanzorchesters). Als routinierter Belletrist erweist sich C. auch in dem Bln. R. *Tango* (1980), in dem er (selbsterlebte) Zeitgesch. u. die persönl. Erinnerungen an die Künstlerszenen des »Romanischen Cafés« geschickt in die Handlung einbringt, die den zunehmend desillusionierenden Lebensweg einer Berlinerin nachzeichnet. C. Hang zu journalistischer Schnoddrigkeit tritt nicht nur hier, sondern auch in seinen oft beißenden »Erinnerungen an Götter u. Halbgötter« hervor: *Kauf dir einen bunten Luftballon* (1975) ist eine wohltuend unchronologisch, kultur- bzw. film- u. zeitgesch. aufschlussreiche Autobiogr., in der C. v.a. ein anschaul. Porträt der Berliner 20er-Jahre gestaltet. Ihr folgen in den späten 70er- u. 80er-Jahren weitere kultur- u. zeitgesch. Erinnerungsbücher (u.a. *Der Kuh im Kaffeehaus. Die Goldenen Zwanziger in Anekdoten*, 1981; *Der heilige Trinker. Erinnerungen an* Joseph Roth, 1983; *Es war eine rauschende Ballnacht. Eine Sittengesch. des dt. Film*, 1985).

Werke: (Ausw.) Bühnenstücke: *Aurora v. Königsmarck*. Schauspiel, Bln. um 1935 (mschr.); *Anita und der Teufel*. Musikalisches Lustspiel. Musik v. Theo Mackeben, Auff. 1939; *Herz zwischen zwei Welten*. Schauspiel, Auff. 1939; *Drei blaue Augen*. Musikalisches Lustspiel. Gesangstexte v. Ernst A. Welisch. Musik v. Karl Loubé, Bln. 1942 (mschr. Bühnenmanuskript). Drehbücher: *Es war eine rauschende Ballnacht*, 1939; *Frauen sind keine Engel*, 1943; *Der weiße Traum*, 1943; *Gefährliche Gäste*, 1949; *Das unsterbliche Antlitz*, 1949; *Gabriela*, 1950; *Der Mann, der sich selber sucht*, 1950; *Die Dritte von rechts*, 1950; *Die verschleierte Maja*, 1951; *Blume von Hawai*, 1953; *Charleys Tante*, 1963. Romane: *Tanja und ihre vierzig Männer*, Wien-Stgt. 1957; *Tango*, R. einer Berliner Familie, Mchn./Bln. 1980. Erinnerungen, Anekdoten, Zeitgesch.: *Kauf dir einen bunten Luftballon. Erinnerungen an Götter u. Halbgötter*, Mchn./Bln. 1975; *»Immer waren es die Frauen …« Eine intime Zeitgesch.*, Mchn.-Bln. 1976; *Das Beste aus meiner Witze- und Anekdotensammlung vom Film*, Mchn. 1977 (Tb.-Ausg.); *Hanussen, Hellseher des Teufels. Die Wahrheit über den Reichstagsbrand*, Mchn./Bln. 1978; *Der Kuh im Kaffeehaus. Die Goldenen Zwanziger in Anekdoten*, Mchn./Bln. 1981 (Tb.-Ausg. 1983); *Der heilige Trinker. Erinnerungen an Joseph Roth*, Bergisch-Gladbach 1983 (Tb.-Ausg.); *Es war eine* rauschende Ballnacht. Eine Sittengesch. d. dt. Film, Mchn./Bln. 1983.

LITERATUR: W. Kosch: Dt. Theater-Lex., Biogr. u. bibliogr. Hdb., Bd. 1, Klagenfurt/Wien 1953, 291; Kürschner Biogr. Theater-Hdb. Schauspiel, Oper, Film, Rundfunk. Dtld.-Öst.-Schweiz, Hg. v. H.A. Frenzel u. H. J. Moser, Bln. 1956, 108; C., G. v.: Kauf dir einen bunten Luftballon. Erinnerungen an Götter u. Halbgötter, Mchn./Bln. 1975.

Sylvia Leskowa

Czirbesz, Andreas (? 1732 ? – 11.1.1813 Iglöt Kirchdrauf/Scepes Várallya) war der Sohn eines ev. Predigers. Er besuchte die heimischen Gymnasien in Dopschau, Gömör u. Leutschau, dann das Lyzeum in Preßburg/Bratislava. Nach abgelegter Matura ging er nach Dtld. u. stud. in Halle/Saale, einer Hochburg der dt. Aufklärung, unter berühmten Prof. Phil., Theol., Mathematik u. Physik, Kirchen- u. Lit.gesch. Zurück in der Heimat, erhielt er eine Anstellung als dt. ev.-luth. Prediger in Iglo in der Zips. Neben seiner Berufstätigkeit beschäftigte er sich mit dem Sammeln v. Münzen (er legte ein umfangreiches Münzkabinett an), v. alten Urkunden, Diplomen, Ms. u. Mineralien u. gründete eine Bibl. mit Werken aus dem hist., numismatischen, naturhist., philol. u. theol. Fach. Noch im hohen Alter kopierte er aus den Provinzialarchiven Urkunden, die sich auf die polit. u. geistl. Gesch. der dt. Kolonien in der Zips bezogen. Als junger Mann unternahm er weite Wanderungen in die damals noch kaum erschlossenen Karpaten – so bestieg er 1772 den Berg Kriván (2449 m), damals eine beträchtliche Leistung. – Früh trat er auch als Schriftsteller in Erscheinung; teils mit G. in klass. Lat., teils mit Beitr. topograf., zoologischer o. mineralogischer Art. Diese veröff. er in den »Wiener privilegierten Anzeigen aus den sämmtlichen k.k. Erbländern« u. im »Ungarischen Magazin«. Hier finden sich u.a. folgende Arbeiten: *Beschreibung des karpathischen Gebirges aus der Hs. eines unbekannten Verfassers*, ersch. in vielen Fortsetzungen, *Karpathische Bergreise auf dem Kriván, sammt dabei gemachten Beobachtungen*. Ferner schrieb er eine *Dissertatio de dignitate et juridibus Landgravii seu Comitis Saxonum de Szepus*, eine Arbeit, die er bei der Instauration der 16 Zipser Kronstädte 1775 bekannt machte, u. die Abh. *Origines et Natales Saxonum Scepusii*. Viele Jahre arbeitete C. an einem großen Werk, das leider nicht über die Vorarbeiten hinaus gediehen ist: *Apparatus ad illustrandam rem numariam Hungaro-Transylvanam ex monumentis partim ineditis* [...] etc. Unter seinen Zeitgenossen war C. als allem Neuen aufgeschlossener Theologe u. fähiger Kanzelredner v. souveräner Rhetorik bekannt u. angesehen. Seine Hs.- u. Urkundenslg. hinterließ er samt seiner Bibl. dem ev.-luth. Gymnasium zu Rosenau. – Sein Stil entsprach dem aufgeklärten Lebensgefühl seiner Zeit – wie es Johann Lorenz v. Mosheim in seinen Kanzelreden verwirklicht hatte – u. der beruflichen Schulung als Prediger. Die Staatskonzeption des aufgeklärten Feudalabsolutismus blieb dabei unangetastet. So gliedert sich seine 1781 gedr. Predigt zum Tode Maria Theresias *Das letzte Opfer einer ehrerbietigen Liebe von tiefgebeugten Unterthanen bey dem* [...] *Verluste ihrer besten Landesmutter in einer Trauer- und Gedächtnisrede* [...] etc. in die Abschnitte Gebet, Eingang, Text nach den Klageliedern Jeremiae, Abh. u. Beschluss. Neben der Trauer ist auch Hinwendung u. Hoffnung auf den kommenden Monarchen, Josef II., herauszulesen. Der Text ist mit Bibelzitaten u. weitläufigen Redewendungen durchzogen, wie es damals üblich war u. der Erwartungshaltung entsprach. Unterzeichnet ist die Predigt mit: *Ein Ungar bey dem Tode seiner Königin an sein*

Vaterland. C. gehörte jener Schicht umfassend gebildeter dt.-stämmigen Kirchen- u. Schulleiter an, die sich verpflichtet u. berufen fühlten, der Allgemeinheit durch ihr Wissen u. nach besten Fähigkeiten zu dienen.

WERKE: (Ausw.) Schriften: *Dissertatio de dignitate et juribus Landgravii seu Comitis Saxonum de Scepus*, o.O., 1775; *Origines et Natales Saxonum Scepusii*; o.O., o.J.; Predigt zum Tode Maria Theresias *Das letzte Opfer einer ehrerbietigen Liebe* [...], Wien 1781; zahlreiche Beitr. in den »Wiener Anzeigen aus den sämmtlichen k.k. Erbländern«, wie B*eschreibung des karpathischen Gebirges aus der Hs. eines unbekannten Verfassers*, in Fortsetzungen II. – IV. Jg.; im »Ungarischen Magazin«, 3. Jg.: *Karpathische Bergreise auf den Kriván, sammt dabei gemachten Beobachtungen*; ein geplantes Werk *Adparatus ad illustrandam rem numariam Hungaro-Transylvanam ex monumentis partim ineditus* [...] etc. wurde nicht beendet; Lat. G.

LITERATUR: Nekrolog Wr. Lit.-Zt. 26, Wien 1813; Das gelehrte Öst., Wien 1776, Bd. I., 87; Gräffer-Czikann: Öst. Nat. Enzyklopädie, Bd. I., 655; Wurzbach, Bd. III.

Eva Münz